Wissensbasierte Systeme in Produktionsplanung und -steuerung

Wirtschaftswissenschaftliche Beiträge

Band 1: Christof Aignesberger
Die Innovationsbörse als Instrument zur Risikokapitalversorgung innovativer mittelständischer Unternehmen
1987. 326 Seiten. Brosch. DM 69,-
ISBN 3-7908-0384-7

Band 2: Ulrike Neuerburg
Werbung im Privatfernsehen
1988. 302 Seiten. Brosch. DM 69,-
ISBN 3-7908-0391-X

Band 3: Joachim Peters
Entwicklungsländerorientierte Internationalisierung von Industrieunternehmen
1988. 165 Seiten. Brosch. DM 49,-
ISBN 3-7908-0397-9

Band 4: Günther Chaloupek
Joachim Lamel und Josef Richter (Hrsg.)
Bevölkerungsrückgang und Wirtschaft
1988. 478 Seiten. Brosch. DM 98,-
ISBN 3-7908-0400-2

Band 5: Paul J. J. Welfens und Leszek Balcerowicz (Hrsg.)
Innovationsdynamik im Systemvergleich
1988. 466 Seiten. Brosch. DM 90,-
ISBN 3-7908-0402-9

Band 6: Klaus Fischer
Oligopolistische Marktprozesse
1988. 169 Seiten. Brosch. DM 55,-
ISBN 3-7908-0403-7

Band 7: Michael Laker
Das Mehrproduktunternehmen in einer sich ändernden unsicheren Umwelt
1988. 209 Seiten. Brosch. DM 58,-
ISBN 3-7908-0413-4

Band 8: Irmela von Bülow
Systemgrenzen im Management von Institutionen
1989. 278 Seiten. Brosch. DM 69,-
ISBN 3-7908-0416-9

Band 9: Heinz Neubauer
Lebenswegorientierte Planung technischer Systeme
1989. 183 Seiten. Brosch. DM 55,-
ISBN 3-7908-0422-3

Band 10: Peter Michael Sälter
Externe Effekte: „Marktversagen" oder Systemmerkmal?
1989. 196 Seiten. Brosch. DM 59,-
ISBN 3-7908-0423-1

Band 11: Peter Ockenfels
Informationsbeschaffung auf homogenen Oligopolmärkten
1989. 163 Seiten. Brosch. DM 58,-
ISBN 3-7908-0424-X

Band 12: Olaf Jacob
Aufgabenintegrierte Büroinformationssysteme
1989. 177 Seiten. Brosch. DM 55,-
ISBN 3-7908-0430-4

Band 13: Johann Walter
Innovationsorientierte Umweltpolitik bei komplexen Umweltproblemen
1989. 208 Seiten. Brosch. DM 59,-
ISBN 3-7908-0433-9

Band 14: Detlev Bonneval
Kostenoptimale Verfahren in der statistischen Prozeßkontrolle
1989. 180 Seiten. Brosch. DM 55,-
ISBN 3-7908-0440-1

Band 15: Thomas Rüdel
Kointegration und Fehlerkorrekturmodelle
1989. 138 Seiten. Brosch. DM 49,-
ISBN 3-7908-0441-X

Band 16: Konrad Rentrup
Heinrich von Storch, das „Handbuch der Nationalwirthschaftslehre" und die Konzeption der „inneren Güter"
1989. 146 Seiten. Brosch. DM 55,-
ISBN 3-7908-0445-2

Band 17: Manfred A. Schöner
Überbetriebliche Vermögensbeteiligung
1989. 417 Seiten. DM 98,-
ISBN 3-7908-0446-0

Band 18: Paulo Haufs
DV-Controlling
1989. 166 Seiten. DM 55,-
ISBN 3-7908-0447-9

Band 19: Rainer Völker
Innovationsentscheidungen und Marktstruktur
1989. 221 Seiten. Brosch. DM 65,-
ISBN 3-7908-0452-5

Band 20: Petra Bollmann
Technischer Fortschritt und wirtschaftlicher Wandel
1989. 184 Seiten. Brosch. DM 59,-
ISBN 3-7908-0453-3

Band 21: Franz Hörmann
Das Automatisierte, Integrierte Rechnungswesen
1989. 408 Seiten. Brosch. DM 89,-
ISBN 3-7908-0454-1

Band 22: Winfried Böing
Interne Budgetierung im Krankenhaus
1990. 274 Seiten. Brosch. DM 69,-
ISBN 3-7908-0456-8

Band 23: Gholamreza Nakhaeizadeh und Karl-Heinz Vollmer (Hrsg.)
Neuere Entwicklungen in der Angewandten Ökonometrie
1990. 248 Seiten. Brosch. DM 68,-
ISBN 3-7908-0457-6

Band 24: Thomas Braun
Hedging mit fixen Termingeschäften und Optionen
1990. 167 Seiten. Brosch. DM 55,-
ISBN 3-7908-0459-2

Band 25: Georg Inderst, Peter Mooslechner und Brigitte Unger (Hrsg.)
Das System der Sparförderung in Österreich
1990. 126 Seiten. Brosch. DM 55,-
ISBN 3-7908-0461-4

Band 26: Thomas Apolte und Martin Kessler (Hrsg.)
Regulierung und Deregulierung im Systemvergleich
1990. 313 Seiten. Brosch. DM 79,-
ISBN 3-7908-0462-2

Band 27: Joachim Lamel/Michael Mesch/Jiři Skolka (Hrsg.)
Österreichs Außenhandel mit Dienstleistungen
1990. 335 Seiten. Brosch. DM 79,-
ISBN 3-7908-0467-3

Fortsetzung auf Seite 269

Frank Blumberg

Wissensbasierte Systeme in Produktionsplanung und -steuerung

Implementierungs- und Integrationsaspekte, dargestellt an einem Beispiel aus dem Beschaffungsbereich

Mit 49 Abbildungen

Physica-Verlag Heidelberg

Reihenherausgeber
Werner A. Müller

Autor
Dr. Frank Blumberg
Universität Hohenheim (510 A)
Lehrstuhl für Industriebetriebslehre
Schloß-Osthof
Postfach 70 05 62
D-7000 Stuttgart 70

D 100

Die Deutsche Bibliothek - CIP-Einheitsaufnahme
Blumberg, Frank:
Wissensbasierte Systeme in Produktionsplanung und -steuerung
: Implementierungs- und Integrationsaspekte, dargestellt an
einem Beispiel aus dem Beschaffungsbereich / Frank Blumberg.
- Heidelberg : Physica-Verl., 1991
(Wirtschaftswissenschaftliche Beiträge; Bd. 54)
Zugl.: Hohenheim, Univ., Diss. u.d.T.: Blumberg, Frank: Das
Einsatzpotential wissensbasierter Systeme im Rahmen
industriebetrieblicher Entscheidungsprozesse

ISBN 978-3-7908-0557-4 ISBN 978-3-642-48159-8 (eBook)
DOI 10.1007/978-3-642-48159-8

7120/7130-543210 - Gedruckt auf säurefreiem Papier

Where is the Life we have lost in living?
Where is the wisdom we have lost in knowledge?
Where is the knowledge we have lost in information?

T.S.Eliot

Vorbemerkungen

Die vorliegende Arbeit entstand während meiner Tätigkeit als wissenschaftlicher Mitarbeiter am Lehrstuhl für Industriebetriebslehre des Betriebswirtschaftlichen Instituts der Universität Hohenheim.

Sie ist eine leicht überarbeitete Fassung meiner Dissertation im Rahmen des Promotionsverfahrens zum Doktor der Wirtschaftswissenschaften (Dr.oec.) an der Universität Hohenheim mit dem Titel "Das Einsatzpotential wissensbasierter Systeme im Rahmen industriebetrieblicher Entscheidungsprozesse". Sie wurde von Prof. Dr. W. Habenicht (Fachgebiet Industriebetriebslehre) und von Prof. Dr. H. Krcmar (Fachgebiet Wirtschaftsinformatik) begutachtet.

Ihnen und Prof. Dr. E. Hanf als Mitgliedern der Prüfungskommission danke ich für Ihre Anregungen und Ihre konstruktive Kritik. Ein besonderer Dank gebührt dabei meinem Betreuer Prof. Dr. W. Habenicht, der mir die Möglichkeit eröffnet hat, eine Thematik zu bearbeiten, die auf der Schnittstelle zwischen angewandter Betriebswirtschaft und (Wirtschafts-)Informatik angesiedelt ist.

Außerdem danke ich allen Mitarbeitern des Lehrstuhls für Industriebetriebslehre, mit denen ich über zahlreiche Probleme, die in dieser Arbeit angesprochen werden, diskutiert habe.

Sie alle haben dazu beigetragen, die Ideen der Arbeit zu konkretisieren und ihre Ausformulierung zu präzisieren.

Der wichtigste Dank gebührt letztendlich Christine Barth, die mich über den gesamten Zeitraum der Erstellung meiner Arbeit geduldig ertragen hat.

Stuttgart, im Mai 1991 *Frank Blumberg*

INHALTSVERZEICHNIS

Abkürzungsverzeichnis

AI	Artificial Intelligence
BDE	Betriebsdatenerfassung
BELI	Bauelemente-Leiteinkaufs-Informationssystem
BOA	Belastungsorientierte Auftragsfreigabe
CAD	Computer Aided Design
CAM	Computer Aided Manufacturing
CAP	Computer Aided Planning
CAQ	Computer Aided Quality
CIM	Computer Integrated Manufacturing
DAI	Distributed Artificial Intelligence
DV	Datenverarbeitung
EES	Einkäufer-Experten-System
ISA	Intelligent Scheduling Assistant
ISIS	Intelligent Scheduling and Information System
KI	Künstliche Intelligenz
LAN	Local Area Network
LHS	Left Hand Side
LISP	List Processing
MDE	Maschinendatenerfassung
MMK	Mensch-Maschine-Kommunikation
OPIS	Opportunistic Intelligent Scheduler
OPT	Optimized Production Technology
PAREX	Parametereinstellung durch ein Expertensystem
PPS	Produktionsplanung und -steuerung
PROLOG	Programming in Logic
RHS	Right Hand Side
UMDEX	Umdisposition durch ein Expertensystem
WEBS	Wissensbasiertes Einkaufsberatungssystem
WIMP	Windows, Icons, Mouse, Pull-Down-Menus/Pop-Up-Menus
YAMS	Yet Another Manufacturing System

Abbildungsverzeichnis

Verzeichnis der Tabellen

Einführung, Zielsetzung und Aufbau der Arbeit

Industriebetriebe stehen heutzutage geänderten Erfordernissen und Ansprüchen auf ihren Absatzmärkten gegenüber, die sich in verkürzten Produktlebenszyklen, individualistischeren Ansprüchen der Kunden an die Produkte und der Forderung nach kurzen Lieferzeiten zeigen. Diesen Anforderungen versucht die Unternehmung durch die Erhöhung ihrer Flexibilität zu begegnen.

Diese Erhöhung soll - über den Einsatz neuer Fertigungstechnologien hinaus - durch die Integration der den Produktionsprozeß begleitenden Informationssysteme erreicht werden. Bei den Informationssystemen, die im Rahmen von CIM (Computer Integrated Manufacturing) über die Nutzung einer gemeinsamen Datenbasis und die Integration von Abläufen zusammengeführt werden sollen, handelt es sich im wesentlichen um das betriebswirtschaftlich-planerisch orientierte System der Produktionsplanung und -steuerung (PPS) sowie das technisch ausgerichtete System der sogenannten CAx-Komponenten.

Eine Integration dieser Systeme bedingt dabei unter dem Aspekt verteilter Steuerung und Regelung den Einsatz neuer Methoden der Informationsverarbeitung, welche adaptive Anpassungsprozesse im Rahmen des Gesamtsystems quasi vor Ort und während des Ablaufs ermöglichen. Wissensbasierte Systeme als ein Teilbereich des Gebiets der 'Artificial Intelligence' (AI) stellen eine der möglichen Methoden dar.

Der Fülle an - auch betriebswirtschaftlicher - Literatur zu der Thematik wissensbasierter Systeme steht jedoch nur ein relativ geringer Anteil an Berichten über den erfolgreichen Einsatz in der Praxis gegenüber. Mögliche Ursachen für die zur Zeit geringe Verbreitung wissensbasierter Systeme in der betrieblichen Praxis und Ansätze, diese Ursachen zu vermeiden, werden in dieser Arbeit behandelt. Über die Entwicklung rein theoretischer Gestaltungshinweise hinaus wird eine exemplarische Umsetzung, d.h. die Entwicklung eines prototypischen Systems, für einen ausgewählten Anwendungsbereich vorgenommen. Bei diesem Anwendungsbereich handelt es sich um die Lieferantenbewertung und -auswahl im Rahmen der Fremdbeschaffung.

Ziel dieser Arbeit ist es daher zum einen, die Technologie wissensbasierter Systeme zu untersuchen, um Gestaltungshinweise für deren Einsatz im Rahmen der PPS bzw. im Rahmen eines CIM-Konzepts zu erhalten. Zum anderen sollen aus den Eigenschaften wissensbasierter Systeme, aus den Defiziten vorhandener konventioneller und wissensbasierter PPS-(Teil-)Systeme und aus den spezifischen Anforderungen des Einsatzes im PPS-Umfeld Architektur-, Entwicklungs- und Integrationsaspekte wissensbasierter Systeme abgeleitet, und ein entsprechender Prototyp entwickelt werden.

Demzufolge werden in dieser Arbeit drei Modelle wissensbasierter Systeme vorgestellt:

ein *Architekturmodell* unter Berücksichtigung von stand-alone und eingebetteten Systemen,

ein *Entwicklungsmodell* unter Berücksichtigung des Problems der Auswahl von Entwicklungswerkzeugen und

ein *Integrationsmodell* mit den Dimensionen *Integration in die Informationsverarbeitungsumgebung*, *Integration in CIM-Prozeßketten* und *Integration in das organisatorische Umfeld.*

Für die exemplarische Umsetzung dieser Anforderungen wird mit dem Bereich der operativen Lieferantenbewertung und der Unterstützung bei der Auswahl von Lieferanten für konkrete Fremdbezugsbedarfe ein relativ abgeschlossener Teilbereich der Materialwirtschaft aus dem weiten Spektrum möglicher Anwendungsfelder im Rahmen der PPS ausgewählt.

Das dementsprechend implementierte System WEBS (Wissensbasiertes EinkaufsBeratungsSystem) basiert auf einem PC-orientierten Ansatz unter Verwendung eines Multitasking-Mehrprozessorsystems und des Einsatzes von PROLOG. Es bietet dem Einkaufssachbearbeiter beratende Unterstützung bei der Bearbeitung der vorgenannten Aufgaben an. Die modulare Architektur von WEBS realisiert dabei die wesentliche Grundstruktur einer Methodenbank für mehrzielorientierte Entscheidungsprobleme.

Da viele der für die Aufgaben der Lieferantenbewertung und -auswahl benötigten Informationen i.d.R. im Rahmen der PPS verwaltet werden, wird zusätzlich ein relationales Datenbanksystem eingesetzt. In diesem System werden insbesondere Informationen über Beschaffungsteile, den Beschaffungsteilen zugeordnete Lieferanten sowie lieferantenspezifische Informationen verwaltet. Zwischen Datenbanksystem und WEBS erfolgt der Informationsaustausch dabei über eine spezifische Schnittstelle, die mithilfe von PROLOG und der Datenbankprogrammierung realisiert wird.

Die Arbeit gliedert sich in sieben Kapitel. Nach einem einführenden Kapitel über die Merkmale industriebetrieblicher Entscheidungsprozesse werden im zweiten Kapitel kurz Grundlagen und Teilgebiete der AI dargestellt.

Im dritten Kapitel werden die Architektur und Aspekte der Entwicklung wissensbasierter Systeme diskutiert, woran sich im vierten Kapitel ein Überblick über die Realisierungsmöglichkeiten im Rahmen der PPS anschließt. Nach Aufgaben und Zielen der PPS werden konventionelle PPS-Systeme und deren Grenzen sowie ausgewählte wissensbasierte PPS-(Teil-)Systeme abgehandelt. Bei den hieraus abgeleiteten Anforderungen an die Entwicklung und die Gestaltung wissensbasierter Systeme kommt den Dimensionen der Integration eine besondere Bedeutung zu.

Im fünften Kapitel wird als Basis für die Entwicklung von WEBS das Anwendungsfeld des Beschaffungsmanagements beschrieben, wobei der Schwerpunkt auf den Bereich der Lieferantenbewertung gesetzt wird. Im sechsten Kapitel schließt sich die Beschreibung der Implementierung von WEBS an. Es wird damit der Prototyp eines wissensbasierten Systems vorgestellt, welches den entwickelten Gestaltungsanforderungen Rechnung trägt und sich in vielfältiger Weise offen für Weiterentwicklungen zeigt.

Die Schlußbetrachtung im siebten Kapitel, die sich mit Perspektiven für die weitere Entwicklung und Anwendung von WEBS bzw. allgemein der Technologie wissensbasierter Systeme beschäftigt, schließt die Arbeit ab.

1. Merkmale industriebetrieblicher Entscheidungsprozesse

1.1 Entscheidungsprozesse

Allgemein läßt sich ein Entscheidungsprozeß als Ableitung einer Entscheidung aus faktischen und wertenden Entscheidungsprämissen beschreiben, d.h., in einem Entscheidungsprozeß wird stets eine Auswahl aus einer Menge mehrerer Alternativen anhand einer oder mehrerer Zielvorstellungen getroffen.

Faktische Entscheidungsprämissen sind dabei diejenigen Informationen, welche das Situationsbild des Entscheidungsträgers repräsentieren; die wertenden Entscheidungsprämissen entstammen dem Zielsystem des Entscheidungsträgers und bilden dessen Präferenzen ab.

Nach der Anordnung der Teilentscheidungen eines Entscheidungsprozesses im Zeitablauf lassen sich zwei unterschiedliche Arten von Entscheidungsprozessen unterscheiden:

- im *sukzessiven* Entscheidungsprozeß werden die einzelnen Teilentscheidungen zeitlich nacheinander gefällt,

- im *simultanen* Entscheidungsprozeß erfolgt die Festlegung aller Entscheidungstatbestände gleichzeitig.

Nach Cyert/March[1] läßt sich der Entscheidungsprozeß aufgliedern in:
Zielbildungs-,
Informations- und
Auswahlprozeß.

Ein weiteres Phasenmodell des Entscheidungsprozesses beschreibt den Vorgang des Entscheidens als einen Prozeß der bewußten Informationssammlung, -verarbeitung und -übertragung[2].

Ein Entscheidungsprozeß stellt somit einen Informationsverarbeitungsprozeß dar, wobei die gefällte Entscheidung als Transformation von Information in Aktion beschrieben werden kann[3].

---

1 vgl. Cyert, R.M./March, J.G. (1963) zitiert nach Zahn (1983), S. 12
2 vgl. Informationsverarbeitungs-Paradigma, z.B. Habel (1986) S. 6ff., Zimmer/Engelkamp (1988), S. 130f.
3 vgl. Huber (1990), S. 49

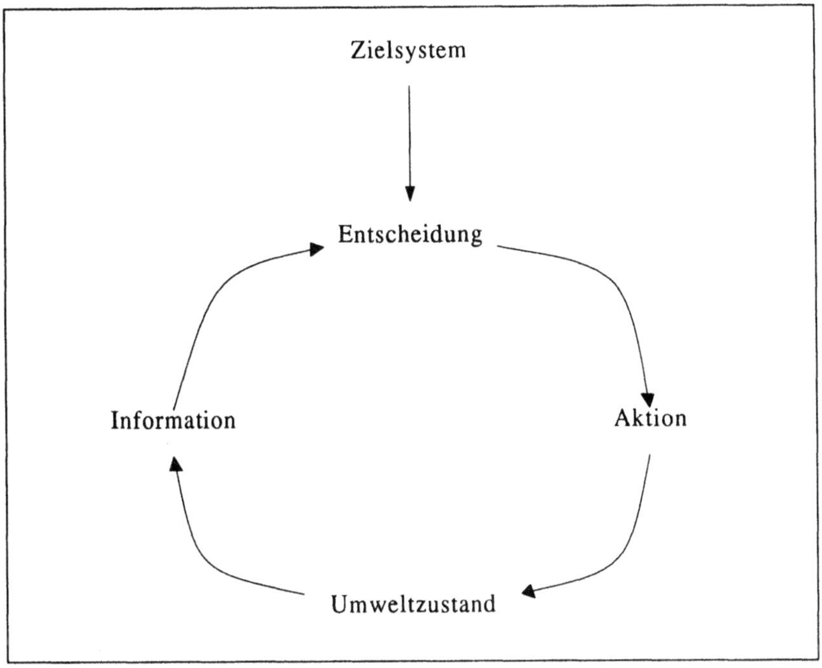

Abb. 1.1: Entscheidung als Transformation von Information in Aktion[4]

Heinen[5] unterscheidet bei der Modellierung von Entscheidungsprozessen nach der vorliegenden Problemstruktur zwei Arten von Entscheidungsmodellen:

a) Wohlstrukturierte Probleme und geschlossene Entscheidungsmodelle.

Merkmale wohlstrukturierter Probleme sind:

eindeutig formulierte Ziele,
bekannte Alternativen,
Informationen über deren Konsequenzen,
Existenz eines Lösungsalgorithmus.

Geschlossene Entscheidungsmodelle lassen sich generell auf sogenannte programmierbare Entscheidungsprobleme anwenden.

b) Schlechtstrukturierte Probleme und offene Entscheidungsmodelle.

Ein schlechtstrukturiertes Problem ist dadurch gekennzeichnet, daß ihm mindestens eines der Merkmale wohlstrukturierter Probleme fehlt. Dies

4 vgl. Zahn (1983), S.20
5 vgl. Heinen (1981), S. 60 ff.

dürfte bei der Mehrzahl der im Industriebetrieb zu lösenden Probleme gegeben sein.

Schlechtstrukturierte Entscheidungsprobleme können nicht von Algorithmen gelöst werden[6], daher wird in offenen Entscheidungsmodellen versucht, das dem Menschen eigene Verhalten bei der Lösung von Problemen in systematischer Form nachzuvollziehen.

An die Stelle analytischer Lösungsverfahren treten hier Heuristiken, wobei unter diesen Begriff alle meist auf Erfahrung und Analogieschlüssen basierenden inexakten Verfahren der Lösungsfindung zusammengefaßt werden.

Ein Vergleich geschlossener und offener Entscheidungsmodelle zeigt, daß sich diese beiden Ansätze nicht gegenseitig ausschließen, sondern ergänzen[7].

Das Umfeld industriebetrieblicher Entscheidungsprozesse und deren Kontextentwicklung wird geprägt von zwei Entwicklungen:

zum einen von der Umsetzung umfassender Integrationskonzepte,

zum anderen von der Weiterentwicklung der Informationsverarbeitungstechnologie von der Daten- hin zur Wissensverarbeitung, wodurch neue Möglichkeiten zur Umsetzung offener Entscheidungsmodelle eröffnet werden.

---

6 Algorithmen können jedoch in wohldefinierten Unterprogrammen zur Lösung von Teilen des Gesamtproblems zur Anwendung kommen.

7 vgl. Heinen (1981), S. 70

1.2 Datenverarbeitung vs. Informationsverarbeitung vs. Wissensverarbeitung

Betrachtet man die Entwicklung der Informationsverarbeitungstechnologie, so zeigt sich dabei die Notwendigkeit, eine Unterscheidung zwischen Daten, Information und Wissen vorzunehmen. In Anlehnung an Luft[8] sollen diese Begriffe wie folgt festgelegt werden:

> *Daten*, als speziell vereinbarte Ausdrucksmittel in Form von Zeichen eines definierten Zeichenvorrats, dienen der technikgestützten Verarbeitung[9] von Informationen, die Objekte sowie Eigenschaften von und Beziehungen zwischen Objekten repräsentieren.
>
> Unter den Begriff *Informationen* werden mitgeteilte und aufgenommene Wissensbestandteile gefaßt, die innerhalb eines Aktions- und Kommunikationsraums ausgetauscht werden und dazu dienen, das Wissen des Adressaten zu aktualisieren oder zu erweitern.
>
> Erst wenn Daten und Informationen in den Kontext spezifischer Probleme eingeordnet werden, und damit zu Elementen von Problembewältigungsstrategien werden, erhalten sie eine spezifische Bedeutung als *Problemlösungswissen.*

Nach Zielsetzung und Aufbau lassen sich daher drei mögliche Beschreibungsebenen informationsverarbeitender Systeme i.w.S. (IV-Systeme) aufzeigen[10]:

- IV-Systeme als datenverarbeitende Systeme,
- IV-Systeme als informationsverarbeitende Systeme i.e.S.,
- IV-Systeme als wissensverarbeitende Systeme.

Konventionelle (datenverarbeitende) Systeme sind dadurch gekennzeichnet, daß das anwendungsspezifische Problemlösungswissen in zusammenhängenden Programmen und Dateien eingebettet und aufeinander optimiert ist. Die strukturbildenden Elemente eines konventionellen Systems sind somit Algorithmen und Datenstrukturen[11].

---

8 vgl. Luft (1989), S. 271
9 Codierung, Speicherung, Verarbeitung i.e.S. und Übertragung
10 vgl. Kiefer (1988), S. 67
11 vgl. Wirth (1975)

Informationsverarbeitende Systeme auf der Basis von Datenbanksystemen weisen zwar eine ähnliche Struktur auf, gewährleisten aber im Gegensatz zu konventionellen Systemen eine weitestgehende Datenunabhängigkeit der Anwenderprogramme. Regeln zur Bearbeitung von Problemfällen sind aber weiterhin in Programmen implementiert, deren Modifizier- und Erweiterbarkeit nur bedingt möglich ist.

In wissensverarbeitenden Systemen findet eine strikte Trennung in nicht-aktives, nicht-problemspezifisches Wissen in Form von Daten, aktives problemspezifisches Wissen in Form von Informationen und anwendungsspezifisches Problemlösungswissen statt.

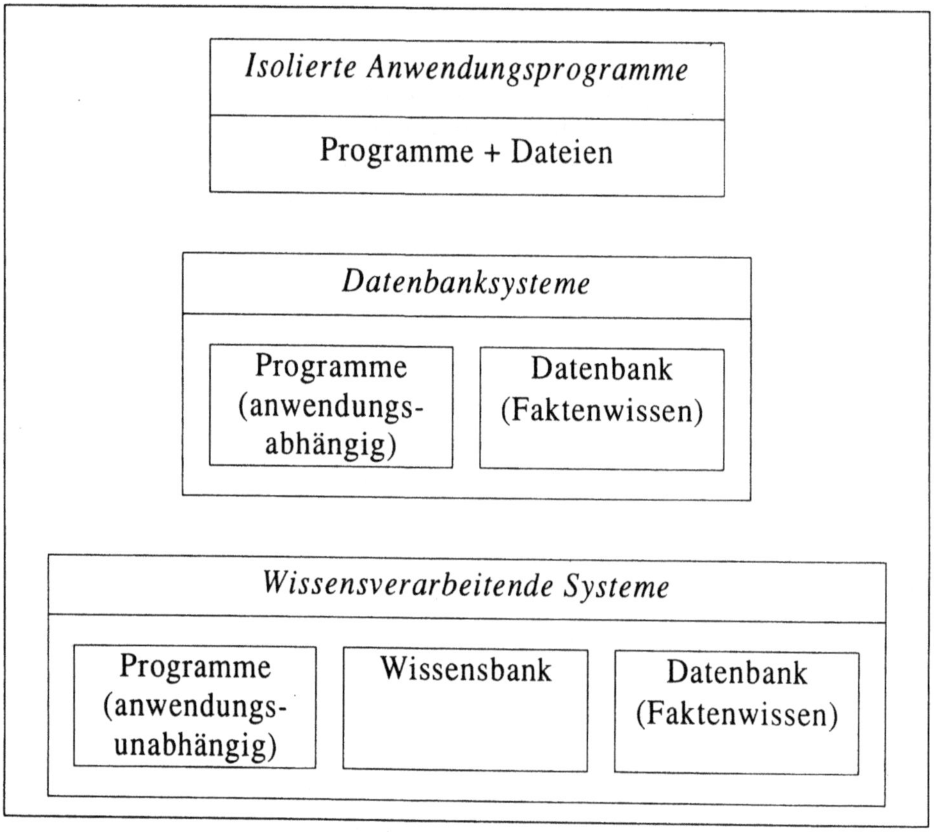

Abb. 1.2: Wissensverarbeitende Systeme

Im Gegensatz zum klassischen Vorgang *Input-Prozeß-Output* bestimmen wissensverarbeitende Systeme weitgehend selbst, in welcher Weise dieses Wissen angewendet werden soll, um einen Lösungsweg zu finden. Grundsätzlich ist es dabei unerheblich, ob das Wissen unvollständig, unsicher oder vage ist.

Gerade durch die Möglichkeit zur Bearbeitung schlechtstrukturierter Probleme und durch ihren Aufbau in Komponenten unterscheiden sich wissensverarbeitende Systeme von konventionellen Ansätzen[12].

1.3 Integrationskonzepte

Unternehmen sehen sich in verstärktem Maße Markterfordernissen und Ansprüchen gegenübergestellt, die sich in verkürzten Produktlebenszyklen, individualistischeren Ansprüchen des Kunden an die Produkte, sowie insbesondere der Forderung nach kurzen Lieferzeiten zeigen. Dieser Entwicklung soll durch die Erhöhung der Flexibilität[13] des Unternehmens über den verstärkten Einsatz der Informationsverarbeitungstechnologie gegengesteuert werden.

Die strategischen Auswirkungen des Einsatzes der Informationsverarbeitungstechnologie zeigen sich dabei in zwei Dimensionen[14]:

über die Verknüpfung betrieblicher Produktions- und Informationssysteme wird unmittelbar das verfügbare produkt- und prozeßspezifische Wissen beeinflußt,

über die intelligente Unterstützung von Entscheidungsprozessen wird vorhandenes Wissen mittelfristig breiter verfügbar gemacht.

Im Bereich der industriellen Produktion treffen sich mehrere Anwendungsentwicklungen[15]:

die technisch orientierte Datenverarbeitung (CAx-Verfahren) und

die betriebswirtschaftlich-organisatorischen Systeme der Produktionsplanung und -steuerung.

Die in den technischen Bereichen eingesetzten Systeme mit ihren komplementären betriebswirtschaftlichen Konzepten erfordern einen funktions-

---

12 vgl. Kapitel 1.1, offene Entscheidungsmodelle
13 unter Flexibilität soll hierbei die Reaktions-/Anpassungsfähigkeit des Systems Unternehmung auf Veränderungen in seiner Umwelt verstanden werden.
14 vgl. Milling (1987), S. 11
15 vgl. Milling (1987), S. 11

übergreifenden, integrierten Entwurf des betrieblichen Informationsbestands und Informationsflusses[16]. Ziel ist dabei jedoch nicht die Verwirklichung eines monolithischen Supersystems, sondern die Koordination autonomer Subsysteme. *Information* tritt dabei als eigenständiger Produktionsfaktor neben die klassischen Elemente der Produktionsfunktion.

CIM als das umfassendste Integrationskonzept spielt dabei sowohl beim Entwurf als auch bei der Umsetzung eine zentrale Rolle.

Für die Implementierung von Integrationskonzepten wie CIM lassen sich generell verschiedene Integrationspfade unterscheiden:

> zum einen erfolgt eine horizontale Integration zwischen funktional gleichgestellten Bereichen einer Hierarchie- bzw. Entscheidungsebene,
>
> zum anderen wird durch die Verwirklichung verteilter (dezentraler) Steuerungs- und Regelungssysteme die Anzahl der Hierarchien verringert, d.h., es erfolgt eine vertikale Integration zwischen verschiedenen Hierarchie- bzw. Entscheidungsebenen.

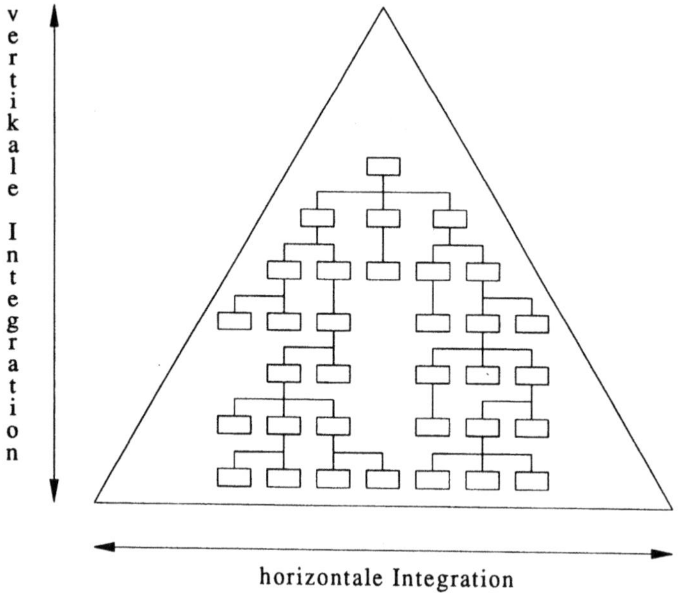

Abb. 1.3: Integrationspfade

16 vgl. Scheer (1988b), S. 1091ff.

Zwei Aspekte bestimmen in diesem Kontext den Einsatz der Informationsverarbeitungstechnologie:

1. Integrierte Material- und Informationsflußorganisationen bedingen insbesondere unter dem Aspekt verteilter Steuerung und Regelung den Einsatz neuer Methoden der Informationsverarbeitung (verteilte Intelligenz), welche adaptive Anpassungsprozesse im Rahmen des Gesamtsystems quasi vor Ort und während des Ablaufs ermöglichen.

2. Das durch den Taylorismus geförderte Spezialistentum geht von der Voraussetzung einer unbegrenzten und schnellen Verfügbarkeit vorhandenen Fachwissens aus. Dies führt dazu, daß die Abhängigkeit der Unternehmen von hochqualifizierten Mitarbeitern steigt, gleichzeitig deren Leistungsvermögen aber aufgrund permanenter Wissensvermittlung sowie möglicher Wissenserosion abnimmt.

   Um einen Ausweg aus diesem Dilemma zu finden, gilt es Informations- und Kommunikationsinstrumente zu entwickeln, welche sowohl den Spezialisten bei seiner Tätigkeit unterstützen als auch eine Mehrfachverwendung des Wissens gewährleisten[17].

---

17 vgl. Wildemann (1987), S. 4

2. Grundlagen und Teilgebiete der AI

2.1 AI als interdisziplinäres Forschungsgebiet

Im Rahmen der sogenannten *Artificial Intelligence* (AI)[1] werden seit Mitte der 50er Jahre Forschungsarbeiten durchgeführt und Computersysteme entwickelt, deren Leistungen Fähigkeiten betreffen, zu deren Durchführung durch den Menschen (oder Tiere) Intelligenz als Voraussetzung angenommen wird[2].

bis 1945	Formale Logik, Kognitive Psychologie
1945-1955	Entwicklung der Computer, Kybernetik
1956	Seminar in Dartmouth, Begriff AI
1957-1962	Heuristisches Programmieren
1963-1967	Bau spezialisierter Systeme
1967-1972	Philosophie und Technologie
1972-1977	Technologie der Wissensverarbeitung
1977-1982	Entwicklung von Werkzeugen
seit 1982	Anwendungsentwicklung und kommerzieller Einsatz

Tab. 2.1: Abriß der Geschichte der AI[3]

Eine einheitliche Definition des Begriffs der AI fehlt zum gegenwärtigen Zeitpunkt, die beiden folgenden Definitionen sollen daher für den Rahmen dieser Arbeit den gemeinsamen Bezugspunkt aufzeigen.

Nach Scown[4] umfaßt AI die wachsende Menge rechnergestützter Problemlösungstechniken, die menschliche Denk- und Entscheidungsprozesse imitieren[5], oder dieselben Ergebnisse wie diese Prozesse produzieren sollen.

Ebenfalls am Ergebnis orientiert sich die Definition von Rich[6]:

> *"Artificial Intelligence is the study of how to make computers do things at which, at the moment, people are better."*

---

1 zur Problematik des deutschen Begriffs "Künstliche Intelligenz" vgl. z.B. von Hahn et al. (1985) S. 27, Habel (1989) S. 4f., Heyer (1988) S. 14, Coy/Bonsiepen (1989), S. 13
2 vgl. Habel (1989), S. 3
3 vgl. Schefe (1986a), S. 30ff., bzw. Harmon/King (1986), S. 4
4 vgl. Scown (1985), S. 9
5 d.h., mit dem Ziel, kognitive Prozesse des Menschen quasi zu simulieren
6 Rich (1983), zitiert nach Lehmann (1988), S. 312

Zwei Zielausprägungen der AI können diesen Definitionen entnommen werden. Zum einen das psychologische Ziel der Modellierung des menschlichen Denkapparates, zum anderen das pragmatische Ziel, die Möglichkeiten des Rechnereinsatzes im Bereich der Entscheidungsunterstützung zu erweitern.

Im Hinblick auf den Gegenstandsbereich und die Methodologie kann AI als fächerübergreifende Metawissenschaft aufgefaßt werden, die aus Teilgebieten wie Mathematik, Nachrichtentechnik, Informatik, Psychologie u.a. aufgebaut ist[7].

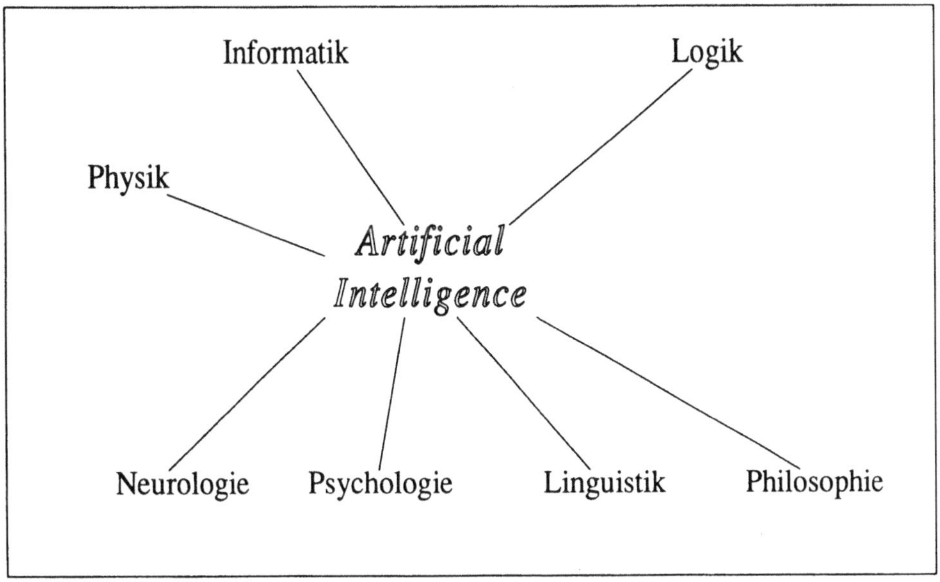

Abb. 2.1: Die interdisziplinäre Einbettung der AI[8]

Die Interdisziplinarität der Teilgebiete besteht dabei nicht nur aus einem gegenseitigen Informationsaustausch über die Disziplinengrenzen hinaus, sondern erfordert auch eine kooperative Zusammenarbeit bei der Weiterentwicklung grundlegender Forschungsgebiete[9].

Seit Beginn der maschinellen Informationsverarbeitung kann eine Entwicklung von der numerischen hin zur symbolischen Informationsverarbeitung festgestellt werden, dies zeigt sich insbesondere im Datenbankbereich.

---

7 vgl. Habel (1989), S. 5 bzw. von Hahn et al. (1985), S. 29
8 vgl. Habel (1989), S. 19
9 vgl. Boden (1986), S. 130f.

Der Übergang zu deduktiven Datenbanken[10] bedeutet die Verschmelzung von Datenbank- und AI-Technik, denn je komplexer die symbolischen Entitäten sind, je komplexer die Prozesse über diesen Entitäten sind, desto mehr nähert sich die Informatik den Problembereichen der AI[11].

Aus anwendungsorientierter Sicht kann die AI in mehrere Hauptdisziplinen gegliedert werden. McRobbie/Siekmann[12] schlagen dabei eine Gliederung in die fünf Disziplinen

Verarbeitung natürlicher Sprache,

Expertensysteme,

Deduktionssysteme,

Robotik und

Bildverstehen vor.

Im Studien- und Forschungsführer Künstliche Intelligenz[13] wird dieser Katalog noch um die Disziplin *Cognitive Science* erweitert.

Einen zusammenfassenden Überblick zu Grundlagen, Disziplinen und Anwendungsbereichen der AI zeigt Abbildung 2.2.

---

10 vgl. Nicolas (1985), Appelrath (1985), Jarke/Vassiliou (1984), van Emde Boas/van Emde Boas (1986), Walker (1984)

11 Habel formuliert hier das Schlagwort: *Die Datenverarbeitung wird zur Wissensverarbeitung*, vgl. Habel (1989), S. 17

12 vgl. McRobbie/Siekmann (1988), S. 17ff.

13 vgl. Bibel u.a.(1987), S. 5

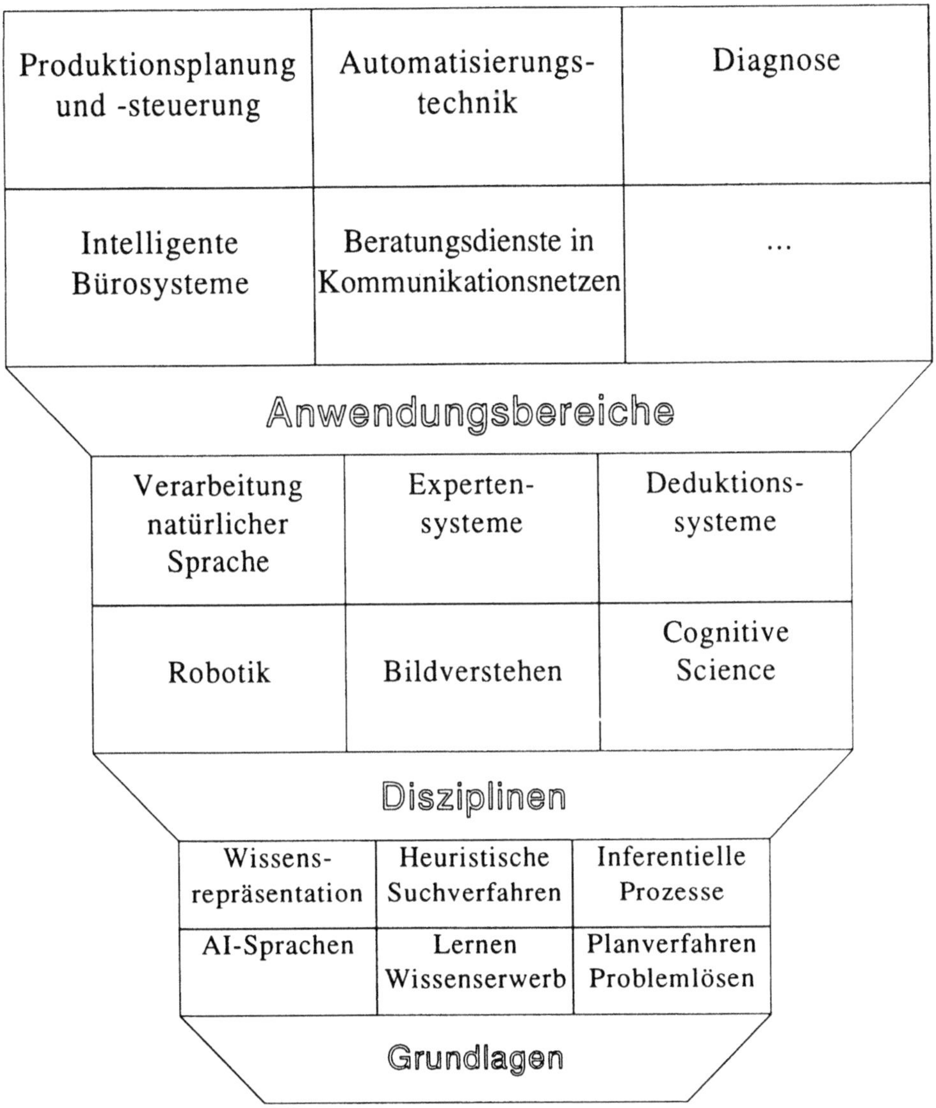

Abb. 2.2: Die drei Ebenen der AI (Anwendungsbereiche, Disziplinen, Grundlagen[14])

2.2 Wissensbasierte Systeme

AI stellt sich wie gezeigt als eine Bündelung sehr unterschiedlicher Forschungen mit dem Ziel dar, Maschinen und Programme zu entwickeln, die menschliche Wahrnehmungs- und Verständnisleistungen zeigen, oder Leistungen dieser Art nachbilden oder ersetzen sollen.

---

14 vgl. Bibel u.a.(1987), S. 6

Unter anderem geht es dabei um eine Weiterentwicklung von Programmiertechniken, welche die Einbettung heuristischen Vorgehens in algorithmische Verfahren erreichen wollen[15].

Wissensbasierte Systeme lassen sich als ein Teilbereich der Forschungen im Bereich der AI folgendermaßen definieren:[16]

> Wissensbasierte Systeme sind eine besondere Form von Programmen, welche sich durch die Trennung anwendungsspezifischer Methoden in der Wissensbank und der anwendungsunabhängigen Programmsteuerung durch die Inferenzmaschine zur Deduktion logischer Schlußfolgerungen auszeichnen[17].
>
> Wissensbasierte Systeme bezeichnen Programme, die Entscheidungen auf dem Kenntnis- und Wissensstand von Fachleuten unterstützen oder vorschlagen sollen. Dazu wird das heuristische bzw. algorithmische Verfügungswissen des Experten explizit in symbolischer Form, in einem Programm oder als Datenmenge dargestellt.

Die anwendungsbezogene zweite Form der Definition wird in der Literatur[18] noch meistens dem Begriff der sogenannten Expertensysteme zugeordnet. Da die Zielsetzung dieses Begriffs i.d.R. jedoch den Ersatz menschlicher Fachexperten durch entsprechende Systeme subsumiert, scheint sich in zunehmendem Maße der Begriff der Wissensbasierten Systeme durchzusetzen[19].

Bildet man die orthogonalen Definitionen wissensbasierter Systeme auf den Dimensionen *Programmiertechnik* bzw. *Aufgabenkomplexität* ab (vgl. Abb. 2.3), so ergeben sich drei mögliche Variationen[20]:

> Programme, welche die qualifizierte geistige Arbeit eines Experten unterstützen oder ersetzen, jedoch in herkömmlicher Weise programmiert sind,

---

15 vgl. Stoyan (1988), nach Coy/Bonsiepen (1989), S. 4
16 vgl. Coy/Bonsiepen (1989), S. 26
17 vgl. zu Aufbau/Architektur Wissensbasierter Systeme Kapitel 3
18 z.B. Harmon/King (1986), Feigenbaum/McCorduck (1984), ...
19 insbesondere unter dem Aspekt beispielweise hybrider Systeme, die aus konventionellen und wissensbasierten Komponenten bestehen
20 vgl. Coy/Bonsiepen (1989), S. 27

Programme, welche heuristische Verfahren mit einer Inferenzmaschine und symbolischer Wissensrepräsentation implementieren und Expertenarbeit unterstützen oder ersetzen, und

Programme, welche heuristische Verfahren mit einer Inferenzmaschine und symbolischer Wissensrepräsentation implementieren, jedoch keine Aufgaben übernehmen, die als Expertentätigkeit gelten.

Unter den Sammelbegriff *konventionelle Systeme* werden dabei im folgenden die daten- und prozedurorientierten Systeme zusammengefaßt, die i.d.R. auf der Basis von Sprachen der 3. oder 4. Generation entwickelt werden. Von der Problemspezifikation her entsprechen sie weitgehend dem in Kapitel 1.1 vorgestellten Konzept geschlossener Entscheidungsmodelle. Dementsprechend wird im weiteren Verlauf der Arbeit der Begriff "Wissensbasiertes System" für nicht-konventionelle Systeme verwendet.

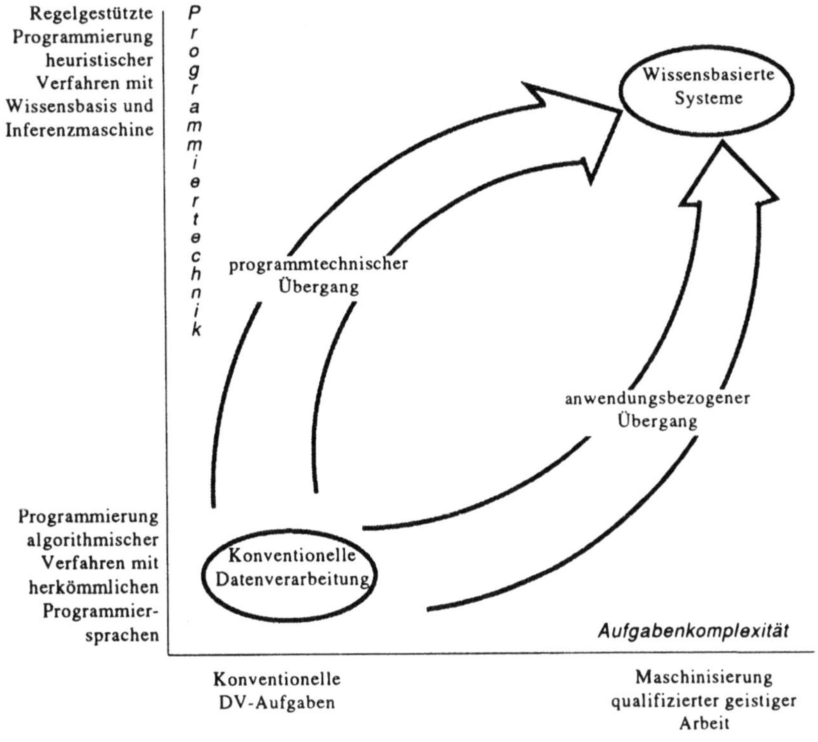

Abb. 2.3: Konventionelle Datenverarbeitung und Wissensbasierte Systeme - zwei unterschiedliche Übergangspfade[21]

21 vgl. Coy/Bonsiepen (1989), S. 27

Erfolgten die ersten Implementierungen wissensbasierter Systeme entweder auf Unix-Minis oder spezialisierter LISP-Hardware, so erfolgt inzwischen die Migration auf PCs - oder auf Großrechner. Zum Entwurf findet man auf PC-Ebene Sprachen zum Programmentwurf (LISP, Prolog u.a.), sowie Programmgeneratoren (Shells), während die Integration in die Großrechnerwelt über Ada, Cobol, PL/1 oder Großrechnershells wie ESE erst beginnt. Nur die wenigsten Systeme sind sowohl in einer PC-Version, als auch für Minis und Großrechner verfügbar (z.B. KEE, TWAICE)[22].

Werden wissensbasierte Systeme in integrierten Material- und Informationssystemen eingesetzt, so ergeben sich folgende qualitativ neuartige Anwendungssituationen[23]:

als Informations- und Kommunikationsinstrument sollen sie der intelligenten Unterstützung von Entscheidungsprozessen dienen und bieten die Chance, latent vorhandenes Expertenwissen auch Nicht-Experten zugänglich zu machen,

als Substitut für generelle Regelungen sollen sie eine effiziente Gestaltung vorhandener Produktionssysteme ermöglichen,

als innovatives Problemlösungskonzept sollen sie die durch eine Integration von Material- und Informationsflußsystemen erzielbaren Flexibilitäts- und Produktivitätspotentiale unterstützen. .

Zusammenfassend gilt, daß wissensbasierte Systeme kein wesentlicher Ersatz für Facharbeit sind. Sie können wie herkömmliche Programmsysteme zur Unterstützung qualifizierter Tätigkeiten eingesetzt werden, wobei sie durchaus einige Aspekte qualifizierter Facharbeit ersetzen können, nicht aber den gesamten Tätigkeitsbereich. Durch die zu erwartende Produktivitätssteigerung kann es allerdings wie bei jeder Rationalisierungstechnik zu quantitativen Auswirkungen auf die Arbeit kommen.

---

22 vgl. Kapitel 3.4.2
23 vgl. Wildemann (1987), S. 15f.

2.3 Nutzeffekte des Einsatzes wissensbasierter Systeme

Allgemein werden vom Einsatz wissensbasierter Systeme Nutzeffekte erwartet, die nur zum geringsten Teil direkt quantifizierbar sind. Beispielsweise finden sich bei Mertens[24] sich u.a. folgende Aspekte:

Verfügbarmachung von Wissen,

Transformation und Vervielfältigung von Wissen,

Sicherung von Wissen,

systematische Bestandsaufnahme von unternehmensspezifischem Know-how.

Der Materialsammlung "Betriebliche Expertensystem-Anwendungen" ist der folgende Katalog erwarteter Nutzeffekte entnommen.

Akzeptanzverbesserung
Berücksichtigung von mehr Alternativen
Arbeitsvereinigung
Verkürzung von Durchlauf- und Reaktionszeiten
Individualisierung
Berücksichtigung von mehr Komplexität
Normierung
Rationalisierung
Sicherheit/Vollständigkeit/Fehlerfreiheit
Wettbewerbsvorteil
Wissenssicherung
Wissensmultiplikation
Weniger qualifizierte Arbeitskräfte notwendig
Weniger Schulung des Personals nötig

Tab. 2.2: Erwartete Nutzeffekte des Einsatzes wissensbasierter Systeme[25]

---

24 vgl. Mertens (1990), S. 148
25 vgl. Mertens u.a. (1988), S. 11ff.

Erwartete Nutzeffekte können dabei zum einen durch die gezielte Unterstützung des Entscheidungsträgers entstehen[26], andere Nutzeffekte beruhen auf dem teilweisen Ersatz des jeweiligen Fachexperten[27].

Zu beachten ist dabei, daß die Sammlungen von Nutzeffekten nur *erwartete* Leistungen von Systemen beschreiben, beim gegenwärtigen Stand der Anwendung[28] kann dabei keine generelle Gültigkeit dieser Nutzeffekte vorausgesetzt werden. Es müssen vielmehr im Rahmen konkreter Anwendungen, d.h. einzelfallbezogen, neben Art und Umfang des Auftretens einzelner Nutzeneffekte insbesondere Wirtschaftlichkeitsaspekte überprüft werden[29].

Anhand konkreter Praxisbeispiele zeigt beispielsweise Reminger[30] Nutzeffekte und strategische Vorteile des Einsatzes wissensbasierter Systeme auf. Generelle Betrachtungen zur Wirtschaftlichkeit wissensbasierter Systeme finden sich auch in Bullinger/Kornwachs[31].

Werden wissensbasierte Systeme im Verbund mit bestehenden CIM-Konzepten eingesetzt, besteht neben Produktivitätssteigerungen bestehender Produktionsprozesse und einer effizienten Verteilung der Unternehmensressourcen zusätzlich die Möglichkeit, technologisch-betriebswirtschaftliche Synergieeffekte zu realisieren[32].

Zusätzlich ist noch die Möglichkeit einer langfristigen Diffusion der Technologie wissensbasierter Systeme in den Bereich der Produkttechnologie zu nennen, d.h. die Realisierung "intelligenter" Produkte. Hier wären beispielsweise Produkte mit der Fähigkeit zur Selbstkonfiguration im Anwendungsbereich bzw. Selbstdiagnosefähigkeiten im Störungsfall (evtl. mit Hinweisen zur Behebung der Störung) zu nennen.

---

26 z.B. Entlastung des Experten von Routinetätigkeit oder der Wissensmultiplikationseffekt, der entstehen kann, wenn das Wissen mehrerer Experten in einem System zusammengefaßt wird

27 z.B. Entlastung des Experten von Schulungstätigkeiten

28 vgl. Kapitel 3.1

29 z.B. nach dem Verfahren der Gesamtnutzwertkoeffizientenbildung, Mertens (1990), S. 150ff.

30 vgl. Reminger (1989), S. 613ff.

31 Bullinger/Kornwachs (1990), S. 157ff.

32 vgl. Wildemann (1987), S. 53

3. Aufbau und Realisierungsmöglichkeiten wissensbasierter Systeme

3.1 Stand des Einsatzes wissensbasierter Systeme

Bei Untersuchungen über die betriebliche Verbreitung wissensbasierter Systeme zeigen sich folgende Probleme[1]:

- welche Definition wissensbasierter Systeme wird zugrundegelegt?[2]

- wie sollen wissensbasierte Systeme von anderen komplexen DV-Systemen abgegrenzt werden?[3]

- soll die Größe bzw. der Erstellungsaufwand des Systems beachtet werden?

- wann ist die Prototypentwicklung beendet, wann beginnt der reguläre Einsatz eines wissensbasierten Systems?

Erschwerend kommt hinzu, daß die Mehrzahl durchgeführter Untersuchungen auf der Basis von Literaturstudien[4] erfolgten, wobei Prototypen und in der Praxis stehende Systeme meist nicht sauber getrennt werden.

Unter Beachtung dieser Problematik sollen anhand der Studien von Mertens et al. und Bullinger/Kornwachs kurz Umfang und Einsatzfelder wissensbasierter Systeme im Industriebetrieb vorgestellt werden.

Die beiden folgenden Abbildungen zeigen dabei die momentanen Einsatzschwerpunkte auf.

---

1 vgl. Coy/Bonsiepen (1989), S. 78
2 vgl. Kapitel 2.2
3 wie sollen beispielweise hybride Systeme behandelt werden?
4 vgl. Mertens u.a. (1986), Mertens (1987), Mertens u.a. (1988), Bullinger/Kornwachs (1990) zur Problematik der Literaturstudien vgl. z.B. Bullinger/Kornwachs (1990), S. 57ff.

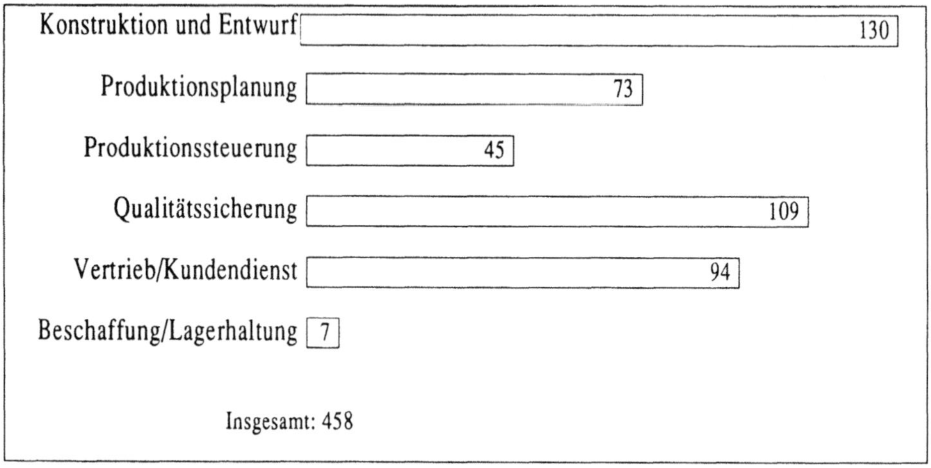

Abb. 3.1: Wissensbasierte Systeme im Industriebetrieb nach Mertens[5]

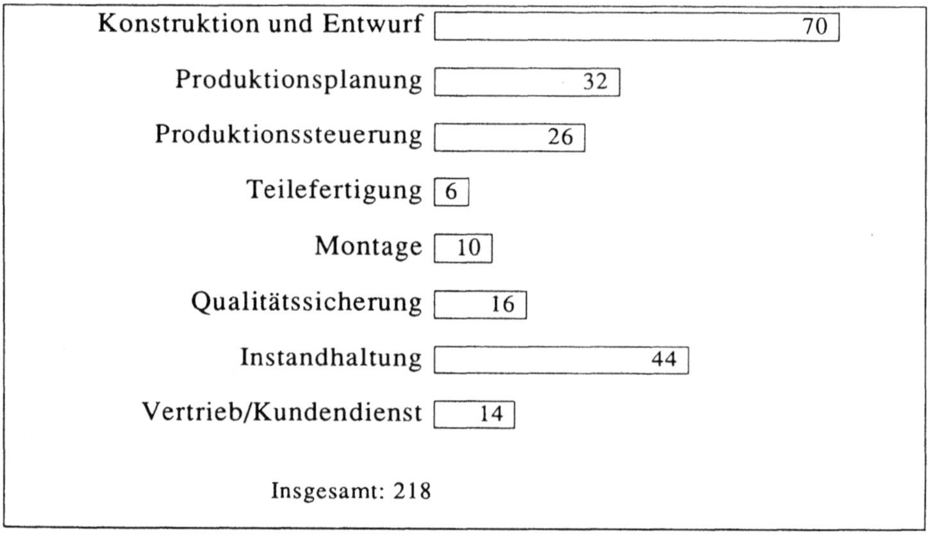

Abb. 3.2: Wissensbasierte Systeme im Industriebetrieb nach Bullinger/Kornwachs[6]

In Bullinger/Kornwachs finden sich nur aggregierte Werte, daher wurden zur Vergleichbarkeit beider Studien für Abbildung 3.1 folgende Änderungen vorgenommen:

in der Zeile "Produktionsplanung" wurden die Zahlen von Mertens für Systeme zur PPS-Materialwirtschaft, PPS-Zeitwirtschaft, Arbeitsplanerstellung und Betriebsmittelplanung zusammengefaßt,

5 vgl. Mertens u.a. (1988), S. 18, S. 20, S. 43, S. 76
6 vgl. Bullinger/Kornwachs (1990), S. 49

die Zeile "Produktionssteuerung" entspricht den Systemen zur Werkstattsteuerung/Fertigungsleittechnik bei Mertens,

die Zeile "Qualitätssicherung" entspricht den Systemen zur Diagnose in der Produktion bei Mertens,

die Zeile "Vertrieb/Kundendienst" ist ohne die bei Mertens aufgeführten Systeme zur Diagnose und Wartung im Außendienst.

Gemeinsam zeigen beide Studien als momentanen Schwerpunkt der Anwendung wissensbasierter System im Industriebetrieb mit ca. 30% den Bereich der Konstruktion, wobei sicherlich die CAD-CAM-Kopplung eine nicht zu unterschätzende Rolle spielen dürfte.

Ein zweiter Schwerpunkt läßt sich im Bereich der Produktionsplanung und -steuerung bilden (zusammen ca. 26%)[7].

Diese Werte lassen sich auch anhand aktuellerer Reports bestätigen, welche zum einen laufende bzw. abgeschlossene AI-Projekte in der Industrie zum Thema hatten[8], zum anderen versuchten, ein repräsentatives Bild der Anbieter am Markt zusammenzustellen, wobei Branchenerfahrungen aus laufenden bzw. abgeschlossenen Projekten miterhoben wurden[9].

3.2 Architektur und Funktionsweise wissensbasierter Systeme

3.2.1 Architekturkomponenten

Für die meisten Systeme existieren mehrere Beschreibungsebenen, die sich nach Zielsetzung und Abstraktionsgrad unterscheiden. Auf einer sehr niedrigen Beschreibungsebene können wissensbasierte Systeme daher, sobald sie in Maschinensprache übersetzt sind, prinzipiell durch nichts von "normalen" Programmen unterschieden werden. Die Unterschiede zwischen konventionell programmierten und wissensbasierten Systemen liegen folglich in Inhalt und strukturellem Aufbau. Einen Überblick über inhaltliche und formale Unterschiede geben dabei die folgenden Tabellen.

---

7 vgl. ausführlich Kapitel 4.4.1
8 o.V. (1988), "Laufende KI-Projekte in der Industrie, S.33ff.
9 o.V. (1990), "KI-Anbieter", S. 18ff.

Konventionelle Datenverarbeitung	Wissensverarbeitung
Inhaltliche Kriterien	
Automatisierung monotoner, klar strukturierter und wohldefinierter Informationsverarbeitungsprozesse	Automatisierung komplexer Informationsverarbeitungsprozesse, die den Umgang mit diffusem Wissen erfordern
Zu automatisierende Verarbeitungsabläufe sind aus nichtautomatisierten Informationsverarbeitungsprozessen bekannt	Zu automatisierende Verarbeitungsabläufe sind kognitive Prozesse und daher nicht direkt beobachtbar
Systementwickler schreibt mithilfe seines Wissens über den Anwendungsbereich ein Programm	Wissensträger transferiert sein Wissen über den Anwendungsbereich in ein wissensbasiertes System
Nur der Programmierer, nicht das System selbst kann einen ausgeführten Verarbeitungsprozeß erklären und rechtfertigen	Das wissensbasierte System selbst kann prinzipiell einen ausgeführten Verarbeitungsprozeß erklären und rechtfertigen
Hauptsächlich Verarbeitung homogen strukturierter Massendaten	Hauptsächlich Verarbeitung heterogen strukturierter Wisseneinheiten
Bei formaler Ein/Ausgabespezifikation ist prinzipiell die Möglichkeit eines Korrektheitsbeweises gegeben	Da die Verarbeitung durch Heuristiken und diffuses Wissen gesteuert ist, sind Korrektheitsbeweise nicht möglich
Komplexität entsteht hauptsächlich durch den Umfang der Datenmenge	Komplexität entsteht hauptsächlich durch die Reichhaltigkeit der Wissensstrukturen

Tab. 3.1: Konventionelle Datenverarbeitung und Wissensverarbeitung - Inhaltliche Kriterien[10]

10 vgl. Wahlster nach Hansen (1986), S. 401

Konventionelle Datenverarbeitung	Wissensverarbeitung
Formale Kriterien	
Ausgangspunkt: Verarbeitung von Zahlen	Ausgangspunkt: Verarbeitung symbolischer Ausdrücke
Wenige Datentypen, aber viele Instanzen eines Typs	Viele Strukturtypen, oft wenige Instanzen eines Typs
Typische Programmiersprachen: COBOL, Pascal, C	Typische Programmiersprachen: LISP, PROLOG
Programmiermethodik: strukturiertes Programmieren	Programmiermethodik: exploratives Programmieren
Verarbeitungsablauf ist explizit festgelegt	Verarbeitungsablauf ist nur implizit oder gar nicht festgelegt
Unvollständige Eingaben werden zurückgewiesen	Verarbeitung unvollständiger Strukturen ist möglich

Tab. 3.2: Konventionelle Datenverarbeitung und Wissensverarbeitung - Formale Kriterien[11]

Die wesentlichen technischen Eigenschaften wissensbasierter Systeme, die sie von herkömmlicher Programmierung unterscheiden, sind[12]:

die erleichterte Formalisierbarkeit heuristischer Verfahren, die durch die weitgehende Trennung von Ablaufsteuerung und anwendungsspezifischen Methoden erreicht wird,

die höhere Flexibilität in der Behandlung sich schnell wandelnder Problembereiche[13], und

die prinzipiell geforderte Möglichkeit, Arbeitsweise und Ergebnis (Dialogrückfragen und Schlußfolgerungen) des Programms dem Benutzer auf Rückfrage hin zu erklären.

11 vgl. Wahlster nach Hansen (1986), S. 401 und Hänscheid (1987), S. 52
12 vgl. Coy/Bonsiepen (1989), S. 30
13 vgl. Kapitel 3.4

Konventionelles System

Struktur	Programmablauf
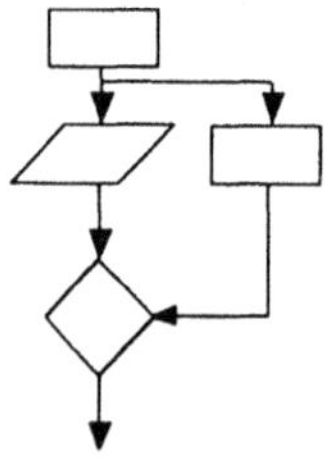	starre Verkettung im Programm bekannte Kombination an Lösungsmöglichkeiten Kontrollstrukturen und Wissen im Programm
Benutzeroberfläche	**Systementwicklung**
Programmerklärung durch Programmierer Programm als *black box*	strukturierte Programmierung

Wissensbasiertes System

Struktur	Programmablauf
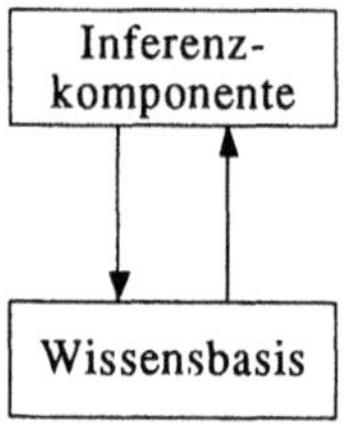	Daten-Verkettung bei Ablauf beliebige Kombination an Lösungsmöglichkeiten nur Wissen im Programm
Benutzeroberfläche	**Systementwicklung**
Erklärungen durch System Programmablauf nachvollziehbar	explorative Programmierung

Abb. 3.3: Konventionelle Systeme vs. wissensbasierte Systeme

Konstitutives Merkmal wissensbasierter Systeme ist ihr Aufbau in Komponenten[14]. Dabei können als Basiskomponenten die sogenannte Wissensbasis und die Inferenzmaschine genannt werden.

Diese Grundstruktur wird den in den Tabellen 3.1 und 3.2 vorgestellten Kriterien folgend um drei weitere Komponenten erweitert:

1. die Wissensakquisitionskomponente, die dazu dient, neues Wissen der Wissenbasis hinzuzufügen,

2. die Erklärungskomponente, welche Ablauf und Ergebnis der Verarbeitungsprozesse nachvollziehbar machen soll, und

14 vgl. Kapitel 1.2 bzw. 2.2

3. die Dialogkomponente, welche den Benutzerdialog abwickelt und Schnittstellen zum Umfeld des Systems zur Verfügung stellt.

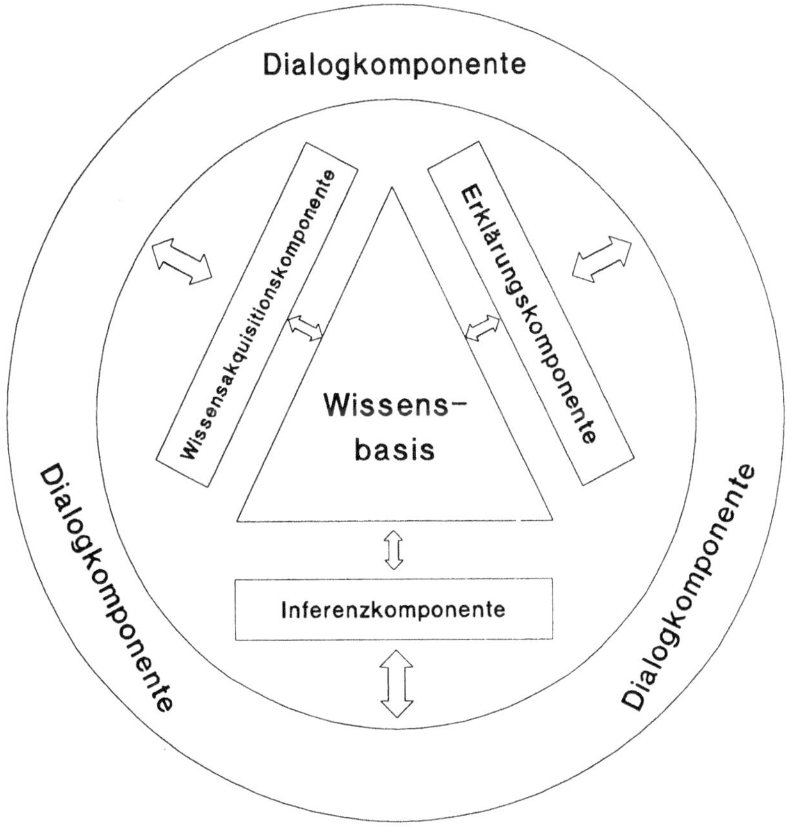

Abb. 3.4: Architektur wissensbasierter Systeme

3.2.2 Isolierte vs. eingebettete Systeme

Im vorigen Kapitel wurden als Strukturelemente wissensbasierter Systeme neben den Basiskomponenten Wissensbasis und Inferenzkomponente die

Wissensakquisitionskomponente,

die Erklärungskomponente und die

Dialogkomponente genannt.

Die drei letztgenannten Komponenten sind dabei nicht zwingend in jedem System enthalten, sondern je nach Einsatzumfeld können eine oder mehrere dieser Komponenten nicht bzw. nicht vollständig ausgeprägt enthalten sein.

Zur Unterscheidung sollen typisierend zwei mögliche Einsatzumfelder wissensbasierter Systeme beschrieben werden:

1. Wissensbasierte Systeme als *stand-alone* Systeme,

2. Wissensbasierte Systeme als Bestandteil *hybrider* Systeme[15].

1. Wissensbasierte Systeme als stand-alone Systeme

Werden wissensbasierte Systeme als stand-alone Systeme eingesetzt, d.h. kann ihr Einsatz relativ isoliert vom sonstigen DV-Umfeld stattfinden, können mehrere mögliche Fälle unterschieden werden.

Handelt es sich bei dem eingesetzten System um ein von der Entwicklung des problemspezifischen Wissens her stabiles System, so kann beim normalen Einsatz nach der Implementierung des Systems auf die Wissensakquisitionskomponente verzichtet werden. Dies dürfte auch typischerweise der Fall sein, wenn Systementwickler und Endbenutzer verschiedene Personengruppen umfassen. In diesem Fall kann davon ausgegangen werden, daß die Wissensakquisition im Rahmen der Systempflege und nicht im täglichen Gebrauch stattfindet.

15 unter den Begriff "hybrides System" sollen Systeme gefaßt werden, die neben wissensbasierten Subsystemen auch konventionell programmierte Subsysteme umfassen

Ähnlich stellt sich der Sachverhalt bei der Erklärungskomponente dar, da Funktion und Inhalt einer Erklärung von der Art des Benutzers abhängig sind. Auf die Problematik der Eignung der Erklärungskomponente in Bezug auf die Anpassung an unterschiedliche Benutzergruppen wird dabei in Kapitel 3.2.6 ausführlicher eingegangen.

Für die Gestaltung der Dialogkomponente letztlich ist es erforderlich, Art und Umfang des Dialogs in Abhängigkeit von Art und Anzahl der Dialogpartner zu spezifizieren. Auf mögliche Kommunikationspartner wissensbasierter Systeme wird hierbei in Kapitel 3.2.5.1 näher eingegangen.

2. Wissensbasierte Systeme als Bestandteil hybrider Systeme

Der Einsatz wissensbasierter Systeme findet typischerweise eingebettet in eine vorhandene DV-Umwelt statt. Dementsprechend gilt die oben getroffene Aussage für die Ausgestaltung der Dialogkomponente in weitaus stärkerem Maße für eingebettete Systeme. Zusätzlich ist hier noch zu betrachten, ob und wenn ja welche

steuernden,

ausführenden,

bzw. kommunikativen Funktionen

das wissensbasierte Subsystem im Rahmen des Gesamtsystems[16] wahrnimmt.

Wird das wissensbasierte Subsystem autonom, d.h. ohne Interaktion mit einem menschlichen Benutzer eingesetzt, kann im Normalbetrieb auf eine Erklärungskomponente zumindest teilweise verzichtet werden[17].

Die Wissensakquisition dürfte hier ebenfalls getrennt vom alltäglichen Einsatz vorgenommen werden[18].

---

16 insbesondere im Vergleich hierarchischer und kooperativer Gesamtsystemstrukturen ist diese Betrachtung notwendig

17 da im Einsatz keine Mensch-Maschine-Interaktion stattfindet, entfällt zumindest die Form der benutzergesteuerten Erklärung während des Ablaufs

18 Entwicklungs-/Wartungsumgebung vs. Produktionsumgebung

3.2.3 Wissenskomponente

3.2.3.1 Wissen und Wissensrepräsentation

"Wissen ist zentral für das Phänomen Intelligenz, lax definiert, ist Intelligenz Aktivität des Wissens"[19]. Obwohl dementsprechend die Arbeiten zur Repräsentation von Wissen eine zentrale Stellung in der AI einnehmen, ist eine allgemein akzeptierte Theorie des Wissens und der Wissensrepräsentation zur Zeit noch nicht verfügbar[20].

Diese Aussage gilt dabei für beide in Kapitel 2.2 genannten Zielausprägungen der AI-Forschung: das pragmatische Leistungsziel und die Nachbildung kognitiver Prozesse.

Das Wissen eines wissensverarbeitenden Systems kann definiert werden als die in bestimmten Repräsentationsformen dargestellte und gespeicherte Menge an Informationen über Entitäten. Dabei ist eine ausgezeichnete Menge dieses Wissens Wissen über die Realisation von Verarbeitungsprozessen, mit denen das Wissen und die mit ihm realisierten Verarbeitungsprozesse selbst wieder verändert werden können[21].

Die Wissensrepräsentation ist damit eine Form der Informationscodierung, welche in ganz bestimmter Weise auf die zugehörige Verarbeitung abgestimmt ist[22].

Der Begriff der (Wissens-)Repräsentation[23] kann dabei nach Schefe[24] zwei Bedeutungen umfassen:

1. als Beziehung eines Begriffs zu einer von diesem Begriff erfaßten oder umfaßten Entität der Realität bzw. der Wahrnehmung (Umkehrbeziehung: Abstraktion),

2. als Beziehung eines symbolischen Ausdrucks oder Namens zu einem Begriff, d.h. gleichbedeutend mit Benennung oder Darstellung (Umkehrbeziehung: Interpretation).

---

19 Kiefer (1988), S. 67
20 vgl. ebenda bzw. Rahmstorf (1988), S. 1
gängige Ansätze hierzu sind i.d.R. logikbasiert, z.B. Guenthner u.a (1986) und insbes. Genesereth/Nilsson (1989)
21 vgl. Kiefer (1988), S.72
22 vgl. Rahmstorf (1988), S. 4f. bzw. Lehmann (1989), S. 57
23 vgl. zur Herkunft des Begriffes Stoyan (1988)
24 vgl. Schefe (1986a), S. 155

Wie auch aus der angeführten Definition des Wissens hervorgeht, ist i.d.R. die zweite Bedeutung maßgeblich, so daß statt des etablierten Begriffs der Wissensrepräsentation, der daher im weiteren Verlauf der Arbeit verwendet wird, eher die Bezeichnung *Wissensrekonstruktion* zu verwenden wäre[25/26].

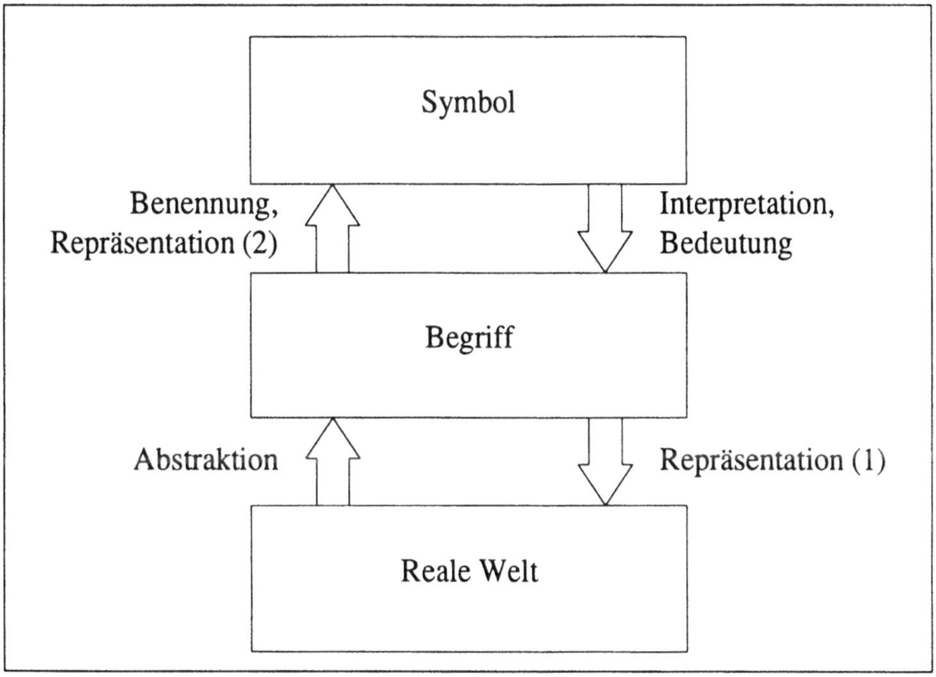

Abb. 3.5: Stufen der Begriffsbildung[27]

Im Kontext der AI wird Wissen üblicherweise als der formale Teil eines speziellen 'know how' verstanden, während Fragen nach dem 'know what' meist unberücksichtigt bleiben, was insbesondere Probleme im Bereich der Inferenzkomponente verursacht. Das System arbeitet zum einen nach der *closed world assumption*[28], zum anderen kennt es die Anwendungsgrenzen nicht, mit der Folge, daß wissensbasierte Systeme teilweise ein ausgeprägtes 'Stammtischverhalten' zeigen:

> *Sie wissen nicht, wann sie keine Ahnung vom Thema mehr haben, ihr Verhalten an den Grenzbereichen der Einsatzgebiete ist unstetig und fehlerträchtig*[29].

25 vgl. Schefe (1986b), S. 230ff., im Sinne einer formalen Rekonstruktion des Wissens und deren Implementation
26 vgl. dazu auch das Konzept der *Wissensebene*, vgl. Musen (1990)
27 vgl. Deker (1989), S. 29
28 zur closed world assumption vgl. z.B. Genesereth/Nilsson (1989), S. 167ff.
29 vgl. Richter u.a. (1987), S.30

Folgende Arten zu repräsentierenden Wissens können unterschieden werden:

Arten von Wissen	Beispiel
Faktenwissen	Maschine A wiegt 3000 kg
kausales Wissen	wenn X, dann Y
temporales Wissen	Flug X dauert 2 Stunden
typisierendes Wissen	Flugzeuge fliegen
terminologisches Wissen	ein Roboter ist eine Maschine
heuristisches Wissen	Irren ist menschlich
Kontextwissen	Zuhörer sitzen im Saal
unvollständiges Wissen	einige X sind unbekannt
vages Wissen	eventuell gibt es eine Pause
abgeleitetes Wissen	mehr Flexibilität durch CIM
Meta-Wissen	ich weiß, daß ich weiß

Tab. 3.3: Arten des Wissens[30]

3.2.3.2 Repräsentationsformalismen

Für die Entwicklung wissensbasierter Systeme werden zur Zeit hauptsächlich drei verschiedene Formalismen zur Wissensrepräsentation verwendet[31]:

1. Regelorientierte Repräsentation,
2. Strukturierte Objekte,
3. Implementierungen logischer Kalküle.

Jeder dieser Formalismen ist für bestimmte Anwendungsgebiete mehr oder weniger gut geeignet, wobei letztlich jede Form der Repräsentation von Wissen eine der Repräsentation inhärente Form der Blindheit verursacht[32]. Daher wird meist angestrebt, mehrere Formalismen in einer Entwicklungsumgebung zu kombinieren[33].

30 vgl. Specht (1989), S. 5
31 vgl. z.B. Harmon/King (1986), Karras u.a. (1987)
32 vgl. Capurro (1987), S. 331
33 vgl. Kapitel 3.4.2

Bei der Integration verschiedener Formalismen können vier verschiedene Architekturen unterschieden werden[34]:

Kompilation: die einzelnen Formalismen werden in eine niedrigere Implementationssprache übersetzt,

Übersetzung: die verschiedenen Formalismen werden ineinander übersetzt,

Heterarchie: alle Formalismen kommunizieren direkt miteinander,

Hierarchie: die Formalismen kommunizieren über eine Metakomponente.

1. Regelorientierte Repräsentation

Eine Regel hat typischerweise folgende Form:

WENN {Prämisse} DANN {Konklusion}

Gängige Bezeichnungen für Prämisse und Konklusion in regelbasierten Systemen sind LHS und RHS[35].

Die Prämisse kann dabei sowohl eine einzelne Aussage, als auch Konjunktionen von Einzelaussagen umfassen. Disjunktionen sind zwar i.d.R. ebenfalls möglich, sollten aber durch die mehrfache Formulierung der Regel umgangen werden.

Die Konklusion kann ebenfalls aus einer Konjunktion mehrerer Einzelaussagen bestehen, Disjunktionen sind allerdings nicht zugelassen.

Um den Informationsgehalt von Fakten zu repräsentieren, werden Regeln in Form unbedingter Ausdrücke, d.h. ohne Prämisse formuliert.

Auf der Basis von Regeln arbeiten insbesondere sogenannte Produktionssysteme, eine spezielle Art der Darstellung von Aussagen in Regeln fußt auf der Prädikatenlogik und wird in der Programmiersprache PROLOG verwendet (vgl. hier 3. und Kapitel 3.4.2).

34 vgl. Karras u.a. (1987), S. 59f.
35 left hand side bzw. right hand side

Ein Produktionssystem umfaßt dabei drei Teile:

eine *Regelmenge*, wobei deren LHS als Bedingungsteil ihre Anwendbarkeit und deren RHS als Aktionsteil die Auswirkung nach ihrer Anwendung beschreibt (Produktion),

eine *Datenbasis*, die eine Menge von Fakten enthält (Situationsbeschreibung), und

ein *Kontrollsystem* für die Regelauswertung, welches beschreibt, welche Regeln in welcher Reihenfolge aktiviert werden sollen[36] (Regelinterpreter).

Die Regeln bilden dabei zusammen mit den aufgabenspezifischen Fakten ein formallogisches Kalkül, welches über den Regelinterpreter ausgewertet wird.

Da in einer Regel sowohl fachspezifisches Methodenwissen als auch fachspezifisches strategisches Wissen sowie fachgebietsunabhängige Steuerungsprinzipien enthalten sein können, sollte eine Strukturierung der Regelmenge durch Typisierung der Regeln vorgenommen werden (z.B. durch die Auszeichnung von Metaregeln oder durch die Zuordnung von Regelmengen zu einzelnen Objekten).

Potentielle Vorteile der regelbasierten Repräsentation sind[37]:

einzelne Regeln repräsentieren "natürlich" vorkommende Wissensstücke, ihr Aufbau entspricht kausalem Denken,

die Unabhängigkeit[38] der einzelnen Regeln hält die Wissensbasis semantisch und syntaktisch modular,

Regeln interagieren nicht direkt miteinander, sondern über Fakten und Aussagen im Arbeitssspeicher,

die Modularität erlaubt inkrementelles Entwickeln der Wissensbasis.

---

36 vgl. Kapitel 3.2.4.2

37 vgl. Specht (1989), S. 25

38 echte Unabhängigkeit einzelner Regeln voneinander ist jedoch eine idealtypische Annahme, in der Praxis stehen einzelne Regeln durchaus in Beziehung zueinander

2. Strukturierte Objekte

a) Frames

Regeln beziehen sich typischerweise auf Objekte der Datenbasis. Im einfachsten Fall besteht diese aus einer unstrukturierten Menge von Fakten, meist ist es aber möglich, die Menge der Fakten zu strukturieren.

Diese Strukturierung kann in mehreren Schritten erfolgen[39]:

> Zusammenfassung aller Aussagen über ein Objekt in einer Datenstruktur[40],

> Erweiterung der an sich passiven Objektdarstellung um Vererbungsmechanismen, zugeordnete Prozeduren (Dämonen), Erwartungswerte (Defaults) oder einen Mechanismus zur automatischen Klassifikation unbekannter Objekte aufgrund deren Eigenschaften.

Vererbungshierarchien für allgemeine Eigenschaften sind dabei nicht auf einen einzigen Vorgänger beschränkt, es können zur Flexibilitätssteigerung vielmehr Vererbungsheterarchien aufgebaut werden, bei denen ein Objekt Eigenschaften von mehreren Vorgängern übernimmt[41].

Zugeordnete Prozeduren sind dabei meist von der Form[42]

> *if-added*: bei Eintrag eines Attributwerts wird eine bestimmte Aktion ausgeführt, bzw.

> *if-removed*: falls die Eintragung eines Attributwerts gelöscht wird, wird eine vorgegebene Aktion ausgeführt.

Ein Beispiel für eine stufenweise Strukturierung des Wissens über spezifische Eigenschaften von Werkzeugmaschinen ist in Abbildung 3.6 aufgeführt.

---

39 vgl. Puppe (1989), S. 174
40 z.B. Record in Pascal, Relation einer Datenbank
41 vgl. Puppe (1989), S. 174
42 vgl. Karras u.a. (1987), S. 44

Attribut-Wert Paare Antriebsleistung - 20 kW

Objekt-Attribut-Wert Tripel Maschine1 - Antriebsleistung - 20 kW

Records

Maschinen

M#	Antriebsleistung	Werkzeugwechsel	Steuerung
M1	20 kW	von_Hand	CNC
M2	30 kW	automatisch	DNC

Frames

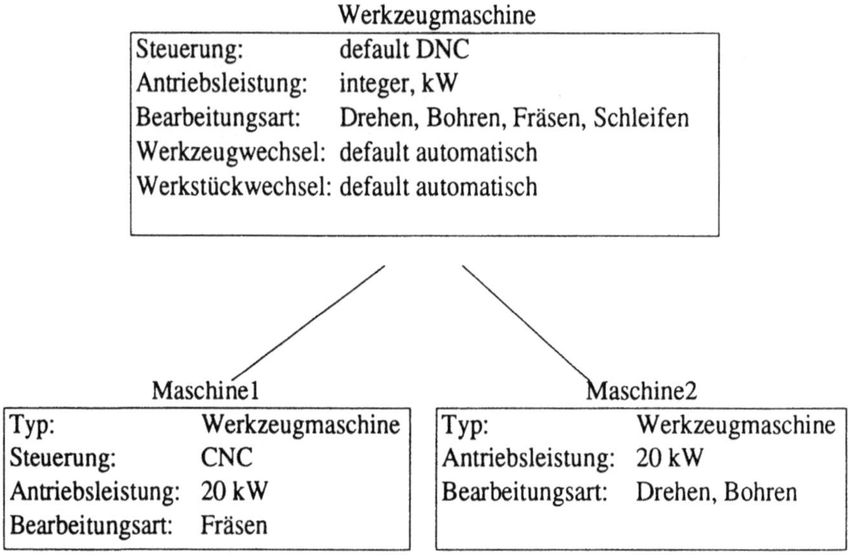

Abb. 3.6: Datenstrukturen[43]

Durch das Einfügen von Prozeduren werden zwei einander ergänzende Methoden zur Feststellung von Aussagen in einer einzigen Repräsentationsart zusammengefaßt: die *prozedurale* und die *deklarative* Repräsentation[44].

Nachteil ist jedoch, daß für Frames kein Inferenzmechanismus vorliegt[45].

---

43 vgl. Merrit (1989), S. 8 bzw. Specht (1989), S. 32
44 vgl. Harmon/King (1986), S. 51
45 vgl. Schmauch (1989), S. 153

b) Semantische Netze

Semantische Netze sind das allgemeinste und im Zusammenhang mit AI auch das älteste Repräsentationsschema[46]. Sie stellen von ihrer Struktur her gerichtete Graphen dar, die eine Menge von Knoten enthalten, welche Objekte, Konzepte oder Ereignisse repräsentieren.

Die Knoten sind durch benannte Kanten verbunden, wodurch binäre Relationen zwischen den Knoten beschrieben werden. Elementarrelationen sind dabei *is-a* und *part-of* bzw. *has-a* Relationen.

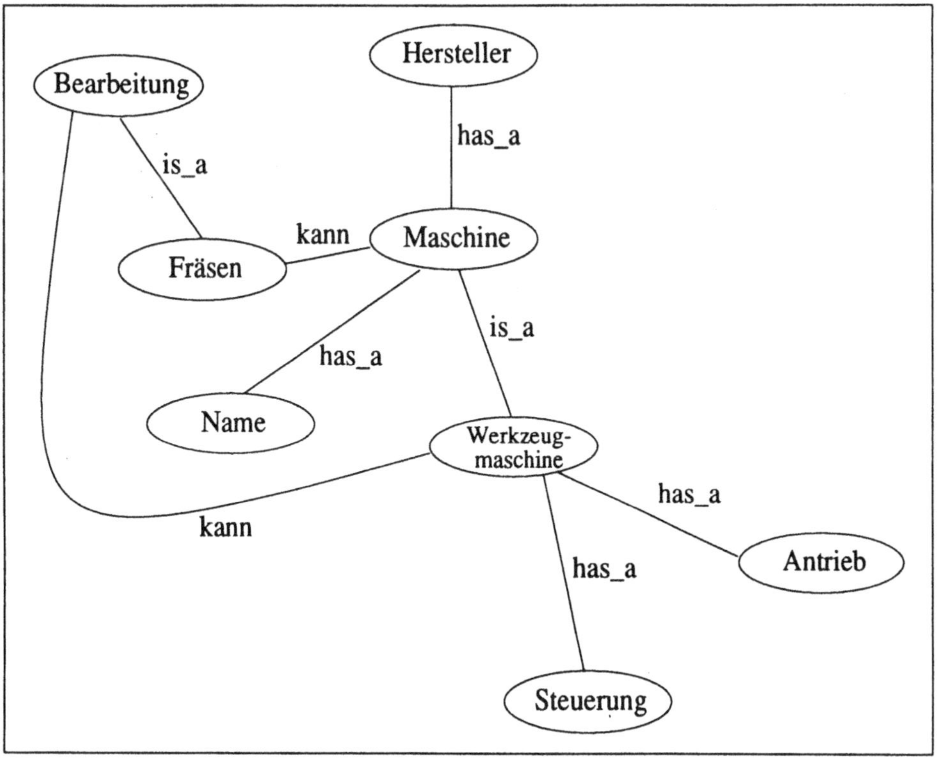

Abb. 3.7: Beispiel eines Semantischen Netzes

Außer im Bereich sprachverarbeitender Systeme wird die Wissensrepräsentation in Form Semantischer Netze nicht direkt für wissensbasierte Systeme und ihre Entwicklungswerkzeuge verwendet, sondern dient vielmehr als konzeptuelle Grundlage der Repräsentation in Form strukturierter Objekte[47].

---

46 vgl. Harmon/King (1986), S. 41
47 vgl. Karras u.a. (1987), S. 42

3. Implementierungen logischer Kalküle

Der älteste Formalismus zur Repräsentation von Wissen ist die aristotelische Logik, welche Anfang des Jahrhunderts zur heutigen Prädikatenlogik[48] weiterentwickelt wurde. Die Prädikatenlogik ist damit die theoretisch am besten untersuchte Methode der Wissensrepräsentation. Für die Konstruktion wissensbasierter Systeme wird sie allerdings außer in Form von PROLOG[49] so gut wie nie verwendet.

Wissen wird in einer logischen Repräsentation als Menge logischer Formeln dargestellt[50], die bezüglich eines Anwendungsbereichs interpretiert sind und in einer Datenbasis verwaltet werden[51]. In der Prädikatenlogik besteht diese Menge aus gültigen Aussagen (Axiomen) und Ableitungsregeln (Inferenzregeln), die formuliert werden, um die Gültigkeit von Sätzen herzuleiten[52].

Das logische Schlußfolgern wird dabei als formales Ableiten logischer Formeln durch schrittweises Anwenden einer oder mehrerer Inferenzregeln aufgefaßt.

Aussagen wird in der klassischen Logik entweder der Wert *wahr* oder *falsch* zugewiesen (zweiwertige Logik). Zur Verknüpfung einzelner Aussagen stehen als Junktoren Negation, Konjunktion, Disjunktion, Implikation und die Äquivalenz zur Verfügung. Das Ergebnis solcher Verknüpfungen ist wieder eine Aussage. Zusätzlich zu diesen in der Aussagenlogik vorhandenen Junktoren kommen in der Prädikatenlogik Allquantor und Existenzquantor hinzu.

Probleme in der Abbildung unvollständigen, vagen, assoziativen und sehr komplexen Wissens[53] sind der Anlaß zu Erweiterungen der klassischen Logik. Entwicklungsrichtungen[54] sind dabei Logiken aus Bereichen der Philosophie oder der Linguistik (Modallogik[55], mehrwertige Logik, intuitionistische Logik, temporale[56]/zeitbeschränkte[57] Logik), bzw. die Entwicklung von Logiksystemen,

---

48 vgl. zur Prädikatenlogik z.B. Schefe (1986a), S. 118ff., Genesereth/Nillson (1989), S. 19ff. oder Richter (1988)

49 wobei PROLOG nur einen Teil des Sprachumfangs der Prädikatenlogik erster Stufe bietet, vgl. Kleine Büning/Lettmann (1988), S. 59f.

50 es besteht auch die Möglichkeit, logische Aussagen in graphischer Form als *Venn-Diagramme* darzustellen, vgl. Harmon/King (1986), S. 54

51 vgl. Lehmann (1989), S. 68

52 vgl. Schmauch (1989), S. 110

53 vgl. z.B. Schöneburg (1987)

54 vgl. Schmauch (1989), S. 145

55 vgl. Genesereth/Nillson (1989), S. 326ff.

56 vgl. Schwind (1985) und Baaz (1989)

57 vgl. Zell (1989)

die bisher nicht formalisierbare Bereiche abdecken können (Fuzzy Sets[58], nichtmonotone Logik[59], nichtwiderspruchsfreie Logik[60]).

Bewertung

Die im PPS-Umfeld zu repräsentierenden Wissensbestandteile weisen eine Vielzahl unterschiedlicher Beschreibungsaspekte auf[61]:

Betrachtet man beispielsweise den Zeithorizont, so ist eine Vielzahl der Informationen über längere Zeiträume hin konstant, weist also zeitunabhängige Eigenschaften auf. Hierzu gehören u.a. Konfigurationsdaten, Arbeitspläne, Stücklisten, Teilestammdaten. Planungs- und Steuerungsinformationen wie z.B. Maschinenbelegungspläne oder Auftragsreihenfolgen betonen dagegen zeitabhängige Aspekte.

Zusätzlich kann zu modellierendes Wissen im PPS-Umfeld unvollständig, unsicher, oder inkonsistent sein.

Abzubilden sind neben eher statischen Strukturen (Objekte) auch dynamische Strukturen (Prozesse).

Weiterhin ist es notwendig, große Mengen von Geometriedaten, von technischen und organisatorischen Daten einzubinden.

In Abbildung 3.8 wird diesen Anforderungen folgend eine Übersicht über die Eignung der vorgestellten Repräsentationsmethoden für die Modellierung des Wissens im PPS-Umfeld gegeben.

---

58 vgl. Menhardt (1989) und Genesereth/Nillson (1989), S. 268f.
59 vgl. Brewka (1989a), Brewka (1989b), Brewka (1989c)
60 vgl. Baaz (1987)
61 vgl. Specht (1989), S. 35ff.

Kriterien \ Repräsentationsformalismus	Regeln	Frames	Semantische Netze	(Prädikaten-) Logik
Modellierung unvollständigen,	⊗	⊗	○	○
unsicheren,	⊗	⊗	○	⊗
inkonsistenten,	⊗	⊗	⊗	○
zeitabhängigen Wissens	○	○	○	○
Modellierung statischer Strukturen, Repräsentation von Objekten	○	●	●	●
Modellierung dynamischer Strukturen, Repräsentation von Prozessen	●	⊗	○	○
Integration mit geometrischen, technischen, organisatorischen Daten	●	●	⊗	⊗
Verständlichkeit	●	⊗	⊗	○
Änderung, Erweiterung, Wartung	⊗	●	⊗	⊗

● gut, leicht ⊗ mittel ○ schwierig

Abb. 3.8: Eignung von Repräsentationsformalismen für Anforderungen der Produktion[62]

3.2.3.3 Wissensakquisition

Wissensakquisition hat für die Entwicklung wissensbasierter Systeme zwei unterschiedliche Bedeutungen[63]:

> zum einen beinhaltet die Wissensakquisition alle Aktivitäten, die in der Entwurfsphase[64] mit der Festlegung der Wissensrepräsentationsformalismen, der Verarbeitung und der Mensch-Maschine-Kommunikation (MMK) zu tun haben,

62 vgl. Specht (1989), S. 35
63 vgl. Marchand (1990), S. 61
64 vgl. Kapitel 3.4

zum anderen umfaßt sie alle Aktivitäten, welche den Aufbau und die Pflege der Wissensbasis betreffen.

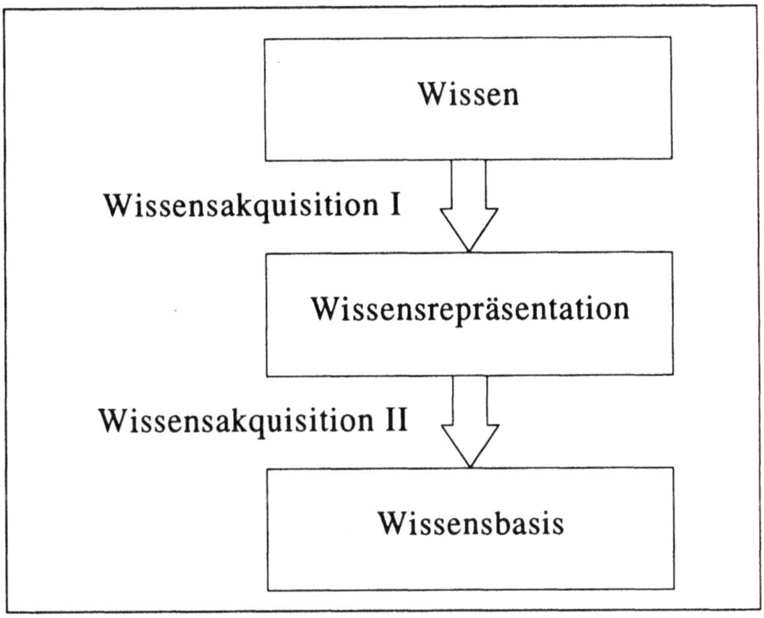

Abb. 3.9: Wissensrepräsentation und Wissensakquisition[65]

Unter dem Begriff Wissensakquisition werden damit die Prozesse der Identifikation von Verfügungswissen, der Formalisierung des Wissens und der Änderung bzw. Erweiterung der bestehenden Wissensbasis zusammengefaßt, wobei alle diese Prozesse dabei im Rahmen des sogenannten *Knowledge Engineering*[66] ablaufen.

Wissensakquisition kann somit als kreativer Gestaltungsprozeß angesehen werden, durch den eine systematische Domäne geschaffen wird, die bestimmte Bereiche fachlicher Arbeit abdeckt[67].

65 vgl. Marchand (1990), S. 62
66 vgl. Kapitel 3.4
67 vgl. den Begriff der Wissensrekonstruktion bei Schefe, Kapitel 3.2.3.1

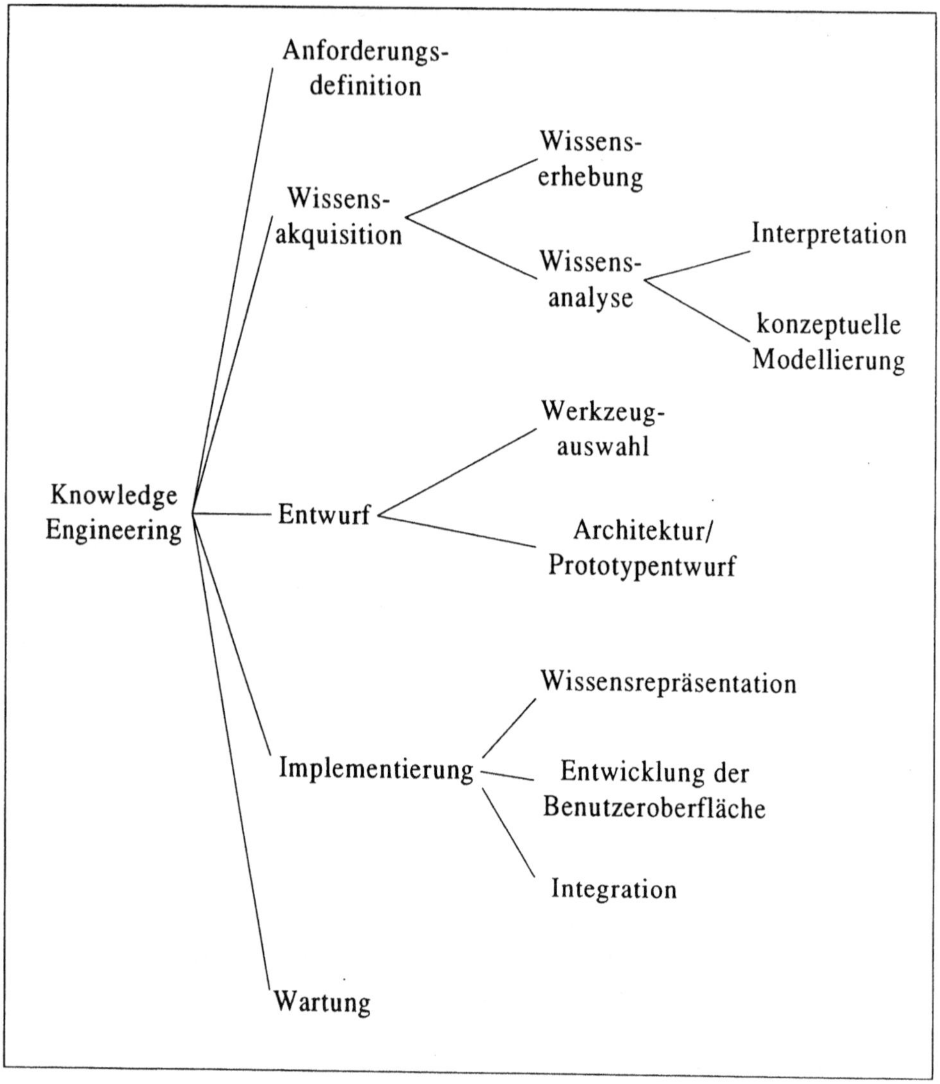

Abb. 3.10: Teilaufgaben des Knowledge Engineering[68]

Nach Puppe[69] können drei prinzipielle Arten des Wissenserwerbs unterschieden werden:

indirekter Wissenserwerb durch den Knowledge Engineer, welcher das Verfügungswissen des/der Experten identifiziert und formalisiert,

68 Voß (1990), S. 13
69 vgl. Puppe (1988)

direkter Wissenserwerb, wobei Experten unter Nutzung entsprechender Entwicklungswerkzeuge selbst fachliches Wissen formalisieren, und

automatischer Wissenserwerb, indem sich das System das notwendige Fachwissen selbständig aneignet.

Ansätze zur Unterstützung der Wissensakquisition bei den zuerst genannten Arten liegen dabei in geeigneten Entwicklungsumgebungen, die z.B. die Wisseneingabe erleichtern, Inkonsistenzen erkennen oder fehlerhaftes Wissen lokalisieren helfen[70].

Da diese Ansätze i.d.R. zumeist werkzeugbezogen in Form von Editoren[71], Compilern[72] und Debuggern entwickelt wurden und werden, wird nur im Rahmen konkreter Entwicklungswerkzeuge (vgl. Kapitel 3.4.4) kurz auf sie eingegangen werden. Weitergehende Ansätze, die allerdings noch nicht zu praktisch eingesetzten Systemen geführt haben, sind beispielsweise ROGET[73] und KRITON[74].

1. Knowledge Engineering und direkter Wissenserwerb

Die im Rahmen des Knowledge Engineering gegenwärtig verwendeten Grund-Techniken zur Wissensakquisition entstammen fast alle dem methodischen Inventar der empirischen Sozialforschung[75].

Einen Überblick über diese Techniken findet sich bei Schirmer[76] bzw. Paal[77], eine ausführlichere Darstellung ausgewählter Methoden findet sich bei Diederich[78] (Konstruktgitter-Verfahren[79], Protokollanalyse, Inkrementelle Textanalyse, Skalierung und Strukturlege-Techniken).

70 vgl. Emde/Rollinger (1988), S. 173
71 spezifische Editoren für die unterstützten Repräsentationsformalismen, die Eingabefehler vermeiden helfen, z.B. durch einfache Typisierungstests
72 vgl. S. 33
73 vgl. Bennet (1985)
74 vgl. Diederich u.a. (1987), Diederich (1988) und Diederich (1989), S. 319ff.
75 vgl. Schirmer (1988), S. 68
76 Schirmer (1988), Schirmer (1989)
77 Paal (1990)
78 vgl. Diederich (1989), S. 302ff.
79 vgl. hierzu auch Düspohl (1990)

Weitergehende Ansätze liegen z.B. in der modellbasierten Wissensakquisition[80], die sich mit der Erstellung implementierungsunabhängiger Wissensmodelle auseinandersetzt.

Beispielhaft soll hier kurz das Modell von Laske vorgestellt werden[81]:

Bei der Modellierung des Wissens schlägt Laske ein Wissensmodell vor, in dem drei Dimensionen des Expertenwissens abgebildet werden: *Kompetenz*, *Performanz* und *Lokalwissen*.

Lokalwissen umfaßt dabei alle aufgabenumweltspezifischen Wissensbestandteile, bildet also somit den situativen Kontext der folgenden Dimensionen ab.

Die Gesamtheit der für sein Fach bestimmenden Wissensinhalte, die zur Lösung typischer Aufgaben des Faches benötigt wird, bildet die Kompetenz eines Experten. Sie umfaßt objektbezogenes Wissen, Schlußfolgerungswissen und die bestimmten Aufgaben inhärenten Zielsetzungen.

Performanz läßt sich im Gegensatz zur Kompetenz als Vollzug des Wissens beschreiben, präzisiert als Suchprozeß nach Problemlösungen.

---

80 vgl. Karbach (1989)

81 vgl. Laske (1989), S. 6ff.
ein alternatives Modell ist z.B. KADS (Knowledge Acquisition, Documentation and Structuring), ein Beispiel für die Umsetzung einer BABYLON-Wissensbasis in das KADS-Modell findet sich bei Voß u.a. (1987)

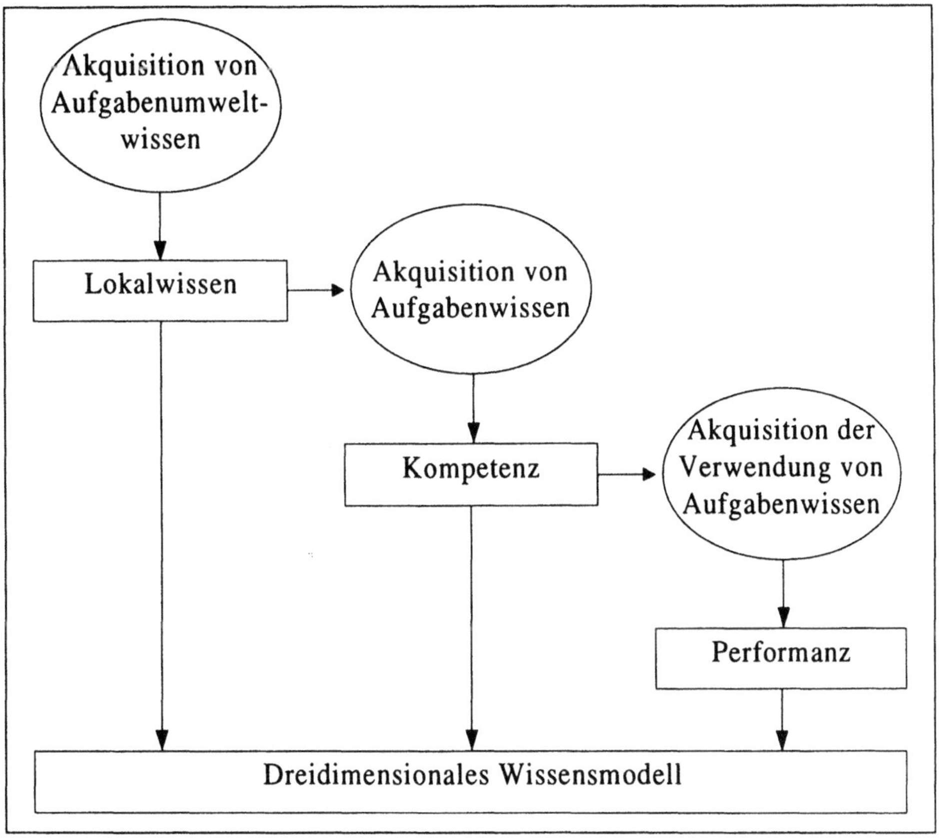

Abb. 3.11: Wissensmodellierung nach Laske[82]

Probleme

Ausgangspunkt der Wissensakquisition stellt das Informationsverarbeitungsparadigma dar, aus dem die Annahmen der grundsätzlichen Beschreibbarkeit, Strukturiertheit und Atomisierbarkeit menschlichen Wissens abgeleitet werden können[83].

Zu den Besonderheiten menschlicher Expertise, welche bei der Wissensakquisition allerdings nur unzureichend von heutigen Methoden[84] berücksichtigt

82 vgl. Laske (1989), S. 7

83 vgl. Becker (1990), S. 31ff.
an der Gültigkeit bzw. Nicht-Gültigkeit des Informationsverarbeitungsparadigmas orientiert sich auch wesentliche Kritik an der AI insgesamt, wie z.B. Dreyfus (1985), S. 117ff. bzw. S. 137ff.

84 ausgenommen Ansätze zur modellgestützten Wissensakquisition, die explizit einige dieser

werden, zählen[85]:

die Kontextabhängigkeit und Subjektgebundenheit menschlichen Wissens,

die Tatsache, daß Wissen immer auch eine soziale Größe darstellt,

der Unterschied zwischen Theorie und Praxis bzw. Wissen und Können[86], und

die begrenzte Explizierbarkeit von Wissen.

Durch diese Nicht-Berücksichtigung, die im wesentlichen auf einer zu starken Werkzeugorientierung beruht, können im Prozeß der Wissensakquisition Veränderungen des Expertenwissens hervorgerufen werden.

Denkbar sind etwa folgende Modifikationen[87]:

zunehmende Atomisierung durch die notwendige Zerstückelung des Wissens bei der Anwendung von Verfahren, die auf Identifikation und Attributierung einzelner Konzepte zielen,

Bemühen um Identifikation von Kausalzusammenhängen durch die auftretende Notwendigkeit, Wissen in Regelform darzulegen, obwohl der Bereich eher durch intuitive Prozesse gekennzeichnet ist (z.B. analoges Schließen, gestalthafte Wahrnehmung, Rückbezüge auf bereits gelöste Fälle),

zunehmend geringere Priorität nicht unmittelbar rational begründbarer Entscheidungsprozesse durch die Notwendigkeit, bestimmte Bereiche auszuklammern, da diese sich einer vollständigen oder genauen Beschreibung entziehen.

Als Antwort auf diese Probleme bietet sich zum einen das Konzept der Wissensmodellierung an (vgl. S. 44), zum anderen sollte nicht nur die Wissensakquisition, sondern der gesamte Prozeß der Systementwicklung als

---

85 vgl. Becker (1990), S. 32f.
86 vgl. dazu ausführlich Becker (1987)
87 vgl. Becker (1990), S. 33

Interaktionsprozeß zwischen Experten[88], Benutzern, Entwicklern und Management begriffen werden[89].

2. Automatischer Wissenserwerb

Im Unterschied zu Ansätzen der Unterstützung "manueller" Wissensakquisition steht der Einsatz von Methoden des automatischen Wissenserwerbs, d.h. der automatischen Analyse von Fachtexten und/oder dem automatischen Aufbau einer Wissensbasis aus Fallbeispielen[90]. Zum Teil finden auch die Methoden *Induktives Lernen*[91] und *Lernen durch Beispiele*[92] Anwendung[93].

Momentan existieren allerdings keine praktisch einsetzbaren Programme zum automatischen Wissenserwerb. Zu den Forschungsansätzen im Bereich der automatischen Wissensakquisition gehören beispielsweise das BMFT-Verbundprojekt LERNER[94], mit der Ableitung primär definitorischen Wissens aus prä-editierten Texten befaßt sich wit[95].

3.2.3.4 Truth Maintenance

Das in der Wissensbasis enthaltene Wissen ist i.d.R. zu großen Teilen nicht axiomatisch vorgegeben, sondern hat vielmehr den Charakter von Annahmen, die prinzipiell jederzeit widerlegt werden können. Bei der Verwaltung der Wissensbasis ergibt sich daher das Problem der Konsistenzerhaltung (*Truth Maintenance*).

Reason bzw. Truth Maintenance Systeme verwalten zusätzlich auch als gültig betrachtetes inferiertes Wissen und dessen Begründung[96], außerdem unterstützen sie den eigentlichen Problemlösungsprozeß, indem sie die zentrale Aufgabe der Verwaltung des Suchraumes übernehmen[97].

---

88 Modelle der Expertise von Expertengruppen
89 vgl. dazu Bartsch-Spörl (1990)
90 zum Lernen und Bewerten von Regeln vgl. z.B. Koch (1988)
91 der verbreiteste Ansatz induktiven Lernens basiert auf dem ID3-Algorithmus, vgl. Quinlan (1986)
kurze Beispiel hierfür finden sich in Coy/Bonsiepen (1989), S. 64 und Mertens (1990), S. 35f.
92 vgl. Habel/Rollinger (1985), S. 268ff.
93 ein Überblick zu den Konzepten maschinellen Lernens findet sich in Langley (1986) bzw. Kodratoff (1986)
94 vgl. Bertelsmeier (1987), Emde/Rollinger (1988)
95 vgl. o.V. (1989)
96 vgl. Reinfrank (1989)
97 vgl. Dressler/Freitag (1989), S. 13

Bei der Konsistenzerhaltung lassen sich drei Problemtypen unterscheiden[98]:

das Wissenserwerbsproblem,

das Revisionsproblem und

das Rahmenproblem.

Wissenserwerbsproblem

Im Rahmen der Wissensakquisition ergeben sich Fragen zur Integration neuen Wissens in die Wissensbasis, zur Behandlung eventueller Widersprüche und dem Zeitpunkt der Änderung der Wissensbasis durch Hinzufügen neuen Wissens im Abarbeitungsprozeß[99].

Die Integration neuen Wissens ist von den verwendeten Repräsentationsformalismen abhängig, je nach Formalismus und den in der Entwicklungsumgebung vorhandenen Werkzeugen ergeben sich spezifische Probleme und Lösungsansätze (vgl. Kap. 3.2.3.1 und Kap. 3.2.3.2).

Eine generelle Lösung des Problems widersprüchlichen Wissens ist zur Zeit nicht verfügbar. Führt die Wissensakquisitionskomponente Konsistenzprüfungen der Wissensbasis bei Änderung oder Erweiterung durch, so kann das System Eingaben zurückweisen oder auf den Widerspruch hinweisen, die eigentliche Aufgabe der Konsistenzerhaltung bleibt jedoch dem Menschen überlassen.

Die Frage nach dem Zeitpunkt von Änderungen der Wissensbasis betrifft i.e.S. die durch Inferenzen hervorgerufen Änderungen, die aufgrund neuer Fakten durchgeführt werden. Inferenzen können dabei zum Zeitpunkt der Eingabe neuer Fakten oder zum Anfragezeitpunkt ausgelöst werden.

Wissensbasierte Systeme, die datengetrieben nach dem Prinzip der Vorwärtsverkettung arbeiten (vgl. Kap. 3.2.4)[100], lösen Inferenzen zum Eingabezeitpunkt aus und fügen Resultate der aktiven Wissensbank[101] hinzu, was wiederum neue Inferenzprozesse auslösen kann. Probleme ergeben sich dabei, wenn im weiteren Verlauf einer Konsultation nicht nur einzelne Fakten, sondern

98 vgl. Schefe (1986a), S. 136ff.
99 ebenda, S. 137
100 typische Vertreter sind Produktionssysteme
101 i.e.S. nicht der Ausgangswissensbasis, sondern zu der im Konsultationsprozeß verwendeten Wissensbasis; soll das im Rahmen einer Konsultation erschlossene Wissen permanent hinzugefügt werden, ergibt sich wiederum die erste Fragestellung

auch die daraus resultierenden Konsequenzen wieder entfernt werden müssen. Zur Lösung dieses Problems werden im einfachsten Fall Triggermechanismen[102] verwendet.

Revisionsproblem

Insbesondere im Rahmen des sogenannten *Default Reasoning*[103] werden aufgrund definitiven Wissens Annahmen getroffen, welche konsistent mit der aktiven Wissensbasis sind. Inkonsistenzen entstehen dabei durch die Auswahl von nicht miteinander verträglichen Annahmen, die aufgrund nicht-allgemeingültiger Schlußregeln ausgewählt werden[104].

Das Revisionsproblem umfasst dabei zum einen das Problem der Aufstellung von Annahmen, zum anderen das Problem der eventuellen Revision von Annahmen, sobald Inkonsistenzen auftreten[105/106]. Der Widerspruch zwischen einem Faktum und einer Annahme läßt sich dabei durch Zurückziehen der Annahme beseitigen. Dabei ergeben sich im wesentlichen die schon im Rahmen der dritten Fragestellung des Wissenserwerbsproblems aufgeworfenen Probleme.

Rahmenproblem

Beim Rahmenproblem handelt es sich um die Frage, wie kontrollierte Veränderungen der Wissensbasis durchgeführt werden können. Dieses Problem tritt insbesondere bei der Formalisierung von Handlungen und ihren verändernden Wirkungen in einem Situationenkalkül auf[107]. Dabei läßt sich grundsätzlich nicht entscheiden, ob alle relevanten Fakten des Kontexts expliziert wurden.

Im allgemeinen werden zur Lösung des Rahmenproblems Kontrollstrategien in Bezug auf die Vererbung von Vorgabewerten bei strukturierten Datenobjekten (Frames) verwendet.

Lösungsansätze

Neben Ansätzen, die sich im Rahmen der Wissensakquisition mit Problemen der Wartung und Erweiterung von Wissensbasen beschäftigen, werden in zunehmendem Maße in neueren Versionen von Entwicklungswerkzeugen für

---

102 vgl. Schefe (1986a), S. 137f.
103 vgl. Brewka (1989a), S. 6f.
104 vgl. Dressler/Freitag (1989), S. 17
105 vgl. Schefe (1986a), S. 136
106 vgl. hierzu Ansätze nicht-monotoner Logiken, als Literatur die Arbeiten von Brewka, siehe Kapitel 3.2.3.2
107 vgl. Schefe (1986a), S. 140f.

wissensbasierte Systeme Truth Maintenance Komponenten integriert[108]. Die dabei verwendbaren Grundtechniken werden in Dressler/Freitag (1989) vorgestellt[109].

3.2.4 Problemlösungskomponente (Inferenzkomponente)

3.2.4.1 Das Suchproblem

In fast allen Anwendungsfeldern wissensbasierter Systeme tritt das Suchproblem in irgendeiner Form in Erscheinung, im einfachsten Fall als Erzeugen und Durchsuchen eines Alternativenraums zur Entscheidungsfindung. Für die Lösung dieses Problems wurden sehr allgemeine Methoden entwickelt, von denen kurz nur zwei Vertreter vorgestellt werden sollen[110].

Kann der Alternativenraum graphisch in Form eines gerichteten Graphen abgebildet werden, können Varianten der sogenannten Graphensuchverfahren angewendet werden, die u.a. in Beziehung zu sogenannten Branch-and-Bound-Methoden stehen.

Breitensuche und Tiefensuche

Zu den sogenannten uninformierten Methoden gehört die Breitensuche (breadth first), bei der die zu untersuchende Menge in Teilmengen aufgeteilt wird, die jeweils weiter unterteilt werden, bis das Zielelement gefunden wird. Der dabei erzeugte Suchbaum wird hierbei immer zuerst vollständig für alle untersuchbaren Teilmengen geöffnet (vgl. Abbildung 3.12).

Die Breitensuche läßt sich leicht in eine andere Grundform der uninformierten Graphensuche umformen, die sogenannte Tiefensuche (depth first). Werden neu generierte Knoten im Suchbaum (neue Teilmengen) jeweils an den Anfang der aktiven Knoten gestellt, so werden zuerst die Nachfolger, nicht die Nachbarknoten weiterverfolgt.

---

108 vgl. Dressler/Freitag (1989), S. 19
ein Beispiel ist ITMS, welches in die Diagnostik-Shell Med2 eingebunden ist, vgl. Puppe (1987b)

109 typische Vertreter bestimmter Kombinationen sind TMS und ATMS (Assumptionbased TMS), vgl. Dressler/Freitag (1989), S. 13
für ATMS und Erweiterungen vgl. Dressler (1987b), Dressler (1988), Dressler/Farquhar (1989)

110 eine ausführliche Darstellung des Suchproblems in der AI und über verfügbare Methoden gibt Schefe (1986a), S. 56ff.

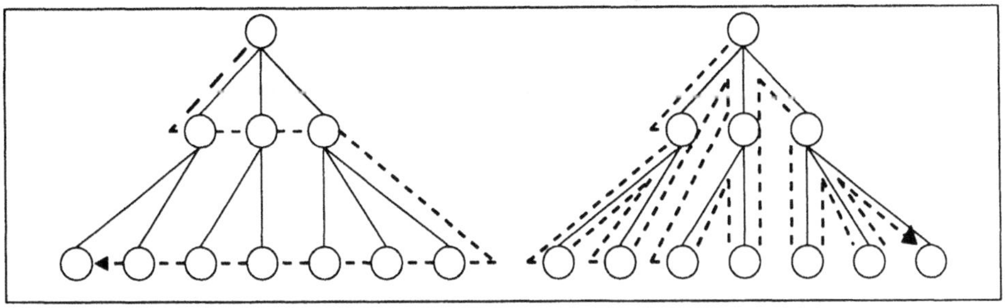

Abb. 3.12: Breiten- vs. Tiefensuche

Vorwärtsverkettung und Rückwärtsverkettung

Als Zustandsraum wird ein Graph bezeichnet, der alle aus einer Anfangsbedingung erreichbaren Zustände (Alternativen) enthält[111]. Aufgabe eines Problemlösungssystems ist hierbei, den im Rahmen der Problemlösung tatsächlich durchlaufenen Teil des Zustandsraumes möglichst klein zu halten.

Die Zustandsraumsuche kann dabei von einer Ausgangsbedingung zu einer Ziel- oder Endbedingung voranschreiten, diese Form der Suche wird als *Vorwärtsverkettung* (forward reasoning) bezeichnet. Eine alternative Suchstrategie ist die *Rückwärtsverkettung* (backward reasoning), bei der ein Ziel vorgegeben wird und durch Erzeugen von Subzielen eine schrittweise Annäherung an die Ausgangsbedingung versucht wird.

Suchverfahren

Zustandsraumsuche		Und-/Oder-Graph-Suche
blinde Suche	heuristische Suche	Spiele
• Breitensuche • Tiefensuche • Vorwärts-verkettung • Rückwärts-verkettung • Bidirektionale Suche	• Best First • Means End • Pruning	• minimax • Alpha-Beta Pruning • heuristisches Pruning

Tab. 3.4: Übersicht Suchmethoden[112]

111 vgl. Specht (1989), S. 39
112 vgl. Specht (1989), S. 43

Bewertung

Der Einsatz von Suchverfahren setzt die Einhaltung folgender Bedingungen voraus[113]:

die Gesamtaufgabe läßt sich in einzelne Elemente zerlegen, die hierarchisch verknüpft werden können,

die Struktur der Aufgabenstellung darf sich während des Problemlösungsprozesses nicht grundsätzlich verändern[114].

Die Bewertung von Suchverfahren muß Bezug auf die Charakteristiken der Problemstellung nehmen, ein Beispiel für eine solche Bewertung für die vorgestellten Suchverfahren findet sich in der folgenden Tabelle.

	Breitensuche	Tiefensuche	Vorwärts-verkettung	Rückwärts-verkettung
Voraussetzung	günstig bei schmalem, tiefem Baum	günstig bei breitem, flachem Baum	definierter Anfangs-zustand	definierter Endzustand
Lösungs-gang	Lösungspfad minimaler Tiefe beste, sichere Lösung	suboptimale Lösung		trivial, falls nur eine Wurzel
Aufwand	sehr hoch, zeitintensiv			
Anwendungs-beispiel	Fehlersuche Produkt-konfiguration	passende Reparaturmaß-nahme finden, passende Variante finden,	Produktions-planung Vorgabe eines Ausgangs-zustandes	Arbeitsplan, Montageplan Vorgabe eines Endzustandes

Tab. 3.5: Anwendung von Suchmethoden[115].

113 vgl. Specht (1989), S. 50

114 ansonsten stellt sich die bereits angesprochene Truth-Maintenance-Problematik, vgl. Kapitel 3.2.3.4

115 vgl. Specht (1989), S. 51

3.2.4.2 Inferenzverfahren und -steuerung

Inferenz bedeutet das Schließen aus vorhandenem Wissen[116].

Wissen und Inferenz bilden das tragende Fundament wissensbasierter Systeme, wobei genaugenommen Inferenz ebenfalls Wissen darstellt, und zwar Wissen darüber, wie man aus Wissen anderes Wissen erschließen kann, oder alternativ formuliert, Wissen über die Verarbeitung von Wissen (*Meta-Wissen*)[117].

In wissensbasierten Systemen wird die Inferenzkomponente entweder explizit programmiert[118], oder sie wird durch die Wahl der Programmiersprache[119] bzw. der Entwicklungsumgebung vorgegeben. Bei der Betrachtung von verfügbaren Inferenzverfahren und -strategien können dabei zwei Bereiche unterschieden werden[120]:

logikbasierte Systeme und

regelbasierte Systeme.

Einen zusätzlichen Aspekt stellt die Behandlung unsicheren Wissens dar, der in beiden Bereichen zu beachten ist.

<u>Logikbasierte Systeme</u>

Die in wissensbasierten Systemen mit am häufigsten eingesetzte Inferenzstrategie besteht in der Anwendung einer logischen Regel, die als *Modus ponens* (Abtrennungsregel) bezeichnet wird und Aussagen folgender Form erlaubt[121]:

> Wenn A wahr ist, und A B impliziert, so kann geschlossen werden, daß auch B wahr ist.

Als Schema kann dieser *deduktive Schluß* wie folgt dargestellt werden:

$$\begin{array}{l} A \rightarrow B \\ \underline{A \qquad} \\ B \end{array}$$

116 vgl Laubsch (1985), S. 49
117 vgl. Bibel (1985), S. 3
118 z.B. in C, Pascal, LISP
119 z.B. PROLOG, LOOPS
120 wobei in konkreten Systemen meist beide Bereiche implementiert sind
121 vgl. Harmon/King (1986), S. 56

Eine äquivalente Darstellung ergibt sich, wenn die Implikation durch die Disjunktion und die Negation ersetzt wird.

NICHT A ODER B A ――――― B

Anhand dieses Schemas läßt sich auch eine weitere Art natürlichen Schließens aufzeigen, die *Abduktion* (Rückschluß).

A -> B B ――――― A

Abduktive Schlüsse sind oft praktisch gültig und machen laut Schefe im wesentlichen das sogenannte *common sense reasoning* aus[122]. Sie lassen sich quasideduktiv[123] formulieren, wodurch unsicheres Wissen in einer unscharfen Formulierung ausgedrückt werden kann, wie an folgendem Beispiel[124] gezeigt wird. Die Aussage

Wenn es geregnet hat, ist die Straße naß.
Die Straße ist naß.
―――――
Also hat es geregnet.

kann umformuliert werden in

Wenn die Straße naß ist, hat es *meist* geregnet.
Die Straße ist naß.
―――――
Also hat es *wohl* geregnet.

Wenn nur in der Prämisse mehrere konjunktiv verknüpfte Aussagen enthalten sind, wird die Implikation als *Hornklausel* bezeichnet.

Weiterhin wird neben dem Modus ponens die aus der klassischen Logik bekannte *Schnittregel* verwendet[125]:

A ODER B NICHT A ODER C ――――― B ODER C

---

122 vgl. Schefe (1986a), S. 104
123 dies führt zum sogenannten Default Reasoning
124 Schefe (1986a), S. 104
125 vgl. Bayerl u.a. (1986), S. 133

Im Rahmen der automatischen Deduktion und der Arbeiten an automatischen Beweisern wurden eine Reihe weitergehender Verfahren entwickelt, unter denen das Resolutionsverfahren von Robinson grundlegend ist[126].

Das Resolutionsverfahren ist eine Methode, um mittels eines Widerspruchsbeweises (indirekter Beweis) zu ermitteln, ob eine neue Aussage anhand einer Anzahl vorgegebener Aussagen gültig ist. Es baut auf der Resolventenregel für Hornklauseln auf, die sich wie folgt formulieren läßt[127]:

A -> P
P UND B -> C
A UND B -> C

Neben der Schnittregel kommt noch die Regel der universellen Substitution hinzu.

Der Ablauf des Resolutionsverfahrens läßt sich wie folgt beschreiben[128]:

die Negation der abzuleitenden Aussage wird zu den bereits definierten Klauseln hinzugefügt,

zwei Klauseln in denen jeweils die gleiche Variable auftritt werden ausgewählt,

durch Vereinigung entsteht eine neue Klausel (Resolvente),

dieser Prozeß wird solange fortgesetzt, bis als Resolvente eine leere Klausel auftritt, womit die Aussage bewiesen ist.

Sind bei der Vereinigung einzelne Literale (atomare Formeln) nicht miteinander vergleichbar, müssen sie durch eine passende Substitution *unifiziert* werden[129].

126 vgl. Specht (1989), S. 53
127 wobei dies keine zwingende Definition der Resolventenregel darstellt, vgl. Schefe (1986a), S. 123
128 vgl. Mertens (1990), S. 19f.
für eine ausführliche Darstellung der Resolution vgl. Bibel (1982), Bibel (1984), Bibel (1985), Schefe (1986a)
129 vgl. Bayerl u.a. (1986), S. 133f.

Regelbasierte Systeme

Inferenz bei regelbasierten Systemen ist im wesentlichen identisch mit der Steuerung der Aktivierung von Regeln einer Regelmenge. Dabei handelt es sich prinzipiell um ein spezielles Suchproblem, was beispielsweise Breiten- und Tiefensuchstrategien anwendbar macht.

Für die Auswertung von Regeln stehen dabei prinzipiell jeweils zwei Alternativen zur Auswahl:

Die *Vorwärtsverkettung*, wobei ausgehend von vorhandenen Daten im Arbeitsspeicher eine der Regeln ausgewählt wird, deren Prämisse erfüllt ist. Die Konklusion der Regel wird als abgeleiteter Fakt in den Arbeitsspeicher geschrieben bzw. die Aktion der Regel ausgeführt. Der Prozeß wird solange wiederholt, bis keine Regel mehr anwendbar ist.

Die *Rückwärtsverkettung*, wobei ausgehend von einer Hypothese (Ziel, zu überprüfende Behauptung) die Regeln untersucht werden, deren Konklusion die Zielhypothese enthält. Die Bedingung der Regel wird durch Fragen an den Benutzer, durch Fakten aus dem Arbeitsspeicher oder durch die Auswertung anderer Regeln etabliert.

Kombinationen beider Strategien sind als *hypothesize-and-test* und *establish-refine* bekannt.

Bei beiden Strategien zur Regelauswertung können in einer bestimmten Situation mehrere Regeln gleichzeitig anwendbar sein, daher müssen Strategien zur Konfliktlösung (Regelauswahl) vorgesehen werden.

Die gebräuchlichsten Konfliktlösungsstrategien sind[130]:

Wahl der ersten anwendbaren Regel,

Wahl nach zeitlichen Kriterien, z.B. die Regel mit den neuesten Daten,

Bevorzugung spezifischer vor allgemeineren Regeln.

Spezifische Methoden zur Auswahl einer aktivierbaren Regel aus der sogenannten Konfliktmenge sind z.B. MEA und LEX[131].

---

130 vgl. Puppe (1989), S. 173
131 vgl. Merrit (1989), S. 90f. bzw S. 94f.

Die Behandlung unsicheren Wissens bei regelbasierten Systemen erfolgt typischerweise über die zusätzliche Attributierung der Regeln mit Konfidenzwerten. Die rechnerische Behandlung der Konfidenzfaktoren folgt dabei üblicherweise dem Vorbild MYCIN und wird beispielsweise in Harmon/King[132] beschrieben.

Werden stattdessen Wahrscheinlichkeitsaussagen verwendet, kann das Bayes-Theorem angewendet werden.

3.2.5 Dialogkomponente

3.2.5.1 Kommunikationspartner wissensbasierter Systeme

Dialog im engeren Sinne umfaßt die schrittweise Auftragsabwicklung von Informationsverarbeitungsprozessen, wobei während der Abarbeitung eine ständige Interaktion zwischen dem menschlichen Benutzer und dem Informationsverarbeitungssystem abläuft. Wie jedoch schon in Kapitel 3.2.2 angesprochen, umfaßt das potentielle Einsatzfeld wissensbasierter Systeme neben der reinen Mensch-Maschine-Kommunikation (MMK) noch weitere Interaktionsformen, welche jeweils über separate Module der Dialogkomponente abgewickelt werden.

Die Dialogkomponente eines wissensbasierten Systems umfaßt folglich[133]:

die *Benutzeroberfläche* für den Menschen, sowie

datentechnische und

funktionale Schnittstellen zum Umsystem[134].

Je nach der Art der Einbindung wissensbasierter Systeme in das technisch-organisatorische Umfeld ergeben sich dabei verschiedene potentielle Kommunikationspartner des Systems. Das Spektrum der Möglichkeiten zeigt die folgende Abbildung.

---

132 vgl. Harmon/King (1986), S. 58f.
133 je nach Art und Umfang der Einbindung können dabei Einzelmodule nicht bzw. nicht im vollen Umfang enthalten realisiert sein, vgl. Kapitel 3.2.2
134 vgl. Kapitel 4.4.2.2

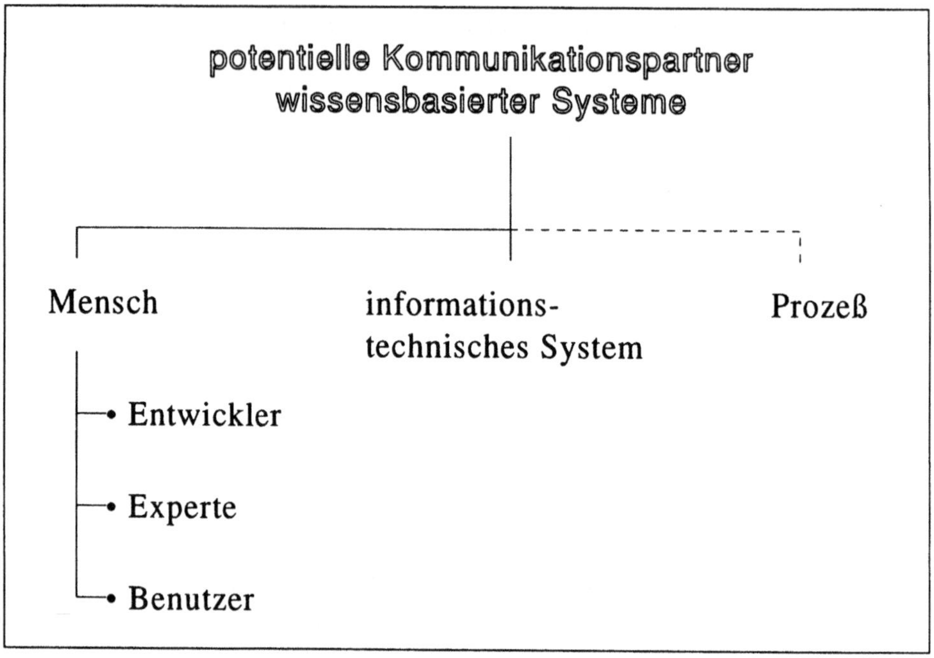

Abb. 3.13: potentielle Kommunikationspartner wissensbasierter Systeme

Der Bereich der Prozeßkommunikation stellt dabei nach dem derzeitigen Stand allerdings keinen typischen Einsatzbereich wissensbasierter Systeme dar, da deren Echtzeitfähigkeit derzeit nicht oder nur eingeschränkt vorliegt[135].

Ansätze, wissensbasierte Systeme im Bereich der Prozeßsteuerung und -diagnose einzusetzen, finden sich beispielsweise in Früchtenicht[136], Lischka/Voß[137] und Meyer[138].

Entfällt die Forderung nach Echtzeitfähigkeit, bietet sich jedoch für Planungszwecke das Gebiet der wissensbasierten Simulation an[139]. Zusätzlich stellt das Gebiet der wissensbasierten Simulation auch eine Möglichkeit zur Verfügung, kausales Wissen in Form von Simulationsmodellen zu repräsentieren[140].

---

135 vgl. Bullinger/Kornwachs (1990), S. 151
136 vgl. Früchtenicht/Wittig (1987)
137 vgl. Lischka/Voß (1989)
138 vgl. Meyer (1987)
139 vgl. z.B. Janson/Sutschet (1987), Mertens/Ringlstetter (1989), Schmidt (1989), Widman/Loparo (1990)
einen allgemeinen Überblick über das Thema "AI in der Simulation" gibt Futo/Gergely (1989)
140 vgl. dazu auch die Auswirkungen auf die Erklärungsfähigkeit, Kapitel 3.2.6

Im PPS-Umfeld finden sich eine Vielzahl informationstechnischer (Sub-)Systeme[141], die potentielle Kommunikationspartner wissensbasierter Systeme bilden:

CAx-Systeme[142],
PPS-Systeme.

Möglichkeiten zur Realisierung von Kommunikationsbeziehungen zwischen einzelnen Subsystemen sind dabei

indirekte und
direkte Kommunikation.

Die indirekte Form der Kommunikation wird über den Zugriff auf gemeinsame Datenbestände realisiert (*Datenbankkonzept*), bei dieser Kommunikation findet allerdings der ausschließliche Austausch von Daten/Informationen statt.

Für die direkte Abwicklung von Kommunikationsprozessen kann die Kommunikation entweder über jeweils spezifische Schnittstellen (*Schnittstellenkonzept*) oder ein spezielles Modul für Aufbau und Steuerung von Kommunikationsprozessen ablaufen (*Handler-Konzept*). Bei direkten Formen der Kommunikation können neben Informationen zusätzlich auch Anweisungen übermittelt werden, auf die der jeweils andere Kommunikationspartner reagiert[143].

Im Rahmen der MMK bei wissensbasierten Systemen können folgende Personenrollen unterschieden werden:

der Mensch als *Entwickler* des Systems (Knowledge Engineer),

der Mensch als *Wissensträger* (Experte),

der Mensch als *Benutzer* des Systems.

Wesentlich ist die Unterscheidung nach Personenrollen für die grundsätzliche Forderung nach der Erklärungsfähigkeit des Systems, welche je nach Personenrolle ein adäquates Benutzermodell erfordert[144].

---

141 Subsysteme im Rahmen eines CIM-Konzeptes, entsprechend können diese Subsysteme auch als CIM-Bausteine bezeichnet werden
142 z.B. CAD, CAP, CAM
143 dabei kann es sich z.B. um Master-Slave oder Partnerbeziehungen handeln
144 vgl. Kapitel 3.2.6

Auf die Ziele der MMK und die daraus abzuleitenden Anforderungen an die Gestaltung der Benutzeroberfläche wissensbasierter Systeme wird in den folgenden Kapiteln 3.2.5.2 und 3.2.5.3 eingegangen. Die informationstechnische Einbindung wissensbasierter Systeme in das PPS-Umfeld wird in Kapitel 4.4.2.2 vertieft, exemplarisch wird dies auch in Kapitel 6 aufgezeigt.

3.2.5.2 Ziele der Mensch-Maschine-Kommunikation

Die MMK im Bereich wissensbasierter Systeme findet weniger unter dem Aspekt der Substitution menschlicher Facharbeit, sondern vielmehr unter dem Aspekt der Entscheidungsunterstützung im Rahmen von Entscheidungsprozessen statt.

Mögliche Aspekte der Entscheidungsunterstützung sind dabei beispielsweise:

- die Hilfestellung bei der Problemidentifikation und -formulierung,
- das Generieren von Lösungsalternativen,
- das Bewerten von Lösungsalternativen,
- die Auswahl einer oder mehrerer Lösungsalternativen und
- die Organisation des Entscheidungsprozesses.

Erst eine reibungslose Kommunikation zwischen System und Benutzer im Sinne eines symbiotischen Zusammenwirkens ermöglicht dabei die effiziente Behandlung schlechtstrukturierter Probleme. Wesentliche Bereiche fast jeder Arbeit, die dabei durch das geeignete Zusammenspiel zwischen Benutzer und wissensbasiertem System gelöst werden müssen, sind[145]:

- Kontexte und Gültigkeitsbereiche erkennen und wissen, wann Hilfe nötig wird[146],
- Vermutungen (Hypothesen) über Arbeitszusammenhänge anstellen[147],
- einen Handlungsbedarf, z.B. einen unerwarteten Fehler, erkennen.

145 vgl. Coy/Bonsiepen (1989), S. 50
146 vgl. dazu das Zitat von Richter auf S. 31
147 z.B. Fehler- oder Mängelstrukturen erkennen

Zu den typischen kognitiven Leistungen des Menschen gehört dabei die Fähigkeit, aus Analogien oder Fehlern Neues zu lernen.

Ein zentrales Problem beim Einsatz wissensbasierter Systeme ist wie bei allen DV-Produkten die Akzeptanz durch den Nutzer, denn:

> *"Falls man ein System implementiert, von dessen Scheitern die Benutzer von Anfang an überzeugt sind, so wird es scheitern."*[148]

Akzeptanz kann durch Wissen um die Ziele des Einsatzes, Schulung im Umgang mit dem System und Einsicht in die Vorteile der Nutzung im Arbeitsprozeß entstehen. Primäres Ziel der MMK ist daher, durch die entsprechende Gestaltung der Benutzeroberfläche einen möglichst hohen Zielbeitrag zur Akzeptanz des Systems zu erreichen.

Ein Problem stellt dabei die prinzipiell wachsende Komplexität interaktiver DV-Anwendungen dar, die wesentlich zur Problematik der sogenannten Software-Krise beiträgt.

> *"Die Software-Krise ist Ergebnis unserer Fähigkeit, Programme in einer Größenordnung und Komplexität zu konstruieren und zu benutzen, die jenseits der Grenzen menschlichen Verstehens sind."*[149]

Der Komplexität von DV-Systemen kann konzeptionell in drei Dimensionen gegengesteuert werden[150]:

mit einer angemessenen *Breite* der Anwendungsmöglichkeiten eines Programms[151], wobei die Vielseitigkeit nicht in eine unübersichtliche Universalität umschlagen darf,

der *Abstraktion* von den maschinellen Eigenheiten der Durchführung der Aufgabe (konzeptionell-logische Strukturen: Programmiersprachen, Rechnerarchitekturen, Modulkonzepte) und

der *symbolischen Übertragung*[152] vertrauter Arbeitsumgebungen und Arbeitskonzepte.

---

148 D.L.Smith (1988), zitiert nach Coy/Bonsiepen (1989), S. 120
149 D.Partridge (1986), zitiert nach Coy/Bonsiepen (1989), S. 121
150 vgl. Coy/Bonsiepen (1989), S. 134f.
151 was letztendlich zur Forderung nach Konvivialität führt, vgl. Kapitel 3.2.5.3.1
152 z.B. Desktop-Metapher, vgl. Kapitel 3.2.5.3.2

Die entsprechende Gestaltung der Benutzeroberfläche nach Software-ergonomischen Anforderungen ist Thema des folgenden Kapitels.

3.2.5.3 Gestaltung der Benutzeroberfläche

3.2.5.3.1 Software-Ergonomie

Software-Ergonomie hat die Zielsetzung, Softwaresysteme so zu gestalten, daß sie den Fähigkeiten des Menschen angepaßt sind[153].

Die Aufgabenbereiche der Software-Ergonomie umfassen folglich[154]:

die *Analyse* von:
menschlichen Eigenschaften und Fähigkeiten (z.B. DV-Nichtexperte vs. Gelegenheitsbenutzer vs. Experte),

Arbeitsinhalten und -abläufen (z.B. Routinearbeiten vs. kreative Tätigkeiten),

das *Gestalten* von Systemen:
symbiotisch (Aufteilung kognitiver Leistungen zwischen Mensch und System),

konvivial (Endbenutzerkontrolle und -modifizierbarkeit),

das *Beurteilen* von Systemen nach:
angemessener Beanspruchung des Menschen (im Gegensatz zu einer möglichen Lückenbüßerfunktion),

Leistung und Arbeitsqualität.

Wesentliche Eigenschaften ergonomischer Systeme sind dabei nach Bauer/Herczeg[155]:

die *Konsistenz* der Interaktion, wobei bei integrierten Systemen eine durchgehende Interaktionstechnik verwendet werden sollte[156],

---

153 vgl. Fischer/Laubsch (1983)
154 vgl. Fischer/Laubsch (1983)
155 vgl. Bauer/Herczeg (1985), S. 108ff.
156 Als Lösung bieten sich anwendungsneutrale Benutzerschnittstellen an, die den Zugang zu allen benutzten Anwendungssystemen in derselben Art und Weise ermöglichen. Die

die Verfügbarkeit von *Hilfeleistungen*, wobei zwischen aktiven und passiven bzw. kontextsensitiven und allgemeinen Hilfen unterschieden werden kann[157],

die *Gestaltbarkeit* (Konvivialität) des Systems, d.h. die Möglichkeit, die Arbeitsweise des Systems an die persönliche Arbeitsumgebung anzupassen[158],

die Art und Weise wie das System auf Fehler reagiert, wobei zwischen den Aspekten *Fehlertransparenz* (Ursache des Fehlers) und *Fehlertoleranz* (automatische Fehlerkorrektur bzw. gezieltes Korrekturangebot) unterschieden werden kann[159].

3.2.5.3.2 Graphische Gestaltung

Neben der Verfügbarkeit von Hilfe-Funktionen und der Forderung nach innerer Logik und Nutzungsflexiblität von Anwendungssystemen gehören zu den wichtigsten Gestaltungsprinzipien von Benutzeroberflächen:

-Menütechnik,
-Fenstertechnik und die
-graphische, objektorientierte Repräsentation der Realwelt.

Damit soll zum einen der effizienten Verarbeitung visueller Information durch den Menschen Rechnung getragen werden, zum anderen sollen vertraute Arbeitsumgebungen und Arbeitskonzepte auf diese Art symbolisch auf ein Softwaresystem übertragen werden[160], womit es die Benutzeroberfläche erlaubt, auf der Fach- anstatt auf der DV-Ebene zu arbeiten[161].

Benutzerschnittstelle wird damit zu einer weitgehend eigenständigen Systemkomponente, in der anwendungsneutrales Wissen über Methoden und Regeln der Kommunikation repräsentiert wird.
Zur Modellierung und Organisation von Dialogwissen vgl. Meßing/Mankel (1989a), Meßing/Mankel (1989b)

157 einen Überblick über Hilfessysteme findet sich bei Lutze (1985)
zu Erklärungsleistungen vgl. Kapitel 3.2.6

158 z.B. in Bezug auf Interaktionstechnik, Namensgebung, Defaults

159 vgl. dazu auch Dzida (1985), S. 441f.

160 Das bekannteste Beispiel für die konsequente Anwendung konsistenter graphisch-orientierter Benutzeroberflächen dürfte dabei wohl die Welt des Apple MacIntosh sein.
Ein Problem bei der Übertragung dieser Konzepte auf z.B. die Welt der auf den Betriebssystemen MS/PC-DOS und UNIX basierenden Rechnern ist dabei, daß diese Betriebssysteme selbst keine Unterstützung für graphische Oberflächen anbieten.

161 vgl. Jahn/Kalb (1985), S. 263

Daraus ergeben sich folgende Vorteile[162]:

Informationen werden schneller erfaßt,

Informationen werden besser im Gedächtnis behalten bzw. wieder abgerufen,

der Betrachter wird stärker aktiviert,

die Komplexität der abgebildeten Informationen wird verringert.

Graphische Benutzeroberflächen können mit dem Akronym *WIMP-Oberfläche* gekennzeichnet werden:

An die Stelle vordefinierter Masken, die eine passende Informationsdarstellung anbieten, treten in Form von Fenstern (*Windows*) Objekte als elementare Informationseinheiten. Diese können beliebig (auch überlappt) angeordnet werden, sie können vergrößert, verkleinert und ihr Inhalt horizontal und vertikal verschoben werden. Der Benutzer kann auf diese Art Informationen aus mehreren "Papieren" gleichzeitig verarbeiten.

Anstatt Funktionsaufrufe über die Eingabe entsprechender Befehlsfolgen einer (zu erlernenden) Kommandosprache auszulösen, selektiert der Benutzer ein oder mehrere Objekte, die als *Icons*[163] auf dem Bildschirm repräsentiert werden, interaktiv durch Deuten und Markieren mit einer *Maus*[164]. Zugehörige Aktionen können entweder direkt ausgeführt werden (z.B. Kopieren /Übertragen), oder es werden in Menüs (*Pull-Down* oder *Pop-Up*) die zugehörigen Methoden angeboten (z.B. Öffnen/Aktivieren, Umbenennen).

Wie beispielsweise ein PPS-Facharbeitsplatz im Bereich der Montagesteuerung diesen Entwurfsprinzipien folgend realisiert werden kann, zeigen Jahn/Kalb[165].

In den technischen CIM-Funktionen existieren bereits eine Vielzahl graphikorientierter Systeme zur wirklichkeitsgetreuen Abbildung von Objekten und zur Visualisierung von Bearbeitungsprozessen, während im Bereich der

---

162 vgl. Kern/Zell (1989), S. 38
163 bildhafte Repräsentationen
164 alternative Zeigeeinrichtungen sind z.B. Lichtgriffel, Digitalisiertablett oder Touchscreen
165 vgl. Jahn/Kalb (1985), S. 263ff.

betriebswirtschaftlich-planerischen Funktionen der PPS der Graphikeinsatz in geringerem Maße realisiert ist[166]. Aktuelle Schwerpunkte des Graphikeinsatzes im Bereich der PPS sind dabei graphische Fertigungsleitstände und der verstärkte Einsatz von Simulations- und Animationssystemen[167].

Für die graphische Gestaltung der MMK wissensbasierter Systeme gelten unter dem Aspekt der Entscheidungsunterstützung diese Aussagen in verstärktem Maße.

3.2.5.3.3 Natürlichsprachliche Kommunikation

Nicht alle Informationen und Prozesse, die ein wissensbasiertes System zur Verfügung stellt bzw. ausführt, lassen sich graphisch repräsentieren. Zwar lassen sich die gängigen Wissensrepräsentationsformalismen in einer entsprechenden Form darstellen[168], es bleibt jedoch je nach Anwendungszweck ein weites Feld verbal darzustellender Sachverhalte wie z.B.:

die Präsentation von (Zwischen-)Ergebnissen und Erklärungen,

die Generierung von Fragen, falls während der Konsultation zusätzliche Informationen vom Benutzer angefordert werden sollen, und

die Verarbeitung von Kommandos, die zusätzlich erlaubt sein können (z.B. zum Zugriff auf externe Datenbestände, wobei das wissensbasierte System quasi als Zugangssystem zu einem Datenbanksystem agiert).

Zu verbalisierende Informationen und Prozesse sollten dabei so weit wie möglich in Form natürlicher Sprache[169] gehalten sein, um eine möglichst weitgehende Anpassung an die vertrauten Kommunikationsverfahren des Menschen zu gewährleisten[170].

Ein Problem kann sich dabei durch eine falsche Modellvorstellung des wissensbasierten Systems aus der Sicht des naiven Benutzers ergeben: implizit wird das

166 vgl. Kern/Zell (1989), S. 38f.
167 vgl. Kern/Zell (1989), S. 41
168 z.B. graphische Darstellung von Regelmengen, Frames, Generierung von Semantischen Netzen
169 im Gegensatz zu formalen Sprachen wie Programmier- oder Datenbankabfragesprachen
170 vgl. von Hahn et al. (1985), S. 36

System einem menschlichen Dialogpartner gleichgesetzt. Aufgabe des wissensbasierten Systems ist es, durch kooperatives Verhalten und durch die Angabe der Fähigkeiten des Systems das eventuell falsche Modell des Benutzers zu korrigieren. Dabei sollte dem Benutzer vor allem deutlich werde, daß[171]:

das System nur auf spezielles Wissen zurückgreifen kann, allgemeines Weltwissen steht nicht zur Verfügung,

die Fähigkeit, natürliche Sprache zu verstehen, eingeschränkt ist,

Problemlösungen nur relevant sind, wenn Übereinstimmung der getroffenen Vorannahmen des Benutzers bei der Problemformulierung mit dem Wissen des Systems besteht.

3.2.6 Benutzermodelle und Erklärungsfähigkeit

Nach dem von Nievergelt entwickelten Ort-Modus-Weg-Modell[172] für die Gestaltung interaktiver Programme ergeben sich einige Grundanforderungen an die Gestaltung der Dialogkomponente wissensbasierter Systeme:

zu jedem Zeitpunkt einer Sitzung soll dem Benutzer des Systems die Möglichkeit offenstehen, sich den aktuellen Zustand der Bearbeitung, dessen Vorgeschichte und mögliche Folgezustände anzeigen zu lassen.

Da der Benutzer beim Arbeiten mit dem System jederzeit einen Erklärungsbedarf entwickeln kann, sollte der Benutzer zu jedem Zeitpunkt während und nach einer Konsultation Hilfen über den aktuellen Zustand und mögliche Aktionen anfordern können, wobei der Benutzer dem System anhand der wahrgenommenen systemseitigen Möglichkeiten zur Erklärungsbedarfsäußerung einen Erklärungsbedarf anzeigt.

Nach ihrer Zeitbezogenheit können Erklärungen in Erläuterungen eines bekannten Istzustandes, Begründungen bzw. Rechtfertigungen eines Istzustands aus einem früheren Zustand, sowie die Planung eines zukünftigen Sollzustands differenziert werden[173].

---

171 vgl. Fehrle (1987), S. 39f.
172 vgl. Nievergelt/Ventura (1983)
173 vgl. Lutze (1987), S. 223 bzw. Lutze (1985), S.145

In Erklärungskomponenten realisierter wissensbasierter Systeme werden dabei i.d.R. nur WHY- (Warum wird eine Eingabe verlangt?) und HOW-Fragen (Wie wurde ein Ergebnis abgeleitet?) angeboten[174].

Der Wunsch nach Erklärung entsteht dabei zum einen aus Situationen des Nichtverstehens heraus, die Erklärung soll Verständnis schaffen, zum anderen verbleibt das Problem der Verantwortung von Entscheidungen beim menschlichen Entscheidungsträger, auch wenn die Entscheidung selbst interaktiv in Kooperation mit wissensbasierten Systemen erfolgt. In diesem Kontext soll die Erklärung der Nachvollziehbarkeit von Arbeitsweise und Ergebnis von Verarbeitungsprozessen des Systems dienen.

Auf der Basis wahrgenommener Erklärungen entwickelt der Benutzer einen Zufriedenheitsgrad mit der Erklärungskomponente des Systems.

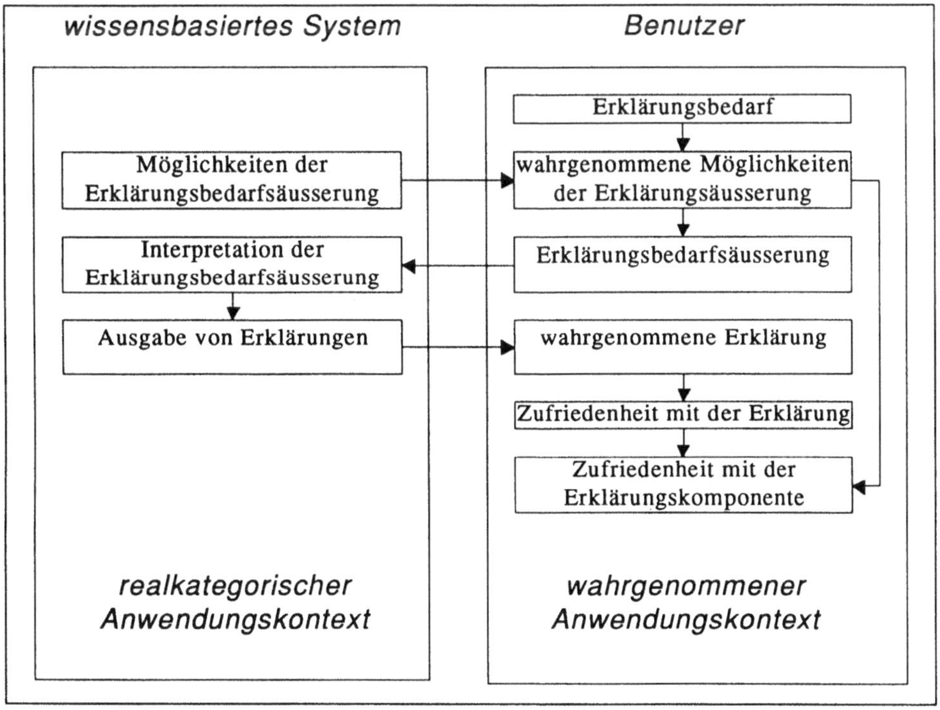

Abb. 3.14: Einflußgrößen der Zufriedenheit mit der Erklärungskomponente[175]

174 der Grund dürfte in der relativ geringen Anzahl wissensbasierter Systeme bestehen, die sich explizit mit Planungsproblemen beschäftigen

175 vgl. Klee (1989), S. 35

Dabei lassen sich drei Aspekte guter Erklärungen unterscheiden, die je nach Umfeld der Erklärung unterschiedlich zu gewichten sind[176]:

Verständlichkeit,

Adäquatheit und

Korrektheit.

Verständlichkeit einer Erklärung bedeutet, daß die Wahl des Erklärungsmodells dem Fragenden angepaßt ist (sprachliche Adäquanz und Nachvollziehbarkeit). Die Forderung nach Verständlichkeit der Erklärung ist dabei berechtigt, sofern sie eine isomorphe Umsetzung des implementierten Modells meint (z.B. graphische Darstellung der Regelmenge), denn eine getrennte Modellierung von Erklärung und Modellierung, d.h. ein zweites oder drittes Modell des Gegenstandsbereichs, birgt wesentliche Gefahren von Übersetzungsfehlern.

Die *Adäquatheit* von Erklärungen beschreibt ihren zweckgebundenen Charakter, sie dient als hinreichende Bedingung des zu Erklärenden in einer bestimmten Situation. Aspekte der Adäquatheit sind dabei:

die *Informativität* der Erklärung (Unter- oder Überbeantwortung),

die *Kohärenz* der Erklärung (Bezug zum vorangegangenen Dialog) und

die *Vollständigkeit* der Erklärung (in Bezug auf das konkrete Explanandum)[177].

Die *Korrektheit* der Erklärung schließlich bezieht sich auf ihre sachliche Richtigkeit, zumindest bezogen auf den aktuellen Kenntnisstand des Umfelds[178]. Da sich die Erklärung dabei nur auf die Wiedergabe der der Schlußfolgerung zugrundeliegenden Prämissen beziehen kann, muß dahingestellt bleiben, ob die Erklärung *wahr* ist.

---

176 Passmore (1962), zitiert nach Coy/Bonsiepen (1989), S. 72
vgl. auch Klee (1989) bzw. Lutze (1987)

177 vgl. Klee (1989), S. 36

178 z.B. kann sich die Feststellung eines medizinischen Diagnosesystems, daß ein Patient unheilbar erkrankt ist, schon wenige Stunden später als falsch erweisen, wenn in einem Forschungslabor ein neuer heilender Wirkstoff entdeckt wird

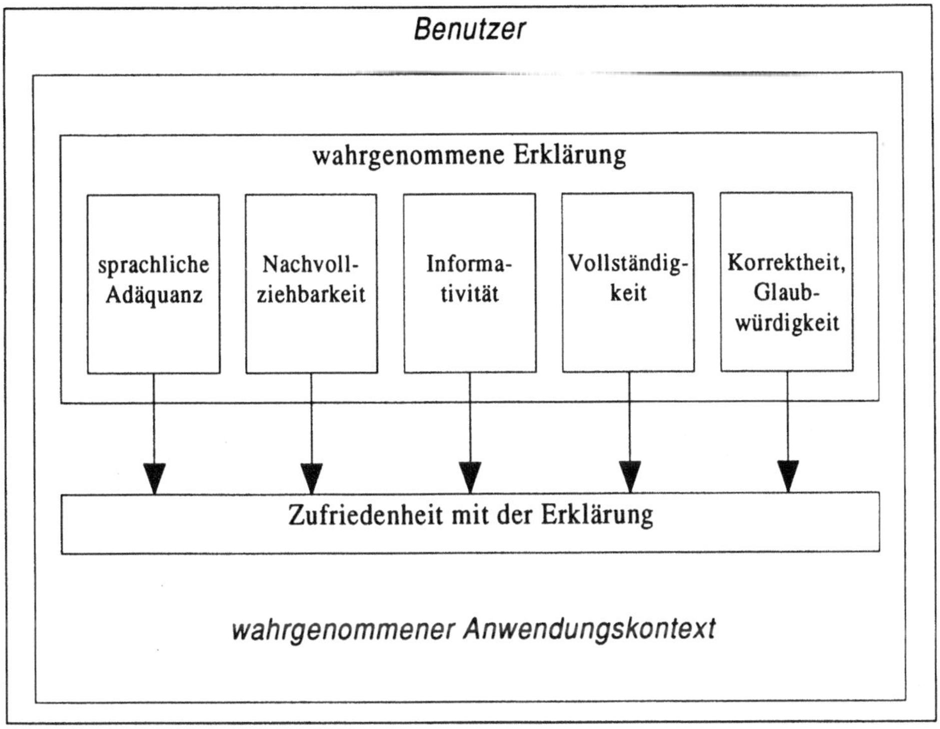

Abb. 3.15: Qualitätskriterien einer Erklärung[179]

Durch die Erklärungskomponente soll der mit dem wissensbasierten System arbeitende Mensch jederzeit Einblick in die internen Abläufe des Systems erhalten, um Entscheidungen des Systems verstehen und sie widerlegen zu können, wenn sie ihm falsch erscheinen. Die Anforderungen an die Erklärungskomponente lassen sich dabei in drei zu bearbeitende Fragengruppen einteilen[180]:

Fragen nach der *logischen* Korrektheit, wobei die Bedeutung insbesondere auf Vollständigkeit und Korrektheit der Wissensbasis und Inferenzstrategie liegt,

Fragen nach der *inhaltlichen* Korrektheit, welche die aufgabenbezogene Arbeitsweise des Systems und die Korrektheit der Ergebnisse betreffen, und

Fragen *über das Fachwissen*, die neben typischen Lehrsituationen eine benutzergerechte Erklärung des Fachwissens abdecken sollen.

179 vgl. Klee (1989), S. 37
180 vgl. Coy/Bonsiepen (1989), S. 68

Insbesondere die dritte Fragengruppe wirft beträchtliche Probleme auf, da hier nicht nur Erklärungen über das Fachwissen unter dem Aspekt kompetenter Benutzer gefordert werden, sondern daß dem Benutzer unbekanntes Wissen in einer ihm verständlichen Form vermittelt werden soll. Daraus folgt, daß das spezifische Vorwissen des jeweils Fragenden und seine Sichtweise des Systems in Form eines Benutzermodells zu berücksichtigen ist.

Die Erklärungsfähigkeit eines Systems setzt voraus, daß jegliches erklärungsrelevante Wissen vollständig und in einem geeigneten Formalismus repräsentiert ist. Ein Problem stellt dabei die Repräsentation des Strategie- und Kontrollwissens dar, da strategisches Wissen häufig implizit in der Struktur des Domänenwissens festgelegt ist, Kontrollwissen meist implizit in prozeduraler Form[181] realisiert ist[182]. Dieses Wissen ist damit für eine Erklärung nicht verfügbar, d.h. das System kann dem Benutzer zwar erklären *was* es im Problemlösungsprozeß macht, nicht aber *warum* die Problemlösungsschritte in einer bestimmten Reihenfolge ablaufen.

Die in heutigen Systemen implementierten Erklärungskomponenten liegen daher im Bereich der Fragen zur logischen und inhaltlichen Korrektheit, d.h. sie umfassen:

Erklärungskomponenten zur Unterstützung des Systementwicklers

und/oder

Erklärungskomponenten für fachlich qualifizierte Benutzer.

Adäquate Erklärungen für Laien sind aus dem Problemlösungsmodell eines wissensbasierten Systems nicht möglich, da prinzipiell jede Erklärung elliptisch ist, d.h., sie erfordert eigenes Wissen des Benutzers, um die Erklärung zu verstehen[183]. Eine gewisse Expertise seitens des Benutzers ist daher immer notwendig.

Die Unterscheidung verschiedener Sichtweisen auf ein wissensbasiertes System impliziert verschiedene Zwecke der Erklärungen und somit verschiedene Erklärungsmodelle.

---

181 häufig als traditionelles Programm
182 vgl. Klee (1989), S. 38
183 vgl. Klee (1989), S. 36

Die Betrachtung eines wissensbasierten Systems als logisches Kalkül ergibt einen funktionalen Zusammenhang zwischen Wissensrepräsentation und Erklärung. Die Funktion der Erklärung liegt dabei für den Entwickler in der Überprüfung der Regeln und Deduktionen auf logische Korrektheit.

Für den qualifizierten Anwender besteht die Funktion der Erklärungskomponente primär in der Darstellung interner Abläufe, um eine Überprüfung der Systemantwort und eventuelle Korrekturen der Implementierung vornehmen zu können.

Derzeit besteht eine wesentliche Einschränkung der Erklärungskomponente wissensbasierter Systeme darin, daß nur "flache" Inferenzen auf der Basis empirischer Beobachtungen berücksichtigt werden[184]. Entsprechende Regeln drücken erfahrungsbedingte Heuristiken aus, die sich in der Vergangenheit bewährt haben, sie sagen allerdings nichts über zugrundeliegende Wirkzusammenhänge aus. Ein Problem, das sich insbesondere in der Repräsentation unsicheren Wissens stellt, da unterschiedliche Quellen der Unsicherheit subsumiert und im Problemlösungsprozeß zusätzlich über unterschiedliche Verfahren aggregiert werden. Der interessanteste Ansatz zur Verbesserung von Wissensrepräsentation und daraus abgeleiteter Erklärung liegt daher in der Erstellung kausaler Modelle[185]. Dabei wird das zu untersuchende System direkt modelliert, Fehler des Systemverhaltens können dann als Differenzen zum normalen Systemzustand erkannt werden.

Eine weitere Einschränkung besteht darin, daß heutige Erklärungskomponenten das Vorwissen des jeweiligen Benutzers und den Dialogkontext unberücksichtigt lassen, so daß die erzeugten Erklärungen z.B. Wiederholungen und irrelevante Details enthalten können. Die Berücksichtigung individueller kognitiver Unterschiede, unterschiedlicher Frageintentionen und unterschiedlicher Dialogsituationen setzt allerdings systeminterne Benutzermodelle voraus, welche die Erklärungsausgabe steuern.

Generelle Forderung bleibt zusammenfassend, daß der Aufbau eines wissensbasierten Systems gewährleisten muß, daß seine Arbeitsweise und seine Entscheidungen nicht nur *durchsichtig*, sondern auch *widerlegbar* sind.

---

184 z.B. falls A und B galt, stellte sich bisher immer heraus, daß C galt
185 vgl. z.B. Kassel (1987), Früchtenicht (1987)

3.2.7 Eigenschaften wissensbasierter Systeme

Nach der Betrachtung der Architekturkomponenten wissensbasierter Systeme sollen an dieser Stelle die wesentlichen Eigenschaften dieser Systeme für den Einsatz im PPS-Umfeld, die sich aus ihrem modularen Aufbau und den Eigenschaften ihrer Komponenten ergeben, kurz zusammengefaßt werden.

Transparenz
Flexibilität
Benutzerfreundlichkeit
Kompetenzsicherung

Tab. 3.6: Eigenschaften wissensbasierter Systeme[186]

Das Hauptmerkmal wissensbasierter Systeme ist die *explizite* Repräsentation von Wissen, woraus die Fähigkeit wissensbasierter Systeme abgeleitet ist, ihre Ergebnisse durch Angabe des benutzten Wissens in begrenztem Umfang verständlich erklären zu können (*Transparenz*)[187].

Bei dem in der Wissensbasis hinterlegten Wissen handelt es sich allerdings in der Regel um *kompiliertes* Wissen, d.h., spezielles Problemlösungswissen. Daraus resultieren folgende Schwächen wissensbasierter Systeme:

nicht vorhandene oder ungenügende Repräsentation "tiefen" Wissens,

begrenzte Erklärungsfähigkeit,

i.d.R. keine Einschätzung der eigenen Kompetenz[188].

Vorteilhaft ist die Trennung von problemspezifischem Wissen und der Steuerung des Problemlösungsprozesses, wodurch die inkrementelle Entwicklung des Systems ermöglicht wird; die Trennung in einzelne Komponenten resultiert in einer im Vergleich zu konventionellen Systemen hohen *Flexibilität* (erleichterte Wartung, Erweiterung, Änderung).

186 vgl. Puppe (1989), S. 168
187 vgl. Puppe (1986), S. 2 bzw. Puppe (1987a), S. 8
188 möglich wäre allerdings z.B. die Repräsentation einer spezifischen Art von Meta-Wissen: Wissen über Nicht-Wissen bzw. Anwendungsgrenzen

Der Umgang mit wissensbasierten Systemen erfordert deutlich weniger programmiersprachliches Wissen auf Endbenutzerseite (*Benutzerfreundlichkeit*). Über eine entsprechende Gestaltung der Dialogkomponenten wird die Einbettung in hybride Systeme ermöglicht.

Entscheidungs- und Arbeitsprozesse im Industriebetrieb setzen Fachwissen voraus, d.h., daß nach Arbeit und Kapital das Wissen und die Erfahrung der Beschäftigten sowie das in Produktionsanlagen vergegenständlichte Wissen über betriebsspezifische Produktionsprozesse zu einem weiteren Produktionsfaktor herangewachsen ist[189]. Wissensbasierte Systeme bieten die Möglichkeit, dieses Wissen breiter verfügbar zu machen (quantitativ und temporal) und dieses Wissen dem Betrieb mittel- bis langfristig zu erhalten (*Kompetenzsicherung*).

Konventionelle Programme können wohlstrukturierte Probleme bearbeiten[190], während Bereiche mit unsicherer Problemstellung und einem hohen Bedarf an Hintergrundwissen den Einsatz des menschlichen Problemlösers erfordern. Zwischen beiden Positionen ist der Einsatzbereich wissensbasierter Systeme angesiedelt.

Er läßt sich daher wie folgt beschreiben:

der Einsatzbereich selbst ist gut abgrenzbar und überschaubar (Problem der Formalisierbarkeit von Allgemeinwissen),

der Erfolg beim Problemlösungsprozeß ist von der Anwendung heuristischen Wissens abhängig (algorithmisches Wissen läßt sich besser im Rahmen der konventionellen Programmierung, kausales Wissen derzeit nur unzureichend darstellen),

die Ein- und Ausgabe im Problemlösungsprozeß ist einfach verbalisierbar bzw. aus externen Datenquellen direkt abrufbar (keine komplizierte Sensorik oder Motorik),

der Problemlösungsprozeß erfordert keine Echtzeitverarbeitung.

---

189 vgl. Specht (1989b), S. 621

190 Allerdings können auch ihrer Natur nach wohlstrukturierte Probleme mit bekannten algorithmischen Lösungsverfahren nicht bearbeitet werden, wenn beispielsweise Zeitaspekte hinzukommen. Typische Beispiele hierfür finden sich gerade im PPS-Umfeld bei Fragen der Produktionssteuerung in relativ großer Zahl.

3.3 Klassifikation wissensbasierter Systeme nach Problemtypen

Im Rahmen von Kapitel 3.1 wurden einige Einsatzgebiete wissensbasierter Systeme im PPS-Umfeld vorgestellt, wobei derzeit Konstruktion/Entwurf und der Bereich der Produktionsplanung und -steuerung Schwerpunkte bilden.

Die jeweils entsprechenden Problemlösungsprozesse und die dabei eingesetzten wissensbasierten Systeme können dabei nach der Art der Aufgabenstellung klassifiziert werden. Mögliche Klassifikationen finden sich beispielsweise bei Harmon/King[191], Mertens[192], Puppe[193], oder Bullinger/Kornwachs[194].

Aufgabentyp	Funktion
Diagnose	Ursachenforschung bei Fehlern durch Dateninterpretation
Selektion	Auswahl aus einer Menge von Alternativen
Planung	Erzeugen von Aktionsfolgen zur Erreichung eines Zielzustands
Interpretation	Dateninterpretation durch Meta-Wissen (Modelle)
Konfiguration	Gruppieren von Elementen unter Beachtung von Randbedingungen
Überwachung	Erkennen von fehlerhaften Systemzuständen bei Echtzeitreaktion
Entscheidung	Entscheidungsunterstützung bei vorgegebenen Randbedingungen

Tab. 3.7: Aufgabentypen wissensbasierter Systeme[195]

Zu den vorgestellten Aufgabentypen sind folgende Anmerkungen zu machen:

Interpretation findet auch in Diagnose und Überwachung statt.

Diagnose und Überwachung sind vom Aufgabeninhalt her sehr ähnlich, allerdings läuft die Überwachung autonom und unter stärkeren Zeitrestriktionen ab.

191 vgl. Harmon/King (1986), S. 109
192 vgl. Mertens u.a. (1988), S. 7ff.
193 vgl. Puppe (1986) S. 3, Puppe (1987a) S. 11, Puppe (1989) S. 169
194 vgl. Bullinger/Kornwachs (1990)
195 vgl. Bullinger/Kornwachs (1990), S. 34

Planung und Konfiguration umfassen auch den Aufgabenbereich der Selektion.

Entscheidungsunterstützung orientiert sich an den Phasen des Entscheidungsprozesses und kann dementsprechend vielfältige Aufgabentypen beinhalten, z.B. Selektion von Alternativen (vgl. Kapitel 3.2.5.2).

Bei der Betrachtung von Problemlösungsstrategien für die einzelnen Aufgabentypen ergeben sich weitere Gemeinsamkeiten, die vor allem die Grundtechniken der Wissensrepräsentation mit ihren zugeordneten Inferenzstrategien umfassen[196].

3.4 Ein Phasenschema zur Entwicklung wissensbasierter Systeme

3.4.1 Ein Vorgehensmodell

Wissensbasierte Systeme lassen sich nicht nach den üblichen Phasen- oder Zyklenmodellen des Software-Engineering entwickeln, ihre Entwicklung läßt sich vielmehr als inkrementelle oder explorative Entwicklung beschreiben.

Im Gegensatz zum normalen Software-Engineering spielt dabei die Paradigmenwahl, d.h. hier die Festlegung von Software-Architektur, von Wissensrepräsentationsformalismen und von Inferenzmechanismen eine größere Rolle. Daher ist auch das sogenannte *Rapid Prototyping* von großer Bedeutung, um die Paradigmenwahl rechtzeitig überprüfen zu können[197].

Rapid Prototyping umfaßt weiterhin die Zielsetzung, schon sehr früh im Entwicklungsprozeß ablauffähige Systeme zu implementieren, die in Interaktion mit Wissensträgern, Knowledge Engineers und Endbenutzern in einem iterativen Prozeß korrigiert, verbessert und erweitert werden.

Obwohl zwischen der Entwicklung wissensbasierter Systeme und der Entwicklung konventioneller Systeme im Rahmen der Entwicklungsmethodik Unterschiede bestehen, verbleiben Probleme z.B. im Bereich des Projektmanagements und der System-Analyse, die sich in beiden Bereichen gleich stellen.

---

196 vgl. Puppe (1989), S. 169
197 vgl. Crasemann/Krasemann (1988), S. 44

Auf eine weiterführende Betrachtung der entsprechenden Problematik wird daher für den weiteren Verlauf der Arbeit verzichtet[198].

Ein allgemeines Vorgehensmodell orientiert sich an den Teilaufgaben des Knowledge Engineering und umfaßt die Schritte:

Initialisierung: Problemanalyse und Zieldefinition,

Konzeption: Modellentwurf und Werkzeugauswahl,

Realisierung / Implementierung.

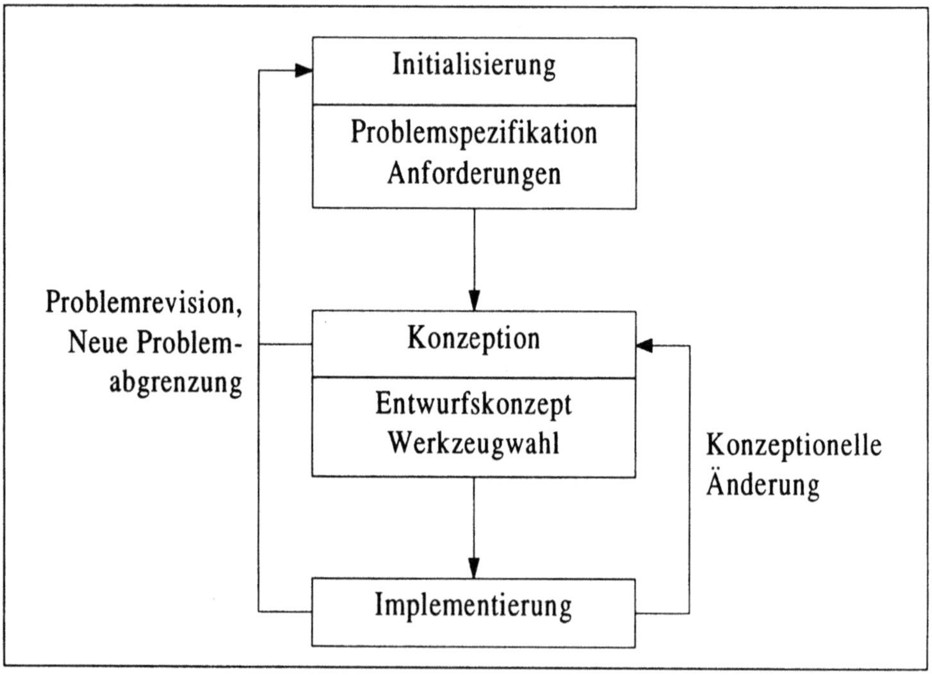

Abb. 3.16: Phasenmodell der Entwicklung wissensbasierter Systeme

Diese Vorgehensschritte sind auch für die Entwicklung konventioneller Systeme maßgeblich, inhaltlich und vom Ablauf der Phasen ergeben sich jedoch beträchtliche Unterschiede.

198 zum Management von Software-Projekten vgl. z.B. Elzer (1989), Crasemann/Krasemann (1988)

Die Problemanalyse hat die Aufgabe, durch die Untersuchung des Anwendungsbereiches die Struktur des Problems und eine Typisierung der anwendbaren Problemlösungsprozesse vorzunehmen.

Zielsetzung ist dabei neben der eigentlichen Problemidentifikation

die Skizzierung der Domäne des Anwendungsfeldes

und

eine Abgrenzung derjenigen Teile, die ausserhalb des Systems bleiben, bzw. konventionell implementiert werden sollen.

Die Problemidentifikation sollte sich dabei an das in Kapitel 3.3 vorgestellte Schema halten, alternativ ist eine ausführliche Beschreibung vorzunehmen.

Die Überprüfung des Anwendungsfeldes sollte sich an einem ausführlichen Kriterienkatalog[199] orientieren (einen einfachen Katalog zeigt Tabelle3.8). Ergibt ein anschließender Vergleich mit den Eigenschaften wissensbasierter Systeme, daß ein Einsatz dieser Systeme sinnvoll und möglich ist, muß im nächsten Schritt die Festlegung der primären Zielsetzung der Systementwicklung erfolgen.

Im Rahmen der Zieldefinition ist insbesondere zu klären, ob das System autonom, in Interaktion mit weiteren Systemen bzw. mit menschlichen Kommunikationspartnern eingesetzt werden soll. Sind Interaktionen notwendig (Datenaustausch, Benutzerdialog), muß die Art der Interaktion(en) definiert werden.

Bei menschlichen Kommunikationspartnern ist beispielsweise der Endbenutzertyp und die Art der Entscheidungsunterstützung festzulegen.

---

199 vgl. z.B. Lebsanft/Gill (1987), S. 140ff.

K.O.-Kriterien			
• hohe Echtzeitanforderungen • Experte nicht verfügbar • Problemstellung nicht verbalisierbar • Entwicklung unter Zeitdruck • Verantwortung ungewiß			
Kriterium	Gewichtung	Erfüllungsgrad	Summe
Dynamik der Problemstellung			
Unvollständiger Wissensvorrat			
Unterschiedliche Wissensgebiete			
Erklärungsfähigkeit notwendig			
Kontextabhängige Daten			
Schwierige Bewertung von Alternativen			
Häufiges Generieren neuer Lösungen			
Schwierige Bewertung von Lösungswegen			
Beispiele vorhanden (Fallstudien)			
Viel interaktiver Dialog			
Mehrere Experten			
Prototypentwicklung notwendig			
Dynamischer Wissenszuwachs			
Sicherung von Wissen gefordert			

Tab. 3.8: Kriterienkatalog zur Beurteilung von Anwendungsfeldern wissensbasierter Systeme[200]

Auf dieser Basis sollte die Grobstruktur des Systems festgelegt werden und eine erste Wissenserhebung und -analyse mit dem Ziel erfolgen, Art und Struktur des relevanten Wissens sowie dessen Verwendung im Problemlösungsprozeß zu ermitteln.

Da dies werkzeugunabhängig erfolgen sollte, um eine problemadäquate Modellierung sicherzustellen, empfiehlt es sich, dabei z.B. nach dem Modell von Laske vorzugehen (vgl. Abb. 3.11).

Zur Umsetzung dieses konzeptionellen Wissensmodells ist anschließend ein für die Implementierung geeignetes Werkzeug zu wählen.

200 vgl. Mertens (1990), S. 109ff.

3.4.2 Aspekte der Werkzeugwahl: Sprache-Werkzeug-Kontinuum

Die Dimensionen der betrieblichen Software-Erstellung umfassen[201]:

die Einordnung in die betriebliche Hierarchie mit dem Ziel einer kontrollierten Entwicklung nach den Prinzipien des Software-Engineering (*ego-less-programming*),

eine möglichst große Ausdrucksfreiheit beim Programmieren mit dem Ziel, schnelle Lösungen zu entwickeln (*quick & dirty*),

den Einsatz anwendungsbezogener Werkzeuge, die es zum Preis eingeschränkter Ausdrucksfähigkeit erlauben, Standardaufgaben durchschaubar und schnell zu lösen (*tools & applications*).

Zur Implementierung wissensbasierter Systeme steht dementsprechend ein weitgestreutes Kontinuum an Werkzeugen zur Verfügung, das sich von konventionellen Programmiersprachen über dedizierte Entwicklungsumgebungen bis hin zu sogenannten Shells erstreckt.

Grundsätzlich kann dabei ein wissensbasiertes System mit jedem Werkzeug entwickelt werden, beträchtliche Unterschiede liegen jedoch in den Fähigkeiten, Wissensrepräsentation und Problemlösungsmechanismen zu unterstützen. Generell gilt dabei, daß die beim Einsatz von Programmiersprachen gegebene Flexibilität durch einen erhöhten Aufwand erkauft werden muß, umgekehrt gilt, daß die Verfügbarkeit vordefinierter Formalismen und Inferenzverfahren mit einer relativ großen Starrheit des Werkzeugs verbunden ist.

Die Auswahl eines bestimmten Werkzeugs[202] beinhaltet daher unter anderem Vorentscheidungen über[203]:

die mit diesem Werkzeug realisierbaren Wissensrepräsentationsformalismen und Problemlösungsmechanismen sowie

---

201 vgl. Coy/Bonsiepen (1989), S. 10f.
202 bzw. eines ganzen Satzes von Werkzeugen
203 vgl. Breutmann (1988), S. 45

die Möglichkeiten, das zu entwickelnde System in vorgegebene oder noch zu definierende Anwendungsumgebungen einpassen zu können[204].

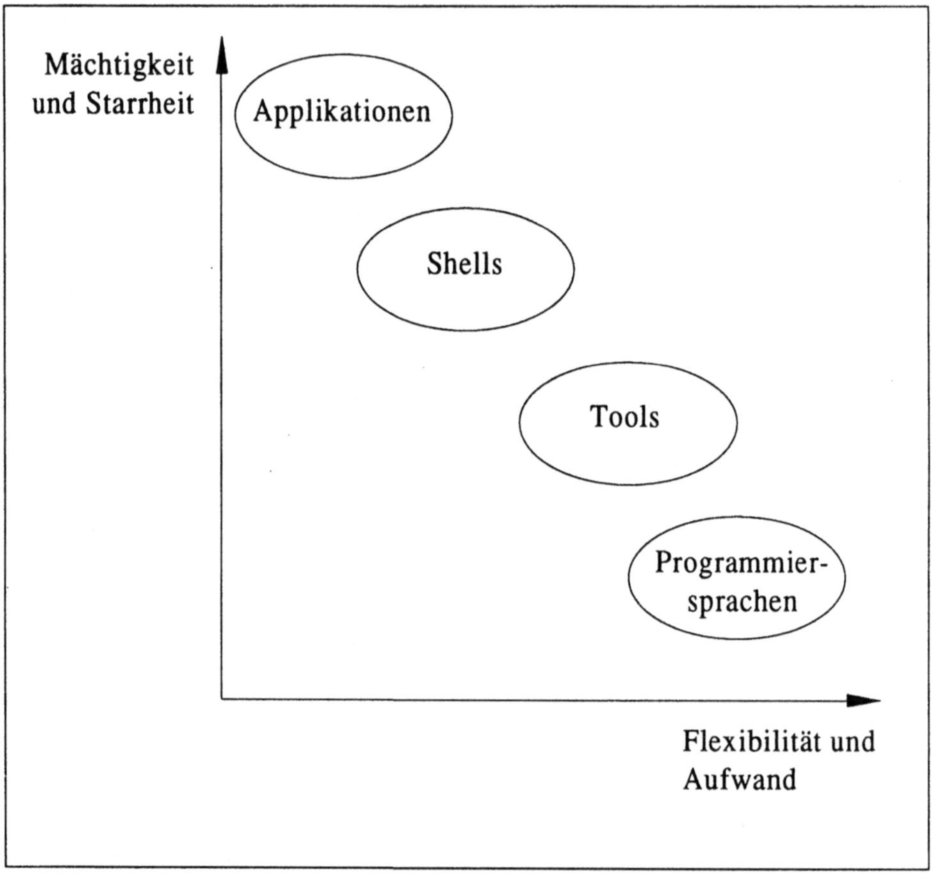

Abb. 3.17: Sprache-Werkzeug-Kontinuum

Beurteilungskriterien für Entwicklungswerkzeuge

Um die Auswahl des Werkzeugs zu erleichtern, lassen sich zur Entscheidungshilfe einige Beurteilungskriterien formulieren, neben allgemeinen Kriterien wie der Integrationsfähigkeit des resultierenden Systems müssen dabei insbesondere die sich aus den Phasen Identifikation und Konzeption ergebenden Anforderungen berücksichtigt werden.

204 vgl. dazu Kapitel 4.4.2.2, Integrationsaspekte

Flexibilität	das Werkzeug sollte in seiner Struktur so offen sein, daß es vom Entwicklungsteam der gestellten Aufgabe angepaßt werden kann
Unterstützung	das Werkzeug soll den Entwickler bei der Arbeit unterstützen, z.B. durch eine klar gegliederte Oberfläche, spezielle Editoren u.a.
Zuverlässigkeit	das gewählte Werkzeug sollte zuverlässig arbeiten und ausreichend dokumentiert sein
Problemadäquanz	das gewählte Werkzeug sollte über die für das Problem benötigten Eigenschaften verfügen wie z.B. problemspezifische Wissensrepräsentationsformalismen, Schnittstellen zu konventionellen Programmiersprachen und zum Betriebssystem, Schnittstellen zu Datenbanken
weitere geforderte Eigenschaften	z.B. Benutzeroberfläche, Erklärungskomponente
zusätzliche Kriterien	z.B. Nutzung vorhandener Hard- und Software, Erfahrung mit bestimmten Werkzeugen, Support des Werkzeuganbieters

Tab. 3.9: Beurteilungskriterien zur Auswahl von Entwicklungswerkzeugen[205]

Einen ausführlichen Kriterienkatalog mit insgesamt 69 Kriterien zum Vergleich und zur Bewertung unterschiedlicher Werkzeuge zur Implementierung wissensbasierter Systeme haben Karras u.a.[206] entwickelt. Die dort ebenfalls angegebenen Gewichtungen und Zielerreichungsgrade für einige Entwicklungswerkzeuge[207] sind jedoch in Zweifel zu ziehen, da diese Werte nicht in einem konkreten Anwendungskontext stehen, ihre Aussagekraft ist damit fragwürdig.

---

205 vgl. Warnecke/Mertens (1987), S. 84f. und Mertens/Biebinger (1989), S. 65f.
206 Karras u.a. (1987), S. 193ff.
207 LOOPS, KEE, ART, BABYLON und TWAICE

Shells und Tools

Um die Entwicklung wissensbasierter Systeme auf den Aufbau der Wissensbasis zu beschränken, wurden komplette Steuerungssysteme (*Shells*) für spezielle Problemtypen, wie z.B. die Diagnose, geschaffen. Typischerweise sind Shells damit stark problembezogen und stellen i.d.R. nur jeweils einen auf den Problemtyp abgestimmten Wissensrepräsentationsformalismus zur Verfügung. Traditionell entstanden die ersten Shells aus etablierten Systemen, wie beispielsweise die Shell EMYCIN[208] aus dem medizinischen Diagnosesystem MYCIN.

Tools und Entwicklungsumgebungen stellen im Gegensatz zu einfachen Shells als hybride Werkzeuge zumeist unterschiedliche Repräsentationsformalismen und Inferenzstrategien zur Verfügung. Typischerweise bieten sie einen hohen Komfort bei der Systementwicklung, z.B. stellen sie i.d.R. vielfältige Schnittstellen zum Umsystem und Programmiersprachen zur Verfügung. Beispiele für solche allgemeinen Entwicklungswerkzeuge sind KEE, BABYLON, Knowledge Craft, LOOPS und ART.

Für die Bewertung von Shells und Tools können die folgenden technischen Eigenschaften betrachtet werden[209]:

die Möglichkeit, die Wissensbasis zu strukturieren, d.h., inhaltlich zusammenhängende Teile des Wissensgebietes zusammenhängend abzubilden und abzuarbeiten,

die Möglichkeit, die verwendete Inferenzstrategie durch den Entwickler oder Benutzer zu kontrollieren,

die Möglichkeit, die Entwicklungs- und Nutzungsoberflächen zu gestalten,

die Möglichkeit, resultierende Systeme in herkömmliche DV-Umgebungen einzubetten,

die Möglichkeit, resultierende Systeme in alternative Umgebungen zu portieren[210].

---

208 weitere bekannte Shells sind u.a. Med1/Med2, TWAICE, Personal Consultant Plus, ESE
209 vgl. Coy/Bonsiepen (1989), S. 108ff.
210 dies spielt insbesondere dann eine große Rolle, wenn Entwicklungs- und Produktionsumgebung nicht identisch sind

Entsprechende Bewertungen für Großrechner- bzw. Workstation-Shells (KEE, ART, S.1, ESE, Knowledge Craft) und PC-Shells (Nexpert Object, Personal Consultant Plus, 1st Class, Rulemaster, Exsys, MicroExpert) finden sich in Coy/Bonsiepen[211].

Mit der Entscheidung für ein bestimmtes Werkzeug unterwirft man sich i.d.R. einer spezifischen Entwicklungsphilosophie, wodurch eine auf der Basis dieses Werkzeugs stattfindende Implementierung folgende Gefahren beinhaltet[212]:

die Möglichkeiten der Wissensrepräsentation werden durch die oft restriktiven Ausdrucksmittel des Werkzeugs beschränkt,

sind die verfügbaren Repräsentationsformalismen und Abarbeitungsstrategien für das konkrete Anwendungsproblem nicht adäquat, besteht die Gefahr, daß das Problem dem Werkzeug angepaßt wird[213],

ein eventuell notwendiger Werkzeugwechsel wird erschwert oder gar verhindert, insbesondere wenn die Systemkonzeption von vorneherein an den Möglichkeiten eines bestimmten Werkzeugs ausgerichtet wurde.

Erschwerend kommt hinzu, daß bei vielen kommerziellen Entwicklungswerkzeugen die Korrektheit der Arbeitsweise der Inferenzmaschine nicht erkennbar ist, da keine ausreichenden Angaben oder Untersuchungen über das logische Kalkül vorliegen, und ad hoc eingeführte 'nützliche' Mechanismen zusätzlich für Verwirrung sorgen[214].

Programmiersprachen

Bei der Verwendung von Programmiersprachen entfallen die oben angeführten Nachteile, die Entwicklung des Systems kann jedoch unter Umständen um ein Vielfaches aufwendiger werden.

Typischerweise werden im Rahmen der Entwicklung wissensbasierter Systeme die AI-Sprachen LISP[215] und PROLOG[216] verwendet, wobei für beide Sprachen

211 vgl. Coy/Bonsiepen (1989), S. 112f.
212 vgl. Kurbel/Pietsch (1989), S. 138
213 die Wissensbasis reflektiert dann nicht das erhobene Wissen, sondern nur den mit Hilfe des Werkzeugs darstellbaren Teil
214 vgl. Coy/Bonsiepen (1989), S. 53
215 Akronym für LISt Processor

auf praktisch allen Rechnersystemen entsprechende Programmsysteme verfügbar sind.

Das gegen Ende der 50er Jahre entwickelte LISP, welches auf dem Lambdakalkül der Funktionentheorie[217] beruht, ist dabei die älteste AI-Sprache. LISP hat sich im Laufe der Jahre insbesondere im angloamerikanischen Sprachraum zu einer Art Standardsprache im AI-Bereich entwickelt, was sich auch daran zeigt, daß viele kommerzielle Entwicklungsumgebungen für wissensbasierte Systeme auf LISP basieren[218].

Für den effektiveren Einsatz von LISP wurde spezifische Hardware[219] entwickelt, auf deren Basis die zur Zeit leistungsfähigsten Programmierumgebungen angeboten werden.

Mitte der 70er Jahre wurde der erste Interpreter geschrieben, der imstande war, Horn-Klauseln aufzulösen und automatisch zu beweisen. Auf dieser Basis beruht die Sprache PROLOG[220], die insbesondere seit der Entscheidung, PROLOG als Basissprache für das japanische Projekt 'Fifth Generation Computer System' zu verwenden, Aufmerksamkeit und Verbreitung gefunden hat.

Auch auf PROLOG basieren einige kommerzielle angebotene Entwicklungsumgebungen, z.B. M.1 und TWAICE.

Da für das in Kapitel 6 entwickelte System PROLOG verwendet wird, sollen an dieser Stelle kurz die wesentlichen Eigenschaften dieser Sprache vorgestellt werden.

PROLOG

PROLOG ist eine logische Programmiersprache, die auf der Grundlage der Resolution von Horn-Klauseln (logische Implikationen der Form $a_1, a_2, ..., a_n \rightarrow ß$) entworfen wurde. PROLOG kann somit als regelgestützte Sprache mit rückwärtsverkettender Auswertungsstrategie aufgefaßt werden.

---

216 Akronym für PROgramming in LOGic

217 Ausgangspunkt ist die Überlegung, daß mit den drei Basisfunktionen Verkettung, Iteration und Rekursion alle anderen theoretisch möglichen Funktionen zusammengestellt werden können.
Eine Einführung in LISP gibt Stoyan/Görz (1986)

218 z.B. BABYLON, KEE, KES, LOOPS, OPS

219 LISP-Prozessoren, darauf basierend LISP-Maschinen bzw. LISP-Boards für z.B. Apple MacIntosh

220 Quasi-Standard für PROLOG ist der von Clockson/Mellish beschriebene Sprachumfang, vgl. Clocksin/Mellish (1987), Clocksin/Mellish (1990)

Fakten werden dabei als spezielle Form von Regeln dargestellt, und zwar als logische Implikation, deren Vorbedingung stets erfüllt ist. Vorbedingungen und Schlußfolgerungen werden als Terme bezeichnet; dies sind Konstanten oder Funktionen mit beliebiger Anzahl von Argumenten, die wiederum Terme sein können. Weitere Wissensrepräsentationsformalismen wie z.B. Produktionsregeln, Frames und die Behandlung unsicheren Wissens lassen sich mit verhältnismäßig geringem Aufwand in PROLOG realisieren[221].

Der Kernprozeß der Inferenz, den PROLOG zur Verfügung stellt, ist die Unifikation, welche als mächtige Form des 'pattern matching' verstanden werden kann. Die Inferenzmaschine von PROLOG versucht eine Hypothese zu beweisen, indem nach einer Regel in der Datenbasis gesucht wird, deren Konsequenz mit der Hypothese unifiziert werden kann. Regeln werden dabei grundsätzlich in der Reihenfolge des Eintrags in der Datenbasis untersucht. PROLOG stellt jedoch syntaktische Strukturen zur Verfügung, die es erlauben alternative Konfliktlösungsstrategien zu implementieren.

Die Entwicklung von PROLOG-Programmen besteht vereinfacht ausgedrückt in der Formulierung von Fakten und Regeln über den zu modellierenden Objektbereich, wodurch sich PROLOG zur schnellen Entwicklung wissensbasierter Systeme im Rahmen des Rapid Prototyping eignet.

Weitere wesentliche Eigenschaften von PROLOG sind:

der primär deklarative Programmierstil,

die Listenverarbeitung,

die in der Inferenzmaschine implementierte Tiefensuche via Backtracking, und

die relativ leichte Anbindung an relationale Datenbankabfragesprachen.

---

221 vgl. Merrit (1989)

3.4.3 Realisierung/Implementierung

Die Implementierung wissensbasierter Systeme umfaßt folgende Teilaufgaben:

Umsetzung des konzeptionellen Wissensmodells in ein ausführbares Wissensmodell[222],

parallel dazu die Umsetzung der direkt auf der Wissensbasis aufbauenden Inferenz-, Dialog- und Erklärungsbestandteile,

nach Abschluß der beiden vorhergehenden Teilaufgaben die Entwicklung dedizierter Benutzerschnittstellen und die allgemeine Integration ins DV-Umfeld.

In Kapitel 3.4.1 wurde die Implementierung wissensbasierter Systeme in einem groben Phasenschema nach den Phasen Initialisierung und Konzeption angeordnet.

Während die konventionelle Software-Entwicklung in einer relativ linearen Weise erfolgt, werden bei wissensbasierten Systemen Ansätze vorgeschlagen, die eine iterative Vorgehensweise und Rückkopplungen zwischen den Phasen unterstützen (vgl. Abb. 3.16).

Beim Ansatz des Rapid Prototyping wird versucht, anhand eines realen Systems schon möglichst früh Erkenntnisse betreffend Entwurf, Akzeptanz u.a. zu sammeln. Dabei besteht jedoch die Gefahr, daß die Problemanalyse vernachlässigt wird, und Konzeption und Implementierung sich nur an den konkreten Möglichkeiten des Softwarewerkzeugs ausrichten; einmal implementierte Lösungsansätze werden dann i.d.R. kaum noch in Frage gestellt[223].

Aus Zeit- und Kostengründen werden oft Shells mit den immanenten Beschränkungen eingesetzt[224], ferner besteht die Gefahr, daß das Rapid Prototyping zu einem *trial and error* mit unstrukturierten Modifikationen der Wissensbasis degeneriert.

Um die möglichen Nachteile des Rapid Prototyping zu vermeiden, wird ein *evolutionäres Prototyping* vorgeschlagen, bei dem der Prototyp in einem zykli-

222 dabei kann es sich um ein strukturiertes oder ein rein atomares Wissensmodell handeln
223 vgl. Kurbel/Pietsch (1989), S. 135
224 vgl. Kapitel 3.4.2

schen Entwicklungsverlauf weiterentwickelt wird. Die Entwicklung selbst bleibt dabei mit den vorgeschalteten Phasen rückgekoppelt, um beispielsweise Werkzeugwahl, Systementwurf oder Problemabgrenzung jederzeit revidieren zu können.

Folgende Ansätze sollen dabei miteinander verknüpft werden[225]:

Modellorientierung:
Rapid Prototyping stellt sich in der Praxis als ausreichend für begrenzte Problemstellungen dar, bei komplexeren Wissensgebieten ist jedoch eine differenzierte, mehrstufige Beschreibung des Wissens erforderlich. Dazu sollte eine primäre Wissensakquisition erfolgen, um darauf aufbauend adäquate Repräsentationsformalismen zu entwerfen. Das so gestaltete konzeptionelle Wissensmodell stellt ein implementierungsunabhängiges Modell des Wissens im Anwendungsfeld dar.

Bei der Umsetzung dieses Modells können über Rückkopplungsbeziehungen zwischen Modelldefinition und Implementierung schrittweise Verbesserungen des Modells vorgenommen werden.

Experimentelle Entwicklung:
Wissensbasierte Systeme wenden u.a. heuristische Verfahren an, welche zwar u.U. nicht oder nur teilweise theoretisch fundierte Problemlösungsverfahren darstellen, empirisch nachprüfbar jedoch zu sinnvollen Lösungen führen[226].

Heuristische Verfahren sind per definitionem nur in typischen Fällen zuverlässig, versagen aber in anderen Fällen. Dies hat zur Folge, daß sich die Qualität eines "heuristischen" Programms erst durch unmittelbare und umfassende Beispieltests ermitteln läßt.

Stimmt dabei die Realität nicht mit dem im konzeptionellen Wissensmodell modellierten Problemlösungsverhalten überein, werden entsprechende Modifikationen oder Erweiterungen am Modell vorgenommen[227]. Das System wird in nachprüfbaren Schritten inkrementell weiterentwickelt.

---

225 vgl. Kurbel/Pietsch (1989), S. 136ff.
226 *satisficing* vs. *optimizing*
227 z.B. Aufnahme von Sonderfällen im Sinne von Ausnahmen, Modifikation zu stark vereinfachender Annahmen, Revision fehlerhaften Wissens

Rapid Prototyping:
Die Erstellung wissensbasierter Systeme ist im Vergleich zu konventionellen Systemen mit höherer Unsicherheit belastet, weshalb es nahe liegt, durch ein Versuchssystem Erfahrungen mit dem Anwendungsfeld zu sammeln und herauszufinden, ob die Entwicklung überhaupt möglich und wirtschaftlich sinnvoll ist[228].

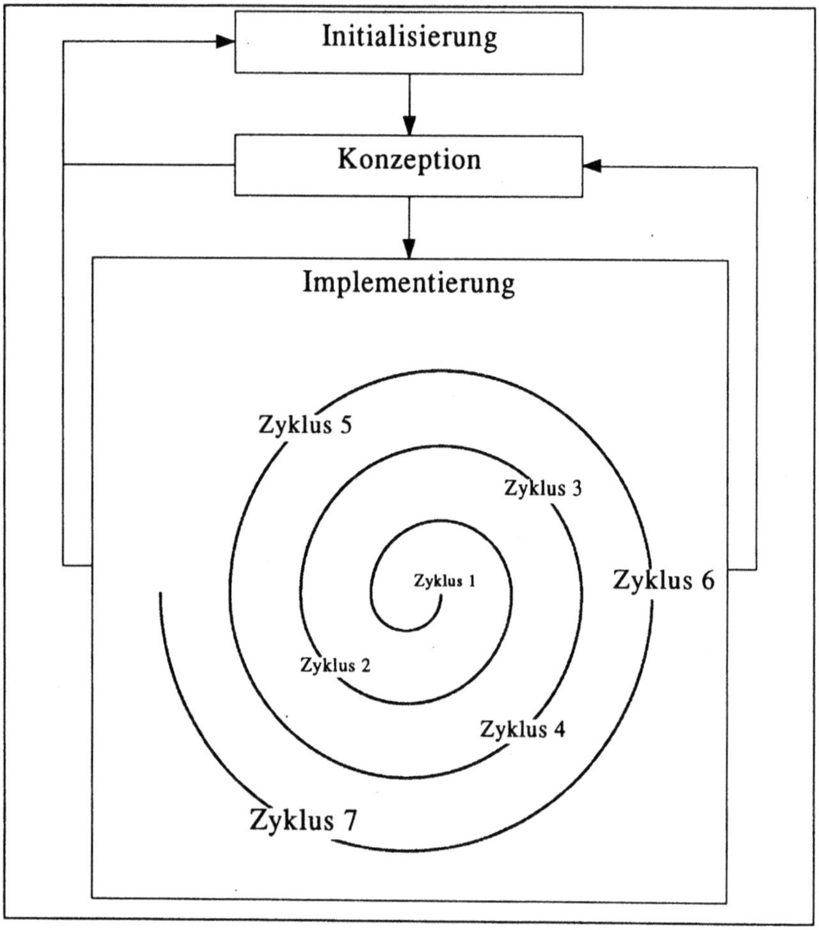

Abb. 3.18: Evolutionäre Systementwicklung

Ein Implementierungszyklus hat dabei folgenden Ablauf:

Auf der Basis des vorliegenden konzeptionellen Modells erfolgt eine an den verwendeten Repräsentationsformalismen ausgerichtete Wissensakquisition.

228 Dabei kann sich bei der Prototyp-Entwicklung durchaus auch herausstellen, daß ein konventionelles System vorteilhafter ist.

Das akquirierte Wissen wird anschließend mit den zur Verfügung stehenden Möglichkeiten des gewählten Werkzeugs in ein entsprechend ausführbares Wissensmodell umgesetzt.

Die Zyklus-Review umfaßt Tests des realisierten Prototyps, die eine Mängelbeseitigung oder eine Revision des konzeptionellen Modells zur Folge haben können.

Im Anschluß an die Zyklus-Review kann ein weiterer Implementierungszyklus angeschlossen werden. Falls eine zu Projektbeginn definierte Systemleistung erreicht wurde, kann auch die Überführung des Systems in die Produktionsumgebung erfolgen. Alternativ kann am Ende der Zyklus-Review auch die Entscheidung über den endgültigen Abbruch der weiteren Entwicklung getroffen werden.

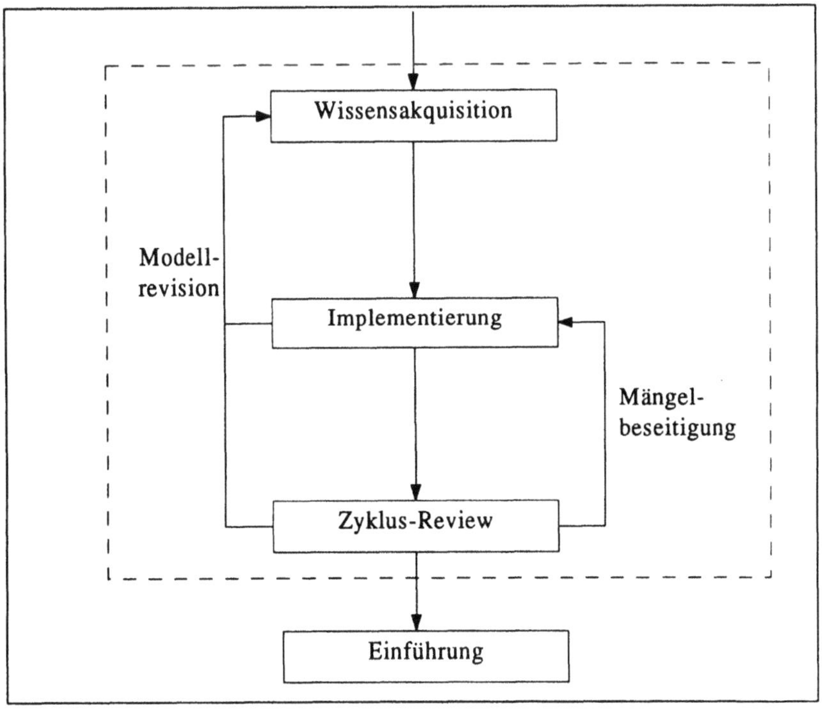

Abb. 3.19: Implementierungszyklus

Erfolgt im Abschluß an die eigentliche Systementwicklung die Einführung im Anwendungsfeld, stellt dies den Beginn laufender Wartungsarbeiten dar.

Die zwei Ebenen der Wartung wissensbasierter Systeme umfassen dabei[229]:

Wartung des implementierten Wissens: im Zeitablauf wird es i.d.R. erforderlich sein, neues Wissen hinzuzufügen[230], vorhandenes Wissen zu verfeinern bzw. zu korrigieren, oder obsoletes Wissen zu entfernen.

Wartung des Programmcodes sowie der nicht unmittelbar der Wissensbasis zuzurechnenden Systemteile wie z.B. Benutzerschnittstelle[231].

Falls für die Umsetzung des konzeptionellen Wissensmodells vorgefertigte Lösungen (Shells, Tools) verwendet werden, entfällt die zweite Wartungsebene zum größten Teil, da i.d.R. die entsprechenden Systembestandteile (z.B. definierte Schnittstellen) nicht verändert werden können[232].

229 vgl. Kurbel/Pietsch (1989), S. 134
230 vgl. Kapitel 3.2.3.3 und Kapitel 3.2.3.4
231 dies umfaßt die klassischen Wartungsaufgaben wie Fehlerkorrektur, Tuning, Anpassung an veränderte Systemumgebung etc.
232 Dies macht im Endeffekt auch eine Portierung des Systems auf andere Hard-/Softwareumgebungen unmöglich, falls in der neuen Zielumgebung das entsprechende Werkzeug nicht identisch verfügbar ist.

4. Rahmenbedingungen des Einsatzes wissensbasierter Systeme im PPS-Umfeld

4.1 Aufgaben und Ziele der PPS

Charakteristisches Merkmal des Industriebetriebs ist die Produktion von Sachgütern, demzufolge befaßt sich ein Großteil der Entscheidungen im Industriebetrieb mit der Planung und Steuerung der ablaufenden Produktionsprozesse.
Die Produktionsprozesse sind dabei dadurch charakterisiert, daß eine Vielzahl von Produkten, die sich aus Teilen und Baugruppen zusammensetzen, bis zu ihrer Komplettierung verschiedene Produktionsstufen durchlaufen (z.B. Teilefertigung, Vor- und Endmontage).

Der Produktionsprozeß wird von zwei Informationssystemen begleitet, die im Rahmen von CIM über die Nutzung einer gemeinsamen Datenbasis und die Integration von Abläufen zusammengeführt werden sollen[1]:

- das primär betriebswirtschaftlich-planerisch orientierte Produktionplanungs- und -steuerungssystem (PPS) sowie

- das mehr technisch ausgerichtete System mit den sogenannten CAx-Komponenten.

Die Planung der Produktionsprozesse umfaßt dabei:

- die Festlegung der zu produzierenden Enderzeugnisse nach Art, Menge und Termin (Programmplanung),

- die Ermittlung des für die Durchführung des Produktionsprogramms benötigten Materialbedarfs (zu produzierende Teile und Baugruppen, zu beschaffende Materialien), und

- die Bestimmung des zeitlichen und kapazitätsmäßigem Ablaufs der Produktion im betrachteten Zeitraum (Termin- und Ablaufplanung).

Die Produktionssteuerung umfaßt die kurzfristigen, dispositiven und operativen Funktionen zur Durchführung der Produktion.

Die den beiden Teilgebieten der PPS in Abbildung 4.1 zugeordneten Funktions-

---

1 vgl. Scheer (1988), S. 76f.

gruppen enthalten dabei eine Reihe von Einzelfunktionen, welche in den Tabellen 4.2 bis 4.6 aufgelistet werden.

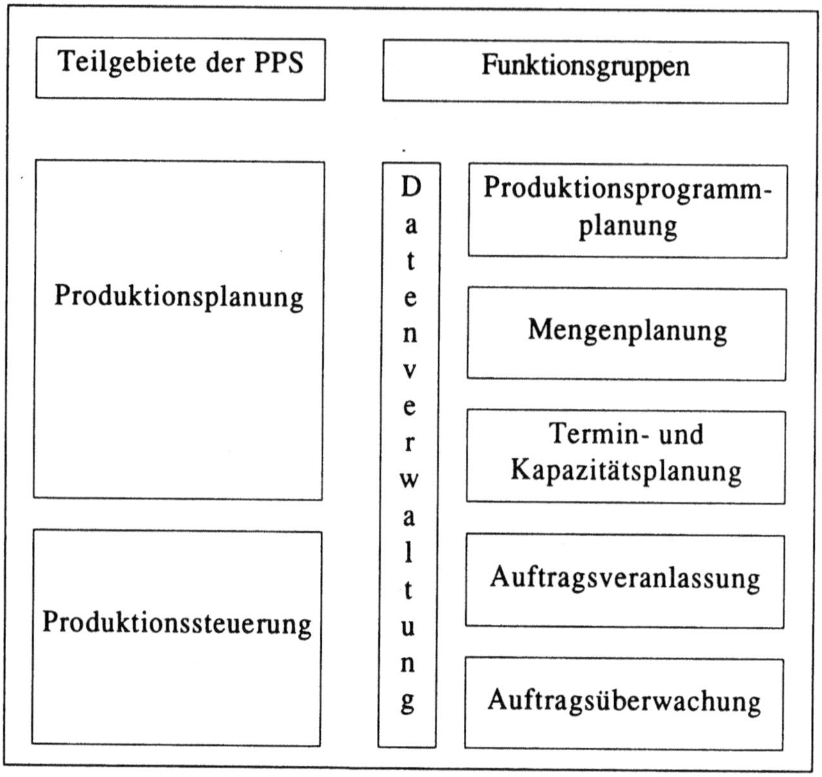

Abb. 4.1: Gliederung der PPS[2]

Die Produktionsplanung und -steuerung orientiert sich unter Kosten- und Flexibilitätsgesichtspunkten primär an den Zielen einer

Verringerung der Bestände,

einer *Verkürzung der Durchlaufzeiten* und

einer *hohen Termintreue*.

Das Ziel der *Auslastung der Kapazitäten* ist im Verhältnis zu den anderen Zielen eher von geringer Bedeutung.

Eine optimale Verwirklichung aller Ziele ist i.d.R. nicht möglich, da zwischen den einzelnen Zielsetzungen Konkurrenzbeziehungen bestehen können[3].

2 vgl. Hackstein (1984), S. 5
3 vgl. Hackstein (1984) S. 17f., Zäpfel/Missbauer (1988a) S. 74

Grundsätzlich erfordert die Problematik der PPS zwar eine simultane Abbildung, aufgrund ihrer schlechten Struktur[4] erfolgt die Lösung in konventionellen PPS-Systemen jedoch sukzessiv (Totalmodell vs. Partialmodelle)[5].

Dabei erfolgt eine an den Gegebenheiten der Produktion orientierte Zerlegung in annähernd wohlstrukturierte Teilprobleme, die in einer zuvor festgelegten Reihenfolge bearbeitet werden (Planhierarchie). Entscheidungen auf einer vorgelagerten Planungsstufe bilden dann Begrenzungen des Entscheidungsspielraums nachgelagerter Planungsstufen.

Festlegung des Produktionsprogramms
Ermittlung des Sekundärbedarfs und Zusammenfassung zu Losen bzw. Bestellmengen
Durchlaufterminierung mit geplanten Durchlaufzeiten
Kapazitätsterminierung und -abgleich
Maschinenbelegungsplanung

Tab. 4.1: Planungsstufen konventioneller PPS-Systeme

Zwischen den Teilplänen bestehen enge Beziehungen, so daß für die Genauigkeit der operativen Produktionsplanung die Koordinierung der Teilpläne zu einem zentralen Element des Planungssystems wird[6].

Zur Unterscheidung der Konzepte konventioneller PPS-Systeme können folgende Aspekte herangezogen werden[7]:

Sind alle Teilpläne in Bezug auf begrenzte Kapazitäten abgestimmt und auf welcher Aggregationsebene findet diese Abstimmung statt?

Sind die Vorgaben vorhergehender Teilpläne für nachfolgende Teilpläne bindend oder sind im Rahmen eines iterativen Vorgehens Modifikationen möglich?

---

4 keine exakte Zieldefinition, nicht überschaubare Alternativenzahl, Konsequenzen nicht hinreichend genau bekannt, ...
5 vgl. Hackstein (1984) S. 111, Kistner/Steven-Switalski (1989) S. 2
6 vgl. Zäpfel/Missbauer (1988a), S. 74
7 vgl. Zäpfel/Missbauer (1988a), S. 74

Wie werden die Abstimmungsaufgaben innerhalb einzelner Planungsebenen abgebildet, wie wird die Abstimmung durchgeführt?

Stammdatenverwaltung (Stücklisten, Arbeitspläne u.a.) Bewegungsdatenverwaltung (Kundenaufträge u.a.)
Tab. 4.2: Funktionsgruppe Datenverwaltung

Prognoserechnung für Enderzeugnisse Prognoserechnung für Teile und Gruppen Grobplanung des Produktionsprogrammes Grobplanung von Konstruktionserzeugnissen Grobplanung von Standarderzeugnissen Lieferterminbestimmung Kundenauftragsverwaltung Vorlaufsteuerung der Konstruktion Vorlaufsteuerung der Arbeitsplanung
Tab. 4.3: Funktionsgruppe Produktionsprogrammplanung[8]

Mengenplanung	*Terminplanung*
Bruttobedarfsermittlung Nettobedarfsermittlung Beschaffungsrechnung Verbrauchsgesteuerte Bedarfsermittlung Bestandsführung Bestandsreservierung Lieferantenauswahl Bestellschreibung Bestellüberwachung	Durchlaufterminierung Kapazitätsbedarfsrechnung Kapazitätsabstimmung Reihenfolgeplanung Kapazitätsangebotsermittlung
Tab. 4.4: Funktionsgruppen Mengenplanung und Termin- und Kapazitätsplanung[9]	

Fertigungsauftragsfreigabe Arbeitsbelegerstellung Verfügbarkeitsprüfung Arbeitsverteilanweisung Materialtransportsteuerung
Tab. 4.5: Funktionsgruppe Auftragsveranlassung[10]

8 vgl. Hackstein (1984), S. 11
9 vgl. Hackstein (1984), S. 12f.
10 vgl. Hackstein (1984), S. 15

Arbeitsfortschritterfassung
Wareneingangsmeldung
Kapazitätsüberwachung
Fertigungsauftragsüberwachung
Kundenauftragsüberwachung
Kundenauftragsbezug

Tab. 4.6: Funktionsgruppe Auftragsüberwachung[11]

Die PPS und ihre Vereinigung mit den Bereichen Konstruktion (CAD) und Fertigung (CAM) ist aufgrund ihrer zentralen Stellung[12] im betrieblichen Ablauf als Kristallisationskern für CIM zu sehen, sie muß daher ein integrierter Bestandteil des Gesamtunternehmens und einer strategischen Informationsplanung sein[13]. Zielrichtung von CIM ist dabei die integrierte Planung, Steuerung und Überwachung der Material-, Entscheidungs- und Informationsflüsse bei der Entwicklung, der Produktion und dem Vertrieb von Produkten[14].

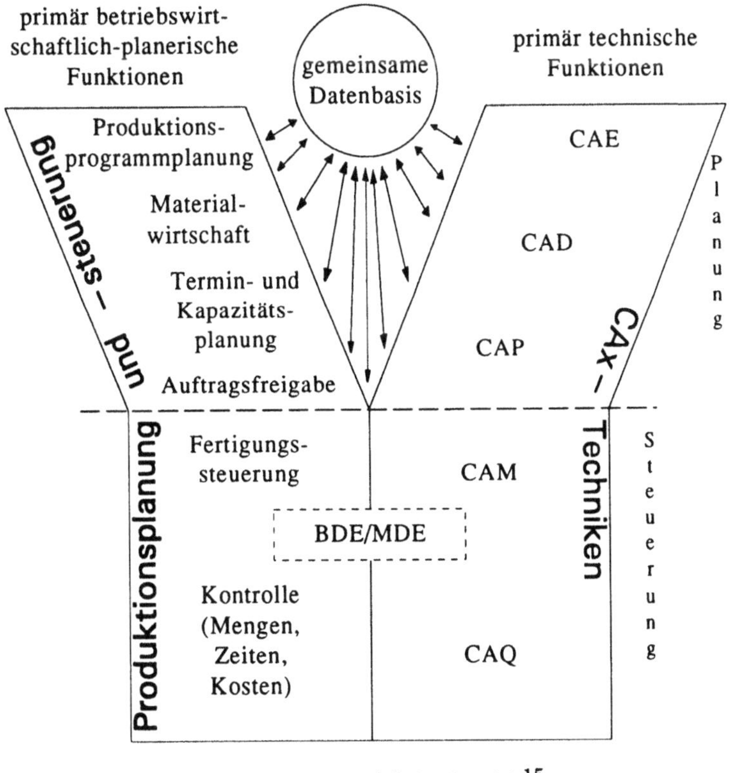

Abb. 4.2: Informationssysteme im Produktionsbereich[15]

11 vgl. Hackstein (1984), S. 16
12 z.B. wird ein Großteil der CIM-Informationen im Rahmen der PPS verwaltet
13 vgl. Wedekind (1988), S. 29
14 vgl. Huber (1990), S. 3
15 vgl. Scheer (1988), S. 77

4.2 Konventionelle Verfahren der Produktionsplanung und -steuerung

Da sich die Aufgaben der PPS als umfangreiche und komplexe Entscheidungsprobleme stellen, wurden schon relativ früh DV-gestützte Konzepte zur Unterstützung entwickelt.

Ausgangspunkt waren dabei die Aufgaben der Datenverwaltung und die Abwicklung rechenintensiver Verarbeitungsaufgaben (z.B. Bedarfsauflösung). Die Stammdaten stellen dabei mit Betriebsmittel-, Stücklisten- und Arbeitsplaninformationen ein Modell der jeweils betrachteten Produktion dar[16].

Ausgehend von der Stücklistenauflösung entwickelten sich über die terminierte Bedarfsermittlung, Losgrößenplanung, Planung der Lagerhaltung und des Kapazitätsbedarfs die heute existierenden integrierten Modularprogramme zur Produktionsplanung und -steuerung, welche die Planung und Disposition aller im Fertigungsbereich benötigten Ressourcen unterstützen[17]. Der Bereich der Produktionssteuerung wird dabei bislang kaum durch PPS-Systeme abgedeckt[18]. Unter anderem ist dies darin begründet, daß Betriebsdatenerfassungssysteme (BDE), welche Rückmeldungen über Aufträge, Personal und Betriebsmittel aufzeichnen und dem Steuerungssystem zur Verfügung stellen, nicht durchgängig zur Verfügung stehen.

Konventionelle PPS-Systeme orientieren sich an der im vorhergehenden Kapitel vorgestellten vertikalen Dekomposition des Gesamtproblems und repräsentieren folglich einen sukzessiven Planungsablauf. Der Ablauf der Planung läßt sich daher wie folgt skizzieren[19]:

> Ausgangspunkt der Planung ist die Programmplanung, wobei schon auf dieser Planungsebene i.d.R. eine grobe Abstimmung des Produktionsprogramms mit den Kapazitäten erfolgt. Unterstützende Methoden herkömmlicher PPS-Systeme sind dabei zum einen statistische Prognoseverfahren[20], zum anderen die Möglichkeit der Kapazitätsbelastungsrechnung. Methoden zur Optimierung des Produktionsprogramms[21] werden nicht geboten.

---

16 vgl. Dangelmaier u.a. (1989 und 1990), S. 42
17 vgl. Zäpfel/Missbauer (1988a), S. 74
18 vgl. Scheer (1988) S. 279, Huber (1990) S. 5
19 vgl. Zäpfel/Missbauer (1988a), S. 76f.
eine detaillierte Darstellung findet sich z.B. in Mertens (1988b), S. 133ff.
20 z.B. exponentielle Glättung
21 z.B. in Bezug auf die Maximierung des Deckungsbeitrags

Mithilfe einer terminierten Nettobedarfsrechnung wird ausgehend vom Primärbedarf an Enderzeugnissen der Bedarf an Teilen und Baugruppen sowie die Bedarfstermine dieser Komponenten festgelegt. Die Bedarfe werden zu Aufträgen (Fertigungslosen bzw. Beschaffungsmengen) zusammengefaßt. Kapazitätsgrenzen werden hierbei nicht berücksichtigt.

Die notwendigen Starttermine der Fertigungsaufträge bzw. die notwendigen Termine für Beschaffungsaufträge werden ausgehend von den geplanten Fertigstellungsterminen mithilfe geplanter Durchlaufzeiten ermittelt (Durchlaufterminierung). Auch hierbei werden Kapazitätsgrenzen nicht beachtet.

Bei der Kapazitätsterminierung erfolgt ein Abgleich des geplanten Outputs mit den Kapazitäten auf Arbeitsvorgangsebene, wobei der Aufwand für diese Anpassung von der Genauigkeit der Kapazitätsgrobplanung auf Enderzeugnisebene abhängt.

Die Feinabstimmung auf Arbeitsvorgangsebene, d.h. das Vorziehen dringender bzw. das Zurückstellen weniger dringender Aufträge, erfolgt in der Maschinenbelegungsplanung. Die mengen- und terminmäßige Belegung der Betriebsmittel mit Aufträgen erfolgt dabei i.d.R. mit heuristischen Verfahren (Prioritätsregeln).

Negative Konsequenzen dieses Vorgehens sind[22]:

Die Kapazitätsterminierung erfolgt nicht unter Kostengesichtspunkten, Zielsetzung ist vielmehr lediglich die Bestimmung eines zulässigen Planes[23].

Grundlage der Kapazitätsterminierung sind geplante Durchlaufzeiten, die lediglich grob geschätzt und selten aktualisiert werden. Treten Abweichungen der realisierten von den geplanten Durchlaufzeiten ein, so stimmt die Zurechnung der Kapazitätsbelastung auf einzelne Perioden nicht. Die tatsächliche Belastung der Arbeitssysteme weicht vom Ergebnis der Kapazitätsterminierung ab.

---

22 vgl. Zäpfel/Missbauer (1988a), S. 77

23 womit z.B. nach Switalski keine Planung i.e.S., sondern lediglich eine umfangreiche Informationsverarbeitung erfolgt, vgl. Switalski (1989), S. 257

Die Schwierigkeiten bei der Schätzung von Durchlaufzeiten und die daraus resultierende Verunsicherung der Terminplanung sowie die Tendenz zu überhöhten Beständen in der Fertigung sind letztlich auf eine mangelhafte Abstimmung der Programm- und Mengenplanung mit der Termin- und Ablaufplanung zurückzuführen[24].

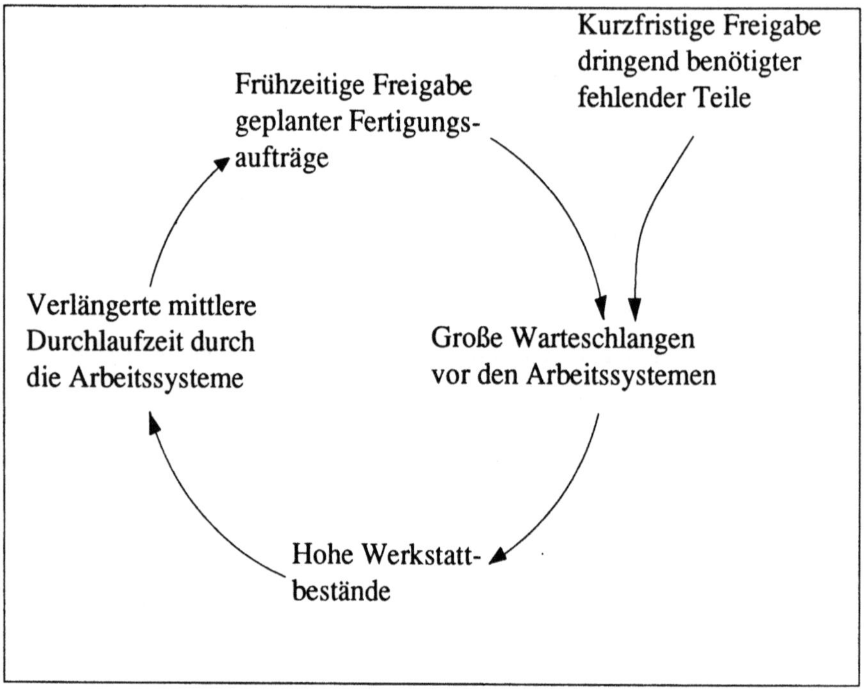

Abb. 4.3: Aufschaukeln von Durchlaufzeiten und Beständen (Durchlaufzeitsyndrom)[25]

Da traditionelle PPS-Systeme in vielen Fällen nicht in der Lage sind, hohe Bestände und lange, unzuverlässige Durchlaufzeiten zu verhindern, wurden in den letzten Jahren einige neuere Ansätze zur Gestaltung von PPS-Systemen entwickelt[26].

Neuere Konzepte mit dem Ziel einer besseren Abstimmung der einzelnen Planungsbereiche und der Produktionssteuerung sind u.a. Konzepte der Bestandsregelung (z.B. BOA, Kanban) und der Engpaßplanung (z.B. OPT), die im folgenden kurz vorgestellt werden sollen.

---

24 vgl. Zäpfel/Missbauer (1988a), S. 77
25 vgl. Zäpfel/Missbauer (1988a), S. 77
26 vgl. Zäpfel/Missbauer (1988b), S. 127

BOA

Die belastungsorientierte Auftragsfreigabe[27] hat ihren Schwerpunkt in der Terminfeinplanung, d.h. auf der Einhaltung von Fertigstellungsterminen und der Vermeidung von Wartezeiten.

Erreicht werden soll dies durch die Festlegung des Bestands an wartenden Aufträgen vor einem Aggregat in der Weise, daß bei möglichst niedrigen Durchlaufzeiten eine gleichmäßige Auslastung des Aggregats erreicht wird.

Jede Belastungsgruppe stellt dabei einen Trichter dar, an dessen Eingang sich Aufträge einstellen (*Trichtermodell*), wobei die Füllhöhe des Trichters den wartenden Auftragsbestand vor dem Aggregat anzeigt.

Die Auftragsfreigabe wird dabei von den Steuerparametern *Terminschranke*[28] und *Belastungsschranke*[29] bestimmt.

Aufträge werden immer dann freigegeben (eingelastet), wenn durch eine Fertigstellung der Belastungsgrad unter die Belastungsschranke fällt. Die Reihenfolge der Einlastung richtet sich dabei nach der Terminschranke.

Der Planungsablauf entspricht weitgehend dem traditioneller PPS-Systeme[30], lediglich bei der Auftragsfreigabe wird für die jeweilige Planperiode eine Überschreitung der Sollbestände verhindert.

Kanban

Bei Kanban handelt es sich um einen Ansatz zur Steuerung des Materialflusses mit der Zielsetzung, Lagerbestände bei Einhaltung der Fertigstellungstermine zu minimieren.

Die Materialbereitstellung wird durch sogenannte Kanban-Karten gesteuert, über welche die Fertigungsstufen miteinander verbunden werden. Das sonst übliche Bring-Prinzip wird dabei durch das Hol-Prinzip ersetzt, d.h. die Produktion eines (Zwischen-)Teils wird durch das Eintreffen einer Karte angestoßen, die

---

27 vgl. Wiendahl (1987)
28 Die Terminschranke ordnet Aufträge nach dem Grad der Dringlichkeit und verhindert so eine frühe Einlastung.
29 Die Belastungsschranke gibt den höchstmöglichen Belastungsgrad eines Aggregats an (ca. 200-300% der Periodenkapazität) und verhindert so, daß alle Aufträge einer Dringlichkeitsstufe gleichzeitig eingelastet werden.
30 vgl. Zäpfel/Missbauer (1988b), S. 128

den Bedarf der nachgelagerten Stufe signalisiert.

Die organisatorischen Regeln von Kanban sind:

- jeder Verbraucher fordert nur zum Bedarfszeitpunkt und nur die benötigte Menge an,

- jeder Erzeuger produziert nur die angeforderte Menge und gibt nur einwandfreie Ware weiter.

Die Betonung des Verfahrens liegt auf der Gestaltung eines kontinuierlichen Materialflusses mithilfe vermaschter, selbststeuernder, dezentraler Regelkreise zwischen Materialerzeugern (Quellen) und Materialverbrauchern (Senken).

Kanban eignet sich daher überwiegend für den Einsatz in der Großserien- und Massenfertigung mit stark standardisierten Teilen und Abläufen.

OPT

Basis von OPT (Optimized Production Technology) sind im wesentlichen die folgenden Regeln[31]:

- der Produktfluß, nicht die Kapazität muß ausgeglichen werden,

- eine am Engpaß verlorene Zeiteinheit ist für die gesamte Produktionsanlage verloren,

- eine an einem Nicht-Engpaß eingesparte Zeiteinheit ist belanglos, sie erhöht lediglich den wartenden Arbeitsbestand am Engpaß,

- der Durchsatz am Engpaß bestimmt den Gesamtdurchsatz des Systems.

Im Gegensatz zu herkömmlichen PPS-Systemen, die Material- und Kapazitätsengpässe erst am Ende der Planung aufzeigen, stellen diese Engpässe bei OPT die Basis der Planung dar[32].

---

31 vgl. Huber (1990), S. 29
32 vgl. Zimmermann (1989), S. 186

Die OPT-Arbeitsweise läßt sich wie folgt beschreiben[33]:

> Durch das Modul BUILTNET wird die gesamte betriebliche Situation in einem Netzwerk abgebildet, in dem alle Interaktionen der kapazitätsrelevanten Größen dargestellt werden.
>
> Das Netz wird mit den anstehenden Produktionsaufträgen überlagert, anschließend werden im Modul SERVE die Engpässe des Systems identifiziert.
>
> Das Modul SPLIT teilt das Netzwerk in einen kritischen Teil nach dem Engpaß und einen nicht-kritischen Teil vor dem Engpaß auf.
>
> Das Modul OPT generiert durch Vorwärtsterminierung einen optimalen Produktionsplan[34] für das kritische Teilnetz und bestimmt den Zeitpunkt der frühesten Fertigstellung; das Modul SERVE terminiert die Aufträge im nicht-kritischen Teil rückwärts, um den Starttermin zu bestimmen.
>
> Um den Produktionsplan gegen Störungen abzusichern, werden an den Engpaßmaschinen Sicherheitspuffer in Form von Lagerbeständen oder Vorlaufzeiten geschaffen.

Der Einsatz von OPT erfordert vorbeugende Instandhaltung, eine hohe Datenqualität in den Arbeitsplänen und den verfügbaren Kapazitäten und eine laufende Abweichungsanalyse, da Änderungen im kritischen Teilnetz eine Neuberechnung bedingen (Planung nach dem Neuaufwurfsprinzip)[35].

4.3 Die Grenzen konventioneller PPS-Systeme

Konventionelle Systeme und Verfahren der Produktionsplanung und -steuerung "optimieren" den Ablaufprozeß mit hohem Aufwand, die erzeugten Pläne sind aber aufgrund der niedrigen Planungsfrequenz häufig schon nach kurzer Zeit überholt, wodurch zwischen Istzustandserfassung und der Vorgabe neuer Plandaten eine zu große Zeitverzögerung entsteht.

---

33 vgl. Rose/Stengel (1988), S. 79f.
eine ausführlichere Darstellung findet sich bei Zäpfel/Missbauer (1988b), S. 129ff.

34 z.B. rüstkostenminimal

35 vgl. Huber (1990), S. 30

Sie betonen vor allem die Auslastung der Maschinen, vernachlässigen aber andere Ressourcen.

Die Schwachstellen konventioneller PPS-Systeme liegen daher in[36]:

Der Schwerfälligkeit insbesondere älterer Systeme, die aufgrund zentraler Steuerungsprinzipien keine schnelle Reaktion auf Datenänderungen ermöglichen.
Da Planungsläufe nur periodisch mit den bis dahin aufgelaufenen Daten durchgeführt werden, können Abweichungen des tatsächlichen Produktionsverlaufs vom Soll-Verlauf nur mit zeitlicher Verzögerung berücksichtigt werden.

Problemen bei der konsistenten Abstimmung bei verteilter Datenhaltung.
Aufgrund der vielfältigen Insellösungen insbesondere im Bereich der technischen Informationssysteme, die einen Großteil der im Rahmen des PPS-Systems verwalteten Daten erzeugen, stellt sich die Problematik des Aufbaus konsistenter und redundanzarmer Datenschemata.

Schwächen in der Primärbedarfsermittlung bei unzuverlässigen Prognosen, in der Sekundärbedarfsermittlung bei großer Variantenzahl.

Zu hohem Aufwand und daraus resultierenden Schwierigkeiten bei der Terminplanung durch hohe Leerzeiten und ungenügende Abstimmung der Kapazitätsquerschnitte.

Der häufigen Notwendigkeit von Planrevisionen in der Produktionssteuerung.
Da nach der Terminierung der Aufträge die einzelnen Arbeitsgänge in fester "optimierter" Reihenfolge vorliegen, kommt es aufgrund der lückenlos angeordneten Auftragsreihenfolge bei Störungen[37] sofort zu Planabweichungen.

---

36 vgl. Helberg (1987), S. 150ff.
37 z.B. Maschinen- oder Personalausfall, Qualitätsprobleme

Zusätzlich nennt Huber folgende Schwachstellen[38]:

Keine Möglichkeit, verschiedene Steuerungsprinzipien nebeneinander zu verwenden, obwohl viele Fertigungssysteme weder als reine Fließfertigung noch als reine Werkstattorganisation aufgebaut sind, sondern Mischformen darstellen.

Geringe Möglichkeiten zur Dezentralisierung der Steuerung.

Fehlende Transparenz ausgefeilter Planungsverfahren, deren Lösungen vom Fertigungssteuerer häufig nicht nachvollzogen werden können. Bei Planabweichungen kann folglich nicht angemessen reagiert werden, da die Auswirkungen auf das Produktionsgeschehen nicht überschaubar sind.

Da die Ursache für die Mängel konventioneller Systeme in der unzulänglichen Abbildung des Prozeßablaufes liegen, stellen sich insbesondere im Rahmen einer CIM-Betrachtung folgende Forderungen an neue Verfahren der Produktionssteuerung[39]:

stärkere *Modellorientierung*,

höhere *Prozeßtransparenz*,

einfachere *Handhabung*,

stärkere Einbindung menschlichen *Erfahrungswissens*.

Kennzeichnende Merkmale des PPS-Umfeldes sind aufgrund der Spezialisierung in Insellösungen und der fehlenden ganzheitlichen Betrachtungsweise[40], daß:

eine Vielzahl teilweise schwer überwindbarer Schnittstellen existiert ,

die starke Geometrieorientierung der CAx-Komponenten dazu führt, daß viele technische Informationen nicht erfaßt werden,

---

38 vgl. Huber (1990), S. 34
39 vgl. Specht (1989), S. 121
40 vgl. Längle (1989) S. 35, Milberg/Lutz (1987), S. 184

sich lange Reaktionsfristen ergeben und sich ein hoher Aufwand bei der Abstimmung der Teilprozesse mit entsprechenden Kostenwirkungen ergibt,

die Rückkopplung von Informationen aus der Fertigung über die Arbeitsplanung bis in die Konstruktion informationstechnisch bisher kaum unterstützt werden kann.

Voraussetzung für die Planung bereichsübergreifender organisatorischer und technischer Konzepte ist ein tieferes Verständnis des Produktionsprozesses, um Informationsdefizite und -redundanzen systematisch erkennen und Wege zu ihrer Beseitigung finden zu können. Leistungsvermögen und Leistungsgrenzen der CIM-Bausteine neben der PPS sind dabei in Tabelle 4.7 zusammengefaßt.

CIM-Baustein	Leistungsvermögen	Leistungsgrenzen
CAD	-Geometrische Darstellung -Berechnungen -Aufruf von Einzelteilen -Variation von Einzelteilen	-Kostenberücksichtigung -Auswahl von Werkstoffen, Einzelteilen usw. -Vorschlag von Werkstoffen, Einzelteilen usw. -Plausibilitätskontrolle
CAP	-Ähnlichkeitsplanung -Planung im Dialog mit Berechnungsunterstützung -Planwertdateien	-Auswahl von Planungsalternativen -Technologieunterstützung bei komplexen Problemen
CAM	-Anforderung, Verarbeitung und Rückmeldung von 'statischen' Steuerungsinformationen	-Interpretation von Situationsdaten -Konfliktanalyse -Dynamische Anwendung von Steuerungsinformationen

Tab. 4.7: Grenzen der CIM-Komponenten beim Stand der Technik[41]

Integrationskonzepte zielen auf die (Wieder-)Herstellung der Ganzheit eines Systems ab, die durch die Arbeitsteilung nicht mehr gegeben ist. Entscheidend für die Erhöhung der Systemwirksamkeit ist der durch Integration bewirkte

41 vgl. Nedeß/Friedewald/Plog (1986) nach Wildemann (1987), S.9

positive Synergieumsatz. Dieser wird zum einen durch die Beschleunigung des Informationsflusses durch das System erreicht, zum anderen durch die Steigerung der Effizienz und Zuverlässigkeit des Systems.

Die Aufgabenstellung von CAD, CAP und CAM umfaßt dabei[42]:

> CAD: Die Erstellung kostengerechter Produktbeschreibungen bei optimaler Verwendung bewährter unternehmensspezifischer Methoden und unter Berücksichtigung vorhandener Fertigungsmittel.
>
> CAP: An der Schnittstelle zwischen technischen (CAD-CAP-CAM) und administrativen Datenflüssen (CAP-PPS) liegend, ist es Aufgabe der Arbeitsplanung, auf der Basis von Konstruktionsvorgaben einen Arbeitsplan als Voraussetzung für die technische Fertigungssteuerung, die Produktionsplanung und -steuerung sowie darüber hinausgehend für die Kostenrechnung zu erstellen. Die Erzeugung produktionsbeschreibender Informationen soll dabei unter bestmöglicher Ausnutzung vorhandener Fertigungsmittel stattfinden.
>
> CAM: Die Ausführung der Betriebsaufträge der Produktionsplanung und -steuerung entsprechend den Vorgaben der Arbeitsplanung.

Der mit heutigen CIM-Bausteinen dabei realisierbare Informationsaustausch weist folgende Defizite auf[43]:

> *Konstruktion (CAD):*
> Die mithilfe von CAD-Systemen erzeugten Daten bestehen im wesentlichen aus Geometriebeschreibungen, während technologische Informationen bzw. Anforderungen an Fertigungs- und Montageverfahren nur schwer gespeichert und gezielt abgerufen werden können. Da i.d.R. keine systematische Rückkopplung gegeben ist, stehen Erfahrungen aus Arbeitsplanung und Produktion dem Kon-strukteur wenn überhaupt nur auf informellem Weg zur Verfügung.
>
> *Arbeitsplanung (CAP):*
> Wesentliche Grundlagen hierfür sind zum einen die Daten aus der Konstruktion, wobei diese um funktionale Beziehungen zwischen den Teilen bzw. montageorientierte Beziehungen ergänzt werden müssen.

42 vgl. Milberg/Lutz (1987), S. 182
43 vgl. Milberg/Lutz (1987), S. 183f.

Zum anderen werden Erfahrungswerte aus der Produktion und schon geplante Termine berücksichtigt.
Konventionelle Lösungsansätze, z.B. auf der Basis von Entscheidungstabellen formulierte Planungsalgorithmen, werden der Arbeitsplanungsproblematik nicht gerecht. Die Abbildung regelorientierten Wissens sowie die Aktualisierung und Überarbeitung der Planungsregeln ist mithilfe traditioneller Programmiertechniken nur unter außerordentlich hohem Entwicklungs- und Pflegeaufwand realisierbar. Ferner erfordern Änderungen oftmals eine vollständige Neuprogrammierung des Regelwerks.

Produktionsplanung und -steuerung (PPS):
Die einzelnen Teilfunktionen (Grobplanung, Materialwirtschaft, Kapazitäts- und Terminplanung) tauschen sowohl untereinander als auch mit Konstruktion und Arbeitsplanung Informationen aus, wobei insbesondere bei Störungen und den sich dabei ergebenden Änderungen Probleme auftreten.

Leittechnik (CAM):
Kernaufgabe ist die Realisierung eines optimalen Materialflusses durch die Produktion, d.h.:
- jedes Erzeugnis mit minimalen Liegezeiten kundenauftragsorientiert durch die Produktion zu führen,
- die Möglichkeiten der Fertigungsmittel bzw. des Gesamtsystems durch eine adaptive Planung zu nutzen,
- Störungen der Betriebsmittel und Fehler im Produktionsprozeß in ihren Auswirkungen für den gesamten Auftragsbestand zu beurteilen und rechtzeitig Gegenmaßnahmen zu ergreifen.

Dabei ist eine Vielzahl von Bedingungen hinsichtlich Fertigungsmittel, Peripherie und Transporteinrichtungen zu berücksichtigen, mit der Folge einer großen kombinatorischen Vielfalt für die Anzahl möglicher Lösungen.

Qualitätssicherung (CAQ):
Bestehende Qualitätssicherungssysteme ermöglichen nur in geringem Umfang eine eindeutige Identifikation von Fehlerursachen, was einerseits auf die mehrdimensionale Beziehung zwischen Fehlersymptomen sowie Fehlerursachen und andererseits auf den oftmals subjektiven Charakter einer Fehlerdiagnose zurückzuführen ist.

Wissensbasierte Systeme stellen einen Ansatz dar, um die aufgezeigten Defizite auszugleichen.

Im nächsten Kapitel werden daher mögliche Anwendungsfelder wissensbasierter Systeme und die an diese Systeme gestellten Anforderungen im PPS-Umfeld vorgestellt.

4.4 Der Einsatz wissensbasierter Systeme in der Produktionsplanung und -steuerung

4.4.1 Potentielle Anwendungsfelder und bestehende (Teil-)Systeme

Unter CIM-Aspekten sollte der Begriff des PPS-Systems um die vielfältigen Beziehungen zum PPS-Umfeld, insbesondere zu den Bereichen der CAx-Systeme erweitert werden. Anwendungsfelder wissensbasierter Systeme liegen daher nicht nur innerhalb des PPS-Systems, sondern auch insbesondere im Bereich der Kopplung des PPS-Systems bzw. einzelner PPS-Module mit dem jeweils entsprechenden Umsystem.

Im Rahmen von CIM-Prozeßketten[44] lassen sich dabei folgende Bereiche als mögliche Zielrichtungen des Einsatzes wissensbasierter Systeme unterscheiden[45]:

Der *funktional* ausgerichtete Einsatz als Insellösung bzw. verkettet mit weiteren Teilbereichen der CIM-Prozeßkette.

Der *modular* ausgerichtete Einsatz als Funktionskomponente eines Teilbereichs einer CIM-Prozeßkette.

Der Einsatz als *Integrator/Handler* (Handling von Schnittstellen innerhalb einer CIM-Prozeßkette).

Der Schwerpunkt der bisherigen Systementwicklung liegt dabei den schon in Kapitel 3.1 erwähnten Studien zufolge im erstgenannten Bereich, d.h. in Systemen zur intelligenten Unterstützung isoliert betrachteter Teilgebiete.

---

44 Der Begriff der CIM-Prozeßkette lehnt sich dabei an den Begriff der logistischen Kette an und beinhaltet die bereichsübergreifende Optimierung der materialflußbegleitenden Informationssysteme im Rahmen eines CIM-Konzepts.

45 vgl. auch Kapitel 3.2.5.1

Neben Diagnose- und Überwachungssystemen läßt sich als weiterer Schwerpunkt der Anwendungen hier die Optimierung und Automatisierung von Planungsprozessen nennen.

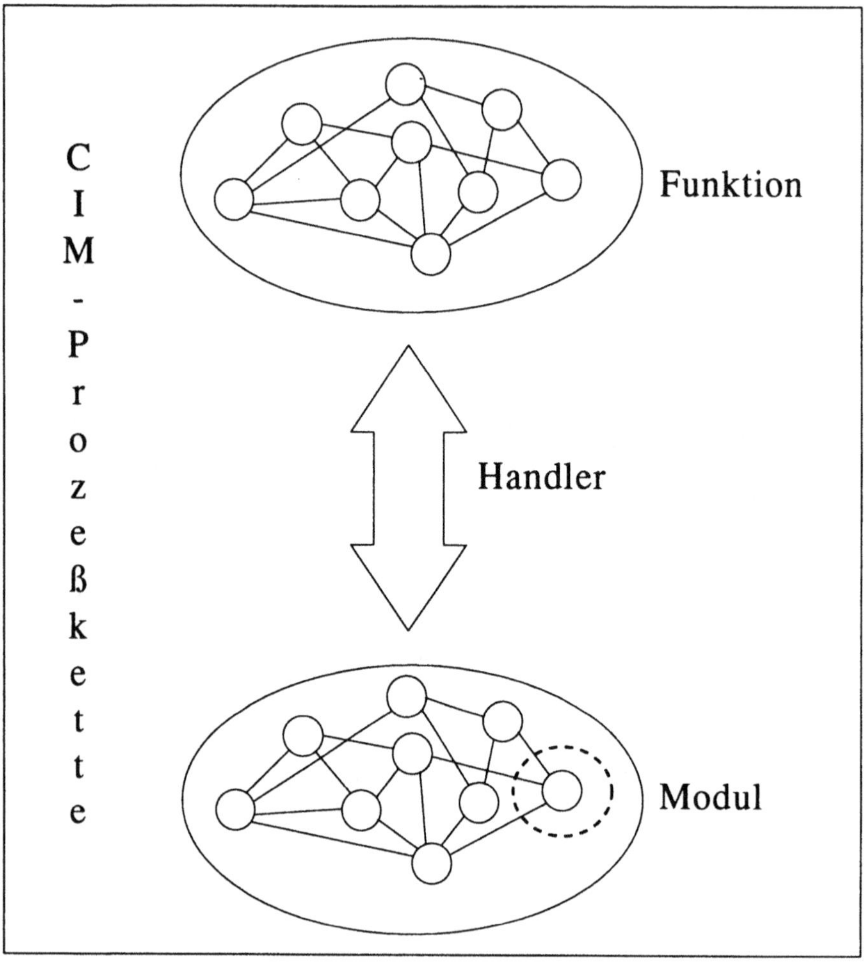

Abb. 4.4: Einsatzbereiche wissensbasierter Systeme im Rahmen von CIM

Es überwiegen dabei Insellösungen bzw. teilintegrierte Systeme[46], echte Funktionsmodule bzw. Schnittstellensysteme sind dagegen verhältnismäßig selten vertreten (vgl. Tabelle 4.8). Ausnahmen bilden dabei wissensbasierte Systeme als quasi-natürlichsprachliche Zugangssysteme für Datenbanken, die allerdings nicht spezifisch für den Einsatz im PPS-Umfeld entwickelt werden.

---

46 vgl. Kapitel 4.4.2.2

Analyse- und Diagnosesysteme: -Ursachen von Betriebsmittelstörungen -Analyse der Betriebsmittelnutzung (MDE) -Diagnose der Ursachen von Terminüberschreitungen -Analyse der Durchlaufzeiten und Diagnose der Mängel -Analyse von Qualitätsdaten -Kostenanalyse
Selektionssysteme: -Datenverwaltungs- und -suchsysteme -Datenauswertungs- und -verdichtungsysteme
Intelligente Checklisten: -Instandhaltung und vorbeugende Wartung -Unterstützung der Auftragsabwicklung
Beratungssysteme: -Entscheidung über Kundenauftragsannahme -Zuordnung von Fertigungsaufträgen zu Betriebsmitteln -Auftragsfreigabe nach Betriebsmittelauslastung -Kapazitätserfassung (mittel- und langfristig) -Verlagerungsmöglichkeiten
Konfigurierungssysteme: -Anordnung der Betriebsmittel -Produktkonfiguration aus Komponenten (Varianten) -Arbeitsplanerstellung aus Standardarbeitsplänen
Planungssysteme: -Primärbedarfsplanung -Materialbedarfsplanung -Kapazitätsbedarfsplanung -Materialflußplanung
Zugangssysteme: -Auswahl von Methoden --Primärbedarfsplanung --Materialbedarfsplanung --Kapazitätsbedarfsplanung -Intelligentes Data-Dictionary
Hilfesysteme: -Sinnvolle Nutzung des PPS-Systems (DV-Technik, PPS-Funktionen, PPS-Abläufe) -Auswirkungen und Ursachen von Fehlern erkennen
Entscheidungssysteme: -Fremdbeschaffung oder Eigenfertigung -Materialbedarfsrechnung
Überwachungssysteme: -Termineinhaltung -Qualitätsauswertungen -Maschinennutzung

Tab. 4.8: Beispiele für den Einsatz wissensbasierter Systeme im PPS-Umfeld[47]

47 vgl. Steinmann/Scheer (1987), S. 206ff.
die Klassifikation übernimmt Steinmann von Mertens u.a. (1986), S.6ff.

Bei wissensbasierten Systemen zur PPS überwiegen Systeme zur Terminplanung bei Werkstattfertigung, wobei der Aspekt der Maschinenbelegung dominiert[48].

Neben den bisherigen Entwicklungsschwerpunkten lassen sich noch weitere potentielle Anwendungsfelder wissensbasierter Systeme im PPS-Umfeld bestimmen. Anhaltspunkte für die Eignung einzelner Anwendungsfelder bieten dabei die in Kapitel 3.2 bzw. Kapitel 3.4.1 aufgestellten Kriterien.

Die Vielfalt von Forschungsansätzen im PPS-Umfeld läßt sich dabei auf sechs elementare Konzepte reduzieren, die in unterschiedlicher Weise kombiniert werden können[49]:

reformulierende Ansätze und systematische Anpassung an Ressourcengrenzen (Constraint-Directed Search), ein Beispiel hierfür ist das System ISIS (Intelligent Scheduling and Information System),

konventionelle Planung in Kombination mit wissensbasierten Systemen zur Umplanung nach Störungen (z.B. das System ISA - Intelligent Scheduling Assistant),

Parameter-Konfiguration für konventionelle PPS-Systeme (z.B. PAREX),

Verbindung wissensbasierter Systeme mit Methodenbankelementen und insbesondere Simulationsverfahren,

Kombination verteilter Produktionssteuerung mit DAI (Distributed Artificial Intelligence), z.B. YAMS (Yet Another Manufacturing System),

Einsatz wissensbasierter Systeme zum kontrollierten Anstoßen menschlicher oder automatischer Transaktionen (aktionsorientierte Verarbeitung).

Einige Beispiele bestehender (Teil-)Systeme werden im folgenden exemplarisch vorgestellt. Zu beachten ist dabei, daß es sich bei diesen Systemen i.d.R. um

---

48 vgl. Zelewski (1990) S. 68
49 vgl. Mertens (1989), S. 116

Prototypen handelt, die zwar teilweise in der Praxis eingesetzt wurden und werden, langfristige Erfahrungen mit dem Einsatz dieser Systeme allerdings zumindest in der verfügbaren Literatur nicht dokumentiert sind.

ISIS/OPIS

Das wissensbasierte System ISIS und die Fortentwicklung OPIS[50] stellt das in der Literatur am detailliertesten dokumentierte System dar. Es wurde in Zusammenarbeit vom Robotics Institute der Carnegie-Mellon University in Pittsburgh und der Westinghouse Electric Corporation für den Bereich der Fertigung von Turbinenschaufeln erstellt, und wurde dort auch konkret als Prototyp genutzt.

Aufgrund von Laufzeitproblemen und Mängeln in Bezug auf die Integrationsfähigkeit in die konventionelle betriebliche Informationsverarbeitung gelangte ISIS allerdings nicht zum Routineeinsatz[51].

Von der Konzeption her eignet sich ISIS zwar zur heuristischen Maschinenbelegung für nahezu jedes Produktionssystem, im Vordergrund steht jedoch die Werkstattfertigung.

Die Wissensbasis von ISIS beinhaltet zum einen ein umfassendes Produktionsmodell[52], zum anderen detaillierte Informationen über die einzuplanenden Fertigungsaufträge. Dazu kommen noch technisch bedingte Reihenfolgebeziehungen, die zwischen den Arbeitsgängen eines Produktionsprogramms bestehen.

Die Problemmodellierung wird durch eine Menge von Restriktionen ergänzt, wie z.B.[53]:

Verfügbarkeitsbeschränkungen für Betriebsmittel und Material,

kausalen Restriktionen, die sich aus den Lagerbeständen von Repetierfaktoren ergeben,

---

50 Opportunistic Intelligent Scheduler,
die Ideen von ISIS werden auch in dem System SOJA (Systeme d'Ordonnancement Journalier d'Atelier) bzw. dessen Nachfolger SONJA verwendet, vgl. Mertens (1989) S. 118, Huber (1990), S. 37

51 vgl. Zelewski (1990), S. 71

52 Das Produktionsmodell bildet z.B. den gesamten Betriebsmittelbestand, die technischen Verfahrenskonzepte, Eigenschaften von Arbeitsplätzen und die organisatorische Struktur des Produktionssystems ab.

53 vgl. Huber (1990) S. 36, Zelewski (1990) S. 71f.

- der Vorgabe spätest zulässiger Fertigstellungstermine,

- der Vorgabe maximaler Herstellungskosten.

Durch Restriktionspropagierung über mehrere Planungsstufen erstellt ISIS eine Maschinenbelegung. Dabei werden allen Aufträgen des Produktionsprogramms dynamische Prioritäten zugeordnet, die an die Abstände des jeweiligen Planungszeitpunkts von den Lieferterminen geknüpft sind[54].

Die Einplanung der Aufträge erfolgt dann sukzessiv nach Maßgabe ihrer Prioritäten, wobei durch die Einplanung eines Auftrags neue Restriktionen dynamisch erzeugt werden. Diese geben an, welche Ressourcen für die Abwicklung dieses Auftrags gebunden oder verbraucht werden.

Der auftragsorientierte Einplanungszyklus wird so lange wiederholt, bis der gesamte Auftragsbestand abgearbeitet ist. Im Konfliktfall erzeugt ISIS durch *backtracking* auf frühere Planungsebenen Alternativbelegungen.

Als Reaktion auf die Effizienzprobleme von ISIS erfolgte die Weiterentwicklung zu dem System OPIS, welches folgende Verbesserungen aufweist[55]:

- der Schlußfolgerungsmechanismus wurde durch die Verwendung einer Blackboard-Architektur flexibler,

- neben der sukzessiven, prioritätsgesteuerten Auftragseinplanung können zwei alternative Einplanungsstrategien[56] verwendet werden.

Bei der ressourcenorientierten Strategie werden alle Restriktionen in Bezug auf ein Betriebsmittel gemeinsam betrachtet, wodurch Engpaßprobleme[57] und Rüstkosten[58] adäquat erfaßt werden können.

Die ereignisorientierte Strategie faßt dagegen alle Wirkungen zusammen, die von derselben Einplanungsentscheidung zu einem Zeitpunkt ausgehen.

Die drei Einplanungsstrategien werden im Rahmen der Metaplanung in OPIS so kombiniert, daß das Planungsproblem möglichst umfassend bewältigt wird.

---

54 zusätzlich können vom Benutzer statische Prioritäten vorgegeben werden
55 vgl. Huber (1990) S. 37
56 vgl. Zelewski (1990) S. 73
57 aus der Konkurrenz mehrerer Aufträge um die knappe Kapazität eines Betriebsmittels
58 in Abhängigkeit von der Auftragsreihenfolge an einem Betriebsmittel

Dabei wird zunächst ressourcenbezogen geplant, um Engpaßprobleme aufzudecken und so zu lösen, daß vorgegebene Liefertermine eingehalten werden. Zur Planverfeinerung wird dabei auf die ereignisorientierte Strategie zurückgegriffen. Für alle übrigen Nicht-Engpaß-Ressourcen erfolgt die auftragsorientierte Einplanung.

Das Zusammenwirken dieser Strategien erfolgt dabei über ein sogenanntes Blackboard, wobei in jeder Planungsphase von einer übergeordneten Steuerungskomponente festgelegt wird, mit welcher Einplanungsstrategie eine Belegung im Produktionsmodell eingeplant wird.

In Simulationsexperimenten ergab sich im Vergleich zu ISIS eine Halbierung der Antwortzeit bei besseren Ergebnissen. Auch im Vergleich zu einem konventionellen Planungssystem auf der Basis einer starren Prioritätsregel ergab sich für OPIS in Bezug auf Verspätungskosten, Durchlaufzeiten und Rüstaktivitäten eine höhere Leistungsfähigkeit[59].

ISA/UMDEX

Das bei der Digital Equipment Corporation eingesetzte ISA stellt eines der wenigen Systeme dar, die speziell auf die Terminsteuerung zugeschnitten sind, anstatt lediglich Anpassungsplanungen vorzunehmen, die im Prinzip einer originären Terminplanung gleichen[60].

ISA setzt an der Schnittstelle zwischen produktionsorientierter Terminplanung und der absatzbezogenen Verwaltung von Kundenaufträgen an und überwacht,

ob Kundenaufträge innerhalb vereinbarter Liefertermine fertig- und zugestellt werden können und,

ob Neuzugänge, Änderungen oder Stornierungen von Aufträgen usw. eine Anpassung der fertigungsbezogenen Terminplanung erfordern.

Können geplante Liefertermine nicht eingehalten werden, verfügt ISA über unterschiedliche Anpassungsstrategien[61], wobei Anpassungsalternativen in einem interaktiven Dialog mit dem Systembenutzer ausgewählt werden.

---

59 vgl. Zelewski (1990) S. 73
60 vgl. Zelewski (1990) S. 71
61 z.B. Modifikation der Liefertermine, Änderung von Ressourcen- oder Finanzierungsvorgaben

Das System UMDEX (Umdisposition durch ein Expertensystem) lehnt sich an einen von dem konventionellen PPS-System IBM-COPICS im Stapelbetrieb erstellten Produktionsplan an und orientiert sich an dem Ziel, Abweichungen online bei ihrem Auftreten zu behandeln[62].

Die Aufgabe von UMDEX verteilt sich auf vier Grundfunktionen[63]:

Abweichungserkennung,

Abweichungseinschätzung,

Maßnahmenermittlung und

Maßnahmenauswahl.

Zur Begrenzung des Umdispositionsaufwands arbeitet UMDEX mit möglichst lokalen Informationen und Maßnahmen. Dazu wurden orientiert an der Struktur des Fertigungsprozesses die Bereiche Kapazität, Werkstattauftrag, Auftragsnetz und Endprodukt abgeleitet[64]:

Im Kapazitätsbereich werden für Arbeitsplatzgruppen Kapazitätsabweichungen festgestellt, beurteilt und (wenn möglich) durch angemessene Gegenmaßnahmen beseitigt.

Im Werkstattbereich erfolgt eine Prüfung der Arbeitsgänge auf Verzug und Fehlmengen, so daß schon vor Abschluß des Werkstattauftrags eine frühzeitige Abweichungserkennung möglich ist.

Im Auftragsnetzbereich erfolgt eine weitergehende Beurteilung von Abweichungen, die im Werkstattbereich festgestellt wurden. Dabei werden die Auswirkungen einer Abweichung auf das Auftragsnetz untersucht.

Im Endproduktbereich wird diese Untersuchung nochmals erweitert, und zwar um Gesichtspunkte, die den von der Abweichung betroffenen Kunden oder die Folgen für die Lieferbereitschaft berücksichtigen.

---

62 vgl. Mertens (1989), S. 119
63 vgl. Mertens u.a. (1988b), S. 27
64 vgl. Mertens u.a. (1988b), S. 29

Die prinzipiell möglichen Umdispositionsmaßnahmen sind in Tabelle 4.9 zusammengefaßt, die Bestimmung geeigneter Indikatoren zur Beurteilung einzelner Maßnahmen ist Gegenstand der aktuellen Arbeiten[65].

Kapazitätsbereich	Werkstattauftragsbereich
• Überstunden • Zusatzschichten • Rücknahme von Splittungen • Verlagern auf Ausweichmaschinen • Reaktivierung alter Anlagen	• Reduzierung der Übergangszeit • Splitten von Arbeitsgängen • Überlappen von Arbeitsgängen • Ausweicharbeitsgänge verwenden • Ausweicharbeitspläne verwenden
Auftragsnetzbereich	**Endproduktbereich**
• Splitten von Aufträgen • Sicherheitsbestände verwenden • Einsteuern eines Eilauftrags • Auftragsmenge und -termin ändern	• Zuordnung von Fertigungs- zu Kundenaufträgen ändern • Kundenaufragsmenge und -termin nach Rücksprache mit Kunden ändern
Bereichsübergreifende Maßnahmen	
• kurzfristige Auswärtsvergabe bzw. externe Beschaffung	

Tab. 4.9: Umdispositionsmaßnahmen im Rahmen von UMDEX[66]

PAREX

Der Markt für PPS-Systeme zeigt sich von einer großen Anzahl funktionsreicher PPS-Modularprogramme geprägt, die i.d.R. über umfangreiche Parametermengen an unternehmensspezifische Zielsetzungen angepaßt werden können.

Wissensbasierte Systeme können dabei zum einen Hilfestellung bei der Initialeinstellung der Parameter bei der Installation des Systems bzw. bei Konfigurationsänderungen leisten, alternativ können sie sich mit der dynamischen Parametereinstellung im laufenden Betrieb beschäftigen[67].

Das sich in Entwicklung befindende System PAREX (Parametereinstellung durch ein Expertensystem) beschäftigt sich mit letztgenanntem Aufgabenbereich

65 vgl. Mertens u.a. (1988b), S. 36
66 vgl. Mertens u.a. (1988b), S. 36
67 vgl. Mertens u.a. (1988b), S. 22

und baut wie das zuvor vorgestellte System UMDEX auf dem PPS-System COPICS auf.

YAMS/CASCADE

YAMS ist ein System zur Steuerung eines flexiblen Fertigungssystems im CIM-Labor des Industrial Technology Institute (Michigan).
Die wesentlichen Komponenten des Systems sind[68]:

Der *Global-Scheduler*, welcher in weiten Zeitfenstern einen groben Terminplan für die gesamte Installation auf der Ebene von Maschinengruppen generiert.

Die Komponente *CAPP* (Computer Aided Process Planning), welche Arbeitspläne erzeugt. Die einzelnen Arbeitsgänge gehorchen festen Reihenfolgebedingungen, zum Teil sind sie aber auch austauschbar.

Die *Teamsteuerung* leitet aus den Terminplänen für Maschinengruppen die Terminpläne der Einzelmaschinen ab.

Der *Dispatcher* verengt die zuvor verwendeten Zeitfenster und liefert genauere Zeitintervalle, in denen die Aufgaben einzelnen Arbeitsplätzen zugeordnet werden.

Mover-Komponenten kontrollieren die Materialbewegungen und -lagerungen innerhalb der Fertigungsstellen.

Workstation-Scheduler verwalten die Auftragswarteschlangen vor den einzelnen Arbeitsstationen. Sie erhalten Lose vom Dispatcher zugewiesen und leiten daraus Einzelaufgaben für den Workstation-Controller ab.
Zusätzlich übernehmen diese Komponenten die Verfügbarkeitsprüfung und die Werkzeugverwaltung auf Arbeitsplatzebene.

Workstation-Controller führen atomare Aufgaben auf der Hardware des Arbeitsplatzes aus und können z.B. auch laufende Vorgänge unterbrechen.

---

68 vgl. Mertens (1989), S. 125ff.

Ein weiterer Prototyp für DAI ist CASCADE, ein verteiltes System zur Materialflußsteuerung mit Wurzeln in Kanban. Es wird im selben Institut wie YAMS entwickelt.

Moderne Materialtransporttechnologien wie fahrerlose Transportaggregate, automatische Lagersysteme und Förderbänder sind hochgradig verteilt und jeweils mit eigener dezentraler Rechenkapazität versehen. Ein verteiltes Modell der Materialflußsteuerung erhält die in der Hardware vorhandenen Vorteile der Parallelität und vermeidet den möglichen Engpaß zentraler Steuersysteme.

Demzufolge umfaßt CASCADE folgende Elemente[69]:

Container, d.h. eine Materialeinheit, die als Ganzheit bewegt und gespeichert werden kann (z.B. Palette). Pro Containertyp ist nur eine Materialart zugelassen.

Mover, d.h. physisch begrenzte Einheiten zum Speichern bzw. zum Transport von Containern (z.B. Hochregallager-Maschine). Zwischen je zwei Movern kann eine Verbindung bestehen, die es ermöglicht, Container von einem Mover zu einem anderen überwechseln zu lassen.

Prozeßknoten verbrauchen stochastisch Container mit Eingangsmaterial und erzeugen daraus Container mit anderen Materialarten. Sie sind mit Movern verbunden, von denen sie Container erhalten bzw. an die sie Container abliefern.

TOMPs (Table of Mover Parameters) übernehmen die Funktion von Problemlösern, die kooperativ den Materialfluß regeln. Eine TOMP dient der Verwaltung von Containern eines bestimmten Typs auf einem bestimmten Mover.
Jede TOMP besitzt eine Ober- und Untergrenze, die den maximalen bzw. minimalen Bestand der von ihr verwalteten Container angibt. Zusätzlich enthält sie Verbindungen zu anderen TOMPs, die sich auf angrenzende Mover beziehen.
Wird die Obergrenze einer TOMP überschritten, so wird versucht, den Überschuß zu einer verbundenen TOMP weiterzuleiten. Entsprechend wird versucht bei Unterschreitung der Untergrenze den Bestand von verbundenen TOMPs auffüllen zu lassen.

---

69 vgl. Mertens u.a. (1989), S. 849f.

CASCADE zeichnet sich gegenüber Kanban vor allem durch die Veränderbarkeit der Parameter (Ober-, Untergrenze) aus, wodurch sich CASCADE flexibel an unterschiedliche Erfordernisse anpassen läßt.

4.4.2 Anforderungen an wissensbasierte Systeme im PPS-Umfeld

4.4.2.1 Abzubauende Defizite vorhandener (Teil-)Systeme

Neben den generellen Anforderungen an wissensbasierte Systeme, die in Tabelle 4.10 zusammengefaßt sind und die sich an den in Kapitel 3 beschriebenen Schwächen der bestehenden Architekturkomponenten orientieren, stellt die Überwindung bekannter Defizite bisher entwickelter Systeme den größten Teil eines Pflichtenheftes zur Entwicklung wissensbasierter Systeme dar.

ausgeprägte Mensch-Maschine-Schnittstelle*
ausgeprägte Erklärungskomponente*
vielfältige Wissensrepräsentationsformalismen
Effektivität der Inferenzstrategie/n
verbesserte Wissensakquisition
Integration in das jeweilige Umfeld

Tab. 4.10: Generelle Anforderungen an wissensbasierte Systeme

Ein im PPS-Umfeld sehr wesentliches Defizit besteht in der mangelnden Integration wissensbasierter Systeme in das jeweilige Anwendungsumfeld. Aus diesem Grund wird auf die Integrationsproblematik ausführlich in Kapitel 4.4.2.2 eingegangen.

Weitere wesentliche Defizite, die dem routinemäßigen Einsatz wissensbasierter Systeme bis auf Ausnahmen[71] bisher entgegenstanden, sind:

Defizite im Leistungsvermögen wissensbasierter Systeme
und
Defizite in der Portierbarkeit wissensbasierter Systeme.

---

* mit den Einschränkungen aus Kapitel 3.2.2

71 das bekannteste erfolgreiche System dürfte dabei wohl das bei der Digital Equipment Corporation eingesetzte Konfigurationssystem XCON darstellen

Performanzprobleme

Das Antwortzeitverhalten von ISIS war, als es mit der Vielzahl von Daten aus der Fertigung konfrontiert wurde, für den Praxiseinsatz bei weitem nicht ausreichend. Unter anderem liegt dies in der ausschließlichen Verwendung von Beschränkungsnetzen zur Wissensrepräsentation begründet, da die vollständige Propagierung von Beschränkungen exponentiell wachsende Rechenzeiten erfordert[72]. Damit kann ISIS ab einer bestimmten Größe des Beschränkungsnetzes nicht mehr verwendet werden.

Neben diesem für ISIS spezifischen Problem lassen sich in Bezug auf Wissensrepräsentation und -akquisition mehrere allgemeingültige Defizite ableiten, die die Leistungsfähigkeit wissensbasierter Systeme im praktischen Einsatz entscheidend beeinträchtigen. Ausgangspunkte der Überlegungen sind dabei zum einen die Tatsache, daß i.d.R. nur ein einziger Repräsentationsformalismus Verwendung findet (z.B. Regeln, Beschränkungen), zum anderen, daß Wartung und Erweiterung insbesondere des implementierten Wissens nur unzureichend unterstützt werden.

Typische Defizite lassen sich wie folgt beschreiben[73]:

Lerndefizit:
Meist stehen keine oder nur rudimentäre Möglichkeiten der automatischen Akkumulation von Wissen zur Ver-fügung. Die Generierung neuen Wissens erfolgt daher meist nur durch externen Einfluß.

Flexibilitätsdefizit:
Typischer Einsatzbereich wissensbasierter Systeme sind spezialisierte Anwendungsgebiete. Die interdependente Verfügbarkeit unterschiedlicher Wissensdomänen für einen Anwendungsfall ist jedoch nicht gegeben. Die momentane Entwicklung läßt sich als Entwicklung isolierter *Wissensinseln* beschreiben.

Handhabungsdefizit:
Das effiziente Arbeiten mit dem System wird oft durch unzureichende Benutzerschnittstellen erschwert. Dieses Problem zeigt sich insbesondere bei nicht anpaßbaren Benutzerschnittstellen, denn da üblicherweise der Einsatz wissensbasierter Systeme nicht in informations-

72 vgl. Huber (1990), S. 38 bzw. S. 122
73 vgl. dazu auch Wildemann (1987), S. 41ff. und Wildemann (1988b), S. 7

technischem Neuland stattfindet, besteht die Forderung nach einheitlichen, durchgehend konsistenten Benutzerschnittstellen.

Kontroll- und Vertrauensdefizit:
Die Prüfung des Wissens und der getroffenen Schlußfolgerungen auf Richtigkeit und Plausibilität hin, wird durch die momentan verfügbaren Wissensakquisitions- und Erklärungskomponenten nicht immer in ausreichendem Maß ermöglicht[74]. Dies kann zu einem Vertrauensdefizit auf Anwenderseite führen, da die Aussagekraft des Systems vom Endanwender letztlich nicht beurteilt werden kann[75].

Einer der Hauptgründe für die genannten Defizite liegt in der Verwendung uniformer Repräsentationsformalismen, die häufig nur über eine fest vorgegebene, starre Kontroll- und Inferenzstrategie verfügen, mit der Folge, daß unterschiedliche Wissensarten ununterscheidbar in einer Form vermischt repräsentiert werden[76].

Folgendes Beispiel dient zur Illustration[77]:

(rule UNDER1
(phase INITIALIZE)
(not (under ?block2 ?block1 ?state))
(on ?block1 ?block2 ?state) --> (add (under ?block2 ?block1 ?state)))

Die Bedeutung dieser Regel läßt sich wie folgt umschreiben:

Wenn

sich der Problemlösungsprozeß in der Phase INITIALIZE befindet, es in der Datenbasis eine Instanz des Musters (on ?block1...) und keine Instanz des Musters (under ?block2...) gibt,

dann

füge die instantiierte Symbolstruktur (under ?block2...) in die Datenbasis ein.

---

74 vgl. dazu Kapitel 3.2.6

75 Im Extremfall führt dies zur Nichtverwendung des Systems, da die Problematik von Entscheidung und Entscheidungsgrundlage bzw. Entscheidung und Verantwortung nicht ausreichend beachtet wird.

76 vgl. Tank (1988), S. 70

77 vgl. Beetz (1987), S. 89f.

Diese Regel beinhaltet aus konzeptioneller Sicht drei verschiedene Wissensarten:

1. Wissen darüber, wann im Problemlösungsprozeß die Regel relevant ist,

2. Wissen darüber, unter welchen Bedingungen die Regel sinnvoll eingesetzt werden kann.

3. Das Schlußprinzip, hier der kausale Zusammenhang zwischen den Relationen *on* und *under*.

Verschiedene Arten des Wissens können daher nur schwer unterschieden werden, was zwangsläufig zu schlechter Wartbarkeit führt. Außerdem erschwert die syntaktische Ununterscheidbarkeit die Generierung von Erklärungen[78].

Mit der Vermischung von strategischem und problemspezifischem Wissen ist darüber hinaus ein Verlust an Flexibilität verbunden, denn schon eine Anpassung des Systems an eine etwas anders geartete Problemstellung ist aufwendig und kann im Extremfall mit einer vollständigen Neuimplementierung der Wissensbasis verbunden sein.

<u>Portierungsprobleme</u>

Häufig findet die Entwicklung wissensbasierter Systeme im Rahmen dedizierter Entwicklungsumgebungen (Hardware + Software) statt, mit anderen Worten, die Systementwicklung findet in einer Umgebung statt, die nicht mit der späteren Anwendungsumgebung identisch ist[79].

Weiterhin kann sich wie bei der konventionellen Anwendungsentwicklung jederzeit der Wunsch nach der Übertragung eines Systems in eine alternative Hardware- und/oder Softwareumgebung ergeben.

Die Portierbarkeit wissensbasierter Systeme zwischen verschiedenen Hardware- und Softwareumgebungen muß daher sowohl bei der Entwicklung als auch im Betrieb möglich sein, um angesammeltes Wissen weiter verwenden zu können,

---

78 vgl. Beetz (1987), S. 90
79 z.B. kann die Entwicklung auf KI-Workstations oder PCs erfolgen, der eigentliche Einsatz erfolgt auf PCs oder Mainframes

insbesondere wenn wissensbasierte Systeme zu echten Know-How-Trägern werden[80].

Daraus lassen sich Anforderungen an Standardisierungsmethoden für weitergehende Wissensrepräsentationsformalismen und die Standardisierung von Entwicklungswerkzeugen (Sprachen, Tools, Shells) ableiten.

Konsequenzen

Aus den beschriebenen Problembereichen sind für die Entwicklung wissensbasierter Systeme folgende Konsequenzen zu ziehen[81]:

Je klarer und eindeutiger verschiedene Formen des Wissens in der Wissensbasis voneinander getrennt sind, desto modularer ist sie mit dem Vorteil der leichteren Verifizier- und Modifizierbarkeit. Daher sollte innerhalb eines wissensbasierten Systems jede Form des Wissens möglichst adäquat und leicht in ihrem Wesen erkennbar repräsentiert werden, d.h. *explizit* und *deklarativ*.

Um die Wartbarkeit des Systems durch den Anwender sicherzustellen, sollten bereichs- und problemspezifische Repräsentationsprimitive verwendet werden, die das Abstraktionsniveau der Implementationsebene so weit wie möglich verdecken. Zielsetzung ist dabei die Realisierung einer virtuellen Maschine, deren Verhalten sich mit problemspezifischen Termini beschreiben läßt.

Die beiden vorgenannten Anforderungen stellen so weitgesteckte Ziele dar, daß sie nicht für jede Problemkategorie allgemeingültig umsetzbar sind. Ein wissensbasiertes System benötigt daher ein wohlfundiertes und adäquates Problemlösungsmodell[82].

---

80 vgl. Milberg/Lutz (1987), S. 199
81 vgl. Tank (1988), S. 72
82 Daß die Entwicklung adäquater Problemlösungsmodelle aufwendig ist, zeigt das Beispiel der Diagnose-Expertensysteme. Von den Anfängen mit MYCIN bis zu einem weitgehend akzepierten diagnostischen Problemlösungsmodell vergingen mehr als 10 Jahre.

4.4.2.2 Integrationsaspekte wissensbasierter Systeme

4.4.2.2.1 Dimensionen der Integration

Wie schon im vorherigen Kapitel angeführt, stellt die Integrationsfähigkeit wissensbasierter Systeme in ihr jeweiliges Anwendungsumfeld eine für die erfolgreiche Einführung dieser Systeme wesentliche Bedingung dar.

Beispielsweise wurde das System ISIS aus zwei Gründen nicht in den regulären Betrieb übernommen[83]:

zum einen aus den schon zuvor angesprochenen Performanzproblemen,

zum anderen, weil das Design von ISIS die Integration mit den bestehenden Informationssystemen der Fertigung nicht vorsah, mit der Folge, daß Dateninkompatibilitäten und fehlende Schnittstellen eine Zusammenarbeit verhinderten.

Die wesentlichen Aspekte der Integration wissensbasierter Systeme im PPS-Umfeld umfassen jedoch über die Integration in bestehende Informationsverarbeitungssysteme hinaus:

die Integration im Rahmen eines CIM-Konzepts, d.h. die Einbindung in CIM-Prozeßketten[84] und

die Integration in das organisatorische Umfeld.

Bei der graphischen Umsetzung dieser Aspekte ergibt sich dementsprechend ein dreidimensionales Kontinuum, wie die folgende Abbildung zeigt.

---

83 vgl. Huber (1990), S. 38
84 vgl. Kapitel 4.4.1

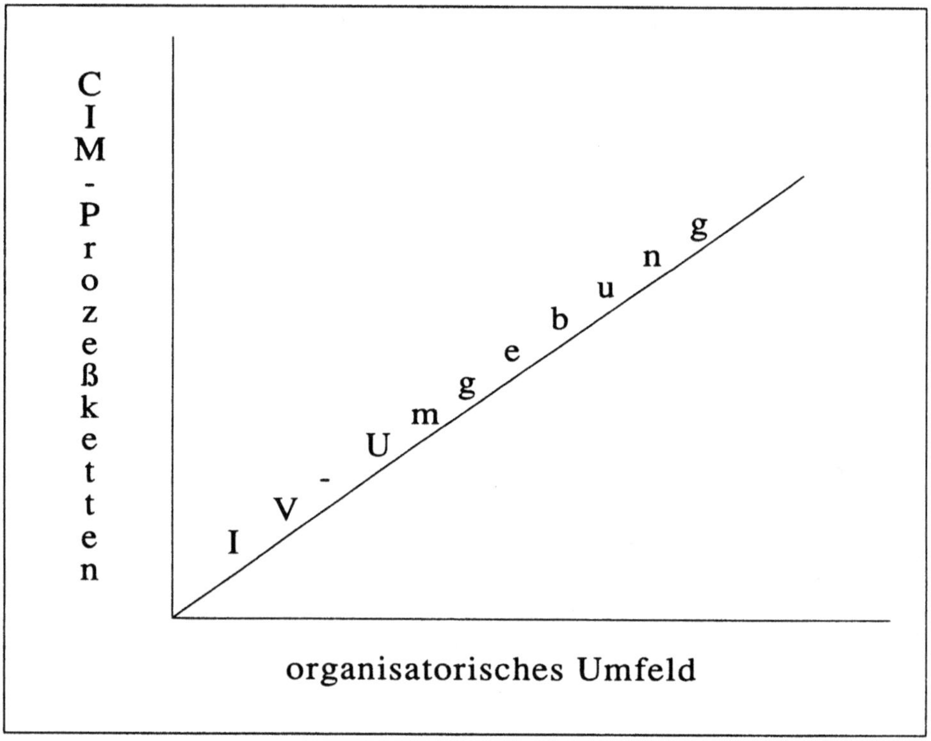

Abb. 4.5: Drei Dimensionen der Integration wissensbasierter Systeme

Die drei Dimensionen der Integration werden in den folgenden Kapiteln eingehend besprochen; die gemeinsamen Grundanforderungen an die Gestaltung rechnerunterstützter Informationsverarbeitungsprozesse sind dabei *Durchgängigkeit* und *Verfügbarkeit* der Informationen.

Die Anforderung der Durchgängigkeit soll sicherstellen, daß Daten einmalig nur dort erzeugt werden, wo es sich vom Aufwand her anbietet, und daß sie möglichst redundanzfrei gespeichert werden.

Verfügbarkeit umfaßt die Forderung, an jedem Arbeitsplatz alle Daten und Werkzeuge zur Verfügung zu stellen, die zur Durchführung der Aufgabe erforderlich sind.

4.4.2.2.2 Einbettung in CIM-Prozeßketten

Durch die Vernachlässigung der strategischen Planung betrieblicher Informationssysteme in der Vergangenheit, d.h. ohne Verwendung eines grundlegenden CIM-Konzepts, entstanden die vieldiskutierten starren Insellösungen; mit eine der wesentlichen Aufgaben von CIM ist daher die Schaffung von Kompatibilitäten zwischen bestehenden Insellösungen[85].

Wissensbasierte Systeme erlauben im Gegensatz zu normativen Schnittstellendefinitionen sehr offene und damit flexible Schnittstellen, da sie neben der reinen Datenerkennung (Syntax) auch entsprechende Dateninterpretationen (Semantik) durchführen können, und auf diese Weise problemrelevante Daten ausfiltern können. Entsprechende Arbeiten auf dem Gebiet der CAD/CAM bzw. CAD/CAPP-Kopplung zeigen bereits Ergebnisse[86].

Das Resultat der Designarbeiten mit einem CAD-System ist dabei eine geometrische Beschreibung des entsprechenden Bauteils, die um technologische Informationen, wie z.B. Angaben über Material, Werkzeug, Zerspanungsparameter u.a. ergänzt werden muß, um ein lauffähiges NC-Programm zu erzeugen.

Zusätzlich wird ein ausgearbeiteter Arbeitsplan für eine spezifische Maschine benötigt, der u.a. folgende Angaben beinhaltet[87]:

Festlegen der Werkstückaufspannung,

Werkzeugselektion,

Festlegen der Sequenz der Zerspanungsoperationen,

Auswahl der geeigneten Zerspanparameter,

Festlegen der Werkzeugwege unter Vermeidung von Kollisionen.

Bei der Bestimmung der Bearbeitung können dabei weitere wirtschaftliche Faktoren, wie beispielsweise über die Lebensdauer von Werkzeugen, verwendet werden.

Wissensbasierte Systeme als koordinierender Faktor können dabei in beide Richtungen tätig werden. Zum einen besteht ein nicht unwesentlicher Bestandteil der Aufgaben des Systems in der Rekonstruktion von Einzeldaten zu Informa-

85 vgl. Bullinger/Kornwachs (1990), S. 149
86 vgl. Bullinger/Kornwachs (1990), S. 152
87 vgl. Steinacker (1985), S. 28

tionen[88], zum anderen können technologische Informationen[89] in den Designprozeß miteinbezogen werden[90].

Zerlegt man die im Rahmen des PPS-Umfelds anzufindenden Aufgabenstellungen in Teilaufgaben, so lassen sich konventionell lösbare Teilaufgaben genauso identifizieren wie Teilaufgaben, die adäquat nur durch wissensbasierte Systeme bearbeitet werden können. In der Regel werden daher zur Lösung eines Gesamtproblems hybride Systeme zu entwickeln sein, die als Funktionsmodule beide Systemtypen beinhalten.

Je nach Betrachtungsebene können dabei einzelne Aufgaben zu kompletten Funktionsgruppen oder zu Modulen einer Funktionsgruppe innerhalb eines (Sub-)Systems zusammengefaßt werden.

Diesen Ausführungen folgend, lassen sich die schon in Kapitel 4.4.1 angesprochenen Zielrichtungen der Integration wissensbasierter Systeme in CIM-Prozeßketten definieren[91]:

Funktionssysteme, die ein relativ abgegrenztes Aufgabenspektrum abdecken, wie beispielsweise Diagnose- oder Konfigurationsaufgaben.

Module, die innerhalb eines Funktionssystems spezifische Teilaufgaben abdecken, wie z.B. die Verfahrensauswahl bei der Arbeitsplanerstellung.

Handler, die zwischen Funktionssystemen koordinierende Aufgaben übernehmen und so die Gesamtintegration des Systems unterstützen.

Der Umfang der zu modellierenden Problemlösung innerhalb der Prozeßkette und die Art der Einbindung des wissensbasierten Systems kann dabei über ein Informationsflußmodell bestimmt werden.

Informationsverarbeitungsprozesse von den planenden Bereichen bis hinunter auf die Prozeßebene zur Steuerung von Werkzeugmaschinen und Transport-

---

88 z.B. Zusammensetzen von Koordinaten zu einer Primitivform wie Bohrloch, Tasche, Einstich ...

89 z.B. kann der Konstrukteur über die Tatsache informiert werden, daß zur Fertigung eines Konstruktionselements ein teures Spezialwerkzeug notwendig ist, wonach es in seinem Ermessen liegt, ob er das Element so verändern will, daß es mit Standardwerkzeugen hergestellt werden kann, oder ob er auf dem ursprünglichen Entwurf besteht

90 vgl. Steinacker (1985), S. 29

91 vgl. Abbildung 4.4

systemen lassen sich dabei in Verarbeitungsaufgaben und die zwischen einzelnen Verarbeitungen stattfindenden Informationsübertragungen zerlegen.

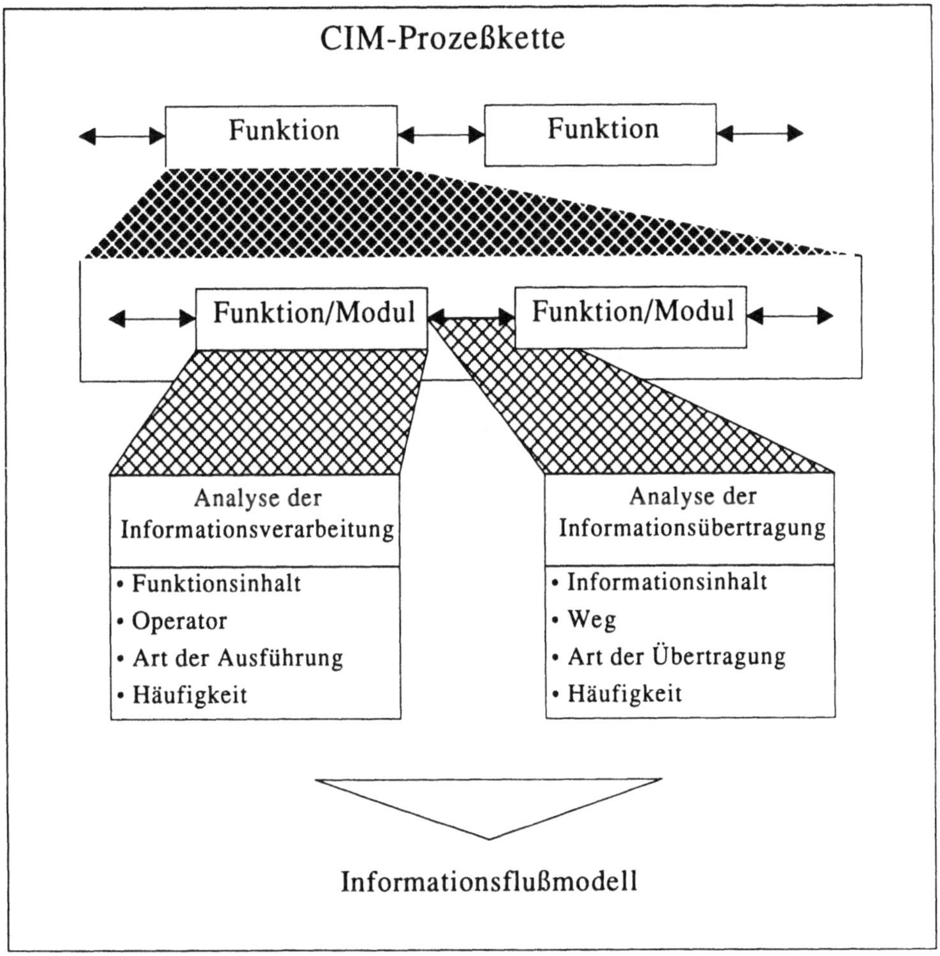

Abb. 4.6: CIM-Prozeßkette und Informationsflußmodell[92]

Die Verarbeitungs- und Übertragungsaufgaben können dabei hinsichtlich ausgesuchter Merkmale untersucht und definiert werden.

Mögliche Merkmale sind beispielsweise[93]:

Für die Informationsverarbeitung:
-Funktionsinhalt:
Zielsetzung (Informieren, Berechnen, Schließen, ...),
Verknüpfung von Eingangs- zu entsprechenden Ausgangsdaten

92 vgl. Hausmann u.a. (1988), S. 42
93 vgl. Hausmann u.a. (1988), S. 42

-Operator:
Funktionsausführung durch den Menschen und/oder ein informationstechnisches System bzw. eine Maschine, Verantwortlichkeit

-Art der Ausführung:
Stapel-, Dialog-, Echtzeitverarbeitung

Für die Informationsübertragung:
-Informationsinhalt:
Geometrie, Technologie, Protokolle

-Weg:
Sender, Empfänger

-Art der Übertragung:
online, offline, manuell

Eine ausführliche Planungsmethodik zur Strukturierung von CIM-Systemen umfaßt darüberhinaus neben einer systematischen Funktions- und Funktionsträgeranalyse[94]:

- eine systematische Produktanalyse,
- eine systematische Zeitablaufanalyse und
- eine systematische Produkt-Funktions-Matrix-Analyse.

4.4.2.2.3 Einbettung in das organisatorische Umfeld

Ausgangspunkt vieler Integrationskonzepte ist die Erwartung, daß die informationstechnische Integration Entscheidungs- und Kommunikationsprozesse rationalisiert sowie den inner- und zwischenbetrieblichen Informationsfluß optimiert, daß dadurch die Transparenz betrieblicher Abläufe und die Flexibilität verbessert werden[95]. Dabei wird oft übersehen, daß der erhöhte Komplexitätsgrad der eingesetzten Technologie wieder neu zu bewältigende technische und soziale Fragen hervorbringt.

Ohne die Betrachtung der organisatorischen Dimension integrierter (Teil-)Systeme führt dies jedoch zu einer verringerten Effektivität, zu Akzeptanzproblemen und Qualifikationsverlusten bei den Benutzern.

Nach ihrer Reichweite können die Auswirkungen der Realisierung integrierter

---

94 vgl. Binner/Zahlten (1990), S. 73ff.
95 vgl. Esser/Kemmner (1989), S. 81

Systeme und entsprechende Organisationsanpassungsmaßnahmen auf drei Ebenen betrachtet werden:

auf der organisatorischen Mikroebene, d.h. auf der Ebene eines einzelnen Arbeitsplatzes,

auf der organisatorischen Mesoebene, auf der Auswirkungen und Maßnahmen auf Gruppen- und Bereichsebene betrachtet werden, und

auf der organisatorischen Makroebene, auf der größere Organisationseinheiten bis hin zur Gesamtorganisation betrachtet werden.

Wirkungsvolle Integration erfordert daher auch organisatorische Veränderungen. Standpunkte, die dabei im Rahmen eines umfassenden CIM-Konzepts zu klären sind, umfassen beispielsweise folgende Fragestellungen[96]:

auf der Mikroebene:
welche Aufgabenverteilung soll bei der Aufgabenabwicklung zwischen Mensch und Rechner angestrebt werden?

in welchem Umfang sollen Entscheidungen vom Menschen zum Rechner verlagert werden?

auf der Mikro- / Mesoebene:
welche Maßnahmen sollen getroffen werden, um die Mitarbeiter rechtzeitig mit den anstehenden Maßnahmen vertraut zu machen?

welche Maßnahmen sollen getroffen werden, um die vorgesehenen Lösungen den Mitarbeitern verständlich zu machen?

auf der Mesoebene:
in welchem Umfang sollen Entscheidungskompetenzen dezentralisiert werden?

auf der Meso- / Makroebene:
in welchem Umfang sollen Produktionsbereiche organisatorisch entkoppelt werden?

---

96 vgl. Esser/Kemmner (1989), S. 84

inwieweit sollen Hierarchien abgebaut und Kommunikationswege verkürzt werden?

auf der Mesoebene:
kann und soll das Unternehmen stärker produkt- oder prozessorientiert strukturiert werden?

Der häufigste Organisationstyp ist nach wie vor die hierarchisch strukturierte Organisation, bei der die einzelnen Stufen durch Leitungsspannen charakterisiert sind, zu deren Wahrnehmung eine entsprechende Qualifikation des Verantwortlichen sowie eine ausreichende Verarbeitungskapazität erforderlich ist. Beim Einsatz wissensbasierter Systeme für dispositive Aufgaben muß daher geprüft werden, ob sich daraus Veränderungen in den hierarchischen Regelkreisbeziehungen der Organisation ergeben, bzw. welche Änderungen struktureller Art erforderlich sind.

Ein diesen Fragestellungen entsprechendes Konzept der Organisationsanpassung soll sicherstellen, daß wissensbasierte Systeme als organisatorisch abgestimmte Werkzeuge Entscheidungsprozesse unterstützend beschleunigen, die vorhandene Kompetenz des Entscheidungsträgers erweitern und insgesamt zu einer Erhöhung der Informationsverfügbarkeit beitragen.

4.4.2.2.4 Einbettung in die bestehende DV-Landschaft

Nur die wenigsten wissensbasierten Systeme können autonom ohne umfangreiche Ein- und Ausgabedaten arbeiten. Viele Systeme sollen in bestehende Datenbestände eingreifen und auf bestehender Hardware unter gegebenen Betriebssystemen implementiert werden. Softwaresysteme, die sich nicht in die laufenden Betriebssysteme einschließlich geeigneten Datenaustauschs einbetten lassen, haben daher kaum Chancen, die Prototypstufe zu überwinden.

Während sich konventionelle PPS-Systeme primär mit der Verarbeitung von Standardabläufen mit großen Datenmengen und vorgegebenen Strukturen beschäftigen, zeigen wissensbasierte Systeme andere Zielsetzungen und ein anderes Aufgabenprofil.

Wissensbasierte Systeme und konventionelle Informationsverarbeitung können sich dabei im Rahmen eines ereignisgesteuerten Ablaufs sinnvoll ergänzen, wie z.B. bei der Reaktion auf Störungen oder der Bewältigung von Ausnahmesituationen. Der Zugriff auf die Datenbestände und auch Teilprogramme von PPS-Systemen setzt dabei die Existenz entsprechender Schnittstellen voraus.

Die sukzessive Weiterentwicklung von Art und Umfang entsprechender Schnittstellen kann in mehreren Integrationsstufen beschrieben werden. Ausgehend von einer isolierten Insellösung des wissensbasierten Systems können über manuelle Schnittstellen schließlich komplexe Programm-zu-Programm-Verbindungen realisiert werden.

Mögliche Integrationsstufen sind dabei in Tabelle 4.11 dargestellt.

Isolierte Insellösung als Einstieg, um Erfahrungen zu sammeln oder für spezielle Lösungen, in denen keine Schnittstellen notwendig sind - logische und technische Inseln (z.B. PC oder Workstation)
Manuelle Verbindung zu konventionellen Systemen, logische Integration in konventionelle Systeme
Kopplung über Standard-Netzwerke und Dateitransfer, Überspielen von Daten über Datenträger in AI-Workstations
Intelligentes Programm zur Umwandlung von Daten in Wissen oder zur Extraktion von Daten aus konventionellen Datenbanken und Speicherung in AI-Formaten
Integration von Standard-Programmen in AI-Anwendungen bzw. vice versa
AI-System als intelligentes Integrationstool, das alle Subsysteme verknüpft
Standard-Software mit AI-Sprachen und AI-Tools. Möglichst weitgehende Integration von Anwendungen auf einer Host-Anlage mit einem Betriebssystem und einer Programmiersprache

Tab. 4.11: Stufen der informationstechnischen Integration wissensbasierter Systeme[97]

Eine wesentliche Rolle spielen dabei zur Realisierung einer befriedigenden datentechnischen Integration aller von CIM betroffenen Bereiche nicht-herstellerspezifische, meist heterogene Netze (LANs)[98].

Trends bei Neu- oder Weiterentwicklungen von Sprachen und Werkzeugen zur Implementierung wissensbasierter Systeme spiegeln die wachsende Bedeutung der Integration in die konventionelle Informationsverarbeitung wieder.

97 vgl. Steinmann/Scheer (1987), S. 215
98 vgl. Scholz (1989), S. S21

So finden sich in neuen Entwicklungswerkzeugen:

Schnittstellen zu Datenbanken bzw. Standarddatenbanksprachen wie SQL[99], wobei i.d.R. nur ein lesender Zugriff auf die Datenbasis unterstützt wird,

Schnittstellen zu konventionellen Programmiersprachen[100],

Schnittstellen zum Betriebssystem,

Schnittstellen zu konventionellen Applikationen[101] und

die Unterstützung von Standardnetzwerken bzw. Standardnetzwerkprotokollen.

4.5 Bewertung und Entwicklungsperspektiven

Die in den vorherigen Kapiteln aufgezeigten Aspekte der Integration wissensbasierter Systeme lassen sich in graphischer Form als Würfel darstellen, die dabei verwendete Dimensionseinteilung kann dabei im Bedarfsfall alternativ gewählt werden[102] (vgl. Abb. 4.7).

Eine Systematisierung wissensbasierter Ansätze zur Behebung der Mängel konventioneller PPS-Systeme findet sich in Abbildung 4.8.

---

99 vgl. z.B. für TWAICE Wode (1989), weitere Systeme wären u.a. ESE, NEXPERT OBJECT auf der Basis der Kopplung von Med1 mit dem Datenbanksystem Ingres wird von Härder u.a. (1987) eine weitergehende Analyse der Kopplung von Datenbanksystemen und wissensbasierten Systemen vorgenommen

100 meistens C, unproblematisch stellt sich dies, wenn das Entwicklungswerkzeug selbst als Sprache konzipiert ist, bzw. wenn das Entwicklungswerkzeug konventionell implementiert ist, wie z.B. die Shell HEXE, die in COBOL implementiert wurde oder die in C implementierte Shell Rulemaster

101 neben der Unterstützung spezifischer Datenbankformate beispielsweise die Unterstützung der Datenformate gängiger Kalkulationsprogramme (Spreadsheets)

102 z.B. kann die Achseneinteilung der Integration in die IV-Umgebung nach Tabelle 4.11 verfeinert werden

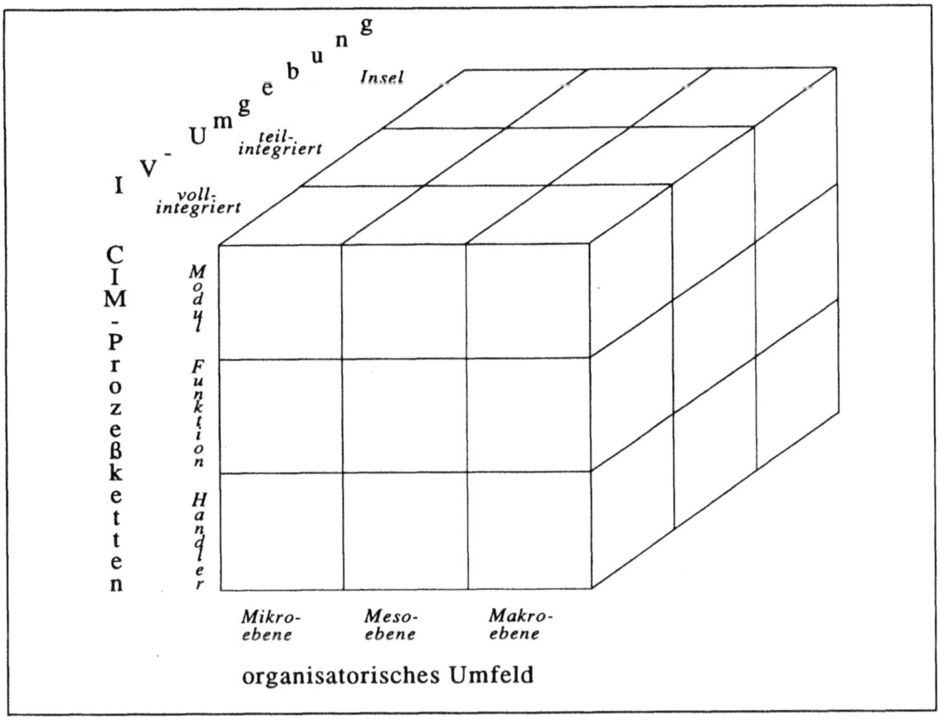

Abb. 4.7: Drei Dimensionen der Integration wissensbasierter Systeme (2)

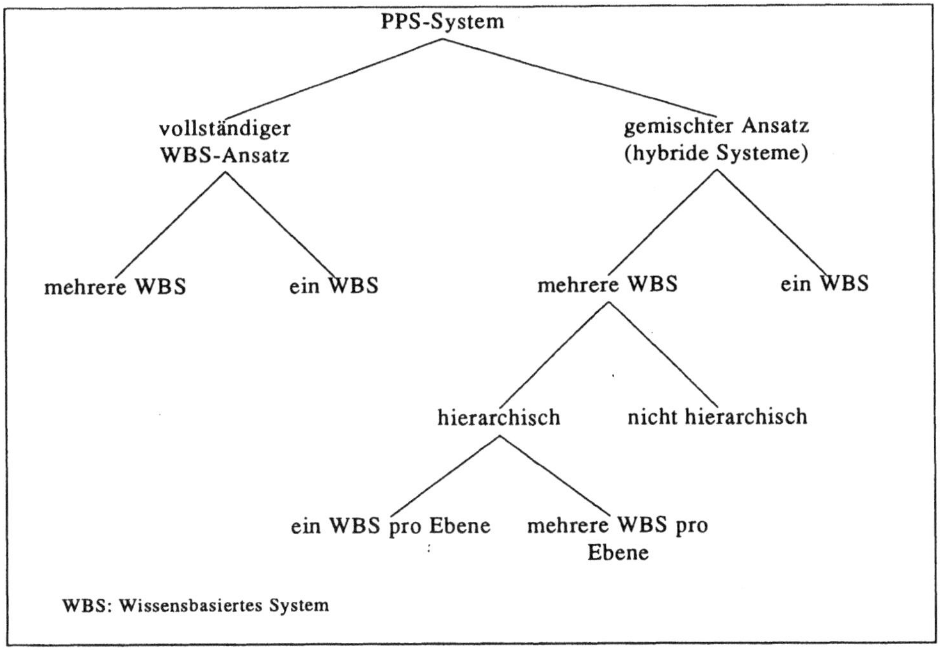

Abb. 4.8: Systematisierung wissensbasierter Ansätze bei der PPS[103]

103 vgl. Mertens u.a. (1988), S. 15

Die bisherigen Ausführungen haben gezeigt, daß es keinen Anwendungsbereich gibt, der ausschließlich mit wissensbasierten Systemen bearbeitet werden kann, es gibt nur Bereiche, welche sich gut oder schlecht dafür eignen.

Speziell für den Bereich der PPS kann daher geschlossen werden, daß nur die Kombination wissensbasierter Systeme mit dem bereits vorhandenen Bestand an konventionellen Systemen erfolgreich sein kann. Jedes andere Vorgehen würde bedeuten, die in den vergangenen Jahren gewachsenen Systeme und das mit ihnen gewachsene Wissen preiszugeben, obwohl diese Systeme einen beträchtlichen Anteil der sich im Produktionsbereich stellenden Probleme adäquat abbilden.

Zwei mögliche Migrationspfade wissensbasierter Systeme zeichnen sich daher ab:

Integration in die *Programmiertechnik*

und

Integration in die *Anwendungen.*

Durch gescheiterte Integrationsversuche wissensbasierter Systeme in betriebliche Abläufe wird die Notwendigkeit der Bearbeitung softwaretechnischer Aspekte für eine 'Wissenstechnik' sichtbar.

Durch die Integration der Datenflüsse im Rahmen von CIM wird eine weitgehende redundanzfreie Datenverwaltung sowie eine Datenkonsistenz bei verschiedenartigen Anwendungen angestrebt. Weitergehende Anforderungen betreffen die Kommunikation innerhalb verteilter Systeme, die über den reinen zentralisierten Datenaustausch hinausgeht und die Forderung nach verteilter Datenverwaltung beinhaltet.

Betrachtet man dabei die technischen Möglichkeiten wissensbasierter Systeme in der Produktion für sich, stellen sich eine Vielzahl der meisten Probleme der Informationsverarbeitung als lösbar. Insbesondere die systematische Erfassung von Erfahrung läßt dabei die Erwartung aufkommen, daß Wissen gespeichert und beliebig abgerufen werden kann.

Dabei wird jedoch übersehen, daß Wissen und Erfahrung für den Einsatz in wissensbasierten Systemen zunächst analysiert und strukturiert, unter dynamischen Aspekten anschließend laufend gewartet und aktualisiert werden muß.

Beim momentanen Stand der Anwendung ist dabei die Verarbeitung von unsicherem Wissen, insbesondere bei langfristigen Entscheidungen mit Zielkonflikten, und intuitivem Wissen in nicht abgegrenzten Bereichen noch weitgehend ausgeschlossen.

Ein weiteres Grundproblem wissensbasierter Systeme liegt in der Tatsache, daß menschliche Experten nicht immer fehlerfrei arbeiten, weshalb die heuristischen Beschreibungen von Teilen des Expertenwissens ebenfalls nicht fehlerfrei sein können. Aus diesem Grund scheiden wissensbasierte Systeme für den autonomen Einsatz in kritischen und gefährlichen Gebieten aus.

Für die exemplarische Umsetzung wurde daher ein relativ abgeschlossener Teilbereich der Materialwirtschaft aus dem weiten Spektrum möglicher Anwendungsfelder im Rahmen der PPS ausgewählt, der Bereich der kurzfristigen Bewertung von Lieferanten und die Unterstützung bei der Auswahlentscheidung bei konkreten Beschaffungsaufträgen.

Im folgenden Kapitel wird daher als Basis der nachfolgenden Ausführungen kurz das Problemfeld der Beschaffung im PPS-Umfeld vorgestellt, bevor die Implementierung des wissensbasierten Systems WEBS[104] in Kapitel 6 behandelt wird.

---

104 Wissensbasiertes Einkaufsberatungssystem

5. Beschaffungsmanagement

5.1 Aufgaben und Probleme des Beschaffungsmanagements

5.1.1 Die Beschaffungsfunktion

Unabhängig von der Art der Unternehmung sind fortwährend Beschaffungsentscheidungen zu treffen, da jede Unternehmung laufend eine Reihe von Rohstoffen, Gütern und Dienstleistungen sowie Kapital und Informationen beschaffen muß.

Aufgrund der Tendenz zu geringerer Fertigungstiefe wächst dabei in Industriebetrieben der Anteil fremdbezogener Teile und Materialien innerhalb des Teilespektrums[1].

Der hohe Einsatz fremdbezogener Teile führt zu einem hohen Lagerwert und damit zu entsprechenden Zinsaufwendungen.

Durch die im Rahmen moderner Materialflußkonzepte vorgenommene Reduzierung der Lagerbestände wurden Probleme in den Beschaffungsfunktionen offengelegt, die zu der Forderung führen, die Beschaffung wesentlich stärker mit der Produktion zu verbinden und sie quasi lagerlos zu versorgen, wobei gleichzeitig die hohe Flexibilität des Fertigungsbereichs aufrechterhalten werden soll[2].

Der Begriff der Beschaffung kann dabei unterschiedlich weit gefaßt werden[3], im Rahmen dieser Arbeit sollen unter diesen Begriff periodische Entscheidungen über die Beschaffung von Repetierfaktoren subsumiert werden[4].

Die Grundaufgabe der Beschaffung besteht demzufolge in der Bereitstellung der zur Produktion benötigten Güter in der erforderlichen Menge und Qualität zur richtigen Zeit und am richtigen Ort.

Objekte der Beschaffungsplanung sind somit[5]:

- Roh-, Hilfs- und Betriebsstoffe,

---

1 vgl. Scheer (1988), S. 346
2 vgl. Scheer (1988), S. 347
z.B die produktionssynchrone Beschaffung, vgl. Wildemann (1988c)
3 wobei die Beschaffung von Personal, Kapital und Informationen aufgrund arteigener Probleme i.d.R. von spezifischen Funktionsbereichen abgedeckt werden
4 vgl. z.B. Behrendt/Gutmann (1989), Sp. 121
5 vgl. Behrendt/Gutmann (1989), Sp. 122f.

- Konstruktionsteile,
- Verpackungsmaterial,
- Handelswaren,
- Instrumente, Armaturen, Motoren und Geräte,
- Vorrichtungen und Werkzeuge,
- Energie und
- Dienstleistungen.

Folgende Teilfunktionen der Beschaffung lassen sich dabei unterscheiden[6]:

die *Materialdisposition*, welche die Bedarfsentstehung, die Bestandsentwicklung, die Abrufsteuerung, die Gütereingangskontrollen[7] und die Termine überwacht,

der *Einkauf*, der sich hauptsächlich mit dem eigentlichen Versorgungsvorgang in Form der Angebotsprüfung, der Lieferantenauswahl, der Einkaufsverhandlung, der Kaufentscheidung, der Abwicklung und Kontrolle befaßt, und

die *bereichsübergreifenden Tätigkeiten*, wie z.B. die Entscheidung über Eigenfertigung bzw. Fremdbezug, die Steuerung der Materialflüsse, die Materiallagerung und -verwertung und der Einkauf von Gütern und Dienstleistungen außerhalb des Materialsektors.

Der Entscheidungsspielraum der Beschaffung wird dabei durch die wechselseitigen Interdependenzen zwischen Absatz-, Produktions-, Finanzierungs-, Transport- und Beschaffungsentscheidungen einerseits, zum anderen durch die Gegebenheiten der Beschaffungsmärkte eingeschränkt.

Nach der Art des Bedarfs lassen sich folgende Beschaffungsarten unterscheiden:

die *fallweise Beschaffung*, wobei der Beschaffungsvorgang unmittelbar durch das Auftreten des Bedarfs ausgelöst wird,

die *fertigungssynchrone Beschaffung*, die im Idealfall zu einer quasi lagerlosen Produktion führt, und

---

6 vgl. Behrendt/Gutmann (1989), Sp. 121f.
7 nach Menge und Qualität

die *Vorratsbeschaffung*, welche die Kontinuität der Produktion gegenüber möglichen Schwankungen der Beschaffungsmärkte sichern soll.

Betrachtet man die bei Vorliegen einer konkreten Beschaffungssituation verfügbare Informationsbasis, kann zwischen folgenden Beschaffungsarten unterschieden werden:

der *Neukauf*, bei dem nicht auf Erfahrungen der Vergangenheit zurückgegriffen werden kann,

der *Wiederholkauf*, bei dem es sich um die Abwicklung von Routinebeschaffungsmaßnahmen handelt[8], und

der *modifizierte Wiederholkauf*, der zwischen den beiden vorgenannten Extremen liegt.

5.1.2 Aufgaben und Ziele der Beschaffung

Beschaffung ist bekanntlich weit mehr als nur Einkaufen beim billigsten Anbieter.

Wie schon zuvor festgestellt, umfaßt das zentrale Beschaffungsziel in seiner traditionellen Formulierung die termingerechte Bereitstellung von Bedarfsartikeln nach erforderlicher Menge, Art und Qualität am Bedarfsort.

Da die Versorgung mit Kosten bewertet wird, kann als ein Subziel das Ziel der Kostenminimierung abgeleitet werden. Neben weiteren Zielen[9] kann unter Beachtung von Risiko und Unsicherheit von Beschaffungsentscheidungen das Ziel der kurz-, mittel- und langfristigen Sicherstellung der Versorgung definiert werden.

---

8 die gleichen Produkte von immer dem gleichen Lieferanten
9 z.B. Qualitätsziele

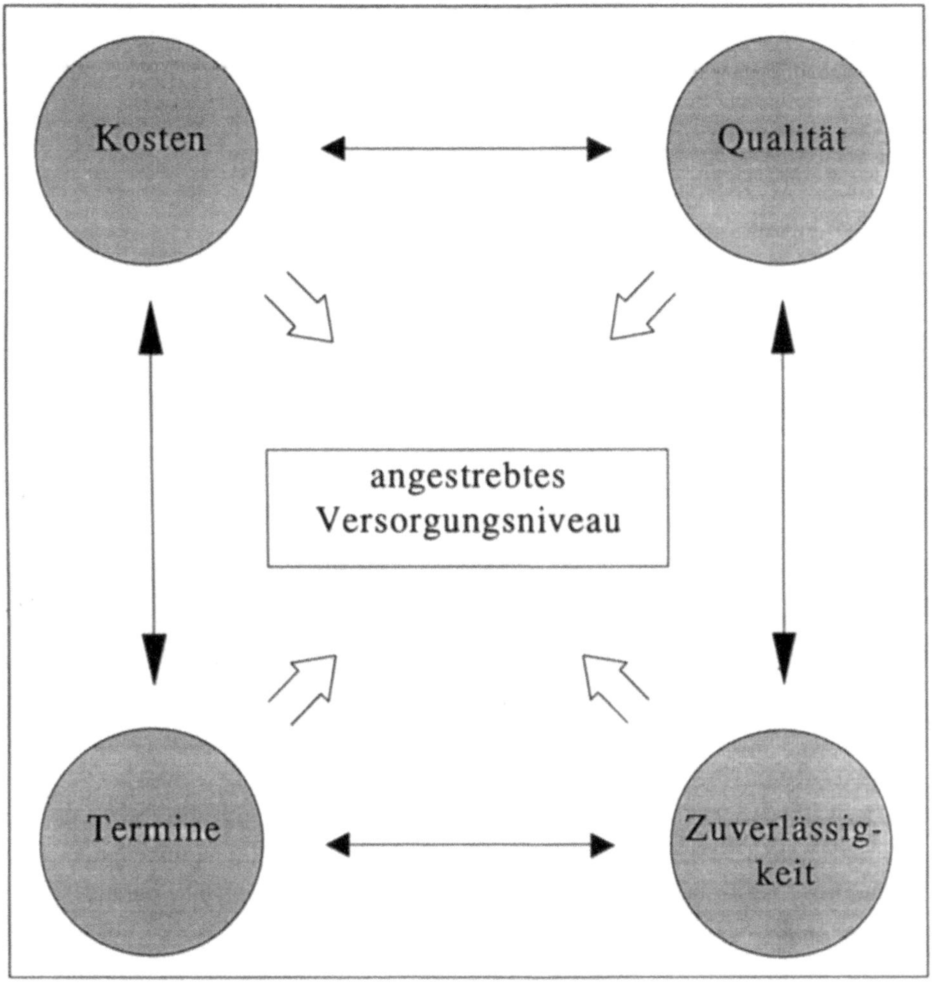

Abb. 5.1: Beschaffungsziele

Betrachtet man zusätzlich die strategische Dimension, so lassen sich folgende Komponenten des Beschaffungsbereichs zur Sicherung der Wettbewerbsposition der Unternehmung nennen:

- der Aufbau partnerschaftlicher Beziehungen zu den Lieferanten,
- die Pflege und Ausdehnung des Wettbewerbspotentials,
- die Streuung des Beschaffungsrisikos,
- die Aufgeschlossenheit gegenüber neuen Anbietern,
- das jederzeitige Ausnutzen aller sich auf den Beschaffungsmärkten bietenden Möglichkeiten und
- die Pflege des eigenen Nachfrageimages.

Die Gesamtheit der Beschaffungsziele dokumentiert sich in der *Einkaufspolitik* der Unternehmung.

Der Einkaufsprozeß selbst läßt sich nach erfolgter Bedarfsmeldung in folgende Phasen untergliedern:

Informationssammlung und -auswertung,

Ableitung der quantitativen und qualitativen Einflußfaktoren aus der Einkaufspolitik und ihre Gewichtung,

Lieferantenbewertung und -auswahl,

Bestellentscheidung.

Die Lieferantenbewertung und -auswahl ist dabei als zentrale Tätigkeit anzusehen, die unter der Zielsetzung *Sicherstellung der Versorgung* bei gleichzeitiger *Optimierung der Kosten / Nutzen-Relation* erfolgt.

Die Auswahl von Lieferbeziehungen und die Analyse des Lieferantenverhaltens erfolgt auf der Basis von Vergangenheitsdaten bezüglich Produktqualität, Pünktlichkeit, Preispolitik, Kulanz und Zuverlässigkeit, Flexibilität, Marktstellung, Dynamik sowie klassischer Unternehmensdaten wie Firmensitz, Kapitalverhältnisse, Umsatz- und Gewinnentwicklung.

Damit lassen sich die drei folgenden Aufgabenbereiche des Beschaffungsmanagements im Rahmen der Gestaltung von Lieferbeziehungen, d.h. im Bereich des Einkaufs, bestimmen:

die Auswahl potentieller Lieferanten, über die gezielt Informationen gesammelt und verwaltet werden, und die somit für zukünftige Beschaffungssituationen prinzipiell als Lieferanten in Betracht kommen,

die Bewertung von Lieferanten bei Vorliegen konkreter Beschaffungssituationen anhand spezifizierter zielbezogener Entscheidungskriterien und das Fällen entsprechender Auswahlentscheidungen und die gezielte kontinuierliche Kontrolle der ausgewählten Lieferanten in Bezug auf abgewickelte Beschaffungsaufträge.

5.1.3 Problematik der Beschaffung

Die Problematik der Beschaffung und der Beschaffungsplanung entspringt im wesentlichen zwei Gründen:

zum einen kann prinzipiell außer für reine Wiederholkäufe die Beschaffungsentscheidung nur aufgrund unvollständiger Information getroffen werden[10],

zum anderen bestehen zwischen den einzelnen Beschaffungszielen[11] i.d.R. Konkurrenzbeziehungen, die das Fällen von Kompromissen erfordern.

Im einzelnen läßt sich die Problematik der Beschaffung in folgende Problemarten unterteilen:

Das Mengenproblem:

Das Mengenproblem stellt sich im Rahmen der Beschaffung von nicht direkt zu verbrauchenden Gütern, d.h. beim Aufbau bzw. der Bestandssicherung von Lägern. Es wird durch die Möglichkeit der Erzielung besserer Einstandspreise und generell besserer Beschaffungskonditionen aufgrund einer stärkeren Nachfrageposition der Unternehmung durch größere Beschaffungsmengen charakterisiert. Aufgrund der eigenen Vorratshaltung ergibt sich zudem auch eine höhere Versorgungssicherheit der beschaffenden Unternehmung.

Diesen Vorteilen stehen jedoch zum einen relativ hohe Zins- und Lagerkosten entgegen, zum anderen besteht die Gefahr der Wertminderung des im Lager gebundenen Kapitals.

---

10 aufgrund der prinzipiell hohen Alternativenzahl und eines spezifischen Termindrucks
11 vgl. Abbildung 5.1

<u>Das Sortimentsproblem:</u>

Eine eventuell mögliche Straffung des Sortiments in Bezug auf Breite oder Tiefe ergibt zumeist die Möglichkeit, größere Beschaffungsmengen zu realisieren. Weiterhin können durch gemeinsame Läger die Zins- und Lagerkosten entsprechend reduziert werden.

Zwingende Voraussetzung ist jedoch eine Überprüfung hinsichtlich qualitativer Anforderungen.

<u>Das Raumüberbrückungsproblem:</u>

Bei der Transportplanung ergibt sich, neben der Berücksichtigung anfallender Transportkosten, bei der Lieferantenwahl die Frage, ob Eigen- oder Fremdtransporte durchzuführen sind.

<u>Das Zeitproblem:</u>

Zeitliche Aspekte der Beschaffungsproblematik beruhen auf den i.d.R. unterschiedlichen Zeitpunkten für Bestellung, Beschaffung und Verwendung von Fremdbezugsmaterial, die sich auch in Spekulationsmotiven niederschlagen können.

<u>Das Kapitalproblem und das Kostenproblem:</u>

Diese beiden Probleme zeigen sich insbesondere im Rahmen der Kapitalbereitstellung für Beschaffungsmaßnahmen und deren Auswirkungen auf Kosten und Liquidität der Unternehmung.
Einen weiteren Bereich bildet die direkte Zielkonkurrenz zwischen den Beschaffungskosten einerseits und der Versorgungssicherheit andererseits.

Eine zusammenfassende Übersicht zeigt die folgende Tabelle:

1. Mengenproblem:	
Große Beschaffungsmengen	-> bessere Konditionen
	-> bessere Einstandspreise
	-> höhere Versorgungssicherheit
aber	-> hohe Zins- und Lagerkosten
	-> Gefahr der Wertminderung
2. Sortimentsproblem:	
Straffung des Sortiments (Breite, Tiefe)	
	-> größere Beschaffungsmengen
	-> Reduzierung der Zins- und Lagerkosten
Überprüfung qualitativer Anforderungen erforderlich	
3. Raumüberbrückungsproblem:	
Transportplanung	-> Eigen- oder Fremdtransporte
	-> Lieferantenwahl
4. Zeitproblem:	
Beschaffungszeitpunkt	<-> Verwendungszeitpunkt
Bestellzeitpunkt	<-> Beschaffungszeitpunkt
	Spekulationsmotiv
5. Kapitalproblem:	
Kapitalbereitstellung	-> Kosten, Liquidität
6. Kostenproblem:	
Beschaffungskosten	<-> Versorgungssicherheit

Tab. 5.1: Problematik der Beschaffung

Unter strategischen Gesichtspunkten stellt sich die Problematik der Beschaffung durch interne und externe Faktoren geprägt, die langfristig eine Ausweitung der horizontalen und vertikalen Arbeitsteilung, d.h. mit Wettbewerbern und Zulieferern, erfordern.

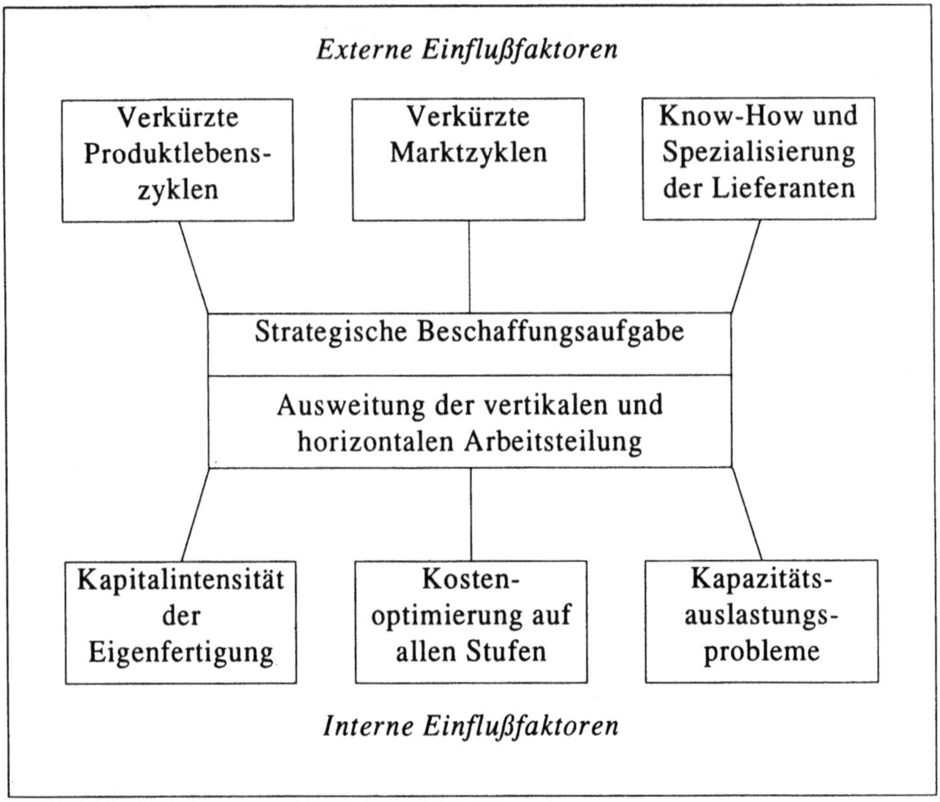

Abb. 5.2 : Ausweitung der vertikalen und horizontalen Arbeitsteilung als strategische Beschaffungsaufgabe[12]

5.1.4 Die Informationsbasis der Beschaffung

Die Beschaffungsentscheidung umfaßt die Beachtung einer Fülle von Informationen zur Beantwortung unterschiedlichster Fragestellungen wie z.B.[13]:

- Ist ein Zukaufteil am Lager?
- Ist es in einer laufenden Bestellung überzählig?
- Welcher Lieferant hat schon einmal geliefert?
- Muß oder soll ein neuer Lieferant ausfindig gemacht werden?
- War die bisherige Lieferung mengenrichtig, pünktlich, qualitativ ausreichend, ohne Querelen?
- Gibt es Lieferbedingungen oder -beschränkungen wegen sonstiger Randbedingungen?
- Wer soll für welche Mengen angefragt werden?

12 vgl. Fieten (1987), S. 50
13 vgl. Volger (1989), S. 89

-Wie ist das Angebot zu beurteilen nach Preis, Rabatten, Aussicht auf Bonus, innerhalb von Abrufaufträgen?
-Sind Gegengeschäfte oder Vorfinanzierung zu beachten?
-usw.

Die zur Beantwortung solcher und ähnlicher Fragen notwendigen Informationen kommen im wesentlichen aus folgenden Quellen[14]:

- dem PPS-System[15],
- dem Lieferanten-Verzeichnis,
- der Qualitätssicherung,
- aus externen Quellen,
- der Erfahrung des Einkäufers,
- Angeboten bzw. Auftragsvereinbarungen,
- sonstigen internen und externen Richtlinien.

Diese Informationen sind nur zum Teil exakt kodiert und direkt abrufbar, einige sind redundant oder unscharf, geben Erfahrungen wieder.

Für die Gestaltung des betrieblichen Informationssystems sind die vielfältigen organisatorischen Verflechtungen des Beschaffungsbereichs mit anderen betrieblichen Teilbereichen wesentlich[16].

Da der Informationsbedarf nach Art und Umfang von der verwendeten Bewertungsmethode abhängt, wird an dieser Stelle auf die entsprechenden Abschnitte in Kapitel 5.2.3 verwiesen.

5.2 Ziele und Verfahren der Lieferantenbewertung

5.2.1 Ziele der Lieferantenbewertung

5.2.1.1 Notwendigkeit der Lieferantenbewertung

Die Notwendigkeit einer systematischen Bewertung von Lieferanten ergibt sich aus dem Bedarfsdeckungsziel der Unternehmung, der langfristigen Sicherstellung der Versorgung unter qualitativen, zeitlichen und Kostengesichtspunkten.

---

14 vgl. Volger (1989), S. 89
15 vgl. Kapitel 5.3
16 zum Produktionsbereich, zum Lagerbereich, zur Finanzbuchführung vgl. Scheer (1988), S. 348

Die Aufgabe der Lieferantenbewertung muß es daher sein, unter Berücksichtigung der verschiedenen Bestimmungsfaktoren[17] eine zielgerechte Selektion von Lieferanten zu ermöglichen[18].

Weiterhin soll die Bewertung die Auswahl von Lieferanten in einer solchen Weise unterstützen, daß Risiken minimiert werden, welche aus Lieferbeziehungen herrühren können, wie z.B. Fehllieferungen, Lieferverzögerungen, Fehlmengen oder Fehlzeiten.

Ein besonderes Gewicht der Lieferantenbewertung ergibt sich durch die Realisation weitgehend lagerloser Materialflußsysteme[19] und die zunehmend enge Verflechtung der internationalen Beschaffungsmärkte (*global sourcing*).

Die dabei zunehmende zwischenbetriebliche Arbeitsteilung auf regionaler und internationaler Ebene aufgrund der Tendenz zur Reduktion vertikaler Fertigungsstrukturen ergeben eine Aufspaltung des Beschaffungsmarkts in kleinere Teilmärkte, mit der Folge, daß sich die Anzahl potentieller Lieferanten vergrößert, nicht aber unbedingt die Zahl der tatsächlichen Lieferanten[20].

Die Eigenschaften von Lieferanten verändern sich mit der Zeit, so daß es notwendig ist, quantifizierbare Daten zu sammeln, um Schwächen und Stärken von Lieferanten im Zeitablauf erkennen und aufzeigen zu können[21].

Da die Auswahl von Lieferanten nicht zufällig oder nach rein subjektiven Kriterien erfolgen sollte, muß im Rahmen der Lieferantenbeurteilung sichergestellt werden, daß[22]:

die Leistung eines Lieferanten objektiv nach vorgegebenen Kriterien bewertet wird,

der Grundsatz der Lieferantentreue nicht überstrapaziert wird und

der Lieferant als Versorgungspartner betrachtet wird.

---

17 vgl. Kapitel 5.2.2
18 vgl. Harting (1990), S. 39
19 z.B. Kanban und Just-in-time-Konzepte
20 vgl. Stark/Werner (1989), S. 26
21 vgl. Budde (1983), S. 240
22 vgl. Harting (1989), S. 56

Dabei kann die Unternehmung mit der Bewertung von Lieferanten nach ausgewählten Merkmalen grundsätzlich zwei Ziele verfolgen[23]:

erstens die Leistungsfähigkeit von Lieferanten transparent zu machen, um u.a. im konkreten Beschaffungsfall dem Einkäufer eine Entscheidungshilfe zur Auswahl des 'optimalen'[24] Lieferanten zur Verfügung zu stellen, und

zweitens in periodischen Abständen eine Überprüfung von Lieferanten vorzunehmen, um die Ergebnisse zum einen bei Verhandlungen heranziehen zu können, zum anderen um auf ihrer Grundlage Maßnahmen im Sinne einer strategisch orientierten Lieferantenpolitik zu ergreifen[25].

5.2.1.2 Anforderungen an die Lieferantenbewertung

Im Rahmen der Lieferantenbewertung werden Informationen über das zu beschaffende Teil und Informationen über den Zulieferer dieses Teiles bewertet.

Diese Lieferantenbewertung im Sinne einer Kaufteilebewertung verfolgt die Zielsetzung, die Zuverlässigkeit der Produkte eines Lieferanten während eines definierten Lieferzeitraums im Hinblick auf Liefermenge, Fehlerrate und Fehlmenge zu bewerten[26].

Damit muß die Lieferantenbewertung die folgenden Funktionen erfüllen[27]:

die Sicherheit und Gleichmäßigkeit der Produktqualität aller Lieferungen verfolgen,

dem Einkauf ein laufendes Kriterium für die Auswahl der Lieferanten geben und

---

23 vgl. Hartmann (1988a), S. 181 und Hartmann (1988b), S. 34 bzw. de Vries (1989), S. 26
24 aufgrund nicht vollständiger Information, d.h. unter Ausschluß weiterer Alternativen kann maximal eine suboptimale Auswahlentscheidung getroffen werden
25 z.B. im Sinne einer gezielten Förderung und Entwicklung von Lieferanten, vgl. de Vries (1989), S. 26
26 vgl. Harting (1989), S. 57
27 vgl. Harting (1989), S. 58

den Prüfaufwand der Wareneingangsprüfung optimieren.

Art, Anzahl und Bedeutung der dabei zu berücksichtigenden Bewertungskriterien sind von den Eigenschaften der beschaffenden Unternehmung, von der Beschaffungssituation und von den Eigenschaften des zu beschaffenden Teils abhängig.

Die wesentlichen Bewertungskriterien beinhalten allerdings i.d.R. die Produktqualität, den Preis, die Zuverlässigkeit und die Lieferzeit[28].

Reine Einfaktorenvergleiche wie Preis-, Lieferzeit- oder Qualitätsvergleiche finden dabei allerdings nur noch in wenigen Ausnahmesituationen Verwendung, den Regelfall stellen Mehrfaktorenvergleiche dar[29].

5.2.1.3 Einflußfaktoren auf die Lieferantenbewertung

Für die Lieferantenbewertung können neben den eigentlichen Auswahlkriterien[30] wie Qualität, Preis, Lieferservice etc., die im Kapitel 5.2.2 näher betrachtet werden, auch solche Einflußfaktoren Berücksichtigung finden, die es der Unternehmung mittel- bis langfristig ermöglichen, sich Erfolgspotentiale zu sichern[31].

Die Betrachtung dieser Faktoren steht daher i.d.R. weniger in Zusammenhang mit kurzfristig abzuwickelnden Beschaffungsaufträgen, sondern findet vielmehr im Kontext der Gestaltung strategischer Lieferantenbeziehungen statt.

Diese Einflußfaktoren können unternehmensinterner bzw. -externer Art sein, sie können von meßbarer (quantitativer) oder beschreibender (qualitativer) Natur sein (vgl. Tab. 5.2).

Die Auswahl unternehmensrelevanter Einflußfaktoren, ihre kontinuierliche Beobachtung, ihre Messung und Gewichtung werfen dabei insbesondere im Bereich unternehmensexterner Einflußfaktoren Probleme auf, die sich einer generellen Behandlung entziehen.

---

28 vgl. de Vries (1989), S. 26
29 vgl. Harting (1990), S. 39
30 vgl. Kapitel 5.2.2
31 vgl. Kapitel 5.1.2

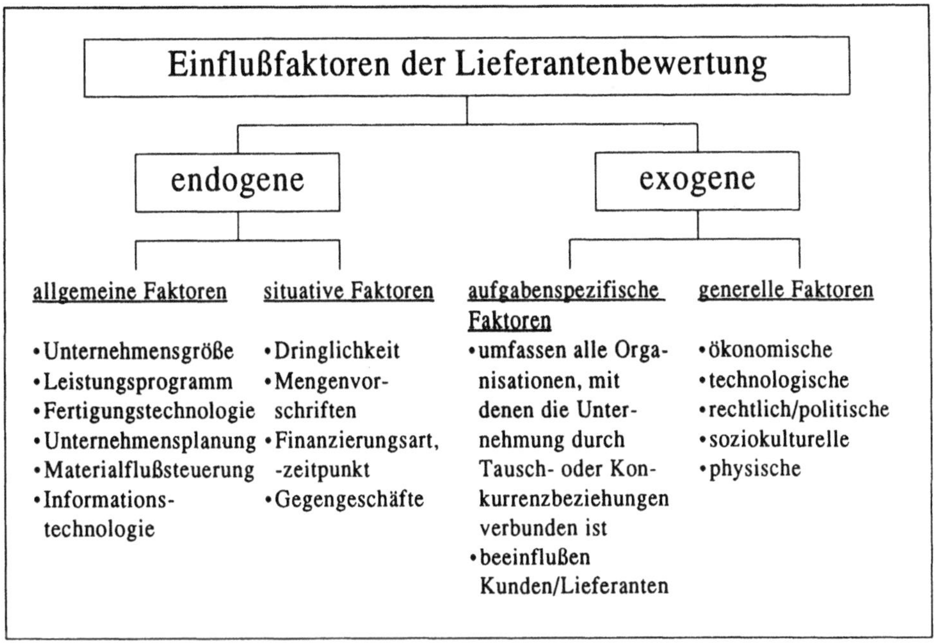

Tab. 5.2: Einflußfaktoren der Lieferantenbewertung[32]

5.2.2 Bestimmungsgrößen der Lieferantenbewertung

5.2.2.1 Qualitätssicherung

Der Wert eines Lieferanten wird diesem im Rahmen der Lieferantenbewertung zugeordnet und drückt aus, in welchem Maße er bestimmten gegebenen Zielvorstellungen entspricht. Seine Bewertung ist damit nicht nur von ihm selbst abhängig, sondern wird in erster Linie von den Zielvorstellungen des bzw. der Bewertenden bestimmt[33], wobei sich die Zielvorstellungen i.d.R. in Form spezifischer Bestimmungsgrößen manifestieren.

Der Begriff der Bewertung umfaßt dabei die Herstellung einer Rangfolge von Handlungsalternativen, respektive alternativer Lieferanten, nach dem Grad ihrer Zielwirksamkeit[34].

32 vgl. Harting (1989), S. 59
33 vgl. Domsch/Reinecke (1989), Sp. 143
34 vgl. Domsch/Reinecke (1989), Sp. 143f.

Zu den Bestimmungsgrößen der Lieferantenbewertung, welche als Auswahlkriterien die Selektion von Lieferanten für konkrete Beschaffungsbedarfe unterstützen sollen, spielen neben vielfältigen unternehmensspezifischen Kriterien insbesondere Maße für die Bewertung der Leistung eines Lieferanten eine wesentliche Rolle.

Zu diesen Leistungsmaßen gehört neben dem Preis und dem Lieferservice, der insbesondere die termin- und mengengerechte Anlieferung umfaßt, die qualitative Bewertung des Angebots des Lieferanten[35].

Unter dem hier verwendeten Begriff der (Produkt-)Qualität wird dabei die Gesamtheit der Eigenschaften eines Teiles und der Grad ihrer jeweiligen Ausprägung verstanden. Eingeschränkt wird dieser Begriff durch den Aspekt des vorgesehenen Verwendungszusammenhangs, der seine unmittelbare Ausprägung in der Unterscheidung zwischen für den Gebrauch unbedingt erforderlichen und nur bedingt erforderlichen Eigenschaften findet[36].

Eine wachsende Bedeutung spielt die Qualität und entsprechende Qualitätssicherungsmaßnahmen im Rahmen neuer Materialflußkonzepte wie Kanban[37] oder lagerloser Fertigungskonzepte (Just-in-time), die als Zielvorgabe 100%-Qualität anstreben[38].

Ausschlaggebend ist hierbei die Forderung nach einer strengen Einhaltung von Qualitätsstandards, wodurch mit der zeitlichen Straffung des Beschaffungsvorganges die Qualitätssicherung an Bedeutung zunimmt[39].

Entsprechende Sicherungskonzepte orientieren sich dabei am Begriff der Wertschöpfungskette und schlagen demzufolge eine den Lieferanten betreffenden Wertanalyse vor[40], deren Ergebnis die Lieferantenbewertung, -auswahl und -kontrolle bestimmt.

Die entsprechende Selektionsfunktion des Qualitätssicherungssystems findet ihre Entsprechung bei der Wareneingangskontrolle für Fremdbezugsteile und einer deren Ergebnisse berücksichtigenden Lieferantenauswahl.

---

35 d.h., die Produktqualität des fremdbezogenen Teils
36 wobei typischerweise auch graduelle Abstufungen in Bezug auf das Vorliegen bestimmter Eigenschaften vorgenommen werden
37 vgl. Kapitel 4.2
38 im Sinne einer ausschließlichen Weitergabe verwendbarer, d.h. fehlerfreier Teile an die nachgelagerte Fertigungsstufe
39 vgl. Scheer (1988), S. 347
40 vgl. Harrmann (1990), S. 28 bzw. Harting (1989)

Aufgaben und Ziele der Qualitätssicherung sind dabei u.a.[41]:

die Registrierung der angelieferten Teile,

das Sammeln von Informationen über das Leistungsvermögen der Lieferanten,

der Schutz der Fertigung vor Störungen durch ungeeignete Zulieferungen,

die Sicherung der Qualitätsforderungen eigener Kunden auch bei nicht selbst hergestellten Teilen,

die Sicherung der Qualität mit möglichst kostengünstigen Verfahren.

Die Produktqualität manifestiert sich in konkreten, mess- und prüfbaren Qualitätsmerkmalen, welche allerdings vielfältigen Einflußgrößen unterworfen sind, wie z.B.:

-Schwankungen in der Beschaffenheit des Materials,

-falscher Lagerung,

-Verschleiß der Fertigungsaggregate,

-Verfahrensveränderungen,

-unqualifiziertem Personal.

Die Kontrolle der Qualitätsmerkmale kann dabei alle Teile eines Loses oder nur eine repräsentative Auswahl umfassen (Voll- bzw. Teilkontrolle). In Abhängigkeit von den zu prüfenden Qualitätsmerkmalen kann zwischen einer Variablenprüfung, d.h. der Erfassung der zu kontrollierenden Eigenschaft als Meßwert der jeweiligen Dimension, und einer Attributprüfung (Gut/Schlecht-Überprüfung) unterschieden werden[42].

41 vgl. Harting (1990), S. 79
42 vgl. Harting (1990), S. 85

5.2.2.2 Lieferservice

Analog zur Qualität stellt der Lieferservice eines Lieferanten im Sinne einer art-, mengen- und termingerechten Anlieferung im Rahmen moderner Materialfluß-organisationen (produktionssynchrone Beschaffung) eine wesentliche Bestimmungsgröße zur Bewertung von Lieferanten dar.

Der Lieferservice eines Lieferanten wird dabei durch vier Komponenten bestimmt[43]:

der *Lieferzeit*, d.h. der Zeitspanne zwischen Auftragserteilung und Warenanlieferung,

der *Lieferzuverlässigkeit*, d.h. der Wahrscheinlichkeit der Einhaltung der Lieferzeit, typischerweise ausgedrückt als Lieferbereitschaft,

der *Lieferungsbeschaffenheit*, die abhängig von der Liefergenauigkeit (Auslieferung in gewünschter Art und Menge) und vom Zustand der Lieferung ist, und

der *Lieferflexibilität*, die angibt, inwieweit der Lieferant in der Lage ist, flexibel auf besondere Bedürfnisse einzugehen oder ob die Auftragserteilung und Auslieferung durch starre Regeln fixiert sind.

Insbesondere der Begriff der Lieferbereitschaft stellt dabei eine eigene Problematik dar. Zum einen existiert eine Vielzahl unterschiedlicher Definitionen (vgl. Tab. 5.3), zum anderen wird dieser Begriff inhaltlich unterschiedlich interpretiert[44].

---

43 vgl. Harting (1989), S. 110f.

44 ein Lieferbereitschaftsgrad von 95% besagt nicht, daß 5% aller Aufträge nicht erfüllt werden können, sondern lediglich, daß 5% aller Aufträge nicht in voller Menge zum gewünschten Termin erfüllt werden können

Anzahl der Wochen, in denen geliefert werden kann / Gesamtzahl der betrachteten Wochen
Sofort befriedigte Nachfrage in einer Periode / Gesamte Nachfrage einer Periode
Mittlerer befriedigter Bedarf pro Periode / Mittlerer Gesamtbedarf pro Periode
Anzahl der termingerecht ausgelieferten Bestellungen / Gesamtzahl der Bestellungen
Prozentsatz der Anlieferungen an die Produktion, die durch im Lager vorhandenes Material innerhalb eines befristeten Zeitraumes ausgeführt werden können

Tab. 5.3: Definitionen Lieferbereitschaftsgrad[45]

Die Bestimmung des Lieferbereitschaftsgrades kann dabei unter Berücksichtigung verschiedener Einflußgründe stattfinden, wie z.B.[46]:

- aufgrund der Anzahl Bestellungen,
- aufgrund der Nachfrage,
- aufgrund eines Zeitmaßes,
- aufgrund der Anzahl Beobachtungsintervalle und
- aufgrund von Lieferverspätungen.

5.2.2.3 Preis

Aufgrund der Tatsache, daß in einem durchschnittlichen Produktionsunternehmen 50% der Umsatzerlöse für direkte Beschaffungskosten aufgewendet werden, stellt der Preis eine wesentliche Bestimmungsgröße der Lieferantenbewertung dar[47].

Eine besondere Bedeutung erhält der Preis als Bestimmungsgröße und Bezugsgröße für die weiteren Auswahlkriterien, welche bei der Lieferantenbewertung zu berücksichtigen sind. In Form spezifischer Kosten-/Nutzen-Relationen werden Zielvorstellungen beispielsweise in Bezug auf die Qualität ausgedrückt.

45 vgl. Harting (1989), S. 112
46 vgl. Harting (1989), S. 114
47 vgl. Harting (1989), S. 121

In diesen Relationen zeigen sich in besonderem Maße Konkurrenzbeziehungen zwischen einzelnen Subzielen der Beschaffung, da die jeweiligen Kostenfaktoren eine gemeinsame Bezugsgröße bieten.

Problematisch ist allerdings die Quantifizierung der Ausprägungen einzelner Auswahlkriterien, insbesondere da sich die Quantifizierung zumindest zu Teilen subjektiv geprägt zeigt.

Das Beschaffungsziel einer Minimierung der Beschaffungspreise erfordert zumindest die Durchführung einfacher Preisvergleiche für Teile, die zu unterschiedlichen Preisen und unterschiedlichen Qualitäten von mehreren Lieferanten bezogen werden können[48].

Weitreichendere Informationen erhält man durch[49]:

Preisleistungsvergleiche im Rahmen des Angebotsvergleichs,

Preisanalysen, wobei der Preis eines Zulieferteils in seine kalkulatorischen Bestandteile zerlegt wird[50], und

Preisbeobachtungen und *Preistrendanalysen*, um eine Prognose der zukünftigen Preisentwicklung zu stellen.

Zur Vergleichbarkeit des Beschaffungspreises muß der Angebotspreis aller Lieferanten bereinigt werden, d.h. um Rabatte[51], Skonto, Boni[52] und weitere Ermäßigungen reduziert und um die Transportkosten[53] erhöht werden.

5.2.2.4 Weitere Bestimmungsgrößen

Neben Preis, Qualität und Lieferservice werden unternehmensspezifisch und in Abhängigkeit von der jeweiligen Beschaffungssituation noch weitere Kriterien zur Lieferantenbewertung herangezogen.

---

48 i.d.R. erfolgt jedoch ein ausführlicher Preisvergleich nur für A-Teile; analog gilt dies für weitere Verfahren

49 vgl. Harting (1989), S. 122

50 was jedoch umfangreiche Kenntnisse über den Beschaffungsmarkt und eventuell die Bereitschaft zur Offenlegung der Preisfindung seitens des Lieferanten erfordert

51 z.B. Mengen-, Treue-, Sonder- und Frühbezugsrabatte

52 z.B. in Abhängigkeit von der Umsatzhöhe

53 z.B. Frachten, Versicherungen, Zölle

Mögliche Kriterien umfassen beispielsweise[54]:

die Möglichkeit von Gegengeschäften,

das Vorliegen dauerhafter Geschäftsverbindungen,

Erfahrung und Image des Lieferanten,

die Marktstellung des Lieferanten,

Kapazität und Finanzkraft des Lieferanten,

Konzernzugehörigkeit u.a.m.

Einen entsprechenden Anforderungskatalog für einen qualifizierten Zulieferer zeigen Stark/Werner:

Qualitätsstabilität Rückweisungs- und Nacharbeitsrate 0,5%
Bereitschaft zur engen technologischen Zusammenarbeit bezüglich Neuentwicklungen, technischer Änderungen, Produktanläufe etc.
Erhöhung der mengen- und zeitbezogenen Flexibilität durch Verbesserung der Kapazitätsflexibilität und Fertigungssteuerungsverfahren oder durch Bevorratung von Sicherheitsbeständen
Bereitschaft zur engen logistischen Zusammenarbeit bezüglich Direktanlieferung, Bestellgrößen- und Transportoptimierung und des damit verbundenen Lieferverhaltens
Preiskontinuität im Rahmen der allgemeinen Kostenentwicklung und Rationalisierung kein Monopolpreisverhalten
Automations- und Innovationsfortschritte mindestens im Rahmen des internationalen Wettbewerbs kein Technologierückstand

Tab. 5.4: Anforderungskatalog für einen qualifizierten Zulieferer[55]

54 vgl. Harrmann (1990), S. 28 bzw. Stark/Werner (1989), S. 26
55 vgl. Stark/Werner (1990), S. 40

5.2.3 Methoden der Lieferantenbewertung

5.2.3.1 Inter-Lieferanten-Vergleich vs. Intra-Lieferanten-Vergleich

Lieferantenbewertungssysteme lassen sich in zwei Gruppen von Systemen mit unterschiedlicher Zielsetzung einteilen:

zum einen Bewertungssysteme, die Leistungsvergleiche unterschiedlicher Lieferanten ermöglichen (Inter-Lieferanten-Vergleich),

zum anderen Bewertungssysteme, die Leistungsveränderungen eines Lieferanten im Zeitablauf sichtbar machen (Intra-Lieferanten-Vergleich).

Die letztgenannten Systeme werden daher funktionsbezogen als Systeme zur Lieferantenkontrolle bezeichnet.

Die Lieferantenkontrolle soll die Zuverlässigkeit[56] der Lieferanten ständig kontrollieren, um Abweichungen frühzeitig erkennen zu können und so die Möglichkeit zu eröffnen, rechtzeitig gegenzusteuern. Die Lieferantenkontrolle erhält dabei umso mehr Gewicht, als die Abhängigkeit von der Leistung ausgewählter Lieferanten zunimmt[57].

Die im Rahmen der Lieferantenbewertung und -kontrolle eingesetzten Verfahren sind dabei im wesentlichen identisch. Die in den folgenden Kapiteln vorgestellten Methoden umfassen die in der Praxis am häufigsten eingesetzten Verfahren. Im einzelnen sind dies:

Checklistenverfahren,

Notensysteme,

Punktbewertungssysteme (Scoring-Modelle),

Prozentbewertungssysteme,

Lieferantenprofile und

Kennzahlenverfahren.

---

56 meist unterteilt in Qualitäts-, Termin-, Mengen- und Preiszuverlässigkeit vgl. Harting (1989), S. 167

57 z.B. bei langfristiger Kooperation, produktionssynchroner Anlieferung usw.

5.2.3.2 Checklistenverfahren

Checklistenverfahren stellen die einfachste Form der Lieferantenbewertung dar. Sie sichern primär die systematische Erfassung und Kontrolle aller im Rahmen der Beschaffungspolitik definierten Zielsetzungen.

Die für die definierte Beschaffungssituation relevanten Bestimmungsgründe werden dabei in Listenform erfasst und die Angebote der einzelnen Lieferanten dahingehend überprüft, ob diese den vorgegebenen Kriterien entsprechen. Typischerweise erfolgt dabei eine Unterscheidung zwischen Bestimmungsgründen, deren Erfüllung unerläßlich oder nur wünschenswert ist.

Da das Checklistenverfahren die folgenden Mängel aufweist, findet es i.d.R. nur für Aufgaben der Vorselektion Anwendung, d.h. für die Bestimmung von Lieferanten, welche in die engere Wahl kommen[58]:

- Bestimmungsgründe werden grundsätzlich als gleichgewichtig angesehen,

- die unterschiedliche Ausprägung der Bestimmungsgründe beim einzelnen Lieferanten wird nicht berücksichtigt.

5.2.3.3 Notensysteme

Ebenfalls zu den einfachen Methoden der Lieferantenbewertung gehören die Notensysteme. Die Beurteilung kann dabei relativ undifferenziert nach dem in der Praxis verbreiteten 3-Punkte-System erfolgen (*Plus-Minus-Neutral* bzw. *Gut-Schlecht-Durchschnitt*)[59].

Eine differenzierte Betrachtung ermöglichen abgestufte Notensysteme, die beispielhaft in Tabelle 5.5 aufgezeigt werden.

Die schon bei den Checklistenverfahren genannten Mängel, insbesondere die fehlende Gewichtung der einzelnen Faktoren, bleiben bei Notensystemen unverändert bestehen. Entgegen der Ermittlung einer binären Entscheidungsvariable (Kriterium erfüllt ja/nein) kann bei Notensystemen die Leistung eines Lieferanten genauer beschrieben werden und grundsätzlich besteht auch die Möglichkeit zur Verdichtung der Einzelnoten zu einer Gesamtnote.

---

58 vgl. Westermann (1989), S. 50
59 vgl. Hartmann (1988a), S. 181

Insgesamt stellen sich jedoch die Ergebnisse des Verfahrens als zu ungenau dar, sodaß diese nur zur Vorselektion bzw. zur Gruppenbildung von Lieferanten herangezogen werden können.

LIEFERANT:			
Anforderungskriterien	Kriterienerfüllung		
	6-5	4-2	1-0
Qualität			
Einhaltung von Lieferfristen			
Flexibilität bzgl. Lieferterminen			
Angemessene Preisgestaltung			
Technische Leistungsfähigkeit			
Schnelle Beantwortung der Anfrage			
Zahlungsbedingungen			
Lieferungsbedingungen			
Angebot von Serviceleistungen			
Standort des Lieferanten			

Kriterienausprägung:
6 sehr gut 5 gut 4 eher gut 3 weder gut noch schlecht
2 eher schlecht 1 schlecht 0 sehr schlecht

Tab. 5.5: Abgestuftes Notensystem zur Lieferantenbewertung[60]

5.2.3.4 Punktbewertungssysteme

Um die zuvor genannten Mängel der Checklisten- und Notensysteme zu korrigieren, werden in der Praxis häufig verschiedene Arten von Punktbewertungssystemen eingesetzt. Diese sogenannten Scoring-Modelle stellen dabei Verfahren zur Bewertung von Entscheidungsalternativen dar, deren Anwendung in folgenden Schritten abläuft[61]:

Bestimmung und Auflistung der für die Gesamtbewertung relevanten Einflußfaktoren bzw. Selektionskriterien und der potentiellen Lieferanten.

60 vgl. Stark/Werner (1989), S. 27
61 vgl. Stark/Werner (1989), S. 27ff.

Gewichtung der Selektionskriterien gemäß ihrem Einfluß auf die Erfüllung unternehmens- und einkaufspolitischer Zielsetzungen.

Bewertung der Ausprägung des jeweiligen Selektionskriteriums bei jedem Lieferanten und Zuordnung eines Punktwerts entsprechend einer vorgegebenen Bewertungsskala.

Multiplikation des Kriterienpunktwerts mit der jeweiligen Gewichtung.

Addition der ermittelten Kriterienwerte zu einem Gesamtwert (Scoring-Index) für jeden Lieferanten.

Auswahlentscheidung für einen oder mehrere Lieferanten gemäß der ermittelten Scoring-Indizes.

Bestimmungsfaktoren	Gewicht der Faktoren[1)]	Lieferant/Angebot A		Lieferant/Angebot B	
		Punkte/Note[2)]	Produkt	Punkte/Note	Produkt
Preis	10	6	60	9	90
Qualität	8	8	64	3	24
Termin	5	8	40	8	40
Zuverlässigkeit	8	8	64	5	40
Kundendienst	4	8	32	8	32
Zahlungsbedingungen	2	5	10	7	14
Summe			270		240

1) 1 = gering, 10 = sehr hoch 2) 0 = sehr schlecht, 10 = sehr gut

Tab. 5.6: Punktbewertungssystem[62]

Die Gewichtung der einzelnen Selektionskriterien erfolgt aufgrund ihrer unternehmensspezifischen Bedeutung der einzelnen Kriterien im Verhältnis zueinander und unterliegt demgemäß je nach Marktsituation einem Wandel.

62 vgl. Westermann (1989), S. 51

Dies darf allerdings nicht dazu führen, daß durch sporadische Änderung die Vergleichbarkeit der Lieferanten über einen längerfristigen Zeitraum gefährdet wird[63].

Sowohl bei der Gewichtung als auch bei der Punktbewertung sind Grobskalierungen oder Feinskalierungen in verschiedenen Formen möglich. Ein Beispiel für ein 100-Punkte-Bewertungsverfahren zeigt Tabelle 5.7.

Punkte	25	23	20	15	10	5
Qualität	wird nie beanstandet	vereinzelt kleinere Mängel	wird hin und wieder beanstandet	muß öfter beanstandet werden	regelmäßig größere Beanstandungen	vollständig ungenügend
Preis	günstiger als bei sämtlichen Konkurrenten	liegt etwas über der günstigsten Konkurrenz	durchschnittlich 2-5% über der Konkurrenz	durchschnittlich 5-10% über der Konkurrenz	durchschnittlich 10-20% über der Konkurrenz	steht in keinem vernünftigen Verhältnis zur Konkurrenz
Termin	wird immer eingehalten	wird fast immer eingehalten	hin und wieder Terminüberschreitungen	wird öfter nicht eingehalten	sehr viele Terminverzögerungen	Termine werden überhaupt nicht eingehalten
Service	erstklassig in bezug auf alle Punkte	läßt leicht zu wünschen übrig	ist in gewissen Punkten nicht befriedigend	ist öfter nicht zufriedenstellend	ist allgemein mangelhaft	ist absolut ungenügend

Tab. 5.7: 100-Punkte-Bewertungssystem[64]

Vorteile von Scoring-Modellen liegen vor allem in der geordneten Aufstellung entscheidungsrelevanter Kriterien sowohl quantitativer als auch qualitativer Art. Qualitative Kriterien können dabei quantifiziert, unvergleichbare Größen

63 vgl. de Vries (1989), S. 26
64 vgl. Harting (1989), S. 130

vergleichbar gemacht und eine jederzeitige Nachprüfbarkeit der Bewertung hergestellt werden[65].

Die Bewertungsproblematik der subjektiven Kriterieneinschätzung bleibt jedoch erhalten. Hinzu kommt die Gefahr einer Scheingenauigkeit bzw. die Gefahr, daß aus dem Ansatz statt einer Bewertung als Vorbereitung einer rationalen Entscheidung ein Instrument zur Rechtfertigung einer irrationalen Auswahl von Alternativen wird[66].

Weitere Nachteile sind nach Westermann[67]:

Keine direkte Berücksichtigung von Minimalvoraussetzungen bei den einzelnen Selektionskriterien.

Keine Möglichkeit der objektiven und exakten Gewichtung der Bestimmungsfaktoren untereinander.

Problematik einer Beurteilung des Erfüllungsgrades der Bestimmungsfaktoren beim konkreten Lieferanten.

5.2.3.5 Prozentbewertungssysteme

Prozentbewertungssysteme stellen eine Erweiterung der Punktbewertungssysteme dar. Anstatt einer isolierten Bewertung der Ausprägung eines Selektionskriteriums bei dem zu bewertenden Lieferanten, d.h. der Zuordnung einer *absoluten* Wertgröße, erfolgt bei Prozentbewertungssystemen die Beurteilung des Lieferanten in Form *relativer* Größen.

Durch die Verwendung von Bezugsgrößen kann die Leistung eines Lieferanten beispielsweise in Relation zu den Werten der jeweiligen Konkurrenten gesetzt werden.

---

65 vgl. Stark/Werner (1989), S. 29
66 vgl. Domsch/Reinecke (1989), Sp. 150
67 vgl. Westermann (1989), S. 50

	Qualität	Preis	Termin	Service
	Liefermenge	Preisbasis	vereinbarter Termin	maximal ausgehandelte Serviceleistung
	davon ohne Qualitäts-beanstandungen	bezahlter/ Angebotspreis	tatsächlich eingehaltener Termin	effektive Serviceleistung
%Satz	Relation zur Gesamtmenge	Relation zur Preisbasis	eingehaltene Termine in %	effektive Serviceleistung in %
Punkte	%Satz x Bewertungsfaktor	%Satz x Bewertungsfaktor	%Satz x Bewertungsfaktor	%Satz x Bewertungsfaktor

Tab. 5.8: Prozentbewertung[68]

In Tabelle 5.8 sind einige Beispiele für mögliche Relationen aufgeführt:

als relativer Qualitätsmaßstab wird der prozentuale Anteil an Gutteilen verwendet,

die Preisbewertung wird in Relation zu einer vorgegebenen Preisbasis vorgenommen, dabei kann es sich z.B. um den günstigsten Preis aller Lieferanten, den Durchschnittspreis, geplante Beschaffungspreise etc. handeln,

die Termineinhaltung wird als Prozentsatz tatsächlich eingehaltener Termine gemessen[69], d.h. die Bewertung erfolgt wie bei der Qualitätsbewertung auf der Basis von Vergangenheitsdaten,

analog erfolgt die Bewertung des effektiven Services in Relation zu einer ausgehandelten Serviceleistung.

---

68 vgl. Harting (1989), S. 131

69 alternativ könnte die prozentuale Lieferzeitüberschreitung gemessen werden, z.B. bei einer vereinbarten Lieferzeit von 10 Tagen und einer Terminüberschreitung von 1 Tag ergibt sich eine Terminabweichung von +10%

Die Zusammenfassung der Einzelbewertungen zu einer Gesamtbeurteilung des Lieferanten ergibt sich in folgender Weise:

die jeweilige Einzelbeurteilung wird mit der für das jeweilige Kriterium definierten Maximalpunktzahl (Bewertungsfaktor) multipliziert,

der Gesamtwert ergibt sich sodann aus der einfachen Summation der Einzelwerte.

Die unterschiedliche Gewichtung der einzelnen Kriterien kann bei der Prozentbewertung auf zwei verschiedene Arten erfolgen:

zum einen kann die Gewichtung explizit vorgegeben werden, was allerdings voraussetzt, daß die maximal erreichbare Punktzahl für alle Kriterien gleich ist[70],

zum anderen kann die Gewichtung der einzelnen Kriterien indirekt über die Höhe der jeweiligen Punktzahl vorgegeben werden[71].

Beide Formen sollten allerdings aus Gründen der Nachvollziehbarkeit nicht miteinander gemischt werden.

Ein Problem der Prozentbewertung besteht in der adäquaten Wahl passender Bezugsgrößen, die insbesondere vom Einsatz des Verfahrens zur Inter- oder Intra-Lieferantenbewertung abhängt.

Da beispielsweise die Qualitätsbewertung im Sinne einer Gutteilebewertung und die Terminbewertung in Tabelle 5.8 in Bezug auf Vergangenheitsdaten vorgenommen wird, setzt die Bewertung von Lieferanten voraus, daß diese zuvor schon mit der Abwicklung von Beschaffungsaufträgen befaßt waren. Die Beurteilung der Leistung echter Neulieferanten stellt in diesem Fall ein entsprechendes Bewertungsproblem dar, insbesondere im Vergleich mit bekannten Lieferanten[72].

---

70 z.B. 25 Punkte für alle Kriterien 1..n, Gewicht G1 = 20%, G2 = 30% usw.

71 z.B. maximale Punktzahl für Kriterium 1 = 20, PK2 = 40, maximale Gesamtpunktzahl = 100 ergibt folgende Gewichte:
G1 = 20%, G2 = 40%

72 je nach Risikopräferenz können z.B. neue Lieferanten mit einem Bonus oder Malus belegt werden

5.2.3.6 Lieferantenprofile

Die Erstellung von Lieferantenprofilen im Rahmen der Profilanalyse kann sowohl auf der Basis von Noten-, Punktbewertungs- als auch Prozentbewertungssystemen erfolgen. Die grundsätzliche Vorgehensweise bei der Profilanalyse läßt sich wie folgt beschreiben (vgl. Abb. 5.3):

- die Bewertung des/der Lieferanten (bzw. der jeweiligen Angebote) erfolgt nach dem gewählten Verfahren,

- die Bewertung der Lieferanten wird in ein entsprechendes Bewertungsschema eingetragen,

- durch Verbindung der einzelnen Beurteilungen läßt sich eine Kennlinie (ein Leistungsprofil) des Lieferanten erstellen.

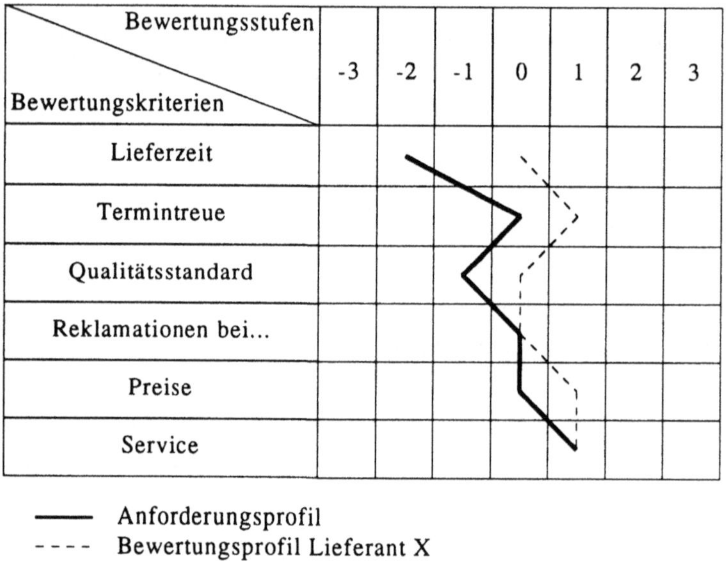

Abb. 5.3: Lieferantenprofil[73]

Diese graphische Umsetzung der Einzelbewertungen des Lieferanten in eine Kennlinie erlaubt in Bezug auf alternative Kennlinien eine rasche Beurteilung des jeweiligen Lieferanten in Form von Aussagen zu relativen Stärken bzw. Schwächen.

---

73 vgl. Harrmann (1990), S. 27

Bei der Bezugnahme auf ein Vergleichsprofil ergeben sich dabei mehrere Möglichkeiten:

- ein Vergleich mit *Leistungsprofilen der Vergangenheit* erlaubt eine Beurteilung der leistungsmäßigen Entwicklung des Lieferanten,
- der *Vergleich mit konkurrierenden Lieferanten* zeigt direkt relative Stärken bzw. Schwächen auf,
- ein (Minimal-)*Anforderungsprofil* kann zur Selektion von Lieferanten bzw. als genereller Vergleichsmaßstab dienen (entweder in Form eines Ideal-, Durchschnitts- oder Minimallieferanten).

Neben der Erstellung von Kennlinien besteht die in der Praxis jedoch noch nicht weit verbreitete Möglichkeit, die Bewertung der Lieferanten in Form von sogenannten Polarprofilen abzubilden (vgl. Abb. 5.4).

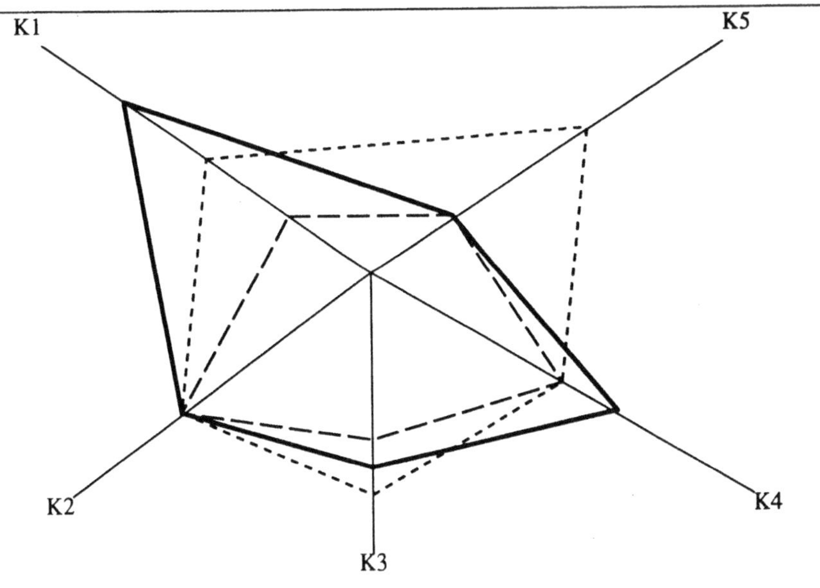

Sollprofil
Ist-Profil Lieferant 1
Ist-Profil Lieferant 2

K1 = Liefersicherheit
K2 = Mengenzuverlässigkeit
K3 = Preis
K4 = Qualität
K5 = Service

Abb. 5.4: Polarprofil[74]

74 vgl. Stark/Werner (1989), S. 29

5.2.3.7 Kennzahlenverfahren

Kennzahlenverfahren verfolgen die Zielsetzung, die Zuverlässigkeit oder die Leistung des Lieferanten in Form einer Kennzahl wiederzugeben.

Grundlage dieser Kennzahl, die aus der Verdichtung mehrerer Vergleichsfaktoren besteht, ist i.d.R. der Wert 1,00 zu dem beispielsweise für schlechte Leistungen aus der Vergangenheit *Strafpunkte* addiert und für gute Leistungen *Pluspunkte* subtrahiert werden[75].

Die Bewertung des Einstandspreises des Lieferanten kann dann z.B. über das Produkt aus Einstandspreis des zu beschaffenden Teiles und der Lieferantenkennzahl gebildet werden[76].

Kennzahlenverfahren eignen sich daher durch ihren Bezug auf vergangenheitsbezogene Werte nicht für die Bewertung neuer Anbieter auf den Beschaffungsmärkten, sondern dienen im wesentlichen zur Kontrolle der Leistungsfähigkeit bestehender Lieferanten.

5.3 Die Beschaffung im PPS-Umfeld

Produktionsplanung und -steuerung auf der einen, die Beschaffung auf der anderen Seite weisen eine Vielzahl von Schnittstellen auf. Die wesentlichen Schnittstellen sind dabei:

funktionale Schnittstellen, die gemeinsame Arbeitsbereiche bilden und folglich in Kooperation zu bearbeiten sind, und

informationstechnische Schnittstellen, über die eine gemeinsame Datennutzung erfolgt.

Die Planung der Produktionsprozesse im Rahmen der PPS umfaßt unter anderem die Ermittlung des für die Durchführung des Produktionsprogramms benötigten Materialbedarfs und die Bestimmung des zeitlichen Ablaufs der Produktion im betrachteten Zeitraum[77].

---

75 vgl. Harting (1989), S. 127
die Wertigkeit dieser Kennzahl ist folglich je besser je kleiner sie ist, alternativ könnten selbstverständlich Pluspunkte addiert und Strafpunkte abgezogen werden

76 vgl. Harting (1989), S. 127

77 vgl. Kapitel 4.1

Die genannten Teilaufgaben der Mengen- und Terminplanung enthalten dabei die funktionalen Schnittstellen der Produktionsplanung und -steuerung zur Beschaffung:

zum einen die Ermittlung des Bedarfs an Fremdbezugsteilen nach Art, Menge, Qualität usw.,

zum anderen die Bestimmung der Bedarfstermine, aus denen Bestellzeitpunkte abgeleitet werden.

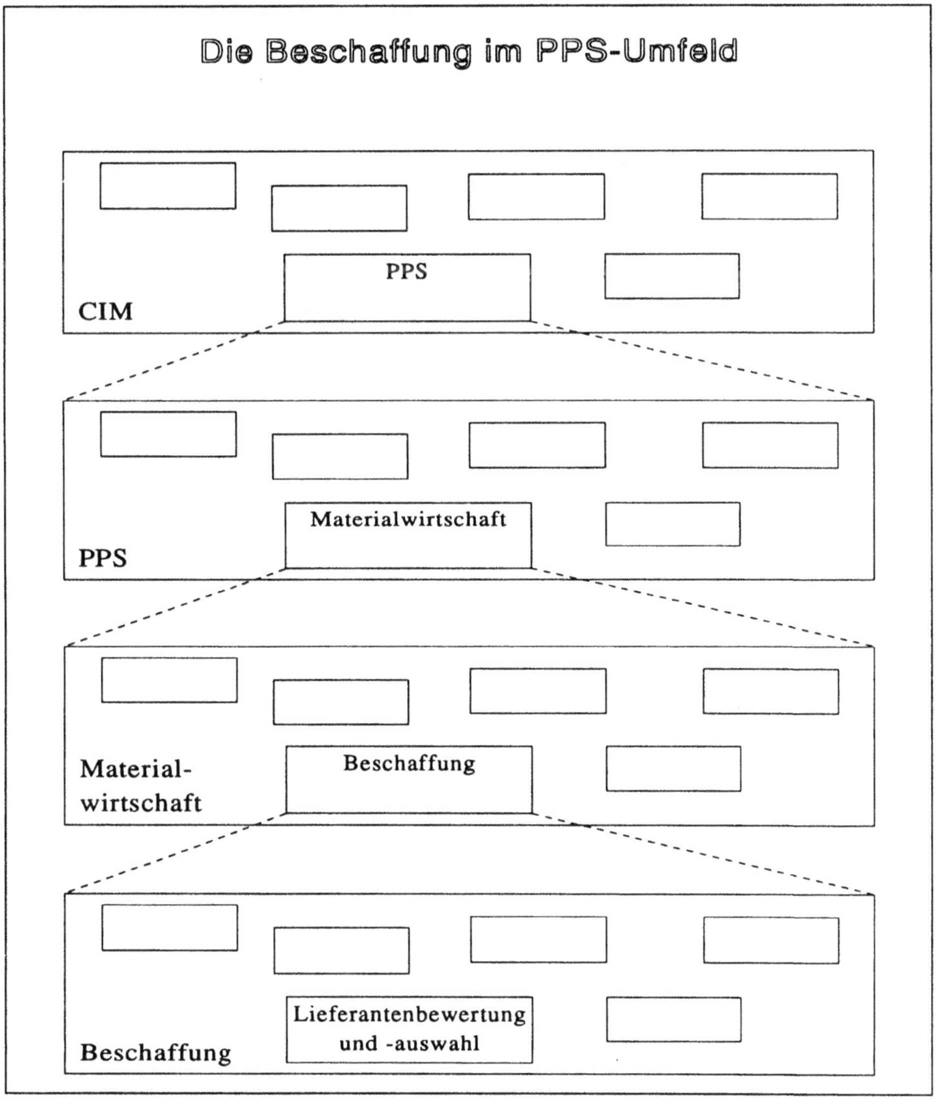

Abb. 5.5: Die Beschaffung im PPS-Umfeld

Gemeinsame Aufgabenbereiche zwischen PPS und Beschaffung bilden somit die größtenteils operativen Funktionen der Beschaffung, die im Bereich der Materialwirtschaft anzusiedeln sind[78].

Eine Vielzahl der im Rahmen der Beschaffung benötigten Informationen werden im Rahmen der PPS verwaltet und bilden zusammen mit den lieferantenspezifischen Konditionen die Grunddaten der Beschaffung. Dies sind insbesondere Informationen über[79]:

Beschaffungsteile,

den Beschaffungsteilen zugeordnete Lieferanten und

lieferantenspezifische Informationen.

Lieferantenspezifische Informationen sind dabei insbesondere teilebezogene Informationen über Termintreue, Mengentreue und die Qualität gelieferter Teile.

Generiert werden diese Informationen dabei im wesentlichen im Rahmen der Wareneingangskontrolle, Bestellüberwachung und Qualitätskontrolle (Prüfwesen)[80].

Eine redundanzfreie Bearbeitung der Vorgangskette Disposition, Beschaffung, Mahnwesen, Wareneingang, Rechnungsprüfung und Kreditorenbuchführung erfordert integrierte Datenstrukturen, wie sie beispielhaft in Abbildung 5.6 aufgezeigt werden.

---

78 vgl. Tabelle 4.4
79 vgl. Kapitel 6.2.3/4
80 vgl. Mertens (1988b), S. 109f.

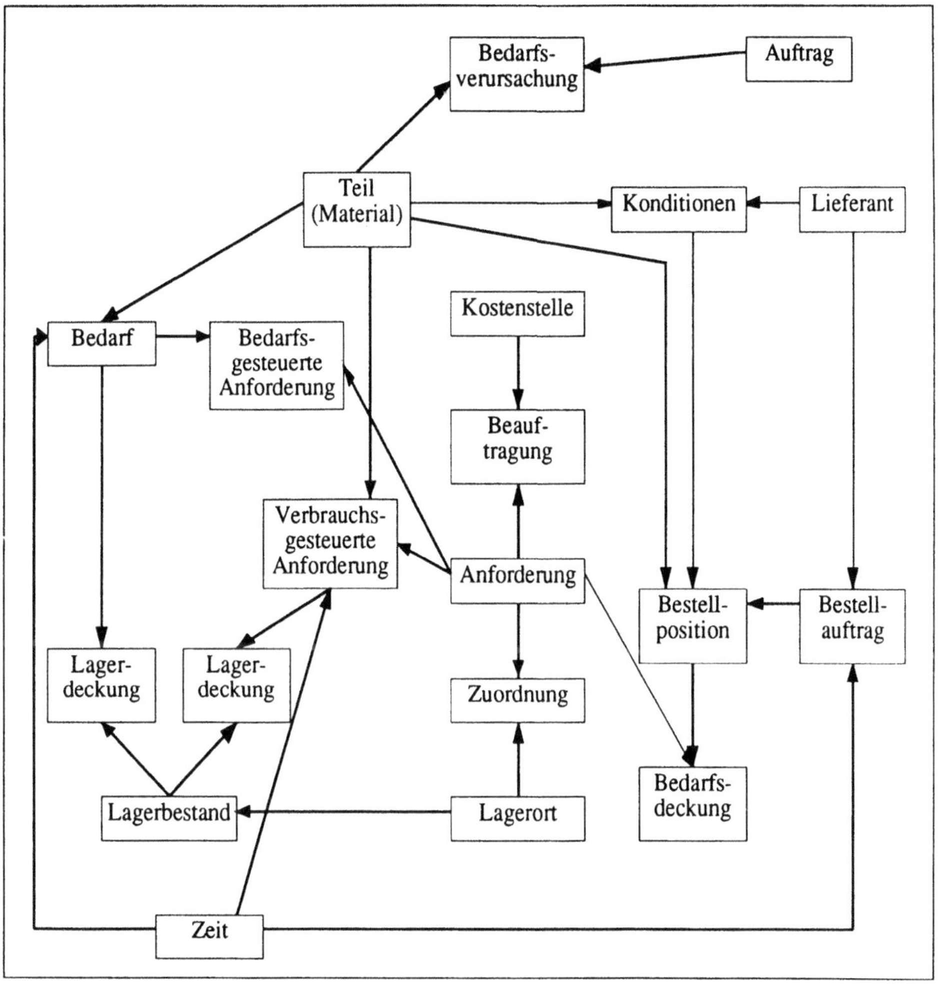

Abb. 5.6: Datenmodell der Beschaffung[81]

5.4 Wissensbasierte Systeme im Beschaffungsbereich

Die Mehrzahl der Industriebetriebe verfügt heutzutage über mehr als 5000 verschiedene Teile und i.d.R. zumindest über die doppelte Zahl von Teile-Lieferanten-Relationen, was bedeutet, daß über 10000 Datensätze für Preise, Währungen und sonstige Teile-Lieferer-spezifische Informationen verwaltet werden müssen[82]. Eine der wesentlichen Aufgaben des Rechnereinsatzes im Beschaffungsbereich stellt daher die Bewältigung und Aufbereitung der anfallenden Informationen dar.

81 vgl. Scheer (1988), S. 355
82 vgl. Stockmeyer (1990), S. 34

Weiterhin zählen zu den wesentlichen DV-Anwendungen die verschiedenen Bereiche der Bestellabwicklung, bei denen eine Anforderung bzw. Bedarfsmeldung[83] Ausgangspunkt der weiteren Bestellabwicklung ist[84]. Die Nutzeffekte dieses Einsatzes lassen sich dabei folgenden Kategorien zuordnen[85]:

schnellere und sicherere Bestellabwicklung und Materialbeschaffung,

bessere Lieferantenauswahl,

bessere Nutzung von Einkaufschancen,

Optimierungseffekte im Bestellwesen[86].

Kosteneinsparungen und Leistungssteigerungen lassen sich dabei im Bereich der Materialwirtschaft durch die Rechnerunterstützung bei Routinetätigkeiten erreichen.

Bei der informationstechnischen Unterstützung der Beschaffungsfunktionen dominieren die Fragen der datenmäßigen Verknüpfung und der organisatorischen Regelung integrierter Abläufe.

Im Rahmen einer betriebswirtschaftlichen Betrachtungsweise stehen dagegen die entscheidungsbezogenen Fragestellungen der Beschaffungsfunktion im Vordergrund:

die Bestimmung von Bestellmenge und Lieferant
und
die Einhaltung eines optimalen Sicherheitsbestands.

Die konkrete Festlegung der Bestellmenge berücksichtigt dabei zum einen Optimierungsgesichtspunkte[87], zum anderen Restriktionen, die aus der Lieferkapazität des Lieferanten, Transportmittelbegrenzungen u.a. resultieren können[88].

---

83 wobei es prinzipiell unerheblich ist, ob der Bedarf geplant oder ungeplant, bzw. bedarfs- oder verbrauchsgesteuert generiert wird
84 vgl. Anselstetter (1986), S. 108
85 vgl. Anselstetter (1986), S. 108f.
86 z.B. Ausnutzung von Lieferkonditionen, vgl. Mertens (1988b), S.112
87 z.B. Andlerformel, gleitende wirtschaftliche Losgröße, Stückperiodenausgleich u.a. Verfahren
88 vgl. Scheer (1988), S. 358

Bewertet man die mögliche Auslagerung von Teilfunktionen der Beschaffung in Bezug auf sinnvolle Dezentralisierung, stellen sich die genannten Bereiche als gut geeignet dar (vgl. Abb. 5.7).

Aufgabe	Teilfunktion	Dezentralisierungskriterium T : Teile, L : Lieferanten	Ergänzung, Integriert	Datenbedarf Zentral, Dezentral	PC-Eignung gering, mittel, hoch
Grunddaten-verwaltung	Anlegen	T/L	I	Z/D	m
	Ändern/Löschen	T/L	I	Z	m
	Auswertungen	T/L	I/E	Z/D	m
Angebots-bearbeitung	Einholen	T/L	I	Z/D	m
	Auswerten	T/L	I	D	m
Bestellen	Anforderungsermittlung	T	I	Z	m/g
	Lieferantenauswahl	L	I/E	Z/D	h/m
	Bestellmengenermittlung	T	I/E	Z/D	h
	Bestellschreibung	L	I	Z/D	g/m
	Bestellüberwachung	T/L	I	Z/D	g
Waren-eingang	Erfassung	L	I	Z/D	g
	Prüfung	L	I	Z/D	m
	Buchung	L	I	Z/D	g
Rechnungs-prüfung	Erfassung	L	I	Z/D	g
	Prüfung	L	I	Z/D	m
	Buchung	L	I	Z/D	g

Abb. 5.7: Bewertung der Auslagerung von Teilfunktionen der Beschaffung[89]

Da bei der Lieferantenauswahl und der Bestellmengenermittlung interaktive Entscheidungsprozesse vorliegen[90], bilden diese Teilfunktionen der Beschaffung mögliche Einsatzgebiete für wissensbasierte Systeme[91].

Nach den schon in Kapitel 3 zitierten Untersuchungen von Mertens et al. finden sich im Beschaffungsbereich bisher allerdings relativ wenige Prototypen bzw. laufende Systeme.

---

89 vgl. Scheer (1988), S. 378
90 vgl. Scheer (1988), S. 374
91 vgl. auch Stich (1990), S. 44

Eine Ausnahme stellt das am Fachgebiet Systemanalyse und EDV der TU Berlin entwickelte System EES[92] bzw. die Weiterentwicklung BELI[93] dar, die in Kooperation mit der Siemens AG erfolgt.

EES war in keine existierende betriebliche Infrastruktur eingebettet und sollte den Einkäufer von Routineaufgaben entlasten, wobei die Haupttätigkeit des Systems in der Lieferantenbewertung lag[94].

Der angestrebte Einsatzbereich von BELI liegt in der Vorbereitung von Rahmenverträgen, welche zwischen dem Unternehmen und den Lieferanten in gleichbleibenden Zeitintervallen ausgehandelt werden[95].

Eine neuere Entwicklung stellt das System LIEFEX dar, ein in PPS-Systeme integrierbares System zur Lieferantenauswahl[96].

Ein eigener Ansatz für ein System zur Entscheidungsunterstützung im Einkauf wird mit dem System WEBS verfolgt, dessen Aufbau und Entwicklung im Kapitel 6 dokumentiert ist.

---

92 Experten-Einkaufs-System
vgl. Krallmann (1986)
93 Bauelemente-Leiteinkaufs-Informationssystem
vgl. Suhr/Kelemis (1987)
94 vgl. Suhr (1988), S.34f.
95 vgl. Suhr (1988), S.35.
96 vgl. ExperTeam (1990), S. 5

6. Wissensbasiertes EinkaufsBeratungsSystem (WEBS)

6.1 Problemidentifikation und Zielsetzung

Zielsetzung und Konzeption von WEBS umfassen folgende Aspekte:

Das zu bearbeitende Problemfeld liegt im Bereich der Gestaltung der Lieferbeziehungen des Unternehmens und beinhaltet insbesondere die Aufgaben der Lieferantenbewertung und -auswahl.

Die primäre Aufgabe von WEBS liegt dabei darin, dem Einkäufer als System zur Entscheidungsunterstützung bei den obengenannten Aufgaben zur Seite zu stehen.

WEBS soll dabei in den betrieblichen Ablauf, insbesondere in die funktionale und informationsverarbeitungstechnische Umgebung eines vorhandenen PPS-Systems eingebunden werden.

Bei den verfolgten Zielsetzungen des Systemeinsatzes können nach ihrer Fristigkeit zwei verschiedene Zielsetzungen unterschieden werden:

kurzfristig soll in konkreten Beschaffungssituationen über eine adäquate Unterstützung des Entscheidungsträgers eine Entscheidungsverbesserung[1] erzielt werden,

mittel- bis langfristig können Unterstützungsleistungen in den Aufgabenbereichen *Vorbereitung von Rahmenverträgen, Hilfestellung in der Entscheidung über Eigenfertigung bzw. Fremdbezug und Unterstützung von Normungsaktivitäten* angeboten werden.

Die bisherige Implementierung von WEBS deckt dabei momentan primär den erstgenannten Bereich ab.

---

1 zum einen in Bezug auf die Beachtung aller relevanten Aspekte quasi als intelligente Checkliste, zum anderen im Sinne einer Objektivierung des Entscheidungsprozesses und einer Konsistenz der Entscheidungsgrundlagen auch bei wechselnden Endbenutzern

Im Rahmen des in Kapitel 4.4.2.2 vorgestellten Integrationsmodells wissensbasierter Systeme kann WEBS wie folgt beschrieben werden:

in Bezug auf die zugehörige Prozeßkette übernimmt WEBS Teilfunktionen der Beschaffungsaufgabe im Rahmen der PPS-Materialwirtschaft und bildet daher eine modulare Komponente,

in Bezug auf die Integration in die IV-Umgebung agiert WEBS in seiner bisherigen Implementierung als teilintegriertes System,

in Bezug auf das organisatorische Umfeld unterstützt WEBS arbeitsplatzorientiert die Aufgaben und Funktionen der Lieferantenbewertung und -auswahl.

Damit ergibt sich die in Abbildung 6.1 dargestellte Positionierung von WEBS.

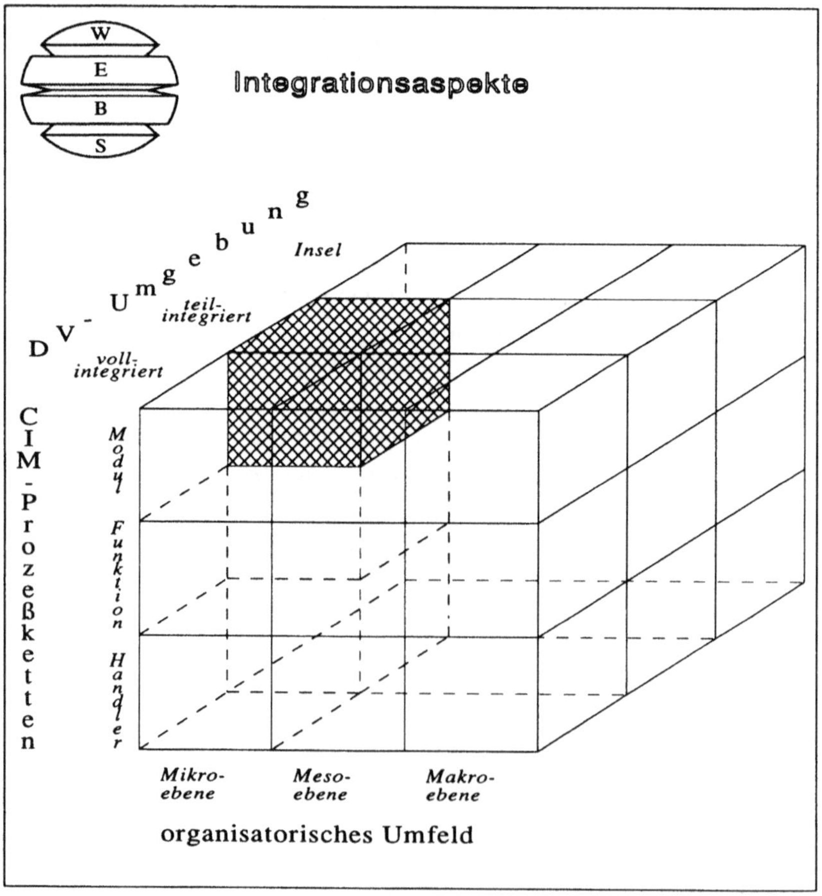

Abb. 6.1: Integrationsaspekte von WEBS

6.2 WEBS-Konzeption

6.2.1 Entwicklungsumgebung

6.2.1.1 Hardware

Von der Hardwareseite stehen prinzipiell folgende mögliche Entwicklungsumgebungen zur Auswahl[2]:

- Personal Computer (PC),
- Workstations[3],
- dedizierte LISP-Maschinen und
- Host-Rechner.

Für die Entwicklung von WEBS wurde dabei unter Berücksichtigung der Verfügbarkeit verschiedener Entwicklungswerkzeuge und der in Kapitel 4.4.2.2 formulierten Integrationsaspekte ein PC-orientierter Ansatz gewählt.

Bei den Personal Computern zeigen sich dabei die auf 680xx-Prozessoren basierenden Geräte als ausreichend leistungsfähig. IBM-kompatible PCs auf 80386-Basis sind zwar prinzipiell in der gleichen Leistungsklasse, werden aber unter dem Standardbetriebssystem DOS[4] durch die Beschränkungen des nutzbaren Hauptspeichers und fehlender Multitasking-Fähigkeiten stark behindert[5]. OS/2 ist dabei ein bislang noch wenig akzeptierter Ausweg aus diesem Problem.

Die konkret gewählte Entwicklungshardware weist folgende Eigenschaften auf:

- Hauptprozessor: 2-Prozessorsystem bestehend aus 68020 und 80286,
- Coprozessoren: arithmetischer Coprozessor 68881, 3 Coprozessoren für DMA, Grafik und Audio,

---

2 vgl. Kapitel 3.4.2

3 die Abgrenzung PC vs. Workstation zeigt dabei mittlerweile aufgrund der technologischen Weiterentwicklung von High-End-PCs einen relativ großen Übergangsbereich

4 je nach Lizenzvergabe MS-DOS (Microsoft) oder PC-DOS (IBM)

5 inwieweit die angekündigte Version 5.0 einige dieser Einschränkungen erleichtert oder behebt, wird die Zukunft zeigen

Hauptspeicher: 3 MB für 68020, 1 MB für 80286, zusätzlich 128 KB dual ported RAM[6].

6.2.1.2 Software

Auf der Softwareseite weist die verwendete Entwicklungsumgebung Eigenschaften auf, die zum einen die eingesetzten Betriebssysteme, zum anderen die eigentlichen Entwicklungswerkzeuge betreffen.

1. Betriebssysteme

Auf der 68020-Seite wird Amiga-DOS verwendet, ein in Bibliotheken organisiertes Multitasking-Betriebssystem, welches insbesondere auch die Interprozeßkommunikation zwischen einzelnen Tasks unterstützt[7].

Für den 80286 wird DOS verwendet, was auf dieser Seite die vollständige Kompatibilität zur Welt der PCs nach IBM-Standard sichert[8].

2. PROLOG

Den in Kapitel 3.4.2 bzw. Kapitel 4.4.2.2 formulierten Anforderungen an Entwicklungswerkzeuge wissensbasierter Systeme und der Integration in das jeweilige Anwendungsumfeld folgend, wurde für die Entwicklung von WEBS als Kernsprache PROLOG verwendet, konkret der Dialekt Philgerma-PROLOG.

Der verwendete Dialekt orientiert sich dabei am Standard von Clocksin/Mellish und orientiert sich an der Edinburgh-Syntax.

Wesentliche Eigenschaften sind dabei:

es wird eine vollständige Entwicklungsumgebung auf Interpreter-Basis zur Verfügung gestellt (Interpreter, Debugger, Editor),

---

6 ein Hauptspeicherbereich, der für beide Prozessoren auch gleichzeitigen Zugriff ermöglicht und die Kommunikation zwischen beiden Seiten ermöglicht

7 alternative Betriebssysteme sind z.B. UNIX oder bei weiterem Ausbau der Macintosh-Finder bzw. das Transputer-Betriebssystem Helios

8 alternativ könnten auch hier das UNIX-Derivat XENIX oder andere PC-basierte Betriebssysteme eingesetzt werden

über das *system*-Prädikat wird der Zugriff auf Betriebssystemfunktionen und externe Programme ermöglicht,

es steht eine explizite Schnittstelle zu Programmen in 'Fremdsprachen' zur Verfügung (bevorzugt C),

es liegen Spracherweiterungen in Bezug auf Grafikroutinen, Arithmetik und die Gestaltung der Benutzeroberfläche vor, die jedoch nur sehr eingeschränkt genutzt wurden, um die Portabilität von WEBS weit gehend zu gewährleisten.

3. Datenbankfunktionen

Um die Funktionen der Datenverwaltung im Rahmen der PPS nachzubilden, wurde das quasi-relationale Datenbanksystem dBASE III plus verwendet.

Verwendbar wäre dabei alternativ jedes weitere programmierbare relationale Datenbanksystem wie z.B. ORACLE, welches beispielsweise im Rahmen des PPS-Systems PSK-2000 verwendet wird.

Einen abschließenden Überblick über die Hauptbestandteile der WEBS Entwicklungsumgebung zeigt die folgende Abbildung.

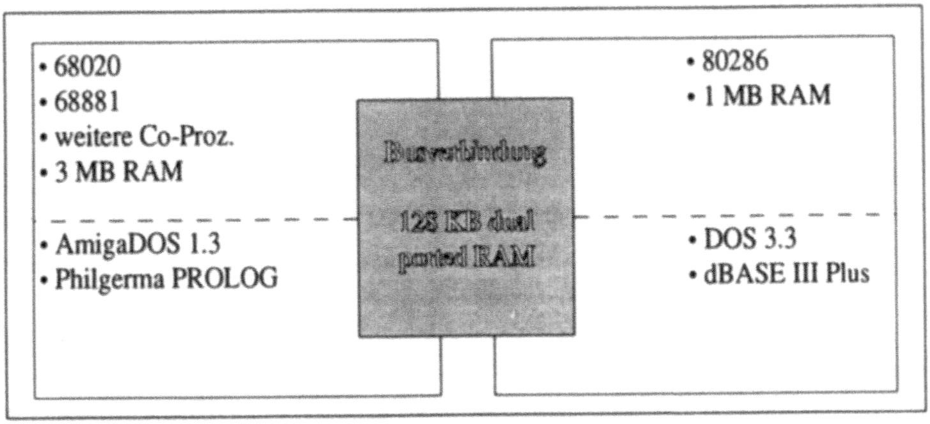

Abb. 6.2: WEBS-Entwicklungsumgebung

6.2.2 Daten- und Modellstruktur

1. Datenstruktur

Die Grunddaten der Beschaffung umfassen insbesondere Angaben über[9]:

die zu beschaffenden Teile,

die diesen Teilen zugeordneten Lieferanten und

lieferantenspezifische teilebezogene Informationen.

Die entsprechenden Datenstrukturen werden in Form eines relationalen Datenmodells verwaltet, welches die entsprechenden Grundfunktionen der PPS nachbildet.

Im wesentlichen sind dabei folgende Relationen implementiert:

R. Bedarf (TNr, Menge, Datum, ...),
R. Teil (TNr, ...),
R. Teilklassifikation (T_Nr, Ausprägung, ...),

R. Lieferant (LNr, ...),
R. LAngebot (LNr, TNr, ...),

R. Lieferant_Teil (LNr, TNr),

R. Wareneingangsbewertung (TNr, LNr, ...),

Die konkreten Datenbankdateien, deren Datensatzstrukturen und ihre Verknüpfung werden in Kapitel 6.3.3.1.1 detailliert beschrieben bzw. befinden sich in Anhang B.

Weitere Informationen, insbesondere diejenigen, die in Zusammenhang mit dem eigentlichen Bewertungsvorgang Verwendung finden, werden innerhalb spezifischer WEBS-Module[10] in Form von PROLOG-Klauseln und in Form von Listenstrukturen verwaltet.

---

9 vgl. Kapitel 5.3
10 vgl. Kapitel 6.3.3.2

Dies sind unter anderem:

teilespezifische Bewertungsziele,

zielspezifische Kriterienausprägungen[11],

zielspezifische Punktzuordnungen für Kriterienausprägungen (optional) und

teilespezifische Zielgewichtungen.

2. Modellstruktur

Dem in Kapitel 5.1.2 vorgestellten Phasenmodell des Einkaufs folgend, läßt sich das Vorgehen bei einem konkreten Beschaffungsvorgang wie folgt modellieren:

Ausgangspunkt stellt eine teilebezogene Bedarfsmeldung des PPS-Systems dar, welche nach Bedarfsmenge und Bedarfstermin spezifiziert ist.

Im Rahmen einer Datenbankabfrage lassen sich die möglichen Lieferanten für das Bedarfsteil ermitteln, die Ergebnisse der Recherche werden zur weiteren Verarbeitung weitergegeben.
An eine Vorselektion, die im wesentlichen aus einer Überprüfung der möglichen Einhaltung von Mengen- und Terminrestriktionen besteht, schließt sich die Bewertung der restlichen Lieferanten anhand ausgewählter Bewertungsverfahren an. Ergebnis dieses Prozesses ist i.d.R. eine geordnete Vorschlagsliste.

In Form eines Benutzerdialogs erfolgt die Endselektion und die Auswahlentscheidung für einen oder mehrere Lieferanten.

Vor der Weitergabe an die Bestellabwicklung besteht die Möglichkeit, eine Optimierung der vorgenommenen Auswahlentscheidung vorzunehmen, z.B. in Bezug auf eine Bestellmengenoptimierung[12].

---

11 bei qualitativ bewerteten Zielausprägungen, z.B. Qualitätsbewertung

12 entsprechende Verfahren sind typischerweise Bestandteil der PPS-Module zur Materialwirtschaft

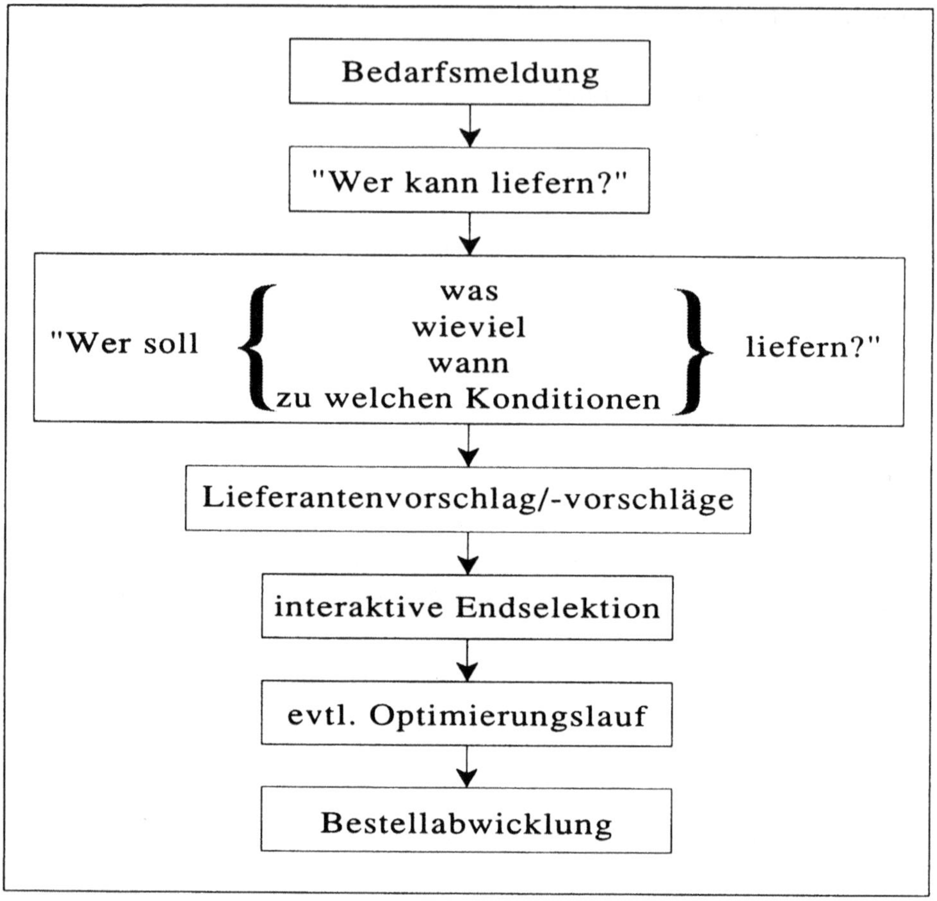

Abb. 6.3: Ablaufschema eines Beschaffungsvorgangs

6.2.3 Anforderungen an potentielle Produktionsumgebungen

Für den Einsatz von WEBS bieten sich folgende potentiellen Produktionsumgebungen an:

WEBS auf PC oder Workstation, eingebunden in ein Netzwerk, aber lediglich datenmäßig integriert,

WEBS auf PC oder Workstation, ebenfalls eingebunden in ein Netzwerk, zusätzlich allerdings funktional integriert, d.h. der WEBS-Rechner ermöglicht unter anderem den Zugriff auf weitere PPS-Funktionen,

WEBS auf PPS-Hostrechner, voll integriert in das entsprechende PPS-System, nutzbar von jedem Terminal aus.

Aus den Eigenschaften der Entwicklungsumgebung heraus lassen sich dabei folgende Anforderungen an eine geeignete Produktionsumgebung für WEBS ableiten:

auf dem jeweiligen WEBS-Rechner muß entweder ein adäquater PROLOG-Interpreter[13] verfügbar sein, alternativ kann ein entsprechendes Kompilat verwendet werden,

die Möglichkeit, prozedurale Programmerweiterungen einbinden zu können, setzt die Verfügbarkeit von C voraus,

das Betriebssystem des jeweiligen WEBS-Rechners sollte zumindest quasi-paralleles Multitasking[14] unterstützen,

die in Kapitel 6.2.2 genannten Stammdaten der PPS und die Grunddaten der Beschaffung stehen zur Verfügung und werden im Rahmen einer relationalen Datenbank verwaltet, die Datenbanksystemverwaltung läßt sich von externen Programmroutinen steuern[15].

6.3 WEBS-Implementierung

6.3.1 Überblick

WEBS stellt sich von seinem Aufbau her als modulares System dar, das im wesentlichen aus den folgenden 9 Komponenten besteht:

1. der Anwendungssteuerung (Liefer3),
2. einer Shell, welche die Inferenzkomponente und Erklärungsprimitive enthält,

---

13 d.h. minimal mit Sprachumfang nach Clocksin/Mellish bzw. Edinburgh-Standard

14 Im Gegensatz zu echter Parallelverarbeitung nach dem Zeitscheibenverfahren bzw. nach Prioritätssteuerung ist nur ein Task aktiv, alle Hintergrundtasks sind währenddessen eingefroren. Unmittelbare Folge ist, daß zwischen einzelnen Tasks keine direkte Kommunikation möglich ist, lediglich indirekte Kommunikation über Dateien ist möglich.

15 z.B. via embedded SQL

3. Routinen zur Erzeugung und Verwaltung von Bildschirmfenstern,
4. Routinen zur Erzeugung und Verwaltung von Auswahllisten und Pop-Up-Menüs,
5. anwendungsneutralen Hilfsroutinen,
6. den Grunddaten der Bewertung,
7. weitgehend methodenunabhängigen Bewertungsregeln,
8. spezifischen Bewertungsmethoden und
9. der Schnittstelle zu den in Form von dBASE-Datenbank-Dateien verwalteten Stammdaten.

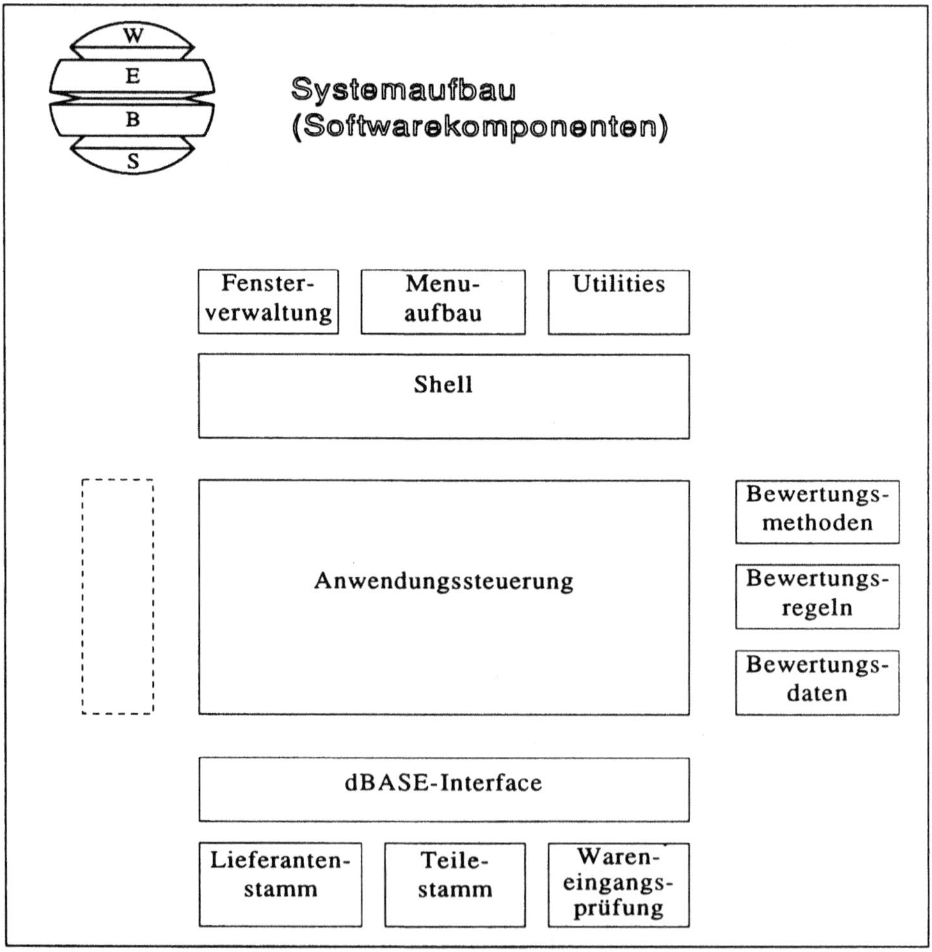

Abb. 6.4: WEBS-Systemaufbau (Softwarekomponenten)

Die entsprechenden Systemmodule werden in den folgenden Kapiteln mit ihren wesentlichen Prädikaten vorgestellt. Eine ausführlichere Dokumentation aller in WEBS neu definierter Prädikate befindet sich im Anhang A.

Aufgrund des mit der Entwicklung von WEBS verfolgten modularen Konzepts setzen nur die Komponenten zur Fensterverwaltung, die Komponenten zum Menüaufbau und die Datenbankschnittstelle systemspezifische Routinen ein. Dies hat zur Folge, daß bei einer eventuellen Portierung nur diese Komponenten entsprechend zu modifizieren sind.

Der bisherige Entwicklungsaufwand von WEBS liegt für alle Module gerechnet bei etwa 9 bis 15 Mannmonaten, umfaßt allerdings auch die überwiegend anwendungsunabhängigen Komponenten.

Der funktionale Kern zur Lieferantenbewertung selbst dürfte bei circa 6 Mannmonaten liegen.

6.3.2 Anwendungssteuerung

Die Kontrolle der Lieferantenbewertung durch den Benutzer erfolgt im Rahmen von WEBS durch ein spezifisches PROLOG-Modul, welches im Rahmen der konventionellen Programmierung in etwa den Funktionen eines Hauptprogramms entspricht.

Es stellt den zentralen Kern von WEBS dar und bildet dessen Benutzeroberfläche, wobei allerdings die Routinen zur Verarbeitung von Benutzereingaben, Menüaufbau usw. in spezifischen Modulen vorliegen, um die leichte Portabilität des Kernsystems zu gewährleisten.

Neben der Führung und Steuerung des Benutzerdialogs, die exemplarisch in Kapitel 6.3.5 vorgestellt werden, hat die Anwendungssteuerung von WEBS folgende Aufgaben:

Einbinden aller weiteren PROLOG-Module über das Prädikat *init*,

Bearbeitung von Bedarfsmeldungen (Prädikat *bedarf*) und Datenbankabfragen,

Durchführung von Vorabbewertungen aufgrund von Vergangenheitsdaten (Wareneingangsbewertung) über das Prädikat *bewertung_lieferanten*,

Zugriff auf Bewertungsmethoden und

die Verwaltung von Bewertungsergebnissen.

Auf die einzelnen Prädikate bzw. den spezifischen Ablauf einer Konsultation wird im Zusammenhang mit den entsprechenden Modulen bzw. im Rahmen der Beispielkonsultation in Kapitel 6.4 näher eingegangen.

6.3.3 Realisierung einer prototypischen Shell in PROLOG

Die vorliegende Implementation von WEBS enthält in prototypischer Form eine sogenannte Shell[16], welche im wesentlichen die Inferenzkomponente und Erklärungsprimitive beinhaltet[17]. Beide Funktionen bauen direkt auf PROLOG-Klauseln auf[18], da die Mehrzahl der verwendeten Daten in Form einer relationalen Datenbank verwaltet und bei der Datenbankabfrage in entsprechende PROLOG-Klauseln umformuliert werden[19].

Zwar besteht durchaus die Möglichkeit z.B. auf der Grundlage von Frames als zweitem Repräsentationsformalismus eine weitergehende Strukturierung von Lieferanten- und Teileinformationen auf der PROLOG-Seite vorzunehmen, aufgrund des relativ geringen Datenvolumens[20] kann jedoch zumindest im Rahmen der Entwicklungsversion darauf verzichtet werden.

Basisprädikate der implementierten Shell sind den obigen Funktionen entsprechend die Prädikate *beweisbar* und *erklärbar* bzw. deren Negation.

---

16 vgl. Kapitel 3.4.2

17 die implementierte Shell basiert zum Teil auf vorgestellten Ideen und Konzepten, die u.a. folgenden Literaturstellen zugeordnet werden können:
Bratko (1988), Budde u.a. (1989a+b), Clocksin/Mellish (1987), Clocksin/Mellish (1990), Merritt (1989), Smith (1988), Sterling/Shapiro (1988)

18 womit die Shell im Prinzip einen in PROLOG geschriebenen Meta-Interpreter für PROLOG bildet

19 ein Vorgang, der durch die Eigenschaft, daß sowohl PROLOG als auch relationale Datenbanken auf dem Prädikatenkalkül basieren, praktisch eine 1:1-Umsetzung erlaubt

20 es werden nur selektierte Datensätze aus der Datenbank übertragen

Aktiviert werden die Shell-Funktionen i.d.R. über die Schlüsselprädikate *was*, *wer*, *weswegen* bzw. *warum_nicht*.

Beispiele hierzu finden sich insbesondere in Kapitel 6.3.5.2.

Die von der implementierten Shell bearbeitbaren Wissensbasen enthalten drei Komponenten:

Faktenaussagen in PROLOG-Notation,

PROLOG-Prädikate und

Prädikate, welche fragbare Prädikate definieren[21].

Ein Beispiel hierfür zeigt Tabelle 6.1.

```
/*** Prädikate/PROLOG-Regeln *************************/
soll_liefern(Lieferant, Teil) :-
  ist_Teil(Teil),
  hat_Bedarfsmenge(Teil, Menge1),
  ist_Lieferant(Lieferant),
  kann_liefern(Lieferant, Teil),
  kann_liefern_Menge(Lieferant, Teil, Menge2),
  (Menge1 =< Menge2).

/*** Faktenaussagen **********************************/
ist_Teil(heizung).
ist_Teil(leuchte1).
ist_Teil(leuchte2).
ist_Teil(leuchte3).
ist_Teil(leuchte4).

ist_Lieferant(müller).
ist_Lieferant(maier).
ist_Lieferant(schulze).
ist_Lieferant(schmidt).

/*** fragbare Prädikate ******************************/
soll_gefragt_werden('hat Bedarfsmenge?',hat_Bedarfsmenge(Teil, Menge)).
soll_gefragt_werden('kann liefern Teil?',kann_liefern(Lieferant, Teil, Menge)).
soll_gefragt_werden('kann liefern Menge?',kann_liefern_Menge(Lieferant, Teil, Menge)).
/****************************************************/
```

Tab. 6.1: Beispiel für eine Wissensbasis

21 falls im Inferenzprozeß keine entsprechenden Werte für diese Prädikate abgeleitet werden können, wird ein Benutzerdialog angestoßen

Die während einer Konsultation inferierten bzw. erfragten Werte werden dynamisch der aktuellen Wissensbasis hinzugefügt. Sie stehen damit für direkte weitere Konsultationen zur Verfügung.

Eine permanente Speicherung findet allerdings bewußt nicht statt, da die Aufgaben der Stammdatenverwaltung bzw. der Pflege der Wissensbasis grundsätzlich außerhalb von WEBS vorgenommen werden sollen. Für diesen Zweck können allerdings inferierte bzw. erfragte Werte in Protokolldateien hinterlegt werden.

6.3.4 Definition einer prototypischen Wissensbasis

6.3.4.1 Datenbasis (Faktenwissen)

6.3.4.1.1 Datenbankstruktur

Die Grunddaten der Beschaffung werden im Industriebetrieb, wie in Kapitel 5 aufgezeigt, in der Regel im Rahmen des PPS-Systems verwaltet.

Um diese spezifische Systemstruktur nachzubilden, wurden die in Kapitel 6.2.2 aufgezeigten relationalen Datenstrukturen in Form einer entsprechenden dBASE-Datenbank implementiert. Die komplette Stammdatenverwaltung, d.h. insbesondere Erfassung, Änderung und Löschen von Datensätzen erfolgt demzufolge im Rahmen der Datenverwaltungsfunktionen von dBASE.

Neben der Möglichkeit, die dBASE-spezifischen Möglichkeiten der Datenauswertung zu verwenden, ermöglicht eine spezifische dBASE-Schnittstelle den Zugriff auf die hinterlegten Daten von Seiten der PROLOG-Komponenten von WEBS[22]. Die konkrete Realisierung dieser Schnittstelle mithilfe der dBASE-Programmierung wird im nächsten Kapitel vorgestellt.

Bei den folgenden Datenstrukturen wurde darauf verzichtet, die für weitere PPS-Funktionen notwendigen Erweiterungen vorzunehmen, sie enthalten folglich nur die für die momentane WEBS-Version notwendigen Daten.

---

22 wobei die implementierte Schnittstelle prinzipiell auch von jedem weiteren Programm genutzt werden könnte; die quasi gleichzeitige Nutzung durch unterschiedliche Programme ist zwar prinzipiell auch möglich, bedingt aber eindeutige Sender/Empfänger-Kennungen

Insgesamt besteht die PPS-Datenbank in WEBS aus 6 Datenbankdateien, welche die folgenden Informationen modellieren[23]:

BEDARFSM.dbf:
Diese Datei beinhaltet die jeweiligen Bedarfswerte aus der Materialwirtschaft/Bedarfsauflösung, spezifiziert nach Bedarfsmenge und Bedarfstermin. Primärschlüssel ist das Feld Teilenummer (T_NR).

TEILEDAT.dbf:
Neben der Teilebezeichnung enthält die entsprechende Datensatzstruktur der Teilestammdaten als Primärschlüssel die Teilenummer. Als Zusatzinformation steht ein Preis zur Verfügung, der alternativ als Planbeschaffungspreis, durchschnittlicher Beschaffungspreis oder ähnliches interpretiert werden kann.

T_KLASS.dbf:
In der Teileklassifikation stehen drei typische Beschaffungsteilklassifikationen zur Verfügung. Dabei handelt es sich einmal um eine Klassifikation in Form von ABC- bzw. XYZ-Teilen, zum anderen in eine grobe Klassifikation des Bedarfsanfalls in regelmäßig bzw. unregelmäßig.
Primärschlüssel ist hier ebenfalls die Teilenummer.

LIEFER.dbf:
Die Lieferantenstammdaten umfassen hier lediglich den Lieferantennamen und einen Verweis auf die Allgemeinen Geschäftsbedingungen des Lieferanten.
Als Primärschlüssel wird die Lieferantennummer (L_NR) verwendet.

L_T_REL.dbf:
Die Verknüpfung von Teile- und Lieferanteninformationen in Bezug auf die Angebotsdaten des Lieferanten umfaßt den Preis, die Lieferfrist und die Mindestabnahmemenge des jeweiligen Teils.
Die Primärschlüsselbedingung wird hier durch die Kombination aus Teilenummer und Lieferantennummer erfüllt.

---

23 vorangestellt sind die jeweiligen Dateinamen unter DOS, die mehr oder weniger einprägsamen Akronyme beruhen auf der Beschränkung auf höchstens 8 Zeichen pro Dateiname

EINGANGS.dbf:
Die Wareneingangsbewertung stellt teile- und lieferantenbezogen Informationen zur Termin- und Qualitätsbewertung zur Verfügung. Zusätzlich werden mögliche Mengen- und Preisabweichungen erfaßt. Auch hier dient als Primärschlüssel die Kombination aus Teile- und Lieferantennummer.

Zur Verknüpfung der unterschiedlichen Datenbankdateien können die jeweils spezifizierten Primärschlüssel verwendet werden, dabei stehen die in dBASE realisierbaren Möglichkeiten des VIEW bzw. des SET RELATION zur Verfügung.

Eine Übersicht über die einzelnen Datenbankdateien und deren jeweilige Datensatzstruktur ist im Anhang B zusammengefaßt.

6.3.4.1.2 Datenbankschnittstelle (dBASE-Interface)

Das Datenbankinterface zwischen den PROLOG-Komponenten von WEBS auf der einen, der dBASE-Datenbank auf der anderen Seite besteht aus drei Komponenten:

PROLOG-Steuerprädikaten, insbesondere *consult_dBASE* und *dBASE_quit*,

dBASE-Programmen, insbesondere SLAVE.prg und D_SUCH.prg, und

Betriebssystemfunktionen aus AmigaDOS bzw. DOS-Erweiterungen, insbesondere der *Pipe-Handler* (logische Gerätebezeichnung PIPE:) und die DOS-Programme *AREAD* und *AWRITE*.

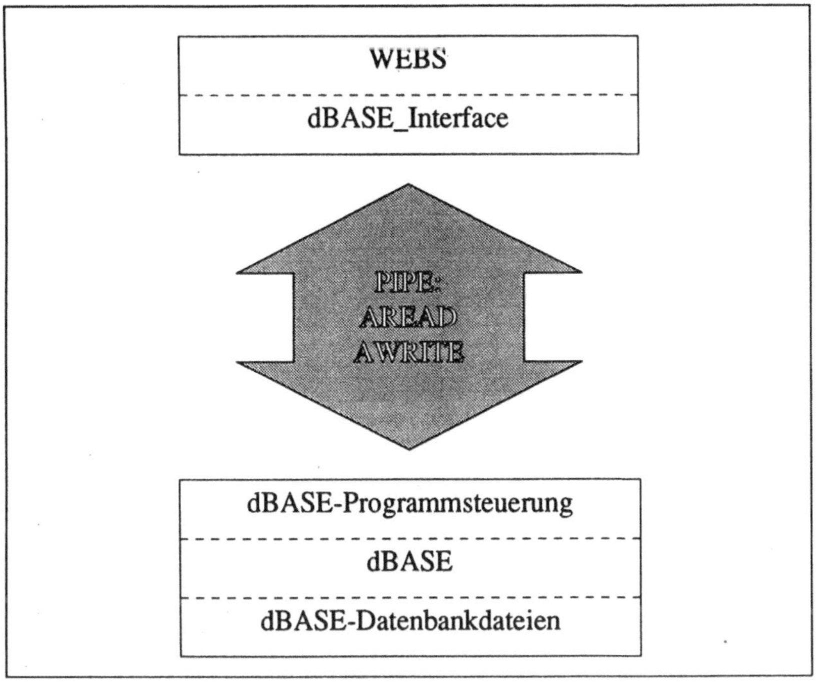

Abb. 6.5: WEBS-Datenbankschnittstelle

Der Pipe-Handler ermöglicht dabei die Ein-/Ausgabekommunikation zwischen Programmen, seine grundlegende Funktion ist die Erstellung eines Kommunikationskanals zwischen Prozessen.

Das logische Gerät PIPE: verwendet zwar für jeden Datenkanal einen internen 4KB-Puffer, die optimale Situation ist jedoch gegeben, wenn Schreib- und Lesevorgänge gleichzeitig ablaufen. In diesem Fall erfolgt die Datenübertragung direkt von einem Prozeß zu einem anderen. Der Puffer selbst ist jedoch transparent, d.h., daß Daten ohne Rücksicht auf eine Mindestmenge unmittelbar zum Lesen durch einen anderen Prozeß zur Verfügung stehen.

Die Programme AREAD und AWRITE, die auf DOS-Seite ablaufen, passen bei Übertragungsvorgängen den spezifischen IBM-PC-Zeichensatz an den internationalen ISO-ASCII-Zeichensatz an, fungieren folglich als eine Art COPY-Ersatz mit zusätzlicher Zeichensatztransformation.

Die Kommunikation zwischen WEBS und dBASE wurde aus Vereinfachungsgründen nicht als gleichberechtigte Kommunikationsbeziehung realisiert, sondern WEBS stellt immer den Auslöser für Kommunikationsprozesse. Damit kann die Beziehung WEBS-dBASE auch als *master-slave*-Beziehung interpretiert werden.

Es können folgende Arten von Nachrichten übermittelt werden:

Datenanforderungen von WEBS zu dBASE[24],

die entsprechenden Rückmeldungen von dBASE[25],

gültige dBASE-Befehle bzw. zuvor spezifizierte Kommandos, welche dann i.d.R. entsprechende dBASE-Programmdateien aktivieren,

etwaige Fehlermeldungen aus dBASE.

Beispielhaft soll kurz der Ablauf einer Datenbankabfrage skizziert werden, wobei davon ausgegangen wird, daß entweder zuvor Bedarfsmeldungen abgerufen wurden[26], oder der Benutzer interaktiv eine Bedarfsmeldung generiert hat:

WEBS formuliert über die Teilenummer eine Datenbankabfrage und sendet diese über das Prädikat *consult_dbase(T_NR)* via *PIPE:* an den unter dBASE laufenden Befehlsinterpreter *SLAVE.prg*.

In SLAVE.prg werden mithilfe von *AREAD* eingehende Nachrichten in den PC-Zeichensatz konvertiert. Anschließend erfolgt eine Prüfung, ob eine Datenbankabfrage erfolgen soll oder ob gültige Befehle übertragen wurden.

Liegt der erste Fall vor, werden entsprechende Unterprogramme zur Datenauswertung aktiviert (z.B. *D_SUCH.prg*), welche die Selektion aus den entsprechenden Datenbankdateien vornehmen.

Die selektierten Datensätze werden direkt in PROLOG-Klauseln

---

24 hier konkret spezifiziert als übergebene Teilenummer, zu der die entsprechenden Grunddaten zur Lieferantenbewertung angefordert werden

25 die relationalen Datensatzstrukturen werden dabei durch dBASE in Klauselform transformiert

26 über das dBASE-Programm BEDARF.prg, welches Bedarfsmeldungen aus der PPS an WEBS übergibt

umformuliert; anschließend werden die Rückmeldungen über *AWRITE* transformiert und auf PIPE: an WEBS gesendet.

Der Befehlsinterpreter SLAVE.prg wird wieder aktiviert und wartet auf weitere Nachrichten von WEBS, solange bis der Befehl *quit* empfangen wird.

Eine kurze Dokumentation der Datenbankschnittstelle von WEBS zu dBASE III Plus mit den PROLOG-Prädikaten und den wesentlichen dBASE-Programmen (insbesondere SLAVE.prg und D_SUCH.prg) befindet sich im Anhang B.

6.3.4.2 Bestimmungsgrößen der Lieferantenbewertung

6.3.4.2.1 Bewertungsdaten

Die Bewertungsdaten von WEBS lassen sich inhaltlich drei verschiedenen Gruppen zuordnen:

beschaffungszielbezogenen Daten, d.h. Daten über die berücksichtigbaren Beschaffungsziele, die ihren Ausdruck in spezifischen Bewertungsdimensionen finden,

Daten über die Umsetzung der Leistungsbewertung der Lieferanten in arithmetische Werte (Scoring) und

teilebezogenen Daten.

Zusätzlich enthält diese WEBS-Komponente noch Prädikate, die bei Fehlen spezifischer Daten, wie z.B. fehlenden Eingangsbewertungen eines Lieferanten[27] oder fehlenden Anforderungsprofilen für Fremdbezugsteile[28], entsprechende Dialogroutinen anstoßen, über welche fehlende Informationen erfragt werden können.

---

27 falls für einen Lieferant keine teilespezifischen Eingangsbewertungen aus der Wareneingangskontrolle vorliegen, können z.B. die Werte aus dem Angebot oder Eingangsbewertungen für ähnliche Teile übernommen werden

28 wobei die entsprechenden Informationen selbstverständlich erst erfragt werden, wenn das entsprechende Bewertungsverfahren aktiviert wird

1. Daten über Beschaffungsziele

Die in WEBS zum jetzigen Zeitpunkt verfügbaren Bewertungsdimensionen umfassen folgende Kriterien:

Terminabweichungen,

Qualitätsbeurteilungen,

Mengenabweichungen,

Preisabweichungen und

Sicherheitsbewertungen.

Im Rahmen dieser Bewertungsdimensionen werden einzelnen Lieferanten spezifische Kriterienausprägungen aus einer vereinbarten Werteskala zugeordnet.

Zusätzlich kann die Leistung eines Lieferanten in Relation zu Bezugsgrößen bewertet werden. Beispielhaft sind in WEBS dabei folgende Relativbewertungen implementiert:

eine Bewertung des Angebotspreises in Bezug auf den minimalen Angebotspreis (*MinPreisRelation*),

eine Bewertung des Angebotspreises in Bezug auf einen vorgegebenen Bezugspreis (*DPreisRelation*),

eine Bewertung der Lieferzeit in Bezug auf die minimale bzw. eine vorgegebene Lieferzeit (*MinLieferzeitRelation* bzw. *PlanLieferzeit-Relation*).

Die Information, welche Bewertungsdimensionen in WEBS verwendet werden können und damit die Information, welche Teilziele der Beschaffung in Beschaffungssituationen Berücksichtigung finden können, erfolgt über das Prädikat *teilziele*, welches als Argument eine Liste der Teilziele enthält.

Für die konkrete Implementierungsversion lautet der entsprechende Eintrag folglich:

teilziele([terminabweichung, qualität, mengenabweichung, preisabweichung, sicherheitsbewertung, 'MinPreisRelation', 'DPreisRelation', 'MinLieferzeitRelation', 'PlanLieferzeitRelation']).

Um Absolutbewertungen vornehmen zu können, müssen Informationen über die verwendeten Bewertungsskalen hinterlegt werden.

Eine entsprechende Werteskala kann dabei in Listenform als Aufzählung über das Prädikat *skala* angegeben werden, z.B. für die Qualitätsbewertung als

skala(qualität, ['sehr gut', gut, normal, ausreichend, mangelhaft]).

Die Länge der Liste, d.h. der Wertebereich der Skala, ist dabei beliebig unterteilbar. Die einzige in WEBS erforderliche Konvention stellt die Eigenschaft dar, daß der Wertebereich der Skala in Leserichtung von links nach rechts abnimmt, da auf dieser Basis einfache Vorgänger-/Nachfolgerrelationen definiert werden können[29].

Werteskalen können teilebezogen, teilegruppenbezogen oder global definiert werden.

2. Scoring-Daten

Scoring-Daten, d.h. Daten über die Zuordnung von Punkten zu Werten einer Werteskala, sind zwar nicht zwingend erforderlich, werden aber von den meisten Bewertungsverfahren vorausgesetzt (vgl. Kapitel 6.3.4.2.3). Um den direkten Bezug zu definierten Werteskalen beizubehalten, sollten entsprechende Punktwertlisten ebenfalls in dieser Komponente hinterlegt werden.

Sie können wie Werteskalen teilebezogen, teilegruppenbezogen und global definiert werden. Eine gültige globale Punktliste für das Bewertungskriterium *Qualität* ist z.B.:

punkte(qualität, [20, 10, 5, 0, -20]).

Für die Umsetzung relativer Bewertungen genügt i.d.R. die Angabe des für das jeweilige Kriterium maximal erreichbaren Punktergebnisses, da der eigentliche Punktwert über die Multiplikation dieses Wertes mit der Relativgröße bestimmt werden kann. Je nach Bezugsgröße kann dabei die Begrenzung auf diesen Maximalwert erforderlich sein.

29 die Wertigkeit der Skala kann selbstverständlich auch entgegen der üblichen Leserichtung definiert werden, daher kann diese Forderung auch darauf eingeschränkt werden, daß die Wertigkeit aller verwendeten Skalen in der gleichen Richtung definiert ist

Für die Bewertung des Angebotspreises in bezug auf den niedrigsten Angebotspreis lautet das entsprechende Prädikat *maxpunkte('MinPreisRelation',20).*

3. teilebezogene Daten

In Bezug auf eine konkrete Beschaffungssituation werden folgende Informationen benötigt:

Informationen über die bei dieser Beschaffungssituation zu berücksichtigenden Beschaffungsziele und

Informationen über die den einzelnen Zielen zugeordnete Wertigkeit.

Informationen über die zu berücksichtigenden Teilziele können dabei in Form von Faktenaussagen in den Bewertungsdaten für WEBS hinterlegt werden. Werden für ein bestimmtes Fremdbezugsteil dabei keine Daten hinterlegt, erfragt WEBS die entsprechenden Daten vom Benutzer. Dabei werden dem Benutzer die Liste der verwendbaren Bewertungskriterien[30] in Form eines Auswahlmenüs angeboten, aus denen eine entsprechende teilebezogene Vergleichsskala zusammengestellt werden kann.

Eine Vergleichsskala besteht dabei aus dem Prädikat *vergleichsskala* bzw. *fakt_vergleichsskala* gefolgt von den Bewertungskriterien in Listenform und der identifizierenden Teilenummer, z.B.:

fakt_vergleichsskala([terminabweichung, qualität], 11).

Falls die Einzelbewertungen z.B. über Punktwerte zu einer Gesamtbewertung des Lieferanten verdichtet werden sollen, werden Informationen über die Gewichtung der einzelnen Bewertungskriterien und der dahinterstehenden Beschaffungszieldimensionen benötigt.

Diese Zielgewichtungen repräsentieren in ihrer Gesamtheit eine teilespezifische Beschaffungsstrategie. Entsprechende Strategien können WEBS als Liste von Zielgewichten zur Verfügung gestellt werden.

---

30 vgl. das Prädikat *teilziele*

Dabei können folgende Fälle unterschieden werden:

es wird eine teilespezifische Beschaffungsstrategie angegeben, z.B. für das Teil mit T_Nr = 4711,

es wird eine teilegruppenspezifische Beschaffungsstrategie angegeben, z.B. für AY-Teile mit regelmäßigem Bedarfsanfall,

als Restmenge wird unterstellt, daß die Gleichgewichtigkeit der verwendeten Bewertungskriterien angenommen werden kann.

6.3.4.2.2 Bewertungsregeln

In der WEBS-Komponente *Bewertungsregeln* befinden sich weitgehend methodenunabhängige Bewertungsprimitive, die i.d.R. auf den zuvor beschriebenen Bewertungsdaten aufbauen.

Dazu zählen zum einen die Verfahren der Zuordnung von Punkten zu Ausprägungen von Werteskalen und die arithmetische Verdichtung von Einzelbewertungen über Gewichtungsfaktoren zu einem Gesamtpunktwert.

Weiterhin enthält diese Komponente die wesentlichen Basisprädikate, um Vergleichsrelationen definieren zu können.

Dazu gehören folgende Relationen[31]:

besser, schlechter, schlechter_oder_gleich:
Die entsprechenden Prädikate prüfen, ob eine von zwei gegebenen Alternativen mit den jeweiligen Ausprägungen gegebener Bewertungskriterien insgesamt als besser, schlechter, schlechter oder gleichwertig mit der jeweils anderen Alternative zu beurteilen ist.

Das Prädikat *besser(A, B, WerteA, WerteB, Kriterien)* ist beispielsweise nur wahr[32], wenn die Alternative A in mindestens einem Kriterium eindeutig besser als die Alternative B und in keinem anderen Kriterium schlechter als B ist.

---

31 die vorangestellte Bezeichnung entspricht dabei dem jeweiligen PROLOG-Prädikat
32 im Sinne einer einwandfreien deduktiven Ableitung, d.h. logisch wahr

vergleiche:
Die Relation *vergleiche* liefert für den paarweisen Vergleich zweier Werte einer gegebenen Werteskala[33] eines der folgenden Ergebnisse:

gleich, besser, besser oder gleich, schlechter,
schlechter oder gleich

Dazu werden außer für direkt numerische Vergleiche Listenrelationen, insbesondere die Vorgängerrelation, verwendet.

Die implementierten Listenrelationen setzen jeweils voraus, daß für die zu untersuchenden Werte eine gültige Ordinalskala gegeben ist.

Auf der Grundlage dieser Annahme lassen sich über die Verwendung der Listenverarbeitungsfunktionen von PROLOG vielfältige Vergleichswerte bestimmen.

Zu den momentan implementierten Listenrelationen gehören folgende Prädikate:

ist_Vorgänger prüft, ob ein Wert A Vorgänger eines Wertes B ist, bzw. liefert je nachdem, welche Werte bei Aufruf des Prädikats unifiziert sind, die jeweils anderen Werte.

direkter_Vorgänger ist weitgehend identisch mit dem vorigen Prädikat, beschränkt sich jedoch auf die direkten Vorgänger bzw. Nachfolger eines Wertes.

list_posnr ergibt die Positionsnummer eines Wertes in einer Werteskala (Liste).

num_Vorgänger gibt an, wievielter Vorgänger bzw. Nachfolger zwei Werte innerhalb einer Werteskala jeweils sind und kann dazu verwendet werden, Abstandsmaße zu definieren (z.B. in Bezug auf Anforderungsprofile).

Weiterhin enthält die Komponente *Bewertungsregeln* die Grundprädikate zur Erstellung von paarweisen Dominanzrelationen innerhalb einer gegebenen Menge von Alternativen.

---

33 vgl. das vorige Kapitel

Hierzu wird das Prädikat *dominiert* verwendet, welches prüft, ob eine von zwei Alternativen die jeweils andere Alternative dominiert[34] oder ob diese zwei Alternativen bei den gegebenen Bewertungskriterien als gleichwertig bzw. nicht vergleichbar zu betrachten sind.

6.3.4.2.3 Bewertungsmethoden

Die Komponente *Bewertungsmethoden* enthält eine Sammlung implementierter Methoden und Verfahren der Lieferantenbewertung.

Zusätzlich repräsentiert diese Komponente die Grundstruktur einer Methodenbank, d.h. sie enthält PROLOG-Routinen, welche

- Informationen über die Methodenbasis zur Verfügung stellen und

- Routinen, die den Benutzer bei der Methodenvorbereitung und Methodenanwendung unterstützen.

Methodenspezifische Informationen werden WEBS dabei über das Prädikat *methode* zur Verfügung gestellt. Diese Informationen umfassen:

- eine eindeutige Methodenbezeichnung,

- eine Liste aller Voraussetzungen, die für die Anwendung der jeweiligen Bewertungsmethode erfüllt sein müssen,

- eine Liste aller sequentiell abzuarbeitenden Einzelschritte der jeweiligen Methode und

- eine Liste aller Prädikate, die dem Benutzer die jeweiligen Ergebnisse der Methodenanwendung zugänglich machen.

Die Auswahl und Anwendung von Bewertungsmethoden erfolgt in folgenden Schritten:

- über das Prädikat *methodenwahl* wird dem Benutzer ein Auswahlmenü der verfügbaren Bewertungsmethoden präsentiert,

---

34 wobei das oben beschriebene Prädikat *besser* verwendet wird

wählt der Benutzer eine anzuwendende Bewertungsmethode, erfolgt eine Auswertung der Methodenbank hinsichtlich der Voraussetzungen, der Durchführungsschritte und der Ergebnisprädikate der gewählten Methode,

über das Prädikat *prüfe* werden mithilfe der integrierten Shell die Voraussetzungen der Methode geprüft, noch nicht erfüllte Voraussetzungen beispielsweise in Bezug auf Zusatzinformationen werden gegebenenfalls im Dialog nachgetragen[35],

im Anschluß werden die einzelnen Durchführungsschritte der gewählten Methode abgearbeitet,

abschließend wird das (Haupt-)Menüsystem um diejenigen Prädikate erweitert, welche die Ergebnisse der Methodenanwendung präsentieren.

Eine Übersicht über die Definition der entsprechenden Hauptprädikate zeigt folgende Tabelle.

```
anwenden_methode(Methode) :-
  methode(Methode, Voraussetzungen, Durchführung, Ergebnisse),
  prüfe(Voraussetzungen),
  ausführen(Durchführung),
  asserta(angewendet(Methode, T_Nr)),
  erweitern_menu(Ergebnisse).
anwenden_methode(Methode) :-
  nl, write('Bewertungsmethode '), write(Methode),
  write(' nicht ausführbar,'), nl, write('da nicht alle Voraussetzungen
        erfüllt sind!'),
  !, fail.

prüfe([]) :- !.
prüfe([Voraussetzung1 | Rest]) :-
  beweisbar(Voraussetzung1),
  prüfe(Rest).

ausführen([]) :- !.
ausführen([Schritt1 | Rest]) :-
  Schritt1,
  ausführen(Rest).
```

Tab. 6.2: Prädikate zur Methodenabarbeitung

35 können nicht alle Voraussetzungen hinreichend erfüllt werden, wird die weitere Bearbeitung mit einem entsprechenden Hinweis abgebrochen

Anhand eines Beispiels soll dieser Vorgang illustriert werden, verwendet wird dabei die Methode Scoring (Punktbewertung)[36]:

Voraussetzungen zur Anwendung von Scoring sind die Verfügbarkeit folgender Informationen:

- eine Liste potentieller Lieferanten, für welche die Eingangsbewertungen abgearbeitet wurden,

- Informationen über die zu berücksichtigenden Bewertungskriterien und deren Gewichtung,

- bei nach Werteskalen ausgerichteten Kriterien die entsprechenden Skalen- und Punktlisten,

- bei relativen Bewertungen die maximal erreichbare Punktzahl des jeweiligen Kriteriums.

Die Methodenausführung ist auf das Hauptprädikat *punktzuweisung* aggregiert, welches für alle Mitglieder der gegebenen Lieferantenliste mit ihren jeweiligen Vorabbewertungen die Punkte bestimmt und diese zu einer Gesamtbewertung zusammenfaßt.
Dabei werden die jeweiligen Punktbewertungen jedes Lieferanten als Einzelwerte und als Gesamtwert der aktuellen Wissensbasis hinzugefügt[37].

Die Ergebnisse des Scoring können über folgende Prädikate weiter bearbeitet werden:

- *ausgabe_punkte* zeigt die Einzelpunktwerte und das Gesamtpunktergebnis der Lieferanten an,

- *rangliste_erstellen* erstellt auf der Basis der Gesamtpunktwerte eine Rangliste der bewerteten Lieferanten und zeigt diese an.

Beide Prädikate werden über *erweitern_menu* an das WEBS-Hauptmenü übergeben und können ab diesem Zeitpunkt angewählt werden.

---

36 vgl. Kapitel 5.5.2.3.4 f.
37 über die Prädikate *einzelpunkte* bzw. *gesamtpunkte*

Neben der Bewertungsmethode Scoring, die in der implementierten Fassung auch Elemente der Prozentbewertung umfaßt, enthält WEBS momentan noch die weiteren Bewertungsmethoden:

Dominanzrelationen, welche in paarweisen Vergleichen dominierende, dominierte, gleichwertige bzw. nicht vergleichbare Lieferanten ermitteln und die entsprechenden Vergleichsergebnisse als paarweise Dominanzrelationen der aktuellen Wissensbasis hinzufügen. Auf der Basis dieser Dominanzrelationen kann anschließend der Suchraum auf effiziente Alternativen beschränkt werden.

Anforderungsprofile, die entweder als Vergleichswerte dem Alternativenraum hinzugefügt werden können (als Durchschnitts- oder Ideallieferant) oder die im Sinne eines Filters (Minimalanforderungen) fungieren.

Beispiele für die Anwendung dieser Methoden werden in Kapitel 6.4 vorgestellt.

6.3.5 Entwicklung der Benutzerschnittstelle

6.3.5.1 Dialogroutinen

Die Zielsetzung der Entwicklung der Benutzerschnittstelle von WEBS liegt weniger in der Erstellung einer abgeschlossenen endbenutzerorientierten Umgebungs- und Anwendungssteuerung, sondern vielmehr darin, die in den Kapiteln 3.2.5.3 aufgezeigten Gestaltungsansätze exemplarisch umzusetzen. Die Benutzeroberfläche der bisherigen WEBS-Implementierung ist daher im wesentlichen pragmatisch ausgerichtet, insbesondere die Erklärungskomponente zeigt sich stark entwicklungsorientiert[38].

Der funktionale Kern von WEBS läßt sich von seiner Architektur her sowohl im direkten PROLOG-Dialog, als auch mittels der im folgenden vorgestellten Dialogroutinen bzw. von externen Programmsystemen aus steuern.

Im Rahmen der Dialogroutinen von WEBS werden dem Benutzer dabei im wesentlichen die folgenden Interaktionselemente zur Verfügung gestellt:

Fenster (Windows),

---

38 vgl. Kapitel 6.3.5.2

Auswahllisten und

Pop-Up-Menüs.

Bei den verwendeten Fenstern wird zwischen Ein- und Ausgabefenstern unterschieden, wobei im Normalfall bis zu vier Fenster gleichzeitig geöffnet sind:

das WEBS-Hauptfenster, in welchem eine Protokollierung der Bearbeitung vorgenommen und (Zwischen-)Ergebnisse präsentiert werden,

meistens ein Ausgabefenster mit einem korrespondierenden Eingabefenster, welches Hinweise zu notwendigen Tastatureingaben enthält,

bei Erklärungsanforderungen des Benutzers ein Erklärungsfenster, welches situationsbezogene Erklärungen anzeigt.

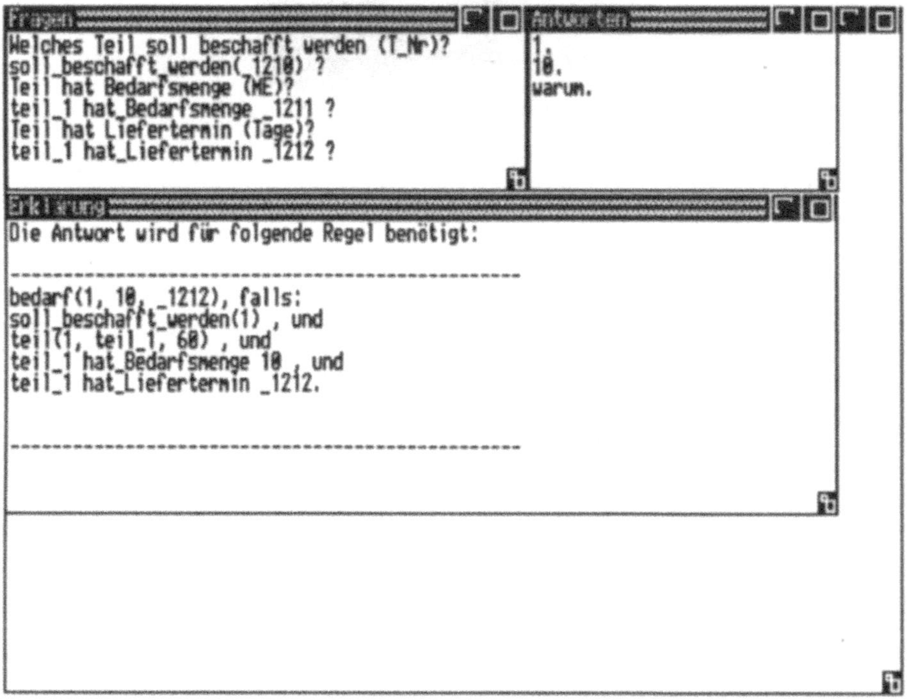

Abb. 6.6: WEBS-Bildschirmfenster

Die für die Verwaltung der Bildschirmfenster definierten Prädikate sind im wesentlichen *openwindow*, *closewindow*, *close_all_windows* und *activatewindow*.

Offene Fenster lassen sich mit der Maus beliebig anordnen (auch überlappend) und in der Größe verändern.

Auswahllisten werden über das Prädikat *button* erzeugt und enthalten eine Liste von Schaltern, über die jeweils genau eine Alternative mit der Maus ausgewählt werden kann. Sie werden insbesondere bei der manuellen Zuordnung von Eingangsbewertungen für Lieferanten, bei der Erstellung von teilebezogenen Vergleichsskalen und bei der Erstellung von Anforderungsprofilen verwendet.

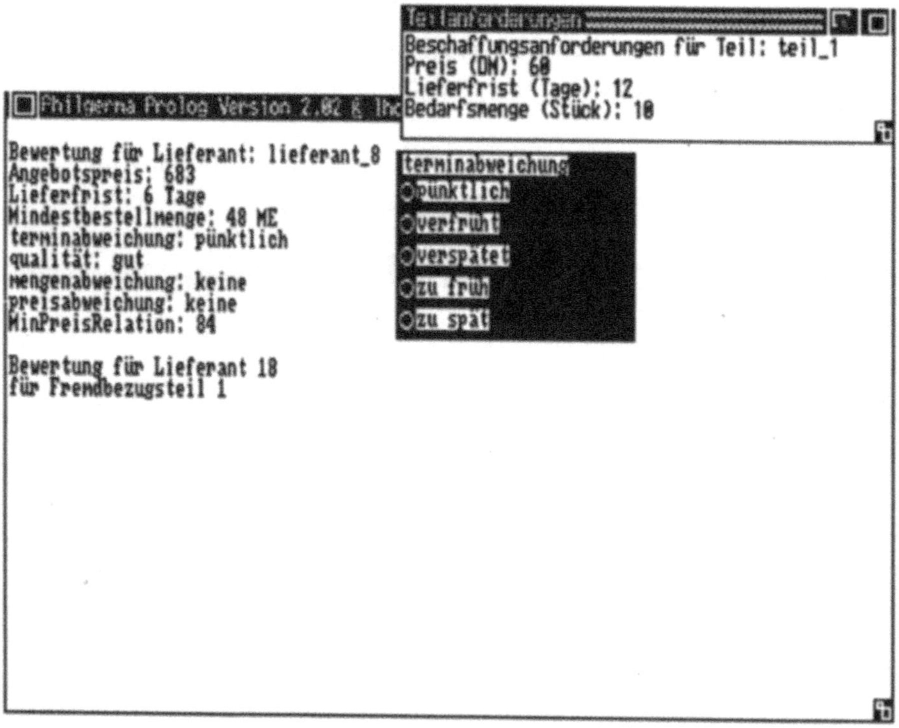

Abb. 6.7: WEBS-Auswahllisten

Pop-Up-Menüs werden über das Prädikat *pmenu* an den aktuellen Mauskoordinaten erzeugt und sind der Benutzersteuerung von WEBS vorbehalten. Sie enthalten die Menüsteuerung von WEBS, wobei Haupt- und Untermenüs jeweils situativ angepaßt werden können.

Ein Beispiel hierfür ist die Ergänzung des WEBS-Menüsystems nach der erfolgreichen Anwendung einer Bewertungsmethode um die Ergebnisprädikate dieser Methode.

Abb. 6.8: WEBS-Pop-Up-Menüs

Der während einer Konsultation abgewickelte Dialog wird im wesentlichen durch den Benutzer gesteuert, das System bietet dabei situationsbezogene Informationen über den Leistungsumfang und die momentanen Aktionsmöglichkeiten an.

Die Tastatureingaben wurden auf das notwendige Minimum beschränkt, die Interaktion erfolgt weitgehend über die zuvor genannten Elemente unter intensiver Nutzung der Maus als Eingabeinstrument.

6.3.5.2 Methodenspezifische Erklärungen

Die im Rahmen der in WEBS integrierten Shell verfügbaren Erklärungsprimitive umfassen im wesentlichen folgende Prädikate:

was/wer,

weswegen/warum,

warum_nicht,

erklärbar und

nicht_erklärbar.

Der abzudeckende Erklärungsbedarf kann folgendermaßen differenziert werden:

Erklärungsbedarfs während der Konsultation: was und warum wird momentan gemacht?

Erklärungsbedarf in Bezug auf ein (Zwischen-)Ergebnis der Konsultation: wie wurde das Ergebnis erzielt, weswegen ergibt sich dieses Ergebnis, warum nicht ein anderes?

Erklärungsbedarf in Bezug auf verwendbare Methoden: welche Methoden sind verfügbar und welche Voraussetzungen müssen für deren Anwendung erfüllt sein?

Erklärungsbedarf in Bezug auf die verwendete Methodik bzw. Vorgehensweise.

Für diese unterschiedlichen Bereiche sind beim bisherigen Stand der WEBS-Implementierung noch keine vollständigen Systembestandteile verfügbar, auf der Basis der vorhandenen Komponenten läßt sich allerdings ein nicht unwesentlicher Teil abdecken.

Der erste Bereich, d.h. dem Benutzer Informationen über den Bearbeitungsstand der laufenden Konsultation zu geben, wird folgendermaßen abgedeckt:

Die Menüstrukturen von WEBS sind von ihren jeweiligen Bezeichnungen her weitgehend selbsterklärend und lassen sich jeweils den situativen Bearbeitungsmöglichkeiten anpassen.

Werden darüber hinausgehend Tastatureingaben seitens des Benutzers angefordert, kann über die Eingabe *warum* jederzeit eine Erklärung zu der angeforderten Eingabe und ihrem Kontext angefordert werden.

Für den zweiten Bereich sind zwar mit den Prädikaten *weswegen* und *warum_nicht* bzw. *erklärbar* und *nicht_erklärbar* die notwendigen Voraussetzungen für die Erklärung von (Zwischen-)Ergebnissen bzw. die Begründung für die Ablehnung anderer Ergebnisse gegeben, zum jetzigen Zeitpunkt stehen diese Prädikate aber noch nicht im Menüsystem von WEBS zur Verfügung.

Der wesentliche Grund hierfür liegt in der Arbeitsweise der Shell begründet, die zum jetzigen Zeitpunkt nur vollständige Erklärungen des Inferenzpfades liefert, wobei hier unter vollständig die komplette Auflistung aller PROLOG-Bearbeitungsschritte zu verstehen ist. Für den PROLOG-unkundigen Benutzer sind diese Erklärungen allerdings zu großen Teilen nicht nachvollziehbar.

Beispiele für die Ausgaben der Erklärungsprimitive bei einfachen Regelsystemen (keine oder niedrige Regelhierarchie) zeigen die beiden folgenden Tabellen, die sich an der Beispielwissensbasis aus Tabelle 6.1 (Kapitel 6.3.3) orientieren.

```
Damit ich soll_liefern(maier, heizung)
beweisen kann, verwende ich die Regel:
------------------------------------------

soll_liefern(maier, heizung)
wenn gilt:
ist_Teil(heizung) , und
hat_Bedarfsmenge(heizung, 12) , und
ist_Lieferant(maier) , und
kann_liefern(maier, heizung) , und
kann_liefern_Menge(maier, heizung, 20) , und
12 =< 20
------------------------------------------

Ich sehe, daß ist_Teil(heizung)

Du sagst mir, daß hat_Bedarfsmenge(heizung, 12)

Ich sehe, daß ist_Lieferant(maier)

Du sagst mir, daß kann_liefern(maier, heizung)

Du sagst mir, daß kann_liefern_Menge(maier, heizung, 20)

12 =< 20 Vergleich wahr
```

Tab. 6.3: Antwort auf *weswegen maier soll_liefern heizung*

Damit ich soll_liefern(müller, heizung) beweisen kann, verwende ich die Regel: --- soll_liefern(müller, heizung) wenn gilt: ist_Teil(heizung) , und hat_Bedarfsmenge(heizung, _24) , und ist_Lieferant(müller) , und kann_liefern(müller, heizung) , und kann_liefern_Menge(müller, heizung, _39) , und _24 =< _39 --- Ich sehe, daß ist_Teil(heizung) Du sagst mir, daß hat_Bedarfsmenge(heizung, 12) Ich sehe, daß ist_Lieferant(müller) Du lehnst ab, daß kann_liefern(müller, heizung)
Tab. 6.4: Antwort auf *warum_nicht müller soll_liefern heizung*

Eine Lösung für das Problem der "Übererklärung" und für die beiden weiteren Erklärungsbereiche bietet sich in einer entsprechenden Erweiterung der Methodenbank um methodenspezifische Informationen zu Ablauf und Anwendbarkeit der Bewertungsmethoden einerseits, um methodenspezifische Erklärungen von Bewertungsergebnissen andererseits an.

Beispielsweise besteht die Möglichkeit der Verdichtung der Informationen, welche die entsprechenden Erklärungsprimitive liefern, orientiert an den Abarbeitungsschritten der jeweiligen Bewertungsmethode und ergänzt um Abarbeitungshinweise zu den jeweiligen Schritten. Dadurch läßt sich jeweils ein methodenspezifisches Erklärungsmodell konstruieren, welches im Rahmen der Methodenbank verwaltet wird.

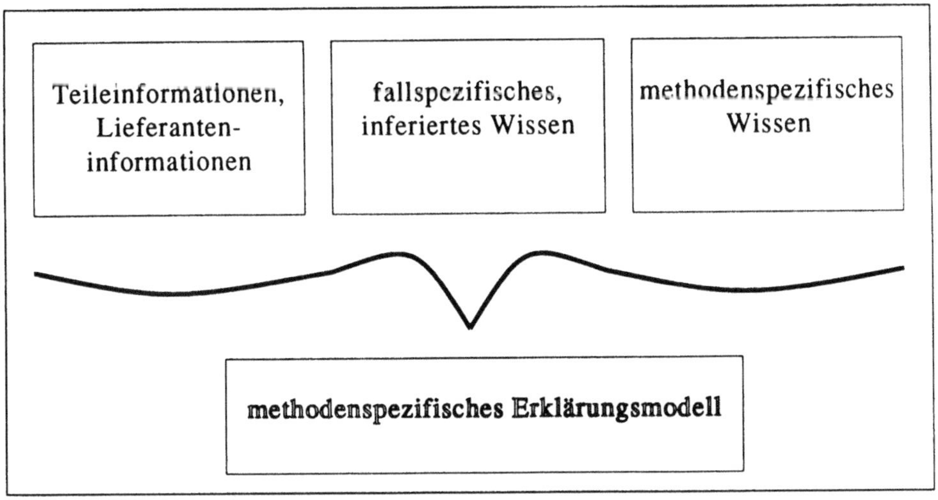

Abb. 6.9: Methodenspezifisches Erklärungsmodell

Den obigen Ausführungen folgend, wurde das Menüsystem im Bereich der Methodenbank zum einen um methodenspezifische allgemeine Informationen ergänzt, zum anderen um methodenspezifische Erklärungen zu Ergebnissen der Methodenanwendung[39].

Für die Methode *Scoring* ist beispielsweise der in Tabelle 6.5 dargestellte Informationstext in einem Hilfefenster abrufbar.

Allgemeiner Hilfetext zu Scoring (Punktbewertung):

Kurzbeschreibung:
Scoring ordnet den lieferantenspezifischen Ausprägungen von Bewertungskriterien (z.B. Teilequalität) Punktwerte zu.

Punktwerte können dabei Absolutwerte sein, die an die jeweilige Ausprägung fest gebunden sind (z.B. Qualität gut = 5 Punkte), oder sie sind an eine Bezugsgröße gebunden (z.B. in Bezug auf den günstigsten Angebotspreis).

Einzelne Punktwerte können zu einem Gesamtpunktwert verdichtet werden, wenn für die Bewertungskriterien Gewichtungen angegeben werden.

Voraussetzungen:
Voraussetzungen für die Anwendung von Scoring sind:
- die Bewertungskriterien für das Fremdbezugsteil sind verfügbar
- für den zu bewertenden Lieferanten sind die spezifischen Ausprägungen für die Bewertungskriterien verfügbar
- Werteskalen und Punktlisten für absolute Bewertungskriterien sind verfügbar
- Maximalpunktwerte für relative Bewertungskriterien sind verfügbar
- für die Punktverdichtung müssen entsprechende Gewichte verfügbar sein

Tab. 6.5: Methodeninformation *Scoring*

39 wobei bisher nicht für alle implementierten Methoden entsprechende Hilfetexte bzw. Erklärungsmodelle verfügbar sind

Die erzeugte Erklärung der Punktbewertung eines Lieferanten in Bezug auf ein konkretes Fremdbezugsteil zeigt die folgende Tabelle.

Dabei werden zum einen am Bewertungsprozeß orientiert die benötigten Informationen[40] aufgezeigt, zum anderen wird für die verwendeten Informationen die jeweilige Bezugsquelle angegeben. Die Identifikation der Informationsquellen erfolgt dabei über die Shell.

Erklärung von Scoring-Ergebnissen:

Die Punktbewertung von Lieferant lieferant_96 in Bezug auf das Fremdbezugsteil 1 ergibt sich wie folgt:

Die Eingangsbewertung für die maßgeblichen Bewertungskriterien ergab folgende Resultate:
terminabweichung: pünktlich
qualität: gut
mengenabweichung: keine
preisabweichung: keine
MinPreisRelation: 100

Die Bewertungskriterien sind ein Vorgabewert aus der Datenbank.
Die Eingangsbewertungen resultieren aus direkten Benutzereingaben.

Diesen Werten wurden folgende Punkte zugeordnet:
terminabweichung: 20 Punkte von maximal 20
qualität: 10 Punkte von maximal 20
mengenabweichung: 20 Punkte von maximal 20
preisabweichung: 10 Punkte von maximal 20
MinPreisRelation: 20 Punkte von maximal 20

Den Bewertungskriterien sind folgende Gewichte zugeordnet:
terminabweichung: 0.80
qualität: 1
mengenabweichung: 0.80
preisabweichung: 1
MinPreisRelation: 1
(Teilestrategie)
Damit ergibt sich folgender Gesamtpunktwert: 72.00

Tab. 6.6: Erklärung zu Scoring-Ergebnis

40 Bewertungskriterien, lieferantenspezifische Kriterienausprägungen, Einzelpunktwerte, Kriteriengewichte und Gesamtpunktwert

6.3.6 Konzepte zur funktionalen Integration in das PPS-Umfeld

WEBS wurde als teilintegriertes Modul in das vorgestellte Integrationsmodell wissensbasierter Systeme eingeordnet. Die datentechnische Integration von WEBS über eine entsprechende Datenbankschnittstelle realisiert dabei zugleich die Grundfunktionen eines Handlers[41].

Weitergehende Konzepte insbesondere zur funktionalen Integration in das PPS-Umfeld sollen im folgenden aufgezeigt werden. Die wesentlichen Ansatzpunkte sind dabei zum einen die Bedarfsmeldungen aus der Materialwirtschaft, zum anderen die Übergabe der WEBS-Verarbeitungsergebnisse zur Bestellbearbeitung.

Bei der bisherigen Arbeitsweise von WEBS erfolgt der Anstoß zur Bearbeitung von Fremdbezugsbedarfen direkt durch den menschlichen Benutzer. Ergänzend besteht die Möglichkeit, im Sinne einer aktionsorientierten Verarbeitung einen Triggermechanismus seitens des PPS-Systems bzw. des Datenbankverwaltungssystems auf der Basis der vorgestellten WEBS-Architektur zu implementieren, welcher einen Bearbeitungsbedarf signalisiert.

Die Ergebnisse, die im Laufe einer WEBS-Konsultation generiert werden, bestehen aus geordneten Listen ausgewählter Lieferanten[42] für die jeweiligen Fremdbezugsteile. Eine entsprechende Weiterverarbeitung dieser Ergebnisse, beispielsweise eine Bestellmengenoptimierung bzw. die Bestellmengenzuteilung auf einzelne Lieferanten, und letztendlich die Übergabe generierter Bestellaufträge an die Beschaffungsauftragsverwaltung kann manuell oder ebenfalls über einen adäquaten Triggermechanismus ausgelöst werden.

Neben der Möglichkeit, WEBS dergestalt in den funktionalen Ablauf innerhalb des PPS-Umsystems einzubinden, erfordert die vollständige funktionale Integration im weitesten Sinne auch die Einbettung in eine gleichmäßig gestaltete Nutzungsoberfläche. WEBS würde sich in diesem Fall für den Endbenutzer als logischer Bestandteil des jeweiligen PPS-Systems darstellen[43]. Eine entsprechende externe Steuerung von WEBS läßt sich dabei prinzipiell sowohl über entsprechende Kommunikationsbeziehungen als auch mithilfe der direkten Programmierung über die C-Schnittstelle realisieren.

---

41 vgl. Kapitel 4.4.2.2

42 wobei diese Listen jeweils mindestens ein Element, d.h. einen Lieferanten enthalten müssen

43 vgl. dazu Kapitel 6.2.3

6.4 Beispielkonsultation

6.4.1 Konsultationsverlauf

Der in Kapitel 6.2.2 vorgestellten Modellstruktur von WEBS folgend, läßt sich der typische Ablauf einer Konsultation wie folgt beschreiben:

Aus der PPS werden Bedarfsmeldungen abgerufen und an WEBS übergeben. Dies erfolgt entweder manuell oder unter Nutzung der Datenbankschnittstelle.

Für die jeweilige Bedarfsmeldung erfolgt von WEBS aus der Zugriff auf die Teile- und Lieferantenstammdaten. Die potentiellen Lieferanten werden in einer ersten Lieferantenliste zusammengefaßt.

Durch Vorschalten diverser Filter (z.B. durch Prüfung von Liefermengenrestriktionen bzw. Lieferterminrestriktionen) erfolgt eine Vorselektion dieser Lieferanten. Die resultierenden Lieferanten werden in einer zweiten Lieferantenliste zusammengefaßt.

Für die Lieferantenliste2 erfolgt eine teilebezogene Vorabbewertung der einzelnen Lieferanten unter Verwendung der Eingangsbewertungen. Für relative Bewertungskriterien erfolgt zuvor die Bestimmung der jeweiligen Bezugsgröße (z.B. minimaler Angebotspreis der Lieferanten aus Liste2). Die Lieferanten und ihre jeweiligen Vorabbewertungen werden in Liste3 zusammengefaßt.

Auf dieser Basis werden dem Benutzer die in der Methodenbank spezifizierten Bewertungsmethoden angeboten, der Benutzer aktiviert eine oder nacheinander mehrere Bewertungsmethoden.

WEBS arbeitet i.d.R. interaktiv die entsprechende Bewertungsmethode ab, generiert und präsentiert die methodenspezifischen Ergebnisse (z.B. Scoring-Tabellen, Lieferantenranglisten, Dominanzrelationen).

Auf der Basis der Bewertungsergebnisse selektiert der Benutzer einen oder mehrere Lieferanten, denen Beschaffungsaufträge zugeordnet werden sollen.

Diese Bearbeitungsfolge ist jedoch nicht zwingend durch die Ablauflogik von WEBS vorgegeben, sondern der weitgehend sequentiell erscheinende Ablauf wird zum einen durch die Struktur der Systemsteuerung, zum anderen durch die gewählten Bewertungsmethoden bestimmt.

Weiterhin beschreibt der obige Text lediglich die erste von mehreren möglichen Iterationen, da der Benutzer alternative Bewertungsmethoden ebenso aktivieren kann, wie er für bereits getroffene Auswahlentscheidungen[44] Modifikationen vornehmen kann. Beispiele hierfür sind etwa die Zuordnung geänderter Eingangsbewertungen für einzelne Lieferanten, das manuelle Hinzufügen oder Entfernen von Lieferanten aus der Vorabbewertungsliste (Liste3), Modifikationen in Art und Anzahl der zu berücksichtigenden Bewertungskriterien, Änderungen an Werteskalen und Punktlisten usw.

In den beiden folgenden Kapiteln wird als Fallstudie eine ausgewählte Beispielkonsultation mit anschließenden Modifikationen präsentiert.

6.4.2 Ausgangssituation

Eine Anfrage nach Bedarfsmeldungen aus der PPS liefert folgende Fremdbezugsbedarfe[45]:

Format: bedarfsmeldung(T_Nr, Bedarfsmenge, Bedarfszeitpunkt).
bedarfsmeldung(1, 12, 62). bedarfsmeldung(5, 12, 57). bedarfsmeldung(3, 13, 86).
Tab. 6.7: PPS-Bedarfsmeldungen

Für die Bearbeitung der zweiten Bedarfsmeldung, d.h. für T_Nr=5, ergibt die Datenbankrecherche die in Tabelle 6.8 augelisteten Teiledaten.

44 in Bezug auf die verwendete Methodik, methoden- oder lieferantenspezifische Werte u.a.

45 die PPS-Datenbankinhalte wurden von dem dBASE-Programm *BEDARF.prg* in PROLOG-Notation überführt, der Bedarfstermin in die Anzahl Tage ab dem aktuellen Datum umgerechnet

Format: teil(T_Nr, T_Name, D_Preis). teilklassifikation(T_Nr, ABC, XYZ, Bedarfsanfall).
teil(5, teil_5, 807). teilklassifikation(5, A-Teil, Z-Klasse, regelmäßig).
Tab. 6.8: PPS-Teileinformationen zu T_Nr=5

Als potentielle Lieferanten werden aus der Datenbankselektion die in Tabelle 6.9 zusammengestellten Datensätze an WEBS gemeldet.

In einem ersten Verarbeitungsschritt werden die Primärschlüssel (L_Nr) der potentiellen Lieferanten in Liste 1 gesammelt[46]. Die resultierende Liste wird folgender Klausel zugeordnet:

l_liste(5, 1, [16, 31, 33, 41, 45, 49, 67, 82, 84, 97, 100]).

Format: liefert(L_Nr, T_Nr, Angebotspreis, Lieferzeit, Mindestmenge). lieferant(L_Nr, L_Name, AGB).
liefert(16, 5, 779, 2, 115). lieferant(16, lieferant_16, unbekannt). liefert(31, 5, 772, 3, 3126). lieferant(31, lieferant_31, unbekannt). liefert(33, 5, 716, 3, 4158). lieferant(33, lieferant_33, unbekannt). liefert(41, 5, 808, 16, 131). lieferant(41, lieferant_41, unbekannt). liefert(45, 5, 586, 14, 93). lieferant(45, lieferant_45, unbekannt). liefert(49, 5, 753, 11, 2149). lieferant(49, lieferant_49, unbekannt). liefert(67, 5, 952, 2, 4758). lieferant(67, lieferant_67, unbekannt). liefert(82, 5, 1008, 9, 4576). lieferant(82, lieferant_82, unbekannt). liefert(84, 5, 590, 11, 3650). lieferant(84, lieferant_84, unbekannt). liefert(97, 5, 755, 11, 1414). lieferant(97, lieferant_97, unbekannt). liefert(100, 5, 1161, 5, 994). lieferant(100, lieferant_100, unbekannt).
Tab. 6.9: PPS-Lieferanteninformationen zu T_Nr=5

46 über das Prädikat *l_listen* sind die Listen 1-3 jederzeit abrufbar,
Inhalt und Funktion von Liste 2 und 3 werden im folgenden Text besprochen

<u>Vorselektion:</u>

Die in Liste 1 enthaltenen Lieferanten werden daraufhin geprüft, ob sie mindestens die Bedarfsmenge liefern können (Mengenrestriktion). Die Primärschlüssel der gefilterten Lieferanten werden in Liste 2 gesammelt.

Da für alle Lieferanten die entsprechende Mengenrestriktion als erfüllt bestätigt wird, entsprechen sich hier Liste 1 und Liste 2, Liste 2 wird folgender Klausel zugeordnet:

l_liste(5, 2, [16, 31, 33, 41, 45, 49, 67, 82, 84, 97, 100]).

<u>Vorabbewertung:</u>

Nachdem die Grundinformationen für die Bewertung aus der PPS-Datenbank übernommen wurden, erfolgt die Zuordnung der Eingangsbewertungen und die Bestimmung relativer Bewertungen.

Da für das Fremdbezugsteil keine Vergleichsskala mit zu betrachtenden Bewertungskriterien als Faktum vorgegeben wurde, wird diese Vergleichsskala im Dialog erstellt. Die Bewertungskriterien umfassen:

Terminabweichung,
Qualität,
Mengenabweichung,
MinPreisRelation und
MinLieferzeitRelation.

Auf der Basis von Liste 2 erfolgt eine Recherche nach den Bezugsgrößen für *MinPreisRelation* und *MinLieferzeitRelation*[47], d.h. es wird der jeweils günstigste Angebotspreis und die minimale Lieferzeit bestimmt.

Die Vorabbewertungen der Lieferanten[48] werden in Liste 3 zusammengefaßt und stehen über die Prädikate *bewertung_anzeigen* und *bewertung_drucken* jederzeit für Ausgabezwecke zur Verfügung. Eine entsprechende Druckausgabe, die mit *bewertung_drucken* erzeugt wurde, zeigt Tabelle 6.10.

---

47 vgl. Kapitel 6.3.4.2.1
48 die zum Teil aus PPS-Informationen, zm Teil aus Benutzereingaben resultieren

Bewertung für Lieferant: lieferant_16 Angebotspreis: 779 Lieferfrist: 2 Tage Mindestbestellmenge: 115 ME terminabweichung: pünktlich qualität: ausreichend mengenabweichung: keine MinPreisRelation: 75 MinLieferzeitRelation: 100	Bewertung für Lieferant: lieferant_31 Angebotspreis: 772 Lieferfrist: 3 Tage Mindestbestellmenge: 3126 ME terminabweichung: pünktlich qualität: gut mengenabweichung: Unterlieferung MinPreisRelation: 75 MinLieferzeitRelation: 66
Bewertung für Lieferant: lieferant_33 Angebotspreis: 716 Lieferfrist: 3 Tage Mindestbestellmenge: 4158 ME terminabweichung: verfrüht qualität: normal mengenabweichung: keine MinPreisRelation: 81 MinLieferzeitRelation: 66	Bewertung für Lieferant: lieferant_41 Angebotspreis: 808 Lieferfrist: 16 Tage Mindestbestellmenge: 131 ME terminabweichung: verspätet qualität: normal mengenabweichung: keine MinPreisRelation: 72 MinLieferzeitRelation: 12
Bewertung für Lieferant: lieferant_45 Angebotspreis: 586 Lieferfrist: 14 Tage Mindestbestellmenge: 93 ME terminabweichung: verspätet qualität: normal mengenabweichung: Unterlieferung MinPreisRelation: 100 MinLieferzeitRelation: 14	Bewertung für Lieferant: lieferant_49 Angebotspreis: 753 Lieferfrist: 11 Tage Mindestbestellmenge: 2149 ME terminabweichung: pünktlich qualität: sehr gut mengenabweichung: keine MinPreisRelation: 77 MinLieferzeitRelation: 18
Bewertung für Lieferant: lieferant_67 Angebotspreis: 952 Lieferfrist: 2 Tage Mindestbestellmenge: 4758 ME terminabweichung: pünktlich qualität: mangelhaft mengenabweichung: keine MinPreisRelation: 61 MinLieferzeitRelation: 100	Bewertung für Lieferant: lieferant_82 Angebotspreis: 1008 Lieferfrist: 9 Tage Mindestbestellmenge: 4576 ME terminabweichung: verfrüht qualität: gut mengenabweichung: keine MinPreisRelation: 58 MinLieferzeitRelation: 22
Bewertung für Lieferant: lieferant_84 Angebotspreis: 590 Lieferfrist: 11 Tage Mindestbestellmenge: 3650 ME terminabweichung: pünktlich qualität: sehr gut mengenabweichung: Überlieferung MinPreisRelation: 99 MinLieferzeitRelation: 18	Bewertung für Lieferant: lieferant_97 Angebotspreis: 755 Lieferfrist: 11 Tage Mindestbestellmenge: 1414 ME terminabweichung: verfrüht qualität: gut mengenabweichung: keine MinPreisRelation: 77 MinLieferzeitRelation: 18
Bewertung für Lieferant: lieferant_100 Angebotspreis: 1161 Lieferfrist: 5 Tage Mindestbestellmenge: 994 ME terminabweichung: verspätet qualität: normal mengenabweichung: Unterlieferung MinPreisRelation: 50 MinLieferzeitRelation: 40	

Tab. 6.10: Vorabbewertung der Lieferanten für T_Nr=5

Methodenanwendung:

Sukzessive werden im folgenden alle angebotenen Bewertungsmethoden aktiviert und deren spezifische Ergebnisse präsentiert. Anschließend werden einige mögliche Modifikationen und die jeweiligen Auswirkungen vorgestellt.

Die Methodenwahl erfolgt dabei in folgender Reihenfolge:

-Scoring,

-Dominanzrelationen,

-Anforderungsprofil.

Die Ergebnisse der Punktzuordnung sind in der folgenden Tabelle zusammengefaßt[49]:

Punktbewertung für Teil 5 :
Einzelpunkte:[-5, 5, -5, 10, 8]
Gesamtpunktwert für Lieferant 100 : 13
Einzelpunkte:[5, 10, 20, 15, 3]
Gesamtpunktwert für Lieferant 97 : 53
Einzelpunkte:[20, 20, 5, 19, 3]
Gesamtpunktwert für Lieferant 84 : 67
Einzelpunkte:[5, 10, 20, 11, 4]
Gesamtpunktwert für Lieferant 82 : 50
Einzelpunkte:[20, -20, 20, 12, 20]
Gesamtpunktwert für Lieferant 67 : 52
Einzelpunkte:[20, 20, 20, 15, 3]
Gesamtpunktwert für Lieferant 49 : 78
Einzelpunkte:[-5, 5, -5, 20, 2]
Gesamtpunktwert für Lieferant 45 : 17
Einzelpunkte:[-5, 5, 20, 14, 2]
Gesamtpunktwert für Lieferant 41 : 36
Einzelpunkte:[5, 5, 20, 16, 13]
Gesamtpunktwert für Lieferant 33 : 59
Einzelpunkte:[20, 10, -5, 15, 13]
Gesamtpunktwert für Lieferant 31 : 53
Einzelpunkte:[20, 0, 20, 15, 20]
Gesamtpunktwert für Lieferant 16 : 75

Tab. 6.11: Ergebnisse Scoring für T_Nr=5

49 für die ausgewählten Bewertungskriterien wurden keine Gewichte vorgegeben, d.h. es wird Gleichgewichtigkeit unterstellt

Dementsprechend kann, an der erreichten Gesamtpunktzahl orientiert, folgende Rangliste der Lieferanten erstellt werden[50]:

Rangliste der Lieferanten (L_Nr) nach Gesamtpunkten für Teil 5
49 , und
16 , und
84 , und
33 , und
97 , und
31 , und
67 , und
82 , und
41 , und
45 , und
100.

Tab. 6.12: Rangliste der Lieferanten nach Gesamtpunkten für T_Nr=5

Eine Untersuchung der Lieferanten auf dominierende bzw. dominierte Lieferanten ergibt die in Tabelle 6.13 abgebildeten Dominanzrelationen, wobei hier _alle_ paarweisen Dominanzrelationen angegeben werden, gefolgt von drei Lieferantengruppen (Dominatoren, Underdogs, Mittelfeld)[51].

Die Gruppe der Dominatoren (16, 31, 33, 49) stellt für spezifische Ausprägungen der Bewertungskriterien dabei jeweils effiziente Alternativen dar.

Die Gruppe der Underdogs kann prinzipiell, d.h. wenn keine Änderung an den Bewertungskriterien vorgenommen wird, für weitere Bewertungsdurchgänge vernachlässigt werden. Falls gewünscht, können diese Lieferanten aus Liste 2 bzw. 3 entfernt werden.

50 wobei hier wie bei der Punktausgabe nur der identifizierende Primärschlüssel (L_Nr) angegeben wird

51 im Praxisfall wird man sich insbesondere bei einer relativ großen Zahl zu bewertender Lieferanten im Normalfall auf die drei Lieferantengruppen beschränken, bzw. auf ausgewählte Dominanzrelationen für einzelne Lieferanten

Lieferant 49 dominiert Lieferant 97
Lieferant 97 dominiert Lieferant 41
Lieferant 49 dominiert Lieferant 41
Lieferant 33 dominiert Lieferant 100
Lieferant 33 dominiert Lieferant 41
Lieferant 31 dominiert Lieferant 100
Lieferant 16 dominiert Lieferant 67
Lieferant 97 kann nicht verglichen werden mit Lieferant 100
Lieferant 84 kann nicht verglichen werden mit Lieferant 100
Lieferant 84 kann nicht verglichen werden mit Lieferant 97
Lieferant 82 kann nicht verglichen werden mit Lieferant 100
Lieferant 82 kann nicht verglichen werden mit Lieferant 97
Lieferant 82 kann nicht verglichen werden mit Lieferant 84
Lieferant 67 kann nicht verglichen werden mit Lieferant 100
Lieferant 67 kann nicht verglichen werden mit Lieferant 97
Lieferant 67 kann nicht verglichen werden mit Lieferant 84
Lieferant 67 kann nicht verglichen werden mit Lieferant 82
Lieferant 49 kann nicht verglichen werden mit Lieferant 100
Lieferant 49 kann nicht verglichen werden mit Lieferant 84
Lieferant 49 kann nicht verglichen werden mit Lieferant 82
Lieferant 49 kann nicht verglichen werden mit Lieferant 67
Lieferant 45 kann nicht verglichen werden mit Lieferant 100
Lieferant 45 kann nicht verglichen werden mit Lieferant 97
Lieferant 45 kann nicht verglichen werden mit Lieferant 84
Lieferant 45 kann nicht verglichen werden mit Lieferant 82
Lieferant 45 kann nicht verglichen werden mit Lieferant 67
Lieferant 45 kann nicht verglichen werden mit Lieferant 49
Lieferant 41 kann nicht verglichen werden mit Lieferant 100
Lieferant 41 kann nicht verglichen werden mit Lieferant 84
Lieferant 41 kann nicht verglichen werden mit Lieferant 82
Lieferant 41 kann nicht verglichen werden mit Lieferant 67
Lieferant 41 kann nicht verglichen werden mit Lieferant 45
Lieferant 33 kann nicht verglichen werden mit Lieferant 97
Lieferant 33 kann nicht verglichen werden mit Lieferant 84
Lieferant 33 kann nicht verglichen werden mit Lieferant 82
Lieferant 33 kann nicht verglichen werden mit Lieferant 67
Lieferant 33 kann nicht verglichen werden mit Lieferant 49
Lieferant 33 kann nicht verglichen werden mit Lieferant 45
Lieferant 31 kann nicht verglichen werden mit Lieferant 97
Lieferant 31 kann nicht verglichen werden mit Lieferant 84
Lieferant 31 kann nicht verglichen werden mit Lieferant 82
Lieferant 31 kann nicht verglichen werden mit Lieferant 67
Lieferant 31 kann nicht verglichen werden mit Lieferant 49
Lieferant 31 kann nicht verglichen werden mit Lieferant 45
Lieferant 31 kann nicht verglichen werden mit Lieferant 41
Lieferant 31 kann nicht verglichen werden mit Lieferant 33
Lieferant 16 kann nicht verglichen werden mit Lieferant 100
Lieferant 16 kann nicht verglichen werden mit Lieferant 97
Lieferant 16 kann nicht verglichen werden mit Lieferant 84
Lieferant 16 kann nicht verglichen werden mit Lieferant 82
Lieferant 16 kann nicht verglichen werden mit Lieferant 49
Lieferant 16 kann nicht verglichen werden mit Lieferant 45
Lieferant 16 kann nicht verglichen werden mit Lieferant 41
Lieferant 16 kann nicht verglichen werden mit Lieferant 33
Lieferant 16 kann nicht verglichen werden mit Lieferant 31
Dominator: 16
Dominator: 31
Dominator: 33
Dominator: 49
Underdog: 41
Underdog: 67
Underdog: 100
Mittelfeld: 45
Mittelfeld: 82
Mittelfeld: 84
Mittelfeld: 97

Tab. 6.13: Dominanzrelationen zwischen Lieferanten für T_Nr=5

Um die Leistung der zu bewertenden Lieferanten in direkten Bezug zur geforderten Leistung zu setzen, wird ein Minimalanforderungsprofil definiert. Für die relativ zu bewertenden Beurteilungskriterien MinPreisRelation und MinLieferzeitRelation werden dabei die Datenbankwerte für D_Preis[52] und Bedarfszeitpunkt[53] verwendet.

Die Untersuchung, welche Lieferanten dieses Profil erfüllen, ergibt folgende Tabelle:

Anforderungsprofil für Teil 5
terminabweichung: pünktlich
qualität: normal
mengenabweichung: keine
MinPreisRelation: 72
MinLieferzeitRelation: 3

Lieferant 16 erfüllt Anforderungsprofil nicht
Lieferant 31 erfüllt Anforderungsprofil nicht
Lieferant 33 erfüllt Anforderungsprofil nicht
Lieferant 41 erfüllt Anforderungsprofil nicht
Lieferant 45 erfüllt Anforderungsprofil nicht
Lieferant 49 erfüllt Anforderungsprofil
Lieferant 67 erfüllt Anforderungsprofil nicht
Lieferant 82 erfüllt Anforderungsprofil nicht
Lieferant 84 erfüllt Anforderungsprofil nicht
Lieferant 97 erfüllt Anforderungsprofil nicht
Lieferant 100 erfüllt Anforderungsprofil nicht

Tab. 6.14: Auswertung Minimalanforderungsprofil für T_Nr=5

Nach diesem ersten Bewertungsdurchgang erfüllt folglich nur Lieferant 49 das definierte Anforderungsprofil.

6.4.3 Modifikationen

Aus dem weiten Spektrum möglicher Modifikationen des Bewertungsprozesses werden folgende Möglichkeiten vorgestellt:

die Modifikation des zuvor definierten Minimalanforderungsprofils und

die Modifikation der zuvor definierten Vergleichsskala.

52 aus den Teileinformationen, vgl. Klausel *teil*
53 aus den Bedarfsmeldungen, vgl. Klausel *bedarfsmeldung*

Modifikation des Anforderungsprofils:

Da die zuvor erfolgte Untersuchung der Lieferanten auf Erfüllung des definierten Anforderungsprofils lediglich Lieferant 49 als positiven Kandidaten ergab, wird das Anforderungsprofil abgeschwächt.

Dadurch ergeben sich folgende Veränderungen:

Anforderungsprofil für Teil 5
terminabweichung: verfrüht
qualität: normal
mengenabweichung: Überlieferung
MinPreisRelation: 72
MinLieferzeitRelation: 3

Lieferant 16 erfüllt Anforderungsprofil nicht
Lieferant 31 erfüllt Anforderungsprofil nicht
Lieferant 33 erfüllt Anforderungsprofil
Lieferant 41 erfüllt Anforderungsprofil nicht
Lieferant 45 erfüllt Anforderungsprofil nicht
Lieferant 49 erfüllt Anforderungsprofil
Lieferant 67 erfüllt Anforderungsprofil nicht
Lieferant 82 erfüllt Anforderungsprofil nicht
Lieferant 84 erfüllt Anforderungsprofil
Lieferant 97 erfüllt Anforderungsprofil
Lieferant 100 erfüllt Anforderungsprofil nicht

Tab. 6.15: Modifiziertes Minimalanforderungsprofil für T_Nr=5

Neben Lieferant 49 erfüllen dieses abgeschwächte Profil drei weitere Lieferanten (33, 84, 97).

Modifikation der Vergleichsskala:

Für einen weiteren Bewertungsdurchgang wird die Vergleichsskala um das Bewertungskriterium *Mengenabweichung* reduziert.

Dadurch ergeben sich folgende Veränderungen für das Scoring, die sich insbesondere in einer geänderten Rangfolge der Lieferanten niederschlagen.

Punktbewertung für Teil 5 :
Einzelpunkte:[-5, 5, 10, 8]
Gesamtpunktwert für Lieferant 100 : 18
Einzelpunkte:[5, 10, 15, 3]
Gesamtpunktwert für Lieferant 97 : 33
Einzelpunkte:[20, 20, 19, 3]
Gesamtpunktwert für Lieferant 84 : 62
Einzelpunkte:[5, 10, 11, 4]
Gesamtpunktwert für Lieferant 82 : 30
Einzelpunkte:[20, -20, 12, 20]
Gesamtpunktwert für Lieferant 67 : 32
Einzelpunkte:[20, 20, 15, 3]
Gesamtpunktwert für Lieferant 49 : 58
Einzelpunkte:[-5, 5, 20, 2]
Gesamtpunktwert für Lieferant 45 : 22
Einzelpunkte:[-5, 5, 14, 2]
Gesamtpunktwert für Lieferant 41 : 16
Einzelpunkte:[5, 5, 16, 13]
Gesamtpunktwert für Lieferant 33 : 39
Einzelpunkte:[20, 10, 15, 13]
Gesamtpunktwert für Lieferant 31 : 58
Einzelpunkte:[20, 0, 15, 20]
Gesamtpunktwert für Lieferant 16 : 55

Tab. 6.16: Scoring-Ergebnisse bei modifizierter Vergleichsskala für T_Nr=5

Rangliste der Lieferanten(L_Nr) nach Gesamtpunkten für Teil 5
84 , und
49 , und
31 , und
16 , und
33 , und
97 , und
67 , und
82 , und
45 , und
100 , und
41.

Tab. 6.17: Rangliste bei modifizierter Vergleichsskala für T_Nr=5

Da das zuvor modifizierte Anforderungsprofil ebenfalls um das Kriterium Mengenabweichung reduziert wird, erfüllt zusätzlich zu den zuvor ermittelten Lieferanten auch Lieferant 31 die Profilbedingungen.

Anforderungsprofil für Teil 5
terminabweichung: verfrüht
qualität: normal
MinPreisRelation: 72
MinLieferzeitRelation: 3

Lieferant 16 erfüllt Anforderungsprofil nicht
Lieferant 31 erfüllt Anforderungsprofil
Lieferant 33 erfüllt Anforderungsprofil
Lieferant 41 erfüllt Anforderungsprofil nicht
Lieferant 45 erfüllt Anforderungsprofil nicht
Lieferant 49 erfüllt Anforderungsprofil
Lieferant 67 erfüllt Anforderungsprofil nicht
Lieferant 82 erfüllt Anforderungsprofil nicht
Lieferant 84 erfüllt Anforderungsprofil
Lieferant 97 erfüllt Anforderungsprofil
Lieferant 100 erfüllt Anforderungsprofil nicht

Tab. 6.18: Modifiziertes Minimalanforderungsprofil bei modifizierter Vergleichsskala für T_Nr=5

Eine abschließende Prüfung auf Dominanz ergibt folgende Ergebnisse[54]:

Lieferant 84 dominiert Lieferant 97
Lieferant 49 dominiert Lieferant 97
Lieferant 84 dominiert Lieferant 49
Lieferant 97 dominiert Lieferant 41
Lieferant 84 dominiert Lieferant 41
Lieferant 49 dominiert Lieferant 41
Lieferant 45 dominiert Lieferant 41
Lieferant 33 dominiert Lieferant 100
Lieferant 33 dominiert Lieferant 41
Lieferant 31 dominiert Lieferant 100
Lieferant 31 dominiert Lieferant 82
Lieferant 31 dominiert Lieferant 41
Lieferant 16 dominiert Lieferant 67
Dominator: 16
Dominator: 31
Dominator: 33
Dominator: 45
Dominator: 84
Underdog: 41
Underdog: 67
Underdog: 82
Underdog: 100
Mittelfeld: 49
Mittelfeld: 97

Tab. 6.19: Dominanzrelationen bei modifizierter Vergleichsskala für T_Nr=5

54 auf die Angabe der Nichtvergleichbarkeitsrelation wurde hier verzichtet

Bewertungsergebnis:

Als Spitzenkandidaten für die Zuordnung von Bestellaufträgen für das Fremdbezugsteil 5 empfehlen sich damit nach den bisherigen Bewertungsschritten und den jeweiligen Bewertungsergebnissen die Lieferanten 84 und 49.

Entsprechende Rückmeldungen an die PPS zur Weiterverarbeitung können generiert werden, zum jetzigen Implementierungsstand allerdings noch auf manuellem Wege.

6.5 Leistungsbeurteilung

6.5.1 Bewertung der Unterstützungsleistung

WEBS stellt von seiner Konzeption her ein System zur Unterstützung der Lieferantenauswahlentscheidung des Einkäufers bei konkreten Beschaffungssituationen dar.

Die Arten der Unterstützungsleistung von WEBS umfassen dabei im wesentlichen folgende Aspekte:

WEBS führt automatisch teil- und lieferantenorientierte Datenbankabfragen durch, d.h. dem Einkäufer wird eine direkte problembezogene Schnittstelle zur PPS-Datenbasis zur Verfügung gestellt.

WEBS stellt in Form einer Methodenbank spezifische Bewertungsmethoden zur Verfügung.

Im Rahmen der Methodenbankverwaltung stellt WEBS methodenspezifische Hilfen und Erklärungen zur Verfügung.

Bei der Aktivierung ausgewählter Bewertungsmethoden durch den menschlichen Entscheidungsträger werden von WEBS selbständig bzw. im Dialog die methodenspezifischen Informationen ermittelt, die für die Methodenanwendung im konkreten Fall benötigt werden.

Der Bewertungsprozeß selbst wird sowohl bei der Vorabbewertung als auch bei der Anwendung spezifischer Bewertungsmethoden von WEBS transparent gestaltet (Aufzeigen verwendeter Informationen und Methoden, Identifikation von Informationsquellen).

Die von WEBS jeweils ermittelten Bewertungsergebnisse sind durch den Benutzer jederzeit hinterfragbar.

Insgesamt stellt sich eine WEBS-Konsultation als iterativen, mehrstufigen Bewertungsprozeß dar, der im Rahmen eines interaktiven, benutzergesteuerten Dialogs abgewickelt wird.

6.5.2 Bewertung des Entwicklungsaufwands

Eine Bewertung der Unterstützungsleistung von WEBS wäre ohne eine gleichzeitige kritische Bewertung des Entwicklungsaufwands und der verwendeten Entwicklungswerkzeuge unvollständig. Eine Bewertung des Entwicklungsaufwands betrifft dabei im wesentlichen die Fragestellung, inwieweit ein konventionell implementiertes System bei vergleichbarem Aufwand eine entsprechende Leistung wie WEBS erzielen könnte[55].

Die wesentlichen Unterschiede der bisherigen WEBS-Implementierung im Gegensatz zu einer konventionellen Implementierung, welche über die grundsätzlichen Unterschiede hinausgehen[56], liegen dabei zum einen im Bereich der Systemerstellung bzw. der Systemarchitektur, zum anderen im Bereich der Anwendungssteuerung.

Offene Systemarchitekturen lassen sich prinzipiell mit konventionellen Programmiersprachen genauso einfach realisieren; während jedoch i.d.R. bei konventionellen Programmiersprachen[57] lediglich die Option auf eine entsprechende Modularisierung angeboten wird, ist die Modularisierung bei Sprachen wie LISP oder PROLOG quasi sprachimmanent[58].

Auf der Grundlage dieser Modularität läßt sich bei dergestalt implementierten wissensbasierten Systemen eine hohe Flexibilität im Zusammenhang mit der eigentlichen Systementwicklung, aber auch mit der Wartung und Erweiterung des bestehenden Systems erreichen.

---

55 da parallel kein konventionelles System entwickelt wurde, beschränkt sich dieser Vergleich auf Unterschiede, die prinzipiell in konventionellen Architekturen vorliegen

56 vgl. Kapitel 1, 2 und 3.2.7

57 ausgenommen die objektorientierte Programmierung

58 was allerdings wiederum nicht den Rückschluß erlaubt, daß zwangsläufig jedes PROLOG- oder LISP-Programm den vollen Umfang modularer Konzepte realisiert

Die für WEBS relevanten Aspekte der Repräsentation von Wissen in Zusammenhang auch mit der Anbindung an relationale Datenbanken erfordern Sprachkonzepte, welche von PROLOG direkt, von alternativen Entwicklungswerkzeugen i.d.R. jedoch nicht a priori unterstützt werden.

Die implementierte Benutzeroberfläche von WEBS läßt sich mit modernen Entwicklungswerkzeugen mit demselben Aufwand erstellen, da davon auszugehen ist, daß gängige Entwicklungswerkzeuge die relevanten softwareergonomischen Gestaltungsaspekte ausreichend unterstützen.

Weitere zu betrachtende Aspekte liegen insbesondere in der Transparenz und Erklärungsfähigkeit des implementierten Systems, die zum einen auf den Leistungen der implementierten Shell basieren, zum anderen durch das Konzept der Methodenbank erreicht werden.

Während Methodenbankkonzepte mit wahrscheinlich adäquatem Aufwand auch konventionell realisierbar sind, erscheint der Aufwand zur Erstellung eines entsprechenden Meta-Interpreters[59] für z.B. FORTRAN oder Pascal beträchtlich höher. Zusätzlich werden wesentliche Bereiche der Methodenbankverwaltung durch die implementierte Shell abgearbeitet, entsprechende Routinen müssen bei konventionellen Systemen ebenfalls mit entsprechendem Aufwand zusätzlich entwickelt werden.

Weitere Aspekte wie z.B. die explizite Repräsentation implementierter Methoden und Verfahren in Form einer Methodenbank und die Integrationsfähigkeit von WEBS in konventionelle Anwendungsumgebungen dürften keine wesentlichen Unterschiede zu alternativen Entwicklungswerkzeugen aufzeigen.

6.6 Wartung/Aktualisierung der Wissensbasis

Die Wartung bzw. Aktualisierung der WEBS-Wissensbasis kann in einzelne Bereiche untergliedert werden:

die Stammdatenverwaltung[60],

die Pflege der Bewertungsdaten,

---

59 vgl. Kapitel 6.3.3
60 vgl. Kapitel 6.3.4.1

die Pflege der Methodenbank zur Lieferantenbewertung und

die Pflege der Programmroutinen.

Die Stammdatenverwaltung fällt dabei in den Aufgabenbereich des jeweiligen PPS-Systems bzw. des jeweiligen Datenbankverwaltungssystems.

Die Pflege der Bewertungsdaten erfolgt bei der bisherigen Implementierung innerhalb der PROLOG-Umgebung bzw. kann prinzipiell über jeden ASCII-Editor ausgeführt werden. Voraussetzung hierfür sind jedoch Kenntnisse über die verwendete Notation. Für den Einsatz in konkreten Produktionsumgebungen sollte allerdings entweder eine entsprechende Wartungskomponente entwickelt werden, sinnvoller erscheint jedoch die Möglichkeit, die entsprechenden Datensätze zu Vergleichsskalen, Punktlisten, Kriteriengewichten usw. ebenfalls in Form einer relationalen Datenbank zu verwalten und den Zugriff auf diese Daten über das Datenbankinterface zu organisieren.

Die Pflege der Methodenbank, d.h. insbesondere die Modifikation implementierter Methoden und das Hinzufügen neuer Bewertungsmethoden erfolgt bisher ebenfalls in PROLOG und setzt entsprechende Programmierkenntnisse voraus. Da Erweiterungen und weitergehende Modifikationen des Methodenbanksystems jedoch keinesfalls seitens des Endbenutzers vorgenommen werden sollten, stellt der Rückgriff auf eine entsprechende PROLOG-Umgebung eine akzeptable Lösung dar.

Methodenmodifikationen, die sich im wesentlichen auf die Methodenanwendung und die dafür benötigten Informationen beziehen, können über eine entsprechend variable Methodendefinition (z.B. Parametrisierung) erfolgen. Beispielsweise können mit der implementierten Methode Scoring reine Punkt- bzw. reine Prozentbewertungssysteme abgebildet werden. Die obligatorische Grundmethode Vorabbewertung bildet Checklistenverfahren und Notensysteme ab.

Die Pflege der Programmroutinen in PROLOG bzw. der dBASE-Programmiersprache erfolgt ebenfalls in den entsprechenden Programmierumgebungen auf der Basis des Quellcodes.

7. Schlußbetrachtung

Ausgehend von den Merkmalen industriebetrieblicher Entscheidungsprozesse wurde in der vorliegenden Arbeit das Einsatzpotential wissensbasierter Systeme zur Unterstützung dieser Entscheidungsprozesse im Rahmen der Produktionsplanung und -steuerung vorgestellt.

Dabei wurden drei Modelle wissensbasierter Systeme entwickelt:

- ein Architekturmodell unter Berücksichtigung von stand-alone und eingebetteten Systemen,

- ein Entwicklungsmodell unter Berücksichtigung des Problems der Auswahl von Entwicklungswerkzeugen und

- ein Integrationsmodell mit den Dimensionen *Integration in die Informationverarbeitungsumgebung*, *Integration in CIM-Prozeßketten* und *Integration in das organisatorische Umfeld.*

Das Einsatzumfeld wissensbasierter Systeme im Rahmen der PPS wurde unter CIM-Aspekten auf potentielle Anwendungsgebiete hin untersucht. Anforderungen an die Entwicklung und Gestaltung wissensbasierter Systeme wurden dabei aus den Eigenschaften des Anwendungsumfelds und Defiziten vorhandener konventioneller und wissensbasierter Systeme abgeleitet.

Die exemplarische Umsetzung der entwickelten Gestaltungsanforderungen anhand eines ausgewählten Bereichs erfolgte mit dem System WEBS, welches dem Einkaufssachbearbeiter beratende Unterstützung bei der Lieferantenbewertung und -auswahl anbietet.

Folgende Perspektiven für die weitere Entwicklung und Anwendung zeichnen sich bei einer Betrachtung einmal der vorliegenden WEBS-Implementierung, andererseits im Zuge einer generellen Betrachtung der technologischen Entwicklung und der (Weiter-)Entwicklung von CIM ab.

Am Beispiel von WEBS zeigen sich die Nutzungspotentiale benutzerorientierter, intelligenter Entscheidungsunterstützungssysteme, die sich an den spezifischen Bedürfnissen menschlicher Entscheidungsträger ausrichten lassen. Die Unterstützungsleistung solcher Systeme kommt dabei im wesentlichen erst durch die spezifische Erklärungsleistung des Systems zur Geltung. Nicht-transparente

Systeme, deren Bearbeitungsvorgänge und deren verwendete Methodik für den Entscheidungsträger nicht nachvollziehbar, nicht hinterfragbar bzw. nicht widerlegbar sind, führen aufgrund der immanenten Verknüpfung von Entscheidungsverantwortung mit der entscheidenden Person dazu, daß solche Systeme im praktischen Einsatz selten oder nicht in vollem Umfang genutzt werden.

Die ergonomische Gestaltung wissensbasierter Systeme - aber auch allgemein informationstechnischer Systeme - ermöglicht durch die Übertragung von dem Benutzer bekannten Methoden und Konzepten und der menschenorientierten Gestaltung der Nutzungsoberflächen dieser Systeme die Realisierung weitgehender Synergieeffekte in der Zusammenarbeit zwischen dem Menschen und informationstechnischen Systemen.

Die Weiterentwicklung von WEBS muß demzufolge in Zusammenhang mit konkreten Produktionsumgebungen fortgesetzt werden, um endbenutzerspezifische Änderungen und Erweiterungen der Benutzeroberfläche und der Methodenbank auch unter beschaffungsstrategischen Gesichtspunkten vorzunehmen. Die wesentlichen Grundlagen und die gängigen methodischen Konzepte stehen hierzu mit der vorliegenden Implementierung zur Verfügung, wobei auch eine Übertragung der nicht-anwendungsbezogenen Konzepte von WEBS in alternative Einsatzbereiche erfolgen kann. Kriterien hierfür wären beispielsweise eine mehrzielorientierte Betrachtung des Entscheidungsgegenstandes, eine relativ große Menge zu bewertender Alternativen und Kenntnisse über relevante Methoden und Verfahren des Einsatzbereichs.

Die AI stellt mit wissensbasierten Systemen Werkzeuge, Konzepte und Methoden zur Verfügung, die es ermöglichen, Entscheidungsprozesse im Industriebetrieb insbesondere im Bereich der Produktionsplanung und -steuerung in vielfältiger Art und Weise zu unterstützen. Damit erlauben es wissensbasierte Systeme, einige der aufgezeigten Schwachstellen derzeitiger PPS-Systeme zu überwinden.

Für die Entwicklung und den Einsatz dieser Systeme kommt es jedoch wesentlich darauf an, deren Integration in die existierende Umgebung effizient zu bewerkstelligen. Integration ohne entsprechende organisatorische Konsequenzen führt jedoch zu erheblichen Reibungsverlusten, im Extremfall zum Scheitern der Systemeinführung.

Für die im Rahmen von CIM entwickelten Integrationskonzepte für unternehmensweite Informationssysteme stellen wissensbasierte Systeme Möglichkeiten dar, weitreichende Synergieeffekte durch die intelligente Unterstützung existierender CIM-Komponenten bzw. die intelligente Kopplung dieser Komponenten zu realisieren. Dabei gilt jedoch, daß diese Systeme nur durch qualifizierte Mitarbeiter beherrschbar sind, die selbständig und verantwortungsbereit agieren.

Das vorgestellte Teilmodell der Integration wissensbasierter Systeme[1], welches am Konzept der CIM-Prozeßkette orientiert mögliche Einsatzfelder wissensbasierter Systeme aufzeigt, kann dabei als Basis eines generellen Integrationsmodells für CIM verwendet werden:

für die modulare bzw. funktionale Integration informationstechnischer Systeme und

für die Integration von CIM-Komponenten über Handler-Konzepte.

Die vorgestellten Architekturprinzipien von WEBS können dabei vielfältige Gestaltungsansätze zur Realisierung offener Systemarchitekturen aufzeigen.

---

1 vgl. Kapitel 4.4.2.2.2

Anhang A: WEBS-Dokumentation

Übersicht:

neue Prädikate in ShellTest

Prädikat	**Parameter/davon variabel**	**Funktion/Beispiel**
antwort_auf(X,Z,Antwort)	X,Z,Antwort/X,Z,Antwort Antwort =[ja, nein, warum, Wert]	bearbeitet Antwort auf X, erklärt gegebenenfalls Fragenkontext Z
bekannt(X)	X/X	prüft, ob Benutzer zu Prädikat X Aussagen getroffen hat (bestaetigt, abgelehnt), fragt gegebenenfalls
beweisbar(Vor, (X :- Vor)).	Vor, X /X	prüft, ob X unter gegebenen Voraussetzungen beweisbar ist
beweisbar(X)	X/X	prüft, ob Prädikat X beweisbar ist, primär aufgerufen von beweisbar(Vor, (X :- Vor))/ beweisbar(L kann_liefern T).
erklaerbar(X)	X	prüft, ob Prädikat X erklaerbar ist, primär aufgerufen von weswegen
ist_gezeigt(X)	X	zeigt Prädikat(e) X an, i.d.R. verwendet in Erklärungen
nicht_erklaerbar(X)	X	prüft, ob Prädikat X nicht erklaerbar ist, primär aufgerufen von warum_nicht
sind_gezeigt(L)	L	zeigt (Regel-)Listen an
subst_var(L, Antwort)	L, Antwort/L	ersetzt den ersten variablen Teil von L durch Antwort
systemprädikate(L)	L/	identifiziert Systemprädikate -> nicht beweisbar
user_bestaetigt(X,Z)	X, Z/X, Z	liest Benutzerantwort Z auf X ein, Weiterbearbeitung
warum_nicht X.	X/X	erklärt, warum X nicht abgeleitet werden kann/ warum_nicht L kann_liefern T.

Prädikat	Parameter/davon variabel	Funktion/Beispiel
was X.	X/X	prüft Prädikat X/was L kann_liefern Menge
wer X.	X/X	prüft Prädikat X/wer L kann_liefern T
weswegen X.	X/X	erklärt Ableitung des Prädikats X/ weswegen L kann_liefern T.

neue Prädikate
Dialogkomponente
Fensterroutinen

Prädikat	**Parameter/davon variabel**	**Funktion/Beispiel**
activatewindow(Name, Status)	Name, Status/ Status = [open, 'Fehler']	aktiviert zuvor definiertes Fenster wieder
closewindow(Name, Status)	Name, Status/Status Status = [closed, 'Fehler']	schließt zuvor geöffnetes Fenster wieder, entfernt fenster-Prädikat aus Datenbasis
close_all_windows		schließt alle geöffneten Fenster
fileread(Datei, Wort)	Datei, Wort/Wort	liest aus Datei ein mit einem Punkt abgeschlossenes Prädikat in Wort ein verwendet für Fensterdefinition (Umformung der Argumente)
interlace		Schalter, normal auf fail verwendet für maxY
maxX(672)		gibt maximale Breite eines Fensters an
maxY(Y)	Y/Y	gibt maximale Höhe eines Fenster an, 280 (mit interlace 560)
open(Typ, Fenster)	Typ, Fenster/	öffnet je nach Typ Fenster über see bzw. tell
openwindow(Typ, XPos, YPos, Breite, Höhe, Name, Status)	Typ, XPos, YPos, Breite, Höhe, Name, Status/Status Typ = [input, output], Status = [open, 'Fehler']	öffnet an XPos, YPos ein Fenster mit Breite, Höhe und Titel Name für Ein-/Ausgabezwecke (-> Typ), fügt bei Erfolg das Prädikat fenster(Status, Name, Fenster, Typ) an Datenbasis an, Fenster = umgeformte Argumente
windowdef(Typ, XPos, YPos, Breite, Höhe, Name)	Typ, XPos, YPos, Breite, Höhe, Name/	schreibt Fensterdefiniton in temporäre Datei RAM:Temp -> Argumentumformung

neue Prädikate Button

Prädikat	**Parameter/davon variabel**	**Funktion/Beispiel**
button(XPos, YPos, Schalter-liste, Option, Wahl)	XPos, YPos, Schalterliste, Option, Wahl/Option, Wahl	erzeugt Schalter-/Auswahlmenu an X, Y mit den in der Liste enthaltenen Alternativen, Option liefert gewähltes Element, Wahl die Nummer der Alter-native/button(10, 10, [alt1, alt2], Opt, Wahl)
button(XPos, YPos, Titel, Schalterliste, Option, Wahl)	XPos, YPos, Titel, Schalter-liste, Option, Wahl/Option, Wahl	wie oben, zusätzlich wird ein spezifischer Titel des Schalter-/Auswahlmenus übergeben
max(X, Y, Max)	X, Y, Max/Max	übergibt an Max den größeren Wert von X bzw. Y
pmenu(Option, Titel, Auswahlliste)	Option, Titel, Auswahlliste/ Option	erzeugt an aktueller Position des Mauszeigers ein Popup-menu mit den in Auswahlliste angebenen Optionen, gewählte Alternative wird in Option zurückgegeben

neue Prädikate
Utilities

Prädikat	**Parameter/davon variabel**	**Funktion/Beispiel**
dpreis	/	bestimmt für alle Teile (T_Nr = [1, 50] den durchschnittlichen Angebotspreis und schreibt diese Werte in die Datei RAM:Test (Prädikat: dpreis(T_Nr, Preis)
durchschnitt_liste(L, Durch)	L, Durch/Durch L darf nur numerische Elemente enthalten!	bestimmt den numerischen Durchschnitt aller Elemente von L und gibt diesen in Durch zurück
findall(X, G, L)	X, G, L/L	sammelt alle Werte X, die das Ziel G erfüllen in Liste L/ findall(L_Nr, liefert(L_Nr, 3, _, _, _).
lösche((L, K, NL)	L, K, NL/NL	löscht alle Listeneinträge mit Kennung K ([K|_]) aus Liste L und gibt reduierte Liste NL zurück/ entfernt Lieferanten aus l_liste
prettyprint(X)	X/ X = [Atome, Listen, Strukturen]	erzeugt möglichst leicht lesbare Darstellung von X je nach Art von X
sublist(TL, Liste)	Teilliste, Liste/	ist true, wenn TL Teilliste von Liste ist
summiere_liste(L, Summe)	L, Summe/Summe L darf nur numerische Elemente enthalten!	bestimmt die Summe aller Elemente von L und gibt diese in Summe zurück

neue Prädikate Lieferantendaten

Prädikat	Parameter/davon variabel	Funktion/Beispiel
lieferant(L_Nr, L_Name, AGB)	Faktenaussage!	lieferant(1, lieferant_1, [unbekannt])
liefert(L_Nr, T_Nr, Preis, Lieferfrist, Mindestbestell-menge)	Faktenaussage! Preis in DM, Frist in Tagen, Menge in ME	liefert(1, 12, 422, 4, 36)

neue Prädikate Teiledaten

Prädikat	Parameter/davon variabel	Funktion/Beispiel
planjahresbedarf(T_Nr, Menge, regelmäßig)	Faktenaussage! Bedarfsanfall = regelmäßig	planjahresbedarf(2, 532).
planjahresbedarf(T_Nr, Menge)	Faktenaussage!	s.o.
teil(T_Nr, T_Bezeichnung, N_Einkaufspreis)	Faktenaussage!	teil(1, teil_1, 60).
teilklassifikation(T_Nr, ABC_Klasse, XYZ_Klasse, Bedarfsanfall)	Faktenaussage! ABC=['A-'-,'B-'-, 'C-Teil'] XYZ=['X-'-,'Y-'-, 'Z-Klasse'] Bedarfsanfall=[regelmäßig, unregelmäßig]	teilklassifikation(1, 'A-Teil', 'Y-Klasse', unregelmäßig).

neue Prädikate Eingangs-bewertungen

Prädikat	Parameter/davon variabel	Funktion/Beispiel
alte_bestellung(B_Nr, L_Nr, T_Nr, Konditionen, Datum).	Faktenaussage! Konditionen = Liste mit Preis, Menge, AGB usw.	alte_bestellung(4711, 2, 1, [808, 25], '12.07.90').
eingangsbewertung(L_Nr, T_Nr, Terminabweichung, Qualität, Mengenabweichung, Preisabweichung)	Faktenaussage! Werte sind jeweils qualitative Aussagen aus den jeweiligen Wertelisten, vgl. Bewertungsdaten später evtl. dazu: Verweis auf B_Nr	eingangsbewertung(2, 1, verfrüht, gut, keine, 'bis 5% teurer').

neue Prädikate
Liefer3

Prädikat	**Parameter/davon variabel**	**Funktion/Beispiel**
bedarf(T_Nr, Menge, LTermin)	T_Nr, Menge, LTermin/ je nach Vorliegen	prüft, ob entsprechende Bedarfsmeldung vorliegt, ansonsten werden alle fehlenden Werte erfragt
bedarf_bearbeiten		startet Bearbeitung nach Laden von Bedarfsmeldungen aus dBASE, alternativ erfolgt manuelle Bedarfsmeldung
bedarfsmeldungen_laden		lädt PPS-Bedarfsmeldungen aus dBASE
bedarfsmeldungen_zeigen		zeigt aktuelle Bedarfsmeldungen
bewertung(Lieferanten, T_Nr, Skala, MinPreis, MinLieferfrist, Bewertete_Lieferanten)	Lieferanten, T_Nr, Skala, MinPreis, MinLieferfrist Bewertete_Lieferanten/ Bewertete_Lieferanten	führt für jeden Lieferanten eine Vorabbewertung durch (Zuordnung eines Wertes für jedes Kriterium in Skala), qualitativ z.B. bei terminabweichung (-> eingangsbewertung), quantitativ z.B. als Verhältnis Angebotspreis zu MinPreis
bewertung_anzeigen(alle)		zeigt für jeden Lieferanten Daten und die Bewertung an
bewertung_drucken		gibt Vorabbewertungen der Lieferanten auf Drucker aus
bewertung_zeigen(L_Nr)	L_Nr/	zeigt für L_Nr die Lieferantendaten und die Bewertung an
bewertung_anzeigen(Skala, T_Nr, BL)	Skala, T_Nr, BL/	ruft direkt zeige_lieferanten auf
clearfact		löscht alle bisherigen der Datenbasis hinzugefügten Werte
do(Option)	Option/	ruft je nach Option Prädikate auf, meist call(Option)

Prädikat	Parameter/davon variabel	Funktion/Beispiel
go		liest startmenu und schreibt Prädikat hauptmenu, ruft anschließend menustart auf
hauptmenu(Liste)	Faktenaussage!	Liste enthält alle beim momentanen Stand einer Konsultation anwendbaren Prädikate des Hauptmenüs
init		lädt alle weiteren WEBS-Module
lieferanten-liste2(Lieferanten2)	Lieferanten2/	entfernt die von mengen-bedingung gesetzten Marken und sammelt die ent-sprechenden L_Nr in Lieferanten2
listeneintrag(L_Nr, T_Nr, Skala, PB, LFB, Sicherheit, LB)	L_Nr, T_Nr, Skala, PB, LFB Sicherheit, LB/LB	wertet eingangsbewertung für L_Nr aus, bestimmt über Prädikat wert die konkreten Wette anhand Vergleichsskala Skala LB = [LB | Werte]
l_listen		zeigt die drei möglichen Lieferantenlisten an (s.o.)
l_wert(Kennung, L_Nr, T_Nr, PB, LFB, Sicherheit, Wert)	Kennung, L_Nr, T_Nr, PB, LFB, Sicherheit, Wert/Wert	ermittelt für die Kennung eines Vergleichskriteriums die zugeordnete Vorabbewertung
mengenbedingung(T_Nr, Menge, Lieferanten)	T_Nr, Menge, Lieferanten/	prüft, welche Lieferanten die benötigte Menge an T_Nr liefern können, bei positivem Vergleich wird das Prädikat mark3(L_Nr) der Datenbasis hinzugefügt fehlende Fakten werden erfragt
menustart		zeigt hauptmenu an, ruft Popupmenu auf und führt gewählte option über do aus
min_lieferfrist(T_Nr, MinLieferfrist)	T_Nr, MinLieferfrist/ MinLieferfrist	bestimmt die minimale Liefer-frist der Lieferanten aus Lieferanten2 (s.o.), verwendet modifiziertes minimum nach Ster-ling/Shapiro

Prädikat	Parameter/davon variabel	Funktion/Beispiel
min_preis(T_Nr, MinPreis)	T_Nr, MinPreis/MinPreis	bestimmt den minimalen Angebotspreis der Lieferanten aus Lieferanten2 (s.o.), verwendet modifiziertes minimum nach Sterling/Shapiro
start		prüft Bedarfsmeldungen, ermittelt minPreis und Lieferantenlisten (potentielle Lieferanten, mit Mengenrestriktion, mit Eingangsbewertung)
startmenu(Liste)	Faktenaussage!	Liste enthält alle zu Beginn einer Konsultation anwendbaren Prädikate
teil_anforderungen(T_Nr)	T_Nr/	zeigt Teilanforderungen an (Bedarfsmenge, relativer Bedarfstermin, durchschn. Einkaufspreis) -> evtl. anforderungsprofil hinzufügen (nicht obligatorisch)
test		Testprädikat, definiert Ausgabeformat für numerische Werte, definiert Ausgangszustand ohne Zwischenergebnisse zu löschen, ruft start auf
sicherheitsbewertung(L_Nr, T_Nr, Sicherheit)	L_Nr, T_Nr, Sicherheit/ Sicherheit	noch nicht verwendet
soll_gefragt_werden(Prompt, Prädikat)	Faktenaussage!	definiert Prädikate, nach denen der Benutzer gefragt werden kann
vorabbewertung_lieferanten(T_Nr)	T_Nr/	ermittelt Parameter, ruft bewertung auf
zeige_lieferanten(Skala, T_Nr, BL)	Skala, T_Nr, BL/	aufgerufen von bewertung_anzeigen, führt eigentliche Ausgabe durch

neue Prädikate Bewertungsdaten

Prädikat	Parameter/davon variabel	Funktion/Beispiel
anforderungsprofil(T_Nr, Profil)	T_Nr, Profil/Profil	ermittelt für T_Nr eine Liste minimaler Kriterienausprägungen, falls keine Fakten vorliegen, wird Profil im Dialog erstellt
eingangsbewertung(L_Nr, T_Nr, Bewertungsliste)	L_Nr, T_Nr, Bewertungsliste/ Bewertungsliste	ermittelt für L_Nr, T_Nr die Kriterienausprägungen (T, Q, M, P), falls keine Fakten vorliegen, werden Bewertungen im Dialog erstellt (nur für Kriterien aus Vergleichsskala!)
eingangsbewertung(L_Nr, T_Nr, T, Q, M, P)	L_Nr, T_Nr, T, Q, M, P/ je nach Definition	noch nicht verwendet, erlaubt als Restmengen globale Vorabbewertungen, z.B. abhängig von L_Nr oder teilklassifikation
endbewertung_lieferant(L_Nr, T_Nr, Punkteliste, Gewichteliste, Wert)	L_Nr, T_Nr, Punkteliste, Gewichteliste, Wert/Wert	ermittelt für Scoring Gesamtpunktwert durch Multiplikation des jeweiligen Punktwerts mit einem Gewichtungsfaktor und anschließender Aufsummierung
fakt_anforderungsprofil(T_Nr, Profil)	Faktenaussage!	Angabe minimaler Kriterienausprägungen für T_Nr, die ein Lieferant erfüllen soll
fakt_eingangsbewertung(L_Nr, T_Nr, T, Q, M, P)	Faktenaussage!	Daten aus Wareneingangskontrolle für Termin, Qualität, Menge, Preis
fakt_vergleichsskala(Skala, T_Nr)	Faktenaussage!	Angabe teilebezogener Bewertungskriterien/ fakt_vergleichsskala([terminabweichung, qualität, 'MinPreisRelation]', 2).
globalstrategie(T_Nr, Gewichteliste)	T_Nr, Gewichteliste/ Faktenaussage!	erlaubt Definition globaler Gewichtungen in Abhängigkeit von z.B. teilklassifikation

Prädikat	Parameter/davon variabel	Funktion/Beispiel
maxpunkte(Kriterium, Punkte)	Faktenaussage!	für relative Bewertung numerische Werte (z.B. Preise im Verhältnis zum minimalen Preis) und Skalenwerte die maximale Punktzahl, die für Kriterium erzielt werden kann/ maxpunkte('MinPreisRelation', 20).
mult_sum(L1, L2, X)	L1, L2, W/W	summiert die Ergebnisse der paarweisen Multiplikation der Elemente zweier Listen
punktliste(L_Nr, T_Nr, Werteliste, Punkteliste)	L_Nr, T_Nr, Werteliste, Punkteliste/Punkteliste	übergibt für jeden Einzelwert aus Werteliste den korrespondierenden Punktwert (vgl. punktwert) in Punkteliste
punktwert(Kriterium, Bewertung, Punkte)	Kriterium, Bewertung, Punkte/Punkte	übergibt den der Bewertung für Kriterium entsprechenden Punktwert in Punkte, für qualitative Aussage aus punktliste, für andere Berechnung
punkte(Kriterium, Punkteliste)	Faktenaussage!	enthält für die qualitativen Aussagen in der zu Kriterium gehörenden Werteliste die zuordenbaren Punkte (verwendet für Scoring)/ punkte(qualität, [20, 10, 5, 0, -20]).
skala(Kriterium, Werteliste)	Faktenaussage!	enthält für qualitative Aussagen in teilziele jeweils als Ordinalskala die möglichen Werte/ skala(qualität, ['sehr gut', gut, normal, ausreichend, mangelhaft].
strategie(T_Nr, Gewichteliste, Komment)	T_Nr, Gewichteliste, Komment/Gewichteliste, Komment Komment = [Teilestrategie, Globalstrategie, Restmenge]	gibt für T_Nr eine Gewichtungsliste an
strategie(_, [1,1,1,1,1,1,1], 'Restmenge')	Faktenaussage!	gleichgewichtete Kriterien
teilstrategie(T_Nr, Gewichteliste)	T_Nr, Gewichteliste/ Faktenaussage!	teilebezogene Gewichteliste/ teilstrategie(1, [0.8, 1, 0.8, 1, 1, 1]).

Prädikat	Parameter/davon variabel	Funktion/Beispiel
teilziele(Liste)	Faktenaussage!	verwendet, um Vergleichsskalen zu definieren (= maximale Vergleichsskala), muß mindestens die in eingangsbewertung verwendeten Kriterien enthalten/ teilziele([terminabweichung, qualität, mengenabweichung, preisabweichung, 'MinPreisRelation', sicherheitsbewertung].
vergleichsskala(Skala, T_Nr)	Skala, T_Nr/Skala	ermittelt für T_Nr eine Liste zu betrachtender Kriterien, falls keine Fakten vorliegen, wird Skala im Dialog erstellt
vergleichsskala(MSkala, _)	MSkala/	noch nicht verwendet, Restmenge = Maximalskala aus teilziele

neue Prädikate
Bewertungsregeln

Prädikat	**Parameter/davon variabel**	**Funktion/Beispiel**
besser(A, B, WerteA, WerteB, Kriterien)	A, B, WerteA, WerteB, Kriterien/	ist true, wenn gilt, daß Alternative A eindeutig besser als Alternative B ist, d.h., A muß in mindestens einem Kriterium aus Kriterien den besseren Wert als B haben, und ist in keinem anderen Kriterium schlechter als B
direkter_Vorgänger(Liste, X, Y)	Liste, X, Y/nur X möglich	ist true, wenn X unmittelbarer/direkter Vorgänger von Y in Liste ist
dominanzen_erstellen(Bewertete_Liste, Skala)	Bewertete_Liste, Skala/ als Ergebnisse werden die Prädikate fdominiert, gleichwertig, nicht_vergleichbar in die Datenbasis eingetragen	führt vollständige Prüfung auf Dominanz aller bewerteten Mitglieder einer Liste anhand einer Skala aller Vergleichskriterien durch, Aufbau Listenelement: [Kennung | Werteliste]
dominiert(X, Y, Skala)	X, Y, Skala verwendet von dominanzen_erstellen	prüft, ob X (Aufbau: [Kennung | Werteliste]) Y in Bezug auf die Kriterein in Skala dominiert
ist_Vorgänger(Liste, X, Y)	Liste, X, Y/nur X möglich	ist true, wenn X Vorgänger von Y in Liste ist
num_vergleich(Vergleichsergebnis, X, Y)	Vergleichsergebnis, X, Y/ Vergleichsergebnis = [gleich, besser, 'besser oder gleich', schlechter, 'schlechter oder gleich']	arithmetischer Vergleich von X und Y
num_Vorgänger(Liste, X, Y, Abst)	Liste, X, Y, Abst/Abst	gibt an, wieviele Listenelemente zwischen X und Y liegen = Abstandsmaß
list_posnr(Liste, X, PosNr)	Liste, X, PosNr/PosNr	gibt an, an wievielter Stelle von Liste X steht (Listenplatznummer)

Prädikat	Parameter/davon variabel	Funktion/Beispiel
schlechter(A, B, WerteA, WerteB, Kriterien)	A, B, WerteA, WerteB, Kriterien/	ist true, wenn gilt, daß Alternative A eindeutig schlechter als Alternative B ist, d.h., A muß in mindestens einem Kriterium aus Kriterien den schlechteren Wert als B haben, und ist in allen anderen Kriterium nicht besser als B
schlechter_oder_gleich(A, B, WerteA, WerteB, Kriterien)	A, B, WerteA, WerteB, Kriterien/	ist true, wenn Alternative A in keinem Kriterium besser als B ist
vergleiche(Vergleichsergebnis, Liste, X, Y)	Vergleichsergebnis, Liste, X, Y/ Vergleichsergebnis = [gleich, besser, schlechter]	führt einen Vergleich von X und Y anhand einer gegebenen Liste durch, X und Y müssen Listenmitglieder sein, der Vergleich geht über ist_vorgänger
vergleiche(Vergleichsergebnis, skala(Kriterium), X, Y)	Vergleichsergebnis, Kriterium, X, Y/ Vergleichsergebnis = [gleich, besser, schlechter]	wie oben, nur wird die Liste über das Prädikat skala(Kriterium, Werteliste) abgerufen
vergleiche(Vergleichsergebnis, skala(Kriterium), X, Y)	Vergleichsergebnis, Kriterium, X, Y/ Vergleichsergebnis = [gleich, besser, 'besser oder gleich', schlechter, 'schlechter oder gleich']	wie oben, nur handelt es sich bei Kriterium um ein voll numerisch vergleichbares Kriterium -> arithmetischer Vergleich möglich wird auch benutzt, wenn kein Listenvergleich möglich
zeige_gewichte(S, G, K)	S, G, K/K	zeigt Kriteriengewichte an und identifiziert Geltungsbereich
zeige_punkte(Skala, Punkte)	Skala, Punkte/	zeigt Punktbewertungen
zeige_werte(Skala, Werte)	Skala, Werte/	zeigt Vorabbewertungen an, aufgerufen von zeige_lieferanten

neue Prädikate
Bewertungsmethoden

Prädikat	**Parameter/davon variabel**	**Funktion/Beispiel**
anwenden_methode(Methode)	Methode/	steuert Anwendung von Methode, generiert gegebenenfalls Fehler-meldung
ausführen(Durchführung)	Durchführung/	schrittweise Ausführung einer Methode
bewertungsmethoden(Liste)	Faktenaussage!	Liste aller anwendbaren Bewertungsmethoden
erkläre(M, T_Nr)	M, T_Nr/	erklärt methodenspezifsche Ergebnisse für T_Nr/erkläre('Scoring',5)
erweitern_menu(Ergebnisse)	Ergebnisse/	wurde eine Methode komplett erfolgreich angewendet, wird das Hauptmenu des aufrufen-den Programms um die Prädikate erweitert, die die Ergebnisse der Methode anzeigen
info_methode(M)	M/	zeigt Methodeninformation an
infotext(M, Datei)	M, Datei/	Verweis auf Hilfstexte zu Methode M
methode(Bezeichnung, Voraussetzungen, Durch-führung, Ergebnisse)	Fakteneintrag!	beschreibt eine Methode/ methode('Scoring', [l_liste(T_Nr, 3, BL), vergleichsskala(Skala, T_Nr)], [punktzuweisung(T_Nr)], [punktausgabe(T_Nr), rang-liste_erstellen(T_Nr)]).
methodenwahl		erzeugt Popupmenu zur Auswahl einer Bewertungs-methode und veranlaßt gegebenenfalls Ausführung
quelle_skala(S, T_Nr, Q)	S, T_Nr, Q/Q	gibt Informationsquelle für Vergleichsskala an
quelle_werte(W, L_Nr, Q)	W, L_Nr, Q/Q	gibt Informationsquelle für Vorabbewertungen an

Prädikat	Parameter/davon variabel	Funktion/Beispiel
prüfe_anwendung(M)	M/	überprüft, ob Methode M schon aktiviert wurde
prüfe(Voraussetzungen)	Voraussetzungen/	prüft, ob alle Voraussetzungen zur Anwendung einer Methode gegeben sind, gegebenenfalls werden Voraussetzungen geschaffen, z.B. Vergleichsskala angelegt

Scoring-Verfahren

ausgabe_punkte(T_Nr)	T_Nr/	liest die von Punktbewertung erzeugten Prädikate und zeigt diese an
punktausgabe(T_Nr)	T_Nr/	zeigt Punktergebnis an
punktbewertung(T_Nr)	T_Nr/	führt Punktbewertung für jedes Mitglied von BL (s.o.) durch als Ergebnis werden Prädikate einzelpunkte, gesamtpunkte (jeweils mit L_Nr, T_Nr, Wert/e) zur Datenbasis hinzugefügt
punkte_drucken(T_Nr)	T_Nr/	gibt Punktbewertung auf Drucker aus
punktzuweisung(T_Nr)	T_Nr/	weist Punkte zu
rangliste_erstellen(T_Nr)	T_Nr/	sortiert BL (s.o.) nach Gesamtpunkten und zeigt sortierte Liste an verwendet modifiziertes Quicksort nach Sterling/Shapiro
rangliste_drucken(T_Nr)	T_Nr/	gibt Rangliste auf Drucker aus

Dominanzrelationen

Prädikat	Parameter/davon variabel	Funktion/Beispiel
dominierte_lieferanten		ermittelt Parameter für Aufruf von dominanzen_erstellen, d.h. l_liste(T_Nr, 3, BL) und Vergleichsskala
dominanz_anzeigen		zeigt Dominanzpaare an
dominatoren_zeigen		zeigt Lieferanten, die nicht dominiert werden
drucke_dominanz		gibt Dominanzrelationen auf Drucker aus
gleichwertig_zeigen		zeigt Gleichpaare an
nicht_vergleichbar_zeigen		zeigt Nicht-Gleichpaare/ Nicht-Dominanzpaare an
mittelfeld_zeigen		zeigt Alternativen an, die entweder dominiert werden, aber auch dominieren oder nicht dominiert werden, aber auch nicht dominieren
underdogs_zeigen		zeigt Lieferanten, die keinen anderen dominieren
zeige_dominanz		zeigt die durch dominierte_lieferanten erzeugten Prädikate an

Anforderungsprofil

Prädikat	Parameter/davon variabel	Funktion/Beispiel
profil_filter(BL, Profil, Skala)	BL, Profil, Skala/	prüft für jeden Lieferanten in BL, ob er das Anforderungsprofil erfüllt
profil_liste(T_Nr)	T_Nr/	zeigt aktuelles Anforderungsprofil und ruft profil_filter auf
ptest(Werte, Profilwerte, Kriterien)	Werte, Profilwerte, Kriterien/	vergleicht Lieferantenwerte mit Profilwerten, verwendet vergleiche

Anhang B: dBASE-Interface

Datensatzstrukturen

```
Datenbankstruktur       : C:BEDARFSM.dbf
Anzahl der Datensätze :        3
Letztes Änderungsdatum: 10.12.90
Feld    Feldname       Typ          Länge    Dez
    1   T_NR           Numerisch        5
    2   B_MENGE        Numerisch       10
    3   B_TERMIN       Datum            8
** Gesamt **                           24

Datenbankstruktur       : C:TEILEDAT.dbf
Anzahl der Datensätze :       50
Letztes Änderungsdatum: 30.07.90
Feld    Feldname       Typ          Länge    Dez
    1   T_NR           Numerisch        5
    2   T_NAME         Zeichen         20
    3   D_PREIS        Numerisch       10      2
** Gesamt **                           36

Datenbankstruktur       : C:T_KLASS.dbf
Anzahl der Datensätze :       50
Letztes Änderungsdatum: 30.07.90
Feld    Feldname       Typ          Länge    Dez
    1   T_NR           Numerisch        5
    2   ABC_KLASSE     Zeichen         10
    3   XYZ_KLASSE     Zeichen         10
    4   BEDARFSANF     Zeichen         20
** Gesamt **                           46

Datenbankstruktur       : C:LIEFER.dbf
Anzahl der Datensätze :      100
Letztes Änderungsdatum: 30.07.90
Feld    Feldname       Typ          Länge    Dez
    1   L_NR           Numerisch        5
    2   L_NAME         Zeichen         20
    3   AGB            Zeichen         60
** Gesamt **                           86

Datenbankstruktur       : C:L_T_REL.dbf
Anzahl der Datensätze :      479
Letztes Änderungsdatum: 30.07.90
Feld    Feldname       Typ          Länge    Dez
    1   L_NR           Numerisch        5
    2   T_NR           Numerisch        5
    3   PREIS          Numerisch       10      2
    4   L_FRIST        Numerisch        3
    5   M_MENGE        Numerisch        6
** Gesamt **                           30

Datenbankstruktur       : C:EINGANGS.dbf
Anzahl der Datensätze :        1
Letztes Änderungsdatum: 30.07.90
Feld    Feldname       Typ          Länge    Dez
    1   L_NR           Numerisch        5
    2   T_NR           Numerisch        5
    3   TERMINAB       Zeichen         20
    4   QUALITÄT       Zeichen         20
    5   MENGENAB       Zeichen         20
    6   PREISAB        Zeichen         20
** Gesamt **                           91
```

dBASE-Datenbankprogramme

```
* Datenbank_Konsultation aus Prolog: SLAVE.prg
* In Datenbank T_Nr soll die übergebene Teilenummer eingelesen
* werden, steht in Datei PipeIn.asc, alternativ Kommando
* Ergebnisse werden nach PipeOut.asc geschrieben
* bearbeitete Kommandos:
* quit   -> dBASE-Interface schließen
* bedarf -> Bedarfsmeldungen aus PPS an WEBS übergeben
close all
set talk off
To_Do="default"
do while To_Do <> "quit"
 clear
 ? "***** Erwarte WEBS-Konsultation *****"
 run aread pipe:in PipeIn.asc
  use Befehl
  delete all
  pack
  append delimited from PipeIn.asc
  go top
  To_Do = Befehl
  if To_Do="bedarf"
    do Bedarf
    run awrite PipeOut.asc pipe:out
  endif
  if val(To_Do) > 0
    do D_Such
    run awrite PipeOut.asc pipe:out
  endif
 run del PipeIn.asc
enddo
```

```
* Datenbank_Konsultation aus Prolog: BEDARF.prg
* In Datenbank BEDARFSM stehen die Bedarfsmeldungen aus der PPS
* die entsprechenden Datensätze werden nach PipeOut.asc
* geschrieben, das Datum wird in Anzahl Tage umgerechnet
close all
set talk off
set alternate to PipeOut.asc
use BEDARFSM
go top
set alternate on
do while .NOT. EOF()
  L_Termin=B_TERMIN-DATE()
  ? "bedarfsmeldung("+ltrim(str(T_Nr))+", "+ltrim(str(B_MENGE))+
    ", "+ltrim(str(L_Termin))+")."
  skip
enddo
? "% Ende Datenrückgabe"
?
set alternate off
close all
return
```

```
* Datenbank_Konsultation aus Prolog: D_SUCH.prg
* In Datenbank T_Nr soll die übergebene Teilenummer eingelesen
* werden, steht in Datei PipeIn.asc
* Ergebnisse werden nach PipeOut.asc geschrieben
close all
set talk off
set alternate to PipeOut.asc
select A
use T_Nr
delete all
pack
append deli from PipeIn.asc
go top
B_Teil = T_Nr
? B_Teil
select A
use Liefer index L_Nr1
select B
use L_T_Rel index LT_Nr1
seek B_Teil
set alternate on
do while T_Nr=B_Teil
    ? "liefert("+ltrim(str(L_Nr))+","+ltrim(str(B_Teil))+","+
      ltrim(str(Preis))+","+ltrim(str(L_Frist))+","+ltrim(str(M_Menge))+
      ")."
    L_Such=L_Nr
    select A
    seek L_Such
    ? "lieferant("+ltrim(str(L_Such))+","+trim(liefer->L_Name)+
      ","+trim(liefer->AGB)+")."
  select B
  skip
enddo
use Teiledat index T_Nr1
seek B_Teil
? "teil("+ltrim(str(T_Nr))+","+trim(T_Name)+","+ltrim(str(D_Preis))+")."
use T_KLass index T_Nr2
seek B_Teil
? "teilklassifikation("+ltrim(str(T_Nr))+","+trim(ABC_Klasse)+
  ","+trim(XYZ_Klasse)+","+trim(Bedarfsanf)+")."
? "% Ende Datenrückgabe"
?
set alternate off
close all
return
```

PROLOG-Datenbankprädikate

```
% dBASE-Interface, PROLOG-Klauseln
dBASE_quit :-
  telling(F),
  tell('Pipe:In'),
  write(quit), nl,
  told, tell(F), !.

consult_dbase(bedarf) :-
  retractall(bedarfsmeldung(_,_,_)),
  telling(F),
  tell('Pipe:In'),
  write(bedarf), nl,
  told, tell(F),
  consult('Pipe:Out'), !.
% als Ergebnis liefert dBASE:
% bedarfsmeldung(T_Nr, Bedarfsmenge, Bedarfszeitpunkt)

consult_dbase(T_Nr) :-
  telling(F),
  tell('Pipe:In'),
  write(T_Nr), nl,
  told, tell(F),
  reconsult('Pipe:Out'), !.
% als Ergebnis liefert dBASE folgende Klauseln:
% liefert, lieferant, teil, teilklassifikation von T_Nr
```

Kurztitel zitierter Zeitschriften

atp	Automatisierungstechnische Praxis
BFuP	Betriebswirtschaftliche Forschung und Praxis
HMD	Handbuch der modernen Datenverarbeitung
io	industrielle organisation
KI	Künstliche Intelligenz, Organ des GI-Fachbereiches
WiSt	Wirtschaftsstudium
ZfB	Zeitschrift für Betriebswirtschaft
ZWF CIM	Zeitschrift für wirtschaftliche Fertigung

Literaturverzeichnis

[1] Anselstetter, Rainer (1986): "Betriebswirtschaftliche Nutzeffekte der Datenverarbeitung, Anhaltspunkte für Nutzen-Kosten-Schätzungen", 2. durchgesehene Auflage, Berlin-Heidelberg-New York-Tokio, 1986

[2] Appelrath, Hans-Jürgen (1985): "Von Datenbanken zu Expertensystemen", Berlin-Heidelberg-New York, 1985

[3] Baaz, M. (1987): "Automatisches Beweisen für Logiksysteme, in denen Widersprüche behandelt werden können" in: Buchberger/Retti (Hrsg.) (1987), 1987, Seite: 176-181

[4] Baaz, M. (1989): "An Effective Decision Algorithm for Propositional Temporal Logic", in: Retti/Leidlmair (Hrsg.) (1989), Seite: 106-113

[5] Balzert, H./Heyer, G./Lutze, R. (Hrsg.) (1987): "Expertensysteme '87, Konzepte und Werkzeuge, Tagung des German Chapter of the ACM am 7. und 8.4.1987 in Nürnberg", Stuttgart, 1987

[6] Bartsch-Spörl, Brigitte (1990): "Die Veränderung von (Experten-) Wissen durch den Prozeß der Wissensakquisition: Exkurs 2", in: KI, 2/1990, Seite: 34-36

[7] Bauer, J./Herczeg, M. (1985): "Software-Ergonomie durch wissensbasierte Systeme", in: Bullinger (Hrsg.) (1985), Seite: 108-118

[8] Bayerl, Stefan/Kurfess, Franz/Schneeberger, Josef (1986): "Inferenzmethoden und Wissensdarstellung in der Künstlichen Intelligenz" in: HMD, 130/1986, Seite: 128-143

[9] Becker, Barbara (1987): "Wissen und Können: Anmerkungen zur Wissensrepräsentation beim Aufgabenlösen", in: Morik (Hrsg.) (1987), Seite: 278-286

[10] Becker, Barbara (1990): "Die Veränderung von (Experten-) Wissen durch den Prozeß der Wissensakquisition: Exkurs 1", in: KI, 2/1990, Seite: 31-34

[11] Beetz, M. (1987): "Eine Wissensrepräsentationssprache für Kontrollwissen in regelbasierten Systemen" in: Balzert u.a. (Hrsg.) (1987), 1987, Seite: 88-106

[12] Behrendt, Willy/Gutmann, Gernot (1989): "Beschaffungsplanung", in: Szyperski (Hrsg.) (1989), Spalte: 121-143

[13] Bennet, James S. (1985): "ROGET: A Knowledge-Based System For Acquiring The Conceptual Structure Of A Diagnostic Expert System" in: Journal of Automated Reasoning, 1/1985, Seite: 49-75

[14] Bertelsmeier, R. (1987): "LERNER: Durch maschinelles Lernen unterstützte Akquisitionsverfahren für Wissensbasen" in: Brauer/Wahlster (Hrsg.) (1987), 1987, Seite: 328-334

[15] Bibel, W. (1982): "Deduktionsverfahren" in: Bibel/Siekmann (Hrsg.) (1982), 1982, Seite: 99-140

[16] Bibel, Wolfgang (1984): "Automatische Inferenz" in: Retti u.a. (Hrsg.) (1984), 1984, Seite: 145-168

[17] Bibel, Wolfgang (1985): "Inferenzmethoden" in: Habel (Hrsg.) (1985), 1985, Seite: 1-47

[18] Bibel, W./Eisinger, N./Schneeberger, J./Siekmann, J. (Hrsg.) (1987): "Studien- und Forschungsführer Künstliche Intelligenz", Berlin-Heidelberg-New York, 1987

[19] Bibel, Wolfgang/Siekmann Jörg H. (Hrsg.) (1982): "Künstliche Intelligenz - Frühjahrsschule, Teisendorf, März 1982", Berlin-Heidelberg-New York-Tokio, 1982

[20] Binner, Hartmut F./Zahlten, Horst (1990): "Planungsmethode zur Strukturierung von CIM-Systemen (Teil 1)", in: CIM Management, 1/1990, Seite: 73-79

[21] Boden, Margaret (1986): "Methodological Links Between AI And Other Disciplines" in: Torrance (Hrsg.) (1986), 1986, Seite: 125-132

[22] Bratko, Ivan (1987): "PROLOG - Programmierung für künstliche Intelligenz", Bonn, 1987

[23] Brauer, W./Freksa, C.(Hrsg.) (1989): "Wissensbasierte Systeme, 3. Internationaler GI-Kongreß 1989", Berlin-Heidelberg-New York, 1989

[24] Brauer, W./Radig, B. (Hrsg.) (1985): "Wissensbasierte Systeme, Informatik-Fachberichte 112", Berlin-Heidelberg-New York-Tokio, 1985

[25] Brauer, W./Wahlster, W. (Hrsg.) (1987): "Wissensbasierte Systeme, Proceedings, 2. Internationaler GI-Kongreß, München, Oktober 1987", Berlin-Heidelberg-New York, 1987

[26] Breutmann, Bernd (1988): "Strategien zur Auswahl von KI-Werkzeugen" in: computer magazin, 9/1988, Seite: 45-46

[27] Brewka, Gerhard (1989a): "Nichtmonotone Logiken - Ein kurzer Überblick" in: KI, 2/1989, Seite: 5-12

[28] Brewka, Gerhard (1989b): "Nichtmonotones Schließen - Nonmonotonic Reasoning" in: KI, 2/1989, Seite: 20

[29] Brewka, Gerhard (1989c): "Nonmonotonic Logics - A Brief Overview" in: AI Communications, 2/1989, Seite: 88-97

[30] Buchberger, E./Retti, J. (Hrsg.) (1987): "3. Österreichische Artificial-Intelligence-Tagung, Proceedings, Wien, September 1987", Berlin-Heidelberg-New York, 1987

[31] Budde, R./Kuhlenkamp, K./Sylla, K.-H./Züllighoven, H. (1989a): "Methodik des Programmierens in Prolog" in: Christaller (Hrsg.), KIFS-87, 1989, Seite: 1-28

[32] Budde, R./Kuhlenkamp, K./Sylla, K.-H./Züllighoven, H. (1989b): "Konstruktion interaktiver Anwendungen in einer Prolog-Programmierumgebung" in: Christaller (Hrsg.), KIFS-87, 1989, Seite: 29-41

[33] Budde, Rainer (1983): "Lieferantenbeurteilung mit dem Computer" in: io, 6/1983, Seite: 238-241

[34] Bullinger, H.J. (Hrsg.) (1985): "Software Ergonomie 85. Mensch-Computer-Interaktion, 24.9. bis 25.9.1985 in Stuttgart", Stuttgart, 1985

[35] Bullinger/Kornwachs (1990): "Expertensysteme", Stuttgart, 1990

[36] Capurro, R. (1987): "Die Informatik und das hermeneutische Forschungsprogramm. Anmerkungen zu einem neuen Ansatz", in: Informatik Spektrum, 6/1987, Seite: 329-333

[37] Christaller, Thomas (Hrsg.) (1989): "KIFS-87, Künstliche Intelligenz, Proceedings", Berlin-Heidelberg-New York, 1989

[38] Christaller, Th./Hein, H.-W./Richter, M.M. (Hrsg.) (1988): "Künstliche Intelligenz, Theoretische Grundlagen und Anwendungsfelder, Frühjahrsschulen, Dassel, 1985 und 1986", Berlin-Heidelberg-New York, 1988

[39] Clocksin, W.F. / Mellish, C.S. (1987): "Programming in Prolog", Berlin-Heidelberg-New York, 1987

[40] Clocksin, W.F./Mellish, C.S. (1990): "Programmieren in PROLOG", Berlin, 1990

[41] Coy, Wolfgang/Bonsiepen, Lena (1989): "Erfahrung und Berechnung - Kritik der Expertensystemtechnik", Berlin-Heidelberg-New York, 1989

[42] Crasemann, C./Krasemann, H. (1988): "Der Wissens-Ingenieur - ein neuer Hut auf altem Kopf" in: Informatik-Spektrum, 1/1988, Seite: 43-47

[43] Dangelmaier, W./Kühnle, H./Mussbach-Winter, U. (1989): "Die Grenzen von PPS-Systemen" in: Beschaffung aktuell, 10/1989, Seite: 42-45

[44] Dangelmaier, W./Kühnle, H./Mussbach-Winter, U. (1990): "Einsatz von künstlicher Intelligenz bei der Produktionsplanung und -steuerung", in: CIM-Management, 1/1990, Seite: 4-8

[45] Deker, Uli (1989): "Künstliche Intelligenz", Stuttgart, 1989

[46] Diederich, Joachim (1988): "Wissenserwerbsmethoden und Wissensrepräsentation in KRITON" in: Heyer u.a. (Hrsg.) (1988), Seite: 219-226

[47] Diederich, Joachim (1989): "Techniken des Wissenserwerbs" in: Christaller (Hrsg.) (1989), 1989, Seite: 295-335

[48] Diederich, J./May, M./Ruhmann, I. (1987): "KRITON: Wissensakquisition für Expertensysteme", in: Balzert u.a. (Hrsg.) (1987), Seite: 216-221

[49] Dirlich, G./Freksa, C./Schwatlo, U./Wimmer, K. (Hrsg.) (1984): "Kognitive Aspekte der Mensch-Computer-Interaktion, Workshop, München, April 1984", Berlin-Heidelberg-New York, 1984

[50] Domsch, Michel/Reinecke, Peter (1989): "Bewertungstechniken", in: Szyperski (Hrsg.) (1989), Spalte: 143-155

[51] Dressler, O./Farquhar, A. (1989): "Problem Solver Control Over the ATMS", in: Metzing (Hrsg.) (1989), Seite: 17-26

[52] Dressler, O./Freitag, H. (1989): "Truth Maintenance Systeme" in: KI, 2/1989, Seite: 13-19

[53] Dressler, Oskar (1987b): "Erweiterungen des Basic ATMS", in: Morik (Hrsg.) (1987), Seite: 185-194

[54] Dressler, Oskar (1988): "Assumption-Based Truth Maintenance" in: Stoyan (Hrsg.) (1988), 1988, Seite: 63-85

[55] Dreyfus, Hubert L. (1985): "Die Grenzen künstlicher Intelligenz, Was Computer nicht können", Königstein/Ts., 1985

[56] Düspohl, Rainer (1990): "Konstruktgitter-Verfahren", in: KI, 2/1990, Seite: 12

[57] Dzida, W. (1985): "Ergonomische Normen für die Dialoggestaltung, Wem nützen die Gestaltungsgrundsätze im Entwurf DIN 66234, Teil 8?", in: Bullinger (Hrsg.) (1985), Seite: 430-444

[58] Elzer, P.F. (1989): "Management von Softwareprojekten" in: Informatik-Spektrum, 4/1989, Seite: 181-197

[59] Emde, W./Rollinger, C.-R. (1988): "Wissensrepräsentation und Maschinelles Lernen" in: Rahmstorf (Hrsg.) (1988), 1988, Seite: 172-189

[60] Esser, Udo/Kemmner, Götz-Andreas (1989): "CIM: Mythen und Fakten der computergesteuerten Produktion" in: io, 5/1989, Seite: 81-85

[61] ExperTeam (1990): "ExperNews, Ausgabe CeBIT'90", München, 1990

[62] Fehrle, T. (1987): "Eine Wissensbasierte Schnittstelle - Vermittler zwischen Mensch und Maschine" in: Balzert u.a. (Hrsg.) (1987), 1987, Seite: 39-51

[63] Feigenbaum, Edward A./McCorduck, Pamela (1984): "Die Fünfte Computer-Generation, Künstliche Intelligenz und die Herausforderung Japans an die Welt", Basel-Boston-Stuttgart, 1984

[64] Fieten, Robert (1987): "Der Lieferant als Versorgungspartner - Materialwissenschaftliches Symposium Ziehl-Abegg", in: Beschaffung aktuell, 9/1987, Seite: 46-51

[65] Fischer, G./Laubsch, J. (1983): "Dialogsysteme I / Mensch-Maschine-Kommunikation", Vorlesungsunterlagen, Universität Stuttgart, 1983

[66] Früchtenicht, H.W. (1987): "Tiefe Modelle als Basis technischer Expertensysteme" in: Brauer/Wahlster (Hrsg.) (1987), 1987, Seite: 335-346

[67] Früchtenicht, H.W./Wittig, T. (1987): "Ein Ansatz für Echtzeit-Expertensysteme" in: atp, 2/1987, Seite: 78-82

[68] Futo, Ivan/Gergely, Tamas (1990): "Artificial Intelligence in Simulation", Chichester, 1990

[69] Genesereth, M.R./Nilsson, N.J. (1989): "Logische Grundlagen der Künstlichen Intelligenz", Braunschweig, 1989

[70] Guenthner, Franz/Lehmann, Hubert/Schönfeld, Wolfgang (1986): "A Theory For The Representation Of Knowledge" in: IBM Journal of Research and Development, 1/1986, Seite: 39-56

[71] Habel, Christopher (1986): "Prinzipien der Referentialität, Untersuchungen zur propositionalen Repräsentation von Wissen", Berlin-Heidelberg-New York, 1986

[72] Habel, Christopher (1989): "KI: Woher kommt sie, wo steht sie, wohin geht sie?" in: von Luck (Hrsg.) (1989), 1989, Seite: 1-21

[73] Habel, Christopher (Hrsg.) (1985): "Künstliche Intelligenz, Repräsentation von Wissen und natürlichsprachliche Systeme, Frühjahrsschule, Dassel (Solling), März 1984", Berlin-Heidelberg-New York-Tokio, 1985

[74] Habel, Christopher/Rollinger, Claus-Rainer (1985): "Lernen und Wissensakquisition" in: Habel (Hrsg.) (1985), 1985, Seite: 249-320

[75] Hackstein, Rolf (1984): "Produktionsplanung und -steuerung (PPS)", Düsseldorf, 1984

[76] Hänscheid, Peter (1987): "Dedizierte Symbol-Prozessoren für komplexe Aufgaben der Wissensverarbeitung" in: MEGA Sonderheft 250, 1987, Seite: 52-58

[77] Hansen, H.R. (1986): "Wirtschaftsinformatik I", 5. Auflage, Stuttgart, 1986

[78] Härder, Theo/Mattos, Nelson/Puppe, Frank (1987): "Zur Kopplung von Datenbank- und Expertensystemen" in: Expertensysteme: State Of The Art 3, 1987, Seite: 23-34

[79] Harmon, P./King, D. (1986): "Expertensysteme in der Praxis", München-Wien, 1986

[80] Harrmann, Alfred (1990): "Der Lieferant unter der Lupe, Lieferantenauswahl - Gestaltungstätigkeit im Einkauf" in: Beschaffung aktuell, 2/1990, Seite: 26-30

[81] Harting, Detlef (1989): "Lieferanten-Wertanalyse", Stuttgart, 1989

[82] Harting, Detlef (1990): "Wertgestaltender Einkauf", in: Beschaffung aktuell, 8/1990, Seite: 39-42

[83] Hartmann, Horst (1988a): "Methodisches Bewerten der Lieferanten lohnt sich!" in: io, 4/1988, Seite: 181-183

[84] Hartmann, Horst (1988b): "Lieferantenwahl ist keine Zufallsentscheidung" in: Beschaffung aktuell, 11/1988, Seite: 34-36

[85] Hartmann, Horst (1990): "Ergebnisorientierter Einkauf" in: Beschaffung aktuell, 2/1990, Seite: 34-36

[86] Hausmann, A./Kettner, P./Schmidt, H. (1988): "Wege zur Integrierten Informationsverarbeitung in mittelständischen Unternehmen" in: CIM Management, 6/1988, Seite: 41-53

[87] Heinen, Edmund (1981): "Industriebetriebslehre als Entscheidungslehre", in: Heinen (Hrsg.) (1981), Seite: 25-78

[88] Heinen, Edmund (Hrsg.) (1981): "Industriebetriebslehre", 6. Auflage, Wiesbaden, 1981

[89] Helberg, Peter (1987): "PPS als CIM-Baustein: Gestaltung der Produktionsplanung und -steuerung für computerintegrierte Produktion", Berlin, 1987

[90] Heyer, G. (1988): "Repräsentation und Verstehen - Einführung" in: Heyer/Krems/Görz (Hrsg.) (1988), 1988, Seite: 14-20

[91] Heyer, G./Krems, J./Görz, G. (Hrsg.) (1988): "Wissensarten und ihre Darstellung, Beiträge aus Philosophie, Psychologie, Informatik und Linguistik", Berlin-Heidelberg-New York, 1988

[92] Hoeppner, W.(Hrsg.) (1988): "GWAI-88", Berlin-Heidelberg-New York, 1988

[93] Huber, Alfred (1990): "Wissensbasierte Überwachung und Planung in der Fertigung", Berlin, 1990

[94] Jahn, S./Kalb, H. (1985): "Arbeiten am PPS-Facharbeitsplatz: Interaktion mit Werkzeugen", in: Bullinger (Hrsg.) (1985), Seite: 260-269

[95] Janson, A./Sutschet,G. (1987): "Ein prozeßorientierter Ansatz zur qualitativen Analyse und Simulation dynamischer Systeme" in: Balzert u.a. (Hrsg.) (1987), 1987, Seite: 169-186

[96] Jarke, Matthias/Vassiliou, Yannis (1984): "Coupling Expert Systems With Database Management Systems" in: Reitman (Hrsg.) (1984), 1984, Seite: 65-86

[97] Karbach, Werner (1989): "Modellbasierte Wissensakquisition" in: KI, 4/1989, Seite: 13

[98] Karras, D./Kredel, L./Pape, U. (1987): "Entwicklungsumgebungen für Expertensysteme", Berlin-New York, 1987

[99] Kassel, G. (1987): "The Use of Deep Knowledge to Improve Explanation Capabilities of Rule-Based Expert Systems", in: Balzert u.a. (Hrsg.) (1987), Seite: 315-326

[100] Kern, S./Zell, M. (1989): "Grafikeinsatz in CIM, Neue Benutzerschnittstellen zur Entscheidungsunterstützung" in: io, 11/1989, Seite: 38-42

[101] Kiefer, E. (1988): "Wissen und Intelligenz" in: Heyer/Krems/Görz (Hrsg.) (1988), 1988, Seite: 67-83

[102] Kistner, K.-P./Steven-Switalski, M. (1989): "Zur Entwicklung einer Theorie der hierarchischen Produktionsplanung", in: Zäpfel (Hrgs.) (1989), Seite: 1-28

[103] Klee, Werner (1989): "Analyse der Angemessenheit von Erklärungskomponenten" in: Information Management, 4/1989, Seite: 34-41

[104] Kleine Büning, H./Lettmann, Th. (1988): "Perspektiven für die Logikprogrammierung" in: Rahmstorf (Hrsg.) (1988), 1988, Seite: 56-78

[105] Koch, Thomas (1988): "Effizientes Lernen und Bewerten von Regeln" in: Hoeppner (Hrsg.) (1988), 1988, Seite: 186-195

[106] Kodratoff, Y. (1986): "Learning Expert Knowledge And Theorem Proving" in: Rollinger/Horn (Hrsg.) (1986), 1986, Seite: 164-180

[107] Krallmann, Hermann (1986): "EES - das Expertensystem für den Einkauf" in: Sieben u.a. (Hrsg.) (1986), 6/1986, Seite: 565-583

[108] Kurbel, K./Mertens, P./Scheer, A.-W. (Hrsg.) (1989): "Interaktive betriebswirtschaftliche Informations- und Steuerungssysteme", Berlin, New York, 1989

[109] Kurbel, K./Pietsch, W. (1989): "Expertensystem-Projekte: Entwicklungsmethodik, Organisation und Management" in: Informatik-Spektrum, 3/1989, Seite: 133-146

[110] Längle, Gernot (1989): "Der beschwerliche Weg zur computerintegrierten Fabrik" in: io, 5/1989, Seite: 35-39

[111] Langley, P. (1986): "On Machine Learning", in: Machine Learning, 1/1986, Seite: 5-10

[112] Laske, Otto E. (1989): "Ungelöste Probleme bei der Wissensakquisition für wissensbasierte Systeme" in: KI, 4/1989, Seite: 4-12

[113] Laubsch, Joachim (1985): "Techniken der Wissensdarstellung" in: Habel (Hrsg.) (1985), 1985, Seite: 48-93

[114] Laubsch, Joachim (Hrsg.) (1985): "GWAI-84, Proceedings, 8th German Workshop on Artificial Intelligence, Wingst/Stade, October 1984", Berlin-Heidelberg-New York, 1985

[115] Lebsanft, Ernst W./Gill, Uwe (1987): "Expertensysteme in der Praxis - Kriterien für die Verwendung von Expertensystemen zur Problemlösung" in: Savory (Hrsg.) (1987), 1987, Seite: 135-150

[116] Lehmann, Egbert (1988): "Zu Wesen und Grenzen der KI" in: Hoeppner (Hrsg.) (1988), 1988, Seite: 308-316

[117] Lehmann, Egbert (1989): "Wissensrepräsentation" in: von Luck (Hrsg.) (1989), 1989, Seite: 52-77

[118] Lischka, C./Voß, H. (1989): "TEX-I: Echtzeitfähige Expertensysteme in der prototypischen Anwendung" in: Brauer/Freksa (Hrsg.) (1989), 1989, Seite: 332-342

[119] Luft, A.L. (1989): "Informatik als Technikwissenschaft. Thesen zur Informatikentwicklung", in: Informatik Spektrum, 5/1989, Seite: 267-273

[120] Lutze, R. (1985): "Hilfesysteme - Ihre Beziehung zu Anwendungssystemen und zukünftige Entwicklungstendenzen", in: Bullinger (Hrsg.) (1985), Seite: 142-154

[121] Lutze, R. (1987): "Von der Wissensakquisition zur Phylogenese wissensbasierter Systeme", in: Balzert u.a. (Hrsg.) (1987), Seite: 222-240

[122] Marchand, Hubert (1990): "Aus der Praxis der Wissensakquisition", in: KI, 2/1990, Seite: 61-63

[123] McRobbie, Michael A./Siekmann, Jorg H. (1988): "Artificial Intelligence: Perspectives And Predictions" in: AI Communications, 4/1988, Seite: 16-29

[124] Menhardt, Wido (1989): "Fuzzy Sets" in: KI, 1/1989, Seite: 11

[125] Merritt, D. (1989): "Building Expert Systems in Prolog", Newton, 1989

[126] Mertens, Peter (1987a): "Expertensysteme in den betrieblichen Funktionsbereichen - Chancen, Erfolge, Mißerfolge" in: Brauer/Wahlster (Hrsg.) (1987), 1987, Seite: 181-206

[127] Mertens, Peter (1987b): "Expertensysteme in den betrieblichen Funktionsbereichen - Chancen, Erfolge, Mißerfolge" in: Wildemann (Hrsg.) (1987), 1987, Seite: 112-175

[128] Mertens, Peter (1988b): "Industrielle Datenverarbeitung 1", Wiesbaden, 1988

[129] Mertens, Peter (1989): "Wissensbasierte Systeme in der Produktionsplanung und -steuerung - Eine Bestandsaufnahme", in: Zäpfel (Hrsg.) (1989), Seite: 113-138

[130] Mertens, Peter (II) (1990): "Expertensysteme in der Produktion", München, 1990

[131] Mertens, P./Allgeyer, K./Däs, H. (1986): "Betriebliche Expertensysteme in deutschsprachigen Ländern, - Versuch einer Bestandsaufnahme - Arbeitspapier der Informatik Forschungsgruppe VIII", Erlangen, 1986

[132] Mertens, P./Biebinger, H. (1989): "Entwicklungsphasen wissensbasierter Systeme" in: KI, 3/1989, Seite: 64-67

[133] Mertens, Peter/Borkowski, Volker/Geis, Wolfgang (1988): "Betriebliche Expertensystem-Anwendungen, Eine Materialsammlung", Berlin-Heidelberg-New York, 1988

[134] Mertens, P./Helmer, J./Rose, H./Wedel, T. (1988b): "Ein Ansatz zu kooperierenden Expertensystemen bei der Produktionsplanung und -steuerung" in: Kurbel u.a.(Hrsg.) (1988), 1988, Seite: 13-40

[135] Mertens, P./Hildebrand, R./Kotschenreuther, W. (1989): "Verteiltes wissensbasiertes Problemlösen im Fertigungsbereich" in: ZfB, 8/1989, Seite: 839-853

[136] Mertens, P./Ringlstetter, T. (1989): "Verbindung von wissensbasierten Systemen mit Simulation im Fertigungsbereich" in: OR Spektrum, 4/1989, Seite: 205-216

[137] Mertens, P./Wiendahl, H.-P./Wildemann, H. (Hrsg.) (1988): "CIM-Komponenten zur Planung und Steuerung, Expertensysteme in der Produktion", 1988

[138] Meßing, J./Mankel, M. (1989a): "Wissensorganisation zur Dialogsteuerung" in: WISBER Bericht Nr. 43, 1989

[139] Meßing, J./Mankel, M. (1989b): "Wissensorganisation zur Dialogsteuerung" in: KI, 3/1989, Seite: 25-31

[140] Metzing, D.(Hrsg.) (1989): "GWAI-89", Berlin-Heidelberg-New York, 1989

[141] Meyer, W. (1987): "ESPRIT 932: Knowledge Based Real-Time Supervision In Computer Integrated Manufacturing (CIM)" in: Brauer/Wahlster (Hrsg.) (1987), 1987, Seite: 401-412

[142] Milberg, Joachim/Lutz, P. (1987): "Wissensverarbeitung - eine Herausforderung für die Produktionstechnik" in: Wildemann (Hrsg.) (1987), 1987, Seite: 176-201

[143] Milling, Peter (1987): "Informationstechnologie als Wettbewerbsfaktor", in: IBM Nachrichten 289, Seite: 11-17

[144] Morik, Katharina (Editor) (1987): "GWAI-87, Proceedings, 11th German Workshop on Artificial Intelligence, Geseke, September/October 1987", Berlin-Heidelberg-New York, 1987

[145] Musen, Mark (1990), "Die Suche nach der Wissensebene", in: KI, 2/1990, Seite: 25-26

[146] Nicolas, J.-M. (1985): "Logic Databases" in: Brauer/Radig (Hrsg.) (1985), 1985, Seite: 199-207

[147] Nievergelt, J./Ventura, A. (1983): "Die Gestaltung interaktiver Programme", Stuttgart, 1983

[148] o.V. (1988): "Umfrage, Laufende KI-Projekte in der Industrie" in: KI, 4/1988, Seite: 33-45

[149] o.V. (1989): "wit: Automatischer Aufbau von Wissensbasen aus Texten", in: KI, 4/1989, Seite: 31

[150] o.V. (1990): "Die Angebotsdaten der europäischen KI-Anbieter", in: Euro-KI-Führer 1990, Seite: 18-32, München, 1990

[151] Paal, Thomas (1990): "Auswahlgesichtspunkte für Wissenserwerbstechniken", in: KI, 2/1990, Seite: 56-58

[152] Puppe, Frank (1986): "Expertensysteme" in: Informatik Spektrum, 9/1986, Seite: 1-13

[153] Puppe, Frank (1987a): "Diagnostisches Problemlösen mit Expertensystemen", Berlin-Heidelberg-New York, 1987

[154] Puppe, Frank (1987b): "Belief Revision In Diagnosis" in: Morik (Hrsg.) (1987), 1987, Seite: 175-184

[155] Puppe, Frank (1988): "Einführung in Expertensysteme", Berlin-Heidelberg-New York, 1988

[156] Puppe, Frank (1989): "Wissensrepräsentationen und Problemlösungsstrategien in Expertensystemen" in: von Luck (Hrsg.) (1989), 1989, Seite: 167-187

[157] Quinlan, J.R. (1986): "Induction of Decision Trees", in: Machine Learning, 1/1986, Seite: 81-106

[158] Rahmstorf, G. (1988): "Orientierung zur Wissensrepräsentation" in: Rahmstorf (Hrsg.) (1988), 1988, Seite: 1-15

[159] Rahmstorf, G. (Hrsg.) (1988): "Wissensrepräsentation in Expertensystemen, Proceedings, Workshop, Herrenberg, März 1987", Berlin-Heidelberg-New York, 1988

[160] Reinfrank, Michael (1989): "Begründungsverwaltung - Reason/Truth Maintenance" in: KI, 2/1989, Seite: 20

[161] Reitmann, Walter (Hrsg.) (1984): "Artificial Intelligence Applications For Business", Norwood-New Yersey, 1984

[162] Reminger, B. (1989): "Wirtschaftlichkeit des Einsatzes von Expertensystemen" in: ZWF CIM, 11/1989, Seite: 613-616

[163] Retti, J. u.a. (1984): "Artificial Intelligence, Eine Einführung", Stuttgart, 1984

[164] Retti, J./Leidlmair, K.(Hrsg.) (1989): "5. Österreichische Artificial-Intelligence-Tagung", Berlin-Heidelberg-New York, 1989

[165] Richter, M.M. (1988): "Künstliche Intelligenz und Logik" in: Rahmstorf (Hrsg.) (1988), 1988, Seite: 16-40

[166] Richter, M.M./Siekmann, J./Wahlster, W. (1987): "Eine wissenschaftliche Vision für das Deutsche KI-Zentrum", in: KI, 4/1987, S. 30-31

[167] Rollinger, Claus-Rainer/Horn, Werner (Hrsg.) (1986): "GWAI-86 und 2. Österreichische Artificial-Intelligence-Tagung, Ottenstein/Niederösterreich, September 1986", Berlin-Heidelberg-New York, 1986

[168] Rose, Hans/Stengel, Heinrich (1988): "Kurzfristige Umdisposition in verschiedenen PPS-Ansätzen" in: CIM Management, 6/1988, Seite: 76-84

[169] Savory, Stuart E. (Hrsg.) (1987): "Expertensysteme: Nutzen für Ihr Unternehmen", München-Wien, 1987

[170] Scheer, August-Wilhelm (1988): "Wirtschaftsinformatik - Informationssysteme im Industriebetrieb", Berlin, Heidelberg, New York, 1988

[171] Scheer, August-Wilhelm (1988b): "Unternehmensdatenmodell (UDM) als Grundlage integrierter Informationssysteme" in: ZfB, 10/1988, Seite: 1091-1114

[172] Schefe, Peter (1986a): "Zur Rekonstruktion von Wissen in neueren Repräsentationssprachen der Künstlichen Intelligenz" in: Stoyan (Hrsg.) (1986), 1986, Seite: 230-244

[173] Schefe, Peter (1986b): "Künstliche Intelligenz", Mannheim-Wien-Zürich, 1986

[174] Schirmer, Kai (1988): "Techniken der Wissensakquisition" in: KI, 4/1988, Seite: 68-71

[175] Schirmer, Kai (1989): "Wissensakquisition II: Die Wahl der Techniken" in: KI, 1/1989, Seite: 53-55

[176] Schmauch, Cosima (1989): "Wissensrepräsentation. Grundkurs" in: Christaller (Hrsg.) (1989), 1989, Seite: 103-156

[177] Schmidt, B. (1989): "Expertensysteme und Simulationsmodelle" in: OR Spektrum, 4/1989, Seite: 191-195

[178] Scholz, Bernd (1989): "Lokale Netze" in: CIM Management, 6/1989, Seite: S21-S24

[179] Schöneburg, Eberhard (1987): "Inferenzmechanismen sind meist nicht mächtig genug, Klassische Logiken erweisen sich als Nadelöhr" in: Computerwoche vom 2. Oktober, 40/1987, Seite: 29-32

[180] Schwind, Camilla B. (1985): "Temporal Logic in Artificial Intelligence", in: Laubsch (Hrsg.) (1985), Seite: 238-264

[181] Scown, Susan J. (1985): "The Artificial Intelligence Experience, An Introduction", Maynard, 1985

[182] Sieben, G./Matschke, M./Schildbach, Th. (Hrsg.) (1986): "Expertensysteme in der Betriebswirtschaft, BFuP Sonderheft, November-Dezember 1986", 1986

[183] Smith, Peter (1988): "Expert System Development In Prolog And Turbo-Prolog", New York-Chichester-Brisbane, 1988

[184] Specht, Dieter (1989): "Wissensbasierte Systeme im Produktionsbetrieb", Berlin, 1989

[185] Specht, Dieter (1989b): "Wissensbasierte Systeme in der Produktion" in: ZWF CIM, 11/1989, Seite: 617-622

[186] Stark, Heinz/Werner, Wolfgang (1989): "Lieferantenwahl" in: Beschaffung aktuell, 3/1989, Seite: 26-30

[187] Stark, Heinz/Werner, Wolfgang (1990): "Zulieferstrategien" in: Beschaffung aktuell, 2/1990, Seite: 38-47

[188] Steinacker, I. (1985): "Ein Expertensystem als Bindeglied zwischen CAD und CAM" in: Trost/Retti (Hrsg.) (1985), 1985, Seite: 28-33

[189] Steinmann, Dieter/Scheer, A.-W. (1987): "Expertensysteme (ES) in Produktionsplanung und -steuerung (PPS) unter CIM-Aspekten" in: Wildemann (Hrsg.) (1987), 1987, Seite: 202-248

[190] Sterling, L. / Shapiro, E. (1988): "Prolog - Fortgeschrittene Programmiertechniken", Bonn, 1988

[191] Stich, Oliver (1990): "Expertensysteme - Einkäufer von morgen?" in: Beschaffung aktuell, 3/1990, Seite: 42-46

[192] Stockmeyer, Jörg (1990): "Ziele vom Einkauf definieren - Materialwirtschaft und Einkauf mit EDV-Einsatz, Teil II", in: Beschaffung aktuell, 9/1990, Seite: 32-34

[193] Stoyan, H. (1988): "Wissen wissensbasierte Programme etwas?" in: Heyer/Krems/Görz (Hrsg.) (1988), 1988, Seite: 250-261

[194] Stoyan, Herbert (Editor) (1986): "GWAI-85, Proceedings, 9th German Workshop on Artificial Intelligence, Dassel/Solling, September 1985", Berlin-Heidelberg-New York, 1986

[195] Stoyan, Herbert (Hrsg.) (1988): "Begründungsverwaltung, Beiträge zu einem Workshop über Reason Maintenance, Berlin, Oktober 1986", Berlin-Heidelberg-New York, 1988

[196] Stoyan, H./Görz, G. (1986): "LISP, Eine Einführung in die Programmierung", Berlin-Heidelberg-New York, 1986

[197] Suhr, Roland (1988): "Expertensysteme für den Einkauf, Möglichkeiten, Nutzen und praktischer Einsatz" in: Beschaffung aktuell, 3/1988, Seite: 33-37

[198] Suhr, Roland/Kelemis, Athanasios (1987): "BELI - Ein Expertensystem für den Einkauf", in: CIM Management, 4/1987, Seit: 20-29

[199] Switalski, Marion (1989): "Flexible Fertigungssysteme" in: WiSt, 5/1989, Seite: 257-263

[200] Szyperski, Norbert (Hrsg.) (1989): "Handwörterbuch der Planung", Stuttgart, 1989

[201] Tank, Wolfgang (1988): "Entwurfsziele bei der Entwicklung von Expertensystemen" in: KI, 3/1988, Seite: 69-76

[202] Torrance, Steve (Hrsg.) (1986): "The Mind and the Machine, Philosophical Aspects of Artificial Intelligence", New York-Chichester-Brisbane-Toronto, 1986

[203] Trost, Harald (Hrsg.) (1988): "4. Österreichische Artificial-Intelligence-Tagung", Berlin-Heidelberg-New York, 1988

[204] Trost, Harald/Retti, Johannes (Hrsg.) (1985): "Österreichische Artificial Intelligence-Tagung, Wien, September 1985", Berlin-Heidelberg-New York, 1985

[205] van Emde Boas, Chica und Peter (1986): "Storing And Evaluating Horn-Clause Rules In A Relational Database" in: IBM Journal of Research and Development, 1/1986, Seite: 80-92

[206] Volger, A. (1989): "Wissensbasierte Systeme unterstützen den Einkauf, Geeignetes Werkzeug" in: Beschaffung aktuell, 11/1989, Seite: 88-89

[207] von Hahn, Walther et al. (1985): "Künstliche Intelligenz" in: SEL Stiftungsreihe, 2/1985

[208] von Luck, Kai (Hrsg.) (1989): "KIFS-89, Künstliche Intelligenz, Proceedings", Berlin-Heidelberg-New York, 1989

[209] Voß, A./Müller, B.S./Walther, J. (1987): "Über ein Experiment zur Umsetzung einer BABYLON-Wissensbasis in das KADS-Modell: Erste Schritte auf dem Weg zur Modellierung wissensbasierter Systeme", in: Brauer/Wahlster (Hrsg.) (1987), Seite: 358-368

[210] Voß, Angi (1990): "Brauchen wir ein Expertensystemlabor?", in: KI, 2/1990, Seite: 13-16

[211] Vries, Helmer de (1989): "Lieferantenbewertung" in: Beschaffung aktuell, 1989, Seite: 26-28

[212] Warnecke, G./Mertens, P. (1987): "Auswahlkriterien für Expertensystem-Entwicklungswerkzeuge" in: ZWF CIM, 2/1987, Seite: 82 - 86

[213] Wedekind, H. (1988): "Die Problematik des Computer Integrated Manufacturing (CIM), Zu den Grundlagen eines strapazierten Begriffs" in: Informatik-Spektrum, 1/1988, Seite: 29-39

[214] Westermann, Herbert (1989): "Optimale Lieferantenauswahl, Geldwert-orientierte Entscheidungsbildung" in: Beschaffung aktuell, 11/1989, Seite: 50-52

[215] Widman, L.E./Loparo, K.A. (1990): "Artificial Intelligence, Simulation, and Modeling", in: Interfaces, 2/1990, Seite: 48-66

[216] Wiendahl, Hans-Peter (1987): "Belastungsorientierte Fertigungs-steuerung", München, 1987

[217] Wildemann, Horst (1987): "Expertensysteme als CIM-Bausteine: Betriebswirtschaftlich-technologische Anforderungen an wissensbasierte Systeme in der Produktion" in: Wildemann (Hrsg.) (1987), 1987, Seite: 1-57

[218] Wildemann, Horst (1988a): "Methodenintegration in Modularprogrammen zur Realisierung von CIM und JIT" in: Mertens u.a.(Hrsg.) (1988), 1988, Seite: 39-96

[219] Wildemann, Horst (1988b): "Expertensysteme in der Produktion I" in: Blick durch die Wirtschaft, 10/1988, Seite: 7

[220] Wildemann, Horst (1988c): "Produktionssynchrone Beschaffung: Einführungsleitfaden", Zürich, München, 1988

[221] Wildemann, Horst (Hrsg.) (1987): "Expertensysteme in der Produktion, gfmt Tagungsbericht, Universität Passau", 1987

[222] Wirth, N. (1975): "Algorithmen und Datenstrukturen", Stuttgart, 1975

[223] Wode, Ulrich (1989): "Integration von Datenbankzugriffen in die XPS-Shell TWAICE" in: KI, 4/1989, Seite: 47-53

[224] Zahn, Erich (1983): "Entscheidungstheorie I", Vorlesungsunterlagen, Universität Stuttgart, 1983

[225] Zahn, Erich/Kleinhans, Andreas (1989): "Systeme zur Entscheidungsunterstützung" in: WiSt, 10/1989, Seite: 588-563

[226] Zäpfel, G./Missbauer, H. (1988a): "Traditionelle Systeme der Produktionsplanung und -steuerung in der Fertigungsindustrie", in: WiSt, 2/1988, Seite: 73-77

[227] Zäpfel, G./Missbauer, H. (1988b): "Neuere Konzepte der Produktionsplanung und -steuerung in der Fertigungsindustrie", in: WiSt, 3/1988, Seite: 127-131

[228] Zäpfel, Günter (Hrsg.) (1989): "Neuere Konzepte der Produktionsplanung und -steuerung", Linz, 1989

[229] Zelewski, Stephan (1990): "PPS-Expertensysteme für die Terminfeinplanung und -steuerung, Teil 2: Prototypen", in: Information Management, 2/1990, Seite: 68-74

[230] Zell, A. (1989): "Zeitbeschränkte Logische Programmierung", in: Retti/Leidlmair (Hrsg.) (1989), Seite: 96-105

[231] Zimmer, H.D./Engelkamp, J. (1988): "Informationsverarbeitung zwischen Modalitätsspezifität und propositionalem Einheitssystem", in: Heyer u.a. (Hrsg.) (1988), Seite: 130-154

[232] Zimmermann, Gero (1989): "Neuere Ansätze (OPT, EOD, Fortschrittszahlen) zur Lösung der Probleme herkömmlicher Dispositionsmethoden (MRP)", in: Zäpfel (Hrgs.) (1989), Seite: 181-195

Register

Wirtschaftswissenschaftliche Beiträge

Band 28: Ingo Heinz und
Renate Klaaßen-Mielke
Krankheitskosten durch Luftverschmutzung
1990. 147 Seiten. Brosch. DM 55,-
ISBN 3-7908-0471-1

Band 29: Brigitte Kalkofen
Gleichgewichtsauswahl in strategischen Spielen
1990. 214 Seiten. Brosch. DM 65,-
ISBN 3-7908-0473-8

Band 30: Klaus G. Grunert
Kognitive Strukturen in der Konsumforschung
1990. 290 Seiten. Brosch. DM 75,-
ISBN 3-7908-0480-0

Band 31: Stefan Felder
Eine neo-österreichische Theorie des Vermögens
1990. 118 Seiten. Brosch. DM 49,-
ISBN 3-7908-0484-3

Band 32: Götz Uebe (Hrsg.)
Zwei Festreden Joseph Langs
1990. 116 Seiten. Brosch. DM 55,-
ISBN 3-7908-0487-8

Band 33: Uwe Cantner
Technischer Fortschritt, neue Güter und internationaler Handel
1990. 289 Seiten. Brosch. DM 75,-
ISBN 3-7908-0488-6

Band 34: Wolfgang Rosenthal
Der erweiterte Maskengenerator eines Software-Entwicklungs-Systems
1990. 275 Seiten. Brosch. DM 75,-
ISBN 3-7908-0492-4

Band 35: Ursula Nessmayr
Die Kapitalsituation im Handwerk
1990. 177 Seiten. Brosch. DM 59,-
ISBN 3-7908-0495-9

Band 36: Henning Wüster
Die sektorale Allokation von Arbeitskräften bei strukturellem Wandel
1990. 148 Seiten. Brosch. DM 55,-
ISBN 3-7908-0497-5

Band 37: Rudolf Hammerschmid
Entwicklung technisch-wirtschaftlich optimierter regionaler Entsorgungsalternativen
1990. 239 Seiten. Brosch. DM 68,-
ISBN 3-7908-0499-1

Band 38: Peter Mitter /
Andreas Wörgötter (Hrsg.)
Austro-Keynesianismus
1990. 102 Seiten. Brosch. DM 55,-
ISBN 3-7908-0514-9

Band 39: Alfred Katterl/
Kurt Kratena
Reale Input-Output Tabelle und ökologischer Kreislauf
1990. 114 Seiten. Brosch. DM 55,-
ISBN 3-7908-0515-7

Band 40: Anette Gehrig
Strategischer Handel und seine Implikationen für Zollunion
1990. 174 Seiten. Brosch. DM 65,-
ISBN 3-7908-0519-X

Band 41: Gholamreza Nakhaeizadeh/
Karl-Heinz Vollmer (Hrsg.)
Anwendungsaspekte von Prognoseverfahren
1990. 169 Seiten. Brosch. DM 59,-
ISBN 3-7908-0519-X

Band 42: Claudia Fantapié Altobelli
Die Diffusion neuer Kommunikationstechniken in der Bundesrepublik Deutschland
1991. 319 Seiten. Brosch. DM 79,-
ISBN 3-7908-0525-4

Band 43: Josef Richter
Aktualisierung und Prognose technischer Koeffizienten in gesamtwirtschaftlichen Input-Output Modellen
1991. 376 Seiten. Brosch. DM 89,-
ISBN 3-7908-0529-7

Band 44: Elmar Spranger
Expertensystem für Bilanzpolitik
1991. 228 Seiten. Brosch. DM 69,-
ISBN 3-7908-0532-7

Band 45: Frank Schneider
Corporate-Identity-orientierte Unternehmenspolitik
1991. 295 Seiten. Brosch. DM 79,-
ISBN 3-7908-0533-5

Band 46: Beat Gygi
Internationale Organisationen aus der Sicht der Neuen Politischen Ökonomie
1991. 258 Seiten. Brosch. DM 75,-
ISBN 3-7908-0537-8

Band 47: Ludwig Hennicke
Wissensbasierte Erweiterung der Netzplantechnik
1991. 194 Seiten. Brosch. DM 55,-
ISBN 3-7908-0544-0

Band 48: Torsten Knappe
DV-Konzepte operativer Früherkennungssysteme
1991. 176 Seiten. Brosch. DM 55,-
ISBN 3-7908-0545-9

Band 49: Peter Welzel
Strategische Handelspolitik
1991. 207 Seiten. Brosch. DM 69,-
ISBN 3-7908-0546-7

Band 50: Hartmut Wiethoff
Risk Management auf spekulativen Märkten
1991. 202 Seiten. Brosch. DM 69,-
ISBN 3-7908-0549-1

Band 51: Rainer Riedl
Strategische Planung von Informationssystemen
1991. 227 Seiten. Brosch. DM 75,-
ISBN 3-7908-0548-3

Band 52: Klaus Sandmann
Arbitrage und die Bewertung von Zinssatzoptionen
1991. 172 Seiten. Brosch. DM 65,-
ISBN 3-7908-0551-3

Band 53: Peter Engelke
Integration von Forschung und Entwicklung in die unternehmerische Planung und Steuerung
1991. 351 Seiten. Brosch. DM 98,-
ISBN 3-7908-0556-4

Europäische Hochschulschriften

Publications Universitaires Européennes
European University Studies

Reihe II
Rechtswissenschaft

Série II Series II
Droit
Law

Bd./Vol. 3153

PETER LANG
Frankfurt am Main · Berlin · Bern · Bruxelles · New York · Oxford · Wien

Die Abschaffung der unteren
staatlichen Verwaltungsbehörde
im sächsischen Landratsamt

ACHTES KAPITEL:

NEUNTES KAPITEL:

ZEHNTES KAPITEL:

Abkürzungsverzeichnis

Soweit sich nicht im nachstehenden Abkürzungsverzeichnis aufgeführt wird hinsichtlich der verwandten Abkürzungen auf Kirchner, Hildebert, Abkürzungsverzeichnis der Rechtssprache, 3. Aufl. 1983, Berlin, New York verwiesen.

BayGVBl	Bayerisches Gesetz- und Verordnungsblatt
BayLkrO	Bayerische Landkreisordnung i.d.F. vom 6.1.1993, BayGVBl 1993, S. 93 f.
BbgGVBl	Brandenburgisches Gesetz- und Verordnungsblatt
BWGBl	Gesetzblatt für Baden-Württemberg
DGSD	Demokratische Gemeindeverfassung für die sowjetische Besatzungszone Deutschlands abgedruckt in Gesetze, Befehle, Verordnungen, Bekanntmachungen veröffentlicht durch die Landesverwaltung Sachsen, 1946 Nr.22, S.422
Fn	Fußnote
GBl DDR	Gesetzblatt der DDR
GöS	Gesetz über die örtlichen Organe der Staatsmacht, GBl DDR Teil 1 1957, S.65 f.
GöV	Gesetz über die örtlichen Volksvertretungen und ihrer Organe in der DDR vom 12.7.1973, GBl DDR Teil I 1973, S. 3131 f.

GöV 1985	Gesetz über die örtlichen Volksvertretungen in der DDR vom 4.7.1985, GBl DDR Teil I 1985, S. 213 f.
GULB	Ausführungsgesetz über die Errichtung allgemeiner unterer Landesbehörden in Schleswig-Holstein vom 25.6.1971 i.d.F. vom 27.7.1977, SHGVOBl 1977, S. 186
HessGVBl	Hessisches Gesetz- und Verordnungsblatt
Hess KrO	Hessische Kreisordnung in der Fassung vom 1.4.1993, HessGVBl I 1993, S. 539
i.d.F.	in der Fassung (vom)
KomVerfDDR	Gesetz über die Selbstverwaltung der Gemeinden und Landkreise vom 15. Mai 1990 (Kommunalverfassung), GBl DDR Teil I 1990, S.255 f.
KomVerfMV	Kommunalverfassung für das Land Mecklenburg-Vorpommern i.d.F. vom 16.2.1994, MVGVBl 1994, S. 249
KrO Bbg	Landkreisordnung für das Land Brandenburg, Art. 2 der Kommunalverfassung des Landes Brandenburg vom 15.10.1993, BbgGVBl 1993, S.398 f., 433
KrO NW	Kreisordnung für Nordrhein-Westfalen i.d.F. vom 17.5.1994, NWGVBl 1994, S.270, 292
KrO SH	Kreisordnung für Schleswig-Holstein i.d.F. vom 2.4.1990, SHGVOBl 1990, S. 193 f.
KSVG	Kommunalselbstverwaltungsgesetz des Saarlandes i.d.F. vom 22.6.1994, SaarlABl 1994, S.1077 f.
LKO LSA	Landkreisordnung Sachsen-Anhalt i.d.F. vom 6.11.1995, SaAnhGVBl 1995, S. 314

LKrO BW	Landkreisordnung für Baden-Württemberg i.d.F. vom 8.11.1993, BWGBl 1993, S.657
LKrO RhPf	Landkreisordnung Rheinland-Pfalz i.d.F. vom 31.1.1994, RhPfGVBl 1994, S.188
LVG BW	Landesverwaltungsgesetz Baden-Württemberg vom 2.1.1984 i.d.F. vom 21.10.1996, BWGBl 1996, S. 649 f.
LV LSA	Landesverfassung für Sachsen-Anhalt
M/D/H/S	Maunz/Dürig/Herzog/Scholz
MVGVBl	Gesetz- und Verordnungsblatt für Mecklenburg-Vorpommern
NdsABl	Niedersächsisches Amtsblatt
NdsMBl	Niedersächsisches Ministerialblatt
NdsGVBl	Niedersächsisches Gesetz- und Verordnungsblatt
NdsSTGH	Niedersächsischer Staatsgerichtshof
NLO	Niedersächsische Landkreisordnung i.d.F. vom 1.4.1996, NdsGVBl 1996, S. 82 f.
NWGVBl	Nordrhein-Westfälisches Gesetz- und Verordnungsblatt
MVGVBl	Gesetz- und Verordnungsblatt für Mecklenburg-Vorpommern
RhPfGVBl	Rheinland-Pfälzisches Gesetz- und Verordnungsblatt
Rn.	Randnummer
Rz.	Randziffer
SaarlABl	Saarländisches Amtsblatt
SaarlLOG	Saarländisches Landesorganisationsgesetz i.d.F. vom 5.2.1997, SaarlABl 1997, S. 258
SaAnhGVBl	Sachens-Anhaltinisches Gesetz- und Verordnungsblatt
SächsBauO	Sächsische Bauordnung i.d.F. vom 18.3.1999, SächsGVBl 1999, S. 86 f.

SächsGemO	Sächsische Gemeindeordnung i.d.F. vom 14.6.1999, SächsGVBl 1999, 345 f.
SächsGO 1923	Gemeindeordnung für den Freistaat Sachsen vom 1.8.1923, SächsGVBl 1923, S. 373 f.
SächsLKrO	Sächsische Landkreisordnung i.d.F. vom 20.2.1997, SächsGVBl 1997, S. 105 f.
SächsPolG	Sächsisches Polizeigesetz i.d.F. vom 15.8.1994, SächsGVBl 1994, S. 1541
SächsVerf	Sächsische Verfassung i.d.F. vom 27.2.1992, SächsGVBl 1992, 243 f.
SächsVerfGH	Verfassungsgerichtshof des Freistaates Sachsen
SBZ	Sowjetische Besatzungszone
SHGVOBl	Schleswig-Holsteinisches Gesetz- und Verordnungsblatt
SMAD	Sowjetische Militäradministration
SMI	Sächsisches Staatsministerium des Innern
SMF	Sächsisches Staatsministerium der Finanzen
SMJus	Sächsisches Staatsministerium der Justiz
StGH	Staatsgerichtshof
ThürGVBl	Thüringer Gesetz- und Verordnungsblatt
ThürKommunalO	Thüringer Landkreisordnung als 2. Teil der Thüringer Kommunalordnung i.d.F. vom 16.8.1993, ThürGVBl 1993, S. 501 f.
VerfDDR	Verfassung der DDR, GBl DDR 1949, Band 1, S. 432 f.
Vorb.	Vorbemerkung

Einleitung

Der Landkreis ist das traditionelle Bindeglied zwischen der Landesverwaltung und der gemeindlichen Ebene und schließt damit die Lücke zwischen staatlich zentraler Aufgabenerfüllung und notwendiger ortsnaher und bürgernaher Verwaltung in den Gemeinden. Dabei erfüllt der Landkreis im wesentlichen drei Funktionen. Als Gemeindeverband hat er ausgleichende und ergänzende Funktionen und für die Gleichwertigkeit der Lebensverhältnisse im kreisangehörigen Raum zu sorgen. Als Gebietskörperschaft ist er mit der eigenverantwortlichen Aufgabenerfüllung ihm zugewiesener Aufgaben betraut. Seine dritte und in der Verwaltungswirklichkeit wohl bedeutsamste Funktion besteht in der Ausgestaltung als untere Verwaltungsinstanz, durch die beim Kreis im Sinne einer einheitlichen und einräumigen Verwaltung staatliche Verwaltungsaufgaben gebündelt und koordiniert werden.

Auch aus der Historie gesehen ist die Funktion der unteren Verwaltungsbehörde die interessanteste, denn sie beinhaltet beginnend mit dem 18. Jahrhundert eine dezentrale staatliche Verwaltung im Raum und damit den Vorläufer des Landkreises in seiner heutigen Prägung. Diese institutionelle Etablierung der Landesverwaltung auf Kreisebene hat nicht nur die Verwaltungsreformen des 19. Jahrhunderts und die Weimarer Republik sowie die Zeit nationalsozialistischer Herrschaft überdauert, sondern dokumentiert sich auch heute noch in den meisten bundesdeutschen Kreisordnungen als untere staatliche Verwaltungsbehörde im Landratsamt.

Mit Inkrafttreten der Sächsischen Landkreisordnung (SächsLKrO) ist das Landratsamt als kommunale Einheitsbehörde strukturiert und damit in Sachsen kommunalverfassungsrechtliches Neuland beschritten worden. Denn die kommunale Einheitsbehörde bedingt nach nahezu 200 Jahren den Wegfall einer eigenen staatlichen Kreisabteilung in der sächsischen Territorialverwaltung. Diese Struktur der kommunalen Einheitsbehörde wird allerdings in der kommunalpolitischen Diskussion kontrovers diskutiert und ist insbesondere im Hinblick auf die kreisliche Funktion der Kommunalaufsicht verfassungsrechtlich in Frage gestellt und in Bezug auf die bevorstehende Funktionalreform als Hemmnis eingeschätzt worden. Diese Kritik ist auch Gegenstand der Begründung des von der Staatsregierung 1996 vorgelegten, in der Folge dann allerdings zurückgezogenen, Gesetzentwurfs zur Stärkung der Rechts- und Fachaufsicht, welcher mit eben diesen Argumenten die Wiedereinführung einer unteren staatlichen Verwaltungsbehörde im Landratsamt anstrebte.

Die vorliegende Arbeit möchte in Begleitung und Unterstützung der kommunalpolitischen Diskussion im Freistaat Sachsen über die Beibehaltung der kommunalen Einheitsbehörde Landratsamt die gem. § 1 Abs. 4 SächsLKrO festgeschriebene Struktur in ihren rechtlichen und kommunalpolitischen Bezügen analysieren und die Zweckmäßigkeit ihres Fortbestandes in perspektivischer Hinsicht untersuchen.

Bei der nachfolgenden Darstellung wird in einem ersten Teil die Entwicklung der Kreisebene von ihren Anfängen im ehemaligen Königreich Sachsen bis zum Ende der Weimarer Republik skizziert. Ein besonderer Schwerpunkt liegt hierbei in der Darstellung der Amtshauptmannschaften als staatliche Aufgabenträger und der - sich ab Mitte des 19. Jahrhunderts herausbildenden - Selbstverwaltungsebene in Form der Bezirksverbände. Nach einer Betrachtung der Situation der Kreisebene in der Zeit des Nationalsozialismus wird die Entwicklung der Landkreise, insbesondere im Hinblick auf ihre staatlichen Aufgaben, in der sowjetischen Besatzungszone, dem Land Sachsen und der späteren DDR dargestellt. Vergleichend werden die Parallelentwicklungen in der französischen, amerikanischen und britischen Besatzungszone untersucht und gewissermaßen als Schlusspunkt der historischen Betrachtungen ein Überblick über die heutigen Organisationsmodelle des staatlichen Aufgabenvollzuges auf Kreisebene erarbeitet. In einem weiteren Abschnitt werden die Beweggründe, insbesondere auch die kommunalen Positionen, zur Einführung eines ausschließlich kommunal strukturierten Landratsamtes mit Inkrafttreten der SächsLKrO nachgezeichnet.

In dem Hauptteil der Arbeit wird die derzeitige Struktur in verwaltungswissenschaftlicher, finanzverfassungsrechtlicher und kommunalpolitischer Hinsicht beleuchtet. Dabei wird im Rahmen einer verfassungsrechtlichen Explikation der Art. 84 und 85 SächsVerf untersucht, welche verfassungsrechtlichen Rahmenbedingungen und Vorgaben für die kreisliche Aufgabenerfüllung bestehen. Hierbei wird insbesondere der in der Sächsischen Verfassung verwandte Begriff der "öffentlichen Aufgabe" analysiert und geprüft, ob die Sächsische Verfassung ein monistisches oder dualistisches Aufgabenmodell vorgibt. Angesichts der Diskussion um die Wiedereinführung einer unteren staatlichen Verwaltungsbehörde im Landratsamt wird in einem weiteren Teil dargestellt, ob und ggf. in welchem Umfang das kreisliche Aufgabenspektrum vom verfassungsrechtlichen Organisationsvorbehalt des Art. 83 SächsVerf erfasst und hierdurch eine institutionelle Einbindung des Landkreises in die Landesverwaltung verfassungsrechtlich geboten ist. Ein Schwerpunkt der Darstellung liegt hierbei auf der kreisspezifischen Funktion der Kommunalaufsicht und der Frage, ob deren verfassungsrechtliche Grundlage des Art. 89 SächsVerf eine partielle Integration des Landkreises in die Landesverwaltung erfordert.

Angesichts der kommunalen Finanzsituation, aber auch der sonstigen Aktualität finanzverfassungsrechtlicher Betrachtungen, werden in einem weiteren Abschnitt zunächst die grundgesetzlichen Finanzgarantien aus Sicht der Kreisebene und darauf folgend die sie begünstigenden finanzverfassungsrechtlichen Schutzmechanismen der Sächsischen Verfassung dargestellt. Auch aufgrund der anhängigen Verfahren vor dem SächsVerfGH gegen das kommunale Finanzausgleichsgesetz 1997 werden hierbei die kommunalen Finanzgarantien des Art. 85 SächsVerf und Art. 87 SächsVerf eingehend untersucht und insbesondere die diesbezüglichen Beratungsmaterialien zur Sächsischen Verfassung ausgewertet. Ausgehend von den gefundenen Ergebnissen wird sodann anhand des kommunalen Finanzausgleichs des Jahres 1997 geprüft, ob die sich aus dem Konnexitätsgrundsatz des Art. 85 Abs. 2 SächsVerf ergebende Ausgleichsmasse in verfassungsrechtlich zulässiger Weise im Finanzausgleich berücksichtigt worden ist.

Im dem sich anschließenden Teil werden die rechtlich gebotenen Konsequenzen der Struktur des Landratsamtes als kommunale Einheitsbehörde erarbeitet und den Erfahrungen in der Verwaltungswirklichkeit gegenüber gestellt. Ein eigener Komplex ist der personalwirtschaftlichen Analyse der derzeitigen Kreisverwaltungen gewidmet.

Im Hinblick auf die bevorstehende Funktionalreform wird untersucht, ob die derzeitige Kommunalisierung des Landratsamtes Bestand haben kann bzw. einem erfolgreichen Vollzug der Funktionalreform auf Kreisebene entgegensteht. Dabei werden die verfassungsrechtlichen Voraussetzungen der Sächsischen Verfassung für eine derartige Reform dargestellt, die Erfahrungen der Verwaltungsreformen in den 70'er und 90'er Jahren ausgewertet und abschließend untersucht, welche Anforderungen an eine Verwaltungskonzeption auf Kreisebene für eine erfolgreiche Funktionalreform zu stellen sind.

In einem letzten Teil werden Überlegungen zu einer Reform des Kommunalverfassungsrechts unter dem Blickwinkel erarbeitet, welche Fortentwicklung die Struktur der kommunalen Einheitsbehörde Landratsamt zu nehmen hat, um den Anforderungen der allseits propagierten Verwaltungsmodernisierung Folge leisten zu können.

Erstes Kapitel:

Die Entwicklung der unteren staatlichen Verwaltungsbehörde in Sachsen bis zur Machtergreifung Hitlers unter besonderer Berücksichtigung der Verknüpfung von Staats- und Selbstverwaltung auf der Kreisebene

Ein Rückblick auf die Entstehungsgeschichte der unteren staatlichen Verwaltungsbehörde auf Kreisebene ist zum einen in einem notwendigen Zusammenhang mit der Entwicklung der Gesamtstaatsverwaltung, insbesondere dem Ausformungsprozess verschiedener Verwaltungsebenen im landesorganisatorischen Sinne zu sehen. Zum anderen dokumentiert sich die Entwicklung der staatlichen Abteilung auf Kreisebene aber auch in einer Verknüpfung von Angelegenheiten von Selbstverwaltung und Staatsverwaltung. Der damit verbundene Verflechtungsprozess bedingt in sich Wechselwirkungen, die auf die Struktur der unteren staatlichen Verwaltungsbehörde des Kreises Einfluss genommen haben.

1.) Die Entwicklung der sächsischen Amtshauptmannschaften bis 1873

Die Geschichte einer nachhaltigen Territorialgliederung in Sachsen beginnt erst 1473 mit der Unterteilung der albertinischen Gebiete in - der Steuerhebung und Münzprüfung dienenden - Verwaltungseinheiten. Dabei handelte es sich allerdings um reine Steuerbezirke, die ebenso wie die von Kurfürst Moritz 1547 vorgenommene Gliederung des Territoriums in fünf "Kreise" keine Verwaltungseinheiten mit eigenen Behörden waren.[1] Die Unterteilung des Kurstaates in Kreise wurde 1601 weiter differenziert. Der ab diesem Zeitpunkt bestehende Meißnische, Osterländische, Thüringische, Vogtländische, Neustädter und Erzgebirgische Kreis sowie der Kurkreis haben mit kleineren Änderungen den Reichsdeputationshauptschluß von 1803 und die Wirren der napoleonischen Zeit überdauert. Die Aufgaben der Kreise bestanden in der Kontrolle der Amtshauptleute und der Gewährleistung der Sicherheit der Straßen.[2]

Die Amtshauptleute waren seit dem frühen 16. Jahrhundert Vorsteher von Aufsichtsbezirken, in denen einzelne Ämter zusammengefasst waren. Diese Aufsichtsfunktion wurde allerdings bereits im 17. Jahrhundert wieder abgeschafft, der Titel Amtshauptmann jedoch weiterhin vergeben. In dem Kerngebiet des

---

[1] Blaschke, Königreich Sachsen und thüringische Staaten, S. 619

[2] Schmidt, Amtshauptmannschaften, S. 14 f. (17).

sächsischen Staates, den sog. Erblanden, kam es 1764 zu einer Renaissance der Institution des Amtshauptmannes. Diese führten die Aufsicht über die innere Verwaltung ihres Bereichs (z.B. Handels- und Gewerberecht, Kirchen, Schulen, Justiz). Auch waren ihnen die landesherrlichen Ämter sowie Sonderbehörden wie Forst-, Floß-, Berg-, Salz- und Postverwaltungsstellen mit Weisungsgebundenheit zugeordnet.[3] Personal stand ihnen zur Aufgabenerfüllung jedoch nicht zur Verfügung. Auch gab es weder einen festen Amtssitz und auch das Gebiet der Amtsbezirke [4] wurden lediglich ad personam gebildet.[5]

Anders als z.B. in den Rheinbundstaaten und Preußen führte die Umbruchsituation im Deutschen Reich und die Auflösung der Reichsverfassung nicht zu einer Reform der sächsischen Verwaltungsstrukturen. Eine zeitgenössische Einschätzung der sächsischen Verwaltungsorganisation findet sich in einer 1814 entstandenen Aufzeichnung des Dresdner Advokaten *Hering*, in der er in Sachsen eine unübersichtliche Behördenstruktur sowie eine Vielzahl örtlicher Verwaltungen und Verfassungen beklagte und das Fehlen einer einheitlichen Verwaltungsstruktur feststellte.[6]

Obwohl es nicht an Reformvorschlägen[7] fehlte, wurde eine organisatorische Vereinheitlichung des Staatsgebietes nicht durchgeführt.

Erst nachdem die Belastung der napoleonischen Kriege und der Nachkriegszeit die Vorteile einer einheitlichen, straff und klar gegliederten Verwaltung hatten offenbar werden lassen[8] und durch den 1815 erfolgten Friedensschluss zwischen Preußen und

---

3 Schmidt, Amtshauptmannschaften, S. 14 f. (17).

4 Klein, Kursachsen, S. 828 f. weist darauf hin, dass es um 1800 in jedem Kreis etwa vier bis fünf Amtshauptleute gab.

5 Erst 1813 wurden in Sachsen 13 amtshauptmannschaftliche Bezirke fest abgegrenzt, vgl. Schmidt, a.a.O.

6 Der Dresdner Advokat Hering 1814, zitiert nach Schmidt, Staatsreform, S. 53 f., stellte hierzu fest: „Betrachtet man das Chaos von Behörden, von hohen und niederen Kollegien, von perpetuellen und temporellen Kommissionen, in welche die Regierung des kleinen Sachsenlandes verteilt und zersplittert ist, ferner die nach besonderen Verfassungen noch regiert werdenden Provinzen, die besonderen Regierungen kleiner Distrikte, so ist es einleuchtend, dass keine Einheit in der Regierung möglich sein konnte."

7 vgl. Nachweise bei Blaschke, Königreich Sachsen und thüringische Staaten, S. 609. So schlug die 1807/1808 tätige sog. Wiederaufhelfungskommission eine Vereinheitlichung des Staatsgebietes vor. Auch forderten auf dem Landtag 1811 Vertreter von Ritterschaft und Städten die Vereinheitlichung der Landesverwaltung.

8 Knemeyer, Regierungs- und Verwaltungsreformen, S. 222

Sachsen[9] das sächsische Staatsgebiet auf die Hälfte verkleinert wurde, wurde auch die Regionalverwaltung erheblich gestrafft. So wurden der nach dieser Gebietsreform verbliebene Meißnische, Leipziger, Erzgebirgische und der Vogtländische Kreis in ungefährer Anlehnung an diese alte Gliederung mit der Einsiedelschen Reform von 1816 in vier Provinzialverwaltungen in Dresden, Chemnitz, Leipzig und Zwickau gegliedert. Für den Oberlausitzer Raum verblieb es dagegen zunächst bei einer Sonderzuständigkeit der Oberamtsregierung in Bautzen. Auf der unteren Verwaltungsebene wurden im Rahmen dieser Reform 13 Amtshauptmannschaften eingerichtet. [10] Bemerkenswert ist in diesem Zusammenhang, dass den neu geschaffenen Verwaltungseinheiten eigenes Verwaltungspersonal zur Aufgabenerfüllung zugewiesen wurde.[11] Mit dieser Reform konnte somit in Sachsen erstmals eine - bis auf die Oberlausitz - weitgehend einheitliche Verwaltungsgliederung eingeführt werden.

Die hierbei gebildeten Amtshauptmannschaften waren staatliche Verwaltungsbehörden für ihre Bezirke und führten die staatliche Aufsicht über die in ihrem Bezirk belegenen Gemeinden und kleinen Städte, insbesondere über deren Gemeindevorstände und Bürgermeister sowie das kommunale Finanzwesen. Weiter oblag ihnen die Bearbeitung der Bau-, Wohnungs-, Gewerbe-, Handels-, Landwirtschafts- und Jagdsachen, die Betreuung der Straßen- und Wasserläufe, die Sicherheitspolizei mit dem Vereins- und Versammlungswesen, die militärischen Ersatzangelegenheiten sowie das Gesundheitswesen. Zudem waren die Amtshauptmannschaften an der Schul- und Kirchenverwaltung beteiligt.[12] Die Amtshauptmannschaften, die der Aufsicht der Provinzialverwaltungen unterstanden, hatten auf Grund dieser Aufgabenstellungen eine koordinierende und bündelnde Funktion auf der unteren (staatlichen) Verwaltungsebene.

Mit der Verwaltungsreform von 1835[13] wurden an Stelle der Provinzialverwaltungen bzw. in der Oberlausitz statt der aufgelösten Oberamtsregierung in Bautzen, die Kreisdirektionen Bautzen, Dresden, Leipzig und Zwickau[14] eingeführt. Zugleich wurden durch diese Reform die weiterhin bestehenden Amtshauptmannschaften den Kreisdirektionen mit der Folge nachgeordnet, dass die Amtshauptleute jetzt als delegierte Mitglieder der Kreisdirektionen behandelt wurden. Dies bedeutete, dass

---

9 General Gouvernementsblatt, S. 627

10 Codex Augusteus, 3. Forts. 1. Abt. Dresden 1824, S. 521 f.

11 vgl. hierzu Schmidt, Amtshauptmannschaften, S. 14 f.

12 Schmidt, Amtshauptmannschaften, S. 14 f.

13 vgl. SächsGBl 1835, S.237 f.

14 die Kreisdirektionen unterstanden im Behördenaufbau dem Innenministerium und waren universale Mittelbehörden für alle Angelegenheiten der Verwaltung.

die Amtshauptleute nunmehr auch mit Sitz und Stimme an den Sitzungen der Kreisdirektionen teilnehmen konnten. Mit dieser normativ abgesicherten Einbindung gelang es, die sich aus dem landsässigen Adel rekrutierenden Amtshauptleute in die staatliche innere Verwaltung zu integrieren. Die Rolle des Amtshauptmannes wandelte sich von einem außerhalb der Landesorganisation stehenden Adligen zu einem Repräsentanten des bürgerlichen Staates. [15]

Bemerkenswert ist, dass auch nach dieser Verwaltungsreform die Einheit von Justiz und Verwaltung auf der unteren staatlichen Verwaltungsebene zunächst bestehen blieb und durch die den Amtshauptmannschaften 1856 übertragene Aufsicht über die Gerichtsämter noch bekräftigt wurde.[16]

2.) Konsequenzen der Verwaltungsreform von 1873

Ziel der Verwaltungsreform von 1873 war es, die Zentralbehörden von der Bearbeitung von Einzelfällen weitgehend zu entlasten und diese in verantwortlicher Weise durch untere Behörden entscheiden zu lassen.[17] Im Rahmen dieser Dezentralisierung wurden 25 neue - und mit den bisherigen Dienstbezirken der Amtshauptleute nur teilweise gebietsidentische - Amtshauptmannschaften gebildet und ihnen die Aufgaben zugewiesen, die bisher

- die bisherigen Amtshauptleute (bis 1874)
- die landesherrlichen Ämter (bis 1856)
- die Patrimonialherrschaften (bis 1856)
- die Gerichtsämter als Nachfolger der Patrimonialherrschaften (1856-1874)

wahrgenommen hatten und damit ihre Funktion als allgemeine untere Verwaltungsebene aufgewertet. Durch das *Gesetz über die Organisation der*

---

[15] Blaschke, Königreich Sachsen und thüringische Staaten, S. 620. Allerdings bedeutete die Ausgestaltung als untere staatliche Verwaltungsbehörde noch nicht die Einheit der Verwaltung auf der Ebene der Amtshauptmannschaften, da die aus der feudalen Herrschaftsordnung des Mittelalters resultierenden Sonderbehörden zunächst weiter existierten und mit gesonderten Zuständigkeitsbezirken neben der eigentlichen unteren staatlichen Verwaltungsbehörde existierten.

[16] Die Funktion der Gerichtsämter als sog. Verwaltungsobrigkeiten endete erst mit der Verwaltungsreform von 1873 vgl. Gesetz vom 21.4.1873 und hier insbes. das Gesetz über "die Bildung von Bezirksverbänden und deren Verwaltung betreffend" SächsGBl 1873, S. 275 f.

[17] Blaschke, Königreich Sachsen und thüringische Staaten, S. 619

Behörden für die innere Verwaltung[18] wurden die Amtshauptmannschaften mit der Überwachung der örtlichen Polizeiverwaltung, den Entscheidungen über Rekurse und Beschwerden gegen die Entschließungen der Gemeindebehörden sowie mit der Funktion der Gemeindeaufsichtsbehörde beauftragt.[19] Ausdrücklich geregelt wurde nunmehr auch die innere Organisation der Amtshauptmannschaft. Dem Amtshauptmann wurde Hilfs- und Kanzleipersonal zur Verfügung gestellt und ein Bezirksausschuss beigeordnet, der je nach Art des Sachverhalts entweder mitentscheidend oder lediglich mitberatend fungierte.[20]

Eine Besonderheit der Reform bestand zudem darin, dass jede Amtshauptmannschaft einen Bezirksverband zu bilden hatte, welcher - mit dem Verwaltungsgebiet der Amtshauptmannschaft gebietsidentisch - eine rechtsfähige Institution kommunaler Selbstverwaltung darstellte und als eine Zusammenfassung der Gemeinden im Gebiet der Amtshauptmannschaft eingeordnet werden kann.[21] Die Aufgaben des Bezirksverbandes waren zunächst gering und auf den Kommunikationswegebau, die Armenpflege, die Siechenanstalten sowie auf die Behebung allgemeiner Notstände beschränkt.[22] Der Amtshauptmann leitete als staatlicher Beamter den jeweiligen Bezirksverband und berief das Hauptorgan des Bezirksverbandes, die Bezirksversammlung, zu einem sog. Bezirkstag ein.[23]

Im Rahmen der Verwaltungsreform von 1873 wurden zudem die Kreisdirektionen aufgelöst und an ihrer Stelle die vier Kreishauptmannschaften Bautzen, Dresden, Leipzig und Zwickau begründet.[24]

---

18 Gesetz über die Organisation der Behörden für die innere Verwaltung (zit.: Organisationsgesetz) vom 21.4.1873, SächsGBl 1873, S. 275 f.

19 §§ 2 , 6 des Organisationsgesetzes vom 21.4.1873 GBl 1873, S. 275.

20 § 10 des Organisationsgesetzes vom 21.4.1873 GBl 1873, S. 275 ; von der Mosel, Handwörterbuch des Sächs. Verwaltungsrecht 12. Aufl., S. 135

21 § 1, 2 des Organisationsgesetzes vom 21.4.1873 GBl 1873, S. 275 ; vgl. auch von der Mosel, Handwörterbuch Sächs. Verwaltungsrecht 12. Aufl., S. 135.

22 vgl. Schöne, Die Verfassungs- und Verwaltungsorganisation der deutschen Landkreise, der in Fn 87 Amtshauptmann Dr. Schulze wie folgt zitiert: " Sie fristeten im Schatten der Gemeinden ein kraftloses Dasein".

23 vgl. von der Mosel, Handwörterbuch Sächs. Verwaltungsrecht, 12. Aufl., S. 135. Die Bezirksversammlung bestand zu einem Drittel aus Vertretern der sog. Höchstbesteuerten, zu zwei Dritteln aus Abgeordneten der Städte und Landgemeinden. Das Gremium sollte mindestens 24 Mitglieder umfassen und bei mehr als 50.000 Einwohnern einer Amtshauptmannschaft auf 10.000 Einwohner je drei weitere Abgeordnete erhalten

24 Blaschke, a.a.O. vergleicht diese in ihrer Zuständigkeit mit den preußischen Regierungsbezirken.

Mit der *Revidierten Städteordnung* von 1873,[25] die für Städte mit mehr als 6.000 Einwohnern galt[26], wurde die Oberaufsicht über diese Städte den Kreishauptmannschaften als zweiter Instanz der Verwaltung übertragen und damit den Amtshauptmannschaften entzogen. Die Städte waren jedoch weiterhin in der Bezirksversammlung der für sie zuständigen Amtshauptmannschaft vertreten.[27] Eine Sonderstellung nahmen die drei großen Städte des Landes, Chemnitz, Leipzig und Dresden ein. Sie wurden mit dem Erlass der Revidierten Städteordnung von der Zuständigkeit der örtlichen Amtshauptmannschaft und des Bezirksverbandes ausgenommen und in ihrem Status der Amtshauptmannschaft und dem Bezirksverband gleichgestellt.[28] Diese Regelung wurde 1906 auf die Städte Zwickau und Plauen und 1918 schließlich auf alle Städte mit mehr als 30.000 Einwohnern ausgedehnt. Hierin deutet sich die später weitergeführte Sonderstellung der kreisfreien Städte an.

Bei den Kommunen, die in den Anwendungsbereich der *Städteordnung für kleinere und mittlere Gemeinden* fielen[29], wurde dagegen die Oberaufsicht weiterhin durch die Amtshauptmannschaft wahrgenommen. Dies galt auch für die Kommunen, die unter den Geltungsbereich der *Revidierten Landgemeindeordnung*[30] fielen.

Die 1873 geschaffene Verwaltungsorganisation blieb in ihren Grundstrukturen bis 1952 erhalten, wurde jedoch in bestimmten Zeitabständen den gesellschaftlichen Entwicklungen angepasst. So wurden 1880 und 1910 in Dresden und Chemnitz Amtshauptmannschaften geteilt, in besonders großen Amtshauptmannschaften wurden die Verwaltung unterstützende Delegationen gebildet. 1878 wurde mit Überleitung der staatlichen Rechte des Hauses *von Schönburg* auf den sächsischen Staat[31] eine Amtshauptmannschaft Glauchau gebildet, die nunmehr in den bisherigen Herrschaften Glauchau, Waldenburg, Lichtenstein, Hartenstein und Stein die staatlichen Befugnisse ausübte[32]. Nach der Auflösung der konkurrierenden Landesherrschaft der Herren *von Schönburg* erhielt der sächsische Staat damit

---

[25] vgl. SächsGBl 1873, S. 295-321.

[26] sofern diese Städte für sich nicht ausdrücklich für die Annahme der Städteordnung für kleinere und mittlere Städte entschieden.

[27] Blaschke, Die Verwaltung in Sachsen und Thüringen, S. 778 f. (791).

[28] Diese durften ebenfalls einen Abgeordneten in den Kreisausschuss wählen.

[29] vgl. SächsGBl 1873, S. 321 f.

[30] vgl. SächsGBl 1873, S. 328 f.

[31] vgl. SächsGBl 1878, S. 393 und 403.

[32] Die Grafen von Schönburg hatten aufgrund eines 1835 mit dem sächsischen Staat geschlossenen Erläuterungsrezesses noch die Gerichtsbarkeit und die Verwaltung 1. Instanz inne.

erstmals ein flächendeckendes und homogenes System unterer staatlicher Verwaltungsbehörden.

Die Amtshauptmannschaften entwickelten sich in Folge als stabile Einrichtung und als Basis des gesamten staatlichen Verwaltungsaufbaus. Ihre Einrichtung beinhaltete jedoch schon sehr frühzeitig das Problem der Grenzziehung zwischen staatlichen und kommunalen Verwaltungsaufgaben.[33]

3.) Die Gemeindeordnung für den Freistaat Sachsen von 1923 und 1925

Nachdem in Art. 127 der *Weimarer Reichsverfassung* den Gemeinden und Gemeindeverbänden das Recht der Selbstverwaltung innerhalb der Schranken der Gesetze zuerkannt worden war, wurde auch mit der *Sächsische Gemeindeordnung* von 1923 und ihrer Novellierung 1925 den Bezirksverbänden das Recht der Selbstverwaltung übertragen und diese als weitere Kommunalverbände im Sinne der Reichsgesetze definiert.[34] Zugleich wurde das Recht der Bezirksverbände in einem gesonderten Abschnitt geregelt.[35] Gleichzeitig wurde jedoch bestimmt, dass die Bezirke der staatlichen Amtshauptmannschaften bis auf weiteres bestehen blieben.

Die Aufgabenstellung der Amtshauptmannschaft wurde weiter präzisiert und die Amtshauptmannschaft ausdrücklich als untere Verwaltungsbehörde im Sinne der Gesetze und Verordnungen benannt. Des weiteren wurde sie als erstinstanzliches Organ der Landesverwaltung mit den Aufgaben der Bau-, Fluss-, Jagd-, Gewerbe-, Gesundheits-, Sicherheits- und Polizeibehörde sowie mit der Staatsaufsicht über solche Selbstverwaltungskörperschaften beauftragt, die sich nicht über die Grenzen eines Bezirksverbandes hinaus erstreckten.[36] Besonders hervorzuheben ist hierbei, dass die Funktion der Gemeindeaufsichtsbehörde ausdrücklich der Amtshauptmannschaft als Staatsbehörde übertragen war.[37]

Als Organ des Bezirksverbandes fungierte der Bezirkstag als eine Form des Kommunalparlaments, die Exekutivverwaltung wurde durch den sog.

---

33 vgl. Blaschke, a.a.O. S.796.

34 § 145 Abs. 1 Gemeindeordnung für den Freistaat Sachsen vom 1.8.1923 (SächsGBl 1923 S 373) im folgenden zitiert in der Fassung der Bekanntmachung vom 15.6.1925 (SächsGBl 1925 S. 136) zit: SächsGO 1923

35 vgl. hierzu §§ 143 f. SächsGO 1923.

36 vgl. von der Mosel, Handwörterbuch Sächs. Verwaltungsrecht, 13. Aufl., S. 30.

37 § 176 f. GO 1923 ; von der Mosel, Handwörterbuch Sächs. Verwaltungsrecht, 13. Aufl., S 29.

Bezirksausschuss gewährleistet[38]. Der Amtshauptmann war als staatlicher Beamter zugleich Organ des Bezirksverbandes[39] und führte in dieser Eigenschaft dessen laufende Geschäfte. Auch hatte er die Aufgabe, die Gesetzmäßigkeit der vom Bezirksausschuss in den Angelegenheiten des Bezirksverbandes gefassten Beschlüsse sicherzustellen und ein diesbezügliches Beanstandungsrecht.[40] Der Amtshauptmann wurde bei dieser rechtsaufsichtlichen Binnenkontrolle jedoch als Organ des Bezirksverbandes und nicht für die Amtshauptmannschaft als untere staatliche Verwaltungsbehörde tätig.

Im Bezirkstag hatte der Amtshauptmann zunächst den Vorsitz, seit 1919 wählte jedoch der Bezirkstag selbst seinen Vorsitzenden.[41] Der Amtshauptmann hatte ab diesem Zeitpunkt lediglich noch ein Teilnahme- und Rederecht im Bezirkstag.[42] Der Bezirkstag konnte in schwerwiegenden Fällen die Abberufung des Amtshauptmannes beantragen.[43] Der Staat stellte die zur Aufgabenerfüllung des Bezirksverbandes notwendigen Kräfte bereit,[44] ausnahmsweise mussten jedoch die Bezirksverbände Beamte und Angestellte einstellen, wenn dies zur Aufgabenerfüllung erforderlich war.

Der Bezirksverband hatte die ihm durch Gesetz zugewiesenen Aufgaben zu verwalten und zu erfüllen, anders als in anderen deutschen Ländern existierte damit keine Aufgabenfreiheit für den Bezirksverband und auch eine wirtschaftliche Betätigung war ihm nicht gestattet.[45] Eine Stärkung der Bezirksverbände erfolgte erst mit dem *Zweiten Sächsischen Wohlfahrtsgesetz*, mit dem den Bezirksverbänden die Aufgabe der Wohlfahrtspflege übertragen wurde.[46]
Hervorzuheben ist, dass die Bezirksverbände lediglich Selbstverwaltungsaufgaben erfüllen sollten,[47] während der staatliche Aufgabenvollzug in der Gemeindeordnung nicht ausdrücklich geregelt und auch nicht an die Bezirksverbände übertragen wurde.

---

38 § 155 SächsGO 1923.

39 vgl. hierzu von Wolff, Der Landkreis als Selbstverwaltungskörper und seine kommunale Entwicklung, S. 112f.

40 §§ 156 Abs. 5 i.V.m. 85 Abs. 1, 2 SächsGO 1923. Den Vorsitz des Bezirksausschusses hatte er demgegenüber jedoch nicht inne.

41 Gesetz vom 5.7.1919, GBl. 1919 S. 145.

42 Schmitz, Landrat, S. 78.

43 Schmitz, Landrat, S. 78.

44 § 153 SächsGO 1923.

45 Schmitz, Landrat, S. 77 f. m.w.N.

46 Gesetz vom 28.3.1925, SächsGVBl 1925, S. 289.

47 wie z.B. Maßnahmen zum Zwecke der Krankenpflege, der öffentlichen Gesundheitspflege, des Neubaus, der Verbesserung und Unterhaltung der öffentlichen Wege (§147 Abs. 1 Ziff. 1) sowie die Errichtung und Unterhaltung von Bezirkssparkassen (§ 147 Abs. 1 Cif. 3).

Die fortgeltende Zuständigkeit der Amtshauptmannschaften für den staatlichen Aufgabenvollzug lässt sich mit den Übergangs- und Schlussbestimmungen der Gemeindeordnung von 1923 nachweisen. Danach wurde mit der neuen Regelung des § 198 Abs. 1 der Sächsischen Gemeindeordnung von 1923 lediglich die §§ 14 Abs. 3 und § 20 des *Gesetzes über die Organisation der Behörden der inneren Verwaltung* vom 21.4.1873[48] und das *Gesetz über die Bildung von Bezirksverbänden und deren Vertretungen* vom 21.4.1873[49] aufgehoben. Alle anderen Organisationsnormen für die Amtshauptmannschaften blieben demgegenüber bis zur Machtergreifung Hitlers in Kraft.

4.) Überblick über die Entwicklung außerhalb Sachsens

Der dargestellte Verflechtungsprozess zwischen der an Bedeutung gewinnenden Selbstverwaltungsebene[50] und der unteren staatlichen Verwaltungsbehörde im Kreis und ihrer letztendlichen Vereinigung in einer einheitlichen Behörde Landratsamt ist exemplarisch für die - in dieser Darstellung nur ergänzend zu behandelnden - Entwicklungsprozesse in anderen Regionen des Deutschen Reichs.[51]

So lassen sich für **Preußen** schon aus vorkonstitutioneller Zeit organisatorische Verflechtungen zwischen Kreisselbstverwaltung und Staatsverwaltung nachweisen. In Preußen, in dem in Form des brandenburgisch-preußischen "Kreises"[52] das Urbild des heutigen Landkreises geprägt wurde, erfolgte bereits in der 2. Hälfte des 17. Jahrhunderts die Vereinigung der Ämter des kommunalständischen Kreisdirektors und des landesherrlichen Kommissionärs[53]. Eine besondere Zäsur in der

---

48 SächsGVBl 1873, S. 275.

49 SächsGVBl 1873, S. 284.

50 Bubner, Die Landkreise in den zwanziger Jahren, S. 80 verdeutlicht am niedersächsischen Beispiel die zunehmende Bedeutung der kreiskommunalen Aufgaben gegenüber dem staatlichen Aufgabenvollzug. Das hierbei zitierte Verhältnis der beiden Aufgabenbestände von 4 zu 1 wird jedoch nicht näher begründet.

51 einen einführenden Überblick gibt hierzu Baumann, Die allgemeine untere staatliche Verwaltungsbehörde, S. 11 f. ; vgl. ergänzend Constantin, Grundlagen der Kreisverfassung, S. 29 f. ; Hintze, Staatenbildung und Kommunalverwaltung, S. 1 f. ; speziell für die Zeit der Weimarer Republik vgl. die Darstellung bei Bubner, a.a.O. S. 52 f.

52 Die Mark Brandenburg war seit Ende des 12. Jahrhunderts in etwa 30 landesherrliche Verwaltungsbezirke, sog. Vogteien eingeteilt, anderen Spitze der vom Landesherrn ernannte markgräfliche Vogt stand.

53 Unter der Herrschaft von Kurfürst Joachim-Friedrich wurden seitens des Landesherrn Beamte mit Spezialaufträgen in die Landkreise delegiert. Diese landesherrlichen Kommissare wurden in der 2. Hälfte des 17. Jahrhunderts mit dem Amt des ständischen Kreisdirektors vereinigt.

Verknüpfung von Selbstverwaltung und Staatsverwaltung auf der Kreisebene stellte die Preußische Kreisordnung von 1872 dar, die den Kreis als "Hauptinstanz obrigkeitlicher Partikularverwaltung" bewertete,[54] zugleich eine organisatorische Verknüpfung von Landrat und Kreisausschuss vornahm und damit eine richtungsweisende Entwicklung für viele andere Länder vorgab.[55] Der Landrat erfüllte neben den ihm übertragenen kommunalen Aufgaben in seiner Funktion als staatliches Organ die Geschäfte der allgemeinen Landesverwaltung. Die erst durch Beschluss umsetzbaren Staatsaufgaben - wie die Ausübung der Kommunalaufsicht - lagen dagegen in der Zuständigkeit eines kommunal besetzten Kreisausschusses mit dem staatlichen Landrat als Vorsitzenden.

In **Württemberg** wurde bereits durch die Kommunalverfassungsgesetze Anfang des 19. Jahrhunderts der staatliche Oberamtsbezirk und die kommunale Amtskörperschaft in ihrer Verwaltung zusammengeführt und insoweit eine Einheit der Verwaltung auf Kreisebene sichergestellt.[56]

Wo sich - wie in **Bayern**[57] und **Hessen**[58] - die kommunale Selbstverwaltung auf der Kreisebene erst im 19. Jahrhundert entwickeln konnte, wurde sie zunächst als unselbständiger Verwaltungsbezirk der staatlichen Verwaltungseinheit angegliedert, um später endgültig als eigenständige Institution mit ihr verbunden zu werden. Lediglich in bestimmten Regionen (z.B. Baden) hat sich die Kreisselbstverwaltung und die untere staatliche Verwaltungsbehörde auf Kreisebene bis über die Weimarer Zeit hinaus organisatorisch getrennt entwickelt und wie im Saarland bis Anfang der 90'er Jahre eine stringente Zweigliedrigkeit bewahrt.

---

[54] zit. nach Friedenthal, Bericht über den Entwurf einer preußischen Kreisverfassung, S 14 f (16) - Achterberg weist in seinem geschichtlichen Überblick in DÖV 1979, 576 f. darauf hin, dass die in Preußen durchgeführten Gneist'schen Reformen ihren Anfang in der Neuordnung der Verwaltung auf Kreisebene nahmen.

[55] z.B. die Aufsicht über die Landespolizeibehörden, die Verkehrspolizei für Chausseen und die Aufgaben der unteren Jagdbehörde.

[56] vertiefend Evers, DVBl 1969, 765 f. (768).

[57] vgl. hierzu die Darstellung in Landkreisverband Bayern, Die bayerischen Landkreise und ihr Verband, S. 37 f. die verdeutlicht, dass erst die 1852 geschaffenen Distriktsgemeinden (höhere Gemeindeverbände) als Ursprung des heutigen Landkreises gesehen werden können.

[58] zur Vertiefung Evers, DVBl 1969, 765 f. (768).

Zweites Kapitel:
Die Kreisebene in der NS-Zeit

Die nationalsozialistische Herrschaft hatte es sich neben der Gleichschaltung gesellschaftlicher und politischer Kräfte zum Ziel gesetzt, das Verwaltungsrecht des bürgerlichen Rechtsstaats zu überwinden und durch die Implementierung des Führerprinzips in der Verwaltung[59] zu ersetzen. Dies erforderte zunächst den Erlass neuer und einheitlicher Verwaltungsgesetze für das gesamte Reichsgebiet.[60] 1935 wurden die Rechtsverhältnisse der Städte und Gemeinden durch die *Deutsche Gemeindeordnung* (DGO)[61] grundlegend neu geordnet und dabei der NS-Ideologie angepasst. Durch die im gleichen Jahr erlassene *Sächsische Überleitungsverordnung zur DGO* wurden zunächst die §§ 143 ff. der Sächsischen Gemeindeordnung von 1925 weiterhin für grundsätzlich anwendbar erklärt, der Amtshauptmann jedoch als Leiter und Vertreter des Bezirksverbandes beauftragt, die Verwaltung in ausschließlicher Verantwortung zu führen.[62] Mit dem *Änderungsgesetz zum Sächsischen Bezirksrecht* wurde 1937 der Bezirksausschuss aufgelöst und im Rahmen der Gleichschaltungsvorschriften das noch fortgeltende Kreisrecht der DGO angepasst.[63] Die in der Weimarer Republik eingesetzten Amtshauptleute blieben auch nach der nationalsozialistischen Machtübernahme im Amt, traten jedoch bis 1939 (teilweise als Folge erheblichen Drucks der Machthaber) nahezu alle der NSDAP bei.[64] Die zunächst ab 1933 eingesetzten und den Amtshauptleuten zum Zwecke der Überwachung beigeordneten NS-Kommissare wurden zwar 1934 wieder abgeschafft, die Kreisleiter der NSDAP behielten jedoch einen großen Einfluss auf die Tätigkeit der Amtshauptmannschaften.[65]

Der Entwurf einer 1938 vorgelegten *Reichskreisordnung*[66] sah vor, die Doppelnatur des Landkreises als unterer staatlicher Verwaltungsbezirk und

---

59 vgl. Larenz, Deutsche Rechtserneuerung und Rechtsphilosophie, Recht und Staat Heft 109 (1934), S. 34 f. ; Maunz, Neue Grundlagen des Verwaltungsrechts, Der deutsche Staat der Gegenwart Heft 9 (1934), S. 16f. ; weiterführend Majer, Grundlagen des nationalsozialistischen Rechtssystems, S. 87 f.

60 Wolff-Bachof-Stober, Verwaltungsrecht Band I, § 19 Rz. 5 begründet dies mit dem vereinfachten Gesetzgebungsverfahren und der Zurückdrängung des Einflusses der Länder.

61 DGO vom 30.1.1935, RGBl Band 1 1935, S. 49

62 VO vom 18.3.1935 SächsGBl 1935, S. 39

63 Gesetz vom 13.7.1937, SächsGBl 1937, S. 65

64 Schmidt, Amtshauptmannschaften, S. 14 f. (25)

65 Schmidt, a.a.O.

66 zu den Einzelheiten vgl. Jeserich, Die Landkreise zwischen 1933 und 1945, S 89 f (93)

Selbstverwaltungskörperschaft fortzuführen, den Landrat als staatlichen Beamten mit dem staatlichen Aufgabenvollzug zu beauftragen und ihm in Personalunion die Leitung beider Behördenteile des Landratsamtes zuzuweisen. Der Entwurf der Reichskreisordnung wurde jedoch nur in Lothringen 1941 in Kraft gesetzt, die angedachte umfassende und verbindliche Kodifikation des Kreisrechts für das übrige Reichsgebiet erfolgte hingegen nicht. Allerdings wurde zum 1. Januar 1939 in allen Ländern des Reiches die einheitliche Bezeichnung "Kreis" für die den preußischen Kreisen entsprechenden Selbstverwaltungskörperschaften und die Bezeichnung "Landrat" für ihre Verwaltungsleiter eingeführt.[67] Für Sachsen bedeutete dies, dass die Amtshauptmannschaft und der Bezirksverband in dem Begriff Kreis zusammengefasst und der Amtshauptmann in Landrat umbenannt wurde.[68]

Eine teilweise Neuordnung des Kreisrechts erfolgte 1939 durch das *Reichsgesetz über die Vereinheitlichung im Behördenaufbau*,[69] nach dem neue Aufgaben des Reiches und der Länder, die in der Unter- und Mittelstufe durch die staatliche Verwaltung wahrgenommen werden sollten, grundsätzlich den Behörden der allgemeinen Verwaltung zu übertragen waren.[70] Des weiteren wurden die Sonderbehörden auf Kreisebene den Landräten unterstellt. Der Landrat erhielt die Funktion der "zusammenfassenden maßgebenden Stelle" in allen Fragen der Verwaltung des Landkreises. Diese Koordinierungs- und Bündelungsfunktion des Landrats beinhaltete auch seine Verpflichtung, für die Zusammenarbeit aller staatlichen Dienststellen und Dienststellen der Körperschaften sowie Anstalten der Selbstverwaltungen in seinem Kreise zu sorgen.[71] In einigen Regionen wurden darüber hinaus weitere Behörden wie die Schul- Gesundheits- und Veterinärverwaltung dem Landrat unterstellt.

Hinsichtlich der Einwirkungsmöglichkeiten des organisatorisch stets spiegelbildlich aufgebauten Parteiapparats führte die *Anordnung des Ministerrats für die Reichsverteidigung über die Verwaltungsführung in den Landkreisen* vom 28.12.1939[72] aus, dass die Verantwortung für die ordnungsgemäße Erfüllung aller Aufgaben der staatlichen Verwaltung ausschließlich dem Landrat obliege und sich der Kreisleiter der NSDAP jeglichen Eingriffs in die laufende Verwaltungsführung

---

67 RGBl. 1938 Band 1, S. 1021 ; Laux, Der Landkreis 1991, 290 f.

68 Venus, Amtshauptmann in Sachsen, S. 86.

69 Gesetz vom 5.7.1939, RGBl Band 1 1939, S. 1197.

70 eine Übertragung der bestehenden Sonderverwaltungen kam nur dort in Betracht, wo dies als Annex derem Aufgabenkreis zuzuordnen war.

71 Ausgenommen von dieser Befugnis waren lediglich die nachgeordneten Behörden der Wehrmacht, Post, Justiz, Bahn und der Finanzverwaltung.

72 RGBl 1940 Band 1, S. 45.

zu enthalten habe. Zugleich wurde jedoch der Landrat verpflichtet, seine Unterrichtung über alle, die Gesamtverwaltung des Kreises betreffenden, wichtigen Dinge der Verwaltung - sicherzustellen und soweit erforderlich, seine Einschaltung in die Bearbeitung zu fordern. Die neue Regelung bedeutete damit einen Wertungswiderspruch zu den Regelungen der DGO, die dem Kreisleiter als Beauftragtem der NSDAP erhebliche Einwirkungen in den Bereich der Gemeinden zugestand,[73] zumal die untere staatliche Verwaltungsebene des Landkreises nunmehr auch ausdrücklich gegenüber Eingriffen des Parteiapparats abgesichert wurde.

Diese, durch die beiden vorbezeichneten Reformen bewirkte, Stärkung der inneren Verwaltung erscheint auf den ersten Blick insoweit überraschend, als sie in einer Zeit verfestigter Machtstrukturen und der weitgehend abgeschlossenen Gleichschaltung der politischen und gesellschaftlichen Kräfte erfolgt.
Ein Grund hierfür mag darin liegen, dass die in der DGO geschaffene Parallelität einer ebenengleichen, ordentlichen und parteipolitischen Verwaltung dem Parteiapparat nur unter dem Gesichtspunkt der verfassungsrechtlichen Dominanz der NSDAP einen Vorteil gewährte.[74] Der zwischen Landes- und Kommunalverwaltung einerseits und dem NSDAP-Apparat andererseits angelegte Konflikt der Verwaltungskonkurrenz[75] löste sich in der Verwaltungswirklichkeit oftmals zu Gunsten der ordentlichen Verwaltung, die sich beim Verwaltungsvollzug in erster Linie dem Volk, dem Führer dagegen lediglich nur als Staatsoberhaupt verpflichtet fühlte.[76] Zudem konnte die Kompetenz der ordentlichen Verwaltung durch die lediglich propagandistischen und ideologischen Zielsetzungen der NS-Institutionen nicht aufgewogen werden.[77]

Entscheidender dürfte aber sein, dass trotz der organisatorischen Trennung von Partei und Staat der Staat nicht als politischer Machtträger, sondern zu diesem Zeitpunkt lediglich noch als bloße Organisationsform betrachtet wurde, welche als

---

73 vgl. Weber, Der Kreis und die untere Verwaltungsinstanz, S. 75 f.

74 Bemerkenswert hierbei ist, dass - unbeschadet und vielleicht auch bewusst gegenläufig - zu zentralistischen Tendenzen die Fachliteratur dieser Zeit eine intensive Diskussion zur Kommunalisierung von Landrat und Landratsamt führt vgl. die Nachweise bei Jeserich, Zur Reform der Landkreisverwaltung, S. 100 f. (103).

75 Jeserich, Die Landkreise zwischen 1933 und 1945, S. 89 f. (90) ; Craig, Deutsche Geschichte 1866-1945, S.517 f.

76 Wolff-Bachof-Stober, Verwaltungsrecht I, § 10 Rz. 4.

77 Einen Beweis für die Wertschätzung des Parteiapparats liefern die Lebenserinnerungen des Dresdner Landrats *Venus*, der den ihm zur Seite gestellten Kreispolizeileiter *Mutschmann* als "brutalen Menschen, primitiv, ohne Bildung und ohne höhere Interessen" charakterisiert. Mutschmann war von 1925 bis 1945 Gauleiter von Sachsen - weiterführend hierzu: Venus, Amtshauptmann in Sachsen, S. 95.

Zweckinstrument für die Staatsideologie diente. Auch wenn nach den Intentionen der NS-Führung eine formale, organisatorische Trennung von Partei und Staat aufrecht erhalten worden war, geschah dies somit allenfalls aus Gründen der Tradition und politischen Zweckmäßigkeit.[78] Unter Berücksichtigung dieser Erwägungen kann die vorgenommene Stärkung der unteren staatlichen Verwaltungsbehörde beim Kreis und damit der allgemeinen inneren Verwaltung nicht als Renaissance des bürgerlichen Rechtsstaates begriffen werden, sondern stellt sich - auch angesichts der eingetretenen Systemnähe der Landräte und damit der vormaligen Amtshauptleute - als Kompetenzverschiebung in einem gleichgeschalteten System dar.

Die Reichsverwaltungsreformen während des Zweiten Weltkrieges brachten für die Kreisebene keine substantiellen Neuerungen. Allerdings lässt die in diesem Zusammenhang erlassene *Kreisordnung für Lothringen*[79] Wertungsmodelle erkennen, die sich auch im heutigen Kommunalrecht wiederfinden. So wurde der Landkreis als staatlicher Verwaltungsbezirk und Selbstverwaltungskörperschaft definiert und der Landrat mit der Leitung der unteren staatlichen Verwaltungsbehörde beauftragt. Politische Entscheidungen hatte er jedoch weiterhin im Einvernehmen mit dem zuständigen Kreisleiter zu treffen.

Zusammenfassend lässt sich feststellen, dass die Kreisebene in der Zeit des Nationalsozialismus zwar ihre Position als allgemeine untere Verwaltungsebene in der Verwaltungskonkurrenz mit dem nationalsozialistischen Parteiapparat verteidigt hat. Andererseits ist insbesondere im Hinblick auf die 1939 vorgenommenen Verwaltungsreformen zu beachten, dass angesichts der zu diesem Zeitpunkt gleichgeschalteten Strukturen, der allgemeinen inneren Verwaltung kaum noch ein eigenständiger Bedeutungsgehalt zukam und zu ihren Gunsten vorgenommene Kompetenzverschiebungen sich daher nur strukturverlagernd innerhalb eines bestehenden Systems darstellten.[80]

---

78 Zudem wurde in der Verwaltungswirklichkeit auch nichts getan, um diese Trennung beizubehalten, vielmehr wurde durch die Errichtung eines weitverzweigten Parteiapparates und durch zahlreiche Sonderbehörden und Sonderdienststellen die Kompetenztrennung so überlagert und verwischt, dass de facto ein unentwirrbares Durcheinander und Nebeneinander staatlicher und halb-staatlicher Institutionen sowie der Parteibürokratie entstand, welches jedoch gerade in dieser Unübersichtlichkeit systemstabilisierend wirkte und die Stellung der Machthaber stärkte, vgl. auch Majer, Grundlagen des nationalsozialistischen Rechtssystems, S. 87 f.

79 Verordnungsblatt für Lothringen Nr. 18 vom 26.3.1941.

80 Dazu kommt, dass die Institution Kreis in der NS-Ideologie weniger als eigenständige Personalkörperschaft, sondern lediglich als reiner Gemeindeverband und damit als analytische Verwaltungseinheit ohne eigenständiges Leben verstanden wurde. So gesehen könnte es

Drittes Kapitel:

Die Neuorganisation des staatlichen Aufgabenvollzuges auf Kreisebene in der sowjetischen Besatzungszone, dem Land Sachsen und der späteren DDR sowie in der französischen, amerikanischen und britischen Besatzungszone und in den wiedereingeführten Ländern der Bundesrepublik

1.) Ausgangslage

Die ersten Befehle der Besatzungsmächte nahmen die bestehende Verwaltungsorganisation mit ihrer Unterteilung in Provinzen und Kreisen auf und setzten Bürgermeister und Landräte ein, die zwar zunächst als Vollzugsorgane der Militärbehörden fungierten, jedoch recht bald eigene Handlungs- und Gestaltungsspielräume erhielten.[81] Zudem schufen sie oberhalb der Verwaltungseinheit des Kreises eigene regional ausgerichtete Körperschaften zur besseren administrativen Erfassung des besetzten Gebietes.[82] Die "nachrichtliche" Übernahme der bestehenden kommunalen Verwaltungsstruktur fand ihre Fortentwicklung in den - von der Potsdamer Konferenz verabschiedeten - politischen Grundsätzen, die von einer Dezentralisation der politischen Struktur der Verwaltung und der Entwicklung einer örtlichen Selbstverwaltung ausgingen.[83] Hierzu war vorgesehen, den Wiederaufbau der deutschen Staatlichkeit von unten nach oben durchzuführen[84] und hierbei die lokale Selbstverwaltung[85] in ganz Deutschland nach demokratischen Grundsätzen wiederherzustellen.

---

gerade diese relative Bedeutungslosigkeit der Kreisebene als Selbstverwaltungskörperschaft gewesen sein, die in der NS-Ideologie eine unmittelbare Notwendigkeit umfassender ideologischer Steuerung ausschloss vgl. hierzu von Unruh, a.a.O., S. 192.

81 Maurer, Verfassungsrechtliche Grundlagen, S. 1 f. (2)

82 vgl. hierzu SMAD Befehl Nr. 5 vom 9.7.1945 über die Verwaltung der Provinzen und Kontrolle der Arbeit der örtlichen Selbstverwaltungsorgane abgedruckt in Amtliche Nachrichten der Landesverwaltung Sachsen (Gesetze, Befehle, Verordnungen, Bekanntmachungen) 1945 Nr. 2 S. 5.

83 Potsdamer Protokoll vom 2.8.1945, Abschnitt III A 9, Amtsblatt des Kontrollrats in Deutschland 1945 Ergänzungsblatt Nr. 1, S. 14.

84 Maurer, a.a.O.

85 Der Begriff der lokalen Selbstverwaltung ist dem englischen Ausdruck "local government" als untere Selbstverwaltungsebene nachempfunden und reflektiert nicht auf eine bestimmte Verwaltungsstruktur.

Die Besatzungsmächte standen hierbei vor der Entscheidung, in ihren Gebieten das Kommunalverfassungsrecht der nationalsozialistischen Zeit durch eine weitgehende Wiederherstellung der Rechtsverhältnisse vor 1933 oder die Schaffung eines völlig neuen Kommunalverfassungsrechts ohne Berücksichtigung traditioneller Formen zu ersetzen. Konsequenz des entstandenen Handlungsbedarfs war in der Folge jedoch keine einheitlich- gesamtdeutsche Kommunalordnung, sondern vielmehr eine regionalbezogene Entwicklung in den drei westdeutschen und der sowjetischen Besatzungszone, bei der, aus dem nationalen Heimatrecht resultierende, Denk- und Strukturmodelle der jeweiligen Besatzungsmacht prägend waren und mit unterschiedlicher Intensität in die Erarbeitung der Kommunalverfassungen einflossen.[86]

2.) Die Entwicklung in der Sowjetischen Besatzungszone (SBZ), dem Land Sachsen und der späteren DDR

Nachdem in den ersten Verfügungen der sächsischen Landesverwaltung die Kreise - ohne dass ihre Rechtsstellung im einzelnen geregelt war - mit verschiedenen Aufgaben betraut wurden (etwa der Einrichtung von Sparkassen)[87] wurden durch die *Verordnung über die Ausübung der öffentlichen Gewalt im Gebiet der Provinz Sachsen*[88] vom 24.8.1945 die Rechtsverhältnisse der Landräte und Bürgermeister neu geordnet und dienstrechtliche Befugnisse auf die unteren Ebenen zurückübertragen. Der Landrat erhielt nach dieser Verordnung das Recht, den Bürgermeister einer kreisangehörigen Gemeinde für dieses Amt bei der Bezirksverwaltung vorzuschlagen, die Berufung selbst erfolgte durch den Bezirkspräsidenten.[89] Weder Landrat noch Kreis wurden jedoch ausdrücklich als untere staatliche Verwaltungsbehörde angesprochen bzw. anerkannt. Die lokalen Behörden behielten zunächst ihre Bezeichnungen, so dass z. B. die Verwendung des Begriffes "Landrat" noch bis Mai 1946 üblich war.[90] Bemerkenswert ist die 1945 vorgenommene Kommunalisierung der Gesundheitsämter, durch die den

---

86 Weber, Der Kreis und die untere Verwaltungsinstanz, S. 75 f. spricht insoweit von der "missionierenden Verbreitung heimischer Verwaltungsorganisationsvorstellungen."

87 Verordnung über die Gründung der Sächsischen Landesbank und die Abwicklung der bisher bestehenden Banken und sonstigen Geldinstitute vom 14. 8 1945 abgedruckt in Gesetze, Befehle, Verordnungen, Bekanntmachungen veröffentlicht durch die Landesverwaltung Sachsen 1945 Nr. 3, S. 1 f.

88 Verordnungsblatt für die Provinz Sachsen 1945 Nr. 1, S.23.

89 Die Landräte wurden auf Vorschlag des Bezirkspräsidenten von dem Präsidenten der Provinzverwaltung eingesetzt.

90 Schmidt, Amtshauptmannschaften, S. 14 f. (28)

Landkreisen die dort wahrgenommenen Aufgaben - je nach Sachgebiet - als Selbstverwaltungsaufgaben oder Auftragsangelegenheiten übertragen wurden.[91]

a.) Die Demokratische Gemeindeverfassung sowie die Gemeinde - und Kreisordnung für das Land Sachsen von 1947

Mit der Wiederherstellung der Arbeitsfähigkeit der unteren Verwaltungsebenen ergab sich alsbald die Notwendigkeit einer Kodifizierung einer Kommunalordnung. Die Sowjetische Militäradministration in Deutschland (SMAD) erklärte dabei die zunächst für die Mark Brandenburg durch die dortige Provinzialverwaltung erarbeitete *Demokratische Gemeindeverfassung* für das Gebiet der Sowjetischen Besatzungszone als gesamtverbindlich, die wiederum von den inzwischen institutionalisierten Landesverwaltungen nachrichtlich bekanntgemacht wurde. Die *Demokratische Gemeindeverfassung für die sowjetische Besatzungszone Deutschlands* (DGSD)[92] knüpfte an die *Weimarer Verfassung* an und enthielt umfassende Handlungs- und Gestaltungsspielräume der Kommunen. Die Gemeinden waren per Gesetz Teil eines Kreiskommunalverbandes[93] und unterstanden der Aufsicht des Kreistages als übergeordnetem Organ[94]. Die DGSD enthielt ein Subsidiaritätsprinzip zugunsten der Gemeinden, nach dem diesen die Erfüllung all derjenigen Aufgaben oblag, die nicht anderen Stellen durch Gesetz oder Anordnung der Landesverwaltung zugewiesen waren[95]. Die DGSD wurde in den Ländern der Sowjetischen Besatzungszone nach Bildung der Landtage als Gemeindeordnungen[96] bzw. als Kreisordnungen[97] in das Landesrecht eingeführt.[98]

---

91 Verordnung vom 3.12.1945 abgedruckt in: Amtliche Nachrichten der Landesverwaltung Sachsen (Gesetze, Befehle, Verordnungen, Bekanntmachungen) Nr. 16, S. 1 f.

92 vgl. Demokratische Gemeindeverfassung für die sowjetische Besatzungszone Deutschlands (DGSD) abgedruckt in: Amtliche Nachrichten der Landesverwaltung Sachsen (Gesetze, Befehle, Verordnungen, Bekanntmachungen) 1946 Nr. 22, S.422.

93 vgl. § 2 DGSD - die Rechtsverhältnisse des Kreiskommunalverbandes wurden jedoch nicht geregelt.

94 vgl. § 51 DGSD - der Kreistag fungiert hier als untere staatliche Verwaltungsbehörde des Landkreises.

95 vgl. § 3 DGSD.

96 vgl. Gemeindeordnung des Landes Sachsen vom 6.2.1947.

97 vgl. Kreisordnung des Landes Sachsen vom 18.1.1947 abgedruckt in Amtliche Nachrichten der Landesverwaltung Sachsen (Gesetze, Befehle, Verordnungen, Bekanntmachungen) 1947 Nr. 1 S. 22 f.

98 weiterführend zu den Einzelheiten der Kommunalordnungen, vgl. Petzold, Handbuch zur kommunalen Selbstverwaltung, 1. Kapitel Rz. 11 f. (vgl. dort Fn 3).

Die *Sächsische Kreisordnung* von 1947 unterschied die Aufgaben der Kreise in Selbstverwaltungsaufgaben und Auftragsangelegenheiten, ohne allerdings eine ausdrückliche organschaftliche Kompetenzzuweisung innerhalb des Kreises vorzunehmen. Der - der Aufsicht des Landtages unterstehende - Kreis hatte die für die Erledigung der Auftragsangelegenheiten erforderlichen Arbeitskräfte und Einrichtungen zur Verfügung zu stellen[99], eine untere staatliche Verwaltungsbehörde - z.B. für die Aufsicht über die kreisangehörigen Kommunen[100] - war jedoch organisatorisch nicht vorgesehen.

Die 1947 verabschiedete *Verfassung des Landes Sachsen*[101] verankerte das kommunale Selbstverwaltungsrecht von Gemeinden und Kreisen als einen tragenden Verfassungsgrundsatz, indem sie in Art. 69 Abs. 2 die Kreise und Gemeinden als Selbstverwaltungskörper definierte, wobei auch der Kreis lediglich als Selbstverwaltungskörper betrachtet und somit als eine rein kommunale Behörde des Verwaltungsaufbaus verstanden wurde.[102] Mit der Regelung des Art. 69 Abs. 3 führte die Verfassung zudem die Unterscheidung zwischen Selbstverwaltungsaufgaben und Auftragsangelegenheiten fort.

b.) Die erste DDR-Verfassung von 1949

Die mit der Bildung der DDR am 7.10.1949 in Kraft getretene *DDR-Verfassung*[103] statuierte in Art. 139 das Recht der Selbstverwaltung für die Gemeindeverbände innerhalb der Gesetze der Republik und der Länder. Im Sinn eines Subsidiaritätsprinzips sollte jede Aufgabe vom untersten dazu geeigneten Verband wahrgenommen werden. Eine Aufsicht über die Selbstverwaltung der Gemeindeverbände sollte sich auf die Gesetzmäßigkeit der Verwaltung und die Einhaltung der Wahrung demokratischer Verfahrensgrundsätze beschränken[104]. Des

---

99 vgl. §§ 4 und 5 Kreisordnung - der Kreis wurde von einem sog. Kreisrat als ausführendem Organ geleitet, dessen Leitung dem Landrat oblag. Beschlussorgan war der Kreistag.

100 diese wurde vom Kreistag ausgeübt vgl. § 51 Gemeindeordnung - gesonderte Abteilungen waren jedoch für das Rechnungsprüfungsamt zu bilden.

101 Verfassung des Landes Sachsen vom 28.2.1947 abgedruckt in: Amtliche Nachrichten der Landesverwaltung Sachsen (Gesetze, Befehle, Verordnungen, Bekanntmachungen) 1947 Nr. 5, S. 103 f.

102 vgl. hierzu Art. 69 Abs. 1 der Verfassung des Landes Sachsen, der von einer Gliederung des Landes in Kreise als Selbstverwaltungskörpern ausgeht.

103 Verfassung der DDR, GBl DDR I 1949, S. 432 (zit: Verf DDR).

104 vgl. Art. 142 Verf DDR - eine dem Art. 28 Abs. 2 GG vergleichbare institutionelle Garantie enthielt die Gründungsverfassung der DDR jedoch nicht.

weiteren wurde die Auftragsverwaltung als staatlicher Aufgabenvollzug der Kreise vorgesehen[105].

c.) Die administrativ - territoriale Neugliederung 1952

Nach der Verfassungsgebung wurden mit dem proklamierten Aufbau des Sozialismus Elemente des sozialistischen Staates eingeführt, zu welchen insbesondere das Prinzip des demokratischen Zentralismus gehörte. Hierdurch sollten die Vorteile einer zentralen Leitung einerseits und die der Ausdifferenzierung von politischer Organisation und Gesellschaft andererseits miteinander verbunden und auf diese Weise die Eigenverantwortlichkeit (vgl. hierzu die Eigenverantwortlichkeitsgarantie in Art. 41 DDR-Verfassung für die örtlichen Volksvertretungen) der einzelnen Einheiten trotz zentraler Leitung erhalten werden.[106] Dadurch wurde den örtlichen Volksvertretungen zwar eine relative Eigenständigkeit gewährt, die jedoch stets nach Maßgabe der politischen Opportunität nivelliert werden konnte.[107] Denn normativ abgesicherte Autonomiespielräume wären schon deswegen systemkonträr gewesen, weil die Ideologie von einem absoluten Vorrang der gesamtstaatlichen Interessen (z.B. die Leitung des wirtschaftlichen Aufbaus in den Territorien) ausging und unterschiedliche Interessenlagen zwischen den verschiedenen Strukturgliedern der Gesellschaft, dem Gesamtstaat und den einzelnen kommunalen Gebietskörperschaften damit von vornherein nicht existieren konnten[108]. Diese Ideologie bewirkte, dass - trotz des Prinzips des demokratischen Zentralismus - die funktionalen Differenzierungen der Staatsorganisation durch das Primat der Partei mit der Folge überformt wurden, dass die föderale Staatsauffassung und das Prinzip der kommunalen Selbstverwaltung mehr und mehr in den Hintergrund traten und schließlich nahezu bedeutungslos wurden.

Das Prinzip des demokratischen Zentralismus wurde erstmals mit dem *Gesetz über die weitere Demokratisierung des Aufbaus und der Arbeitsweise der staatlichen Organe in den Ländern der Deutschen Demokratischen Republik* vom 23.7.1952[109] normativ umgesetzt. Ziel dieses Gesetzes war es dabei auch, den föderalen Staatsaufbau zu beseitigen, soweit er einer - auf den sozialistischen Aufbau

105 vgl. Art. 143 Verf DDR.
106 Trute, Organisation und Personal in der DDR, S. 655 f. (659).
107 Trute, a.a.O.
108 Petzold, Handbuch zur kommunalen Selbstverwaltung, 1. Kapitel, Rz. 14.
109 GBl DDR 1952, S. 613 f.

ausgerichteten - ökonomischen und sozialen Entwicklung zuwiderlief. Dies bedeutete zunächst eine administrativ-territoriale Neugliederung, im Rahmen derer aus den fünf Ländern 14 Bezirke und anstelle der 132 Kreise 217 gebildet wurden[110]. Durch kleinteiligere Verwaltungseinheiten sollten die staatlichen Organe enger mit der Bevölkerung verknüpft und die Anleitung und Kontrolle der unteren Organe durch die übergeordneten Organe verstärkt werden.[111] Der Regierung (Ministerrat) oblag es, auf der Grundlage des 1952 verabschiedeten Gesetzes mittels Ordnungen den Aufbau und die Arbeitsweise der staatlichen Organe in den neugebildeten territorialen Einheiten zu regeln.

Die *Ordnung für den Aufbau und die Arbeitsweise der staatlichen Organe der Kreise* vom 24.7.1952[112] sah die Bildung eines Kreistages als Organ der Staatsgewalt im Kreis, eine ständige Kommission als Organ der Volksvertretung und einen örtlichen Rat als vollziehendes und verfügendes Organ der Volksvertretung vor. Eine weitere Intensivierung des staatlichen Einflusses bedeutete der Beschluss des Ministerrates vom 3.2. 1955 über die *Anleitung und Kontrolle der Räte der Bezirke und Kreise durch den Ministerrat.*[113] Darin wurde dem Ministerrat "zur Verbesserung der Leitungstätigkeit bei der Durchführung der staatlichen Aufgaben" ein Weisungsrecht gegenüber dem Kreis eingeräumt.[114]

d.) Das Gesetz über die örtlichen Organe der Staatsmacht von 1957

Ein weiterer Schritt des begonnenen Zentralisierungsprozesses erfolgte mit dem *Gesetz über die örtlichen Organe der Staatsmacht* vom 18.1.1957 (GöS).[115] Mit diesem Gesetz wurde die vollständige Eingliederung der territorialen Verwaltungsorgane und damit auch der Landkreise in eine einheitliche Staatsmacht rechtlich und damit endgültig vollzogen[116] und die bis dahin noch geltende Kreisordnung von 1947 außer Kraft gesetzt. Die örtliche Volksvertretung des

---

110 Die Kreisreform von 1952 hat wegen der Schaffung uneffizienter Verwaltungseinheiten zur unverzüglichen Notwendigkeit einer Kreisreform in der 1. Legislatur 1990 - 1994 geführt.

111 vgl. hierzu Beschluss der 2. Parteikonferenz der SED vom 13.7.1952, sowie Dyllick, LKV 1995, 206 f. (207) und Barm, Die Kreise in der DDR, S. 439 f. (446), der darauf hinweist, dass ein auf Gewaltenteilung abgestelltes Verwaltungs- und Parlamentssystem der Sowjetisierung der DDR im Wege stand.

112 vgl. GBl DDR I 1952, S. 623.

113 vgl. GBl DDR II 1955, S. 65 f.

114 Das Weisungsrecht wurde vom Ministerpräsident bzw. dem Stellvertreter des Vorsitzenden des Ministerrates oder dem Innenminister gegenüber dem Vorsitzenden des Kreises erteilt

115 Gesetz über die örtlichen Organe der Staatsmacht vom 18.1.1957 (GöS), GBl DDR I 1957, S 65 f.

116 Petzold, Handbuch zur kommunalen Selbstverwaltung, 1. Kapitel , Rz. 15.

Kreises wurde in § 1 Abs. 1 dieses Gesetzes in ihrem Zuständigkeitsbereich als oberstes Organ der Staatsmacht definiert.

Die örtlichen Volksvertretungen der Kreise hatten zwar weiterhin ausdrücklich auch Aufgaben der Daseinsvorsorge zu erfüllen,[117] die man nach heutigem Begriffsverständnis dem Selbstverwaltungsbereich zuzurechnen hätte. Es darf jedoch nicht verkannt werden, dass diese Aufgaben nicht mehr einer Selbstverwaltungskörperschaft Landkreis, sondern dem "neudefinierten" Kreis als örtlichem Organ der Staatsmacht übertragen war. Dieser erhielt die Kompetenzen somit nicht zur eigenverantwortlichen Ausübung von Handlungs- und Gestaltungsspielräumen sondern zur Realisierung des angeleiteten politischen, wirtschaftlichen und kulturellen Aufbaus des Sozialismus.[118]

Ebenfalls mit diesem Gesetz wurde das Prinzip der doppelten Unterstellung der örtlichen Räte und deren Fachorgane eingeführt. Danach waren die Räte als Vollzugsorgane sowohl ihrer Volksvertretung als auch - in ihrer Funktion als nachgeordnete Staatsbehörde - dem Ministerrat bzw. höherem Rat verantwortlich und rechenschaftspflichtig[119] und zudem deren Dienstaufsicht unterstellt. Die Fachorgane (Ämter, Abteilungen) unterstanden dem Rat, waren jedoch ebenfalls zugleich dem zuständigen Fachorgan des höheren Rates bzw. dem fachlich zuständigen zentralen staatlichen Organ nachgeordnet. Durch dieses mit Mehrfachunterstellungen abgesicherten Gefüge von Rechenschaftspflichten und Weisungsrechten wurde eine der Selbstverwaltung immanente Eigenverantwortlichkeit von vornherein ausgeschlossen und das gesamte Aufgabenspektrum des Kreises als genuin staatlicher Aufgabenvollzug definiert.[120] Der Selbstverwaltungscharakter der örtlichen Ebene wurde zugunsten der Etablierung einer nachgeordneten staatlichen Behörde auf Gemeinde- und Kreisebene aufgehoben.

Die Kreise hatten seit dem Gesetz über die örtlichen Organe der Staatsmacht lediglich noch die Funktion und Aufgabe eines Staats- und Verwaltungsorgans der

---

117 z.B. § 6 Abs. 2 h GöS Entwicklung des Schul-, Kultur- und Bildungswesens.

118 die Aufgabenzuweisungen des § 6 Abs. 2 GöS standen unter dem in § 6 Abs. 1 GöS genannten Vorrang des sozialistischen Aufbaus.

119 In der Volkskammer wurde zur Anleitung und Aufsicht über die örtlichen Volksvertretungen durch das Gesetz über die Rechte und Pflichten der Volkskammer gegenüber den örtlichen Volksvertretungen vom 18.1.1957 (GBl DDR I 1957, S.72) ein Ständiger Ausschuss für die örtlichen Volksvertretungen gebildet.

120 weiterführend: Bauer, BayVBl 1990, 263 f.

DDR[121] und waren als untere staatliche Verwaltungsbehörde vollziehendes und verfügendes - also dem System immanentes - Organ.[122] Der ehemalige Abteilungsleiter der Bezirksverwaltungsbehörde Dresden, *Schnuppe*, kennzeichnet sie in seinen persönlichen Aufzeichnungen[123] daher durchaus konsequent als entscheidende Schaltstellen administrativer und staatlicher Verwaltung, die im Auftrag der Regierung und der Räte der Bezirke die Partei- und Staatspolitik durchzusetzen hatten.

In dogmatischer Hinsicht war seit 1957 das System der eigenverantwortlichen kommunalen Selbstverwaltung durch Gebietskörperschaften konsequenterweise nicht mehr Gegenstand der offiziellen Staatsrechtslehre der DDR. [124]

e.) Die Gesetze über die örtlichen Volksvertretungen von 1973 und 1985

Mit dem *Gesetz über die örtlichen Volksvertretungen und ihrer Organe in der DDR* (GöV) vom 12.7.1973[125] erfolgte erstmals eine umfassende Kodifikation der rechtlichen Stellung und Aufgaben sowie der Organisation und Arbeitsweise der örtlichen Organe der Staatsmacht. Obwohl § 1 Abs. 3 dieses Gesetzes von einer eigenverantwortlichen Entscheidung[126] der örtlichen Volksvertretungen über alle Angelegenheiten, die ihr Territorium und Bürger betreffen, ausging, wurde das Prinzip der Eigenverantwortlichkeit durch die verfassungsrechtlich abgesicherte Vorrangstellung von Partei und Staat weitgehend entwertet,[127] auf Grund derer auch

---

[121] vgl. OLG Rostock Urteil vom 17.6.1993, AZ 1 U 192/92 (unveröffentlicht).

[122] Heberlein bezeichnet den Kreis in NVwZ 1991, 531 f. als territoriale und politisch-administrative Grundeinheit im Staatsaufbau der DDR. Vgl. hierzu auch KG Berlin, DtZ 1996, 29 f. sowie weiterführend zu den geschaffenen Verwaltungsstrukturen und ihren Organen Bauer, a.a.O. ; Barm, a.a.O. und Berg, LKV 1993, 225 f.

[123] Schnuppe, Anmerkungen zum Entwurf einer SächsGemO.

[124] Petzold, Handbuch zur kommunalen Selbstverwaltung, 1. Kapitel, Rz. 15 weist darauf hin, dass ab diesem Zeitpunkt die Begriffe Kommunalpolitik und Kommunalverwaltung im offiziellen Sprachgebrauch nicht mehr verwandt wurden. Vgl. auch BGHZ 127, 285 m w N = DtZ 1995, 93.

[125] Gesetz über die örtlichen Volksvertretungen und ihrer Organe in der DDR (GöV) vom 12.7 1973, GBl DDR I 1973, S. 3131.

[126] Eigenverantwortlichkeit ist nicht im Sinne von kommunaler Selbstverwaltung zu verstehen, sie bedeutet nur, dass das untere Organ die Möglichkeit der Entscheidung hat und der Eingriff höherer Organe nicht der Regel-, sondern der Ausnahmefall ist - vgl. hierzu Mampel, Das System der örtlichen Volksvertretungen in der DDR, S. 526.

[127] vgl. hierzu Art. 1 DDR-Verfassung. So wurde beispielsweise dem Ministerrat die Aufgabe übertragen, das einheitliche Wirken der Räte zur Verwirklichung der Politik des sozialistischen Staates zu sichern (§ 9 Abs. 1 GöV).

der übergeordnete Rat und der Ministerrat ein jederzeitiges Kassationsrecht von Beschlüssen der örtlichen Räte besaß[128] bzw. den Beschluss der nachgeordneten Volksvertretung aussetzen konnte, bis die übergeordnete Volksvertretung entschieden hatte.[129]

Die Aufhebung einer Maßnahme der örtlichen Räte erfolgte in der Verwaltungswirklichkeit nicht nur dann, wenn sie gegen Gesetze oder Verordnungen verstieß, sondern auch, wenn Entscheidungen der örtlichen Räte den politischen, ökonomischen, sozialen oder kulturellen Zielen und Zwecken der staatlichen Leitung zuwiderliefen.[130] Eine Differenzierung zwischen Rechts- und Fachaufsicht existierte daher ebenso wenig,[131] wie ein gesetzlich abgesicherter kommunaler Ermessens- und Gestaltungsspielraum.[132]

Der Vorsitzende des Rates des Kreises[133] wurde durch das Gesetz über die örtlichen Volksvertretungen in besonderem Maße als Repräsentant des Staates angesprochen. Er war dafür verantwortlich, dass die Beschlüsse der Partei der Arbeiterklasse der gesamten Arbeit zugrunde gelegt wurden, hatte das Recht auf Anleitung und Kontrolle der Ratsmitglieder, das Weisungsrecht sowie das Aufhebungsrecht von Beschlüssen gegenüber den Vorsitzenden der nachgeordneten Räte[134].

Die mit dem Gesetz über die örtlichen Volksvertretungen beabsichtigte Verfestigung vorhandener Grundstrukturen und der vertieften Gliederung des Systems der örtlichen Staatsorgane wurde mit dem *Gesetz über die örtlichen Volksvertretungen in der DDR vom 4.7.1985* (GöV 1985)[135] verstärkt. Neben einem Ausbau der zentralistischen Staatsorganisation und der Beibehaltung der zentralistischen Elemente wie dem Prinzip der doppelten Unterstellung,[136] wurden der Kreisebene mit dieser Reform jedoch neue Kompetenzen wie z.B. die wirtschaftsleitende und

---

128 vgl. § 8 Abs. 5 S.2 GöV.

129 vgl. § 7 Abs. 1 , 2 GöV.

130 vgl. Meyer, LKV 1993, 86 f. (87) ; kritisch hierzu erwidernd Berg, LKV 1993, 225 f.

131 Mampel, Das System der örtlichen Volksvertretungen in der DDR, S. 526.

132 Das Mitwirkungsrecht der betroffenen Räte bestand lediglich darin, dass diese beratend in die Entscheidung einbezogen wurden (§ 9 Abs. 1 GöV).

133 Dieser war grundsätzlich immer Mitglied der SED, während die verschiedenen Ämter den Blockparteien zugeordnet waren. Bezeichnend ist, dass dabei "unliebsame" und konfliktträchtige Referate wie die örtliche Wohnungsversorgung nur selten von der SED selbst geleitet wurden.

134 vgl. § 12 Abs. 5 Ministerratsgesetz sowie § 11 Abs. 3 GöV

135 Gesetz über die örtlichen Volksvertretungen in der DDR vom 4.7.1985, GBl DDR I 1985,S 213 (zit: GöV 1985)

136 § 9 Abs. 3 GöV 1985.

wirtschaftslenkende Funktion zuerkannt. Diese dienten dazu, territoriale Ressourcen effektiver erschließen zu können und zwischen Betrieben und Verwaltung die kooperative Zusammenarbeit vor Ort zu verstärken.[137] Bemerkenswert ist insoweit, dass gem. § 39 GöV 1985 die Kreisebene als allgemeine Verwaltungsebene mit Leitungsaufgaben im Bereich der Landwirtschaft, des kreisgeleiteten Bauwesens, der kommunalen Wohnungsverwaltungen, der Dienstleistungsbetriebe und des überwiegenden Teils des Gesundheitswesens beauftragt wurde.[138] Weiterhin wurde mit diesem Gesetz der Begriff der Kommunalpolitik bzw. der kommunalpolitischen Aufgabenstellung neu belebt und ihre Bedeutung beim Aufbau der sozialistischen Ordnung herausgestellt.

Allerdings wäre die Schlussfolgerung unzutreffend, mit der 1985 durchgeführten Gesetzesänderung wären Elemente der kommunalen Selbstverwaltung wieder eingeführt worden. Denn der neu geschaffene Begriff der Kommunalpolitik wurde weiterhin als Bestandteil einheitlicher sozialistischer Staatspolitik gesehen und diente dazu, ein gutes Funktionieren der kommunalen Prozesse, wie beispielsweise die Wohnbedingungen der Bürger, ihrer Versorgung mit Konsumgütern sowie die medizinische und soziale Betreuung vor Ort sicherzustellen bzw. zu verbessern. Der Rat des Kreises blieb trotz Aufwertung der Kreisebene - wie seiner neuen Stellung als juristische Person[139] - eine nachgeordnete Staatsbehörde, die ihre Beschlüsse vor Verabschiedung der Kreisleitung der SED ebenso wie der Entwurf der geplanten Reden und Statements innerhalb einer Ratssitzung zur vorherigen Genehmigung vorzulegen hatte.

Auch wenn somit nicht eine Abkehr von der Ausgestaltung der Kreisebene als untere staatliche Verwaltungsbehörde stattfand, war gleichwohl eine Tendenz festzustellen, sich verstärkt der örtlichen Ebene zur Aufgabenerfüllung zu bedienen. Erleichtert wurde die damit verbundene Machtdekonzentration durch die zwischenzeitlich eingetretene Verfestigung der Machtstrukturen auf der unteren Ebene.

Über die Motivation der 1985 durchgeführten Veränderungen ist wenig bekannt. Es ist jedoch zu vermuten, dass sie nicht in einem ideologischen Paradigmenwechsel

---

[137] vgl. die Verpflichtung der Betriebe zur Lösung kommunaler Aufgaben beizutragen (§ 4 Abs. 3 GöV 1985) und die Abstimmungspflicht des Planteils Arbeits- und Lebensbedingungen mit den Räten (§ 63 Abs. 3 GöV 1985).

[138] Trute, Organisation und Personal in der DDR, S. 653 f.(673)

[139] vgl. hierzu § 81 GöV 1985 und OLG Rostock Urteil vom 17.6.1993, AZ: 1 U 192/92, das jedoch zutreffend ausführt, das mit dieser Vorschrift den Kreisen nicht die Rechtsstellung einer rechtlich selbständigen Gebietskörperschaft eingeräumt wurde, weil sie weiterhin Staats- und Verwaltungsorgan der DDR blieben.

der DDR-Führung hin zu einer rechtsstaatlich fundierten Subsidiarität bestand, denn auch der GöV 1985 lag als Prinzip der Aufgabenverteilung nicht eine Vermutung für die Zuständigkeit der unteren Ebene zugrunde, sondern der Grundsatz, dass staatliche Aufgaben auch weiterhin auf Grundlage der Beschlüsse der Partei und des Rechts des sozialistischen Staates zu erfüllen waren.[140] Vielmehr dürfte in einem Stadium nachhaltigen wirtschaftlichen Abschwungs der zentralhierachische Gedanke hinter dem Bemühen zurückgetreten sein, vor Ort die letzten Ressourcen mobilisieren zu können. Da mit der Übertragung der Aufgabe nicht auch die Dekonzentration der Verantwortung einherging und effektive Handlungs- und Gestaltungsspielräume der lokalen Entscheidungsträger nicht eröffnet wurden, ist allerdings auch diese Reform ohne Erfolg geblieben.

f.) Die Kommunalverfassung

Nach den politischen Veränderungen in der DDR im Spätherbst 1989 beschloss bereits am 2. Mai 1990 die neugewählte DDR-Regierung, die 1952 gebildeten 14 Bezirke aufzulösen und in Anknüpfung an die Situation nach 1945 den föderalistischen Staatsaufbau wieder einzuführen. Der erste einschneidende Schnitt in dem beginnenden Reformprozess des Staatsumbaus war die Rückgabe der kommunalen Selbstverwaltung an die Kommunen durch das (verfassungsändernde) *Gesetz über die Selbstverwaltung der Gemeinden und Landkreise* vom 15.5.1990 (KomVerfDDR). [141] Mit der Reinstitutionalisierung der Kommunalebene verband sich dabei jedoch nicht nur eine Absage an das bisherige zentralistische Organisationsprinzip, sondern ebenfalls die Vorstellung der Schaffung einer Selbstverwaltung, bei der vom Staat unabhängige Institutionen der bürgerschaftlichen Interessenwahrnehmung dienen sollten.[142] Im Rahmen dieser Kommunalordnung wurde die Zweiteilung des Landratsamtes in eine Selbstverwaltungsbehörde und eine untere staatliche Verwaltungsbehörde eingeführt, also die sog. Janusköpfigkeit wiederhergestellt. Als Selbstverwaltungskörperschaft oblag es den Landkreisen, in ihrem Gebiet unter eigener Verantwortung die Aufgaben übergemeindlicher Natur sowie diejenigen Aufgaben, die die Leistungsfähigkeit der Gemeinden überstiegen, wahrzunehmen.[143]

---

[140] Trute, Organisation und Personal in der DDR, S. 653 f. (674).

[141] Gesetz über die Selbstverwaltung der Gemeinden und Landkreise vom 15. Mai 1990 (Kommunalverfassung), GBl DDR I 1990, S. 255 (zit: KomVerfDDR).

[142] Trute, Organisation und Personal in der DDR, S, 653 f. (676).

[143] vgl. § 72 Abs. 1 KomVerfDDR.

Die Aufgaben der unteren staatlichen Verwaltungsbehörde waren dem Landrat[144] zugewiesen. Zu den damit verbundenen Befugnissen gehörte die Ausübung der Rechtsaufsicht über die kreisangehörigen Städte und Gemeinden, weitere dieser Behörde fachgesetzlich zugewiesene Aufgaben[145] sowie die Verpflichtung des Landrats, darauf einzuwirken, dass die im Landkreis tätigen staatlichen Verwaltungsbehörden dem Gemeinwohl dienend zusammenwirken.[146] Nach der (theoretischen) Wertung der KomVerfDDR sollte der Staat das erforderliche Personal sowie die notwendigen Haushaltsmittel zur Wahrnehmung der Aufgaben der unteren staatlichen Verwaltungsbehörde zur Verfügung stellen, wobei das staatliche und kommunale Personal aus organisatorischen und personalpolitischen Zweckmäßigkeitsgründen wechselseitig einsetzbar sein sollte[147]. Der Landrat hatte bei der Erfüllung seiner Aufgaben die staatlichen Grundsätze und Weisungen zu beachten und über alle Vorgänge zu berichten, die für die staatlichen Behörden von Bedeutung sind[148]. Des weiteren hatte der Landrat als untere staatliche Verwaltungsbehörde den Kreisausschuss in Angelegenheiten von besonderer Bedeutung zu unterrichten und das Gremium vor wichtigen rechtsaufsichtlichen Entscheidungen zu hören.[149]

Die KomVerfDDR blieb in den Landkreisen bis zum Amtsantritt der Mandatsträger der 2. Legislaturperiode (nach vollzogener Kreisgebietsreform) am 1.8.1994[150] in

---

[144] Hinsichtlich der Organisationsstruktur im Kreis sah die Kommunalverfassung eine Doppelspitze mit dem Kreistagspräsidenten als Vorsitzendem des Kreistages und dem - vom Kreistag gewählten - Landrat als Leiter der Verwaltung vor.

[145] vgl. § 94 Abs. 4 KomVerfDDR sowie zu den einzelnen Aufgaben der unteren staatlichen Verwaltungsbehörde Schmidt-Eichstaedt, Kommunalverfassung, Rz. 2 zu § 94.

[146] vgl. § 94 Abs. 3 KomVerfDDR.

[147] vgl. § 94 Abs. 5 KomVerfDDR sowie weiterführend Schmidt-Eichstaedt, DDR-Kommunalverfassung, Rz. 3 zu § 94.

[148] vgl. § 94 Abs. 2 KomVerfDDR.

[149] vgl. § 94 Abs. 6 KomVerfDDR.

[150] Mit dem Wegfall der hierarchischen Elemente der DDR-Staatsstruktur (z.B. der Bezirksstruktur) erwies sich die kommunale Ebene in der Übergangsphase als einzige - noch funktionierende - Verwaltungseinheit, weshalb man auf die Durchführung einer Kreisgebietsreform zunächst verzichtete. In der Verwaltungspraxis zeigte sich jedoch bald, dass die - noch aus den Gebietsreformen der DDR resultierenden - Kreisstrukturen mit einer Durchschnittseinwohnerzahl von 65.607 Einwohner und einer durchschnittlichen Fläche von 369 km den Anforderungen an eine moderne und effiziente Verwaltung nicht mehr gerecht wurden. Der Gesetzgeber brachte somit das Reformvorhaben einer Kreisgebietsreform bereits in der 1. Legislatur (1990 - 1994) auf den Weg und beendete mit dem Vollzug des gebietlichen Teils des Kreisgebietsreformgesetzes zum 1.8.1994 die gebietliche Neuordnung. Mit der Gebietsreform sind auf Kreisebene größere und leistungsfähigere

Kraft und wurde durch die Sächsische Landkreisordnung (SächsLkrO)[151] bzw. die Sächsische Gemeindeordnung (SächsGemO)[152] ersetzt.[153] In den Landkreisen, in denen die Kreisgebietsreform durch Urteile des SächsVerfGH[154] für nichtig erklärt wurde, galt sie dagegen noch bis zum 31.12.1995 fort.

3.) Die Entwicklung in den westlichen Besatzungszonen und den späteren Ländern der Bundesrepublik

a.) Die amerikanische Besatzungszone mit den Bundesländern Bayern, Hessen und Württemberg-Baden

In der amerikanischen Besatzungszone wurden auf Anordnung der Militärregierung bei den Kreisen zunächst Ausschüsse als Repräsentativorgane gebildet, die aber in Stellung und Aufgabengebiet nicht eindeutig definiert waren und bereits Anfang 1946 durch die Regelungen der Kreisordnungen der in der amerikanischen Besatzungszone befindlichen Länder Bayern,[155] Hessen[156] und Württemberg-Baden[157] ersetzt wurden. Den Kreisordnungen war ein nahezu einheitliches - und überkommenes - Wertungsmodell immanent, weil der Kreis nach diesen

---

Verwaltungseinheiten entstanden, die Zahl der sächsischen Landkreise ist von 48 auf 22 reduziert worden.

151 SächsLKrO vom 19.7.1993, SächsGVBl 1993, S.577, zuletzt geändert in SächsGVBl 1997 S 105.

152 SächsGemO vom 21.4.1993, SächsGVBl 1993, S. 301 zuletzt geändert in SächsGVBl 1997, S. 105.

153 Mit der Einführung der Bürgerbeteiligung bei kommunalen Sachabstimmungen und der Schaffung umfassender Kontroll- und Abberufungsrechte der kommunalen Gremien erwies sich die KomVerf DDR zwar als modernes Gesetz, war jedoch an einigen Stellen wegen fehlender Ausführungsgesetze auslegungsbedürftig und hinsichtlich der Regelungen über die Landkreise wegen ihrer Verweisungstechnik unübersichtlich. Im übrigen führte die sog. Doppelspitze vereinzelt zu Schwierigkeiten im Verwaltungsvollzug, insbesondere bei der Entscheidung und Durchsetzung wichtiger Sachverhalte.

154 vgl die Grundentscheidung des SächsVerfGH (AZ: Vf 22-VIII-93) zum Normenkontrollantrag des Landkreis Hoyerswerda in SächsVBl 1994, 226 f. und die Erweiterung in der Entscheidung zum Normenkontrollantrag des Landkreises Dresden in LKV 1995, 115 f sowie darauf aufbauend SächsVerfGH (Vf 29-VIII-94 - Landkreis Reichenbach) in SächsVBl 1995, 131 f. und SächsVerfGH (Vf 34-VIII-94 - Landkreis Klingenthal) in LKV 1995, 108 f. (Leitsatz).

155 Kreisordnung vom 18.2.1949 BayGVBl 1949, S.229.

156 Kreisordnung vom 24.1.1946 HessGVBl 1946, S.101.

157 Kreisordnung vom 7.3.1946 RGBl 1946, S. 45.

Kommunalordnungen stets neben seiner Funktion als Selbstverwaltungsbehörde auch unterer staatlicher Verwaltungsbezirk war und der Landrat in Personalunion die untere staatliche Verwaltungsbehörde sowie die Selbstverwaltungsbehörde beim Kreis leitete. Eine grundlegende Neuerung der Kommunalverfassungen bestand jedoch in der Wahl des Landrats durch den Kreistag. Auch blieb der Landrat lediglich nach der hessischen Kreisordnung staatlicher Beamter, während er in Bayern und Württemberg-Baden durch die Regelungen der jeweiligen Kreisordnung Kommunalbeamter wurde.

b.) Die französische Besatzungszone mit den Bundesländern Rheinland-Pfalz, Württemberg-Hohenzollern und Baden einschl. des Saarlandes

In der französischen Besatzungszone wurde mit den Verordnungen Nr. 60-63 des *Commandant en Chef Francáis en Allemagne*[158] das Kreisverfassungsrecht in der Weise neu geordnet, dass in den Kreisen volksgewählte Kreisversammlungen und aus deren Mitte sog. Kreisversammlungsausschüsse einzurichten waren. In beiden Gremien hatte der - von der Militärregierung eingesetzte - Landrat den Vorsitz. In den Kommunalordnungen der neu gebildeten und in der französischen Zone belegenen Bundesländer wurden in Folge die dort historisch entwickelten Grundsätze des Kreisverfassungsrechts wieder aufgenommen. In **Rheinland-Pfalz** blieben die Landkreise nach dem *Selbstverwaltungsgesetz*[159] neben ihrer Eigenschaft als Selbstverwaltungsbehörde untere staatliche Verwaltungsbezirke. Der Landrat als Staatsbeamter führte den Vorsitz im Kreistag und dem Kreisausschuss als dem kollegialem Verwaltungsorgan des Landkreises. Auch in **Württemberg-Hohenzollern** wurde die Janusköpfigkeit des Kreises wiederhergestellt[160]. Der Landrat war staatlicher Beamter, Organe des Landkreises waren der Kreistag und der Kreisrat als Verwaltungsorgan. Allein das Land **Baden** erließ keine Kreisordnung, sondern führte die in der o.a. Verordnung Nr. 60 festgelegten Strukturen mit gewissen Modifizierungen fort. Im später dem Bundesgebiet angegliederten **Saarland** wurden im *Gesetz über die vorläufige Kreisselbstverwaltung*[161] die Kreisräte mit 11 Mitgliedern geschaffen, die unter Vorsitz des Landrats über die Selbstverwaltungsangelegenheiten des Kreises beschlossen. Mit dem *Gesetz über die allgemeine Landesverwaltung* wurden die saarländischen Landkreise zu staatlichen Verwaltungsbezirken und die von ihnen

---

[158] Verordnungen vom 2.9.1946 Journal Officiel du Commandement en Chef Francais en Allemagne 1946, S. 299f.

[159] Selbstverwaltungsgesetz vom 27.9.1948, RhPf GVBl 1948, S. 335

[160] Kreisordnung vom 22.12.1948, RBl 1949, S. 21.

[161] Gesetz über die vorläufige Kreisselbstverwaltung vom 30.6.1949, SaarlABl 1949, S. 775

umfassten Gemeinden zu Kreisverbänden.[162] Diesen Verbandskörperschaften wurden später die - sich aus der Zusammenfassung der kreisangehörigen Gemeinden ergebenden - überörtlichen Aufgaben übertragen.[163] Der von der Landesregierung ernannte Landrat leitete in Personalunion die untere staatliche Verwaltungsbehörde und die ebenfalls auf Kreisebene angesiedelte Selbstverwaltungsbehörde. Diese stringente Behördendualität mit getrennten Personalkörpern ist bis in die neunziger Jahre erhalten geblieben.

c.) Die britische Besatzungszone mit den Ländern Niedersachsen, Nordrhein-Westfalen und Schleswig-Holstein

Die weitestgehenden Veränderung des vor dem Krieg bestehenden Kommunalverfassungssystems erfolgte in der britischen Besatzungszone. Nachdem zunächst die Landräte als von der Militärregierung eingesetzte Beauftragte für ihr Gebiet in alleiniger Zuständigkeit handelten, wurde mit der 1946 erlassenen *Militärregierungsverordnung Nr. 21*[164] eine in wesentlichen Punkten geänderte *Deutsche Gemeindeordnung* von 1935 als *Revidierte Deutsche Gemeindeordnung* in Kraft gesetzt[165]. Mit der neuen Kommunalordnung wurden die Wertungsmodelle des Systems der englischen Kommunalverwaltung gemäß dem *Local Government Act* von 1933 eingeführt und zeitgleich die tradierte Doppelfunktion des Landkreises als Selbstverwaltungsbehörde und unterer staatlicher Verwaltungsbehörde weitgehend abgeschafft. Der staatliche Aufgabenvollzug war nicht mehr einer gesonderten staatlichen Behörde auf Kreisebene bzw. dem Landrat als einem staatlichen Beauftragten zugewiesen, sondern war durch die Kreise als Selbstverwaltungskörperschaften im Auftrag und nach Weisung der Landesbehörden zu erfüllen. Der Kreistag war nicht nur oberstes willensbildendes, sondern auch zuständiges ausführendes Organ.[166]

Mit dem weitgehenden Verzicht auf eine untere staatliche Verwaltungsbehörde entfiel auch die Eigenschaft des Landrats als staatlicher Beamter, der jedoch weiterhin in Personalunion die Selbstverwaltungsbehörde und - soweit noch vorhanden - die untere staatliche Behörde beim Kreis leitete. Seine Funktionen wurden geteilt: Als hauptamtlicher Kommunalbeamter mit der Bezeichnung (Ober)

---

162 § 2 des Gesetzes über die allgemeine Landesverwaltung vom 13.7.1950, SaarlABl 1950, S. 769.

163 § 2 Abs. 1 der Kreisordnung vom 10.7.1951, SaarlABl 1951, S. 1014.

164 Verordnung vom 1.4.1946, Amtsblatt der Militärregierung Nr. 7, S.127 - die Verordnung erklärte die Instruktion Nr. 100 der Militärregierung auch für die Kreise für verbindlich.

165 vgl. die vorgenannte Instruktion.

166 vgl. Bracker/Conrad, Kreisordnung Schleswig-Holstein, Einführung vor § 1.

Kreisdirektor leitete er die Verwaltung des Kreises in Übereinstimmung mit dem Kreistag. Die Bezeichnung Landrat wurde dem ehrenamtlich tätigen Vorsitzenden des Kreistages, der zwar gleichzeitig Vorsitzender des Kreisausschusses, jedoch nicht mehr mit dem Hauptverwaltungsbeamten personenidentisch war, verliehen.

Die mit der Revidierten Deutschen Gemeindeordnung eingeleitete Kommunalisierung des Landratsamtes wurde in den drei späteren - auf dem Gebiet der britischen Besatzungszone belegenen - Ländern Niedersachsen, Nordrhein-Westfalen und Schleswig-Holstein zwar fortgeführt, jedoch in den entsprechenden Kommunalverfassungen unterschiedlich ausgestaltet.

In **Niedersachsen** wurden in dem *Gesetz zur vorläufigen Regelung einiger Punkte des Selbstverwaltungsrechts*[167] die Grundsätze der o.a. *Militärregierungsverordnung Nr. 21* weitgehend fortgeführt, das Ziel der Kommunalisierung der Kreisverwaltung umgesetzt und in die spätere *Niedersächsische Landkreisordnung*[168] übernommen. Die Kommunalordnung ging davon aus, dass das Gebiet des Landkreises zugleich den Bezirk der unteren Verwaltungsbehörde bildete und somit auf eine allgemeine staatliche Verwaltungsbehörde in der Kreisstufe verzichtet wurde. Dem lag die Auffassung zugrunde, dass die Landkreise als untere Verwaltungsbehörden grundsätzlich Träger aller staatlichen Aufgaben auf der Kreisebene seien und somit eine staatliche Repräsentanz in der Kreisstufe obsolet sei.[169] Der Hauptverwaltungsbeamte war kommunaler Bediensteter und wurde dies ohne Mitwirkungsakt der Landesregierung.

In **Schleswig-Holstein** wurde mit der *Kreisordnung*[170] ebenfalls das Modell des vollkommunalisierten Landratsamtes mit einer lediglich unteren Verwaltungsbehörde übernommen, allerdings 1971 im Rahmen der Funktionalreform die Institution des Landrats als allgemeine untere Landesbehörde wieder eingeführt[171] und dem Landrat in dieser Funktion u.a. die Kommunalaufsicht übertragen.

Die erst 1953 erlassene *Landkreisordnung* für **Nordrhein-Westfalen**[172] nahm die bis dahin geltende Vollkommunalisierung des Landratsamtes ebenfalls in Stücken zurück, in dem sie das Gebiet des Landkreises zugleich als den Bezirk der unteren staatlichen Verwaltungsbehörde definierte und die aus diesem staatlichen

---

[167] Gesetz vom 28.5.1947, NdsGVBl 1947, S.62.

[168] Niedersächsische Landkreisordnung vom 31.3.1958, NdsGVBl 1958, S.17.

[169] vgl. Ausführungsbestimmungen zu § 1 Niedersächsische Landkreisordnung - Runderlass des Niedersächsischen Innenministers vom 11.8.1958, NdsMBl 1958, S.609.

[170] Kreisordnung vom 27.2.1950, SHGVOBl 1950, S.49.

[171] vgl. hierzu Bracker/Conrad, Kreisordnung Schleswig-Holstein, Einführung vor § 1.

[172] Kreisordnung vom 21.7.1953, NWGVBl 1953, S.305.

Aufgabenvollzug erwachsenen Befugnisse dem - durch die Landesregierung zu bestätigenden - Oberkreisdirektor zuwies.

In den westlichen Besatzungszonen lässt sich somit - wenngleich mit unterschiedlicher Intensität - ein "allgemeiner Rückzug des Staates aus der Kreisinstanz" feststellen.[173] Der Grund für diese, insbesondere in der britischen Besatzungszone zu beobachtende, Kommunalisierung und Rückführung staatlichen Einflusses mag darin liegen, dass die tradierte Janusköpfigkeit der Kreisverwaltung den kommunalverfassungsrechtlichen Wertungsmodellen der westlichen Besatzungsmächte fremd war. Zudem war durch die NS-Herrschaft ein von der Obrigkeit gelenktes und bis auf die untere Ebene durchstrukturiertes staatliche Machtsystem nachhaltig diskreditiert worden,[174] so dass auch unter diesem Vorzeichen eine untere staatliche Verwaltungsbehörde suspekt erschien.

---

173 Weber, Der Kreis und die untere Verwaltungsinstanz, S. 75f. (79).

174 Weber, a.a.O.

4.) Zusammenfassung

- Die Neuorganisation des staatlichen Aufgabenvollzuges ist nach der deutschen Kapitulation in den Besatzungszonen unter demokratisch-rechtsstaatlichem Bedingungen zunächst ähnlich strukturiert worden, wenngleich auch unter Zugrundelegung verschiedener kommunalverfassungsrechtlicher Wertungsmodelle.

- Die in der sowjetischen Besatzungszone und der späteren DDR Anfang der fünfziger Jahre beginnende ideologische Beeinflussung und Ausrichtung des Rechts durchbricht jedoch die bis dahin noch bestehende Vergleichbarkeit der Kommunalordnungen. Die Strukturen der örtlichen Ebene in der DDR werden in der Folgezeit am Prinzip des demokratischen Zentralismus ausgerichtet und dem Grundsatz der doppelten Unterstellung unterworfen. Durch diese Mechanismen werden die kommunale Eigenverantwortlichkeit und die Möglichkeit dezentraler Aufgabenabschichtung zugunsten zentralstaatlicher Hierarchien aufgegeben.

- Mit Erlass der Kommunalordnungen in den westlichen Bundesländern wird dagegen eine - in ihrer Intensität allerdings von der jeweiligen Besatzungszone abhängige - Kommunalisierung der Kreisebene geschaffen. Sie führt zu einer unterschiedlichen Einbindung des staatlichen Aufgabenvollzuges, die sich in ihren Grundformen bis zum heutigen Tag erhalten hat.

Viertes Kapitel:

Heutige Organisationsmodelle des staatlichen Aufgabenvollzuges auf Kreisebene in den Bundesländern unter besonderer Berücksichtigung der Rolle des Landrats bzw. des Oberkreisdirektors

Eine Bewertung der Struktur der kommunalen Einheitsbehörde Landratsamt in Sachsen ist insbesondere und auch im Vergleich mit anderen Kreisordnungen zu sehen. Denn die Einbindung des staatlichen Aufgabenvollzuges und damit zusammenhängende Fragen sollten nicht isoliert betrachtet, sondern auch im Kontext zu Organisationsmodellen anderer Bundesländer bewertet werden. Dabei ist ein solcher Rechtsvergleich nicht nur geeignet, die Kreisordnungen mit einem ebenfalls kommunalisiertem Landratsamt zu der in § 1 Abs. 4 SächsLKrO gewählten Lösung in Bezug zu setzen und hieraus an späterer Stelle Folgerungen abzuleiten. Eine solche Gegenüberstellung ermöglicht darüber hinaus, aus den Konstruktionen anderer Kommunalordnungen zu "lernen" und bereits jetzt Problemstellungen bei der möglichen Wiedereinführung einer unteren staatlichen Verwaltungsbehörde zu verdeutlichen.

Die Einbindung des staatlichen Aufgabenvollzuges ist in den verschiedenen Kreisordnungen uneinheitlich geregelt. Zu unterscheiden sind im wesentlichen drei Fallgruppen:

- Bundesländer, in denen der Hauptverwaltungsbeamte des Landkreises zugleich die untere staatliche Verwaltungsbehörde darstellt. Dazu gehören Nordrhein-Westfalen, Hessen, Schleswig-Holstein, Mecklenburg-Vorpommern und Brandenburg.
- Bundesländer, in denen das Landratsamt kraft Gesetzes zugleich untere staatliche Verwaltungsbehörde ist. Dies sind Bayern, Baden-Württemberg, Thüringen und Rheinland-Pfalz.
- Bundesländer, in denen eine allgemeine untere staatliche Verwaltungsbehörde organisatorisch nicht existent ist. Diese Kommunalisierung des Landratsamtes findet sich außerhalb von Sachsen in Sachsen-Anhalt und Niedersachsen.

Die vorgenannten Organisationsmodelle reflektieren zum einen die oben dargestellten Wertungsmodelle der jeweiligen Besatzungszonen, haben sich andererseits aber durch verschiedene Reformen der Kommunalordnungen fortentwickelt und streben nach Abschluss der jüngsten Kommunalreformen in Schleswig-Holstein, Niedersachsen und Nordrhein-Westfalen nunmehr einheitlich das Modell der süddeutschen Ratsverfassung an, indem auch in den - von der norddeutschen Ratsverfassung geprägten Ländern - die Doppelspitze im Kreis abgeschafft wurde. Während mithin von einer Vereinheitlichung der Rechtsstellung des Landrats in den Kommunalordnungen gesprochen werden kann, sind trotz der jüngsten Reformen verschiedene und zum Teil konkurrierende Ansätze hinsichtlich der Einbindung und Ausgestaltung des staatlichen Aufgabenvollzuges im Kreis erhalten geblieben. Die staatliche Aufgabenwahrnehmung kann zunächst danach unterschieden werden, ob sie als Pflichtaufgabe nach Weisung oder Auftragsangelegenheit dem Wirkungskreis des Landkreises als Selbstverwaltungskörperschaft zugewiesen oder aber der Erfüllungszuständigkeit einer unteren staatlichen Verwaltungsbehörde zugeordnet wird. Ein Kriterienkatalog für die hierbei vorzunehmende Differenzierung findet sich in den Kommunalordnungen nicht, demzufolge variiert Art und Umfang des in der unteren staatlichen Verwaltungsbehörde wahrgenommenen Aufgabenvollzuges und erscheint zwischen der Selbstverwaltungsbehörde Landratsamt und der staatlichen Behörde beliebig verschiebbar.[175]

Ebenso uneinheitlich wie die vorgenannten Aufgabenverteilungsmechanismen ist jedoch die Ausgestaltung der unteren staatlichen Verwaltungsbehörde selbst. Einige Kommunalordnungen nehmen für die untere staatliche Verwaltungsbehörde Organe des Kreises in Anspruch, andere weisen die damit verbundenen Befugnisse dem Landratsamt als untere staatliche Verwaltungsbehörde und damit einer doppelfunktionalen Behörde zu. Dritte wiederum verzichten gänzlich auf eine staatliche Instanz in der Kreisverwaltung und ordnen die Aufgaben als Weisungsaufgaben oder Auftragsangelegenheiten dem übertragenen Wirkungskreis einer rein kommunalen Behörde Landratsamt zu.

Auch diese drei verschiedenen Wertungsmodelle bilden jedoch in sich nur vordergründig einheitliche und miteinander vergleichbare Komplexe. Denn in der Einzelbetrachtung unterscheiden auch sie sich voneinander erheblich.

---

[175] Lediglich beispielhaft genannt seien hier Nordrhein-Westfalen und Schleswig-Holstein, bei denen die aus der Zeit vor 1945 überkommenen staatlichen Aufgaben weitgehend in Pflichtaufgaben nach Weisung bzw. in Angelegenheiten des übertragenen Wirkungskreises umgewandelt worden sind, weiterführend Seele, Die Kreise in der Bundesrepublik Deutschland, S. 210 f.

Anhand der folgenden Darstellung soll der Gesamtkomplex des staatlichen Aufgabenvollzuges in den einzelnen Länder unter folgenden Gesichtspunkten vergleichend untersucht werden:

- Aufgabenträgerschaft für die Pflichtaufgaben nach Weisung und Regelungen für deren Wahrnehmungszuständigkeit im Landkreis
- Regelungen über die Ausgestaltung der unteren staatliche Verwaltungsbehörde, insbesondere deren gesetzlich fixierter Aufgabenbestand und die hierfür vorgesehenen Erfüllungzuständigkeiten
- Umfang der Dienstaufsicht über den Leiter der unteren staatlichen Verwaltungsbehörde / eventuelle Mitwirkungsvorbehalte der staatlichen Ebenen bei seiner Bestellung
- Umfang des gesetzlich vorgesehen Einsatzes von Landesbediensteten zur Erfüllung der Aufgaben als untere staatliche Verwaltungsbehörde
- Möglichkeit des Landrats, die in seinem Kreisgebiet tätigen staatlichen Sonderbehörden zu koordinieren. Unter diese Koordinierungsfunktion fallen neben Informations- und Abstimmungspflichten der staatlichen Behörden gegenüber dem Landrat auch dessen Möglichkeit, im Einzelfall Weisungen zu erteilen.

1.) Bundesländer, in denen der Hauptverwaltungsbeamte des Landkreises zugleich die untere staatliche Verwaltungsbehörde darstellt

Das in Nordrhein-Westfalen, Hessen, Schleswig-Holstein, Mecklenburg-Vorpommern und Brandenburg verwandte Modell geht davon aus, dass der staatliche Aufgabenvollzug den Landkreisen als Weisungsaufgabe übertragen werden kann. Daneben wird aber die zusätzliche Möglichkeit eröffnet, dass der Oberkreisdirektor bzw. Landrat als Behörde der Landesverwaltung mit dem staatlichen Aufgabenvollzug betraut wird. Der kommunale Wahlbeamte wird als Organ des Landkreises ermächtigt und beauftragt, neben den Aufgaben seines Verwaltungsträgers Landkreis die Aufgaben der Landesverwaltung wahrzunehmen und wird insoweit im Wege der Organleihe als deren Organ bzw. Behörde tätig. Für den Staat ist diese Beauftragung insoweit von Vorteil, als er zur Erfüllung der Aufgaben der allgemeinen unteren Landesbehörde nicht eigene Behörden und Dienstkräfte vorhalten muss, sondern sich aus Gründen der

Verwaltungsvereinfachung zur Aufgabenerfüllung des Landrats bzw. des Oberkreisdirektors bedienen kann.[176]

a.) Der staatliche Aufgabenvollzug im Landratsamt als Selbstverwaltungsbehörde

In **Nordrhein-Westfalen**[177] können dem Landkreis durch Gesetz staatliche Aufgaben als Weisungsaufgaben übertragen werden, eine Besonderheit gegenüber anderen Kreisordnungen besteht jedoch darin, dass das gesetzlich zu bestimmende Weisungsrecht in der Regel als lediglich beschränktes Weisungsrecht auszugestalten ist.[178] Die Wahrnehmungszuständigkeit für die insoweit übertragenen Aufgaben liegt beim Landrat. Auch in **Hessen**[179] besteht die Möglichkeit der Übertragung von Aufgaben nach Weisung, allerdings ist das Weisungsrecht im Verwaltungsvollzug auf allgemeine Anordnungen zu beschränken und soll in der Regel nicht in die Einzelausführung eingreifen.[180] In **Schleswig-Holstein,**[181] wo das Landratsamt als kommunale Einheitsbehörde im Zuge der Verwaltungsreform 1971 wieder abgeschafft und durch die sog. "Janusköpfigkeit" ersetzt worden ist,[182] können den Landkreisen durch Gesetz oder Verordnung ebenfalls Aufgaben zur Erfüllung nach Weisung übertragen werden,[183] deren Vollzug auch hier dem Landrat obliegt.[184] In ähnlicher Weise bestimmt die Kommunalverfassung **Mecklenburg-Vorpommern**[185], dass für die den Landkreisen durch Gesetz übertragbaren Weisungsaufgaben[186] die Erfüllungszuständigkeit beim Landrat liegt. Eine Besonderheit dieser Kommunalordnung besteht jedoch darin, dass sich bei Ermessensentscheidungen der Landrat mit dem Kreistag oder dessen Ausschüssen beraten kann. Er hat zudem den Kreistag über "staatliche Angelegenheiten"

---

176 Bracker/Conrad, Kreisordnung Schleswig-Holstein, Rz. 10 zu § 52.

177 vgl. hierzu die Kreisordnung für Nordrhein-Westfalen in der Fassung des Art II des Gesetzes vom 17.5.1994, NWGVBl 1994, S. 270, 292 (zit: KrO NW).

178 vgl. § 2 Abs.2 KrO NW.

179 vgl. hierzu die Hessische Kreisordnung in der Fassung vom 1.4.1993, HessGVBl 1993 Band 1, S. 539 (zit: HessKrO).

180 § 4 HessKrO.

181 vgl. hierzu die Kreisordnung für Schleswig-Holstein i.d.F. vom 2.4.1990, SHGVOBl 1990, S.193, berichtigt durch SHGVOBl 1991, S. 255 (zit: KrO SH).

182 vgl. zu den Motiven Breusing, Der Landkreis 1971, 110 f.

183 gem. § 3 Abs. 1 KrO SH.

184 gem. § 52 Abs. 4 KrO SH.

185 vgl. hierzu die Kommunalverfassung für Mecklenburg-Vorpommern vom 16.2.1994, MVGVBl 1994, S. 249 (zit: KomVerfMV).

186 § 90 Abs. 1 KomVerfMV - § 102 KomVerfMV überträgt die Aufgaben im übertragenen Wirkungskreis an den Landkreis nicht an eine untere (staatliche) Verwaltungsbehörde.

besonderer Bedeutung zu unterrichten.[187] Auch in **Brandenburg**[188] besteht die Möglichkeit, den Landkreisen Aufgaben als Pflichtaufgaben zur Erfüllung nach Weisung und als Auftragsangelegenheiten zu übertragen.[189] Der Landrat hat die Erfüllungzuständig-keit bei den Weisungsaufgaben jedoch nur, soweit es sich um Angelegenheiten der Gefahrenabwehr handelt und bei den Auftragsangelegenheiten lediglich dann, wenn der Kreistag nicht aufgrund besonderer Vorschriften zuständig ist.[190] Ausschließlich zuständig ist der Landrat hingegen für die Ausführung der Weisungen der Kommunalaufsichtsbehörde.[191] Im Kommunalselbstverwaltungsgesetz[192] des **Saarlandes** wird bestimmt, dass durch Gesetz den Landkreisen sog. Auftragsangelegenheiten übertragen werden können.[193] Der Landrat ist mit der Erledigung dieser Auftragsangelegenheiten betraut, soweit gesetzlich nichts anderes bestimmt ist.[194]

b.) Die Ausgestaltung der unteren staatlichen Verwaltungsbehörde

In **Nordrhein-Westfalen** bildet das Gebiet des Kreises zugleich den Bezirk der unteren staatlichen Verwaltungsbehörde.[195] Der Landrat, der keine ausdrückliche Organstellung hat, sondern lediglich mit bestimmten Aufgaben betraut wird,[196] nimmt die durch gesetzliche Vorschriften der unteren staatlichen Verwaltungsbehörde zugewiesenen Aufgaben alleine wahr.[197] Dies gilt allerdings dann nicht, wenn der Vollzug anderen Stellen zugewiesen ist oder aufgrund eines Gesetzes oder einer Rechtsverordnung eine kollegiale Entscheidung erfordert. So bedarf der Landrat beispielsweise der Zustimmung des Kreisausschusses u.a. bei der

187 § 115 Abs. 4 KomVerfMV.

188 vgl. hierzu die Landkreisordnung für das Land Brandenburg, Art. 2 der Kommunalverfassung des Landes Brandenburg vom 15.10.1993, BbgGVBl 1993, S. 398, 433, in der Fassung vom 14.2.1994, BbgGVBl 1994, S.34 (zit: KrO Bbg).

189 gem. § 2 Abs. 3 KrO Bbg.

190 gem. § 52 Abs. 1 c. KrO Bbg.

191 § 52 Abs. 1 d KrO Bbg.

192 vgl. hierzu Kommunalselbstverwaltungsgesetz des Saarlandes in der Fassung der Neubekanntmachung vom 22.6.1994, SaarlABl 1994, S.1077 (zit: KSVG)

193 vgl. § 144 KSVG - abweichend von anderen Kreisordnungen ist das KSVG nicht der Terminologie des Weinheimer Entwurfs gefolgt und spricht weiterhin von Auftragsangelegenheiten als die dem Landkreis übertragene staatlichen Aufgaben Solche Angelegenheiten sind Aufgaben auf dem Gebiet des Feuerwehrwesens, des Wehrrechtes, der Durchführung des Rettungsdienstes und der Landesplanung vgl. hierzu im einzelnen Lehné, Saarländisches Kommunalrecht, Rz. 1 zu § 140 KSVG.

194 § 178 Abs. 3 KSVG.

195 § 1 Abs. 3 KrO NW.

196 § 37 KrO NW.

197 gem. § 59 KrO NW.

Genehmigung von Gebietsänderungsverträgen und bei der Erteilung einer Zulassungsverfügung zur Einleitung einer Zwangsvollstreckung gegen Gemeinden wegen einer Geldforderung.[198] Ausschließlich zuständig ist er hingegen für die allgemeine Aufsicht und die Sonderaufsicht[199] über die kreisangehörigen Gemeinden. Auch in **Hessen** ist das Gebiet des Landkreises zugleich der Bezirk der allgemeinen unteren Landesbehörde.[200] Die Regelungen über die Behörde sind in einem eigenen Abschnitt "Landesverwaltung im Kreis" zusammengefasst. Hierin wird der Landrat, dem keine eigene Organschaft zukommt,[201] als Behörde der Landesverwaltung definiert.[202] Er nimmt in dieser Eigenschaft die Aufgaben wahr, die ihm als Landesbehörde übertragen worden sind, insbesondere aber die Befugnisse der unteren Kataster- und Landesvermessungsbehörde und des staatlichen Veterinäramtes. Ebenfalls als Behörde der Landesverwaltung fungiert der Landrat in seiner Aufsichtsfunktion über die kreisangehörigen Gemeinden.[203]

Anders als in den beiden vorgenannten Ländern fehlt in der Kreisordnung **Schleswig-Holstein** eine Bestimmung, dass das Gebiet des Landkreises zugleich das der unteren staatlichen Verwaltungsbehörde ist. Dieses ergibt sich aber indirekt aus dem Landesverwaltungsgesetz und seinen Ausführungsgesetzen.[204] Der dort zur allgemeinen unteren Landesbehörde bestimmte Landrat[205] nimmt u.a. die Kommunalaufsicht über die kreisangehörigen Gemeinden und Ämter,[206] die Bauaufsicht, die Schulaufsicht sowie die überörtliche Prüfung[207] wahr. Daneben können ihm in der Funktion als Landesbehörde weitere Aufgaben übertragen werden.[208] Der Landrat kann sich in wichtigen Angelegenheiten vom Kreisausschuss beraten lassen, umgekehrt obliegt ihm eine Unterrichtungsverpflichtung des Kreisausschusses über die von ihm wahrgenommenen staatlichen Belange.[209] Nur wenige Ausführungen zur unteren staatlichen Verwaltungsbehörde finden sich

---

198 vgl. hierzu § 59 KrO NW.

199 gemeint ist die Fachaufsicht gem. § 57 KrO NW.

200 § 1 Abs. 2 HessKrO.

201 weiterführend hierzu Henneke, Kreisrecht, S. 55 f.

202 §§ 55 f. HessKrO.

203 vgl. § 55 Abs. 2 HessKrO.

204 § 7 Ziff. 3 Landesverwaltungsgesetz Schleswig-Holstein in der Fassung vom 2.6.1992, SHGVOBl 1992, S. 243 sowie das Ausführungsgesetz über die Errichtung allgemeiner unterer Landesbehörden in Schleswig-Holstein (zit: GULB) vom 25.6.1971, in der Fassung vom 27.7.1977, SHGVOBl 1977, S. 186.

205 § 1 Abs. 2 GULB bestimmt den Landrat zur allgemeine unteren Landesbehörde.

206 vgl. § 121 Abs. 1 Gemeindeordnung Schleswig-Holstein.

207 gem. § 3 Kommunalprüfungsgesetz Schleswig-Holstein.

208 vgl. die Öffnungsklausel des § 3 Abs. 2 GULB.

209 § 2 Abs. 3 GULB.

demgegenüber in **Mecklenburg-Vorpommern**. Die in lediglich einer Vorschrift zusammengefassten Regelungen[210] bestimmen, dass das Gebiet des Landkreises zugleich der Zuständigkeitsbereich des Landrats als untere staatliche Verwaltungsbehörde ist. Der Landrat ist als untere staatliche Verwaltungsbehörde mit der Erfüllung der staatlichen Aufgaben betraut, die ihm durch spezielles Gesetz zugewiesen worden sind.[211] Daneben ist ihm als untere staatliche Verwaltungsbehörde die Funktion der Rechtsaufsicht über die kreisangehörigen Gemeinden und Ämter sowie die Aufgaben nach dem Kommunalprüfungsgesetz übertragen.[212]

Die staatliche Verwaltung im **brandenburgischen** Landkreis ist hingegen sehr dezidiert in einem eigenen Kapitel der Landkreisordnung geregelt.[213] Das Gebiet des Landkreises ist danach zugleich der Zuständigkeitsbereich der allgemeinen unteren Landesbehörde.[214] Der Landrat, der ein Organ des Landkreises ist,[215] wird mit den Aufgaben dieser allgemeinen unteren Landesbehörde betraut.[216] In dieser Funktion führt er nach der Wertung der Kreisordnung die Kommunal-, Sonder- und Fachaufsicht über die kreisangehörigen Gemeinden und Ämter.[217] Im Rahmen der Kommunalordnung des **Saarlandes** wird das Gebiet des Landkreises zwar als Bezirk des Landrates als untere staatliche Verwaltungsbehörde definiert,[218] auf eine gesetzliche Ausgestaltung dieser staatlichen Instanz jedoch verzichtet. Diese ergibt sich vielmehr aus dem Saarländischen Landesorganisationsgesetz.[219] Der Landrat nimmt hiernach die Aufgaben der unteren staatlichen Verwaltungsbehörde[220] wahr. Unter diesen Kompetenzkatalog fallen insbesondere die Funktionen als Kommunalaufsichtsbehörde,[221] die u.a. einen Zustimmungsvorbehalt für die

---

210 § 119 KomVerfMV.
211 vgl. § 119 Abs. 2 KomVerfMV.
212 § 119 Abs. 2 KomVerfMV.
213 gem. §§ 67 f. KrO Bbg.
214 § 1 Abs. 1 KrO Bbg.
215 gem. § 26 KrO Bbg.
216 § 7 Abs. 2 des Landesorganisationsgesetz von Brandenburg vom 12.9.1994, BbgGVBl Band 1 1994, S.406 bestimmt den Landrat als allgemeine untere Landesbehörde - vgl. hierzu auch die Regelung des § 68 KrO Bbg.
217 § 69 KrO Bbg.
218 § 140 Abs. 1 KSVG.
219 Saarländisches Landesorganisationsgesetz vom 2.7.1969 i.d.F. vom 5.2.1997, SaarlABl 1997, S. 258 (zit: SaarlLOG).
220 § 8 Abs. 2 SaarlLOG.
221 gem. § 128 Abs. 1 KSVG.

Bestellung und Abberufung des Leiters des Rechnungsprüfungsamtes einer kreisangehörigen Gemeinde[222] beinhaltet.

c.) Dienstaufsicht und staatliche Mitwirkungsrechte bei der Bestellung des ersten kommunalen Wahlbeamten

Der Landrat untersteht in **Nordrhein-Westfalen** der Dienstaufsicht der Bezirksregierung und ist in allen Angelegenheiten der unteren staatlichen Verwaltungsbehörde ausschließlich der übergeordneten staatlichen Behörde verantwortlich.[223] Das früher bestehendes Mitwirkungsrecht des Innenministers (Bestätigung) ist zwischenzeitlich abgeschafft worden. Auch in **Hessen** ist der Landrat als Behörde der Landesverwaltung der jeweils zuständigen Behörde in der Mittelstufe der Landesverwaltung unterstellt.[224] Der Landrat hat als Behörde der Landesverwaltung bei der Wahrnehmung seiner Aufgaben die Grundsätze und Richtlinien der Landesregierung zu beachten.

Die **brandenburgischen** Regelungen unterstellen den Landrat, mangels einer Mittelbehörde, der direkten Dienstaufsicht des Ministeriums des Innern, soweit Aufgaben der allgemeinen unteren Landesbehörde betroffen sind.[225] Der Landrat ist in allen Angelegenheiten der allgemeinen unteren Landesbehörde ausschließlich der ihm übergeordneten staatlichen Behörde verantwortlich und hat beim Aufgabenvollzug die Entscheidungen der Landesregierung zu beachten. In **Schleswig-Holstein** ist der Landrat in Angelegenheiten der allgemeinen unteren Landesbehörde ausschließlich dem Land verantwortlich[226] und untersteht auch hier der direkten Dienstaufsicht des Innenministers. Eine Besonderheit der dortigen Rechtslage besteht jedoch darin, dass seine Wahl oder Wiederwahl dem Innenministerium anzuzeigen ist, des weiteren bedarf die erstmalige Wahl der Bestätigung durch das Innenministerium.[227] Für die Vertretung bei der Wahrnehmung der Aufgaben der unteren Landesbehörde bestellt der Landrat im Einvernehmen mit dem Innenministerium einen Beamten, der die Befähigung zum Richteramt oder höheren Verwaltungsdienst besitzen muss.[228]

---

[222] § 120 Abs. 2 KSVG.
[223] § 60 Abs. 2 KrO NW.
[224] § 55 Abs. 6 HessKrO.
[225] § 70 KrO Bbg.
[226] § 2 Abs. 1 GULB.
[227] § 50 b KrO SH bestimmt, dass vor einer Versagung der Kreistag zu hören ist.
[228] § 53 Abs. 2 KrO SH.

Der Landrat in **Mecklenburg-Vorpommern** untersteht ebenfalls der Dienstaufsicht des Innenministeriums.[229] Diese beinhaltet ein dienstrechtliches Weisungsrecht und das Recht zur Überwachung der inneren Ordnung, der allgemeinen Geschäftsführung und der Personalangelegenheiten der Behörde. Der Landrat ist bei der Erfüllung der Aufgaben der unteren staatlichen Verwaltungsbehörde ausschließlich den fachlich zuständigen obersten Landesbehörden verantwortlich, hat ihre Weisungen zu beachten und über alle Vorgänge zu berichten, die für die obersten Landesbehörden von Bedeutung sein können.[230] Auch beim **saarländischen** Landrat ist der Innenminister oberster Dienstherr.[231] Er hat die Grundsätze und Richtlinien der Landesregierung zu beachten und über alle Vorgänge zu berichten, die für die Landesregierung von Bedeutung sind.[232]

d.) Bereitstellung staatlicher Dienstkräfte und Einrichtungen

Die für die Erfüllung der unteren staatlichen Verwaltungsbehörde erforderlichen Dienstkräfte und Einrichtungen sind in **Nordrhein-Westfalen** von den Kreisen zur Verfügung zu stellen.[233] Zur Unterstützung bei der Durchführung dieser Aufgaben können dem Landrat jedoch Landesbeamte zugeteilt werden. Eine sehr weitgehende Regelung hinsichtlich des staatlichen Personals enthält die Rechtslage in **Hessen**. Denn für die Wahrnehmung der Aufgaben, die dem Landrat als Behörde der Landesverwaltung obliegen, hat das Land die erforderlichen Kräfte bereitzustellen.[234] Darüber hinaus wird der Landkreis durch eine Landesverordnung verpflichtet, Einrichtungen zur Erfüllung der Aufgaben der Landesverwaltung bereit zu stellen. Weitgehend ohne staatlichen Personalkörper muss hingegen der **brandenburgische** Landkreis auskommen. Denn er hat die für die Erfüllung der Aufgaben der allgemeinen unteren Landesbehörde erforderlichen Dienstkräfte und Sachausstattungen selbst zur Verfügung zu stellen. Allerdings kann das Land zur

---

229 § 119 Abs. 7 KomVerfMV.

230 § 119 Abs. 3 KomVerfMV.

231 Der Landrat ist erst seit der Novelle des KSVG vom 11.6.1986 kommunaler Beamter, bis zu diesem Zeitpunkt war er Beamter des Landes mit der Folge, dass er jederzeit ohne Angaben von Gründen - nach Anhörung des Kreistages - in den einstweiligen Ruhestand versetzt werden konnte (§ 174 Abs. 3 a.F.). Er war als Landesbeamter vom Landkreis für die Funktion als Organ ausgeliehen, so dass der Landkreis die Hälfte seiner Besoldung dem Land erstattete und eine Aufwandsentschädigung leistete (Art. 5 § 3 a.F. Saarländisches Besoldungsgesetz).

232 § 9 Abs. 1 Saarl LOG.

233 § 61 KrO NW.

234 § 56 Abs. 1 HessKrO.

Aufgabendurchführung im Benehmen mit dem Landrat Landesbedienstete zuteilen.[235]

Auch in **Schleswig-Holstein** sind die für die staatlichen Aufgabendurchführung erforderlichen Dienstkräfte und Sachausstattungen vom Landkreis zu stellen.[236] Der Innenminister kann mit Zustimmung des Kreisausschusses jedoch auch hier der allgemeinen unteren Landesbehörde Landesbedienstete zuweisen.[237] Eine ähnliche Regelung findet sich in **Mecklenburg-Vorpommern**, wo die für die Erfüllung der Aufgaben der unteren staatlichen Verwaltungsbehörde erforderlichen Dienstkräfte und Einrichtungen vom Landkreis mit der Maßgabe zur Verfügung zu stellen sind, dass die Landesregierung im Benehmen mit dem Landrat diesem Landesbedienstete zur Aufgabenerfüllung zuteilen kann.[238] Im **Saarland** existieren hinsichtlich der Zurverfügungstellung personeller und sächlicher Mittel vergleichbare Vorschriften,[239] eine Abordnungsmöglichkeit ist in der Kommunalverfassung hingegen nicht vorgesehen.

2.) Bundesländer, in denen das Landratsamt kraft Gesetzes zugleich untere staatliche Verwaltungsbehörde ist

Das in Bayern, Baden-Württemberg, Thüringen und Rheinland-Pfalz praktizierte Modell einer janusköpfigen - aber nach außen einheitlich firmierenden - Behörde geht von einer Doppelbehörde Landratsamt als Kreisbehörde und unterer staatlicher Verwaltungsbehörde aus. Die Kreisbehörde und untere staatliche Verwaltungsbehörde sind im Landratsamt als einheitliche Behörde organisatorisch und funktionell verzahnt. Der Landrat ist in beiden Aufgabenbereichen tätig und wird durch Gesetz sowohl in die kommunale, wie in die staatliche Verwaltungsstruktur eingebunden. Daraus ergibt sich, dass der Landrat je nach Aufgabenart als Organ des Staates oder der Kommune die Behörde führt, unabhängig von seiner beamtenrechtlichen Position als kommunaler Wahlbeamter.[240] Der Landrat wird somit als Leiter einer doppelfunktionalen Behörde tätig.

---

[235] § 71 KrO Bbg.

[236] § 5 Abs. 1 GULB.

[237] § 5 Abs. 2 GULB.

[238] § 119 Abs. 5 KomVerfMV – die Landesbediensteten können mit Zustimmung des Kreistages auch für andere Angelegenheiten des eigenen und übertragenen Wirkungskreises eingesetzt werden.

[239] § 9 Abs. 2 Saarl LOG.

[240] vgl. Knemeyer, DÖV 1988, 397 f.

a.) Der staatliche Aufgabenvollzug im Landratsamt als Selbstverwaltungsbehörde

In **Bayern**[241] umfasst der übertragene Wirkungskreis der Landkreise die staatlichen Aufgaben, die durch Gesetz den Landkreisen zur Besorgung im Auftrage des Staates zugewiesen sind.[242] Der dem übertragenen Wirkungskreis zugeordnete Aufgabenbereich fällt in die Zuständigkeit des Kreistages[243] oder des Kreisausschusses, soweit der Landrat nicht eine eigene Zuständigkeit besitzt.[244] In **Baden-Württemberg**[245] können dem Landkreis Pflichtaufgaben zur Erfüllung nach Weisung auferlegt werden, wobei das Gesetz den Umfang des Weisungsrechts definieren muss.[246] Die nach bisherigem Recht als Auftragsangelegenheiten übertragenen Aufgaben werden mittels einer Übergangsvorschrift bis zum Erlass neuer landesrechtlicher Vorschriften zu Weisungsaufgaben mit dem bisherigen Weisungsrecht erklärt.[247] Der Landrat ist mit dem staatlichen Aufgabenvollzug betraut, soweit gesetzlich nichts anderes bestimmt ist.[248]

Auch in **Thüringen**[249] besteht die Möglichkeit die Landkreise durch oder aufgrund eines Gesetzes zu verpflichten, bestimmte öffentliche Aufgaben des Staates oder anderer öffentlich-rechtlicher Körperschaften als Aufgaben des übertragenen Wirkungskreises zu erfüllen.[250] Der Landrat hat für den staatlichen Aufgabenvollzug im Landratsamt die Wahrnehmungskompetenz und nimmt die Angelegenheiten des übertragenen Wirkungskreises in eigener Zuständigkeit wahr.[251] Werden den Landkreisen in **Rheinland-Pfalz**[252] durch oder aufgrund eines Gesetzes staatliche Aufgaben (Auftragsangelegenheiten) übertragen, erfüllen sie diese nach Weisung der zuständigen Behörden. Eine Besonderheit zu anderen Kreisordnungen bildet in

---

241 vgl. hierzu die Bayerische Landkreisordnung in der Fassung vom 6.1.1993, BayGVBl 1993, S.93 (zit: BayLKrO).

242 Art. 7 BayLKrO.

243 Art. 22 , 23 BayLKrO.

244 Art. 53 i.V.m. Art. 34 Bay LKrO.

245 vgl. hierzu die Landkreisordnung für Baden-Württemberg in der Fassung vom 8 11.1993, BWGVBl 1993, S.657 (zit: LKrO BW).

246 § 2 Abs. 4 LKrO BW.

247 Es handelt sich hierbei um eine Regelung, durch die ein Weisungsrecht bei der Einführung des monistischen Aufgabenmodells des sog. Weinheimer Entwurfs fingiert wurde - vgl. § 57 LKrO BW.

248 § 42 Abs. 3 LKrO BW.

249 Thüringer Landkreisordnung als Zweiter Teil der Thüringer Kommunalordnung in der Fassung vom 13.6.1997, ThürGVBl 1997, S. 207 f. (zit: ThürKommunalO).

250 § 88 ThürKommunalO.

251 § 107 ThürKommunalO.

252 Landkreisordnung Rheinland-Pfalz in der Fassung vom 31.1.1994, RhPf GVBl 1994 S. 188 (zit: LKO RhPf).

diesem Zusammenhang die Allzuständigkeitsvermutung der Kreise beim staatlichen Aufgabenvollzug. Nach dieser gesetzlichen Fiktion obliegen dem Landkreis als Auftragsangelegenheiten alle Aufgaben der Landesverwaltung, die nicht ausdrücklich anderen Behörden übertragen sind.[253] Die Wahrnehmung des staatlichen Aufgabenvollzuges liegt in der Zuständigkeit des Landrats, der die Kreisverwaltung als Behörde des Landkreises leitet.[254]

b.) Die Ausgestaltung der unteren staatlichen Verwaltungsbehörde

In **Bayern** ist das Gebiet der Landkreise zugleich das Territorium der unteren staatlichen Verwaltungsbehörde.[255] Das Landratsamt kann in dieser Funktion ebenfalls mit Aufgaben betraut werden. Bemerkenswert ist in diesem Zusammenhang eine Regelung, nach der geeignete staatliche Aufgaben - mit Ausnahme der Aufsicht - auf die Kreisselbstverwaltungsbehörde zu übertragen sind.[256] Als Mindestfunktion der unteren staatlichen Verwaltungsbehörde Landratsamt beschreibt die Kreisordnung daher durchaus konsequent lediglich die Aufsicht über die kreisangehörigen Kommunen.[257] In Vollzug dieser Staatsaufgaben wird der Landrat als Organ des Staates tätig[258] und untersteht hierbei den Weisungen seiner vorgesetzten Dienststelle. Die **baden-württembergischen** Regelungen über die staatliche Verwaltung im Kreis[259] definieren das Landratsamt im doppelfunktionalen Sinne zugleich als untere Verwaltungsbehörde.[260] Obwohl mit dieser Bezeichnung ein Hinweis auf die Staatlichkeit dieses Behördenteils fehlt, wird die Einbindung in die allgemeine Landesverwaltung auch im Hinblick auf das Landesverwaltungsgesetz heute nicht mehr diskutiert. Die untere Verwaltungsbehörde ist daher in Wirklichkeit eine untere staatliche Verwaltungsbehörde und als solches Staatsbehörde.[261] Ihr Bezirk ist mit dem Gebiet des Landkreises deckungsgleich.[262] Der Landrat ist kraft Gesetzes Leiter der unteren

---

253 § 2 Abs. 2 LKO RhPf.

254 § 41 Abs. 1 LKO RhPf.

255 Art. 1 BayLKrO.

256 Art. 37 Abs. 2 BayLKrO.

257 vgl. hierzu Art. 37 Abs. 1 BayLKrO - eine Besonderheit bilden die staatshaftungsrechtlichen Zurechnungsnormen in Art. 35 Abs. 3, 37 Abs. 5, die im Sinne einer Funktionstheorie bei der Haftungsfrage auf die Art der wahrgenommenen Aufgabe abstellen.

258 Art. 37 Abs. 6 BayLKrO.

259 §§ 52 f. LKrO BW.

260 § 13 Abs. 1 Landesverwaltungsgesetz Baden-Württemberg in der Fassung vom 21.10 1996, BWGBl 1996, S. 649 (zit: LVG BW).

261 § 1 Abs. 3 LKrO BW.

262 § 1 Abs. 3 LKrO BW.

Verwaltungsbehörde und dem dort wahrgenommenen Aufgabenvollzug betraut.[263] Der Aufgabenbestand der unteren (staatlichen) Verwaltungsbehörde ist lediglich spezialgesetzlich definiert und umfasst beispielsweise die Ausübung der Kommunalaufsicht.[264]

Die Kommunalordnung in **Thüringen** enthält Regelungen über die staatliche Verwaltung im Landkreis und die Bestimmung des Kreisgebietes als deckungsgleicher Bereich der unteren staatlichen Verwaltungsbehörde.[265] Die durch das *Thüringer Gesetz zur Kommunalisierung staatlicher Aufgaben*[266] erheblich "deregulierten" Vorschriften beauftragen das Landratsamt als untere staatliche Verwaltungsbehörde die Aufgaben der Kommunalaufsicht sowie der Veterinär- und Lebensmittelüberwachung wahrzunehmen.[267] Alle anderen - bisher der unteren staatlichen Verwaltungsbehörde - übertragenen Aufgaben, werden dagegen künftig als solche des übertragenen Wirkungskreises wahrgenommen und damit dem Landkreis als Selbstverwaltungskörperschaft zugewiesen.[268] Auch in **Rheinland-Pfalz** ist das Gebiet des Landkreises zugleich das Territorium der unteren Behörde der allgemeinen Landesverwaltung.[269] Die hierfür einschlägigen Regelungen über die Kreisverwaltung als staatliche Behörde regeln in einem Enumerativkatalog deren Aufgaben. Dies sind die Ausübung der Kommunalaufsicht, des Gemeindeprüfungsamtes sowie weitere durch Gesetz zugewiesene Aufgaben.[270]

c.) Dienstaufsicht und staatliche Mitwirkungsrechte bei der Bestellung des ersten kommunalen Wahlbeamten

Der **bayerische** Landrat untersteht beim staatlichen Aufgabenvollzug lediglich den Weisungen seines Dienstvorgesetzten.[271] Kommt der Landrat einer schriftlichen Weisung seiner Aufsichtsbehörde nicht nach, sieht das Bayerische VwVfG ein

263 vgl. § 13 Abs. 3 LVG BW.

264 § 119 Gemeindeordnung Baden-Württemberg in der Fassung vom 8.11.1993 BWGBl 1993 S. 657.

265 vgl. § 91 ThürKommunalO.

266 Thüringer Gesetz zur Kommunalisierung staatlicher Aufgaben vom 13.6.1997, ThürGVBl 1997, S. 207 f.

267 § 111 Abs. 2 ThürKommunalO.

268 vgl. die Kommunalisierungsvorschrift im neueingefügten § 130 a ThürKommunalO.

269 § 1 Abs. 2 LKO RhPf.

270 § 55 LKO RhPf.

271 Art. 37 Abs. 4 Bay LKrO.

Selbsteintrittsrecht der Aufsichtsbehörde vor.[272] Auch in **Baden-Württemberg** ist der Landrat als Leiter der unteren Verwaltungsbehörde dem Land für die ordnungsgemäße Erfüllung ihrer Geschäfte verantwortlich und unterliegt insoweit den Weisungen der Fachaufsichtsbehörden und der Dienstaufsicht des Regierungspräsidiums.[273] **Thüringen** überträgt in vergleichbarer Weise die dienstaufsichtlichen Befugnisse über den Landrat an die Rechtsaufsichtsbehörde[274] und bestimmt, dass die staatlichen Behörden allgemein oder im Einzelfall Weisungen für die Erledigung der staatlichen Aufgaben erteilen können. Der **rheinland-pfälzische** Landrat ist dem Land ebenfalls für die ordnungsgemäße Erledigung der Aufgabe der Kreisverwaltung als allgemeine untere Landesbehörde verantwortlich und unterliegt den Weisungen der vorgesetzten Dienststelle.[275]

d.) Bereitstellung staatlicher Dienstkräfte und Einrichtungen

Dem Landratsamt in **Bayern** wird mindestens ein Staatsbeamter mit der Befähigung zum höheren Verwaltungsdienst oder zum Richteramt zugeteilt. Nach Bedarf werden des weiteren Beamte des gehobenen, mittleren und einfachen Dienstes zugewiesen. Die Staatsbeamten unterstehen dabei der Dienstaufsicht des Landrats.[276] Im übrigen haben die Landkreise die erforderlichen Einrichtungen für den staatlichen Aufgabenvollzug zur Verfügung zu stellen.[277] In **Baden-Württemberg** findet sich demgegenüber eine differenziertere Lösung. Die für die Aufgaben der unteren Verwaltungsbehörde erforderlichen Beamten des höheren Dienstes werden vom Land, die übrigen Bediensteten vom Landkreis gestellt. Jedem Landkreis wird mindestens ein Landesbeamter mit der Befähigung zum höheren Verwaltungsdienst oder zum Richteramt zugeteilt. Dieser sog. "Erste Landesbeamte" ist ständiger allgemeiner Vertreter des Landrats und wird im Benehmen mit dem Landrat

---

[272] vgl. die im Zuge der Auseinandersetzungen um die Wiederaufarbeitungsanlage Wackersdorf eingefügte Vorschrift des Art. 3 a Bayerisches VwVfG.

[273] Mit § 53 Abs. 1 LKrO BW enthält - ebenso wie die BayLKrO - die Kommunalordnung aufgabenbezogene Zurechnungsnormen für die Staatshaftung - vgl. § 53 Abs. 2 (Landrat) und § 56 Abs. 2 (Beamter).

[274] § 3 des Kommunalwahlbeamtengesetz in der Fassung vom 16.8.1993, ThürGVBl 1993, S. 540.

[275] § 55 Abs. 1 LKO RhPf.

[276] Art. 37 Abs. 3 BayLKrO.

[277] Art. 53 Abs. 2 BayLKrO.

bestellt.[278] Der Landkreis trägt die unmittelbaren und mittelbaren sächlichen Kosten des Landratsamtes als untere Verwaltungsbehörde.[279]

In **Thüringen** ist die ursprünglich sehr weitgehende Regelung, nach der das Land das erforderliche Personal für die untere staatliche Verwaltungsbehörde zur Verfügung stellt, mittlerweile deutlich zurückgeführt worden. Künftig stellt der Freistaat lediglich einen Landesbeamten des höheren Dienstes und das für die Aufgaben der Veterinär- und Lebensmittelüberwachung erforderliche Personal zur Verfügung.[280] Die übrige personelle und sächliche Ausstattung obliegt hingegen dem Landkreis. Die Zuweisung staatlichen Personals erfolgt stets im Benehmen mit dem Landrat. Der Landrat ist Dienstvorgesetzter der Landesbediensteten.[281] Auch in **Rheinland-Pfalz** ist der Umfang des staatlichen Personalkörpers eher gering. Denn der Innenminister bestellt für die Erledigung der Aufgaben als untere Behörde der allgemeinen Landesverwaltung im Einvernehmen mit dem Landrat lediglich einen staatlichen Beamten des höheren Dienstes, dessen Geschäftsbereich insbesondere den staatlichen Aufgabenvollzug umfassen soll[282] und der seinen Geschäftsbereich im Rahmen der Richtlinien und Weisungen des Landrats verwaltet.[283] Im übrigen sind die für den staatlichen Aufgabenvollzug erforderlichen Bediensteten und die sächlichen Einrichtungen und Mittel[284] vom Landkreis bereitzustellen. Allerdings besteht die Möglichkeit, weitere Landesbedienstete im Einvernehmen mit dem Landrat zuzuweisen.[285]

3.) Bundesländer, in denen eine allgemeine untere staatliche Verwaltungsbehörde organisatorisch nicht existent ist

Auch im Falle der Kommunalisierung des Landratsamtes in Sachsen-Anhalt und Niedersachsen haben die Landkreise auftragsweise staatliche Aufgaben

---

278 § 42 Abs. 5 LKrO BW - zu der Rechtsstellung des Landesbeamten vgl. § 40 LKrO BW.

279 vgl. § 52 Abs. 1 und Abs. 2 LKrO Baden-Württemberg - eine Besonderheit bildet der Kostenerstattungsanspruch des § 52 Abs. 2 Ziff. 4 , danach erstattet das Land u.a. die Kosten, die zur unmittelbaren Ausführung von Maßnahmen zur Abwehr oder Beseitigung gesetzwidriger Zustände dienen (zum Umfang des Erstattungsanspruchs vgl. VGH Baden-Württemberg, DVBl 1999, 1731 f.).

280 vgl. die novellierte Vorschrift des § 111 Abs. 4 ThürKommunalO.

281 § 111 Abs. 3 ThürKommunalO.

282 § 56 Abs. 1 LKO RhPf.

283 § 56 Abs. 2 LKO RhPf.

284 vgl. § 2 Abs. 2 LKO RhPf - zu beachten ist jedoch der staatlich verankerte Zuschuss für den Neubau bzw. die Erweiterung von Dienstgebäuden der Kreisverwaltung in Höhe von einem Fünftel der Gesamtkosten in § 55 Abs. 5 LKO RhPf.

285 vgl. § 55 Abs. 4 LKO RhPf.

wahrzunehmen. Der Landkreis erfüllt hierbei, ebenso wie bei den vorgenannten Kommunalordnungen, zwar Aufgaben der Landesverwaltung, nimmt diese jedoch als Eigenverwaltungskompetenzen und ohne institutionelle Einbindung in die Landesverwaltung wahr. Die bei der vollkommunalisierten Behörde vorgenommene Zuweisung von staatlichen Aufgaben an die "untere Verwaltungsbehörde" bedeutet somit lediglich eine fiktive Integration in den staatlichen Verwaltungsaufbau, weil die Landkreise ihren ausschließlich kommunalen Status auch als untere Verwaltungsbehörden behalten.[286]

a.) Der staatliche Aufgabenvollzug im Landratsamt als Selbstverwaltungskörperschaft

In **Niedersachsen**[287] erfüllen die Landkreise die ihnen zugewiesenen staatlichen Aufgaben als untere - nichtstaatliche - Verwaltungsbehörden und sind dabei an die Weisungen der zuständigen Behörden gebunden.[288] Weiterhin werden durch die Kommunalordnung die Auftragsangelegenheiten des Bundes in den - vom Landratsamt als untere Verwaltungsbehörde wahrzunehmendem - übertragenen Wirkungskreis übertragen.[289] Die Landkreisordnung weist beim staatlichen Aufgabenvollzug dem Oberkreisdirektor als Organ des Landkreises[290] enumerative Zuständigkeiten wie z.B. den Vollzug von Maßnahmen der Gefahrenabwehr sowie die Aufgaben der Kommunal- und Fachaufsichtsbehörde zu.[291] Anders als in den vorgenannten Rechtsordnungen fehlen wegen der Vollkommunalisierung der Kreisverwaltung jegliche Regelungen über eine untere staatliche Verwaltungsbehörde und damit auch eine Bestimmung, die das Kreisgebiet zugleich zum Bezirk einer unteren staatlichen Behörde erklärt.

In **Sachsen-Anhalt**[292] nimmt der Landkreis die ihm durch Gesetz zugewiesenen staatlichen Aufgaben im übertragenen Wirkungskreis wahr und erfüllt diese als untere Verwaltungsbehörde. Auch hier findet sich eine Zuordnung der bundesrechtlichen Auftragsangelegenheiten zum übertragenen Wirkungskreis.[293]

[286] vgl. für die niedersächsische Rechtslage Korte/Rebe, Verfassung und Verwaltung in Niedersachsen, S. 374f.

[287] Niedersächsische Landkreisordnung i.d.F. vom 1.4.1996, NdsGVBl 1996, S. 82 (zit: NLO).

[288] § 4 Abs. 1 NLO.

[289] vgl. § 4 Abs. 2 NLO.

[290] § 6 NLO.

[291] vgl. den hier im einzelnen nicht dargestellten Enumerativkatalog des § 57 Abs. 1 , 2 NLO.

[292] Landkreisordnung Sachsen-Anhalt in der Fassung vom 6.11.1995, SaAnhGVBl 1995, S. 314 (zit: LKO LSA)

[293] § 5 LKO LSA.

Innerhalb des Landratsamtes erledigt der Landrat die Aufgaben des übertragenen Wirkungskreises in eigener Zuständigkeit, soweit gesetzlich nichts anderes bestimmt ist. Die Befugnisse im übertragenen Wirkungskreis sind in einem eigenen Aufgabenkatalog zusammengefasst.[294] Ausdrücklich der Erfüllungszuständigkeit des Landrats übertragen werden hierbei die Aufgaben der Verteidigung, des Wehrersatzwesens und des Schutzes der Zivilbevölkerung sowie die Angelegenheiten der geheimzuhaltenden Belange der Bundesrepublik.[295] Ebenso wie in Niedersachsen fehlen wegen der gewählten Konstruktion einer kommunalen Einheitsbehörde Bestimmungen über die untere staatliche Verwaltungsbehörde im Landratsamt.

b.) Dienstaufsicht und staatliche Mitwirkungsrechte bei der Bestellung des ersten kommunalen Wahlbeamten

In **Niedersachsen** und **Sachsen-Anhalt** verweisen die Kreisordnungen jeweils auf die entsprechenden landesbeamtenrechtlichen Regelungen für die Beamten auf Zeit, so dass sich Zuständigkeit und Befugnisse der staatlichen Stellen als Dienstvorgesetzte nach allgemeinem Beamtenrecht richten.[296] Staatliche Mitwirkungsrechte bei der Wahl bzw. Ernennung des Landrats existieren nicht.

c.) Bereitstellung staatlicher Dienstkräfte und Einrichtungen

Die **niedersächsischen** Landkreise stellen die Dienstkräfte und Einrichtungen zur Verfügung, die für die Erfüllung der Aufgaben des übertragenen Wirkungskreises erforderlich sind, allerdings können im Einvernehmen mit dem Landkreis Landesbeamte zur Dienstleistung bei den Landkreisen abgeordnet werden.[297] Auch in **Sachsen-Anhalt** halten die Landkreise ebenfalls die Dienstkräfte und Einrichtungen für den staatlichen Aufgabenvollzug vor.[298] Beachtlich ist jedoch die recht obligatorische Rotationsregelung, dass Landesbeamte im Einvernehmen mit dem Landrat zur Dienstleistung bei den Landkreisen abgeordnet werden sollen.[299]

---

294 Zuständigkeitskatalog im übertragenen Wirkungskreis vom 16.1.1995 in der Fassung vom 6.11.1995, SaAnhGVBl 1995, S. 321.

295 § 52 Abs. 2, 4 LKO LSA.

296 § 55 Abs. 1 NLO i.V.m. § 194 Abs. 1 S. 1 ; § 3 Niedersächsisches Beamtengesetz sowie § 46 LKO LSA i.V.m. § 3 Beamtengesetz Sachsen-Anhalt.

297 § 63 NLO.

298 § 5 Abs. 3 LKO LSA.

299 § 61 Abs. 4 LKO LSA.

4.) Die Befugnis des Landrats zur Koordinierung staatlicher Sonderbehörden in den Regelungen der Kreisordnungen

Eine derartige Koordinierungsfunktion ist nicht in allen Kreisordnungen vorhanden. Zudem weichen die entsprechenden Regelungen zum Teil erheblich voneinander ab.

So verpflichtet **Nordrhein-Westfalen** den Landrat, darauf hinzuwirken, dass die im Kreis tätigen Landesbehörden in einer dem Gemeinwohl dienlichen Weise zusammenarbeiten.[300] Eine ähnliche Regelung enthält **Hessen**, das diese Funktion jedoch ausdrücklich dem Landrat in seiner Eigenschaft als Behörde der Landesverwaltung überträgt.[301] Auch der **brandenburgische** Landrat hat darauf hinzuwirken, dass die im Landkreis tätigen Landesbehörden in einer dem Gemeinwohl dienlichen Weise zusammenarbeiten.[302] Eine ausdifferenziertere Regelung enthält die Rechtslage in **Schleswig-Holstein.** Der Landrat hat nicht nur die Obliegenheit, dass die im Kreisgebiet tätigen Behörden im Interesse des öffentlichen Wohls zusammenarbeiten, sondern auch dafür Sorge zu tragen, dass diese sich gegenseitig Auskunft erteilen und über Vorgänge bzw. beabsichtigte Maßnahmen rechtzeitig unterrichten.[303] Die Koordinierungsfunktion in **Mecklenburg-Vorpommern** beinhaltet dagegen lediglich die Verpflichtung des Landrats, darauf hinzuwirken, dass die im Landkreis tätigen staatlichen Verwaltungsbehörden dem Gemeinwohl dienend zusammenwirken.[304] Während im **Saarland** bestimmt ist, dass die unteren Landesbehörden auf Anforderung des Landrats zur Auskunft verpflichtet sind,[305] haben nach der **baden-württembergischen** Rechtslage die unteren Verwaltungsbehörden und die unteren Sonderbehörden im Landkreis im Interesse des allgemeinen Wohls zusammenzuarbeiten. Der Landrat hat dabei für das Zusammenwirken dieser Behörden Sorge zu tragen. Auch besteht die Verpflichtung der unteren Sonderbehörden, auf Anforderung des Landrats Stellungnahmen abzugeben.[306]
Die Länder **Bayern**, **Thüringen**, **Rheinland-Pfalz** sowie **Niedersachsen** und **Sachsen-Anhalt** haben keine Koordinierungsfunktion des Landrats hinsichtlich der im Kreisbereich tätigen staatlichen Sonderbehörden geregelt.

---

300 § 59 Abs. 4 KrO NW.
301 § 55 HessKrO.
302 § 70 Abs. 1 KrO Bbg.
303 § 4 GULB.
304 § 119 Abs. 4 KomVerfMV.
305 § 9 Abs. 1 Saarl LOG.
306 § 26 Abs. 1, 2, 4 LVG BW.

5.) Zusammenfassung

- Der staatliche Aufgabenvollzug kann den Landkreisen einerseits als Pflichtaufgabe nach Weisung oder Auftragsangelegenheit und damit einem einheitlich kommunalen Wirkungskreis zugewiesen werden. Denkbar ist - außer in Niedersachsen und Sachsen-Anhalt - aber auch, diese Aufgaben einer unteren staatlichen Verwaltungsbehörde auf Kreisebene zuzuordnen. Ein Kriterienkatalog für die hierbei vorzunehmende Differenzierung findet sich in keiner der vorliegenden Kommunalordnungen. Lediglich vereinzelt werden Präferenzregelungen zugunsten der Kreisselbstverwaltungsbehörde getroffen (Bayern).

- Ebensowenig wie die vorgenannten Aufgabenverteilungsmechanismen ist auch die Ausgestaltung der unteren staatlichen Verwaltungsbehörde selbst auf einen einheitlichen Strukturkern reduzierbar. Einige Kommunalordnungen nehmen für die untere staatliche Verwaltungsbehörde Organe des Kreises in Anspruch, andere weisen die damit verbundenen Befugnisse dem Landratsamt als untere staatliche Verwaltungsbehörde und damit einer doppelfunktionalen Behörde zu. Dritte wiederum verzichten gänzlich auf eine staatliche Instanz in der Kreisverwaltung. Ein Vergleich dieser drei Komplexe wird noch dadurch erschwert, dass in einigen Kommunalordnungen die Angelegenheiten der staatlichen Instanz überhaupt nicht bzw. nur unzureichend geregelt und teilweise besonderen Vorschriften des Landesorganisationsrechts vorbehalten sind.

- Ein gemeinsamer Strukturkonsens über die in einer unteren staatlichen Verwaltungsbehörde wahrgenommenen Befugnisse kann nur hinsichtlich der Ausübung der Kommunalaufsicht festgestellt werden. Im übrigen variiert der in der unteren staatlichen Verwaltungsbehörde wahrgenommene Aufgabenvollzug in Art und Umfang erheblich und erscheint oftmals von der gesetzlichen Vorgabe her osmotisch zwischen der Selbstverwaltungsbehörde Landratsamt und der staatlichen Behörde verschiebbar. Dabei zeigt die vor kurzem in Thüringen durchgeführte Verwaltungsreform, dass eine deutliche Reduzierung des in der unteren staatlichen Verwaltungsbehörde wahrzunehmenden Aufgabenumfangs ohne weiteres möglich ist. Auch lässt sich vermuten, dass bei einer Neuzuordnung von Kompetenzen an die Landkreise die Frage der Übertragung an die untere staatliche Verwaltungsbehörde danach beurteilt wird, ob der betroffenen Funktion aus Sicht des Fachressorts ein herausgehobener öffentlicher Stellenwert zukommt, der nach staatlicher Einschätzung den Verbleib der Aufgabe in der staatlichen Abteilung des Landratsamtes erfordert.

- Auch wenn Art und Umfang des staatlichen Aufgabenvollzuges sich somit erheblich voneinander unterscheiden, lässt sich jedoch die zentrale Rolle des Landrats als gemeinsames Merkmal aller Kommunalordnungen feststellen. Der Landrat hat stets sowohl die Erledigungkompetenz für den staatlichen Aufgabenvollzug in der Selbstverwaltungsbehörde Landkreis als auch die entsprechende Befugnis zur Aufgabenwahrnehmung in der unteren staatlichen Verwaltungsbehörde.

- Mit Ausnahme der Länder Niedersachsen und Sachsen-Anhalt finden sich in allen Kreisordnungen Regelungen über eine untere staatliche Verwaltungsbehörde und damit eine Definition des Kreisgebiets als dem Bezirk einer staatlichen Verwaltungseinheit. In Niedersachsen und Sachsen-Anhalt besteht demgegenüber statt einer unteren staatlichen Verwaltungsbehörde lediglich eine untere (nichtstaatliche) Verwaltungsbehörde. Damit ist in diesen Ländern die Vollkommunalisierung des Landratsamtes realisiert worden. Unabhängig davon besteht jedoch auch in diesen Ländern die Möglichkeit, an das Landratsamt staatliche Aufgaben zu übertragen und im übertragenen Wirkungskreis zu erfüllen. Besonders bedeutsame Funktionen - wie die Aufsicht - werden dabei der Erfüllungszuständigkeit des Landrats zugewiesen.

- Bei der Wahl bzw. Bestellung des Landrats sehen heute nur noch nur wenige Kreisordnungen ein staatliches Mitwirkungsgebot vor. Größere Einwirkungsmöglichkeiten sind dagegen bei der Bestellung des Stellvertreters festzustellen. Möglicherweise bewahren sich einige Bundesländer hierdurch Mitwirkungsrechte als Kompensation für ihren Rückzug aus der Mitbestimmung bei der landrätlichen Position.

- Unabhängig von der strukturellen Ausgestaltung des Landratsamtes ermöglichen alle Kommunalordnungen den Einsatz von Landesbediensteten. Dabei ist jedoch eine erhebliche Bandbreite der gewählten Lösungen festzustellen. Diese reichen von dem Vorhalten eines eigenen staatlichen Personalkörpers im Landratsamt (wie z.B. Baden-Württemberg) bis zur lediglich vorgesehenen Möglichkeit der Abordnung im Einvernehmen mit dem Landrat (Niedersachsen).

- Eine, auf andere staatliche Behörden bezogene, Koordinierungsfunktion des Landrats sehen - wenn überhaupt - nur die Kommunalordnungen vor, die weiterhin von einer staatlichen Repräsentanz in der Kreisebene ausgehen. Dagegen gibt es keine koordinierende Weisungs- und Informationsrechte des Landrats hinsichtlich der in dem Kreisgebiet tätigen staatlichen Sonderbehörden, wenn das Landratsamt als kommunale Einheitsbehörde ausgestaltet ist.

Fünftes Kapitel:

Betrachtungen über die Motive der Einführung einer kommunalen Einheitsbehörde Landratsamt gem. § 1 Abs. 4 SächsLKrO

1.) Ausgangslage

Nach der Rechtslage des bereits dargestellten[307] *Gesetzes über die Selbstverwaltung der Gemeinden und Landkreise* in der DDR (Kommunalverfassung)[308] waren die Landratsämter in Sachsen nicht nur Behörden der Landkreise als Gebietskörperschaften, sondern zugleich untere staatliche Verwaltungsbehörden.[309] Die Janusköpfigkeit des Landratsamtes mit dem Landrat als Leiter einer doppelfunktionalen Behörde war in ihrer Rechtsnatur in Literatur und Rechtsprechung unstrittig.[310] Andererseits blieb die Zweiteilung des Landratsamtes in eine Selbstverwaltungsbehörde und eine untere staatliche Verwaltungsbehörde im Verwaltungsvollzug - von der Passivlegitimation im Verwaltungsprozess abgesehen[311] - ohne größere praktische Auswirkungen.

Dies mag zunächst daran liegen, dass sich die Landesverwaltung seit 1990 im Neuaufbau befand. Diese Neuorganisation erforderte den Aufbau von Landesober-, mittel- und - unterbehörden und die zeitnahe Gewährleistung ihrer personellen und sachlichen Ausstattung. Eine Auseinandersetzung mit den Strukturen der kommunalen Ebene war daher wegen des primären Erfordernisses staatlicher Eigenorganisation nicht möglich. Der Umstand, dass auch nach Abschluss einer ersten Konsolidierungsphase das Organisationsmodell des Landratsamtes als untere staatliche Verwaltungsbehörde im Verwaltungsvollzug nicht wahrgenommen und diskutiert, aber im Sinne einer nachgeordneten Staatsverwaltung auch nicht stärker in die Belange der Landesverwaltung einbezogen wurde, ist mit den besonderen Gegebenheiten der unmittelbaren Nachwendezeit zu erklären. Die Bewältigung der Umbruchsituation mit ihren täglich sich neu ergebenden Herausforderungen erforderte von allen Beteiligten die Fähigkeit informeller Kommunikation und gemeinsamer Entscheidungen. Die formal bereits vorhandenen Hierarchien innerhalb

---

307 vgl. hierzu Kapitel III 2 f.).

308 KomVerfDDR, GBl DDR I 1990, S.255.

309 vgl. §§ 64 Abs. 1 , 71 Abs. 3 ; 94 Abs. 1, 4, 5, 6 KomVerfDDR.

310 Das SächsOVG kennzeichnet in SächsVBl 1993, 161 das Landratsamt als Doppelbehörde.

311 Auch diese prozessualen Kriterien sind aus Sicht der Landkreisebene zum Zeitpunkt der Erarbeitung der SächsLKrO noch nicht von größerer Bedeutung gewesen.

des Verwaltungsaufbaus traten dabei hinter der allseits anerkannten Notwendigkeit pragmatischer und schneller Lösungen zurück.[312]

Dies bedeutete für die Kreisebene, dass der Staat primär an ihrer Funktionsfähigkeit als Vollzugsebene interessiert war. Fragen der kommunalrechtlichen Ausgestaltung und damit auch solche der Janusköpfigkeit des Landratsamtes traten hinter den Erfordernissen eines wirtschaftlichen, politischen und gesellschaftlichen Umbaus im Beitrittsgebiet in den Hintergrund. Hiermit ist auch erklärbar, dass sich die untere staatliche Verwaltungsbehörde im Verwaltungsgefüge nicht mit den verwaltungspolitischen Konsequenzen einer nachgeordneten staatlichen Verwaltungseinheit darstellte, sondern vielmehr als Teil einer einheitlichen Vollzugsebene Kreis begriffen wurde.

Allerdings war in der Realität der Verwaltung auch nichts vorhanden, was das Attribut "staatliche" Verwaltungsbehörde sachlich gerechtfertigt hätte. Weder hatte die Landesverwaltung Mitwirkungsrechte bei der Wahl des Landrats[313] bzw. seines Stellvertreters, noch waren bei der unteren staatlichen Verwaltungsbehörde Staatsbedienstete mit der Wahrnehmung des staatlichen Aufgabenvollzuges betraut.[314] Soweit *Belz* in diesem Zusammenhang die partielle Qualifizierung des Landratsamtes als Staatsbehörde als reine Fiktion kennzeichnet[315] ist diesem Ergebnis aus den vorgenannten Gründen zuzustimmen. Auch in der Gremienarbeit des Sächsischen Landkreistages ist die Doppelstruktur des Landratsamtes zu keiner Zeit thematisiert worden. Zwar wurde in Diskussionen gelegentlich die Einführung der Staatsjuristen nach bayerischem Vorbild abgelehnt. Die Vertreter dieser Ansicht verbanden hiermit jedoch lediglich den Wunsch, den staatlichen Einfluss in den Kreisverwaltungen zu begrenzen und damit auch die personelle Präsenz der Landesverwaltung im Landratsamt zu vermeiden. Eine differenzierte Auseinandersetzung mit den Vor- und Nachteilen einer doppelfunktionalen Behörde

---

312 Für das Verhältnis des Staates zur kommunalen Ebene bedeutete dies zwar nicht, dass beispielsweise auf das Steuerungs- und Kontrollinstrument der Kommunalaufsicht durch die mittleren und oberen Landesbehörden verzichtet wurde. Aufsichtliches Wirken orientierte sich jedoch in Intensität und Umfang am Notwendigen und reduzierte sich im Rahmen der in der Anfangszeit vorhandenen Möglichkeiten auf die klassischen Funktionen der Satzungskontrolle und der überörtlichen Rechnungsprüfung, wobei insbesondere letztere zunächst nur stichprobenartig durchgeführt wurde.

313 § 91 Abs. 2 KomVerfDDR.

314 Die Personalgestellungspflicht des § 94 Abs. 5 S. 1 KomVerfDDR ist in Sachsen nicht vollzogen worden.

315 Belz, SächsVBl 1993, 226f.

hat demgegenüber erst im Rahmen der Anhörung zum Entwurf eines *Gesetzes zur Stärkung der Rechts- und Fachaufsicht*[316] stattgefunden.

Einen Gremienbeschluss zu Inhalt und Ausgestaltung der unteren staatlichen Verwaltungsbehörde hat es folglich in dieser Zeit nicht gegeben, eine Befassung der verbandsinternen Gremien ist ebenfalls nicht erfolgt.

In der ersten Legislaturperiode waren somit weder von den Staatsministerien noch dem Sächsischen Landkreistag mit der unteren staatlichen Verwaltungsbehörde verbundene Thematiken zu erörtern bzw. streitig zu diskutieren. Der damit aus Kreissicht verbundene Tatbestand der allseitigen "Nichtwahrnehmung" der doppelfunktionalen Organisationsstruktur des Landratsamtes hat bei der Erarbeitung der SächsLKrO allerdings dazu geführt, dass hiermit verbundene Grundsatzfragen hinsichtlich der künftigen Struktur des Landratsamtes zunächst auch verbandspolitisch nicht thematisiert wurden.

Um so interessanter, aber auch bedeutsamer, ist jedoch die Frage, unter welchen Umständen, aber auch mit welcher Motivation das Modell der kommunalen Einheitsbehörde Landratsamt entstanden ist, zumal weder in der Landes- noch in der Kreisverwaltung größere Vollzugsschwierigkeiten mit der Konstruktion einer unteren staatlichen Verwaltungsbehörde bestanden haben.

2.) Die Modellentwicklung in der ministeriellen, kommunalverbandspolitischen und parlamentarischen Arbeit

Die im Rahmen einer solchen Arbeit erforderliche wissenschaftliche Recherche gestaltet sich bei den folgenden Darstellungen schwierig. Denn anders als z.B. in Niedersachsen hat eine öffentlich geführte Diskussion zu diesem Thema seinerzeit nicht stattgefunden. Auch gibt es in den Materialien von Staatsregierung und Landtag zu dieser Frage nur wenige Hinweise. Die folgenden Ausführungen nehmen daher vorrangig Bezug auf die Ergebnisse von Gesprächen mit ehemaligen Mitgliedern der gemischten Arbeitsgruppe "Kommunale Selbstverwaltung", den ministeriellen Entwurfsverfassern der SächsLKrO, den Landtagsabgeordneten der 1. Legislatur sowie einzelnen Landräten.

316 Gesetzentwurf des Innenministeriums vom Januar 1997, zu den einzelnen Regelungen vgl unten VII, 2 c.) cc.) (1).

a.) Der Entwurf der gemischten Arbeitsgruppe "Kommunale Selbstverwaltung" Baden-Württemberg - Sachsen

Zielsetzung der Staatsregierung war es, bereits in der 1. Legislaturperiode 1990-1994 das aufgrund des Einigungsvertrages fortgeltende *Gesetz über die Selbstverwaltung der Gemeinden und Landkreise* in der DDR (Kommunalverfassung) durch eine eigene Gemeindeordnung und Landkreis-ordnung zu ersetzen. Eine wesentliche Vorarbeit für die Kommunalgesetzgebung in der ersten Legislaturperiode leisteten insoweit die von der gemischten Arbeitsgruppe "Kommunale Selbstverwaltung" Baden-Württemberg - Sachsen[317] erarbeiteten Entwürfe für eine Gemeindeordnung und eine Landkreisordnung für Sachsen,[318] die sich an den Wertungsmodellen der süddeutschen Ratsverfassung orientierten. Die erarbeiteten Ergebnisse wurden bereits am 22.10.1990 dem Beauftragten des Landessprechers[319] übergeben und vom Vorsitzenden der Arbeitsgruppe *Boden* im gleichen Jahr veröffentlicht.[320]

Das von der Arbeitsgruppe entworfene Modell einer Landkreisordnung ging davon aus, dass den Landkreisen im übertragenen Wirkungskreis staatliche Aufgaben durch Gesetz zugeordnet werden können und die zuständigen Behörden beim

---

317 In der Fachgruppe 11 "Verfassungs- und Verwaltungsreform" der Gemischten Kommission Baden-Württemberg/Sachsen hatte sich die Arbeitsgruppe kommunale Selbstverwaltung gebildet. In ihr waren von sächsischer Seite vertreten Dr. Thorelf Aehlig, Bezirksverwaltungsbehörde Dresden, Ressort Finanzen; Roland Becker MdB, CDU Leipzig; Ernst Benedict, SPD Leipzig; Dr. Lutz Boden (Vorsitzender), Juristenfakultät der Karl-Marx Universität Leipzig; Prof. Jürgen Bönninger, Bündnis 90 Dresden; Detlef Dix, Sächsischer Städte- und Gemeindetag; Dr. Ralf Donner MdL, Bündnis 90, Dresden; Dr. Dieter Fuchs, Wirtschaftswissenschaftliche Fakultät der Karl-Marx Universität Leipzig; Andreas Graf, PDS, Dresden; Klaus Hennicke, Bezirksverwaltungsbehörde Dresden, Ressort Finanzen; Lothar Homeier, Bezirksverwaltungsbehörde Leipzig; Lothar Mende, CDU, Bürgermeister von Dorfhain; Dr. Wolfgang Schneider, Juristenfakultät der Karl-Marx Universität Leipzig; Werner Schnuppe, Bezirksverwaltungsbehörde Dresden; Brigitte Stein, Bezirksverwaltungsbehörde Dresden, Ressort Finanzen.
Von baden-württembergischer Seite wirkten Vertreter des Innen- und Finanzministeriums mit davon u.a. Dr. Ernst Füsslin (Innenministerium) als Vorsitzender und Dr. Reiner Belz (Innenministerium), von kommunaler Seite waren zahlreiche Vertreter der kommunalen Landesverbände Landkreistag, Städtetag und Gemeindetag, der Städte Heidelberg, Karlsruhe, Überlingen und des Rhein-Neckar-Kreises sowie der Gemeindeprüfungsanstalt vertreten.

318 Die Arbeitsgruppe erarbeitete ebenfalls Entwürfe für ein Gesetz über die kommunale Zusammenarbeit, ein Gesetz über den kommunalen Finanzausgleich, ein Kommunalabgabengesetz und ein Gesetz über die kommunalen Eigenbetriebe.

319 Die Abgeordneten des Landtags waren zwar schon gewählt, der Landtag jedoch noch nicht zusammengetreten und die Regierung noch nicht gebildet.

320 vgl. hierzu Boden, Anmerkungen aus gemeindeverfassungsrechtlicher Sicht.

Aufgabenvollzug ein durch Gesetz zu bestimmendes Weisungsrecht haben.[321] Der Landrat hatte nach diesem Entwurf - soweit gesetzlich nichts anderes bestimmt war - die Aufgaben des übertragenen Wirkungskreises in eigener Zuständigkeit zu erledigen. Für den Erlass von Rechtsverordnungen war der Kreistag zuständig, soweit andere Gesetze nicht ausnahmsweise eine besondere Zuständigkeit vorsahen[322].

Während in früheren Überlegungen das Landratsamt noch als Selbstverwaltungsbehörde und untere staatliche Verwaltungsbehörde ausgestaltet und ein - aus dieser staatlichen Repräsentanz auf Kreisebene legitimiertes - Recht der Landesregierung formuliert worden war, den Stellvertreter des Landrats zu bestimmen, sind die Bestimmungen über eine eigene staatliche Verwaltung im weiteren Beratungsverlauf gestrichen worden.[323] Allerdings wurde das Landratsamt auch in den Folgeentwürfen weiterhin als untere Verwaltungsbehörde mit der Rechtsaufsicht über die kreisangehörigen Gemeinden betraut.[324] Ob die Tätigkeit als untere Verwaltungsbehörde für weitere Bereiche außerhalb der Kommunalaufsicht[325] denkbar bzw. durch den Landesgesetzgeber zu regeln war, wurde nicht diskutiert. Nach den Materialien offen ist auch, ob wie im baden-württembergischen Vorbild die untere Verwaltungsbehörde in Wirklichkeit eine untere staatliche Verwaltungsbehörde sein sollte. Hierbei ist jedoch zu beachten, dass weitergehende Zuständigkeiten für diese untere Verwaltungsbehörde im Entwurf nicht vorgesehen waren und auch jeder sonstige Hinweis auf eine eigene staatliche Abteilung im Landratsamt fehlte. Es handelte sich somit offenbar lediglich um eine Funktionsbezeichnung im Rahmen einer kommunal strukturierten Einheitsbehörde, die an der Struktur einer vollinhaltlich kommunalisierten Behörde Landratsamt nichts ändern sollte. Es ist daher zu vermuten, dass das Landratsamt beim staatlichen Aufgabenvollzug grundsätzlich im übertragenen Wirkungskreis und in besonders geregelten Fällen zusätzlich als untere Verwaltungsbehörde tätig werden sollte.

Ebenfalls nur schwer nachvollziehbar ist, aus welchen Gründen sich die Arbeitsgruppe überhaupt für ein Modell "kommunale Einheitsbehörde" entschieden hat. Bei der hierfür erforderlichen Analyse besteht die Schwierigkeit, dass Ergebnisse wegen nicht gefertigter Protokolle bzw. schriftlicher Nachweise lediglich auf Gespräche mit den seinerzeitigen Akteuren gestützt werden können.

---

321 vgl. § 3 des von der Arbeitsgruppe erarbeiteten Entwurfs einer Landkreisordnung.

322 vgl. § 49 Abs. 3 des Entwurfs der Landkreisordnung.

323 Schnuppe, Anmerkungen zum Entwurf einer SächsGemO, 22 f.

324 vgl. § 123 des von der Arbeitsgruppe erarbeiteten Entwurfs einer Gemeindeordnung.

325 vgl. die Regelung des § 123 a.a.O.

Beleuchtet man die sächsisch-staatliche Seite der Arbeitsgruppe kann dabei eine deutliche Dominanz von ehemaligen Bediensteten der Bezirksverwaltungsbehörde Dresden, Ressort Finanzen, festgestellt werden.[326] Dieser Gruppe, zu der u.a. auch der spätere stv. Leiter des Referats Kommunalfinanzen im Finanzministerium, *Aehlig*, gehörte, war der aus DDR Zeiten resultierende erhebliche Personalüberhang in der Landesverwaltung aus früherer Tätigkeit sicherlich bekannt. Die bereits unmittelbar nach der Wiedervereinigung allseits proklamierte Notwendigkeit eines Personalabbaus im Öffentlichen Dienst, hätte sich aber gerade unter diesem Vorzeichen kontraproduktiv zu einem Anliegen ausgewirkt, den staatlichen Personalkörper auf eine untere staatliche Verwaltungsbehörde beim Kreis auszudehnen. Die Repräsentanz des Staates auf Kreisebene wurde daher als unnötiger - weil verzichtbarer - Verwaltungsmehraufwand eingeschätzt.

Betrachtet man die Vertreter der Kommunen in dieser Arbeitsgruppe, findet sich dagegen ein grundlegend anderer Erklärungsansatz. Das Kommissionsmitglied *Schnuppe* hat darauf hingewiesen, dass ein maßgebliches Ziel der Novemberrevolution 1989 gewesen sei, den bis in die kleinste Gliederung hineinwirkende Parteistaat der DDR ersatzlos zu beseitigen. Nach Ansicht vieler AG-Mitglieder sollte diese Form der Entstaatlichung auch Niederschlag in den Kommunalordnungen finden. Unter diesem Gesichtspunkt erschien eine Regelung, mit der eine staatliche Repräsentanz auf Kreisebene wiederhergestellt werden sollte, vielen ostdeutschen Kommissionmitgliedern als zumindest suspekt. Belegbar ist dies beispielsweise mit der Haltung des damaligen Geschäftsführers des Sächsischen Städte- und Gemeindetages *Dix*. Denn sein vorrangiges Anliegen in der Arbeitsgruppe bestand darin, mit den Kommunalordnungen die überkommenen Mechanismen des Zentralstaates außer Kraft zu setzen und insbesondere die über 40 Jahre währende staatliche Repräsentanz auf der kommunalen Ebene und ihre Beeinflussung zurückzudrängen.[327] Ein weiterer Blick auf die kommunale Bank zeigt dem Betrachter auf der baden-württembergischen Seite nur zwei Vertreter der Kreisebene, die das doppelfunktionale Modell hätten propagieren könne, dagegen jedoch eine deutliche Dominanz von Vertretern der kreisfreien Städte und Großen Kreisstädte, denen das Modell einer kommunale Einheitsbehörde als ihr eigenes Strukturmodell ohnehin vertraut war.

---

[326] In dieser waren drei Mitarbeiter der Bezirksverwaltungsbehörde Ressort Finanzen vertreten, die sich nach Bildung der Landesministerien z.T. an maßgeblicher Stelle wiederfinden.

[327] persönliche Gesprächsaufzeichnungen (Privatbesitz, unveröffentlicht).

b.) Die frühe Festlegung des Sächsischen Landkreistages auf das Modell der kommunalen Einheitsbehörde

Nachdem den kommunalen Landesverbänden bereits am 22.10.1990 in Leipzig die vorgenannten Gesetzesmaterialien der Arbeitsgruppe "Kommunale Selbstverwaltung" Baden-Württemberg - Sachsen und damit auch der Entwurf einer Landkreisordnung vorgestellt wurde, befasste sich der im Sächsischen Landkreistag gebildete Ausschuss für kommunale Angelegenheiten und Landesverfassung im Zeitraum vom November 1990 bis Mai 1991 intensiv mit dem Entwurf der Landkreisordnung. Die in den Verbandsgremien erarbeitete und beschlossene Stellungnahme wurde im Juni 1991 dem Innenministerium und den Mitgliedern des Sächsischen Landtages übermittelt. In dieser Einschätzung wurde in der Einleitung herausgestellt, dass "die vorgesehene Ausgestaltung des Landkreises zu einer starken kommunalen Einheitsbehörde zu begrüßen ist und dadurch dem Grundsatz der Einheit der Verwaltung auf der Kreisebene am besten Rechnung getragen werden könne."[328] Eine nähere Begründung findet sich in der Stellungnahme jedoch nicht, kann aber der Ausschussvorlage des seinerzeitigen Beraters und späteren Geschäftsführer des Sächsischen Landkreistages, *Sommerschuh*, entnommen werden. Dieser wies in seinen Ausführungen darauf hin, dass mit dieser Struktur die Behörde des Landkreises als kommunale Einheitsbehörde ausgestaltet und damit sowohl für die Wahrnehmung der kommunalen Aufgaben als auch für die Erledigung der staatlichen Aufgaben des übertragenen Wirkungskreises zuständig sei. Die im Entwurf enthaltene Konzeption verstärke den Charakter des Landkreises als Kommune und müsse sowohl im Landesverwaltungsgesetz als auch bei den Regelungen über die Personalausstattung sowie bei der Tragung der Kosten der Kreisverwaltung berücksichtigt werden.[329]

Angesichts der weiterführenden Beratungsmaterialien ist davon auszugehen, dass die vorbezeichnete Einschätzung, eine kommunale Einheitsbehörde stärke die kommunale Selbstverwaltung auf Kreisebene, vom Ausschuss geteilt und damit in die vorerwähnte Stellungnahme an den Landtag und das Innenministerium übernommen wurde.

---

[328] Bemängelt wurde hierbei jedoch, dass ein Zusatz dahingehend fehle, dass das Land bei der Übertragung der Aufgaben auch die zu ihrer Erledigung notwendigen Mittel zur Verfügung stellen muss.

[329] Ausschussunterlagen des Sächsischen Landkreistages (unveröffentlicht).

c.) Die Entwürfe der Landtagsfraktionen Linke Liste/PDS und Bündnis 90/Die Grünen

Da das Anliegen der Schaffung eigener Kommunalordnungen von den meisten Landtagsfraktionen geteilt wurde, führte dies dazu, dass schon sehr frühzeitig von der Landtagsfraktion Linke Liste / PDS ein Entwurf zu einem *Gesetz über die Landkreisordnung für den Freistaat Sachsen* in den Landtag eingebracht wurde[330]. Der Entwurf ging von einem eigenen und übertragenen Wirkungskreis des Landkreises aus. Im übertragenen Wirkungskreis konnten dem Landkreis durch Gesetz staatliche Aufgaben übertragen werden, die zuständigen staatlichen Behörden besaßen beim staatlichen Aufgabenvollzug ein in seinem Umfang durch Gesetz näher zu definierendes Weisungsrecht. Eine untere staatliche Verwaltungsbehörde oder untere Verwaltungsbehörde des Landkreises war dagegen nicht vorgesehen, auch fehlte es an einer Bestimmung, in der das Kreisgebiet zum staatlichen Verwaltungsbezirk erklärt wurde.

Die Landtagsfraktion Bündnis 90 / Die Grünen erarbeitete Anfang 1992 *einen Gesetzentwurf für eine Sächsische Landkreisordnung* und brachte diesen in den Landtag ein,[331] ohne dass dieser in der Folge von den Landtagsgremien bzw. der kommunalen Ebene vertieft diskutiert wurde. Der Gesetzentwurf basierte im wesentlichen auf den oben erwähnten *Anmerkungen aus gemeindeverfassungsrechtlicher Sicht - zum Entwurf einer Gemeindeordnung für Sachsen* und übertrug das dortige Wertungsmodell für eine Gemeindeordnung auf die Kreisebene.[332] Eine Besonderheit des Entwurfs bestand jedoch in der Ablösung des Wertungsmodells der süddeutschen Ratsverfassung durch das der Magistratsverfassung. Der eingebrachte Entwurf sah daher eine kollegiale Kreisleitung anstatt einer einheitlichen Behördenspitze vor.[333] Der Kreisausschuss

---

330 Die Landtagsdrucksache 1/804 wurde vom Sächsischen Landtag in seiner 28. Sitzung am 20.9.1991 dem Innenausschuss als federführenden Ausschuss sowie dem Rechts- und Verfassungsausschuss zur weiteren Bearbeitung überwiesen.

331 vgl. Landtagsdrucksache 1/1444 vom 27.1.1992 - auch diese wurde auf der 43. Sitzung des Sächs. Landtages am 10.4.1992 dem Innenausschuss als federführenden Ausschuss sowie dem Rechts- und Verfassungsausschuss zur weiteren Bearbeitung überwiesen.

332 so auch die amtliche Begründung zum o.a. Gesetzentwurf.

333 vgl. hierzu die Begründung im Entwurf von Bündnis 90/Die Grünen zu einer Sächs. Gemeindeordnung Landtagsdrucksache Nr. 1/1447. Die bisher vorgeschlagene baden-württembergische Struktur wird hierin für ungeeignet gehalten, weil sie zum einen mit einem extrem starken Bürgermeister/Landrat zu autoritär ist und den Rat zum Zustimmungsorgan degradierte, zum anderen die auf eine Person zugeschnittene Spitze als mit modernen Erkenntnissen über kollegiales und effektives Management als nicht vereinbar angesehen wird. Hinzuweisen ist darauf, dass auch der Entwurf von Bündnis 90/Die Grünen zu einer Sächs.

bildete die Verwaltungsbehörde des Kreises. Der Kreisausschuss bestand aus dem Landrat als Vorsitzendem, den Kreisbeigeordneten und vom Kreistag gewählten - in der Regel ehrenamtlichen - Mitgliedern.[334] Das Gremium nahm nach diesem Entwurf die Aufgaben des übertragenen Wirkungskreises in eigener Zuständigkeit wahr. Allerdings wurde gleichermaßen bestimmt, dass dem Landrat die Durchführung der Aufgaben oblag, die dem Landkreis zur Erfüllung nach Weisung übertragen wurden.[335] Der Landrat war nach dieser Regelung der Aufsichtsbehörde für die Durchführung des staatlichen Aufgabenvollzuges verantwortlich und hatte in diesem Zusammenhang auch ein Weisungsrecht gegenüber den Beigeordneten.[336] Der Landrat war jedoch auch nach diesem Entwurf weder untere staatliche Verwaltungsbehörde noch untere Verwaltungsbehörde des Landkreises, zudem fehlte es an der Definition des Kreisgebietes als staatlicher Verwaltungsbezirk.

d.) Der Referentenentwurf des Innenministeriums

Im Oktober 1992 wurde dem Sächsischen Landkreistag durch das Innenministerium ein Vorabentwurf einer Landkreisordnung für den Freistaat Sachsen zur Kenntnis gegeben. Dabei handelte es sich um einen Referentenentwurf, der zur weiteren Behandlung im Kabinett vorgesehen war. In dem Vorblatt dieser Kabinettsvorlage wurde die Zielsetzung der Landkreisordnung u.a. mit einer Sicherung und Stärkung der Selbstverwaltung der Landkreise durch Schaffung einer umfassenden Rechtsgrundlage für die Erfüllung seiner öffentlichen Aufgaben und einer Stärkung der Stellung des Landrats definiert. Als wesentlicher Inhalt des Entwurfs wurde in einem weiteren Abschnitt u.a. die Umwandlung der Landratsämter in rein kommunale Behörden aufgeführt.[337] Die insoweit vorgesehene rein kommunale Struktur des Landratsamtes fand sich in § 1 Abs. 4 des Entwurfs wieder, der davon ausging, dass das Landratsamt Behörde des Landkreises sei. Folglich bestimmte der Entwurf an anderer Stelle, dass den Landkreisen staatliche Aufgaben als Pflichtaufgaben nach Weisung übertragen werden konnten. Eine

---

Gemeindeordnung in § 123 den Landkreis als untere Verwaltungsbehörde mit der Ausübung der Kommunalaufsicht beauftragt und hierzu keine weitergehenden Erläuterungen gibt.

334 § 35 des Entwurfs einer Sächsischen Landkreisordnung von Bündnis 90/Die Grünen i.V.m. § 52 Entwurf zu einer Sächsischen Gemeindeordnung von Bündnis 90/Die Grünen Landtagsdrucksache Nr. 1/1447.

335 vgl. § 36 Abs. 1 des Entwurfs für eine Sächsische Landkreisordnung von Bündnis 90/Die Grünen i.V.m. § 53 Abs. 4 Entwurf zu einer Sächs. Gemeindeordnung von Bündnis 90/Die Grünen Landtagsdrucksache Nr. 1/1447.

336 § 36 Abs. 1 i.V.m. § 53 Abs. 4 des vorgenannten Entwurfs.

337 vgl. Ziffer B Nr. 10 im Vorblatt des amtlichen Entwurfs des Innenministeriums für eine SächsLKrO.

Erfüllungszuständigkeit des Landratsamtes als untere staatliche Verwaltungsbehörde war demgegenüber nicht mehr vorgesehen.[338] Die Wahrnehmungszuständigkeit für den staatlichen Aufgabenvollzug lag - soweit gesetzlich nichts anderes bestimmt war - beim Landrat.[339] Damit war an dieser Stelle der von der gemischten Arbeitsgruppe "Kommunale Selbstverwaltung" Baden-Württemberg - Sachsen erarbeitete Entwurf mit der Maßgabe übernommen worden, dass die Unterscheidung zwischen eigenem und übertragenem Wirkungskreis zugunsten einer Unterteilung in freiwillige Aufgaben, weisungsfreie Pflichtaufgaben und Pflichtaufgaben nach Weisung (also einem monistischen Aufgabenmodell) aufgegeben wurde. Obwohl in der Begründung ausdrücklich auf den Entwurf der Arbeitsgruppe Bezug genommen und dieser als Grundlage für den Referentenentwurf bezeichnet wurde,[340] findet sich eine besondere Begründung für dieses abweichende Aufgabenmodell jedoch ebenso wenig, wie für die gewählte Struktur des Landratsamtes als kommunale Einheitsbehörde.

e.) Die Stellungnahme des Sächsischen Landkreistages

Im März 1993 erfolgte die offizielle Anhörung u.a. der kommunalem Landesverbände zum zwischenzeitlich vom Kabinett beschlossenen Entwurf der SächsLkrO, der die vorgenannten Regelungen im Bereich des staatlichen Aufgabenvollzuges und zur kommunalen Einheitsbehörde unverändert übernommen hatte. Hinsichtlich der geplanten Struktur der kommunalen Einheitsbehörde Landratsamt wurde im Anschreiben des Anhörungsbogens darauf hingewiesen, dass die Landratsämter mit dem Gesetzentwurf in rein kommunale Behörden umgewandelt und der Landrat im Gegensatz zur momentanen Rechtslage nicht mehr gleichzeitig die Aufgaben der unteren staatlichen Verwaltungsbehörde wahrnehme. Staatliche Aufgaben würden den Landkreisen vielmehr nun als Pflichtaufgaben nach Weisung übertragen.[341]

Parallel dazu richtete der damalige Innenminister ein Schreiben an den Präsidenten des Sächsischen Landkreistages, mit dem er darauf hinwies, dass die Landratsämter nach der Wertung des Gesetzesvorhabens künftig ausschließlich kommunal strukturiert und damit als eine kommunale Einheitsbehörde ausgestaltet würden.

[338] vgl. § 2 Abs. 3 des vorbezeichneten Entwurfs einer SächsLKrO einschl. der amtlichen Begründung.

[339] vgl. § 49 Abs. 3 des vorbezeichneten Entwurfs einer SächsLKrO.

[340] Begründung des amtlichen Entwurfs des Innenministeriums für eine SächsLKrO, Vorblatt Ziffer A, Unterabschnitt Allgemeines (unveröffentlicht).

[341] vgl. Anhörungsschreiben des Innenministeriums für den Entwurf einer SächsLKrO vom 8.3.1993.

Eine nähere Begründung für diese Intention war in dem Schreiben jedoch ebenso wenig wie eine Erklärung für die Aufgabe der bisherigen doppelfunktionalen Struktur enthalten.[342]

Das Gesetzesvorhaben wurde in Folge in den Gremien des Sächsischen Landkreistages unter verschiedenen Gesichtspunkten diskutiert, die Struktur des Landratsamtes als kommunale Einheitsbehörde jedoch nicht mehr näher erörtert. Auch die, eine kommunale Einheitsbehörde befürwortende, Stellungnahme des Verbandes vom Juni 1991 war nicht mehr Gegenstand der Beratungen. Das Fehlen einer vertieften Diskussion zur kommunalen Einheitsbehörde mag zum einen daran liegen, dass aus Sicht der Kreisebene vorrangigere Problemstellungen in dem Entwurf der SächsLKrO zu lösen waren,[343] zum anderen die kommunale Einheitsbehörde - wie schon 1991 - als eine Gelegenheit der Verminderung staatlichen Einflusses im Landratsamt verstanden und damit als eine die kommunale Selbstverwaltung stützende Struktur a priori unterstützt wurde. Allerdings fehlt ein wie auch immer gearteter Hinweis auf mögliche Diskussionen zur Sache und eine daraus schlussfolgernde Verbandsmeinung. Durchaus konsequent enthielt die Stellungnahme des Sächsischen Landkreistages[344] denn auch keinerlei Ausführungen zur kommunalen Einheitsbehörde.

Ein wesentlicher Grund für die Nichtbeachtung mag darin liegen, dass wegen der fehlenden Ausführungen in der Gesetzesbegründung zur Strukturumwandlung des Landratsamtes auch keine Diskussion zu dieser Novellierung stattgefunden hat. Das gleiche gilt im übrigen für den Entwurf der SächsGemO,[345] der in § 123 SächsGemO mit der Zuweisung der Aufsichtsbefugnis an den Landkreis als untere Verwaltungsbehörde die Struktur der kommunalen Einheitsbehörde eigentlich bereits

---

342 Vielleicht auch deshalb wurde das Schreiben in der Geschäftsstelle des Sächsischen Landkreistages mit Überraschung zur Kenntnis genommen, da von Seiten des Verbandes eine solche Forderung jedenfalls offiziell nicht erhoben worden und diese Veränderung auch nicht Gegenstand von Vorgesprächen zum Entwurf der SächsLKrO gewesen war.

343 Problematisiert wurde insbesondere die Institution der Beigeordneten, die man durch das Präsidium des Verbandes mehrheitlich abgelehnt hatte und die durch ehrenamtliche Stellvertreter ersetzt werden sollten sowie die geplante Stellenausschreibungspflicht für das Amt des Landrats, die man durch ein Nominierungsverfahren ersetzen wollte.

344 Die vom Verfasser dieser Arbeit am 22.3.1993 unter AZ: II-010-93 erstellte Stellungnahme zur SächsLKrO beinhaltete im wesentlichen die Ablehnung der Stellenausschreibungspflicht für Landräte und statt dessen die Einführung des Nominierungsverfahrens, des weiteren die Streichung zumindest aber Erschwerung der Möglichkeit der Abwahl des Landrats sowie die Forderung einer Beschränkung des fachaufsichtlichen Eingriffsrechts analog Art. 109 Abs. 2 der Bayerischen Gemeindeordnung.

345 Gesetzentwurf der CDU-Fraktion, Landtagsdrucksache 1/1634.

präjudizierte, ebenfalls aber an dieser Stelle überhaupt nicht streitig oder vertieft diskutiert wurde.

f.) Die Beratungen im Sächsischen Landtag

Der Referentenentwurf wurde im Ergebnis der Verbandsanhörungen nochmals überarbeitet, blieb jedoch hinsichtlich der Regelungen des staatlichen Aufgabenvollzuges und der Struktur des Landratsamtes als kommunale Einheitsbehörde unverändert und wurde nach einer nochmaligen Beschlußfassung durch das Kabinett als Gesetzentwurf der Staatsregierung am 15.4.1993 dem Landtag zugeleitet. Dort wurde das Gesetzesvorhaben[346] nach erster Lesung im April 1993 dem Verfassungs- und Europaausschuss zur Mitberatung sowie dem Innenausschuss als federführenden Ausschuss zur weiteren Bearbeitung überwiesen. Die vorgenannten Landkreisordnungsentwürfe der Fraktion Linke Liste / PDS[347] und BÜNDNIS 90 / DIE GRÜNEN[348] wurden in den Ausschussberatungen mit dem Entwurf der Staatsregierung verbunden. Der Verfassungs- und Europaausschuss beriet die Gesetzgebungsvorhaben am 26.5.1993,[349] machte den Entwurf der Staatsregierung zum Gegenstand seiner Beratungen, verabschiedete einige Hinweise[350], diskutierte aber die Struktur des Landratsamtes als kommunale Einheitsbehörde nicht und empfahl dem Innenausschuss den Entwurf der Staatsregierung mit den von ihm vorgeschlagenen Änderungen zur Annahme. Der Innenausschuss beriet die vorgenannten Entwürfe am 28.5.1993,[351] erörterte im Beratungsverfahren zu § 1 SächsLKrO die kommunale Einheitsbehörde Landratsamt jedoch ebenfalls nicht. Allerdings wurde auf Antrag der Fraktion BÜNDNIS 90 / DIE GRÜNEN erörtert, warum die Verweisung des § 73 Abs. 2 SächsLkrO auf § 49 Abs. 3 SächsLkrO vorgenommen worden sei. Die Staatsregierung erläuterte hierzu, dass diese Verweisung auf § 49 Abs. 3 SächsLKrO erforderlich sei, da es keine untere staatliche Verwaltungsbehörde beim Kreis mehr gebe, sondern nur noch eine kommunale Behörde. Die Aufgaben, die der Landrat nach der Kommunalverfassung bislang als untere staatliche Verwaltungsbehörde wahrgenommen habe, erledige er künftig als Pflichtaufgaben nach Weisung[352]. Keine Aussage wurde darüber

---

346 Landtagsdrucksache 1/3113.

347 Landtagsdrucksache 1/804.

348 Landtagsdrucksache 1/1444.

349 35. Sitzung des Verfassungs- und Europaausschusses - die Ergebnisse wurden dem Innenausschussvorsitzenden am 26.5.1993 mitgeteilt.

350 u.a. die Umbenennung des Vorhabens in SächsLKrO.

351 auf seiner 42. Sitzung unter Anwesenheit von Vertretern des Innenministeriums.

352 vgl. hierzu Ziffer III, S. 31 des Beratungsprotokolls des Innenausschusses (Anlage zu Landtagsdrucksache 1/3349).

getroffen, ob damit eine bloße Wahrnehmungskompetenz beschrieben oder eine - jedenfalls auf einzelne Aufgaben bezogene - institutionelle Integration des Landrats in die Landesverwaltung (z.B. Organleihe) gemeint war. Der Innenausschuss empfahl aufgrund der vorgenannten Beratungen den Entwurf der Staatsregierung für eine SächsLkrO mit dem von ihm vorgeschlagenen Änderungen anzunehmen,[353] die anderen im Beratungsverfahren behandelten Entwürfe einer Landkreisordnung abzulehnen und leitete dem Landtag eine entsprechende Beschlussempfehlung zu.[354]

Der Sächsische Landtag folgte am 19. Juli 1993 dieser Beschlussempfehlung ohne weitere Aussprache zur Struktur der kommunalen Einheitsbehörde und beschloss die SächsLKrO.[355]

3.) Zusammenfassende Betrachtung

Zusammenfassend ist festzustellen, dass die Entscheidung für eine Struktur des Landratsamtes als kommunale Einheitsbehörde bereits in der gemischten Arbeitsgruppe "Kommunale Selbstverwaltung" Baden-Württemberg - Sachsen getroffen wurde. Die vollinhaltlich kommunalisierte Struktur ist im weiteren Verlauf lediglich "nachrichtlich" und ohne größere Reflexion in den Referentenentwürfen der Staatsregierung und den erwähnten Gesetzesinitiativen der Landtagsfraktionen übernommen worden. Das Fehlen einer weitergehenden Erörterung beruht nach m.E. auf drei Gründen:

- Erstens hatte sich der damalige Innenminister bereits 1992 auf verschiedenen Veranstaltungen grundsätzlich zu der Absicht einer inhaltlichen Umsetzung der von der Arbeitsgruppe erarbeiteten Entwürfe bekannt. Dies führte ressortintern dazu, dass auch die kommunale Einheitsbehörde als verordnete Vorgabe galt und daher durch die Kommunalabteilung des Innenministeriums in den zu erarbeitenden Gesetzentwurf - nachrichtlich - formuliert wurde.

- Zweitens ist maßgeblich, dass sich der Sächsische Landkreistag als der zuständige Fachverband schon sehr frühzeitig zu diesem Organisationsmodell bekannt und es dann im weiteren auch im Gesetzgebungsverfahren nicht mehr streitig diskutiert hat.

---

353 Ziffer III, S. 3 des unter Fn. 352 zitierten Protokolls (Anlage zu Landtagsdrucksache 1/3349) - die Formulierung des § 1 SächsLkrO wurde einstimmig angenommen und empfohlen

354 Landtagsdrucksache 1/3349 vom 11.6.1993.

355 SächsGVBl 1993, S. 577.

- Letztlich und wohl in der Konsequenz entscheidend war jedoch der an verschiedener Stelle dargestellte Einfluss von Mitarbeitern des Finanzministeriums auf den Gesetzentwurf. Das Finanzministerium hatte bereits 1991 wiederholt auf die Notwendigkeit eines Stellenabbaus in der Landesverwaltung hingewiesen. Nachdem jedoch wegen der Ressorthoheit der Ministerien der Aufbau ressortmäßig nachgeordneter Landesämter und unterer staatlicher Sonderbehörden auf Kreisebene[356] nicht verhindert werden konnte, musste es geradezu ein Petitum des Finanzministeriums sein, auf der Kreisebene nicht noch einen eigenen staatlichen Personalkörper zu schaffen. Wollte man somit einen Einsatz von Landesbediensteten auf der Kreisebene verhindern, konnte dies nur mit der Auflösung der von der KomVerfDDR eingeführten Struktur des Landratsamtes als doppelfunktionale Behörde und der Schaffung eines Landratsamtes ohne staatliche Abteilung geschehen.

---

[356] So wurden beispielsweise die bereits in der Kreisverwaltung befindlichen Schulämter und Landwirtschaftsämter ausgegliedert und als staatliche Sonderbehörden auf Kreisebene ausgestaltet.

Sechstes Kapitel:

Verfassungsrechtliche Determinanten kommunaler Aufgabenstrukturen

Die Sächsische Verfassung kennt in ihren kommunalrechtlichen Bestimmungen keine staatlichen oder kommunalen Angelegenheiten, sondern verwendet in zwei Verfassungsbestimmungen den Begriff der "Aufgaben" und der "öffentlichen Aufgaben".[357] Art. 85 SächsVerf bestimmt in Abs. 1 S. 1 SächsVerf, dass den kommunalen Trägern der Selbstverwaltung durch Gesetz die Erledigung bestimmter „Aufgaben“ übertragen werden könne und gewährt dem Gesetzgeber in seinem dritten Absatz bei der Übertragung „öffentlicher Aufgaben“ an die Selbstverwaltungsträger einen Weisungsvorbehalt nach näherer gesetzlicher Vorschrift.

Dagegen bestimmt Art. 84 Abs. 1 SächsVerf als Grundsatz, dass die Gemeinden in ihrem Gebiet Träger der „öffentlichen Aufgaben“ seien, soweit nicht bestimmte „Aufgaben“ im öffentlichen Interesse durch Gesetz anderen Stellen übertragen sind und führt sodann aus, dass die Gemeindeverbände innerhalb ihrer Zuständigkeit die gleiche Stellung hätten.

Das Verhältnis des Begriffs "öffentlicher Aufgabe" zu "Aufgabe" sowie die Gründe ihrer unterschiedlichen Verwendung in beiden Verfassungsnormen sind - soweit ersichtlich - bisher nicht geklärt und sollen daher im Rahmen einer verfassungsrechtlichen Explikation der Vorschriften näher untersucht werden. In diesem Zusammenhang wird auch auf die tatbestandliche Reichweite des Art. 84 Abs. 1 SächsVerf und die Frage eingegangen, ob die Sächsische Verfassung ein monistisches oder dualistisches Aufgabenmodell vorgibt.

1.) Art. 84 Abs. 1 SächsVerf als allgemeines Subsidiaritätsprinzip

Zum Teil wird im Hinblick auf die Gemeinden vertreten, mit Art. 84 Abs. 1 SächsVerf sei eine Zuständigkeitsvermutung formuliert worden, die nicht nur die Selbstverwaltungsangelegenheiten sondern alle Aufgaben umfasse, soweit sie überhaupt für eine örtliche Erledigung geeignet seien.[358] Dies bedeute, dass die

---

[357] Wahl, SächsVBl 1996, 303 f.

[358] Kunze/Bronner/Katz, Gemeindeordnung Baden-Württemberg, § 2 I 2 ; Müller, Sächsische Verfassung, Anm. zu Art. 84 (S. 397).

verfassungsrechtliche Garantie der Aufgabenträgerschaft auch den staatlichen Aufgabenvollzug umfasse.[359] Zu dieser Auffassung ist anzumerken, dass als Schlussfolgerung die Vorschrift des Art. 85 Abs. 1 SächsVerf über die Zuordnung staatlicher Aufgaben weitgehend ohne Bedeutung wäre, weil es bereits eine verfassungsrechtlich vermutete Zuständigkeit für den staatlichen Aufgabenvollzug gäbe. Aus der Systematik der verfassungsrechlichen Bestimmungen ergibt sich jedoch, dass staatliche Aufgaben erst nach einem vom Land einzuleitenden Übertragungsakt im Sinne des Art. 85 Abs. 1 und Abs. 3 SächsVerf dem Katalog öffentlicher Aufgaben der Gemeinden im Sinne des Art. 84 Abs. 1 SächsVerf zugeordnet werden können.[360]

Eine umfassende Zuständigkeitsvermutung des Art. 84 Abs. 1 SächsVerf würde zudem einerseits über den in Art. 82 Abs. 2 SächsVerf normierten Gewährleistungsgehalt hinausgehen, nach dem den Gemeinden das Recht gewährleistet ist, ihre Angelegenheiten im Rahmen der Gesetze unter eigener Verantwortung zu regeln. Andererseits könnte eine derartige Auslegung aber über die in Art. 84 Abs. 1 SächsVerf ebenfalls vorgesehene und an geringe Voraussetzungen gebundene (öffentliches Interesse) Möglichkeit der Zuweisung von Aufgaben an staatliche Behörden zu einer Entwertung der verfassungsrechtlichen Garantie des Art. 85 Abs. 1 SächsVerf und dem dortigen Kommunalisierungsgebot führen.

Die Verfassungsvorschrift ist somit ebenso wie ihr baden-württembergisches - inhaltsgleiches - Vorbild zu weit geraten[361] und in ihrem Gehalt auf die eigenen Angelegenheiten der Gemeinde zu reduzieren. Dieser Befund wird durch eine Analyse der seinerzeitigen Verfassungsberatungen in Baden-Württemberg gestützt. Die dort im Ursprungsentwurf verwandte und an Art. 28 Abs. 2 GG angelehnte Formulierung,[362] nach der die Gemeinden in ihrem Gebiet Träger der öffentlichen örtlichen Verwaltung sind, ist erst im Rahmen der Verfassungsberatungen durch eine Formulierung ersetzt worden, nach der die Gemeinden in ihrem Gebiet als Träger

---

[359] Erichsen, Kommunalrecht Nordrhein-Westfalen, § 5 B.

[360] vgl. Kunzmann/Haas, Sächsische Verfassung, Art. 84 Rz. 1 - zudem würde bei dieser Auslegung Art. 84 Abs. 1 SächsVerf ein monistisches Aufgabenmodell zwingend und alternativlos vorschreiben, was unbeschadet der noch darzustellenden grundgesetzlichen Erwägungen und der Explikation des Art. 85 SächsVerf jedenfalls dazu führen würde, dass die seinerzeitige Kommunalverfassung DDR mit ihrem dualistischen Aufgabenmodell verfassungswidrig gewesen wäre.

[361] Gern, Kommunalrecht Baden-Württemberg, Rz. 50 ; Maurer/Hendler, Staats- und Verwaltungsrecht Baden-Württemberg, S. 190.

[362] Braun, Verfassung Baden-Württemberg, Rz. 31 zu Art. 71.

der öffentlichen Aufgaben fungieren. Bei der Neufassung sollte der nunmehr verwandte Begriff der öffentlichen Aufgabe allerdings lediglich verdeutlichen, dass auch die vom Staat übertragenen Funktionen nicht mehr staatliche Aufgaben sondern gemeindliche Aufgaben geworden seien und damit der Eigenverwaltung und nicht etwa einer Fremdverwaltung unterlägen.[363] Ein Abrücken von dem Grundsatz - die Vorschrift solle sich in ihrem Gewährleistungsgehalt nur auf eigene Angelegenheiten der Gemeinden beziehen - war hingegen nicht beabsichtigt.[364]

Für den Kreisbereich gibt es eine vergleichbare Zuständigkeitsvermutung bei der Aufgabenübertragung nicht. Denn Art. 84 Abs. 1 S. 2 SächsVerf bestimmt für die Gemeindeverbände lediglich, dass diese "innerhalb ihrer Zuständigkeit" die gleiche Stellung haben. Damit wird, ebenso wie im Grundgesetz, ein den Gemeinden verfassungsunmittelbar übertragener Aufgabenbestand dem vom Gesetzgeber zu bestimmenden Aufgabenkreis der Landkreise gegenüber gestellt.[365] Die Landkreise sind daher auch nach der Sächsischen Verfassung lediglich Träger eines gesetzlich zugewiesenen Zuständigkeitsbereichs.[366] Durch Art. 84 Abs. 1 SächsVerf wird somit keine eigenständige, den Kreisbereich begünstigende, Zuständigkeitsvermutung normiert.

Eine kreisliche Zuständigkeitsvermutung lässt sich im übrigen auch nicht aus § 2 Abs. 1 SächsLKrO ableiten, denn in dieser Vorschrift wird lediglich die sog. Ausgleichs- und Ergänzungsfunktion im Verhältnis zu den Gemeinden beschrieben, eine eigenständige und umfassende Zuständigkeitsvermutung für überörtliche Aufgaben enthält die Regelung hingegen nicht. Im Ergebnis ist somit festzuhalten, dass Art. 84 Abs. 1 SächsVerf für die Landkreise allein ein größtmögliches Maß an eigenverantwortlicher Aufgabenerfüllung verlangt, allerdings nur soweit eine Aufgabenübertragung überhaupt erfolgt. *Lusche* formuliert diesen Befund im Hinblick auf die Verfassungslage Nordrhein-Westfalen[367] zutreffend mit der Feststellung, die Trägerschaft über alle öffentlichen Aufgaben bedeute für die Landkreise allenfalls ein Mehr an Eigenverantwortlichkeit, nicht aber ein Mehr an Kompetenzen.

---

[363] 22. Sitzung des Verfassungsausschusses am 31.10.1952 in: Feuchte, Verfassungsmaterialien, Band 3 S. 424.

[364] 59. Sitzung vom 5.2.1953, S. 2485 ; Braun, Verfassung Baden-Württemberg, Rz. 31 zu Art. 71.

[365] Lusche, Selbstverwaltungsaufgaben, S. 67.

[366] Lusche, Selbstverwaltungsaufgaben, S. 68 m.w.N.

[367] Die Verfassung Nordrhein-Westfalen bestimmt in Art. 78 Abs. 2, dass die Gemeinden und Gemeindeverbände in ihrem Gebiet die alleinigen Träger der öffentlichen Verwaltung, soweit die Gesetze nicht anderes vorschreiben

2.) Gewährleistung der Einheit der Verwaltung durch Art. 84 Abs. 1 Sächsische Verfassung

Der Grundsatz der Einheit der Verwaltung bedeutet die Eingliederung von Fachverwaltungen in die allgemeine innere Verwaltung und hierbei insbesondere die Stärkung der Aufgabenbündelungs- und Aufgabenkoordinierungsfunktion der Landkreise als der unteren Verwaltungsebene.[368] Ob dieser, insbesondere von den kommunalen Spitzenverbänden als Leitsatz der Funktionalreform postulierte, Grundsatz der Einheit der Verwaltung mit der gesetzlichen Vermutung der Aufgabenträgerschaft in Art. 84 Abs. 1 SächsVerf seine Umsetzung gefunden hat, ist jedoch zu bezweifeln. Denn dies würde bedeuten, dass Art. 84 Abs. 1 SächsVerf dem Gesetzgeber verwehrt, auf kommunaler Ebene andere als kommunale Behörden mit einem auf deren Gebiet beschränkten Zuständigkeitsbereich zu errichten, und zwar auch dann, wenn die Zuständigkeit nur staatliche Angelegenheiten betrifft.[369] Art. 82 Abs. 1 SächsVerf stellt jedoch die Staatsregierung, die ihr unterstellten Behörden sowie die Selbstverwaltungskörperschaften als Träger der öffentlichen Verwaltung gleichberechtigt nebeneinander und geht mit der Regelung des Art. 84 Abs. 1 S. 1 2. HS SächsVerf selbst davon aus, dass bestimmte Aufgaben im öffentlichen Interesse anderen - und damit nicht-kommunalen - Stellen übertragen werden können.

Zudem ist der Gewährleistungsgehalt des Art. 82 Abs. 2 SächsVerf auf den Selbstverwaltungsbereich beschränkt, für andere Aufgaben ist der Gesetzgeber prinzipiell befugt, eigene Behörden zu errichten bzw. diese mit der Aufgabenwahrnehmung zu beauftragen. Das Korrektiv für das landesgesetzgeberische Ermessen findet sich lediglich in Art. 85 Abs. 1 SächsVerf, indem dieser den Gesetzgeber im Sinne einer Soll-Vorschrift verpflichtet, Aufgaben dann an die kommunalen Trägern der Selbstverwaltung zu übertragen, wenn die Aufgaben auf der Selbstverwaltungsebene zuverlässig und zweckmäßig erfüllt werden können.

Die SächsVerf enthält somit einen verfassungsrechtlich abgesicherten Kommunalisierungsvorrang, welcher sich bei der Erfüllung der zwei unbestimmten Tatbestandsmerkmale "Zuverlässigkeit" und "Zweckmäßigkeit" zu einem Verfassungsauftrag der Aufgabenübertragung verdichtet. Andererseits ist aber auch festzustellen, dass die Vorschrift keine Aussage über die Zulässigkeit der Errichtung staatlicher Behörden auf kommunaler Ebene trifft. Für die von der Staatsregierung zeitweise beabsichtigte Wiedereinführung der unteren staatlichen

[368] Schmidt-Aßmann, Perspektiven der Selbstverwaltung, S. 75 f. (85).
[369] Clemens, NVwZ 1990, 834 (838).

Verwaltungsbehörde im Landratsamt bedeutet dies, dass jedenfalls verfassungsrechtliche Totalitätsüberlegungen einer nachgeordneten Staatsverwaltung auf Kreisebene nicht entgegenstehen.[370] Allenfalls bei der Frage, mit welchen Kompetenzen diese untere staatliche Verwaltungsbehörde ausgestattet wird, kann der Kommunalisierungsvorbehalt fruchtbar gemacht werden. Denn die Übertragung an eine nachgeordnete Staatsverwaltung im Landratsamt stellt gerade keine Übertragung an die Selbstverwaltungskörperschaft Landkreis und damit auch keine Kommunalisierung dar. Es bedarf daher in Anbetracht des Art. 85 Abs. 1 SächsVerf stets besonderer Gründe für eine derartige Aufgabenzuweisung.

3.) Der Begriff der "öffentlichen Aufgabe"

Wie zuvor dargestellt, enthält Art. 84 Abs. 1 SächsVerf lediglich eine Zuständigkeitsvermutung für den Bereich der Selbstverwaltungsaufgaben. Diese umfassen die freiwilligen Aufgaben, die weisungsfreien Pflichtaufgaben sowie die sog. freiwilligen Aufgaben der Daseinsvorsorge. Diese Aufgabenkategorie hat mit den Regelungen des SächsÖPNVG aus finanzverfassungsrechtlichen Erwägungen Eingang in die sächsische Gesetzgebung gefunden. Hiernach die Aufgabe des ÖPNV zwar als freiwillig gekennzeichnet, die gleichzeitige Einordnung als "Aufgabe der Daseinsvorsorge" impliziert aber eine faktische Verpflichtung des Aufgabenträgers, ohne allerdings eine formale Pflichtzuweisung im Sinne des Art. 85 SächsVerf zu bedingen.[371]

Betrachtet man die Regelung des Art. 85 Abs. 3 SächsVerf im Zusammenspiel mit Art. 84 Abs. 1 SächsVerf wird deutlich, dass dem Begriff der öffentlichen Aufgabe nicht nur die vorgenannten Selbstverwaltungsangelegenheiten, sondern auch Weisungsaufgaben unterfallen können.[372] Denkbar ist daher, dass auch weitere staatliche Aufgaben, wie die Pflichtaufgabe nach Weisung und sonstige bundesrechtlich oder landesrechtlich begründete Auftragsangelegenheiten dem Begriff der öffentlichen Aufgabe unterfallen und mit dieser Zuordnung in ihrer Rechtsnatur den Selbstverwaltungsaufgaben gleichgestellt werden.

---

370 so auch Lusche, Selbstverwaltungsaufgaben, S. 105.

371 SächsGVBl 1995, S. 412 (413) - zu den Finanzierungsregelungen auch im Ländervergleich Jacob, LKV 1996, 262 f. (265).

372 so auch Mückl, Schutz der kommunalen Selbstverwaltung, S. 203.

a.) Die Pflichtaufgabe nach Weisung

Ein Teil der Literatur schlussfolgert aus der Zuweisung einer Funktion als Pflichtaufgabe nach Weisung eine Kommunalisierung und ordnet die Pflichtaufgabe nach Weisung hierbei als einen neuen Typ der Selbstverwaltungsangelegenheit unter verstärkter Aufsicht[373] dem Selbstverwaltungsbereich zu. Begründet wird dies damit, dass auch bei den Weisungsaufgaben die Durchführung der Ratsbeschlüsse und der Weisungen, welche die Landesregierung bei Pflichtaufgaben erteilt, in der Kontrolle des Rates und seiner Verantwortung verbleibe und damit der Zuständigkeitsverteilung bei den Selbstverwaltungsangelegenheiten vergleichbar sei.[374] Zudem stehe die Weisungsgebundenheit bei der Pflichtaufgabe nach Weisung der Einordnung als Selbstverwaltungsaufgabe nicht entgegen, da auch die weisungsfreien Pflichtaufgaben wegen ihres obligatorischen Normativs eine Einschränkung der Handlungs - und Gestaltungsspielräume der Kommunen darstellten. Für den Bereich der SächsLKrO wird zusätzlich darauf verwiesen, dass der Gesetzgeber die öffentlichen Aufgaben i.S.d. Art. 85 Abs. 3 SächsVerf als kommunale Aufgaben auf die Landkreise übertragen und damit bewusst auf die Zuweisung als staatliche Aufgaben verzichtet habe.[375]

Demgegenüber sieht insbesondere das ältere Schrifttum eine Identität der Pflichtaufgaben nach Weisung mit der aus dem dualistischen Aufgabenmodell bekannten Auftragsangelegenheit, weil es sich bei beiden Aufgabenkategorien um Weisungsaufgaben handele, die in Form einer verwaltungsanordnungsabhängigen Fremdverwaltung erfüllt würden.[376] Zum Teil wird in diesem Zusammenhang vertreten, es habe lediglich eine Umbenennung ohne eine inhaltliche Veränderung stattgefunden.[377]

---

373 Kirchhof, Verwaltungsrundschau 1977, 369 f. (370) m.w.N. ; Loschelder, DÖV 1959, 409 f. (411).

374 vgl. hierzu Kottenberg/Rehn/Cronauge, Gemeindeordnung Nordrhein-Westfalen, S. 67 f., der allerdings als zusätzliches Argument für die Vergleichbarkeit mit Selbstverwaltungsaufgaben die Sonderaufsicht gem. § 106 GO Nordrhein-Westfalen nennt.

375 Belz, SächsVBl 1993, 226 f.

376 Schmidt/Jortzig, Kommunalrecht, Rz. 541 ; Peters, DVBl 1953, 41 Anm. 10 ; Dregger, Der Städtetag 1955, 190 f. ; Berkenhoff, DVBl 1955, 347 f. sowie weitere Nachweise bei Dehmel, Übertragener Wirkungskreis, Auftragsangelegenheiten und Pflichtaufgaben nach Weisung, S. 94 Fn. 43.

377 Dregger, Der Städtetag 1955, 190 f. ; Schweer, DVBl 1956, 703 f. ; Gönnenwein, Gemeinderecht, S. 105 f. sowie in einem obiter dictum auch das BVerfG in NJW 1957, 357 f. (380), wonach in Nordrhein-Westfalen die Auftragsangelegenheiten nunmehr Pflichtaufgaben nach Weisung heißen.

Eine -vermittelnde- Meinung ordnet die Pflichtaufgabe nach Weisung zwischen Selbstverwaltungs- und Auftragsangelegenheit ein. Dies wird damit begründet, dass die Weisungsaufgaben zwar staatliche Aufgaben seien und der Staat deswegen einen Vorbehalt der Intervention staatlicher Exekutive gemacht habe, andererseits sich aber der staatliche Aufgabenvollzug auf der kommunalen Ebene gleichgelagert den Selbstverwaltungsangelegenheiten darstelle.[378] Das Weisungsrecht habe sich funktionell verändert, denn es werde nicht mehr gegenüber einer nachgeordneten Behörde sondern gegenüber einem eigenständigen Partner ausgeübt.[379] Gleichwohl schließe jedoch schon allein die Existenz des Weisungsrechts eine eindeutige Zuordnung als Selbstverwaltungsangelegenheit aus.[380] Für die vermittelnde Auffassung spricht, dass sich die Erledigung der Pflichtaufgabe nach Weisung anders als bei der Auftragsangelegenheit nicht als Akt der Fremdverwaltung, sondern wegen der Eigenverantwortlichkeitsklausel des § 2 Abs. 1 SächsLKrO als Gegenstand der Eigenverwaltung darstellt, zumal die Aufgabenerfüllung nicht nach Maßgabe des mutmaßlichen staatlichen Willens bzw. von ihm gelenkten Verwaltungsermessen, sondern grundsätzlich in eigener Gestaltung erfolgt. Auch ist das Weisungsrecht nicht von vornherein in unbeschränkter Form existent, sondern jeweils über Art. 85 Abs. 3 SächsVerf i.V.m. § 2 Abs. 3 SächsLKrO hinsichtlich seines Umfangs bei der Zuordnung als "öffentliche Aufgabe" zu definieren. Damit ist die für die Auftragsangelegenheiten alter Prägung symptomatische vollinhaltliche "a priori Unterwerfung" unter die Rechts- und Fachaufsicht der übergeordneten Behörde nicht gegeben.[381] Andererseits ist die Pflichtaufgabe nach Weisung aber trotz ihrer Erfüllung innerhalb des kommunalen Wirkungskreises auch keine Selbstverwaltungsangelegenheit, da die verfassungsrechtliche Bindung des Selbstverwaltungsrechts an die Gesetze zwar eine Staatsaufsicht umschließt, eine staatliche Einwirkung durch Weisung, die zudem den Bereich der Zweckmäßigkeit berührt, aber nicht umfasst. Die Weisungsgebundenheit beseitigt insoweit das für

---

378 Salzwedel, VVDStRL Heft 22 (1965), 206 f. (225).

379 Das OVG Nordrhein-Westfalen spricht in seiner Entscheidung in OVGE 7, 68 bei den Pflichtaufgaben nach Weisung von weisungsgebundenen Aufgaben der Selbstverwaltung.

380 Zum Teil wird in der Literatur (z.B. Quecke/Schmidt, Sächsisches Kommunalrecht, § 2 Rz. 60) der Umfang des legaldefinierten Weisungsrechts als Unterscheidungskriterium dafür genommen, ob eine Aufgabe eher als Auftrags- oder Selbstverwaltungsangelegenheit einzuordnen ist. Dabei wird bei einem beschränkten Weisungsrecht wegen des außerhalb des Tatbestandes des Weisungsrechts bestehenden eigenen Rechtskreises der Kommune eine Zuordnung zum Selbstverwaltungsbereich angenommen vgl. hierzu Schmidt-Aßmann, Kommunalrecht, Rz. 39.

381 Im übrigen weist Seele, Der Landkreis 1975, 285 f. (287) zu Recht darauf hin, dass es nicht mehr zeitgemäß sei, gegenüber der Kommunalverwaltung aus dogmatischen Erwägungen bei der Pflichtaufgabe nach Weisung ein Reservat unmittelbarer Staatlichkeit zu wahren ; vgl. auch die Bedenken bei Quecke/Schmidt, Sächsisches Kommunalrecht, § 2 Rz. 60.

eine Selbstverwaltungsaufgabe erforderliche Merkmal der Eigenverantwortlichkeit und schließt somit die Einordnung als Selbstverwaltungsangelegenheit[382] und damit zugleich die Eröffnung des verfassungsrechtlichen Schutzes aus Art. 82 Abs. 2 SächsVerf und Art. 28 Abs. 2 GG aus.[383] Dieses bewusste Abrücken vom Selbstverwaltungsbereich wird zudem im verwaltungsrechtlichen Verfahren deutlich. Denn die Pflichtaufgabe nach Weisung ist hier den staatlichen Angelegenheiten insoweit angenähert, als sich die Zuständigkeit der Widerspruchsbehörde nicht wie bei der Selbstverwaltungsangelegenheit aus § 73 Abs. 1 Nr. 1 VwGO, sondern aus der Devolutivvorschrift des § 73 Abs. 1 Nr. 2 VwGO ergibt. Der somit zu konstatierende Befund einer *Aufgabe sui generis*[384] wird durch die Verwaltungspraxis gestützt, in der der Vollzug der Pflichtaufgabe nach Weisung stets eine Schnittstelle kommunaler und staatlicher Interessen ist. Die auch im Bereich der Weisungsaufgaben bestehende Organisations- und Personalhoheit und die kommunalpolitische Verantwortung der Mandatsträger gegenüber ihren Bürgern werden durch das Bemühen des Staates begleitet, mit einer erhöhten Kontrollintensität und Regelungsbefugnis die ihm im politischen Raum zugerechneten staatlichen Aufgaben zu steuern.

Diese dogmatische Einordnung der Pflichtaufgabe nach Weisung (als öffentliche Aufgabe gem. Art. 84 Abs. 1 SächsVerf) führt allerdings auch zu dem Befund, dass es angesichts der Divergenz der Rechtsnatur der Selbstverwaltungsaufgaben und der Pflichtaufgabe nach Weisung keine einheitliche Rechtsnatur der öffentlichen Aufgabe gibt. Der in Art. 84 Abs. 1 SächsVerf verwandte Begriff der öffentlichen Aufgabe umfasst somit sowohl weisungsgebundene wie auch weisungsfreie Angelegenheiten und verhindert auch deswegen eine eindeutige rechtliche Einordnung des Begriffs der öffentlichen Aufgabe.

b.) die Aufgabenzuweisung gem. Art. 84 Abs. 1 und 85 Abs. 1 GG

Nach der grundgesetzlichen Kompetenzverteilung führen die Länder die Bundesgesetze grundsätzlich als eigene Angelegenheiten aus (Art. 83 Abs. 1 GG). Eine Ausnahme bildet jedoch die Bundesauftragsverwaltung gem. Art. 85 GG, die in ihrer rechtlichen Einordnung lange Zeit umstritten war und hierbei als gemeinsame Verwaltung von Bund und Ländern oder als eine mittelbare Bundesverwaltung

---

382 Quecke/Schmidt, Sächsisches Kommunalrecht, § 2 Rz. 60.

383 BVerfG, NVwZ 1989, 45 ; Gern, Kommunalrecht Baden-Württemberg, Rz. 110 m.w.N.

384 vgl. Schmidt/Aßmann, Kommunalrecht, Rz. 39 ; von Mutius, JUS 1978, 28 f. ; Sponer/Jacob, Sächsische Landkreisordnung, Vorb. S. 28. ; Gelzer, DVBl 1958, 87 f. löst diese Sonderstellung der Pflichtaufgabe nach Weisung mit der Bezeichnung "unechte Selbstverwaltungsangelegenheit".

eingeordnet worden ist.[385] Wenngleich die Auftragsverwaltung gerade in neuerer Zeit wieder als Mittelding zwischen landeseigener und bundeseigener Verwaltung qualifiziert[386] oder als gemeinschaftliche Verwaltung verstanden wird,[387] vertritt die überwiegende Ansicht mit zutreffenden Argumenten, dass es sich bei der Bundesauftragsverwaltung um echte Landesverwaltung handele, die allerdings im Unterschied zur landeseigenen Verwaltung nach Art. 83 und 84 GG verstärkten Ingerenzen, insbesondere einem umfassenden Weisungsrecht, unterliege. Für eine derartige Einordnung als "Landesverwaltung nach Weisung"[388] spricht, dass die Verwaltungskompetenz bei den Ländern liegt und lediglich ihre Sachkompetenz bei den Bundesauftragsangelegenheiten punktuell eingeschränkt werden kann[389] und damit die beauftragte Landesverwaltung die zugewiesenen Aufgaben als eigene wahrnimmt.[390]

Unstreitig hingegen ist, dass in allen die Länder berührenden Verwaltungsformen der Art. 83 ff. GG eine Entscheidungskompetenz des Landes darüber besteht, wer innerhalb des Landes mit der Gesetzesausführung beauftragt wird. Dieser Grundsatz wird mit der Kompetenz zur "Einrichtung von Behörden" nochmals in Art. 84 Abs. 1 GG für die sog. Landeseigenverwaltung und in Art. 85 GG für die Bundesauftragsverwaltung ausdrücklich benannt. Allerdings ist mit der Formulierung "soweit nicht Bundesgesetze mit Zustimmung des Bundesrates etwas anderes bestimmen" in beiden Verfassungsnormen ein diesbezüglicher Vorbehalt normiert, mit der eine Öffnungsklausel für die Aufgabenzuweisung des Bundes an die Kommunen verbunden sein kann. Damit kann es sich um eine entweder durch bundes- oder landesgesetzgeberische Entscheidung übertragene Aufgabe handeln.[391] Daher ist bei der folgenden Prüfung zu differenzieren, ob das Land oder der Bund die kommunale Aufgabenzuständigkeit begründet.[392]

---

385 Nachweise bei Blümel, Verwaltungszuständigkeit, § 101 Rz. 49.

386 Tschentscher, Inhalt und Schranken des Weisungsrechts des Bundes, S. 12 f.

387 Steinberg, AöR 110 (1985), 419 f.

388 Maunz/Zippelius, Staatsrecht, § 38 VI .

389 Maunz/Zippelius, Staatsrecht, § 38 VI.

390 BVerfGE 63, 1 ff. (42) ; Blümel, Verwaltungszuständigkeit, § 101 Rz. 49 m.w.N.

391 Gern, Deutsches Kommunalrecht, Rz. 241.

392 vgl. BVerfGE 22, 180 f. (211) ; BVerwG, DÖV 1982, 826 - die unmittelbare Aufgabenübertragung an die Kommunen ist nur ausnahmsweise möglich.

aa.) "Einrichtung von Behörden" als kommunale Aufgabenzuweisung durch den Bund

Zum Teil wird insbesondere im älteren Schrifttum dem Bund jegliche Befugnis zum Durchgriff auf die Kommunen mit der Begründung abgesprochen, Art. 84 Abs. 1 und 85 Abs. 1 GG seien keine zuständigkeitsbegründenden Normen, sondern setzten vielmehr die Bundeszuständigkeit zum Erlass organisatorischer Gesetze bereits voraus.[393] Eine hierzu modifizierende Auffassung vertritt *Lerche*, der unter dem Begriff "Einrichtung von Behörden" zwar die bundesrechtliche Kompetenz zur Fixierung einer allgemeinen Verwaltungsebene einordnet, die Befugnis für eine ausdrückliche Aufgabenzuweisung an die Kommunen aber grundsätzlich ausschließt. Diese ist nach seiner Ansicht nur ausnahmsweise und nur dann vorstellbar, wenn im Einzelfall, ein zwingendes, nicht anders zu behebendes Bedürfnis dafür bestehe, eine Regelung bundeseinheitlich zu treffen und andernfalls die effektive Ausführung der Bundesgesetze unerträglichen Schaden leiden würde.[394]

Die gegenteilige Ansicht hält die kommunale Beauftragung für grundsätzlich zulässig, argumentiert mit der Notwendigkeit einer wenigstens in Grundzügen einheitlichen Ausführung der Bundesgesetze und sieht daher in den Verfassungsnormen eine von keinen weiteren Voraussetzungen abhängige Durchgriffskompetenz des Bundes auf die kommunale Ebene.[395]

Eine vermittelnde - auch vom BVerfG in seinem Jugendhilfe-Urteil vertretene - Auffassung[396] versucht die divergierenden Bundes- und Landesinteressen kompromisshaft dahingehend abzugleichen, dass eine bundesrechtliche Aufgabenzuweisung an die Kommunen immer nur als Annex und nur dann zulässig ist, wenn sie für den materiellen Vollzug des Bundesgesetzes erforderlich ist.[397] Für diese Ansicht spricht, dass zwar grundgesetzlich die Aufgabenübertragung durch den Bund im Rahmen der entsprechenden Ermächtigungen möglich, zugleich aber auch ein das Landesorganisationsrecht überspielendes und die Zuständigkeit für das Kommunalrecht entwertendes Ingerenzrecht ist, welches demzufolge als Sondervorschrift zu den Bund- Länderkompetenzen der Art. 70 ff. GG eng auszulegen ist.[398]

---

393 Haas, AöR 80, 81 ; Becker, BayVBl 1961, 65 f.

394 Lerche in: M/D/H/S, Grundgesetz Kommentar, Art. 84 Rz. 27.

395 Keßler, DVBl 1953, 1 f. (4) ; Schäfer, DÖV 1960, 641 f. (647).

396 BVerfGE 22, 180.

397 BVerfGE 22, 180 (210).

398 M/D/H/S, Grundgesetz Kommentar, Art. 83, Rz. 30 f. m.w.N.

bb.) Rechtsnatur der Aufgabenzuweisung durch den Bund

Eine Einordnung der durch den Bund zugewiesenen Kompetenzen gem. Art. 84 Abs. 1 und 85 Abs. 1 GG als Selbstverwaltungsangelegenheit wird bereits durch die grundgesetzlich normierten Aufsichts- und Steuerungskompetenzen des Art. 84 Abs. 4 sowie Art. 85 Abs. 3 und 4 GG ausgeschlossen, weil diese in ihrer Einwirkungsintensität deutlich über die rechtsaufsichtlichen Befugnisse der SächsGemO hinausgehen. Hierbei wird insbesondere - ebenso wie bei der Pflichtaufgabe nach Weisung - mit der Existenz eines Weisungsrechts die für die Selbstverwaltung typische Eigenverantwortlichkeit aufgehoben.[399] Auch die Einordnung als Pflichtaufgabe nach Weisung[400] und somit als öffentliche Aufgabe gem. Art. 84 Abs. 1 SächsVerf ist problematisch. Denn diese Weisungsaufgaben werden unter anderem dadurch charakterisiert, dass der Landesgesetzgeber Inhalt und Umfang des Weisungsrechts der Aufsichtsorgane mit konstitutiver Wirkung festlegen kann.[401] Die Ausfüllung des landesrechtlichen Übertragungsaktes gem. Art. 85 Abs. 3 i.V.m. 84 SächsVerf ist auch Voraussetzung dafür, dass überhaupt eine Pflichtaufgabe nach Weisung als öffentliche Aufgabe normiert werden kann. Würde der Bundesgesetzgeber die Bundesauftragsangelegenheiten als Pflichtaufgabe nach Weisung zuweisen, würde er diese landesrechtlichen Zuordnungsnormen überspielen und damit einen erheblichen Eingriff in die Verwaltungskompetenz der Länder vornehmen.[402]

Eine Einordnung der Bundesauftragsangelegenheit als Pflichtaufgabe nach Weisung und damit als (teilkommunalisierte) Aufgabe sui generis würde aber unabhängig von den vorbezeichneten Überlegungen auch zu einem Verlust der genuinen Staatlichkeit der Bundesauftragsangelegenheit führen. Die sich insbesondere aus der Weisungsmöglichkeit des Bundes ergebende hierarchische Unterordnung der beauftragten Behörde würde unterlaufen[403] und damit der der Auftragsverwaltung immanente Gedanke des umfassenden Durchgriffs erschwert, wenn nicht sogar unmöglich.

---

399 Tschentscher, Bundesaufsicht in der Bundesauftragsverwaltung, S. 50.

400 Winter, DVBl 1985, 993 f. (997).

401 Dieser vom Landesgesetzgeber auszufüllende einfach-gesetzliche Gesetzesvorbehalt ist je-doch dann ohne Bedeutung, wenn kraft Bundesrecht das Weisungsrecht bereits vorgegeben ist. Vgl. hierzu Art. 85 Abs. 3 SächsVerf sowie Hegele/Ewert, Sächsisches Kommunalrecht, S. 55 ; Tschentscher a.a.O.

402 BVerfGE a.a.O. ; Vietmeier, Die staatlichen Aufgaben der Kommunen und ihrer Organe, S. 127 f.

403 Steinberg, AöR 110, 419 f. (432):

Betrachtet man die Systematik der SächsLKrO wird zudem deutlich, dass diese Aufgaben nicht unter die Kategorie der Kreisaufgabe gem. § 2 SächsLKrO fallen, sondern lediglich in §§ 65 SächsLKrO i.V.m. 123 Abs. 3 SächsGemO nachrichtlich erwähnt werden. Darin geht der Landesgesetzgeber von der Existenz von bundesrechtlich zugewiesenen Auftragsangelegenheiten aus, indem er bestimmt, dass dem Landkreis aufgrund eines Bundesgesetzes oder einer - nach dem Gesetzesvorbehalt des Art. 85 Abs. 1 SächsVerf überhaupt nicht zulässigen - Rechtsverordnung des Bundes neue Aufgaben als Pflichtaufgaben übertragen und dabei ein Weisungsrecht vorbehalten werden kann. Dies bedeutet, dass bei einer bundesrechtlich festgelegten Aufgabenzuständigkeit i.S.d. Art. 85 Abs. 1 HS 2 GG, nach dem Willen des Landesgesetzgebers das Landesrecht nicht berührt werden soll. Vielmehr werden diese Kompetenzzuweisungen nur nachrichtlich übernommen, ohne diese einer bestehenden landesrechtlichen Aufgabenform zuzuordnen bzw. zu definieren, in welchem Umfange sie als weisungsgebundene Aufgabe erfüllt werden sollen.[404]

Auch auf Grund dieser systematischen Betrachtung wird deutlich, dass sich diese Aufgaben neben den öffentlichen Aufgaben als bundesrechtlich zugewiesene Auftragsangelegenheiten abbilden, ohne allerdings damit Fremdverwaltungsaufgaben zu werden.[405] Denn sie werden trotz der auftragsweisen Wahrnehmung[406] dennoch in eigener Verantwortung erfüllt, was auch in der Begründung des *Regierungsentwurfs zum Luftschutz* deutlich wird, nach dem die öffentlichen Luftschutzaufgaben den Kommunen als Auftragsangelegenheiten zur eigenen Erfüllung zugewiesen werden.[407]

cc.) Aufgabenzuweisung durch das Land

Steht dem Land bei der Bundesauftragsangelegenheit gem. Art. 85 Abs. 1 GG oder der Länderverwaltung gem. Art. 84 Abs. 1 GG das Recht auf Einrichtung der Behörden zu, hat der Landesgesetzgeber das Wahlrecht, auf der unteren Stufe landesunmittelbare Behörden oder die kommunale Ebene mit der Aufgabenwahrnehmung zu beauftragen. Wird eine derartige Aufgabe an die kommunale Ebene durch landesgesetzgeberische Entscheidung übertragen, kann das bundesrechtlich normierte unbeschränkte rechts- und fachaufsichtliche

---

404 M/D/H/S, GG Kommentar, Art. 85 Rz. 13 ; Stern, Staatsrecht, § 41 VI 5 b.

405 so auch Wolst, Bundesauftragsverwaltung, S. 64 f.

406 Gern, Deutsches Kommunalrecht, Rz. 241.

407 Bundestagsdrucksache 2/1978.

Weisungsrecht[408] in Art. 85 Abs. 3 GG und gem. Art. 84 Abs. 5 GG (soweit vorgesehen) nicht überspielt werden und unterliegt in seiner Existenz daher nicht mehr einer landesrechtlichen Entscheidung. Vielmehr besteht dann die landesrechtliche Verpflichtung, gegenüber allen beteiligten Behörden eine unbegrenzte Zweckmäßigkeitsaufsicht des Bundes zu ermöglichen.[409]

(1) Bundesauftragsangelegenheiten

Eine Einordnung der landesrechtlich zugewiesenen Bundesauftragsangelegenheit als Selbstverwaltungsangelegenheit ist schon deswegen nicht möglich, weil die der Selbstverwaltung immanente Eigenverantwortlichkeit der Aufgabenwahrnehmung bereits durch ein verfassungsrechtlich vorgegebenes, unbeschränktes, Weisungsrecht beseitigt ist. Zudem begrenzt die weiterhin bestehende Sachkompetenz des Bundes den Gestaltungsspielraum des Landes in der Weise, dass sich dieses seiner Verpflichtung für einen ordnungsgemäßen und effektiven Vollzug der Bundesgesetze nicht durch die Übertragung der Aufgabe auf einen selbständigen, weisungsunabhängigen Rechtsträger entziehen kann. Die Durchsetzung bundesaufsichtlich angeordneter Weisungen wäre durch die Übertragung als Selbstverwaltungsaufgabe an die Kommunen erschwert, wenn

nicht sogar unmöglich, da es bei diesem Aufgabenvollzug gerade an einer Weisungsgebundenheit fehlt. Die mit einer Selbstverwaltungsaufgabe geschützte Rechtsposition würde damit zu Lasten des Bundes einen nicht verfassungskonformen weisungsfreien Raum schaffen.[410]

Bei einer Einordnung als Pflichtaufgabe nach Weisung und damit als öffentliche Aufgabe gem. Art. 85 Abs. 3 i.V.m. 84 Abs. 1 SächsVerf ist zu bedenken, dass bei der Bundesauftragsangelegenheit das Weisungsrecht nicht mehr einer landesgesetzlichen Entscheidung im Sinne des Art. 85 Abs. 3 SächsVerf i.V.m. § 2 Abs. 3 SächsLKrO unterliegt. Des weiteren ist auch hier die vorgenannte Feststellung wichtig, dass bei der Bundesauftragsangelegenheit wegen der Rechtsnatur der Aufgabe jede aus einer (Teil-) Kommunalisierung erwachsende Durchgriffsbeschränkung von vornherein ausscheidet. Denn der kommunale "Unterauftragnehmer" kann hierbei keine anderen oder erweiterten Befugnisse

---

408 Der Bund hat im Rahmen des Art. 85 Abs. 3 GG ein unmittelbares Weisungsrecht, das ihm allerdings nicht gestattet, unmittelbar auf die Verwaltung vor Ort durchzugreifen, sondern lediglich ermächtigt, die Weisung an die oberste Landesbehörde zu richten, die diese dann "durchstellt".

409 Vietmeier, Die staatlichen Aufgaben der Kommunen und ihrer Organe, S. 122.

410 vgl. hierzu Köttgen, Die Gemeinde und der Bundesgesetzgeber, S. 79.

erhalten, als es das zu Grunde liegende verfassungsrechtlich normierte Auftragsverhältnis zwischen Land und Bund ermöglicht. Die Einordnung der Bundesauftragsangelegenheit als Pflichtaufgabe nach Weisung würde aber mit der - aus der Teilkommunalisierung resultierenden - Behinderung des verfassungsrechtlich gebotenen umfassenden Durchgriffs des Bundes[411] eine unzulässige Weiterung im Unterauftragsverhältnis darstellen.

Da somit die Einordnung als Pflichtaufgabe nach Weisung nicht lediglich eine Änderung terminologischen Inhalts wäre,[412] kann auch die durch den Landesgesetzgeber zugewiesene Bundesauftragsangelegenheit über die Zuweisung einer derartigen Aufgabenform nicht in das Modell der öffentlichen Aufgaben integriert werden. Allerdings wäre die Schlussfolgerung unzutreffend, diese Aufgaben seien somit überhaupt nicht an die Kommunen übertragbar. Denn das Land hat als kompetenzverteilende Behörde bei der Übertragung von Aufgaben gem. Art. 85 Abs. 1 SächsVerf. nicht die Verpflichtung, diese Befugnisse weitergehend im Rahmen des Art. 85 Abs. 3 SächsVerf auch als Pflichtaufgabe nach Weisung und damit dem Kreis der "öffentlichen Aufgaben" zuzuordnen. Staatliche Aufgaben können daher auch gem. Art. 85 Abs. 1 SächsVerf als weitere staatliche Aufgaben übertragen werden, ohne diese in einem weiteren Schritt auch als Pflichtaufgabe nach Weisung gem. Art. 85 Abs. 3 SächsVerf und damit als öffentliche Aufgabe gem. Art. 84 SächsVerf zuzuordnen.

Diese einschränkende Lösung trägt dem Subsidiaritätsprinzip des Art. 85 Abs. 1 SächsVerf Rechnung. Denn dieses würde erheblich verkürzt, wenn staatliche Aufgaben an die Kommunen stets nur im "verfassungsrechtlichen Doppelschritt" gem. Art. 85 Abs. 1 SächsVerf und Art. 85 Abs. 3 SächsVerf und damit nur als öffentliche Aufgaben übertragbar wären.

Im Ergebnis erfordern die vorgenannten Ausführungen eine Einordnung der Bundesauftragsangelegenheit neben der Kategorie der öffentlichen Aufgabe[413] als gem. Art. 85 Abs. 1 SächsVerf übertragene landesrechtliche Auftragsangelegenheit,[414] die nicht dem Schutz des Art. 28 Abs. 2 GG[415] unterliegt.

---

411 vgl. Rietdorf, DÖV 1962, 593 f. (603 Fn. 40) ; Görg, DÖV 1961, 41 f. (45) ; Schäfer, DÖV 1960, 641f. (647).

412 Schäfer, DÖV 1960, 641 f. (647).

413 M/D/H/S, Grundgesetz Kommentar, Art. 85 GG Rz. 68 ; Görg, DÖV 1961, 41 f. (44) ; Rietdorf, DÖV 1962, 593 f. (603) ; Schmidt-Eichstaedt, Die Qualität der Kommunalaufgaben, Band 3 § 48 B, S. 3 f. (28).

414 M/D/H/S Grundgesetz Kommentar, Art. 85 GG Rz. 68 ; Rietdorf a.a.O. ; Görg, DÖV 1961, 41 f.

Diese "Auftragslösung" trägt einerseits der in der Rechtsprechung vertretenen Auffassung Rechnung, die die Kommunen bei der Bundesauftragsverwaltung als staatsorganisatorische Bestandteile der Länder sieht[416] und damit fiktiv in die Verwaltungsorganisation des Landes einbindet,[417] andererseits können auf diese Weise auch diese Kompetenzen als landesrechtliche Auftragsangelegenheiten der kommunalen Ebene zur eigenen Erfüllung übertragen werden. [418]

(2) Übertragung landesrechtlicher Kompetenzen gem. Art. 84 Abs. 1 GG

Anders als in der Bundesauftragsverwaltung hat der Landesgesetzgeber hier grundsätzlich keine verfassungsrechtlichen Vorgaben "des Hauptauftraggebers Bund " zu berücksichtigen, die ihm vorgeben, die ihm zugewiesene Kompetenz nur in der gleichen Weise weiterübertragen, wie er sie selbst erhalten hat. Etwas anderes gilt jedoch im Fall des Art. 84 Abs. 5 GG. Denn hier existiert ein bundesrechtliches Weisungsrecht, welches das Ermessen des Landesgesetzgebers bei der Aufgabenübertragung an die Kommunen bindet. Ebenso wie bei der Bundesauftragsangelegenheit darf in diesem Fall die bundesrechtliche Durchgriffsmöglichkeit nicht beschränkt werden. Eine Zuweisung als Pflichtaufgabe nach Weisung im Sinne einer öffentlichen Aufgabe ist aus den oben dargestellten Gründen somit nicht zulässig. Auch diese Funktionen sind somit als Auftragsangelegenheiten zu erfüllen. Besteht das bundesrechtliche Weisungsrecht hingegen nicht, eröffnet sich eine weitgehende landesrechtliche Gestaltungskompetenz, die auch eine Zuweisung als öffentliche Aufgabe i.S.d. Art. 84 Abs. 1 SächsVerf ermöglicht.

c.) Die Funktion als untere Verwaltungsbehörde gem. § 2 Abs. 5 SächsLKrO

Die erst 1997 eingefügte und rückwirkend zum 31. Juli 1993 in Kraft gesetzte Vorschrift bestimmt, dass die Landratsämter untere Verwaltungsbehörden im Sinne landes- und bundesrechtlicher Vorschriften sind.[419]
Der Begriff der unteren Verwaltungsbehörde wird in einigen älteren Vorschriften des Bundesrechts beispielsweise in

- §§ 5, 9 und 11 NamÄndG
- § 150 b Abs. 2 ZVG

---

415 Gern, Deutsches Kommunalrecht, Rz. 241.
416 M/D/H/S, Grundgesetz Kommentar, Art 104 Rz. 27, 72.
417 BGHZ 27, 210 (213) ; BVerwG, NVwZ 1995, 991.
418 vgl. Schmidt-Eichstaedt, Die Qualität der Kommunalaufgaben, Band 3 § 48 B, S. 3 f. (27 m.w.N.) - kritisch hierzu: Rietdorf, a.a.O.
419 SächsGVBl 1997, S. 105.

- § 57 Abs. 1 BLG
- § 92 SGB IV
- § 6 Abs. 2 Musterungs VO
- § 44 Abs. 1 StVO / § 68 Abs. 1 StVZO

verwandt [420] und weder dort noch im sächsischen Landesrecht legaldefiniert. Betrachtet man die landesrechtlichen Aufgabenzuweisungen, die den Landkreisen ausdrücklich als untere Verwaltungsbehörde zugeordnet sind, lassen sich die zwei Fallgruppen der Tätigkeit als untere Verwaltungsbehörde beim landeseigenen Vollzug von Bundesgesetzen gem. Art. 84 GG bei

- § 1 Abs. 1 GastVO
- § 1 HandwZuVO
- § 2 GewODVO
- § 1 ZuVO für ausländerrechtliche Vorschriften
- § 2 Abs. 1 GSG AS ZuV

und des Vollzuges von Landesgesetzen bei

- § 112 SächsGemO
- § 2 OwiZuVO

unterscheiden. *Belz* weist darauf hin, dass die neue Vorschrift des § 2 Abs. 5 SächsLkrO darauf verzichtet, die Aufgaben der unteren Verwaltungsbehörde generell zu Weisungsaufgaben der Landkreise zu erklären, es müsse daher jeweils der spezialgesetzlichen Vorschrift entnommen werden, ob es sich um eine weisungsfreie Pflichtaufgabe oder um eine Pflichtaufgabe nach Weisung des Aufgabenträgers handele. Die Verwendung des Zusatzes als "untere Verwaltungsbehörde" genüge nach Art. 85 Abs. 3 SächsVerf jedenfalls nicht, um eine den Kommunen übertragene Aufgabe zur Weisungsaufgabe zu erklären und den staatlichen Aufsichtsbehörden ein Weisungsrecht einzuräumen.[421]

Das SächsOVG[422] vertritt demgegenüber die Auffassung, die vom Landratsamt gem. § 2 Abs. 5 SächsLKrO als untere Verwaltungsbehörde ausgeführten staatlichen Aufgaben würden nicht in Aufgaben des Landkreises i.S.d. § 2 Abs. 3 SächsLKrO umgewidmet. Das SächsOVG geht somit bei der Regelung des § 2 Abs. 5 SächsLkrO lediglich von einer auftragsweisen Wahrnehmung der insoweit

---

420 vgl. Nachweise bei Belz, SächsVBl 1997, 92.
421 Belz, SächsVBl 1997, 92 ; Krüger/Apitz LKV 1998, 90 f.
422 SächsOVG, SächsVBl 1998, 188 f. (189).

übertragenen Kompetenzen aus. Diese würden dem Landkreis zwar zugeordnet, ihm aber nicht unter Umwidmung des Aufgabencharakters als Weisungsaufgabe i.S.d. § 2 Abs. 3 SächsLKrO übertragen. Die Ansicht des SächsOVG führt zu dem Ergebnis, dass die als untere Verwaltungsbehörde wahrgenommenen Aufgaben stets als weitere staatliche Aufgaben wahrgenommen, jedoch nicht als öffentliche Aufgabe in den Wirkungskreis des Art. 84 Abs. 1 SächsVerf übertragen werden können.

Der Ansicht des SächsOVG ist zuzustimmen, soweit es sich um eine Aufgabe der Landeseigenverwaltung gem. Art. 84 GG handelt, bei der ein Weisungsrecht gem. Art. 84 Abs. 5 GG besteht oder der Komplex der Bundesauftragsangelegenheiten betroffen ist. Denn hierbei hindert - wie bereits ausgeführt - die Rechtsnatur der Aufgabe mit der Notwendigkeit eines umfassenden Weisungsdurchgriffs die Zuordnung als Pflichtaufgabe nach Weisung und damit als öffentliche Aufgabe. Problematischer ist dies in den Fällen, in denen es kraft Bundesrecht keinerlei Vorgaben gibt und es sich somit lediglich um den Vollzug von Landesrecht handelt. Würde man die Beauftragung als untere Verwaltungsbehörde stets dahingehend verstehen, dass damit eine Übertragung in den Aufgabenkreis des Art. 84 Abs. 1 SächsVerf / § 2 Abs. 3 SächsLKrO ausgeschlossen wird, hätte es der Landesgesetzgeber in der Hand, den Begriff der Pflichtaufgabe nach Weisung als öffentliche Aufgabe leerlaufen zu lassen. Denn er könnte den Landkreis dann regelmäßig in seiner Funktion als untere Verwaltungsbehörde beauftragen und damit eine Zuordnung als landesrechtliche Auftragsangelegenheit bewirken, die sich außerhalb des Wirkungskreises des Art. 84 Abs. 1 SächsVerf / § 2 Abs. 3 SächsLKrO bewegt und sich an dieses Aufgabenspektrum lediglich angliedert. Ebenso wie bei den bundesrechtlichen Kompetenzen ist daher auch hier zu differenzieren, inwieweit z.B. Verfassungsvorgaben eine gesonderte Übertragung als Auftragsangelegenheiten und damit eine Einordnung außerhalb des monistischen Aufgabenmodells erfordern. Erst anhand der einzelnen Aufgabe kann demzufolge entschieden werden, ob die als untere Verwaltungsbehörde wahrgenommene Aufgabe eine Pflichtaufgabe nach Weisung oder aber eine Auftragsangelegenheit ist.

Denkbar ist allerdings auch, dass in der Funktion als untere Verwaltungsbehörde Aufgaben subsumiert sind, die lediglich als Fremdverwaltungskompetenzen im Rahmen eines öffentlich-rechtlichen Leihverhältnisses - z. B. im Wege der Organleihe - erfüllt werden. Da es in diesem Falle jedoch an einer Aufgabenübertragung an den Landkreis fehlt, ist diese Frage nicht im Rahmen einer Analyse des kreislichen Aufgabenbegriffs, sondern in Bezug auf die tatbestandliche Reichweite des noch darzustellenden organisationsrechtlichen Gesetzesvorbehalt des Art. 83 Abs. 1 SächsVerf zu erörtern. Denn es handelt sich in diesem Falle um die auftragsweise Wahrnehmung von Fremdverwaltungsaufgaben, bei der gerade keine echte Aufgabenübertragung an den Landkreis erfolgt.

Zusammenfassend ist daher festzustellen, dass entgegen der Ansicht des SächsOVG die Tätigkeit als untere Verwaltungsbehörde nicht einen generellen (neuen) Aufgabentypus beinhaltet. Vielmehr ist stets anhand der einzelnen Aufgabe zu entscheiden, ob hierbei eine Aufgabe als Pflichtaufgabe nach Weisung im Sinne einer öffentlichen Aufgabe oder aber eine Funktion erfüllt wird, die wie das SächsOVG ausführt "nicht in eine Aufgabe des Landkreises umgewidmet werde."

Daher ist die Vorschrift des § 2 Abs. 5 SächsLKrO mit der Zuweisung der Funktion "untere Verwaltungsbehörde" auch für die hier zu untersuchende Reichweite des Begriffs der "öffentlichen Aufgabe" ohne Belang. Denn erst nach der Entscheidung des Landesgesetzgebers ist erkennbar, ob die als untere Verwaltungsbehörde wahrgenommene Aufgabe z. B. als Pflichtaufgabe nach Weisung in den Kreis der öffentlichen Aufgaben gem. Art. 84 Abs. 1 SächsVerf übertragen werden soll.

Auch kann § 2 Abs. 5 SächsLKrO weder eine verfassungskonforme Aufgabenübertragung gem. Art. 85 Abs. 1 GG noch die nach wie vor erforderliche Normierung des landesgesetzlichen Weisungsrechts ersetzen. Im Ergebnis bedeutet dies, dass § 2 Abs. 5 SächsLKrO einerseits keine weitere Aufgabenkategorie eröffnet, andererseits aber als untere Verwaltungsbehörde auch Funktionen erfüllt werden können, die lediglich als Auftragsangelegenheit, nicht aber als öffentliche Aufgabe gem. Art. 85 Abs. 3 SächsVerf i.V.m. Art. 84 Abs. 1 SächsVerf übertragbar sind.

4.) verfassungsrechtliche Vorgabe eines kommunalrechtlichen Aufgabenmodells

Bisher nicht geklärt ist, ob die Sächsische Verfassung ein monistisches oder dualistisches Aufgabenmodell vorgibt und insoweit auch das Gestaltungsermessen des Landesgesetzgebers bindet.

Das sogenannte monistische Modell geht in Anlehnung an den von den Innenministern der Länder und den kommunalen Spitzenverbänden erarbeiteten "Weinheimer-Entwurf" aus dem Jahre 1948 von einem einheitlichen Begriff öffentlicher Aufgaben aus. Danach obliegt den Gemeinden in ihrem Gebiet die Erfüllung aller öffentlicher Aufgaben allein und in eigener Verantwortung, soweit die Gesetze nichts anderes bestimmen. Die Gemeinde ist somit nicht nur Träger der

Selbstverwaltungsaufgaben, sondern sie erledigt auch sämtliche staatliche Aufgaben in der Gemeindeinstanz. Dementsprechend unterscheidet dieses Gliederungsmodell nicht zwischen kommunalen und staatlichen Aufgaben, sondern geht von einem einheitlich kommunalen Wirkungskreis aus, in dem freiwillige Aufgaben, weisungsfreie Pflichtaufgaben und Pflichtaufgaben nach Weisung erfüllt werden.
Die Theorie des Aufgabendualismus geht von einer Teilung der Aufgabenbereiche der Gemeinde in Selbstverwaltungsaufgaben und Staatsaufgaben aus. Die Selbstverwaltungsaufgaben bilden den eigenen Wirkungskreis, während die Staatsaufgaben den sogenannten übertragenen Wirkungskreis beinhalten. Hintergrund dieses dualistischen Modells ist die Annahme, dass die Gemeinden lediglich für den Bereich der Selbstverwaltung eine originäre Zuständigkeit haben, während ihnen staatliche Funktionen erst durch den Staat übertragen werden können. Das Grundgesetz bestimmt in Art. 28 Abs. 2 GG , dass den Gemeinden das Recht gewährleistet, die Angelegenheiten der örtlichen Gemeinschaft eigenverantwortlich zu regeln. Die Kommunen sind danach zuständig für die Selbstverwaltungsaufgaben, die staatlichen Aufgaben obliegen dagegen der Zuordnung durch Bund und Länder als Kompetenzträger. Damit wird deutlich zwischen Selbstverwaltungsangelegenheiten und übertragenen staatlichen Aufgaben unterschieden.[423] Die damit verbundene dualistische Sichtweise wird noch dadurch unterstrichen, dass das Grundgesetz im Rahmen der Bundesauftragsverwaltung nur das Verhältnis Bund-Länder kennt.[424] Die Kommunen werden hierbei vom Grundgesetz nicht als eigenständige Verwaltungsebene wahrgenommen und gelten vielmehr bei der Auftragsverwaltung als Teil der Länder. Auch dies spricht dafür, dass im Grundgesetz die Selbstverwaltungsaufgaben von den übertragenen staatlichen Aufgaben getrennt zu würdigen sind und das Grundgesetz nicht den Grundsatz der Einheit der öffentlichen Verwaltung auf Ortsebene garantiert.

Die Rechtslage nach der Sächsischen Verfassung ist im Hinblick auf die Vorgabe eines einheitlich-kommunalrechtlichen Aufgabenmodells uneindeutig. Zum Teil wird die Auffassung vertreten, der in Art. 84 SächsVerf verwandte Begriff der öffentlichen Aufgabe sei Ausdruck einer vom Verfassungsgeber favorisierten Idee eines einheitlich kommunalen Wirkungskreises gewesen, wie sie sich im sog. monistischen Aufgabenmodell wiederfindet.[425] Daraus wird abgeleitet, dass der einheitliche Wirkungskreis kommunaler Aufgabenerledigung, wie er durch Art. 84 Abs. 1 SächsVerf zum Ausdruck komme, ein geschütztes Verfassungsprinzip

---

423 vgl. Gern, Kommunalrecht Baden-Württemberg, Rz. 106.
424 von Mutius , Neues Steuerungsmodell in der Kommunalverwaltung, S. 685 f. (711 f.).
425 Seyb/Lahme/Sponer, Sächsisches Kommunalrecht, Rz. 48 f.

beinhalte.[426] Die entgegengesetzte Auffassung betont, in Art. 82 Abs. 2 SächsVerf und folglich auch in Art. 84 Abs. 1 SächsVerf würden die Selbstverwaltungsangelegenheiten den übertragenen Aufgaben in Art. 85 SächsVerf gegenüber gestellt. Dadurch zeige sich, dass der in Art. 84 Abs. 1 SächsVerf enthaltene monistische Gedanke in diesen Verfassungsbestimmungen nicht fortgeführt werde.[427]

Für die letztere Ansicht spricht, dass es weder - wie oben ausgeführt - einen einheitlichen Begriff der öffentlichen Aufgabe gibt, noch dieser Begriff alle Aufgaben umfasst, die in der Kommune wahrgenommen werden. So kann eine staatliche Aufgabe gem. Art. 85 Abs. 3 SächsVerf als Pflichtaufgabe nach Weisung dem Kreis der öffentlichen Aufgaben zugeordnet werden, ohne dass dieser Schritt für die Ermöglichung einer kommunalen Aufgabenträgerschaft zwingend ist. Denn eine Übertragung ist gem. Art. 85 Abs. 1 SächsVerf auch als weitere staatliche Aufgabe im Sinne einer Auftragsangelegenheit möglich und bei Vorliegen der vorbezeichneten verfassungsrechtliche Ingerenzrechte sogar geboten.
Die dualistische Ausrichtung wird im übrigen auch durch die Regelung des § 123 SächsGemO deutlich. Denn hierin werden weitere staatliche Aufgaben erwähnt, ohne diese in den kreislichen Aufgabenkatalog des § 2 SächsLKrO einzuordnen. Letztlich zeigt aber auch ein Blick in die Entstehungsgeschichte, dass der Verfassungsgeber selbst nicht von einem ausschließlich monistisch strukturierten Modell ausging, da der Abgeordnete *Kunzmann* im Rahmen der Beratungen zu Art. 85 SächsVerf bemängelte,[428] dass in der Vorschrift nicht zwischen eigenen und übertragenen Aufgaben unterschieden werde und damit offenbar einen dualistischen Aufgabenbegriff der Kommunalordnungen zugrunde legte.

In der neueren Literatur wird der rein monistische Aufgabenansatz für die sächsische Rechtslage zu Recht wegen Bedenken hinsichtlich seiner Vereinbarkeit mit dem dualistischen Aufgabenmodell des Grundgesetzes in Frage gestellt.[429] Auch aus diesem Grund kann eine verfassungskonforme Auslegung der Sächsische Verfassung nur darin bestehen, dass beide kommunalrechtlichen Aufgabenmodelle gleichberechtigt zugelassen und darüber hinaus als vermittelnde Lösung auch die Konstruktion eines monistischen Strukturmodells mit einer Anreicherung um weitere staatliche Funktionen ermöglicht wird. Im Ergebnis ist daher festzuhalten, dass die

---

426 Quecke/Schmidt, Sächsisches Kommunalrecht, Rz. 6 f. und 19 f. zu § 2

427 Art. 85 SächsVerf nimmt - wie die vergleichbare Verfassungsnorm in Art. 75 Abs. 2 der Landesverfassung Baden-Württemberg zeigt - auf ein dualistisches Strukturmodell Bezug, welches von einem übertragenen Wirkungskreis ausgeht.

428 Schimpff/Rühmann, Protokolle, S. 537.

429 Hegele/ Ewert, Sächsisches Kommunalrecht, S. 55 f.

Sächsische Verfassung zwar in Art. 84 Abs. 1 SächsVerf mit dem Begriff der öffentlichen Aufgabe einen Ansatz für das monistische Modell liefert. Jedoch zeigt bereits das Zusammenspiel mit Art. 82 Abs. 1 SächsVerf, dass die Verfassung dieses monistische Modell nicht konsequent umsetzt, in dem sie den Angelegenheiten der örtlichen Gemeinschaft die übertragenen Aufgaben gegenüber stellt. Die Verfassung hat damit das Schwanken ihres baden-württembergischen Vorbilds übernommen und ebenfalls keine eindeutige Entscheidung getroffen hat.[430]

Unabhängig davon ist ergänzend darauf hinzuweisen, dass auch bei einem rein monistischen Modell mit der Differenzierung zwischen weisungsfreier Pflichtaufgabe und Pflichtaufgabe nach Weisung mit dem Weisungsrecht stets eine Differenzierung im Sinne des herkömmlichen Dualismus erfolgt. Durch die Art und den Umfang der Normierung des Weisungsrechts lebt die dualistische Sichtweise unter verändertem Vorzeichen fort, da das Weisungsrecht gerade der Differenzierung zwischen eigenen und übertragenen Angelegenheiten dient.

5.) Ergebnis

- Art. 84 Abs. 1 SächsVerf umfasst lediglich eine nachrichtliche Wiedergabe des Art. 82 Abs. 2 SächsVerf - eine eigenständige Gewährleistungsgarantie kommt dem Begriff der öffentlichen Aufgabe hingegen nicht zu. Art. 84 Abs. 1 SächsVerf beinhaltet auch kein - den Gehalt des Art. 82 Abs. 2 SächsVerf überlagerndes - Subsidiaritätsprinzip und kann auch nicht als klagbarer Grundsatz für die Umsetzung der Einheit der Verwaltung auf der kommunalen Ebene herangezogen werden.

- Der Begriff der öffentlichen Aufgabe definiert sich über den Art. 84 Abs. 1 i.V.m. 85 Abs. 3 SächsVerf. Während allerdings die weisungsfreien Angelegenheiten ohne weiteres unter diese Kategorie subsumiert werden können, ist bei dem staatlichen Aufgabenvollzug eine Differenzierung geboten. Denn die Übertragung einer staatlichen Aufgabe als öffentliche Aufgabe gem. Art. 85 Abs. 3 i.V.m. Art. 84 Abs. 1 SächsVerf ist im Hinblick auf die Rechtsnatur der Pflichtaufgabe nach Weisung nur dann möglich, wenn höherrangiges Recht dieser Einordnung nicht entgegen steht. Eine derartige Beschränkung ist gegeben, wenn das bundesrechtliche Weisungsrecht gem. Art. 85 GG und Art. 84 Abs. 5 GG einen unbeschränkten und unbeschränkbaren Durchgriff auf den kommunalen Aufgabenträger erfordert. Eine Teilkommunalisierung wie bei der Pflichtaufgabe nach Weisung ist mit diesem Durchgriff nicht vereinbar. In diesem Falle kann

[430] Wahl, SächsVBl 1996, 303 f.

eine staatliche Aufgabe nur als Auftragsangelegenheit gem. Art. 85 Abs. 1 SächsVerf und nicht mehr als öffentliche Aufgabe übertragen werden.

- Die Tätigkeit des Landkreises als untere Verwaltungsbehörde kann nicht generell als eine Aufgabenstruktur begriffen werden, die von vornherein eine Zuordnung der in diesem Rahmen wahrgenommenen Kompetenzen als Pflichtaufgabe nach Weisung im Sinne einer öffentlichen Aufgabe ausschließt. Allerdings kann es im Rahmen der Tätigkeit als untere Verwaltungsbehörde neben den Kompetenzen, die mit bundesrechtlichen Ingerenzrechten ausgestattet sind, auch landesrechtliche Befugnisse geben, die nicht als Pflichtaufgabe nach Weisung und damit als öffentliche Aufgabe übertragbar sind.

Kommunale Aufgabenstruktur nach der Sächsischen Verfassung

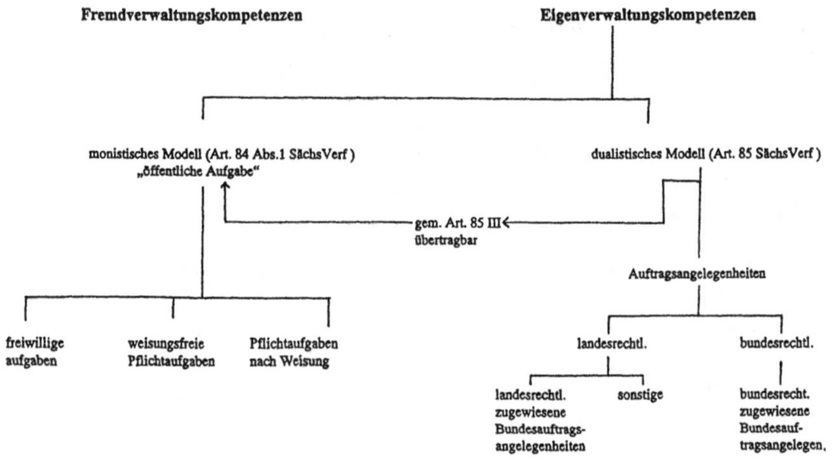

Siebentes Kapitel:
Erfassung der Kreisebene durch den organisationsrechtlichen Gesetzesvorbehalt des Art. 83 Abs. 1 SächsVerf

Art. 82 Abs. 1 SächsVerf definiert die Staatsregierung, die ihr unterstellten Behörden und die Träger der Selbstverwaltung als Träger der öffentlichen Verwaltung. Hinsichtlich der Verwaltungsorganisation enthält Art. 83 Abs. 1 S. 1 SächsVerf einen Gesetzesvorbehalt für den Aufbau, die räumliche Gliederung und die Zuständigkeiten der Landesverwaltung. Die Verfassungsvorschrift bestimmt jedoch nicht, ob und ggf. in welchem Umfange die in Art. 82 Abs. 1 SächsVerf benannten Träger der öffentlichen Verwaltung dem Begriff der Landesverwaltung in Art. 83 Abs. 1 SächsVerf und damit dem vorbezeichneten Organisationsvorbehalt unterfallen.

Bei einer Betrachtung organisationsrechtlicher Gesetzesvorbehalte anderer Landesverfassungen zeigt sich, dass teilweise die Träger der Selbstverwaltung dort nicht unter den Begriff "Landesverwaltung" subsumiert und damit auch nicht als vom landesrechtlichen Gesetzgebungsauftrag umfasst betrachtet werden.[431] Eine anhand des Art. 70 der baden-württembergischen Verfassung (einer mit Art. 83 Abs. 1 SächsVerf regelungsidentischen Bestimmung) entwickelte Ansicht versteht demgegenüber unter dem Begriff der Landesverwaltung nicht nur die staatlichen Behörden, sondern umfassend auch die Einrichtungen der Selbstverwaltung, soweit sie der Aufsicht des Landes unterstehen.[432] Begründet wird dies neben systematischen Argumenten[433] damit, dass es dem Gesetzgeber ansonsten an der Kompetenz fehlen würde, Selbstverwaltungskörperschaften außer den Gemeinden und Gemeindeverbänden zu errichten bzw. für zuständig zu erklären.[434] Auch der in Art. 70 Abs. 1 S. 2 Verfassung Baden-Württemberg enthaltene Subsidiaritätsgrundsatz der Aufgabenzuständigkeit[435] wird als Argument herangezogen, den Begriff der Landesverwaltung um die Träger Selbstverwaltung zu erweitern, weil nur so dieser Grundsatz auch für die kommunale Ebene wirksam werden könne.[436] Eine Einbeziehung der kommunalen Ebene in den organisationsrechtlichen

---

431 zu Art. 77 Abs. 1 BayVerf vgl. Leisner, BayVBl 1967, 329.

432 Feuchte, Verfassung Baden-Württemberg, Rz. 4 zu Art. 70 ; Braun, Verfassung Baden-Württemberg, Rz. 4 zu Art. 70.

433 Braun a.a.O.

434 Feuchte, Verfassung Baden-Württemberg, Rz. 4 zu Art. 70.

435 regelungsidentisch mit Art. 83 Abs. 1 S. 2 SächsVerf

436 Feuchte, a.a.O.

Gesetzesvorbehalt wird jedoch stets nur dann befürwortet, wenn eine Anbindung kommunaler Körperschaften an den Behördenaufbau des Landes zu regeln ist.[437]

Eine mit der baden-württembergischen Rechtslage vergleichbare wissenschaftliche Auseinandersetzung hat in Bezug auf Art. 83 SächsVerf bisher nur ansatzweise in der sächsischen Rechtsprechung und Literatur stattgefunden. Da auch in den Verfassungsberatungen die Frage des Umfangs des organisationsrechtlichen Gesetzesvorbehaltes nicht thematisiert worden ist, bedarf es im folgenden einer genaueren verfassungsrechtlichen Explikation der tatbestandlichen Reichweite der Vorschrift.

Bei einer verfassungssystematischen Analyse ergibt sich, dass für die kommunalen Träger der Selbstverwaltung in den auf Art. 83 SächsVerf folgenden Bestimmungen zahlreiche Sondervorschriften geschaffen worden sind, wie etwa

- spezialgesetzliche Regelungen zur räumlichen Gliederung in Art. 88 SächsVerf

- die Zuständigkeitsvermutung der Träger kommunaler Selbstverwaltung in Art. 84 SächsVerf

- gesonderte Aufgabenübertragungsvorschriften in 85 Abs. 1 SächsVerf

Anhand der Subsidiaritätsklausel des Art. 85 Abs. 1 S. 2 SächsVerf lässt sich zudem nachweisen, dass hiermit gesonderte Verfassungsbestimmungen geschaffen wurden, die in ihrem Gehalt in direkter Konkurrenz zu Bestimmungen des Art. 83 Abs. 1 SächsVerf - auch hier wird der Grundsatz der Dekonzentration formuliert - stehen. Aus diesem Befund ließe sich schlussfolgern, die Sächsische Verfassung habe den Kommunen eine organisationsrechtliche Sonderstellung einräumen und für sie hierbei - ebenso wie beim Sächsischen Rechnungshof gem. Art. 100 SächsVerf und der Rechtspflege gem. Art. 77 f. SächsVerf - eigene verfassungsrechtliche Organisationsbestimmungen schaffen wollen.[438] Für diese Auffassung spräche auch, dass das Sächsische Verwaltungsaufbauergän-zungsgesetz,[439] welches nach dem Willen der Verfasser zur Umsetzung des Art. 83 SächsVerf dient, keine der vorbenannten Institutionen, einschließlich der kommunalen Ebene, geregelt hat.

---

437 Braun, Verfassung Baden-Württemberg, Rz. 7 zu Art. 70.

438 Geller/Kleinrahm, Verfassung Nordrhein-Westfalen, Rz. 5 b zu Art. 77 m.w.N.

439 SächsGVBl 1999, S. 184 f.

Gegen eine Einbeziehung der Kommunen in den Regelungsgehalt des Art. 83 Abs. 1 SächsVerf spricht aber auch die institutionelle Garantie des Art. 82 Abs. 2 SächsVerf und das dort verbürgte Recht zur Selbstverwaltung. Denn die damit verbundene kommunale Organisationskompetenz zur Einrichtung von Behörden ist Selbstverwaltungsangelegenheit und kann daher nicht dem organisationsrechtlichen Gesetzesvorbehalt über den Behördenaufbau unterfallen.[440] Auch ist zu beachten, dass die Kommunen als Gebietskörperschaften keine Behörden sind, sondern lediglich durch ihre Einrichtungen wie das Landratsamt behördliche Funktionen erfüllen können.

Für eine grundsätzliche Einbeziehung der Kommunen in die tatbestandliche Reichweite des Art. 83 Abs. 1 SächsVerf spricht hingegen der weite Begriff der Landesverwaltung. Denn im Rahmen der Vorschrift erfolgt nicht wie in Art. 59 SächsVerf eine tatbestandliche Eingrenzung auf die Geschäftsbereiche der Staatsregierung oder wie in Art. 83 Abs. 2 SächsVerf eine Beschränkung auf staatliche Behörden. Vielmehr ist anzunehmen, dass mit dem Begriff Landesverwaltung die in Art. 82 Abs. 1 SächsVerf benannten Träger der öffentlichen Verwaltung gemeint sind, damit auch die Träger kommunaler Selbstverwaltung dem Begriff der Landesverwaltung unterfallen und somit grundsätzlich dem Gesetzesvorbehalt des Art. 83 Abs. 1 SächsVerf unterliegen. [441] Hierauf deuten auch die in den Textausgaben verwandten nichtamtlichen Überschriften des Art. 83 SächsVerf, die mit "Organisation der öffentlichen Verwaltung"[442] und "Verwaltungsorganisation"[443] einen tatbestandlich umfassenden Ansatz beinhalten.

Zudem ist zu bedenken, dass die Kommunen als Träger staatlicher Aufgaben hoheitliche Verwaltung ausüben und es daher zumindest möglich erscheint, dass sie in dieser Funktion in die staatliche Organisationsstruktur eingefügt werden können bzw. müssen.[444] Der Organisationsvorbehalt des Art. 83 SächsVerf ist allerdings auch beim staatlichen Aufgabenvollzug nur dann tatbestandlich auf die Kommunen zu erweitern, wenn diese derart in den Stufenaufbau (Instanzenzug) der Behörden des Landes einbezogen sind, dass sie als Träger mittelbarer Landesverwaltung fungieren bzw. unmittelbar wie eine staatliche Instanz an der Landesverwaltung

---

[440] Geller/Kleinrahm Verfassung Nordrhein-Westfalen, Rz. 10 d zu Art. 77

[441] so z.B. Kunzmann /Haas, Sächsische Verfassung, Rz. 2 zu Art. 83 SächsVerf

[442] Meissner/Trute, Staats- und Verwaltungsrecht.

[443] Musall/Schifferdecker, Landesrecht Sachsen ; Beck'sche Textausgabe, Gesetze des Freistaates Sachsen.

[444] Kunzmann/Haas, Sächsische Verfassung, a.a.O.

teilnehmen und daher eine Anbindung an den Behördenaufbau des Landes zu regeln ist.[445]

Nach dem Entfall der unteren staatlichen Verwaltungsbehörde im Landkreis seit Inkrafttreten der SächsLKrO besteht die - in anderen Landesorganisationsgesetzen vorhandene - institutionelle Einbindung in die Behördenhierarchie der Landesverwaltung zwar nicht mehr. Allerdings ist angesichts der neueren Rechtsprechung des SächsOVG[446] eine derartige Anbindung an den Behördenaufbau des Landes bei der Tätigkeit des Landkreises als untere Verwaltungsbehörde gem. § 2 Abs. 5 SächsLKrO zu prüfen. Auch ist sie bei der Wahrnehmung staatlicher Aufgaben, wie den Pflichtaufgabe nach Weisung oder den Bundesauftragsangelegenheiten vorstellbar. Einer gesonderten Betrachtung bedarf die Funktion der Rechtsaufsicht über die kreisangehörigen Kommunen.

1.) Das Landratsamt als untere Verwaltungsbehörde

Bei einem Vergleich mit der baden-württembergischen Rechtslage zeigt sich, dass das Landesverwaltungsgesetz Baden-Württemberg[447] in § 13 die Tätigkeit der Gemeinden und Gemeindeverbände insoweit regelt, als sie Aufgaben als untere Verwaltungsbehörden wahrnehmen. Denkbar ist daher, dass mit der Funktion der unteren Verwaltungsbehörde eine Erschließung des organisationsrechtlichen Gesetzesvorbehalts nicht nur ermöglicht, sondern von Verfassungs wegen geboten wird. Voraussetzung hierfür ist allerdings eine hiermit verbundene substantielle Integration der Kreise in die Landesverwaltung, die eine Erstreckung des Gesetzesvorbehaltes des Art. 83 SächsVerf rechtfertigen würde.

Diese Anbindung an den Behördenaufbau des Landes könnte sich dadurch ergeben, dass die Funktion der unteren Verwaltungsbehörde im Wege einer öffentlich-rechtlichen Beleihung wahrgenommen wird. In Betracht kommt hierbei sowohl eine Organ - als auch eine Institutsleihe.

---

445 Petz, BayVBl 1989, 353 f. (355) hält aus diesem Grunde auch eine Erstreckung des Organisationsvorbehalts des Art. 77 Bayerische Verfassung auf die Verwaltungstätigkeit der kreisfreien Städte für erforderlich ; vgl. auch Braun, Verfassung Baden-Württemberg, Rz. 7 zu Art. 70.

446 SächsOVG SächsVBl 1998, 188 f.

447 Landesverwaltungsgesetz Baden-Württemberg, GBl BW 1984, S. 101

a.) Organleihe

Das Institut der Organleihe ist dadurch gekennzeichnet, dass das Organ eines Rechtsträgers ermächtigt und beauftragt wird, einen Aufgabenbereich eines anderen Rechtsträgers wahrzunehmen. Das entliehene Organ wird hierbei als Organ des Entleihers tätig, dessen Weisungen es unterworfen ist und dem die von diesem Organ getroffenen Maßnahmen und Entscheidungen zugerechnet werden.[448] Entscheidend ist somit, dass ein Organ einer juristischen Person des öffentlichen Rechts von einem anderen Hoheitsträger zu dessen Aufgabenerledigung und in dessen Namen herangezogen wird, mithin die Aufgabe selbst bei ihrem ursprünglichen Aufgabenträger verbleibt.[449] Da es sich insoweit um die Wahrnehmung einer unmittelbaren Staatsverwaltung handelt,[450] ist eine Organleihe geeignet, die für die Erschließung des organisationsrechtlichen Gesetzesvorbehaltes notwendige Anbindung an den Behördenaufbau des Landes zu realisieren.

Diese Anbindung an die Landesverwaltung ist im Hinblick auf die untere Verwaltungsbehörde beim Landratsamt denkbar, durch die gem. § 2 Abs. 5 SächsLKrO staatliche Aufgaben wahrgenommen werden. Betrachtet man die diesbezügliche Erfüllungszuständigkeit des Landrats für den staatlichen Aufgabenvollzug gem. § 49 Abs. 3 SächsLKrO und damit auch für die Tätigkeit des Landratsamtes als untere Verwaltungsbehörde ist zu prüfen, ob im Rahmen der Aufgabenwahrnehmung als untere Verwaltungsbehörde der Landrat durch das Land im Wege der Organleihe herangezogen wird. Diese Annahme vertritt offenbar das SächsOVG,[451] indem es hervorhebt, die als untere Verwaltungsbehörde gem. § 2 Abs. 5 SächsLKrO wahrgenommenen Aufgaben würden nicht in Aufgaben des Landkreises umgewidmet, sondern das Landratsamt in diesen Fällen nur mit der Funktion einer unteren (staatlichen) Verwaltungsbehörde beliehen. Daraus schlussfolgert das Gericht, mit der Vorschrift des § 2 Abs. 5 SächsLKrO sei ein Fall der echten Organleihe geregelt worden.

Gegen die Annahme einer Organleihe spricht allerdings zunächst die Entstehungsgeschichte der Vorschrift des § 2 Abs. 5 SächsLKrO. Denn hierdurch wird deutlich, dass eine institutionelle Einbindung in die Landesverwaltung nicht beabsichtigt war. So lässt sich aus der Gesetzesbegründung[452] der Hinweis entnehmen, es handele sich lediglich um eine Klarstellung, dass die Landratsämter und kreisfreien Städte auch weiterhin untere Verwaltungsbehörden im Sinne bundes

---

448 BVerfGE 63, 1, 32. BVerwG, NVwZ, RR 1990, 43, 44

449 Knemeyer, DÖV 1988, 397 f. (401) . Stober, Kommunalrecht, § 7 I 5 m.w.N.

450 von Mutius, Kommunalrecht, Rz. 310 ; Wolff/Bachof/Stober, Verwaltungsrecht II, § 86 X.

451 SächsOVG, SächsVBl 1998, 181.

452 Landtagsdrucksache 2/4311.

- und landesrechtlicher Vorschriften sind. *Belz* schlussfolgert hieraus, dass durch die erfolgten Novellierungen der Kommunalordnungen weder die Landratsämter noch die Bürgermeisterämter der kreisfreien Städte zu staatlichen Verwaltungsbehörden erklärt worden seien. Die Aufgaben der unteren Verwaltungsbehörden würde vielmehr weiterhin innerhalb einer ausschließlich kommunal strukturierten Behörde wahrgenommen.[453]

Da es auch in der Verwaltungswirklichkeit an den typischen Merkmalen einer Organleihe - wie etwa der Verlagerung der verwaltungsprozessualen Verantwortlichkeit auf den Staat - fehlt, ist der vom SächsOVG entwickelte Ansatz der Organleihe und damit die Erstreckung des organisationsrechtlichen Gesetzesvorbehalts abzulehnen.

b.) Institutsleihe

Allerdings kann die vom SächsOVG vertretene Ansicht, das Landratsamt werden gem. § 2 Abs. 5 SächsLKrO nur mit der Funktion einer unteren (staatlichen) Verwaltungsbehörde beliehen, auch als Institutsleihe des Landratsamtes ausgelegt werden. Jedoch lässt sich auch hier anhand der Gesetzesmaterialien nicht nachweisen, mit der Vorschrift sei eine partielle Ausgliederung der "unteren Verwaltungsbehörde" aus dem kreiskommunalen Bereich beabsichtigt und ihre leihweise Inanspruchnahme für die Landesverwaltung intendiert worden.[454]

Zudem bleibt das Landratsamt - wie auch das SächsOVG selbst feststellt[455] - Behörde des Landkreises. Anders als bei den Kommunalordnungen mit einer doppelfunktionalen Stellung der Landkreise wird nicht geregelt, dass die Behörde des Landkreises zwar das Landratsamt, dieses jedoch in dieser Funktion zugleich untere staatliche Verwaltungsbehörde (und damit Staatsbehörde) ist.[456] Vielmehr wird nicht bei der Behördenstruktur in § 1 Abs. 4 SächsLKrO, sondern lediglich bei den Aufgaben des Landkreises in § 2 Abs. 5 SächsLKrO festgelegt, dass die Landratsämter untere Verwaltungsbehörden sind. Mit diesem Regelungsort wird zugleich bestimmt, dass die Landkreise lediglich die Aufgaben der unteren Verwaltungsbehörden auftragsweise wahrnehmen. Das Landratsamt wird daher nicht zur Staatsbehörde, der institutionelle Status des Landratsamtes wird im

---

453 Belz, SächsVBl 1997, 92 f.

454 Zudem führen die oben gegen einen Leihtatbestand vorgebrachten, in dem Eingriff. in das Selbstverwaltungsrecht gründenden, dogmatischen Bedenken zur Ablehnung einer derartigen Konstruktion.

455 SächsOVG a.a.O.

456 vgl. § 13 Abs. 1 Nr. 1 BW LVG

Zusammenhang mit der unteren Verwaltungsbehörde nicht verändert, das Landratsamt ist und bleibt ausschließlich Behörde des Landkreises.

§ 2 Abs. 5 SächsLKrO bedingt daher keinen staatlichen Zugriff auf das Landratsamt durch eine institutionelle Einbindung in die Landesverwaltung, sondern beinhaltet diesen allenfalls durch eine besondere landesgesetzgeberische Qualifizierung der Aufgaben, die im Landratsamt als untere Verwaltungsbehörde wahrgenommen werden. Insoweit kann die Situation mit den Regelungen für die kreisfreien Städte im Landesverwaltungsgesetz Baden-Württemberg verglichen werden. Auch diese werden gem. § 13 Abs. 2 Landesverwaltungsgesetz Baden-Württemberg zwar mit der Funktion als untere Verwaltungsbehörde betraut, ohne dass hierdurch jedoch eine institutionelle Einbindung in die Landesverwaltung vorgenommen und der Status einer rein kommunalen Verwaltungsbehörde verändert wird. Die Stadtverwaltung nimmt nach der dortigen Rechtslage die mit der unteren Verwaltungsbehörde verbundenen Aufgaben lediglich als Pflichtaufgaben nach Weisung wahr.[457]

2.) aufgabenspezifische Betrachtungen

Im Hinblick auf den organisationsrechtlichen Gesetzesvorbehalt ist allerdings zu überlegen, ob – unabhängig von abstrakten Funktionszuweisungen wie die der "unteren Verwaltungsbehörde" – gleichwohl die Wahrnehmung einer staatlichen Aufgabe im Landkreis den Tatbestand des Art. 83 SächsVerf zu erschließen vermag.

a.) Die Pflichtaufgabe nach Weisung

Die Pflichtaufgabe nach Weisung wird gem. Art. 85 Abs. 1 SächsVerf i.V.m. § 2 Abs. 3 SächsLKrO dem Landkreis als Gebietskörperschaft und nicht unmittelbar einem Organ des Landkreises oder einem spezifischen Behördenteil des Landratsamtes (untere Verwaltungsbehörde) als Aufgabe übertragen. Mit dieser Zuordnung wandelt sich - wie oben ausgeführt - der insoweit übertragene staatliche Aufgabenvollzug zu einer Aufgabe eigener Art. Von dieser Aufgabenübertragung ist die kommunalrechtliche Wahrnehmungskompetenz für diese Aufgabenerfüllung zu unterscheiden. Soweit der Landrat in § 49 Abs. 3 SächsLKrO mit der Erfüllung der Weisungsaufgaben betraut wird, obliegt ihm diese Verpflichtung als Teil des Verwaltungsträgers Kreis, berührt aber seine - an anderer Stelle geregelte organschaftliche Stellung - in keiner Weise. Er nimmt vielmehr Aufgaben wahr, die

---

457 vgl. Maurer/Hendler, Staats- und Verwaltungsrecht Baden-Württemberg, S. 113.

dem Kreis übertragen wurden und wird bei seinem Handeln für und gegen diesen Verwaltungsträger tätig.

Aufgrund dieser kommunalrechtlichen Ausgangslage fehlt es an den - für eine Organleihe entscheidenden - Merkmalen der Fremdverwaltung und des Ausbleibens einer echten Zuständigkeitsübertragung. [458] Denn die Pflichtaufgabe nach Weisung wird als kreisliche Aufgabe dem Wirkungskreis der öffentlichen Aufgaben gem. Art. 84 Abs. 1 SächsVerf zugewiesen und dort auch wahrgenommen.

Gegen die Annahme einer Organleihe spricht aber auch die Intention bei der Schaffung eines ausschließlich kommunal strukturierten Landratsamtes. Denn die Motive der Stärkung der Selbstverwaltung auf Kreisebene unter gleichzeitiger Verringerung des staatlichen Einflusses würden durch die leihweise Einbindung kreislicher Organe in das staatliche Organisationsgefüge geradezu kontakariert.[459] Zudem stellt sich unter dem Gesichtspunkt des Schutzes kommunaler Selbstverwaltung die öffentlich-rechtliche Leihe für den kommunalen Verwaltungsträger stets als ein schwerwiegenderer Eingriff als die bloße Begründung einer Wahrnehmungszuständigkeit dar.[460]

Letztlich fehlt es bei der Annahme einer Organleihe an einer echten Aufgabenübertragung an den kommunalen Verwaltungsträger, weil ein Organ des Landkreises im Wege der Organleihe zu einem weisungsabhängigen Repräsentanten des Staates gemacht, die zugeordnete Aufgabe durch diesen lediglich in Form der Fremdverwaltung erfüllt wird und damit im staatlichen Herrschaftsbereich verbleibt.[461] Eine "Kommunalisierung" staatlicher Aufgaben ist somit von vornherein ausgeschlossen.

Die tatbestandliche Erschließung des Art. 83 Abs. 1 SächsVerf ist daher bei der Pflichtaufgabe nach Weisung zu verneinen. Denn Aufgabenträger ist allein der Kreis, bei der Aufgabenwahrnehmung wird weder der Kreis selbst noch eines seiner Organe in die staatliche Behördenhierarchie eingeordnet, weil keine Fremdzuständigkeiten des Staates sondern durch Art. 85 Abs. 1 i.V.m. Art 85 Abs. 3 SächsVerf übertragene Aufgaben als Eigenzuständigkeiten wahrgenommen werden.

---

458 BVerwG, NVwZ-RR 1990, 44 f.

459 Maurer, Allgemeines Verwaltungsrecht, Rz. 54 f. zu § 21 weist darauf hin, dass der rechtfertigende Grund des Rechtsinstituts der Organleihe u.a. darin liegt, dass der beleihende Verwaltungsträger sich die Errichtung und Unterhaltung einer eigenen Behörde oder Verwaltungseinrichtung erspart.

460 VG Chemnitz KPS § 28 VermG, 101/93.

461 zur Kritik an der Annahme einer Organleihe bei der Pflichtaufgabe nach Weisung Rommel, DÖV 1979, 362 f. (365), der in der Organleihe ein Indiz dafür sieht, dass die Bedeutung des kommunalen Selbstverwaltungsrechts für das Staatsganze entweder nicht erkannt oder geleugnet wird.

Auch wenn der Staat durch zu normierende Weisungsrechte beim staatlichen Aufgabenvollzug Einfluss nehmen kann, bedeutet dies lediglich eine Verdichtung seiner Kontrollintensität, ändert aber an dem Übertragungstatbestand selbst nichts.

b.) Bundesauftragsangelegenheiten

Auch bei den Bundesauftragsangelegenheiten werden die Aufgaben - wie zum Beispiel bei den Versicherungsämtern gem. § 3 Abs. 1 Sächsisches Ausführungsgesetz zum Bundessozialhilfegesetz (SächsAGBSHG)[462] dem Landkreis, nicht einem kreislichen Organ zugewiesen. Ebenso bestimmt auch hier § 49 Abs. 3 SächsLKrO die Erfüllungszuständigkeit des Landrats.

Gleichwohl wird in der Literatur wegen eines originär staatlichen Charakters der Bundesauftragsangelegenheiten die Wahrnehmungszuständigkeit des Landrats teilweise zu einer Organleihe aufgewertet, um eine leihweise Ausübung von Fremdverwaltungsangelegenheiten eines anderen Verwaltungsträgers und die Einbindung in die Landesverwaltung deutlich zu machen.[463] Hierfür spricht, dass aus Sicht des grundgesetzlichen Verfassungsmodells bei der Bundesauftragsverwaltung die Kommunen als Teile der Länder gelten und diese damit zumindest fiktiv einem einheitlichen Verwaltungsbereich zugeordnet werden.

Andererseits kann im Ergebnis nichts anderes als bei der Pflichtaufgabe nach Weisung gelten, da auch die Bundesauftragsangelegenheit dem Landkreis auftragsweise zur eigenen Erfüllung übertragen wird.[464] Damit handelt der Landrat im Rahmen seiner Wahrnehmungszuständigkeit gem. § 49 Abs. 3 SächsLKrO nicht als Organ der Bundes- oder Landesverwaltung, sondern als Organ seines eigenen Verwaltungsträgers.[465] Dies schließt nicht aus, dass es sich hierbei um staatliche Aufgaben handelt und ein Weisungsrecht des Staates als dem beauftragenden Verwaltungsträger besteht.[466] Der Landrat besitzt - ebenso wie bei der Pflichtaufgabe nach Weisung - eine Wahrnehmungszuständigkeit für die dem Landkreis als Eigenverwaltungskompetenz zugeordnete Aufgabe. Seine organschaftliche Rechtsstellung wird durch diese Zuständigkeitszuweisung nicht berührt. Eine institutionelle Einbindung in die Landesverwaltung im Sinne des Art.

---

462 SächsGVBl 1998, S. 78.

463 so Seewald, Kommunalrecht, Rz. 311 für die Regelungen der NLO.

464 Knemeyer a.a.O.

465 vgl. BVerwG, DÖV 1996, 210 für den Fall des § 28 VermG, in der die Auslegung der Beauftragung der Kommunen als Organleihe schon aufgrund des Wortlauts verneint wird.

466 vgl. hierzu HessVGH ESVGH 21, 74 f.

83 SächsVerf ist somit bei der Wahrnehmung der Bundesauftragsangelegenheit weder erforderlich noch geboten.

c.) Rechtsaufsicht

Art. 89 Abs. 1 SächsVerf beinhaltet einen Verfassungsauftrag, durch den der Freistaat zur Überwachung der Gesetzmäßigkeit der Verwaltung von Gemeinden, Landkreisen und anderen Gemeindeverbänden verpflichtet wird.

Diese Kontrollfunktion stellt sich als das staatlich intendierte, aber auch beherrschte Korrelat zu der in Art. 82 SächsVerf gewährten kommunalen Selbstverwaltung und der damit verbundenen Verleihung von Hoheitsrechten an einen außerhalb der Landesverwaltung stehenden Verwaltungsträger dar.[467] Die in Art. 89 SächsVerf begründete Verpflichtung zur Gesetzmäßigkeitskontrolle der kommunalen Ebene[468] ist von der Fachaufsicht abzugrenzen, die als Zweckmäßigkeitskontrolle nicht von dieser verfassungsrechtlichen Kontrollverpflichtung erfasst ist.[469] Denn das fachaufsichtliche Weisungsrecht findet seine Rechtsgrundlage nicht in Art. 89 SächsVerf, sondern in dem fakultativen Gestaltungsvorbehalt des Art. 85 Abs. 3 SächsVerf.[470]

Adressat des Verfassungsauftrages gem. Art. 89 SächsVerf ist der Freistaat. Dabei ist - was weder in Literatur noch Rechtsprechung bisher beachtet wurde - die Verwendung des Begriffs "Freistaat" von erheblicher Bedeutung. Denn während die Sächsische Verfassung an anderer Stelle lediglich von dem "Land" spricht, nimmt es hier den Freistaat in die Pflicht. Das dies nicht nur eine terminologische Ungenauigkeit ist, zeigt ein Blick in die Verfassungsmaterialien. Denn die Verwendung der Begrifflichkeiten ist durchaus problematisiert worden. So wurde bereits auf der 2. Klausurtagung bei der Beratung des Art. 104 (Gohrischer Entwurf

---

467 BVerfGE 6, 104 f. (118) ; BVerfG, NVwZ 1989, 45 f. ; Gern, Deutsches Kommunalrecht, Rz. 804 ; Sponer, Kommunalaufsicht und Widerspruchsverfahren, S. 69.

468 Zwar erstreckt sich in der Verwaltungspraxis die überörtliche Rechnungsprüfung nicht nur auf die Kontrolle der Rechtmäßigkeit des Verwaltungshandelns, sondern auch auf Kontrolle der Zweckmäßigkeit. Da die hinsichtlich der Zweckmäßigkeit in dem Abschlussbericht des kreislichen Rechnungsprüfungsamtes enthaltenen Anmerkungen jedoch die geprüfte Kommune nicht binden und zudem mit aufsichtlichen Mitteln nicht durchgesetzt werden können, verbleibt es bei der Einordnung der überörtlichen Rechnungsprüfung als reiner Rechtmäßigkeitskontrolle. Daran ändert auch nichts, dass sich die Kommunen in der Praxis freiwillig den Hinweisen der Prüfung anschließen.

469 vgl. Müller, Sächsische Verfassung, Anm. zu Art. 89.

470 Schmid, Sachsenlandkurier 1998, 70 f.

- Schulaufsicht durch den Freistaat) von *von Mangoldt* hervorgehoben,[471] dass der Bereich der Schulaufsicht in vollem Umfange der staatlichen Kontrolle unterliegen müsse, da ansonsten den Minister keine Verantwortlichkeit im Bereich der Schulen treffe. Die genuine Staatlichkeit der dem „Freistaat" in Art 104 (Gohrischer Entwurf) zugeordnete Aufgabe wird auch dadurch deutlich, dass *von Mangoldt* in einem weiteren Beitrag zu Art. 104 (Gohrischer Entwurf) betonte,[472] dass es sich bei den Schulbehörden um eine Form der unmittelbaren Staatsverwaltung handele, die hierarchisch eingegliedert seien und deshalb einer direkten Aufsicht unterlägen.

Die bewusste Aufnahme einer verfassungssystematischen Differenzierung zwischen den Begriffen „Land" und „Freistaat" wird auch durch die seinerzeitige Anregung des *Verfassungs- und Rechtsausschusses* unterstrichen,[473] im Verfassungsentwurf die Terminologie insbesondere im Hinblick auf die Verwendung der Begriffe "Land" und "Freistaat" nochmals durchzugehen und systematischer zu gestalten.

Zielführend zur Abgrenzung des Begriffs Land und Freistaat ist in diesem Zusammenhang die in der 5. Klausurtagung von dem Vertreter des SMJuS *Rühmann* unwidersprochen gebliebene Feststellung,[474] dass es in der SächsVerf „Freistaat Sachsen" heißen müsse, wenn die Staatsorganisation gemeint sei. Sei dagegen die Gesamtheit der Landesorganisation einschließlich der Selbstverwaltungsträger gemeint, so sei der Begriff "Land Sachsen" zu verwenden.

Zutreffend hat daher *Trute* in einer Explikation des Art. 103 SächsVerf herausgearbeitet,[475] dass diese Verfassungsvorschrift eine Kompetenz- und Organisationsnorm sei, die sich ausdrücklich an den Freistaat richte und daher die Träger kommunaler Selbstverwaltung nicht mit umfasse. Die staatliche Schulaufsicht obliege damit dem Freistaat und somit nicht den Trägern der Selbstverwaltung, sondern den staatlichen Schulverwaltungsbehörden.

Ist damit die Rechtsaufsicht - ebenso wie die Schulaufsicht gem. Art. 103 SächsVerf - als traditioneller Staatsvorbehalt ausgestaltet[476] und muss damit in der

---

471 Schimpff/Rühmann, Protokolle, S. 61.

472 Schimpff/Rühmann, Protokolle, S. 269.

473 Schimpff/Rühmann, Protokolle, S. 212 (Ziff. 2 des Schreibens des Verfassungs- und Rechtsausschusses an den Ausschuss für Haushalt und Finanzen vom 19.3.1991 als Anlage zur 4. Klausurtagung)

474 Schimpff/Rühmann, Protokolle, S. 279.

475 Trute, Kultur- und Bildungswesen in der Sächsischen Verfassung, Rz. 7 f. (12).

476 Meissner, Verwaltung, Rz. 76 ; vgl. auch die verfassungsrechtlichen Bedenken zur Wahrnehmung der Rechtsaufsicht durch ein kommunalisiertes Landratsamt in Fn. 201.

Staatsorganisation verbleiben, stellt sich die verfassungsrechtliche Ausgangslage bei der Rechtsaufsicht wegen Art. 89 SächsVerf grundsätzlich anders als bei den übrigen staatlichen Aufgaben, die diese verfassungsrechtlich vorgegebene staatsorganisatorische Bindung nicht aufweisen. Daher ist zu überlegen, ob diese Spezifik auch die Notwendigkeit tatbestandlicher Erschließung des organisationsrechtlichen Gesetzesvorbehalts rechtfertigt.

In diesem Zusammenhang ist zunächst auf die in Rechtsprechung und Literatur vorgetragenen verfassungsrechtlichen Bedenken hinzuweisen, die Zuweisung der Aufgabe der Rechtsaufsicht an eine kommunale Einheitsbehörde Landratsamt sei verfassungsrechtlich bedenklich, weil die Delegationsmöglichkeit des Landesgesetzgebers ihre Grenzen darin finde, dass ein außerhalb der Landesorganisation stehender Verwaltungsträger nicht mit der Aufgabe der Kommunalaufsicht betraut werden dürfe.[477] Begründet wird dies damit, dass die Aufgabenzuweisung an eine kommunale Behörde im Widerspruch zu landesverfassungsrechtlichen Vorgaben stünde. Denn Art. 89 SächsVerf beauftrage den Staat, die Gesetzmäßigkeit der Verwaltung der Gemeinde zu überwachen. Eine Übertragung dieser Funktion an die kommunale Einheitsbehörde Landratsamt scheide demgegenüber aus, da es sich dann lediglich noch um eine "mittelbare staatliche Aufsicht" handele. Der in Art. 89 SächsVerf formulierte Gesetzgebungsauftrag könne daher nur innerhalb der Landesverwaltung realisiert werden.

Diese Ansicht würde es erfordern, den Organisationsvorbehalt tatbestandlich insoweit auf die Landkreise zu erweitern, als die geforderte verfassungsrechtliche Anbindung an die Behördenhierarchie des Landes gewährleistet wird und damit die Funktion der Rechtsaufsicht in der Landesorganisation verbleibt.

Im folgenden ist daher zu überlegen, ob die Funktion der Rechtsaufsicht es im Hinblick auf den organisationsrechtlichen Gesetzesvorbehalt erfordert, dass die Aufgabenträgerschaft in der Landesverwaltung verbleibt und wie sich die daraus möglicherweise ergebende Notwendigkeit einer Einbindung der Landkreise in die Landesverwaltung im Sinne eines "staatlichen Interventionsminimums" realisieren lässt.

---

477 VG Chemnitz, LKV 1997, 261 f. ; Weidelener, Kommunalpraxis 1994, 134 f. ; Begründung (Allgemeiner Teil S.4) zum *Gesetzentwurf zur Stärkung der Rechts- und Fachaufsicht* - im Ansatz ähnlich bereits Schmidt-Brücken DVBl 1951, 459 f. (460) der darauf hinweist, dass die Staatsaufsicht nach den Begriffen echter Demokratie nicht von Organen des Landkreises ausgeübt werden könne. Ein volksgewählter Vertreter sei für die Ausübung der Aufsicht nicht geeignet.

aa.) Notwendigkeit einer Anbindung an den landesrechtlichen Behördenaufbau

Angesichts der oben dargestellten Entstehungsgeschichte des Art. 89 SächsVerf lässt sich die Schlussfolgerung ziehen, dass die Rechtsaufsicht als Aufgabe in der Staatsorganisation verbleiben muss und mithin z. B. nicht materiell privatisiert werden darf. Aus den Verfassungsmaterialien lässt sich indes nicht ableiten, ob Staatsorganisation nur den Bereich der staatlichen Verwaltung betrifft oder funktional in dem Sinne zu verstehen ist, dass die Funktionswahrnehmung auf andere Körperschaften übertragbar ist, wenn und soweit die Einflussmöglichkeit des Staates gesichert und die Anbindung an die Behördenhierarchie des Landes gewährleistet ist. Bei einem Vergleich mit Art. 75 Abs. 1 Verfassung Baden-Württemberg wird deutlich, dass auch diese Vorschrift von einer "mit der Überwachung betrauten Staatsbehörde" spricht, gleichwohl die überwiegende Meinung im Schrifttum diesen Behördenbegriff jedoch funktional auslegt. Daraus wird geschlussfolgert, dass Art. 75 Verfassung Baden-Württemberg nicht erfordere, dass die staatliche Aufsicht stets von einer Behörde wahrzunehmen ist, deren organisatorischer Träger das Land ist.[478] Allerdings wird zugleich wegen der genuinen Staatlichkeit der Aufgabe gefordert, dass der Staat bei der Übertragung der Aufsichtsfunktion auf kommunale Behörden die Möglichkeit behält, deren Willensbildung und Verwaltungspraxis maßgeblich zu beeinflussen.[479] Diese verfassungsrechtlich gebotenen Ingerenzrechte werden entweder in der Übertragung der Aufsicht als weisungsgebundene Aufgabe oder in der Inanspruchnahme des kommunalen Trägers im Wege der Organleihe gesehen.[480]

Dem weiten Begriff der Staatsorganisation ist für die sächsische Rechtslage das VG Dresden gefolgt, in dem es darauf hingewiesen hat,[481] aus dem Wortlaut des Art. 89 SächsVerf ergebe sich nicht, dass die staatliche Kontrolle zwingend und ausschließlich durch eigene Behörden des Freistaates auszuüben sei.

Allerdings hat das Gericht bei der Auslegung der sächsischen Rechtslage übersehen, dass es in der Sächsischen Verfassung eine folgenreiche Divergenz zu ihrem baden-württembergischen Vorbild gibt. Denn anders als die Verfassung Baden-Württemberg differenziert die Sächsische Verfassung zwischen Land und Freistaat. Dies bedeutet, dass die ausdrücklich freistaatliche Funktion des Art. 89 SächsVerf auch eine engere Bindung an die Staatsorganisation erfordert, als dies in Baden-

---

[478] Braun, Verfassung Baden-Württemberg, Rz. 7 zu Art. 75 m.w.N. - a.A. jedoch Müller, WGZ 1954 , 4 f.

[479] Kunze/Bronner/Katz, Gemeindeordnung Baden-Württemberg, Rz. 1 zu § 119.

[480] Braun a.a.O., Kunze/Bronner/Katz, Gemeindeordnung Baden-Württemberg, a.a.O.

[481] VG Dresden, LKV 2000, 83 f.

Württemberg der Fall sein mag. Daher reicht es nicht aus, die Aufgabe lediglich als Auftragsangelegenheit mit unbeschränktem Weisungsrecht an den kommunalen Träger zu übertragen.[482] Erforderlich ist vielmehr, das Verbleiben der Aufgabe in der Staatsorganisation durch eine prozessuale und haftungsrechtliche Letztverantwortlichkeit des Freistaates zu dokumentieren und damit der spezifischen Verfassungslage mit ihrem Staatsvorbehalt Rechnung zu tragen.

bb.) Umsetzung nach der geltenden Rechtslage

Bei der Frage, ob diese An- und Einbindung in die Landesorganisation im Rahmen des organisationsrechtlichen Gesetzesvorbehalts umzusetzen ist, ist zunächst problematisch, ob es sich hierbei nicht um eine Materie handelt, die "als Einrichtung der staatlichen Behörden" Teil exekutiver Organisationsgewalt gem. Art. 83 Abs. 2 SächsVerf ist und damit der Staatsregierung obliegt. Zwar ist im Hinblick auf Art. 59 SächsVerf vertretbar, aufsichtliche Zuständigkeiten unter diese Gestaltungsbefugnis der Staatsregierung zu fassen. Jedoch handelt es sich vorliegend um die Einbeziehung und Inanspruchnahme eines außerhalb der Staatsorganisation stehenden Verwaltungsträgers, so dass hier von einer grundlegenden Entscheidung der Verwaltungsorganisation auszugehen ist, die in der Kompetenz des Landesgesetzgebers liegt.

Verbleibt es somit beim organisationsrechtlichen Gesetzesvorbehalt des Art. 83 Abs. 1 SächsVerf stellt sich jedoch die Frage, ob dieser organisationsrechtliche Tatbestand nur durch ein formelles Gesetz lösbar oder aber auch durch ein materielles Gesetz zu gewährleisten ist. Diese Problematik ist in den Verfassungsberatungen erörtert worden. Hierbei hat *von Mangoldt* darauf hingewiesen, dass mit der Verwendung des Begriffs "durch Gesetz" immer Gesetz oder gesetzlich ermächtigte Rechtsverordnung gemeint sei und eine Ergänzung in Art. 83 SächsVerf "auf Grund eines Gesetzes" dazu führen könne, dass an den anderen Stellen "durch Gesetz" so gedeutet werde, dass eine gesetzlich ermächtigte Rechtsverordnung nicht mehr zulässig sei.[483]

Auch wenn sich der Verfassungs- und Rechtsausschuss auf eine Protokollfeststellung verständigt hat, dass Gesetz im Sinne des Art. 83 SächsVerf nicht im formellen Sinne gemeint sei,[484] sprechen jedoch systematische Erwägungen

---

482 a.A. VG Dresden, LKV 2000, 83 f., welches lediglich die Gewährleistung einer umfassenden Fachaufsicht über die Landratsämter fordert.

483 Schimpff/Rühmann, Protokolle, S. 629 f. ; SächsOVG, SächsVBl 1999, 17 f. (1 8)

484 Schimpff/Rühmann, Protokolle, S. 629 f.

gegen eine solche Ansicht. Denn in weiteren Normen der SächsVerf (z.B. Art. 23 Abs. 2, Art. 28 Abs. 1 und Art. 88 Abs. 2 SächsVerf) wird eine Differenzierung von formellen und materiellen Gesetzen durch die Begriffe "durch Gesetz" und "aufgrund eines Gesetzes" ausdrücklich vorgenommen. Die vorgenommene Protokollnotiz fügt sich somit nicht in die sonst verwandten Begrifflichkeiten ein und würde zudem dazu führen, dass der Landtag sich einer wesentlichen Organisationsentscheidung begeben und das vorbezeichnete Spannungsfeld zu seinen Lasten verschoben würde.

Somit bedarf es eines formellen Gesetzes, um eine Einbeziehung des Landkreises in die Staatsverwaltung im Sinne des landesrechtlichen Organisationsvorbehaltes zu gewährleisten. Bei einer Betrachtung der derzeitigen Rechtslage fällt auf, dass der Landkreis lediglich über § 112 Abs. 1 SächsGemO mit der aufsichtlichen Funktion betraut wird, in dem das Landratsamt (als untere Verwaltungsbehörde) zur zuständigen Rechtsaufsichtsbehörde für die kreisangehörigen Städte und Gemeinden erklärt wird.

Damit fehlt es zunächst - gemessen an Art. 85 Abs. 1 SächsVerf – an einer wirksamen Aufgabenübertragung durch Gesetz an den Landkreis. Anders als bei dem übrigen staatlichen Aufgabenvollzug wird der Landkreis bei der Ausübung der Kommunalaufsicht in § 112 SächsGemO als untere Verwaltungsbehörde in den landesrechtlichen Instanzenzug mit einer oberen und obersten Rechtsaufsichtsbehörde eingebunden und damit einem vom Gesetzgeber a priori unterstellten - und mit Selbsteintrittsrechten in § 112 Abs. 2 SächsGemO abgesicherten - Über-Unterordnungsverhältnis unterworfen.[485] Das sächsische Landratsamt wird - wie in Baden - Württemberg - in die Zuständigkeitshierarchie der Rechtsaufsichtsbehörden eingegliedert, ohne dass im Fachgesetz eine Verpflichtung des Landkreises bzw. seiner Organe zur auftragsweisen Wahrnehmung erfolgt wäre.

Allerdings ist die hier zu beurteilende und auch erforderliche Anbindung an die Staatsorganisation lediglich nach dem Maßstab des Art. 83 Abs. 1 SächsVerf zu bewerten, da aufgrund des Fremdverwaltungscharakters der Rechtsaufsicht die Wirksamkeitsmaßstäbe des Art. 85 Abs. 1 SächsVerf nicht einschlägig sind.

Jedoch erfordert auch Art. 83 Abs. 1 SächsVerf - wie zuvor ausgeführt - ein formelles Gesetz. Vorliegend wird jedoch weder der Landkreis noch eines seiner Organe formellgesetzlich zur Aufgabenerfüllung herangezogen. Lediglich in § 112 SächsGemO wird das Landratsamt als untere Verwaltungsbehörde mit der Aufgabenwahrnehmung beauftragt, ohne dass jedoch die für den organisationsrechtlichen Gesetzesvorbehalt erforderliche Rückbindung der Tätigkeit

[485] Gönnenwein, Gemeinderecht, S. 213 m.w.N.

an die Staatsorganisation und der Fremdverwaltungscharakter der Aufgabe deutlich wird. Vielmehr deutet das Fehlen jeglichen Weisungsrechts bei dieser Aufgabe eher darauf hin, die Rechtsaufsicht solle nach dem Willen des Gesetzgebers als weisungsfreie Pflichtaufgabe wahrgenommen werden.

Es fehlt damit an der formellgesetzlichen Umsetzung der notwendigen tatbestandlichen Erstreckung des Art. 83 Abs. 1 SächsVerf.

Allerdings hat das SächsOVG im Hinblick auf Art. 83 Abs. 1 SächsVerf herausgearbeitet, dass trotz Fehlen einer formellgesetzlichen Regelung die sachliche Zuständigkeit von Behörden gegeben sei, wenn dies die Erhaltung der Funktionsfähigkeit der staatlichen Verwaltung im Freistaat Sachsen erfordere.[486] In diesem Zusammenhang hat auch das BVerwG festgestellt, für eine Übergangszeit könnten Aufgaben ohne hinreichende gesetzliche Grundlage wahrgenommen werden, soweit dies aus übergeordneten Gründen des Gemeinwohls oder zur Erhaltung der Funktionsfähigkeit einer öffentlichen Einrichtung erforderlich sei.[487]

Zu Recht hat das SächsOVG allerdings auch darauf hingewiesen,[488] dass im Hinblick auf die erforderliche Kodifizierung der Landesverwaltung die von der Rechtsprechung zugestandene, jedoch nicht näher bestimmte, Karenzzeit acht Jahre nach Inkrafttreten der SächsVerf als abgelaufen gelten dürfte. Dem folgend ist nunmehr auch eine im Sinne des Art. 83 Abs. 1 SächsVerf gesetzlich geregelte Aufsichtszuständigkeit erforderlich.[489]

Der Landesgesetzgeber ist daher gefordert, aufgrund der spezifischen Staatlichkeit der Rechtsaufsicht die notwendige Anbindung an den Behördenaufbau des Landes vorzunehmen und im Rahmen des organisationsrechtlichen Gesetzesvorbehaltes die verfassungsrechtlich gebotene Einbindung der Landkreise im Hinblick auf ihre Funktion als Kommunalaufsichtsbehörde zu gewährleisten.

---

486 SächsOVG, Beschluss vom 18.7.1997, AZ: 3 S 692/96.

487 vgl. BVerfGE 33, 1, 12 ; BVerwGE 51, 235, 243 m.w.N. ; Kopp, VwGO Kommentar, § 42 Rz. 46 m.w.N.

488 SächsOVG, SächsVBl 1999, 17 f.

489 so z.B. das VG Chemnitz, Beschluss vom 23.9.1996 (AZ: 2 K 1267/96) für den Bereich der Vollzug der StVO.

cc.) Lösungsmöglichkeiten zur Herstellung der Verfassungskonformität

(1) Der Gesetzentwurf zur Stärkung der Rechts- und Fachaufsicht

Unter ausdrücklicher Bezugnahme auf die vorgenannten verfassungsrechtlichen Probleme bei der Wahrnehmung der Rechtsaufsicht durch eine kommunale Einheitsbehörde Landratsamt ist Ende Januar 1997 der Entwurf eines *Gesetzes zur Stärkung der Rechts- und Fachaufsicht* vom Kabinett verabschiedet und zur Anhörung freigegeben worden. Die Gesetzesbegründung geht von dem Ansatz aus, die Kommunalaufsicht sei eine gem. Art. 89 SächsVerf dem Freistaat zugewiesene Aufgabe sei, deren Übertragung an eine rein kommunale Behörde Landratsamt verfassungsrechtlichen Bedenken begegne.[490] Zur Gewährleistung der damit für erforderlich gehaltenen Einbindung in die Behördenhierarchie des Landes enthält der Entwurf Vorschriften über die Wiedereinführung der unteren staatlichen Verwaltungsbehörde im Landratsamt. Die Regelungen über die staatliche Verwaltung werden in einem neu eingefügten 6. Teil der SächsLKrO zusammengefasst und untergliedern sich in Bestimmungen über die untere staatliche Verwaltungsbehörde, die Verantwortung und Stellung des Landrats sowie die personelle und sächliche Ausstattung der staatlichen Abteilung.

Mit der Entwurfsregelung des § 65 a SächsLKrO wird das Landratsamt hierbei zum Träger der staatlichen Verwaltung im Landkreis bestimmt und als solches Teil der staatlichen Verwaltung. In dieser Funktion soll es gem. § 65 a Ziff. 1 SächsLkrO zunächst die Aufgabe der Rechts- und Fachaufsicht über die kreisangehörigen Gemeinden, Verwaltungsverbände und Zweckverbände ausüben. Der in § 65 Ziff. 2 enthaltene Gesetzesvorbehalt ermöglicht im Wege einer Öffnungsklausel, dem Landratsamt als untere staatliche Verwaltungsbehörde weitere Aufgaben durch Gesetz zuzuweisen.

Die Entwurfsbegründung zu dem in § 65 a SächsLkrO ebenfalls formulierten Gesetzesvorbehalt verdeutlicht, es solle verhindert werden, dass ohne Mitwirkung

---

490 Des weiteren enthält die Gesetzesbegründung den Hinweis, dass die Einführung einer staatlichen Verwaltung das Reaktionstempo der Verwaltung insgesamt erhöhe, sowie den Informations- und Erfahrungsaustausch und die personalwirtschaftliche Flexibilität des Freistaates verbessere. Die eigentliche Begründung der Wiedereinführung einer unteren staatlichen Verwaltungsbehörde erschließt sich jedoch aus einer sehr ausführlichen und gleichermaßen kritischen Situationsbeschreibung über die Tätigkeit der Landratsämter als Kommunalaufsichtsbehörden. Denn diese analysiert, dass die derzeitige Praxis der Kommunalaufsicht unbefriedigend sei und sich bei der Verwaltung mangelnde Gesetzmäßigkeit des Handelns zeige.

des Landesgesetzgebers das jeweilige Fachressort durch Verordnungen oder Verwaltungsvorschriften Aufgaben in die Zuständigkeit der unteren staatlichen Verwaltungsbehörde übertragen könne. Des weiteren wird die Vermutung geäußert, es gäbe im Bereich der Gefahrenabwehr, des Ausländerrechts und bei der Eingliederung staatlicher Sonderbehörden Aufgaben, die nur von der unteren staatlichen Verwaltungsbehörde des Landratsamtes wahrgenommen werden könnten.

Der Landrat soll nach dem Gesetzentwurf zwar kommunaler Beamter bleiben. Als Leiter der unteren staatlichen Verwaltungsbehörde ist er jedoch dem Freistaat für die ordnungsgemäße Erfüllung der Aufgaben dieses Behördenzweiges verantwortlich und soll insoweit den Weisungen der Fachaufsichtsbehörden sowie der Dienstaufsicht der übergeordneten staatlichen Behörden unterliegen. Die Dienstaufsicht über die untere staatliche Verwaltungsbehörde erstreckt sich des weiteren auch auf den Aufbau, die innere Ordnung, die allgemeine Geschäftsführung und die Personalangelegenheiten der nach § 65 c SächsLKrO zugewiesenen Landesbediensteten. Die Landesbediensteten stellen eine Ausnahme von dem in § 65 c SächsLKrO aufgestellten Grundsatz dar, dass die für die Erfüllung der Aufgaben der staatlichen Abteilung erforderlichen Bediensteten und Einrichtungen vom Landkreis zu stellen sind. Die mit der Entsendung der Landesbediensteten verbundenen Personalausgaben werden im Entwurf dem Freistaat als Dienstherrn auferlegt, die sächlichen Verwaltungsausgaben der Landesbediensteten (Reisekostenvergütungen) sollen demgegenüber vom Landkreis getragen werden. Dem Landkreis stehen des weiteren die Einnahmen aus der Tätigkeit als untere staatliche Verwaltungsbehörde zu. Vorgesetzter des Landespersonals ist nach dem Entwurf der Landrat, der die Bediensteten im Einvernehmen mit dem Regierungspräsidium auch für andere als kommunalaufsichtliche Aufgaben einsetzen kann. Hinzuweisen ist darauf, dass der Leiter und Stellvertreter des Kommunalaufsichtsamtes vom Landrat mit Zustimmung des Regierungspräsidiums bestimmt werden sollen. Die Begründung verdeutlicht, dass im Hinblick auf die anfallenden Problemstellungen lediglich ein Volljurist als Leiter der Kommunalaufsicht in Betracht kommt. Andererseits ist der Begründung jedoch ein Bestandsschutz für die derzeitigen Stelleninhaber zu entnehmen.

(2) Bewertung und eigener Ansatz

Der vorliegende Entwurf vermag zwar die aus Art. 83 Abs. 1 SächsVerf resultierenden Anforderungen zu erfüllen, indem im Landratsamt eine untere staatliche Verwaltungsbehörde eingerichtet und damit die gebotene Einbindung in die staatliche Behördenhierarchie gewährleistet wird. Allerdings geht der Entwurf über das hinaus, was zur Gewährleistung des organisationsrechtlichen Gesetzesvorbehaltes verfassungsrechtlich geboten ist. Denn zum einen erfasst dieser - wie oben ausgeführt - lediglich die Gesetzmäßigkeitskontrolle im Sinne des Art. 89 SächsVerf und damit die Rechtsaufsicht über die kreisangehörigen Kommunen. Daher ist die im Gesetzentwurf vorgesehene Regelung, auch die Fachaufsicht bzw. über eine Öffnungsklausel auch weitere Aufgaben der unteren staatlichen Verwaltungsbehörde zuzuweisen, jedenfalls unter Berücksichtigung des Verfassungsgebotes des Art. 83 Abs. 1 SächsVerf nicht erforderlich. Darüber hinaus stellt sich jedoch die Frage, ob dem organisationsrechtlichen Gesetzesvorbehalt nur mit der vorgesehenen Einrichtung einer staatlichen Ortsinstanz, die zudem mit eigenen Landesbediensteten besetzt werden soll, Rechnung getragen werden kann. Denn hierdurch wird die mit der SächsLKrO geschaffene kommunale Einheitsbehörde aufgegeben und die sog. Janusköpfigkeit des Landratsamtes wieder eingeführt.

Entscheidend für die Gewährleistung des Art. 83 Abs. 1 SächsVerf ist lediglich eine Regelung, mit der das Verbleiben der Aufgabe der Rechtsaufsicht in der staatlichen Verwaltung mit einer prozessualen und haftungsrechtlichen Letztverantwortlichkeit des Freistaates gesichert wird. Dies kann jedoch neben der Wiedereinrichtung einer unteren staatlichen Verwaltungsbehörde auch dadurch gewährleistet werden, indem die Rechtsaufsicht im Wege der Organleihe wahrgenommen, damit der Fremdverwaltungscharakter der Aufsichtsfunktion sichtbar, jedoch die ausschließlich kommunale Struktur des Landratsamtes erhalten wird.

Betrachtet man in diesem Zusammenhang die kreisfreie Stadt wird deutlich, dass eine Organleihe des Oberbürgermeisters zwar ungewöhnlich ist, jedoch auch der Oberbürgermeister beispielsweise in Nordrhein-Westfalen im Wege der Organleihe zur staatlichen Aufgabenerfüllung herangezogen wird. Beispielsweise erfüllt er nach dem nordrhein-westfälischen Landesrecht im Wege der Organleihe[491]:

- die Leitung der unteren Landesbehörde Schulamt als verwaltungsfachliches Mitglied mit verwaltungsrechtlichen und haushaltsrechtlichen Kompetenzen[492]

- die Durchführung von Weisungen zur Erledigung bestimmter ordnungsbehördlicher Aufgaben sowie Durchführung von Weisungen, deren

491 vgl. zum folgenden Vietmeier, Die staatlichen Aufgaben der Kommunen und ihrer Organe, S. 211

492 Das Schulamt ist gem. § 9 Abs. 2 Landesorganisationsgesetz untere Landesbehörde - die Organisation wird durch § 18 Schulverwaltungsgesetz vorgegeben

Geheimhaltung im Interesse der Staatssicherheit erforderlich sind gem. § 9 Abs. 4 OBG NRW[493]

- die Durchführung bestimmter Aufgaben im Katastrophenschutz gem. § 5 Abs. 4 KatSchG NRW

In diesen Fällen wird nur die Aufgabendurchführung, nicht aber die Aufgabe selbst auf die Gemeinde übertragen.[494] Eine Begründung für diese Organleihe, aber auch ihre Reichweite, enthält der seinerzeitige Bericht einer Arbeitsgruppe zur Funktionalreform, die sich mit den erstinstanzlichen Zuständigkeiten der Regierungspräsidien in Nordrhein-Westfalen befasste.[495] In diesem Bericht wird darauf hingewiesen, dass eine Organleihe des Oberstadtdirektors zur Wahrnehmung staatlicher Aufgaben lediglich in solchen Fällen in Betracht komme, in denen auf ein staatliches Durchgriffsrecht nicht verzichtet werden könne.

Bemerkenswert ist bei dieser Lösung, dass - anders als in § 146 Hess GO[496] - auf die Etablierung einer allgemeinen unteren Landesbehörde bei der Gemeinde verzichtet, sondern die Einbindung in die Landesverwaltung aufgabenbezogen und lediglich für den Einzelfall im Wege der Organleihe realisiert wird. Diese Organleihe ist zwar vereinzelt als Umgehung des verfassungsrechtlichen Verbots zur Wiederbegründung von Auftragsangelegenheiten kritisiert,[497] jedoch nicht als Einrichtung einer staatlichen Ortsinstanz auf der gemeindlichen Ebene bewertet worden.[498]

Auch nach der sachsen-anhaltinischen Gemeindeordnung wird es für zulässig gehalten, im Einzelfall den Bürgermeister als Organ der Gemeinde mit der Durchführung staatlicher Aufgaben zu beauftragen und damit im Wege der Organleihe in Anspruch zu nehmen.[499] Das gesetzlich bestimmte gemeindliche Organ wird in diesen Fällen ohne Rückbindung an seine originäre kommunale Trägerkörperschaft in die staatliche Verwaltung eingegliedert und unterliegt allen

---

493 vgl. hierzu Stober, Kommunalrecht, § 4 IV 5.

494 Dieckmann/Heinrichs, Gemeindeordnung Nordrhein-Westfalen, § 62 Rz. 5.

495 zit. nach Kirchhof, Verwaltungsrundschau 1977, 369 f. (372).

496 Hessische Gemeindeordnung (HessGO), HessGVBl 1992, S. 534, der Oberbürgermeister ist hier ausdrücklich als untere staatliche Verwaltungsbehörde benannt.

497 Kirchhof, Verwaltungsrundschau 1977, 369 f.

498 Erichsen, Kommunalrecht Nordrhein- Westfalen, Rz. 7 A 2 b ; Dieckmann/Heinrichs, Gemeindeordnung Nordrhein-Westfalen, § 62 Rz. 5

499 Wiegand/Grimberg, Gemeindeordnung Sachsen-Anhalt, Rz. 9 zu § 5 m.w.N.

Aufsichtsrechten des staatlichen Behördenzuges.[500] Der Vorteil der Organleihelösung liegt auch hier darin, das kommunale Organ mit einer staatlichen Aufgabe zu betrauen, ohne eine echte Zuständigkeitsübertragung vorzunehmen,[501] zugleich aber auch die ausschließlich kommunale Struktur der Kommunalverwaltung aufrecht zu erhalten.

Übertragen auf die hier zu beurteilende Problematik bedeutet dies, dass beispielsweise mit einer ergänzenden Gesetzesformulierung in § 49 SächsLKrO, nach der der Landrat die Rechtsaufsicht über die kreisangehörigen Gemeinden im Auftrag des Freistaates Sachsen und in dessen Verantwortung ausübt, einerseits die leihweise Inanspruchnahme des Organs Landrat verdeutlicht und mit dieser Organleihe den aus Art. 89 Abs. 1 SächsVerf resultierenden Anforderungen Rechnung getragen werden kann, andererseits jedoch der Status der kommunalen Einheitsbehörde Landratsamt nicht verändert zu werden braucht. Denn der entscheidende Unterschied zu den oben dargestellten Kreisordnungen mit einer Organleihe des Landrats[502] besteht darin, dass der Landrat bei der hier vorgeschlagenen Lösung nicht wie z.B. in der Hessischen Kreisordnung als Behörde der Landesverwaltung mit der Wahrnehmung der Aufsicht über die kreisangehörigen Gemeinden beauftragt wird[503] und damit zugleich die Funktion der allgemeinen unteren Landesbehörde zugewiesen erhält, in deren Ausübung er staatliche Aufgaben zu erfüllen hat. Auch wird das Kreisgebiet nicht zum Hoheitsbezirk der allgemeinen unteren Landesbehörde erklärt. Statt dessen wird - ebenso wie in § 62 Gemeindeordnung Nordrhein-Westfalen - eine aufgabenbezogene Beleihung im Einzelfall vorgenommen, die jedoch die Rechtsnatur des kommunalen Verwaltungsträgers unberührt lässt und damit auf die Einrichtung einer staatlichen Ortsinstanz verzichtet.

---

500 Stober, Kommunalrecht a.a.O ; Wolff/Bachof/Stober, Verwaltungsrecht II, § 86 X m.w.N. ; Schmidt-Eichstaedt, Die Qualität der Kommunalaufgaben Band 3 § 48 B, S. 3 f. ; Vietmeier, Die staatlichen Aufgaben der Kommunen und ihrer Organe, 216 f.

501 BVerwG, NVwZ-RR 1990, 44.

502 vgl. IV 1 b.

503 § 55 Abs. 2 HessKrO lautet: Der Landrat nimmt als Behörde der Landesverwaltung .... die Aufsicht über die kreisangehörigen Gemeinden wahr.

3.) Zulässigkeit des Ausschlusses der Wählbarkeit von Unionsbürgern für das Amt des Landrats

Mit dem *Gesetz zur Einführung des kommunalen Wahlrechts für EU-Bürger im Freistaat Sachsen*[504] ist die EU-Richtlinie 94 / 80 / EG umgesetzt und das aktive und passive Wahlrecht der ausländischen Unionsbürger geregelt worden. Dabei sind die Unionsbürger von der Wählbarkeit für das Amt des Landrates mit der Begründung ausgeschlossen worden, dass diese Ämter die Ausübung von Staatsgewalt und die Wahrung der allgemeinen Interessen umfassen und daher auf eine Ausdehnung des passiven Wahlrechts verzichtet wird.[505]

Angesichts der in § 1 Abs. 4 SächsLkrO festgelegten Struktur des sächsischen Landratsamtes als kommunale Einheitsbehörde und der zuvor dargestellten, begrenzten, Bedeutung des organisationsrechtlichen Gesetzesvorbehalts gem. Art. 83 Abs. 1 SächsVerf für das kreisliche Aufgabenspektrum ist die Rechtfertigung einer derartigen Beschränkung des passiven Wahlrechts der Unionsbürger zu hinterfragen.

Gem. Art. 8 Abs. 2 EUV haben Unionsbürger die in Art. 8 a - 8 e geregelten Rechte und Pflichten, wobei die Gewährung des kommunalen Wahlrechts ein Kernstück der Unionsbürgerschaft ist.[506] Gem. Art. 8 b Abs. 1 EUV hat jeder Unionsbürger mit Wohnsitz in einem Mitgliedsstaat, dessen Staatsangehörigkeit er nicht besitzt, das aktive und passive Wahlrecht bei Kommunalwahlen, wobei für ihn dieselben Bedingungen gelten wie für den Angehörigen des betreffenden Mitgliedsstaates. Allerdings bestimmt Art. 8 b Abs. 1 S. 2 HS 1 EUV, dass dieses vorbehaltlich der Einzelheiten einer vom Rat zu erlassenden Richtlinie ausgeübt wird und diese Richtlinie Ausnahmeregelungen von dem wahlrechtlichen Gleichbehandlungsgebot enthalten kann, wenn dies aufgrund besonderer Probleme des Mitgliedsstaates gerechtfertigt ist. Die aufgrund dieser Ermächtigung erlassene *Richtlinie über die Einzelheiten der Ausübung des aktiven und passiven Wahlrechts bei den Kommunalwahlen für Unionsbürger mit Wohnsitz in einem Mitgliedsstaat, dessen Staatsangehörigkeit sie nicht besitzen*[507] beinhaltet daher auch keine Harmonisierung der unterschiedlichen nationalen Wahlrechtsvorschriften, sondern regelt lediglich die Modalitäten der Durchführung der Wahlteilnahme von Unionsbürgerinnen und Unionsbürgern im Wohnsitzmitgliedstaat und greift daher

---

504 SächsGVBl 1995, S. 414.

505 vgl. Begründung zum Gesetzentwurf zur Einführung des kommunalen Wahlrechts für EU-Bürger im Freistaat Sachsen, I. Allgemeines, S. 6.

506 Pieroth/Schmülling, DVBl 1998, 365 f.

507 Richtlinie vom 19.12.1994, ABlEG Nr. L 368/38

nur in dem unbedingt erforderlichen Maß in die Wahlrechtsordnungen der Mitgliedstaaten ein. Dabei sieht sie insbesondere die punktuelle Beseitigung des Staatsangehörigkeitserfordernisses vor, welches bisher in den meisten Mitgliedstaaten Unionsbürgerinnen und Unionsbürgern die aktive und passive Teilnahme an Kommunalwahlen unmöglich gemacht hatte. Denn für EU-Bürger sollen nach dem Gleichbehandlungsgrundsatz die gleichen Voraussetzungen für die Kommunalwahlen wie für die Staatsangehörigen des Wohnsitzmitgliedstaates geschaffen werden, insbesondere sollen hinsichtlich der Wohnsitzdauer und des Wohnsitznachweises die gleichen Bedingungen wie für die Staatsangehörigen des Mitgliedstaates bestehen.[508]

Andererseits gestattet die Richtlinie in Bezug auf einzelne Wahlrechtsvoraussetzungen an verschiedener Stelle aber auch eine Durchbrechung des Gleichbehandlungsgebotes von Unionsbürgern und Inländern.[509] Besonders bedeutsam ist hierbei die in Art. 5 Abs. 3 der Richtlinie vorgesehene Möglichkeit der Mitgliedstaaten, das passive Wahlrecht dergestalt zu beschränken, dass nur ihre eigenen Staatsangehörigen in die Ämter der Leiterin oder des Leiters des Exekutivorgans, seiner Vertreterin oder seines Vertreters oder eines Mitglieds des leitenden kollegialen Exekutivorgans einer lokalen Gebietskörperschaft der Grundstufe wählbar sind. Die Mitgliedstaaten können ebenfalls Festlegungen treffen, um die vorübergehende und vertretungsweise Wahrnehmung der Aufgaben der Leiterin oder des Leiters des Exekutivorgans bzw. eines Mitgliedes des leitenden kollegialen Exekutivorgans den eigenen Staatsangehörigen vorzubehalten.

Nicht übersehen werden darf, dass auch bei diesem Personenkreis eine Ausnahmeregelung jedoch stets nur dann statthaft ist, wenn gem. Art. 8 b Abs. 1 EUV eine derartige Wahlrechtsbeschränkung durch "besondere Probleme des Mitgliedsstaates" gerechtfertigt ist. Daher vermag die Argumentation des BayVerfGH nicht zu überzeugen, der die Vereinbarkeit des Art. 5 Abs. 3 der Richtlinie mit der Ermächtigung des Art. 8 b Abs. 1 EUV darin sieht, dass nur Länder betroffen seien, in denen eine Sonderlage deshalb besteht, weil die Wahl zu Ämtern in Frage steht, die mit der Ausübung staatlicher Exekutivgewalt verbunden sind.[510] Denn die in der Richtlinie geregelten Wahlen dienen gerade dazu, Exekutivorgane zu bestimmen, die dann typischerweise auch Exekutivgewalt ausüben.[511] Die Ausübung staatlicher Exekutivgewalt durch Exekutivorgane ist

---

[508] vgl. hierzu die amtliche Gesetzesbegründung des Hessischen Ausführungsgesetzes Landtagsdrucksache 14/93

[509] vgl. Art. 5 Abs. 3 , Art. 8 Abs. 2 , Art. 9 Abs. 1 u. Abs. 2 , Art. 12 der Richtlinie

[510] BayVerfGH, BayVBl 1997 , 495 (497).

[511] Pieroth/Schmülling, DVBl 1998, 365 f. (367).

jedoch keine Sachgegebenheit, die einen Mitgliedsstaat von einem anderen hervorhebt, sondern der Regelfall und kann daher keine landesspezifische Ausnahme im Sinne des Art. 8 b Abs. 1 EUV darstellen.

Daher kann die Zulässigkeit der Wahlrechtsbeschränkung nur anhand der Staatsbürgervorbehalte des Art. 48 Abs. 4 und Art. 55 des EG-Vertrages und den dort eröffneten Gestaltungsspielräumen gemessen werden. Denn danach müssen die Mitgliedstaaten nicht alle Positionen im öffentlichen Dienst Angehörigen anderer EU-Mitgliedsstaaten öffnen.[512]

Allerdings sieht die aufgrund des Art. 48 Abs. 4 EUV entwickelte Rechtsprechung des EuGH[513] einen Ausschluss für EU-Bürger nur für solche Stellen vor, die

- mit der Ausübung hoheitlicher Befugnisse verbunden sind und

- auf die Wahrnehmung solcher Aufgaben abzielen, die auf die Wahrung der allgemeinen Belange des Staates oder anderer öffentlicher Körperschaften ausgerichtet sind.

Die Beschäftigung auf derartigen Stellen erfordert nach der Rechtsprechung somit ein Verhältnis besonderer Verbundenheit der jeweiligen Stelleninhaber und setzt die Gegenseitigkeit von Rechten und Pflichten voraus, die dem Staatsangehörigkeitsband zugrunde liegen.[514] Die Entscheidung, ob es sich um eine solche Stelle handelt, ist nach dem EuGH im Einzelfall zu treffen.

Betrachtet man nunmehr die oben angeführte Begründung des *Gesetzes zur Einführung des kommunalen Wahlrechts für EU-Bürger im Freistaat Sachsen* findet sich dort bei der Umsetzung des Art. 5 Abs. 3 der Richtlinie lediglich der Hinweis, die Mandatsträger nähmen Staatsgewalt wahr und ihre Ämter dienten der Wahrung allgemeiner Interessen. Eine dezidierte Auseinandersetzung mit den vorgenannten Anforderungen an den Staatsbürgervorbehalt des Art. 48 EUV findet demgegenüber nicht statt.

Die Explikation des organisationsrechtlichen Gesetzesvorbehaltes des Art. 83 Abs. 1 SächsVerf hat gezeigt, dass außerhalb der Aufgabe der Rechtsaufsicht eine

---

[512] Klang, DNV 1996 29 f.

[513] EuGH Rechtssache vom 17.12.1980 (EuGH Sammlung 1980 S.3881).

[514] EuGH a.a.O. ; Grabitz / Hilf, Kommentar zur Europäischen Union, Anm. zu Art. 48 Abs. 4 EUV.

tatbestandliche Erstreckung des Art. 83 SächsVerf weder geboten noch erforderlich ist. Dies bedeutet, dass es grundsätzlich keine substantielle Integration des Landrates in die Landesverwaltung gibt. Zudem besitzt der Landrat - anders als in Bayern, welches ebenfalls von der Ermächtigung des Art. 5 Abs. 3 der Richtlinie Gebrauch gemacht hat - keine Leitungs-, Gestaltungs- und Steuerungsmöglichkeiten über eine eigene staatliche Abteilung auf Kreisebene. Gerade diese Doppelfunktion des Landrats als Leiter der Selbstverwaltungsbehörde Kreis und der unteren staatlichen Verwaltungsbehörde ist jedoch in Bayern als Argument dafür herangezogen worden, die EU-Bürger von der Wählbarkeit für dieses Amt auszuschließen.[515]

Unabhängig von diesen rechtsvergleichenden Betrachtungen ist aber auch ansonsten bei der Bewertung der sächsischen Lösung nicht nachvollziehbar, welche besondere Hoheitlichkeit der Aufgabenerfüllung den Landrat von einem normalen Laufbahnbeamten i.S.d. Sächsischen Beamtengesetzes (SächsBG) unterscheiden soll. Denn gem. § 6 Abs. 1 S. 1 SächsBG kann jeder Staatsangehöriger eines anderen EU-Mitgliedsstaates unter den Voraussetzungen des § 9 SächsBG[516] in das Beamtenverhältnis berufen und dann mit hoheitlicher Tätigkeit betraut werden.

Soweit die Gesetzesbegründung hervorhebt, das Amt des Landrats diene der Wahrung allgemeiner Interessen, ist zunächst zu bestreiten, dass der Aufgabenvollzug auf Kreisebene ausschließlich auf die Wahrung der allgemeinen Belange des Landes ausgerichtet ist. Denn selbst bei der Rechtsaufsicht als der wohl "staatlichsten Aufgabe" beim Landkreis gilt neben der Verpflichtung zur Gesetzmäßigkeitskontrolle auch der Opportunitätsgrundsatz. Das bedeutet, dass der Landrat sein aufsichtliches Einschreiten auch nach der speziellen Situation vor Ort und den dortigen kommunalen Belangen auszurichten hat. Auch ist zu bedenken, dass allein das Interesse des Staates an der korrekten Ausführung einer übertragenen Funktion es nicht rechtfertigen kann, dass in dieser Tätigkeit eine Wahrung der allgemeinen Belange des Staates zu sehen ist und damit der nationale Vorbehalt erschlossen wird.[517] Denn die Wahrung der allgemeinen Belange des Staates kann durch seine Aufsicht gesichert und die Verbundenheit mit dem Staat durch den Diensteid der kommunalen Mandatsträger erreicht werden. Einer Beschränkung des passiven Wahlrechts bedarf es hierzu nicht.

---

515 von Klitzing, BayBgm 1996, 120 f.

516 Die Laufbahnbefähigung setzt einen vergleichbaren Berufsabschluss sowie die Beherrschung der deutschen Sprache in Wort und Schrift voraus.

517 EuGH a.a.O. ; Grabitz / Hilf, Kommentar zur Europäischen Union, Anm. zu Art. 48 Abs. 4 EUV.

Lediglich ergänzend ist auf die Vorgaben des Art. 4 Abs. 2 SächsVerf und des Art. 115 SächsVerf hinzuweisen, nach der lediglich die Deutschen im Sinne des Art. 116 GG Bürger und damit wahlberechtigt sind. Zu Recht ist in der Literatur darauf hingewiesen worden, dass beide Vorschriften im Hinblick auf die Unionsbürgerschaft zu restriktiv gehalten und daher reformbedürftig sind,[518] zumal die Unionsbürger nach derzeitiger Verfassungslage lediglich als "ausländische Minderheiten" in Art. 5 Abs. 3 SächsVerf Erwähnung finden. Der Gesetzgeber sollte daher die Unionsbürgerschaft ausdrücklich in die Sächsische Verfassung aufnehmen. Da die bundesrechtliche Bestimmung in Art. 28 Abs. 2 S. 3 GG und das dort verbriefte Kommunalwahlrecht der Unionsbürger dem Landesrecht über Art. 31 GG vorgeht, bleibt jedoch die beschriebene verfassungsrechtliche Regelungslücke ohne Bedeutung.

518 Kunzmann/Haas, Sächsische Verfassung, Rz. 10 zu Art. 5.

4.) Ergebnis:

- Der organisationsrechtliche Gesetzesvorbehalt des Art. 83 Abs. 1 SächsVerf erfasst im Grundsatz auch die kommunale Ebene. Tatbestandlich ist dieser Organisationsvorbehalt jedoch nur aufgabenbezogen und auch dort nur in Bezug auf die kreisspezifische Funktion der Rechtsaufsicht gem. Art. 89 SächsVerf von Bedeutung. Die aufgrund der verfassungsrechtlichen Vorgabe des Art. 89 SächsVerf insoweit erforderliche Anbindung an die Staatsverwaltung sollte durch eine Organleihe des Landrates bei der Wahrnehmung der Aufsichtsfunktion über den kreisangehörigen Bereich gelöst werden. Hierbei können auf die Erfahrungen und Lösungsansätze bei der Organleihe des Oberbürgermeisters in Nordrhein-Westfalen zurückgegriffen werden, die eine auftragsweise Wahrnehmung von Fremdverwaltungsaufgaben bei Fortbestand einer ausschließlich kommunal strukturierten Behörde ermöglichen. Daher bedarf es zur Gewährleistung des organisationsrechtlichen Gesetzesvorbehaltes nicht der Schaffung einer staatlichen Ortsinstanz in Form der Wiedereinrichtung einer unteren staatlichen Verwaltungsbehörde im Landratsamt.

- Im Hinblick auf den landesrechtlichen Ausschluss der EU-Bürger von der Wählbarkeit für das Amt des Landrates sind die hierfür erforderlichen Voraussetzungen gem. Art. 8 b EUV i.V.m. Art. 5 Abs. 3 der entsprechenden EU- Richtlinie nicht gegeben, da es an der hierfür erforderlichen besonderen Problemlage des Mitgliedsstaates fehlt. Auch die Voraussetzungen des staatsbürgerlichen Vorbehaltes des Art. 48 Abs. 4 EUV sind nicht erfüllt, denn weder übt der Landrat in erheblichem Umfange Staatsgewalt aus noch dient seine Tätigkeit als Kreisorgan der Wahrung allgemeiner Belange des Staates. Damit ist der Ausschluss der Wählbarkeit für Unionsbürger für dieses Amt nicht gerechtfertigt.

Achtes Kapitel:

Finanzverfassungsrechtliche Schutzmechanismen des Grundgesetzes

Der Staatsaufbau des Grundgesetzes ist mit den beiden Ebenen Bund und Ländern lediglich zweistufig. Denn das Grundgesetz verteilt mit den Regelungen der Art. 30, 70 ff. , 83 ff, 92 ff. GG die Gesetzgebungskompetenzen nur zwischen diesen beiden Ebenen.[519] Diese duale Sichtweise setzt sich im Finanzverfassungsrecht fort, da mit der Regelung des Art. 104 a Abs. 1 GG als einem grundlegenden Wertungsmodell für die Finanzverfassung des Grundgesetzes an den zweistufigen Staatsaufbau angeknüpft und bei der Ausgabenverteilung lediglich zwischen Bund und Ländern differenziert wird. Dabei werden die Gemeinden und Gemeindeverbände den Ländern zugerechnet.[520] Ein Beleg hierfür ist die Regelung des Art. 106 Abs. 9 GG, durch die als Einnahmen und Ausgaben der Länder auch die Einnahmen und Ausgaben der Gemeinden und Gemeindeverbände gelten.

Während in früheren Fällen der Bund einen Kostenausgleich für von ihm übertragene Aufgaben gewährt hatte,[521] tragen seit den Finanzreformen von 1955 und 1969[522] gem. Art. 104 a Abs. 1 GG der Bund und die Länder gesondert die Ausgaben, die sich aus der Wahrnehmung ihrer Aufgaben ergeben, soweit das Grundgesetz nicht anderes bestimmt.

Dieser Grundsatz bedeutet, dass die Finanzierungsverantwortung der Verwaltungszuständigkeit folgt. Dabei hat der Aufgabenträger neben den Verwaltungsausgaben (Art. 104 a Abs. 5 S. 1 GG) auch die Ausgaben zu tragen, die unmittelbar der Förderung der jeweiligen Sachaufgabe dienen (Zweckausgaben).[523] Beinhaltet somit Art. 104 a GG die strukturelle Vorgabe, dass die Aufgabenzuständigkeit auch die Ausgabenverpflichtung umfasst bedeutet dies jedoch im Umkehrschluss auch, dass es Bund und Ländern grundsätzlich verwehrt ist, Vorhaben zu finanzieren, die nicht im Bereich ihrer Verwaltungszuständigkeit liegen. Wenn eine Gebietskörperschaft eine bestimmte Aufgabe ausführen muss, soll sie nach der Wertung des Grundgesetzes grundsätzlich auch die Verantwortung für deren Finanzierung tragen. Der Grund für diese Zusammenführung von Aufgaben-

---

519 Henneke, Reform der Aufgaben- und Finanzbeziehungen, S. 16 f.

520 BVerfGE 86, 148 f. (215), Henneke, Reform der Aufgaben- und Finanzbeziehungen, S. 18 f.

521 vgl. z.B. § 13 des Volkszählungsgesetzes vom 27.6.1950, BGBl I, S. 335.

522 vgl. hierzu die Ausführungen bei Kühn, BWVBl 1956, 180 f. (183).

523 Trute, JuS 1996, 883 f. ; BT-Drs. V/2861, S. 30, Tz. 115.

und Ausgabenverantwortung liegt darin, dass die Ausführung der Aufgaben letztlich die Höhe der Ausgaben bestimmt,[524] indem die Art des Aufgabenvollzugs definiert und insbesondere bei Ermessensentscheidungen die Höhe der dafür aufzuwendenden Haushaltsmittel gestaltet werden kann.

Das Junktim zwischen Aufgaben- und Ausgabenverantwortung[525] wird jedoch durch einige grundgesetzliche Regelungen durchbrochen, so etwa bei:

- der Bundesauftragsverwaltung (Art. 85 GG i.V.m. Art. 104 a Abs. 2 GG)
- Geldleistungsgesetzen, die von den Ländern ausgeführt werden (Art. 104 a Abs. 3 GG)
- Gewährung von Finanzhilfen für bedeutsame Investitionen (Art. 104 a Abs. 4 GG)

Bei diesen Bereichen wird die Lastenverteilungsregelung des Art. 104 a Abs. 1 GG modifiziert und eine Kostenbeteiligung des Bundes bei Landesaufgaben gestattet. Besonders relevant ist hierbei die Sonderregelung für die Bundesauftragsverwaltung im Sinne von Art. 85 GG. Danach tragen zwar auch in diesem Falle die Länder die Verwaltungskosten, mithin also die Ausgaben, die für den Betrieb und die Erhaltung des Verwaltungsapparates erforderlich sind, der Bund ist gem. Art. 104 a Abs. 2 GG jedoch verpflichtet, die Zweckausgaben zu übernehmen.[526] Bei Geldleistungsgesetzen sieht die Verfassung in Art. 104 a Abs. 3 GG dagegen lediglich eine fakultative Kostenbeteiligung des Bundes vor. Der Bundesgesetzgeber ist insoweit keinen verfassungsrechtlichen Richtlinien unterworfen.

1.) Einbeziehung der Kommunen in das grundgesetzliche Finanzverfassungssystem

Weist der Bund den Kommunen Aufgaben zu, geschieht dies entweder bei der landeseigenen Verwaltung von Bundesgesetzen über Art. 84 GG oder aber im Rahmen der Bundesauftragsverwaltung gem. Art. 85 GG als sog. "Einrichtung von Behörden."[527] *Henneke* stellt in diesem Zusammenhang zu Recht fest, dass diese Zuständigkeitserklärung nicht nur die Einrichtung der Behörde, sondern die Etablierung einer kompletten Verwaltungsebene und deren Beauftragung mit der

---

[524] Trute, JuS 1996, 883 f.

[525] vgl. Kommission für die Finanzreform, Gutachten über die Finanzreform in der Bundesrepublik Deutschland (Troeger-Gutachten), 1966, Rz. 199.

[526] Werner, VBlBW 1997, 1 f. (5).

[527] Zur Reichweite dieser Befugnis vgl. oben VI 3 b aa.

Gesetzesausführung umfasst.[528] Beispiele für derartige bundesrechtliche Aufgabenzuweisungen sind:

- die Übertragung des BSHG Vollzuges auf die kreisfreien Städte und Landkreise als örtliche Träger der Sozialhilfe gem. § 96 BSHG[529]

- die Verpflichtung der Kommunen zur Asylbewerberunterbringung und zur Vorfinanzierung gem. § 10 AsylbLG i.V.m. § 1 SächsDVO AsylbLG[530]

Als Folge dieser Aufgabenbestimmung fällt nach dem Wertungsmodell des Art. 104 a Abs. 1 GG mit der Aufgabenwahrnehmungszuständigkeit den Kommunen - bundesunmittelbar statuiert - die Finanzierungslast zu. Denn auch diese Gesetzesvollzugsaufgaben der Kommunen sind "eigene Angelegenheiten" der Länder im Sinne von Art. 83 GG, weil die Kommunen aus bundesstaatlicher Perspektive als ausschließlich dem Verfassungsbereich der Länder zugeordnet gelten.[531] Daher ist es aus Sicht der grundgesetzlichen Finanzverfassung ohne Bedeutung, ob das Land eine Verwaltungsaufgabe mit eigenen Behörden in unmittelbarer Verwaltung oder von seinen Kommunen in "mittelbarer Landesverwaltung" erfüllen lässt. Vielmehr ist es dem Bund sogar verfassungsrechtlich verwehrt, sich freiwillig an der unmittelbaren (Mit-)-Finanzierung kommunaler Aufgaben zu beteiligen. So darf etwa ein Geldleistungsgesetz im Sinne von Art. 104 a Abs. 3 GG nur die Kostenverteilung zwischen Bund und Ländern regeln, nicht jedoch Bestimmungen zur landesinternen Kostenverteilung im Verhältnis zu den Kommunen treffen.[532] Der Bund ist also weder berechtigt noch verpflichtet, auf die finanziellen Verhältnisse der Kommunen unmittelbar, d.h. ohne Einschaltung der Länder, Einfluss zu nehmen.[533]

Zwar sieht Art. 104 a Abs. 2 GG eine Ausnahme von dem dargestellten Lastenverteilungsgrundsatz insoweit vor, als der Bund bei der Bundesauftragsverwaltung die sog. Zweckausgaben, d.h. die Ausgaben die durch Erfüllung der Verwaltungsausgaben, entstehen, zu tragen hat Die Vorschrift trägt damit der durch die weitergehenden Weisungsbefugnisse bedingte

---

[528] Henneke, Reform der Aufgaben- und Finanzbeziehungen, S. 20.
[529] vgl. hierzu Schoch/Wieland, JZ 1995, 985 f. zur Verfassungswidrigkeit des § 96 BSHG.
[530] SächsGVBl 1994, S. 100.
[531] BVerfGE 39, 96 f. (109).
[532] Maunz in: M/D/H/S, Grundgesetzkommentar, Art. 104a Rz. 27.
[533] BVerfGE 26, 172 (181 f) ; von Münch, Grundgesetz Kommentar, Bd. 3, Vorb. zu Art. 104 a bis 109 GG, Rz. 3.

Kostenverursachung durch den Bund Rechnung,[534] beschreibt jedoch andererseits nur eine eng begrenzte Ausnahme[535] vom im Art. 104 a Abs. 1 GG normierten Grundsatz [536] und beinhaltet daher keinen umfassenden Finanzierunganspruch bei den Bundesauftragsangelegenheiten.[537]

Angesichts der "Personalausweisentscheidung" des BVerwG[538] ist allerdings zu überlegen, ob die bundesrechtliche Aufgabenzuweisung jedenfalls bei Geldleistungsgesetzen ein gesetzliches Schuldverhältnis zwischen Bund und Kommunen mit der Folge begründet, dass sich hieraus ein kommunaler Kostenerstattungsanspruch ergibt. Diese Möglichkeit scheidet aber schon deswegen aus, weil angesichts der umfassenden finanzverfassungsrechtlichen Lastenverteilungsregelungen des Grundgesetzes kein dogmatisches Bedürfnis für eine solche Konstruktion existiert und - anders als im vom BVerwG zu entscheidenden Fall - keine gesetzlich vorgegebene Vertragsbeziehung zwischen Bund und Kommunen besteht.

2.) Schutzwirkung des Art. 28 Abs. 2 GG

Als finanzverfassungsrechtliche Schutznorm kann Art. 28 Abs. 2 GG in zweifacher Hinsicht Bedeutung gewinnen.

- Die Finanzhoheit als Teil der Selbstverwaltungsgarantie sichert den Kreisen das Recht, ihre Einnahmen und Ausgaben selbständig zu bewirtschaften,[539] sowie einen eigenen Haushalt zu führen.[540]

- Die Gewährleistung der Grundlagen der finanziellen Eigenverantwortung beinhaltet den Anspruch auf eine aufgabenadäquate Finanzausstattung.[541]

---

534 Trute, JuS 1996, 883 f. (884) ; Jarass/Pieroth, Grundgesetzkommentar, Rz. 4 Art. 104 a GG.

535 BayVGH, NVwZ 1993, 794 (795).

536 Jarass/Pieroth, Grundgesetzkommentar, Rz. 4 , 12 zu Art. 104 a GG.

537 zur diesbezüglichen Reformbedürftigkeit des bundesrechtlichen Finanzverfassungssystems vgl. Henneke, Der Landkreis 2000, 217 f.

538 vgl. die Personalausweisentscheidung des BVerwG in BVerwGE, 98, 18 f. mit abl. Anm. Trute, Jus 1996, 885 f.

539 BVerfG, NVwZ 1986, 289 f.

540 vgl. Kirchhof, DVBl 1995, 1057 f. (1058) ; VerfGH Nordrhein-Westfalen, DVBl 1983, 714.

541 VerfGH Nordrhein-Westfalen, NVwZ 1985, 821 ; Jarass/Pieroth, Grundgesetz Kommentar, Rz. 7a zu Art. 28 GG; Kirchhof, a.a.O. m.w.N.

Allerdings umfasst die verfassungsrechtliche Schutzwirkung des Art. 28 Abs. 2 GG keinen Anspruch auf einen gleichbleibenden und bestimmten Bestand an Finanzmitteln, [542] beinhaltet auch keine originäre Steuererhebungskompetenz[543] und vermag auch nicht zu verhindern, dass den Gemeinden und Gemeindeverbänden kostenverursachende Aufgaben auferlegt werden.[544] Vielmehr ist grundsätzlich kein Verstoß gegen die Finanzhoheit gegeben, wenn die Aufgabenübertragung als solche mit Art. 28 Abs. 2 GG vereinbar ist und sich lediglich mittelbare Folgen für die Einnahmen- und Ausgabenwirtschaft - z.B. in Form eines Ausgabenanwuchses - ergeben.[545]

Bei der 1994 vorgenommenen Erweiterung des Art. 28 Abs. 2 GG zur Gewährleistung der Grundlagen der finanziellen Eigenverantwortung ist zudem ungeregelt geblieben, in welcher Art und Weise einem solchen Anspruch auf eine angemessene Finanzausstattung Rechnung zu tragen ist. Der damit dem Gesetzgeber eröffnete weite Gestaltungsspielraum[546] macht einen Verstoß gegen die Ausstattungsgarantie nur schwer belegbar. Zudem ist die Frage des Verpflichtungsadressaten offen. Denn Art. 28 Abs. 3 GG bestimmt lediglich , dass der Bund die Einhaltung der Grundsätze des Art. 28 Abs. 2 GG "durch die Länder" zu gewährleisten hat. Auch sind die wenigen - die Kreise betreffenden - finanzverfassungsrechtlichen Bestimmungen ausdrücklich in die landesrechtliche Gestaltungskompetenz gestellt,[547] indem das Grundgesetz gem. Art. 106 Abs. 7 GG die Länder im Rahmen der gesamtstaatlichen Finanzverfassung verpflichtet, die Gemeinden und Gemeindeverbände am Landesanteil der Gemeinschaftssteuern - das sind die Einkommenssteuer, die Körperschaftssteuer und die Umsatzsteuer - insgesamt mit einem von der Landesgesetzgebung zu bestimmenden Vom-Hundert-Satz (Verbundquote) zu beteiligen (obligatorischer Steuerverbund).

Betrachtet man zudem die sich auch in Art. 106 Abs. 9 GG dokumentierende Fiktion einer finanzverfassungsrechtlichen Einheit von Ländern und Kommunen, spricht das grundgesetzliche Wertungsmodell dafür, dass der Gewährleistungsanspruch aus Art. 28 Abs. 2 GG nicht gegen den Bund zu richten sondern als Teil der

---

[542] NdsStGH, DVBl 1995, 1175 f. ; VerfGH Nordrhein-Westfalen, NVwZ 1996, 101 f.
[543] Jarass/Pieroth, Grundgesetz Kommentar, Rz. 7a zu Art. 28 GG.
[544] Schoch, Verfassungsrechtlicher Schutz der kommunalen Finanzautonomie, S. 44 ; BVerfG, NVwZ 1987, 123.
[545] BVerfGE 28, 228 f. (244).
[546] Werner, VBlBW 1997, 1 f. (3)
[547] Kirchhof, a.a.O.

landesverfassungsrechtlichen Finanzausstattungsgarantie gegenüber dem Land einzufordern ist. [548] Dem Bund obliegt daher keine Verpflichtung zur Finanzierung, sondern nur zur gesetzlichen Gewährleistung, dass die Länder ihre Finanzausstattungsverpflichtung gegenüber den Kommunen erfüllen.[549] Art. 28 Abs. 2 GG vermag daher allenfalls die landesverfassungsrechtliche Verpflichtung des Art. 87 Abs. 1 SächsVerf zur angemessenen Finanzausstattung verfassungskonform aufzufüllen.[550] Da aber der verfassungsrechtliche Schutz der Kommunen gegen die Auferlegung von Ausgabepflichten nach der Rechtsprechung auch hier erst greift, wenn nach Landesrecht eine insgesamt zureichende Finanzausstattung nicht mehr zur Verfügung steht,[551] ist trotz der Gewährleistung einer finanziellen Mindestgarantie in Art. 28 Abs. 2 GG[552] eine hierauf basierende Kostenerstattung bei bundesrechtlich veranlasster Aufgabenübertragung kaum durchsetzbar.

---

548 Werner, a.a.O. m.w.N.

549 Ipsen, Kommunale Aufgabenerfüllung, S.58.

550 von Mutius, FAG Gutachten, S.35.

551 BVerfGE 83, 363 (386), Schoch, Verfassungsrechtlicher Schutz der kommunalen Finanzautonomie, S. 45

552 vgl. Schoch/Wieland, Finanzierungsverantwortung für gesetzgeberisch veranlasste Aufgaben, S. 154.

3.) Ergebnis

- Zusammenfassend ist daher festzustellen, dass nach der derzeitigen Verfassungslage eine folgenreiche Divergenz zwischen der zweistufigen staatsrechtlichen und finanzverfassungsrechtlichen Struktur der Bundesrepublik einerseits und ihrem dreistufigen Verwaltungsaufbau andererseits besteht.[553]
- Die Trennung zwischen Gesetzgebungskompetenz und der damit verbundenen Vollzugsverantwortung sowie der Finanzierungslast setzt das Veranlassungsprinzip außer Kraft und ermöglicht es dem Bund, als aufgabenverteilende Institution den Kreisen Verpflichtungen zuzuweisen ohne ihn zugleich zu berechtigen oder zu verpflichten, die von ihm bei den Kreisen veranlassten Kosten zu übernehmen oder auszugleichen.[554] Angesichts des Zusammenfallens von Aufgabenträgerschaft und Ausgabenlast ist es aus Sicht der grundgesetzlichen Finanzverfassung somit irrelevant, ob eine Verwaltungsaufgabe im Sinne des Art. 83 ff. GG vom Land mit seinen eigenen Behörden als unmittelbare Staatsverwaltung oder den kommunalen Körperschaften des Landes als "mittelbare Staatsverwaltung" zugewiesen ist.[555] Auch ist darauf hinzuweisen, dass das Fehlen finanzverfassungsrechtlicher Beziehungen zwischen Bund und Kommunen[556] einen eigenständigen Abgeltungsanspruch in diesem Verhältnis ausschließt. Allerdings ist das Land gleichwohl über seine allgemeine Finanzausstattungsverpflichtung in Art. 87 Abs. 1 SächsVerf - jedoch nur im Rahmen seiner eigenen Leistungsfähigkeit - gehalten, den Kommunen die notwendigen Mittel zur Verfügung zu stellen, damit diese auch die Bundesaufgaben wahrnehmen können. Die auch in finanzverfassungsrechtlicher Hinsicht bestehende Zweistufigkeit des Bundesstaates beinhaltet in diesem Bereich daher die ausschließliche Finanzverantwortung der Länder für ihre Kommunen.

---

553 Schoch, ZG 1994, 246f. (257).
554 Schoch a.a.O. m.w.N.
555 BayVerfGH, BayVBl 1978, 114 f..
556 StGH Baden-Württemberg, VBlBW 1994, 52 f. (55)

Neuntes Kapitel:
Finanzverfassungsrechtliche Schutzmechanismen der Sächsischen Verfassung

In der Sächsischen Verfassung existieren zwei finanzverfassungsrechtliche Gewährleistungsgarantien, die als grundsätzliche Strukturprinzipien des Finanzverfassungsrechts allerdings deutlich voneinander zu trennen sind:

- Aufgabenakzessorisch wird den Kommunen in Art. 85 Abs. 2 SächsVerf ein entsprechender finanzieller Ausgleich garantiert, wenn ihnen Aufgaben übertragen werden und durch diese Aufgabenwahrnehmung eine Mehrbelastung entsteht.

- Aufgabeninakzessorisch wird den Kommunen durch Art. 87 SächsVerf eine Finanzausstattung garantiert, die ihnen insgesamt eine angemessene Erfüllung ihrer Aufgaben sichert.

Die aufgabenunspezifische Garantie des Art. 87 Abs. 1 SächsVerf ist somit quantitativ fiskalisch konzipiert, während der in Art. 85 Abs. 2 SächsVerf enthaltene Konnexitätsgrundsatz eine aufgabenakzessorische Regelung darstellt, die die Frage der Mittelzuweisung von der gesetzlichen Zuordnung bestimmter Aufgaben abhängig macht. Der SächsVerfGH hat in der sog. "Auerbach-Entscheidung" zu Recht angedeutet, dass mit diesen beiden Prinzipien zwei selbständige und unabhängige Regelungen gegeben sind, die der Sicherung der kommunalen Selbstverwaltung dienen.[557] Der NdsStGH hat das Verhältnis zwischen dem aufgabenakzessorischen Konnexitätsgrundsatz und der aufgabeninakzessorischen Verpflichtung zu einer angemessenen Finanzausstattung der kommunalen Ebene dahingehend präzisiert, dass die landesverfassungsrechtliche Bestimmung zum Mehrbelastungsausgleich bei Aufgabenzuweisungen und Aufgabenübertragungen als Sondervorschrift im Verhältnis zur allgemeinen Gewährleistung der kommunalen Finanzausstattung fungiere.[558]

---

[557] SächsVerfGH, SächsVBl 1994, 280 f. (284).

[558] NdsStGH, DVBl. 1995, 1175 (1177), weiterführend zu anderen landesverfassungsrechtlichen Finanzgarantien ; Henneke, Der Landkreis 2000, 172 f.

1.) Die Finanzgarantie des Art. 87 SächsVerf

In Präzisierung der in Art. 82 Abs. 2 SächsVerf garantierten Selbstverwaltung[559] verpflichtet Art. 87 Abs. 1 SächsVerf den Freistaat, dafür zu sorgen, dass die kommunalen Träger der Selbstverwaltung ihre Aufgaben erfüllen können. Die Vorschrift beinhaltet somit eine staatliche Einstandspflicht für eine ausreichende Finanzausstattung, soweit die Kommunen nicht durch eigene Einnahmen und Mittel des Bundes eine aufgabenadäquate Finanzausstattung haben.[560] Zugleich wird in Art. 87 Abs. 1 SächsVerf eine landesrechtliche Finanzgarantie normiert, die die bundesrechtliche Gewährleistung gem. Art. 28 Abs. 3 GG insoweit ergänzt, als hierdurch der Freistaat im Hinblick auf die Verteilung eigener Mittel in die Pflicht genommen wird.

Der verfassungsrechtlich garantierte Anspruch auf eine angemessene Finanzausstattung bezieht sich allerdings nicht allein auf die Zuweisungen des übergemeindlichen Finanzausgleichs, der nur eine Stufe in der Abfolge der Regelung zur Sicherung der kommunalen Finanzausstattung darstellt, sondern auf das Gesamtvolumen der kommunalen Einnahmen einschließlich der staatlichen Zuweisungen. Da auf Grund der hohen Zuweisungsabhängigkeit der sächsischen Kommunen der kommunale Finanzausgleich jedoch das entscheidende Finanzierungsinstrument ist, soll er im folgenden vorrangig betrachtet werden.

Das *Gesetz über einen Finanzausgleich mit den Gemeinden und Landkreisen im Freistaat Sachsen* (Finanzausgleichsgesetz - FAG) regelt die Finanzbeziehungen zwischen dem Freistaat Sachsen und seinen kreisangehörigen Gemeinden, kreisfreien Städten und den Landkreisen soweit sie auf Artikel 106 Abs. 7 und Art. 107 GG beruhen (obligatorischer Steuerverbund). Zusätzlich beteiligt der Freistaat Sachsen die Gemeinden und Landkreise am Aufkommen der Landessteuern und dem Landesanteil an der Gewerbesteuerumlage (fakultativer Steuerverbund) sowie an seinen Einnahmen aus dem Länderfinanzausgleich und aus Bundesergänzungszuweisungen.

Die Sächsische Verfassung stellt den Finanzausgleich mit den Gemeinden und Landkreisen allerdings unter den ausdrücklichen Vorbehalt der "Berücksichtigung der Aufgaben des Freistaates" und damit unter den Vorbehalt der finanziellen Leistungsfähigkeit des Freistaates und seiner eigenen Fähigkeit zur

---

[559] Kunzmann/Haas, Sächsische Verfassung, Rz. 1 zu Art. 87.
[560] SächsVerfGH, SächsVBl 1994, 280 f. (284).

Aufgabenerfüllung.[561] Hintergrund für diese Regelung ist, dass die Gemeinden und Landkreise mit dem Land ebenso wie das Land mit dem Bund und den übrigen Ländern in einem engen Finanzverbund stehen. Dies bedeutet, dass alle Haushaltsebenen auf die Bedürfnisse und auf die Finanzierungsmöglichkeiten des jeweils anderen Rücksicht nehmen müssen. Denn die Sächsische Verfassung enthält keine Rangordnung zwischen Aufgaben des Landes und der Kommunen und damit auch keinen verfassungsrechtlich abgesicherten Anspruch einer diesen Ebenen auf eine vorrangig zu berücksichtigende Finanzausstattung.[562]

Der Inhalt der Ausstattungsgarantie ist nur schwer determinierbar. So führt der StGH Baden-Württemberg zwar aus, dass das Land mit der Vorschrift des Art. 71 Abs. 1 Verfassung Baden-Württemberg das Eigenleben der Gemeinden nach der finanziellen Seite hin garantiere.[563] Auch hat das Verfassungsgericht in einer späteren Entscheidung hervorgehoben, dass das Land für eine solche Finanzausstattung der Stadt- und Landkreise zu sorgen habe, auf Grund derer den kommunalen Gebietskörperschaften eine angemessene und kraftvolle Erfüllung ihrer Aufgaben ermöglicht und durch die zugleich verhindert werde, dass eine Schwächung der Finanzkraft zu einer Aushöhlung des Selbstverwaltungsrechts führe.[564]

Andererseits wird jedoch weder durch Art. 71 Abs. 1 Verfassung Baden-Württemberg noch durch Art. 87 Abs. 1 SächsVerf dem einzelnen Träger der Selbstverwaltung ein subjektiv-öffentliches Recht auf Finanzzuweisung eingeräumt, sondern vielmehr die angemessene Finanzausstattung nur als Gesamtvolumen gewährleistet.[565] Auch wird dem Gesetzgeber bei der Ausgestaltung ein weiter Gestaltungsspielraum eröffnet.[566] Eine pauschalierte Mittelzuweisung wird ebenso für zulässig erachtet wie ein Umschichten der finanziellen Belastungen auf die Kommunen.[567] Der Gewährleistungsgehalt des Art. 87 Abs. 1 SächsVerf ist daher nur schwer bestimmbar, zumal es die verfassungsrechtliche Rechtsprechung bisher vermieden hat, eine Belastungsgrenze zu definieren, die einen Verstoß gegen die Finanzausstattungsverpflichtung impliziert. Vielmehr konzidiert die

---

561 vgl. den Gesetzentwurf des SMF zum FAG 1998, Begründung, Allgemeiner Teil, S. 1 f. ; VerfGH Rheinland-Pfalz, DVBl 1978, 802 f.

562 für die vergleichbare Verfassungslage in Baden-Württemberg vgl. Werner, VBlBW 1997, 1 f. (4)

563 ESVGH 22, 203 f.

564 StGH Baden-Württemberg, VBlBW 1994, 52 f. (56)

565 Henneke, DÖV 1994, 1 f.

566 StGH Baden-Württemberg, VBlBW 1994, 12 f.

567 StGH Baden-Württemberg, a.a.O.

verfassungsgerichtliche Rechtsprechung,[568] es obliege dem Gesetzgeber, den Finanzbedarf von Land, Gemeinden und Gemeindeverbänden zu gewichten, die Maßstäbe zu bestimmen, die die Unterschiede hinsichtlich des Finanzbedarfs und hinsichtlich der vorhandenen Finanzausstattung ausmachen sowie die Maßstäbe festzulegen, nach denen die Differenzlagen auszugleichen sind.

Die finanzverfassungsrechtliche Judikatur eröffnet damit einen weiten - richterrechtlich nicht zu untersuchenden - Gestaltungsraum, der durch die Gerichte lediglich daraufhin überprüft wird,[569] ob bestimmte Kommunen bei der Ausgestaltung des kommunalen Finanzausgleichs sachwidrig benachteiligt oder bevorzugt werden, insbesondere ob die Einschätzungen des Gesetzgebers unter dem Gesichtspunkt der Sachgerechtigkeit vertretbar sind und die selbstgesetzten Maßstäbe des Landesgesetzgebers, nach denen der Finanzausgleich erfolgen soll, nicht im Widerspruch zueinander stehen und nicht ohne einleuchtenden Grund verlassen werden.

Der SächsVerfGH hat allerdings entschieden, dass die allgemeine Finanzausstattungsgarantie dann verletzt ist, wenn die Kommune infolge ihrer unzureichenden Finanzausstattung ihre Aufgaben nicht mehr erfüllen kann.[570] Wann allerdings eine derartige Aushöhlung des Selbstverwaltungsrechts anzunehmen ist, hat das Gericht offen gelassen. Zwar finden sich in der Literatur Lösungsansätze, die von einer Verletzung der Finanzausstattungsverpflichtung dann ausgehen, wenn im Rahmen des kommunalen Gesamthaushaltes nicht mindestens 5-10 % als ungebundene Finanzmittel für freiwillige Selbstverwaltungsaufgaben zur Verfügung stehen.[571] Diese sind angesichts der unterschiedlichen Finanzausgleichssysteme und kommunalen Aufgabenspektren jedoch grundsätzlich nicht verallgemeinerungsfähig. In diesem Zusammenhang hat der StGH Baden-Württemberg zutreffend hervorgehoben,[572] die verfassungsrechtliche Mindestausstattung der Kommunen lasse sich nicht mit bestimmten Maßstäben, Parametern, Kennziffern, Quoten oder gar Beträgen feststellen, da einer solchen Feststellung zu viele autonom beeinflussbare Parameter aus den verschiedensten Politikbereichen sowohl beim Land als auch den Kommunen entgegenstehen würden.

---

568 VerfGH Nordrhein-Westfalen, DVBl 1993, 1205 f.

569 VerfGH Nordrhein-Westfalen, OVGE 40, 300 f. ; BVerfGE 86, 148 f. (251) ; VerfGH Nordrhein-Westfalen, DVBl 1993, 1205 f.

570 SächsVerfGH, SächsVBl 1994, 280 f.(285).

571 Schoch / Wieland, Finanzierungsverantwortung für gesetzgeberisch veranlasste kommunale Aufgaben, S. 189 f. (205).

572 StGH Baden-Württemberg, DVBl 1999, 1351 f. (1355).

Für diese Ansicht spricht, dass eine von außen bestimmte Festlegung der in einer konkreten Situation für die verfassungsrechtliche Mindestausstattung der Gemeinden und Gemeindeverbände erforderlichen Mittel zwar vordergründig aus kommunaler Sicht eine Hilfestellung darstellen würde, jedoch andererseits zugleich in das Selbstverwaltungsrecht der Gemeinden und Gemeindeverbände eingreifen würde. Denn die Festlegung bestimmter Beträge für die verfassungsrechtliche Mindestausstattung der Kommunen würde es dann erfordern, wegen des Ausgleichs zwischen den an dem Finanzverbund beteiligten Körperschaften auch Aussagen zu treffen zu dem Minimalbestand an freiwilligen Selbstverwaltungsangelegenheiten, zu der steuerlichen Belastbarkeit, zur Erhöhung von Hebesätzen und Umlagen, zu Kreditaufnahmen und Verschuldung, zu ungenutzten Einsparpotentialen bei Land und Kommunen, zu Investitionen und damit praktisch zu allen Politikbereichen. Mit der damit verbundenen Festlegung der Art und Weise sowie der Höhe der finanziellen Leistungsfähigkeit der Gemeinden und Gemeindeverbände würden damit die Ausübung der kommunalen Selbstverwaltung und die Gesetzgebung extern definiert. Zu Recht hat der StGH Baden-Württemberg daher hervorgehoben, Selbstverwaltung und Gesetzgebung würden sich in diesem Falle nicht mehr in autonomer Selbstgestaltung, sondern in Ausübung eines extern vorgegebenen Rahmens vollziehen.[573]

Die verfassungsrechtliche Schutzwirkung des Art. 87 Abs. 1 SächsVerf sollte daher dadurch gewährleistet werden, dass bereits bei der Gestaltung des FAG eine entsprechende prozedurale Absicherung der kommunalen Selbstverwaltung zu erfolgen hat.[574] Erforderlich ist mithin ein prozeduraler Schutz der Finanzgarantie, der bereits frühzeitig in dem Prozess der Entscheidungsfindung anzusiedeln und nicht erst im nachhinein auf das Entscheidungsergebnis zu beziehen ist. Denkbar ist hierbei ein Verfahren, in dem für alle an dem Finanzverbund Beteiligten nachvollziehbar unter Beachtung der Gleichrangigkeit der Aufgaben von Land und Kommunen die Finanzstärke und Aufgabenbelastung von Land und Kommunen fachkundig analysiert und bewertet werden. Hierbei ist darauf zu achten, dass das Verfahren und die Organisation funktionsadäquat ausgestaltet werden.[575] Als Leitbild dieses prozeduralen Schutzes könnte das dreistufige Verfahren bei der Rundfunkfinanzierung dienen, da auch dieses Verfahren der prozeduralen

---

[573] StGH Baden-Württemberg, DVBl 1999, 1351 f. (1355).
[574] StGH Baden-Württemberg, DVBl 1999, 1351 f. (1355), Kirchhof, JZ 1999, 1054 f. (1056).
[575] Goerlich, DVBl 1999, 1358 f. (1360).

Absicherung einer öffentlich-rechtlichen Einrichtungsgarantie der Verfassung dient.[576] Denn die notwendigen Inhalte dieses Verfahrens,

- Bedarfsanmeldung

- fachkundige Bewertung mit erhöhter Bindungswirkung bei periodisch wiederkehrender Berichtspflicht über den Finanzbedarf

- abschließende autorativ-verbindliche Entscheidung

sind dem Grunde nach auch auf die Absicherung finanzverfassungsrechtlicher Garantien zu übertragen.

Bei der näheren Ausgestaltung dieses prozeduralen Schutzes ist allerdings der in Sachsen bestehende Gleichmäßigkeitsgrundsatz zu beachten. Dieser besagt, dass die Gesamteinnahmen der sächsischen Kommunen aus Steuern sowie aus den Zuweisungen aus dem kommunalen Finanzausgleich sich ab 1996 gleichmäßig zu der dem Freistaat verbleibenden Finanzmasse aus Steuern, Länderfinanzausgleich sowie Bundesergänzungszuweisungen, abzüglich der den Kommunen zufließenden Finanzmasse im kommunalen Finanzausgleich, also zu seinen Gesamteinnahmen netto gestalten sollen.[577]

Angesichts der damit zugrunde gelegten Einnahmeorientierung des vereinbarten Gleichmäßigkeitsgrundsatzes kann dieser überhaupt nur dann in ein Verfahren für einen prozeduralen Schutz einbezogen werden kann, wenn er ausgaben- und aufgabenbezogen weiterentwickelt worden ist. Der Gleichmäßigkeitsgrundsatz würde in seiner jetzigen Form als Rahmenbedingung die umfassende Wirksamkeit des prozeduralen Schutzes verhindern, da er - wegen der fehlenden ausgabenseitigen Betrachtung - die Ergebnisoffenheit eines solchen Verfahrens erheblich beeinträchtigt. Denn ein solches Verfahren muss nach zutreffender Ansicht des StGH Baden-Württemberg sicherstellen, dass die Grundlagen für einen aufgabengerechten kommunalen Finanzausgleich nachvollziehbar ermittelt und ihm die Finanzentwicklung bei Land und Kommunen anhand nachvollziehbarer Vergleichsmaßstäbe und Referenzzeiträume zugrunde gelegt werden.[578] Zielsetzung

---

[576] Henneke, Der Landkreis 1999, 517 f.

[577] Jacob, Fiwi 1996, 49f. (50).

[578] Der StGH Baden-Württemberg, DVBl 1999, 1351 f. (1355) vertritt hierbei die Ansicht, dass das Fehlen eines solchen prozeduralen Schutzes der Finanzgarantie dann zur Unvereinbarkeit des Finanzausgleichsgesetzes mit der kommunalen Finanzausstattungsgarantie führt, wenn der Bereich der mit der Finanzgarantie gewährleisteten verfassungsrechtlichen Mindestausstattung

eines solchen Verfahrens ist somit eine umfassende einnahme - wie ausgabenbezogene Betrachtung der kommunalen Ebene.

2.) Der Konnexitätsgrundsatz des Art. 85 Abs. 2 SächsVerf

Das Konnexitätsprinzip stellt eine Verknüpfung zwischen Aufgabenverantwortung und Finanzierungslast dar und ist eine Verfassungsdirektive zugunsten der kommunalen Selbstverwaltung. Die Schutzfunktion des Konnexitätsprinzips hat der VerfGH Nordrhein-Westfalen mit der Feststellung beschrieben, dass durch diesen Finanzierungsgrundsatz den kommunalen Gebietskörperschaften die finanzielle Grundlage für eine ausreichende, eigenverantwortliche Selbstverwaltungstätigkeit erhalten werde. Denn das Konnexitätsprinzip soll nach Ansicht des Verfassungsgerichts auch verhindern, dass die Kommunen infolge einer Überlastung mit Pflichtaufgaben ihre traditionellen Aufgaben vernachlässigen müssen.[579]

Diesem Ansatz ist zuzustimmen, weil die Übertragung von Aufgaben auf die Kommunen ohne Erstattung der zusätzlichen Kosten zwangsläufig zu Lasten der Erfüllung von Selbstverwaltungsaufgaben geht. Mit jeder Übertragung ohne finanzielle Kompensation würden die finanziellen Mittel für den Selbstverwaltungsbereich, insbesondere die freiwilligen Aufgaben, vermindert, die staatliche Zuordnung neuer Aufgaben oder die Erweiterung bestehender Aufgaben würde sich insoweit als eine Strukturverschiebung zu Lasten der eigentlichen Selbstverwaltungsaufgaben darstellen. Die daher gebotene finanzverfassungsrechtliche Korrektur soll über das Konnexitätsprinzip erreicht werden, um die Zuordnung neuer Aufgaben nicht zu Lasten der sogenannten "freien Spitze" wirksam werden zu lassen.

Die Pflicht zur Schaffung eines finanziellen Ausgleichs beinhaltet tatbestandlich drei Voraussetzungen :

- es muss sich um die Übertragung einer Aufgabe an die Träger kommunaler Selbstverwaltung handeln
- diese Übertragung muss tatbestandlich von dem Garantiegehalt des Art. 85 Abs. 2 SächsVerf erfasst sein

---

der Gemeinden und Gemeindeverbände erreicht ist und in den Gemeinden und Gemeindeverbänden nur noch eine so knappe Finanzausstattung zur Verfügung steht, dass eine angemessene und kraftvolle Erfüllung ihrer Aufgaben nicht mehr möglich ist.

579 VerfGH Nordrhein-Westfalen, DVBl 1985, 685 m.w.N.

- durch die Übertragung muss eine Mehrbelastung der kommunalen Ebene eingetreten sein

a.) Verhältnis von Art. 85 Abs. 1 Satz 3 zu Art. 85 Abs. 2 SächsVerf

Art. 85 Abs. 1 S. 3 SächsVerf bestimmt, dass bei der Aufgabenübertragung an die Träger der kommunalen Selbstverwaltung "Bestimmungen über die Kosten zu treffen sind". Hierdurch wird der Gesetzgeber verpflichtet, sich die - bei den Kommunen entstehenden - Kosten zu vergegenwärtigen und die voraussichtlichen Kosten der Aufgabenzuweisung zu ermitteln. Des weiteren beinhaltet die Vorschrift jedoch eine Prüfverpflichtung des Landesgesetzgebers, ob die Selbstverwaltungskörperschaft die neuen Aufgaben aus ihren bisherigen Einnahmenquellen abdecken kann oder ob zusätzliche Deckungsmittel zuzuführen sind.[580] Insoweit ist der Landesgesetzgeber aufgrund von Art. 85 Abs. 1 S. 3 SächsVerf auch gehalten, möglicherweise eine Sachregelung zu treffen. Teilweise wird hierzu die Ansicht vertreten, dass sich die Pflicht des Landes zur Kostendeckung bei Aufgabenübertragungen bereits aus der allgemeinen Kostenregelungspflicht des Art. 85 Abs. 1 Satz 3 SächVerf ergebe. Nach dieser Ansicht wäre die Normierung einer zusätzlichen Ausgleichsregelung eigentlich überflüssig, weil sie sachlich nicht weiter reicht.[581] Diese Auffassung verkennt jedoch die Systematik und das Verhältnis des Art. 85 Abs. 1 Satz 3 und Art. 85 Abs. 2 SächsVerf. Denn Art. 85 Abs. 1 Satz 3 SächsVerf konkretisiert und qualifiziert lediglich den einfachen Gesetzesvorbehalt des Art. 85 Abs. 1 Satz 1. Zwar beinhaltet die Vorschrift einen Regelungscharakter insoweit, als eine gesetzliche Festsetzung über die Kosten zu erfolgen hat. Über die Ausgestaltung dieser Regelung besagt Art. 85 Abs. 1 S. 3 SächsVerf hingegen nichts. Ein dogmatisches Bedürfnis für eine derartige Weiterung ist auch nicht ersichtlich. Denn Art. 85 Abs. 2 SächsVerf enthält als eigenständige Rechtsfolgenanordnung die landesverfassungsrechtliche Festsetzung über die Höhe des Ausgleichs. Art. 85 Abs. 1 S. 3 SächsVerf kann und soll somit lediglich die Pflicht zur Kostendeckungsregelung festschreiben, ohne dem Gesetzgeber jedoch nähere Vorgaben hinsichtlich der Art und Weise zu machen. Hierzu ergänzend greift die Pflicht des Art. 85 Abs. 2 SächsVerf zum Mehrbelastungsausgleich ein, wenn den Kommunen - trotz getroffener Kostendeckungsregelung - finanzielle Mehrkosten verbleiben oder aber die Kostendeckungsregelung in der Normierung eines

---

[580] Mückl, Finanzverfassungsrechtlicher Schutz S. 207 ; VerfGH Nordrhein-Westfalen, DVBl 1985, 685 f. ; NdsStGH DVBl 1995, 1175 f. (1176).

[581] Henneke, LKV 1993, 365 f. ; Maurer, Kreise im Bundesstaat, S. 139 f. (158).

finanziellen Ausgleichs besteht. Systematisch ist daher die in Art. 85 Abs. 2 SächsVerf geregelte Kostenerstattungspflicht ein Unterfall der Kostenregelungspflicht des Art. 85 Abs. 1 S. 3 SächsVerf, indem in Art. 85 Abs. 2 SächsVerf die konkrete Möglichkeit der Kostendeckung benannt und zweitens ihr Umfang bestimmt wird.[582]

b.) Tatbestand des Art. 85 Abs. 2 SächsVerf

aa.) Begriff der Aufgabe

Nach der Rechtsprechung des StGH Baden-Württemberg zur Parallelvorschrift des Art. 71 Abs. 3 LV BW bedeutet Aufgabe ein konkretes Aufgabengebiet im Sinne bestimmter zu erledigender Verwaltungsangelegenheiten.[583] Dazu können neben der Zuweisung neuer Vollzugsaufgaben auch die Auferlegung der Verpflichtung zur Förderung Dritter als Fortsetzung der Sachaufgabe[584] sowie die Übertragung von Aufsichtstätigkeiten gehören. [585] Entscheidend ist jedoch stets, dass es sich nicht bloß um eine unterstützende Tätigkeit der beauftragten Kommune bzw. um eine spezialgesetzlich geregelte Amtshilfeverpflichtung handelt.[586]

Eine Aufgabe im Sinne des Art. 85 Abs. 2 SächsVerf besteht aber auch bei der gesetzgeberischen Normierung individueller Rechtsansprüche, wenn und soweit - wie bei der Kindergartenplatzregelung - die Kommune beauftragt wird, im Sinne eines neuen Standards die entsprechende Einrichtung aufzubauen bzw. vorzuhalten.[587] Problematischer ist hingegen die Anspruchsmodifikation in einem Bundes- oder Landesgesetz. Denn mit der Rückführung fachgesetzlicher Leistungsstandards, wie z.B. der zeitlichen Begrenzung der Arbeitslosenhilfe auf zwei Jahre, wird lediglich eine subsidiäre Aufgabenzuständigkeit und im vorliegenden Fall die Verpflichtung des Landkreises als örtlicher Sozialhilfeträger gem. § 96 BSHG erschlossen, eine bewusste gesetzgeberische Inanspruchnahme im Sinn einer Aufgabenübertragung ist damit aber nicht verbunden. Dies gilt auch für die ergänzende oder erläuternde Gesetzesinterpretation, durch die in der Vergangenheit erbrachte, jedoch gesetzlich nicht gebotene, Leistungen von

---

582 so auch VerfGH Nordrhein-Westfalen, DVBl 1985, 685 f.

583 vgl. die Entscheidung des StGH Baden-Württemberg, DÖV 1994, 163 f., welche durch den StGH Baden-Württemberg in seiner Entscheidung in VBlBW 1999, 18. f. (21) bestätigt wird.

584 BVerfGE 83, 3636 (385) ; Meyer, LKV 2000, 1 f. (6).

585 LVerfG Sachsen-Anhalt, NVwZ-RR 1999, 96 f.

586 LVerfG Sachsen-Anhalt, NVwZ-RR 1999, 96 f.

587 vgl. dazu Mohl, KStZ 1993, 86 f.

staatlicher Seite hinterfragt bzw. regelungsbedürftige Gesetzesinhalte wegen unzureichender staatlicher Mittelausstattung durch die Landesverwaltung neu und dabei leistungsmindernd interpretiert werden. Genannt sei hier die künftige Beteiligung der Kommunen an der Ausbildungsfinanzierung der (für den Einsatz in den Kommunen vorgesehenen) Verwaltungsfachwirte an der Fachhochschule der Sächsischen Verwaltung.[588]

Aus kommunaler Sicht besonders gravierend ist der mittelbare Aufgabenzuwachs aufgrund erhöhter bzw. verdichteter Normen und Standards. Diese werden als Personal-, Sach-, Sozial-, Leistungs- oder Verfahrensstandards[589] nicht nur durch EU, Bund und Länder,[590] sondern auch durch autonome Rechtsnormen der Berufsgenossenschaften gesetzt, die hierzu gem. § 708 Reichsversicherungsordnung (RVO) ermächtigt sind. Daneben haben es sich jedoch auch zahlreiche privatrechtliche Institutionen - wie die Abwassertechnische Vereinigung - zur Aufgabe gemacht, ausfüllungsbedürftige Rechtsbegriffe wie "Stand der Technik" mit einem technischen Regelwerk zu untersetzen. Diese Definition der Standards finden nicht selten unter einem weitgehend faktischen Ausschluss öffentlicher und demokratischer Kontrolle statt. Dabei werden unbestimmte Rechtsbegriffe unkontrolliert konkretisiert und z.B. bei der Auslegung des Begriffs "anerkannte Regeln der Technik" das fachlich Wünschenswerte ohne eine ausreichende Kostenfolgenabschätzung formuliert. Diese oft an ideell-wünschenswerten Zielen ausgerichteten Qualitätskataloge werden zunehmend verrechtlicht. Denn der Staat nimmt z.B. in Förderprogrammen auf unbestimmte Rechtsbegriffe Bezug, ohne deren tatbestandliche Ausfüllung selbst vorzunehmen. So werden die erarbeiteten Auslegungshilfen auch von staatlichen Stellen ergänzend herangezogen und erhalten damit mittelbare Rechtsnormqualität, ohne allerdings in Form eines landesgesetzgeberischen Übertragungsakts zugeordnet zu werden.[591] Die vorbezeichneten Standardisierungen können nur dann eine Aufgabenübertragung im Sinne des Art. 85 Abs. 2 SächsVerf darstellen, wenn sie durch die

---

588 Diese Leistungsreduzierung kann aber im Rahmen der allgemeinen Finanzausstattungsga-rantie gem. Art. 87 Abs. 1 SächsVerf dann bedeutsam sein, wenn der Staat durch diese freiwillig erbrachten Leistungen einen Beitrag zur kommunalen Finanzausstattung geleistet hat und nach deren Entfall keine Kompensation gewährt.

589 vgl. Jakobs-Woltering, Verwaltung & Management 1996, 218 f.

590 Nicht unbeachtet dürfen jedoch auch die Organisationswünsche der Fachressorts bleiben, die zur sachgerechten Betreuung eines Aufgabenbereichs auf Kreisebene in Erlassen eine bestimmte Personalausstattung bzw. Gestaltung als Organisationseinheit fordern.

591 In diesem Zusammenhang ist darauf hinzuweisen, dass sich in Verwaltungsvorschriften zu-nehmend normative Vorgaben wiederfinden, die im Gesetzgebungsverfahren nicht konsensfähig waren bzw. im Rahmen eines "Deregulierungsprogramms" in den einschlägigen Gesetzen gestrichen wurden.

Landesverwaltung normiert bzw. durch diese für unmittelbar verbindlich erklärt werden.

Zusammenfassend lässt sich daher feststellen, dass der Aufgabenbegriff im Sinne der Konnexitätsvorschrift alle landesrechtlich begründeten Vollzugsaufgaben und die landesrechtlich festgesetzten Personal-, Sach-, und Leistungsstandards umfasst. Nicht erfasst sind hingegen die Mehraufwendungen, die sich erst mittelbar durch die Rückführung fachgesetzlicher Leistungsstandards auf Bundes - und Landesebene oder durch Regelwerke ergeben, die außerhalb der Landesverwaltung normiert werden.

bb.) erfasste Aufgaben

Entscheidend für die Anwendbarkeit des landesverfassungsrechtlichen Konnexitätsprinzips ist zunächst, dass den Kommunen eine Aufgabe zugewiesen wird, die zuvor von einem anderen Verwaltungsträger erfüllt wurde bzw. durch neue Gesetzlichkeiten erstmalig entsteht.[592] Da es somit stets der konstitutiven Übertragung einer Aufgabe bedarf, scheiden tatbestandlich all die Fälle aus, in denen lediglich eine Neu- bzw. Umnormierung einer bereits zuvor wahrgenommenen Aufgabe vorgenommen wird (z.B. bei Veränderung der Rechtsgrundlage),[593] ohne dass hierdurch ein qualitativ nachweisbarer Aufgabenaufwuchs eintritt.

Hinsichtlich der Arten der erfassten Aufgaben ist zunächst auf die vorangegangenen Darstellungen[594] zu verweisen, nach denen der Verfassungsgeber bei der Schaffung des Art. 85 SächsVerf zunächst von der überkommenen dualistischen Vorstellung der Kommunalaufgaben ausging. Dem eigenen Wirkungskreis der Gemeinden und Gemeindeverbände mit ihren Selbstverwaltungsaufgaben wurde ein übertragener Wirkungskreis von Fremdverwaltungsaufgaben gegenüber gestellt. Dieser dualistischen Grundvorstellung würde es entsprechen, den Regelungsbereich von Art. 85 Abs. 2 SächsVerf auf solche Aufgaben zu beschränken, die vom Gesetz auch nach der Übertragung als an sich staatliche Kompetenzen angesehen werden. Damit wären grundsätzlich nur vormals staatliche Aufgaben von dem Gewährleistungsgehalt erfasst, weil nur bei diesen eine rechtsbegründende Zuordnung im Sinn einer Übertragung erfolgt. Bei dieser Betrachtung würden lediglich die Pflichtaufgaben nach Weisung und, außerhalb des Begriffs der

---

592 StGH Baden-Württemberg, DVBl 1999, 1351 f. (1354).

593 vgl. hierzu Ziff. 2 des Entschließungsantrags im Landtag Brandenburg vom 15.3.1999 zur Einführung des Konnexitätsprinzips (Landtagsdrucksache 2/6179)

594 vgl. oben VI, 4.

öffentlichen Aufgabe bestehende, landesrechtliche Auftragsangelegenheiten dem Gewährleistungsgehalt des Art. 85 Abs. 2 SächsVerf unterfallen.[595] Es ist allerdings zu überlegen, ob die Schutzfunktion des Konnexitätsprinzips darüber hinaus auch auf die Zuweisung neuer pflichtiger Selbstverwaltungsaufgaben und die bundesgesetzliche Aufgabenzuweisung erstreckt werden kann.

(1) Die Einbeziehung pflichtiger Selbstverwaltungsaufgaben

Bei einer Analyse der Rechtsprechung zu vergleichbaren Verfassungsbestimmungen in anderen Bundesländern zeigt sich, dass diese von einer tatbestandlichen Erfassung der Selbstverwaltungsaufgaben durch das Konnexitätsprinzip ausgehen. Allerdings ist hierbei eine Differenzierung geboten, ob es sich um die erstmalige Zuweisung einer weisungsfreien Pflichtaufgabe oder um die Umwandlung einer vormals freiwilligen Selbstverwaltungsaufgabe in eine weisungsfreie Pflichtaufgabe handelt.

(a) Erstmalige Übertragung einer Befugnis als weisungsfreie Pflichtaufgabe

Hinsichtlich der erstmaligen Zuweisung einer weisungsfreien Pflichtaufgabe hat der StGH Baden-Württemberg in Auslegung der vergleichbaren Vorschrift des Art. 71 Abs. 3 LV BW herausgearbeitet, dass der Konnexitätsgrundsatz auch die Zuweisung neuer Selbstverwaltungsaufgaben erfasse. Entscheidend sei allein, ob eine Aufgabe, die zuvor von einem anderen Verwaltungsträger erfüllt wurde, nunmehr den Gemeinden oder Gemeindeverbänden zugewiesen werde.[596] Auch der VerfGH Nordrhein-Westfalen hat hierzu ausdrücklich festgestellt, dass der Konnexitätsgrundsatz einen umfassenden, nicht auf eine bestimmte Aufgabenart beschränkten, Wortlaut habe und somit weisungsgebundene wie weisungsfreie Pflichtaufgaben erfasse.

Für die damit verbundene Gleichsetzung von staatlichen Aufgaben und pflichtigen Selbstverwaltungsaufgaben spricht zunächst ein Blick in die Verwaltungswirklichkeit. Der Unterschied zwischen weisungsfreien Pflichtaufgaben und Weisungsaufgaben hat sich oftmals auf eine rein terminologische Differenzierung reduziert. Denn auch bei den weisungsfreien Pflichtaufgaben hat sich die Regelungsdichte in einer Weise erhöht, durch die eine Ermessensbindung wie bei der Pflichtaufgabe nach Weisung eingetreten ist. Zutreffend stellt der StGH Baden-Württemberg hierzu fest, dass zahlreiche Weisungsaufgaben mittlerweile derart gesetzlich vornormiert seien, dass für die Ausgestaltungsmöglichkeiten im Sinn einer kommunalen Selbstverwaltung kaum noch Raum bestehe. Daraus

595 für diesen einschränkenden Ansatz Hardraht, Finanzverfassung, Rz. 41 f. m.w.N.

596 StGH Baden-Württemberg, DVBl 1999, 1351 f. (1354).

schlussfolgert das Gericht, die verfassungsrechtliche Pflicht zum Mehrbelastungsausgleich, die im Sinne des Verursacherprinzips den Zusammenhang zwischen Aufgabenverantwortung und Kostenlast zu wahren suche, greife deshalb über den Umkreis der Pflichtaufgaben nach Weisung hinaus.[597]

Für die tatbestandliche Einordnung dieser Aufgabenkategorie in den Konnexitätsmechanismus spricht aber auch, dass auch bei der Übertragung weisungsfreier Pflichtaufgaben kommunale Mittel gebunden werden, die dann nicht mehr für andere, insbesondere freiwillige, Selbstverwaltungsaufgaben zur Verfügung stehen. Der mit dem Art. 85 Abs. 2 SächsVerf verfolgte Zweck, die kommunalen Eigenmittel für die eigenverantwortlich gestaltbaren Handlungsspielräume zu erhalten, hat sowohl bei den weisungsfreien als auch bei den weisungsgebundenen Pflichtaufgaben Bedeutung, denn beide Aufgaben beinhalten eine staatlich intendierte Haushaltsbindung.[598]

(b) Umwandlung einer vormals freiwilligen Selbstverwaltungsaufgabe in eine weisungsfreie Pflichtaufgabe

Hinsichtlich der Umwandlung einer vormals freiwilligen Selbstverwaltungsaufgabe in eine weisungsfreie Pflichtaufgabe hat das LVerfG Sachsen-Anhalt festgestellt, dass das Konnexitätsprinzip auch dann gilt, wenn das Land den Kommunen Pflichtaufgaben in eigener Verantwortung zuweist und herausgearbeitet, dass darunter auch ehemals freiwillig wahrgenommene Selbstverwaltungsaufgaben fallen, die das Land den Kommunen nunmehr zur Pflicht macht.[599]

Gegen eine Einbeziehung der Pflichtigmachung der Selbstverwaltungsaufgaben in den Gewährleistungsgehalt des Konnexitätsprinzips spricht allerdings, dass in diesem Falle nur bereits bestehende kommunale Aufgaben durch die Charakterisierung als pflichtig normativ aktualisiert werden.[600] Der SächsVerfGH hat offengelassen, ob die Regelung des § 85 Abs. 1 Satz 1 SächsVerf nur die erstmalige Übertragung von Aufgaben auf die Gemeinden oder ebenfalls die Veränderung des Status von Selbstverwaltungsaufgaben umfasst.[601] Betrachtet man

---

597 StGH Baden-Württemberg DVBl 1998, 1276 f. (1277)

598 VerfGH Nordrhein-Westfalen, DVBl 1985, 685 f. (686)

599 vgl. VerfGH Sachsen-Anhalt, DVBl 1998, 1288 f. - der StGH Baden-Württemberg hat in VBlBW 1999, 18 f. (20) offengelassen, ob auch das bloße Pflichtigmachen einer zuvor freiwillig erfüllten Aufgabe von der Konnexitätsvorschrift erfasst wird.

600 Maurer, Kreise im Bundesstaat, S. 139 f. (152)

601 SächsVerfGH, SächsVBl 1994, 280 f. (284).

jedoch die an dieser Stelle gegebenen Hinweise auf die Rechtsprechung und Literatur, wird insbesondere durch die zitierte Entscheidung des zuvor dargestellten Urteils des VerfGH Nordrhein-Westfalen deutlich, dass das Gericht von einer weiten Auslegung des Art. 85 Abs. 2 SächsVerf ausgeht.

Diese vom SächsVerfGH lediglich angedeutete Auslegung findet ihre argumentative Stütze in einer systematischen Betrachtung des Art. 85 SächsVerf. Denn Art. 85 Abs. 1 SächsVerf spricht nur allgemein von übertragbaren Aufgaben und in Art. 85 Abs. 2 SächsVerf von sich daraus ergebenden Finanzierungs-verpflichtungen, ohne eine konkrete Aufgabenart zu benennen bzw. eine Einschränkung auf den Bereich der öffentlichen Aufgaben gem. Art. 84 Abs. 1 SächsVerf vorzunehmen. Die landesverfassungsrechtliche Konnexitätsver-pflichtung wird daher stets dann erschlossen, wenn eine landesgesetzliche Verpflichtung der Kommune angeordnet wird.[602] Es kommt für die Ausgleichs-verpflichtung des Art. 85 Abs. 2 SächsVerf daher nicht darauf an, ob es sich um die Übertragung weisungsfreier Pflichtaufgaben oder die Zuweisung staatlicher Aufgaben handelt.[603] Damit ist es aber auch unerheblich, ob den Kommunen eine Aufgabe als öffentliche Aufgabe im Sinne des Art. 84 Abs. 1 SächsVerf oder als sonstige Auftragsangelegenheit zugeordnet wird. Allerdings greift Art. 85 Abs. 2 SächsVerf dann nicht, wenn es an der Pflichtigkeit der Aufgabenausübung - wie bei den freiwilligen Selbstverwaltungsaufgaben - fehlt. Einer besonderen Betrachtung bedürfen auch die bundesgesetzlichen Aufgabenzuweisungen.

(2) bundesgesetzliche Zuweisung von Aufgaben

Neben der landesrechtlichen Aufgabenübertragung wird eine erhebliche kommunale Finanzbindung durch bundesrechtliche Aufgabenzuweisungen an die Landkreise ausgelöst. Hierbei sind drei Fallkonstellationen zu unterscheiden:

- Der Bund bestimmt im Rahmen der landeseigenen Verwaltung von Bundesgesetzen die Zuständigkeit gem. Art. 84 Abs. 1 GG über seine Kompetenz zur "Einrichtung von Behörden" (z.B. gem. § 96 BSHG, wodurch den Landkreisen durch den Bundesgesetzgeber die Aufgabe des örtlichen Sozialhilfeträgers übertragen wird)
- Der Bund bestimmt im Rahmen der Bundesauftragsverwaltung die Zuständigkeit gem. Art. 85 Abs. 1 GG über seine Kompetenz zur "Einrichtung von Behörden"

[602] Hegele/Ewert, Sächsisches Kommunalrecht, S. 54 f.
[603] Henneke, LKV 1996, 257 f. (260) ; Mückl, DÖV 1999, 841 f. (846).

Ein Teil der Literatur[604] befürwortet bei der bundesgesetzlichen Zuweisung von Aufgaben gem. Art. 84 Abs. 1 GG im Hinblick auf die Verantwortlichkeit der Länder für die Kommunalfinanzen[605] eine zumindest analoge Anwendung des landesverfassungsrechtlichen Konnexitätsgrundsatzes, wenn eine bundesgesetzliche Zuweisung der Aufgaben erfolgt. Denn durch die bundesgesetzliche Zuweisung der Aufgaben an die Landkreise und kreisfreien Städte werde das Land von eigenen Aufgaben und Kosten entlastet, weil es in der Regel die Bundesgesetze als eigene Angelegenheit zu vollziehen (Art. 83, 84 GG) und dabei anfallende Kosten auch selbst zu tragen habe (Art. 104 a Abs. 1 GG). Nähmen die Kommunen daher der Sache nach Landesaufgaben wahr, sei eine entsprechende Anwendung der Konnexitätsverpflichtung gerechtfertigt. Der Grundsatz der Konnexität von Aufgaben- und Kostenentlastung beim Land bei gleichzeitiger Aufgabenübertragung und Kostenbelastung der Gemeinden und Gemeindeverbände spreche nicht gegen, sondern für eine Analogie.[606]

Die herrschende Ansicht im Schrifttum sowie die Verfassungsrechtsprechung stellen hingegen auf das sog. Veranlasserprinzip ab. Die fehlende Finanzbeziehung zwischen Bund und Kommunen könne nicht über Art. 85 Abs. 2 SächsVerf zu einer Ausfallbürgschaft der Länder führen[607]. Der finanzielle Ausgleich der Kosten aus bundesrechtlicher Aufgabenübertragung kann nach dieser Ansicht nicht im Rahmen von Art. 85 Abs. 2 SächsVerf, sondern lediglich über die finanzielle Einstandsgarantie des Art. 87 Abs. 1 SächsVerf erfolgen.

Zwar ist der erstgenannten Ansicht zuzugeben, dass in der Tat angesichts der fehlenden Kostenerstattungsregelungen bei bundesrechtlich veranlasste Aufgabenübertragung zu überlegen ist, den Tatbestand des landesrechtlichen Konnexitätsprinzips auch auf die Fälle bundesgesetzlicher Aufgabenzuordnung zu erweitern. Auch könnte man für eine derartige landesgesetzliche Verpflichtung den Umstand heranziehen, dass der Freistaat z.B. in § 1 AGBSHG[608] die Landkreise als Träger der örtlichen Sozialhilfe benennt und somit die Festlegung des § 96 Abs. 1 BSHG landesrechtlich rezipiert.

Andererseits hat der StGH Baden-Württemberg zutreffend herausgearbeitet, dass bei bundesrechtlich erfolgter Aufgabenzuweisung eine landesrechtliche

---

604 von Mutius, Gutachten zum 53. Deutschen Juristentag, S. 124 f. ; Kühn, BWVBl 1956, 180 f.
605 Kühn a.a.O.
606 von Mutius, Gutachten zum 53. Deutschen Juristentag, S. 124 f. ; Kühn, BWVBl 1956, 180 f.
607 Schoch/Wieland, Finanzierungsverantwortung für gesetzgeberisch veranlasste kommunale Aufgaben, 87 f.
608 SächsGVBl 1991, S. 301 zuletzt geändert in SächsGVBl 1997, S. 673.

Zuständigkeitserklärung nur deklaratorische Wirkung habe und damit nicht aufgabenbegründend wirken könne.[609] Zudem steht das Veranlasserprinzip als grundsätzliches Wertungsmodell des Finanzverfassungsrechtes einer erweiternden Analogie des Tatbestandes entgegen. Der StGH Baden-Württemberg stellt hierzu im Rahmen einer verfassungsrechtlichen Zweckbetrachtung mit überzeugenden Argumenten fest, Art. 71 Abs. 3 S. 3 LV BW erfasse lediglich die Fallgestaltung, bei der das Land die Gemeinden und Gemeindeverbände durch die Übertragung von Aufgaben belaste und sich selbst in der Aufgabenübertragung entlaste.

An diesem Wechselwirkungsmechanismus zwischen Land und Kommunen fehlt es jedoch sowohl bei einer bundesgesetzlichen Aufgabenübertragung im Sinne des Art. 84 Abs. 1 GG als auch bei der Übertragung von kommunalen Zuständigkeiten im Rahmen der Bundesauftragsverwaltung gem. Art. 85 Abs. 1 GG. Betrachtet man zudem den systematischen Bezug der Vorschrift des Art. 85 Abs. 1 SächsVerf zu Art. 85 Abs. 3 SächsVerf, der bei Übertragung öffentlicher Aufgaben zugunsten des Freistaates ein Weisungsrecht nach näherer gesetzlicher Vorschrift vorsieht, wird hieraus deutlich, dass Art. 85 SächsVerf insgesamt vom Grundmodell der Aufgabenübertragung durch Landesgesetz ausgeht.

Auch würde eine analoge Anwendung der Kostendeckungsgarantie der Konnexitätsvorschrift unter Heranziehung des in Art. 104 a GG geregelten Konnexitätsprinzips dem Sinn und Zweck der Vorschrift des Art. 104 a GG zuwider laufen. Denn das auf der bundesstaatlichen Ebene angesiedelte Konnexitätsprinzip stellt keine allgemeine Lastenverteilungsregelung des geltenden Verfassungsrechts dar, sondern gilt nur im Bund-Länder-Verhältnis.

In diesem Zusammenhang arbeitet der StGH Baden-Württemberg[610] heraus, dass sich aus Art. 104 a GG keine Aussagen und Vorgaben zur Binnenorganisation der Länder ableiten ließen. Die Finanzverfassung des Grundgesetzes beschränke sich insoweit auf die Garantie der eigenverantwortlichen Finanzhoheit nach Art. 28 Abs. 2 Satz 3 GG, überlasse aber die Ausgestaltung der Finanzierung kommunaler Aufgaben der Entscheidung des demokratisch legitimierten Landesgesetzgebers.

Letztendlich ist das Bedürfnis für eine analoge Anwendung des Art. 85 Abs. 2 SächsVerf auf bundesgesetzliche Aufgabenzuweisungen jedoch auch unter dem Gesichtspunkt abzulehnen, dass Art. 87 Abs. 1 SächsVerf den Kommunen eine insgesamt adäquate Finanzausstattung verbürgt und die damit verbundene

[609] StGH Baden-Württemberg, DVBl 1994, 206 f.
[610] StGH Baden-Württemberg, DVBl 1999, 1351 f. (1354).

landesverfassungsrechtliche Garantie kommunaler Leistungsfähigkeit sich auch auf den Bereich der bundesgesetzlichen Aufgabenzuweisung erstreckt.[611] Der Landesgesetzgeber ist unter den Voraussetzungen angemessener Finanzausstattungsverpflichtung gehalten, den vom Tatbestand des Art. 85 Abs. 2 SächsVerf nicht erfassten bundesrechtlichen Aufgabenvollzug beispielsweise im Rahmen des Finanzausgleichs und damit über Art. 87 Abs. 3 SächsVerf zu kompensieren.

cc.) Der Begriff "durch Gesetz"

Dem Wortlaut des Art. 85 Abs. 1 SächsVerf lässt sich nicht entnehmen, ob damit der formelle Landesgesetzgeber oder auch der Verordnungsgeber gemeint ist. Bei einer Auswertung der seinerzeitigen Verfassungsberatungen zeigt sich, dass die Unterscheidung zwischen formellen und materiellem Gesetzesbegriff auch Gegenstand der Beratungen des Verfassungs- und Rechtsausschusses zur Sächsische Verfassung gewesen ist. Dabei ist von *von Mangoldt* die Ansicht vertreten worden, dass die Formulierung "Gesetz" immer "Gesetz oder gesetzlich ermächtigte Rechtsverordnung" bedeute.[612] Diese Ansicht findet jedoch keine Stütze in der Systematik der Sächsische Verfassung. Denn der Verfassungsgeber hat sehr wohl zwischen den beiden Begrifflichkeiten "durch Gesetz" und "Rechtsverordnung" an verschiedener Stelle differenziert (z.B. Art. 84 Abs. 2 SächsVerf) und zudem die Möglichkeit der Regelung durch ein untergesetzliches Regelwerk durch die Verwendung des Begriffs "aufgrund eines Gesetzes" – etwa in Art. 88 Abs. 2 und 3 SächsVerf - ausdrücklich gekennzeichnet. Daher ist mit dem StGH Baden-Württemberg , der die vergleichbare Vorschrift des Art. 71 Abs. 3 LV BW auszulegen hatte, davon auszugehen, dass Art. 85 Abs. 1 SächsVerf eine Übertragung durch förmliches Gesetz erfordert.[613] Dafür spricht auch, dass eine – die untergesetzliche Regelung ermöglichende - Protokollnotiz des Verfassungsgebers wie bei Art. 83 SächsVerf[614] im Rahmen des Art. 85 Abs. 1 SächsVerf gerade nicht aufgenommen worden ist.

Angesichts einer Vielzahl untergesetzlicher Aufgabenübertragungen im sächsischen Landesrecht ist allerdings zu überlegen, ob diese Form der Übertragung keine

---

611 StGH Baden-Württemberg, DVBl 1994, 206 f. ; Mückl, Finanzverfassungsrechtlicher Schutz, S. 205 ; Braun, Verfassung Baden-Württemberg, Rz. 67 zu Art. 71.

612 Schimpff/Rühmann, Protokolle, 630

613 StGH Baden-Württemberg, BWVBl 1999, 18 f. (21)

614 Schimpff/Rühmann, Protokolle, S. 630.

wirksame Aufgabenzuordnung bedeutet und damit auch keine Erschließung der Konnexitätsverpflichtung beinhaltet. Hierbei ist zu differenzieren:

- ob Bundesrecht den Landesgesetzgeber zu untergesetzlicher Aufgabenübertragung ermächtigt
- Der Landesgesetzgeber in einem förmlichen Gesetz eine allgemeine Zuständigkeit der Landkreise als Auffangzuständigkeit formuliert und die Staatsregierung ermächtigt, mittels zuständigkeitsausfüllender Bestimmungen nähere Einzelheiten zu regeln
- Die Exekutive durch untergesetzliches Regelwerk Aufgabenzuordnungen von sich aus vornimmt, ohne dazu vom Landesgesetzgeber hierzu ermächtigt zu sein.

Soweit Bundesrecht ausnahmsweise das Land zur Aufgabenübertragung durch untergesetzliches Regelwerk (z.B. durch Verordnung) ermächtigt, wird gem. Art. 31 GG der landesverfassungsrechtliche Zuordnungsmaßstab durch höherrangiges Recht außer Kraft gesetzt. Die Überlagerung betrifft aber nur die Rechtsform der Zuordnung.[615] Erlässt daher die Staatsregierung aufgrund bundesrechtlicher Ermächtigung eine Zuständigkeitsverordnung ist es angesichts der weiterhin bestehenden Konnexitätsverpflichtung des Art. 85 Abs. 2 SächsVerf für diese Aufgabenzuordnung erforderlich, z.B. im Wege eines Prüfvorbehaltes des Haushaltsausschusses des Landtages eine parlamentarische Selbstverpflichtung zum Ausgleich von - durch das untergesetzliche Regelwerk verursachte - Mehraufwendungen der Kommunen zu normieren.

In allen anderen Fällen ist der Freistaat demgegenüber an die strikte Verfassungsvorgabe des Art. 85 Abs. 1 SächsVerf gebunden, wonach nur durch formelles Gesetz eine Aufgabe an die Kommunen übertragen werden kann.

Formuliert der Landesgesetzgeber – wie in § 119 SächsWG - eine allgemeine Zuständigkeit der Landkreise als Auffangzuständigkeit und ermächtigt die Staatsregierung, mittels einer Zuständigkeitsverordnung Einzelheiten zu regeln, hat er zwar die Aufgabe als solche durch förmliches Gesetz übertragen. Jedoch ist die tatsächliche Mehrbelastung für ihn nicht vorhersehbar, weil sich diese erst im Ergebnis der Zuständigkeitsverordnung abschließend beurteilen lässt. In diesem

---

[615] SächsOVG, SächsVBl 1998, 188 f.

Falle bedarf es zur Gewährleistung der Schutzfunktion des Art. 85 Abs. 2 SächsVerf seitens der Landesverwaltung der Einführung eines prozeduralen Verfahrens, bei dem die durch die Verordnung entstehenden Be- und Entlastungen gegenüber gestellt, der (mögliche) kommunale Mehraufwand als Saldo ermittelt und die zeitnahe Einspeisung der sich ergebenden Feststellungen in die Haushaltsberatungen des Landtags sichergestellt wird.

Werden außerhalb der vorgenannten Konstellation Aufgaben durch untergesetzliches Regelwerk wie z.B. durch eine Verordnung übertragen, ist zunächst zu beachten, dass der Verfassungsgeber mit der Regelung des Art. 75 Abs. 1 und 2 SächsVerf eine Subdelegation von parlamentarischen Kompetenzen auf die Exekutive ermöglicht hat. Allerdings besteht die Ermächtigung des Art. 75 SächsVerf im Vollzug des Art. 85 SächsVerf gerade nicht. Denn Sinn und Zweck des Gesetzesvorbehaltes ist ein Auftrag an den Landesgesetzgeber, eine Kostenregelung gem. Art. 85 Abs. 1 S. 3 SächsVerf zu treffen und bei Mehrbelastungen eine Kostenerstattung gem. Art. 85 Abs. 2 SächsVerf vorzusehen. Könnte der Landesgesetzgeber die Aufgabenzuordnungskompetenz an die Exekutive übertragen, würde diese Warnfunktion leerlaufen. Die gesetzgeberische Regelungspflicht würde durch eine kommunale Darlegungspflicht gegenüber dem Landesgesetzgeber ersetzt, im Rahmen derer der Ausgleich exekutivisch verursachter Mehraufwendungen einzufordern wäre. Auch aufgrund dieser – von der Sächsischen Verfassung nicht vorgesehenen - Verschiebung von Verantwortlichkeiten ist es daher nicht zulässig, durch untergesetzliches Regelwerk Aufgabenübertragungen vorzunehmen.[616] Derartige Aufgabenzuweisungen sind mithin unwirksam.

Allerdings ist die Frage zu klären, ob

- in diesen Fällen untergesetzlicher Zuordnung eine kommunale Aufgabenübertragungsabwehr stattfinden muss

- oder ein kommunales "Dulden und liquidieren" mit der Folge zulässig ist, dass auch für nicht verfassungskonforme Aufgabenübertragungen ein Kostenerstattungsanspruch eingefordert werden kann.

Hierbei ist zunächst zu beachten, dass Art. 85 SächsVerf den Bereich der Pflichtaufgaben und damit auch solche Funktionen betrifft, die u.a. als Aufgaben der Daseinsvorsorge im Sinne der Bürger zu erfüllen sind. Eine Aufgabenübertragungsabwehr würde in diesem Falle möglicherweise zu einer

---

616 LVerfG Brandenburg, DÖV 1998, 336 f.

Nichterfüllung kommunaler Kernfunktionen (z.B. der Hausmüllentsorgung) führen. Pragmatischer ist daher der Weg des LVerfG Brandenburg, welches den Konnexitätsgrundsatz auch dann als erschlossen ansieht, wenn in verfassungswidriger Form Aufgaben zuordnet werden. Das LVerfG Brandenburg hat in diesem Zusammenhang festgestellt, dass der Konnexitätsgrundsatz unabhängig von der Form der Aufgabenübertragung gelte, so lange die Aufgabenübertragung selbst Bestand habe (mithin nicht angegriffen werde). Diesem Lösungsansatz ist zuzustimmen, da er einerseits die Kontinuität des Verwaltungsvollzuges sicherstellt und andererseits verhindert, dass die verfassungsrechtliche Kostendeckungspflicht durch eine untergesetzliche Aufgabenzuordnung unterlaufen wird.[617]

c.) Rechtsfolge des Art. 85 Abs. 2 SächsVerf

Die Rechtsfolgenanordnung des Art. 85 Abs. 2 SächsVerf besagt lediglich, dass bei Vorliegen der tatbestandlichen Erfordernisse ein "entsprechender finanzieller Ausgleich" zu schaffen ist. Nicht geregelt wird, welchen Gewährleistungsgehalt diese Ausgleichsverpflichtung hat und durch welche Mechanismen und Gestaltungsmöglichkeiten sie umzusetzen ist, bzw. umgesetzt werden kann. Grundsätzlich sind für eine Kompensation folgende Alternativen denkbar:

- Schaffung neuer oder erweiterter kommunaler Einnahmequellen

- Reduzierung anderweitiger kommunaler Leistungspflichten

- Abgeltung über eine Zuweisung im Rahmen des Finanzausgleichsgesetzes

Hinsichtlich der Abgeltung über neue Einnahmequellen hat der SächsVerfGH zutreffend herausgearbeitet, dass eine Kostendeckungsregelung im Sinne des Art. 85 SächsVerf auch darin bestehen kann, dass den Kommunen die rechtliche Möglichkeit der Entgelterhebung eingeräumt und damit eine zusätzliche Einnahmequelle gewährt wird.[618] Da jedoch die wesentlichen Abgabenzuständigkeiten mittlerweile landes- und bundesrechtlich definiert sind und sich anhand der Umsatzsteuerbeteiligung der Kommunen gezeigt hat, dass eine Veränderung in diesen Bereichen nicht oder sehr schwer möglich ist, wird im folgenden diese Alternative nicht als eigenständige Abgeltungsmöglichkeit, sondern nur im Hinblick darauf untersucht, ob und in welchem Umfang sie als

617 Henneke, DVBl 1998, 1158 f. (1165).
618 SächsVerfGH, SächsVBl 1994, 280 f.

Entlastungstatbestand den kommunalen Mehraufwendungen bei einer Aufgabenübertragung gegenzurechnen ist. Auch die Abgeltung über die Reduzierung von Leistungspflichten bleibt als eigenständige Erstattungsmöglichkeit außer Betracht, da sie bei einem Blick in die Verwaltungswirklichkeit einen Ausnahmefall darstellt und in ihrer Finanzwirksamkeit nur schwer messbar ist. Die Abgeltung im Rahmen des Finanzausgleichsgesetzes stellt demgegenüber die geeignetste Form der Verifizierbarkeit der Ausgleichsmasse dar, entspricht der in den meisten Bundesländern geübten Verwaltungspraxis und soll daher vorrangig betrachtet werden.

aa.) Definition und Regelungsinhalt des "entsprechenden Ausgleichs"

Art. 85 Abs. 2 SächsVerf enthält gegenüber anderen Länderverfassungen ein nicht nur sog. relatives,[619] sondern ein sog. striktes Konnexitätsprinzip, indem nicht die Gewährung eines Ausgleichs schlechthin, sondern ein "entsprechender" Ausgleich zu schaffen ist, wenn die Aufgabenübertragung zu einer Mehrbelastung der Kommunen führt.

Dabei ist der Begriff "entsprechend" durchaus nicht unreflektiert der entsprechenden Parallelvorschrift des Art. 71 Abs. 3 LV BW entnommen worden. Denn in den Verfassungsberatungen war lange Zeit umstritten, ob "entsprechend" durch "angemessen" ersetzt werden sollte.[620] Noch in der 9. Klausurtagung schlug Staatsminister *Heitmann* im Auftrag des Finanzministers vor, statt eines "entsprechenden" Ausgleichs einen "angemessenen" finanziellen Ausgleich vorzusehen, weil der Begriff "entsprechender finanzieller Ausgleich" als Gebot der Kostendeckung verstanden werden könne.[621] Dieser Antrag war aber ebensowenig mehrheitsfähig, wie eine später u.a. vom MdL *Schiemann* vorgeschlagene Protokollnotiz, das Wort „entsprechend“ nicht in der Weise auszulegen, dass hierunter ein kostendeckender finanzieller Ausgleich zu verstehen sei, vielmehr solle der Begriff im Sinne der Angemessenheit unter Berücksichtigung der finanziellen Gesamtlage von Land und Kommunen beurteilt werden.[622]

---

619 vgl. Art. 78 Abs. 3 Landesverfassung Nordrhein-Westfalen, der nur regelt, dass gleichzeitige Bestimmungen über die Deckung der Kosten getroffen werden.

620 vgl. die Stellungnahmen von MdL Kunzmann (SPD) und Staatsminister Heitmann in Schimpff/Rühmann, Protokolle, S. 631. Heitmann wies nach diesen Materialien darauf hin, dass "entsprechend" als kostendeckend verstanden werden könne und schlug daher die dann allerdings im weiteren nicht konsensfähige Formulierung "angemessen" vor.

621 Schimpff/Rühmann, Protokolle, 9. Klausurtagung S. 57.

622 Schimpff/Rühmann, Protokolle, 9. Klausurtagung S. 57.

Die Ablehnung der Vorschläge wurde damit begründet, eine Reduktion des Ausgleichs auf einen lediglich "angemessenen" Beitrag sei nicht mehr hinnehmbar und würde dazu führen, den finanziellen Ausgleich für übertragene Aufgaben vollständig in das Ermessen des Landes zu stellen.[623]

Auch ein systematischer Vergleich zeigt, dass die Sächsische Verfassung beide Begrifflichkeiten unterschiedlich verwendet. So wird z.B. der Begriff "angemessen" bei der Unterstützung gemeinnütziger Einrichtungen durch Kirchen und Religionsgemeinschaften in Art. 110 SächsVerf sowie dem Anspruch der Landtagsabgeordneten auf eine Entschädigung in Art. 42 Abs. 3 SächsVerf verwandt. Auch der baden-württembergische Verfassungsgeber hat zwischen beiden Begrifflichkeiten bewusst differenziert, wie die seinerzeitigen Beratungen zu Art. 71 Abs. 3 der baden-württembergischen Verfassung zeigen.[624] Zudem hat der StGH Baden-Württemberg in einem neueren Urteil[625] darauf hingewiesen, dass sich der baden-württembergische Verfassungsgeber mit der Formulierung von Art. 71 Abs. 3 bewusst für einen "entsprechenden" finanziellen Ausgleich und gegen einen bloß "angemessenen" Ausgleich entschieden habe.

(1) Berücksichtigung der Finanzkraft des Landes

Besonders relevant wird die Auslegung des Begriffes "entsprechend" bei der Frage, ob und in welchem Umfange die finanzielle Leistungsfähigkeit des Landes den aufgabenakzessorischen Erstattungsanspruch begrenzt. *Von Mutius* legt den Begriff "entsprechend" dahingehend aus, dass die Finanzausstattung "nur entsprechend" zu erfolgen habe. Denn der Verfassungsgeber spreche weder von vollem Ausgleich noch gar von Kostenerstattung.[626] Auf Grund der Gleichrangigkeit der Aufgaben von Bund, Land und Kommunen könne diese Finanzausstattung zudem unter gleichzeitiger Berücksichtigung der Belange und Aufgaben der übrigen im Finanzverbund zusammengeschlossenen Körperschaften erfolgen.[627] Diese Ansicht setzt im Ergebnis "angemessen" und "entsprechend" gleich und läuft auf eine Inbezugsetzung des Ausgleichs zu Drittfaktoren wie der Finanzlage des Landes hinaus. Wie aber auch aus den Verfassungsmaterialien erkennbar, soll sich die

---

[623] Schimpff/Rühmann, Protokolle, 9. Klausurtagung S. 58.

[624] vgl. hierzu Verfassungsgebende Landesversammlung 22. Sitzung des Verwal-tungsausschusses, Protokolle, S. 49 f. (51).

[625] StGH Baden-Württemberg, VBlBW 1999, 19 f (21), Verfassungsgebende Landesversammlung 22. Sitzung des Verwaltungsausschusses, Protokolle, S. 49 f. (51)

[626] von Mutius, FAG Gutachten, S. 39.

[627] von Mutius, FAG Gutachten, S. 68.

Rechtsfolge des Ausgleichs ausschließlich an der Mehrbelastung orientieren, zumal ein Vorbehalt des Finanzbedarfs des Freistaates – wie er sich zum Beispiel in Art. 87 Abs. 3 SächsVerf findet – in die Konnexitätsvorschrift des Art. 85 Abs. 2 SächsVerf gerade nicht aufgenommen worden ist.

Allerdings ist hierbei zu beachten, dass dieses Verbot der Inbezugsetzung zur Finanzkraft des Landes nur im Rahmen des Tatbestandes des Art. 85 Abs. 2 SächsVerf und damit nur bei einer landesgesetzgeberischen Verpflichtung zur Aufgabenwahrnehmung gilt. Die freiwilligen und die bundesrechtlich zugewiesenen Aufgaben der Landkreise unterfallen dem Art. 85 Abs. 2 SächsVerf nicht. Damit wird jedoch zugleich der Leistungsvorbehalt des Landes gem. Art. 87 Abs. 3 SächsVerf für diese Aufgabenkategorie erschlossen. Wie der BayVerfGH zutreffend herausgearbeitet hat, richtet sich der den Kommunen verbleibende Spielraum für die freiwilligen Aufgaben nach den finanziellen Möglichkeiten des Landes und steht damit unter dem Vorbehalt der Finanzierbarkeit.[628]

(2) Interessenquote der Kommunen

Das LVerfG Sachsen-Anhalt hat es für verfassungsrechtlich unbedenklich gehalten, wenn den Kommunen eine "Interessenquote" bei der Kostendeckung verbleibt. Das Gericht hat diese Selbstbeteiligung jedoch mit der Regelung in Art. 87 Abs. 3 SachsAnhVerf begründet, nach der lediglich ein "angemessener Ausgleich" zu gewähren ist.[629] Angesichts der Sächsischen Verfassungslage und des dort vorgesehenen "entsprechenden Ausgleichs" ist dieser Lösungsansatz nicht übertragbar, da die Inbezugsetzung zu derartigen "Drittfaktoren" gerade ausgeschlossen wird.

Allerdings hat der StGH Baden-Württemberg für die mit Sachsen vergleichbare Verfassungslage in Baden-Württemberg herausgearbeitet, dass bei der Bestimmung des Umfangs des Ausgleichs in Rechnung zu stellen sei, ob die Kommunen rechtlich und wirtschaftlich imstande seien, die entstehenden Kosten durch eigenverantwortliches Handeln zu beeinflussen.[630]

Dieser Ansicht ist zuzugeben, dass eine Eigenbeteiligung stets auch dazu führt, dass die übertragenen Mittel wirtschaftlicher verwaltet und eingesetzt werden, weil es sich dann nicht mehr um eine reine Weiterreichung von und Verfügung über Drittmitteln handelt. Andererseits ist eine derartige Interessenquote als

---

628 BayVerfGH BayVBl 1997, 303 f.
629 LVerfG Sachsen-Anhalt, NVwZ-RR 1999, 96 f. (98)
630 StGH Baden-Württemberg, VBlBW 1999, 19 f (21)

finanzverfassungsrechtlicher Abzugsposten jedoch nur dann zulässig, wenn auf kommunaler Seite ein wirklicher Spielraum zu eigenverantwortlichem Handeln besteht, der kostenbeeinflussend wirken kann. Wie aber der StGH Baden-Württemberg selbst andeutet, können die gesetzlichen Vorgaben auch im Bereich der Selbstverwaltungsaufgaben so eng gesetzt sein, dass Handlungs- und Gestaltungsspielräume nicht mehr existieren und daher eine kommunale Interessensquote als Abzugsposten von vornherein ausscheidet. Besteht somit ein Gestaltungsspielraum im vorbezeichneten Sinne nicht, ist daher ein an der Aufgabe selbst und nur an dieser orientierter Ausgleich zu schaffen,[631] den *Braun* zutreffend als Kostendeckungsgarantie kennzeichnet[632] und der Verwaltungsausgaben wie Zweckausgaben gleichermaßen umfasst.[633] Allerdings ist eine Kostenerstattung gem. Art. 85 Abs. 2 SächsVerf stets lediglich der Saldo von Be- und Entlastungen in Folge einer Aufgabenübertragung. Dies bedeutet, dass

- kostenentlastende Synergieeffekte bei bisherigen kommunalen Leistungen
- durch die Aufgabenübertragung bzw. Aufgabenmodifizierung eintretende Einsparungen (z.B. Wegfall bisheriger Anzeigepflichten, Verkürzung der Verfahrenswege)
- die im Zuge der Aufgabenzuordnung entstehende Möglichkeit der Einführung neuer bzw. der Erhöhung vorhandener Abgaben
- sonstige Kostenentlastungen

mit der Folge berücksichtigt werden, dass sie dem Ausgleichsanspruch gegenzurechnen sind.

(3) Sonderproblem: Ersatz für den mittelbar veranlassten finanziellen Mehraufwand

Problematisch ist die Anwendung der Konnexitätsvorschrift in dem Fall, in dem das Gesetz - wie z.B. bei der Kommunalisierung von Landesbeamten - lediglich einen Aspekt der Aufgabenwahrnehmung (hier: z.B. Begründung einer Dienstherrneigenschaft für vormals staatliche Bedienstete) regelt, die neue Aufgabe jedoch durch die dann von der Kommune zu tragenden Personalkosten mittelbar

---

[631] Wahl, SächsVBl 1996, 303 f. (304) ; Schimpff/Rühmann, Protokolle, S. 631.

[632] Braun, Verfassung Baden-Württemberg, Rz. 56 zu Art. 71.

[633] Schuler, BWVP 1981, 37 f. (40) ; Braun, Verfassung Baden-Württemberg, Rz. 65 zu Art. 71.

finanzielle Auswirkungen hat. Der StGH Baden-Württemberg hat herausgearbeitet, dass sich in diesem Falle die finanzielle Mehrbelastung nicht durch eine unmittelbare Veränderung von Aufgaben und Funktionen ergeben habe. Bei derartigen Folgewirkungen handele es sich nicht um die Übertragung einer Aufgabe im Sinne der Konnexitätsvorschrift.[634] Der SächsVerfGH hat sich dieser Ansicht angeschlossen.[635] Diese einschränkende Auslegung geht von einem dogmatischen, nicht aber funktionalen Aufgabenbegriff aus und ist daher abzulehnen. Denn Zweck der Vorschrift des Art. 85 Abs. 2 SächsVerf ist ein im Zeitpunkt der Aufgabenübertragung zu beurteilender Kostenersatz für die übertragene Aufgabe - ein solcher kann aber nur dann seine volle Wirksamkeit und Schutzfunktion entfalten, wenn sächliche wie personelle Kosten insgesamt einbezogen werden. Getrennt hiervon ist zu bewerten, ob durch Art. 85 Abs. 2 SächsVerf auch das Prognoserisiko der Kostentwicklung erfasst wird.

bb.) Ausgleich von Fehlprognosen

Art. 85 Abs. 2 SächsVerf fordert, dass die Übertragung der Aufgaben zu einer Mehrbelastung führt. Damit ist der beschlossene Verfassungstext von dem in Art. 86 Abs. 2 des sog. Gohrischen Entwurfs[636] enthaltenen Formulierung abgerückt, dass "die Wahrnehmung der Aufgaben" zu einer Mehrbelastung führt.[637] Ein Blick in die Entstehungsgeschichte zeigt, dass es sich hierbei nicht lediglich um einen terminologischen Ausgleich von Begrifflichkeiten handelt. Denn der Ausschussvorsitzende *Schimpff* begründete die Ersetzung des Begriffes Wahrnehmung durch Übertragung damit, dass nur ein finanzieller Ausgleich und nicht die Erstattung aller anfallenden Kosten verbürgt werden solle. Würden nämlich alle Kosten, die für übertragenen Aufgaben anfallen, erstattet, bestünde für die Gemeinden kein Anlass, mit diesem Geld sparsam im Sinne der Haushaltsgesetze umzugehen.[638] Einen weiteren Gesichtspunkt des hier vollzogenen Begriffsaustausches zeigt die Auffassung des parlamentarischen Beraters *Eckardt*, der sich dafür aussprach, den Ausgleich in Art. 86 Abs. 2 (Gohrischer Entwurf) nur für die übertragenen Aufgaben vorzusehen und damit nicht für alle Aufgaben, die ja auch wachsen könnten. In diesem Zusammenhang votierte er auch dafür, als Berechnungsgrundlage für die Ausgleichsmasse lediglich den Zeitpunkt der Übertragung anzusetzen.[639]

---

[634] StGH Baden-Württemberg, VBlBW 1994, 12 f. (14).

[635] SächsVerfGH, SächsVBl 1994, 280 f.

[636] abgedruckt im Anhang zu Schimpff/Rühmann, Protokolle.

[637] vgl. hierzu Synopse in Schimpff/Rühmann, Protokolle, S. 338 sowie Landtagsdrucksache 1/25.

[638] Anhörung Selbstverwaltung, Regionen, Kommunales (17.7.1991), Prot. S. 60

[639] Schimpff/Rühmann, Protokolle, 1. Klausurtagung, S. 44.

Diese Reduzierung des Gewährleistungsgehalts des Art. 85 Abs. 2 SächsVerf auf die Mehrbelastung im Zeitpunkt der Aufgabenübertragung wird auch durch einen Beitrag des Ausschussberaters *von Mangoldt* deutlich, der betonte, dass zwischen der Prognose der Mehrbelastung im Zeitpunkt der Aufgabenübertragung und eventuellen späteren Veränderungen zu unterscheiden sei. Mit dem Begriff der "Wahrnehmung" habe der Gesetzentwurf noch beide Komponenten zum Gegenstand gehabt, im Ausschuss sei durch eine Änderung der Gesetzesformulierung der Gewährleistungsgehalt dann auf den zur Zeit der Übertragung prognostizierten Bedarf reduziert worden. Der Hintergrund für diese tatbestandliche Beschränkung des Konnexitätsprinzips bestand nach *von Mangoldt's* Ansicht darin, dass die Frage der Grundausstattung für alle gemeindlichen Aufgaben und deren jährliche Neubemessung bereits in Art. 88 Abs. 1 bis Abs. 3 (Gohrischer Entwurf) enthalten sei. Demgegenüber bewirke Art. 86 Abs. 1 (Gohrischer Entwurf) lediglich, dass der erstmalige Übertragungsvorgang mit einer Finanzausstattung verbunden werden müsse. Für die Folgezeit greife dann auch hier Art. 88 (Gohrischer Entwurf).[640]

Unter ausdrücklicher Bezugnahme auf die Entstehungsgeschichte sieht daher auch der SächsVerfGH[641] in der Konnexitätsvorschrift lediglich die Verpflichtung, für die im Zeitpunkt der Übertragung absehbaren Kosten der Aufgabenwahrnehmung eine Deckung vorzusehen bzw. einen Ausgleich zu schaffen. Diese Prognose muss nach Ansicht des Verfassungsgerichts auf Grundlage der vorhandenen und erreichbaren Daten eine nachvollziehbare Annahme über die künftige Belastung enthalten.[642] Soweit sich die gesetzgeberische Kostenprognose als unzutreffend erweise, bestimme sich die Einstandsverpflichtung dann nicht mehr nach Art. 85 Abs. 2 sondern nach Art. 87 SächsVerf.[643] Auch *von Mutius* verdeutlicht in seinem Gutachten, die unrichtige Prognose des parlamentarischen Gesetzgebers sei nicht über Art. 85 Abs. 2 SächsVerf, sondern über die allgemeine staatliche Einstandspflicht gemäß Art. 87 Abs. 1 SächsVerf zu korrigieren.

Diese eingrenzende Auslegung des Art. 85 Abs. 2 SächsVerf ist in der Literatur dahingehend kritisiert worden, dass zwar der Tatbestand dem Art. 85 Abs. 2 SächsVerf entnommen, die Rechtsfolge jedoch aus Art. 87 SächsVerf abgeleitet

---

640 Schimpff/Rühmann, Protokolle, S. 536.
641 SächsVerfGH, SächsVBl 1994, 280 f. (284).
642 SächsVerfGH, SächsVBl 1994, 280 f. (285).
643 SächsVerfGH a.a.O.

werde.[644] Damit sei ein Abrücken von dem strengen Konnexitätsprinzip zu den weniger restriktiven Vorgaben der finanzverfassungsrechtlichen Generalklausel des Art. 87 Abs. 1 SächsVerf[645] verbunden. Dieser Wechsel von dem qualitativ-strukturellen Konnexitätsprinzip zu einer quantitativ-fiskalischen Generalklausel sei ein finanzverfassungsrechtlicher Systembruch,[646] denn er eröffne bei einer Fehlprognose dem Gesetzgeber die Möglichkeit, seiner Nachbesserungspflicht nicht gem. Art. 85 Abs. 2 SächsVerf sondern über eine gem. Art. 87 SächsVerf nicht belegbare Pauschalabgeltung nachzukommen.

Dieser Ansicht wäre zuzustimmen, wäre das Problem der Abgeltung des Prognoserisikos nicht oder nur unzureichend im Rahmen der Verfassungsberatungen behandelt worden, so dass sich hierdurch Raum für eine ergänzende Auslegung ergäbe. Bei der vorgenommenen Betrachtung der Entstehungsgeschichte zeigt sich jedoch, dass das Problem, künftige Entwicklungen der übertragenen Aufgaben könnten einen erhöhten Finanzbedarf bewirken, in der Verfassungsdiskussion durchaus erkannt worden ist. Einen Hinweis darauf gibt auch ein in der 5. Klausurtagung gestellter Antrag der SPD-Fraktion, der auf eine Neufassung des Art. 86 Abs. 2 (Gohrischer Entwurf) mit der Maßgabe abzielte, das Land zu verpflichten, den kommunalen Trägern der Selbstverwaltung die zur Durchführung der übertragenen Aufgaben erforderlichen Mittel zuzuweisen.[647]

Dieses Begehren ist als Rückkehr zur weiten Fassung des Gohrischen Entwurfs kritisiert worden, welche zu höheren Lasten des Landes in den Folgejahren führen werde. Der seit der Antragstellung bestehende Dissenstext der SPD ist in der 8. Klausurtagung durch die einvernehmliche Protokollnotiz aufgegeben worden, dass für die Berechnung der nach Art. 86 Abs. 2 (Gohrischer Entwurf) auszugleichenden Mehrbelastung die Prognose im Zeitpunkt des Übertragungsaktes maßgeblich sei, die weitere Entwicklung der Kosten übertragener Aufgaben dagegen ein Problem des Art. 88 (Gohrischer Entwurf) sei. Damit ist im Sinne der vorzitierten Rechtsprechung des SächsVerfGH klargestellt, dass die insbesondere von *Schoch/Wieland* vorgetragene Kritik, der Gesetzgeber müsse bei einer Fehlprognose einer Nachbesserungspflicht gem. Art. 85 Abs. 2 SächsVerf unterliegen und dürfe

644 so auch Schoch/Wieland, Finanzierungsverantwortung für gesetzgeberisch veranlasste kommunale Aufgaben, S. 164 f.

645 so aber auch die Antwort der Staatsregierung auf den Antrag der SPD-Fraktion "Übertragung von Aufgaben gem. Art. 85 SächsVerf" Landtagsdrucksache 02/4462.

646 Schoch/Wieland a.a.O.

647 Schimpff/Rühmann, Protokolle, 5. Klausurtagung, S. 41. Der Gesetzestext sollte nach dem Vorschlag der SPD-Fraktion lauten: Das Land weist den kommunalen Trägern der Selbstverwaltung die zur Durchführung der übertragenen Aufgaben erforderlichen Mittel zu.

nicht durch eine mögliche Flucht in die Generalklausel des Art. 87 Abs. 1 SächsVerf belohnt werden[648], keinen Rückhalt in der Entstehungsgeschichte der Sächsischen Verfassung findet.

cc.) Junktim zwischen Aufgabenübertragung und Kostendeckung

Art. 85 Abs. 2 SächsVerf bestimmt, dass bei der Aufgabenübertragung ("dabei") eine Kostenregelung zu treffen ist. Daraus ließe sich schlussfolgern, dass das aufgabenübertragende Gesetz auch zugleich die Kostenregelung enthalten müsse.[649] Anders als Art. 14 Abs. 3 S. 2 GG und Art. 19 Abs. 1 S. 2 GG statuiert jedoch Art. 85 Abs. 2 SächsVerf kein striktes Junktim, so dass die Ausgleichsregelung nicht im aufgabenübertragenden Gesetz, sondern im Finanzausgleichsgesetz vorgenommen werden kann, wobei allerdings ein enger sachlicher und zeitlicher Zusammenhang mit der Aufgabenübertragung erforderlich ist.[650] Auch der SächsVerfGH hat klargestellt, dass Art. 85 Abs. 1 S. 3 und Abs. 2 SächsVerf nicht verlange, die Kostentragungs- und Ausgleichsregelung jeweils im Aufgabenübertragungsgesetz vorzunehmen, sondern nur, dass entsprechende Regelungen getroffen werden oder vorhanden sind.[651] Diese Ansicht ist in den neueren verfassungsrechtlichen Entscheidungen, etwa vom StGH Baden-Württemberg , unterstützt und argumentativ weiter ausgebaut worden.[652] Betrachtet man zudem den Sinn und Zweck der Schutzwirkung des Art. 85 Abs. 2 SächsVerf ist nicht die Rechtsgrundlage sondern der Umstand entscheidend, dass eine möglichst sachgerechte Abschätzung der Mehrbelastung stattgefunden hat und sich der Ausgleich hieran orientiert.[653] Dabei ist die Verlagerung in das FAG insoweit aus kommunaler Sicht auch sachgerecht, als den Kommunen mit dem Erlass des aufgabenübertragenden Gesetzes noch gar keine Kosten entstehen bzw. diese erst nach einer bestimmten praktischen Erprobungsphase verifizierbar und damit im Sinne der Ausgleichspflicht auch bestimmbar sind. Andererseits darf die Verlagerung in das FAG jedoch nicht dazu führen, dass die zeitliche Verknüpfung der Kostenfrage unterbleibt und der enge sachliche und zeitliche Zusammenhang mit dem aufgabenübertragenden Gesetz nicht

---

648 Schoch / Wieland, Finanzierungsverantwortung für gesetzgeberisch veranlasste kommunale Aufgaben, S. 164 f.

649 so Kühn, BWVBl 1956, 180 (182)

650 Maurer, Kreise im Bundesstaat, S. 139 f. (158), Henneke, SächsVBl 1996, 53 (60)

651 Der SächsVerfGH, SächsVBl 1994, 280 f. (284) weist zudem darauf hin, dass bei der Bewertung der Konnexitätsverpflichtung auch eine Einbeziehung weiterer finanzwirksamer Maßnahmen erforderlich sei.

652 StGH Baden-Württemberg, VBlBW 1999, 18 f. (21), LVerfG Brandenburg DÖV 1998, 336

653 von Mutius, FAG Gutachten, S. 65.

mehr gewährleistet ist.[654] Zutreffend arbeitet der StGH Baden-Württemberg im Rahmen einer verfassungsrechtlichen Explikation heraus, dass die zeitliche Verknüpfung zu einer für die Zukunft tragfähigen und verlässlichen Regelung der Kostenfrage zwinge, da die Verfassung ein System jeweils nachträglicher Erstattung tatsächlich angefallener Kosten nicht vorsehe.[655]

In diesem Zusammenhang stellt sich jedoch die Frage, ob die "Gleichzeitigkeit" von Übertragung und Ausgleich auch dann noch gewahrt ist, wenn wie im Zeitraum 1999 / 2000 ein Finanzausgleichsgesetz mit zweijähriger Geltungsdauer geschaffen wird. Denn zwischenzeitlich erfolgte Aufgabenübertragungen können zwar als kommunaler Forderungsposten vermerkt, frühestens jedoch im Jahr 2001 abgegolten werden. Die Kosten der Zwischenfinanzierung obliegen den Kommunen, so dass man - wenn überhaupt - zu einer lediglich nachträglichen Kostenerstattung gelangt. Auch im Hinblick auf die vorzitierte Rechtsprechung des StGH Baden-Württemberg erscheint dieser zeitliche Abstand als zu weit, zumal bei der Einführung des an dieser Stelle mit der sächsischen Rechtslage vergleichbaren brandenburgischen Konnexitätsprinzips im Rahmen einer Entschließung des Landtags ausdrücklich hervorgehoben worden ist, dass ein im Gemeindefinanzierungsgesetz zu regelnder Ausgleich spätestens im folgenden Haushaltsjahr und mit Rückwirkung auf den Zeitpunkt der Übertragung der neuen Aufgabe zu erfolgen habe.[656]

dd.) Verfassungsrechtliche Anforderungen an die Ausgestaltung des Finanzausgleichsgesetzes (FAG)

Die vorab dargestellte Kostendeckungsgarantie wird man schon wegen des damit verbundenen Verwaltungsaufwandes nicht dahingehend interpretieren können, dass eine einzelgesetzliche Spitzabrechnung für jede neue Aufgabe erfolgt bzw. die FAG-Gesamtzuweisungen um die Höhe des nach Art. 85 Abs. 2 SächsVerf gebotenen Ausgleichs punktgenau steigen.[657] Vielmehr kann und sollte insbesondere bei Übertragung von Aufgabenblöcken pauschaliert werden,[658] wobei sich die Pauschale auf alle Kosten der Verwaltungstätigkeit, also die Zweckausgaben, wie die Sach- und Personalkosten beziehen sollte.[659] Die damit auch von der ganz h.M. anerkannte

---

[654] Henneke, LKV 1996, 257 f. (260).

[655] StGH Baden-Württemberg, VBlBW 1999, 18 f. (21)

[656] vgl. hierzu Ziff. 6 des Entschließungsantrags im Landtag Brandenburg vom 15.3.1999 zur Einführung des Konnexitätsprinzips (Lt-DS 2/6179)

[657] Henneke, LKV 1996, 257 f. (260) sowie Braun, Verfassung Baden-Württemberg, Rz. 49 zu Art. 71 zur vergleichbaren Rechtslage.

[658] Maurer, Kreise im Bundesstaat, S. 139 f. (149).

[659] NdsStGH DVBl 1998, 185 (186) ebenso Henneke, DVBl 1998, 1158 f. (1163)

Zulässigkeit der Pauschalierung[660] ist allerdings in ihren einzelnen Anforderungen und in ihrer Darstellung im Finanzverfassungssystem streitig.

(1) Berücksichtigung des sog. Gleichmäßigkeitsgrundsatzes

Angesichts steigender Kommunaleinnahmen und sinkender Einnahmen aus dem Länderfinanzausgleich in der mittelfristigen Finanzprognose ist 1996 zur Herstellung einer gleichmäßigen Finanzentwicklung bei Land und Kommunen der sog. Gleichmäßigkeitsgrundsatz zwischen Land und Kommunen vereinbart worden. Dieser besagt, dass die Gesamteinnahmen der sächsischen Kommunen aus Steuern sowie aus den Zuweisungen aus dem kommunalen Finanzausgleich sich ab 1996 gleichmäßig zu der dem Freistaat verbleibenden Finanzmasse aus Steuern, Länderfinanzausgleich sowie Bundesergänzungszuweisungen, abzüglich der den Kommunen zufließenden Finanzmasse im kommunalen Finanzausgleich, also zu seinen Gesamteinnahmen netto gestalten sollen.[661] Diese Anbindung der kommunalen Finanzausstattung an die finanzielle Lage des Landes ist als finanzausgleichstechnische Innovation hervorgehoben worden, da der Gleichmäßigkeitsgrundsatz als institutionelles Arrangement dazu führe, dass die Größe der Schlüsselmasse nicht bloß durch die politischen Machtverhältnisse, sondern durch eine zweckmäßige Berücksichtigung sachgerechter Indikatoren bestimmt werde. Auch könne der Gleichmäßigkeitsgrundsatz das Land gegen den Vorwurf einer verfassungswidrigen Kürzung der Finanzausgleichsmasse absichern, da er die Grenzen der finanziellen Leistungsfähigkeit der Gemeinden mit einschließt.[662] Letztlich wird von den Befürwortern des Gleichmäßigkeitsgrundsatzes darauf verwiesen, dass dessen Anwendung bei der Ausgestaltung des Finanzausgleichsgesetzes zu einer beständigen Erhöhung der allgemeinen Finanzausgleichsmasse in den jeweiligen Haushaltsjahren geführt hat:

1996: 90,04 Mio DM
1997: 54,50 Mio DM
1998: 118,00 Mio DM
1999: 118,00 Mio DM
2000: 118,00 Mio DM

Nicht übersehen werden darf allerdings die zeitgleiche Entwicklung der Verbundquote, also des Anteils der Gemeinschaftsteuern, des Aufkommens an den

---

660 Mückl Finanzverfassungsrechtlicher Schutz, 210 m.w.N.
661 Jacob, Fiwi 1996, 49f. (50)
662 Ifo-Institut, Gutachten, S. 56.

Landessteuern sowie des Landesanteils an der Gewerbesteuerumlage, die der allgemeinen Finanzausgleichsmasse zugeführt wird. Diese Quote ist seit Einführung des Gleichmäßigkeitsgrundsatzes stetig gesunken:

1996: 28,00 v.H.
1997: 28,00 v.H.
1998: 26,86 v.H.
1999: 26,59 v.H.
2000: 26,36 v.H.

Auch gehen die Vertreter des Gleichmäßigkeitsgrundsatzes von der Annahme aus, die kommunale Finanzausstattung sei bisher rein politisch determiniert und in das Ermessen der Landesregierung gestellt worden und man habe erst durch die nunmehr getroffene Regelbindung für die Kommunen eine erhöhte Rechts- und Planungssicherheit erreicht.[663] Unabhängig davon, dass damit die finanzverfassungsrechtlichen Garantien der Sächsischen Verfassung zu wenig hervorgehoben und eingefordert werden, zeigt sich aber auch in der Anwendung des Gleichmäßigkeitsgrundsatzes selbst, dass diese Vereinbarung unter dem Gesichtspunkt des Gewährleistungsgehalts des Art. 85 Abs. 2 SächsVerf kritisch zu bewerten ist. Denn der Gleichmäßigkeitsgrundsatz stellt lediglich auf die Einnahmeentwicklung ab. Da der kommunale Finanzausgleich seinem Wesen nach jedoch eine Einnahmeverteilung nach den Grundsätzen der Aufgabenzuordnung ist, müssen die Aufgaben von Land und Kommunen in Beziehung gesetzt und die dafür vor Durchführung des Finanzausgleichs jeweils vorhandenen Finanzmittel in Ansatz gebracht werden.[664] Erforderlich ist somit, auch Aufgaben- und Ausgabenverlagerungen in die Berechnung der Einnahmeentwicklung mit einzubeziehen. Die jetzige Form des Gleichmäßigkeitsgrundsatzes ist als rein einnahmeorientierter Maßstab ungeeignet, Veränderungen des kommunalen Aufgabenspektrums zu berücksichtigen.[665] Denn die unter dem Gesichtspunkt des Konnexitätsgrundsatzes wichtige Mehrbelastung durch Aufgabenübertragung wird ausgeblendet, da der Gleichmäßigkeitsgrundsatz die Aufgaben- und Ausgabenentwicklung gerade nicht berücksichtigt,[666] sondern vielmehr als einnahmeorientierter Grundsatz eine im wesentlichen unveränderte Aufgabenverteilung zwischen Land und Kommunen voraussetzt.

---

663 Henneke, Der Landkreis 1999, 356 f. (359).

664 Henneke, Kommunen in der Finanzverfassung, S. 113 f., Jacob a.a.O.

665 Henneke, Der Landkreis 1999, 356 f. (360) m.w.N.

666 Junkernheinrich/Micosatt, Kommunaler Finanzausgleich, S. 18 f. ; ebenso Jacob Fiwi 1997, 37 f. (38) ; zur Kritik an diesem Ansatz auch Henneke, LKV 1996, 257 f. (260).

(2) Erfordernis eines finanzkraftunabhängigen Ansatzes

Hinsichtlich der Ausgestaltung der FAG-Struktur ist streitig, ob die aus dem Konnexitätsgrundsatz resultierende Ausgleichsmasse als Sonderansatzstaffel außerhalb der Schlüsselzuweisungen und damit finanzkraftunabhängig oder aber in die Schlüsselzuweisungen eingestellt und damit finanzkraftabhängig ausgestaltet werden kann.

Die Befürworter einer finanzkraftabhängigen Regelung verweisen darauf, dass mit der Einbeziehung der Zuweisungen gem. Art. 85 Abs. 2 SächsVerf in die Schlüsselzuweisungen eine Übertragung des Rechtsprinzips der Einheitlichkeit kommunaler Aufgabenerfüllung auf die FAG-Struktur gewährleistet werden könne.[667]

Auch betonen sie, dass die Zahlung pauschaler finanzkraftunabhängiger Kopfbeträge den Gesetzgeber hindere, einen Ausgleich der Finanzausstattung zwischen den Gemeinden voranzutreiben und finanzstarke Gemeinden an den Kosten der Auftragsverwaltung zu beteiligen. Da aber für finanzstarke Gemeinden die Pflicht besteht, im Rahmen eines interkommunalen Finanzausgleichs der finanziell schwächeren Hilfe zu leisten, sei es durchaus zulässig, dass der Gesetzgeber bei der Verteilung dieser Mittel den finanzstärkeren Gemeinden weniger zuteilt und dafür die schwächeren Gemeinden stärker partizipieren lässt.[668] Durch eine Einordnung in die Schlüsselzuweisung sei es daher möglich, die horizontale Verteilungsgerechtigkeit im Finanzausgleichssystem zu erhöhen, indem finanzkraftunabhängige, einwohnerbezogene Kopfbeträge abgeschafft und dafür die steuerkraftabhängig bemessenen Schlüsselzuweisungen erhöht werden. Letztlich sei für die pauschalierende Abgeltung auch von Verfassungs wegen kein gesonderter, finanzkraftunabhängiger Ansatz erforderlich, weil die Landesverfassung nicht die Modalitäten der Kostenregelung vorschreibe.[669] Denn eine verfassungsrechtliche Pflicht zum gesonderten Ausgleich für übertragene Aufgaben bestehe nicht. Daher sei es möglich, die Ausgleichsmasse gem. Art. 85 Abs. 2 SächsVerf in das System der Schlüsselzuweisungen des Art. 87 Abs. 3 SächsVerf einzubeziehen.[670] Der Gesetzgeber müsse allerdings, um eine Überprüfbarkeit seines Ansatzes sicherzustellen, entweder im Text des Finanzausgleichsgesetzes oder zumindest in seiner Begründung eine entsprechende Erklärung über die Höhe der von ihm gewählten Abgeltung liefern.[671]

---

[667] Jacob a.a.O.

[668] Ifo-Institut, Gutachten, S. 163 f.

[669] VerfGH Nordrhein-Westfalen, DVBl 1989, 151 f.

[670] von Mutius, FAG Gutachten, S. 112 f.

[671] von Mutius, FAG Gutachten, S. 111 f.

Bei der Bewertung dieser Argumente ist zunächst aus gesetzessystematischer Sicht darauf hinzuweisen, dass der quantitativ-fiskalische Ansatz in Art. 87 Abs. 1 SächsVerf und der qualitativ aufgabenbezogene Ansatz in Art. 85 Abs. 2 SächsVerf zwei getrennt zu bewertende Finanzverfassungsgarantien sind. Wenn die pauschalierte Abgeltung des Konnexitätsgrundsatzes als Ausgleichsmasse in die Schlüsselzuweisungen des Finanzausgleichs eingestellt wird, wird die duale finanzverfassungsrechtliche Absicherung zu einer - im aufgabenakzessorischen Sinne nicht mehr nachvollziehbaren - monistischen verschmolzen, bei der aufgabeninakzessorische FAG-Zuweisungen jegliche Verifizierbarkeit des Ausgleichs hindern. Damit ist die Gefahr verbunden, dass die Gewährleistung einer aufgabenakzessorischen Finanzausstattung wegen des Zuweisungssystems des FAG nicht belegbar bzw. zu befürchten ist, dass bei neuen Aufgaben angesichts der Haushaltslage des Freistaates eine Umsetzung der Konnexitätsverpflichtung faktisch überhaupt nicht stattfindet. Die Ausgleichsmasse im Sinne des Art. 85 Abs. 2 SächsVerf muss aber nach Art und Höhe klar erkennbar sein und bleiben, um die Kostendeckungsquote für die Kommunen errechnen und auf ihre Angemessenheit hin überprüfen zu können.[672] Der Gewährleistungsgehalt des Konnexitätsanspruchs darf nicht dadurch ausgehöhlt werden, dass die Kostendeckungsregelung im Rahmen des kommunalen Finanzausgleichs zu einem zwar mitgedachten, aber unselbständigen und seiner Höhe nach nicht bestimmbaren Posten innerhalb des vom Solidaritätsgedanken beherrschten und deswegen finanzkraftabhängigen Hauptansatzes wird.[673]

Kritisch zu bewerten ist in diesem Zusammenhang das Argument, mit der finanzkraftabhängigen Zuweisung würden finanzstarke Kommunen an den Kosten des staatlichen Aufgabenvollzuges beteiligt und damit die horizontale Verteilungsgerechtigkeit gestärkt. Zwar ist es richtig, dass eine konkrete finanzkraftunabhängige Kostenabgeltung die finanzstarken Kommunen begünstigt und hierdurch eine weitere Spreizung zwischen "armen" und "reichen" Gemeinden durchgeführt wird. Jedoch ist dieses Argument eine Konsequenz aus einer bereits akzeptierten Schlussfolgerung, die aus Art. 85 Abs. 2 SächsVerf resultierenden Zuweisungsbeträge würden nicht entsprechend der Ausgabenbelastung erhöht. Denn wie das von der Staatsregierung in Auftrag gegebene Gutachten des *Ifo-Instituts* hervorhebt,[674] sei es auf Grund der angespannten Haushaltslage auch weiterhin notwendig, die knappen Finanzmittel den Kommunen zukommen zu lassen, die diese

---

672 NdsStGH, NdsVBl 1995, 227 ; Meyer, LKV 1997, 390 f. (396).
673 NdsStGH, DVBl 1998, 185 (186) ; Henneke, DVBl 1998, 1158 f. (1163)
674 Ifo-Institut, Gutachten, S. 163 f.

auf Grund ihrer geringen Finanzkraft am nötigsten hätten. Das Gutachten hält es aus diesem Grund für kontraproduktiv, die von der Finanzkraft unabhängigen Kopfbeträge wieder einzuführen.

Hinzuweisen ist in diesem Zusammenhang allerdings darauf, dass die diskutierte Frage der Finanzkraftabhängigkeit von Zuweisungen lediglich ein bestehendes Problem des vertikalen Finanzgefüges zwischen Staat und Kommune in die horizontale Verteilung zwischen den Kommunen verlagert.[675] Betrachtet man zudem die Systematik der Sächsischen Verfassung, stellt sich das Problem finanzkraftabhängiger Zuweisungen nicht. Denn diese hat mit den Regelungen des Art. 85 Abs. 2 SächsVerf und Art. 87 SächsVerf bewusst das Spannungsverhältnis zwischen dem die Autonomie stärkenden Kostendeckungsgedanken des Art. 85 Abs. 2 SächsVerf und dem Gedanken interkommunaler Solidarität, der insbesondere im übergemeindlichen Finanzausgleich des Art. 87 SächsVerf zum Ausdruck kommt, erschlossen. [676]

Eine finanzkraftabhängige Gewährung der Ausgleichsmasse gem. Art. 85 Abs. 2 SächsVerf würde zudem dazu führen, dass abundante Gemeinden gleich in zweierlei Hinsicht finanzverfassungsrechtlich benachteiligt würden. Denn einerseits erhielten sie wegen hinreichender Finanzkraft keine Schlüsselzuweisungen, andererseits wären sie aus dem gleichen Grunde von der Teilhabe an der Ausgleichsmasse gem. Art. 85 Abs. 2 SächsVerf ausgeschlossen, obwohl sie eine objektive Kostensteigerung zu verzeichnen haben. Auch aus diesem Grunde sind beide Finanzverfassungsgarantien daher mit der Folge getrennt zu bewerten, dass Art. 85 Abs. 2 SächsVerf einen an den Sach- und Verwaltungskosten orientierten Ausgleich erfordert, bei dem die unterschiedliche Leistungsfähigkeit der Kommune nicht berücksichtigt werden darf.[677]

---

675 Eine mögliche Lösung des Problems - Wiedereinführung der Pro-Kopf-Beträge als verfassungsrechtlich gebotener Ansatz - könnte darin bestehen, den Kommunen, die auf Grund ihres hohen Steueraufkommens keine Schlüsselzuweisung nach § 9 erhalten oder deren Schlüsselzuweisungen nach § 9 einen bestimmten Betrag je Einwohner unterschreiten, einen angemessenen Betrag je Einwohner zukommen zu lassen. Derzeit ist ein entsprechendes Korrektiv in § 21 Nr. 6 FAG 1997 zu finden.

676 Zudem gilt der vom VerfGH Nordrhein-Westfalen in DVBl 1993, 1205 f. (1209) entwickelte Grundsatz, das Selbstverwaltungsrecht enthalte keinen Anspruch, Zweckzuweisungen in finanzkraftunabhängiger Form zu erhalten, nur für die Verteilung der "klassischen FAG-Zuweisungen". Auf die Ausgleichsmasse im Sinne der landesverfassungsrechtlichen Konnexitätsvorschrift ist diese Rechtsprechung bisher nicht übertragen worden.

677 vgl. Henneke, LKV 1996, 257 f. (260) ; Schoch / Wieland, Finanzierungsverantwortung für gesetzgeberisch veranlasste kommunale Aufgaben, S. 161 f. ; Jacob, Fiwi 1996, 49 f. (53).

d.) Verfassungskonformität des FAG 1997 unter dem Gesichtspunkt der Gewährleistungsgarantie des Art. 85 Abs. 2 SächsVerf

Angesichts der anhängigen Verfassungsklagen der SPD-Landtagsfraktion sowie der kreisfreien Städte Hoyerswerda und Zwickau, stellt sich die Frage, ob und inwieweit die derzeitige Struktur des Finanzausgleichsgesetzes den verfassungsrechtlichen Anforderungen Rechnung trägt. Dabei ist besonders von Bedeutung, ob die Zuweisungen für den staatlichen Aufgabenvollzug in verfassungsrechtlich zulässiger Weise in der 1997 gewählten FAG-Struktur verankert sind. Im folgenden wird daher die strukturelle Ausweisung der Konnexitätsverpflichtung beleuchtet und die Verfassungsmäßigkeit des seinerzeitigen Kostennachweises für den staatlichen Aufgabenvollzug geprüft.

aa.) Die Zuweisungen für Aufgaben der unteren (staatlichen) Verwaltungsbehörde in den FAG Strukturen 1991-1995

Während im Finanzausgleichsjahr 1991 die Zuweisungen für den übertragenen Wirkungskreis noch in der gegenüber 1992 um rd. 130 Mio. DM höheren Schlüsselmasse der Landkreise enthalten waren, erfolgte der finanzielle Ausgleich für die Wahrnehmung staatlicher Aufgaben in den Finanzausgleichsjahren 1992 bis 1995 über einen einwohnerbezogenen Zuweisungsbetrag.[678] Zuweisungsempfänger waren die Landkreise in ihrer Funktion als untere staatliche Verwaltungsbehörde und die kreisfreien Städte als untere Verwaltungsbehörde. Hierbei war es für die FAG-Regelung und den hieraus resultierenden Zuweisungen offenbar ohne Bedeutung, dass es im Landratsamt nach seinerzeitiger Rechtslage noch eine untere staatliche Verwaltungsbehörde gab, in der kreisfreien Stadt hingegen keine staatliche Ortsinstanz existierte.

---

[678] Erstmals im FAG 1992 erhielten die Landkreise und kreisfreien Städte einen Pro-Kopf-Betrag außerhalb der Schlüsselmasse. Nach § 5 FAG 1992 wurden den Landkreisen und kreisfreien Städten 15 DM je Einwohner pauschal erstattet. Die 15 DM je Einwohner stellten eine Art Kostenrichtwert pro Einwohner bei effizienter Verwaltungsorganisation dar. Sie reichten aber zur tatsächlichen Kostendeckung nicht aus. Im FAG 1995 wurden Zuweisungen für Aufgaben der unteren Verwaltungsbehörde in Höhe von 31 DM je Einwohner nach der Einwohnerzahl auf Landkreise und kreisfreie Städte verteilt (§ 5 Abs. 1 FAG 1995), wobei die Landkreise verpflichtet waren, einen Teil dieser Kopfbeträge an die großen Kreisstädte und die kreisangehörigen Gemeinden weiterzuleiten (§ 5 Abs. 2 FAG 1995). Charakteristisch für derartige "Kopfbeträge" war und ist, dass sie unabhängig von der Finanzkraft nach festen DM-Beträgen pro Einwohner verteilt werden.

bb.) Die Strukturreform durch das FAG 1996

Mit dem Ziel der Reduzierung der finanzkraftunabhängigen Sonderzuweisungen und der Verringerung des Verwaltungsaufwandes für den Vollzug des FAG einerseits, sowie durch Erhöhung der Ausgleichsintensität des Systems zugunsten steuerschwacher Kommunen andererseits, wurden mit dem Finanzausgleichsjahr 1996 die Zuweisungen für den übertragenen Wirkungskreis in die Schlüsselmasse einbezogen. Die Kopfbeträge wurde im FAG 1996 im gleichen Mittelvolumen wie 1995 (142 Mio. DM) in die Schlüsselmasse (Schlüsselmasse gem. Änderungsgesetz zum FAG 1996: 5.987,69 Mio. DM) der drei kommunalen Säulen - kreisangehörige Gemeinden, Landkreise und kreisfreie Städte - integriert.[679]

Zusätzlich wurden für kreisangehörige Gemeinden, die aufgrund ihres hohen Steueraufkommens keine Schlüsselzuweisungen erhalten bzw. deren Schlüsselzuweisungen einen bestimmten Betrag unterschreiten, Zuweisungen für übertragene Aufgaben im Rahmen von Bedarfszuweisungen vorgesehen.

Damit ist in den Finanzausgleichsgesetzen 1996 und 1997 nicht nur die Sonderzuweisung für den Ausgleich im Sinne des Art. 85 Abs. 2 SächsVerf entfallen, sondern auch in der Begründung der dem Landtag zugeleiteten Gesetzentwürfe kein Nachweis mehr enthalten, wie hoch der Ansatz für die, vom Landesgesetzgeber in der Schlüsselzuweisung berücksichtigten Kosten, für übertragene Aufgaben ist.

Erst in dem FAG 1998 ist im besonderen Teil der gesetzgeberischen Begründung der Gesamtbetrag, der für den Ausgleich der Kosten für übertragene Aufgaben in die allgemeinen Schlüsselzuweisungen eingestellt wurde, wieder ausdrücklich benannt und auf die einzelnen Säulen aufgespalten worden.[680]

---

679 Jacob, Fiwi 1996, 49 f. (52).

680 vgl. hierzu Regierungsentwurf der Begründung zum FAG vom 26.5.1998.

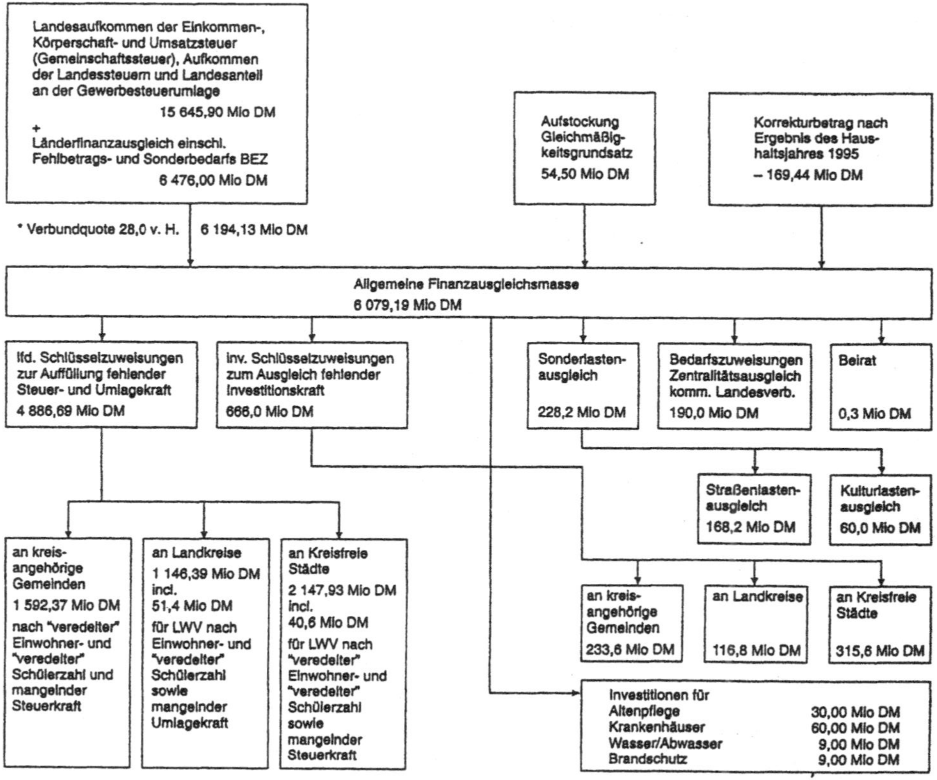

Übersicht über den kommunalen Finanzausgleich 1997 im Freistaat Sachsen

cc.) Bewertung

Das vom Finanzministerium in Auftrag gegebene Gutachten des *Ifo-Instituts* hält es für zulässig, dass der Gesetzgeber durch die Einstellung der Ausgleichsmasse gem. Art. 85 Abs. 2 SächsVerf in die Schlüsselzuweisungen diese finanzkraftabhängig ausgestaltet und damit die schwächeren Gemeinden an diesen Zuweisungen stärker partizipieren lässt. Die Gefahr einer dadurch eintretenden Übernivellierung der Gemeinden stellt sich nach Ansicht der Gutachter nicht, da die in Frage stehende Ausgleichsmasse lediglich 2,7 % Anteil an der Schlüsselmasse hat.[681] Allerdings fordern die Gutachter, der Gesetzgeber solle im Rahmen der erforderlichen regelmäßigen Überprüfung der Aufgabenverteilung eine Stellungnahme dazu abgeben, ob eine Erhöhung der Kosten der Aufgabenerfüllung im übertragenen Wirkungskreis zu einer Anpassung der Finanzausgleichsmasse geführt hat und inwieweit diese gegebenenfalls durch eine gegenläufige, steuerkraftindizierte Absenkung der Schlüsselmasse kompensiert wurde.

Die vom Finanzministerium ebenfalls veranlasste Studie von *von Mutius* kommt zu dem Ergebnis, dass das bestehende Finanzausgleichssystem nicht zu beanstanden sei, weil eine verfassungsrechtliche Pflicht zum gesonderten Ausgleich für übertragene Aufgaben nicht bestehe. Allerdings ist es nach der Ansicht von *von Mutius* erforderlich, bei der Einbeziehung der Ausgleichsmasse gem. Art. 85 Abs. 2 SächsVerf in das System der Schlüsselzuweisungen des Art. 87 Abs. 3 SächsVerf entweder im Text des Finanzausgleichsgesetzes oder zumindest in seiner Begründung eine entsprechende Erklärung über die Höhe der vom Gesetzgeber gewählten Abgeltung zu liefern, um eine Überprüfbarkeit seines Ansatzes sicherzustellen.[682]

Ein von der Sächsischen Landtagsverwaltung erstelltes Rechtsgutachten[683] stellt demgegenüber die Verfassungsmäßigkeit der seit dem Finanzausgleichsjahr 1996 bestehenden Regelung in Frage. Im Ergebnis fordert das Rechtsgutachten im kommunalen Finanzausgleich die Bestimmung über die Deckung der Kosten übertragener Aufgaben gesondert von den Regelungen über die finanzkraftabhängigen Schlüsselzuweisungen an Gemeinden und Landkreise vorzunehmen. Zudem müsse diese Bestimmung ohne Rücksicht auf die Finanzkraft der mit den übertragenen Aufgaben betrauten Gemeinden und Landkreise ausgestaltet werden. Die Bearbeiter führen in ihrer Untersuchung den Wortlaut und die Entstehungsgeschichte der einschlägigen Verfassungsnormen (Art. 85 und Art.

---

[681] Ifo-Institut, Gutachten, S. 161 f.

[682] von Mutius, FAG Gutachten, S. 112.

[683] unveröffentlichtes Gutachten der Landtagsverwaltung vom 6. November 1996.

87 SächsVerf) ünd auch verfassungsrechtliche Entscheidungen zum kommunalen Finanzausgleich in einzelnen Bundesländern an.

Bei der Bewertung der Verfassungsmäßigkeit ist nach m.E. zunächst hervorzuheben, dass der Verfassungsgeber mit der Normierung der Kostendeckungsregelung als Übertragungsvoraussetzung im Sinne des Art. 85 SächsVerf dieser Vorschrift eigene normative Bedeutung für die Gestaltung des Finanzausgleichsrechts zugemessen hat. Die Abgeltung im Sinne des Art. 85 Abs. 2 SächsVerf muss daher nach Art und Höhe erkennbar sein, um die Kostendeckungsquote für die Kommunen errechnen und überprüfen zu können. Der Gesetzgeber ist somit verpflichtet, einen besonderen Ansatz für den Ausgleich der Kosten zu schaffen.[684] Denn er löst mit der Übertragung von Aufgaben auf die Kommunen finanzrechtliche Folgen aus, die nicht in allgemeinen finanzrechtlichen Vorschriften aufgehen können, sondern weiterhin belegbar sein müssen.

Die hier zu beurteilende FAG-Struktur verhindert jedoch gerade diese Verifizierbarkeit für Art und Umfang der Kostenerstattung übertragener Aufgaben. Denn weder werden die Kosten für den gem. Art. 85 Abs. 2 SächsVerf übertragenen Aufgabenvollzug quantifiziert noch wird ein solcher Ansatz gesondert dargestellt. Es fehlt vielmehr jegliche - in Form einer Sonderansatzstaffel denkbare - Spezialregelung ohne Finanzkraftbezug. Zutreffend stellt *Henneke*[685] hierzu fest, dass "der bloße Hinweis auf die allgemeinen Zuweisungen oder pauschale Erhöhungen keineswegs genüge". Das FAG müsse den nebeneinanderstehenden verfassungsrechtlichen Anforderungen des Art. 85 Abs. 2 und Art. 87 SächsVerf durch einen entsprechenden Ausweis Rechnung tragen.

Auch hat diese Darstellung finanzkraftunabhängig zu erfolgen, denn Ziel des Finanzausgleichs ist es lediglich, strukturell vorgegebene Unterschiede innerhalb der kommunalen Ebene aufzufangen und damit der unterschiedlichen Finanzkraft angemessen Rechnung zu tragen. Eine finanzkraftabhängige Gewährung der Ausgleichsmasse gem. Art. 85 Abs. 2 SächsVerf geht jedoch über diesen Ansatz hinaus und zielt auf eine - auch vom BVerfG für unzulässig gehaltene - Nivellierung der Finanzkraft ab.[686] Denn für die abundante Gemeinde würde sich jede Aufgabenübertragung als Verringerung der finanziellen Verfügungsmasse darstellen, da sie anders als die zuweisungsberechtigten Gemeinden keinen Ausgleich erhält. Dies führt jedoch mittelfristig zu einer Nivellierung der Finanzkraft.

---

684 NdsStGH NdsVBl 1995, 225 f. ; Meyer, LKV 1997, 390 f. (396).
685 Henneke, SächsVBl 1996, 53 f. (60).
686 BVerfG, NJW 1986, 2629 ; Meyer, LKV 1997, 390 f. (396).

Auch wenn somit Art. 85 Abs. 2 SächsVerf den Gesetzgeber nach der hier vertretenen Ansicht zu einem konkreten und finanzkraftunabhängigen Kostenausweis zwingt, bedeutet dies nicht zwangsläufig höhere staatliche Zuweisungen, sondern möglicherweise zunächst nur einen anderen Aufbau des Finanzausgleichsgesetzes.

e.) Finanzverfassungsrechtliche Auswirkungen der Wiedereinführung einer unteren staatlichen Verwaltungsbehörde im Landratsamt

Art. 85 Abs. 2 SächsVerf eröffnet in seinem Tatbestand die Konnexitätsverpflichtung zunächst nur für eine Aufgabenübertragung an die kommunalen Träger der Selbstverwaltung. Die Aufgabendelegation an eine mit der Selbstverwaltungsbehörde organisatorisch zusammengefasste eigene staatliche Abteilung wird dagegen weder in positiver noch negativer Hinsicht geregelt.

Ein Beleg für diese finanzverfassungsrechtlich ungeregelte Sonderstellung waren die im FAG 1991-1994 als Sonderansatzstaffel vorgenommenen Zuweisungen für die untere staatliche Verwaltungsbehörde. Mit einem jährlich in den FAG-Verhandlungen neu festzulegenden Pro-Kopf-Betrag galten die Aufwendungen des Landkreises als untere staatliche Verwaltungsbehörde als abgegolten, ohne dass - was durchaus denkbar gewesen wäre - im Staatshaushaltsplan eine weitere Zuweisung vorgesehen wurde. Die Sonderansatzstaffel für die Tätigkeit als untere staatliche Verwaltungsbehörde ist - wie ausgeführt - mit dem FAG 1996 abgeschafft worden. Der Sächsische Landkreistag stimmte seinerzeit deren Wegfall lediglich mit der Zielsetzung zu, die interkommunalen Streitigkeiten zwischen der Kreisebene und den Großen Kreisstädten über deren Anteil an der Sonderansatzstaffel zu beenden.

Zieht man zur Frage des verfassungsrechtlich gebotenen Ausgleichs die baden-württembergischen Verfassungslage heran, wird deutlich, dass die Konnexitätsverpflichtung des Landes bei einer Übertragung von Aufgaben an die untere staatliche Verwaltungsbehörde sehr unterschiedlich gesehen wird.

Eine recht restriktive Ansicht geht davon aus, die Kommunen seien nach einem allgemeinen Grundsatz des Verwaltungsrechts bzw. mittelbar aufgrund von Art. 104 a Abs. 5 GG bei der Fremdverwaltung verpflichtet, die Kosten des Ausführungsapparats selbst zu tragen.[687]

---

[687] Schmidt-Jortzig/Makswit, JUS 1980, 641 f. (642).

Zum Teil wird zwar eine unmittelbare Anwendbarkeit der Kostendeckungsgarantie im Hinblick auf den ausdrücklich begrenzten Tatbestand der Verfassungsnorm und mit dem Hinweis darauf verneint, dass gem. § 52 LKrO Baden-Württemberg die Landkreise die personellen und sächlichen Kosten für die Tätigkeit als untere staatliche Verwaltungsbehörde grundsätzlich selbst zu tragen hätten, jedoch zugleich eine analoge Anwendung der Konnexitätsverpflichtung für möglich gehalten.[688] Bedenkt man, dass die zu übertragende Aufgabe oftmals rein organisationsbedingt bei der kreisfreien Stadt z.B. als Pflichtaufgabe nach Weisung einem einheitlich kommunalen Wirkungskreis zugeordnet, beim Landratsamt dagegen in die Wahrnehmungskompetenz der unteren staatliche Verwaltungsbehörde übertragen wird, kann dies nicht zu einer unterschiedlichen Finanzausstattung führen.

Damit ist eine im Sinne der Konnexitätsvorschrift entsprechende finanzielle Kompensation jedenfalls dann geboten, wenn die Aufgabe zugleich auch an eine kreisfreie Stadt übertragen wird.[689] Ob bei der Wiedereinführung einer unteren staatlichen Verwaltungsbehörde diese analoge Anwendung des Art. 85 Abs. 2 SächsVerf in Tatbestand und Rechtsfolge jedoch erfolgreich eingefordert werden kann, ist allerdings fraglich.

Im Ergebnis ist daher festzuhalten, dass eine untere staatliche Verwaltungsbehörde im Landratsamt die verfassungsrechtlichen Rahmenbedingungen für die Finanzausstattung auf keinen Fall verbessern, sondern eher verschlechtern würde. Denn es ist zu befürchten, dass der Staat mit einer Aufgabenübertragung in eine eigene staatliche Abteilung das stringente und damit kommunalfreundliche Konnexitätsprinzip aushebelt und sich auf eine Pro-Kopf-Abgeltung der Tätigkeit als untere staatliche Verwaltungsbehörde beschränkt. Weitergehend ist jedoch auch denkbar, dass er möglicherweise auf eine kompensierende FAG-Zuweisung gänzlich verzichtet und die Finanzierung dieser Staatsbehörde ausschließlich den Maßgaben des Staatshaushaltsplans überlässt. Beide Varianten könnten zu einer Unterfinanzierung der staatlichen Abteilung im Landratsamt führen, die in der Folge einen Zuschussbedarf aus allgemeinen Haushaltsmitteln des Landkreises auslöst.

---

688 Braun, Verfassung Baden-Württemberg, Rz. 66 zu Art. 71.

689 Für die brandenburgische Rechtslage Schuhmacher LKV 2000, 98 f. (100) ; für die baden-württembergische Rechtslage Kühn, BWVBl 1956, 180 f. ; ähnlich Schuler, BWVP 1981, 37 f. (FN 43).

3.) Ergebnis

- Das bundesrechtliche Finanzverfassungssystem enthält aus Sicht der Kommunen keine Rechtsgrundlage des Kostenausgleichs für Aufgaben, die den Kommunen durch den Bund auf der Grundlage eines Bundesgesetzes übertragen werden. Allerdings haben die Länder Mehraufwendungen für diese Aufgaben im Rahmen des Art. 87 Abs. 1 SächsVerf zu berücksichtigen.

- Dem Gewährleistungsgehalt des Art. 85 Abs. 2 SächsVerf unterfallen weisungsfreie Pflichtaufgaben, Pflichtaufgaben nach Weisung, durch landesgesetzgeberische Entscheidung konstitutiv zugewiesene Bundesauftragsangelegenheiten sowie sonstige landesrechtlich begründete Auftragsangelegenheiten. Nicht erfasst werden die freiwilligen Aufgaben sowie die bereits durch den Bundesgesetzgeber zugewiesenen Bundesauftragsangelegenheiten.

- Der Konnexitätsanspruch des Art. 85 Abs. 2 SächsVerf greift nur bei einer landesrechtlichen Entscheidung über eine Aufgabenzuordnung ("Übertragung") bzw. bei einer landesrechtlichen Festlegung neuer Standards. Hingegen sind Mehraufwendungen durch eine ergänzende oder erläuternde Gesetzesinterpretation, durch Anspruchsreduzierungen in staatlichen Leistungsgesetzen oder durch außerhalb des öffentlichen Bereichs definierte Normen und Standards von der Konnexitätsverpflichtung nicht erfasst. Für diese Mehrbelastungen kann allein der quantitativ-fiskalische Ansatz des Finanzausgleichs gem. Art. 87 SächsVerf herangezogen werden.

- Die Rechtsfolgenanordnung "entsprechender Ausgleich" in Art. 85 Abs. 2 SächsVerf erfordert einen an der Aufgabe selbst orientierten - vollen - Ausgleich. Daher ist es unzulässig, die Höhe des Ausgleichs mit Drittfaktoren, wie der Finanzlage des Freistaates, in Bezug zu setzen. Zulässig ist es hingegen, sich durch die Aufgabenübertragung ergebende, kostentlastende, Tatbestände der Ausgleichsmasse gegenzurechnen.
- Die Abgeltung des Risikos einer finanzverfassungsrechtlichen Fehlprognose für die zu erwartenden Kosten bei einer Aufgabenübertragung ist nach der Entstehungsgeschichte der SächsVerf nicht tatbestandlicher Inhalt des Art. 85 Abs. 2 SächsVerf. Fehlprognosen des Gesetzgebers beinhalten daher keine Nachbesserungspflicht gem. Art. 85 Abs. 2 SächsVerf sondern über die Einstandsgarantie des Art. 87 Abs. 1 SächsVerf.

- Die im FAG 1996 und 1997 vorgenommene Einbeziehung und zudem nicht spezifizierte Ausweisung der Ausgleichsmasse gem. Art. 85 Abs. 2 SächsVerf in die allgemeine Schlüsselmasse des FAG führt dazu, dass nicht mehr erkennbar ist, in welcher Höhe das Land zur Deckung der Mehrausgaben bei diesen Aufgaben beiträgt. Die verfassungsrechtlich gebotene Kostenerstattung für die Übertragung staatlicher Aufgaben ist somit in der FAG-Struktur 1996 und 1997 nicht nachprüfbar. Der damit fehlende konkrete Kostenausweis über die Ausgleichsmasse gem. Art. 85 Abs. 2 SächsVerf bedeutet jedoch nicht zwangsläufig höhere staatliche Zuweisungen, sondern bedingt zunächst nur einen anderen Aufbau des Finanzausgleichsgesetzes.

- Die Wiedereinführung einer unteren staatlichen Verwaltungsbehörde im Landratsamt würde die verfassungsrechtlichen Rahmenbedingungen für die Finanzausstattung auf keinen Fall verbessern, sondern verschlechtern. Auch wenn eine analoge Anwendung des Art. 85 Abs. 2 SächsVerf jedenfalls in dem Fall geboten ist, wenn die Aufgabe zugleich an eine kreisfreie Stadt und damit dort organisationsbedingt als Weisungsaufgabe übertragen wird, ist zu befürchten, dass der Staat mit einer Aufgabenübertragung in eine eigene staatliche Abteilung das Konnexitätsprinzip aushebelt. Denn er kann sich in diesem Falle auf eine Pro-Kopf-Abgeltung für die Tätigkeit des Landratsamtes als untere staatliche Verwaltungsbehörde beschränken bzw. die untere staatliche Verwaltungsbehörde im Landratsamt lediglich noch nach Maßgabe des Staatshaushaltsplans und damit ohne gesonderte FAG-Zuweisungen an den Landkreis dotieren.

- Aus kommunalpolitischer Sicht ist - unbeschadet der finanzverfassungsrechtlichen Überlegungen - zu beachten, dass die finanzielle Mittelausstattung der Landkreise nicht allein durch rechtliche Etikettierungen und rechtssystematische Einordnungen geschützt, sondern auch und gerade durch den politischen Konsens von Staat und Kommunen über Organisation und Verfahren einer kommunalen Finanzausstattung abgesichert wird.

Zehntes Kapitel:

Rechtliche und kommunalpolitische Gesichtspunkte der Struktur der kommunalen Einheitsbehörde

Das Strukturmodell kommunale Einheitsbehörde kann sich im verwaltungswissenschaftlichen Bereich auf verschiedenen Ebenen abbilden. Im folgenden soll anhand einiger ausgewählter Bereiche untersucht werden, ob und inwieweit die derzeitige Gesetzgebung und Verwaltungspraxis diesem Organisationsmodell Rechnung trägt. Hierbei werden exemplarisch die Ausgestaltung der Rechts- und Fachaufsicht einschließlich der Selbsteintrittsrechte sowie staatshaftungsrechtliche und verwaltungsverfahrensrechtliche Gesichtspunkte untersucht. Des weiteren wird die Rolle des Kreistages bei der Mitwirkung am staatlichen Aufgabenvollzug beleuchtet.

1.) Ausgestaltung und Eingriffstiefe der Rechts- und Fachaufsicht über das Landratsamt

In diesem Abschnitt sollen die in der Verwaltungswirklichkeit schwierige Abgrenzung von Rechts- und Fachaufsicht anhand der Genehmigung der Kreisumlage dargestellt sowie die fachgesetzliche Definition des Weisungsrechts betrachtet werden.

a.) Prüfkompetenz bei der Genehmigung der Kreisumlage

Nach der Struktur der Kommunalordnungen erfolgt bei der Ausübung der Selbstverwaltungsaufgaben eine Rechtmäßigkeitskontrolle, bei dem staatlichen Aufgabenvollzug dagegen eine zusätzliche fachaufsichtliche Bewertung. Eine Besonderheit stellen die sog. Genehmigungsvorbehalte dar, die einer präventiven Gesetzmäßigkeitskontrolle dienen. Diese sind ein direkter staatlicher Zugriff auf die kommmunale Eigenverantwortlichkeit und damit rechtfertigungsbedürftig.[690] Da die Landkreise jedoch über Art. 89 SächsVerf der Kommunalaufsicht unterliegen, sind diese Vorbehalte jedoch rechtfertigungsfähig [691] und daher ein rechtlich zulässiger

---

690 Franßen, Festschrift für Sendler, S. 121 f. (137).
691 Kirchhof, Finanzsystem der Landkreise, S. 57 f. (69).

Eingriff des Staates in das Selbstverwaltungsrecht der Kreise.[692] Allerdings ist es nur ausnahmsweise zulässig, durch diesen Vorbehalt neben einer Gesetzmäßigkeitskontrolle auch Zweckmäßigkeitserwägungen der Genehmigungsbehörde zu ermöglichen. Denn bei einer derartigen umfassenden Prüfkompetenz kann die Verwaltungsentscheidung nur einvernehmlich von kommunalem Organ und Aufsichtsbehörde als konsensuale Vereinbarung getroffen werden. Wegen der damit verbundenen faktischen Übertragung von Mitentscheidungsbefugnissen auf die Aufsichtsbehörde wird ein derartiger Genehmigungsvorbehalt in diesem Falle als Kondominium bezeichnet.[693]

In der Verwaltungspraxis ist aus den vorgenannten Gründen die tatbestandliche Reichweite der Genehmigungsvorbehalte daher immer wieder umstritten. Besonders gilt dies für die Genehmigung der Kreisumlage und der im Rahmen eines solchen Verfahrens zulässigen Kontrollintensität des Kreishaushaltes durch das Regierungspräsidium als Rechtsaufsichtsbehörde.

Die Kreisumlage[694] wird von den kreisangehörigen Gemeinden zur ergänzenden Finanzierung des Kreishaushaltes erhoben und ist ein aus der Kreisfunktion als Gemeindeverband resultierender interkommunaler Lastenausgleich.[695] Die Kreisumlage ist nicht für eine bestimmte Kreisaufgabe vorgesehen bzw. an die Wahrnehmung einer solchen gebunden[696] und dient oftmals der Wahrnehmung der Ausgleichsfunktion gegenüber den kreisangehörigen Gemeinden. Die Kreisumlage ist nicht in der SächsLKrO, sondern im kommunalen Finanzausgleichsgesetz geregelt und dort an einen Genehmigungsvorbehalt durch die Rechtsaufsichtsbehörde gekoppelt.

Betrachtet man beispielsweise den Genehmigungserlass zu den Voraussetzungen für die Genehmigung von Umlagesätzen für die Kreisumlage für 1995[697] enthält dieser u.a. folgende Kriterien aufsichtlicher Prüfung:

---

692 Schoch, Genehmigung der Kreisumlage, S. 70 ; OVG Nordrhein-Westfalen, DÖV 1990, 616 f.

693 Schmidt-Aßmann, Kommunalrecht, Rz. 49.

694 Da die Landkreise ebenso wie die Städte und Gemeinden nach wie vor nur über unzureichende Eigeneinnahmen verfügen sind die Umlage- und Fremdfinanzierungen in Sachsen von weiterhin großer Relevanz. Für die Kreisebene ist dabei neben der jährlichen Zuweisung aus dem kommunalen Finanzausgleichsgesetz die Erhebung der Kreisumlage bei den kreisangehörigen Kommunen eine wichtige Einnahmeposition.

695 vgl. Sponer/Jacob, Sächsische Landkreisordnung, Rz. 3 zu § 61.

696 Kirchhof, Finanzsystem der Landkreise, S. 57 f. (67).

697 Erlass des SMF zu den Voraussetzungen für die Genehmigung von Umlagesätzen für die Kreisumlage vom 18.1.1995 gem. § 31 Abs. 6 FAG 1995.

- Beurteilung der Notwendigkeit und Zweckmäßigkeit der überörtlichen Aufgabenerfüllung im Landkreis (Aufgabenkritik)
- Beschränkung freiwilliger Leistungen auf das Notwendige

Die damit verbundene Beurteilung kreislicher Aufgabenerfüllung beinhaltet eine faktische Zweckmäßigkeitskontrolle des Kreishaushaltes, da das Regierungspräsidium als Rechtsaufsichtsbehörde eigene aufgabenbezogene Beurteilungen und Ermessenserwägungen vornimmt. Über den damit erforderlichen Einigungszwang zwischen Genehmigungsbehörde und Landkreis erhält das Regierungspräsidium ein Mitentscheidungsrecht über die Struktur des Kreishaushalts.

Ob eine derart weitgehende Mitwirkungsmöglichkeit zulässig ist, ist angesichts des Umstandes, dass die Kreisumlage für die Landkreise die einzige bewegliche Finanzierungsform darstellt,[698] auch unter Würdigung der sog. Rastede-Entscheidung[699] des BVerfG, fraglich. Da die Prüfung der Aufsichtsbehörde sich bei der Genehmigung grundsätzlich auf die Gesetzmäßigkeitskontrolle zu beschränken hat,[700] ist die weitergehende Überprüfung der Zweckmäßigkeit und damit die Ausgestaltung der Genehmigung als Kondominialakt nur dann gestattet, wenn im Rahmen einer vorzunehmenden Güterabwägung überwiegende Gründe für eine gleichberechtigte Mitwirkung der staatlichen Genehmigungsbehörde an den kreislichen Angelegenheiten sprechen[701]. Der mit dieser Mitwirkung verbundene Entzug der ausschließlich kommunalen Entscheidungskompetenz muss daher die vom BVerfG entwickelten Maßstäben für eine Aufgabenhochzonung erfüllen. [702]

Das VG Köln hat eine Rechtfertigung der Zweckmäßigkeitskontrolle bei der Kreisumlage und damit einer "Hochzonung" darin gesehen, dass der Genehmigungsvorbehalt dazu diene, neben der Interessenwahrung der betroffenen Gemeinden auch die Belange aller Gemeinden im Kreis sowie das gesamtstaatliche Interesse an einem geordneten Finanzausgleich zu sichern.[703] Auch in einem weiteren Erlass des Finanzministeriums wird darauf hingewiesen, durch die Höhe der Kreisumlage dürfe die Finanzkraft der kreisangehörigen Gemeinden nicht in

---

698 Kirchhof, Finanzsystem der Landkreise, S. 57 f. (68).
699 BVerfG, NVwZ 1989, 347 f.
700 BayVerfGH, NVwZ 1989, 551 f.
701 Gern, Sächsisches Kommunalrecht, Rz. 309.
702 BVerfG, NVwZ 1989, 347 f.
703 VG Köln, NVwZ 1986, 737 f.

einer Weise beeinträchtigt werden, die die Erfüllung ihrer Pflichtaufgaben ernsthaft gefährde.[704]

Das OVG Münster hat demgegenüber darauf hingewiesen, dass diese Belange allein kein sachliches Mitspracherecht des Landes bei der Kreisumlagefestsetzung begründen können, da auch die Mittelbeschaffung Ausdruck des kreislichen Selbstverwaltungsrechts sei und sich daher ein derartiger Genehmigungsvorbehalt als unverhältnismäßiger Eingriff in die Finanzautonomie des Landkreises darstelle.[705] Für diese Ansicht spricht, dass bei der Festsetzung der Kreisumlage die unverhältnismäßige Beeinträchtigung der gemeindlichen Finanzen nicht zu befürchten ist. Denn der Kreishaushalt und mit ihm die Kreisumlage werden vom Kreistag und damit von der Gemeindevertretung auf Kreisebene beschlossen. Die insbesondere von den als Kreisräten tätigen Bürgermeistern geführte jährliche Haushaltsdiskussion zeigt, dass eine hohe Sensibilität für die Kreisfinanzen und die finanzielle Belastung der kreisangehörigen Städte und Gemeinden vorhanden ist und stets eine kritische Bewertung der Kreisaufgaben bzw. des hierfür vorgesehenen Mitteleinsatzes erfolgt. Somit dokumentiert der Beschluss über den Kreishaushalt den Konsens der Kreisräte mit der vorgesehenen Mittelverteilung. Er bekundet zudem aber auch den Willen des kommunalen Gremiums, der mit der Kreisumlage vorgesehenen Belastung der Städte und Gemeinden zuzustimmen. Ein aufsichtliches Bedürfnis, diesen "interkommunalen Lastenausgleichsbeschluss" auf seine inhaltliche Sachgerechtigkeit hin zu überprüfen, ist daher nicht gegeben.[706] Für eine über die Gesetzmäßigkeitskontrolle hinausgehende rechtsaufsichtliche Aufgabenkritik und damit verbundene Hochzonung der Verantwortlichkeit besteht damit weder eine Veranlassung noch eine dogmatische Legitimation.[707]

Zusammenfassend ist daher festzustellen, dass die Genehmigung der Kreisumlage lediglich als reine Rechtsaufsicht ausgestaltet werden kann. Diesem Befund trägt nunmehr auch der veränderte Genehmigungserlass des Finanzministeriums Rechnung, durch den klargestellt wird, dass die Rechtsaufsichtsbehörde bei ihrer

---

704 Erlass des SMF vom 14.2.1996, AZ: 23 -FV 6044-10/6-182, S. 2.

705 OVG Münster, NVwZ 1990, 689 f.

706 im Ergebnis so auch BayVerfGH, DVBl 1989, 308 f. (311) ; Henneke, LKV 1996, 257 f. (261).

707 Ein derartiges aufsichtliches Ingerenzrecht würde zudem dazu führen, dass die Inhaltsbestimmung der kommunalen Finanzhoheit als Teil des Selbstverwaltungsrechts durch die Zulässigkeit von Zweckmäßigkeitserwägungen der staatlichen Exekutive in deren Ermessen gestellt wird vgl. auch BayVerfGH, DVBl 1989, 308 (311) ; Kirchhof, Finanzsystem der Landkreise, S. 57 f. (72) m.w.N.

Entscheidung keine eigenen Zweckmäßigkeitserwägungen über die Höhe des Umlagesatzes durchführt. [708]

b.) Ausschöpfung des in Art. 85 Abs. 3 SächsVerf eingeräumten Ermessens bei der Definition des Weisungsrechts

Nach Art. 85 Abs. 3 SächsVerf kann sich der Freistaat bei der Übertragung öffentlicher Aufgaben ein Weisungsrecht nach näherer gesetzlicher Vorschrift vorbehalten. Aus dieser Vorschrift ergibt sich ein fachgesetzlicher Normierungszwang, um die Existenz und den Umfang eines Weisungsrechts bei der Aufgabenerfüllung sicherzustellen.

aa.) Zur Reichweite des Art. 85 Abs. 3 SächsVerf

Da, wie oben ausgeführt,[709] der Begriff der "öffentlichen Aufgabe" über den Selbstverwaltungsbereich hinausgeht, ist aus verfassungsrechtlichen Gründen einschränkend klarzustellen, dass gem. Art. 85 Abs. 3 SächsVerf nur für die staatlichen Aufgaben eine das Weisungsrecht betreffende Normierungsbefugnis besteht. Ein wie immer geartetes Weisungsrecht im Selbstverwaltungsbereich stände im Widerspruch zur eigenverantwortlichen Aufgabenerfüllung.

Darüber hinaus verpflichten jedoch weder die Verfassung noch die Kommunalordnungen den Landesgesetzgeber bei der Zuordnung staatlicher Aufgaben ein beschränktes oder unbeschränktes Weisungsrecht vorzusehen, die Einführung einer Weisungsverwaltung ist gem. Art. 85 Abs. 3 SächsVerf lediglich als gesetzgeberische Möglichkeit ausgestaltet. Theoretisch kann der Gesetzgeber daher auf die Normierung des Weisungsrechtes gänzlich verzichten, der Landkreis erfüllt die ihm übertragenen Aufgabe dann als weisungsfreie Pflichtaufgaben.[710]

In der Verwaltungspraxis war dieser Fall insbesondere nach Inkrafttreten der SächsLKrO (ungewollt) relevant. Mit der Umwandlung des Landratsamtes in eine kommunale Einheitsbehörde wurden die zuvor der unteren staatlichen Verwaltungsbehörde zugewiesenen Aufgaben[711] nunmehr von einer ausschließlich kommunal strukturierten Behörde erfüllt. Damit musste jedoch beim staatlichen Aufgabenvollzug gem. Art. 85 Abs. 3 SächsVerf festgelegt werden, ob und in

---

708 Erlass des SMF vom 14.2.1996, AZ: 23 -FV 6044-10/6-182, S. 2.

709 vgl. die Darstellung in Kapitel VI, 3.

710 Hegele/Ewert, Sächsisches Kommunalrecht, S. 54.

711 vgl. Schmidt-Eichstaedt, Kommunalverfassung, Rz. 2 zu § 94.

welchem Umfang ein Weisungsrecht bestehen sollte. Denn die systembedingte Weisungsgebundenheit einer Aufgabenerfüllung in einer unteren staatlichen Verwaltungsbehörde war durch eine einfachgesetzliche Weisungsdefinition bei der Übertragung an eine kommunale Einheitsbehörde Landratsamt zu ersetzen.

Diese gesetzgeberische Notwendigkeit wurde von Teilen der Landesverwaltung zunächst nicht gesehen, führte dann aber kurzfristig zu einem teilweise hektischen Bemühen, die das Fachressort betreffenden Weisungsrechte in einem der laufenden Gesetzgebungsverfahren unterzubringen. Insoweit ist erklärbar, dass die meisten fachgesetzlichen Weisungsrechte im damals in der Beratung befindlichen Aufbaubeschleunigungsgesetz als weitere Artikel des Gesetzes normiert wurden (z.B. Änderung des SächsLPlG, SächsNatSchG, SächsRettDG, SächsKatSchG, SächsLJagdG).[712]

bb.) Überlegungen zu einem beschränkten Weisungsrecht

Vom Sächsischen Landkreistag ist in den seinerzeitigen Beratungen zum Sächsischen Aufbaubeschleunigungsgesetz gefordert worden, im Hinblick auf die ausschließlich kommunale Struktur des Landratsamtes das in Art. 85 Abs. 3 SächsVerf eingeräumte gesetzgeberische Ermessen auszuschöpfen und den Umfang des Weisungsrechts nach Möglichkeit zu beschränken. Dazu wurde eine Formulierung für ein beschränktes Weisungsrechts vorgeschlagen, nach der Eingriffe in das Verwaltungsermessen auf die Fälle zu beschränken sind, in denen das Wohl der Allgemeinheit oder berechtigte Ansprüche einzelner eine Weisung oder Entscheidung erfordern.

Der Vorschlag stieß im Rahmen der Gesetzesberatungen bei verwaltungswissenschaftlichen Fachleuten auf Widerstand, die darauf hinwiesen, dass ein beschränktes Weisungsrecht z.B. in Baden-Württemberg seit Jahren ohne Ergebnis diskutiert worden sei und man daher auch in Sachsen besser kein Neuland beschreiten sollte. Auch wurde es als notwendig eingeschätzt, in der noch andauernden Aufbauphase der Verwaltung den ordnungsgemäßen Vollzug von Entscheidungen und deren Kontrolle umfassend sicherzustellen. Im Ergebnis der Erörterungen sind daher bei den Gesetzesnovellierungen durchgängig unbeschränkte Weisungsrechte in den Fachgesetzen normiert worden, ohne dass es hierfür in den Entwürfen der Staatsregierung noch in den parlamentarischen Beratungen eine gesonderte Begründung gegeben hätte.

---

712 SächsGVBl 1994, S. 1261 f.

Die durchgängige und ausnahmslose Definition eines unbeschränkten Weisungsrechts in den Fachgesetzen wird der Struktur der kommunalen Einheitsbehörde jedoch nicht gerecht.

Bereits oben wurde dargelegt, dass mit der Übertragung einer Kompetenz als Pflichtaufgabe nach Weisung die Aufgabe ihren genuin staatlichen Charakter verliert und sich damit zu einer Aufgabe eigener Art innerhalb eines einheitlichen Wirkungskreises wandelt. Mit dieser Zuordnung erschließt der Gesetzgeber jedoch das Spannungsfeld zwischen staatlichen und kommunalen Einwirkungsinteressen[713] und muss daher dieser Ambivalenz bei der Definition des Weisungsrechts in besonderer Weise Rechnung tragen. Daraus folgt, dass der zulässige Umfang des Weisungsrechts erst in einem Abwägungsprozess zwischen der durch Art. 28 Abs. 2 GG geschützten Eigenverantwortlichkeit und der vom Staat als nützlich und erforderlich erachteten Eingriffstiefe der Aufsicht ermittelt und zudem nicht als generelles, sondern lediglich punktuelles Weisungsrecht werden kann.[714] Im Hinblick auf die mit der kommunalen Einheitsbehörde verfolgten Zielsetzung einer Stärkung der Selbstverwaltung auf Kreisebene kann Ergebnis einer solchen Gegenüberstellung nur ein beschränktes Weisungsrecht als Regelfall und eine unbeschränkte Ausgestaltung des Weisungsrechts als Ausnahme sein. Diese - sich aus der Eigenverantwortlichkeitsgarantie des Selbstverwaltungsrechts ergebende - gesetzgeberische Verpflichtung zur Beachtung des Verhältnismäßigkeitsgrundsatzes[715] und zur Begrenzung des Weisungsrechts auf das staatliche Interventionsminimum[716] findet beispielsweise in § 2 Abs. 2 der Kreisordnung Nordrhein-Westfalen[717] eine positivrechtliche Umsetzung, in dem dort die Beschränkung des Weisungsrechts als Regelfall formuliert wird.

Auch _Quecke/Schmidt_ weisen zutreffend darauf hin, dass Art. 85 Abs. 3 SächsVerf mit der Formulierung "nach näherer gesetzlicher Bestimmung" eine einzelfallbezogene Regelung des Weisungsumfangs erfordert und damit von einem grundsätzlich beschränkten Weisungsrecht ausgeht.[718] Die Diskussion über die Beschränkung des Weisungsrechts hat angesichts einer Vielzahl von übertragenen

---

713 Sponer/Jacob, Sächsische Landkreisordnung, Vorb. 1 b.

714 Hegele/Ewert, Sächsisches Kommunalrecht, S. 54 ; vgl. weiterführend auch Schöne, Das Staatsaufsichtsrecht über die Gemeinden bzw. Selbstverwaltungskörper, S. 23, der sich dafür ausspricht, die Aufsicht zu beschränken, um die Initiativkraft und die individuelle Gestaltung zu stärken bzw. zu ermöglichen , zum ganzen auch BayVGH, BayVBl 1995, 25 sowie zum Ermessensbegriff Dreher, Hauptverhandlung, S. 49, (Fn.166).

715 Vietmeier, Die staatlichen Aufgaben der Kommunen und ihrer Organe, S. 83 m.w.N. ; Maurer, Verfassungsrechtliche Grundlagen, S. 1 f. (17).

716 Kirchhof, Verwaltungsrundschau 1977, 369 f. (371).

717 NWGVBl 1994, S. 270 f.

718 Quecke/Schmidt, Sächsisches Kommunalrecht, Rz. 2 zu § 65.

staatlichen Aufgaben nichts an ihrer Bedeutung verloren, denn bereits 1980 stellte *Stüer* fest,[719] dass das Anwachsen der kommunalen Aufgaben sich mit einer erheblichen Zunahme der staatlich übertragenen Auftragsangelegenheiten oder Pflichtaufgaben zur Erfüllung nach Weisung verbinde, sich der Bewegungsraum der kommunalen Selbstverwaltung dadurch nicht unerheblich verenge und zudem in weiten Bereichen von der Vorgestaltung des Gesetzgebers abhängig sei.

Vielmehr wird die Bedeutung des Weisungsumfangs und die Diskussion hierüber im Zuge der bevorstehenden Funktionalreform und den damit verbundenen Aufgabenübertragungen zunehmen. Lediglich ergänzend sei darauf verwiesen, dass die vorgenannte Problematik dann ohne Relevanz ist, wenn - wie z.B. bei den Bundesauftragsangelegenheiten oder im Falle des Art. 84 Abs. 5 GG - die Weisungsrechte durch Bundesrecht bereits in Art und Umfang vorgegeben sind. Allerdings sind derartige Aufgaben dann auch nicht als "öffentliche Aufgabe" gem. Art. 85 Abs. 3 i.V.m. Art. 84 Abs. 1 SächsVerf an die Landkreise übertragbar, sondern werden von diesen als sonstige Auftragsangelegenheiten mit der Folge wahrgenommen, dass der Weisungsvorbehalt des Art. 85 Abs. 3 SächsVerf tatbestandlich nicht erschlossen wird. [720]

c.) Reichweite und Durchsetzung des Weisungsrechts

Obwohl die Fachaufsicht zu einer umfassenden Rechts- und Zweckmäßigkeitskontrolle führt, ist unstreitig, dass das Weisungsrecht auf die unmittelbare Erledigung der Aufgabe begrenzt ist.[721] Dies bedeutet, dass außerhalb der eigentlichen Aufgabenerfüllung die Selbstverwaltungsgarantie weiterhin Wirksamkeit entfaltet und sich in einem geschützten Fortbestand der Organisations- und Personalhoheit dokumentiert[722]. Danach ist es beispielsweise unzulässig, im Rahmen der Weisung die Befassung eines bestimmten Kreisbediensteten mit der Fortführung des der Weisung zugrunde liegenden Sachverhaltes zu verlangen. Auch darf eine fachliche Weisung nicht in die Erledigung von Selbstverwaltungsangelegenheiten eingreifen. [723] Problematisch ist hierbei der Fall, wenn infolge fachaufsichtlicher Weisung kreisliche Finanzmittel gebunden werden, die dann für die Erfüllung eigener Aufgaben nicht mehr zur Verfügung stehen.

---

[719] Stüer, Funktionalreform und kommunale Selbstverwaltung, S. 216 f.

[720] vgl. oben VI, 3.

[721] Gern, Sächsisches Kommunalrecht, Rz. 248 m.w.N.

[722] Gern, Deutsches Kommunalrecht, Rz. 242.

[723] vgl. hierzu BVerwG, NVwZ 1983, 610 (611). Der Eingriff. muss sich danach als unmittelbare rechtliche Folge der Weisung darstellen, eine faktische Veränderung, die infolge der Weisung eintritt ist dagegen hinzunehmen.

Bedeutsam ist diese Konstellation z.B. im Altlastenbereich, wenn durch fachaufsichtliche Maßnahmen die Durchführung kostenintensiver Gefahrerforschungs- und Sanierungsmaßnahmen angeordnet werden. Ein unzulässiger Eingriff in das Selbstverwaltungsrecht des Landkreises ist hierbei jedenfalls dann anzunehmen, wenn der Landkreis nachweisen kann, dass durch den Weisungsvollzug die Erfüllung eigener Angelegenheiten erschwert oder unmöglich wird.[724]

Bei den durch Bundes- oder Landesgesetz zugeordneten Bundesauftragsangelegenheiten und dem landesrechtlichen Vollzug von Bundesgesetzen (im Fall des Art. 84 Abs. 5 GG) ist zudem problematisch, ob eine landesrechtliche Transformation der an die Kommunen gerichteten Bundesweisungen durch das Land zulässig und ggf. auch erforderlich ist. Zum Teil wird vertreten, Bundesweisungen seien nicht in Weisungen der obersten Landesbehörden an die Kommunen umzuwandeln. Die unmittelbare Verbindlichkeit dieser Maßnahmen ergebe sich bereits aus dem Grundgesetz,[725] da das in Art. 85 und Art. 84 Abs. 5 GG definierte Weisungsrecht auch gegenüber den Kommunen bestehe.[726]

Diese Theorie des Weisungsdurchgriffs ist mit dem Verhältnis Bund-Land, aber auch der Stellung der Kommunen nicht vereinbar. Das Interesse des Bundes kann und darf wegen seiner begrenzten Ingerenzrechte, insbesondere in der Auftragsverwaltung, lediglich darauf gerichtet sein, die ergangenen Weisungen im föderalen Staatswesen durchzusetzen, einen Einfluss auf die Art und Weise der Durchführung des Weisungsvollzugs kann der Bund wegen des damit verbundenen Eingriffs in die Länderkompetenzen nicht nehmen.

Ebenso wie gem. § 123 Abs. 2 SächsGemO die Rechtsaufsichtsbehörde bei der fachaufsichtlichen Weisung nochmals über die Durchsetzung und Weiterleitung der Maßnahme an die Kommune zu befinden hat[727] bedingt der Grundsatz der Einheit der Aufsicht auch hier die Notwendigkeit einer landesrechtlichen Entscheidung über die Weitergabe der Weisung.[728] Bei der damit gebotenen Umwandlung der Bundesweisung in Landesrecht hat das Land die Pflicht, bei der Weiterleitung der transformierten Weisung, soweit aus bundesverfassungsrechtlicher Sicht möglich, landesverfassungsrechtliche Beschränkungen zu beachten.[729]

---

724 vgl. hierzu auch Vietmeier, DVBl 1993, 190 f. m.w.N.

725 M/D/H/S, Grundgesetz Kommentar, Art. 85 Rz. 60.

726 BayVGH, BayVBl 1977, 152 f. ; Forsthoff, Verwaltungsrecht, S. 479.

727 Sponer/Jacob, Sächsische Landkreisordnung, Rz. 1 zu § 123 SächsGemO.

728 Vietmeier, Die staatlichen Aufgaben der Kommunen und ihrer Organe, S. 138 m.w.N.

729 Diese können auch in dem Schutz kommunaler Selbstverwaltungshoheiten gründen.

2.) Die Dienstaufsicht nach dem SächsPolG

§ 65 Abs. 1 SächsPolG unterstellt die Kreispolizeibehörden der Dienstaufsicht der höheren Verwaltungsbehörden und des Innenministeriums. Die Dienstaufsicht nach dem SächsPolG befasst sich mit Art und Weise der Erledigung der polizeibehördlichen Aufgaben und erstreckt sich auf die Erfüllung der Dienstpflichten, das Verhalten der Bediensteten, die Organisation und den Geschäftsablauf sowie die personelle und sächliche Ausstattung der Polizeidienststellen.[730]

Zu Recht ist die Frage aufgeworfen worden, ob eine staatliche Dienstaufsicht über die kommunalen Bediensteten des Landratsamtes nach dem Entfall der unteren staatlichen Verwaltungsbehörde verfassungsrechtlich noch vertretbar sei[731] und die Dienstaufsicht als systemfremd kritisiert worden.[732]

In der Tat ist die Einräumung staatlicher Dienstaufsicht über die kommunale Einheitsbehörde nicht recht einsichtig. Die Aufgaben der allgemeinen Polizeibehörde werden den Landratsämtern durch § 64 Abs. 2 SächsPolG als Weisungsaufgaben mit unbeschränktem Weisungsrecht übertragen. Die übertragenen Kompetenz unterfällt damit zwar der Gesetzmäßigkeitskontrolle des Art. 89 SächsVerf und bei der Fachaufsicht insbesondere dem in § 64 Abs. 2 SächsPolG fachgesetzlich angeordneten Weisungsrecht. Beide Kontrollmechanismen beinhalten aber eine Dienstaufsicht im vorbeschriebenen Sinne gerade nicht, weil die Fachaufsicht kraft Verfassung auf ein Weisungsrecht im Sinne des Art. 85 Abs. 3 SächsVerf beschränkt ist.[733] Da somit schon verfassungsrechtlich eine Dienstaufsicht bei einer Aufgabenübertragung an die Kommunen nicht vorgesehen ist, ist die mit der Pflichtaufgabe nach Weisung in § 65 SächsPolG angeordnete Dienstaufsicht in der jetzigen Form verfassungswidrig.

3.) Selbsteintrittsrechte der höheren Behörde im aufsichtlichen Verfahren

Im Staatsaufbau treten sich kommunale und staatliche Verwaltungsträger gegenüber, ohne dass es ein verfassungsrechtlich begründetes Unterordnungsverhältnis der kommunalen Ebene gibt, welches über die Gesetzesbindung gem. Art. 28 Abs. 2 GG (im Rahmen der Gesetze) und des Art. 20 GG hinausgeht. Damit unterscheiden sich die Kommunen als rechtlich selbständige Verwaltungsträger von den

730 Belz, Polizeigesetz, Rz. 2 zu § 65.
731 Belz, Polizeigesetz, Rz. 1 zu § 65.
732 Hegele, Kommunalaufsicht im Spiegel des Sächs. Aufbaubeschleunigungsgesetzgebung, S. 9.
733 Hegele a.a.O.

nachgeordneten Landesbehörden, die allenfalls eine organisatorische, keinesfalls jedoch rechtliche Selbständigkeit haben.[734] Aus dieser besonderen Rechtsstellung der Kommunen resultiert, dass die Aufsicht über die kommunalen Verwaltungsträger grundsätzlich nicht das Recht der Erstentscheidung und damit das Selbsteintrittsrecht der nächsthöheren Behörde umfasst.[735]

Ein Selbsteintrittsrecht der nächsthöheren Aufsichtsbehörde kann daher nicht aus einem bestehenden Aufsichtsverhältnis abgeleitet werden. Es bedarf vielmehr stets einer ausdrücklichen gesetzlichen Zulassung.[736] Soweit darüber hinaus in der Literatur ein ungeschriebenes Selbsteintrittsrecht der Fachaufsichtsbehörden bei Nichtbefolgen einer Weisung oder / und bei Gefahr im Verzug angenommen[737] wird, findet diese Auffassung keine gesetzliche Grundlage. Zwar ist denkbar, dass beispielsweise im Bereich der öffentlichen Sicherheit und Ordnung ein weitergehendes Selbsteintrittsrecht anderer Fachbehörden in Bezug auf die kommunale Ebene normiert wird. Ein Verzicht auf das Erfordernis des Gesetzesvorbehalts kommt, auch unter Berücksichtigung des Tatbestandes "Gefahr im Verzug", jedoch schon deswegen nicht in Betracht, weil der Selbsteintritt auch im staatlichen Bereich stets einer gesetzlichen Ermächtigung bedarf, wenn eine Behörde an Stelle einer anderen Landesdienststelle handeln will.[738]

a.) § 112 Abs. 2 SächsGemO

§ 112 Abs. 2 SächsGemO bestimmt, dass die nächsthöhere Rechtsaufsichtsbehörde die erforderlichen Maßnahmen treffen kann, wenn das Landratsamt als Rechtsaufsichtsbehörde einer erteilten Weisung keine Folge leistet. In Sachsen besteht hiernach ein Selbsteintrittsrecht der übergeordneten Rechtsaufsichtsbehörde.

Die sächsische Regelung geht insbesondere über das bei seiner Einführung kritisierte Selbsteintrittsrecht des Art. 3 a BayVwVfG hinaus. Während die bayerische Regelung der übergeordneten Staatsbehörde die Möglichkeit des Selbsteintritts für den Fall eröffnet, dass das Landratsamt als untere staatliche Verwaltungsbehörde einer Weisung nicht fristgerecht nachkommt und somit eine Ersatzvornahme im staatlichen Instanzenzug vorgenommen wird,[739] ist das in § 112

---

[734] Engel, DVBl 1982, 757 f.

[735] Engel, a.a.O.

[736] Gern, Deutsches Kommunalrecht, Rz. 809 m.w.N. ; VGH Baden-Württemberg, ESVGH 42, 24 f. (26)

[737] Maurer, Allgemeines Verwaltungsrecht, § 21 Rz. 49 ; Engel, DVBl 1982, 757 f. (762); Badura, Das Verwaltungsverfahren, § 38 I ; Vietmeier DVBl 1993, 190 m.w.N.

[738] Engel, DVBl 1982, 757 f. m.w.N.

[739] vgl. hierzu Süß, BayVBl 1987, 1 f.

Abs. 2 SächsGemO geregelte Selbsteintrittsrecht auf den gesamten staatlichen Aufgabenvollzug innerhalb des kommunalen Wirkungskreises gerichtet und damit in seinem Anwendungsbereich deutlich erweitert.

In der Literatur ist die in § 112 Abs. 2 SächsGemO geregelte Eingriffsbefugnis zu Recht als sehr weitreichend kritisiert worden.[740] Festzustellen ist in diesem Zusammenhang, dass ein derartiges Selbsteintrittsrecht selbst in Kreisordnungen mit einer janusköpfigen Behörde nicht besteht, obwohl ein solches Einwirkungsrecht für den staatlichen Teil des Landratsamtes hier dogmatisch eher begründbar wäre. Das in Sachsen geregelte umfassende Selbsteintrittsrecht läuft auch unter diesem Gesichtspunkt der Struktur der kommunalen Einheitsbehörde zuwider.

b.) § 67 Abs. 2 SächsPolG

§ 67 Abs. 2 SächsPolG begründet ein Selbsteintrittsrecht der Fachaufsichtsbehörden für den Fall, dass das Landratsamt als Kreispolizeibehörde einer ihm erteilten Weisung nicht Folge leistet. In der Verwaltungspraxis bedeutet dies, dass nicht nur die höhere Verwaltungsbehörde und das zuständige Fachministerium als gem. § 66 Ziff. 2 SächsPolG zuständige Fachaufsichtsbehörden, sondern jede Fachaufsichtsbehörde[741] die erforderlichen Maßnahmen an Stelle des Landratsamtes durchsetzen kann.

Die Regelung stellt eine als solche nicht gekennzeichnete Ausnahme von dem in § 123 Abs. 2 SächsGemO normierten Grundsatz dar, dass die Durchsetzung von repressiven Aufsichtsmaßnahmen nur durch die zuständige Rechtsaufsichtsbehörde erfolgen darf.[742] Die vorliegende Regelung ist daher ein erheblicher Verstoß gegen den Grundsatz der Einheit der Aufsicht.[743] Es ist kein sachlicher Grund erkennbar, jeder Fachaufsichtsbehörde ein Selbsteintrittsrecht zuzusprechen und dieses noch nicht einmal an einschränkende Voraussetzungen, wie der vorherigen Beteiligung der zuständigen Rechtsaufsichtsbehörde, zu koppeln. Die mit der Einführung der kommunalen Einheitsbehörde Landratsamt propagierte Erhöhung kommunaler Eigenverantwortung wird auch an dieser Stelle durch ein umfassendes Selbsteintrittsrecht staatlicher Behörden kontakariert.

---

740 Gern, Deutsches Kommunalrecht, Rz. 809 m.w.N.

741 vgl. hierzu Belz, Polizeigesetz, Rz. 6 zu § 67.

742 Sponer/Jacob, Sächsische Landkreisordnung, Rz. 1 zu § 123 SächsGemO.

743 Sponer/Jacob, Sächsische Landkreisordnung, Rz. 1 f. zu § 123 SächsGemO.

c.) § 60 Abs. 5 SächsBauO

Die Regelung bestimmt, dass die Aufsichtsbehörde anstelle der angewiesenen unteren Bauaufsichtsbehörde handeln kann, wenn diese einer schriftlichen Weisung der Aufsichtsbehörde nicht fristgerecht nachkommt. Inhaltliche Voraussetzung ist jedoch lediglich, dass die oberste Bauaufsichtsbehörde den Selbsteintritt für erforderlich halten muss und dies gegenüber der Aufsichtsbehörde zu erklären hat. Hierdurch wird ein Automatismus des fachaufsichtlichen Durchgriffs begründet. Denn ohne Mitwirkung der Rechtsaufsichtsbehörde und vorherige Anwendung der rechtsaufsichtlichen Maßnahmen kann die Fachaufsichtsbehörde von sich aus den Selbsteintritt erklären, ohne an weitere inhaltliche Voraussetzungen gebunden zu sein. Auch dies ist ein Verstoß gegen den in § 123 Abs. 2 SächsGemO normierten Grundsatz der Einheit der Aufsicht.

4.) Haftungsrechtliche Betrachtungen

Bei den nachstehenden Ausführungen sollen neben der Beklagteneigenschaft des Landkreises im Verwaltungsprozess praxisrelevante Fallkonstellationen verwaltungsprozessualer Haftungsverantwortlichkeit betrachtet werden. Des weiteren werden staatshaftungsrechtliche Tatbestände beim Handeln der kommunalen Einheitsbehörde Landratsamt untersucht.

a.) Passivlegitimation im Verwaltungsprozess

Gem. § 78 Abs. 1 S. 1 VwGO ist die Klage gegen die Körperschaft zu richten, deren Behörde den Verwaltungsakt erlassen oder den beantragten Verwaltungsakt unterlassen hat.

aa.) Grundsatz

Da der Landkreis mit Inkrafttreten der SächsLKrO als Behörde einen rein kommunalen Verwaltungsträger hat, kommt eine an die Janusköpfigkeit des Landratsamtes knüpfende differenzierte Zurechnung nicht mehr in Betracht.[744] Denn

---

[744] Während der Geltungsdauer der KomVerfDDR und der damit verbundenen Janusköpfigkeit des Landratsamtes führte die verwaltungsprozessuale Nachprüfung von Verwaltungshandeln im Bereich des Aufgabenvollzuges in der unteren staatlichen Verwaltungsbehörde gem. § 78 Abs. 1 Nr. 1 VwGO zu einer Passivlegitimation des Landes. Vgl. hierzu auch Redeker/von Oertzen, VwGO Kommentar, Rz. 2 zu § 78 VwGO m.w.N.

auch bei dem staatlichen Aufgabenvollzug ergibt sich aus der Übertragung der Befugnisse in einen einheitlichen Wirkungsbereich die grundsätzliche prozessuale Verantwortlichkeit der Kreisebene. Dabei ist es unerheblich, ob eine staatliche Funktion als Pflichtaufgabe nach Weisung oder Auftragsangelegenheit erfüllt wird, denn mangels einer gesonderten institutionellen Einbindung des Landratsamtes in die Landesverwaltung fehlt es ebenso wie bei der kreisfreien Stadt an einem Anknüfungspunkt für eine prozessuale Haftungsverlagerung.

Teilweise wird in der neueren Rechtsprechung jedoch vertreten, dass mit Inkrafttreten des § 2 Abs. 5 SächsLKrO, nach der das Landratsamt untere Verwaltungsbehörde im Sinne bundes- und landesrechtlicher Vorschriften ist, in den anhängigen Verfahren ein gesetzlicher Parteienwechsel zu Lasten des Freistaates stattgefunden habe.[745] Dieser Ansicht ist schon deswegen nicht zu folgen, da es sich - wie oben ausgeführt[746] - um eine untere, nicht aber untere staatliche Verwaltungsbehörde handelt und damit eine Grundlage für eine gesonderte Haftungszurechnung nicht besteht.[747]

In der Verwaltungspraxis wurde der mit Inkrafttreten der SächsLKrO eingetretene Wegfall der unteren staatlichen Verwaltungsbehörde und damit der Entfall der Beklagteneigenschaft des Staates zumeist erst durch entsprechende Hinweisbeschlüsse der Verwaltungsgerichte wahrgenommen. Die Rechtsprechung ging insoweit bei den mit Inkrafttreten der SächsLKrO anhängigen Verfahren von einem gesetzlichen Parteiwechsel mit der Folge aus, dass an Stelle des Freistaates Sachsen der Landkreis in das laufende Verfahren einrückte. Dabei wurden weder entsprechende prozessuale Erklärungen der Beteiligten verlangt noch in dem Parteiwechsel eine Klageänderung gesehen.[748]

bb.) In der Verwaltungspraxis relevante Einzelbetrachtungen

(1) Passivlegitimation bei der Ersatzvornahme

Wird ein Verwaltungsakt im Wege der Ersatzvornahme gem. § 116 SächsGemO / § 65 SächsLKrO durch das Regierungspräsidium als Rechtsaufsichtsbehörde erlassen, wird die Aufsichtsbehörde nicht im Auftrage, sondern an Stelle des Landratsamtes tätig. Besteht ein solches Handeln im Erlass eines Verwaltungsaktes,

745 vgl. VG Leipzig SächsVBl 1997, 67 f. mit ablehnender Anmerkung Belz, SächsVBl 1997, 92.
746 vgl. oben VII, 1.
747 SächsOVG, SächsVBl 1998, 67.
748 SächsOVG, SächsVBl 1994, 59 f.

so kann eine solche Verfügung auch nur von der Aufsichtsbehörde geändert oder aufgehoben werden. Damit handelt es sich bei der Ersatzvornahme nicht um einen Fall der gesetzlichen Vertretung. Vielmehr wird die getroffene Maßnahme der Aufsichtsbehörde und damit dem Staat zugerechnet.[749] Dieser allein ist daher bei der verwaltungsgerichtlichen Überprüfung der Ersatzvornahme passivlegitimiert.

(2) Selbsteintrittsrechte

Selbsteintrittsrechte sind besondere Formen der sachlichen Zuständigkeit mit der Folge, dass die den Selbsteintritt ausübende Behörde an Stelle bzw. neben die Ausgangsbehörde tritt und sich somit die getroffene Maßnahme auch selbst zurechnen lassen muss[750]. Im Ergebnis kann somit bei den Selbsteintrittsrechten nichts anderes als bei der Ersatzvornahme gelten, weil auch hier kein Fall der gesetzlichen Vertretung vorliegt.[751] Zudem wird zwischen diesen beiden Formen des ersatzweisen Handelns in der Verwaltungswirklichkeit kaum differenziert und inhaltlich der aufsichtliche Selbsteintritt von der Ersatzvornahme selten abgegrenzt. Auch unter diesem Gesichtspunkt ist eine verwaltungsprozessuale Gleichbehandlung geboten.

(3) Weisungen

Wird der Landkreis infolge einer Weisung der Fachaufsichtsbehörde tätig, ist unabhängig von der Rechtmäßigkeit einer derartigen Maßnahme die Klage gegen den Landkreis zu richten. Der Landkreis ist aber auch dann Beklagter, wenn ein im Landkreis eingesetzter Beauftragter durch die obere oder oberste Rechtsaufsichtsbehörde angewiesen wird. Denn die Rechtsaufsicht vollzieht lediglich den Bestellungsakt, für das Tätigwerden des Beauftragten haftet jedoch der Landkreis als fiktive Anstellungskörperschaft. § 123 Abs. 4 SächsGemO ändert an den vorgenannten Haftungszurechnungen nichts, weil die Vorschrift nur einen Erstattungsanspruch bei fehlerhafter Weisung gewährt, jedoch keine Haftungsverlagerung bedingt.

(4) Ämter zur Regelung offener Vermögensfragen

Durch § 1 Abs. 1 des Sächsischen Ausführungsgesetzes zum Vermögensgesetz (SächsAGVermG)[752] wurde den Landkreisen der Vollzug des Vermögensgesetzes

749 Sponer/Jacob, Sächsische Landkreisordnung, Vorb. 1 a m.w.N.
750 vgl. hierzu Süß, BayVBl 1987, 1 f. (4).
751 vgl. Waechter, Kommunalrecht, Rz. 221 m.w.N.
752 SächsGVBl 1994, S. 1261.

gem. § 28 Abs. 2 Vermögensgesetz als Weisungsaufgabe übertragen. Damit wurde die bis dahin bestehende Rechtsunsicherheit beseitigt[753] und klargestellt, dass die Vermögensämter Behörden des Landratsamtes und nicht solche des Sächsischen Landesamtes zur Regelung offener Vermögensfragen sind. Damit verbleibt es auch in diesem Bereich bei der prozessualen Verantwortlichkeit des Landkreises. Dieser Befund wird auch durch § 2 Abs. 2 S. 2 SächsAGVermG gestützt. Denn diese Vorschrift setzt mit ihrem Verweis auf § 1 SächsAGVermG eine primäre Verantwortlichkeit des Landkreises als zuständige Körperschaft voraus. Die in § 2 Abs. 2 S. 2 SächsAGVermG erwähnte Vertretungsmöglichkeit des Landkreises durch das Landesamt für offene Vermögensfragen bedeutet damit gerade keine gesetzliche Prozessstandschaft des Staates, sondern lediglich dessen Angebot einer kostenpflichtigen Vertretungsmöglichkeit, wovon aufgrund der Komplexität der Vermögenszuordnung in der Verwaltungspraxis häufig Gebrauch gemacht wird.

b.) staatshaftungsrechtliche Gesichtspunkte bei der Haftung gegenüber Dritten

Der BGH ermittelt in ständiger Rechtsprechung die gem. Art. 34 GG haftende Körperschaft nach der sog. Anstellungstheorie. Danach trifft die Haftung grundsätzlich diejenige Körperschaft, in deren Dienste der pflichtwidrig handelnde Amtsträger steht.[754] Es haftet daher im Regelfall die Körperschaft, die diesen Amtsträger angestellt und ihm damit die Möglichkeit zur Amtsausübung eröffnet hat. Lediglich dann, wenn die Anknüpfung an die Anstellung versagt, weil kein oder mehrere Dienstherrn vorhanden sind, ist darauf abzustellen, wer dem Amtsträger die Aufgabe, bei deren Erfüllung er eine Pflichtverletzung begangen hat, anvertraut hat. Weder bei dem Landrat noch den Kreisbediensteten gibt es jedoch bei der Konstruktion der kommunalen Einheitsbehörde eine derartige Doppelstellung, so dass es an jeglicher Grundlage für einen derartigen funktionsbezogenen Haftungsansatz als Sondertatbestand zur allgemeinen Haftungsverantwortlichkeit der Anstellungskörperschaft fehlt.[755]

Grundsätzlich gilt auch bei der Bundesauftragsverwaltung die vorbeschriebene Haftung des Landkreises als Anstellungskörperschaft. Etwas anderes könnte nur für den Fall gelten, dass ein besonderer Zurechnungstatbestand, die Haftung der Anstellungskörperschaft überlagert und auf einen anderen Verwaltungsträger delegiert.

---

753 vgl. z.B. VG Leipzig, SächsVBl 1995, 20 f.

754 ständige Rechtsprechung seit BGHZ 6, 215 f. (219).

755 vgl. hierzu Hofmann/Muth/Theisen, Kommunalrecht Nordrhein-Westfalen, S. 427 ; Sponer/Jacob, Sächsische Landkreisordnung, Vorb. 1c m.w.N. ; a.A. Bickel DÖV 1981, 583 f. (584), für den auch hierbei das Land haftet, wenn staatliche Aufgaben vollzogen werden.

Eine solche Delegationshaftung könnte sich bei der Bundesauftragsverwaltung aus Art. 104 a Abs. 2 GG ergeben. Nach dieser Vorschrift trägt der Bund die sich aus der Auftragsverwaltung ergebenden Ausgaben. Diese Ausnahme vom Lastenverteilungsgrundsatz des Art. 104 a Abs. 1 GG ist allerdings auf die Erstattung der Zweckausgaben beschränkt. Die Verwaltungsausgaben, d.h. die Kosten für die Unterhaltung und den Betrieb, verbleiben gem. Art. 104 a Abs. 5 GG beim jeweiligen Behördenträger. Da auch die Kosten für die Haftung zu den Verwaltungsausgaben gehören,[756] enthält Art. 104 a Abs. 2 GG keine Haftungsüberleitung auf den Bund. Die rechtswidrige Schädigung eines Dritten durch Kreisbedienstete begründet im Amtshaftungsprozess daher auch bei der Bundesauftragsverwaltung die ausschließliche Haftung des Landkreises.

Die Eigenhaftung des Landkreises ist von dem Fall zu unterscheiden, dass Bund und Länder gem. Art. 104 a Abs. 5 S. 1 GG vom jeweils anderen Verwaltungsträger verursachte Schäden ersetzt verlangen können.[757] Das Land ist daher haftungsrechtlich gegenüber dem Bund auch in Bezug auf die Tätigkeit der Kommunen und ihrer Bediensteten verantwortlich,[758] da bei der Bundesauftragsverwaltung die Landkreise als Teil der Landesverwaltung gelten. Der Bund kann daher auch dann Ersatz vom Land verlangen, wenn die Amtspflichtverletzung nicht durch einen Landes- sondern einen Kreisbediensteten begangen worden ist.[759]

Der Landkreis selbst haftet gegenüber dem Land für ein Verschulden seiner Bediensteten nicht nach den Grundsätzen des öffentlich-rechtlichen Erstattungsanspruchs, weil ein eventueller Regressanspruch des Landes gegenüber der ausführenden Kommune einer ausdrücklichen gesetzlichen Ermächtigung bedarf,[760] die nach der derzeitigen Rechtslage jedoch nicht besteht. Auch ein Schadensersatzanspruch des Landes gegen den Landkreis gem. § 839 BGB i.V.m. Art. 34 GG scheidet aus, da nur der Landkreis, nicht aber das Land "Dritter" im Sinne dieser Vorschrift ist.[761]

---

[756] Jarass/Pieroth, Grundgesetz Kommentar, Rz. 12 f. zu Art. 104 a GG.

[757] BVerwG, NVwZ 1997, 885 f. m.w.N.

[758] Die Vorschrift ist jedenfalls in seinem Kernbereich auch ohne Erlass des In Art. 104 a Abs. 5 S. 2 GG genannten Ausführungsgesetzes anwendbar - vgl. Jarass/Pieroth, Grundgesetzkommentar, Art. 104 a Rz. 13.

[759] Dem Bund ist es hingegen verwehrt, bei der Pflichtverletzung des Landes Schadensersatz gem. § 839 BGB i.V.m. Art. 34 GG zu verlangen, denn er ist als Verwaltungsträger nicht Dritter im Sinne dieser Haftungsregel, vgl. auch BGHZ 27, 210 ; BVerwG, NVwZ 1996, 595.

[760] vgl. BVerwG, NVwZ 1996, 595 ; zur Haftung der Kommunen aus unmittelbar geltenden EU-Richtlinien vgl. EuGH NVwZ 1990, 646 f.

[761] Wiegand/Grimberg, Gemeindeordnung Sachsen-Anhalt, Rz. 7 zu § 5 m.w.N.

Nach der jetzigen Rechtslage hat daher das Land bei einer kommunalen Amtspflichtverletzung durch seine bundesgesetzliche Haftung den Schaden, der Landkreis wegen der begangenen Pflichtverletzung seines Bediensteten jedoch den Anspruch. Im Rahmen der auch im öffentlichen Bereich zulässigen Drittschadensliquidation können beim Landkreis als Dienstherrn Anspruch und Schaden mit der Folge zusammengeführt werden, dass der Landkreis seinen Bediensteten in Anspruch nimmt.[762] Der geleistete Ersatz ist im folgenden durch das Land über den öffentlich-rechtlichen Erstattungsanspruch als rechtsgrundlose Bereicherung des Landkreises kondizierbar.

c.) Die Funktion des § 123 Abs. 4 SächsGemO

Die Vorschrift des § 123 Abs. 4 SächsGemO beinhaltet keine haftungsrechtliche Sonderregelung, sondern lediglich einen Erstattungsanspruch für die dem Landkreis infolge einer fehlerhaften Weisung entstandenen Kosten. Erstattungsfähig sind alle Kosten, für deren Entstehung die fehlerhafte Weisung kausal war. In Betracht kommen Gerichtskosten, Schadensersatz- und Entschädigungsleistungen.[763] Nicht recht einsichtig und begründbar ist, dass trotz originärer Zahlungsverpflichtung des Landes wegen Verletzung der aufsichtsbehördlichen Amtspflichten § 123 Abs. 4 SächsGemO dennoch von einer Vorleistungspflicht des Landkreises ausgeht. Das Risiko des Erstattungsverfahrens und die Kosten der Vorfinanzierung werden hierbei ausschließlich auf den Landkreis und damit zu Lasten des haftungsrechtlich nicht Verantwortlichen verlagert.

---

[762] Das BVerwG bejaht in seiner Entscheidung in NJW 1995, 978 f. eine Drittschadensliquidation, wenn ein Gemeindebediensteter bei einer Auftragsangelegenheit des Landes schuldhaft sein Pflichten verletzt und dann das Land den Schaden, der Dienstherr aber den Anspruch hat (so auch Wiegand/Grimberg, Gemeindeordnung Sachsen-Anhalt, Rz. 7 zu § 5 m.w.N.). Vietmeier, DVBl 1993, 190 f. (196) leitet aus der Pflicht der Kommune zu bundes- und landesfreundlichem Verhalten ab, dass die Kommune einen solchen Anspruch in jedem Fall geltend zu machen und abzutreten hat.

[763] vgl. hierzu auch Gern, Deutsches Kommunalrecht, Rz. 827.

5.) Verwaltungsverfahrensrechtliche Gesichtspunkte

a.) Umfang der Prüfungskompetenz des Regierungspräsidiums als Widerspruchsbehörde

Zuständig für den Erlass des Widerspruchsbescheides ist grundsätzlich die nächsthöhere Behörde gem. § 73 Abs. 1 S. 2 Nr. 1 VwGO. Die konkrete Zuständigkeit ergibt sich jedoch nicht aus der VwGO, sondern aus landesorganisatorischen Vorschriften. Im Regelfall ist die nächsthöhere Behörde die im Instanzenzug der Erstbehörde unmittelbar übergeordnete Institution und damit zugleich diejenige, die auch die Aufsicht über die nachgeordnete Behörde ausübt.[764]

Eine Ausnahme von diesem Grundsatz besteht gem. § 73 Abs. 1 S. 2 Nr. 3 VwGO jedoch dann, wenn der Widerspruch Selbstverwaltungsangelegenheiten betrifft. Hier ist die Selbstverwaltungskörperschaft selbst für den Erlass des Widerspruchsbescheides zuständig, soweit das Landesrecht nicht etwas anderes bestimmt hat.

Anders als bei der gemeindlichen Ebene hat der Landesgesetzgeber bei der Kreisebene auf eine dem § 21 *Sächsisches Verfahrensausführungs- und Grundstücksrechtsvereinfachungsgesetz*[765] vergleichbare Übertragung der Zuständigkeit auf die nächsthöhere Behörde verzichtet und es bei der alleinigen Entscheidungsbefugnis des Landkreises im Vorverfahren gem. §§ 68 ff. VwGO belassen. Diese Differenzierung ist in den seinerzeitigen Beratungen zu § 21 Sächsisches Verfahrensausführungs- und Grundstücksrechtsvereinfachungsgesetz nicht näher begründet worden, sie ist jedoch weniger in der gesetzgeberischen Einschätzung der höheren Verwaltungskraft der Landkreise als vielmehr in dem nahezu inhaltsgleichen Vorbild des § 7 des baden-württembergischen Ausführungsgesetzes zur VwGO[766] zu suchen. Der gesetzgeberische Verzicht auf eine Hochzonung der Widerspruchsverbescheidung ist nicht unproblematisch, weil oftmals die Ausgangsbehörde und Widerspruchsbehörde in der Organisationsstruktur amtsidentisch sind und damit die nochmalige eingehende Überprüfung des Vorgangs zumindest fraglich ist. Die dem Landkreis somit belassene Entscheidungskompetenz im Widerspruchsverfahren betrifft allerdings nur die Selbstverwaltungsangelegenheiten und damit die Regelungsgegenstände, die vom Landkreis als eigene weisungsfreie Angelegenheiten wahrgenommen werden.[767] Für den Bereich des

---

[764] HessVGH NVwZ 1990, 678 ; Schmitt-Glaeser, Verwaltungsprozeßrecht, Rz. 204.

[765] SächsGVBl 1997, S. 638

[766] BWGBl 1960, S. 93 f.

[767] VGH Baden-Württemberg, DÖV 1963, 767 ; Schmitt-Glaeser, a.a.O.

staatlichen Aufgabenvollzuges verbleibt es bei der Devolutivzuständigkeit gem. § 73 Abs. 1 S. 2 Nr. 1 VwGO.

b.) Übertragung der Beschränkungen des Aufsichtsrechts auf das Widerspruchsverfahren

Soweit der Landkreis staatliche Aufgaben vollzieht, ist das Regierungspräsidium als nächsthöhere Behörde Widerspruchsbehörde gem. § 73 Abs. 1 S. 2 Nr. 1 VwGO sowie Rechtsaufsichtsbehörde gem. § 112 Abs. 2 VwGO und teilweise aufgrund fachgesetzlicher Regelung (z.B. gem. § 59 Abs. 1 Ziff. 2 SächsBauO) zudem auch Fachaufsichtsbehörde. Trotz der damit verbundenen institutionellen Konzentration sind die unterschiedlichen Funktionen der Widerspruchsbehörde und Aufsichtsbehörde eindeutig voneinander zu trennen.

Die Widerspruchsbehörde prüft die Entscheidung der Ausgangsbehörde grundsätzlich ohne Einschränkung auf ihre Rechtmäßigkeit oder ihre Zweckmäßigkeit.[768] Die Fachaufsicht ist zwar beim staatlichen Aufgabenvollzug ebenfalls zu einer Recht- und Zweckmäßigkeitskontrolle ermächtigt, jedoch ist das fachaufsichtliche Weisungsrecht - wie bereits ausgeführt - auf die unmittelbare Erledigung der Aufgabe begrenzt.

Eine Übertragung der für das Aufsichtsrecht bestehenden Beschränkungen auf den Widerspruchsbescheid gem. § 73 VwGO wäre aus kreislicher Sicht zwar wünschenswert. Dagegen spricht jedoch, dass die landesrechtlich begründeten aufsichtlichen Beschränkungen für das Widerspruchsverfahren als bundesrechtlich geregeltes Verfahren nicht entsprechend Anwendung finden können.[769] Zudem fehlt es bei dem Prüfungsumfang im Vorverfahren an einer dem § 73 Abs. 1 S. 2 Nr. 3 VwGO entsprechenden Ermächtigung und damit einer Gestaltungskompetenz des Landes.[770]

c.) Die Widerspruchsanweisung als Wechsel vom Widerspruchsverfahren in das aufsichtliche Verfahren

Problematisch ist der Fall, bei dem die Widerspruchsbehörde, anstelle den beantragten Verwaltungsakt im Vorverfahren gem. §§ 68 ff. VwGO selbst zu erlassen, dem Widerspruch im Wege der aufsichtlichen Anweisung der Ausgangsbehörde abhilft. Hier findet ein bewusster Verfahrenswechsel vom

---

[768] Redeker/von Oertzen, VwGO Kommentar, Rz. 13 zu § 73.
[769] Kopp, VwGO Kommentar, Rz. 7 zu § 73.
[770] Sponer, Kommunalaufsicht und Widerspruchsverfahren, S. 80.

bundesrechtlichen Vorverfahren in das landesrechtliche Aufsichtsverfahren mit der Folge statt, dass nunmehr die landesrechtlich normierten Beschränkungen des Aufsichtsrechts wieder erschlossen werden. Ebenso wie bei der vorhergegangenen Darstellung Beschränkungen des Landesrechts das Bundesrecht nicht zu beeinflussen vermögen, muss dieses auch im umgekehrten Fall gelten, wenn und soweit das bundesrechtliche Verfahren in Form des Erlasses des Widerspruchsbescheides nicht weiter betrieben, sondern in das aufsichtliche Verfahren gewechselt wird. Denn dieser Transformationsakt beinhaltet zugleich einen Wechsel der Handlungsgrundlagen und damit eine Erschließung aufsichtlicher Maßstäbe des Landesrechts.

d.) Vollstreckung von Verwaltungsakten nach dem Sächsischen Verwaltungsvollstreckungsgesetz (SächsVwVG)

Gem. § 4 Abs. 1 Ziff. 1 SächsVwVG sind die Finanzämter Vollstreckungsbehörde für die Vollstreckung von Leistungsbescheiden, soweit diese von einer Behörde des Freistaates Sachsen erlassen worden sind. Demgegenüber sind für die Vollstreckung von Verwaltungsakten nicht-staatlicher Stellen gem. § 4 Abs. 1 Ziff. 2 SächsVwVG die Behörden zuständig, die den Verwaltungsakt erlassen haben. § 4 Abs. 1 Ziff. 2 SächsVwVG enthält somit den Grundsatz, dass grundsätzlich die Erlassbehörde Vollstreckungsbehörde ist, soweit nicht eine Ausnahme nach § 4 Abs. 1 Ziff. 1 SächsVwVG eingreift.[771] Daher erfolgt nur bei staatlichen Behörden die Vollstreckung durch die Finanzämter, bei allen anderen Institutionen bleiben die Erlassbehörden auch für die Vollstreckung zuständig.

Die Landkreise sind - auch soweit sie Aufgaben des Freistaates im Rahmen der Weisungsaufgaben wahrnehmen - keine Behörden des Freistaates. Vielmehr erfüllen sie den staatlichen Aufgabenvollzug als ausschließlich kommunal strukturierte Behörde. Eine im Sinne des § 4 Abs. 1 Ziff. 1 SächsVwVG getrennte und abgrenzbare Verwaltungseinheit existiert nach Wegfall der unteren staatlichen Verwaltungsbehörde mit der Folge nicht mehr, dass es bei der Regelung des § 4 Abs. 1 Ziff. 2 SächsVwVG und damit der ausschließlichen Vollstreckungszuständigkeit des Landratsamtes verbleibt. Soweit das OVG Bautzen für den Fall einer kreisfreien Stadt entschieden hat, es bestehe eine Vollstreckungszuständigkeit der Finanzämter gem. § 4 Abs. 1 Ziff. 1 SächsVwVG,[772] vermag es nicht zu erklären, inwieweit eine staatliche Abteilung bei

---

[771] ähnlich auch die amtliche Begründung zum Gesetzentwurf der Staatsregierung (Landtagsdrucksache 1/1594) vom 17.3.1992 sowie Belz, SächsVBl 1997, 92 f.

[772] vgl. SächsVBl 1996, 67.

der kreisfreien Stadt existiert, die eine besondere Vollstreckungszuständigkeit der Finanzämter begründen könnte.

6.) Rolle des Kreistags bei der Mitwirkung an dem staatlichen Aufgabenvollzug und dessen Kontrolle

Der SächsLKrO liegt ein dualistisches Zuständigkeitsmodell zugrunde, in dem im Bereich der kommunalen Selbstverwaltungsangelegenheiten dem Kreistag umfangreiche Kompetenzen zugeordnet, dem Landrat jedoch ebenfalls eigene Zuständigkeiten und ausschließliche Wahrnehmungskompetenzen eingeräumt sind. Die dualistische Abgrenzung findet sich mit unterschiedlicher Intensität bei den Bereichen der Normsetzung, Verwaltungsüberwachung sowie der Information und Akteneinsicht. Im folgenden soll nach einer Darstellung der Systematik von Normsetzungs- und Überwachungskompetenzen überprüft werden, ob die Einführung der kommunalen Einheitsbehörde Landratsamt diese stringente Zuständigkeitsverteilung beim staatlichen Aufgabenvollzug unter kommunalpolitischen Gesichtspunkten verändert bzw. wechselseitig durchlässiger gemacht hat.

a.) Normsetzungskompetenz

Gemäß § 24 Abs. 1 der SächsLKrO legt der Kreistag die Grundsätze für die Verwaltung des Landkreises fest und entscheidet über alle Angelegenheiten des Landkreises, soweit nicht der Landrat kraft Gesetzes zuständig ist oder ihm der Kreistag bestimmte Angelegenheiten überträgt. Die Vorschrift fixiert somit eine gesetzliche Zuständigkeitsvermutung zugunsten des Kreistages als Hauptorgan des Landkreises, begrenzt diese Verwaltungs- und Entscheidungskompetenz jedoch durch zahlreiche, an anderer Stelle geregelte, Ausnahmen. Neben der dem Landrat gesetzlich übertragenen Verantwortung für die Kreisverwaltung und dem Recht zur Regelung der inneren Organisation, ist hierbei insbesondere die Wahrnehmungskompetenz des Landrats für den staatlichen Aufgabenvollzug zu nennen. Gemäß § 49 Abs. 3 SächsLKrO erledigt der Landrat Weisungsaufgaben in eigener Zuständigkeit, soweit gesetzlich nichts anderes bestimmt ist.

Da die Durchführung der weisungsgebundenen Aufgaben auf Grund der Gesetzgebung des Landes wie auch des Bundes sowohl an Quantität wie an Qualität einen zunehmend wachsenden Raum innerhalb der Kreisaufgaben gewonnen hat, bedeutet die von der SächsLKrO vorgenommene Aufgabenverteilung, dass der in der Verwaltungswirklichkeit dominierende Umfang (ca. 2/3) der täglichen Arbeit einer

Kreisverwaltung der Entscheidungskompetenz des Kreistages entzogen ist.[773] Denn mit der Übertragung der Wahrnehmungskompetenz an den Landrat hat der Gesetzgeber diesen Aufgabenbereich bewusst von der Gestaltungskompetenz des Kreistages ausgenommen und einer Sonderverwaltungsregelung unterworfen. Diese grundsätzliche Wertung wird lediglich durch die Kompetenz des Kreistages (gem. § 49 Abs. 3 SächsLKrO) zum Verordnungserlass durchbrochen. Betrachtet man hierbei den Hauptanwendungsfall des § 14 SächsPolG, der mit seiner Zuständigkeitsverteilung über die Generalklausel des § 9 Abs. 2 SächsPolG grundsätzlich für sämtliche Verordnungen gilt, kann man zwar in Bezug auf die längerfristig gültigen Verordnungen (Wirksamkeit länger als einen Monat) eine den Kreistag begünstigende Rückausnahme für den staatlichen Aufgabenvollzug feststellen. Die Entscheidungskompetenz des Kreistages über diese Verordnungen ist schon aufgrund ihrer Bedeutung in der Verwaltungspraxis jedoch nicht geeignet, das vorgenannte Wertungsmodell der SächsLKrO nachhaltig zu verändern.

Die dogmatisch vorgegebene Trennung der Normsetzungshoheiten für Selbstverwaltungs- und Staatsaufgaben ist seit Einführung der kommunalen Einheitsbehörde in der Verwaltungswirklichkeit nicht aufgeweicht worden. Die denkbare Konsequenz, beispielsweise dem Kreistag rechtlich nicht gebotene Beteiligungsmöglichkeiten bei wichtigen Entscheidungen im staatlichen Aufgabenvollzug anzubieten oder diesbezügliche Anhörungsrechte zu ermöglichen, ist - soweit ersichtlich - nicht praktiziert worden. Auch in der Verwaltungspraxis wird somit das von der SächsLKrO vorgegebene dualistische Kompetenzgefüge ohne Ausprägung eines "osmotischen Ansatzes" zwischen beiden Ebenen weitgehend beibehalten.

b) Überwachungskompetenz

Gemäß § 24 Abs. 2 SächsLKrO überwacht der Kreistag die Ausführung seiner Beschlüsse und sorgt beim Auftreten von Missständen in der Kreisverwaltung für deren Beseitigung durch den Landrat.

---

[773] Zu nennen sind hier beispielsweise die Aufgaben der Bauaufsicht, des Vollzuges der StVO, des Gewässerschutzes, des Ausländerwesens sowie zahlreiche weitere Kompetenzen im Bereich der öffentlichen Sicherheit und Ordnung.

Das Kontrollrecht der Kreisverwaltung umfasst zwar das gesamte Aufgabenspektrum, welches im Landratsamt erfüllt wird und ist zudem durch zahlreiche Anfragen-, Unterrichtungs- und Akteneinsichtsrechte abgesichert.[774] Bedingt durch die oben dargestellte Wahrnehmungskompetenz des Landrates für den staatlichen Aufgabenvollzug, hängen Effizienz und Intensität dieser Kontroll- und Überwachungsbefugnisse in der Verwaltungspraxis jedoch entscheidend vom Umfang der Information des Kreistages über Angelegenheiten des staatlichen Aufgabenvollzuges ab. Zwar hat der Landrat den Kreistag über alle wichtigen, den Landkreis und seine Verwaltung betreffenden Angelegenheiten, zu unterrichten.[775] Art und Umfang dieser Informationspflicht sind jedoch gesetzlich nicht geregelt. Es besteht mithin eine Einschätzungsprärogative des Landrats über die dem Kreistag mitzuteilenden Angelegenheiten. Denkbar ist daher der Fall, dass der Kreistag nur über den Bereich der weisungsfreien Pflichtaufgaben, nicht aber über den staatlichen Aufgabenvollzug informiert wird. In der Konsequenz kann dies bedeuten, dass bei fehlender Information eine Überwachungsfunktion auch nicht wirksam ausgeübt werden kann.

Der sich sowohl bei den Normsetzungs- als auch den Überwachungsbefugnissen der SächsLkrO zeigende Kompetenzdualismus ist überholt. Denn die vorgenommene Aufgabenteilung zwischen Rat und Verwaltung bewahrt Sonderverwaltungsregelungen des 19. Jahrhunderts, die vom Staat zur Wahrung seiner Interessen in die Rechtsordnungen implementiert wurden. Zudem ist der dualistische Ansatz in der SächsLkrO auch in Anbetracht der mit der kommunalen Einheitsbehörde verfolgten Intention systemfremd, denn er trägt der Idee gemeinsamer Handlungs- und Gestaltungskompetenzen innerhalb eines einheitlichen Wirkungskreises in keiner Weise Rechnung. Nur ergänzend ist darauf hinzuweisen, dass die SächsLKrO an dieser Stelle hinter dem Anfang dieses Jahrhunderts bereits erreichten Standard zurückbleibt. Denn schon nach preußischem Recht konnte der Kreisausschuss als Kreisorgan bis 1935 in der allgemeinen Landesverwaltung auf Kreisebene mitwirken.[776]

---

774 vgl. zum Beispiel das Informationsrecht des § 24 Abs. 5 SächsLKrO.

775 vgl. § 48 Abs. 4 SächsLKrO - diese Pflicht korrespondiert mit dem Informationsrecht und der Kontrollfunktion des Kreistages und umfasst daher auch den staatlichen Aufgabenvollzug.

776 vgl. oben I, 4 m.w.N.

7.) Die Auswirkungen der kommunalen Einheitsbehörde in der kommunalpolitischen Verwaltungspraxis

Angesichts der aus der ausschließlich kommunalen Struktur des Landratsamtes resultierenden rechtlichen wie tatsächlichen Konsequenzen ist aber auch eine Betrachtung darüber veranlasst, ob die dogmatische Vorgaben ihr Pendant in der kommunalpolitischen Verwaltungspraxis gefunden haben. Es geht folglich darum, ob der Wegfall der unteren staatlichen Verwaltungsbehörde nicht nur eine formale Stärkung der Selbstverwaltung beinhaltet hat, sondern zu einem Rückgang der Einflussnahme und der Einwirkungsintensität des Staates geführt hat.

Nach Ansicht hierzu befragten Landes- und Kommunalbediensteten ist der derzeitige Aufgaben- und Verwaltungsvollzug durch eine derartig intensive Normen- und Regelungsdichte geprägt, dass die konkrete Art des Aufgabenvollzuges vor Ort relativ unerheblich und damit auch nicht maßgeblich ist, ob eine Aufgabe in einer unteren staatlichen Verwaltungsbehörde oder einer Kreiskommunalbehörde erfüllt wird. Eine Bedeutung erlangt die Struktur kommunale Einheitsbehörde aus Sicht der Vertreter der Aufsichtsbehörden allerdings dann, wenn es um die Durchsetzung von Organisations- und Personalvorgaben für die kreisliche Ämterausstattung geht. Insbesondere im Geschäftsbereich des Sozialministeriums wird zum Teil bedauert, dass nunmehr personelle Vorgaben bei den Veterinär- und Lebensmittelüberwachungsämtern nicht mehr ohne weiteres durchsetzbar seien. Auch Vorstellungen des Ministeriums, die vorgenannten Ämter als dem Landrat unmittelbar zugeordnete Stabsstellen zu organisieren und damit den Weisungsstrang zu vereinfachen, sind bisher nicht umsetzbar gewesen.

Empirisch nicht belegbar ist eine Veränderung der politischen Rolle und Position des Landrats in Folge der Einführung der kommunalen Einheitsbehörde Landratsamt. Insbesondere in Bezug auf den Landrat als Behördenleiter ist kein Bedeutungswandel mit der Folge feststellbar, dass die Kommunalisierung des Landratsamtes in der praktischen Arbeit der Landräte offenbar gänzlich ohne größere Auswirkung geblieben. In den hierzu geführten Gesprächen wird allerdings auch darauf hingewiesen, dass bei rechtsaufsichtlich betriebenen Amtsenthebungs- und Disziplinarverfahren die Rolle des Landrats als Leiter einer vollkommunalisierten Behörde von Vorteil sei. Denn in dieser Funktion wirke er nur als Repräsentant einer Selbstverwaltungskörperschaft, sei aber nicht als Leiter einer staatlichen Behörde zur Verantwortung zu ziehen. Damit seien jedoch auch die politischen Möglichkeiten' einer aufsichtlichen Amtsenthebung geringer und damit gegenüber der alten Rechtslage restriktiver ausgestaltet.

8.) Zusammenfassung

- Die kommunale Einheitsbehörde Landratsamt hat in der Verwaltungswirklichkeit nur wenig Beachtung gefunden, lediglich der Beklagtenwechsel nach Wegfall der unteren staatlichen Verwaltungsbehörde hat in der Verwaltungspraxis nähere Aufmerksamkeit erlangt. Die dogmatischen Konsequenzen der Struktur kommunale Einheitsbehörde sind dagegen weitgehend nicht umgesetzt worden.
- Auch die aufsichtlichen Instrumente der Rechts- und Fachaufsicht werden in der Praxis nicht immer eindeutig getrennt. Dies lässt sich insbesondere bei der Genehmigung der Kreisumlage nachweisen, bei der zwar nur eine rechtsaufsichtliche Überprüfung statthaft ist, jedoch über die - zeitweise für zulässig erklärte - staatliche Aufgabenkritik des Kreishaushaltes auch eine fachaufsichtliche Bewertung durchgeführt worden ist.
- Die derzeitige Struktur fachaufsichtlicher Weisungsrechte trägt dem Organisationsmodell der kommunalen Einheitsbehörde ebenfalls keine Rechnung. Der Gesetzgeber hat die erforderliche Abwägung zwischen der Notwendigkeit eines staatlichen Eingriffs und dem an Art. 28 Abs. 2 GG orientierten Schutz der Eigenverantwortlichkeit bei der Wahrnehmung eines einheitlichen Wirkungskreises nicht vorgenommen. Es werden ohne nähere Begründung ausschließlich unbeschränkte Weisungsrechte normiert.
- Auch die Selbsteintrittsrechte reflektieren in Art und Umfang auf eine untere staatliche Verwaltungsbehörde im Landratsamt und lassen dabei die rein kommunale Struktur des Landratsamtes weitgehend unberücksichtigt. Verfassungsrechtlich bedenklich ist die Dienstaufsicht in § 65 Abs. 1 SächsPolG. Diese ist nach der Umwandlung des Landratsamtes in eine kommunale Einheitsbehörde rechtlich nicht mehr vertretbar.
- Das der kommunalen Einheitsbehörde immanente dualistische Kompetenzgefüge mit unterschiedlichen und sich zum Teil wechselseitig ausschließenden Kompetenzen von Landrat und Kreistag widerspricht dem Gedanken eines einheitlichen kommunalen Wirkungskreises, wie er der kommunalen Einheitsbehörde zugrunde liegt. Vielmehr führt die SächsLKrO an dieser Stelle die überkommene Auffassung fort, dass der Kreistag mit den Aufgaben der unteren Verwaltungsbehörde überhaupt nichts zu schaffen habe[777] und deswegen von der Wahrnehmungskompetenz staatlichen Aufgabenvollzuges weitgehend ausgeschlossen bleiben müsse.

---

[777] so bereits Storz, BWVBl 1956, 4 f. (5).

Elftes Kapitel:

Die kommunale Einheitsbehörde in der personalwirtschaftlichen Betrachtung

Bei den folgenden Betrachtungen soll zunächst die personalwirtschaftliche Situation unter dem Gesichtspunkt des Leistungsniveaus und des Ausbildungsstandes der Kreisbediensteten untersucht werden. Denn ein wesentlicher Kritikpunkt des Staates und zugleich ein Argument für die Notwendigkeit eines Einbaus staatlichen Personals in der Kreisverwaltung war nach der Begründung des 1997 vorgelegten und oben dargestellten Gesetzentwurfs zur Stärkung der Rechts- und Fachaufsicht[778] die nach staatlicher Ansicht nicht ausreichende Qualifizierung der Bediensteten.[779] In diesem Gesetzentwurf wurde insbesondere die Ausübung der Kommunalaufsicht durch die Landratsämter - jedenfalls für die Vergangenheit - seitens der Landesverwaltung als überwiegend unbefriedigend eingeschätzt. Dabei spielten offenbar neben Einzelerfahrungen mit den Kommunalämtern auch die Prüfungsergebnisse der Satzungen der Maßnahmeträger im Wasser-Abwasserbereich eine erhebliche Rolle. Bei den 205 überprüften Satzungen hatte sich nämlich gezeigt, dass bei den Verbandskörperschaften nur wenige rechtmäßige Satzungen existieren. Es liegt die Vermutung nahe, dass dieser Befund zur Annahme der Landesverwaltung geführt hat, nicht nur die Gemeinden und die von ihnen gebildeten Zweckverbände, sondern auch die Landratsämter als Rechtsaufsichtsbehörden seien mit der ordnungsgemäßen Bewältigung der ihnen gestellten Aufgaben überfordert.[780]

Die Begründung des vorgenannten Gesetzentwurfs, die allerdings im Rahmen des weiteren Gesetzgebungsverfahrens abgeändert und dabei positiver formuliert wurde, stellte in diesem Zusammenhang in ihrer Ursprungsfassung fest, dass es den Kommunalämtern an qualifiziertem Personal, insbesondere aber an Bediensteten mangele, die die für die Bearbeitung kommunalaufsichtlicher Aufgaben erforderliche Vorbildung besäßen. Insoweit fehle es in den Kommunalämtern einerseits an

---

[778] vgl. oben VII, 2.) c.) cc.) (1).

[779] Damit verbunden war nach der Gesetzesbegründung eine mangelnde Gesetzmäßigkeit des Verwaltungshandelns, insbesondere aber die unzureichende Ausübung der Kommunalaufsicht durch die Landratsämter (vgl. hierzu auch der Allgemeine Teil der Begründung des 1. Entwurfs zur Stärkung der Rechts - und Fachaufsicht S. 3 f.).

[780] gem. § 74 Abs. 1 Ziff. 1 SächsKomZG ist das Landratsamt allerdings nur dann als Rechtsaufsichtsbehörde zuständig, wenn es sich um keinen kreisübergreifenden Zweckverband handelt.

Juristen, andererseits an gehobenen Diensten mit einem Fachhochschulabschluss, die eine kontinuierliche und sachkundige Bearbeitung der Vorgänge gewährleisteten.[781] Durchaus bemerkenswert ist die an gleicher Stelle ebenfalls getroffene Aussage, dass es teilweise bei der Kommunalaufsicht an der Bereitschaft zur strikten Beachtung von Recht und Gesetz sowie an dem rechtlich gebotenen, strikten aufsichtlichen Durchgreifen gegenüber den Gemeinden fehle.

Wenngleich im Rahmen dieser Arbeit keine umfassende personalwirtschaftliche Analyse vorgenommen werden kann, sollen die vorbezeichneten Vorhalte jedoch an der Situation der Aus- und Fortbildung sowie der Personalentwicklungskonzeptionen auf Kreisebene untersucht werden.

In einem weiteren Abschnitt wird der von Teilen der Landesverwaltung geäußerte Vorhalt untersucht, die kommunale Einheitsbehörde Landratsamt behindere einen umfassenden Personalaustausch zwischen Landes- und Kreisbehörden. Hierbei soll der Sachstand dargestellt, Gründe für den status quo erarbeitet und letztendlich ein eigener Lösungsansatz für mehr personalwirtschaftliche Flexibilität zwischen Staats- und Kommunalverwaltung erarbeitet werden.

In einem letzten Teil wird untersucht, ob die kommunale Einheitsbehörde wirklich die von ihren Befürwortern immer wieder vorgetragene, umfassende Personal- und Organisationshoheit bei der Personalwirtschaft gewährleistet.

1.) Situation der Aus- und Fortbildung bei den Kreisbediensteten

Die 1990 begonnene Umwälzung der politischen und administrativen Strukturen bedingte im Verwaltungsbereich durch eine Ablösung politischer und administrativer Führungskader zwar einen beachtlichen Personenwechsel in der Leitungsebene.[782] Die in Art. 20 Abs. 1 EV getroffene Grundentscheidung, bei einer Organisationskontinuität eine Weiterbeschäftigung des dort vorhandenen Personals abzusichern,[783] führte jedoch auch dazu, dass insbesondere in den mittleren und unteren Verwaltungsbereichen die dort bisher schon Beschäftigten verblieben. Unter diesem Vorzeichen bedarf es bei der personalwirtschaftlichen Analyse daher vorrangig einer Betrachtung der Qualifikationsprofile und der Rekrutierungsmuster in der DDR-Verwaltung.

[781] vgl. den Allgemeinen Teil der Begründung zum 1. Entwurf eines Gesetzes zur Stärkung der Rechts - und Fachaufsicht .

[782] Wollmann, LKV 1997, 275 f.

[783] Trute bezeichnet in "Überleitung des staatlichen Personals der DDR" (S. 14) diese Entscheidung des Einigungsvertrages als "außerordentlich folgenreich."

Während insbesondere in der unmittelbaren Nachwendezeit die übernommenen Bediensteten in der Verwaltung der örtlichen Räte durch die Begriffe "Fachabstinenz" und "politisierte Inkompetenz" mit der Folge gekennzeichnet wurden, dass die politische Linientreue und nicht Sachverstand als mutmaßliches Rekrutierungskriterium für den Staatsdienst angesehen wurde,[784] bemüht man sich im neueren Schrifttum - zu Recht - um eine differenziertere Betrachtungsweise.[785]

Im Hinblick auf das Führungspersonal in den örtlichen Räten hat *Lorenz* herausgearbeitet, dass in der DDR-Verwaltung bei Neueinstellungen weniger die staatswissenschaftliche Qualifizierung, sondern die fachliche Kompetenz im Vordergrund gestanden hat.[786] Dies hat u.a. dazu geführt, dass der Anteil der Hoch- und Fachhochschulabsolventen im Jahr 1989 in den örtlichen Staatsorganen der DDR 41,2 % betragen hat, während im Jahr 1993 in den westdeutschen Kommunalverwaltungen diese Gruppe lediglich einen Anteil von 30 % umfasst hat. Andererseits ist jedoch eine Sondersituation bei politisch-ideologischen Schlüsselpositionen - wie z.B. bei den Abteilungen Inneres der Räte - zu beachten, denn die Personalauswahl folgte hierbei nur begrenzt fachspezifischen Kriterien. Einer besonderen personalwirtschaftlichen Betrachtung bedarf auch die in kommunalen Leitungspositionen etablierte Gruppe von Quereinsteigern der Wendezeit, in der Akademiker aus verwaltungsfernen Berufen,[787] wie den Wissenschafts- und Bildungseinrichtungen, den Betrieben der Staatswirtschaft, aber auch dem theologischen Bereich dominieren.[788] Zu Recht analysiert *Wollmann*, dass diese Bediensteten erst mit der Wende politisch aktiv geworden und vormals in weitgehend apolitischen und verwaltungsfernen Bereichen tätig gewesen seien.[789]

In Bezug auf das nicht-leitende Personal ist festzustellen, dass diese Positionen oftmals fachfremd besetzt wurden, die entsprechenden Mitarbeiter jedoch gehalten waren, nach kurzer Zeit Berufsabschlüsse im kaufmännischen Bereich oder Fachschulabschlüsse der Staatswissenschaft nachzuholen.[790]

Im Hinblick auf die Kreise besteht insoweit eine personalwirtschaftliche Besonderheit, als die Kreise aufgrund ihrer wichtigen Mittlerinstanz im

---

784 König, Verwaltungsstrukturen in der DDR, S. 9 f.

785 Trute, Organisation und Personal in der DDR, S. 653 f. (678) ; Lorenz, LKV 1997, 45 f. ; Schneider, Aus Politik und Zeitgeschichte B 36/93, S. 18 f. (20) ; Wollmann, LKV 1997, 275 f.

786 Lorenz, LKV 1997, 45 f.

787 Schneider, Aus Politik und Zeitgeschichte B 36/93, S. 18 f. (20)

788 Diese haben sich oftmals deswegen für Leitungspositionen zur Verfügung gestellt, um das durch Entfernen hochrangiger SED-Kadergruppen entstandene Vakuum zu füllen.

789 Wollmann, LKV 1997, 275 f.

790 Lorenz, LKV 1997, 45 f. (47).

Verwaltungsvollzug der DDR sowohl beim leitenden als auch nachgeordneten Personal besser als die gemeindliche Ebene ausgerüstet waren. Nicht übersehen werden darf jedoch, dass der hiermit verbundene Fachverstand sich auf "überkommene Bereiche" konzentrierte. Nach der Wende zeigte sich daher auch bei den Landratsämtern ein Mangel an qualifiziertem Personal in anderen, insbesondere neuen, kommunalen Handlungsfeldern.[791] Ergänzend zu diesem Befund ist die teilweise "rechtsnihilistische Verwaltungspraxis" der DDR zu erwähnen, bei der insbesondere bei politisch sensiblen Problemen Entscheidungen "an den Rechtsvorschriften vorbei" ausgehandelt oder verfügt wurden und die zu einer mangelnden Ausprägung der Rechtsanwendungspraxis geführt hat. Mit der kurzfristig eingeführten und von dem DDR-System grundverschiedenen bundesdeutschen Rechtsordnung ist zudem die überkommene Prägung des Verwaltungsvollzuges der Weisung übergeordneter Behörden durch eine der vielfältigen Kontrolle unterliegenden Gesetzesbindung und Normendichte ersetzt worden.[792]

Aufgrund der vorbezeichneten Umstände ist für die Kommunalbediensteten frühzeitig ein erheblicher Aus- und Fortbildungsbedarf erkannt, gleichwohl jedoch zum Teil uneinheitlich, unkoordiniert und mit zahlreichen Partikularinteressen durch staatliche und private Träger umgesetzt worden.

Das auf Initiative des Innenministeriums und der kommunalen Landesverbände in den meisten Verwaltungen als Pflichtveranstaltung Anfang der 90'er Jahre durchgeführte sog. "Bopparder Modell" war zwar zur Vermittlung der Grundlagen der bundesdeutschen Rechtsordnung geeignet, litt aber in seiner Effizienz erheblich daran, dass die Teilnehmer sich dieser Fortbildung nur während ihrer laufenden - sehr umfänglichen - Arbeit widmen konnten. Darüber hinaus konnte auch nicht erreicht werden, den auf diese Grundschulungen aufbauenden Fortbildungslehrgang Angestelltenlehrgang I und II in ausschließlicher und verbindlicher Weise festzuschreiben. Vielmehr gab und gibt es zahlreiche öffentlich-rechtliche und private Anbieter, die das Thema Fortbildung mit zum Teil erheblichen wirtschaftlichen Interessen, aber oft nicht im gleichen Umfange qualifizierten Angebot, bedienen. Neben den staatlich anerkannten Fortbildungseinrichtungen wie z.B. den zwei Verwaltungs- und Wirtschaftsakademien und den drei kommunalen Studieninstituten existiert bis heute ein weder staatlichen noch kommunalen Stellen in vollem Umfange bekannter "Graubereich". Die dringend erforderliche Straffung, Vereinheitlichung und Koordinierung der Fortbildungseinrichtungen auf kommunaler

---

[791] Trute, Organisation und Personal in der DDR, S. 653 f. (678).

[792] Trute, Organisation und Personal in der DDR, S. 653 f. (678).

Ebene scheitert bislang an dem mangelnden Konsens über eine einheitliche Konzeption.

2.) Personalentwicklungskonzeptionen

Auch nach dem Vollzug der Kreisreform und dem Abschluss einer Konsolidierungsphase konnte in vielen Landratsämtern noch keine mittelfristige Personalentwicklungskonzeption erstellt werden. Denn die Leitlinien einer Personalwirtschaft haben sich derzeit vorrangig am staatlich geforderten und oftmals in der Genehmigung des Kreishaushalts beauflagten Stellenabbau zu orientieren. Dadurch ist die Erreichung eines Personalschlüssels gegenüber einer ausgewogenen Personalentwicklungskonzeption vorrangig. Demzufolge haben sich derzeit personalwirtschaftliche Steuerungsmechanismen weitgehend auf die Sozialauswahl bei der Erreichung notwendiger Personalrückführung zu reduzieren.

Ein gezielter - konzeptionell untersetzter - Aufbau der Verwaltung "von unten" - z.B. durch an der Fachhochschule der Sächsischen Verwaltung ausgebildete Verwaltungsfachwirte - findet daher nur vereinzelt statt. Denn derartige Einstellungen stellen sich als diametraler Gegensatz zu dem gleichzeitig vorzunehmenden Personalabbau dar und sind auch deswegen unter dem Gesichtspunkt der Beteiligungen der Personalvertretung problematisch. Nicht übersehen werden darf zudem, dass qualifizierter Nachwuchs gelegentlich auch als Konkurrenz betrachtet und daher abgelehnt wird.

In der Perspektive kann die derzeitige lediglich schwellenwertorientierte, mangels ungünstiger Rahmenbedingungen schwer zu steuernde, Personalwirtschaft in wenigen Jahren zu einer Überalterung der Kreisverwaltungen und zu einer fehlenden Untersetzung des Personalkörpers mit qualifizierten Nachwuchskräften führen. Daher muss es - mit Unterstützung der Landesverwaltung - im Bereich der kommunalen Personalwirtschaft ein grundsätzliches Umdenken geben, das sich weniger an ohnehin fragwürdigen Personalschlüsseln und finanziellen Erwägungen, sondern an der Realisierung einer mittelfristigen Personalentwicklungskonzeption orientiert.

3.) Notwendigkeit und Möglichkeit des zeitlich begrenzten Personalaustausches mit den Landesbehörden

Nach Ansicht einiger Vertreter der Landesverwaltung ist die derzeit fehlende Personalrotation der Kreisbediensteten mit den Mitarbeitern anderer Landes- und Kommunalbehörden von erheblichem Nachteil. Unmittelbar nach Beginn des Vollzuges der Kreisgebietsreform schlug das Innenministerium daher Anfang 1995 vor, die Juristen der Landratsämter und der Regierungspräsidien für eine begrenzte Zeit im Wege der Abordnung auszutauschen, um Ihnen Erfahrungen in und mit einer anderen Verwaltungsebene zu ermöglichen. Der seinerzeitige Vorstoß ist ohne Wirkung geblieben. Seitens der Kreisverwaltungen wurde die Ablehnung der Rotation teilweise mit der Notwendigkeit begründet, aus Gründen der Funktionsfähigkeit der Verwaltung die mit den örtlichen Verhältnissen vertrauten und im Landratsamt eingearbeiteten Bediensteten auf der Kreisebene zu behalten. Eine - wie immer geartete zeitweilige - Abordnung bedeute einen Verlust an Verwaltungskontinuität und einen, aus der Einarbeitung neuer Bediensteter resultierenden, Mehraufwand. Letztendlich herrscht auch mancherorts die Befürchtung, dass die Abordnung staatlicher Bediensteter nach dem Kriterium der Verschiebung minderqualifizierten Personals erfolgen bzw. zur Erhöhung der Kontrollintensität über die kreiskommunale Verwaltung durch einen quasistaatlichen Personalkörper dienen könnte.

Eine auf die Landesbediensteten bezogene Fortentwicklung des Rotationsgedankens enthielt der oben dargestellte Gesetzentwurf zur Stärkung der Rechts - und Fachaufsicht.[793] Zwar ist der im Gesetz vorgesehene dauerhafte Einbau staatlichen Personals im Landratsamt insbesondere vom Sächsischen Landkreistag abgelehnt, der Einsatz von Landesbediensteten in den Landkreisen als Form der zeitlich begrenzten Verwaltungshilfe jedoch dann für möglich gehalten worden, wenn deren Zuteilung und Aufgabenzuweisung im Einvernehmen mit dem Landrat erfolgt. Denn auch auf Kreisebene ist inzwischen die Notwendigkeit unbestritten, Landesbediensteten die Sammlung kommunalrechtlicher Erfahrungen und damit ein größeres Verständnis für das Handeln vor Ort zu ermöglichen. Der Personalaustausch könnte hierbei analog § 63 Niedersächsische Landkreisordnung durch eine in die SächsLKrO aufzunehmende Abordnungsmöglichkeit von Landesbediensteten an das Landratsamt gewährleistet werden.

Der derzeitige Einsatz staatlicher Bediensteter in den Landratsämter bewegt sich nach wie vor in einem sehr unterentwickelten Stadium. Allerdings bestehen mit

[793] vgl. oben VII, 2.) c.) cc.) (1).

Abordnungen einzelner Bediensteter an die Landratsämter Sächsische Schweiz und Meißen erste - und bisher erfolgreiche - Pilotprojekte. In der Gesamtschau wird nur eine solche positive Empirik von Einzelfällen zu einer größeren Akzeptanz für den zeitweisen Einsatz staatlicher Bediensteter führen können. Denn es muss sich auf Kreisebene die Erkenntnis durchsetzen, dass es sich hierbei nicht um staatlich entsandte Kontrolleure kommunalen Handels, sondern um Bedienstete handelt, die lediglich zu Ausbildungszwecken und / oder der Verwaltungshilfe der Kreisverwaltung zugewiesen werden.

Zur Unterstützung dieses Annäherungsprozesses ist die - zeitliche begrenzte - Einführung eines Personalentsendungsprogramms im Staatshaushalt denkbar, mit dem die Kofinanzierung der aufnehmenden Stellen durch eine weitgehend staatliche Kostentragung bei der Abordnung gering gehalten und eine zusätzliche Aufwandsentschädigung für den staatlichen Bediensteten für den Zeitraum der Abordnung vereinbart wird. Begleitet werden sollte ein solches Projekt von einer gezielten Vorbereitung auf den Dienst in der Kommunalverwaltung.

4.) Die kommunale Einheitsbehörde als Gewährleistung umfassender Personal - und Organisationshoheit des Landrats ?

In der aktuellen Diskussion wird immer wieder vorgetragen, allein die kommunale Einheitsbehörde Landratsamt sei ein Garant für eine umfassende Personal- und Organisationshoheit des Landrats über seine Verwaltung. Ob die kommunale Einheitsbehörde diese Befugnisse tatsächlich in der behaupteten Weise für sich vereinnahmen kann, soll anhand von Art und Umfang der verfassungsrechtlichen Garantien der Personal- und Organisationshoheit überprüft werden. In einem Vergleich mit der baden-württembergischen Rechtslage wird des weiteren untersucht, ob eine untere staatliche Verwaltungsbehörde tatsächlich die Personal- und Organisationshoheit des Landrats nachhaltig beeinträchtigt.

Die Personalhoheit gehört zum Kernbereich kommunaler und damit auch kreislicher Selbstverwaltung.[794] Den Kreisen ist das Recht gewährleistet, die Auswahl, Anstellung, Beförderung und Entlassung der Bediensteten selbst vorzunehmen.[795] Die Personalhoheit besteht zunächst unabhängig davon, mit welchen Sachaufgaben der Gesetzgeber die Kreise konkret ausstattet[796] und erstreckt sich somit auf den Bereich staatlicher wie selbstverwaltungsbezogener Aufgaben. Allerdings sind bei

[794] Gern, Deutsches Kommunalrecht, Rz. 175 m.w.N.

[795] für die Gemeinden vgl. VGH München, NJW 1989, 790 m.w.N.

[796] Erichsen/Weiß, Kommunale Selbstverwaltung und staatliche Organisationsvorgaben, S. 39.

der Gewährleistung der Personalhoheit in Ausfüllung des Gesetzesvorbehaltes des Art. 28 Abs. 2 GG gesetzliche Beschränkungen herkömmlich und üblich und verstoßen nicht gegen das Selbstverwaltungsrecht.[797]

Diese sind beispielsweise:

- die kommunale Stellenobergrenzenverordnung (StOGVO) als Regelung der höchstzulässigen Einstufung kommunaler Beamter[798]
- gesetzliche Qualifikationsanforderungen für Kreisbedienstete[799]
- die durch die Kommunalordnungen normierte Verpflichtung zur Bestellung von Beauftragten[800]
- Personalübernahmeverpflichtungen infolge von Gebietsreformen z.B. gem. § 11 des Sächsischen Kreisgebietsreformgesetz (SächsKrGebRefG)[801]
- Überleitung der Rechtsverhältnisse von einem vormals staatlichen Verwaltungsträger auf die Kommunen[802]
- künftige Personalüberleitungsvorschriften bei der Funktionalreform[803]

797 BVerfGE 17, 172 f. (182) sowie Gern, a.a.O., m.w.N.

798 Die kommunale StOGVO ist nach h.A. zulässig vgl. BayVerfGH, DÖV 1993, 1007 f. ; VGH Baden-Württemberg, BWVBl 1993, 226.

799 vgl. etwa den Fachbediensteten für Finanzwesen gem. § 58 Abs. 2 SächsLKrO und die personelle Ausstattung der unteren Bauaufsichtsbehörde in § 59 Abs. 5 SächsBauO.

800 vgl BVerfG, NVwZ 1995, 677 f. zur Zulässigkeit hauptamtlicher Gleichstellungsbeauftragter in Gemeinden.

801 Das Kreisgebietsreformgesetz verpflichtet in § 11 SächsKrGebRefG den Rechtsnachfolgerkreis für die Beamten gem. §§ 128 und 132 BRRG und für die sonstigen Bediensteten analog §§ 128 und 129 Abs. 2-4 BRRG die Aufgaben des Dienstherrn wahrzunehmen. Die damit verbundene Personalübernahmeverpflichtung ist die dogmatisch gebotene Konsequenz der Rechts- und Funktionsnachfolge bei Auflösung einer Gebietskörperschaft und findet eine Entsprechung bei zahlreichen rechtsgeschäftlichen Übernahmeregelungen wie § 613 a BGB und § 25 HGB.

802 vgl. hierzu § 16 Abs. 3 SächsSchulG sowie zur Zulässigkeit dieser Personalüberleitung SächsVerfGH, SächsVBl 1994, 280 f.

803 Bei einer Übertragung einer staatlichen Aufgabe an die Kreise bei der Funktionalreform kann durch den Gesetzgeber eine Bestimmung zur gleichzeitigen Überleitung des der Aufgabe entsprechenden Anteils staatlicher Bediensteter getroffen werden. Das BVerfG hat in BVerfGE 17, 172 eine derartige Übernahmeverpflichtung als zulässige Aufgabenausgestaltung im Rahmen der Personalhoheit anerkannt. Der Auffassung des BVerfG ist jedoch nur mit Einschränkungen zuzustimmen. Nicht überzeugend ist das

Auch die Organisationshoheit gehört zum Bereich kreislicher Selbstverwaltung und umfasst das Recht, den Aufbau der Verwaltungsorganisation selbst zu gestalten und die verwaltungsinternen Abläufe von Entscheidungsprozessen unabhängig von der konkreten Aufgabe[804] selbst zu ordnen. Allerdings gelten die Schranken des Art. 28 Abs. 2 GG auch für das Recht kreislicher Selbstorganisation und die Wahrnehmung der damit verbundenen Aufgaben.[805] Demzufolge existieren bereits in den Fachgesetzen zahlreiche tradierte Beschränkungen der Organisationshoheit, die z.B. bei der Organisation der Sparkassen bis in die Weimarer Republik zurückreichen.[806]

Aus den vorgenannten Darstellungen ergibt sich, dass auch bei der kommunalen Einheitsbehörde die Personal- und Organisationshoheit nicht unbeschränkt und unbeschränkbar ist, sondern sich vielmehr im Rahmen eines institutionell vorgegebenen, verfassungsrechtlich normierten und einfachgesetzlich ausgeformten Rasters bewegt.

Ob die Wiedereinführung einer unteren staatlichen Verwaltungsbehörde diesen Befund nachhaltig in dem Sinne verändert, dass eine weitergehende Beeinträchtigung der Personal- und Organisationshoheit zu befürchten ist, ist fraglich. Betrachtet man die Rechtslage in Baden-Württemberg, obliegt nach einer 1990 durchgeführten Kommunalisierung der Landesbeamten des mittleren und gehobenen Dienstes[807] dem Land nur noch die Gestellung der Landesbeamten des

---

Argument, mit der neuen Aufgabenübertragung werde durch den Staat das anteilige Personal zur Verfügung gestellt. Abgesehen von hochspezialisierten Bereichen - wie der Vermessungsverwaltung - besteht nicht immer ein Bedürfnis für eine derartige Personalakzessorietät. Denn die im Rahmen einer Funktionalreform übertragenen Aufgaben sind oftmals lediglich eine Arrondierung für eine auf der kommunalen Ebene ohnehin schon bestehende Kompetenz und stellen sich daher lediglich als spezifischer Aufgabenzuwachs innerhalb eines schon existenten Sachgebiets dar. Eine Personalübernahme staatlicher Bediensteter ist als Voraussetzung der Funktionsfähigkeit der Aufgabenerfüllung nicht stets veranlasst. Auch existiert außerhalb der §§ 128 f. BRRG kein allgemeingültiger Rechtssatz, dass bei einer Aufgabenneuverteilung eine Akzessorietät zwischen Aufgabe und erfüllendem Personal besteht. Im in BVerfGE 17, 172 entschiedenen Fall hatten die Gemeinden auf Grund der Neuordnung des Polizeiwesens das zu den übertragenen polizeilichen Aufgaben gehörige Personal zu übernehmen

804 Erichsen/Weiß, Kommunale Selbstverwaltung und staatliche Organisationsvorgaben, S. 42.

805 vgl. hierzu BVerfGE 83, 363 f. (382). Das BVerfG verdeutlicht in DVBl 1995, 290 (291), dass die Organisationshoheit als eigenes Element der Selbstverwaltungsgarantie nur eingeschränkt belegt ist - kritisch hierzu Erichsen/Weiß, a.a.O. S. 41.

806 Verordnung des Reichspräsidenten vom 6.10.1931, RGBl Band 1 1931, S. 357 sowie weitere Nachweise bei Laux, AfK 1995, 229 f. und die Regelungen des Sächs. Kommunalrechts wie § 64 SächsLKrO, die Verpflichtung zur Errichtung eines Rechnungsprüfungsamtes sowie den Enumerativkatalog über die Formen kommunaler Zusammenarbeit

807 Gesetz vom 5.12.1988 in Kraft getreten zum 1.1.1990, BWGBl 1988, S. 398 f.

höheren Dienstes.[808] Denn nunmehr hat der Landkreis die erforderlichen Beamten, Angestellte und Arbeiter einzustellen, um die Aufgabenerfüllung im Bereich der unteren staatlichen Verwaltungsbehörde, aber auch des im Rahmen der kreiskommunalen Behörde anfallenden staatlichen Aufgabenvollzuges sicherzustellen. [809]

Während der Landrat in Baden-Württemberg die Funktion des Vorgesetzten, Dienstvorgesetzten und der obersten Dienstbehörde für die Bediensteten des Landkreises ausübt, ist er für die staatlichen Beamten des Landratsamtes lediglich Vorgesetzter und Dienstvorgesetzter nach Maßgabe besonderer Vorschriften.[810] Allerdings erstreckt sich die Organisationshoheit des Landrats nach geänderter Rechtslage[811] nunmehr auch in unbegrenzter Form auf die staatlichen Beamten der staatlichen Abteilung. Damit soll eine Durchlässigkeit zwischen Landratsamt als unterer staatlicher Verwaltungsbehörde und kreiskommunaler Behörde ermöglicht werden, einer Mitwirkung des Innenministeriums beim Austausch von Landesbeamten zwischen "beiden Behördenteilen" bedarf es nicht mehr.[812]

Resümiert man die vorgenannten Feststellungen, so lässt sich auch in Baden-Württemberg eine sinkende Bedeutung des staatlichen Personalkörpers auf der Kreisebene feststellen. Auch wenn pro forma die untere staatliche Verwaltungsbehörde als eigene Verwaltungseinheit aufrecht erhalten wird, ist wegen des reduzierten staatlichen Personalkörpers das Problem der Beeinträchtigung der Personal- und Organisationshoheit rückgeführt worden. Diese auch in Bayern, Hessen und Rheinland-Pfalz zu beobachtende Entwicklung gleicht die Rechtslage an die der norddeutschen Länder an, bei denen wie in Nordrhein-Westfalen und Schleswig-Holstein - grundsätzlich nur kreiseigenes Personal in den Kreisverwaltungen beschäftigt ist.[813]

---

808 Betrachtet man hierzu ergänzend die Regelung des § 52 Abs. 1 LKrO Baden-Württemberg, nach der mindestens ein Landesbeamter dem Landkreis zugeteilt wird, ist der Umfang des staatlichen Personalkörpers eher gering.

809 VGH Baden-Württemberg, Urteil vom 16.12.1975, AZ X 232/74 (unveröffentlicht) zitiert nach Frick, Landkreisordnung Baden-Württemberg, Rz. 3 zu § 52, dieser verneint einen Rechtsanspruch des Landkreises auf die Zuteilung von Landesbeamten des höheren Dienstes. Nach der Rechtsprechung des VGH beinhaltet die entsprechende Regelung in der LKrO Baden-Württemberg lediglich die Kompetenz des Staates, die Besetzung der unteren staatlichen Verwaltungsbehörde mit Beamten zu regeln, ein Rechtsanspruch des Landkreises auf eine ausreichende personelle Ausstattung ist damit jedoch nicht verbunden.

810 § 3 Abs. 3 Beamtenrechtszuständigkeitsverordnung Baden-Württemberg.

811 Frick, Landkreisordnung Baden-Württemberg, weist in Rz. 4 zu § 52 darauf hin, dass der Zustimmungsvorbehalt zur Bedeutungslosigkeit der Rotationsvorschrift geführt hat.

812 Trumpp/Pokrop, Landkreisordnung Baden-Württemberg, Rz. 1 zu § 52

813 Seele, Die neuen Kreise im Organisationsgefüge der Kreisstufe, S. 247 f. (294).

Letztlich entscheidet aber - unabhängig von der Zahl der Landesbediensteten - die Verwaltungswirklichkeit über das "ob" und "wie" staatlicher Einflussnahme. Bei ähnlicher Rechtslage in Thüringen und Baden-Württemberg ergibt sich bei einem Blick in die Verwaltungswirklichkeit ein unterschiedlicher Befund, der nicht Konsequenz dezidierter rechtlicher Regelungen, sondern Ergebnis entsprechender staatlicher Einflussnahme bzw. Verzichts auf eben diese ist. Während in Baden-Württemberg der staatliche Personalkörper ohne größere Probleme in das Landratsamt integriert ist, beklagen die thüringischen Landkreise Schwierigkeiten der aufgedrängten Zuweisung und der außerplanmäßigen Beförderung der Landesbediensteten und damit einen staatlichen Eingriff in die Personal- und Organisationshoheit.[814] Entscheidend ist mithin weniger die rechtliche Vorgabe, als die faktische Ausgestaltung.

---

[814] Die Presseerklärung des Landkreistages Thüringen vom 15. Juni 1996 fordert aus diesem Grunde die Kommunalisierung des Landratsamtes.

5.) Ergebnis

- In der Gesamtwürdigung der personalwirtschaftlichen Situation ist der im Schrifttum teilweise vertretenen Ansicht, die Grundqualifikation des DDR-Verwaltungsmitarbeiters sei an seiner politisch-ideologischen Eignung gemessen worden, mit Hinweis auf das hohe Qualifikationsniveau der Bediensteten entgegen zu treten. Andererseits bedingen die Anforderungen an eine moderne Verwaltung bei allen Bediensteten eine ständige Qualifizierung. Ein einheitliches und in qualitativer Hinsicht vergleichbares Aus- und Fortbildungsniveau kann derzeit jedoch nicht gewährleistet werden.
- Zum Ausgleich noch bestehender Transitionsprobleme und wegen der weiterhin bestehenden politischen Verantwortung der Landesverwaltung insbesondere im Bereich der Kommunalaufsicht ist eine personelle Unterstützung durch Landesbedienstete wünschenswert. Diese ist allerdings im Wege der Abordnung leistbar und sollte nicht durch die Implementierung eines eigenen staatlichen Personalkörpers im Landratsamt vorgenommen werden.
- Mit der kommunalen Einheitsbehörde Landratsamt und damit dem Entfall einer unteren staatlichen Verwaltungsbehörde ist eine - im Rahmen der Gesetze - umfassende Personal- und Organisationshoheit des Landrats über seine Verwaltung verbunden. Im Hinblick auf die Ausgestaltung des staatlichen Personalkörpers bei januskköpfigen Kreisverwaltungen - wie z.B. in Baden-Württemberg - ist aber andererseits auch festzustellen, dass mit einer Etablierung staatlichen Personals im Landratsamt nicht zwingend ein erheblicher und nachhaltiger Eingriff in die Personal- und Organisationshoheit des Landrats einhergeht. Entscheidend ist daher weniger der rechtliche Rahmen, sondern die politisch zu beurteilende Frage, ob und in welchem Umfang das Land über seine Bediensteten auf die Geschäfte der Kreisverwaltung Einfluss nehmen will.

Zwölftes Kapitel:
Die kommunale Einheitsbehörde als Hindernis für einen erfolgreichen Vollzug der Funktionalreform auf Kreisebene ?

Unter dem Begriff der Funktionalreform wird die Gesamtheit all derjenigen Maßnahmen verstanden, die geeignet sind, die Arbeit der öffentlichen Verwaltung in allen Ebenen, insbesondere den Dienst am Bürger, zu verbessern und das Verhältnis zwischen Aufwand und Ertrag günstig zu beeinflussen. In erster Linie bedeutet Funktionalreform daher die Neuverteilung von Zuständigkeiten zwischen den einzelnen Verwaltungsebenen, vor allem durch eine Delegation nach unten. Schließt man Fragen der Aufgabenkritik einschließlich der Privatisierung von Verwaltungsaufgaben mit ein, so reichen die Ziele der Funktionalreform von dem Abbau von Verwaltungsaufgaben über die Verwaltungsvereinfachung und Effizienzsteigerung bis hin zur stärkeren Öffnung der öffentlichen Verwaltung gegenüber dem Bürger.[815]

Funktionalreform ist somit aus organisationswissenschaftlicher Betrachtung ein Bündel von Maßnahmen der Reorganisation der öffentlichen Verwaltung und erfasst somit sowohl funktionale Fragen der Ablauf- wie die Aufbauorganisation.[816] Sie ist anders als die Gebietsreform jedoch keine punktuell und terminlich von vornherein bestimmte Neuordnung, sondern ein langjähriger Erörterungs- Diskussions- und Entscheidungsprozess, der den erfolgreichen Vollzug der Gebietsreform voraussetzt und sich andererseits an eben diesen neu geschaffenen Strukturen zu orientieren hat.[817] Auch für den sächsischen Bereich gilt die von *Siedentopf* anlässlich der Landkreisversammlung in Nordrhein-Westfalen 1974 getroffene Feststellung, dass die Funktionalreform nach Abschluss der Gebietsreformen das neue Feld der Auseinandersetzung werde, auf dem die aus der Territorialreform trainierten Kräfte und verbandsmäßig organisierten Interessen erneut aufeinanderstoßen.[818]

Wenngleich mangels des Entwurfs eines Sächsischen Funktionalreformgesetzes diese Konfrontation bisher ausgeblieben ist, hat das Innenministerium den Fortbestand der Struktur einer kommunalen Einheitsbehörde Landratsamt im Hinblick auf die Funktionalreform kritisch hinterfragt und in den Grundsätzen zur

---

[815] Eichhorn, Verwaltungslexikon, S. 323 f.
[816] Pappermann, Der Landkreis 1976, 295 f.
[817] Siedentopf/Laux, Funktionalreform in Sachsen, S. 92.
[818] Siedentopf, DVBl 1975, 13 f.

Verwaltungsreform die Wiedereinführung der unteren staatlichen Verwaltungsbehörde als Voraussetzung postuliert.[819]

Im folgenden sollen zum einen die Konzeption der Staatsregierung dargelegt, die verfassungsrechtlichen Vorgaben analysiert sowie die Erfahrungen aus anderen Bundesländern ausgewertet werden. Im Ergebnis soll herausgearbeitet werden, ob die Wiedereinführung einer unteren staatlichen Verwaltungsbehörde für die Funktionalreform erforderlich oder ob dieser Teil der Verwaltungsreform mit und innerhalb einer kommunale Einheitsbehörde realisierbar ist.

1.) Konzeption der Sächsischen Staatsregierung

Die vom Kabinett verabschiedeten - bisher nicht veröffentlichten - Arbeitsrichtlinien für die Projektgruppe Funktionalreform sehen eine ausdrückliche Verknüpfung der unteren staatlichen Verwaltungsbehörde zur Funktionalreform mit dem Ziel vor, künftig dort geeignete staatliche Aufgaben durch die Landratsämter im Wege der Organ- oder Institutionsleihe erfüllen zu lassen. In diesem Zusammenhang wird auch festgestellt, dass der Vergrößerung der Kreise und ihrer Verwaltungskraft im Zuge der Kreisgebietsreform bislang keine entsprechende Aufgabenerweiterung gegenübersteht. In einem ersten Schritt sollen daher diejenigen staatlichen Sonderbehörden in die Landratsämter eingegliedert werden, deren örtliche Zuständigkeit eine weitgehende Deckungsgleichheit mit den Landkreisen aufweist. Im weiteren gehen die Richtlinien von folgenden Eckpunkten aus:[820]

- Fortbestand einer Mittelinstanz bei Stärkung ihrer Bündelungsfunktion und Sicherung möglichst optimaler Behördengrößen. Zu diesem Zweck kommt neben der Übertragung weiterer ressortübergreifender Aufgaben auch die Delegation bislang wahrgenommener, weniger abstimmungsbedürftiger Aufgaben auf untere staatliche oder kommunale Behörden in Betracht.

- Sonderbehörden sind weitestgehend abzubauen. In begründeten Einzelfällen ist die Organisationsform von Sonderbehörden aufrechtzuerhalten.

---

[819] So der Sächsische Innenminister Hardraht bei verschiedenen Gelegenheiten z.B. Redebeitrag auf dem kommunalpolitischen Landestag der CDU im Sächsischen Landtag am 13. 9 1997 bei der Podiumsdiskussion im Forum IV Reform der öffentlichen Verwaltung.

[820] vgl. hierzu Schleer / Wagner, LKV 1998, 220 f. sowie ein unveröffentlichtes Papier der Projektgruppe Funktionalreform im Innenministerium (enthalten im Anlagenband zur Ressortuntersuchung des Sozialministeriums)

- Durch Staatsvertrag ist anzustreben, dass fortbestehende Sonderbehörden auf dafür geeigneten Gebieten ländergrenzenübergreifend tätig werden können.

Als Kriterien der Aufgabenverlagerung auf nachgeordnete Behörden dienen bei den Arbeitsrichtlinien folgende Grundsätze:

Auf Dienststellen der (durch eine Teilverstaatlichung der Landratsämter neu zu schaffenden) unteren staatlichen Verwaltungsebene bzw. die Städte und Gemeinden sollen danach übertragen werden:

- erstinstanzliche Aufgaben
- publikumsintensive Aufgaben
- Aufgaben, die besondere Kenntnisse der örtlichen Verhältnisse voraussetzen
- Aufgaben, die in engem Sachzusammenhang zu Aufgaben stehen, die bereits auf der unteren Verwaltungsebene erfüllt werden.

Auf Regierungspräsidien bzw. die verbleibenden Sonderbehörden der Mittelstufe sollen übertragen werden:

- Aufsichtsfunktionen
- zweitinstanzliche Aufgaben
- Aufgaben überörtlichen Charakters
- Aufgaben, deren ortsferne Erledigung zur Vermeidung von Interessenkollisionen geboten erscheint
- Aufgaben von besonderem Gewicht, die nur selten anfallen und dabei keine ausreichende Spezialisierung der unteren Dienststellen erlauben bzw. deren Erledigung technische Voraussetzungen und / oder Fachpersonal erfordert, die bei den unteren Dienststellen nicht vorhanden sind.[821]

Des weiteren sollen die in den Ministerien wahrgenommenen Vollzugsaufgaben, soweit sie sich dafür eignen, auf Regierungspräsidien, die verbleibenden Sonderbehörden oder Landratsämter oder private Dienstleistungsunternehmen übertragen werden. Hierbei ist nach den Richtlinien darauf zu achten, dass die in der Verwaltung verbleibenden Aufgaben solchen Dienststellen übertragen werden, die

---

[821] vgl. hierzu Springer, BayBgm 1998, 339 f., der im Rahmen der Funktionalreform auch das Kriterium der Effizienz der Aufgabenerledigung hervorhebt und sich für ein Verbleiben einer Zuständigkeit in der Staatsverwaltung ausspricht, wenn dies - z.B. wegen des Einsatzes von Fachpersonal - eine wirtschaftlichere Lösung wäre.

bereits sachverwandte Aufgaben wahrnehmen oder bereits wesentliche Entscheidungsgrundlagen liefern, damit möglichst wenig andere Dienststellen in den Verwaltungsvollzug eingebunden werden müssen. Eine Eingliederung von Sonderbehörden in die Behörden der allgemeinen Verwaltung ist dort anzustreben, wo eine Aufgabenverflechtung besteht und eine gebündelte Aufgabenwahrnehmung zweckmäßig ist. Die Eingliederung sollte nur unterbleiben, wenn fachliche Gesichtspunkte die Selbständigkeit der Behörde erfordern. In diesen Fällen hat nach Möglichkeit eine Zusammenfassung sonderbehördlicher Aufgaben zu erfolgen, Kleindienststellen mit weniger als 10 Mitarbeitern sollen in der Regel abgebaut werden. Bei der örtlichen Zuständigkeiten ist nach diesen Grundsätzen darauf zu achten, dass Verwaltungsbezirke von Sonderbehörden und Gerichten zur Vermeidung von Zuständigkeitsüberschneidungen und im Interesse einer reibungslosen Zusammenarbeit der Behörden auf Kreisgrenzen verlaufen, die Grenzen der Regierungsbezirke eingehalten werden und die Bezirksgrenzen der Sonderbehörden untereinander möglichst weitgehend deckungsgleich sind.

Neben diesen unveröffentlichten und in einem Anlagenband zu einer Ressortuntersuchung "versteckten" Grundsätzen gibt es keinerlei Beschluss der Staatsregierung oder des Landtages, dass eine untere staatliche Verwaltungsbehörde für eine Aufgabenübertragung auf die Kreisebene und damit für eine Funktionalreform zwingend erforderlich sei.

In Gesprächen mit Vertretern des Landwirtschafts- und Sozialministeriums ist jedoch verdeutlicht worden, dass staatliche Angelegenheiten frühzeitiger und umfangreicher der Kreisebene zugeordnet werden, wenn aus der Sicht des Ressorts die Handlungs- und Steuerungsmöglichkeiten für die übertragenen Aufgabenbereiche erhalten bleibt. Es kann daher die Vermutung aufgestellt werden, dass die Wiedereinführung der unteren staatlichen Verwaltungsbehörde den Prozess der Funktionalreform auf der Kreisebene beschleunigen wird.[822] Diese Vermutung kann auch darauf gestützt werden, dass nach der Auffassung der befragten Fachressorts bei einer rein kommunalen Behörde die Personalüberleitung (z. B. bei einzugliedernden Sonderbehörden) einen Dienstherrnwechsel erforderlich machen und damit zusätzliche Schwierigkeiten verursachen würde, weil die Versetzung eines Beamten bzw. eines Angestellten gegen seinen Willen grundsätzlich nicht zulässig und die Möglichkeit einer Abordnung zeitlich begrenzt sei. Demgegenüber bietet aus Sicht der Ressorts eine untere staatliche Verwaltungsbehörde die bestmögliche Gewähr einer personalwirtschaftlichen Kontinuität und Steuerungsmöglichkeit (zentrale Entscheidungen über Aus- und Fortbildung, Umsetzung, Versetzung von

---

[822] vgl. hierzu auch Schleer / Wagner, LKV 1998, 221 f.

Bediensteten). Auch wird angeführt, der staatliche Charakter eingegliederter Behörden bzw. der von ihnen wahrgenommenen Aufgaben könne bei einer unteren staatlichen Verwaltungsbehörde besser bewahrt und die umfassende fachaufsichtliche Unterstellung des eingegliederten Aufgabenbereichs (als nachgeordnete staatliche Behörde) unter das betroffene Landesressort effektiver gewährleistet werden.

2.) Verfassungsrechtliche Vorgaben der Sächsischen Verfassung für eine Funktionalreform

In der aktuellen Diskussion über eine Funktionalreform werden neben kommunalen Aufgabenkatalogen und recht global gehaltenen Wünschen nach Integration staatlicher Sonderbehörden in die Landratsämter den verfassungsrechtlichen Vorgaben der Sächsischen Verfassung für eine Neuorganisation des Verwaltungsaufbaus nur wenig Beachtung geschenkt, weshalb diese im folgenden vorrangig analysiert und ausgewertet werden sollen.

a.) Inhalt der sog. Subsidiaritätsklausel

Die Subsidiaritätsklausel des Art. 85 Abs. 1 S. 2 SächsVerf enthält die für eine Funktionalreform wichtige Vorgabe, dass Aufgaben den Trägern kommunaler Selbstverwaltung dann übertragen werden sollen, wenn sie von ihnen zuverlässig und zweckmäßig erfüllt werden können.

Eine wirtschaftliche Aufgabenerfüllung wird in Art. 85 SächsVerf dagegen nicht gefordert.[823] Aufgrund der Regelung des Art. 85 SächsVerf ergibt sich, dass es in Sachsen schon kraft seiner Verfassung für die Funktionalreform einen strukturorganisatorischen Vorrang kommunaler Aufgabenerfüllung gibt. Anders als die Subsidiaritätsklausel des Art. 83 Abs. 1 S. 2 SächsVerf, die für den Bereich der Landesverwaltung zwar ebenfalls den Grundsatz der Subsidiarität normiert, für die einzelne Landesbehörde aber kein Recht auf Aufgabenzuweisung begründet,[824] enthält Art. 85 Abs. 1 SächsVerf eine die kommunale Ebene begünstigende subjektiv öffentlich-rechtliche Rechtsposition. Diese ist allerdings tatbestandlich an

---

[823] Ein entsprechender Antrag der SPD-Fraktion bei den Beratungen zur SächsVerf fand in den Landtagsgremien keine Mehrheit - vgl. hierzu insbesondere den Antrag des MdL Kunzmann (SPD-Fraktion) zur künftigen Fassung des Art. 85. "Sie (die öffentlichen Aufgaben) sollen ihnen übertragen werden, wenn sie von ihnen zuverlässig, wirtschaftlich und zweckmäßig erfüllt werden können."

[824] Degenhart, Verfassungsrecht, S. 103 f.

die unbestimmten Rechtsbegriffe "Zuverlässigkeit und Zweckmäßigkeit der Aufgabenübertragung" gebunden. Hierbei ist streitig, wer die Darlegungslast für die tatbestandliche Erfüllung dieser Voraussetzungen trägt. Denn während insbesondere die kommunalen Vertreter die 1994 und 1995 durchgeführte Kreisgebietsreform als eine Positivvermutung für eine zuverlässige und zweckmäßige Aufgabenerfüllung auf der Kreisebene auslegen, weil die Verwaltungseffizienz maßgebliches Ziel der Gebietsreform gewesen sei, fordern Vertreter der Landesverwaltung einen Nachweis tatbestandlicher Erfüllung dieser Voraussetzungen im Einzelfall. In diesem Zusammenhang wird durch die staatliche Seite oftmals die "Zweckmäßigkeit" einer Kommunalisierung in Frage gestellt, weil die Erfüllung der betreffenden Aufgabe fachspezifische Kenntnisse und Personal voraussetze, welches in den Kommunalverwaltungen nicht vorhanden sei. [825]

Angesichts der bei einer Funktionalreform ebenfalls zu beachtenden Rahmenbedingungen (finanzieller Ausgleich, Personalüberleitung, Zuständigkeitswechsel für laufende Verfahren etc.) sollten nach m.E. die Voraussetzungen und Umsetzung einer aufgabenkritischen Betrachtung gem. Art. 85 Abs. 1 SächsVerf von Kommunen und Staat stets im Konsens bewertet und die Sinnhaftigkeit einer Übertragung nicht aufgrund abstrakter Merkmale, sondern konkret an der jeweiligen Aufgabe gemeinsam geprüft werden.

b.) Umsetzung in der bisherigen Konzeption des Staates

Angesichts einer eindeutigen Verfassungslage ist der bereits mehrfach erwähnte Gesetzentwurf zur Stärkung der Rechts- und Fachaufsicht besonders kritikwürdig. Denn er ermöglicht in Übergehung des Subsidiaritätsgedankens des Art. 85 Abs. 1 SächsVerf eine voraussetzungslose Zuweisung von staatlichen Aufgaben an die im Entwurf vorgesehene untere staatliche Verwaltungsbehörde und legt in keiner Weise dar, warum angesichts der Verfassungsvorgabe des Art. 85 SächsVerf neben dem kreiskommunalen Bereich eine eigene staatliche Abteilung im Landratsamt eingerichtet werden soll. Die gleiche Bewertung gilt für die oben dargestellten Arbeitsgrundsätze der Projektgruppe Funktionalreform. Diese gehen davon aus, dass die Einrichtung der Landratsämter als untere staatliche Verwaltungsbehörde erfolgt, um dort geeignete staatliche Aufgaben im Wege der Instituts- oder Organleihe zu

[825] Unabhängig von diesen divergierenden Auffassungen wird das verfassungsrechtliche Kommunalisierungsgebot in Art. 85 Abs. 1 SächsVerf stets um eine Einschätzungsprärogative des Staates als aufgabenverteilende Institution ergänzt, in welcher Form er die Aufgabe an die Träger kommunaler Selbstverwaltung überträgt, vgl. auch Sponer, APF 1998, Sonderbeilage Sachsen S 82.

erfüllen. Die auf diese staatlichen Dienststellen zu übertragenden Aufgaben werden als erstinstanzliche oder publikumsintensive Aufgaben bzw. als solche Befugnisse definiert, die besondere Kenntnisse der örtlichen Verwaltung voraussetzen oder in engem Zusammenhang zu Aufgaben stehen, die bereits auf der unteren Verwaltungsebene erfüllt werden.

Die aufgestellten Grundsätze des Staates ermöglichen damit eine voraussetzungslose Zuweisung von Aufgaben an die geplante untere staatliche Verwaltungsbehörde, ohne dass ein Kommunalisierungsvorbehalt im Sinne des Art. 85 Abs. 1 SächsVerf formuliert und beachtet wird. Damit kann bei einer Funktionalreform eine identische Aufgabe einerseits den Städten und Gemeinden im Wege der Kommunalisierung als Eigenverwaltungskompetenz übertragen werden, während sie andererseits den Landkreisen lediglich - unter Fortbestand ihrer genuinen Staatlichkeit - als Kompetenz der unteren staatlichen Verwaltungsbehörde im Landratsamt zugeordnet wird. Damit verbleibt die Aufgabe auf Kreisebene in der staatlichen Verwaltung, während sie bei den Städten und Gemeinden "kommunalisiert" wird. Eine Begründung für diese Differenzierung findet sich in den staatlichen Richtlinien zur Funktionalreform nicht.

Im Hinblick auf die oben dargestellte tatbestandliche Erstreckung des organisationsrechtlichen Gesetzesvorbehalts gem. Art. 83 Abs. 1 SächsVerf auf die Rechtsaufsicht ließe es sich zwar vertreten, dass es auch andere staatliche Kompetenzen gibt, deren Übertragung an die Landkreise eine Anbindung an die Landesverwaltung und damit eine untere staatliche Verwaltungsbehörde erfordere. Dem ist allerdings zunächst entgegen zu halten, dass derartige Aufgaben in diesem Falle nicht kommunalisiert, sondern nur auftragsweise und im Wege der Fremdverwaltung wahrgenommen werden können. Auch bedarf es hierfür keiner eigenen staatlichen Abteilung im Landratsamt, da die dann erforderliche institutionelle Einbindung durch eine - aufgabenbezogene und am Einzelfall ausgerichtete - Organleihe des Landrats zu gewährleisten ist. Letztlich würde es bei derartigen Aufgaben auch nicht um die Umsetzung des Verfassungsauftrages des Art. 85 Abs. 1 SächsVerf gehen, da eine Übertragung als Eigenverwaltungskompetenz gerade nicht vorgenommen wird.

Auch wäre die vorgenannte Argumentation zur Wiedereinführung einer unteren staatlichen Verwaltungsbehörde im Landratsamt ohne praktische Relevanz, denn die staatlichen Aufgaben, deren Übertragung im Rahmen einer Funktionalreform derzeit diskutiert werden[826] sind - soweit ersichtlich - überhaupt nicht vom organisationsrechtlichen Gesetzesvorbehalt des Art. 83 Abs. 1 SächsVerf erfasst.[827] Auch das von *Siedentopf und Laux* verfasste Gutachten zur Funktionalreform im Freistaat Sachsen enthält in seinem aufgabenbezogenen Teil keinerlei derartige Befugnis, die zur Übertragung auf die Kreise vorgesehen ist.[828]

Zusammenfassend ist daher festzuhalten, dass im Hinblick auf die Funktionalreform nach derzeitigem Erkenntnisstand die zur Kommunalisierung vorgesehenen staatlichen Aufgaben keine Notwendigkeit beinhalten, eine untere staatliche Verwaltungsbehörde im Landratsamt einzuführen.

3.) Erfahrungen aus den Funktionalreformen der siebziger Jahre

Die Zweckmäßigkeit einer unteren staatlichen Verwaltungsbehörde beim Kreis für eine Funktionalreform ist bei den Verwaltungsreformen in den alten Ländern unterschiedlich beurteilt worden. So sah man in Teilen der Literatur sowie bei den Erörterungen der Sachverständigenkommissionen zur Verwaltungsreform Anfang der siebziger Jahre die untere staatliche Verwaltungsbehörde als zur Integration von unteren staatlichen Sonderbehörden strukturell begünstigend bzw. weitergehend als zur politischen Durchsetzbarkeit einer solchen Verwaltungsreform erforderlich an. Im wesentlichen wurde hierbei eine Kommunalisierung staatlicher Aufgaben abgelehnt, weil[829]

- die Kommunalisierung staatlicher Aufgaben zu einer Verflechtung ursprünglich staatlicher Verwaltungsangelegenheiten mit örtlichen Interessen führe, die die objektive Durchführung staatlicher Aufgaben behindere;

---

826 vgl. die unveröffentlichte Zusammenstellung kommunalisierungsfähiger Aufgaben des SMI sowie den vom Sächs. Landkreistag in die Verwaltungsreformberatungen der Staatsregierung eingebrachten Katalog zur Aufgabenübertragung auf die Kreisebene. Sollten allerdings darüber hinaus von Art. 83 Abs. 1 SächsVerf erfasste Aufgaben - wie z.B. die Schulaufsicht - übertragen werden, würde sich eine untere staatliche Verwaltungsbehörde erforderlich machen, um die notwendige substantielle Anbindung an die Landesverwaltung im Sinne des Art. 83 Abs. 1 SächsVerf zu gewährleisten.

827 vgl. weiterführend Hiltl, BayBgm 1998, 341 f. und den dort zitierten Aufgabenkatalog des Bayerischen Landkreistages. Die dort enthaltenen 1527 Vorschläge betreffen überwiegend den Bereich der Selbstverwaltungsbehörde Landkreis und nur ausnahmsweise denjenigen der unteren staatlichen Verwaltungsbehörde beim Landratsamt.

828 Siedentopf/Laux, Funktionalreform in Sachsen, S. 65 f.

829 vgl. die Übersicht bei Schmid, DÖV 1954, 719 f. ; Moser, BayVBl 1954, 206 f. sowie die Kritik an dieser Ansicht bei Rietdorf, DÖV 1955, 230 f.

- die Eingliederung staatlicher Aufgaben in die allgemeine Kommunalverwaltung weder eine Kostenersparnis noch eine Verwaltungsvereinfachung beinhalte, weil die staatlichen Sonderbehörden ohnehin mit einem Minimum an Verwaltungspersonal auskämen;

- die - wegen der Aufgabenwahrnehmung erforderliche - Unabhängigkeit der bisherigen Leiter staatlicher Behörden gefährdet wäre, wenn diese bei einer Kommunalisierung einen möglicherweise nicht sachkundigen Leiter einer Kommunalbehörde vorgesetzt bekämen.

Der im November 1975 vorgelegte Kreis-Stufenbericht der Innenministerkonferenz brachte zwar eine etwas kommunalfreundlichere Grundhaltung zum Ausdruck, konzidierte aber gleichwohl das Erfordernis einer unteren staatlichen Verwaltungsbehörde für eine Funktionalreform, indem er feststellte, dass sich bei einer Janusköpfigkeit der Kreisverwaltungen der staatliche Charakter einzugliedernder staatlicher Sonderbehörden nicht zu ändern brauche. [830]

Des weiteren hebt der Bericht positiv hervor, bei den Sonderbehörden bliebe in diesem Falle auch nach der Eingliederung die Möglichkeit einer zentral gesteuerten Personalpolitik und Personalbewirtschaftung, Aus- und Fortbildung und Ausstattung mit technischen Hilfsmitteln voll erhalten. Hinsichtlich der Eingliederung staatlicher Behörden in Stadtverwaltungen und ausschließlich als Kommunalbehörden organisierte Kreisverwaltungen enthält der Bericht lediglich den Hinweis darauf, dass hierbei "besondere Fragen" auftreten, verweist aber anderer Stelle darauf, dass auch bei der Eingliederung staatlicher Sonderbehörden in die Stadtverwaltungen kreisfreier Städte eine Kommunalisierung des bisher staatlichen Aufgabenbereichs nicht zwingend notwendig sei. [831] Dabei wird auf das damalige Vorhaben in Hessen verwiesen, auch in den kreisfreien Städten staatliche Abteilungen einzurichten.[832]

Bei der Bewertung dieses "Staatsvorbehalts" zeigt ein Blick auf die Entwicklung in Niedersachsen, dass die vorgenannten Erwägungen weniger rechtlicher als politischer Natur und bei entsprechenden Protektion des Kommunalisierungsgedankens überwindbar sind. So hatte die sog. *Weber-*

---

[830] abgedruckt in, Die Kreise als tragender Pfeiler der gesamtstaatlichen Ordnung, Der Landkreis 1976, 278 f.

[831] abgedruckt in, Die Kreise als tragender Pfeiler der gesamtstaatlichen Ordnung, Der Landkreis 1976, 278 f.

[832] Die allgemeine untere Landesbehörde ist nunmehr in § 146 a HessGO geregelt.

Kommission für die Verwaltungsreform in Niedersachsen vorgeschlagen, die Verwaltung der Landkreise und kreisfreien Städte als untere staatliche Verwaltungsbehörde auszugestalten und ihnen in dieser Funktion staatliche Aufgaben zuzuordnen.[833] Die danach einberufene Sachverständigenkommission kam zu der entgegengesetzten Auffassung und urteilte, es ließen sich keine überzeugenden Gründe dafür finden, die Verwaltungen der Landkreise und kreisfreien Städte zugleich als untere staatliche Verwaltungsbehörden zu organisieren.[834]

Mit dem *Achten Gesetz zur Verwaltungs- und Gebietsreform in Niedersachsen*[835] wurden die vormals staatlichen Gesundheits - und Veterinärämter kommunalisiert, die damit verbundenen Aufgaben dem übertragenen Wirkungskreis zugeordnet und damit - wie von der Sachverständigenkommission vorgeschlagen - ihre Eingliederung in eine ausschließlich kommunal strukturierte Behörde realisiert.[836]

4.) Die Funktionalreform in den neunziger Jahren am Beispiel von Brandenburg und Baden-Württemberg

Im folgenden soll das kürzlich abgeschlossene Funktionalreformprojekt in Brandenburg als einem der fünf neuen Bundesländer dargestellt und im weiteren das ebenfalls erst vor kurzer Zeit realisierte Reformvorhaben in Baden-Württemberg - dem verfassungsrechtlichen und kommunalrechtlichen Vorbild der sächsischen Strukturen - nachgezeichnet werden. In der Auswertung sollen die Ansätze in diesen beiden Ländern zusammengefasst und für Überlegungen zu einer Funktionalreform in Sachsen fruchtbar gemacht werden.

a.) Brandenburg

Bereits im Jahr 1993 hat der brandenburgische Innenminister in einer Regierungserklärung 14 Grundsätze für die Funktionalreform formuliert,[837] die sich

---

833 vgl. die Darstellung in: Verwaltungs- und Gebietsreform in Niedersachsen, Der Landkreis, 1969, 162 f.

834 Bericht der Niedersächsischen Sachverständigenkommission zur Fortentwicklung des Kommunalverfassungsrechts, Rz. 1.5.4.1.

835 8. Gesetz zur Verwaltungs- und Gebietsreform in Niedersachsen vom 28.6.1977, NdsGVBl 1977, S. 233 f.

836 vgl. hierzu den Bericht zur Kommunalisierung der staatlichen Gesundheitsämter, Der Landkreis 1975, 226 f.

837 Ziel, Brandenburg Kommunal 1993, Nr. 5/6, 9 f. (10).

in ihren Grundsätzen im 1. und 2. Brandenburgischen Funktionalreformgesetz[838] wiederfinden. Als wesentliche Leitlinien lassen sich dabei folgende Aussagen formulieren:

- Die auf die kommunale Ebene übertragenen staatlichen Aufgaben sind in der Regel als Pflichtaufgaben zur Erfüllung nach Weisung wahrzunehmen, sofern bundesrechtlich nichts anderes bestimmt ist. Abweichend hiervon soll diese Aufgabenzuordnung im Wege der Organleihe oder in Form der staatlichen Auftragsangelegenheit geschehen, wenn die Besonderheit der Aufgabe, deren Komplexität oder der hohe Spezialisierungsgrad ein uneingeschränktes Weisungsrecht erfordern[839]

- Alle Aufgaben des Landes sind zu überprüfen und bis zu einem bestimmten Stichtag (spätestens zum 1. Januar 1997) durch Gesetz oder aufgrund eines Gesetzes auf die Landkreise oder kreisfreie Städte zu übertragen, es sei denn, dass dort eine sachgerechte, wirtschaftliche und effektive Aufgabenerledigung nicht erreicht werden kann.[840]

- Bei der damit erforderlichen Aufgabenneuzuordnung ist der Grundsatz der Einräumigkeit der Verwaltung zu beachten und eine größtmögliche Bündelung vor Ort anzustreben[841]

Der Prozess der Funktionalreform ist in Brandenburg durch eine Änderung der Kreisordnung begleitet worden, mit der die Position des Landrats als allgemeine untere Landesbehörde inhaltlich verändert wurde. Denn nach der geänderten Rechtslage soll der Landrat als allgemeine untere Landesbehörde nur noch die aufsichtlichen Funktionen und die Koordinierung staatlicher Sonderbehörden im Kreisgebiet wahrnehmen.[842]

Basierend auf diesen Grundlagen hat das Land Brandenburg mit zwei Funktionalreformgesetzen die Hauptpunkte der Funktionalreform weitgehend abgeschlossen: 110 Aufgabenkomplexe mit ca. 280 Einzelaufgaben sind von der

---

838 Das 1. Funktionalreformgesetz BbgGVBl 1994, S. 230 f. (zit: 1. FRRGBbg) übertrug die Aufgaben des staatlichen Kataster- und Vermessungswesens auf die Landkreise. Das 2. Funktionalreformgesetz BbgGVBl 1994, S. 382 (zit: 2. FRRGBbg) regelte eine Neuverteilung von Aufgaben zwischen örtlichen und überörtlichen Sozialhilfeträgern

839 § 2 Abs. 1 , 2 1. FRRGBbg.

840 § 1 Abs. 2 1. FRRGBbg.

841 § 1 Abs. 1 1. FRRGBbg.

842 vgl. §§ 69 f. KrO Bbg sowie zum ganzen Köstering, DÖV 1994, 238 f.

Landesebene auf die kreisfreien Städte, Landkreise, Ämter und Gemeinden übertragen worden. Die Änderung - vornehmlich in den Bereichen Kataster- und Vermessungswesen, Sozialhilfe, Naturschutz, Landschaftspflege, Immissionsschutz sowie der unteren Bauaufsichtsbehörden und der unteren Wasserbehörden haben sich in 12 Gesetzen und 28 Rechtsverordnungen niedergeschlagen. Mit der Funktionalreform sind 994 frühere Landesbedienstete nunmehr auf der kommunalen Ebene tätig.[843]

Entscheidend ist jedoch, dass es bei der Funktionalreform in Brandenburg gelungen ist, staatliche Aufgaben grundsätzlich im Wege der Kommunalisierung durch Gesetz als Pflichtaufgabe zur Erfüllung nach Weisung mit gesetzlicher Regelung des konkreten Umfangs und Ausgestaltung des Weisungsrechts, der Personalüberleitung und der Kostentragung zu übertragen,[844] während gleichzeitig der Aufgabenbestand der unteren staatlichen Verwaltungsbehörde erheblich rückgeführt worden ist.

b.) Baden-Württemberg

Der Landtag in Baden-Württemberg hat am 30. November 1994 das Sonderbehörden-Eingliederungsgesetz beschlossen, dessen Regelungen neben der Auflösung der staatlichen Gesundheitsämter und der Eingliederung der staatlichen Veterinärämter auch die Übertragung von Teilaufgaben (ca. 53 %) der Ämter für Wasserwirtschaft und Bodenschutz auch die Stadt- und Landkreise als untere Verwaltungsbehörden vorsehen. Dies bedeutet, dass die damit verbundenen Befugnisse im Bereich der Gesundheitsämter, Veterinärämter und Ämter für Wasserwirtschaft und Bodenschutz in die staatliche Verwaltung des Landkreises überführt werden. Zugleich werden die bei den Gemeinden angesiedelten Kompetenzen des Fleischhygienerechts in die untere Verwaltungsbehörde des Landkreises eingegliedert und damit verstaatlicht.[845]

Den kreisfreien Städten werden die vorgenannten Befugnisse dagegen als Pflichtaufgabe nach Weisung übertragen. Eine besondere Begründung für diese differenzierende Zuordnung enthält das Gesetz nicht, jedoch ist dem Begründungsteil zu entnehmen, dass eine eigene staatliche Abteilung in der Kreisfreien Stadt nicht existiert und daher eine Übertragung an eine solche auch nicht möglich ist.[846] Soweit ersichtlich hat der baden-württembergische Landkreistag eine Zuordnung als Pflichtaufgabe nach Weisung auf die Kreise nicht gefordert,

---

843 LKV-Länderspiegel 1997, Heft VII ; Ziel, LKV 1995, 1 f.

844 vgl. Köstering, a.a.O. sowie ders. in Verwaltungsrundschau 1995, 83 f.

845 vgl. die ausführlichen Darstellungen bei Hahn, BWVP 1995, 197 f. und 223 f. sowie bei Seyfried, BWVP 1995, 49 f. und 81 f.

846 Seyfried, BWVP 1995, 49 f. m.w.N.

sondern eine Übertragung der Aufgaben in die untere staatliche Verwaltungsbehörde akzeptiert.

Hinsichtlich der Personalüberleitung geht das Gesetz von dem Grundsatz aus, dass bei der Aufgabenübertragung auf die Landratsämter als untere Verwaltungsbehörden die betroffenen Mitarbeiter des Landes nicht nur, der übertragenen Aufgabe folgend, ihren künftigen Dienst im Landratsamt versehen, sondern zugleich Mitarbeiter des Landkreises werden. Von dieser Überleitung ausgenommen sind allerdings die Beamten des höheren Dienstes und die vergleichbaren Angestellten einschließlich der vollbeschäftigten Gemeindetierärzte. Für einen Wechsel zu den Landkreisen ist für die übrigen Beschäftigten der Grundsatz der einseitigen Freiwilligkeit vereinbart worden. Dies bedeutet, dass die Landkreise verpflichtet werden, alle betroffenen Mitarbeiter zu übernehmen. Die Mitarbeiter haben dagegen die Wahl, ob sie den Dienstherren bzw. Arbeitgeber wechseln wollen. Stimmen sie dem Wechsel nicht zu, wird es nach den derzeitigen Plänen dann allerdings zu einer Versetzung der Mitarbeiter an die jeweiligen Landratsämter kommen.[847] Für die beim Land verbleibenden höheren Beamten und vergleichbaren Angestellten bei den Landratsämtern stehen die personalwirtschaftlichen Befugnisse weiterhin den Fachressorts zu. Dienstaufsicht und Personalverwaltung liegen also beim zuständigen Ministerium. Dies bedeutet, dass die Landräte für die vom Land gestellten Bediensteten künftig außer dem Innenministerium als Partner auch mit den verschiedenen Fachministerien zu tun haben werden.

In Bezug auf der Finanzierung enthält das Gesetz eine differenzierte Regelung. Während das Land die entstehenden einmaligen Kosten trägt (Trennungsgelder und Umzugskosten für Bedienstete, Umzugskosten für Behörden und Kosten für die Erstausstattung von Arbeitsplätzen mit Datenverarbeitungstechnik) wird der finanzielle Ausgleich der laufenden Kosten über das Finanzausgleichsgesetz abgedeckt. Hierzu wird im Rahmen eines Sonderlastenausgleichs der kommunale Anteil an der Finanzausgleichsumlage um den Betrag erhöht, den das Land für die vormals wahrgenommenen und jetzt übertragenen Aufgaben aufgewandt hat. Der zu verteilende Gesamtbetrag wird der Finanzausgleichsmasse vorweg entnommen und anteilig auf die Stadt- und Landkreise verteilt. Die im Gesetz festgelegten Anteilsverhältnisse entsprechen den für die einzelnen Gebietskörperschaften ermittelten Aufwände.

---

[847] Hahn, BWVP 1995, 197 f. und 223 f.

5.) Auswertung und eigener Ansatz

Die bisherige Funktionalreform-Diskussion in Sachsen leidet nach m.E. darunter, dass seitens des Staates eine Fokussierung auf die untere staatliche Verwaltungsbehörde als Voraussetzung der Funktionalreform erfolgt. Dadurch treten andere - ebenfalls für eine Verwaltungsreform erhebliche Gesichtspunkte - in den Hintergrund. Entscheidend ist jedoch, welche Randbedingungen insgesamt für einen erfolgreichen Vollzug der Verwaltungsreform erfüllt sein müssen und ob diese durch das Landratsamt in seiner jetzigen kommunalen Struktur geleistet werden können. Dabei ist die Frage der unteren staatlichen Verwaltungsbehörde nur insoweit relevant, als sie vorab definierte Bedingungen zu erfüllen vermag, die mit der kommunalen Einheitsbehörde nicht realisierbar sind.

Zunächst ist unter Bezugnahme auf die vorhergehenden Ausführungen die Auffassung abzulehnen, künftige Aufgabenübertragungen würden erst mit einer nachgeordneten Staatsverwaltung im Landratsamt ermöglicht werden. Angesichts des Inhalts der von der Landes- und Kommunalverwaltung bereits erarbeiteten "Kommunalisierungskataloge" besteht nach derzeitiger Sachlage kein Grund, bei der künftigen Funktionalreform eine über die Rechtsaufsicht hinausgehende Erschließung des Tatbestandes des organisationsrechtlichen Gesetzesvorbehaltes des Art. 83 Abs. 1 SächsVerf anzunehmen. Daher besteht aufgrund des Art. 83 Abs. 1 SächsVerf aber auch kein dogmatisches Bedürfnis der weitergehenden Einbindung des Landkreises in die Landesverwaltung und damit auch keine Notwendigkeit für die Wiedereinrichtung der staatlichen Abteilung. Dieses Ergebnis findet im übrigen seine Bestätigung in der Verwaltungsreform der siebziger Jahre. Denn schon der Bericht der *Niedersächsischen Sachverständigenkommission* urteilte, dass bislang nirgends auch und gerade nicht bei den Landkreisen Nachteile aus der Erledigung von Auftragsangelegenheiten durch kommunale Bedienstete entstanden seien und nicht ersichtlich sei, welcher Nutzen mit der Schaffung einer dritten Aufgabenkategorie (staatliche neben Selbstverwaltungs- und Auftragsangelegenheiten) verbunden sein solle. [848]

Die von der Kommission seinerzeit entwickelte Schlussfolgerung, es gebe keine überzeugenden Gründe dafür, die Verwaltungen der Landkreise als untere staatliche Verwaltungsbehörden zu organisieren, hat an ihrer Aktualität und ihrer Bedeutung als kommunale Position für eine Funktionalreform nichts eingebüßt. An diesem Befund vermögen auch und gerade die oben dargestellten staatlichen Grundsätze zur

[848] Nieders. Sachverständigenkommission zur Fortentwicklung des Kommunalverfassungsrechts Rz. 1.5.4.1.

Funktionalreform nichts zu ändern. Denn sie stellen zwar eine Verbindung der Teilverstaatlichung zur Funktionalreform her, geben aber hierfür weder eine dogmatische Begründung, noch setzen sie die angedachte untere staatliche Verwaltungsbehörde zu dem Kommunalisierungsgebot des Art. 85 Abs. 1 SächsVerf in Bezug.

Das Verhältnis Funktionalreform und untere staatliche Verwaltungsbehörde kann und sollte daher nicht wie bisher aufgabenbezogen, sondern an den nachfolgenden zwei Überlegungen gemessen werden, die aus Gründen der Übersichtlichkeit in eine rechtliche und politische Komponente unterteilt sind:

a.) die rechtliche Komponente

Der von der Staatsregierung vorgetragene Ansatz der Teilverstaatlichung wäre dann rechtlich geboten, wenn drei wichtige - aber bisher nicht diskutierte - Teilfunktionen der Funktionalreform mit der vorhandenen Konstruktion einer kommunalen Einheitsbehörde nicht durchsetzbar wären. Es ist daher zu überlegen, ob es mit und innerhalb einer kommunalen Einheitsbehörde Landratsamt möglich ist

- eine Kommunalisierung regional ausgerichteter Aufgaben mit einer Konstruktion eines sog. Vor-Ort Landrates zu realisieren
- soweit eine staatliche Aufgabenübertragung auf die Kreisebene politisch nicht durchsetzbar ist, eine dem Landrat obliegende Koordinierung staatlicher Sonderbehörden im Kreisgebiet als organisatorische Minimallösung vorzusehen
- eine Eingliederung des staatlichen Personalkörpers in die Kreisverwaltung zu ermöglichen.

aa.) Wahrnehmung von staatlichen Aufgaben als Vor-Ort Landrat

Bei der Wahrnehmung einer Verwaltungsaufgabe durch einen Vor-Ort Landrat wird eine Befugnis an eine Gebietskörperschaft übertragen, die die damit verbundenen Kompetenzen namens und im Auftrag anderer Gebietskörperschaften wahrnimmt.

(1) Bedeutung der Konstruktion im Hinblick auf die Funktionalreform

In den alten Bundesländern ist diese Lösung insbesondere für auslaufende Verwaltungsaufgaben gewählt worden, bei denen auf Grund zurückgehender Fallzahlen das Vorhalten eines eigenen Amtes in jeder Gebietskörperschaft unwirtschaftlich gewesen wäre. So ist beispielsweise im Freistaat Bayern für das

Lastenausgleichsverfahren jeweils nur noch ein Landratsamt für eine bestimmte Region zuständig. Diese Problematik existiert in Sachsen insbesondere bei den Ämtern zur Regelung offener Vermögensfragen.

Daneben ist das Institut des Vor-Ort Landrates jedoch auch und gerade im Rahmen der Funktionalreform bedeutsam. In der Sache geht es um die Möglichkeit einer Kommunalisierung staatlicher, jedoch regional ausgerichteter Aufgaben. Zahlreiche Amtsbezirke staatlicher Sonderbehörden wie z. B. die Landwirtschaftsämter, Schulämter, Umweltfachämter und Vermessungsverwaltungen sind bzw. werden kreisübergreifend und damit regional festgelegt. Die Anzahl der staatlichen Sonderbehörden ist daher - wie bei den Landwirtschaftsämtern - deutlich geringer als die derzeitige Anzahl der Landkreise. Soweit insbesondere der Sächsische Landkreistag die Kommunalisierung der dort wahrgenommenen staatlichen Aufgaben fordert, ist das Problem der kommunalen Zuordnung dieser Kompetenzen zu lösen. Dabei ist ein Herabbrechen der Ämterstrukturen auf die 22 Landkreise schon aus Gründen der damit verbundenen Kosten und des Verwaltungsmehraufwandes nicht unproblematisch, jedenfalls angesichts knapper Kassen in der Öffentlichkeit aber nur schwer vermittelbar. Auch der insbesondere in Sachsen-Anhalt diskutierte Ansatz, neu einzurichtenden staatlichen, kondominial oder ausschließlich kommunal strukturierten Regionalämtern solche staatlichen Aufgaben zu übertragen, die gegenüber dem einzelnen Landkreis eine größere Leistungsfähigkeit, eine größere Spezialisierung oder einen größeren gebietlichen Einzugsbereich erfordern, ist wenig zielführend.[849] Denn hierdurch würde eine neue Verwaltungsebene oberhalb der Selbstverwaltungsebene geschaffen, die die Gefahr einer demokratisch nicht legitimierten, jedenfalls aber ortsfernen, Regionalverwaltung und des Einzelvollzugs beinhaltet.[850] Soweit man - aus verständlichen Gründen - nicht eine weitere Kreisgebietsreform angehen will, verbleibt somit lediglich der Ansatz, Aufgaben im vorbezeichneten Sinne zwar zu kommunalisieren, ihre Wahrnehmung jedoch durch einen Vor-Ort Landrat und damit weiterhin im regionalen Bezug wahrzunehmen.

(2) Realisierbarkeit mit der kommunalen Einheitsbehörde

Die Konstruktion des Vor-Ort Landrates ist mit der erfüllenden Gemeinde innerhalb einer Verwaltungsgemeinschaft[851] vergleichbar. Bei dieser Verwaltungseinheit

[849] Miller, LKV 1996, 50 f.

[850] Miller, LKV 1996, 50 f. ; zur Kritik auch Gertler, LKV 1998, 426 f.

[851] vgl. § 36 Abs. 1 und 3 SächsKomZG - zu den kraft Gesetzes gem. § 36 Abs. 3 i.V.m. § 7 SächsKomZG übergehenden Aufgaben gehören die Weisungsaufgaben, und die Aufgaben der

nimmt die Gemeinde namens und im Auftrag der Mitgliedsgemeinden Verwaltungsaufgaben in eigener Verantwortung wahr. Zwar besteht hierbei ein punktuelles Weisungsrecht der Mitgliedsgemeinden, dies bedeutet jedoch nicht, dass die erfüllende Gemeinde erst auf Weisung tätig werden darf, sondern lediglich die Begrenzung eigenverantwortlicher Ausübung übertragener Kompetenzen durch ein punktuelles Weisungsrecht. Diese - im übrigen auch der Zweckvereinbarung gem. §§ 71 ff. SächsKomZG immanente - Organisationslösung zeigt, dass auch eine ausschließlich kommunale Behörde Aufgaben für andere Verwaltungen wahrnehmen kann, einer eigenen staatlichen Abteilung bedarf es hierfür nicht. Ein Beleg für diese Ansicht ist auch die Neuregelung des § 130 Abs. 8 SächsWG,[852] nach der die höhere Wasserbehörde bei Schutzgebieten, die den örtlichen Zuständigkeitsbereich einer unteren Wasserbehörde überschreiten, eine untere Wasserbehörde für die Festsetzung des Schutzgebietes insgesamt für zuständig und damit zugleich als für die Aufgabenwahrnehmung namens und im Auftrage anderer Kommunen verantwortlich erklären kann. Weiterhin ist in diesem Zusammenhang zu nennen das aktuelle Reformvorhaben zur Neustrukturierung der Vermögensverwaltung. Angedacht ist, dass die Städte Dresden, Chemnitz, und Leipzig im Wege der Ämterkonzentration ein Amt zur Regelung offener Vermögensfragen zugeordnet bekommen, das in seiner Zuständigkeit auch die Amtsbezirke der übrigen Gebietskörperschaften im jeweiligen Regierungsbezirk umfassen soll. Die vertretungsweise Wahrnehmung regional ausgerichteter Aufgaben findet sich zudem bereits in Reformgesetzen anderer Bundesländer. So kennt sowohl Niedersachsen als auch Brandenburg die Vor-Ort-Vertretung durch den Oberbürgermeister oder Landrat. [853]

Ergänzend ist zu erwähnen, dass auch das sächsische Landesrecht grundsätzlich kein rechtliches Verbot gemeinsamer Aufgabenwahrnehmung aufstellt. Lediglich im Personenstandsrecht und hier bei der räumlichen Festlegung der Standesamtbezirke hat der Landesgesetzgeber die Unabänderlichkeit der Verwaltungsgrenzen normiert.[854]

---

vorbereitenden Bauleitplanung sowie die Erledigung bestimmter laufender Verwaltungsgeschäfte gem. § 8 SächsKomZG.

852 SächsGVBl 1998, S. 393 f.

853 vgl. § 3 des 8. Gesetzes zur Verwaltungs- und Gebietsreform in Niedersachsen und § 20 Abs. 1 Landesorganisationsgesetz Brandenburg sowie zum ganzen auch Köstering, DÖV 1994, 238 f. (246).

854 vgl. § 2 Abs. 1 AGPersSTG sowie Stimpfl/Weisenberger, Sächsisches KomZG, Rz. 4 zu § 1 SächsKomZG.

Die Probleme der mit dem Vor-Ort Landrat verbundenen Übertragung von Stellvertreterkompetenzen liegen somit rein offensichtlich nicht im Bereich der rechtlichen Zulässigkeit, sondern in anderen vollzugspraktischen wie verwaltungsrechtlichen Problemstellungen. Diese realisieren sich in der Praxis in dem damit verbundenen notwendigen interkommunalen Finanzausgleich, bei dem durch die vertretenen Gebietskörperschaften eine finanzielle Erstattung an den Aufgabenträger erfolgt. Auch ist die Schwierigkeit zu lösen, dass mit dem Übergang der Aufgabe auf die erfüllende Gebietskörperschaft (z.B. einen Landkreis) das anteilige Personal der Kreisverwaltungen überzuleiten ist. Letztendlich sind auch haftungsrechtliche Fragen zu klären.

Das größte Hindernis liegt aber offensichtlich in der Akzeptanz des vertretungsweisen hoheitlichen Handelns einer Gebietskörperschaft für andere Verwaltungseinheiten. Auch wenn das Über-Unterordnungsverhältnis durchaus wechselseitig ist, weil bei einer Funktionalreform schon aus politischen Gründen jedem Landratsamt Vor-Ort-Kompetenzen zugewiesen würden, ist mit erheblichen Akzeptanzproblemen zu rechnen. Dieser Umstand würde sich noch dadurch verstärken, wenn kreisfreie Städte und Landkreise konsequent in die Konstruktion vertretungsweiser Aufgabenwahrnehmung mit einbezogen würden. Aus heutiger Sicht ist schwer vorstellbar, dass eine kreisfreie Stadt sich der Hoheitsgewalt eines Landkreises unterwirft, wenn dieser im Wege der Konstruktion des Vor-Ort Landrates mit der Aufgabenerfüllung in der Region betraut ist. Ein Beleg für diese Vermutung ist das nunmehr abgeschlossene Verfahren zur Errichtung eines gemeinsamen Veterinäramtes des Niederschlesischen Oberlausitzkreises und der kreisfreien Stadt Görlitz an der Autobahngrenzkontrollstelle Ludwigsdorf. Obwohl die Notwendigkeit hierfür zwischen den Beteiligten unstreitig war, haben Fragen der personellen und sachlichen Ausstattung sowie der dienstrechtlichen Aufsicht mehr als zweijährige Verhandlungen erfordert.

Neben diesen Problemstellungen gibt es jedoch zahlreiche weitere - hier nicht näher darstellbare - Akzeptanzbarrieren:

- Durch die Einführung eines Vor-Ort Landrats werden Zweifel an der ausreichenden Leistungskraft der Landkreise nach der Kreisneugliederung gestärkt.

- Das Prinzip der Einräumigkeit der Verwaltung als tragendes Grundprinzip eines sachgerechten Verwaltungsaufbaus wird teilweise aufgegeben.

- Die Verwaltungsstrukturen werden unübersichtlicher.

- Mit dem Vor-Ort Landrat besteht die Gefahr der schleichenden Einführung einer zusätzlichen regionalen Verwaltungsebene, die nach entsprechender Verfestigung Grundlage und Leitbild für eine weitere Gebietsreform sein könnte.

- Die (politische) Kontrolle des Vor-Ort Landrats durch die anderen beteiligten Landkreise, insbesondere durch die jeweiligen Kreistage, ist nur schwer leistbar.

Angesichts der vorgenannten Überlegungen ist es nicht verwunderlich, dass auch in den alten Bundesländern das Institut des Vor-Ort Landrates lediglich als nachgeordneter Lösungsansatz und nur für auslaufende Verwaltungsaufgaben genutzt wird. Für Sachsen wäre die Konstruktion des Vor-Ort Landrats zwar mit der kommunalen Einheitsbehörde Landratsamt unter rechtlichen Gesichtspunkten realisierbar, eine flächendeckende Einführung wegen der Vielzahl von sonstiger Schwierigkeiten aber derzeit kaum umsetzbar. Vielmehr ist aus heutiger Sicht zu befürchten, dass auf eine Kommunalisierung des regional ausgerichteten staatlichen Aufgabenvollzuges seitens der kommunalen Ebene eher verzichtet, als die Zustimmung zu einer umfassenden "Vor-Ort Landratslösung" erteilt wird.

bb.) Möglichkeit der Koordinierung staatlicher Sonderbehörden auf Kreisebene

Im Rahmen der Funktionalreform ist wegen nachhaltiger Ressortwiderstände damit zu rechnen, dass eine teilweise oder gänzliche Eingliederung staatlicher Sonderbehörden in die Landratsämter unterbleibt. Es ist daher zu überlegen, zur Gewährleistung der Einheit der Verwaltung die organisatorische Minimallösung eine Befugnis des Landrats aufzunehmen, innerhalb des Landkreises für die Zusammenarbeit mit den unteren Sonderbehörden Sorge zu tragen. Diese Koordinierungsfunktion müsste allerdings durch Konsultationsverpflichtungen der unteren Sonderbehörden und deren Obliegenheit begleitet sein, auf Anforderung des Landrats zu bestimmten Verfahrensvorgängen Stellung zu nehmen.[855] Nicht unproblematisch ist, ob diese Koordinierungsfunktion an den Landrat als Leiter einer kommunalen Einheitsbehörde übertragbar ist. Denn diese existiert bisher nur in den Kommunalordnungen, die eine eigene staatliche Abteilung auf Kreisebene normiert haben. Der Landrat nimmt die Koordinationsfunktion gegenüber den im Kreisgebiet tätigen unteren staatlichen Sonderbehörden dabei stets als staatlicher Repräsentant wahr. Möglicherweise sehen die Landesgesetzgeber hierin eine genuin staatliche

[855] vgl. hierzu auch § 26 Abs. 2 LVG Baden Württemberg.

Funktion,[856] die Ausdruck und Teil eines spezifischen Weisungs- und Koordinierungsgefüges im staatlichen Instanzenzug ist. Für diese Annahme spricht, dass diese Kompetenz bei einer kommunalen Einheitsbehörde Landratsamt wie in Niedersachsen oder Sachsen-Anhalt nicht in die Kreisordnungen aufgenommen worden ist. Andererseits steht es dem Gesetzgeber jedoch frei, auch derartige staatliche Aufgaben als Landesauftragsangelegenheiten an rein kommunale Behörden zu übertragen. Eine derartige Koordinierungsfunktion wäre zudem nicht systemfremd, da bereits mit dem fachlichen Weisungsrecht des Landrats als Verbandsvorsitzenden des Regionalen Planungsverbandes gegenüber der staatlichen Regionalen Planungsstelle ein derartiges Eingriffsrecht existiert.[857] Zudem ist auch bei der Amts- und Vollstreckungshilfe eine Inanspruchnahme staatlicher Behörden im Wege von Mitwirkungs- und Informationspflichten[858] durch die Kommunen möglich.

Soweit die Koordinierungsfunktion auch Eingriffsrechte[859] - wie den Erlass einstweiliger Anordnungen bei Gefahr im Verzug - umfassen sollte, ist allerdings zu überlegen, ob dies eine tatbestandliche Erstreckung des landesorganisationsrechtlichen Gesetzesvorbehalts auslöst. Denn die Übertragung von koordinierenden Eingriffs- und Weisungsrechten gegenüber staatlichen Behörden stellt eine institutionelle Einbindung des Landrats in die Landesverwaltungsorganisation dar. Daher sollte in diesem Falle durch eine Organleihe des Landrats seine Einbindung in die staatliche Verwaltung verdeutlicht und damit zugleich dem Gesetzesvorbehalt des Art. 83 Abs. 1 SächsVerf Rechnung getragen werden.

Zusammenfassend lässt sich feststellen, dass eine Koordinierungsfunktion staatlicher Sonderbehörden auch mit und innerhalb der jetzigen Struktur des Landratsamtes möglich ist, soweit sie präventiv ausgestaltet wird. Sie wird allerdings nur in ungenügender Weise die fehlende Einheit der Verwaltung auf Kreisebene ersetzen können.[860] Zudem wird es letztendlich vom Geschick und der Persönlichkeit des Landrats abhängen, ob diese Funktion sinnvoll ausgefüllt werden kann.[861]

---

856 so auch Storz, BWVBl 1956, 4 f.

857 vgl. § 22 Abs. 2 S. 4 Sächs. Landesplanungsgesetz.

858 vgl. hierzu nur § 5 Abs. 1 Ziff. 3 VwVfG (Bund) i.V.m. § 1 SächsVwVfG.

859 vgl. zu den Eingriffsrechten bei der Koordinierungsfunktion Wagener, Der Landkreis 1966, 111 f. (113).

860 Trumpp/Pokrop, Landkreisordnung Baden-Württemberg, Rz. 2 zu § 53.

861 Storz, BWVBl 1956, 4 f. (5).

cc.) Eingliederung des staatlichen Personalkörpers in die Kreisverwaltung

Werden staatliche Aufgaben einschließlich des damit verbundenen staatlichen Personals den Kommunen übertragen, wechseln Beamte gem. §§ 128 ff. BRRG der Aufgabe folgend kraft Gesetzes den Dienstherrn. In dem Bereich der Angestellten und Arbeiter bedarf es dagegen jeweils des Abschlusses eines neuen Dienstvertrages mit dem neuen Arbeitgeber. Dabei wird im Regelfall der Landkreis durch Gesetz verpflichtet, dem jeweiligen Arbeitnehmer rechtzeitig vor der Aufgabenübertragung eine Arbeitsvertragsangebot nach näheren gesetzlich vorgegebenen Bedingungen zu unterbreiten (z.B. gleiche Vergütungsgruppe / Anrechnung der Dienstzeiten).[862] Für den Wechsel sollte dabei der Grundsatz der einseitigen Freiwilligkeit vereinbart werden. Die Landkreise würden in diesem Falle gesetzlich verpflichtet, die betroffenen Arbeitnehmer zu übernehmen, diese hätten jedoch die Wahl, ob sie den Arbeitgeber wechseln oder bei ihrem jetzigen Dienstherrn verbleiben wollen.

Ausgehend von diesen Eckwerten ist auch eine Eingliederung staatlichen Personals mit und innerhalb einer kommunalen Einheitsbehörde Landratsamt grundsätzlich leistbar, so dass auch unter personalwirtschaftlichen Gesichtspunkten es bei der Funktionalreform keiner unteren staatlichen Verwaltungsbehörde bedarf.

b.) die politische Komponente

Die Diskussion der Teilverstaatlichung wird insbesondere von Seiten des Innenministeriums deswegen geführt, um die Akzeptanz anderer Fachbehörden für Aufgabenverlagerungen zu erhöhen und diesen bei einem Aufgabenverlust als Ausgleich weiterhin staatliche Handlungs- und Spielräume auf der Kreisebene zu eröffnen.

Aus den Erfahrungen der siebziger Jahre sowie aus der Aufgabenkommunalisierung in Brandenburg ist jedoch festzustellen, dass der angedeutete Kompromiss "Teilverstaatlichung für Aufgabenübertragung" nicht zwingend und damit überwindbar ist. Gerade hier zeigt sich aber auch, dass jede funktionale Verwaltungsreform sich im Widerstreit der einzelnen Ziele und der einzelnen Interessen zu vollziehen hat. Dabei haben Staat und Kommunen naturgemäß eigene Leitlinien, Ziele und Kriterien, die nur in einem politischen Abwägungsprozess zum Ausgleich gebracht werden können. Dieser Prozess betrifft auch die Frage, ob bei einer Funktionalreform eine Aufgabe in die allgemeine Kommunalverwaltung oder in eine untere staatliche Verwaltungsbehörde zu übertragen ist. Auch wenn die

---

[862] vgl. für die personalwirtschaftliche Abwicklung bei der Funktionalreform in Baden-Württemberg die Darstellung bei Seyfried, BWVP 1995, 49 f.

verfassungsrechtlichen Vorgaben insbesondere der Art. 85 Abs. 1 SächsVerf für die erstgenannte Lösung sprechen, kommt es letztendlich darauf an, den Widerstand von Fachressorts zu überwinden, die gerade in der Trennung von der allgemeinen inneren Verwaltung und frei von Koordinierungszwang den besonderen Vorzug ihrer Zuständigkeiten sehen. Es bedarf somit weniger einer rechtlichen Vorgabe, sondern einer politischen Toleranz und Akzeptanz des Staates um Aufgaben zu kommunalisieren. Denn wer Staatsaufgaben kommunalisiert, muss bereit sein, kommunale Interessen und Verfahrensregeln der Kommunalordnung beim Aufgabenvollzug zu tolerieren.

6.) Zusammenfassung

- Art. 85 Abs. 1 SächsVerf enthält einen strukturorganisatorischen Vorrang kommunaler Aufgabenerfüllung. Danach sollen den Landkreisen Aufgaben dann übertragen werden, wenn sie auf der Kreisebene zuverlässig und zweckmäßig erfüllt werden können. Dieser Verfassungsauftrag kann mit und innerhalb der Struktur einer kommunalen Einheitsbehörde Landratsamt erfüllt werden, in dem der staatliche Aufgabenvollzug als Pflichtaufgabe nach Weisung oder hilfsweise als landesrechtliche Auftragsangelegenheit übertragen wird. Der Wiedereinführung der unteren staatlichen Verwaltungsbehörde bedarf es jedenfalls im Hinblick auf die rechtliche Vollziehbarkeit der Funktionalreform nicht.

- Auch die im Rahmen einer Funktionalreform wichtigen Funktionen der vertretungsweisen Wahrnehmung von Aufgaben durch einen sog. Vor-Ort Landrat sowie die präventive Koordinierung staatlicher Sonderbehörden im Kreisgebiet ist mit der Struktur kommunale Einheitsbehörde leistbar, zugleich jedoch deutlich von der möglicherweise fehlenden Akzeptanz solcher Funktionen zu trennen.

- Des weiteren ist auch die bei einer Funktionalreform erforderliche Personalüberleitung staatlicher Bediensteter in die Kreisverwaltungen mit der kommunalen Einheitsbehörde Landratsamt umsetzbar.

- Letztlich vermag auch das oft vorgetragene staatliche Argument des nachhaltigen Verlustes von Handlungs- und Gestaltungsspielräumen bei einer Aufgabenkommunalisierung nicht zu greifen. Angesichts der ausschließlichen Zuständigkeit des Landrats für den staatlichen Aufgabenvollzug, hierbei bestehender umfassender Weisungsrechte staatlicher Behörden sowie des weitgehenden Ausschlusses gremiengebundener und bürgerschaftlicher Mitwirkungsrechte ist eine Kommunalisierung staatlicher Aufgaben ohne ein für den Staat erkennbares Risiko. Auch die normative Regelungsdichte, der Umfang ermessenskonkretisierender Normen sowie die aufsichtlichen Befugnisse schließen auf kommunaler Ebene die Gefährdung "staatlicher Interessen durch eigenverantwortliches Handeln" weitgehend aus.

Dreizehntes Kapitel:

Entwicklung eines Leitbildes einer modernen Kreisverwaltung - zugleich Gedanken zur Fortentwicklung und zum Fortbestand der kommunalen Einheitsbehörde

1.) Neudefinition der kommunalen Aufgaben

Bei der Darstellung des verfassungsrechtlichen Aufgabenbegriffs hat sich gezeigt, dass die von der SächsLKrO offenbar unterstellte Konzeption eines Aufgabenmonismus mit dem Modell eines einheitlich kommunalen Wirkungskreis schon wegen des Schwankens der Sächsischen Verfassung zwischen monistischer und dualistischer Aufgabenstruktur verfassungsrechtlich nicht gesichert ist. Dazu tritt, dass die Bundesgesetze von einem dualistischen Aufgabenverständnis ausgehen und den Landkreisen neben einer monistischen Aufgabenstruktur schon kraft Bundesrecht weiterhin staatliche Auftragsangelegenheiten nach dualistischem Verständnis obliegen. Der verfassungsrechtliche Aufgabenbegriff ist daher auf Grund der beschriebenen Inkompatibilitäten heraus grundlegend zu überdenken und neu zu definieren. Bei der gebotenen Reform sollten jedoch neuere Entwicklungen kommunaler Aufgabenstrukturen berücksichtigt und bei einer Neudefinition Eingang finden.

Zu Recht stellen zahlreiche Autoren fest, dass sich in den letzten Jahren die weisungsfreien Pflichtaufgaben in ihrer Struktur den Weisungsaufgaben angenähert haben.[863] Denn durch ein hohes Maß an Regelungsdichte durch das EU-Recht sowie des Bundes- und Landesrechts[864] erfolgt - unabhängig von der Rechtsnatur der Aufgabe - bereits heute eine umfassende staatliche Steuerung des Gesetzesvollzugs. Durch diese Durchnormierung des Gesetzgebers werden die Kommunen heute oftmals auf den Vollzug fremddeterminierter Normen verwiesen, bei dem es nur noch eine untergeordnete Rolle spielt, ob diese Funktionen dem Selbstverwaltungsbereich oder dem staatlichen Aufgabenvollzug zuzurechnen sind. Insoweit hat auch die der Pflichtaufgabe nach Weisung immanente Weisungsmöglichkeit bei materieller Betrachtung ihre Eingriffslegitimation verloren,

---

[863] Wollmann, LKV 1997, 105 f. (106).

[864] Der den Mitteilungen des Bayerischen Landkreistages 1997, 17 f. abgedruckte Bericht des "Sachverständigenrats Schlanker Staat" definiert allein den Bestand des geltenden Bundesrechts auf 1.928 Gesetze, 2.946 Rechtsverordnungen und insgesamt 85.000 Einzelvorschriften.

denn bei der heutigen Gesetzgebung stellt die normative Regelungsdichte das funktionale Äquivalent zur exekutiven Weisung dar.[865] Dies gilt insbesondere für die ermessenskonkretisierende bzw. ermessensbindende Wirkung der Weisung. Denn zahlreiche gesetzliche Beispiele wie die Biokompostverordnung zeigen, dass gesetzesausformende Normen und Standards derartige Gestaltungsspielräume überhaupt nicht mehr zulassen und zudem eher zu einer abnehmenden Vollzugsfähigkeit führen werden.[866] Damit wäre durch den Wegfall des Weisungsvorbehalts jedoch auch keine Gefahr mehr für die Einheitlichkeit und die Korrektheit des Aufgabenvollzugs zu befürchten.[867] Da der kommunale Entscheidungsspielraum bei der Gesetzeskonkretisierung ohnehin weitgehend aufgezehrt ist, sind auch die Notwendigkeiten detaillierter staatlicher Steuerung des Gesetzesvollzugs obsolet geworden.[868]

Zudem ist festzustellen, dass in den Weisungsaufgaben der aus dem früheren preußischen Recht rezipierte staatlich - kommunale Dualismus von Selbst- und Fremdverwaltung fortlebt. Jede Fortführung dieses Ansatzes steht jedoch einer echten Kommunalisierung von Verwaltungsaufgaben und damit einem homogen strukturierten einheitlich kommunalen Wirkungskreis entgegen.

Für die ohnehin notwendige Reform des verfassungsrechtlichen Aufgabenbegriffs bedeuten die vorgenannten Feststellungen, dass die derzeitige Aufgabenstruktur durch eine Zweiteilung zwischen freiwilligen und pflichtigen Selbstverwaltungsaufgaben ersetzt werden kann. Der Bewahrung einer spezifischen Staatlichkeit bedarf es nur dort, wo dies aus einer besonderen verfassungsrechlichen Situation heraus geboten ist. Denn die Gestaltungsfreiheit des Landesgesetzgebers endet im verfassungsrechtlichen Sinne notwendigerweise dort, wo er Merkmale des bundesrechtlich föderalen System unterlaufen und z.B. bei den Bundesauftragsangelegenheiten die Möglichkeit der durch Art. 85 GG

865 Henneke, ZG 1994, 212 f. (237).

866 vgl. hierzu die Entschließung des Präsidiums des Deutschen Landkreistages "Handlungs- und Gestaltungsspielräume der Kreise stärken", Der Landkreis 1994, 8 f.

867 Gallette schlussfolgert in Mitteilungen des Landkreistages Schleswig-Holstein, 1997, 1 f. aus dieser Feststellung, die Weisungsaufgaben seien als Akte der Fremdverwaltung das "nützliche obrigkeitliche Werkzeug zur stillschweigenden Aushebelung der bürgerschaftlichen Selbstverwaltung."

868 Jann /Reichard, VOP 1997, 9 f.

abgesicherten Durchgriffsweisung durch eine Kommunalisierung der Aufgabe ausschließen würde.[869]

Der hier vertretene Ansatz einer - sich an den verfassungsrechtlichen Schranken orientierenden - echten Kommunalisierung von Verwaltungsaufgaben setzt jedoch auch eine aus staatlicher Sicht erforderliche Neudefinition kommunaler Selbstverwaltung voraus. Die Zuordnung einer Aufgabe in den Selbstverwaltungsbereich darf auch und insbesondere bei der anstehenden Funktionalreform nicht länger unter dem Gesichtspunkt eines nachhaltigen Verlustes staatlicher Handlungs- und Gestaltungsspielräume gesehen werden. Vielmehr ist es erforderlich, die kommunalen Träger der Selbstverwaltung als im Bereich der Aufgabenwahrnehmung gleichberechtigte und bei der Aufgabenverantwortung gleichermaßen verläßliche Verwaltungsebene zu begreifen.[870]

2.) Neuverteilung der horizontalen Zuständigkeiten zwischen Kreistag und Verwaltung

Die Strukturen der kommunalen Einheitsbehörde sind aber auch in der Systematik horizontaler Zuständigkeitsverteilung zu überdenken. Nach dem bereits dargestellten dualistischen Zuständigkeitsmodell hat der Kreistag mit der Regelung in § 24 Abs. 1 SächsLKrO eine "fiktive Allzuständigkeit." Diese Stellung als zentrales Verfassungsorgan wird noch dadurch unterstützt, dass selbst einfache Geschäfte der laufenden Verwaltung lediglich als an den Landrat delegiert gelten und dem Kreistag darüber hinaus noch ein Rückholrecht zusteht. Dies führt zu einer zunehmenden Politisierung von Verwaltungsentscheidungen und der Gefahr einer parteipolitischen Einwirkung auf Einzelfälle.[871] Wichtige Grundsatzentscheidungen über die Fortentwicklung des Gemeinwesens Landkreis sowie eine Diskussion über strategische Leitlinien und Leitbilder der Selbstverwaltung auf Kreisebene treten demgegenüber - oftmals schon aus Zeitgründen - in den Hintergrund. Andererseits ist aber der Kreistag von einer konstitutiven Mitwirkung beim nahezu gesamten staatlichen Aufgabenvollzug ausgeschlossen. Denn die Landräte haben in diesem

[869] Göb, Der Landkreis 1967, 375 f. (376) weist darauf hin, dass der Bund an dem "Ob" und "Wie" einer Verwaltungsreform in den Ländern kein eigenes Interesse habe. Dies ändere sich jedoch dann, wenn durch eine solche Reform der Vollzug des föderalen Systems gefährdet sei.

[870] Denn staatliche wie kommunale Behörden bilden - unbeschadet ihrer verfassungsrechtlich gesicherten Positionen - eine einheitliche Verwaltungsorganisation, die vorrangig nicht der Wahrung tradierter Besitzstände, sondern gem. Art. 82 Abs. 1 S. 2 SächsVerf dem Bürger zu dienen bestimmt ist.

[871] Cornelius, VOP 1999, Heft 1/2, 15 f.

Bereich - mit Ausnahme der Verordnungsgebung - eigene Zuständigkeiten und ausschließliche Wahrnehmungskompetenzen.

Vergleicht man diese Aufgabenverteilung mit der vom *Neuen Steuerungsmodell* bezweckten klaren Trennung der Aufgaben politischer Führung von denen des operativen Vollzuges, wird eine Reformbedürftigkeit der inneren Kommunalverfassung deutlich.[872]

Ziel einer solchen Reform muss es sein, die an verschiedener Stelle geregelten Aufgabenblöcke innerhalb der Kommunalordnungen zu vereinheitlichen und bestimmten Organisationseinheiten und Organen eindeutig zuzuordnen. Dabei sollte dem Kreistag für das gesamte kreisliche Aufgabenspektrum die Wahrnehmung allgemeiner Leitungs- und Kontrollaufgaben übertragen, der Verwaltung hingegen die Ausführung zugeordnet werden. Dies bedeutet zunächst, dass die Kompetenz des Kreistages, allgemeine Regeln und Vorgaben für den Verwaltungsvollzug aufzustellen, notwendigerweise über den bisherigen Bereich der Selbstverwaltungsaufgaben hinaus auf alle im Kreis zu erfüllenden und damit insbesondere den großen Bereich staatlicher Aufgaben erweitert wird. Andererseits müssen Einzelentscheidungen und Vollzugsfragen dann konsequent der Entscheidungshoheit der Verwaltung zugewiesen und eine, wie immer geartete, politische Einflussnahme durch den Kreistag auf einzelne Sachverhalte ausgeschlossen werden.

Die hier vorgeschlagene Funktion des Kreistages als politisch-strategische Steuerungs- und Kontrollinstanz kann jedoch nicht allein mit einer Veränderung organisationsinterner Regelungen realisiert werden. Wegen der einschlägigen - und diesem Denkmodell entgegenstehenden - gesetzlichen Regelungen, bedarf es einer Novellierung der Kommunalordnungen.

Dazu gehört zunächst, dass die Informationsrechte des Gremiums erweitert und die Informationspflichten der Verwaltung verstärkt und konsequent auf den staatlichen Aufgabenvollzug erweitert werden, denn nur der Besitz aller steuerungsrelevanter Information befähigt den Kreistag, seine neue - hier vorgeschlagene - Funktion auch tatsächlich auszuüben.[873] Erforderlich ist es daher u.a., den Kreistag frühzeitig in die Planungen der Kreisverwaltung mit dem Ziel des Kontraktmanagements einzubinden, ihm laufende Information über die Lage des Landkreises zukommen zu

---

[872] von Mutius, Neues Steuerungsmodell in der Kommunalverwaltung, S. 686 f. (709).

[873] Hill, Wege aus organisierter Unverantwortlichkeit, Das Parlament, Ausgabe vom 6.3.1998, S.6.

lassen und ein ihn unterstützendes Berichtswesen über die Umsetzung der Ratsbeschlüsse einzuführen.[874]
Die oben vorgeschlagene Neudefinition kommunaler Aufgaben kann für die hier vorgeschlagene Veränderung horizontaler Zuständigkeiten unterstützend wirken. Denn die weitgehende Zusammenfassung des bisherigen Aufgabenspektrums unter einem einheitlichen Begriff der Selbstverwaltungsaufgabe ermöglicht auch eine deutlichere Kompetenzzuordnung.

Eine denkbare Umsetzung des neuen Verhältnisses zwischen Rat und Verwaltung bietet eine Regelung analog § 29 Abs. 3 / 52 Abs. 1 c der brandenburgischen Kreisordnung, nach der sich Mitwirkungs- und Kontrollrechte auch auf den staatlichen Aufgabenvollzug erstrecken können. Will man die einschlägigen Vorschriften, wie § 24 Abs. 1 SächsLKrO, nicht grundlegend überarbeiten und z.B. auf die Befugnis des Kreistages zur Formulierung von Zielvorgaben für die Verwaltung reduzieren, bedarf es einer tatbestandlichen Weiterung der sog. Experimentierklausel. Zu Recht hat *Miller* herausgearbeitet, dass die durch die Experimentierklauseln zugelassenen Ausnahmen normativ begrenzt sind und sich in der Regel auf das Haushaltsrecht und auf zeitlich limitierte Einzelfälle beziehen.[875] Für die sächsische Rechtslage tritt noch verkomplizierend hinzu, dass die landesrechtliche Experimentierklausel nur Ausnahmen von untergesetzlichem Regelwerk des Gemeindehaushaltsrechts zulässt, mithin eine Aufhebung formellgesetzlicher Vorgaben derzeit überhaupt nicht möglich ist. Es bedarf daher einer Experimentierklausel, die umfassende Ausnahmen von gesetzlichen und untergesetzlichen haushalts- und organisationsrechtlichen Bestimmungen der Kommunalordnungen zulässt, um so die Funktion des Kreistages als politisch-strategische Steuerungs- und Kontrollinstanz realisieren zu können.

Unabhängig von diesen rechtlichen Erwägungen darf in der kommunalpolitischen Verwaltungspraxis nicht verkannt werden, dass die hier vorgeschlagenen Beschränkungen des Kreistages auf die Vorgabe von Zielen sowie politisch-strategische und konzeptionelle Entscheidungen Umstellungsschwierigkeiten beinhalten werden. Auch könnte seitens der Kreisräte ein Machtverlust durch eine - allerdings nur vordergründig so zu betrachtende - Kompetenzverschiebung zu Gunsten der Verwaltung befürchtet werden. Zu Recht resümiert der *Innovationsring Kreisverwaltung der Zukunft* in seinem Bericht, dass insbesondere bei Kreisräten, die im Hauptamt Bürgermeister sind, eine Veränderung ihrer Kompetenzen im Sinne

---

874 Cornelius, VOP 1999, Heft 1/2, 15 f.
875 Miller, LKV 1998, 421 f.

des Neuen Steuerungsmodells schwierig sein dürfte. Denn ihre hauptberufliche Auseinandersetzung mit den Problemen ihrer laufenden Verwaltung führt möglicherweise zu dem Wunsch, im Kreistag auch weiterhin eine Auseinandersetzung mit Verwaltungsproblemen anzustreben.[876]

3.) Leitbild und untere staatliche Verwaltungsbehörde

Die Wiedereinführung einer unteren staatlichen Verwaltungsbehörde stände dem vorbezeichneten Leitbild diametral entgegen. Der Aufgabenbegriff würde nicht im Rahmen einer Vereinfachung und Vereinheitlichung auf den Selbstverwaltungsbereich konzentriert, sondern über den kreiskommunalen Bereich hinaus um die Funktionen erweitert werden, die in einer nachgeordneten staatlichen Verwaltungseinheit zu erfüllen wären. Zudem würde das nicht steuerbare und überwunden geglaubte Spannungsfeld reaktiviert, ob eine staatliche Aufgabe im kreiskommunalen Bereich oder als untere staatliche Verwaltungsbehörde zu erfüllen ist.

Auch die hier vorgeschlagene Trennung von Politik und Verwaltung wäre bei einer Janusköpfigkeit des Landratsamtes nur sehr viel schwerer realisierbar. Denn die notwendigen Regelungen für das Verhältnis zwischen Politik und Verwaltung müssten für eine doppelfunktionale Behörde getroffen werden. Dabei wäre für den Bereich der unteren staatlichen Verwaltungsbehörde stets eine Einbeziehung und Mitwirkung staatlicher Stellen erforderlich. Hierdurch könnte jedoch die Effizienz und Umsetzungsfähigkeit eines derartigen Leitbildes beeinträchtigt werden.

---

[876] Hill / Klages, Kreisverwaltung der Zukunft, S. 19.

Vierzehntes Kapitel:
Ausblick und Ergebnis

Die kommunale Einheitsbehörde Landratsamt ist der Schlusspunkt einer über 200 Jahre dauernden Entwicklung in der sächsischen Verwaltungsgeschichte. Sie ist Ausdruck aber auch Ergebnis des Wandels von einer ursprünglich staatlichen Verwaltungsbehörde des ländlichen Raums zu der Organisationseinheit einer modernen Selbstverwaltungskörperschaft. Dabei trägt die ausschließlich kommunale Struktur des Landratsamtes dem innovativen Ansatz eines Rückzuges des Staates aus der Erfüllung öffentlicher Aufgaben Rechnung und fügt sich zugleich in die Bestrebungen anderer Bundesländer ein, Teile der Kreisverwaltung zu kommunalisieren.

Die Struktur kommunale Einheitsbehörde führt aber auch zu der überfälligen Systemgerechtigkeit innerhalb der kommunaler Strukturen. Denn ein Unterschied zwischen der Verwaltung einer kreisfreien Stadt und der eines Landkreises ist mit Ausnahme der kreisspezifischen Funktion der Kommunalaufsicht heute nicht mehr erkennbar. Allerdings ist die damit verbundene Aufgabe der Rechtsaufsicht über die kreisangehörigen nicht nur in formaler Hinsicht ein organisationsbedingter Sonderfall gegenüber der kreisfreien Stadt. Im Hinblick auf den organisationsrechtlichen Gesetzesvorbehalt des Art. 83 Abs. 1 SächsVerf erfordert diese Funktion auch eine partielle Einbindung in die Landesverwaltung, die nach dem hier vertretenen Vorschlag durch die Organleihe des Landrats gelöst werden könnte, ohne die Struktur der kommunalen Einheitsbehörde Landratsamt aufzugeben.

Auch im Hinblick auf die erfolgreiche Realisierbarkeit der Funktionalreform besteht für eine Aufgabe des Konstrukts kommunale Einheitsbehörde weder ein dogmatisches bzw. tatsächliches Bedürfnis. Denn jetzige und im Rahmen einer Funktionalreform zu übertragene staatliche Aufgaben können grundsätzlich mit und innerhalb der derzeitigen Struktur der kommunalen Einheitsbehörde Landratsamt erfüllt werden. Zwar könnte eine untere staatliche Verwaltungsbehörde die Akzeptanz für Aufgabenübertragungen auf die Kreisebene erhöhen. Unbeschadet der aus den Funktionalreformen der 70′ er Jahren ableitbaren Überwindbarkeit von Kommunalisierungsvorbehalten ist darauf hinzuweisen, dass es bei einer Aufgabenzuordnung an eine untere staatliche Verwaltungsbehörde dann nicht mehr um eine Kommunalisierung von Aufgaben, sondern lediglich um ein Umschichten von Funktionen innerhalb der Staatsverwaltung geht. Die mit einer Funktionalreform geplante Stärkung der Kreisebene als Selbstverwaltungsträger kann und wird bei einer solchen Verfahrensweise nur begrenzt umsetzbar sein.

Bei einem Blick in die Verwaltungswirklichkeit ist festzuhalten, dass viele, sich aus der Dogmatik der kommunalen Einheitsbehörde ergebenden, Konsequenzen nicht gezogen worden sind. Verschiedene Selbsteintrittsrechte und unbeschränkte Weisungsrechte in den Fachgesetzen erscheinen hierbei ebenso systemfremd wie der, im übrigen auch rechtswidrige, Ausschluss der EU-Bürger von der Wählbarkeit als Landrat. Nach fünf Jahren der Kommunalisierung der Kreisverwaltung ist damit festzustellen, dass die Verwaltungspraxis den Entfall der früheren staatlichen Ortsinstanz mit Ausnahme der prozessualen Beklagtenwechsel und der staatshaftungsrechtlichen Verantwortlichkeit nur in Randbereichen zur Kenntnis genommen und sich eigentlich erst mit dem Gesetzentwurf zur Stärkung der Rechts- und Fachaufsicht mit dieser Struktur vertieft auseinandergesetzt hat.

Auch aus finanzverfassungsrechtlichen Gesichtspunkten ist es jedoch wichtig, die 1994 umgesetzte Vollkommunalisierung beizubehalten, denn nur eine kommunale Einheitsbehörde Landratsamt kann für ihr gesamtes, durch den Landesgesetzgeber übertragenes, Aufgabenspektrum die Konnexitätsvorschrift des Art. 85 Abs. 2 SächsVerf in vollem Umfang einfordern. Hierbei ist darauf zu achten, dass für diese Ausgleichsmasse ein strukturell verifizierbarer und finanzkraftunabhängiger Ansatz im kommunalen Finanzausgleichsgesetz gefunden wird. Das im FAG 1997 gewählte Verfahren, die Kompensation im Sinne des Art. 85 Abs. 2 SächsVerf in die finanzkraftabhängige Schlüsselmasse einzustellen und zudem nicht strukturell auszuweisen, verstößt gegen die finanzverfassungsrechtlichen Bestimmungen der Sächsischen Verfassung und ist daher verfassungswidrig.

Im Ausblick ist festzuhalten, dass die kommunale Einheitsbehörde insbesondere im Hinblick auf die Anforderungen der Verwaltungsmodernisierung und einer neuen Aufgabenverteilung von Rat und Verwaltung zu überdenken ist.

Unabhängig davon kann bereits jetzt das ausschließlich kommunal strukturierte Landratsamt für sich einen umfänglichen Schutz kommunaler Selbstverwaltung beanspruchen. Diese Struktur als Selbstverwaltungsträger kann ein entscheidendes Argument für die Beibehaltung der Kreisebene sein, wenn sich die öffentliche Diskussion über den Fortbestand der Landkreise verstärken sollte.

Literaturverzeichnis

Achterberg, Norbert — Strukturen der Geschichte der Verwaltung, DÖV 1979, 576 f.

Badura, Peter — Das Verwaltungsverfahren in: Erichsen (Hrsg.), Allgemeines Verwaltungsrecht, S. 415 f.

zit: Badura, das Verwaltungsverfahren

Barm, Werner — Die Kreise in der DDR in: Verein für die Geschichte der deutschen Landkreise, Der Kreis, Band 3, S. 439 f.

zit: Barm, Die Kreise in der DDR , Allgemeines Verwaltungsrecht

Bauer, Reinhold — Zur Verwaltungsstruktur der Deutschen Demokratischen Republik, BayVBl 1990, 263 f.

Baumann, Fritz Achim — Die allgemeine untere staatliche Verwaltungsbehörde im Landkreis, Schriftenreihe der Hochschule Speyer Bd. 35, 1. Aufl. 1967, Duncker und Humblot Verlag, Berlin

zit: Baumann, Die allgemeine untere staatliche Verwaltungsbehörde

Belz, Reiner — Zur Rechtsstellung der Landratsämter in der Sächsischen Landkreisordnung, SächsVBl 1993, 226 f.

Ders. — Untere Verwaltungsbehörden im Freistaat Sachsen - Anmerkung zum Beschluß des VG Leipzig SächsVBl 1997, 67 f. in SächsVBl 1997, 92 f.

Ders. — Polizeigesetz des Freistaates Sachsen Textausgabe mit Erläuterungen, 2. Aufl. 1994, Deutscher Gemeindeverlag, Kohlhammer Verlag, Dresden

zit: Belz, Polizeigesetz

Benda, Ernst; Maihofer, Werner; Vogel, Hans-Jochen — Handbuch des Verfassungsrechts in der Bundesrepublik Deutschland, 2. Aufl. 1994, De Gruyter Verlag, Berlin

zit: Benda, Handbuch des Verfassungsrechts in der BRD

Berg, Günter	Haftung für Verschlechterungen an landwirtschaftlichen Pachtgrundstücken, LKV 1993, 225 f.
Berkenhoff, o.A.	Die staatliche Dotierung der gemeindlichen Auftragsangelegenheiten, DVBl 1955, 347 f.
Blaschke, Karlheinz	Königreich Sachsen und thüringische Staaten in: Jeserich/Pohl/von Unruh, Deutsche Verwaltungsgeschichte, Band 2 VII. Kapitel § 7 S. 608 f. *zit: Blaschke, Königreich Sachsen und thüringische Staaten*
Ders.	Die Verwaltung in Sachsen und Thüringen in: Jeserich/Pohl/von Unruh, Deutsche Verwaltungsgeschichte, Band 3 XI.. Kapitel § 5 S. 778 f. *zit: Blaschke, Die Verwaltung in Sachsen und Thüringen*
Blümel, Willi	Verwaltungszuständigkeit in: Isensee/Kirchhof, Handbuch des Staatsrechts, Band IV, S. 857 f. *zit: Blümel, Verwaltungszuständigkeit*
Böhme, Ernst	Rechtsübereinstimmung im Gemeinderecht, Der Städtetag 1948, 41 f.
Boden, Lutz	Anmerkungen aus gemeindeverfassungsrechtlicher Sicht - zum Entwurf einer Gemeindeordnung für Sachsen, 1. Aufl. 1990, Speyerer Forschungsberichte Nr. 96 *zit: Boden, Anmerkungen aus gemeindeverfassungsrechtlicher Sicht*
Bracker, Reimer Conrad, Carl-August Dehn, Klaus-Dieter Von Scheliha, Kurt-Friedrich	Kommentar zur Kreisordnung Schleswig-Holstein, 1. Aufl. 1993, Kommunal- und Schulverlag, Wiesbaden *zit: Bracker/Conrad, Kreisordnung Schleswig-Holstein*
Braun, Klaus	Kommentar zur Verfassung des Landes Baden-Württemberg, 1. Aufl. 1984, Boorberg Verlag, Stuttgart *zit: Braun, Verfassung Baden-Württemberg*

Breusing, Rolf — Der Landrat als allgemeine untere Verwaltungsbehörde, Der Landkreis 1971, 110 f.

Bubner, Karl — Die Landkreise in den 20er Jahren in: Deutscher Landkreistag, Der Kreis im Wandel der Zeiten, S. 52 f.

zit: Bubner, Die Landkreise in den 20er Jahren

Clemens, Thomas — Kommunale Selbstverwaltung und institutionelle Garantie – neue verfassungsrechtliche Vorgaben durch das BVerfG, NVwZ 1990, 834 f.

Constantin, Maximilian — Grundlagen der Kreisverfassung in: Deutscher Landkreistag, Der Kreis im Wandel der Zeiten, S. 29 f.

zit: Constantin, Grundlagen der Kreisverfassung

Cornelius, Joachim — Das neue Rollenverständnis von Rat und Verwaltung, VOP 1999, Heft 1 / 2, 1 5 f.

Craig, Gordon A. — Deutsche Geschichte 1866 - 1945 - vom Norddeutschen Bund bis zum Ende des Dritten Reichs, 1. Aufl. 1993, C. H. Beck Verlag München

zit: Craig, Deutsche Geschichte 1866 – 1945

Degenhart, Christoph
Meissner, Claus — Handbuch der Verfassung des Freistaates Sachsen, 1. Aufl. 1997, Boorberg Verlag, Stuttgart

zit: Degenhart/Meissner, Handbuch der Sächsischen Verfassung

Degenhart, Christoph — Verfassungsrecht in: Stober (Hrsg.), Handbuch des Sächsischen Staats- und Verwaltungsrechts, § 2 S. 43 f.

zit: Degenhart, Verfassungsrecht

Dehmel, Hans-Hermann — Übertragener Wirkungskreis, Auftragsangelegenheiten und Pflichtaufgabe nach Weisung, die Durchführung staatlicher Aufgaben durch die Gemeinden, Grundlagen und Wandlungen, 1. Aufl. 1970, Duncker & Humblot Verlag, Berlin

zit: Dehmel, Übertragener Wirkungskreis, Auftragsangelegenheiten und Pflichtaufgabe nach Weisung

Deutscher Landkreistag	Grundsätze der Funktionalreform auf Kreisebene, Der Landkreis 1974, 218 (Entschließung des Präsidiums) und 219 f. (Erläuterung)
Ders.	Handlungs- und Gestaltungsspielräume der Kreise stärken (Entschließung des Präsidiums), Der Landkreis 1994, 244 f.
Ders.	Der Kreis im Wandel der Zeiten, Kommunalwissenschaftliche Schriften des Deutschen Landkreistages, 1.Aufl. 1976, Verlag W. Kohlhammer, Deutscher Gemeindeverlag Köln *zit: Deutscher Landkreistag, Der Kreis im Wandel der Zeiten*
Dreher, Stefan	Die Verzögerung der Hauptverhandlung durch Abwesenheit des Strafverteidugers, Dissertation, 1. Aufl. 1995, Passau *zit: Dreher, Hauptverhandlung*
Dieckmann, Jochen Heinrichs, Friedrich Wilhelm	Gemeindeordnung Nordrhein-Westfalen, 1. Aufl. 1996, Deutscher Gemeindeverlag, Köln *zit: Dieckmann/Heinrichs, Gemeindeordnung Nordrhein-Westfalen*
Dregger, Alfred	Probleme der Auftragsverwaltung, Der Städtetag 1955, 190 f.
Dyllick, Joachim	Die Rechtsnachfolge der 1952 aufgelösten Brandenburger Landkreise am Beispiel des ehemaligen Kreises Teltow, LKV 1995, 206 f.
Eichhorn, Peter Buhret, Carl Reinermann, Heinrich	Verwaltungslexikon, 2. Aufl. 1991, Nomos Verlagsgesellschaft, Baden-Baden *zit: Eichhorn, Verwaltungslexikon*
Engel, Wolfgang	Staatlicher Selbsteintritt und kommunale Selbständigkeit, DVBl 1982, 757 f.
Erichsen, Hans-Uwe	Kommunalrecht des Landes Nordrhein-Westfalen, 1. Aufl. 1988, Reckinger Verlag, Siegburg *zit: Erichsen, Kommunalrecht Nordrhein-Westfalen*

Ders. | Allgemeines Verwaltungsrecht (Hrsg.), 10. Aufl. 1995, De Gruyter Verlag, Berlin

zit: Erichsen, Allgemeines Verwaltungsrecht

Erichsen, Hans-Uwe
Weiß, Richard | Kommunale Selbstverwaltung und staatliche Organisationsvorgaben. Die Grenzen staatlicher Interferenz, dargestellt am Beispiel der Regelung über die Gleichstellungsbeauftragte, in: Erichsen (Hrsg.), Kommunalwissenschaftliche Forschung und Praxis, Band 5, 1. Aufl. 1995, Carl Heymanns Verlag, Köln

zit: Erichsen/Weiß, Kommunale Selbstverwaltung und staatliche Organisationsvorgaben

Evers, Hans-Ulrich | Reform oder Liquidation der Landkreise, DVBl 1969, 765 f.

Feuchte, Paul | Quellen zur Entstehung der Verfassung in Baden-Württemberg, 9 Bände, 1. Aufl. 1986-1995, Kohlhammer Verlag, Stuttgart

zit: Feuchte, Verfassungsmaterialien

Feuchte, Paul
Hollerbach, Alexander
Katz, Alfred
Maurer, Hartmut
Sander, Otfried | Verfassung des Landes Baden-Württemberg, 2. Aufl. 1987, Kohlhammer Verlag, Stuttgart

zit: Feuchte, Verfassung Baden-Württemberg

Forsthoff, Ernst | Lehrbuch des Verwaltungsrechts, 1. Band Allgemeiner Teil, 10. Auflage 1973, C.H. Beck Verlag, München

zit: Forsthoff, Verwaltungsrecht

Franßen, Everhard
Redeker, Konrad
Schlichter, Otto
Wilke, Dieter | Festschrift für Horst Sendler, 1. Aufl. 1991, C.H. Beck Verlag, München

zit: Franßen, Festschrift für Sendler

Frick, Eugen | Kommentar zur Landkreisordnung Baden-Württemberg, 7. Auflage 1976, Boorberg Verlag, Stuttgart

zit: Frick, Landkreisordnung Baden-Württemberg

Friedenthal, Rudolph	Bericht des Sprechers der Kommission für den Entwurf der KrO für die Provinzen Preußen, Brandenburg, Pommern, Posen, Schlesien, Sachsen im preußischen Haus der Abgeordneten über den Entwurf der preußischen Kreisverfassung von 1872 in: Deutscher Landkreistag, Der Kreis im Wandel der Zeiten, S. 14 f.
	zit: Friedenthal, Bericht über den Entwurf der preußischen Kreisverfassung von 1872
Galette, Alfons	Gedanken zum schleswig-holsteinischen Kommunalverfassungsrecht, Mitteilungen des Landkreistages Schleswig-Holstein 1997, 1 f.
Geller, Gregor Kleinrahm, Kurt	Verfassung für das Land Nordrhein-Westfalen, 1. Aufl. 1950, Otto Schwartz Verlag, Göttingen
	zit: Geller/Kleinrahm, Verfassung Nordrhein-Westfalen
Gelzer, o.A.	Echte und unechte Selbstverwaltung, DVBl 1958, 87 - 89
Gern, Alfons	Deutsches Kommunalrecht, 1. Aufl. 1994, Nomos Verlagsgesellschaft, Baden-Baden
	zit: Gern, Deutsches Kommunalrecht
Ders.	Sächsisches Kommunalrecht, 1. Aufl. 1994, C.H. Beck Verlag, München
	zit: Gern, Sächsisches Kommunalrecht
Ders.	Kommunalrecht Baden-Württemberg, 6. Aufl. 1996, Nomos Verlagsgesellschaft, Baden-Baden
	zit: Gern, Kommunalrecht Baden-Württemberg
Gertler, Karl	Auswirkungen der Politik- und Verwaltungsreformen Sachsen-Anhalts auf die Landkreise, LKV 1998, 426 f.
Göb, Rüdiger	Das Bundesinteresse bei der kommunalen Verwaltungs- und Gebietsreform, Der Landkreis 1967, 375 f.
Goerlich, Helmut	Anmerkung zur Entscheidung des StGH Baden-Württemberg AZ: StGH GR 2/97 vom 10.5.1999, DVBl 1999, 1358 f.

Gönnenwein, Otto	Gemeinderecht, 1. Aufl. 1968, J.C.B. Mohr Verlag, Tübingen
	zit: Gönnenwein, Gemeinderecht
Görg, Hubert	Bundesauftragsangelegenheiten der Gemeinden und Gemeindeverbände und ihre Pflichtaufgabe nach Weisung, DÖV 1961, 41 f.
Grabitz, Eberhard Hilf, Meinhard	Kommentar zur Europäischen Union, Vertrag über die Europäische Union, Vertrag zur Gründung der Europäischen Gemeinschaft, Stand: 9. Ergänzungslieferung 1995, C.H. Beck Verlag, München
	zit: Grabitz/Hilf, Kommentar zur Europäischen Union
Haas, Diether	Bundesgesetze über Orgsanisation und Verfahren der Landesbehörden, AöR 80, 81 f.
Hahn, Günter	Eine Fachverwaltung zwischen Neuordnung und Auflösung - Eine Zwischenbilanz zum Schicksal der Ämter für Wasserwirtschaft und Bodenschutz BWVP 1995, 197 f. und 223 f.
Hardraht, Klaus	Finanzverfassung in: Degenhart/Meissner, Handbuch der Sächsischen Verfassung, S. 457 f.
	zit: Hardraht, Finanzverfassung
Ders.	Der Freistaat Sachsen zwischen den Reformen, VOP Heft 8 1996, 6 f.
Heberlein, Horst	Kommunale Deutschlandpolitik, NVwZ 1991, 531 f.
Hegele, Dorothea	Aktuelle Probleme der Kommunalaufsicht im Freistaat Sachsen, Leipziger Juristische Vorträge, 1. Aufl. 1996, Leipziger Universitätsverlag
	zit: Hegele, Aktuelle Probleme der Kommunalaufsicht im Freistaat Sachsen

Dies. | Kommunalaufsicht im Spiegel der Sächsischen Aufbaubeschleunigungsgesetzgebung in: Hegele, Aktuelle Probleme der Kommunalaufsicht im Freistaat Sachsen, S. 7 f.

zit: Hegele, Kommunalaufsicht im Spiegel der Sächsischen Aufbaubeschleunigungsgesetzgebung

Hegele, Dorothea
Ewert, Klaus Peter | Kommunalrecht im Freistaat Sachsen, 2. Aufl. 1997, Boorberg Verlag, Stuttgart

zit: Hegele/Ewert, Sächsisches Kommunalrecht

Henneke, Hans-Günter | Wer bestellt, bezahlt: Zur Verpflichtung des Landes zum vollen finanziellen Ausgleich bei Aufgabenübertragungen nach Art. 85 Abs. 2 SächsVerf, SächsVBl 1996, 53 f.

Ders. | Der Gleichmäßigkeitsgrundsatz - die Wiederkehr des trojanischen Pferdes, Der Landkreis, 1999, 356 f.

Ders. | Kommunale Eigenverantwortung bei zunehmender Normdichte, ZG 1994, 212 f.

Ders. | Wegdrückungsmechanismus oder Verantwortungsprinzip, LKV 1996, 57 f.

Ders. | Kreisrecht in den Ländern der Bundesrepublik Deutschland, Sammlung der Kreisordnungen und sonstiger kreisrelevanter Regelungen, hrsg. vom Deutschen Landkreistag, 1. Aufl. 1994, Boorberg Verlag, Stuttgart

zit: Henneke, Kreisrecht

Ders. | Der kommunale Finanzausgleich, DÖV 1994, 1 f.

Ders. | Kennt Finanznot kein Verfassungsgebot ? DVBl 1998, 1158 f.

Ders. | Aufgabengerechte Finanzausstattung der Landkreise als Grundlage der kommunalen Selbstverwaltung, LKV 1993, 365 f.

Ders. Kommunen in der Finanzverfassung in: Henneke/Maurer/Schoch, Die Kreise im Bundesstaat, S. 113 f.

zit: Henneke, Kommunen in der Finanzverfassung

Ders. Die prozedurale Absicherung der zur Erfüllung kommunaler Aufgaben erforderlichen Finanzmittel, Der Landkreis 1999, 517 f.

Ders. Landesverfassungsrechtliche Finanzgarantien der Gemeinden und Kreise zwischen normativer (Neu-) Regelungen und verfassungsrechtlicher Präzisierung, Der Landkreis 2000, 172 f.

Ders. Präzisierungs- und Reformbedarf der Finanzverfassung des Grundgesetzes aus kommunaler Sicht: Maßstäbegesetz kann Finanzverfassungsreform nicht ersetzen, Der Landkreis 2000, 217f.

Henneke, Hans Günter; Maurer, Hartmut; Schoch, Friedrich — Die Kreise im Bundesstaat, 1. Aufl. 1994, Nomos Verlagsgesellschaft, Baden-Baden

zit: Henneke/Maurer/Schoch, Die Kreise im Bundesstaat

Hill, Hermann — Wege aus organisierter Unverantwortlichkeit, Das Parlament, Ausgabe vom 6. 3. 1998, S. 6

Hill, Hermann, Klages, Helmut — Kreisverwaltung der Zukunft, 1. Aufl. 1995, Raabe Verlag, Stuttgart

zit: Hill/Klages, Kreisverwaltung der Zukunft

Hiltl, Michael — Vorläufige Bilanz der Aufgabenkritik bei den Landratsämtern, BayBgm 1998, 341 f.

Hintze, Otto — Staatenbildung und Kommunalverwaltung in: Deutscher Landkreistag, Der Kreis im Wandel der Zeiten, S. 1 f.

zit: Hintze, Staatenbildung und Kommunalverwaltung

Hofmann, Harald Muth, Michael Theisen, Rolf-Dieter	Kommunalrecht Nordrhein - Westfalen Lehrbuch mit Übungsaufgaben und Lösungen, 3.Aufl. 1988, Bernhardt/Schünemann Verlag *zit: Hofmann/Muth/Theisen, Kommunalrecht Nordrhein-Westfalen*
Ifo-Institut für Wirtschaftsforschung	Das Schlüsselzuweisungssystem im kommunalen Finanzausgleich des Freistaates Sachsen, Gutachten im Auftrag des Sächsischen Finanzministeriums, April 1997 (unveröffentlicht) *zit: Ifo-Institut Gutachten*
Innenministerkonferenz	Die Kreise als tragende Pfeiler der gesamtstaatlichen Ordnung. Erfahrungsbericht des Sonderarbeitskreises der Innenministerkonferenz der Länder zu Fragen der Kreisstufe (Kreisstufenbericht), 1. Aufl. 1975, Pfeiffers Buchdruckereien und Verlage Kaiserslautern im Auszug (Schlussfolgerungen) abgedruckt in: Der Landkreis, 1976, 278 f.
Ipsen, Jörn	Kommunale Aufgabenerfüllung im Zeichen der Finanzkrise, 1. Aufl. 1995, Nomos Verlagsgesellschaft, Baden-Baden *zit: Ipsen, Kommunale Aufgabenerfüllung*
Isensee, Josef Kirchhof, Paul	Handbuch des Staatsrechts der Bundesrepublik Deutschland hier verwandt: Band IX, Die Einheit Deutschlands, Festigung und Übergang, 1. Aufl. 1997, C.F. Müller Verlag, Heidelberg *zit: Isensee/Kirchhof, Handbuch des Staatsrechts*
Jacob, André	Nahverkehrsgesetze der neuen Bundesländer im Vergleich, LKV 1996, 262 f.
Ders.	Der kommunale Finanzausgleich in der Bewährung - das Sächsische Finanzausgleichsgesetz 1996, Zeitschrift für Finanzwirtschaft 1996, 49 f.

Ders. — Der kommunale Finanzausgleich zwischen quantitativer Anpassung und struktureller Kontinuität, Zeitschrift für Finanzwirtschaft 1997, 37 f.

Jann, Werner
Reichard, Christoph
Maaß, Christian
Wollmann, Helmut — Kriterien einer modernen Kommunalverfassung, VOP 1997, 9 f.

Jakobs-Woltering, Peter — Standard-Dickicht und kein Ausweg, Verwaltung und Management 1996, 218 f.

Jarass, Hans D.
Pieroth, Bodo — Grundgesetz Kommentar, 3. Aufl. 1995, C.H. Beck Verlag, München

zit: Jarass/Pieroth, Grundgesetz Kommentar

Jeserich, Kurt — Die Landkreise zwischen 1933 und 1945 in: Deutscher Landkreistag, Der Kreis im Wandel der Zeiten, S. 89 f.

zit: Jeserich, Die Landkreise zwischen 1933 und 1945

Ders. — Zur Reform der Landkreisverwaltung in: Deutscher Landkreistag, Der Kreis im Wandel der Zeiten, S.100 f.

zit: Jeserich, Zur Reform der Landkreisverwaltung

Jeserich, Kurt
Pohl, Hans
Von Unruh, Christoph — Deutsche Verwaltungsgeschichte, 1. Aufl. 1983, Deutsche Verlagsanstalt GmbH, Stuttgart

zit: Jeserich/Pohl/ von Unruh, Deutsche Verwaltungsgeschichte

Junkernheinrich, Martin,
Micosatt, Gerhard — Sachgerechtigkeit im kommunalen Finanzausgleich, 1.Aufl. 1999, Analytica Verlagsgesellschaft, Berlin

zit: Junkernheinrich/Micosatt, kommunaler Finanzausgleich

Keßler, o.A. — Der Bund und die Kommunalpolitik, DVBl 1953, 1 f.

Kirchhof, Ferdinand	Das Finanzsystem der Landkreise in: Schoch, Selbstverwaltung der Kreise, S. 57 f. *zit: Kirchhof, Finanzsystem der Landkreise*
Ders.	Anmerkung zur Entscheidung des StGH Baden-Württemberg, AZ: StGH GR 2/97 vom 10.5.1999, JZ 1999, 1054 f.
Ders.	Die aufsichtliche Genehmigung der Kreisumlage, 1. Aufl. 1995, Kohlhammer Verlag, Berlin *zit: Kirchhof, Die aufsichtliche Genehmigung der Kreisumlage*
Ders.	Das Finanzsystem der Landkreise, DVBl 1995, 1057 f.
Kirchhof, Roland	Abschied von den Pflichtaufgaben zur Erfüllung nach Weisung, Verwaltungsrundschau 1977, 369 f.
Klang, Klaus	Kommunalwahlrecht für nicht deutsche Unionsbürger, DNV 1996, 29 f.
Klein, Thomas	Kursachsen in: Jeserich/Pohl/von Unruh, Deutsche Verwaltungsgeschichte 1. Band, 5. Kapitel, § 12 S. 803 f. *zit: Klein, Kursachsen*
Knemeyer, Franz-Ludwig	Regierungs- und Verwaltungsreformen in Deutschland zu Beginn des 19. Jahrhunderts, Habilitation, Grote Verlag, Berlin *zit: Knemeyer, Regierungs- und Verwaltungsreformen*
Ders.	Aufgabenkategorien im kommunalen Bereich - Mittelbare Staatsverwaltung? – Fremdverwaltung? - Zur Bedeutung der Organleihe, DÖV 1988, 397 f.
König, Klaus	Verwaltungsstrukturen der DDR, 1. Aufl. 1991 *zit: König, Verwaltungsstrukturen der DDR*

Köstering, Heinz	Grundlagen und Probleme der Funktionalreform im Land Brandenburg. Ein Beitrag zum Aufbau der Verwaltung in den neuen Ländern, DÖV 1994, 238 f.
Ders.	Vier Jahre Verwaltungsaufbau im Land Brandenburg – Rezeption, Evolution oder Innovation?, Verwaltungsrundschau 1995, 83 f.
Köttgen, Arnold	Die Gemeinde und der Bundesgesetzgeber Schriftenreihe des Vereins zur Pflege kommunalwissenschaftlicher Aufgaben e.V. Berlin, 1. Aufl. 1957, S. 79 f., Kohlhammer Verlag, Stuttgart *zit: Köttgen, Die Gemeinde und der Bundesgesetzgeber*
Kommunalgesetze für Sachsen	Entwürfe der Kommunalgesetze für Sachsen, 1. Aufl. 1990, Sachsenlandkurier-Verlag, Dresden *zit: Kommunalgesetze für Sachsen*
Kopp, Ferdinand	VwGO Kommentar, 10. Aufl. 1994, C.H. Beck Verlag, Müchen *zit: Kopp, VwGO Kommentar*
Korte, Heinrich Rebe, Bernd	Verfassung und Verwaltung des Landes Niedersachsen begründet von H. Korte, fortgeführt von B. Rebe, 2. Aufl. 1986, Verlag Vandenhoeck & Ruprecht, Göttingen *zit: Korte/Rebe, Verfassung und Verwaltung in Niedersachsen*
Krüger, Niels Apitz, Christoph	Wer ist untere Verwaltungsbehörde im Freistaat Sachsen ?, LKV 1998, 90 f.
Kühn, o.A.	Übertragung neuer Aufgaben an die Gemeinden, BWVBl 1956, 180 f.

Kunze, Richard Bronner, Otto Katz, Alfred	Gemeindeordnung für Baden-Württemberg, Loseblattkommentar Stand: 10. Ergänzungslieferung Dez. 1995, Kohlhammer Verlag Stuttgart *zit: Kunze/Brommer/Katz, Gemeindeordnung Baden-Württemberg*
Kunzmann, Bernd Haas, Michael	Die Verfassung des Freistaates Sachsen, Kommentar, 1. Aufl. 1993, Verlag Arno Spitz GmbH, Berlin *zit: Kunzmann/Haas, Sächsische Verfassung*
Landkreisverband Bayern	Die bayerischen Landkreise und ihr Verband, 2. Aufl. 1980, Rehm Verlag, München *zit: Landkreisverband Bayern, Die bayerischen Landkreise und ihr Verband*
Larenz, Karl	Deutsche Rechtserneuerung und Rechtsphilosophie, Recht und Staat, Heft 109 (1934), 109 f. *zit: Larenz, Deutsche Rechtserneuerung und Rechtsphilosophie*
Laux, Eberhard	Die Kreise in der Geschichte unseres Jahrhunderts, Der Landkreis 1991, 290 f.
Ders.	Über kommunale Organisationspolitik, Archiv für Kommunalwissenschaften (AfK) 1995, 229 f.
Lehné, o.A.	Das Saarländische Kommunalrecht, Loseblattsammlung (Eigenverlag)
Leisner, Walter	Errichtung und Einrichtung juristischer Personen in Bayern, BayVBl 1967, 329 f.
Lennep, Hans G. Rehn, Erich Cronauge, Ulrich	Gemeindeordnung für das Land Nordrhein-Westfalen, begründet von Kottenberg, 1. Aufl. 1995, Reckinger Verlag, Siegburg *zit: Kottenberg/Rehn/Cronauge, Gemeindeordnung Nordrhein-Westfalen*

Lorenz, Sabine — Personalstrukturen und Personalentwicklung in den örtlichen Räten der DDR-Verwaltung, LKV 1997, 45 f.

Loschelder, Wilhelm — Zur Entwicklung des Kommunalverfassungsrechts seit 1945, DÖV 1959, 409 f.

Lusche, Ute — Die Selbstverwaltungsaufgaben der Landkreise, 1. Aufl. 1998, Boorberg Verlag, Stuttgart

zit: Lusche, Selbstverwaltungsaufgaben

Majer, Dietmut — Grundlagen des nationalsozialistischen Rechtssystems, 1. Aufl. 1987, Kohlhammer Verlag, Berlin

zit: Majer, Grundlagen des nationalsozialistischen Rechtssystems

Maunz, Theodor
Zippelius, Reinhold — Deutsches Staatsrecht, 30. Aufl. 1998, C. H. Beck Verlag, München

zit: Maunz/Zippelius, Staatsrecht

Ders. — Neue Grundlagen des Verwaltungsrechts in: Der Deutsche Staat der Gegenwart, 1934

zit: Maunz, Neue Grundlagen des Verwaltungsrechts

Maunz, Theodor
Dürig, Günter
Herzog, Roman
Scholz, Rupert — Grundgesetzkommentar, Loseblattsammlung Stand 33. Ergänzungslieferung, C.H. Beck Verlag, München

zit: M/D/H/S, Grundgesetz Kommentar

Maurer, Hartmut — Kommunalrecht in: Maurer/Hendler, Baden-Württembergisches Staats- und Verwaltungsrecht, S. 173 f.

zit: Maurer, Kommunalrecht

Ders. — Allgemeines Verwaltungsrecht, 10. Aufl. 1995, C.H.Beck Verlag, München

zit: Maurer, Allgemeines Verwaltungsrecht

Ders.	Verfassungsrechtliche Grundlagen der kommunalen Selbstverwaltung in: Schoch, Selbstverwaltung der Kreise, S. 1 f.
	zit: Maurer, Verfassungsrechtliche Grundlagen
Ders.	Die Finanzgarantie der Landkreise zwischen Bund und Ländern in Henneke/Maurer/Schoch, Die Kreise im Bundesstaat, S. 139 f.
	zit: Maurer, Kreise im Bundesstaat,
Maurer, Hartmut Hendler, Reinhard	Baden –Württembergisches Staats- und Verwaltungsrecht, 1. Aufl. 1990, Alfred Metzner Verlag, Frankfurt/Main
	zit: Maurer/Hendler, Staats- und Verwaltungsrecht Baden-Württemberg
Meissner, Claus	Verwaltung in: Degenhart/Meissner, Handbuch der Verfassung, S. 399 f.
	zit: Meissner, Verwaltung
Meyer, Hubert	Schadensersatzansprüche gem. § 51 LwAnpG gegen Landkreise als Rechtsnachfolger der Räte der Kreise ? LKV 1993, 86 f.
Ders.	„Delegiere, teile und herrsche“ oder verfassungsrechtliche Finanzgarantien für Kommunen, LKV 2000, 1 f.
Ders.	Grundstrukturen und Entwicklungen im kommunalen Finanzausgleich der neuen Bundesländer, LKV 1997, 390 f.
Miller, Manfred	Regionalisierung nur der Strukturpolitik ? LKV 1996, 50 f.
Ders.	Rechtsprobleme modernen Verwaltungshandelns, LKV 1998, 421 f.
Mohl, Helmut	Zur Übertragung von Pflichtaufgaben durch den Bundesgesetzgeber auf die Kommunen ohne gleichzeitige Zuweisung von Finanzmitteln, KStZ 1993, 86 f.
Moser, Artur	Die Einheit der Verwaltung, BayVBl 1954, 206f.

Mückl, Stefan	Finanzverfassungsrechtlicher Schutz der kommunalen Selbstverwaltung, Dissertation, 1. Aufl. 1998, Boorberg Verlag, Stuttgart
Ders.	Kommunale Selbstverwaltung und aufgabengerechte Finanzausstattung, DÖV 1999, 841 f.
Müller, Klaus	Die Verfassung des Freistaates Sachsen, Kommentar, 1. Aufl. 1993, Nomos Verlagsgesellschaft Stuttgart *zit: Müller, Kommentar zur Sächsischen Verfassung*
Niedersächsische Sachverständigenkommission zur Fortentwicklung des Kommunalverfassungsrechts	Bericht April 1978 herausgegeben vom Niedersächsischen Minister des Innern, 1. Aufl. 1978, Deutscher Gemeindeverlag, Stuttgart *zit: Niedersächsische Sachverständigenkommission zur Fortentwicklung des Kommunalverfassungsrechts*
Pappermann, Ernst	Maßstäbe für eine Funktionalreform im Kreis, Der Landkreis 1976, 295 f.
Peters, Hans	Die neue Gemeindeordnung für Nordrhein-Westfalen, DVBl 1953, 38 f.
Ders.	Rezension zu: Die Landkreise in der Bundesrepublik Deutschland, Kohlhammer Verlag, Stuttgart, DVBl 1956, 246
Petz, Helmut	Die Übertragung von Staatsaufgaben als Kreisverwaltungsaufgaben auf die kreisfreien Städte, BayVBl 1989, 353 f.
Petzold, Siegfried	Handbuch zur Kommunalen Selbstverwaltung, praxisnahe Information, Arbeitshilfe und Beratung, 1. Aufl. 1991, Walhalla und Praetoria Verlag, Regensburg *zit: Petzold, Handbuch zur Kommunalen Selbstverwaltung*
Pieroth, Bodo Schmülling, Markus	Die Umsetzung der Richtlinie des Rates zum Kommunalwahlrecht der Unionsbürger in den deutschen Ländern, DVBl 1998, 365 f.

Püttner, Günter — Handbuch der kommunalen Wissenschaft und Praxis, 6 Bände, 2. Aufl. 1982, Springer Verlag, Berlin

zit : Püttner, Handbuch der kommunalen Wissenschaft und Praxis

Quecke, Albrecht
Schmidt, Hansdieter — Gemeindeordnung für den Freistaat Sachsen, Loseblattkommentar Stand: 15. Ergänzungslieferung Dezember 1998, Erich Schmidt Verlag, Berlin

zit: Quecke/Schmidt, Sächsisches Kommunalrecht

Redeker, Konrad
Von Oertzen, Hans Joachim — VwGO Kommentar, 11. Aufl. 1994, Kohlhammer Verlag, Stuttgart

zit: Redecker/ von Oertzen, VwGO Kommentar

Rietdorf, Fritz — Die Einheit der Verwaltung auf Kreisebene, DÖV 1955, 230 f.

Ders. — Die Organisation der Landesverwaltung in Nordrhein-Westfalen, DÖV 1962, 593 f.

Rommel, Manfred — Zur Lage der Kommunalverwaltung nach 30 Jahren Grundgesetz, DÖV 1979, 362 f.

Salzwedel, Jürgen — Staatsaufsicht in Verwaltung und Wirtschaft - Tagung der Deutschen Staatsrechtslehrer zu Saarbrücken vom 9. bis 12. Oktober 1963, VVDSTRL Heft 22 (1965), 206 f., De Gruyter Verlag, Berlin

Schäfer, Hans — Die Bundesauftragsverwaltung, DÖV 1960, 641 f.

Schimpff, Volker
Rühmann, Jürgen — Die Protokolle des Verfassungs- und Rechtsausschusses des Sächsischen Landtages zur Entstehung der Verfassung des Freistaates Sachsen, 1. Auflage 1997, Neue Darmstädter Verlagsanstalt, Rheinbreitbach

zit: Schimpff/Rühmann, Protokolle des Verfassungs - und Rechtsausschusses

Schleer, Manfred
Wagner, Erwin — Verwaltungsreform in Sachsen – die Aktivitäten der Stabsstelle Verwaltungsreform beim Sächsischen Staatsministerium des Innern, LKV 1998, 220 f.

Schmid, Anton — Einheit der Verwaltung auf Kreisebene, DÖV 1954, 719 f.

Schmid, Hansdieter — Vorlage- und Genehmigungspflichten im Gemeindewirtschaftsrecht, Sachsenlandkurier 1998, 70 f.

Ders. — Vortrag vor dem Niedersächsischen Landkreistag, Mitteilungen des Niedersächsischen Landkreistages 1997, 9 f.

Schmidt, Gerhard — Die Staatsreform in Sachsen in der ersten Hälfte des 19. Jahrhunderts - eine Parallele zu den Steinschen Reformen in Preußen Weimar 1966

zit: Schmidt, Staatsreform

Ders. — Die sächsischen Amtshauptmannschaften 1874-1945 und ihre Vorläufer, Letopis Reihe B, Nr. 20/1 (1973), S. 14 f.

zit: Schmidt, Amtshauptmannschaften

Schmidt-Aßmann, Eberhard — Kommunalrecht in: Schmidt-Aßmann (Hrsg.), Besonderes Verwaltungsrecht, S. 1 ff.

zit: Schmidt-Aßmann, Kommunalrecht

Ders. — Besonderes Verwaltungsrecht (Hrsg.), 10. Aufl. 1995, De Gruyter Verlag, Berlin

zit: Schmidt-Aßmann, Besonderes Verwaltungsrecht

Ders. — Perspektiven der Selbstverwaltung der Landkreise in: Schoch, Selbstverwaltung der Kreise, S. 75 f.

zit: Schmidt-Aßmann, Perspektiven der Selbstverwaltung der Landkreise

Schmidt-Brücken, o.A. — Landkreis und untere Verwaltungsbehörde, DVBl 1951, 459 f.

Schmidt-Eichstaedt, Gerd — Die Qualität der Kommunalaufgaben in: Püttner, Handbuch der kommunalen Wissenschaft und Praxis, Band 3 § 48 B S. 3 f.

zit: Schmidt-Eichstaedt, Die Qualität der Kommunalaufgaben

Schmidt-Eichstaedt, Gerd
Petzold, Siegfried
Melzer, Helmut
Penig, Ludwig,
Plate, Klaus
Richter, Heinz — DDR-Kommunalverfassung, 1. Aufl 1990, Deutscher Gemeindeverlag Köln

zit: Schmidt-Eichstaedt, DDR-Kommunalverfassung

Schmidt-Jortzig, Eberhard — Kommunalrecht, 1.Aufl. 1982, Kohlhammer Verlag, Stuttgart

zit: Schmidt-Jortzig, Kommunalrecht

Schmidt-Jortzig, Eberhard
Makswit, Jürgen — Verfassungsrechtliche Vorgaben für die Finanzierung kommunaler Fremdverwaltung, JUS 1980, 641 f.

Schmitt-Glaeser, Walter — Verwaltungsprozeßrecht, 13. Auflage 1994, Boorberg Verlag, Stuttgart

zit: Schmitt-Glaeser, Verwaltungsprozeßrecht

Schmitz, Margun — Der Landrat, Mittler zwischen Staatsverwaltung und kommunaler Selbstverwaltung, Dissertation 1. Aufl. 1991, Nomos Verlagsgesellschaft, Baden-Baden

zit: Schmitz, Landrat

Schnuppe, Werner — Anmerkungen zum Entwurf einer SächsGemO Stand 18.3.1990 vom 28.5.1990 (persönlicher Besitz/unveröffentlicht)

zit: Schnuppe, Anmerkungen zum Entwurf einer SächsGemO

Schoch, Friedrich — Finanzverantwortung beim kommunalen Aufgabenvollzug, ZG 1994, 246 f.

Ders. Die Selbstverwaltung der Kreise in Deutschland (Hrsg.), 1. Aufl. 1996, Carl Heymanns Verlag, Köln

zit: Schoch, Die Selbstverwaltung der Kreise

Ders. Verfassungsrechtlicher Schutz der kommunalen Finanzautonomie - Darstellung am Beispiel der saarländischen Kommunen, 1. Aufl. 1997, Boorberg Verlag, Stuttgart

zit: Schoch, Verfassungsrechtlicher Schutz der kommunalen Finanzautonomie

Ders. Die aufsichtliche Genehmigung der Kreisumlage, 1. Aufl. 1995, Deutscher Gemeindeverlag, W. Kohlkammer Verlag Stuttgart

zit: Schoch, Die aufsichtliche Genehmigung der Kreisumlage

Schoch, Friedrich
Wieland, Joachim
Finanzierungsverantwortung für gesetzgeberisch veranlasste kommunale Aufgaben, 1. Auflage 1995, Nomos Verlagsgesellschaft, Baden-Baden

zit: Schoch/Wieland, Finanzierungsverantwortung für gesetzgeberisch veranlasste Aufgaben

Schoch, Friedrich
Wieland, Joachim
Die Verfassungswidrigkeit des § 96 Abs. 1 S. 1 BSHG, JZ 1995, 982 f.

Schöne, Hans-Joachim Das Staatsaufsichtsrecht über die Gemeinden bzw. Selbstverwaltungskörper Inaugural-Dissertation, 1923, Noske Verlag

zit: Schöne, Das Staatsaufsichtsrecht über die Gemeinden bzw. Selbstverwaltungskörper

Ders. Die Verfassungs - und Verwaltungsorganisation der deutschen Landkreise in Stein: Die deutschen Landkreise

zit: Schöne, Die Verfassungs - und Verwaltungsorganisation der deutschen Landkreise

Schuler, Rolf	Übertragung kostenwirksamer Aufgaben auf Gemeinden und Gemeindeverbände und die finanzielle Ausgleichspflicht des Landes, BWVP 1981, 37 f.
Schumacher, Paul	Eine neue Regelung für Aufgabenübertragung in der brandenburgischen Landesverfassung, LKV 2000, 98 f.
Schweer, Dieter	Die Pflichtaufgabe nach Weisung nach der Gemeindeordnung für Nordrhein-Westfalen, DVBl 1956, 703 f.
Seele, Günter	Bestands- Verfassungs- und Organisationsstrukturen der neuen Kreise in: Verein für die Geschichte der deutschen Landkreise, Der Kreis Band 3, S. 39 f. *zit: Seele, Bestands- Verfassungs- und Organisationsstrukturen der neuen Kreise*
Ders.	Die neuen Kreise im Organisationsgefüge der Kreisstufe in: Verein für die Geschichte der deutschen Landkreise, Der Kreis Band 3, S. 247 f. *zit: Seele, Die neuen Kreise im Organisationsgefüge der Kreisstufe*
Ders.	Die allgemeine untere Verwaltungsbehörde in der Kreisstufe in: Püttner, Handbuch der kommunalen Wissenschaft und Praxis, Band 3 § 49 B, S. 69 f. *zit: Seele, Die allgemeine untere Verwaltungsbehörde in der Kreisstufe*
Ders.	Kreisaufgaben, Der Landkreis 1975, 285 f.
Ders.	Die Kreise in der Bundesrepublik Deutschland, 1. Auflage 1990, Deutscher Gemeindeverlag, Köln *zit: Seele, Die Kreise in der Bundesrepublik Deutschland*

Seewald, Otfried	Kommunalrecht in Steiner (Hrsg.): Besonderes Verwaltungsrecht, 1 f. *zit: Seewald, Kommunalrecht*
Seyb, Christel Lahme, Andreas Sponer, Wolf-Uwe	Kommunalrecht in: Stober, Handbuch des Sächsischen Staats- und Verwaltungsrechts, § 4 S. 161 f. *zit: Seyb/Lahme/Sponer, Kommunalrecht*
Seyfried, Peter	Sonderbehörden-Eingliederungsgesetz, BWVP 1995, Teil I, 49 f. und Teil II, 81 f.
Siedentopf, Heimrich	Die Kreise vor einem neuen Leistungs- und Gestaltungsauftrag, DVBl 1975, 13 f.
Siedentopf, Heinrich Laux, Eberhard	Grundlagen einer Funktionalreform in Sachsen, 1. Aufl. 1998, Nomos Verlagsgesellschaft, Baden-Baden *zit: Siedentopf/Laux, Grundlagen einer Funktionalreform in Sachsen*
Sponer, Wolf-Uwe	Kommunalaufsicht und Widerspruchsverfahren aus Sicht der Landkreise in: Hegele, Aktuelle Fragen der Kommunalaufsicht im Freistaat Sachsen, S. 69 f. *zit: Sponer, Kommunalaufsicht und Widerspruchsverfahren*
Ders.	Wirtschaftlichkeit durch Einheit der Verwaltung – Funktionalreform aus Sicht der Landkreise, APF 1998, Heft 11, Sonderbeilage Sachsen
Sponer, Wolf-Uwe Jacob, André	Landkreisordnung für den Freistaat Sachsen, 1. Auflage 1994, Boorberg Verlag, Stuttgart *zit: Sponer/ Jacob, SächsLkrO Kommentar*
Springer, Wolfgang	Auswirkungen der Verwaltungsreform des Freistaates Bayern aus Sicht des Bayerischen Städtetages, BayBgm 1998, 339 f.

Steiner, Udo	Besonderes Verwaltungsrecht (Hrsg.), 4. Aufl. 1992, C.F. Müller Verlag Heidelberg *zit: Steiner, Besonderes Verwaltungsrecht*
Steinberg, Rudolf	Handlungs- und Gestaltungsspielräume des Landes bei der Bundesauftragsverwaltung, AöR 110 (1985), 419 f.
Stern, Klaus	Staatsrecht, Band 1 Grundbegriffe und Grundlagen des Staatsrechts, 2. Aufl. 1984 und Band 2, Staatsorgane, Staatsfunktionen, Finanz- und Haushaltsverfassung, 1. Aufl. 1980, C.H. Beck Verlag München *zit: Stern, Staatsrecht (Band)*
Stimpfl, Hans Weisenberger, Dieter	Kommentar zum Sächsischen Gesetz über kommunale Zusammenarbeit, Stand: 7. Nachlieferung Juli 1998, Kommunal- und Schulverlag. Wiesbaden *zit: Stimpfl/Weisenberger, Sächsisches KomZG*
Stober, Rolf	Handbuch des Sächsischen Staats- und Verwaltungsrechts (Hrsg.), 1. Auflage 1996, Boorberg Verlag Stuttgart *zit: Stober, Handbuch des Sächsischen Staats – und Verwaltungsrechts*
Ders.	Kommunalrecht in der Bundesrepublik Deutschland, 3. Aufl. 1996, Kohlhammer Verlag Stuttgart *zit: Stober, Kommunalrecht*
Storz, Karl	Landkreisverwaltung und staatliche Verwaltung im Landkreis nach der Landkreisordnung für Baden-Württemberg , BWVBl 1956, 4 f.
Stüer, Bernhard	Funktionalreform und kommunale Selbstverwaltung, Dissertation, 1. Aufl. 1980, Otto Schwartz Verlag Göttingen *zit: Stüer, Funktionalreform und kommunale Selbstverwaltung*

Süß, Siegwin | Zur gesetzlichen Verankerung des Selbsteintrittsrechts im Bayerischen Verwaltungsverfahrensgesetz, BayVBl 1987, 2 f.

Tschentscher, Thomas | Bundesaufsicht in der Bundesauftragsverwaltung, 1. Aufl. 1992, Nomos Verlagsgesellschaft, Baden-Baden

zit: Tschentscher, Bundesaufsicht in der Bundesauftragsverwaltung

Ders. | Inhalt und Schranken des Weisungsrechts des Bundes aus Art. 85 III GG, Dissertation, 1. Aufl. 1988, Bonn

zit: Tschentscher, Inhalt und Schranken des Weisungsrechts

Trumpp, Eberhard
Pokrop, Rainer | Landkreisordnung für Baden-Württemberg, 2. Auflage 1994, Boorberg Verlag Stuttgart

zit: Trumpp/Pokrop, LkrO Baden Württemberg

Trute, Hans-Heinrich | Die Überleitung des staatlichen Personals der DDR zwischen Kontinuität und Neubeginn, 1. Aufl. 1997, Dresdner Universitäts-Press

zit: Trute, Die Überleitung des staatlichen Personals der DDR

Ders. | Organisation und Personal in der DDR in: Isensee/Kirchhof, Handbuch des Staatsrechts, Band IX, S. 653 f.

zit: Trute, Organisation und Personal in der DDR

Ders. | Das Kultur- und Bildungswesen in der Sächsischen Verfassung in: Degenhart/Meissner, Handbuch der Sächsischen Verfassung, S. 231 f.

zit: Trute, Kultur- und Bildungswesen in der Sächsischen Verfassung

Ders. | Gesetzliche Schuldverhältnisse als Grundlage der Kostenerstattung im Bundesstaat, JUS 1996, 883 f.

Venus, Ernst — Amtshauptmann in Sachsen, 1. Aufl. 1970, Deutscher Landkreistag, Bonn

zit: Venus, Amtshauptmann in Sachsen

Verein für die Geschichte der deutschen Landkreise — Der Kreis, 5 Bände, 1. Auflage 1985, Grote Verlag Köln

zit: Verein für die Geschichte der deutschen Landkreise, Der Kreis

Vietmeier, Hans — Die staatlichen Aufgaben der Kommunen und ihrer Organe 1. Auflage 1992 Deutscher Gemeindeverlag, Kohlhammer, Berlin

zit: Vietmeier, Die staatlichen Aufgaben der Kommunen und ihrer Organe

Ders. — Die Rechtsstellung der Kommunen im übertragenen Wirkungskreis, DVBl 1993, 190 f.

Von der Mosel, Günther — Handwörterbuch des Sächsischen Verwaltungsrechts, 12. Aufl. 1912 und 13. Aufl. 1926, Roßbergsche Verlagsbuchhandlung, Leipzig

zit: von der Mosel, Handwörterbuch des Sächs. Verwaltungsrechts

Von Klitzing, Ingrid — Die neue Rechtslage beim kommunalen Ausländerwahlrecht, Bay Bgm 1996, 120 f.

Von Münch, Ingo — Grundgesetz Kommentar, 3 Bände hier verwandt: Band 2, 2. Aufl. 1983 und Band 3, 2. Aufl. 1983, C.H. Beck Verlag, München

zit: von Münch, Grundgesetz Kommentar

Von Mutius, Albert — Sind weitere rechtliche Maßnahmen zu empfehlen, um den notwendigen Handlungs- und Gestaltungsspielraum der kommunalen Selbstverwaltung zu gewährleisten ? (Gutachten zum 53. Deutschen Juristentag), 1.Aufl. 1980, C.H. Beck Verlag München

zit: von Mutius, Gutachten zum 53. Deutschen Juristentag

Ders.	Übertragung öffentlicher Aufgaben auf Kommunen und Struktur des übergemeindlichen Finanzausgleichs Gutachten im Auftrag des SMF 1997 (unveröffentlicht)
	zit: von Mutius, FAG - Gutachten
Ders.	Neues Steuerungsmodell in der Kommunalverwaltung in: Burmeister, Festschrift für Klaus Stern, S. 685 f.
	zit: von Mutius, Neues Steuerungsmodell in der Kommunalverwaltung
Ders.	Kommunalrecht, 1. Aufl. 1996, C.H. Beck Verlag, München
	zit: *von Mutius, Kommunalrecht*
Ders.	Grundfälle zum Kommunalrecht, JUS 1978, 28 f.
Von Mutius, Albert Dreher, Olaf	Reform der Kreisfinanzen, 1. Auflage 1990, Nomos Verlagsgesellschaft, Baden-Baden
	zit: von Mutius/Dreher, Reform der Kreisfinanzen
Von Mutius, Albert Henneke, Hans Günter	Kommunale Finanzausstattung und Verfassungsrecht, 1. Aufl. 1985
	zit: von Mutius/Henneke, Kommunale Finanzausstattung
Von Unruh, Christoph	Dezentralisation der Verwaltung des demokratischen Rechtsstaates nach dem Grundgesetz in: Deutscher Landkreistag, Der Kreis im Wandel der Zeiten, S. 232 f.
	zit: von Unruh, Dezentralisation der Verwaltung des demokratischen Rechtsstaates nach dem Grundgesetz
Ders.	Die Lage der deutschen Verwaltung zwischen 1945 und 1949 in: Jeserich/Pohl/von Unruh, Deutsche Verwaltungsgeschichte, Band 5 II. Kapitel, S. 70 f.
Ders.	Wodurch unterscheiden sich kommunale von staatlichen Angelegenheiten? DÖV 1977, 467 f.

Von Wolff, o.A.	Der Landkreis als Selbstverwaltungskörper und seine kommende Entwicklung in: Stein, Die deutschen Landkreise *zit: von Wolff, Der Landkreis als Selbstverwaltungskörper und seine kommende Entwicklung*
Waechter, Kay	Kommunalrecht, 2. Auflage 1995, Carl Heymanns Verlag, Köln *zit: Waechter, Kommunalrecht*
Wagener, Frido	Die Verwaltung der Kreise in der Industriegesellschaft, Der Landkreis 1966, 111 f.
Wahl, Andreas	.... dass diejenigen bezahlen sollen, die bestellen, SächsVBl 1996, 303 f.
Weber, Werner	Der Kreis und die untere Verwaltungsinstanz in: Verein für die Geschichte der deutschen Landkreise, Der Kreis Band 1 S. 75 f. *zit: Weber, Der Kreis und die untere Verwaltungsinstanz*
Weidelener Helmut	Die Aufsicht nach der SächsGemO, Kommunalpraxis 1994, 134 f.
Werner, Gerhard	Die Gemeinde- und Kreisfinanzierung auf dem verfassungsrechtlichen Prüfstand, VBlBW 1997, 1 f.
Wiegand, Bernd Grimberg, Michael	Gemeindeordnung für Sachsen-Anhalt, 2. Aufl. 1997, C.H. Beck Verlag, München *zit: Wiegand/Grimberg, Gemeindeordnung Sachsen-Anhalt*
Winter, Gerd	Rechtsschutz gegen Weisungen in der atomtrechtlichen Bundesauftragsverwaltung, DVBl 1985, 993 f.
Wolff, Hans J. Bachof, Otto Stober, Rolf	Verwaltungsrecht Band 1, 10. Aufl. 1994, C.H. Beck Verlag, München *zit: Wolff/Bachof/Stober, Verwaltungsrecht I*

Wolff, Hans J. Bachof, Otto Stober, Rolf	Verwaltungsrecht Band 2, 5. Aufl. 1987, C.H. Beck Verlag München *zit: Wolff/Bachof/Stober, Verwaltungsrecht II*
Wollmann, Helmut	Verwaltungsaufbau in den neuen Ländern - Die Stunde der Verwaltungsneulinge, LKV 1997, 275 f.
Ders.	Echte Kommunalisierung von Kommunalaufgaben, LKV 1997, 105 f.
Wolst, Dieter	Die Bundesauftragsverwaltung als Verwaltungsform, 1. Aufl. 1974, Kirschbaum Verlag, Bonn *zit: Wolst, Bundesauftragsverwaltung*
Ziel, Alwin	Der Weg des Landes Brandenburg in eine rechtsstaatliche öffentliche Verwaltung, LKV 1995, 1 f.
Ders.	14 Grundsätze für die Funktionalreform in Brandenburg, Brandenburg Kommunal 1993, 9 f.

Christoph Link

Staat und Kirche in der neueren deutschen Geschichte

Fünf Abhandlungen

Frankfurt/M., Berlin, Bern, Bruxelles, New York, Oxford, Wien, 2000. 204 S.
Schriften zum Staatskirchenrecht.
Herausgegeben von Axel Frhr. von Campenhausen und Christoph Link. Bd. 1
ISBN 3-631-36681-7 · br. DM 69.–*

Der Autor gibt eine Darstellung der spannungsreichen Geschichte des Verhältnisses von Staat und Kirche in Deutschland seit der Reformation. Der Schwerpunkt liegt auf der – für die Herausbildung des heutigen Staatskirchenrechts maßgeblichen – Epoche vom Beginn des 19. Jahrhunderts bis zur Schwelle der Wiedervereinigung. Dabei geht es nicht nur um exemplarische Konflikte (Religionskämpfe im konfessionellen Zeitalter, Kulturkampf, Kirchenkampf im „Dritten Reich"), sondern auch um die ihnen zugrundeliegenden politischen, geistesgeschichtlichen und sozialen Wandlungen. Beides hat entscheidend das Werden des modernen, religiös und weltanschaulich neutralen Staates bestimmt und in eine für Deutschland typische, freiheitliche Trennungs- und Ausgleichsordnung zwischen Staat und Kirche geführt.

Aus dem Inhalt: Staat und Kirche von der Reformation bis zur Gegenwart - ein Überblick · Staat und Kirchen im 19. und beginnenden 20. Jahrhundert · Das Staatskirchenrecht von Weimar · Staat und Kirche im Nationalsozialismus · Die Neuordnung des Verhältnisses von Staat und Kirche nach 1945

GABLER EDITION WISSENSCHAFT

Alexander Linn

Missbrauchsverhinderungsnormen und Standortwahl

Inhaltsverzeichnis

Abbildungsverzeichnis

Tabellenverzeichnis

Abkürzungsverzeichnis

a. A. .... anderer Ansicht / anderer Auffassung

a. F. .... alte Fassung

Abl. .... Amtsblatt der Europäischen Union

Abl. EG .... Amtsblatt der Europäischen Gemeinschaften

Abs. .... Absatz

AEQ .... Konjunkturpolitik – Zeitschrift für angewandte Wirtschaftsforschung / Applied Economics Quarterly (Zeitschrift)

AER .... The American Economic Review (Zeitschrift)

AG .... Aktiengesellschaft

AG .... Die Aktiengesellschaft (Zeitschrift)

Alt. .... Alternative

Anm. .... Anmerkung

AO .... Abgabenordnung

Art. .... Artikel

AStG .... Außensteuergesetz

Aufl. .... Auflage

Az. .... Aktenzeichen

BAO .... Bundesabgabenordnung (Österreich)

BB .... Betriebs-Berater (Zeitschrift)

Bearb. .... Bearbeiter

Begr. .... Begründer

ber. .... berichtigt

Beschl./Bs. .... Beschluss

BFH .... Bundesfinanzhof

BFHE .... Sammlung der Entscheidungen des Bundesfinanzhofes, hrsg. von den Mitgliedern des Bundesfinanzhofs

BGBl. .... Bundesgesetzblatt

BIAC .... Business and Industry Advisory Committee to the OECD

BMF .... Bundesministerium der Finanzen

BR-Drs. .... Bundesratsdrucksache

BStBl.	Bundessteuerblatt
BT-Drs.	Bundestagsdrucksache
BVerfG	Bundesverfassungsgericht
BVerfGE	Entscheidungen des Bundesverfassungsgerichts
c. p.	ceteris paribus
CESifo	Center for Economic Studies / ifo Institut
CFC	Controlled Foreign Corporation(s)
CMLR	Common Market Law Review (Zeitschrift)
CTJ	Canadian Tax Journal (Zeitschrift)
DB	Der Betrieb (Zeitschrift)
DBA	Doppelbesteuerungsabkommen
DBW	Die Betriebswirtschaft (Zeitschrift)
Diss.	Dissertation
DStJG	Deutsche Steuerjuristische Gesellschaft
DStR	Deutsches Steuerrecht (Zeitschrift)
DStZ	Deutsche Steuer-Zeitung (Zeitschrift)
EATLP	European Association of Tax Law Professors
EBIT	Earnings before interest and tax
EC	European Community
ECOFIN-Rat	Rat der Europäischen Union (Wirtschaft und Finanzen)
ECTR	European Community Tax Review (Zeitschrift)
EER	European Economic Review (Zeitschrift)
EFG	Entscheidungen der Finanzgerichte (Zeitschrift)
EFTA	European Free Trade Association
EFTAGH	Gerichtshof der EFTA-Staaten
EG	Europäische Gemeinschaft(en)
EGV	Vertrag zur Gründung der Europäischen Gemeinschaft
EK	Eigenkapital
EL	Ergänzungslieferung
endg.	endgültig

EP .... Economic Policy (Zeitschrift)
Erk. .... Erkenntnis
EStG .... Einkommensteuergesetz
ET .... European Taxation (Zeitschrift)
EU .... Europäische Union
EuGH .... Europäischer Gerichtshof
EUV .... Vertrag zur Gründung der Europäischen Union
EuZW .... Europäische Zeitschrift für Wirtschaftsrecht
EWG .... Europäische Wirtschaftsgemeinschaft
EWS .... Europäisches Wirtschafts- und Steuerrecht (Zeitschrift)

FA .... FinanzArchiv (Zeitschrift)
FATF .... Financial Action Task Force on Money Laundering
FDI .... foreign direct investments
FG .... Finanzgericht
FK .... Fremdkapital
FN .... Fußnote
FR .... Finanzrundschau (Zeitschrift)

GewStG .... Gewerbesteuergesetz
GG .... Grundgesetz
GITC .... Gray's Inn Tax Chambers
GmbHR .... GmbH-Rundschau (Zeitschrift)
GrS .... Großer Senat

h. M. .... herrschende Meinung
Habil. .... Habilitation
HB .... Handelsblatt (Zeitung)
Hrsg. .... Herausgeber
http .... Hypertext Transfer Protocol

i. d. F. .... in der Fassung
i. d. R. .... in der Regel
i. V. m. .... in Verbindung mit

IBFD .... International Bureau for Fiscal Documentation
IDW .... Institut der Wirtschaftsprüfer e. V.
IDW-FN .... Fachnachrichten des Instituts der Wirtschaftsprüfer
IFA .... International Fiscal Association
IFSC .... International Financial Services Centre
IRC .... Commissioners of Inland Revenue
IStR .... Internationales Steuerrecht (Zeitschrift)
ITJ .... International Tax Journal (Zeitschrift)
ITPF .... International Tax and Public Finance (Zeitschrift)

JIE .... Journal of International Economics (Zeitschrift)
JPE .... Journal of Public Economics (Zeitschrift)
JPolE .... The Journal of Political Economics (Zeitschrift)
JStG .... Jahressteuergesetz
JUE .... Journal of Urban Economics (Zeitschrift)

Kap. .... Kapitel
KapGes .... Kapitalgesellschaft
KFG .... Konzernfinanzierungsgesellschaft
KOM .... Dokumente der Europäischen Kommission
KStG .... Körperschaftsteuergesetz
KWG .... Gesetz über das Kreditwesen

lit. .... Litera

m. w. N. .... mit weiteren Nachweisen
MPIfG .... Max-Planck-Institut für Gesellschaftsforschung

n. rkr. .... nicht rechtskräftig
n. F. .... neue Fassung
naBA .... nicht abzugsfähige Betriebsausgaben
NJW .... Neue Juristische Wochenschrift (Zeitschrift)
NTJ .... National Tax Journal (Zeitschrift)

NVwZ .... Neue Zeitschrift für Verwaltungsrecht

öBMF .... Bundesministerium für Finanzen (Österreich)
OECD .... Organization for Economic Cooperation and Development
OECD-MA .... OECD-Musterabkommen
OECD-TIEA .... Agreement on Exchange of Information in Tax Matters, Tax Information Exchange Agreement
OEP .... Oxford Economic Papers (Zeitschrift)
ÖVwGH .... Österreichischer Verwaltungsgerichtshof
PEB .... Pacific Economic Bulletin (Zeitschrift)

QJE .... The Quarterly Journal of Economics (Zeitschrift)

RAO .... Reichsabgabenordnung
Rdnr. .... Randnummer
RegBegr. .... Regierungsbegründung
RIW .... Recht der internationalen Wirtschaft (Zeitschrift)
RL .... Richtlinie
Rn. .... Randnummer
Rs. .... Rechtssache
RStBl. .... Reichssteuerblatt
RSUE .... Regional Science and Urban Economics (Zeitschrift)
Rz. .... Randziffer

S. .... Seite / siehe
SA .... Schlussanträge
Schr. .... Schreiben
StÄndG .... Steueränderungsgesetz
StandOG .... Standortsicherungsgesetz
StAnpG .... Steueranpassungsgesetz
Stbg .... Die Steuerberatung (Zeitschrift)
StbJb .... Steuerberater-Jahrbuch
StBp .... Die steuerliche Betriebsprüfung (Zeitschrift)
Stpfl. .... Steuerpflichtiger

StSenkG	Steuersenkungsgesetz
StuB	Steuern und Bilanzen (Zeitschrift)
StuW	Steuer und Wirtschaft (Zeitschrift)
StVergAbG	Steuervergünstigungsabbaugesetz
SWI	Steuer und Wirtschaft International (Zeitschrift)
TAR	The Accounting Review (Zeitschrift)
TNI	Tax Notes International (Zeitschrift)
Tz.	Textziffer
UmwStG	Umwandlungssteuergesetz
Univ.	Universität
UntStFG	Unternehmenssteuerfortentwicklungsgesetz
Urt.	Urteil
vervielf.	vervielfältigt
VO	Verordnung
VW	Die Volkswirtschaft – Das Magazin für Wirtschaftspolitik (Zeitschrift)
WiSt	Wirtschaftswissenschaftliches Studium (Zeitschrift)
WM	Wertpapiermitteilungen (Zeitschrift)
WTO	World Trade Organization
ZfB	Zeitschrift für Betriebswirtschaft
ZfbF	Schmalenbachs Zeitschrift für betriebswirtschaftliche Forschung
ZfhF........................	Zeitschrift für handelswissenschaftliche Forschung
ZfhH	Zeitschrift für Handelswissenschaft und Handelspraxis
zugl.	zugleich
ZWS	Zeitschrift für Wirtschafts- und Sozialwissenschaften

Symbolverzeichnis

α	Konzernintern verrechenbarer Aufschlag auf den Zinssatz
α_a	Konzernintern verrechenbarer Aufschlag auf den Zinssatz bei Auslandsinvestment
α_i	Konzernintern verrechenbarer Aufschlag auf den Zinssatz bei Inlandsinvestment
β	Rendite der Tochtergesellschaft als Vielfaches des Zinssatzes
β_a	Rendite der Tochtergesellschaft als Vielfaches des Zinssatzes bei Auslandsinvestment
β_i	Rendite der Tochtergesellschaft als Vielfaches des Zinssatzes bei Inlandsinvestment
φ	Maximal zulässiger Anteil des Fremdkapitals am Gesamtkapital der Tochtergesellschaft
Φ	Höhe der Kapitalabwanderung (*Zodrow/Mieszkowski*-Modell)
C	Privater Konsum (*Zodrow/Mieszkowski*-Modell)
h	Gewerbesteuerlicher Hebesatz
i	Zinssatz
$JÜ_N$	Jahresüberschuss der Gesellschaft N
$JÜ_{Na}$	Jahresüberschuss der Gesellschaft N bei Auslandsinvestment
$JÜ_{Ni}$	Jahresüberschuss der Gesellschaft N bei Inlandsinvestment
K	Kapital einer Gesellschaft (Eigen- und Fremdkapital)
K	Kapitaleinsatz in einem Land (*Zodrow/Mieszkowski*-Modell)
K_0	Kapitaleinsatz vor Einführung einer Quellensteuer (*Zodrow/Mieszkowski*-Modell)
K_1	Kapitaleinsatz nach Einführung einer Quellensteuer (*Zodrow/Mieszkowski*-Modell)
P	Öffentliches Gut (*Zodrow/Mieszkowski*-Modell)
r^*	Weltmarktzinssatz (*Zodrow/Mieszkowski*-Modell)
$s_{C_{Indiff.}}$	Indifferenzsteuersatz
s_N	Steuersatz in Land N
t	Steuer auf das eingesetzte Kapital (*Zodrow/Mieszkowski*-Modell)
U_C	Nutzen aus dem Konsum des privaten Guts (*Zodrow/Mieszkowski*-Modell)

U_P .... Nutzen aus dem Konsum des öffentlichen Guts (*Zodrow/Mieszkowski*-Modell)

X_{AT} .... Index: Österreich

X_{DE} .... Index: Deutschland

X_{DK} .... Index: Dänemark

X_{FI} .... Index: Finnland

X_{FR} .... Index: Frankreich

X_{IT} .... Index: Italien

X_{PT} .... Index: Portugal

X_{SE} .... Index: Schweden

X_{UK} .... Index: United Kingdom

A. Steuerliche Missbrauchsverhinderungsnormen als Untersuchungsgegenstand

I. Problemstellung, Zielsetzung und Abgrenzung

Die nationalen Steuersysteme der EU-Mitgliedstaaten und damit die Steuerwissenschaften[1] stehen derzeit zwei relativ neuen, für die nationalstaatliche Steuersouveränität aber umso bedeutsameren, Herausforderungen gegenüber. Durch die Europäische Integration gerät der Inlandsbezug sämtlicher Besteuerungsprinzipien, sei es das Leistungsfähigkeitsprinzip oder die Wettbewerbsneutralität, auf den Prüfstand: Grenzüberschreitende Sachverhalte im Binnenmarkt dürfen gegenüber reinen Inlandssachverhalten nicht benachteiligt werden.[2] Durch den Steuerwettbewerb[3] in Europa und weltweit werden diese Prinzipien darüber hinaus dem Grunde nach in Frage gestellt: Um Investitionen und damit Steuersubstrat ins Land zu holen oder auch nur im Land zu halten, soll das eigene Steuersystem einen Wettbewerbsvorteil gegenüber der Konkurrenz, d. h. gegenüber den Steuersystemen anderer Länder, bieten. Dies führt in vielen Bereichen zu einem Konflikt mit dem Anspruch, ein gerechtes oder gleichmäßiges Steuersystem zu haben.[4]

Der starke Einfluss der Rechtsprechung des EuGH auf das Steuerrecht der Mitgliedstaaten hat die Berücksichtigung europarechtlicher Fragen in den letzten Jahren sowohl im Bereich der Steuerrechtswissenschaften als auch im Bereich der Betriebswirtschaftlichen Steuerlehre zur Regel werden lassen. Sachverhalte ohne europarechtlichen Bezug sind angesichts des umfassenden Schutzbereichs der Grundfreiheiten und der Wirkung der Kapitalverkehrsfreiheit auch im Verhältnis zu Drittstaaten nur noch selten anzutreffen.[5]

---

[1] Neben der Betriebswirtschaftlichen Steuerlehre zählen die Steuerrechtswissenschaft und die Finanzwissenschaft zu den Steuerwissenschaften, vgl. *Kußmaul, H.*, Steuerlehre, 1995, S. 3 f.; *Elschen, R.*, Entscheidungsneutralität, 1991, S. 99 f.; *Lang, J.*, Einführung, 2005, Rz. 34-51.

[2] Vgl. dazu unten Kapitel E, S. 199.

[3] Steuerwettbewerb wird in dieser Arbeit als Konkurrenz der Staaten um Unternehmensinvestitionen durch Gestaltung des eigenen Steuersystems verstanden. Zu einer genaueren Definition des Begriffs „Steuerwettbewerb" vgl. unten B.I, S. 11.

[4] Vgl. *Hey, J.*, Erosion, 2005, S. 323 f.; *Lang, J.*, Steuerschuldrecht, 2005, Rz. 72, 75.

[5] Vgl. zum Schutzbereich der Grundfreiheiten und einer möglichen Drittstaatenwirkung der Kapitalverkehrsfreiheit unten Kapitel E, S. 199.

Die Herausforderungen, die der Steuerwettbewerb an die nationalen Steuersysteme stellt, werden in der Steuerrechtswissenschaft und der Betriebswirtschaftlichen Steuerlehre nur in Einzelfällen thematisiert. Eine ökonomische Analyse dieser Entwicklungen ist in diesen Fachgebieten bislang weitgehend unterblieben.[1] In der Finanzwissenschaft wird dieses Untersuchungsgebiet seit Langem bearbeitet,[2] wobei der methodischen Tradition dieses Bereichs der Steuerwissenschaften folgend die Feinheiten nationaler Steuersysteme ausgeblendet werden.[3]

Die Staaten sind im Steuerwettbewerb einem Konkurrenzdruck durch niedrige Steuersätze oder Nischen niedriger Besteuerung in anderen Staaten ausgesetzt. Diesem Druck können sie durch Senkung der eigenen Steuersätze oder Einführung eigener Nischen niedriger Besteuerung begegnen. Dies hat nach Ansicht der OECD und der EU zu einem „schädlichen Steuerwettbewerb" geführt[4] und die Furcht vor einem steuerlichen Unterbietungswettkampf, dem sogenannten „race to the bottom", geschürt.[5] Eine weitere Handlungsoption, die den Staaten zur Verfügung steht, ist die Einführung von Missbrauchsverhinderungsnormen,[6] die sich gegen die Nutzung des internationalen Steuergefälles richten.[7] Gerade diese Normen sind aber innerhalb Europas zunehmender Kritik in Bezug auf ihre Vereinbarkeit mit dem europäischen Gemeinschaftsrecht ausgesetzt, da sie zu einer Beeinträchtigung der europarechtlich garantierten Grundfreiheiten führen und damit der Vollendung des europäischen Binnenmarktes entgegenstehen können.[8]

Die Vereinbarkeit bestimmter Missbrauchsverhinderungsnormen mit dem europäischen Gemeinschaftsrecht war Gegenstand mehrerer aktueller juristischer Untersu-

---

1 Ohne eine nähere ökonomische Analyse wird der Steuerwettbewerb beispielsweise thematisiert von *Ritter, W.*, Steuerverschärfung, 1999; *Schön, W.*, Rechtsproblem, 2000; *Selling, H.-J.*, Deutschland, 2000; *Schön, W.*, Competition, 2002. Vgl. auch *Lang, J.*, Steuerschuldrecht, 2005, Rz. 72-75 m. w. N. in FN 63.

2 Der erste grundlegende Aufsatz in diesem Bereich wurde 1956 von *Tiebout* veröffentlicht, vgl. *Tiebout, C. M.*, Theory, 1956.

3 Vgl. unten D.I.1.c), S. 117.

4 Vgl. *Raupach, A.*, Utopie, 1997, S. 678 f.; *Arnold, B. J./Dibout, P.*, Generalbericht, 2001, S. 171. Zur Position der OECD und der EU vgl. unten B.II, S. 14.

5 Vgl. *Genschel, P.*, Wohlfahrtsstaat, 2000.

6 Vgl. zur Begriffsklärung ausführlich unten B.III, S. 26.

7 Vgl. *Arnold, B. J./Dibout, P.*, Generalbericht, 2001, S. 171; *Schön, W.*, Competition, 2002, S. 28 f.

8 Vgl. statt aller *García-Herrera, C./Herrera, P. M.*, fairness, 2004, S. 57 f.

chungen.[1] Zusätzlich liegen mehrere rechtsvergleichende Darstellungen vor,[2] die im Schwerpunkt[3] jeweils einen Normkomplex, d. h. eine Art der Missbrauchsverhinderungsnormen behandeln, nämlich allgemeine Missbrauchsnormen wie § 42 AO[4] einerseits und spezielle Missbrauchsnormen, insbesondere Regeln gegen beherrschte Auslandsgesellschaften[5] und Unterkapitalisierungsregeln andererseits.[6] Bisherige ökonomische Analysen dieser Vorschriften beschränken sich auf einzelne Normkomplexe und quantifizieren die steuerlichen Folgen der Anwendung dieser Normen.[7] Bei der internationalen Steuerplanung der Unternehmen ist eine derartige isolierte Sichtweise zu eng, da mehrere Normkomplexe, potenziell aus verschiedenen Rechtsordnungen, eine Gestaltung beeinflussen können. Ein erstes Ziel der vorliegenden Untersuchung ist daher die systematische Darstellung der für die internationale Steuerplanung wesentlichen nationalen Missbrauchsverhinderungsvorschriften in ausgewählten Staaten.

Eine Wirkung nationaler Missbrauchsverhinderungsnormen im Steuerwettbewerb wird zwar vermutet, ohne dass eingehendere Untersuchungen zu diesem Thema vorgelegt wurden. Bereits 1998 haben OECD-Vertreter einen Verlust an Wettbewerbsfähigkeit bei denjenigen Ländern befürchtet, die eine umfassende Missbrauchsgesetzgebung erlassen haben.[8] Auch die deutsche Finanzverwaltung berichtete bereits 2001, dass in Betriebsprüfungen der Versuch, die vorhandenen Missbrauchsregeln konsequent an-

---

[1] An Aufsätzen sind beispielsweise zu nennen *Schaumburg, H.*, Außensteuerrecht, 2005; *Wessels, N.*, Verhältnis, 2004; *Bauschatz, P.*, Gestaltungsmissbrauch, 2002; *Schön, W.*, Gestaltungsmißbrauch, 1996; *Eilers, S.*, Anwendungsrestriktionen, 1993. An Monographien vgl. beispielsweise *Weber, D.*, Freedoms, 2005; *Schönfeld, J.*, Hinzurechnungsbesteuerung, 2005; *Bille, S.*, Hinzurechnungsbesteuerung, 2004; *Kärgel, A.*, Konflikt, 2003.

[2] Vgl. beispielsweise *IFA* (Hrsg.), Limits, 2001; *IFA* (Hrsg.), Form, 2002; *Lang, M.* u. a. (Hrsg.), CFC-Legislation, 2004; *Obser, R.*, Fremdfinanzierung, 2005.

[3] Insbesondere allgemeine und spezielle Missbrauchsverhinderungsnormen weisen sich überschneidende Anwendungsbereiche auf, sodass mitunter auch andere Regelungsbereiche am Rande mit berücksichtigt wurden, vgl. beispielsweise *Uckmar, V.*, Planning, 2003; *IFA* (Hrsg.), Limits, 2001.

[4] Vgl. beispielsweise *IFA* (Hrsg.), Form, 2002. Vgl. dazu unten C.I, S. 47.

[5] Vgl. beispielsweise *IFA* (Hrsg.), Limits, 2001; *Lang, M.* u. a. (Hrsg.), CFC-Legislation, 2004. Vgl. dazu unten C.II.1, S. 66.

[6] Vgl. beispielsweise *Obser, R.*, Fremdfinanzierung, 2005. Vgl. dazu unten C.II.2, S. 98.

[7] Vgl. beispielsweise *Waldthausen, J. v.*, Steuerlastgestaltung, 1999; *Maier-Frischmuth, M.*, Unternehmenstätigkeit, 2003; *Lüdemann, L.*, Steuerplanung, 2005, jeweils mit einer Betrachtung der deutschen Hinzurechnungsbesteuerung. Vgl. *Hirsch, C. J.*, Anteilseigner, 1999, mit einer Betrachtung des deutschen § 8a KStG. Anders beispielsweise *Klapdor, R.*, Versuch, 2002, der ökonomische Gründe für die Existenz bzw. Modifikation der Hinzurechnungsbesteuerung sucht, ohne allerdings den Steuerwettbewerb zu berücksichtigen.

[8] Vgl. dazu *Francke, J.*, Just Right, 1998, S. 981: „Furthermore, the relative competitive advantage of companies between countries will also depend in part on the residence countries' ability and willingness to counteract international tax avoidance."

zuwenden, von den Steuerpflichtigen zunehmend mit der Androhung einer vollständigen Abwanderung des Unternehmens begegnet wird.[1]

Eine ausführliche ökonomische Untersuchung möglicher Folgen vorhandener nationaler Missbrauchsverhinderungsnormen für die im steuerlichen Wettbewerb stehenden Staaten fehlt bislang in der steuerwissenschaftlichen Forschung.[2] Dieser Steuerwettbewerb wird ausgelöst, wenn die Besteuerung einen Einfluss auf die Standortwahl von Unternehmungen[3] ausübt.[4] Deshalb muss in einer ökonomischen Analyse der Wirkung von Missbrauchsverhinderungsnormen im Steuerwettbewerb nicht nur die gesamtwirtschaftliche Ebene, sondern auch die einzelwirtschaftliche Ebene betrachtet werden.[5] Die vorliegende Untersuchung setzt den Schwerpunkt auf die Darstellung der einzelwirtschaftlichen Ebene. Ziel der ökonomischen Analyse ist es, zu ermitteln, welche Rolle bestimmte Kombinationen von Missbrauchsverhinderungsnormen bei der Standortwahl einer Unternehmung spielen.[6]

---

[1] Vgl. *Höppner, H.-D.*, Äquivalenzprinzip, 2001, S. 90. Die Intensität des Vollzugs vorhandener Regeln ist nicht Gegenstand dieser Arbeit.

[2] Vereinzelt finden sich Ansätze, die diesen Aspekt berücksichtigen, beispielsweise bei *Grubert, H.*, Tax Burden, 2003. In einem älteren Beitrag berechnet *Schreiber* die Kapitalkosten von Investitionen in Tochtergesellschaften in verschiedenen Standorten unter Berücksichtigung der Hinzurechnungsbesteuerung, vgl. *Schreiber, U.*, Mobilität, 1998, S. 45-53. *Hespel/Mignolet* untersuchen den Einfluss der Besteuerung von Finanzierungsgesellschaften auf die Kapitalkosten einer Investition in eine aktive Tochtergesellschaft, vernachlässigen durch ihre Annahmen aber beispielsweise die Hinzurechnungsbesteuerung und – soweit ersichtlich – die Existenz von Unterkapitalisierungsregeln, vgl. *Hespel, A./Mignolet, M.*, Services, 2000. *Diller* berechnet die optimale Finanzierungsform ausländischer Tochtergesellschaften in verschiedenen Ländern, geht jedoch von einer in jedem Fall mit Eigenkapital ausgestatteten Finanzierungsgesellschaft aus und beschränkt seine Analyse auf die deutsche Rechtslage, vgl. *Diller, M.*, Konzerneinheiten, 2004. *Buettner* u. a. untersuchen in einer aktuellen Arbeit die Wirkung von Unterkapitalisierungsregeln auf Finanzierungs- und Standortentscheidungen, vgl. *Buettner, T.* u. a., Impact, 2006.

[3] In dieser Arbeit wird nicht zwischen einer „Unternehmung" im betriebswirtschaftlichen Sinne und einem „Unternehmen" im rechtlichen Sinne unterschieden, vgl. dazu *Salzberger, W.*, Gewinnermittlung, 1994, S. 7 f. Beide Begriffe werden hier synonym verwendet, wobei ein Unternehmen bzw. eine Unternehmung als eine wirtschaftliche Einheit verstanden wird, innerhalb derer Entscheidungen getroffen werden. Dies entspricht dem betriebswirtschaftlichen Begriff der Konzernunternehmung, vgl. dazu *Theisen, M. R* , Konzern, 2000, S. 18. Die rechtlichen Einheiten werden in dieser Arbeit durchgängig als „Gesellschaften" bezeichnet. Vgl. zu möglichen Verständnissen des Begriffs der Unternehmung *Schneider, D.*, Investition, 1992, S. 4-7.

[4] Als eine weitere Voraussetzung für die Existenz von Steuerwettbewerb kommt hinzu, dass die Staaten ein Interesse an der Unternehmensansiedlung haben und die Reaktion der Unternehmen auf die steuerliche Belastung bei ihrer Normsetzung antizipieren, vgl. unten D.I.1.a), S. 111.

[5] Zur gegenseitigen Ergänzung von Betriebswirtschaftslehre und Volkswirtschaftslehre als Teildisziplinen der Wirtschaftswissenschaften bereits *Gutenberg, E.*, Einführung, 1958, S. 13; für eine klare Trennung zwischen Finanzwissenschaft und Betriebswirtschaftlicher Steuerlehre dagegen *Aufermann, E.*, Grundzüge, 1959, S. 22 f.

[6] Die gesamtwirtschaftlichen Aspekte des Themas werden nur am Rande beleuchtet.

Diese Arbeit unterscheidet sich daher von bisherigen Untersuchungen vor allem in zwei Punkten. Zum einen werden nicht nur isoliert einzelne Regelungsbereiche der Missbrauchsverhinderung betrachtet. Durch die rechtsvergleichende Darstellung von allgemeinen Missbrauchsnormen, Regeln gegen beherrschte Auslandsgesellschaften und Unterkapitalisierungsregeln werden drei der für die periodische internationale Steuerplanung wesentlichen Missbrauchsverhinderungsnormen gleichzeitig untersucht. Zum anderen beschränkt sich die ökonomische Analyse dieser Normen nicht auf eine Quantifizierung der Steuerwirkungen einzelner Normkomplexe. Durch die Implementierung dieser Normen in ein Entscheidungsmodell der Standortwahl einer Unternehmung wird ihre Wirkung auf den Steuerwettbewerb aufgezeigt.

II. Einordnung in das Wissenschaftsprogramm

Die soeben dargestellte Zielsetzung bedingt die Analyse von Entscheidungen innerhalb einer Unternehmung. Dies ist der klassische Untersuchungsgegenstand der Betriebswirtschaftslehre.[1] Da die steuerliche Beeinflussung dieser Entscheidungen im Vordergrund der Fragestellung steht, ist die vorgelegte Untersuchung der Betriebswirtschaftlichen Steuerlehre zuzuordnen. Dem notwendigerweise internationalen Ansatz der Problemstellung entsprechend kann die Zielsetzung dieser Arbeit den Forschungsaufgaben der Internationalen Betriebswirtschaftlichen Steuerlehre[2] bzw. der transnationalen Steuerlehre[3] zugeordnet werden.

Die Forschungsfrage wirft steuerbetriebswirtschaftliche, finanzwissenschaftliche und steuerrechtliche Probleme auf, sodass eine interdisziplinäre Vorgehensweise nötig ist.[4] Die nationalen Missbrauchsverhinderungsnormen und das Europarecht, vor allem die Rechtsprechung des EuGH zu den Grundfreiheiten, sind als Datum des betriebswirtschaftlichen Handelns bei den Entscheidungen zu berücksichtigen.[5] Damit sind spezi-

---

[1] Vgl. *Heinen, E.*, Entscheidungstheorie, 1966, S. 4-8; *Heinen, E.*, Einführung, 1985, S. 22-28.

[2] Vgl. *Fischer, L./Kleineidam, H.-J./Warneke, P.*, Internationale, 2005, S. 1-7; grundlegend *Aufermann, E.*, Wesen, 1929, S. 12; *Aufermann, E.*, Grundzüge, 1959, S. 24 f., der diesen Bereich als „vergleichende Betriebswirtschaftliche Steuerlehre" bezeichnet. Nach *Wöhe* erstrecken sich die Aufgaben der Betriebswirtschaftlichen Steuerlehre generell auf internationale Sachverhalte, vgl. *Wöhe, G.*, Steuerlehre I/1, 1988, S. 25.

[3] Vgl. *Seibold, S.*, Betriebswirtschaftslehre, 2002, S. 77 f., 193-290.

[4] *Seibold, S.*, Betriebswirtschaftslehre, 2002, S. 77, geht davon aus, dass Forschung in der transnationalen Steuerlehre regelmäßig interdisziplinär vernetzt sein wird.

[5] Die Steuergesetze sind für das unternehmerische Handeln ein exogenes Datum, vgl. *Kleineidam, H.-J.*, Weiterentwicklung, 1970, S. 108, 115. Die Missbrauchverhinderungsnormen sind als Teil dieser Gesetze in der Planung ebenso zu berücksichtigen wie das Europarecht, da es, vor allem in der Auslegung durch den EuGH, diese Gesetze beeinflussen kann.

fisch steuer- und europarechtliche[1] Aspekte angesprochen.[2] Finanzwissenschaftliche Erkenntnisse erleichtern das Verständnis der grundsätzlichen Mechanismen des Steuer- bzw. Systemwettbewerbs und ermöglichen es, die Wirkung von Missbrauchsverhinderungsnormen vor diesem Hintergrund zu beurteilen.

Innerhalb der Internationalen Betriebswirtschaftlichen Steuerlehre bildet die Internationale Steuersystemlehre, in der die bestehenden Steuersysteme dargestellt werden, die Basis für die weiteren Aussagen.[3] Diese Grundlage wird hier durch die Darstellung der oben erwähnten Missbrauchsverhinderungsnormen geschaffen.

Davon ausgehend können im Rahmen der Internationalen Steuerwirkungslehre die Besteuerungswirkungen bei grenzüberschreitender unternehmerischer Tätigkeit quantifiziert werden (Erklärungsfunktion).[4] Wie im nationalen Bereich können diese Erkenntnisse auf konkrete Entscheidungsprobleme übertragen werden, sodass im Rahmen der (Internationalen) Steuergestaltungslehre bzw. der Internationalen Betriebswirtschaftlichen Steuerpolitik Aussagen über die steuerlich zweckmäßige Sachverhaltsgestaltung[5] getroffen werden können (Gestaltungsfunktion).[6] In dieser Arbeit wird dieser Aufgabenstellung durch die Quantifizierung der Steuerwirkungen der Missbrauchsverhinderungsnormen und die Integration dieser Ergebnisse in ein Entscheidungsmodell nachgekommen.

---

1 Aus Gründen der Stringenz der Untersuchung wird erst nach der Darstellung und Analyse der Missbrauchsnormen de lege lata auf den Einfluss des Europarechts eingegangen.

2 *Wagner, F. W.*, Gegenstand, 2004, S. 247, weist darauf hin, dass es legitim ist, wenn von Vertretern der Betriebswirtschaftlichen Steuerlehre auch genuin juristische Fragestellungen untersucht werden, solange klargestellt wird, dass man sich dabei nicht „auf die methodische Reputation" der Betriebswirtschaftslehre berufen könne, sondern „extradisziplinäre Diskussionsbeiträge außerhalb des Methodenkanons der Ökonomie erbringt."

3 Vgl. *Kleineindam, H.-J.*, Weiterentwicklung, 1970, S. 114 f.; *Fischer, L./Kleineidam, H.-J./Warneke, P.*, Internationale, 2005, S. 6; *Seibold, S.*, Betriebswirtschaftslehre, 2002, S. 200. Auch im nationalen Bereich wird die Steuerrechtsnormendarstellung zu den Aufgaben der Betriebswirtschaftlichen Steuerlehre gezählt, vgl. *Siegel, T.*, Steuerwirkungen, 1982, S. 17; *Kußmaul, H.*, Steuerlehre, 2005, S. 1 f.

4 Vgl. *Kleineindam, H.-J.*, Weiterentwicklung, 1970, S. 115 f.; *Fischer, L./Kleineidam, H.-J./Warneke, P.*, Internationale, 2005, S. 6; zu einer Darstellung im nationalen Kontext vgl. *Wöhe, G.*, Steuerlehre I/1, 1988, S. 25; *Haberstock, L./Breithecker, V.*, Einführung, 2005, S. 1, 107 f.

5 Bei der Steuergestaltungslehre erfolgt eine Umformung der Ursache-Wirkungs-Beziehungen, die im Rahmen der Steuerwirkungslehre untersucht werden, in Mittel-Zweck-Beziehungen, vgl. *Wagner, F. W./Dirrigl, H.*, Steuerplanung, 1980, S. 2.

6 Vgl. *Wöhe, G.*, Steuerlehre I/1, 1988, S. 25; *Seibold, S.*, Betriebswirtschaftslehre, 2002, S. 200 („globale Wirkungs- und Gestaltungsanalyse"); *Lang, J.*, Einführung, 2005, Rz. 48. Dabei beschränkt sich die Betriebswirtschaftliche Steuerlehre auf Aussagen zu legalen Steuervermeidungshandlungen, die illegale Steuerhinterziehung wird, wenn überhaupt, nur deskriptiv analysiert, vgl. *Schneider, D.*, Steuerlast, 2002, S. 89-96.

Die kritische Analyse des geltenden Steuerrechts und die Unterbreitung von Vorschlägen für Gesetzesänderungen, die aus betriebswirtschaftlicher Sicht sinnvoll erscheinen, wird als Steuerrechtsgestaltungsanalyse zur dritten Hauptaufgabe der Betriebswirtschaftlichen Steuerlehre gezählt.[1] In der Internationalen Betriebswirtschaftlichen Steuerlehre wird diese Aufgabe teilweise bereits dem Begriff der Internationalen Steuersystemlehre zugeordnet.[2]

Unabhängig von der begrifflichen Einordnung dieser Aufgabenstellung gilt auch in diesem Bereich nach dem derzeitigen Wissenschaftsverständnis das Postulat der Werturteilsfreiheit wissenschaftlicher Aussagen.[3] Kritik an bestehenden Gesetzen und Vorschläge für Gesetzesänderungen sind danach nur zulässig, soweit sie ohne Abgabe echter, d. h. primärer Werturteile erfolgen.[4] Bei Steuernormen, die nur mit der Einnahmenerzielung begründet werden, kann hierzu die Abwesenheit von Verzerrungen, also die Entscheidungsneutralität, als Referenzpunkt herangezogen werden.[5]

Im Steuerwettbewerb gibt es einen derartigen Referenzpunkt nicht, wenn davon ausgegangen wird, dass sich die Staaten nicht kooperativ verhalten sondern vielmehr strategisch ihre Steuersätze[6] und andere Elemente ihres Steuersystems bestimmen. Einerseits ist für den einzelnen Staat als Normensetzer unter diesen Bedigungen die nationale Entscheidungsneutralität der Besteuerung kein geeigneter Referenzpunkt.[7] Andererseits

---

1 Vgl. *Wöhe, G.*, Steuerlehre I/1, 1988, S. 25 f.; *Kußmaul, H.*, Steuerlehre, 1995, S. 9 f. *Seibold* bezeichnet dieses Wissenschaftsziel als „Theorie der wertenden Steuerlehre", vgl. *Seibold, S.*, Betriebswirtschaftslehre, 2002, S. 85.

2 Vgl. *Fischer, L./Kleineidam, H.-J./Warneke, P.*, Internationale, 2005, S. 6; *Salzberger, W.*, Gewinnermittlung, 1994, S. 1 f.; anders dagegen *Kußmaul, H.*, Steuerlehre, 1995, S. 9 f.

3 Vgl. zur Werturteilsfreiheit der Betriebswirtschaftlichen Steuerlehre aktuell: *Schmiel, U.*, Werturteilsfreiheit, 2005; grundlegend: *Wöhe, G.*, Postulat, 1983.Vgl. zur Werturteilsfreiheit der Betriebswirtschaftslehre allgemein *Heinen, E.*, Einführung, 1985, S. 28 f.; *Wöhe, G.*, Problematik, 1959.

4 Vgl. *Wöhe, G.*, Postulat, 1983, S. 8 f., mit der Unterscheidung zwischen primären (echten) und sekundären Werturteilen.

5 Basierend auf der grundsätzlichen Annahme, dass durch den Marktmechanismus in der Regel eine effiziente Ressourcenallokation herbeigeführt wird, folgt für das Steuersystem, dass es diese Allokation möglichst wenig beeinflussen soll, also „allokationsneutral" bzw. entscheidungsneutral sein soll, vgl. *Kiesewetter, D.*, Leitbilder, 1997, S. 24; *Herzig, N./Watrin, C.*, Anforderungen, 2000, S. 379; *König, R./Wosnitza, M.*, Steuerwirkungslehre, 2004, S. 139-142; *Wagner, F. W.*, Besteuerung, 2005, S. 412 f. Zu den Grenzen dieses Konzepts vgl. *Elschen, R.*, Entscheidungsneutralität, 1991, S. 108, und *Wagner, F. W.*, Gegenstand, 2004, S. 243.

6 Die finanzwissenschaftliche Literatur zum Steuerwettbewerb bewegt sich in der Regel auf einer hohen Abstraktionsebene, sodass Elemente eines Steuersystems, die über die Existenz von bestimmten Steuerarten und deren Steuersätze hinausgehen, häufig nicht abgebildet werden.

7 Vgl. zum möglichen Auseinanderfallen gesamtwirtschaftlicher und nationalstaatlicher Effizienzüberlegungen beispielsweise *Haufler, A./Schjelderup, G.*, profit shifting, 2000; *Schenk, M.*, Steuersysteme, 2002, S. 172-186; ähnlich bereits *Gordon, R. H.*, Investment, 1986, S. 1095-1098.

wäre eine weltweit entscheidungsneutrale Besteuerung durch nationale Gesetzgebung nicht erreichbar, selbst wenn ein Staat dies anstreben würde. Hierzu wäre eine erzwungene Kooperation der Staaten und damit eine institutionelle Verankerung oberhalb der nationalen Steuergesetzgeber erforderlich.[1] Damit ist es bei dem hier gewählten Untersuchungsgegenstand unmöglich, an die Einzelstaaten als Steuergesetzgeber gerichtete[2] werturteilsfreie präskriptive Aussagen auf Basis des Postulats der Entscheidungsneutralität der Besteuerung zu formulieren.

Hat der Gesetzgeber in der Gesetzesbegründung oder auf anderem Wege Ziele seiner Rechtssetzung expliziert, so kann wertfrei überprüft werden, ob er diese Ziele auf einem dazu geeigneten Weg erreicht.[3] Die hier untersuchten Missbrauchsverhinderungsnormen haben regelmäßig das Ziel, Inlandsinvestitionen zu fördern und das inländische Steueraufkommen zu sichern.[4] Allerdings haben sich die Staaten der Europäischen Union vertraglich zur Schaffung eines „Gemeinsamen Marktes“[5] und zur Gemeinschaftstreue[6] verpflichtet. Die Ziele des nationalen Gesetzgebers bei der Schaffung von Missbrauchsverhinderungsnormen sind mit den Verpflichtungen, die er mit dem EG-Vertrag eingegangen ist, teilweise unvereinbar.[7] Erst nach Auflösung dieses Konfliktverhältnisses wären wertfreie, d. h. nur auf sekundären Werturteilen beruhende Aussagen möglich. Die Entscheidung über eine Rangordnung zwischen den Zielen einer Missbrauchsverhinderungsgesetzgebung und den im Rahmen des EG-Vertrags eingegangenen Verpflichtungen ist jedoch werturteilsfrei nicht möglich.[8]

Auch wenn die „schöpferische Rechtskritik an bestehenden, international anerkannten Besteuerungsgrundsätzen“[9] und die kritische Analyse geltenden (Außen-)Steuerrechts zu den Aufgaben der Internationalen Betriebswirtschaftlichen Steuerlehre bzw. der

---

[1] Vgl. ausführlich (und optimistisch): *Müller, W.*, Steuerwettbewerb, 2004, S. 252-263.

[2] Zutreffend beispielsweise *Salzberger, W.*, Gewinnermittlung, 1994, S. 5, 129-142, der vor der Diskussion von Reformvorschlägen den „Handlungsträger für Reformbestrebungen bestimmt“. Allerdings stellen die von *Salzberger* herangezogenen Europäischen Institutionen bei der hier betrachteten Problemstellung keine geeigneten Adressaten für Reformvorschläge dar, da der Steuerwettbewerb ein weltweites Phänomen ist.

[3] Vgl. *Wöhe, G.*, Postulat, 1983, S. 12.

[4] Vgl. *Thömmes, O.*, Missbrauchsverhütung, 2005, S. 212 f.

[5] Art. 2 EGV.

[6] Vgl. Art. 10 EGV.

[7] Vgl. ausführlich unten B.III.5, S. 40; Kapitel E, S. 199.

[8] Vgl. in diesem Sinne zu einem anderen Konkurrenzverhältnis *Wöhe, G.*, Postulat, 1983, S. 19.

[9] So wenig präzise *Seibold, S.*, Betriebswirtschaftslehre, 2002, S. 200.

transnationalen Steuerlehre gezählt werden können,[1] sind im Rahmen dieser Arbeit de lege ferenda Analysen nicht möglich. Auf konkrete Vorschläge zu einer anderweitigen Ausgestaltung von Missbrauchsverhinderungsnormen wird verzichtet, da diese nur unter Abgabe von primären Werturteilen entwickelt werden könnten.

III. Vorgehensweise und Gang der Untersuchung

Die Untersuchung beginnt mit der Klärung der für diese Arbeit wesentlichen Begriffe. Zunächst wird der Begriff des Steuerwettbewerbs erläutert, und es werden die Initiativen der OECD und der EU gegen die als „schädlich“ bezeichneten Formen des Steuerwettbewerbs beschrieben. Anschließend wird der Begriff des Missbrauchs bzw. der Steuerumgehung für die Zwecke dieser Arbeit definiert. Die systematische Darstellung und die ökonomische Analyse der Wirkung von Missbrauchsverhinderungsnormen im Steuerwettbewerb als die Ziele der Untersuchung bestimmen den weiteren Aufbau der Arbeit.

In Kapitel C (S. 47) werden – der ersten Zielsetzung der Arbeit entsprechend – die für den gewählten Untersuchungsgegenstand wesentlichen Missbrauchsverhinderungsnormen in ausgewählten Ländern dargestellt.[2] Diese Steuerrechtsdarstellung im Rahmen der Internationalen Steuersystemlehre ist eine Vorarbeit für die Steuerwirkungs- und Steuerplanungsanalyse und damit ein notwendiger Bestandteil einer betriebswirtschaftlichen Arbeit.[3] Hinsichtlich der in die Untersuchung einbezogenen Länder erfolgt eine Beschränkung auf die EU-Mitgliedstaaten zum 01.01.2006 (EU-25), sowie zusätzlich noch das EWR-Mitglied Norwegen und die weiteren G-7-Staaten USA, Japan und Kanada. Neuseeland wird bei den Regeln gegen beherrschte Auslandsgesellschaften zusätzlich mit in die Betrachtung aufgenommen, da es besonders weitgehende Regeln in diesem Bereich erlassen hat.

Mit den so gewonnenen Erkenntnissen wird die Wirkung dieser Normen im Steuerwettbewerb deduktiv mit Hilfe eines dazu geeigneten Modells analysiert. Zu Beginn von Kapitel D (S. 110) werden zunächst anhand des Standardmodells die Wirkungen

---

[1] Vgl. *Fischer, L./Kleineidam, H.-J./Warneke, P.*, Internationale, 2005, S. 6; *Salzberger, W.*, Gewinnermittlung, 1994, S. 3.

[2] Spezielle Missbrauchsnormen, die vor allem nationale Sachverhalte betreffen und für den internationalen Steuerwettbewerb nur geringe Relevanz besitzen, wie beispielsweise § 12 Abs. 3 S. 2 UmwStG oder § 8 Abs. 4 KStG, werden nicht betrachtet. Dasselbe gilt für Missbrauchsnormen, die hier nicht betrachtete Sonderprobleme betreffen, wie beispielsweise die Wegzugsbesteuerung (§ 6 AStG) oder Verlustverrechnungsbeschränkungen (§ 2a EStG). Vgl. zu einer Liste an „Missbrauchsnormen“ des deutschen Steuerrechts beispielsweise *Roser, F.*, Auslegung, 2005, S. 178 f.

[3] Vgl. *Kleineidam, H.-J.*, Weiterentwicklung, 1970, S. 114.

des Steuerwettbewerbs allgemein dargestellt.[1] Ein möglicher Einfluss von Missbrauchsverhinderungsnormen auf Steuerwettbewerb bzw. Standortwahl wird in den Grenzen gesehen, die diese Normen der Gewinnverlagerung innerhalb multinationaler Konzernunternehmungen setzen.[2] Gewinnverlagerungen durch konzerninterne Finanzierungsentscheidungen wurden empirisch als besonders bedeutend identifiziert,[3] werden jedoch in den vorhandenen Untersuchungen zum Steuerwettbewerb nur unzureichend berücksichtigt. Insbesondere lassen sich Missbrauchsverhinderungsnormen mit den existenten Modellen nicht erfassen. Daher wird im weiteren Verlauf der Untersuchung ein eigenes Modell[4] entwickelt, mit dem beispielhaft die steuerlichen Folgen konzerninterner Finanzierungsentscheidungen und die Beeinflussung dieser Entscheidungen durch Missbrauchsverhinderungsnormen abgebildet werden können. Davon ausgehend lassen sich aus der Modellanalyse Implikationen für die Standortwahl einer Konzernunternehmung ableiten und Auswirkungen auf den Steuerwettbewerb zwischen den Staaten aufzeigen. In einem Exkurs wird geprüft, ob die Entwicklungen, die durch die Initiativen der OECD und EU gegen den schädlichen Steuerwettbewerb angestoßen wurden, das verwendete Modell beeinflussen.

In Kapitel E (S. 199) wird die in der Literatur thematisierte Unvereinbarkeit bestimmter nationaler Missbrauchsverhinderungsnormen mit Gemeinschaftsrecht hinterfragt. Auf Basis der Analyse der Rechtsprechung des EuGH zu den Grundfreiheiten soll vor allem überprüft werden, ob und ggf. wie das verwendete Modell an europarechtliche Vorgaben angepasst werden muss.[5] Den Abschluss (Kapitel F, S. 233) bildet eine Zusammenfassung der Arbeit.

---

[1] Vgl. D.I.1.b), S. 113.

[2] Vgl. D.I.1.c), S. 117.

[3] Vgl. D.I.1.c)cb), S. 119.

[4] Ein „Modell" wird hier als vereinfachtes Abbild der Realität verstanden, das zur Lösung der Problemstellung geeignet ist, vgl. in diesem Sinne *Schneider, D.*, Betriebswirtschaftslehre, 1993, S. 160 f.

[5] Die Frage, ob die dargestellten Missbrauchsverhinderungsnormen in den Mitgliedstaaten der EU de lege lata jeweils mit europäischem Gemeinschaftsrecht vereinbar sind, wird dabei nicht im Detail untersucht.

B. Grundlagen und Begriffsklärung

I. Wettbewerb zwischen den Staaten

1. Abgrenzung zum Wettbewerbsmarkt

Häufig wird in der Ökonomik der Begriff des Wettbewerbs verwendet, um einen Wettbewerbsmarkt, d. h. einen Markt mit vollkommener Konkurrenz, gegenüber unvollkommenen Märkten abzugrenzen.[1] Generell ist Wettbewerb im Sinne einer Konkurrenz zunächst nur das Resultat eines Knappheitsproblems.[2] Knappheit bedeutet, dass weniger Ressourcen vorhanden sind, als nachgefragt werden.[3] Zur Verteilung der knappen Ressourcen ist ein Koordinationsmechanismus erforderlich, um die ansonsten drohende Anarchie zu verhindern.[4]

Eine Möglichkeit zur Verteilung der Ressourcen ist der dezentral wirkende Marktmechanismus.[5] Eine Güterverteilung durch den Marktmechanismus beansprucht allerdings kein normatives a priori, sondern steht grundsätzlich in gleichberechtigter Konkurrenz zu anderen Verteilungsmöglichkeiten.[6] Über die relative Eignung eines Koordinations- oder Allokationsmechanismus kann nur mit Hilfe eines Vergleichsmaßstabes entschieden werden. Zur Beurteilung von Koordinationsmechanismen wird in den Wirtschaftswissenschaften häufig das Konzept der Pareto-Optimalität verwendet,[7] auch wenn die Anwendbarkeit dieses Maßstabes auf neoklassische Modelle begrenzt bleibt.[8] Auf privaten Gütermärkten hat sich der Marktmechanismus nach diesem Krite-

---

[1] Vgl. *Mankiw, N. G.*, Volkswirtschaftslehre, 2004, S. 67-69; *Weimann, J.*, Wirtschaftspolitik, 2006, S. 232 f.; *Breyer, F./Kolmar, M.*, Wirtschaftspolitik, 2001, S. 233.

[2] Die Ökonomik als Wissenschaft definiert sich über die Analyse von Knappheitsproblemen, vgl. beispielsweise *Erlei, M./Leschke, M./Sauerland, D.*, Institutionenökonomik, 1999, S. 2.

[3] Vgl. *Homann, K./Suchanek, A.*, Ökonomik, 2000, S. 15 f.

[4] Vgl. grundlegend zur drohenden Anarchie bei Fehlen einer gemeinsamen Macht („bellum omnium contra omnes", Kampf Jeder gegen Jeden) *Hobbes, T.*, Leviathan I, 1651, Kap. 13, Rz. 8.

[5] Vgl. *Smith, A.*, Wealth, 1776, Buch IV, Kap. 2, Rz. 9; *Fritsch, M./Wein, T./Evers, H.-J.*, Marktversagen, 1999, S. 6 f.

[6] Denkbar sind beispielsweise planwirtschaftliche Verteilungen, Zuteilungsmechanismen wie Bezugsrechte oder ähnliches.

[7] Vgl. beispielsweise *Sohmen, E.*, Allokationstheorie, 1992, S. 30 f.; *Breyer, F./Kolmar, M.*, Wirtschaftspolitik, 2001, S. 16; *Weimann, J.*, Wirtschaftspolitik, 2006, S. 17, 74-77. Zu Problemen anderer Maßstäbe mit Kompensationskriterien vgl. *Sohmen, E.*, Allokationstheorie, 1992, S. 307-335.

[8] Unter den Annahmen des Transaktionskostenansatzes entsteht regelmäßig kein eindeutiges, paretoeffizientes Gleichgewicht, das als Referenzpunkt herangezogen werden könnte, vgl. ausführlich *Petersen, S. A.*, Organisationsform, 2006, S. 99-101 m. w. N.

rium als überlegener Allokationsmechanismus erwiesen, da er im Gegensatz zu den anderen Allokationsmechanismen in den meisten Fällen ein effizientes Ergebnis erzielen kann.[1]

In der Untersuchung des Verhaltens von Unternehmen auf Wettbewerbsmärkten wird in der Ökonomik meist die Gewinnmaximierung als Ziel unterstellt.[2] Diese Vereinfachung ist zwar üblich,[3] aber nicht bei allen Untersuchungszielen sinnvoll[4] und lässt sich bei geänderten Modellannahmen nicht aufrechterhalten.[5] Wenn Staaten in Konkurrenz um knappe Ressourcen treten, entsteht zwischen ihnen ein Wettbewerb um diese Ressourcen. Bei der Untersuchung dieses Wettbewerbs muss entschieden werden, ob den Staaten ein der „Gewinnmaximierung" vergleichbares Ziel unterstellt werden kann. Die in dieser Arbeit vorgestellten neoklassischen Modelle des Steuer- bzw. Systemwettbewerbs vernachlässigen das Geschehen innerhalb der Staaten.[6] In diesen Modellen wird den Staaten keine Gewinnmaximierung unterstellt, sie werden als wohlfahrtsoptimierende Einheiten abgebildet, die den aggregierten Nutzen ihrer Einwohner maximieren wollen.[7] Teilweise wird die Existenz von eigennutzorientierten Politikern berücksichtigt (sog. Leviathan-Modelle), indem den Staaten, zusätzlich zu dem Ziel der Wohlfahrtsmaximierung, das Ziel der Steuereinnahmenmaximierung unterstellt wird.[8] Somit unterscheiden sich die Ziele der jeweils beteiligten Akteure von den Zielen der Akteure auf Privatmärkten.[9]

---

1 Vgl. *Fritsch, M./Wein, T./Evers, H.-J.*, Marktversagen, 1999, S. 1; *Homann, K./Suchanek, A.*, Ökonomik, 2000, S. 238-250. Vgl. ausführlich zu alternativen Allokationsmechanismen *Sohmen, E.*, Allokationstheorie, 1992, S. 439-460. Vgl. zu den Kriterien zur Feststellung von Marktversagen *Fritsch, M./Wein, T./Evers, H.-J.*, Marktversagen, 1999, S. 20-26.

2 Vgl. statt vieler *Jensen, M. C.*, Methodology, 1983, S. 325 f.; *Sohmen, E.*, Allokationstheorie, 1992, S. 8 f.; *Weimann, J.*, Wirtschaftspolitik, 2006, S. 40-48.

3 Vgl. beispielsweise *Luckenbach, H.*, Wirtschaftspolitik, 2000, S. 98 f.; *Weimann, J.*, Wirtschaftspolitik, 2006, S. 47 f.

4 Vgl. *Jensen, M. C.*, Methodology, 1983, S. 325-328.

5 Sobald berücksichtigt wird, dass das Handeln der Unternehmen durch eigennutzenmaximierende Individuen bestimmt wird, kann nicht ohne Weiteres von gewinnmaximierenden Unternehmen ausgegangen werden, vgl. *Richter, R./Furubotn, E. G.*, Institutionenökonomik, 2003, S. 3.

6 Der Staat wird insoweit analog zu einem Unternehmen in der Neoklassik als „black box" angesehen, vgl. *Dixit, A. K.*, Policy, 1996, S. 9. Vgl. zu einem polit-ökonomischen Verständnis des Steuerwettbewerbs *Müller, W.*, Steuerwettbewerb, 2004, S. 97-139.

7 Das unten (D.I.1.b)bb), S. 114) beschriebene Standardmodell (vgl. *Zodrow, G. R./Mieszkowski, P.*, Pigou, 1986) geht von einem wohlfahrtsmaximierenden Staat aus.

8 Vgl. die Modelle von *Rauscher, M.*, Leviathan, 1998; *Edwards, J./Keen, M.*, Leviathan, 1996. Die Modellvorhersagen sind jedoch nicht einheitlich, vgl. die Übersicht bei *Wilson, J. D.*, Theories, 1999, S. 296-298.

9 Vgl. z. B. *Müller, W.*, Regeln, 1998, S. 317.

Darüber hinaus sollte in Bereichen, in denen bestimmte Kriterien fehlen, die für das Funktionieren eines Marktes unerlässlich sind – beispielsweise die klare Zuordnung und Durchsetzung der Verfügungsrechte und ein funktionsfähiger Preismechanismus – die Ressourcenallokation nicht durch einen Marktmechanismus erfolgen.[1] So kann der Staat als Ergänzung zum Markt angesehen werden, der dann eingreift, wenn der Marktmechanismus versagt, wie zum Beispiel bei der Bereitstellung öffentlicher Güter. Dies bezeichnet *Sinn* als „selection principle."[2] Wo der Staat derartige Aufgaben übernimmt, ist die Wiedereinführung eines – gerade in diesen Situationen versagenden – Marktes durch die „Hintertür des Systemwettbewerbs" besonders rechtfertigungsbedürftig.[3]

Erkenntnisse, die aus der Untersuchung des Wettbewerbs auf privaten Märkten gewonnen werden, lassen sich somit nicht ohne weiteres auf den Steuerwettbewerb übertragen.[4] Welche Folgen ein dem Marktmechanismus ähnlicher Allokationsmechanismus im Wettbewerb zwischen den Staaten hat, muss vielmehr gesondert untersucht werden.

2. Der Begriff des Steuerwettbewerbs

Einige der knappen Ressourcen im Standortwettbewerb sind die Produktionsfaktoren. Die Staaten bieten eine Kombination von Standortfaktoren an, um zum Beispiel Kapital oder qualifizierte Arbeitskräfte als Produktionsfaktoren ins Land zu holen. Hierbei führt die nicht-kooperative, gezielte Modifikation einer „Produkteigenschaft", der Besteuerung, zu Steuerwettbewerb, der von *Müller* wie folgt definiert wird:

> „Steuerwettbewerb ist der Wettbewerb zwischen den mit Steuerhoheit ausgestatteten Gebietskörperschaften um Produktionsfaktoren, die die inländische Wirtschaftsstruktur wachstumsfördernd ergänzen und das Arbeitsplatzangebot erweitern oder erhalten, sowie um fiskalisch ergiebige, mobile steuerliche Bemessungsgrundlagen und steuerpflichtige Personen. Insofern ist Steuerwettbewerb der mit steuerpolitischen Instrumenten ausgetragene Standortwettbewerb, welcher als instrumentspezifische Adressaten vorwiegend Unternehmen (Investoren) anspricht."[5]

---

1 Vgl. *Sinn, H.-W.*, Competition, 2003, S. 6. Vgl. zu den Bedingungen für die Effizienz von Wettbewerbsmärkten *Weimann, J.*, Wirtschaftspolitik, 2006, S. 229-312.

2 *Sinn, H.-W.*, principle, 1997.

3 Vgl. *Sinn, H.-W.*, principle, 1997, S. 248: „Since governments have stepped in where markets have failed, it can hardly be expected that a reintroduction of a market through the backdoor of systems competition will work."

4 So aber *Bracewell-Milnes, B.*, Beneficial, 1999, S. 86.

5 *Müller, W.*, Regeln, 1998, S. 317. Eine ähnliche Definition findet sich bei *Wilson/Wildasin*: „We define tax competition as noncooperative tax setting by independent governments, under which each government's policy choices influence the allocation of a mobile tax base among ‚regions' represented by these governments.", *Wilson, J. D./Wildasin, D. E.*, bane, 2004, S. 1067.

Teile des so verstandenen Steuerwettbewerbs werden in dieser Arbeit außer Acht gelassen, da sie für die hier untersuchten Missbrauchsverhinderungsnormen[1] keine Relevanz besitzen. Der auch steuerlich ausgetragene Wettbewerb um steuerpflichtige natürliche Personen[2] wird nicht,[3] der Wettbewerb um mobile steuerliche Bemessungsgrundlagen wird nur teilweise betrachtet. Für den Untersuchungsgegenstand sind nur der Wettbewerb der Staaten um Realinvestitionen der Unternehmen und das Zusammenspiel zwischen Realinvestitionen und der Verlagerung mobiler Bemessungsgrundlagen von Bedeutung.[4] Für diese Arbeit gilt damit folgende Definition:

> Steuerwettbewerb entsteht, wenn Staaten nicht-kooperativ ihre Steuersätze und Steuersysteme verändern, um internationale Unternehmen zur Durchführung von Direktinvestitionen in ihrem Hoheitsgebiet zu bewegen.

Die Bedeutung des Steuerwettbewerbs als Teil des Standortwettbewerbs steigt mit dem Einfluss, den steuerliche Faktoren auf die Standortentscheidung ausüben. Soweit daher Staaten – wie in der EU – hinsichtlich der meisten Standortkriterien wie Infrastruktur, politische Stabilität, Rechtssystem und potenzieller Absatzmarkt, miteinander vergleichbar sind, kann die direkte Besteuerung einen verhältnismäßig großen Einfluss auf die Standortwahl haben.[5]

II. Initiativen gegen schädlichen Steuerwettbewerb

In zwei Initiativen versuchen die EU und die OECD zwei Formen des Steuerwettbewerbs zu unterscheiden. Beide Organisationen haben keine Einwände gegen einen

---

1 Vgl. dazu unten Kapitel C, S. 47.

2 Der Steuerwettbewerb um natürliche Personen wird mit denselben Instrumenten ausgetragen wie der Wettbewerb um Unternehmensansiedlungen. Um auf Sondersteuerregime für sog. Expatriates zu reagieren, hat das Land Hessen vorgeschlagen, dass Deutschland „dem Konkurrenzdruck aus dem Ausland bei der Ansiedlung international mobiler Spitzenarbeitskräfte“ u. a. durch ein eigenes Sondersteuerregime für Expatriates begegnen soll, vgl. Gesetzesantrag des Landes Hessen v. 28.08.2003, BR-Drs. 613/03 und die Analyse dieses Antrags bei *Prätzler, R.*, Untersuchung, 2004.

3 Auch die Initiativen der EU und der OECD befassen sich – trotz struktureller Ähnlichkeiten zum Wettbewerb im Unternehmensteuerbereich – nicht mit dem steuerlichen Wettbewerb um natürliche Personen, vgl. *Pinto, C.*, Path, 1998, S. 392.

4 *Müller* unterscheidet in einer „Phänomenologie des Steuerwettbewerbs“ (S. 64) zwischen Steuerwettbewerb um Realinvestitionen, Finanzinvestitionen, steuerliche Bemessungsgrundlagen und um Menschen, konzediert aber, dass insbesondere die Abgrenzung des Wettbewerbs um Bemessungsgrundlagen gegenüber dem Wettbewerb um Real- oder Finanzinvestitionen Schwierigkeiten bereitet, vgl. *Müller, W.*, Steuerwettbewerb, 2004, S. 64-68. In dieser Terminologie befasst sich diese Arbeit mit dem Wettbewerb um Realinvestitionen sowie Teilen des Wettbewerbs um Finanzinvestitionen und um steuerliche Bemessungsgrundlagen.

5 Vgl. *Pinto, C.*, Path, 1998, S. 394 f.; *Europäische Kommission*, Unternehmensbesteuerung, 2001, S. 15; *Höppner, H.-D.*, Äquivalenzprinzip, 2001, S. 93. Ähnlich auch für die EU-Beitrittskandidaten *Eichel, H.*, Steuerwettbewerb, 2004, S. 37.

sogenannten fairen und als unschädlich angesehenen Steuerwettbewerb, wollen aber gegen die unfairen, als schädlich bezeichneten Formen des Steuerwettbewerbs vorgehen.[1] Die Initiativen überschneiden und verstärken sich teilweise,[2] dennoch wurde ein gemeinsames Vorgehen von der OECD ausgeschlossen.[3]

1. Beschreibung der Initiativen

a) OECD-Projekt

Im Mai 1996 wurde die OECD von den Finanzministern einiger Mitgliedsländer dazu aufgefordert, Maßnahmen gegen den schädlichen Steuerwettbewerb auszuarbeiten.[4] In der Folge dieses Mandats hat die OECD 1998 den Bericht „Harmful Tax Competition: An Emerging Global Issue"[5] (der „1998 Report") erstellt, der von den Finanzministern Ende April 1998 gebilligt wurde. Luxemburg und die Schweiz distanzierten sich zwar von dem Report, machten aber nicht von ihrem Vetorecht Gebrauch.[6] Der Charakter des Projekts mit dem umfassenden Ansatz des 1998 Report wurde jedoch in den Folgereporten im Jahr 2000[7] und 2001[8] deutlich verändert. Das Projekt wurde von „Harmful Tax Competition" in „Harmful Tax Practices" umbenannt, und der Fokus wurde auf die Gewährleistung eines effektiven Informationsaustausches gelegt. Vor allem durch nicht formell kommunizierte Zugeständnisse an die Steueroasen im Jahr 2002 wurde der ursprünglich breite Ansatz der OECD wesentlich verengt.[9] 2004 und 2006 wurden weitere offizielle Reports veröffentlicht.[10] Das Projekt läuft derzeit im

---

1 Vgl. beispielhaft *Europäische Kommission*, Steuern, 1996: „Lauterer Wettbewerb ist ein Schlüsselelement des Binnenmarktes – doch gibt der unlautere Wettbewerb im steuerlichen Bereich Anlaß zur Besorgnis, insbesondere hinsichtlich der Steuereinnahmen der Mitgliedstaaten, der effizienten Ressourcenallokation in der EU sowie der Wettbewerbsfähigkeit und der Beschäftigung." (S. 2).

2 Vgl. *OECD*, Competition, 1998, S. 11, Rz. 18. Zu einem Vergleich des Anwendungsbereichs und des Inhalts der beiden Initiativen vgl. *Pinto, C.*, Path, 1998, S. 391-396.

3 Vgl. *OECD*, Competition, 1998, S. 11, Rz. 18; *Pinto, C.*, Path, 1998, S. 409. Während die EU durch ihre Institutionen auf die Mitgliedstaaten einwirken kann, ist die OECD auf ihre Überzeugungskraft beschränkt, vgl. *Osterweil, E.*, Compared, 1999, S. 202.

4 Vgl. zur Entwicklung des Mandats *Loukota, H.*, OECD-Maßnahmen, 1998, S. 1.

5 Vgl. *OECD*, Competition, 1998.

6 Vgl. *OECD*, Competition, 1998, S. 73-78. Dadurch wurde zwar die weitere Arbeit nicht durch ein Veto blockiert, die sich enthaltenden Länder Schweiz und Luxemburg sind jedoch durch den 1998 Report und die anschließenden Arbeiten nicht gebunden.

7 Vgl. *OECD*, Towards, 2000.

8 Vgl. *OECD*, Progress, 2001.

9 Vgl. *Pinto, C.*, EU Law, 2002, S. 215, 229 f.

10 Vgl. *OECD*, Progress, 2004; *OECD*, Update, 2006.

Rahmen zunächst jährlich abgehaltener Treffen (Global Fora) weiter, wobei der Termin für das nächste Treffen noch offen ist.[1]

b) EU-Maßnahmenpaket

Ausgehend von einer Initiative des damaligen Binnenmarktkommissars *Monti* befasste sich die EU mit dem Phänomen des schädlichen Steuerwettbewerbs.[2] In einem Kommissionsbericht vom Oktober 1996 wird festgestellt, dass „die Gefahr eines unfairen oder schädlichen Wettstreits um Steuereinnahmen aus international mobilen Tätigkeiten die Gestaltung der Steuerpolitik beeinträchtigt."[3] Im Rahmen eines „Maßnahmenpakets zur Bekämpfung des schädlichen Steuerwettbewerbs in der Europäischen Union"[4] wurde daraufhin ein Verhaltenskodex für die Unternehmensbesteuerung beschlossen.[5] Seine Umsetzung war dabei an die Realisierung der beiden anderen Teile dieses Maßnahmenpakets gebunden: Die „Gewährleistung eines Minimums an effektiver Besteuerung der Zinserträge innerhalb der Gemeinschaft" durch eine Zinsrichtlinie[6] und die Behandlung von Zinszahlungen und Lizenzgebühren innerhalb eines Konzerns (Zins- und Lizenzrichtlinie).[7] Diese Verknüpfung der drei Elemente des Maßnahmenpakets zielt auf einen Ausgleich der Interessen der Unternehmen auf der einen Seite und der Steuerbehörden der Mitgliedstaaten auf der anderen Seite ab.[8] Durch die drei Teile des Maßnahmenpakets wird keine Harmonisierung angestrebt, es soll lediglich die Steuerpolitik der Mitgliedstaaten in diesem Bereich koordiniert wer-

---

1 Die bisherigen Treffen fanden Mitte 2004 in Berlin und Ende 2005 in Melbourne statt, vgl. jeweils zu Zusammenfassungen der Ergebnisse: *OECD*, Global, 2004; *OECD*, Global, 2005.

2 Für einen kurzen Überblick über die Entwicklung zum Code of Conduct vgl. *Liebman, H. M./Leventhall, S.*, Moving, 1998, S. 97-99; *Bratton, W. W./McCahery, J. A.*, Evaluating, 2001, S. 683 f. Bereits 1994 wurde das Problem im europäischen Rahmen angesprochen, vgl. *Valenduc, C.*, Degradation, 1994, S. 20, mit einigen Beispielen für „special tax regimes" in den Mitgliedstaaten der Europäischen Union.

3 *Europäische Kommission*, Bericht, 1996, S. 7.

4 Abl. EG v. 06.01.1998, C 2, S. 1.

5 Vgl. Abl. EG v. 06.01.1998, C 2, S. 1, Anhang 1.

6 Vgl. Abl. EG v. 06.01.1998, C 2, S. 1, Anhang 2.

7 Vgl. Abl. EG v. 06.01.1998, C 2, S. 1, linke Spalte, zweiter Spiegelstrich.

8 Im Interesse der Unternehmen sollten mit den Quellensteuern auf konzerninterne Zins- und Lizenzzahlungen weitere steuerliche Hindernisse für die grenzüberschreitende Unternehmenstätigkeit im Binnenmarkt beseitigt werden. Dieser Aufgabe konnten bzw. wollten die Mitgliedstaaten aber nicht ihre volle Aufmerksamkeit widmen, solange sie Steuerausfälle durch die schädlichen Formen des Steuerwettbewerbs befürchten mussten. Vgl. *Bolkestein, F.*, Realization, 2000, S. 78. Darüber hinaus schien ein Kompromiss auf diesem Weg leichter erreichbar, da die Verhandlungsmasse für die Mitgliedstaaten größer wurde, vgl. *Vanistendael, F.*, Taxation, 1998, S. 333.

den.[1] Endgültig verabschiedet wurde das Maßnahmenpaket auf EU-Ebene im Juni 2003,[2] teilweise hing die Umsetzung noch vom Verlauf der Verhandlungen mit bestimmten Drittstaaten ab.[3]

2. Schädliche Steuerpraktiken

a) Die OECD-Kriterien

Die OECD will gegen schädlichen Steuerwettbewerb vorgehen, um steuerliche Verzerrungen der Allokation mobiler Aktivitäten zu verhindern.[4] Gleichzeitig soll ein „fairer Wettbewerb um echte ökonomische Aktivitäten"[5] ermöglicht werden. Allerdings konnte die OECD die beiden Formen des Steuerwettbewerbs nicht klar voneinander trennen.[6] Auch eine klare Definition von Steueroasen[7] ist der OECD nicht gelungen,[8] dasselbe gilt für die – ebenfalls als schädlich angesehenen – preferential regimes. Als Identifizierungsmerkmale dienen in beiden Fällen zunächst als notwendiges Kriterium die niedrige Steuerbelastung, vor allem bei einer (regelmäßig gegebenen)

---

1 Vgl. *Mors, M.*, Verhaltenskodex, 2001, S. 198.

2 Vgl. RL 2003/48/EG v. 03.06.2003, Abl. EG v. 26.06.2003, L 157, S. 38 (Zinsrichtlinie); RL 2003/49/EG v. 03.06.2003, Abl. EG v. 26.06.2003, L 157, S. 49 (Zins- und Lizenzrichtlinie). Ein letztes Hindernis bei der Verabschiedung des Maßnahmenpakets wurde mit einer großzügigeren Milchquotenregelung für italienische Bauern ausgeräumt, vgl. *Baker, P.*, Response, 2004, S. 2.

3 Vgl. dazu unten, B.II.3, S. 22.

4 Die OECD sieht die Steigerung der Finanzströme in Staaten, die weithin als Steueroasen wahrgenommen werden, als Hinweis auf die Bedeutung der schädlichen Formen des Steuerwettbewerbs an. Direktinvestitionen in diese Staaten haben sich von 1985-1994 mehr als verfünffacht und betrugen im Jahr 1994 mehr als 200 Mrd. US-$, vgl. *OECD*, Competition, 1998, S. 17, Rz. 35.

5 *OECD*, Competition, 1998, S. 8 f., Rz. 8.

6 Vgl. ebenso *Wright, A. W.*, Review, 1998, S. 462 f.; *Pinto, C.*, Path, 1998, S. 390; *BIAC*, Business View, 1999; *Wartenburger, L.*, Bedeutung, 2001, S. 397.

7 Zumindest implizit geht die OECD davon aus, dass OECD-Mitgliedsländer keine Steueroasen sind, sondern als Hochsteuerländer mit attraktiven Vorzugsregimen am (schädlichen) Steuerwettbewerb teilnehmen können. Vgl. *OECD*, Competition, 1998, S. 20, Rz. 42, sowie *Loukota, H.*, OECD-Maßnahmen, 1998, S. 4 f.

8 Genau wie der Begriff der Steuerflucht wird der Begriff der Steueroase häufig ohne einheitliches Begriffsverständnis verwendet. Eine erste „offizielle" Verwendung ist wohl dem „Oasenerlass" von 1965 (koordinierter Ländererlass v. 14.06.1965, S 1301 – 99 – 31 1, BStBl. II 1965, S. 74) zuzuschreiben, vgl. *Dreßler, G.*, Vermögensverlagerungen, 2000, S. 27. Vgl. zu möglichen Definitionen und Systematisierungen von Steueroasen *Moerman, S.*, Characteristics, 1999, S. 369; *Dreßler, G.*, Vermögensverlagerungen, 2000, S. 39; *Orlov, M.*, Concept, 2004. Der Ruf eines Landes, eine Steueroase zu sein (sogenannter „reputation test"), wird mitunter als geeignetes Identfizierungsmerkmal angesehen, vgl. *Moerman, S.*, Characteristics, 1999, S. 374, was die Schwierigkeit der Einigung auf eine einheitliche Definition verdeutlicht.

Kombination mit mangelndem Informationsaustausch[1] und fehlender Transparenz in den steuerlichen Vorschriften.[2] Ein weiteres Merkmal von Steueroasen ist die fehlende wirtschaftliche Substanz der Aktivitäten in dem betreffenden Land,[3] während preferential regimes durch ein „ring fencing" gekennzeichnet sind,[4] d. h. dass die Steuervorteile nur nicht ansässigen Unternehmen gewährt werden. Diese Merkmale müssen nicht zwingend kumulativ vorliegen, denn die endgültige Bewertung sollte auf einer Gesamtbetrachtung der wesentlichen Identifizierungsmerkmale beruhen.[5]

Trotz der Ähnlichkeiten hinsichtlich ihrer schädlichen Wirkungen[6] und ihrer Identifizierungsmerkmale[7] weist die OECD zu Recht auf einen sehr wichtigen Unterschied zwischen Steueroasen und Hochsteuerländern mit schädlichen Vorzugssteuerregimen hin: Während Erstere kein Interesse daran haben, den „schädlichen Steuerwettbewerb" zu bekämpfen und folglich nur schwer zu einer Kooperation zu bewegen sein werden, ist das Interesse der Hochsteuerländer mit schädlichen Steuerpraktiken an einer internationalen Kooperation zur Eindämmung des schädlichen Steuerwettbewerbs größer, da diese Länder sich in einer Art Gefangenendilemma befinden.[8] Die deutsche Finanzverwaltung sieht in preferential regimes die größere Bedrohung für das inländische Steueraufkommen. Gesellschaften, die von Vorzugssteuerregimen profitieren, lassen sich unauffälliger in einen bestehenden Konzern integrieren und können überdies regelmäßig auf ein besseres DBA-Netz zurückgreifen, als dies bei Gesellschaften in Steueroasen der Fall wäre.[9]

---

1 Das Bankgeheimnis und bestimmte andere Geheimnisse (Registergeheimis o. ä.) sowie das Vorliegen eines wichtigen und ungewöhnlich großen Bankensektors sind klassische Merkmale einer Steueroase, vgl. *Moerman, S.*, Characteristics, 1999, S. 369-373 m. w. N. und Beispielen.

2 Vgl. *OECD*, Competition, 1998, S. 23, 27.

3 Vgl. *OECD*, Competition, 1998, S. 24, Rz. 55. *Pinto* hält das Kriterium der fehlenden wirtschaftlichen Aktivität für sehr nützlich bei der Identifizierung schädlicher Steuerpraktiken, vgl. *Pinto, C.*, Path, 1998, S. 393, es wurde allerdings im 2001 Report aufgegeben, vgl. *OECD*, Progress, 2001, S. 4, FN 1.

4 Vgl. *OECD*, Competition, 1998, S. 26-28, Rz. 62.

5 Vgl. *OECD*, Competition, 1998, S. 21, Rz. 45.

6 Vgl. *Menck, T.*, Grundmodelle, 1997, S. 174.

7 Vgl. *Pinto, C.*, EU Law, 2002, S. 217 f.

8 Vgl. *OECD*, Competition, 1998, Rz. 43, 80. Vgl. zur Beschreibung des Steuerwettbewerbs als Gefangenendilemma *Müller, W.*, Steuerwettbewerb, 2004, S. 72, 233-249; *Hohaus, B.*, Europa, 1996, S. 52.

9 Vgl. *Menck, T.*, Grundmodelle, 1997, S. 174.

Der 2000 Report[1] enthält schließlich eine Liste von 47 potenziell schädlichen Vorzugsregimen[2] und eine Liste von 35 Ländern bzw. abhängigen Gebieten,[3] die die Kriterien für Steueroasen erfüllen und sich nicht bereits im Vorfeld zur Kooperation mit der OECD bereit erklärt hatten.[4] Bei Letzteren wird allerdings nicht davon ausgegangen, dass gesonderte Untersuchungen nötig sind, um ihre Schädlichkeit zu überprüfen. Eine Bewertung der Schädlichkeit der Vorzugsregime wird im 2004 Report[5] nachgeholt. Dabei wird festgestellt, dass sämtliche Regime entweder bei näherer Betrachtung sich als nicht schädlich herausgestellt haben, so angepasst wurden, dass ihre schädlichen Elemente weggefallen sind oder komplett abgeschafft wurden.[6] Bei den Steueroasen hat sich die Anzahl der Länder, die sich der OECD gegenüber zur Kooperation bereit erklärt haben und vor allem einen effektiven Informationsaustausch angekündigt haben, seit dem 2001 Report von 11 auf 33 verdreifacht.[7]

b) Verhaltenskodex und Leitlinien in der EU

Der Verhaltenskodex der EU ist, wie der Ansatz der OECD, keine rechtlich bindende Maßnahme,[8] obwohl die europäischen Institutionen bessere Voraussetzungen für die

---

[1] Vgl. *OECD*, Towards, 2000.

[2] Vgl. *OECD*, Towards, 2000, S. 12-14. Diese Liste enthält allerdings keine Holding-Regime. Zur endgültigen Beurteilung, ob die aufgelisteten Vorzugsregime schädlich sind, sollte das Forum Richtlinien zur Anwendung der im 1998 Report aufgestellten Kriterien entwickeln, vgl. Rz. 13 f.

[3] In dieser Liste fehlen allerdings einige Länder, die ansonsten als Steueroasen vermarktet werden und deren Nennung man erwartet hätte, *Langer* nennt u. a. Costa Rica, Hong Kong, Malaysia, Malta, Singapur und Zypern. Alle diese Staaten könnten (und würden) ebenfalls als Steueroasen genutzt werden, vgl. *Langer, M. J.*, Havens, 2000, S. 2839. Er übersieht dabei zumindest für Zypern und Malta, dass sich diese Länder bereits vor Veröffentlichung des Reports zur Kooperation mit der OECD bereit erklärt hatten und deshalb nicht in die Liste aufgenommen wurden, vgl. *OECD*, Towards, 2000, S. 16 f.; http://www.oecd.org/document/19/0,2340,en_2649_33745_1903251_1_1_1_1,00.html (19.03.2007).

[4] Vgl. *OECD*, Towards, 2000, S. 17.

[5] Vgl. *OECD*, Progress, 2004.

[6] Vgl. *OECD*, Progress, 2004, S. 7-9. Vgl. dazu unten D.II.2.a), S. 140.

[7] Vgl. *OECD*, Progress, 2004, S. 11 f., Rz. 19, FN 10. Seitdem sind keine weiteren Steueroasen kooperationswillig gewesen, die aktuelle „black list“ besteht unverändert aus fünf Steueroasen, vgl. http://www.oecd.org/document/57/0,2340,en_2649_33745_30578809_1_1_1_1,00.html (19.03.2007).

[8] Als eine Resolution hat der Verhaltenskodex nur den Charakter eines rechtlich nicht bindenden Instruments, das sich insbesondere nicht vor dem EuGH oder anderen europäischen Institutionen durchsetzen lässt. Er stellt also nur eine politische Verpflichtung dar, vgl. *Pinto, C.*, Path, 1998, S. 389; ausführlich zur Rechtsquelleneigenschaft des Verhaltenskodex: *Mössner, J. M.*, Taxation, 2005.

Durchsetzung bindender Maßnahmen geboten hätten.[1] Im „Verhaltenskodex für die Unternehmensbesteuerung“ (so genannter Code of Conduct)[2] gehen die Mitgliedstaaten eine politische Verpflichtung ein, keine neuen schädlichen steuerlichen Maßnahmen zu beschließen und bestehende Maßnahmen abzuschaffen („standstill“ und „rollback“). Unter die schädlichen Maßnahmen fallen hierbei vor allem Vorzugsbehandlungen, die ein Land nur gewissen Aktivitäten bietet, wenn also eine niedrige Besteuerung nicht gleichmäßig gewährt wird.[3] Zur endgültigen Beurteilung der Schädlichkeit bestimmter Maßnahmen wurde eine Arbeitsgruppe „Verhaltenskodex“ eingerichtet (die *Primarolo*-Gruppe),[4] die eine Liste der als schädlich identifizierten Maßnahmen erarbeiten sollte.[5]

Die von der *Primarolo*-Gruppe überprüften 271 Maßnahmen wurden im November 1999 beschrieben, wobei 66 Maßnahmen als schädlich im Sinne des Code of Conduct beurteilt wurden.[6] In der *Primarolo*-Gruppe wurde von der ursprünglich gewünschten Einstimmigkeit abgewichen, sodass Entscheidungen auf Mehrheitsbasis getroffen wurden. Nur so konnte der Report von der Gruppe angenommen werden.[7] In den zahlreichen Fußnoten zu diesem Bericht äußern die Mitgliedstaaten ihre Kritik an der

---

1 In Anbetracht des Scheiterns der Empfehlungen des ambitionierten Ruding-Reports 1992 (*Europäische Kommission* (Hrsg.), Bericht, 1992, BT-Drs. 13/4138) und des Widerstands, den die agressiven Maßnahmen der OECD ausgelöst haben, ist dieser Weg erfolgversprechender gewesen, so jedenfalls *Pinto, C.*, EU Law, 2002, S. 26, 234.

2 Vgl. Abl. EG v. 06.01.1998, C 2, S. 1, mit Anhängen.

3 Vgl. zu den Kriterien Abl. EG v. 06.01.1998, C 2, S. 1, Anhang 1, Rz. B. Vgl. dazu auch *Wartenburger, L.*, Bedeutung, 2001, S. 400 f., sowie *Pinto, C.*, EU Law, 2002, S. 161-164 mit einer Systematisierung und Beschreibung der einzelnen Kriterien und der Vorgehensweise bei deren Überprüfung.

4 Vgl. dazu *Nijkamp, H.*, Landmark, 2001. Die Gruppe wurde üblicherweise nach ihrer Vorsitzenden, der damaligen britischen Generalzahlmeisterin des Schatzamtes, *Dawn Primarolo* bezeichnet.

5 Vgl. Abl. EG v. 06.01.1998, C 2, S. 1, Anhang 1, Rz. G-I. Jeder Mitgliedstaat sowie die Kommission konnte dabei anonym die Überprüfung potenziell schädlicher Maßnahmen anderer Mitgliedstaaten verlangen und war gleichzeitig angehalten, selbstständig über geplante oder geltende, potenziell schädliche Maßnahmen zu berichten. Vgl. Abl. EG v. 06.01.1998, C 2, S. 1, Anhang 1, Rz. E-F; *Mors, M.*, Verhaltenskodex, 2001, S. 202.

6 Vgl. *Primarolo Gruppe*, Bericht, 1999, Anlage C, S. 180-182. Von den 66 schädlichen Maßnahmen wurden 43 in den Mitgliedstaaten gewährt, während die restlichen 23 in abhängigen und assoziierten Gebieten erlassen wurden. Eine Übersicht über die Arbeit der Primarolo Gruppe in 1998 und 1999 liefert *Pinto, C.*, EU Law, 2002, S. 166 f. Es ist fraglich, ob die EU-Länder in der Lage sind, in den abhängigen und assoziierten Gebieten entsprechende Gesetzesänderungen zur Abschaffung dieser Maßnahmen umzusetzen, vgl. *Meussen, G.*, EU-fight, 2002, S. 157.

7 Vgl. *Primarolo Gruppe*, Bericht, 1999, S. 182-187; *Pinto, C.*, EU Law, 2002, S. 166 f.

Auflistung einzelner Maßnahmen (i. d. R. ihrer eigenen Maßnahmen) und an der grundsätzlichen Arbeit der Gruppe.[1]

Angesichts der Erfahrungen bei der Erstellung der Liste schädlicher Maßnahmen bemühte sich die *Primarolo*-Gruppe anschließend um ein konsensfähiges Vorgehen. Sie zielte nicht mehr auf einzelne Maßnahmen der Liste ab, sondern entwickelte allgemeiner gehaltene Leitlinien zur Umsetzung der Stillhalte- und Rücknahmeverpflichtungen in bestimmten Bereichen.[2] Diese Leitlinien und der Zeitpunkt für die Umsetzung der Rücknahmeverpflichtung konnten einstimmig durch die Mitgliedstaaten angenommen werden[3] und konkretisieren die Bewertungskriterien für die Schädlichkeit einer Maßnahme in den jeweiligen Kategorien. Nach diesen Leitlinien sind Maßnahmen in den Bereichen der Finanzdienstleistungen, der Holdinggesellschaften und der Verwaltungszentren schädlich, sofern sie bestimmte Voraussetzungen erfüllen.[4] Zu diesen Voraussetzungen zählen unter anderem von den OECD-Empfehlungen[5] abweichende Gewinnermittlungsvorschriften und – bei den Leitlinien für Finanzdienstleistungen und Holdinggesellschaften – das Fehlen einer effektiven Anti-Missbrauchsgesetzgebung bei gleichzeitiger Anwendung der Freistellungsmethode.[6]

Zutreffend weist *Nijkamp* auf die Probleme, die dieses Element der Leitlinien aufwirft, hin:[7] Anti-Missbrauchsgesetze, vor allem Regelungen, die sich gegen bestimmte Formen der internationalen Steuerplanung richten, stehen potenziell in Konflikt mit den

---

1 Vgl. *Primarolo Gruppe*, Bericht, 1999, S. 182-187.

2 Von den in der *Primarolo*-Liste verwendeten fünf Kategorien (Finanzdienstleistungen, Versicherungen, Gruppeninterne Dienstleistungen, Holdinggesellschaften, Steuerbefreite und Offshore-Gesellschaften) und einer Auffangkategorie (Verschiedene) (vgl. *Primarolo Gruppe*, Bericht, 1999, S. 7-11, Rz. 29-59), konzentrieren sich die Leitlinien auf drei Kategorien: Finanzdienstleistungen, Holdinggesellschaften und Verwaltungszentren, vgl. *Primarolo Gruppe,* Progress, 2000 (die Originalquelle ist nicht verfügbar, wird aber von *Nijkamp, H.*, Landmark, 2001 wiedergegeben).

3 Vgl. *Nijkamp, H.*, Landmark, 2001, S. 148, 150-153. Der Zeitpunkt zur Umsetzung der Rücknahmeverpflichtung wurde vorverlegt, wobei aber bestehende Regime für einen Übergangszeitraum weiter bestehen bleiben dürfen. Für bestimmte Regime wurde in 2003 eine weitere Verlängerung bis Ende 2010 bzw. 2011 gewährt, vgl. *Europäische Kommission*, Results, 2003, S. 4.

4 Diese Leitlinien sind enthalten im Anhang zum *Primarolo* Progress Report, vgl. *Primarolo Gruppe*, Progress, 2000, zitiert nach *Nijkamp, H.*, Landmark, 2001, S. 150.

5 Vgl. *OECD*, Verrechnungspreisgrundsätze, 2000.

6 Auch nach Ansicht des Rats der Europäischen Union spielen Missbrauchsverhinderungsnormen eine maßgebliche Rolle „bei der Bekämpfung der Steuervermeidung und Steuerhinterziehung“, Abl. EG v. 06.01.1998, C 2, S. 1, Anhang 1, Rz. L.

7 Vgl. *Nijkamp, H.*, Landmark, 2001, S. 151-153.

europäischen Grundfreiheiten,[1] denen sowohl gegenüber den politischen Verpflichtungen des Code of Conduct als auch gegenüber den Beihilfevorschriften ein Anwendungsvorrang zukommt.[2] Neben dem Problem der Vereinbarkeit mit Primärrecht stellt sich bei einem Konflikt mit den bilateralen DBA zusätzlich das Problem des treaty override, dessen Bedeutung in den EU-Staaten allerdings unterschiedlich gesehen wird.[3]

3. Empfehlungen an die Staaten

Zur Verhinderung schädlichen Steuerwettbewerbs sehen die beiden Initiativen neben der Abschaffung schädlicher Maßnahmen innerhalb der Gesetzgebungsgewalt der jeweiligen Mitglieder vor allem Maßnahmen auf zwei Gebieten vor: die Einführung gesetzlicher Missbrauchsbestimmungen und einen verbesserten Informationsaustausch.

Die OECD empfiehlt ihren Mitgliedern, Missbrauchsbestimmungen, insbesondere Regeln gegen beherrschte Auslandsgesellschaften (Controlled Foreign Corporations; CFC-Regeln),[4] zu erlassen[5] und deren Anwendbarkeit auch in DBA-Fällen zu ermöglichen, sowie eigenständige Missbrauchsregeln in DBA aufzunehmen. Wenn entsprechende Vorschriften nicht in ein bestehendes DBA aufgenommen werden können, weil sich eine Seite nicht verhandlungsbereit zeigt, soll auch die Kündigung bestehen-

---

[1] Dazu zählen im steuerlichen Bereich vor allem die Niederlassungsfreiheit (s. Art. 43 EGV), die Dienstleistungsfreiheit (s. Art. 49 EGV) und die Kapitalverkehrsfreiheit (s. Art. 56 EGV), vgl. dazu unten E.I, S. 199.

[2] Vgl. SA v. 02.05.2006, Rs. C-196/04 (*Cadbury Schweppes*), Rz. 56-58; *Vinther, N./Werlauff, E.*, Motives, 2006, S. 385 f.

[3] Während ein treaty override beispielsweise durch die Hinzurechnungsbesteuerung in Deutschland weitgehend akzeptiert ist, führte in Frankreich der Konflikt zwischen den vergleichbaren französischen Regeln und einem DBA zur Unwirksamkeit dieser Regeln, vgl. dazu unten C.II.1.d), S. 89. Belgien hat in einem Kommentar zu den Leitlinien bereits eingewandt, dass Missbrauchsregeln nur in Übereinstimmung mit den DBA anwendbar sein können, vgl. *ECOFIN Council* v. 26./27.11.2000, Dok. 13861/00 (Presse 453).

[4] Vgl. dazu unten C.II.1, S. 66.

[5] Vgl. *OECD*, Competition, 1998, S. 40 f., Rz. 97-100, und S. 43, Rz. 104 f. Daneben sollen auch Regeln gegen ausländische Investmentgesellschaften (Foreign Investment Fonds, FIF-Regeln) erlassen bzw. angepasst werden, die als Ergänzung zu den CFC-Regeln gesehen werden, vgl. *OECD*, Competition, 1998, S. 42 f., Rz. 101-103.

der DBA erwogen werden.[1] Diese „Defensivmaßnahmen“[2] sollten nach Ansicht der OECD nach Möglichkeit koordiniert gegen unkooperative Länder eingesetzt werden.[3] In der EU-Initiative wird die Einführung von Missbrauchsnormen nicht ausdrücklich gefordert. Ihre Bedeutung in der Bekämpfung von Steuervermeidung und Steuerhinterziehung wird aber im Verhaltenskodex „festgestellt“,[4] daneben werden sie als ein Merkmal angesehen, dessen Fehlen zur Einstufung bestimmter Maßnahmen als schädlich führt.[5]

Bereits im 1998 Report empfahl die OECD den Mitgliedsländern die Verbesserung des Informationsaustausches.[6] Spätestens seitdem im 2001 Report das Kriterium der fehlenden wirtschaftlichen Substanz als Identifikationsmerkmal von Steueroasen aufgegeben wurde,[7] war der Fokus des Projekts auf Informationsaustausch und Transparenz gerichtet. Dazu wurde im April 2002 ein Musterabkommen zum Informationsaustausch in Steuersachen veröffentlicht (Agreement on Exchange of Information in Tax Matters, Tax Information Exchange Agreement – OECD-TIEA). Dieses OECD-TIEA soll die in Art. 26 des OECD-MA enthaltene Informationsaustauschverpflichtung bei der Informationserteilung auf Anfrage erweitern und konkretisieren.[8] Im Gegensatz zum OECD-MA liegt das OECD-TIEA sowohl in einer bilateralen als auch in einer multilateralen

---

[1] Vgl. *OECD*, Competition, 1998, S. 47-50, Rz. 118-132. Angesichts der deutschen Erfahrungen erscheint diese Empfehlung der OECD etwas naiv. Als deutlich wurde, dass die alte Fassung des AStG bei Zwischengesellschaften in DBA-Ländern mit Freistellung ohne Aktivitätsklausel kein Hindernis gegen internationale Steuersparmodelle darstellte, wollte man dies zunächst durch Neuverhandlungen der DBA verhindern. Insbesondere der irische Vertragspartner erwies sich dabei aber als unkooperativ, sodass Deutschland dann doch auf unilaterale Gegenmaßnahmen zurückgriff und das AStG verschärfte, vgl. *Gundel, G.*, Auswirkungen, 1993, S. 50; *Endres, D./Thies, A.*, Practice, 1998, S. 295.

[2] Kritiker der OECD-Initiative sprechen dagegen von finanziellem Protektionismus („financial protectionism“, *Mitchell, D. J.*, Proposal, 2000, S. 1805) bzw. von Offensivmaßnahmen („they are offensive because the OECD is trying to bully someone else into changing their laws“, *Goulder, R.*, Coalition, 2000, S. 2652), die dazu führen könnten, dass Verträge, die unter dem Eindruck der Androhung dieser Maßnahmen zustande gekommen sind, nichtig seien, vgl. *Morris, G.*, Sovereignity, 2001, S. 1298.

[3] Vgl. *OECD*, Competition, 1998, S. 37 f., Rz. 87-89; *OECD*, Towards, 2000, S. 24 f.; *OECD*, Progress, 2001, S. 13; *OECD*, Progress, 2004, S. 14-17. Die tatsächliche Anwendung dieser Maßnahmen wird den Mitgliedsländern freigestellt, vgl. *OECD*, Towards, 2000, S. 24, Rz. 33.

[4] Abl. EG v. 06.01.1998, C 2, S. 1, Anhang 1, Rz. L.

[5] Vgl. oben B.II.2.b), S. 19.

[6] Vgl. *OECD*, Competition, 1998, S. 43-46, Rz. 106-112.

[7] Vgl. *OECD*, Progress, 2001, S. 9-12, Rz. 23-43. Vgl. zu den Veränderungen in den weiteren Kriterien *Pinto, C.*, EU Law, 2002, S. 226 f.; *Baker, P.*, Response, 2004, S. 16.

[8] Vgl. *Végh, P. G.*, Exchange, 2002, S. 394 f.; *Tanzi, V./Zee, H. H.*, Borderless, 2000, S. 59-61 sowie *Wisselink, A.*, exchange, 1997, zu weiteren Informationsaustauschinstrumenten.

Version vor.[1] Als wesentliche Erweiterung gegenüber den bisher bestehenden Informationsaustauschverpflichtungen enthält das OECD-TIEA ein zwar nicht explizites, aber doch faktisches Verbot des Bankgeheimnisses,[2] da es den Staaten untersagt wird, sich bei einer Informationsanfrage auf entsprechende Gesetze zu berufen.[3]

Innerhalb der EU sind in weiten Teilen deutlich bessere Grundlagen für die Zusammenarbeit zwischen den Mitgliedstaaten gegeben als zwischen anderen OECD-Mitgliedern.[4] Eine Lücke wurde vor allem im Bereich der Besteuerung von Portfolioinvestitionen erkannt. In diesem Gebiet sind Instrumente, die eine Informationserteilung auf Anfrage vorsehen, häufig wenig effektiv.[5] Die Zinsrichtlinie[6] soll deshalb für Zinszahlungen[7] an natürliche Personen innerhalb der EU eine Mindestbelastung sicherstellen. Der ursprüngliche Vorschlag vom Mai 1998,[8] der ein Koexistenzmodell vorgeschlagen hat, das den Mitgliedstaaten ein Wahlrecht zwischen einer 20%-igen Quellensteuer und einem System des Informationsaustausches gewährt hätte,[9] wurde vom ECOFIN-Rat bei seinem Treffen im Juni 2000 verworfen:[10] angestrebt wurde jetzt ein umfassender Informationsaustausch zwischen den Steuerbehörden der Mit-

[1] Die multilaterale Fassung bildet nur eine Basis für ein System darauf aufbauender bilateraler Abkommen, während die bilaterale Fassung als echtes „Musterabkommen“ gesehen werden kann, vgl. OECD-TIEA, Einleitung, Rz. 5.

[2] Vor der Veröffentlichung des OECD-TIEA wurde zu Recht kritisiert, dass die OECD den Steueroasen Bedingungen stelle, die von Industriestaaten selbst nicht eingehalten werden. So kennen einige Industriestaaten Bankgeheimnisse und können daher von Nichtansässigen in derselben Weise genutzt werden, wie die klassischen Steueroasen, vgl. *Mitchell, D. J.*, Proposal, 2000, S. 1805; *Langer, M. J.*, Havens, 2000, S. 2832 f.

[3] Vgl. OECD-TIEA, Art. 5 Abs. 4. Vgl. dazu *Pinto, C.*, EU Law, 2002, S. 231 f.; *Végh, P. G.*, Exchange, 2002, S. 397.

[4] Vgl. beispielsweise die Amtshilferichtlinie (RL 77/799/EWG v. 19.12.1977, ABl. EG v. 27.12.1977, L 336, S. 15).

[5] Vgl. *Tanzi, V./Zee, H. H.*, Borderless, 2000, S. 62 f.

[6] Vgl. Richtlinie 2003/48/EG v. 03.06.2003, Abl. v. 26.06.2003, L 157, S. 38.

[7] Im Gegensatz zum nationalen Recht der Mitgliedstaaten, in dem Zinszahlungen Teil der Einkünfte aus Kapitalvermögen sind, werden von der Zinsrichtlinie Zinszahlungen als eigenständige Einkunftsart behandelt, vgl. *Dourado, A. P.*, EC draft, 2000, S. 145. Art. 6 der Zinsrichtlinie (2003/48/EG) definiert den Begriff der Zinszahlung.

[8] Vgl. KOM(1998) 295 endg., Abl. EG v. 08.07.1998, C 212, S. 13, selbst zurückgehend auf einen Vorschlag von 1989, vgl. KOM(89) 60 endg., Abl. EG v. 07.06.1989, C 141, S. 5.

[9] Vgl. zur Entwicklung bis Ende 1998: *Europäische Kommission*, Jahresbericht, 1998, Rz. 16 f.; bis 2001 vgl. *Terra, B./Wattel, P.*, Tax Law, 2001, S. 452 f.

[10] Großbritannien hat das Koexistenzmodell von Anfang an abgelehnt, da es negative Auswirkungen auf den heimischen Eurobond-Markt befürchtete, vgl. *Larking, B.*, Another go, 2001, S. 221.

gliedsländer,[1] die Quellensteuerlösung sollte nur als temporäre Ausnahme für einige Staaten zugelassen werden.[2] Am 3. Juni 2003 wurde schließlich die Richtlinie 2003/48/EG („Zinsrichtlinie") erlassen.[3] Erst nach erfolgreichen Verhandlungen mit der Schweiz, Liechtenstein, Andorra, Monaco und San Marino, die die Anwendung gleichwertiger Maßnahmen zusichern mussten, konnte die Richtlinie zum 01.07.2005 in Kraft treten.[4] Obwohl die Zinsrichtlinie dabei als Ziel den umfassenden Informationsaustausch vorsieht, wird Belgien, Luxemburg und Österreich für eine Übergangsfrist die Möglichkeit gewährt, einseitig am Bankgeheimnis festzuhalten.[5] Die Übergangsfrist endet erst, wenn auch die Schweiz, Liechtenstein, Andorra, Monaco und San Marino am Informationsaustausch[6] teilnehmen.[7] In dieser Übergangszeit müssen die genannten Länder eine Quellensteuer auf Zinszahlungen in Höhe von 15% (für die

---

1 Dieser Wechsel in der Zielsetzung führt auch dazu, dass nicht mehr nur ein "Minimum an Besteuerung", sondern eine Besteuerung im Wohnsitzstaat des Zinsempfängers erreicht werden soll, vgl. *Larking, B.*, Another go, 2001, S. 222.

2 Vgl. *Dourado, A. P.*, EC draft, 2000, S. 149. Vgl. zu einem Modell der Alternativen des Informationsaustauschs und der Quellensteuer *Huizinga, H./Nielsen, S. B.*, interest flows, 2002. Aus ihrem Modell leiten sie die Hypothese ab, dass kleine Länder tendenziell den Quellensteuerabzug bevorzugen werden, was aber im Vergleich zu einem erzwungenen Informationsaustausch aus gesamtwirtschaftlicher Sicht vorteilhaft sein kann.

3 Vgl. Richtlinie 2003/48/EG v. 03.06.2003, Abl. v. 26.06.2003, L 157, S. 38.

4 Vgl. für Deutschland: BStBl. I 2005, S. 806. Der Informationsaustausch wird durch § 45e EStG (eingefügt durch das StÄndG 2003 v. 15.12.2003, BGBl. I 2003, S. 2645) bzw. der auf Grundlage dieser Ermächtigung erlassenen Zinsinformationsverordnung geregelt, vgl. VO v. 26.01.2004, BStBl. I 2004, S. 297. Vgl. auch die BMF-Schreiben: BMF-Schr. v. 06.01.2005, IV C 1 – S 2000 – 363/04, BStBl. I 2005, S. 29; BMF-Schr. v. 13.06.2005, IV C 1 – S 2402a – 23/05, BStBl. I 2005, S. 716 und die Übersicht bei *Reiffs, H.*, Informationen, 2005.

5 Kritisch *Dourado, A. P.*, EC draft, 2000, S. 150 f., da es durch die fehlende Reziprozität zu einer Bevorzugung der Staaten mit Quellensteuerabzug und damit zu Verzerrungen im Binnenmarkt kommt. Besonders in dem Umfang, in dem Produkte entwickelt werden, mit denen der Quellensteuerabzug umgangen werden kann, führe die Einseitigkeit des Informationsaustauschs zu Verzerrungen.

6 Allerdings genügt für diese Drittstaaten die Teilnahme am Informationsaustausch auf Anfrage, wie ihn das OECD-TIEA vorsieht, eine automatische Auskunftserteilung wie von der Zinsrichtlinie gefordert, ist dagegen nicht nötig, vgl. Art. 10 Abs. 1 Zinsrichtlinie (2003/48/EG).

7 Die Richtlinie enthält als weitere Voraussetzung für das Ende der Übergangsfrist die Bedingung, dass auch die USA sich „zur Auskunftserteilung auf Anfrage im Sinne des OECD-Musterabkommens verpflichtet haben." (Art. 10 Abs. 2 Zinsrichtlinie (2003/48/EG)), obwohl man entgegen der ursprünglichen Planung die Anwendung der Zinsrichtlinie als solche nicht mehr von der Anwendung gleichwertiger Maßnahmen in den USA abhängig gemacht hat.

ersten drei Jahre), 20% (für die nächsten drei Jahre) bzw. 35% einbehalten und das Ergebnis zu 75% an den Wohnsitzstaat des Zinsempfängers weiterleiten.[1]

III. Missbrauch und Steuerumgehung

Sowohl die OECD als auch die EU fordern in ihren Initiativen gegen den schädlichen Steuerwettbewerb von den Staaten zwar die Einführung bzw. die Anwendung von Missbrauchsnormen oder Anti-Umgehungsnormen, definieren aber weder den Begriff des Missbrauchs noch den der Steuerumgehung. In der Literatur wird zwar teilweise behauptet, der Begriff der Steuerumgehung könne „als theoretisch geklärt betrachtet werden“,[2] die bestehenden Definitionen des Begriffs ersetzen aber immer nur einen interpretations- und vor allem wertungsbedürftigen Begriff durch mehrere neue, ebenfalls interpretations- und wertungsbedürftige Begriffe. Vor allem international gibt es kein einheitliches Begriffsverständnis. So ist der Begriff „tax avoidance“ nicht immer mit dem deutschen Begriff der „Steuerumgehung“ gleichzusetzen,[3] auch wenn sie mitunter synonym verwendet werden.[4]

Im Folgenden soll eine für die Zielsetzung der Arbeit sinnvolle Definition des Begriffs der Steuerumgehung und der dagegen gerichteten Maßnahmen entwickelt werden. Dazu wird zunächst jede staatlich missbilligte Form der Steuervermeidung mit einer

---

[1] Vgl. Art. 10-15 Zinsrichtlinie (2003/48/EG). Der Empfänger der Zinszahlungen kann allerdings für den Informationsaustausch optieren, vgl. Art. 13. Im Gegensatz zu DBA, die keine Steuerpflicht begründen, sondern nur Besteuerungsrechte zuteilen, erwächst aus der Zinsrichtlinie eine Besteuerungspflicht für Länder, die die Quellensteuerlösung anwenden, vgl. *Dourado, A. P.*, EC draft, 2000, S. 147 m. w. N.

[2] So *Winkelmann, M.*, Steuerumgehung, 1997, S. 51; a. A. bereits *Danzer, J.*, Steuerumgehung, 1981, S. VII: „Es kann keine allgemeingültige Formel für die unangemessene Gestaltung geben, die mehr ist als eine Leerformel.“, ausführlich S. 19-21.

[3] In Großbritannien ist die Bindung an den Gesetzeswortlaut bei der Auslegung von Steuergesetzen sehr eng, weshalb auch sehr gekünstelt wirkenden Gestaltungen nicht durch allgemeine Umgehungsvorschriften die Anerkennung versagt wird, vgl. unten B.III.2.a), S. 30.

[4] So hat beispielsweise *Vogel* 1985 darauf hingewiesen, dass der Begriff der „Steuerumgehung“ sich nicht übersetzen lasse, da „tax avoidance“ bzw. „evasion fiscale“ im französischen Sprachgebrauch wertfrei seien und dem allgemeinen Begriff der „Steuervermeidung“ entsprächen, vgl. *Vogel, K.*, Steuerumgehung, 1985, S. 369 f.; für „tax avoidance“ auch *Schön, W.*, Gestaltungsmißbrauch, 1996, S. 5, FN 50, jeweils m. w. N. Zumindest für den Begriff „evasion fiscale“ ist dies wohl nicht mehr zutreffend, vgl. *Frommel, S.*, United Kingdom, 1991, S. 57. Übersetzungsprobleme bestehen auch im europäischen Recht, so wird in Art. 11 der Fusionsrichtlinie (RL 90/434/EWG v. 23.07.1990, Abl. EG v. 20.08.1990, L 225, S. 1) in der deutschen Fassung der Begriff „Steuerumgehung“ und in der englischen Fassung der Begriff „tax avoidance“ verwendet. Zu weiteren Übersetzungsschwierigkeiten vgl. *Rädler, A. J.*, Market, 1994, S. 311; *Merks, P.*, Evasion, 2006, S. 278-281.

Steuerumgehung gleichgesetzt,[1] um davon ausgehend zu einem differenzierten Verständnis zu gelangen.

1. Möglichkeiten zur Verhinderung unerwünschter Steuervermeidungen

Soweit Steuergesetze reine Fiskalzwecknormen sind,[2] haben sie ausschließlich eine Belastungszielsetzung, die immer dann verfehlt wird, wenn die Steuerpflicht nicht eintritt. Somit kann zwar jede Art der Steuervermeidung als unerwünscht bezeichnet werden,[3] nicht in allen Fällen liegt aber eine staatliche Missbilligung der Steuervermeidung vor, da gewisse Anpassungshandlungen an die auferlegte Steuerbelastung von den Staaten akzeptiert werden.

Steuern stellen für Unternehmen negative Zielerreichungsbeiträge dar, sodass diese auf nicht entscheidungsneutrale Steuern[4] reagieren und vorhandene Möglichkeiten zur Steuervermeidung wahrnehmen werden.[5] Grundsätzlich ist es den Steuerpflichtigen in allen Staaten der EU nach dem jeweiligen nationalen Steuerrecht erlaubt, Steuerplanung bzw. Steuergestaltung zu betreiben und denjenigen Weg zu wählen, der ein Ziel mit der geringsten Steuerbelastung erreicht.[6] Allerdings laufen sie dabei Gefahr, die Grenze zwischen einer geschickten Minimierung der Steuerlast und einer missbräuchlichen Gestaltung, die als Steuerumgehung nicht akzeptiert wird, zu überschreiten.[7]

---

[1] Die Frage, wo der Staat oder die Gerichte die Grenze zwischen noch tolerierten und unerwünschten Formen der Steuervermeidung ziehen, wird in dieser Arbeit nicht normativ hinterfragt.

[2] Vgl. dazu *Lang, J.*, Ordnung, 2005, Rz. 20, 25.

[3] Allerdings darf die Auslegung der Fiskalzwecknormen nicht am Fiskalzweck orientiert erfolgen, sondern an den Vorgaben, wie die Gesamtsteuerlast auf die Steuerpflichtigen zu verteilen ist, in Deutschland mithin am Leistungsfähigkeitsprinzip, vgl. *Lang, J.*, Rechtsanwendung, 2005, Rz. 43.

[4] Ursächlich für das Bedürfnis, unerwünschte Formen der Steuervermeidung zu verhindern, ist somit das nicht entscheidungsneutrale Steuersystem, vgl. *Wagner, F. W.*, Steuervermeidungslehre, 1986, S. 47.

[5] „Der wirtschaftliche Erfolg der unternehmerischen Betätigung wird am Ertrag nach Steuern gemessen“, *Jacobs, O.*, Unternehmensbesteuerung, 2002, S. 707; ähnlich *Menck, T.*, Grundlagen, 2005, Rz. A 75-A 79.

[6] Vgl. *Vanistendael, F.*, Interpretation, 1997, S. 132 m. w. N.; EuGH, Urt. v. 21.02.2006, Rs. C-255/02 (*Halifax*), Rz. 73. Vgl. für Deutschland beispielsweise: „Die Steuerpflichtigen sind grundsätzlich frei, ihre rechtlichen Verhältnisse so zu gestalten, daß sich eine geringere Steuerbelastung ergibt.“, BFH, Urt. v. 23.10.1996, I R 55/95, BStBl. II 1998, S. 90, vgl. auch BFH, Urt. v. 12.07.1988, IX R 149/83, BStBl. II 1988, S. 942; BFH, Beschl. v. 29.11.1982, GrS 1/81, BStBl. II 1983, S. 272. Vgl. *Schön, W.*, Gestaltungsmißbrauch, 1996, S. 5. Vgl. zu Großbritannien: „Every man is entitled if he can to order his affairs so as that the tax attaching under the appropriate Acts is less than it otherwise would be.“, *IRC* vs. *Duke of Westminster* (1935), zit. nach *Frommel, S.*, United Kingdom, 1991, S. 61. Zu Frankreich vgl. *Cozian, M.*, abuse, 1991, S. 104: „the free-choice of the least taxed track.“

[7] Vgl. *Paschen, U.*, Steuerumgehung, 2001, S. 1.

Finanzverwaltung, Rechtsprechung und letztlich der Gesetzgeber können unerwünschten Formen der Steuervermeidung auf drei verschiedenen Wegen begegnen.

a) Extensive Auslegung und Rechtsfortbildung

Soweit eine Gestaltung zur Steuervermeidung zwar nicht die Tatbestände erfüllt, die das Steuergesetz nach seinem Wortlaut für die Steuerpflicht vorsieht, es aber nach dem Zweck des Gesetzes offensichtlich ist, dass dieser Vorgang unter die Steuerpflicht fallen soll, ist zunächst zu prüfen, ob die Anwendung des zweckwidrig umgangenen Gesetzes nicht bereits durch teleologische Auslegung oder Rechtsfortbildung[1] sichergestellt werden kann.[2] Die Grenzen der zulässigen Auslegung sind dabei in den einzelnen Ländern unterschiedlich.[3] Daneben hat das Ausmaß, in dem das jeweilige nationale Steuerrecht Konzepte des Privatrechts als Tatbestände für die Begründung einer Steuerpflicht verwendet, Einfluss auf die Möglichkeiten, die sich bei der Subsumtion eines Sachverhalts bieten.[4]

b) Allgemeine steuerliche Umgehungsnormen

Führen die normalen Auslegungsmethoden nicht zu einer Steuerpflicht, können allgemeine Umgehungsnormen helfen, den Spielraum bei der Auslegung der Steuergesetze zu erweitern[5] oder durch Umdeutung einen Sachverhalt dennoch in den Anwendungsbereich der steuerlichen Tatbestände zu bringen.[6] Auch wenn die Unterscheidung vor dem Hintergrund der Rechtsprechungstradition des einzelnen Landes von Bedeutung

---

1 „Die Rechtsfortbildung unterscheidet sich von der Auslegung dadurch, daß sie über den möglichen Wortsinn des Gesetzes hinausgeht … und dazu dient, vorhandene Lücken des Gesetzes auszufüllen.“, *Kruse, H. W./Drüen, K.-D.*, Tipke/Kruse, 2001, § 4 AO, Tz. 344. Vgl. zum Unterschied zwischen Auslegung und Rechtsfortbildung *Larenz, K./Canaris, C.-W.*, Methodenlehre, 1995, S. 187 f.; *Danzer, J.*, Steuerumgehung, 1981, S. 53-57.

2 Vgl. ausführlich *Fischer, P.*, Umgehung, 1996, S. 649 f.

3 Vgl. zu einer Übersicht *Vanistendael, F.*, Interpretation, 1997, S. 134-144.

4 Vgl. *Uckmar, V.*, Generalbericht, 1983, S. 111; *Zimmer, F.*, General Report, 2002, S. 25.

5 So beispielsweise BFH, Urt. v. 19.03.1980, II R 23/77, BStBl. II 1980, S. 598 (599): „Aufgrund des § 6 StAnpG [heute: § 42 AO] ist der Rechtsanwender ermächtigt, eine Gesetzesvorschrift (im Ergebnis im Weg der Analogie) auf Fälle unangemessener Zivilrechtsgestaltung anzuwenden.“

6 In Großbritannien existiert keine allgemeine Umgehungsregel. Dort wird das sogenannte „Ramsay principle“ (s. unten C.I.1.c), S. 53) nicht als Umgehungsregel sondern als „recharacterisation doctrine“ bezeichnet, die es Gerichten in bestimmten Fällen erlaubt, die Steuerpflicht durch „Anwendung“ (nicht: „Auslegung“) einer Norm auf einen umgedeuteten Sachverhalt sicherzustellen, vgl. dazu ausführlich *Ballard, R. M./Davison, P. E.*, United Kingdom, 2002, S. 576-579.

ist,[1] ist das Ergebnis beider Ansätze dem Grunde nach identisch: Statt der gewählten Form, die die Tatbestände des Steuergesetzes zu umgehen versucht, wird der wirtschaftliche Gehalt, der dem Zweck des Steuergesetzes nach zur Steuerpflicht führen soll, erfasst.[2] Derartige allgemeine Missbrauchsbestimmungen[3] können

- durch die Rechtsprechung entwickelt[4] und/oder
- gesetzlich kodifiziert worden sein.[5]

c) Spezialnormen gegen Steuerumgehungen

Bei Spezialnormen gegen Steuerumgehungen handelt es sich um Vorschriften, die vom jeweiligen Gesetzgeber missbilligte, aber von der Rechtsprechung gebilligte Möglichkeiten zur Steuervermeidung verhindern wollen. Diese Normen schaffen für die Sachverhalte, die nach Ansicht der Rechtsprechung weder bei Auslegung der vorhandenen Steuergesetze noch bei Anwendung etwaiger allgemeiner Umgehungsnormen einen Steueranspruch begründen, neue steuerbegründende Tatbestände.[6]

Ausgehend von den sich teilweise überschneidenden Möglichkeiten, mit denen gegen unerwünschte Formen der Steuervermeidung vorgegangen wird, und angesichts der unterschiedlichen Anwendung dieser Möglichkeiten durch die einzelnen Staaten, wird zunächst ein differenziertes Verständnis des Begriffes der Steuerumgehung entwickelt, bevor die Steuerumgehung gegenüber verwandten Sachverhalten abgegrenzt wird. Abschließend soll vor dem Hintergrund der Europäischen Integration und den Vorgaben des EG-Rechts der europarechtliche Missbrauchs- bzw. Steuerumgehungsbegriff beschrieben werden.

---

1 Nicht überall wird diese Unterscheidung allerdings berücksichtigt, teilweise werden die beiden verschiedenen Wege verwechselt oder vermengt, so beispielsweise bei *Ruiz Almendral, V.*, Avoidance, 2005, S. 567: "The ... common element to all GAARs [General Anti-Avoidance Rules – allgemeine Missbrauchsregeln] is that they provide an instrument for the tax administration to recharacterize a given arrangement by interpreting the tax legislation according to its purpose."

2 Vgl. *Vogel, K.*, Steuerumgehung, 1985, S. 371 f.

3 Die Systematik allgemeiner Missbrauchsregeln wird unten in C.I.1, S. 49, behandelt.

4 Von der Rechtsprechung entwickelte Missbrauchsregelungen finden sich beispielsweise in Dänemark, Frankreich, Großbritannien, Indien, Niederlande, Norwegen, der Schweiz und den USA, vgl. *Zimmer, F.*, General Report, 2002, S. 37 f.

5 Gesetzlich kodifizierte Missbrauchsregeln finden sich beispielsweise in Argentinien, Australien, Belgien, Deutschland, Finnland, Frankreich, Italien, Kanada, Korea, Luxemburg, Neuseeland, Österreich, Spanien, Schweden und Ungarn, vgl. *Zimmer, F.*, General Report, 2002, S. 37 f.

6 Eine Steuererhebung ist nur dann zulässig, wenn sie dem Grunde und der Höhe nach durch ein Gesetz angeordnet wird. Eine Steuerpflicht entsteht erst dann, wenn die Tatbestandsmerkmale eines Steuergesetzes erfüllt werden, vgl. zur Gesetzmäßigkeit der Besteuerung *Lang, J.*, Ordnung, 2005, Rz. 150-160.

2. Enges und weites Begriffsverständnis

Hensel lieferte bereits 1923, zunächst noch ohne Rückgriff auf eine konkrete Umgehungsvorschrift, eine nach wie vor aktuelle Definition der Steuerumgehung:

> „Steuerumgehung [ist] … die Erreichung einer bestimmten wirtschaftlichen Lage, unter Vermeidung des rechtlichen Tatbestandes, welchen der Gesetzgeber hierfür als üblich im Verkehrsleben angesehen und daher zur Voraussetzung der Entstehung des Steuerausspruchs [!] erhoben hat.“[1]

Das wesentliche Element der Definition der Steuerumgehung besteht dabei weniger in der Vermeidung der Steuertatbestände, sondern vielmehr in der Ähnlichkeit des verwirklichten Sachverhalts mit dem gesetzlich definierten Tatbestand.[2] Ausgehend von dieser Definition soll der Begriff der Steuerumgehung durch die Unterscheidung zwischen einem engen und einem weiten Verständnis des Missbrauchs bzw. der Steuerumgehung präzisiert werden.[3] Beide Begriffe werden im Folgenden aus der Analyse der dagegen gerichteten Maßnahmen abgeleitet.

a) Steuerumgehung im engeren und im weiteren Sinne

Die Abgrenzungsproblematik bei dem Begriff der Steuerumgehung bezieht sich vor allem auf die Grenze zwischen legitimer Steuervermeidung durch Steuerplanung und nicht (mehr) legitimer Steuerumgehung. Diese Abgrenzung ist weltweit ein zentrales Problem[4] und wegen der teilweise sehr unterschiedlich verorteten Grenzziehung auch Ursache für bestehende Übersetzungsschwierigkeiten. So kann die in Deutschland übliche Unterscheidung zwischen legitimer Steuerplanung und (nicht anerkannter) Steuerumgehung vor allem deshalb nicht ohne weiteres mit tax planning und tax avoidance übersetzt werden,[5] da die in Großbritannien übliche, eng am Wortlaut orientierte Auslegung der Steuergesetze die gerichtliche Bekämpfung von Steuerumgehungen lange Zeit unmöglich gemacht hat.[6] Fälle, die in anderen Ländern als klare Umgehungssachverhalte steuerlich nicht akzeptiert worden wären, wurden deshalb zwar als

---

[1] *Hensel, A.*, Dogmatik, 1923, S. 225.

[2] Vgl. *Kirchhof, P.*, Auslegungsmethoden, 1983, S. 175.

[3] *Vogel, K.*, Steuerumgehung, 1985, bezeichnet beispielsweise Aktivitätsvorbehalte undifferenziert als Regelungen gegen „Abkommensmissbrauch“ (S. 373), ohne auf die erkennbaren Widersprüche zu seiner Definition des Missbrauchs (S. 372) einzugehen.

[4] Vgl. *Zimmer, F.*, General Report, 2002, S. 37.

[5] Vgl. so aber z. B. *Ruiz Almendral, V.*, Avoidance, 2005, S. 564.

[6] Vgl. zur Auslegung der Steuergesetze in Großbritannien *Wenz, M.*, Unternehmensmischformen, 1999, S. 109-114, zu den Schwierigkeiten bei der Behandlung von Umgehungssachverhalten S. 112 f.

Fälle der tax avoidance bezeichnet, der Besteuerung wurden aber dennoch die formellen Schritte, und damit der Umgehungssachverhalt, zu Grunde gelegt.[1]

Gestaltungen, bei denen erst die Anwendung einer allgemeinen Umgehungsregel zur Steuerpflicht führt, sind (versuchte) Steuerumgehungen nach jedem ersichtlichen Begriffsverständnis.[2] Einer Umgehung der Steuergesetze wird durch die Anwendung der Umgehungsvorschrift in den Bereichen der Erfolg verweigert, in denen die Auslegung der Steuergesetze versagt hat. Der Bereich, in dem unerwünschten Formen der Steuervermeidung durch eine extensive Auslegung der steuerlichen Normen begegnet wird, wird üblicherweise nicht als Steuerumgehung bezeichnet. Erst wenn eine extensive Auslegung nicht zur Steuerpflicht führt, liegt nach dieser Auffassung eine Steuerumgehung vor.[3]

Für den Steuerpflichtigen hingegen ist es ohne Belang, ob sein Versuch der Steuervermeidung durch eine extensive Auslegung der Steuergesetze, durch richterliche Rechtsfortbildung oder durch die Anwendung einer Umgehungsnorm vereitelt wird.[4] Der Versuch, ein wirtschaftliches Ergebnis zu erzielen, ohne den gesetzlichen Tatbestand einer Steuerpflicht zu erfüllen,[5] ist in allen diesen Fällen gescheitert. In dieser Arbeit werden daher Gestaltungen auch dann als Steuerumgehungen bezeichnet, wenn bereits die extensive Gesetzesauslegung zur Steuerpflicht führt.

Gestaltungen, die den Tatbestand spezialgesetzlicher Vorschriften erfüllen, können ebenfalls als Steuerumgehung bezeichnet werden.[6] Spezialvorschriften verhindern eine vormals erfolgreiche, aber vom Gesetzgeber missbilligte Steuervermeidung, indem sie

---

1 Vgl. *Frommel, S.*, United Kingdom, 1991; *Ballard, R. M./Davison, P. E.*, United Kingdom, 2002.

2 Vgl. *Hensel, A.*, Dogmatik, 1923, S. 225; *Kruse, H. W./Drüen, K.-D.*, Tipke/Kruse, 2002, § 42 AO, Tz. 23.

3 So bereits *Hensel, A.*, Dogmatik, 1923, S. 237-247; *Brockmeyer, H. B.*, Klein, 2006, § 42 AO, Rz. 2; BFH, Urt. v. 19.05.1988, V R 115/83, BStBl. II 1988, S. 916; differenzierend *Kirchhof, P.*, Auslegungsmethoden, 1983.

4 Auch *Hensel, A.*, Dogmatik, 1923, S. 239, erkennt, dass die extensive Auslegung genauso „zur Vereitelung eines Umgehungsversuchs" führt, wie die Anwendung einer Umgehungsvorschrift. Die Trennung zwischen Umgehungsversuchen, die keine Steuerumgehung darstellen und Umgehungsversuchen, die eine Steuerumgehung darstellen (nämlich solche, die erst durch Anwendung einer Umgehungsvorschrift verhindert werden können), erscheint damit nur vor dem historischen Kontext der Einführung der allgemeinen Umgehungsvorschrift sinnvoll, da diese eine Gesetzeslücke geschlossen hat, vgl. *Kruse, H. W./Drüen, K.-D.*, Tipke/Kruse, 1999, § 42 AO, Tz. 8.

5 Dies entspricht der allgemeinen und auch in dieser Arbeit verwendeten Definition der Steuerumgehung von *Hensel* (s. oben, S. 30), vgl. *Hensel, A.*, Dogmatik, 1923, S. 225.

6 In diesem Sinne wohl bereits *Hensel, A.*, Dogmatik, 1923, S. 261: „Die erste und gebräuchlichste der sich … [zur Verhinderung der Steuerumgehung] bietenden gesetzestechnischen Möglichkeiten ist der Ausbau eines Systems von Spezialklauseln".

einen neuen Tatbestand einführen, der einen Steueranspruch begründet. In der Folge werden die entsprechenden Sachverhalte bereits vom Wortlaut der Steuergesetze erfasst, die damit angesprochenen Gestaltungen sind zur Steuervermeidung also nicht mehr geeignet. Dennoch werden diese Normen üblicherweise ebenfalls als „typisierende Missbrauchsbekämpfungsvorschriften“,[1] „Spezialbestimmungen gegen die Steuerumgehung“,[2] „Spezialklauseln zur Bekämpfung der Steuerumgehung“,[3] „Abwehrmechanismen gegen unangemessene Gestaltungen“[4] etc. bezeichnet.[5] Der Steuergesetzgeber bezeichnet diese Spezialnormen selbst dann als Normen zur „Verhinderung von Missbräuchen“, wenn es sich um Normen mit abstrakt-generellen Tatbeständen ohne Einzelfallprüfung (z. B. durch die Möglichkeit eines Gegenbeweises) handelt.[6]

Ausgehend von dem Kernelement der Definition der Steuerumgehung, der Vermeidung der Erfüllung des steuerbegründenden Tatbestands entgegen der gesetzgeberischen Intention, wird der Begriff der Steuerumgehung in dieser Arbeit wie folgt unterschieden:

- Eine Steuerumgehung im weiteren Sinne liegt vor, wenn die Tatbestände des Gesetzes vermieden werden sollen, diese Tatbestände bei extensiver Auslegung aber durch den Umgehungssachverhalt erfüllt werden oder die Tatbestände der Steuergesetze durch den Erlass spezieller Missbrauchsvorschriften auf derartige Sachverhalte ausgeweitet werden. Vorschriften, die sich gezielt gegen bestimmte, vom Gesetzgeber als unerwünscht erachtete Gestaltungen richten, werden hier als Anti-Umgehungsnormen oder Missbrauchsverhinderungsnormen im weiteren Sinne bezeichnet. Aus dem Gesetz bzw. seiner Auslegung ergibt sich, dass die Gestaltung nicht zum Ziel der Steuerminderung führen wird.
- Wenn die Auslegung nach dem Gesetzeszweck alleine einen Sachverhalt nicht erfasst und erst durch Anwendung einer allgemeinen Umgehungsregel oder

---

1 *Müller-Gatermann, G.*, Steuerperspektiven, 2006, S. 15.

2 *Fischer, P.*, Umgehung, 1996, S. 644 f.

3 *Lang, J.*, Rechtsanwendung, 2005, Rz. 99.

4 *Jacobs, O.*, Unternehmensbesteuerung, 2002, S. 711.

5 Vgl. zu einer Übersicht über als „Missbrauchsnormen“ bezeichnete spezielle Regelungen im deutschen Steuerrecht *Roser, F.*, Auslegung, 2005, S. 178 f.: Ohne Anspruch auf Vollständigkeit werden dort 29 Normen bzw. Normkomplexe als spezielle Missbrauchsnormen identifiziert.

6 Vgl. beispielsweise die Vorschrift des § 26 UmwStG.

durch richterliche Rechtsfortbildung[1] der Umgehungsversuch vereitelt werden kann, wird hier von Steuerumgehung im engeren Sinne gesprochen.

- Wenn die Tatbestände der Steuergesetze erfolgreich – d. h. weder extensive Auslegung noch Rechtsfortbildung noch die Anwendung einer Umgehungsvorschrift vereiteln die Steuerersparnis – umgangen werden konnten, obwohl ein Verstoß gegen den Gesetzeszweck vorliegt, kann nicht von einer Steuerumgehung gesprochen werden, da (zumindest bis zu einer Reaktion des Gesetzgebers) die gewählte Gestaltung als legitime Steuerplanung gelten muss. Diese „erfolgreiche Steuerumgehung" stellt neben der (nicht erfolgreichen) Steuerumgehung im engeren Sinne und der (ebenfalls nicht erfolgreichen) Steuerumgehung im weiteren Sinne eine dritte, eigenständige Kategorie dar.

Abbildung 1 fasst die verschiedenen Kategorien des Begriffs der Steuerumgehung zusammen.

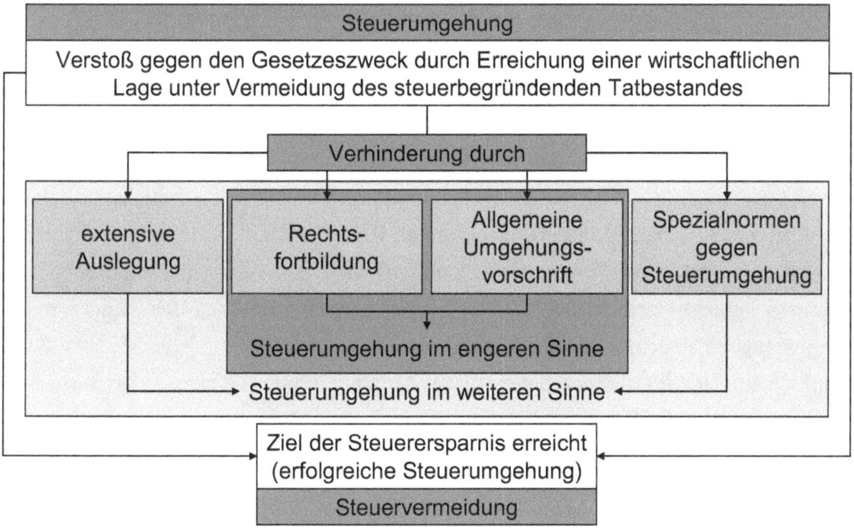

Abbildung 1: Begriff der Steuerumgehung

[1] *Sieker* hält die Unterscheidung zwischen Analogie und Auslegung trotz der damit verbundenen Schwierigkeiten für gerechtfertigt, da „auf diese Weise jedenfalls solche Fälle identifiziert werden können, die eindeutig außerhalb des Wortsinns angesiedelt sind und die deshalb für den Normadressaten nicht erkennbar von der Regelungsanordnung des Gesetzes erfaßt werden.", *Sieker, S.*, Umgehungsgeschäfte, 2001, S. 88 m. w. N.

Die Einordnung eines bestimmten Sachverhalts in die vorgeschlagene Unterteilung ist von Land zu Land unterschiedlich. Grundsätzlich ist es dabei denkbar, dass ein vergleichbarer Sachverhalt:

- in einem Land zum Ziel führt und als erfolgreiche Steuerumgehung bzw. Steuervermeidung anzusehen ist,
- in einem zweiten Land durch extensive Auslegung unter die Tatbestände der Steuergesetze subsumiert wird,
- in einem dritten Land durch richterliche Rechtsfortbildung eine spezielle Rechtsfigur die Gestaltung erfasst,
- in einem vierten Land eine allgemeine Umgehungsregel den Sachverhalt umdeutet und schließlich
- in einem fünften Land eine spezielle Norm den Sachverhalt erfasst.[1]

Sämtliche Möglichkeiten der Verhinderung unerwünschter Gestaltungen haben ihren Zweck bereits dann erfüllt, wenn sie die Steuerpflichtigen davon abhalten, bestimmte Gestaltungen zu wählen. Das gesetzgeberische Ziel beim Erlass von generellen und speziellen Vorschriften gegen unerwünschte Steuervermeidung wird somit auch erreicht, wenn diese Normen nicht zur Anwendung kommen. Daher sind Begriffe wie Anti-Umgehungsnormen, Missbrauchsbekämpfungsnormen und Ähnliches insoweit unzutreffend, als diese Normen nur in einer Übergangszeit tatsächlich vorhandene Missbräuche „bekämpfen“. Sobald die Steuerpflichtigen auf die geänderte Rechtslage reagieren konnten[2] und den als missbräuchlich bezeichneten Weg der Steuervermeidung verlassen haben, kann nicht mehr von einer Bekämpfung von Missbräuchen gesprochen werden. Daher werden in dieser Arbeit derartige Normen als Missbrauchsverhinderungsnormen bezeichnet.

---

[1] Vgl. die unterschiedlichen Antworten der Berichterstatter auf die Beispielfälle in *IFA* (Hrsg.), Form, 2002, oder die unterschiedlichen Antworten auf die Beispielfälle bei *Mössner, J. M.*, Tax, 1999. Zusätzlich ist denkbar, dass die gewählte Gestaltung in anderen Ländern bereits grundsätzlich keine Steuerersparnis zur Folge hätte, vgl. die Antworten auf den Fall der Überkreuzvermietung bei *Mössner, J. M.*, Tax, 1999.

[2] Wenn Unklarheiten hinsichtlich des Anwendungsbereichs der Missbrauchsnormen bestehen, können die Steuerpflichtigen nicht mit der gebotenen Sicherheit auf diese Vorschriften reagieren. Aus Sicht des Staates kann man insoweit weiterhin von einer Missbrauchsbekämpfung sprechen, aus Sicht der Steuerpflichtigen ist die damit verbundene Planungsunsicherheit zu kritisieren.

b) Gesetzgebungsgeschichte des § 8a KStG

Das Nebeneinander von allgemeinen und speziellen Missbrauchsnormen wird an der Gesetzgebungsgeschichte des § 8a KStG deutlich.[1] Nach dem Scheitern mehrerer Anläufe zur gesetzlichen Regelung des Problems der Gesellschafter-Fremdfinanzierung in den 80er Jahren,[2] versuchte die Finanzverwaltung im Erlasswege übermäßige Fremdfinanzierung als Steuerumgehung[3] zu definieren und ihr durch die Anwendung des § 42 AO die steuerliche Anerkennung zu versagen.[4] Dieser Auffassung ist der BFH mit seinem Urteil vom 05.02.1992 entgegen getreten: Seiner Ansicht nach bietet § 42 AO keine gesetzliche Grundlage, um übermäßig gewährtes Fremdkapital steuerlich als Eigenkapital zu behandeln.[5] Die Finanzverwaltung sah in bestimmten Gestaltungen eine Steuerumgehung im engeren Sinne, während der BFH diese Gestaltungen als erfolgreiche Steuerumgehung bzw. Steuervermeidung eingestuft hat.

Daraufhin wurde 1993 die gesetzliche Grundlage in Form des § 8a KStG geschaffen.[6] Dadurch und im Folgenden durch Verschärfungen der Vorschrift (hier beispielsweise durch die Halbierung des allgemeinen safe haven[7]) wurden Sachverhalte von dieser Vorschrift erfasst, die zwischenzeitlich zu einer erfolgreichen Steuerersparnis geführt haben: Aus einer Steuervermeidung wurde so eine Steuerumgehung im weiteren Sinne. Bis die Darlehensvereinbarungen durch die Unternehmen an die neue Rechtslage angepasst werden konnten, lag insoweit eine echte Missbrauchsbekämpfung vor,[8] anschließend kann man von einer Missbrauchsverhinderung sprechen, soweit Darlehen nur noch innerhalb der Grenzen des safe haven gewährt wurden. Im Gegensatz zu Deutschland kennt Österreich bis heute keine vergleichbare Vorschrift, sodass die

---

1 Vgl. zur Rechtsentwicklung von § 8a KStG allgemein *Menck, T.*, Blümich, 2004, § 8a KStG, Rz. 13-15; *Kröner, M.*, Ernst&Young, 2005, § 8a KStG, Rz. 43-47.1.

2 Vgl. bereits *Wrede, F.*, Gewinnausschüttungen, 1979, S. 1676, dazu *Knobbe-Keuk, B.*, Fremdfinanzierung, 1979. Zur weiteren Entwicklung vgl. *Knobbe-Keuk, B.*, Kritik, 1982; *Pott, H.-M.*, Vereinbarkeit, 1982, sowie *Herzig, N.*, Fremdfinanzierung, 1993, S. 237.

3 In der hier verwendeten Unterscheidung versuchte der Erlass, übermäßige Fremdfinanzierung als Steuerumgehung im engeren Sinne zu definieren.

4 Vgl. BMF-Schr. v. 16.03.1987, IV B 7 – S 2742 – 3/87, BStBl. I 1987, S. 373.

5 Vgl. BFH, Urt. v. 05.02.1992, I R 127/90, BStBl. II 1992, S. 532.

6 Vgl. Standortsicherungsgesetz – StandOG v. 13.09.1993 (BGBl. I 1993, S. 1569).

7 Der safe haven wurde durch das Steuersenkungsgesetz (StSenkG) v. 23.10.2000 (BGBl. I 2000, S. 1433) halbiert.

8 Die Grenzen des Missbrauchs werden hier mit der gesetzgeberischen Wertung, bestimmte Verhältnisse von Eigen- und Fremdkapital als Missbrauch anzusehen, gleichgesetzt und für die begriffliche Einordnung nicht hinterfragt. Eine objektive Grenze des Missbrauchs ist darin nicht zu sehen, da letztlich jede Festlegung eines FK:EK-Verhältnisses willkürlich sein wird, vgl. *Obser, R.*, Fremdfinanzierung, 2005, S. 119.

Gesellschafter-Fremdfinanzierung nur durch die vom ÖVwGH entwickelten Grenzen zur verdeckten Eigenkapitalzufuhr begrenzt wird, die (zumindest anfangs) ihre Begründung in der Missbrauchsvorschrift des § 22 BAO fand.[1] Wurde eine Gestaltung durch § 22 BAO erfasst, handelte es sich in Österreich um eine Steuerumgehung im engeren Sinne.

3. Missbrauch oder Steuerumgehung

Der Begriff des Missbrauchs und der Begriff der Steuerumgehung zählen nebeneinander zu den Tatbestandsmerkmalen der deutschen allgemeinen Umgehungsregel des § 42 AO.[2] Ein Missbrauch von Gestaltungsmöglichkeiten des Rechts liegt aus steuerlicher Sicht vor, wenn dadurch ein Steuergesetz umgangen werden soll. Eine Steuerumgehung liegt vor, wenn Gestaltungsmöglichkeiten des Rechts mit dem Zweck der Steuerminderung missbraucht werden.[3] Der Begriff des „Gestaltungsmissbrauchs" bezieht sich also primär auf die Mittel, die zur Steuervermeidung eingesetzt werden. Der Begriff der „Steuerumgehung" bezieht sich dagegen vor allem auf Sinn und Zweck des umgangenen Steuergesetzes.[4]

Als ein Unterfall der Gesetzesumgehung[5] kann die Steuerumgehung zu den Fällen des institutionellen Rechtsmissbrauchs gezählt werden.[6] Daher muss auch bei der Beurteilung, ob die Mittel der Steuervermeidung missbräuchlich eingesetzt werden, auf die Zwecke des umgangenen Rechtsinstituts Bezug genommen werden. In dieser Arbeit

---

[1] Vgl. *Gassner, W.*, Austria, 1996, S. 323-329.

[2] Der erste Begriff kommt sowohl in der Überschrift als auch in § 42 Abs. 1 S. 1 AO vor. Der zweite Begriff steckt in der ebenfalls in Satz 1 enthaltenen Feststellung: „... kann das Steuergesetz nicht umgangen werden." Daraus werden die beiden Tatbestandsmerkmale des Missbrauchs und der zu missbilligenden Steuerminderung abgeleitet, vgl. *Kruse, H. W./Drüen, K.-D.*, Tipke/Kruse, 2002, § 42 AO, Tz. 23-49; *Brockmeyer, H. B.*, Klein, 2006, § 42 AO, Rz. 5-23.

[3] Vgl. zu diesem scheinbaren Zirkelschluss und seiner Auflösung unten C.I.2.b), S. 57.

[4] Vgl. *Paschen, U.*, Steuerumgehung, 2001, S. 20-24; ähnlich *Sieker, S.*, Umgehungsgeschäfte, 2001, S. 17; a. A. *Hahn, H.*, Gestaltungsmissbrauch, 2006, S. 431 f.

[5] Vgl. beispielsweise: *Lang, J.*, Rechtsanwendung, 2005, Rz. 95; *Danzer, J.*, Steuerumgehung, 1981, S. 5; *Fischer, P.*, HHSp, 1991, § 42 AO, Rz. 53-63. So bereits BFH, Urt. v. 19.03.1980, II R 23/77, BStBl. II 1980, S. 598; BFH, Urt. v. 14.05.1986, II R 22/84, BStBl. II 1986, S. 620; Begründung zu § 6 StAnpG, RStBl. 1934, S. 1398, 1402.

[6] Vgl. zur Definition und zur Abgrenzung gegenüber dem individuellen Rechtsmissbrauch *Heeder, O.*, Fraus legis, 1998, S. 112 f.; *Sieker, S.*, Umgehungsgeschäfte, 2001, S. 13.

werden die Begriffe des „Missbrauchs" und der „Steuerumgehung" daher synonym verwendet.[1]

Im internationalen Bereich darf dagegen der Begriff der "tax avoidance" neben der bereits angesprochenen Übersetzungsproblematik[2] nicht mit dem Begriff des „abuse of rights" gleichgesetzt werden. Dies liegt daran, dass im internationalen Bereich mit dem Begriff des „abuse of rights" bzw. des „fraus legis" eine spezielle Anti-Umgehungsdoktrin bezeichnet wird, die in bestimmten, vor allem kontinentaleuropäischen Ländern, verfolgt wird.[3] Da dieser Begriff in Common-Law-Ländern unbekannt ist, darf der Begriff des Missbrauchs – insbesondere wenn er wie hier synonym zur Steuerumgehung verwendet wird – nicht mit „abuse of rights" übersetzt werden.[4] Die in der Untersuchung behandelten Missbrauchsverhinderungsregeln können also nur als „anti-avoidance-rules" bezeichnet werden.

4. Abgrenzung zu verwandten Sachverhalten

Die Steuerumgehung muss einerseits gegenüber der legitimen Steuerplanung und andererseits gegenüber Scheingeschäften und der Steuerhinterziehung abgegrenzt werden. Diese Abgrenzung kann in der Theorie präzise erfolgen, in der Praxis können die Grenzen zwischen den Begriffen jedoch verschwimmen.[5]

a) Scheingeschäfte

Scheingeschäfte und Scheinhandlungen haben in Deutschland keinen Einfluss auf die Besteuerung, nur das ernstlich gewollte Geschäft wird der Besteuerung zu Grunde

---

[1] Vgl. ähnlich auch *Sieker, S.*, Umgehungsgeschäfte, 2001, S. 16-19, 45, die allerdings sowohl die Figur des Rechtsmissbrauchs als auch die Figur der Gesetzesumgehung für entbehrlich hält. *Heeder* hält die Gleichsetzung von Gesetzesumgehung und Rechtsmissbrauch nur beim institutionellen Rechtsmissbrauch für zulässig, vgl. *Heeder, O.*, Fraus legis, 1998, S. 113.

[2] Vgl. dazu oben B.III, S. 26. Vgl. allgemein zur Terminologie des Missbrauchs in anderen europäischen Staaten *Kärgel, A.*, Konflikt, 2003, S. 67 f.

[3] Vgl. dazu unten C.I.1.a), S. 50.

[4] Vgl. *Merks, P.*, Evasion, 2006, S. 276, FN 36.

[5] Vgl. *Kruse, H. W.*, Tipke/Kruse, 2004, § 41 AO, Tz. 72, zu den Grenzen zwischen Scheingeschäft und Steuerumgehung. Vgl. *Kruse, H. W./Drüen, K.-D.*, Tipke/Kruse, 1999, § 42 AO, Tz. 6, sowie *Brockmeyer, H. B.*, Klein, 2006, § 42 AO, Rz. 27, zur Abgrenzung zwischen Steuerumgehung und Steuerhinterziehung. Wegen der eingeschränkten Ermittlungsmöglichkeiten der Finanzbehörden bei grenzüberschreitenden Sachverhalten sind Steuerumgehung und Steuerhinterziehung in diesen Fällen noch schwieriger voneinander zu trennen, vgl. *Gammie, M.*, Perspective, 2000, S. 273.

gelegt, selbst wenn es durch ein Scheingeschäft verdeckt werden soll.[1] Dies gilt in sämtlichen (hier betrachteten) Rechtsordnungen.[2]

In Deutschland können Scheingeschäfte von Steuerumgehungen methodisch klar getrennt werden:[3] Bei einem Scheingeschäft soll ein Tatbestand dem Schein nach vorgespiegelt werden, die Beteiligten sind sich jedoch darin einig, dass die Rechtsfolgen des erklärten Rechtsgeschäfts nicht eintreten sollen.[4] Bei einer Steuerumgehung ist das Umgehungsgeschäft dagegen ernstlich gewollt, um die Steuerfolgen des Normalgeschäfts zu umgehen.[5]

Die Übersetzung des Begriffs „Scheingeschäft" mit „sham" oder „simulation" ist dagegen nicht immer möglich. Zwar bezeichnet der Begriff „sham" im britischen Rechtsverständnis dasselbe wie der deutsche Begriff des Scheingeschäfts, der US-amerikanische Begriff des „sham" geht jedoch weiter und beinhaltet in seiner Ausprägung als „economic sham" auch Elemente der Steuerumgehung.[6] Darüber hinaus werden bzw. wurden in manchen Ländern ohne allgemeine Umgehungsregel die Vorschriften über Scheingeschäfte so extensiv ausgelegt, dass sie auch bestimmte Fälle von Steuerumgehungen erfassen.[7] Bei der internationalen Steuerplanung liegen jedoch in der Regel keine Scheingeschäfte vor, da zum Beispiel die Zwischenschaltung einer

---

1 S. § 41 Abs. 2 AO. Die Formulierung weist dabei auf die zwei verschiedenen Ausprägungen des Scheingeschäfts hin: Entweder werden Scheinhandlungen vorgenommen, ohne dass tatsächliche Handlungen vorgenommen werden, oder die Scheinhandlungen sollen eine andere Realität verdecken, vgl. *Zimmer, F.*, General Report, 2002, S. 29; *Kruse, H. W.*, Tipke/Kruse, 2004, § 41 AO, Tz. 65-71.

2 Vgl. *Schön, W.*, Gestaltungsmißbrauch, 1996, S. 5; *Zimmer, F.*, General Report, 2002, S. 30.

3 Vgl. *Brockmeyer, H. B.*, Klein, 2006, § 41 AO, Rz. 25; *Koenig, U.*, Pahlke/Koenig, 2004, § 41 AO, Rn. 39. Vgl. für Österreich *Gassner, W.*, Austria, 2002, S. 133.

4 Vgl. *Kruse, H. W.*, Tipke/Kruse, 2004, § 41 AO, Tz. 65; BFH, Beschl. v. 20.05.1998, III B 9/98, BStBl. II 1998, S. 721.

5 Vgl. *Brockmeyer, H. B.*, Klein, 2006, § 41 AO, Rz. 25; *Kruse, H. W.*, Tipke/Kruse, 2004, § 41 AO, Tz. 74; ausführlich auch in BFH, Urt. v. 21.10.1988, III R 194/84, BStBl II 1989, S. 216.

6 Vgl. *Frommel, S.*, United Kingdom, 1991, S. 66 f.; *Ballard, R. M./Davison, P. E.*, United Kingdom, 2002, S. 572; *Streng, W. P./Yoder, L. D.*, United States, 2002, S. 610-613.

7 Dies war in Belgien vor der Einführung der allgemeinen Umgehungsregeln 1991 der Fall, vgl. *Malherbe, J.* u. a., Simulation, 1991, S. 88 f.; in Frankreich sind „simulation" und „fraude à la loi" zwei – allerdings voneinander unterscheidbare – Elemente des Steuerumgehungsgedankens, vgl. *Frommel, S.*, United Kingdom, 1991, S. 57 f. Kritisch zur Ausdehnung der belgischen allgemeinen Missbrauchsregel über Scheingeschäfte hinaus *Moerman, S.*, Theory, 1999. Dagegen haben in Großbritannien die Steuerbehörden das Fehlen einer allgemeinen Umgehungsregel nicht durch eine extensive Auslegung der Regeln zu Scheingeschäften kompensiert, vgl. *Frommel, S.*, United Kingdom, 1991, S. 59 f.

Kapitalgesellschaft in einem Niedrigsteuerland in ihren rechtlichen und vor allem steuerlichen Konsequenzen ernstlich gewollt ist.[1]

b) Steuerhinterziehung

Steuerhinterziehung („tax fraud" oder „tax evasion") bezeichnet international übereinstimmend das vorsätzliche Verschweigen von steuererheblichen Tatsachen bzw. das vorsätzliche Vorspiegeln falscher Tatsachen gegenüber den Finanzbehörden.[2] Zwar erfüllt der Steuerpflichtige den Tatbestand der Steuerpflicht, er verschweigt dies jedoch und leistet die an sich fällige Zahlung nicht.[3]

Während Scheingeschäfte und Steuerhinterziehung einen großen Überschneidungsbereich aufweisen,[4] lässt sich die Steuerumgehung klar von der Steuerhinterziehung trennen.[5] Eine Steuerumgehung kann unabhängig von der Erfüllung der Deklarationspflichten vorliegen, wenn durch eine missbräuchliche Sachverhaltsgestaltung die Steuerpflicht vermieden werden soll. Steuerumgehung ist als solches nicht strafbar.[6] Erst wenn „der Steuerpflichtige pflichtwidrig unrichtige oder unvollständige Angaben macht, um das Vorliegen einer Steuerumgehung zu verschleiern,"[7] liegt neben dem Versuch der Steuerumgehung eigenständig ein strafrechtlich relevanter Fall der Steuerhinterziehung vor.[8] Zwar kann Steuerhinterziehung als Phänomen ökonomisch untersucht werden,[9] normative Aussagen in diesem Bereich werden jedoch nicht zum

---

1 Vgl. BFH, Urt. v. 17.07.1968, I 121/64, BStBl. II 1968, S. 695; BFH, Beschl. v. 07.02.1975, VIII B 61-62/74, BStBl. II 1976, S. 608.

2 Vgl. *Böing, C.*, Gestaltungsmissbrauch, 2006, S. 9-11; *Schön, W.*, Gestaltungsmißbrauch, 1996, S. 4; *Frommel, S.*, Avoidance, 1984, S. 379 m. w. N. Für Deutschland s. § 370 AO.

3 Vgl. *Uckmar, V.*, Generalbericht, 1983, S. 105 f., mit Ausführungen zu Unterschieden im Detail bei der Definition der Steuerhinterziehung in verschiedenen Ländern.

4 Wenn durch ein Scheingeschäft Tatsachen unterdrückt werden, die zu einer höheren Steuer führen als der vorgetäuschte Sachverhalt, kann es sich entsprechend um Steuerhinterziehung handeln, vgl. *Uckmar, V.*, Generalbericht, 1983, S. 115; *Joecks, W.*, Franzen/Gast/Joecks, 2005, § 370 AO, RdNr. 136 f.

5 Vor allem ex-post ist die Unterscheidung eindeutig, wie der ehemalige britische Finanzminister (Chancellor of the Exchequer) *Denis Healey* festgestellt hat: „The difference between tax avoidance and tax evasion is the thickness of a prison wall."

6 Vgl. BFH, Urt. v. 01.02.1983, VIII R 30/80, BStBl. II 1983, S. 534.

7 BFH, Urt. v. 01.02.1983, VIII R 30/80, BStBl. II 1983, S. 534, Leitsatz 2.

8 Insoweit nicht ganz präzise *Kruse, H. W./Drüen, K.-D.*, Tipke/Kruse, 1999, § 42 AO, Tz. 6; deutlicher: *Joecks, W.*, Franzen/Gast/Joecks, 2005, § 370 AO, Rdnr. 139: „Die Steuerumgehung ist nicht als solche, sondern nur dann strafbar, wenn der Stpfl. ... dem FA die Möglichkeit der Prüfung versperrt oder erschwert hat, ob die Voraussetzungen des § 42 AO ... vorliegen oder nicht."

9 Vgl. grundlegend *Allingham, M. G./Sandmo, A.*, Analysis, 1972.

Forschungsprogramm der Betriebswirtschaftlichen Steuerlehre gezählt.[1] Daher wird in dieser Arbeit davon ausgegangen, dass sämtliche Deklarationspflichten erfüllt werden.

5. Europarechtlicher Missbrauchsbegriff

Neben den jeweiligen nationalen Begriffsverständnissen der einzelnen Mitgliedstaaten der Europäischen Union gibt es auf europäischer Ebene einen autonomen europarechtlichen Missbrauchsbegriff, der sich aus speziellen sekundärrechtlichen Vorschriften und aus der Rechtsprechung des EuGH zum Primärrecht ableiten lässt.[2] Der Unterschied zwischen dem europarechtlichen Missbrauchsbegriff und den jeweiligen nationalen Missbrauchsverständnissen der Mitgliedstaaten wird spätestens dann deutlich, wenn diese vergeblich das Ziel der Missbrauchsabwehr bzw. der Verhinderung von Steuerumgehungen zur Rechtfertigung einer Beschränkung der Grundfreiheiten vorbringen.[3]

Zunächst kann festgehalten werden, dass der EuGH die Begriffe der Umgehung und des Missbrauchs ebenfalls synonym verwendet.[4] Inhaltlich wurden sie in der Rechtsprechung zu den direkten Steuern aber noch nicht über das Merkmal der „rein künstlichen Konstruktionen"[5] hinaus konkretisiert.

Im Sekundärrecht ist der Begriff „Missbrauch" in mehreren Richtlinien zu den direkten Steuern enthalten,[6] sodass er als Rechtsbegriff des EG-Rechts durch den EuGH für

---

[1] Vgl. *Schneider, D.*, Steuerlast, 2002, S. 89-96; *Wagner, F. W.*, Steuervermeidungslehre, 1986, S. 45.

[2] Zum wohl ersten Versuch einer Konkretisierung eines europarechtlichen Verständnisses des Begriffs der Steuerumgehung in der deutschsprachigen Literatur vgl. *Schön, W.*, Gestaltungsmißbrauch, 1996.

[3] S. dazu unten E.V.1, S. 220.

[4] Beide Begriffe werden im selben Sinne im *Lankhorst-Hohorst*-Urteil verwendet, vgl. EuGH, Urt. v. 12.12.2001, Rs. C-324/00 (*Lankhorst-Hohorst*), Rz. 34-38.

[5] EuGH, Urt. v. 16.07.1998, Rs. C-264/96 (*ICI*), Rz. 26; EuGH, Urt. v. 12.12.2001, Rs. C-324/00 (*Lankhorst-Hohorst*), Rz. 37. Kritisch dazu *Fischer, P.*, Verfassungsstaat, 2005, S. 465: „Der Begriff der Gesetzes-/Steuerumgehung, sein rechtsethischer Gehalt und seine ökonomische Relevanz werden damit bis zur Unkenntlichkeit minimiert."

[6] Namentlich sind das die Mutter-/Tochter-Richtlinie (RL 90/435/EWG v. 23.07.1990, Abl. EG v. 20.08.1990, L 225, S. 6), die Fusionsrichtlinie (90/434/EWG) und die Zins- und Lizenzrichtlinie (2003/49/EG). Zwar verwendet die Fusionsrichtlinie (Art. 11 Abs. 1 lit. a)) nur den Begriff der Steuerumgehung, diese Begriffe können jedoch auch hier als synonym angesehen werden, vgl. ebenso *Thömmes, O.*, Missbrauchsverhütung, 2005, S. 223.

alle Mitgliedstaaten einheitlich auszulegen ist.[1] Wie im nationalen Recht[2] fällt die Abgrenzung zur gesetzeswidrigen Steuerhinterziehung bzw. dem Steuerbetrug leichter als die Abgrenzung zu nicht missbräuchlichen Gestaltungen. Die Richtlinien trennen jeweils die Steuerhinterziehung und den -betrug auf der einen Seite von der Steuerumgehung bzw. dem Missbrauch auf der anderen Seite.[3] Eine Steuerumgehung im europarechtlichen Sinne ist daher eine „nicht steuerstrafrechtlich relevante, aber dennoch zu missbilligende Verhaltensweise des Steuerpflichtigen."[4] Worauf sich diese Missbilligung begründet, ist jedoch weder primär- noch sekundär-rechtlich normiert,[5] einzig in der Fusionsrichtlinie findet sich eine Konkretisierung in Art. 11 Abs. 1 lit. a), nach der das Fehlen von „vernünftigen wirtschaftlichen Gründen" das Motiv der Steuerhinterziehung bzw. -umgehung indiziert. Dieser Artikel der Fusionsrichtlinie war bereits Gegenstand einer Interpretation durch den EuGH im *Leur-Bloem*-Urteil, in dem er hauptsächlich das Erfordernis einer Einzelfallprüfung betonte und abstrakte Kriterien zur Annahme des Vorliegens eines Missbrauchs ablehnte.[6]

Diese Einzelfallprüfung wird vom EuGH auch in seiner ständigen Rechtsprechung zu den Grundfreiheiten gefordert, teilweise wird dabei ausdrücklich auf die *Leur-Bloem*-Entscheidung verwiesen.[7] Einen Missbrauch im europarechtlichen Sinne kann es damit nur in engen Grenzen geben, er kann nicht durch abstrakt-generelle Kriterien beschrieben werden, wie es bei speziellen Missbrauchsverhinderungsnormen häufig der Fall

---

[1] Nur ein einheitliches Verständnis der Missbrauchsvorbehalte der Richtlinien sichert das Ziel der Vereinheitlichung im jeweiligen steuerlichen Regelungsbereich, vgl. *Rädler, A. J.*, Market, 1994; *Schön, W.*, Gestaltungsmißbrauch, 1996, S. 6. *Thömmes, O.*, Missbrauchsverhütung, 2005, S. 223, weist darauf hin, dass die verbindliche Auslegung durch den EuGH nur den Missbrauchs-Begriff des EG-Rechts betrifft, eine Harmonisierung der innerstaatlichen Missbrauchsverständnisse damit aber nicht verbunden ist.

[2] S. oben B.III.4.b), S. 39.

[3] Vgl. Art. 5 Zins- und Lizenzrichtlinie (2003/49/EG); Art. 1 Abs. 2 Mutter-/Tochter-Richtlinie (90/435/EWG); Art. 11 Abs. 1 lit. a) Fusionsrichtlinie (90/434/EWG).

[4] *Thömmes, O.*, Missbrauchsverhütung, 2005, S. 225.

[5] Dort, wo diese Richtlinien den Begriff der Steuerumgehung bzw. des Missbrauchs verwenden, verweisen sie auf nationales Recht, vgl. *Ruiz Almendral, V.*, Avoidance, 2005, S. 570.

[6] Vgl. EuGH, Urt. v. 17.07.1997, Rs. C-28/95 (*Leur-Bloem*), Rz. 41, 44. Die bereits bei Einführung an der Missbrauchsvorschrift des § 26 Abs. 2 UmwStG 1995/2002 (vormals § 25 Abs. 4 UmwStG 1977) geübte Kritik, dass diese typisierende Missbrauchsbestimmung nicht den Vorgaben der Fusionsrichtlinie entspricht, hat sich damit bestätigt. Vgl. zur damaligen Kritik die Nachweise bei *Eilers, S.*, Anwendungsrestriktionen, 1993, S. 1157, FN 18.

[7] Vgl. EuGH, Urt. v. 26.09.2000, Rs. C-478/98 (*Kommission / Belgien*), Rz. 45. Auf dieses Urteil nimmt der EuGH wiederum beispielsweise im Urt. v. 11.03.2004, Rs. C-9/02 (*Hughes de Lasteyrie du Saillant*), Rz. 51, Bezug.

ist.[1] Eine darüber hinaus gehende Konkretisierung des europarechtlichen Missbrauchsbegriffes ist durch den Rückgriff auf die Missbrauchsklauseln in den Richtlinien zu den direkten Steuern aber nicht möglich.[2]

Allerdings lassen sich aus der Rechtsprechung des EuGH zu Missbrauchsfällen in anderen Rechtsgebieten wertvolle Erkenntnisse für das Gebiet der direkten Steuern gewinnen. In einem Verfahren im Bereich der 6. EG-MWSt-Richtlinie[3] wurden von Generalanwalt *Maduro* Gedanken aus der Rechtsprechung des EuGH zum Zoll- bzw. Agrarrecht aufgegriffen.[4] Der EuGH ist in seinem Urteil[5] dem Generalanwalt gefolgt und hat das Verbot des Rechtsmissbrauchs ausdrücklich als allgemeinen Grundsatz des Gemeinschaftsrechts bezeichnet.[6]

Die Grundsätze des Verbots der missbräuchlichen Inanspruchnahme des Gemeinschaftsrechts, die vom EuGH in unterschiedlichen anderen Rechtsgebieten bereits mehrfach isoliert festgestellt wurden,[7] lassen sich somit auf das Recht der direkten Steuern übertragen. Der EuGH belässt in seiner Rechtsprechung den nationalen Gerichten die Möglichkeit, das „Verhalten des Betroffenen auf der Grundlage objektiver Kriterien“[8] als missbräuchlich zu werten und entsprechend dem Schutzbereich des Gemeinschaftsrechts zu entziehen.[9] Dabei darf jedoch „die volle Wirksamkeit ... des

---

1 Vgl. *Thömmes, O.*, Missbrauchsverhütung, 2005, S. 231, in diesem Sinne wohl auch GA *Léger*, SA v. 02.05.2006, Rs. C-196/04 (*Cadbury Schweppes*), Rz. 89.

2 Auch die *Denkavit*-Entscheidung, die sich mit dem Missbrauchsbegriff der Mutter-/Tochter-Richtlinie befasst, liefert keine zusätzlichen Erkenntnisse, zumal das Vorbringen der deutschen Regierung nicht erfolgreich war, vgl. EuGH, Urt. v. 17.10.1996, verb. Rs. C-283, 191, 292/94 (*Denkavit/Vitic/Vormeer*), Rz. 21.

3 Vgl. RL 77/388/EWG v. 17.05.1977, Abl. EG v. 13.06.1977, L 145, S. 1.

4 Vgl. SA v. 07.04.2005, Rs. C-255/02, C-419/02, C-223/03 (*Halifax, BUPA, Huddersfield*), Rz. 64.

5 Vgl. EuGH, Urt. v. 21.02.2006, Rs. C-255/02 (*Halifax*).

6 Vgl. EuGH, Urt. v. 21.02.2006, Rs. C-255/02 (*Halifax*), Rz. 69; SA v. 16.03.2006, Rs. C-452/04 (*Fidium Finanz AG*), Rz. 81, 95; vgl. auch *Rouselle, O./Liebman, H. M.*, Doctrine, 2006, S. 562; bereits *Kärgel, A.*, Konflikt, 2003, S. 116-118; vorsichtig noch *Ruiz Almendral, V.*, Avoidance, 2005, S. 579-583.

7 Vgl. EuGH, Urt. v. 23.03.2000, Rs. C-373/97 (*Diamantis*), Rz. 33; EuGH, Urt. v. 12.05.1998, Rs. C-367/96 (*Kefalas*), Rz. 20 m. w. N., zuerst ausdrücklich EuGH, Urt. v. 11.10.1977, Rs. 125/76 (*Cremer*), Rz. 21.

8 EuGH, Urt. v. 23.03.2000, Rs. C-373/97 (*Diamantis*), Rz. 34.

9 Im Bereich der direkten Steuern erfolgt die Versagung der Berufung auf die Grundfreiheiten allerdings meist nicht bei der Prüfung des Anwendungsbereichs der Grundfreiheiten (sog. Beschränkungsprüfung, vgl. unten E.IV, S. 209). Den Mitgliedstaaten wird aber in der sog. Rechtfertigungsprüfung (vgl. unten E.V.1, S. 220) die Verhinderung von Missbräuchen zugestanden. Vgl. dazu *Kärgel, A.*, Konflikt, 2003, S. 112-116.

Gemeinschaftsrechts"[1] nicht beeinträchtigt werden. Bei der Beurteilung, ob Gemeinschaftsrecht missbräuchlich in Anspruch genommen werden soll, müssen die Gerichte in den Mitgliedstaaten die Ziele der relevanten Bestimmungen berücksichtigen.[2]

Zusammen mit der notwendigen binnenmarktorientierten Sichtweise führt dies zwangsläufig zu Abweichungen des europarechtlichen Missbrauchsbegriffs von nationalen Verständnissen.[3] Im Bereich der direkten Steuern ist vor allem zu berücksichtigen, dass eine Steuerersparnis, die aus der Nutzung des innereuropäischen Steuersatzgefälles resultiert, keine Missbrauchsannahme rechtfertigen kann,[4] steuerliche Motive bei der Wahl eines Standorts sind anzuerkennen.[5] Dies ist zunächst auf das Ziel des Gemeinsamen Marktes zurückzuführen: die (niedrigere) Steuerzahlung in einem anderen Mitgliedstaat ist insoweit der (höheren) Steuerzahlung im Inland auf dieselbe (verlagerte) Bemessungsgrundlage gleichwertig.[6] Aber auch aus einer teleologischen Interpretation der – den Binnenmarktgedanken konkretisierenden – Grundfreiheiten kann sich nichts anderes ergeben. Wie der Gerichtshof mehrfach ausgeführt hat, können Aktivitäten, die eine legitime Ausübung der Grundfreiheiten darstellen, nicht als Missbrauch angesehen werden, selbst wenn dabei das Ziel der Ausübung der Grundfreihei-

---

1 EuGH, Urt. v. 12.05.1998, Rs. C-367/96 (*Kefalas*), Rz. 22.

2 Vgl. EuGH, Urt. v. 02.05.1996, Rs. C-206/94 (*Paletta*), Rz. 25; EuGH, Urt. v. 21.02.2006, Rs. C-255/02 (*Halifax*), Rz. 74; SA v. 16.03.2006, Rs. C-452/04 (*Fidium Finanz AG*), Rz. 92.

3 Vgl. dazu auch *Vanistendael, F.*, Theory, 2006, S. 194.

4 Vgl. *Hahn, H.*, Gemeinschaftsrecht, 2005, S. 510 m. w. N.; *Weber, D.*, Freedoms, 2005, S. 1. So bereits *Knobbe-Keuk, B.*, Unternehmenssteuerrichtlinien, 1992, S. 340; *Thiel, S. v.*, Prohibition, 1994, S. 308; a. A. noch *Schön, W.*, Gestaltungsmißbrauch, 1996, S. 9.

5 Vgl. EuGH, Urt. v. 12.09.2006, Rs. C-196/04 (*Cadbury Schweppes*), Rz. 36-38; noch zu den Schlussanträgen *Vinther, N./Werlauff, E.*, Motives, 2006, S.384.

6 Vgl. *Knobbe-Keuk, B.*, Unternehmenssteuerrichtlinien, 1992, S. 340. Vgl. in diesem Sinne auch *van den Hurk, H.*, Limits, 1999, S. 220, mit Bezug auf die *ICI*-Entscheidung, in der der EuGH ausdrücklich feststellt: „Die Niederlassung einer Gesellschaft außerhalb des Vereinigten Königreichs impliziert aber als solche nicht die Steuerumgehung, da die betreffende Gesellschaft auf jeden Fall dem Steuerrecht des Niederlassungsstaats unterliegt." (EuGH, Urt. v. 16.07.1998, Rs. C-264/96 (*ICI*), Rz. 26). Eine mögliche Abkehr von dieser strikt gemeinschaftsorientierten Sichtweise erkennt *Hey* im *Marks & Spencer*-Urteil (EuGH, Urt. v. 13.12.2005, Rs. C-446/03 (*Marks & Spencer*)), in dem der EuGH die Aufteilung der Besteuerungsbefugnis zwischen den Mitgliedstaaten als Rechtfertigungsgrund anerkennt, vgl. *Hey, J.*, Zukunft, 2006, S. 120 f.

ten die Nutzung einer günstigeren Regelung in einem anderen Mitgliedstaat ist.[1] Der binnenmarktorientierte europarechtliche Missbrauchsbegriff kennt auch keine Vorurteile gegenüber grenzüberschreitenden Sachverhalten: Diese können jedenfalls nicht alleine einen Verdacht auf Steuerhinterziehung oder Steuerumgehung begründen oder dagegen gerichtete Regelungen rechtfertigen.[2]

Nach Auffassung von Generalanwalt *Maduro* sollte die missbräuchliche Inanspruchnahme des Gemeinschaftsrechts nicht durch eine Sachverhaltsfiktion verhindert werden.[3] Eine zutreffende (teleologische) Auslegung der betreffenden Vorschriften in Abweichung vom Wortlaut führe dazu, dass die Vorschriften auf die missbräuchliche Konstruktion nicht anwendbar seien. Damit sei weder eine Umdeutung des gesamten Sachverhalts geboten noch würde von den (richtig ausgelegten) Bestimmungen des Gemeinschaftsrechts abgewichen.[4] Der Gerichtshof fordert in seinem anschließenden Urteil jedoch – trotz der Bedenken, die der Generalanwalt gegenüber einer Einschränkung des Anwendungsbereichs des Gemeinschaftsrechts durch eine Sachverhaltsfiktion geäußert hat[5] – bei einem Missbrauchsverdikt des nationalen Gerichts die Umdeutung des missbräuchlichen Sachverhalts in einen angemessenen Sachverhalt.[6]

Hierbei handelt es sich aber nur scheinbar um einen Widerspruch. Die teleologische Interpretation des Gemeinschaftsrechts betrifft die Frage, ob es auf eine bestimmte Konstruktion anwendbar ist. Entscheidend ist dabei, ob ein gewählter Sachverhalt in seinem wirtschaftlichen Ergebnis – und nicht in seiner formellen Ausgestaltung – eine Aktivität darstellt, die unter den Schutzbereich des Gemeinschaftsrechts fällt.

---

1 Vgl. EuGH, Urt. v. 09.03.1999, Rs. C-212/97 (*Centros*), Rz. 26 f.; EuGH, Urt. v. 30.09.2003, Rs. C-167/01 (*Inspire Art*), Rz. 137 f.; *Ruiz Almendral, V.*, Avoidance, 2005, S. 572 m. w. N. Die Mitgliedstaaten dürfen sich nicht auf die Existenz von Grenzen berufen, gleichermaßen ist es den Steuerpflichtigen nicht gestattet, sich in missbräuchlicher Weise auf noch existierende Grenzen im Binnenmarkt zu berufen, vgl. EuGH, Urt. v. 10.01.1985, Rs. 229/83 (*Leclerc*); *Schön, W.*, Gestaltungsmißbrauch, 1996, S. 12; *Weber, D.*, Freedoms, 2005, S. 187. Wie der EuGH, Urt. v. 11.03.2004, Rs. C-9/02 (*Hughes de Lasteyrie du Saillant*), Rz. 54, ausgeführt hat, wären Regelungen, die sich gegen eine nur vorübergehende Wohnsitzverlagerung zur Vermeidung einer Steuerzahlung auf Wertsteigerungen richten, zulässig. Im Ergebnis würde der Steuerpflichtige in diesen Fällen nämlich die Grenzen im Binnenmarkt in missbräuchlicher Weise nutzen.

2 Vgl. nur EuGH, Urt. v. 21.11.2002, Rs. C-436/00 (*X und Y*), Rz. 62; EuGH, Urt. v. 11.03.2004, Rs. C-9/02 (*Hughes de Lasteyrie du Saillant*), Rz. 51.

3 Vgl. *Ruiz Almendral, V.*, Avoidance, 2005, S. 579.

4 Vgl. SA v. 07.04.2005, Rs. C-255/02, C-419/02, C-223/03 (*Halifax, BUPA, Huddersfield*), Rz. 69, 79.

5 Vgl. SA v. 07.04.2005, Rs. C-255/02, C-419/02, C-223/03 (*Halifax, BUPA, Huddersfield*), Rz. 54-56.

6 Vgl. EuGH, Urt. v. 21.02.2006, Rs. C-255/02 (*Halifax*), Rz. 94, 98.

Aus europarechtlicher Sicht gibt es in einem Missbrauchsfall keinen angemessenen Sachverhalt, der im Wege einer Fiktion bei der Überprüfung dieses Schutzbereichs zu Grunde gelegt werden kann. Der Steueranspruch entsteht dagegen ausschließlich nach nationalem Recht, sodass die Anwendung nationaler Missbrauchsregeln den nationalen Gerichten obliegt.[1] In diesem Bereich kann der EuGH aber „dem nationalen Gericht eine Richtschnur für seine Auslegung“[2] geben. Die Sachverhaltsfiktion ist eine solche Richtschnur für das nationale Gericht, mit der vor allem die Verhältnismäßigkeit der Folgen eines Missbrauchsverdikts gesichert werden soll.[3] Der EuGH hält es grundsätzlich für unzulässig, wenn das Missbrauchsurteil zu Sanktionen führt, die über der Festsetzung einer dem angemessenen Sachverhalt entsprechenden Steuer liegen.[4]

Während der EuGH noch Mitte 2005 eine subjektive Missbrauchsabsicht als Element des Missbrauchsbegriffs für notwendig hielt,[5] sieht Generalanwalt *Maduro* keine Notwendigkeit für die Überprüfung einer subjektiven Umgehungsabsicht. Die missbräuchliche Absicht der Beteiligten lasse sich seiner Ansicht nach aus den objektiven Umständen der Situation entnehmen.[6] Der Gerichtshof hat dem zumindest nicht widersprochen, sodass das Erfordernis einer subjektiven Umgehungsabsicht im Ergebnis ein Problem der „Beweisregeln des nationalen Rechts“[7] ist.

---

[1] Vgl. EuGH, Urt. v. 21.02.2006, Rs. C-255/02 (*Halifax*), Rz. 76.

[2] EuGH, Urt. v. 21.02.2006, Rs. C-255/02 (*Halifax*), Rz. 77 m. w. N.

[3] Es muss sicher gestellt werden, dass die volle Wirksamkeit des Gemeinschaftsrechts gewahrt bleibt, vgl. in diesem Sinne bereits EuGH, Urt. v. 12.05.1998, Rs. C-367/96 (*Kefalas*), Rz. 22.

[4] Vgl. EuGH, Urt. v. 21.02.2006, Rs. C-255/02 (*Halifax*), Rz. 93, eine darüber hinaus gehende Sanktion bedürfte einer klaren Rechtsgrundlage, vgl. bereits EuGH, Urt. v. 14.12.2000, Rs. C-110/99 (*Emsland Stärke*), Rz. 56.

[5] Vgl. EuGH, Urt. v. 21.07.2005, Rs. C-515/03 (*Eichsfelder Schlachtbetrieb*), Rz. 39. Der Nachweis obliegt auch hier dem nationalen Gericht, vgl. bereits EuGH, Urt. v. 14.12.2000, Rs. C-110/99 (*Emsland Stärke*), Rz. 59. Vgl. zum Streitstand 2005 *Weber, D.*, Freedoms, 2005, S. 182-185, 190-192.

[6] Vgl. SA v. 07.04.2005, Rs. C-255/02, C-419/02, C-223/03 (*Halifax, BUPA, Huddersfield*), Rz. 79.

[7] EuGH, Urt. v. 21.02.2006, Rs. C-255/02 (*Halifax*), Rz. 76.

Der europarechtliche Missbrauchsbegriff lässt sich nach der Rechtsprechung des EuGH somit durch zwei Elemente konkretisieren,[1] die kumulativ erfüllt sein müssen:[2]

- Aus der Überprüfung des Zwecks der Gestaltung muss sich ergeben, dass der einzige wirtschaftliche Zweck in der Erlangung von Steuervorteilen bestanden hat.[3]
- Aus Zweck und Ziel der gemeinschaftsrechtlichen Regelungen muss sich ergeben, dass die mit der gewählten Gestaltung angestrebten Vorteile nicht vom richtig verstandenen Geltungsbereich des Gemeinschaftsrechts erfasst werden.

---

1 Vgl. zu einem etwas anderen Ergebnis *Böing, C.*, Gestaltungsmissbrauch, 2006, S. 321 f.

2 Vgl. SA v. 07.04.2005, Rs. C-255/02, C-419/02, C-223/03 (*Halifax, BUPA, Huddersfield*), Rz. 87 f.; ähnlich, aber nicht so ausführlich das daran anschließende Urteil, vgl. EuGH, Urt. v. 21.02.2006, Rs. C-255/02 (*Halifax*), Rz. 86. Kritisch zur Vermengung von außen- und innentheoretischen Aspekten *Lang, M.*, Rechtsmissbrauch, 2006, S. 275 f. Ähnlich jetzt auch im Bereich der direkten Steuern EuGH, Urt. v. 12.09.2006, Rs. C-196/04 (*Cadbury Schweppes*), Rz. 64.

3 Dies entspricht nach Ansicht des GA *Maduro* dem „subjektiven Element", das der EuGH im Urteil *Emsland Stärke* gefordert hat. Er weist allerdings darauf hin, dass es nur bedingt als subjektiv zu bezeichnen sei, da es zwar den Zweck der fraglichen Tätigkeit bestimmen soll, dieser Zweck sich allerdings aus dem objektiv feststellbaren Umstand ergebe, dass die einzige wirtschaftliche Rechtfertigung der Gestaltung in der Erlangung von Steuervorteilen besteht. Anders formuliert: „Form reveals purpose.", *Ruiz Almendral, V.*, Avoidance, 2005, S. 567.

C. Darstellung steuerlicher Missbrauchsverhinderungsnormen

Missbrauchsverhinderungsnormen, die bestimmte Formen von Auslandsinvestitionen mit einem Missbrauchsverdacht belegen, sollen Inlandsinvestitionen fördern und als nationale Abwehrgesetzgebung das inländische Steueraufkommen sichern.[1] Wenn die Auslegung bestehender Gesetze aus Sicht des Gesetzgebers keine zufrieden stellenden Ergebnisse bei der Verhinderung unerwünschter Formen der internationalen Steuerplanung liefert, kann er durch verschiedene Maßnahmen versuchen, dem entgegen zu wirken.

I. Allgemeine Umgehungsvermeidungsregeln

Eine Möglichkeit der Verhinderung unerwünschter Formen der Steuergestaltung ist die Schaffung einer allgemeinen Umgehungsvermeidungsregel. Die Notwendigkeit einer derartigen Norm ist in keinem der in dieser Untersuchung betrachteten Länder unumstritten,[2] gleichwohl gibt es nur sehr wenige Länder, die weder kodifizierte noch gerichtlich entwickelte allgemeine Umgehungsregeln kennen.[3] Befürworter dieser Regeln führen vor allem Aspekte der Steuergerechtigkeit ins Feld, da erfolgreiche Steuerumgehungen die Verteilung der Steuerlast auf die Bürger verzerren und so die Belastungsgleichheit unterminieren.[4] Gegen allgemeine Umgehungsregeln werden hauptsächlich Argumente der Rechtssicherheit vorgebracht.[5]

---

[1] Vgl. *Thömmes, O.*, Missbrauchsverhütung, 2005, S. 212 f.

[2] Vgl. zur Diskussion bei Einführung von § 5 RAO *Hensel, A.*, Dogmatik, 1923, S. 219-223. Der gesetzlich kodifizierten Umgehungsdoktrin in Schweden ist eine 50-jährige Debatte vorausgegangen, bis sie 1980 eingeführt wurde. Wegen andauernder Kontroversen wurde sie zum 01.01.1993 abgeschafft, zum 01.07.1995 allerdings wieder eingeführt, vgl. *Rosander, U.*, Sweden, 2002, S. 531. Auch in den USA wird trotz der durch die Rechtsprechung entwickelten Umgehungsdoktrinen die Einführung einer gesetzlich kodifizierten allgemeinen Umgehungsnorm immer wieder diskutiert, vgl. *Streng, W. P./Yoder, L. D.*, United States, 2002, S. 601.

[3] Vgl. *Zimmer, F.*, General Report, 2002, S. 38. Vgl. auch die tabellarische Übersicht am Ende dieses Kapitels, unten Tabelle 3, S. 109.

[4] Vgl. *Tipke, K.*, Steuerrechtsordnung III, 1993, S. 1330 f.; *Paschen, U.*, Steuerumgehung, 2001, S. 55; *García-Herrera, C./Herrera, P. M.*, fairness, 2004, S. 61; *Ruiz Almendral, V./Seitz, G.*, Umgehungsvorschrift, 2004, S. 328; *Ruiz Almendral, V.*, Avoidance, 2005, S. 563. Dabei kann man länderspezifische Unterschiede in der Gewichtung der beiden Argumente identifizieren, so wird in Deutschland das Umgehungsverbot vorwiegend vor dem Hintergrund der Besteuerungsgleichheit diskutiert, während in den USA die Berücksichtigung des tatsächlichen wirtschaftlichen Sachverhalts und nicht der gewählten rechtlichen Form den Schwerpunkt der Diskussion bildet, vgl. *Schön, W.*, Gestaltungsmißbrauch, 1996, S. 3 m. w. N.

[5] Vgl. *Malherbe, J.* u. a., Simulation, 1991; *Zimmer, F.*, General Report, 2002, S. 63.

Eine Systematisierung der Anwendungsvoraussetzungen allgemeiner Missbrauchsregelungen wird erschwert durch die Tatsache, dass die oben[1] skizzierten Möglichkeiten zur Verhinderung von Steuerumgehungen in den einzelnen Ländern in jeweils unterschiedlichem Umfang genutzt werden. Wie gezeigt wurde, hängt die Notwendigkeit einer allgemeinen Umgehungsregel, sowie vor allem das Bedürfnis nach speziellen Missbrauchsverhinderungsnormen, von der Freiheit der Gerichte bei der Interpretation der Steuergesetze ab. Je enger die Bindung an den Gesetzeswortlaut – vor allem bei Verwendung von Begriffen und Konzepten des Zivilrechts – ist, desto eher ist eine allgemeine Umgehungsregel zur Erweiterung der Auslegungsspielräume erforderlich und desto mehr spezielle Umgehungsnormen werden benötigt.[2]

Die Bandbreite der verschiedenen Auslegungsmöglichkeiten ist sehr groß[3] und folgt keinem erkennbaren Muster. Während in Großbritannien und in den meisten anderen Ländern des Common Law eine sehr enge Bindung an den Wortlaut des Gesetzes vorherrscht,[4] wurden in den USA von den Gerichten ausgefeilte Umgehungsdoktrinen entwickelt, ohne dass sie sich ähnlich eng an den Gesetzeswortlaut gebunden gefühlt haben.[5] Von den kontinentaleuropäischen Ländern ist in Italien, Frankreich und vor allem Belgien die Bindung des Steuerrechts an das Zivilrecht sehr eng,[6] während in Deutschland – trotz der Nichtaufnahme einer dem alten § 4 RAO bzw. § 1 StAnpG

---

1 Vgl. B.III.1, S. 27.

2 Spezielle Umgehungsregeln werden vor allem dann benötigt, wenn die Bindung an den Gesetzeswortlaut und insbesondere die Bindung an Konzepte des Zivilrechts die Anwendung der allgemeinen Umgehungsregel einschränkt, vgl. *Zimmer, F.*, General Report, 2002, S. 38.

3 Vgl. allgemein *Zimmer, F.*, General Report, 2002, S. 25-29.

4 Vgl. zu Großbritannien *Frommel, S.*, United Kingdom, 1991, S. 61-65, mit einer Darstellung der Rechtsprechung, auf die diese Einstellung zurückgeht. Vgl. zu Kanada *Masson, G./Porter, S. D.*, Canada, 2002, S. 187 f.

5 Vgl. *Streng, W. P./Yoder, L. D.*, United States, 2002.

6 Vgl. *Lupo, A.*, Italy, 2002, S. 357-360 („form is substance", S. 357); *Léhérissel, H.*, France, 2002, S. 263 („Il n'y a pas en droit français de principe général faisant prévaloir la substance économique sur la forme juridique, même en droit fiscal."); *Garabedian, D.*, Belgium, 2002, S. 153 f. („legal form prevails over … the ‚economic substance' of a transaction").

entsprechenden Vorschrift in die AO 1977[1] – und in Österreich bei der Interpretation der Steuergesetze eine wirtschaftliche Betrachtungsweise zulässig und geboten ist.[2]

In der Beurteilung bestimmter Gestaltungen kommt man in den verschiedenen Ländern dennoch regelmäßig zu ähnlichen Ergebnissen.[3] Zum einen erfassen in sehr vielen Ländern spezielle Missbrauchsnormen[4] bekannte Umgehungssachverhalte, ohne dass es in der Folge einer extensiven Auslegung oder der Anwendung einer allgemeinen Missbrauchsregel bedarf. Zum anderen wird bei Fehlen einer allgemeinen Missbrauchsregel mitunter der Scheingeschäftsgedanke extensiver genutzt, als dies beispielsweise in Deutschland der Fall ist.[5]

1. Systematisierung der Umgehungsdoktrinen

Die vorhandenen allgemeinen Missbrauchsregeln weisen einige gemeinsame Merkmale auf. Ausgehend von dem kontinentaleuropäischen Gedanken des „fraus legis" und den Missbrauchsdoktrinen der USA[6] sollen im Folgenden die verschiedenen Aspekte steuerlicher Umgehungssachverhalte und der dagegen gerichteten Maßnahmen dargestellt werden. In sämtlichen allgemeinen Missbrauchsregelungen ist eines oder sind mehrere dieser Elemente Bestandteil der Anwendungsvoraussetzungen. Dabei überschneiden sich die Doktrinen teilweise, sodass man in vielen Fällen über mehrere Wege zu derselben Beurteilung kommen kann.[7] Soweit die allgemeinen Missbrauchsregeln in den verschiedenen Ländern daher gleichartige Umgehungsversuche unter-

---

[1] § 4 RAO 1919 lautete: „Bei Auslegung der Steuergesetze sind ihr Zweck, ihre wirtschaftliche Bedeutung und die Entwicklung der Verhältnisse zu berücksichtigen." Seine Einführung wurde von *Enno Becker* gefordert, um die Begriffsjurisprudenz im Steuerrecht zu überwinden und die Teleologie im Steuerrecht durchzusetzen. Da die allgemeine Akzeptanz der Interessenjurisprudenz die Begriffsjurisprudenz verdrängt hat, wurde § 4 RAO bzw. § 1 StAnpG als überflüssig angesehen und nicht in die AO 1977 aufgenommen, vgl. *Kruse, H. W./Drüen, K.-D.*, Tipke/Kruse, 2001, § 4 AO, Tz. 200-202.

[2] Vgl. für Deutschland beispielsweise *Kramer, J.-D.*, devices, 1991, S. 97; *Schiessl, M.*, Germany, 2002, S. 288-291; für Österreich *Gassner, W.*, Austria, 2002, S. 121-132.

[3] Vgl. dazu die zu beurteilenden Fälle bei *Mössner, J. M.*, Tax, 1999, S. 93, bzw. die Fälle bei *Zimmer, F.*, General Report, 2002, S. 65-67. Vgl. auch *Ruiz Almendral, V.*, Avoidance, 2005, S. 563.

[4] Vgl. dazu unten C.II, S. 65.

[5] Vgl. *Zimmer, F.*, General Report, 2002, S. 62, vgl. oben B.III.4.a), S. 37.

[6] In den USA hat die Rechtsprechung mehrere Missbrauchsdoktrinen entwickelt, die nebeneinander Anwendung finden und auf verschiedene Aspekte der Umgehungsgestaltungen hinweisen. Die Finanzverwaltung versucht vor Gericht dabei möglichst viele dieser Doktrinen anzuwenden, um damit dem Gericht die Möglichkeit zu geben, sich eines der gefestigten Argumentationsmuster auszusuchen. „The court can choose from the cafeteria of tax avoidance doctrines.", *Streng, W. P./Yoder, L. D.*, United States, 2002, S. 613.

[7] Für die USA vgl. *Streng, W. P./Yoder, L. D.*, United States, 2002, S. 613, mit Beispielen.

schiedlich behandeln, liegt das primär an der Interpretation von wertungsbedürftigen Begriffen wie beispielsweise der „Angemessenheit" einer Gestaltung.[1]

Die steuerliche Motivation[2] der gewählten Gestaltung, also das Ziel der Steuerminderung, ist die erste – und allen Regelungen gemeinsame – Voraussetzung für die Annahme einer nicht zu akzeptierenden Steuerumgehung. Da aber in allen hier betrachteten Rechtsordnungen das Recht auf Steuervermeidung grundsätzlich anerkannt wird,[3] müssen zusätzliche Merkmale hinzutreten, die aus einer Gestaltung mit dem Ziel der Steuervermeidung eine Steuerumgehung machen.

a) Fraus legis und Missbrauch von Gestaltungsmöglichkeiten

In einigen kontinentaleuropäischen Ländern, deren Gesetzestradition auf römisches Recht zurückgeht, ist der Gedanke des Rechtsmissbrauchs ein solches Merkmal, das eine Steuerumgehung von einer Steuervermeidung unterscheiden kann. Einige allgemeine Umgehungsregeln in diesen Ländern haben ihren Ursprung in dem Gedanken des „fraus legis" bzw. des Handelns „in fraudem legis."[4] Beispielsweise verwendete eine der drei älteren gesetzlich kodifizierten Umgehungsregeln im spanischen Steuerrecht den Begriff des fraus legis ausdrücklich.[5] In den Niederlanden wurde die fraus legis-Doktrin von der Rechtsprechung entwickelt und hat durch ihren Anwendungsbereich die kodifizierte Umgehungsregel („richtige heffing") überflüssig ge-

---

[1] Vgl. *Vogel, K.*, Steuerumgehung, 1985, S. 372. Seiner Auffassung nach liegen die einzigen Unterschiede zwischen den Staaten in unterschiedlichen Auffassungen über den Punkt, ab dem die „Umstände .. es aus Gerechtigkeitsgründen als unerträglich erscheinen lassen, der Besteuerung die Rechtsform [und nicht die wirtschaftliche Substanz] zugrundezulegen".

[2] Vgl. *Vogel, K.*, Steuerumgehung, 1985, S. 372; *Schön, W.*, Gestaltungsmißbrauch, 1996, S. 11; *Brockmeyer, H. B.*, Klein, 2006, § 42 AO, Rz. 5. Dies bedeutet nicht, dass zwingend der Nachweis der Steuerumgehungsabsicht erforderlich ist, vgl. *Zimmer, F.*, General Report, 2002, S. 45 f.; auch in Deutschland ist das Erfordernis einer Steuerumgehungsabsicht umstritten: Eine Missbrauchsabsicht als Tatbestandsmerkmal von § 42 AO befürworten *Kruse, H. W./Drüen, K.-D.*, Tipke/Kruse, 2001, § 42 AO, Tz. 44; *Brockmeyer, H. B.*, Klein, 2006, § 42 AO, Rz. 22, jeweils m. w. N.; a. A. *Koenig, U.*, Pahlke/Koenig, 2004, § 42 AO, Rn. 25 m. w. N.

[3] Vgl. oben B.III.1, S. 27.

[4] Vgl. bereits *Savigny, C. F. v.*, System, 1840, S. 324: „Handlungen, welche ein Gesetz zwar nicht dem Buchstaben, wohl aber dem Geist nach, verletzen."; vgl. ausführlich *Pfaff, I.*, Lehre, 1892. Aktuell vgl. allgemein und rechtsvergleichend *Heeder, O.*, Fraus legis, 1998; kritisch zum Erfordernis einer eigenständigen Lehre vom Umgehungsgeschäft *Sieker, S.*, Umgehungsgeschäfte, 2001, S. 8 f.

[5] 2004 ist eine neue, § 42 AO ähnliche, allgemeine Umgehungsregel in Kraft getreten, vgl. *Ruiz Almendral, V./Seitz, G.*, Umgehungsvorschrift, 2004. Die älteren Vorschriften, einschließlich der fraus legis-Doktrin wurden von der Rechtsprechung kaum herangezogen, vgl. zur fraus legis-Doktrin vor 2004 *Arias, M. M./Pérez de Ayala, J. L.*, Spain, 2002, S. 515-518.

macht.[1] Belgien und Italien kennen zwar eine fraus legis-Doktrin im Zivilrecht, wenden sie allerdings im Steuerrecht nicht an.[2] Dem fraus legis-Konzept entstammen darüber hinaus auch die Verbote eines Gesetzesmissbrauchs („abuse of law“[3], „abuse of rights“[4] oder „abus de droit“[5]), die Element einiger Umgehungsregeln sind.[6] In Deutschland wird dabei teilweise aus dem Konzept des „in fraudem legis agere“ das Erfordernis einer Umgehungsabsicht gefolgert,[7] auch die niederländische fraus legis-Doktrin setzt eine Umgehungsabsicht voraus.[8] In beiden Fällen kann allerdings aus dem Vergleich der gewählten mit einer angemessenen Gestaltung indiziell auf die Steuerumgehungsabsicht geschlossen werden,[9] sodass diesem Tatbestandsmerkmal keine praktische Bedeutung zukommt.

Umgehungsverbote, die auf dem Gedanken des fraus legis beruhen, wollen einer Umgehung der Steuergesetze entgegenwirken, indem sie einer Steuervermeidung bei einem Verstoß gegen Sinn und Zweck der Gesetze die Anerkennung verweigern.[10]

---

1 Vgl. *Ijzerman, R. L.*, Netherlands, 2002, S. 453 f., 454-470, zur Darstellung der fraus legis-Doktrin. Vgl. auch *Böing, C.*, Gestaltungsmissbrauch, 2006, S. 146-163.

2 In Belgien geht dies auf die sog. „Brepols“-Entscheidung des Court de Cassation aus dem Jahre 1961 zurück, vgl. *Garabedian, D.*, Belgium, 2002, S. 157. In Italien gilt die fraus legis-Regel des Zivilrechts nur für Vorschriften, die ein ausdrückliches Verbot aussprechen und ist daher im Bereich des Steuerrechts nicht anwendbar, vgl. *Lupo, A.*, Italy, 2002, S. 363 f.

3 Vgl. dazu ausführlich *Cozian, M.*, abuse, 1991.

4 *Uckmar, V.*, Planning, 2003, S. 11 f., unterscheidet zwischen der „abuse of right“- und der „abuse of law“-Doktrin. Letztere entstamme dem fraus legis-Gedanken und entspreche dem business purpose-Test des Common Law.

5 *Frommel, S.*, United Kingdom, 1991, S. 55, weist darauf hin, dass der Begriff „abus de droit“ im französischen Zivilrecht weiter geht als im Steuerrecht.

6 Sowohl § 42 AO als auch der österreichische § 22 BAO beinhalten ein Verbot des Gesetzesmissbrauchs, daneben verwendet eine französische Umgehungsregel den Gedanken des „abus de droit“.

7 Vgl. beispielsweise *Kruse, H. W./Drüen, K.-D.*, Tipke/Kruse, 1999, § 42 AO, Tz. 44. Dem ursprünglichen Konzept des in fraudem legis agere wohnt die Absicht, das Gesetz zu umgehen, nach ganz überwiegender Auffassung inne, vgl. so bereits ausführlich *Pfaff, I.*, Lehre, 1892, S. 83-86; *Heeder, O.*, Fraus legis, 1998, S. 193-218; kritisch dazu *Sieker, S.*, Umgehungsgeschäfte, 2001, S. 41 f.

8 Eines der beiden Tatbestandsmerkmale der fraus legis-Doktrin ist, dass die Absicht, Steuern zu sparen, der einzige oder zumindest der wichtigste Grund für die Wahl der Gestaltung ist, vgl. *Arts, J. H.*, Netherlands, 1999, S. 105. *Ijzerman, R. L.*, Netherlands, 2002, S. 459-461, begründet dieses Erfordernis darüber hinaus mit dem Gedanken der Rechtssicherheit für den Steuerpflichtigen.

9 Vgl. *Arts, J. H.*, Netherlands, 1999, S. 105; *Kruse, H. W./Drüen, K.-D.*, Tipke/Kruse, 1999, § 42 AO, Tz. 44.

10 Vgl. zum fraus legis-Gedanken allgemein *Savigny, C. F. v.*, System, 1840, S. 324 f., speziell zur Umgehung des Gesetzeszwecks bei Steuerumgehungen *Hensel, A.*, Dogmatik, 1923, S. 224 f. Darüber hinaus vgl. international *Zimmer, F.*, General Report, 2002, S. 48; für die Niederlande vgl. *Arts, J. H.*, Netherlands, 1999, S. 105; für Deutschland vgl. *Tipke, K.*, Steuerrechtsordnung III, 1993, S. 1331.

Insbesondere bei reinen Fiskalzwecknormen ist ein Verstoß gegen Sinn und Zweck der Steuergesetze oft nur schwer festzustellen.[1] Daher spielen auch bei allgemeinen Missbrauchsregeln, die den fraus legis-Gedanken beinhalten, andere Umgehungselemente eine entscheidende Rolle bei der Prüfung, ob eine bestimmte Gestaltung gegen Sinn und Zweck der Steuergesetze verstößt.[2]

b) Business purpose-Test, economic substance und substance over form

Ein Indiz für den Verstoß gegen den Gesetzeszweck ist gegeben, wenn ausschließlich oder zumindest ganz überwiegend steuerliche Motive der Grund für die Wahl einer Gestaltung sind. Das Fehlen wirtschaftlicher Gründe ist Kern der business purpose-Doktrin, das Fehlen wirtschaftlicher Folgen einer Handlung dagegen Kern der economic substance-Doktrin. In beiden Fällen steht das Verhältnis zwischen wirtschaftlichem Gehalt eines Rechtsgeschäfts und den damit erzielten Steuervorteilen im Vordergrund.[3]

Hierin liegt die Gemeinsamkeit mit der substance over form-Doktrin,[4] deren konstitutives Element ein offensichtliches Auseinanderfallen der äußeren Form eines Rechtsgeschäfts mit dessen wirtschaftlicher Substanz ist.[5] Zumindest implizit setzen aber sämtliche Missbrauchsregelungen eine Abweichung zwischen der gewählten Rechtsform und dem wirtschaftlichen Gehalt eines Sachverhalts voraus.[6] Derartige Abweichungen können jedenfalls auf einen Verstoß gegen den Gesetzeszweck hindeuten.

Der substance over form-Gedanke kann entweder die Form einer Auslegungsmethode haben oder als kodifizierte oder nicht kodifizierte Missbrauchsregel eigenständige Bedeutung erlangen.[7] Im ersten Fall wird tendenziell der Anwendungsbereich der

---

[1] Dies wird in der steuerjuristischen Literatur überwiegend unter dem Aspekt der Analogiefähigkeit des Steuerrechts behandelt, vgl. dazu S. 56, FN 6.

[2] In der niederländischen fraus legis-Doktrin hat beispielsweise die Frage, ob der Gesetzgeber die „ökonomische Realität" einer Gestaltung steuerlich erfassen wollte, eine entscheidende Bedeutung, vgl. *Ijzerman, R. L.*, Netherlands, 2002, S. 461-464. Ähnliches gilt für § 42 AO in Deutschland, entscheidend ist hier die Ähnlichkeit des verwirklichten Sachverhalts mit dem vom Gesetzgeber intendierten steuerlichen Belastungstatbestand, vgl. *Kirchhof, P.*, Auslegungsmethoden, 1983, S. 175.

[3] Vgl. *Zimmer, F.*, General Report, 2002, S. 48; *Streng, W. P./Yoder, L. D.*, United States, 2002, S. 607 f., 610-613.

[4] Beide Doktrinen haben sich in der Rechtsprechung der USA zu eigenständigen Doktrinen entwickelt und gehen auf die Entscheidung *Gregory* vs. *Helvering* (1935) zurück, vgl. *Frommel, S.*, United Kingdom, 1991, S. 77; *Streng, W. P./Yoder, L. D.*, United States, 2002, S. 607-610.

[5] Vgl. *Uckmar, V.*, Planning, 2003, S. 10 f.; ausführlich dazu *Streng, W. P./Yoder, L. D.*, United States, 2002, S. 608 f.

[6] Vgl. *Vogel, K.*, Steuerumgehung, 1985, S. 372.

[7] Vgl. *OECD*, Avoidance, 1987, S. 30.

Steuergesetze ausgedehnt, sodass Sachverhalte erfasst werden, deren rechtliche Form nicht unter den Wortlaut der Gesetze fallen würde,[1] im zweiten Fall werden tendenziell die Sachverhalte uminterpretiert, sodass sie in ihrem wirtschaftlichen Gehalt unter die Steuergesetze fallen.[2] Die Grenzen zwischen den beiden Erscheinungsformen der substance over form-Doktrin sind fließend, dementsprechend führen beide Wege regelmäßig zu denselben Ergebnissen.[3]

c) Gesamtplan und step transaction-Doktrin

Die step transaction-Doktrin, nach der zwei oder mehr Rechtsgeschäfte zu einem einheitlichen Vorgang zusammengefasst werden können, um als einheitliches Rechtsgeschäft der Besteuerung unterworfen zu werden,[4] ist international die am weitesten verbreitete Anti-Umgehungsdoktrin.[5] In den USA hat die Rechtsprechung sie bereits 1938 entwickelt.[6] In Großbritannien wurde sie als *Ramsay*-Doktrin erst Anfang der 1980er Jahre vom House of Lords ausgebildet,[7] anschließend in ihrem Anwendungsbereich ausgeweitet, später aber wieder deutlich eingeschränkt.[8] Die 1993 kodifizierte allgemeine Umgehungsregel in Belgien geht auf diese Rechtsprechung in Großbritan-

---

[1] So kann man in Deutschland die wirtschaftliche Betrachtungsweise in § 39 Abs. 2 AO als eine Art des substance over form-Gedanken auffassen, beispielsweise bei der steuerlichen Behandlung von Leasingverträgen, vgl. dazu *Kruse, H. W.*, Tipke/Kruse, 2006, § 39 AO, Tz. 64-68 m. w. N. *Tipke* rechnet die Vorschriften der §§ 39-42 AO zu den Vorschriften zu der wirtschaftlichen Betrachtungsweise vgl. *Tipke, K.*, Steuerrechtsordnung III, 1993, S. 1308-1356.

[2] Vgl. *Zimmer, F.*, General Report, 2002, S. 49; *Streng, W. P./Yoder, L. D.*, United States, 2002, S. 608. In Deutschland ist die Rechtsfolge des § 42 AO ähnlich umstritten, nach einer Auslegung wird die Steuerumgehung im Bereich des § 42 AO durch die „Fiktion des angemessenen Sachverhalts" verhindert, die andere Auffassung sieht in § 42 AO eine (konstitutive oder auch nur deklaratorische) Analogieerlaubnis, mithin also eine Auslegungshilfe, vgl. dazu unten C.I.2.c), S. 61.

[3] Vgl. für die USA *Streng, W. P./Yoder, L. D.*, United States, 2002, S. 609.

[4] Vgl. *Förster, G./Schmidtmann, D.*, Gesamtplanrechtsprechung, 2003, S. 114; *Spindler, W.*, Gesamtplan, 2005, S. 1; *Frommel, S.*, United Kingdom, 1991, S. 71; *Streng, W. P./Yoder, L. D.*, United States, 2002, S. 606.

[5] Vgl. *Zimmer, F.*, General Report, 2002, S. 46.

[6] Vgl. die Entscheidung des Supreme Court, *Minnesota Tea Co.* vs. *Helvering* (1938), zitiert nach *Streng, W. P./Yoder, L. D.*, United States, 2002, S. 606.

[7] Vgl. die Entscheidung *Ramsay* vs. *IRC* (1981), zitiert nach *Frommel, S.*, United Kingdom, 1991, S. 66.

[8] Vgl. *Frommel, S.*, United Kingdom, 1991, S. 61, 66-73, mit einer kurzen Übersicht über die Geschichte der Umgehungsrechtsprechung in Großbritannien. Vgl. zur Situation 2002: *Ballard, R. M./Davison, P. E.*, United Kingdom, 2002, sowie *Förster, G./Schmidtmann, D.*, Gesamtplanrechtsprechung, 2003, S. 118 f.

nien zurück,[1] wurde allerdings von den belgischen Gerichten noch nicht angewendet.[2] In Deutschland findet die sog. Gesamtplanrechtsprechung auf Umgehungsgestaltungen Anwendung, die als „Ausweich- und Korrekturgeschäft[e] nach Gesamtplan“[3] bezeichnet werden können. Auch der Missbrauchsbegriff der Fusionsrichtlinie[4] ist dem Gesamtplangedanken sehr nahe, da „Umstrukturierungen in rascher Zeitfolge“ zu einer widerlegbaren Vermutung des Fehlens wirtschaftlicher Gründe führen.[5]

Die step transaction-Doktrin verwendet neben Elementen des substance over form-Prinzips[6] ebenso Gedanken des business purpose-Tests. Diejenigen Zwischenschritte eines Gesamtplans, die keinen eigenständigen wirtschaftlichen Zweck verfolgen, würden auch nach dem business purpose-Test ignoriert. Diejenigen unnötigen Rechtsgeschäfte, deren äußere Form nicht mit dem wirtschaftlichen Gehalt der Gesamtheit der Rechtsgeschäfte übereinstimmt, würden nach dem substance over form-Prinzip ebenfalls steuerlich nicht anerkannt.[7] Da die step transaction-Doktrin aber auch angewendet werden kann, wenn einzelne Zwischenschritte wirtschaftliche Zwecke verfolgen und wirtschaftliches Gehalt besitzen, geht sie über die beiden Doktrinen hinaus.[8]

2. Die Regelung des § 42 AO und § 22 BAO

Die dargestellten Doktrinen stellen ihrerseits selbstständige Tatbestandsmerkmale bzw. Anwendungsfälle von § 42 AO dar,[9] wie im Folgenden gezeigt werden kann. Viele der Schwierigkeiten, die bei der Anwendung von § 42 AO entstehen, sind daher auf die jeweils korrespondierenden Missbrauchsdoktrinen übertragbar.

---

1 Vgl. zur Einführung der neuen Regelung *Vanderkerken, C. H.*, Legislation, 1994. Die Gesetzesbegründung nimmt explizit auf die britischen Entscheidungen *Ramsay* vs. *IRC* (1981) und *Furniss* vs. *Dawson* (1984) Bezug, vgl. *Garabedian, D.*, Belgium, 2002, S. 158-165.

2 Vgl. *Garabedian, D.*, Belgium, 2002, S. 159.

3 *Fischer, P.*, Umgehung, 1996, S. 651.

4 Vgl. Art. 11 Abs. 1 lit. a) Fusionsrichtlinie (90/434/EWG). Vgl. allgemein zum europarechtlichen Missbrauchsbegriff oben B.III.5, S. 40.

5 Vgl. *Thömmes, O.*, Auslegung, 1994, S. 42 f. Weitergehend noch *Fischer, P.*, Umgehung, 1996, S. 646.

6 Vgl. *Ruiz Almendral, V./Seitz, G.*, Umgehungsvorschrift, 2004, S. 337; *Förster, G./Schmidtmann, D.*, Gesamtplanrechtsprechung, 2003, S. 118 m. w. N.

7 Vgl. *Frommel, S.*, United Kingdom, 1991, S. 71.

8 Vgl. *Frommel, S.*, United Kingdom, 1991, S. 71.

9 Vgl. am deutlichsten *Kruse, H. W./Drüen, K.-D.*, Tipke/Kruse, 2002, § 42 AO, Tz. 23.

§ 42 AO kodifiziert den steuerlichen Umgehungstatbestand und geht seinerseits auf § 5 RAO bzw. § 6 StAnpG zurück.[1] Die österreichische Vorschrift des § 22 BAO stimmt inhaltlich weitgehend mit § 42 AO überein.[2] Dennoch bestehen deutliche Unterschiede in der Auslegung der beiden Vorschriften, bereits die methodologische Einordnung der beiden Vorschriften ist strittig.

a) Methodologische Einordnung

Hinsichtlich der dogmatischen Bedeutung des § 42 AO bzw. § 22 BAO ist bereits unklar, ob ein allgemeines Umgehungsverbot im Steuerrecht notwendig ist. Dieser Streit wird in Deutschland wie in Österreich unter den Begriffen „Innentheorie" und „Außentheorie" geführt,[3] die unterschiedliche Positionen in der Methodenlehre bei Umgehungssachverhalten bezeichnen.[4]

Wie oben dargestellt, sind Umgehungsnormen in dem Umfang überflüssig, in dem sich zweckwidrige Gestaltungen durch eine weite Auslegung bzw. Anwendung der umgangenen Normen erfassen lassen.[5] Diese sog. „Innentheorie" ist beispielsweise im deutschen Zivilrecht herrschende Meinung,[6] auch im Steuerrecht wird eine eigenständige Bedeutung von § 42 AO bzw. § 22 BAO teilweise bestritten.[7] Soweit dabei überhaupt zwischen extensiver Auslegung und Rechtsfortbildung durch Analogieschluss unterschieden wird,[8] soll es entweder bereits durch extensive Auslegung,[9] oder aber

---

1 Vgl. *Sieker, S.*, Umgehungsgeschäfte, 2001, S. 18 m. w. N.; *Fischer, P.*, HHSp, 1991, § 42 AO, Rz. 1-7.

2 Vgl. *Gassner, W.*, Austria, 2002, S. 126 f.; *Tipke, K.*, Steuerrechtsordnung III, 1993, S. 1348.

3 Vgl. nur *Pezzer, H.-J.*, Entwicklungen, 2001, S. 63-65; *Fischer, P.*, Geltungsanspruch, 2001; für Österreich vgl. *Obermair, C./Weninger, P. J.*, Treaty Shopping, 2005, S. 467-469; *Kofler, G. W.*, Abschirmwirkung, 2002, S. 209-216.

4 Vgl. *Fischer, P.*, Umgehung, 2003, S. 1277.

5 Vgl. B.III.1.a), S. 28.

6 Vgl. *Hahn, H.*, Steuerkultur, 2005, S. 185; *Heeder, O.*, Fraus legis, 1998, S. 74, jeweils m. w. N.

7 Vgl. *Danzer, J.*, Steuerumgehung, 1981, S. 83-106; *Tipke, K.*, Steuerrechtsordnung III, 1993, S. 1324 f. m. w. N.; *Fischer, P.*, Umgehung, 1996, S. 648; *Fischer, P.*, Geltungsanspruch, 2001; *Sieker, S.*, Umgehungsgeschäfte, 2001, S. 22; *Pezzer, H.-J.*, Entwicklungen, 2001, S. 63 f., 73; *Lang, M.*, Anwendung, 2005.

8 Zu den Unterschieden zwischen Auslegung und Rechtsfortbildung vgl. oben B.III.1.a), S. 28, FN 1.

9 So früher bereits *Becker, E.*, Auslegung, 1924, Sp. 151-155; *Gassner, W.*, Interpretation, 1972, S. 88-96; *Danzer, J.*, Steuerumgehung, 1981, S. 83-106. Unklar *Kirchhof, P.*, Auslegungsmethoden, 1983, S. 174-176.

durch Lückenausfüllung mittels Analogieschlusses[1] möglich sein, Umgehungssachverhalte zu erfassen. Damit wäre § 42 AO bzw. § 22 BAO eine eigenständige Bedeutung genommen, ihnen kommt nach der Auffassung der Innentheorie maximal die Rolle eines Interpretationshinweises zu.[2]

In einigen Rechtsgebieten begrenzt die Gesetzesbindung nach Art. 20 Abs. 3 GG[3] die Auslegungsmöglichkeiten und führt insbesondere zu einem Analogieverbot, so zum Beispiel im Strafrecht.[4] Auch im Steuerrecht wird zumindest eine steuerbelastende bzw. steuerverschärfende Analogie teilweise für unzulässig gehalten,[5] teilweise wird dem Steuerrecht die Analogiefähigkeit abgesprochen.[6] Die Vertreter der „Außentheorie" halten somit einen eigenen Umgehungstatbestand für erforderlich und messen § 42 AO eine konstitutive Bedeutung bei,[7] entweder weil er das Analogieverbot durchbricht oder weil er einen eigenen Besteuerungstatbestand erzeugt.[8]

---

[1] Vgl. *Pezzer, H.-J.*, Entwicklungen, 2001, S. 63 f. m. w. N.; *Fischer, P.*, Geltungsanspruch, 2001, S. 1214 f. Gegen ein Analogieverbot beispielsweise *Tanzer, M.*, Analogieverbot, 1981; *Tipke, K.*, Steuerrechtsordnung I, 2000, S. 197-204. Ausdrücklich BFH, Urt. v. 20.10.1983, IV R 175/79, BStBl. II 1984, S. 221: „Lücken in den Steuergesetzen können unter gewissen Voraussetzungen auch durch Analogieschluß mit steuerverschärfender Wirkung gefüllt werden." (Leitsatz 2); kritisch dazu bereits BFH, Urt. v. 13.01.1984, VI R 194/80, BStBl. II 1984, S. 315.

[2] Vgl. *Gassner, W.*, Interpretation, 1972, S. 89; *Fischer, P.*, Geltungsanspruch, 2001, S. 1215; *Sieker, S.*, Umgehungsgeschäfte, 2001, S. 22.

[3] Vgl. dazu *Hofmann, H.*, Schmidt-Bleibtreu/Klein, 2004, Art. 20 GG, Rdnr. 59-97; *Sommermann, K.-P.*, Mangoldt/Starck, 2005, Art. 20 GG, Rdnr. 226-282.

[4] Das Analogieverbot wird aus Art. 103 Abs. 2 GG abgeleitet, vgl. BVerfG, Beschl. v. 23.10.1985, 1 BvR 1053/82, BVerfGE 71, S. 108; *Hofmann, H.*, Schmidt-Bleibtreu/Klein, 2004, Art. 103 GG, Rdnr. 7c; *Nolte, G.*, Mangoldt/Starck, 2005, Art. 103 GG, Rdnr. 155-160. Vgl. allgemein zur Analogie im Verwaltungsrecht *Konzak, O.*, Analogie, 1997.

[5] Vgl. beispielsweise *Friauf, K. H.*, Rechtsfortbildung, 1982; *Felix, G.*, Gesetzesanwendung, 1982; *Pelka, J.*, Rechtsanwendung, 1982; *Flume, W.*, Steuerrechtsprechung, 1986, S. 290-299, sowie früher noch *Tipke, K.*, Grenzen, 1972, S. 268 f. Das BVerfG setzt der Analogie im Steuerrecht wohl zumindest Grenzen, wenn es sie nicht ganz verbietet, vgl. BVerfG, Urt. v. 30.01.1985, 1 BvR 279/83, NJW 1985, S. 1891; BVerfG, Urt. v. 24.01.1962, 1 BvR 232/60, BVerfGE 13, S. 318. Was man unter den vom BVerfG gesetzten Grenzen der belastenden Analogie im Steuerrecht versteht, hängt wiederum von der Abgrenzung zwischen Auslegung und Rechtsfortbildung ab. Eine Übersicht über den Meinungsstand liefert *Tipke, K.*, Steuerrechtsordnung I, 2000, S. 177-204 m. w. N.

[6] Diese Auffassung vertreten beispielsweise *Flume, W.*, Steuerrechtsprechung, 1986, S. 279-284 („positivistische Natur des Steuerrechts"); *Kruse, H. W.*, Gesetzesbindung, 1982; *Kruse, H. W./Drüen, K.-D.*, Tipke/Kruse, 1999, § 42 AO, Tz. 10; a. A. *Tipke, K.*, Steuerrechtsordnung I, 2000, S. 197-204; *Paschen, U.*, Steuerumgehung, 2001, S. 32-36.

[7] Vgl. *Hahn, H.*, Steuerkultur, 2005, S. 186, 189 f.; *Brockmeyer, H. B.*, Klein, 2006, § 42 AO, Rz. 2, 9; *Kruse, H. W.*, Tipke/Kruse, 2002, § 42 AO, Rz. 8-14; *Clausen, U.*, Struktur, 2003, S. 1589; *Crezelius, G.*, Neuregelung, 2001, S. 2214.

[8] Zur Frage, ob die Rechtsfolge des § 42 AO in einer Analogieerlaubnis oder einer Sachverhaltsfiktion besteht vgl. unten C.I.2.c), S. 61.

Die Außentheorie ist im Steuerrecht in Deutschland wohl Mehrheitsmeinung im Schrifttum[1] und in der Rechtsprechung.[2] In Österreich wird die Außentheorie dagegen in der Literatur mehrheitlich abgelehnt,[3] während Finanzverwaltung und Rechtsprechung § 22 BAO weiterhin als eigenständigen Tatbestand prüfen.[4] Zumindest in Deutschland hat der Gesetzgeber durch den neuen Absatz 2 des § 42 AO[5] den Theorienstreit im Sinne der Außentheorie entschieden.[6] Zwar läuft Absatz 2 entgegen der Intention des Gesetzgebers leer,[7] die in ihm enthaltene ausdrückliche Anordnung einer Anwendung des Absatzes 1 ist aber nur vor dem Hintergrund der Außentheorie sinnvoll möglich.[8]

b) Tatbestandsvoraussetzungen

> „Durch Missbrauch von Gestaltungsmöglichkeiten des Rechts kann das Steuergesetz nicht umgangen werden.“[9]

§ 42 Abs. 1 S. 1 AO postuliert in einem Zirkelschluss, dass bei einem Missbrauch von Gestaltungsmöglichkeiten ein erfolgloser Versuch der Steuerumgehung vorliegt. Die

---

1 Vgl. *Brockmeyer, H. B.*, Klein, 2006, § 42 AO, Rz. 2, 9; *Kruse, H. W.*, Tipke/Kruse, 2002, § 42 AO, Rz. 8-14; *Rose, G.*, Steuerplanungssicherheit, 2003; *Clausen, U.*, Struktur, 2003; *Crezelius, G.*, Argumentationsmuster, 2003.

2 Der BFH spricht jedenfalls von einem Steuertatbestand des § 42 AO, vgl. nur BFH, Urt. v. 28.04.1987, IX R 7/83, BStBl. II 1987, S. 814. Weitere Nachweise außentheoretisch begründeter Rechtsprechung des BFH finden sich bei *Clausen, U.*, Struktur, 2003, S. 1589, FN 4.

3 Vgl. *Lang, M.*, Anwendung, 2005, S. 67; *Obermair, C./Weninger, P. J.*, Treaty Shopping, 2005, S. 469; *Gassner, W.*, Umgehungsproblem, 2001, S. 187 f.

4 Vgl. *Obermair, C./Weninger, P. J.*, Treaty Shopping, 2005, S. 467. Teilweise verwendet die Finanzverwaltung wohl innentheoretische Argumentationen, denen der ÖVwGH aber nicht gefolgt ist, vgl. ausführlich und kritisch *Lang, M.*, Anwendung, 2005.

5 Durch das Gesetz zur Änderung steuerlicher Vorschriften – Steueränderungsgesetz – StÄndG 2001 (BGBl. I 2001, S. 3794) wurde folgender Absatz 2 eingeführt: „Absatz 1 ist anwendbar, wenn seine Anwendbarkeit gesetzlich nicht ausdrücklich ausgeschlossen ist.“

6 Vgl. ausführlich *Hahn, H.*, Steuerkultur, 2005, S. 186 f. So bereits (allerdings noch ohne nähere Begründung) *Clausen, U.*, Struktur, 2003, S. 1595, FN 59. Dagegen behauptet *Fischer* (ohne Nachweise oder Begründung) weiterhin, die Außentheorie sei eine „rückläufige Doktrin“, so *Fischer, P.*, Verfassungsstaat, 2005, S. 464.

7 § 42 Abs. 2 AO ist, entgegen der Gesetzesbegründung (vgl. Beschlussempfehlung des Finanzausschusses, BT-Drs. 14/7340), keine „Klarstellung“, sondern zielt gegen die ständige Rechtsprechung des BFH zum Verhältnis von § 42 AO zu speziellen Missbrauchsnormen, vgl. beispielsweise BFH, Urt. v. 20.03.2002, I R 63/99, BStBl. II 2003, S. 50. Dennoch läuft Absatz 2 im Ergebnis leer, da die Anwendung von Absatz 1 die Erfüllung seiner Tatbestände voraussetzt, vgl. bereits BFH, Urt. v. 19.02.2002, IX R 32/98, BStBl. II 2002, S. 674; *Clausen, U.*, Struktur, 2003, S. 1594 f.; *Kruse, H. W./Drüen, K.-D.*, Tipke/Kruse, 2002, § 42 AO, Tz. 20b; *Brockmeyer, H. B.*, Klein, 2006, § 42 AO, Rz. 87 f.; *Koenig, U.*, Pahlke/Koenig, 2004, § 42 AO, Rn. 5 f.

8 Die oben dargestellte Argumentation des BFH, nach der es trotz § 42 Abs. 2 AO auf die Erfüllung der Tatbestände von § 42 Abs. 1 AO ankommt, ist ebenfalls eine außentheoretische Argumentation.

9 § 42 Abs. 1 S. 1 AO.

Beurteilung, ob ein Missbrauch vorliegt, ist erst „nach Aufdeckung eines steuerrechtlichen Umgehungsversuchs“[1] möglich. Liegt aber kein Missbrauch vor, so liegt auch keine Steuerumgehung mehr vor, da die Anwendung einer belastenden Norm eines Steuergesetzes erfolgreich vermieden werden konnte.[2] Eine Auflösung dieses Zirkelschlusses erfordert die Konkretisierung der unbestimmten Rechtsbegriffe[3] in § 42 AO. Die Rechtsprechung ist dieser Aufgabe in einer umfangreichen Kasuistik nachgekommen.[4] Der BFH verwendet hierbei Elemente aus allen dargestellten Missbrauchsdoktrinen.

> „Ein Missbrauch von rechtlichen Gestaltungsmöglichkeiten … liegt nach ständiger Rechtsprechung des BFH vor, wenn eine rechtliche Gestaltung gewählt wird, die zur Erreichung des erstrebten wirtschaftlichen Ziels unangemessen ist, der Steuerminderung dienen soll und durch wirtschaftliche oder sonst beachtliche außersteuerliche Gründe nicht zu rechtfertigen ist.“[5]

Als Missbrauch gilt nach ständiger Rechtsprechung des BFH somit eine den wirtschaftlichen Vorgängen unangemessene rechtliche Gestaltung, die zur Steuerminderung führen soll.[6] Der Zirkelschluss der Tatbestandsseite der Norm wird durch die Ableitung des Missbrauchsbegriffs aus der Rechtsfolgenseite des § 42 Abs. 1 S. 2 AO durchbrochen,[7] wie die folgende Abbildung 2 verdeutlicht.

---

[1] *Fischer, P.*, Umgehung, 1996, S. 648.

[2] Vgl. *Sieker, S.*, Umgehungsgeschäfte, 2001, S. 19 m. w. N.; *Fischer, P.*, HHSp, 1991, § 42 AO, Rz. 91.

[3] Trotz seiner Unbestimmtheit wird § 42 AO unabhängig von der vertretenen Ansicht bezüglich eines Analogieverbots im Steuerrecht für verfassungsgemäß gehalten, da er der Erfüllung des Auftrags nach gleichmäßiger Besteuerung diene und unter dem Gesichtspunkt der Rechtssicherheit nicht zu beanstanden sei, vgl. dazu ausführlich *Tipke, K.*, Steuerrechtsordnung III, 1993, S. 1332 f. m. w. N.; *Kruse, H. W./Drüen, K.-D.*, Tipke/Kruse, 2002, § 42 AO, Tz. 15-18.

[4] Vgl. dazu beispielsweise die Übersichten bei *Rose, G./Glorius-Rose, C.*, Gestaltungsmißbrauch, 1997; *Rose, G./Glorius-Rose, C.*, Steuerplanung, 2002; *Rose, G./Glorius-Rose, C.*, BFH, 2003; *Rose, G./Glorius-Rose, C.*, Rechtsprechung, 2004.

[5] BFH, Urt. v. 20.03.2002, I R 63/99, BStBl. II 2003, S. 50. Vgl. zur näheren Erläuterung der in der Rechtsprechung verwendeten Begriffe z. B. *Koenig, U.*, Pahlke/Koenig, 2004, § 42 AO, Rn. 12-25.

[6] Die Qualifizierung eines Sachverhalts als Umgehungsversuch führt in jedem Fall zu einer höheren Steuer, die Festsetzung einer niedrigeren Steuer auf einen angemessenen Sachverhalt ist nicht möglich. Vgl. BFH, Urt. v. 03.03.1988, V R 183/83, BStBl. II 1989, S. 205; BFH, Urt. v. 12.07.1989, I R 46/85, BStBl. II 1990, S. 113.

[7] Vgl. beispielsweise *Fischer, P.*, Umgehung, 1996, S. 647: „Der BFH nähert sich dem Phänomen der Steuerumgehung mit einem Umkehrschluß aus § 42 Satz 2 AO“. Ebenso *Clausen, U.*, Struktur, 2003, S. 1590.

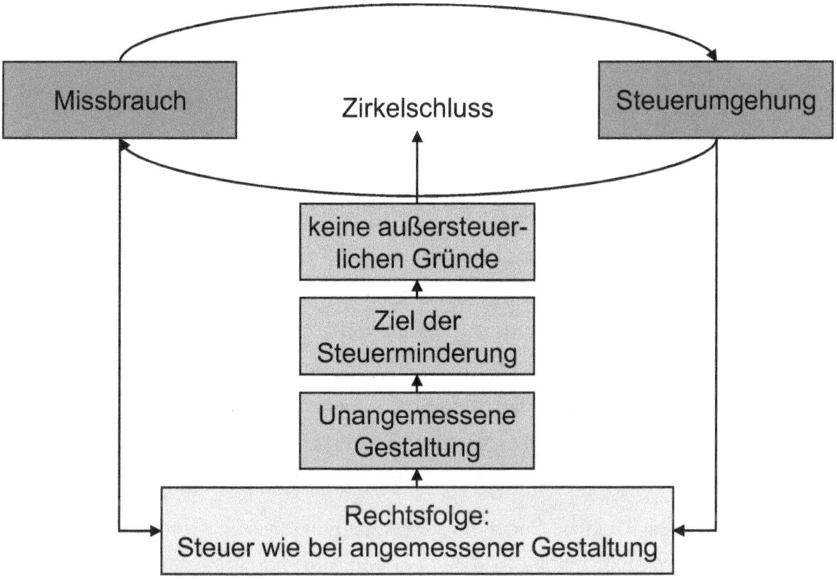

Abbildung 2: Durchbrechung des Zirkelschlusses auf der Tatbestandsseite von § 42 AO

In einem nächsten Schritt ist das Kriterium der „unangemessenen rechtlichen Gestaltung" zu konkretisieren, wobei wiederum auf die Rechtsprechung des BFH verwiesen werden muss.[1] Danach ist eine Gestaltung im Allgemeinen dann unangemessen, wenn sie angesichts der angestrebten wirtschaftlichen Ziele von verständigen Parteien als unpassend nicht gewählt worden wäre.[2] Da es Ziel der Rechtsordnung sei, für alle wirtschaftlichen Vorgänge möglichst einfache Instrumente bereit zu stellen, sind Umgehungsgestaltungen in der Regel kompliziert, umständlich, gekünstelt oder Ähnliches.[3] Insoweit beinhaltet § 42 AO Elemente des substance over form-Gedankens.

---

1 Vgl. *Clausen, U.*, Struktur, 2003, S. 1590, der die Interpretation des Merkmals der „Unangemessenheit" durch den BFH für „hinreichend präzise und nachvollziehbar" hält und sie gegen Kritik aus der Literatur verteidigt.

2 Vgl. BFH, Urt. v. 19.08.1999, I R 77/96, BStBl. II 2001, S. 43, zuerst wohl BFH, Urt. v. 11.02.1972, III R 5/70, BStBl. II 1972, S. 480. Die Gleichsetzung von „unangemessen" mit „ungewöhnlich" im Beschluss des Großen Senats (BFH, Beschl. v. 29.11.1982, GrS 1/81, BStBl. II 1983, S. 272) ist wohl ein sprachliches Versehen, jedenfalls geht die h. M. davon aus, dass „unangemessen" nicht mit „ungewöhnlich" (zumindest nicht mit „noch nicht allgemein üblich", vgl. BFH, Urt. v. 16.03.1988, X R 27/86 BStBl. II 1988, S. 629) identisch ist, vgl. *Kruse, H. W./Drüen, K.-D.*, Tipke/Kruse, 1999, § 42 AO, Tz. 38 m. w. N.; *Koenig, U.*, Pahlke/Koenig, 2004, § 42 AO, Rn. 20. Allerdings kann eine ungewöhnliche Gestaltung ein Indiz für die Unangemessenheit sein, vgl. *Brockmeyer, H. B.*, Klein, 2006, § 42 AO, Rz. 16.

3 Vgl. BFH, Urt. v. 19.08.1999, I R 77/96, BStBl. II 2001, S. 43; *Tipke, K.*, Steuerrechtsordnung III, 1993, S. 1337.

Daneben kommt der Gedanke des fraus legis zum Tragen: Um als Missbrauch im Sinne des § 42 AO zu gelten, muss bei einer unangemessenen Gestaltung eine Verletzung des Gesetzeszwecks vorliegen,[1] d. h. die erstrebte Steuerersparnis verstößt zwar nicht gegen den Wortlaut des Gesetzes, aber dennoch gegen die Wertungen des Gesetzgebers.[2]

Die business purpose-Doktrin spielt auf der Tatbestandsseite des § 42 AO ebenfalls eine Rolle. So deutet das Fehlen außersteuerlicher Gründe auf die Unangemessenheit einer Gestaltung hin,[3] wobei aber nicht direkt vom Fehlen außersteuerlicher Gründe auf eine Steuerumgehung geschlossen werden darf.[4] Soweit eine ansonsten unangemessene Gestaltung beachtliche unternehmerische Ziele verfolgt (legitimate business purpose), liegt kein Missbrauchstatbestand im Sinne des § 42 AO vor.[5] Die Reichweite der „salvierenden Wirkung“[6] außersteuerlicher Gründe ist dabei einer der Hauptstreitpunkte zwischen Vertretern der Innentheorie und der Außentheorie.[7]

Die step transaction-Doktrin findet ihre Entsprechung in der Gesamtplanrechtsprechung.[8] Der Gesamtplangedanke ist dabei ein vor Anwendung des § 42 AO ansetzen-

---

1 Vgl. ähnlich auch *Paschen, U.*, Steuerumgehung, 2001, S. 24. Auf S. 28 f. definiert er Steuerumgehung als Umgehung des Gesetzeszwecks, allerdings ohne ausdrücklichen Bezug auf den Gedanken des fraus legis.

2 Vgl. BFH, Urt. v. 19.08.1999, I R 77/96, BStBl. II 2001, S. 43; BFH, Urt. v. 19.05.1993, I R 124/91, BStBl. II 1993, S. 889; BFH, Urt. v. 16.01.1992, V R 1/91, BStBl. II 1992, S. 541; BFH, Urt. v. 06.03.1990, II R 88/87, BStBl. II 1990, S. 446; *Clausen, U.*, Struktur, 2003, S. 1592.

3 Vgl. BFH, Urt. v. 17.01.1991, IV R 132/85, BStBl. II 1991, S. 607; *Kruse, H. W./Drüen, K.-D.*, Tipke/Kruse, 1999, § 42 AO, Tz. 39-42; *Brockmeyer, H. B.*, Klein, 2006, § 42 AO, Rz. 14-18.

4 Vgl. *Clausen, U.*, Struktur, 2003, S. 1594, der bereits eine Indizwirkung ablehnt.

5 Vgl. BFH, Urt. v. 19.08.1999, I R 77/96, BStBl. II 2001, S. 43; BFH, Urt. v. 15.10.1998, III R 75/97, BStBl. II 1999, S. 119; BFH, Urt. v. 16.01.1992, V R 1/91, BStBl. II 1992, S. 541; BFH, Urt. v. 16.03.1988, X R 27/86 BStBl. II 1988, S. 629.

6 *Fischer, P.*, Streit, 2005, S. 588 m. w. N.

7 So lehnte beispielsweise *Fischer*, ein vehementer Vertreter der Innentheorie, jeden Einfluss außersteuerlicher Gründe auf die Beurteilung von Umgehungssachverhalten ab, vgl. *Fischer, P.*, Umgehung, 1996, S. 647. Mittlerweile spricht er ihnen zumindest im Rahmen von Gesamtplanfällen eine Bedeutung zu, vgl. *Fischer, P.*, Geltungsanspruch, 2001, S. 1213. Kritisch auch *Lang, M.*, Anwendung, 2005, S. 75 f.

8 Vgl. zuletzt wohl BFH, Urt. v. 27.10.2005, IX R 76/03, BStBl. II 2006, S. 359 m. w. N. zur bisherigen Gesamtplanrechtsprechung

der subsumtionsvorbereitender Schritt,[1] daher findet er auch außerhalb des durch § 42 AO geregelten Gebiets des Gestaltungsmissbrauchs Anwendung.[2]

Die folgende Abbildung 3 fasst die Bedeutung der verschiedenen Missbrauchsgedanken bei der Anwendung von § 42 AO grafisch zusammen.

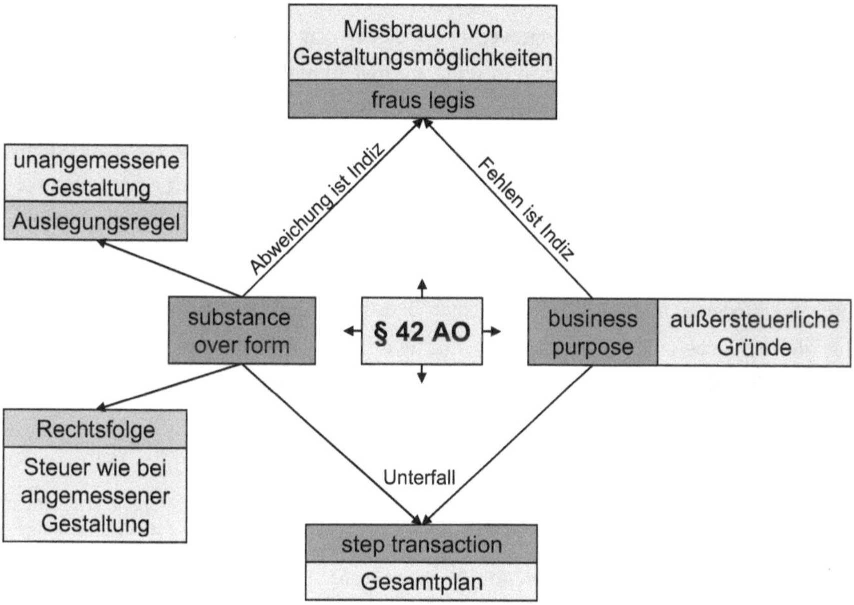

Abbildung 3: Missbrauchsdoktrinen und § 42 AO

c) Rechtsfolgen

> „Liegt ein Missbrauch vor, so entsteht der Steueranspruch so, wie er bei einer den wirtschaftlichen Vorgängen angemessenen rechtlichen Gestaltung entsteht."[3]

Die Rechtsfolgenanordnung des § 42 Abs. 1 S. 2 AO ist methodisch ebenfalls umstritten. Einigkeit besteht lediglich darin, dass das Missbrauchsverdikt nicht zu einer Straf-

---

1 Vgl. *Ruiz Almendral, V./Seitz, G.*, Umgehungsvorschrift, 2004, S. 335 m. w. N.

2 Vgl. *Förster, G./Schmidtmann, D.*, Gesamtplanrechtsprechung, 2003, S. 114, zustimmend *Spindler, W.*, Gesamtplan, 2005, S. 3. Ein Anwendungsbereich außerhalb von § 42 AO wird vom BFH beispielsweise in der Mantelkaufregelung des § 8 Abs. 4 KStG gesehen, die nur dann Anwendung finden soll, wenn ein Gesamtplan vorliegt, vgl. BFH, Urt. v. 14.03.2006, I R 8/05, DStR 2006, S. 1076.

3 § 42 Abs. 1 S. 2 AO.

barkeit des Umgehungsversuchs führt[1] und die gewählte Struktur zivilrechtlich in vollem Umfang wirksam bleibt.[2]

Vertreter der Innentheorie, die eine eigenständige Bedeutung von § 42 AO bestreiten, gestehen der Vorschrift keine Rechtsfolgen zu: Durch Auslegung oder Analogie werden die umgangenen Normen auf den unangemessenen Umgehungssachverhalt ausgedehnt.[3] Wird dagegen ein Analogieverbot im Steuerrecht angenommen, wird teilweise vertreten, dass § 42 AO zumindest in seinem Anwendungsbereich eine steuerbelastende Analogie erlaube.[4] Wieder andere leiten aus Absatz 1 Satz 2 der Vorschrift ab, dass ein fiktiver Sachverhalt der Besteuerung zugrunde gelegt wird.[5] Die Rechtsprechung ist ebenfalls uneinheitlich und schwankt zwischen direkter Anwendung der umgangenen Normen,[6] einer Analogieerlaubnis[7] und einer Sachverhaltsfiktion.[8] Eine Klärung dieses Methodenstreits wird auch in Zukunft nicht erwartet.[9]

Die verschiedenen methodischen Ansichten beurteilen ähnliche Sachverhalte regelmäßig gleich,[10] was eine Unterscheidung erschwert.[11] So kritisiert beispielsweise *Lang* ein außentheoretisch begründetes Urteil des ÖVwGH, obwohl er es vom Ergebnis her

---

1 Steuerhinterziehung beginnt dort, wo steuererhebliche Tatsachen verschwiegen werden, unabhängig davon, ob diese Tatsachen grundlegend über die Steuerpflicht entscheiden, oder ob das Verschweigen dieser Tatsachen nur die Aufdeckung einer versuchten Steuerumgehung verhindern soll. Vgl. *Koenig, U.*, Pahlke/Koenig, 2004, § 42 AO, Rn. 9, sowie oben B.III.4.b), S. 39.

2 Vgl. BFH, Urt. v. 06.03.1996, II R 38/93, BStBl. II 1996, S. 377; *Kruse, H. W./Drüen, K.-D.*, Tipke/Kruse, 1999, § 42 AO, Tz. 53; *Koenig, U.*, Pahlke/Koenig, 2004, § 42 AO, Rn. 31; *Brockmeyer, H. B.,* Klein, 2006, § 42 AO, Rz. 24.

3 Vgl. *Sieker, S.*, Umgehungsgeschäfte, 2001, S. 29-36.

4 Vgl. *Koenig, U.*, Pahlke/Koenig, 2004, § 42 AO, Rn. 3, 28; *Fischer, P.*, HHSp, 1991, § 42 AO, Rz. 76.

5 Vgl. insbesondere *Kruse, H. W./Drüen, K.-D.*, Tipke/Kruse, 1999, § 42 AO, Tz. 11, 52; *Crezelius, G.*, Umgehungen, 1995, S. 321; differenziert *Tipke, K.*, Steuerrechtsordnung III, 1993, S. 1331, der zwar als Rechtsfolge die Anwendung des Steuergesetzes auf eine angemessene rechtliche Gestaltung sieht, dies aber im Ergebnis als Analogieeffekt bezeichnet. Vermittelnd auch *Clausen, U.*, Struktur, 2003, S. 1595, der zwischen der Entstehung des „Steueranspruchs“ und der „Steuer“ unterscheidet.

6 Vgl. BFH, Urt. v. 15.03.2005, X R 39/03, BStBl. II 2005, S. 817.

7 Vgl. BFH, Urt. v. 19.03.1980, II R 23/77, BStBl. II 1980, S. 598; BFH, Urt. v. 14.05.1986, II R 22/84, BStBl. II 1986, S. 620; BFH, Urt. v. 06.03.1990, II R 88/87, BStBl. II 1990, S. 446.

8 Vgl. BFH, Urt. v. 09.12.1980, VIII R 11/77, BStBl. II 1981, S. 339; BFH, Urt. v. 28.04.1987, IX R 7/83, BStBl. II 1987, S. 814; BFH, Urt. v. 18.03.2004, III R 25/02, BStBl. II 2004, S. 787.

9 Vgl. *Pezzer, H.-J.*, Entwicklungen, 2001, S. 65.

10 Vgl. beispielsweise *Rose, G.*, Steuerplanungssicherheit, 2003, S. 1275: „Hinsichtlich der ‚Gefährlichkeit‘ der Anwendung unterscheiden sich Außen- und Innentheorie kaum.“

11 Vgl. *Kramer, J.-D.*, devices, 1991, S. 100.

begrüßt.[1] Der III. und der X. Senat des BFH haben in ähnlichen Fällen eine Steuergestaltung nicht anerkannt, wobei der III. Senat § 42 AO angewendet hat und der X. Senat einer innentheoretischen Argumentationslinie gefolgt ist.[2] Die Anrufung des Großen Senats wurde vom X. Senat nicht für nötig befunden, da er „im Ergebnis nicht von dem Urteil des III. Senats“[3] abweicht.

Dennoch spricht die vom EuGH[4] geforderte Begrenzung der Rechtsfolgen des Missbrauchsverdikts auf die Besteuerung des angemessenen Sachverhalts für eine Sachverhaltsfiktion.[5] Nur durch eine konsequente Sachverhaltsfiktion werden die Effekte der steuerlichen Nichtanerkennung einer Gestaltung bei sämtlichen Steuerarten einheitlich berücksichtigt.[6]

3. Allgemeine Umgehungsregeln und DBA

Allgemeine Missbrauchsregeln erfassen grundsätzlich auch internationale Sachverhalte. In diesen Fällen stellt sich die Frage nach dem Verhältnis der Missbrauchsregeln zu dem Recht der Doppelbesteuerungsabkommen. Dieses Verhältnis ist sehr umstritten.[7]

Nicht bei jeder Anwendung allgemeiner Missbrauchsregeln in internationalen Sachverhalten ist das Verhältnis zum Abkommensrecht zu klären. Richtigerweise muss das allgemeine Missbrauchsproblem von dem besonderen Missbrauchproblem der miss-

---

[1] Vgl. *Lang, M.*, Anwendung, 2005, S. 67.

[2] In beiden Urteilen ging es um Fälle des gewerblichen Grundstückshandels. Vgl. BFH, Urt. v. 18.03.2004, III R 25/02, BStBl. II 2004, S. 787, in dem der III. Senat eine Zwischenschaltung einer Kapitalgesellschaft durch Anwendung von § 42 AO negiert. Vgl. dagegen BFH, Urt. v. 15.03.2005, X R 39/03, BStBl. II 2005, S. 817, in dem der X. Senat einen Fall der Zwischenschaltung von natürlichen Personen durch Zurechnung der Einkünfte mittels Anwendung von § 2 Abs. 1 EStG ausdrücklich ohne Rückgriff auf § 42 AO löst.

[3] BFH, Urt. v. 15.03.2005, X R 39/03, BStBl. II 2005, S. 817.

[4] Vgl. dazu oben B.III.5, S. 40. In Deutschland wird die Sachverhaltsfiktion auf der Rechtsfolgenseite von der Rechtsprechung nicht immer konsequent genug vollzogen, was zu Mehrbelastungen führen kann, vgl. dazu ausführlich *Rose, G./Glorius-Rose, C.*, Steuerumgehung, 1999.

[5] Vgl. ähnlich bereits *Savigny, C. F. v.*, System, 1840, S. 325 f.: „Wir haben nicht das Gesetz zu interpretieren, welches ganz deutlich und zureichend ist, sondern die einzelne Handlung. … Denn bei Gesetzen haben wir es mit einer Ungeschicklichkeit im Gebrauch des Ausdrucks zu thun[!], bei Rechtsgeschäften im vorliegenden Fall mit einer unredlichen Absicht; diese aber wird oft weit sicherer aus den Umständen erkannt werden als jene.“

[6] Vgl. zu möglichen Konflikten im Fall der steuerlichen Nichtanerkennung einer ausländischen Gesellschaften unten D.I.2.b)bb), S. 127.

[7] Vgl. *Vogel, K.*, Steuerumgehung, 1985; *Vogel, K.*, Steuerumgehung, 1994; *Ward, D. A.*, Abuse, 1995; *Zimmer, F.*, General Report, 2002, S. 60 f.; *Lang, M.*, Anwendung, 2005, S. 76 f. m. w. N.; *Matteotti, R.*, Interpretation, 2005, S. 336-345.

bräuchlichen Inanspruchnahme von DBA[1] in den Fällen des sogenannten treaty shopping[2] oder rule shopping[3] unterschieden werden. Diese Unterscheidung wird nicht immer präzise genug vollzogen.[4]

Die Frage der Vereinbarkeit allgemeiner Umgehungsregeln mit einem DBA muss beispielsweise in den Fällen nicht geprüft werden, in denen es um die steuerliche Anerkennung einer ausländischen funktionslosen Kapitalgesellschaft in einer Steueroase geht. Die Einschaltung einer derartigen Gesellschaft hat beispielsweise nach deutschem Steuerrecht durch die Abschirmwirkung und die unilaterale Dividendenfreistellung steuerliche Vorteile zur Folge, die nicht von der Existenz eines DBA abhängen.[5] Würde die Existenz dieser ausländischen Gesellschaft durch Anwendung einer allgemeinen Missbrauchsregel wie § 42 AO steuerlich negiert (sogenannte Durchgriffsbesteuerung),[6] würden die Einkünfte direkt den inländischen Gesellschaftern der ausländischen Kapitalgesellschaft zugerechnet.[7] Da die Einkünftezurechnung nicht Gegenstand der DBA ist, würde sich durch den Abschluss eines DBA mit dem ausländischen Staat keine Änderung ergeben, da das Besteuerungsrecht für die Einkünfte der Gesellschafter auch nach dem DBA dem Wohnsitz- bzw. Ansässigkeitsstaat der Ge-

---

1 Vgl. dazu ausführlich *Kraft, G.*, Inanspruchnahme, 1991, S. 1-14; *Becker, H.*, B/H/G/K, 1997, Grundlagen V, Rz. 200-214; *Weeghel, S. v.*, Improper, 1998, S. 119-123; *Wassermeyer, F.*, Debatin/Wassermeyer, 2000, Art. 1 OECD-MA, Rz. 65-68; ÖVwGH, Erk. v. 09.12.2004, 2002/14/0074; dazu *Obermair, C./Weninger, P. J.*, Treaty Shopping, 2005; kritisch *Lang, M.*, Anwendung, 2005.

2 „Treaty shopping ist die Zwischenschaltung einer abkommensberechtigten Gesellschaft durch einen oder mehrere nicht abkommensberechtigte Gesellschafter, um für Einkünfte, deren Erzielung auf die Gesellschaft verlagert wird, in den Genuss von Abkommensvergünstigungen zu gelangen.", *Wassermeyer, F.*, Debatin/Wassermeyer, 2000, Art. 1 OECD-MA, Rz. 65 m. w. N.

3 „Das rule shopping hat zum Ziel, durch die Umqualifizierung von Einkünften in den Genuss von Steuerbefreiungen nach einem Abkommen zu gelangen.", *Wassermeyer, F.*, Debatin/Wassermeyer, 2000, Art. 1 OECD-MA, Rz. 68.

4 Beispielsweise verwendet *Becker, H.*, B/H/G/K, 1997, Grundlagen V, Rz. 11, den allgemeinen Missbrauchsbegriff als Definition des Missbrauchs von DBA. Er unterscheidet zwar im weiteren Verlauf den „Sonderfall ‚treaty shopping'" (Rz. 200) von der allgemeinen Missbrauchsproblematik, ohne sie jedoch eindeutig voneinander abzugrenzen. Ähnlich auch *Schaumburg, H.*, Steuerrecht, 1998, S. 822-845; *Vogel, K.*, Steuerumgehung, 1994, S. 82 f.

5 Vgl. zu diesen Vorteilen ausführlich unten C.II.1.a), S. 67. Die sogenannten Dublin-Docks-Fälle können durch die unilaterale Dividendenfreistellung des § 8b KStG sowie das generelle treaty override bei der Hinzurechnungsbesteuerung nicht mehr als Form des rule shoppings (so noch *Wassermeyer, F.*, Debatin/Wassermeyer, 2000, Art. 1 OECD-MA, Rz. 69) qualifiziert werden.

6 Vgl. dazu unten D.I.2.b)bb), S. 127.

7 Vgl. in diesem Sinne auch *Wassermeyer, F./Vogel, K.*, Diskussion zu *Vogel, K.*, Steuerumgehung, 1994, S. 98 f.

sellschafter zusteht. Das DBA stünde der Anwendung des § 42 AO oder einer vergleichbaren allgemeinen Umgehungsvorschrift in diesen Fällen nicht entgegen.[1]

II. Unilaterale spezialgesetzliche Missbrauchsverhinderungsnormen

Allgemeine Umgehungsregeln haben den Vorteil, dass sie es der Finanzverwaltung und den Gerichten ermöglichen, auf neue Umgehungssachverhalte flexibel zu reagieren.[2] Dies bedeutet aber, dass aus Sicht der Unternehmen – insbesondere bei innovativen Gestaltungen – Rechts- und damit Planungsunsicherheit besteht, wenn nicht sicher ist, dass eine Steuervermeidungsstrategie anerkannt wird.[3] Umgekehrt scheint aus Sicht der Staaten das Vertrauen in die Wirksamkeit allgemeiner Umgehungsnormen zur Verhinderung unerwünschter Gestaltungen bei der internationalen Steuerplanung nicht sehr groß zu sein. Es wurden eine Reihe von Spezialnormen erlassen, die sich gegen bestimmte Formen der internationalen Steuerplanung richten, die damit nach dem hier verwendeten Begriffsverständnis[4] als Steuerumgehungen im weiteren Sinne zu bezeichnen sind.[5]

Bereits für Deutschland fällt es schwer, eine Systematik sämtlicher Spezialvorschriften gegen Steuerumgehungen zu erstellen, da viele sehr unterschiedliche Einzelfallregelungen vorhanden sind.[6] Dies gilt umso mehr in Ländern wie Großbritannien, in denen eine allgemeine Missbrauchsregel nur sehr selten Anwendung finden kann. Hier reagiert der Gesetzgeber im Jahresrhythmus auf neue Umgehungsgestaltungen durch neue bzw. geänderte Spezialvorschriften.[7] Im Folgenden werden daher nur zwei Normgruppen dargestellt, die grundlegende Sachverhaltsgestaltungen bei internationaler Steuerplanung betreffen:

---

[1] Vgl. so auch BFH, Urt. 29.10.1997, I R 35/96, BStBl. II 1998, S. 235; *Brockmeyer, H. B.,* Klein, 2006, § 42 AO, Rz. 21. Ähnlich bereits *Selling, H.-J.*, Abschirmwirkung, 1988, S. 935 f.

[2] Vgl. *Winkelmann, M.*, Steuerumgehung, 1997, S. 47 f.; so bereits die Begründung zu § 6 StAnpG 1934, RStBl. 1934, S. 1398, 1401 f.

[3] Vgl. *Menck, T.*, Grundlagen, 2005, S. 58 f., Rz. A 83; *Ruiz Almendral, V./Seitz, G.*, Umgehungsvorschrift, 2004, S. 340; *García-Herrera, C./Herrera, P. M.*, fairness, 2004, S. 61; *Cooper, G. S.*, Conflicts, 1997, S. 25 f.

[4] Vgl. oben B.III.2.a), S. 30.

[5] Vgl. bereits *Uckmar, V.*, Generalbericht, 1983, S. 119 f.; für Deutschland vgl. *Fischer, P.*, Umgehung, 1996, S. 644 f. m. w. N. Derartige Spezialnormen finden sich in sämtlichen europäischen Rechtsordnungen, vgl. *Schön, W.*, Gestaltungsmißbrauch, 1996, S. 2 m. w. N.; *Arnold, B. J./Dibout, P.*, Generalbericht, 2001, S. 188; *Zimmer, F.*, General Report, 2002, S. 50; *Uckmar, V.*, Planning, 2003, S. 12.

[6] Vgl. *Roser, F.*, Auslegung, 2005, S. 179.

[7] Vgl. *Gammie, M.*, Perspective, 2000, S. 272.

- Regelungen gegen beherrschte Auslandsgesellschaften (CFC-Regeln)[1]
- Regelungen gegen Unterkapitalisierung inländischer Kapitalgesellschaften (thin-capitalization-rules)[2]

Ergänzend bzw. alternativ zu den speziellen und allgemeinen Missbrauchsverhinderungsnormen haben Transferpreisregeln bei der Verhinderung von unerwünschten Formen internationaler Steuergestaltung eine große Bedeutung.[3] Sie werden jedoch üblicherweise nicht als Missbrauchsverhinderungsnormen, sondern als Einkünftekorrekturnormen bezeichnet[4] und daher im Folgenden nicht im Detail dargestellt.[5]

1. Regeln gegen beherrschte ausländische Gesellschaften

Vorschriften, die sich gegen die Nutzung beherrschter ausländischer Gesellschaften zur Steuerumgehung richten, sind ein relativ junges Phänomen.[6] In den letzten zwanzig Jahren haben allerdings die meisten Industriestaaten derartige Normkomplexe erlassen und sind damit einer Empfehlung der OECD gefolgt bzw. zuvorgekommen.[7] Der weitgehende Abbau von Devisenbeschränkungen hat mit zur Verbreitung dieser Regeln beigetragen.[8] Die Länder, die noch keine derartigen Regeln eingeführt haben, begründen dies entweder mit der fehlenden Notwendigkeit derartiger Regeln (wenn Outbound-Investitionen von Inländern kaum Bedeutung haben), mit dem vordringlichen Ziel der Förderung der eigenen wirtschaftlichen Entwicklung, mit der zu hohen

---

[1] Vgl. unten C.II.1, S. 66.

[2] Vgl. unten C.II.2, S. 98.

[3] Vgl. *OECD*, Avoidance, 1987, S. 29 f.; *OECD*, Verrechnungspreisgrundsätze, 2000, Anm. 1.2; *Wassermeyer, F.*, Einkünftekorrekturnormen, 2001; *Frotscher, G.*, Steuerrecht, 2005, S. 278.

[4] Vgl. *Arnold, B. J.*, Taxation, 1986, S. 106; *Schaumburg, H.*, Steuerrecht, 1998, S. 1203, Rz. 18.67; *Wassermeyer, F.*, F/W/B, 2002, § 1 AStG, Anm. 5; *Baumhoff, H.*, Einkunftsabgrenzung, 2005, S. 406, 428, Rz. C 229, C 252. Anders vgl. *OECD*, Avoidance, 1987, S. 29 f., die auch Transferpreisregeln zu den „anti-avoidance-rules" zählt.

[5] Vgl. zu Übersichten *Baumhoff, H.*, Einkunftsabgrenzung, 2005; *Jacobs, O. H.*, Unternehmensbesteuerung, 2002, S. 664-692, 868-1087; *Wassermeyer, F.*, Einkünftekorrekturnormen, 2001; umfassend und rechtsvergleichend vgl. *Rotondaro, C./Rienstra, J. G.* (Hrsg.), Transfer Pricing, 2006.

[6] Vgl. *Arnold, B. J./Dibout, P.*, Generalbericht, 2001, S. 185 f.; *Aigner, H.-J./Scheuerle, U./Stefaner, M.*, General Report, 2004, S. 16.

[7] Bis 1986 hatten nur sechs Länder CFC-Vorschriften erlassen, 2001 waren es bereits 23. Vgl. zum Stand 1986: *Arnold, B. J.*, Taxation, 1986, zum Stand 1996: *OECD*, Legislation, 1996, S. 21-30. Im Jahr 1998 hat die OECD die Einführung von CFC-Regeln empfohlen, vgl. *OECD*, Competition, 1998, S. 40-42, Rz. 97-100. Vgl. zum Stand 2001: *Arnold, B. J./Dibout, P.*, Generalbericht, 2001.

[8] Vgl. *Uckmar, V.*, Planning, 2003, S. 14; *Verma, M. N./Kaka, P. F.*, India, 2001, S. 567 f.

Komplexität von CFC-Regeln oder mit der Wirksamkeit allgemeiner Vorschriften gegen Steuerumgehungen.[1]

a) Abschirmwirkung einer Kapitalgesellschaft

Um ein zwischenstaatliches Steuergefälle zu nutzen, können abhängige Gesellschaften im Ausland dazu dienen, Gewinne eines Konzerns in einem Land mit einem möglichst niedrigen Steuersatz anfallen zu lassen. Dazu ist meist nur eine minimale physische Präsenz in dem betreffenden Staat erforderlich, die Produktion kann weiterhin an den bisherigen Standorten erfolgen. Derartige abhängige Gesellschaften werden als „Basisgesellschaften“[2] oder als „Controlled Foreign Corporations“[3] (CFC) bezeichnet. Darunter werden nach einer gängigen Definition von Inländern beherrschte Gesellschaften verstanden, die als eigenständiges Steuersubjekt in einem Niedrigsteuerland ansässig sind, dort aber keine oder nur geringe Geschäftstätigkeit entfalten.[4]

Kapitalgesellschaften werden prinzipiell auch dann als selbstständige Steuersubjekte behandelt, wenn sie wirtschaftlich von ihren Anteilseignern abhängig sind bzw. mit anderen Gesellschaften eine wirtschaftliche Einheit (Konzern)[5] bilden.[6] Eine Folge ist, dass die Kapitalgesellschaften grundsätzlich ihr Einkommen selbstständig ermitteln und unabhängig von ihren Anteilseignern versteuern. Eine Besteuerung auf Ebene der Anteilseigner findet frühestens bei Ausschüttung statt (sogenannte Abschirmwirkung).[7] Bei Outbound-Investitionen internationaler Konzerne bedeutet dies, dass die Gewinne zunächst nur in dem Staat besteuert werden, in dem die jeweilige Tochterge-

---

[1] Vgl. *Arnold, B. J./Dibout, P.*, Generalbericht, 2001, S. 174 f., 186; *Gassner, W.*, Gründe, 2001.

[2] Soweit ersichtlich geht der Begriff der Basisgesellschaft im Englischen („base companies") auf den Artikel von *Gibbons, W. J.*, Effects, 1956 zurück. Im Deutschen wurde der Begriff wohl durch *Rädler, A. J.*, Basisgesellschaft, 1964, und *Bühler, O.*, Prinzipien, 1964, S. 108-116 geprägt.

[3] Vgl. *Arnold, B. J.*, Taxation, 1986. Der Begriff der „Controlled Foreign Corporation“ ist allerdings etwas weiter als der Begriff der Basisgesellschaft, vgl. *Bühler, O.*, Prinzipien, 1964, S. 116-119.

[4] Vgl. *Gibbons, W. J.*, Effects, 1956, S. 1207; *Rädler, A. J.*, Basisgesellschaft, 1964, Sp. 551 f.; *OECD*, Avoidance, 1987, S. 24, 60. Vgl. aktuell *Henkel, U. W.*, Basisgesellschaften, 2005, S. 808, Rz. E 379; *Jacobs, O. H.*, Unternehmensbesteuerung, 2002, S. 507; *Bauschatz, P.*, Gestaltungsmissbrauch, 2002, S. 333; *Kraft, G.*, Schlußfolgerungen, 1993, S. 153 f.

[5] Vgl. *Theisen, M. R.*, Konzern, 2000, S. 24 f., 561, 586 f.

[6] Eine Ausnahme von dieser Regel sind die im Folgenden diskutierten CFC-Regeln, aber auch bestimmte Gruppenbesteuerungskonzepte, jedenfalls soweit sie dem Zurechnungs- oder Konsolidierungskonzept folgen, vgl. dazu *Masui, Y.*, General Report, 2004, S. 29-31.

[7] In der englischsprachigen Literatur wird dies als „deferral“ bezeichnet, vgl. ausführlich *Arnold, B. J.*, Taxation, 1986, S. 83-90.

sellschaft ansässig ist, ein inländischer Steuerzugriff ist erst bei einer Ausschüttung an die Muttergesellschaft möglich.[1]

Aus Sicht der Unternehmen – aber auch aus Sicht natürlicher Personen – lassen sich durch die Thesaurierung von Gewinnen in einer Basisgesellschaft in einem Niedrigsteuerland zumindest Zins- und Liquiditätsvorteile erzielen.[2] Wenn – wie in Deutschland – Dividenden ausländischer Tochtergesellschaften von Mutterkapitalgesellschaften ohne weitere Anforderungen praktisch steuerfrei vereinnahmt werden können,[3] ist dieser Zinsvorteil aus der Thesaurierung von untergeordneter Bedeutung, da permanente Steuervorteile die Folge sind.[4] Aus Sicht der Staaten kann der Einsatz von Basisgesellschaften zu einer Verletzung des Ziels der Welteinkommensbesteuerung und einem Verstoß gegen die Kapitalexportneutralität führen. Darüber hinaus sehen sich Hochsteuerländer mit einem drohenden Verlust an Steuersubstrat konfrontiert.[5]

b) Überblick über bestehende Regelungen

Mit CFC-Vorschriften sollen die steuerlichen Vorteile, die aus der Zwischenschaltung ausländischer abhängiger Gesellschaften – vor allem in Niedrigsteuerländern – entstehen, beseitigt oder verringert werden.[6] Dazu werden den inländischen Anteilseignern unter bestimmten Voraussetzungen die Einkünfte der von ihnen kontrollierten ausländischen Gesellschaft zugerechnet.[7] Im Ergebnis wird die Basisgesellschaft somit steu-

---

1 Vgl. nur *Schaumburg, H.*, Steuerrecht, 1998, S. 411 f., Rz. 10.2; *Henkel, U. W.*, Basisgesellschaften, 2005, S. 807 f., Rz. E 378, E 381; *Wassermeyer, F.*, F/W/B, 2004, § 7 AStG, Anm. 5.

2 Vgl. *Henkel, U. W.*, Basisgesellschaften, 2005, S. 808 f., Rz. E 381; *Arnold, B. J.*, Taxation, 1986, S. 87 f.; *Bühler, O.*, Prinzipien, 1964, S. 115; *Gibbons, W. J.*, Effects, 1956, S. 1211-1221. Zu Funktionen und Arten von Basisgesellschaften vgl. auch *OECD*, Avoidance, 1987, S. 62-64.

3 Durch die vorbehaltslose Dividendenfreistellung gem. § 8b KStG in Deutschland sind Ausschüttungen im Ergebnis nur zu 5% steuerpflichtig. Dies entspricht bei einem Hebesatz von 400% einem Steuersatz auf die Bardividende von ca. 1,9 % (inkl. Solidaritätszuschlag). Auch in Ländern, die die (indirekte) Anrechnungsmethode anwenden, kann es durch Einsatz von sog. Mixer-companies zu permanenten Steuervorteilen aus der Einschaltung von Basisgesellschaften kommen, vgl. *Arnold, B. J.*, Taxation, 1986, S. 120.

4 Die Möglichkeit, insbesondere Dividenden steuerfrei an die Muttergesellschaft weiterleiten zu können, wird in der Literatur als sekundäre Abschirmwirkung bezeichnet, vgl. *Kofler, G. W.*, Abschirmwirkung, 2002, S. 40 f.

5 Vgl. *Bühler, O.*, Prinzipien, 1964, S. 264-266; *Arnold, B. J./Dibout, P.*, Generalbericht, 2001, S. 187 f.

6 Vgl. *Vogt, G.*, Blümich, 2005, Vor §§ 7-14 AStG, Rz. 1; *Aigner, H.-J./Scheuerle, U./Stefaner, M.*, General Report, 2004, S. 15-17; *Arnold, B. J./Dibout, P.*, Generalbericht, 2001, S. 186; *Rosembuj, T.*, Controlled, 1998, S. 333.

7 Vgl. *Aigner, H.-J./Scheuerle, U./Stefaner, M.*, General Report, 2004, S. 17; *Uckmar, V.*, Planning, 2003, S. 14; *Arnold, B. J./Dibout, P.*, Generalbericht, 2001, S. 215 f.; *Arnold, B. J.*, Taxation, 1986, S. 131 f.

erlich als transparent behandelt.[1] Die CFC-Vorschriften verschiedener Länder weisen Unterschiede bei den Voraussetzungen der Zurechnung, der Art und Zusammensetzung der zuzurechnenden Einkünfte und den Rechtsfolgen einer Zurechnung auf.

ba) Beherrschung

Wie sich aus dem Begriff der „Controlled Foreign Corporation" ergibt, richtet sich die CFC-Gesetzgebung gegen die Nutzung von Gesellschaften, die im Ausland ansässig sind, aber von Inländern kontrolliert bzw. beherrscht werden.[2]

Die meisten CFC-Regeln sehen als Anwendungsvoraussetzung eine Beteiligung von Inländern zu mindestens 50% am Kapital und/oder den Stimmrechten der ausländischen Gesellschaft vor. Vor allem bei konzentriertem Anteilsbesitz wird von dieser Quote nach unten abgewichen: Beispielsweise greifen die portugiesischen CFC-Regeln bei ausländischen Gesellschaften, an denen entweder mehrere Inländer zu mehr als 50% beteiligt sind oder ein Inländer zu mindestens 25% beteiligt ist. In Dänemark und Schweden ist generelle Voraussetzung, dass ein Inländer mindestens 25% des Kapitals hält, wenn Inländer nur Streubesitz halten, kommt es nicht zur Anwendung der CFC-Regeln. Dasselbe gilt in Frankreich oder Spanien, die allerdings eine Beteiligungsquote von 50% bei einem inländischen Anteilseigner verlangen. In den USA werden bei der Ermittlung der Inländerbeherrschung nur diejenigen Inländer gezählt, die zu mindestens 10% an der ausländischen Gesellschaft beteiligt sind.

Die Zurechnung des Einkommens der Basisgesellschaft zu den inländischen Anteilseignern erfolgt quotal nach dem Kapitalanteil oder dem Gewinnanspruch, der einem Inländer zusteht. Bei dieser Zurechnung sehen einige CFC-Regeln unabhängig von der Erfüllung der Anwendungsvoraussetzungen zusätzliche Mindestbeteiligungsquoten vor. Beispielsweise erfolgt bei den finnischen und portugiesischen CFC-Regeln eine Zurechnung nur bei denjenigen Inländern, die zu mindestens 10% an der ausländischen Gesellschaft beteiligt sind. Mittelbare Beteiligungen („indirect control") und Beteiligungen nahestehender Personen oder Gesellschaften („constructive ownership")

---

[1] Dabei stehen allerdings unterschiedliche Techniken der Zurechnung zur Wahl, die von den verschiedenen Ländern eingesetzt werden, vgl. *Aigner, H.-J./Scheuerle, U./Stefaner, M.*, General Report, 2004, S. 23; *Uckmar, V.*, Planning, 2003, S. 15, sowie unten C.II.1.b)bd), S. 73.

[2] Tabelle 19 im Anhang I (S. 237) fasst für ausgewählte Länder die Beherrschungsvoraussetzungen und die Zurechnungsvoraussetzungen zusammen. Vgl. dazu *IBFD* (Hrsg.), Handbook, 2006, die Länderberichte in: *Michael Lang* u. a. (Hrsg.), Legislation, 2004; *IFA* (Hrsg.), Limits, 2001, sowie *Ambrosanio, M. F./Caroppo, M. S.*, Eliminating, 2005, S. 699-701.

werden in praktisch allen CFC-Vorschriften sowohl bei der Überprüfung der Anwendungsvoraussetzungen als auch bei der Zurechnung berücksichtigt.[1]

Abbildung 4 fasst die Beherrschungs- und Zurechnungsvoraussetzungen der verschiedenen CFC-Regeln zusammen.

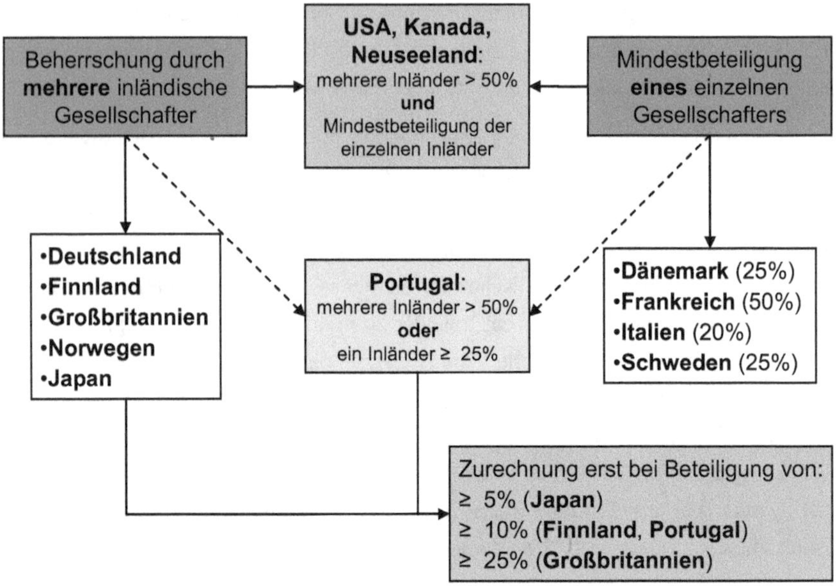

Abbildung 4: Beherrschungsvoraussetzungen bei CFC-Regeln in ausgewählten Ländern

bb) Art der Einkünfte

Bei den grundsätzlichen Anwendungsvoraussetzungen hinsichtlich der Art der Einkünfte kann man zwischen zwei Ansätzen unterscheiden.[2] Im sogenannten transactional approach liegt der Fokus auf bestimmten „schädlichen" Einkünften („tainted income") der ausländischen Gesellschaft. In Ländern, die dem transactional approach folgen, wie z. B. in Dänemark, Deutschland, Kanada, Spanien oder den USA, ist die Schädlichkeit der Einkünfte Voraussetzung für die Anwendung der CFC-Regeln. Der „jurisdictional approach" konzentriert sich auf Eigenschaften des Ansässigkeitsstaats

---

[1] Vgl. *Aigner, H.-J./Scheuerle, U./Stefaner, M.*, General Report, 2004, S. 18 f.; *Uckmar, V.*, Planning, 2003, S. 14, FN 15; *Arnold, B. J./Dibout, P.*, Generalbericht, 2001, S. 191-193.

[2] Vgl. ausführlich die linke Spalte in Tabelle 20 im Anhang I (S. 239). Vgl. dazu *IBFD* (Hrsg.), Handbook, 2006, die Länderberichte in: *Michael Lang* u. a. (Hrsg.), Legislation, 2004; *IFA* (Hrsg.), Limits, 2001, sowie *Ambrosanio, M. F./Caroppo, M. S.*, Eliminating, 2005, S. 699-701.

der Gesellschaft.[1] Eine strikte Trennung zwischen den beiden Ansätzen[2] ist jedoch nicht sinnvoll. CFC-Regeln in Ländern, die dem jurisdictional approach folgen, stellen zwar grundsätzlich keine Anforderungen an die Art der Einkünfte, bei einem bestimmten Anteil „guter" Einkünfte kommt es jedoch regelmäßig nicht zur Anwendung der CFC-Regeln, z. B. in Finnland, Großbritannien, Italien, Portugal oder Japan. Die meisten CFC-Vorschriften stellen daher sowohl Anforderungen an die Art der Einkünfte als auch an Eigenschaften des Ansässigkeitsstaats der ausländischen Gesellschaft (i. d. R. die steuerliche Belastung).[3] Nur in Neuseeland spielen weder die Art der Einkünfte der ausländischen Gesellschaft noch der ausländische Steuersatz eine Rolle.

Unterschiede zwischen den beiden Ansätzen bestehen in der Folge vor allem darin, ob schädliche Einkünfte dazu führen, dass das gesamte Einkommen der ausländischen Gesellschaft anteilig ihren inländischen Gesellschaftern zugerechnet wird („entity approach", „all-or-nothing-approach"), oder ob nur die schädlichen Einkünfte zugerechnet werden („transactional approach").[4] Die CFC-Vorschriften in Dänemark, Deutschland, Spanien, Kanada und den USA folgen hier dem transactional approach und rechnen nur die schädlichen Einkünfte zu. Sofern die Anwendungsvoraussetzungen der CFC-Regeln erfüllt sind, werden dagegen in Finnland, Frankreich, Großbritannien, Italien, Norwegen, Portugal, Schweden, Japan und Neuseeland sämtliche Einkünfte zugerechnet. In Abbildung 5 werden Anwendungsvoraussetzungen und Zurechnung grafisch zusammengefasst.[5]

---

1 Vgl. *Ambrosanio, M. F./Caroppo, M. S.*, Eliminating, 2005, S. 698, 702; *Uckmar, V.*, Planning, 2003, S. 14, FN 16; *Arnold, B. J.*, Taxation, 1986, S. 427 f.

2 Vgl. z. B. bei *Ambrosanio, M. F./Caroppo, M. S.*, Eliminating, 2005, S. 699-701.

3 Vgl. auch *Aigner, H.-J./Scheuerle, U./Stefaner, M.*, General Report, 2004, S. 20 f.

4 Vgl. *Aigner, H.-J./Scheuerle, U./Stefaner, M.*, General Report, 2004, S. 22 f.; *Arnold, B. J./Dibout, P.*, Generalbericht, 2001, S. 200 f.; *Arnold, B. J.*, Taxation, 1986, S. 445.

5 Eine ausführlich Übersicht bietet die rechte Spalte in Tabelle 20 im Anhang I (S. 239). Vgl. dazu *IBFD* (Hrsg.), Handbook, 2006, die Länderberichte in: *Michael Lang* u. a. (Hrsg.), Legislation, 2004; *IFA* (Hrsg.), Limits, 2001, sowie *Ambrosanio, M. F./Caroppo, M. S.*, Eliminating, 2005, S. 699-701.

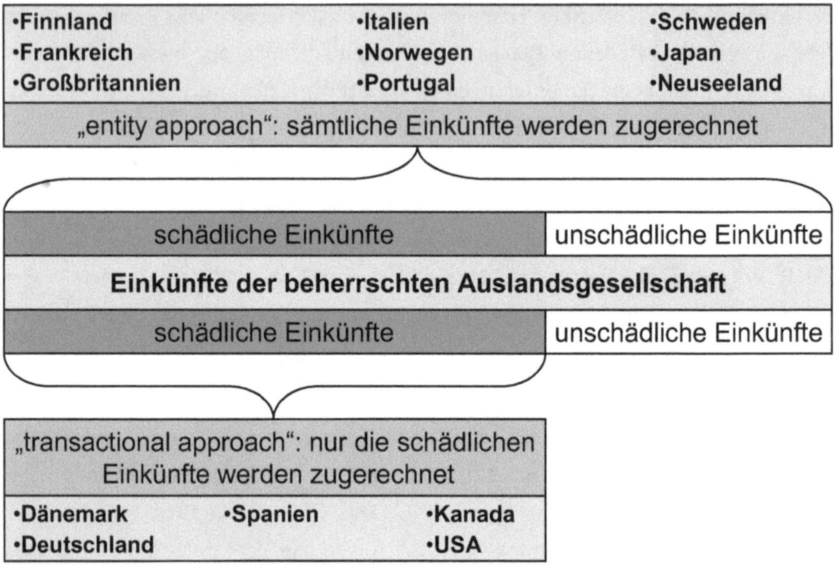

Abbildung 5: Zurechnung in Abhängigkeit der Art der Einkünfte bei CFC-Regeln in ausgewählten Ländern

bc) Ausländischer Steuersatz

Eine Voraussetzung für die Anwendung der CFC-Vorschriften ist in der Regel, dass die ausländische abhängige Gesellschaft einer niedrigen Besteuerung unterliegt.[1] Bei dieser Prüfung sind nicht nur die nominellen Steuersätze im Ansässigkeitsstaat der Gesellschaft relevant, in der einen oder anderen Form wird regelmäßig auch die effektive Belastung berücksichtigt.[2] Die Grenzen der niedrigen Besteuerung werden meist in Relation zum inländischen Steuerniveau definiert und schwanken zwischen 50% der inländischen Steuer wie in Frankreich und 90% in den USA. Daraus resultieren Steuersatzgrenzen, die zwischen ca. 15% (in Schweden) und ca. 30% (USA) liegen. In einigen Staaten finden sich stattdessen oder zusätzlich sogenannte Blacklists, beispielsweise in Italien, Portugal oder Japan. Bei Gesellschaften, die in Staaten der Blacklist ansässig sind, wird generell von einer niedrigen Besteuerung ausgegangen. In Kanada und Neuseeland werden dagegen keine Voraussetzungen an die steuerliche

---

1 Die Grundzüge der Definition der niedrigen Besteuerung im Rahmen der CFC-Regeln stellt Tabelle 21 im Anhang I (S. 242) dar. Vgl. dazu *IBFD* (Hrsg.), Handbook, 2006, die Länderberichte in: *Michael Lang* u. a. (Hrsg.), Legislation, 2004; *IFA* (Hrsg.), Limits, 2001, sowie *Ambrosanio, M. F./Caroppo, M. S.*, Eliminating, 2005, S. 699-701.

2 Vgl. dazu bereits *Arnold, B. J.*, Taxation, 1986, S. 429-432.

Belastung der ausländischen Gesellschaft gestellt.[1] Da Neuseeland darüber hinaus nicht zwischen schädlichen und unschädlichen Einkünften unterscheidet, kommt es hier praktisch bei allen ausländischen Tochtergesellschaften zur Anwendung der CFC-Vorschriften. Diese Regeln haben dementsprechend keinen Missbrauchsverhinderungscharakter, sondern dienen der konsequenten Umsetzung des Welteinkommensprinzips, indem sie bei Outbound-Investitionen zu einer Gleichbehandlung von Tochterkapitalgesellschaften und ausländischen Betriebsstätten führen.[2]

bd) Technik der Zurechnung

Bei der Zurechnung der Einkünfte einer CFC können sich zunächst die oben[3] dargestellten Unterschiede hinsichtlich des Umfangs der hiervon erfassten Einkünfte ergeben. Auch die Technik der Zurechnung, die Berücksichtigung von Verlusten der CFC sowie die Behandlung von tatsächlichen Ausschüttungen der CFC an ihre inländischen Anteilseigner kann von Land zu Land unterschiedlich sein.[4] In Abbildung 6 werden die einzelnen Regelungen hinsichtlich der Erfassung der CFC-Einkünfte bei den inländischen Anteilseignern, der Behandlung von Verlusten der CFC und der Behandlung von Ausschüttungen der CFC in einer Übersicht abgebildet.[5]

---

[1] Neuseeland nimmt allerdings Tochtergesellschaften in einigen wenigen Staaten von der Anwendung der CFC-Vorschriften aus.

[2] Die CFC-Regeln werden in Neuseeland als „branch-equivalent regime“ bezeichnet, vgl. *Jackson, A./Smith, A.*, New Zealand, 2004, S. 474.

[3] Vgl. oben C.II.1.b)bb), S. 70, bzw. unten, Anhang I, Tabelle 20 (S. 239, rechte Spalte).

[4] Vgl. *Aigner, H.-J./Scheuerle, U./Stefaner, M.*, General Report, 2004, S. 23-25; *Uckmar, V.*, Planning, 2003, S. 15.

[5] In Tabelle 22 im Anhang I (S. 244) sind diese Aspekte ausführlicher dargestellt. Vgl. dazu *IBFD* (Hrsg.), Handbook, 2006, sowie die Länderberichte in: *Michael Lang* u. a. (Hrsg.), Legislation, 2004, und *IFA* (Hrsg.), Limits, 2001.

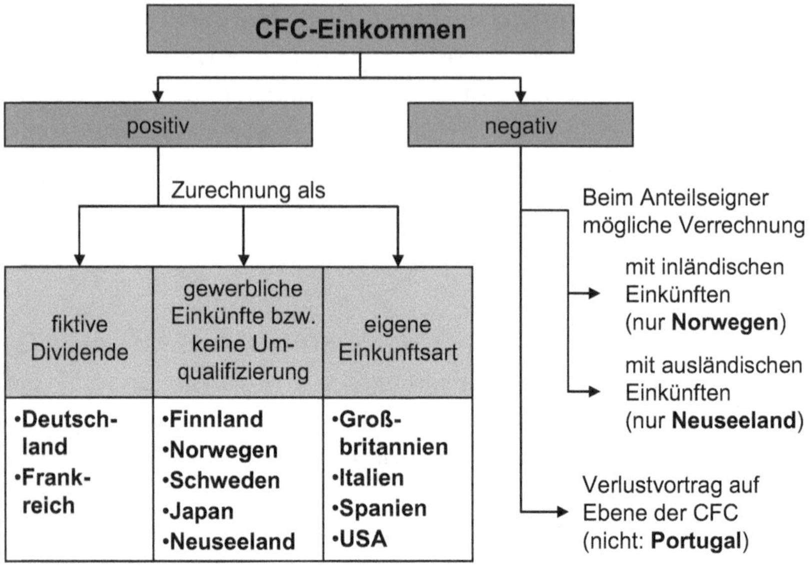

Abbildung 6: Behandlung der CFC-Einkünfte

In einigen Ländern werden die Einkünfte der CFC ihren inländischen Anteilseignern als fiktive Dividende zugerechnet (z. B. in Deutschland und Frankreich), während in anderen Ländern eine Zurechnung als normale gewerbliche Einkünfte erfolgt (z. B. in Schweden) oder keine Umqualifizierung der Einkünfte vorgesehen ist (z. B. in Finnland, Norwegen oder Japan). In wieder anderen Ländern werden die zugerechneten Einkünfte als Einkünfte eigener Art angesehen (z. B. in Großbritannien,[1] Italien, Spanien oder den USA). Damit können beispielsweise in Deutschland bei den Anteilseignern Verluste aus anderen Einkunftsquellen mit den zugerechneten Einkünften der Zwischengesellschaft verrechnet werden, während dies beispielsweise in Italien nicht möglich ist. Eine Anrechnung der von der CFC gezahlten Steuern auf die inländischen Steuern auf das CFC-Einkommen ist fast immer vorgesehen.[2]

Verluste, die die CFC erzielt, können in der Regeln nicht mit Gewinnen der inländischen Anteilseigner verrechnet werden, da diese Verluste nicht zugerechnet werden.

---

1 Die CFC-Einkünfte werden als „notional sum“ zugerechnet und können keiner anderen Einkunftsart zugerechnet werden. Dies geht zurück auf den „*Bricom*-Case“ (*Bricom* vs. *IRC* (1997)), vgl. ausführlich *Ullah, M.*, United Kingdom, 2004, S. 625-631.

2 In Spanien wird bei Gesellschaften in Ländern, die auf der Blacklist sind, keine Anrechnung gewährt, in den USA ist natürlichen Personen nur der Abzug ausländischer Steuern gestattet, vgl. unten Tabelle 22 im Anhang I, S. 246.

Eine Ausnahme stellen insoweit die norwegischen Vorschriften dar. Die meisten CFC-Vorschriften gewähren aber unabhängig von der jeweiligen nationalen Verlustberücksichtigung im Ausland einen Verlustvortrag auf Ebene der CFC. Damit erfolgt eine Verrechnung von Verlusten der ausländischen Gesellschaft mit zukünftigen positiven Einkünften auch für Zwecke der Zurechnung zu den Anteilseignern. In Ländern, die dem transactional approach folgen, in denen also nur schädliche Einkünfte zugerechnet werden, kann es vorkommen, dass zwar positive schädliche Einkünfte vorliegen, aber die CFC insgesamt einen Verlust erzielt. In Deutschland erfolgt eine Zurechnung der positiven schädlichen Einkünfte unabhängig von etwaigen negativen unschädlichen Einkünften, während in Spanien oder den USA eine Zurechnung maximal in der Höhe der gesamten Einkünfte der CFC vorgenommen wird.

Zur Vermeidung der Doppelbesteuerung werden tatsächliche Ausschüttungen der CFC auf Ebene der inländischen Anteilseigner regelmäßig freigestellt oder es wird durch Anrechnung eine Entlastung gewährleistet. Eine etwaige Quellensteuer kann dabei in der Regel trotz Freistellung angerechnet werden. So sieht § 12 Abs. 3 AStG in Deutschland beispielsweise eine nachträgliche Anrechnung von Quellensteuern vor.[1] In Finnland und Norwegen ist eine Anrechnung von Quellensteuern dagegen nicht möglich.

Soweit die CFC-Regeln ihre Funktion als Missbrauchsverhinderungsnormen bereits durch die Verhinderung der von ihnen erfassten Gestaltungen erfüllen, sind Unterschiede auf der Rechtsfolgenseite ohne Bedeutung. Die vorgesehenen Rechtsfolgen der CFC-Regeln würden zunächst in einem Übergangszeitraum eintreffen, in dem Gestaltungen nicht rechtzeitig angepasst werden konnten. Darüber hinaus wären – bei Unklarheiten in den Tatbestandsvoraussetzungen der jeweiligen Regeln – diejenigen Fälle betroffen, bei denen der Steuerpflichtige nicht davon ausgegangen ist, dass die gewählte Gestaltung in den Anwendungsbereich der CFC-Regeln fallen wird.

c) Hinzurechnungsbesteuerung in Deutschland

Auf die steigende Zahl der von Deutschen (insbesondere in der Schweiz) unterhaltenen Basisgesellschaften in den 60er Jahren des 20. Jahrhunderts[2] reagierte die deutsche Finanzverwaltung zunächst mit dem sogenannten Oasenerlass.[3] Wegen der im An-

---

1 Vgl. dazu ausführlich unten C.II.1.c)cd), S. 85.

2 Vgl. den sog. Oasenbericht der deutschen Bundesregierung, BT-Drs. IV/2412, S. 10.

3 Vgl. koordinierter Ländererlass v. 14.06.1965, S 1301 – 99 – 31 1, BStBl. II 1965, S. 74. Vgl. dazu *Debatin, H.*, Steueroasenländer, 1965.

schluss weiterhin als zu zurückhaltend empfundenen Anwendung der allgemeinen Missbrauchsregel (ehemals § 6 StAnpG, heute § 42 AO)[1] auf ausländische Basisgesellschaften durch die Rechtsprechung des BFH,[2] wurde schließlich mit den §§ 7-14 AStG eine gesetzliche Missbrauchsregelung eingeführt.[3] Die deutsche Hinzurechnungsbesteuerung orientiert sich an der weltweit ersten CFC-Gesetzgebung, den US-amerikanischen subpart-F-Regeln von 1962.[4] Seitdem durch das StSenkG eine generelle Dividendenfreistellung für deutsche Kapitalgesellschaften eingeführt wurde, musste die Hinzurechnungsbesteuerung allerdings neben der Verhinderung der primären Abschirmwirkung zusätzlich eine ausreichende Vorbelastung in Fällen von qualifizierter Niedrigbesteuerung sicherstellen, um eine steuerfreie Repatriierung niedrig besteuerter Gewinne zu verhindern.[5]

ca) Funktionsweise und Zielsetzung

Soweit eine ausländische Gesellschaft von Inländern beherrscht wird und diese niedrig besteuerte passive Einkünfte erzielt, werden die Einkünfte dieser sog. Zwischengesellschaft den inländischen Anteilseignern als fiktive Dividende unter Nichtanwendung der Befreiungsvorschriften der § 3 Nr. 40 EStG und § 8b KStG zugerechnet und bei diesen versteuert. Die von der ausländischen Gesellschaft bezahlte Steuer kann auf die Steuer auf den Hinzurechnungsbetrag angerechnet werden.[6]

Die Hinzurechnungsbesteuerung neutralisiert unter bestimmten Bedingungen die steuerlichen Vorteile aus der Zwischenschaltung von Gesellschaften im Ausland.[7] Nach

---

[1] Vgl. oben C.I.2, S. 54.

[2] Vgl. grundlegend BFH, Urt. v. 17.07.1968, I 121/64, BStBl. II 1968, S. 695. Eine Anwendung von § 6 StAnpG wurde u. a. abgelehnt in BFH, Urt. v. 21.05.1971, III R 125-127/70, BStBl. II 1971, S. 721; BFH, Urt. v. 29.01.1975, I R 135/70, BStBl. II 1975, S. 553.

[3] Vgl. *Wassermeyer, F.*, F/W/B, 2002, Vor §§ 7-14 AStG, Anm. 31; *Rust, A.*, Germany, 2004, S. 257. Vgl. ausführlich zur Gesetzgebungsgeschichte und den teilweise deutlich weiter gehenden Vorläuferentwürfen *Jagdfeld, A.*, Steuerflucht, 1972, S. 260-263.

[4] Vgl. *Vogt, G.*, Blümich, 2005, Vor §§ 7-14 AStG, Rz. 3; *Rust, A.*, Germany, 2004, S. 257. *Bellstedt* vermutete eine Vorbildwirkung der subpart-F-Regeln bereits vor Veröffentlichung des Oasenberichts, vgl. *Bellstedt, C.*, Neuregelung, 1963, S. 331. Die amerikanischen subpart-F-Regeln gehen wiederum zurück auf die „foreign personal holding company"-Vorschriften, die aus dem Jahr 1937 stammen, vgl. *Bühler, O.*, Prinzipien, 1964, S. 230 f.; *Arnold, B. J.*, Taxation, 1986, S. 129 f., 369 f.; *Rogers, J. E./Lemanowicz, E. P.*, United States, 2001, S. 905 f.

[5] Man hat im Gesetzgebungsprozess des StSenkG (BGBl. I 2000, S. 1433) auf die Sicherstellung einer allgemeinen Vorbelastung verzichtet, die Hinzurechnungsbesteuerung wurde als ausreichende Flankierung der Freistellung angesehen, vgl. *Vogt, G.*, Blümich, 2005, Vor §§ 7-14 AStG, Rz. 2a.

[6] Vgl. dazu C.II.1.c)cd), S. 85.

[7] Vgl. *Schaumburg, H./Schaumburg, H.*, Leistungsfähigkeit, 2005, S. 310; *Wassermeyer, F.*, F/W/B, 2002, Vor §§ 7-14 AStG, Anm. 21.

der Wertung des Gesetzgebers bedeuten bereits die auf Ebene der Basisgesellschaft thesaurierten Gewinne eine Steigerung der Leistungsfähigkeit der inländischen Gesellschafter, die einen Steuerzugriff rechtfertigt.[1] Die Hinzurechnungsbesteuerung führt nicht (mehr) zu einem nennenswerten Steueraufkommen:[2] als Missbrauchsverhinderungsnorm erfüllt sie ihren Zweck dadurch, dass sie bestimmte Gestaltungen steuerlich unattraktiv macht, ohne dass sie tatsächlich angewendet (veranlagt) werden muss.

Die Hinzurechnungsbesteuerung nach den §§ 7-14 AStG wird durch die Vorschrift des § 20 Abs. 2 AStG flankiert. Da Deutschland in seinen DBA für Betriebsstätteneinkünfte regelmäßig die Freistellungsmethode gemäß Art. 23A OECD-MA vorsieht,[3] unterliegen Einkünfte einer ausländischen Betriebsstätte normalerweise nicht der deutschen Besteuerung. Dieser Abkommensschutz wird Betriebsstätten verweigert, soweit sie passive Einkünfte erzielen. Parallel zur Hinzurechnungsbesteuerung sieht § 20 Abs. 2 AStG in diesen Fällen in Abweichung zum DBA und unabhängig von einer etwaigen abkommensrechtlichen Aktivitätsklausel einen Übergang zur Anrechungsmethode vor (sog. switch-over-Klausel).[4]

cb) Anwendungsvoraussetzungen

Sofern nicht zusätzlich und eigenständig ein Fall der Steuerhinterziehung vorliegt, resultiert aus der Hinzurechnungsbesteuerung keine Strafzahlung. Aus diesem Grund wird die Prüfung der Anwendungsvoraussetzungen der Hinzurechnungsbesteuerung regelmäßig erst in einer Betriebsprüfung vorgenommen.[5] Voraussetzung für die Anwendung der Hinzurechnungsbesteuerung ist dabei:

- die Inländerbeherrschung (§ 7 AStG) einer ausländischen Kapitalgesellschaft, die

---

[1] Vgl. *Vogt, G.*, Blümich, 2005, Vor §§ 7-14 AStG, Rz. 14. Nach Auffassung *Schaumburgs* verstößt die Hinzurechnungsbesteuerung im Ergebnis nicht gegen das Leistungsfähigkeitsprinzip, da sie Soll-Einkommen der Steuerpflicht unterwirft, vgl. *Schaumburg, H.*, Leistungsfähigkeitsprinzip, 1995, S. 140 f.

[2] Vgl. *Endres, D./Thies, A.*, Practice, 1998, S. 296 f. Anders wohl bei Einführung: laut BMF resultierten im ersten Jahr der Wirksamkeit des Außensteuergesetzes Mehreinnahmen von 263 Millionen Euro, vgl. *BMF* (Hrsg.), Steuerrechtsänderungen, 2004, S. 30. Dieses Mehraufkommen ist auf Übergangseffekte zurückzuführen, das AStG hatte insoweit eine Missbrauch bekämpfende Wirkung.

[3] Vgl. *Vogel, K.*, Vogel/Lehner, 2003, Art. 23 OECD-MA, Rz. 16.

[4] Vgl. *Vogt, G.*, Blümich, 2003, § 20 AStG, Rz. 25-27. Diese Vorschrift ist derzeit Gegenstand eines Vorabentscheidungsersuchens vor dem EuGH, vgl. FG Münster, Urt. v. 05.07.2005, 15 K 1114/99F, EFG 2005, S. 1512, EuGH, anh. Rs. C-298/05 (*Columbus Container Services*). Vgl. dazu *Rainer, A./Thömmes, O.*, Rules, 2005, S. 554 f.; *Scheipers, T./Maywald, A.*, Vereinbarkeit, 2006.

[5] Vgl. *Endres, D./Thies, A.*, Practice, 1998, S. 296. Den Autoren ist kein Fall in Deutschland bekannt, in dem es zu einer Anklage wegen Steuerhinterziehung in Zusammenhang mit der Prüfung der Voraussetzungen der Hinzurechnungsbesteuerung gekommen sei.

- passive Einkünfte (Negativkatalog in § 8 Abs. 1 AStG) erzielt, die einer
- niedrigen Besteuerung (§ 8 Abs. 3 AStG) unterliegen.

Eine Inländerbeherrschung gem. § 7 AStG liegt vor, wenn unbeschränkt Steuerpflichtige[1] am Ende eines Wirtschaftsjahres die Mehrheit des Kapitals oder die Mehrheit der Stimmrechte an einer ausländischen Kapitalgesellschaft[2] besitzen. Eine Mindestbeteiligung eines Inländers ist dabei nicht vorgesehen, das heißt, es wird jeder Anteil, den Inländer halten, berücksichtigt.[3] Für Zwecke der Überprüfung der Inländerbeherrschung müssen auch Anteile mitgezählt werden, die mittelbar über eine ausländische Gesellschaft (§ 7 Abs. 2 S. 2 AStG),[4] eine in- oder ausländische Personengesellschaft (§ 7 Abs. 3 AStG) oder über ausländische weisungsgebundene Personen (§ 7 Abs. 4 AStG) gehalten werden.[5]

Die ausländische Gesellschaft ist Zwischengesellschaft für alle passiven Einkünfte, die einer niedrigen Besteuerung unterliegen (§ 8 Abs. 1 AStG), diese Einkünfte werden als Zwischeneinkünfte bezeichnet. Nur soweit also niedrig besteuerte passive Einkünfte vorliegen, kann eine Hinzurechnungsbesteuerung ausgelöst werden, neben der Frei-

---

1 Unter „unbeschränkt Steuerpflichtigen" im Sinne des § 7 AStG sind unbeschränkt steuerpflichtige natürliche Personen sowie Körperschaften im Sinne von §§ 1 EStG, 1 KStG zu verstehen, vgl. *Vogt, G.*, Blümich, 2005, § 7 AStG, Rz. 13; *Wassermeyer, F.*, F/W/B, 2004, § 7 AStG, Anm. 9.

2 Das AStG spricht nur von „ausländischer Gesellschaft". Als ausländische Gesellschaft gilt jede „Körperschaft, Personenvereinigung oder Vermögensmasse im Sinne des Körperschaftsteuergesetzes" (§ 7 Abs. 1 AStG), sofern sie nicht im Inland unbeschränkt steuerpflichtig ist. Es gilt also jedes rechtliche Gebilde, das unbeschränkt körperschaftsteuerpflichtig wäre, wenn sein Sitz oder seine Geschäftsleitung im Inland lägen, als ausländische Gesellschaft, vgl. *Schaumburg, H.*, Steuerrecht, 1998, S. 431 f., Rz. 10.43; *Vogt, G.*, Blümich, 2005, § 7 AStG, Rz. 14 f.; *Wassermeyer, F.*, F/W/B, 2002, § 7 AStG, Anm. 10-10.10, mit Beispielen. Im Regelfall handelt es sich dabei um Kapitalgesellschaften, weswegen in dieser Arbeit nur von ausländischen Kapitalgesellschaften die Rede ist, selbst wenn im Zweifel auch andere Rechtsgebilde unter die Hinzurechnungsbesteuerung fallen können.

3 Vgl. *Vogt, G.*, Blümich, 2005, § 7 AStG, Rz. 19; *Wassermeyer, F.*, F/W/B, 2002, § 7 AStG, Anm. 68; *Baumgärtel, M./Perlet, H.*, Hinzurechnungsbesteuerung, 1996, S. 15.

4 Entgegen des Wortlautes muss es sich um eine ausländische Gesellschaft handeln, da eine mittelbare Beteiligung über eine inländische Kapitalgesellschaft bereits bei dieser als unmittelbare Beteiligung gezählt würde, vgl. *Schaumburg, H.*, Steuerrecht, 1998, S. 435 f.; *Wassermeyer, F.*, F/W/B, 2002, § 7 AStG, Anm. 72 f.

5 Beteiligungen inländischer weisungsgebundener Personen zählen bereits unmittelbar bei der Überprüfung der Inländerbeherrschung mit. § 7 Abs. 4 AStG ist entgegen des Gesetzeswortlauts („zuzurechnen") nur für die Überprüfung der Inländerbeherrschung relevant, nicht dagegen für die Höhe der Zurechnung, vgl. BFH, Urt. v. 26.10.1983, I R 200/78, BStBl. II 1984, S. 258, jetzt auch BMF-Schr. v. 14.05.2004, IV B 4 – S 1340 – 11/04, BStBl. I 2004, S. 3, Tz. 7.4.3.

grenze des § 9 AStG[1] gibt es aber keine Bagatellgrenze, das heißt, auch ein sehr geringer Anteil an Zwischeneinkünften an den gesamten Einkünften der Basisgesellschaft kann der Hinzurechnungsbesteuerung unterliegen.[2] Nach § 8 Abs. 3 AStG liegt eine niedrige Besteuerung vor, wenn die Gesamtbelastung der passiven Einkünfte durch Ertragsteuern unter 25% liegt.[3] Im Regelfall ist dies nach dem allgemeinen Ertragsteuersatz des Sitzstaates der ausländischen Gesellschaft zu entscheiden,[4] bei Abweichungen vom Normaltarif oder bei unterschiedlicher Ermittlung der Bemessungsgrundlage sind die passiven Einkünfte nach deutschem Steuerrecht zu ermitteln und mit den von der ausländischen Gesellschaft entrichteten Steuern[5] zu vergleichen.[6]

Bei der Feststellung der niedrigen Besteuerung ist zwar zwischen aktiven und passiven Einkünften zu unterscheiden, nicht aber zwischen verschiedenen passiven Einkunftsquellen.[7] Angesichts der Definition passiver Einkünfte über den Umkehrschluss aus der abschließenden Aufzählung der aktiven Tätigkeiten in § 8 Abs. 1 AStG,[8] erscheint eine getrennte Beurteilung einzelner passiver Einkunftsquellen willkürlich. Maßstäbe

---

1 Gemäß § 9 AStG erfolgt eine Hinzurechnung nicht, sofern der Anteil der passiven Einkünfte an den gesamten Einkünften der ausländischen Gesellschaft höchstens 10% und höchstens 62.000 Euro beträgt und einem Gesellschafter höchstens 62.000 Euro (aus allen ausländischen Zwischengesellschaften) zuzurechnen wären, vgl. *Menck, T.*, Blümich, 2002, § 9 AStG, Rz. 1-13.

2 Vgl. BFH, Urt. v. 15.09.2004, I R 102-104/03, BStBl. II 2005, S. 255, entgegen der Vorinstanz, FG München, Urt. v. 27.10.2003, 7 K 1385/00, EFG 2004, S. 317.

3 Als Ertragsteuern gelten dabei alle zu Lasten der ausländischen Gesellschaft weltweit erhobenen Ertragsteuern, nicht jedoch Quellensteuern, die sie auf Zahlungen an Dritte abzuführen hat, vgl. BMF-Schr. v. 14.05.2004, IV B 4 – S 1340 – 11/04, BStBl. I 2004, S. 3, Tz. 8.3.1.1 f.

4 Vgl. BFH, Urt. v. 09.07.2003, I R 82/01, BStBl. II 2004, S. 4. Das Anwendungsschreiben zum AStG enthält in Anlage 1 eine Liste mit Gebieten, in denen regelmäßig von einer niedrigen Besteuerung ausgegangen werden kann, vgl. BMF-Schr. v. 14.05.2004, IV B 4 – S 1340 – 11/04, BStBl. I 2004, S. 3.

5 Bei der Überprüfung der Höhe der Besteuerung der ausländischen Gesellschaft darf nicht nur die tatsächlich gezahlte Steuer betrachtet werden, vielmehr kann es erforderlich sein, diesen Wert um Sonderfaktoren zu bereinigen, wie bestimmte Abschreibungssätze oder Verlustverrechnungen, vgl. BMF-Schr. v. 14.05.2004, IV B 4 – S 1340 – 11/04, BStBl. I 2004, S. 3, Tz. 8.3.1.1, 8.3.2.5 f.; *Menck, T.*, Blümich, 2004, § 8 AStG, Rz. 121; wohl auch *Vogt, G.*, Niedrigbesteuerung, 2005, S. 1349 f. Teilweise wird vertreten, dass generell auf die abtrakte Ertragsteuerbelastung abzustellen ist, vgl. *Wassermeyer, F.*, F/W/B, 2002, § 8 AStG, Anm. 392; in diese Richtung auch BFH, Urt. v. 09.07.2003, I R 82/01, BStBl. II 2004, S. 4.

6 Vgl. BMF-Schr. v. 14.05.2004, IV B 4 – S 1340 – 11/04, BStBl. I 2004, S. 3, Tz. 8.3.2.1-8.3.2.6. Einerseits liegt danach trotz eines allgemeinen Steuersatzes von weniger als 25% nicht zwingend eine niedrige Steuerbelastung vor, andererseits kann umgekehrt auch bei einem allgemeinen Ertragsteuersatz, der 25% übersteigt, dennoch eine niedrige Besteuerung im konkreten Fall vorliegen, vgl. die Beispiele dort in Tz. 8.3.2.3 und Tz. 8.3.2.4.

7 Vgl. zutreffend aber ohne nähere Begründung *Lenz, M./Heinsen, O.*, Niedrigbesteuerung, 2003, S. 794; a. A. *Wassermeyer, F.*, F/W/B, 2002, § 8 AStG, Anm. 394; *Vogt, G.*, Niedrigbesteuerung, 2005, S. 1349.

8 Vgl. dazu unten cc), S. 81.

für eine systematisch zwingende Unterteilung sind nicht erkennbar, die Zwischeneinkünfte sind nach deutschem Steuerrecht zu ermitteln und das deutsche Steuerrecht kennt für Kapitalgesellschaften nur eine Einkunftsart. Auch bei der Überprüfung der niedrigen Besteuerung sind daher sämtliche passiven Einkünfte zunächst zu saldieren und dann hinsichtlich ihrer Steuerbelastung zu beurteilen. Die abweichende Auffassung *Wassermeyers*, der einzelne passive Einkunftsquellen getrennt auf das Vorliegen einer Niedrigbesteuerung überprüfen will,[1] kann nicht überzeugen. Sein Hinweis auf mögliche Schedulensysteme in ausländischen Staaten mit der Folge unterschiedlich hoher Steuerbelastung einzelner passiver Einkunftsquellen verdeutlicht höchstens die materielle Bedeutung dieser Frage. Aus der Einteilung verschiedener Einkunftsquellen in ausländische Schedulen kann aber nicht gefolgert werden, dass diese Einteilung für die deutsche Besteuerung übernommen werden muss.

Freiwillige Steuerzahlungen sollen nach Auffassung der Finanzverwaltung bei der Überprüfung der Niedrigbesteuerung nicht berücksichtigt werden.[2] Dies betrifft vor allem die Dublin-Docks-Gesellschaften, bei denen die Reduktion des Steuersatzes von normalerweise 38% auf 10% durch den irischen Finanzminister auf einen höheren Satz wie z. B. 30% beschränkt werden konnte, um – im Ergebnis – die Anwendung der Hinzurechnungsbesteuerung zu verhindern.[3] Zumindest soweit die Freiwilligkeit wie in den Dublin-Docks-Fällen auf einer einmaligen Entscheidung beruht und anschließend eine Steuer durch die Behörden (zumal in einem EU-Mitgliedstaat) festgesetzt wird,[4] die Steuerzahlung also keinen „Spendencharakter" hat, sind „freiwillige" Steuerzahlungen durch Verzicht auf Steuerbefreiungen oder Ähnliches bei der Überprüfung der Niedrigbesteuerung zu berücksichtigen.[5]

---

1 Vgl. *Wassermeyer, F.*, F/W/B, 2002, § 8 AStG, Anm. 394.

2 Vgl. BMF-Schr. v. 14.05.2004, IV B 4 – S 1340 – 11/04, BStBl. I 2004, S. 3, Tz. 8.3.2.1.

3 Vgl. dazu die Darstellung der irischen Rechtsgrundlagen im Urteil des FG Baden-Württemberg, Urt. v. 28.10.2004, 6 K 170/02, EFG 2005, S. 513.

4 Die irische Gesellschaft hätte der Steuererhöhung widersprechen müssen, vgl. FG Baden-Württemberg, Urt. v. 28.10.2004, 6 K 170/02, EFG 2005, S. 513.

5 Vgl. FG Baden-Württemberg, Urt. v. 28.10.2004, 6 K 170/02, EFG 2005, S. 513; *Philipowski, R.*, Anmerkung, 2005, S. 99-101; *Vogt, G.*, Niedrigbesteuerung, 2005, S. 1350 f.; *Haun, J./Reiser, H.*, Probleme, 2006, S. 76; *Burwitz, G.*, Konzernfinanzierungsgesellschaften, 2005, S. 255-264; bestätigt durch BFH, Urt. v. 03.05.2006, I R 124/04, BB 2006, S. 1836; teilweise a. A. *Wassermeyer, F.*, F/W/B, 2002, § 8 AStG, Anm. 408, der bei einem willkürlichen und ausschließlich auf § 8 Abs. 3 AStG ausgerichteten Verzicht auf Steuerbefreiungen eine Anwendung von § 42 AO erwägt. § 42 AO wurde in der mündlichen Verhandlung vor dem BFH aber nicht angesprochen.

cc) Aktivitätskatalog

Um eine lückenlose Erfassung passiver Einkünfte zu gewährleisten, hat der Gesetzgeber nicht definiert, welche Einkünfte als passiv gelten, sondern in § 8 Abs. 1 AStG einen abschließenden Katalog aktiver Tätigkeiten aufgestellt.[1] Bei der Beurteilung, ob Einkünfte aus aktiven Quellen stammen, sind nach der sogenannten „funktionalen Betrachtungsweise“ wirtschaftlich zusammengehörige Tätigkeiten einheitlich nach der Tätigkeit zu beurteilen, auf der das wirtschaftliche Schwergewicht liegt.[2] Wegen der teilweise zusätzlichen Voraussetzungen innerhalb des Aktivitätskatalogs gilt dies auch für die Zuordnung einer Tätigkeit zu den einzelnen Aktivitätsbegriffen.[3]

Generell als aktiv (Aktivitäten kraft Wirtschaftszweigs) gelten Einkünfte, die aus Land- und Forstwirtschaft (§ 8 Abs. 1 Nr. 1 AStG)[4] und aus industrieller Tätigkeit (§ 8 Abs. 1 Nr. 2 AStG)[5] stammen. Einkünfte, die aus „dem Betrieb von Kreditinstituten oder Versicherungsunternehmen“ (§ 8 Abs. 1 Nr. 3 AStG) stammen,[6] gelten dagegen nur dann als aktiv, wenn für sie ein in kaufmännischer Weise eingerichteter Geschäftsbetrieb vorhanden ist und die ausländische Gesellschaft ihre Geschäfte höchstens zur Hälfte mit ihren deutschen Anteilseignern (bzw. diesen nahestehenden Personen) betreibt.[7]

---

[1] Vgl. *Henkel, U. W.*, Basisgesellschaften, 2005, S. 824, Rz. E 425.

[2] Vgl. BFH, Urt. v. 16.05.1990, I R 16/88, BStBl. II 1990, S. 1049; BMF-Schr. v. 14.05.2004, IV B 4 – S 1340 – 11/04, BStBl. I 2004, S. 3, Tz. 8.0.2; ausführlich *Wassermeyer, F.*, F/W/B, 2002, § 8 AStG, Anm. 31-47.

[3] So können beispielsweise Dienstleistungen (§ 8 Abs. 1 Nr. 5 AStG) unter bestimmten Bedingungen bereits zu den bank- oder versicherungsüblichen Geschäften (§ 8 Abs. 1 Nr. 3 AStG) gezählt werden, vgl. *Wassermeyer, F.*, F/W/B, 2002, § 8 AStG, Anm. 174.

[4] Mangels eigenständiger Definition dieses Begriffs im AStG sind die Regelungen der §§ 13, 14 EStG maßgeblich, vgl. *Schaumburg, H.*, Steuerrecht, 1998, S. 447, Rz. 10.75; *Wassermeyer, F.*, F/W/B, 2002, § 8 AStG, Anm. 52.

[5] Gemäß § 8 Abs. 1 Nr. 2 AStG gelten die „Herstellung, Bearbeitung, Verarbeitung oder Montage von Sachen, die Erzeugung von Energie sowie das Aufsuchen und die Gewinnung von Bodenschätzen“ als aktiv. Vgl. dazu im Einzelnen *Wassermeyer, F.*, F/W/B, 2002, § 8 AStG, Anm. 66-78; *Menck, T.*, Blümich, 1997, § 8 AStG, Rz. 20-25.

[6] Für die Definition des Kreditinstituts und des Versicherungsunternehmens wird auf § 1 Abs. 1 KWG bzw. § 1 Versicherungsaufsichtsgesetz verwiesen, vgl. BMF-Schr. v. 14.05.2004, IV B 4 – S 1340 – 11/04, BStBl. I 2004, S. 3, Tz. 8.1.3.1 f. Zur Definition des Kreditinstituts vgl. ausführlich *Kraft, G./Nitzschke, D.*, Kreditinstituts-Begriff, 2003.

[7] Unklar ist dabei, was unter „Geschäften“ zu verstehen ist, d. h. ob die reine Anzahl der Geschäfte, der Umsatz oder der Gewinn gemeint ist, vgl. *Schaumburg, H.*, Steuerrecht, 1998, S. 450, Rz. 10.83; *Kraft, G./Nitzschke, D.*, Kreditinstituts-Begriff, 2003, S. 431. Das Anwendungsschreiben sieht jetzt eine Gewichtung vor, vgl. BMF-Schr. v. 14.05.2004, IV B 4 – S 1340 – 11/04, BStBl. I 2004, S. 3, Tz. 8.1.3.6.

Einkünfte aus Handelstätigkeit (§ 8 Abs. 1 Nr. 4 AStG) sind ebenfalls grundsätzlich aktiv. Von diesem Grundsatz gibt es allerdings zwei Ausnahmen: die sog. Vertriebsgesellschaft (§ 8 Abs. 1 Nr. 4 lit. a) AStG) und die Einkaufsgesellschaft (§ 8 Abs. 1 Nr. 4 lit. b) AStG). In beiden Fällen liegen bei Inlandsbindung dieses konzerninternen Handels grundsätzlich passive Einkünfte vor.[1] Von diesen Ausnahmen gibt es wiederum eine Rückausnahme: Sofern ein qualifizierter Geschäftsbetrieb[2] für diesen Handel eingerichtet ist und die ausländische Vertriebs- oder Einkaufsgesellschaft ohne Mitwirkung von an ihr beteiligten Steuerinländern (bzw. diesen nahestehenden Personen) tätig wird,[3] gelten die Einkünfte dennoch als aktiv.[4] Abbildung 7 stellt das Prüfschema bei der Beurteilung von Handelstätigkeiten als aktiv oder passiv dar.

---

[1] § 8 Abs. 1 Nr. 4 AStG a. F. hatte als ausdrückliche Voraussetzung eine Warenlieferung aus bzw. in „den Geltungsbereich dieses Gesetzes". Dagegen spricht § 8 Abs. 1 Nr. 4 AStG seit der Änderung durch das StVergAbG von der Verschaffung der Verfügungsmacht an Konzernmitglieder, „die mit ihren Einkünften hieraus im Geltungsbereich dieses Gesetzes steuerpflichtig" sind. Damit kommt es auf die physische Lieferung nicht mehr an, sofern das Konzernmitglied (die nahe stehende Person) im Inland (ggf. auch nur beschränkt) steuerpflichtig ist, vgl. *Vogt, G.*, Blümich, 2005, Vor §§ 7-14 AStG, Rz. 2d; *Menck, T.*, Blümich, 2004, § 8 AStG, Rz. 42; *Wassermeyer, F.*, F/W/B, 2004, § 8 AStG, Anm. 166-166.2. Als Konzernmitglieder gelten im Rahmen von § 8 Abs. 1 Nr. 4 AStG die „gemäß § 7 an der ausländischen Gesellschaft beteiligten" unbeschränkt Steuerpflichtigen und die diesen „nahe stehenden Personen" im Sinne des § 1 Abs. 2 AStG, vgl. dazu *Wassermeyer, F.*, F/W/B, 2004, § 1 AStG, Anm. 826-857.

[2] Ein qualifizierter Geschäftsbetrieb ist gegeben, wenn ein geeigneter und in kaufmännischer Weise eingerichteter Geschäftsbetrieb vorliegt und eine Teilnahme am allgemeinen wirtschaftlichen Verkehr gegeben ist, vgl. dazu *Wassermeyer, F.*, F/W/B, 2002, § 8 AStG, Anm. 141-145; *Menck, T.*, Blümich, 1997, § 8 AStG, Rz. 45 f.; BMF-Schr. v. 14.05.2004, IV B 4 – S 1340 – 11/04, BStBl. I 2004, S. 3, Tz. 8.1.4.2-8.1.4.2.3.

[3] Eine Mitwirkung von beteiligten Steuerinländern (oder diesen nahe stehenden Personen) liegt vor, wenn diese wesentliche Funktionen des Vertriebs bzw. des Einkaufs für die ausländische Gesellschaft ausüben, d. h. beispielsweise Finanzierungsaufgaben übernehmen oder das Handelsrisiko tragen, vgl. BMF-Schr. v. 14.05.2004, IV B 4 – S 1340 – 11/04, BStBl. I 2004, S. 3, Tz. 8.1.4.3.1.

[4] Vgl. *Henkel, U. W.*, Basisgesellschaften, 2005, S. 826 f., Rz. E 431; ausführlich *Uckermann, R. v.*, Basisgesellschaften, 2003, S. 108-117.

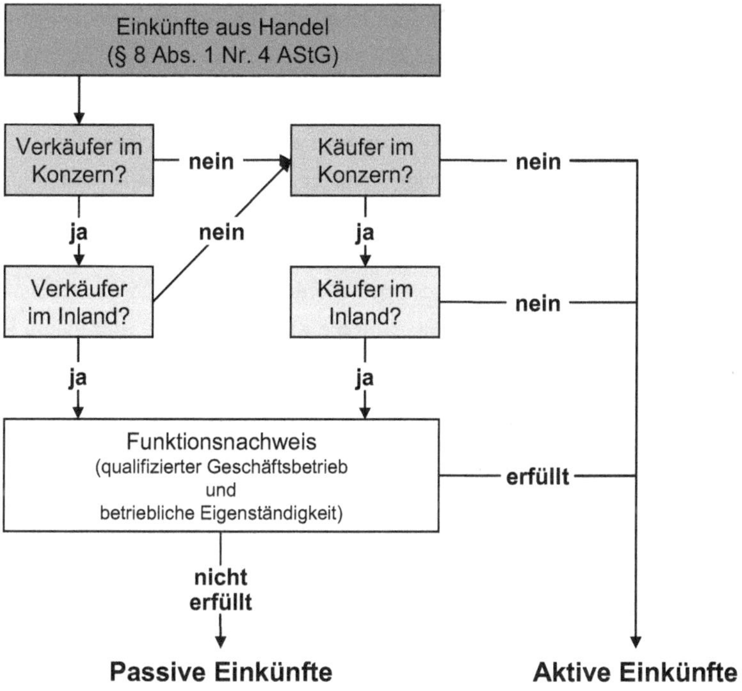

Abbildung 7: Beurteilung der Aktivität von Einkünften aus Handelstätigkeit gem. § 8 Abs. 1 Nr. 4 AStG

Auch Dienstleistungen gelten, soweit sie nicht aufgrund der funktionalen Betrachtungsweise zu den anderen Tätigkeiten zählen,[1] gem. § 8 Abs. 1 Nr. 5 AStG unter vergleichbaren Voraussetzungen als aktiv. Uneingeschränkt als aktiv gelten Dienstleistungen, die die ausländische Gesellschaft eigenständig gegenüber fremden Dritten erbringt. Soweit sie sich bei der Leistungserbringung allerdings inländischer Konzernmitglieder[2] bedient, handelt es sich um passive Einkünfte (§ 8 Abs. 1 Nr. 5 lit. a) AStG).[3] Das Gleiche gilt in dem Umfang, in dem Dienstleistungen an inländische

---

[1] Vgl. *Schaumburg, H.*, Steuerrecht, 1998, S. 454, Rz. 10.92.

[2] § 8 Abs. 1 Nr. 5 lit. a) AStG spricht auch hier von „unbeschränkt Steuerpflichtigen", die an der ausländischen Gesellschaft gem. § 7 AStG beteiligt sind sowie diesen im Sinne des § 1 Abs. 2 AStG nahe stehenden Personen, „die mit ihren Einkünften aus der von ihr beigetragenen Leistung im Geltungsbereich dieses Gesetzes steuerpflichtig" sind.

[3] Dabei muss sich die ausländische Konzerngesellschaft im Außenverhältnis des konkreten Leistungsaustausches der inländischen Konzernmitglieder bedienen, eine allgemeine Hilfestellung, beispielsweise bei der Kundenakquise, oder gewisse Hilfestellungen im Innenverhältnis sind unschädlich, vgl. *Wassermeyer, F.*, F/W/B, 2002, § 8 AStG, Anm. 181 f.

Konzernmitglieder erbracht werden (§ 8 Abs. 1 Nr. 5 lit. b) AStG), sofern nicht jeweils die Rückausnahme des qualifizierten Geschäftsbetriebs bei betrieblicher Eigenständigkeit greift.[1]

Vermietung und Verpachtung führt im Grundsatz ebenfalls zu aktiven Einkünften, durch sehr weite Ausnahmebestimmungen und enge Rückausnahmebestimmungen kommt es aber im Ergebnis zu einer Umkehrung dieses Grundsatzes.[2] Bei der Patentverwertung[3] liegen nur dann aktive Einkünfte vor, wenn eigene Forschungstätigkeiten der ausländischen Gesellschaft ausgewertet werden.[4] Bei der Vermietung von Grundstücken liegt eine aktive Tätigkeit vor, wenn die Einkünfte, würden sie im Rahmen einer beschränkten Steuerpflicht des inländischen Anteilseigners erzielt, durch DBA in Deutschland steuerbefreit wären.[5] Die Vermietung beweglicher Sachen (vor allem durch Leasing-Gesellschaften) führt unter den Bedingungen des qualifizierten Geschäftsbetriebs und der betrieblichen Eigenständigkeit zu aktiven Einkünften.[6]

Konzernfinanzierungsgesellschaften, die Kapital darlehensweise aufnehmen und vergeben, gelten als aktiv, wenn das Kapital ausschließlich von fremden Dritten auf ausländischen Kapitalmärkten aufgenommen wurde und inländischen oder aktiven ausländischen Konzerngesellschaften zugeführt wurde (§ 8 Abs. 1 Nr. 7 AStG).[7]

Seit dem UntStFG[8] sind typische Holdingtätigkeiten als aktiv anerkannt, da durch § 8 Abs. 1 Nr. 8 und Nr. 9 AStG auch Einkünfte aus Dividenden und Gewinne aus der

---

1 Vgl. dazu oben S. 82, FN 2 und 3.

2 Vgl. *Schaumburg, H.*, Steuerrecht, 1998, S. 456, Rz. 10.98. Auch der Anwendungserlass dreht den Grundsatz um: „Nach Maßgabe des § 8 Abs. 1 Nr. 6 AStG gehören Vermietung und Verpachtung zum passiven Erwerb, wenn nicht eine der drei folgenden Ausnahmen vorliegt“, BMF-Schr. v. 14.05.2004, IV B 4 – S 1340 – 11/04, BStBl. I 2004, S. 3, Tz. 8.1.6.1.

3 § 8 Abs. 1 Nr. 6 lit. a) AStG spricht von der „Überlassung der Nutzung von Rechten, Plänen, Mustern, Verfahren, Erfahrungen und Kentnissen“.

4 S. § 8 Abs. 1 Nr. 6 lit. a) AStG. Die Verwertung von entgeltlich erworbenen Patenten und Ähnlichem führt demnach zu passiven Einkünften. Die ausländische Gesellschaft muss eigene Forschungsergebnisse verwerten, d. h. Ergebnisse, die durch den Einsatz eigenen Personals in den eigenen Einrichtungen und ohne Mitwirkung von inländischen Konzernmitgliedern erzielt wurden, vgl. *Menck, T.*, Blümich, 1997, § 8 AStG, Rz. 67.

5 S. § 8 Abs. 1 Nr. 6 lit. b) AStG. Im Regelfall wird in den deutschen DBA dem Belegenheitsstaat das ausschließliche Besteuerungsrecht für Einkünfte aus Vermietung und Verpachtung von Grundstücken zugewiesen. Daher liegen nur bei Grundstücksgesellschaften in Nicht-DBA-Staaten und in wenigen Ausnahmefällen bei DBA-Staaten in diesem Bereich passive Einkünfte vor, vgl. *Wassermeyer, F.*, F/W/B, 2002, § 8 AStG, Anm. 227 f., mit einer Liste der in Frage kommenden DBA.

6 S. § 8 Abs. 1 Nr. 6 lit c.) AStG. Vgl. dazu oben S. 82, FN 2 und 3.

7 Vgl. dazu ausführlich unten D.I.2.b)bc), S. 130.

8 Gesetz zur Fortentwicklung des Unternehmenssteuerrechts (Unternehmenssteuerfortentwicklungsgesetz – UntStFG) v. 20.12.2001, BGBl. I 2001, S. 3858.

Veräußerung von Anteilen an anderen Gesellschaften zu aktiven Einkünften führen. Damit wurden alte Sonderbestimmungen für Landes-, Funktions- und Strukturholdings überflüssig.[1]

cd) Rechtsfolgen

Soweit die Anwendungsvoraussetzungen der Hinzurechnungsbesteuerung erfüllt sind, muss die Zwischengesellschaft die niedrig besteuerten passiven Einkünfte nach deutschem Steuerrecht einheitlich[2] ermitteln.[3] Jeder unbeschränkt steuerpflichtige, direkt beteiligte Anteilseigner erhält den Hinzurechnungsbetrag gemäß seiner Beteiligung am Nennkapital anteilig zugerechnet.[4] Wie auf der Tatbestandsseite ist auf der Rechtsfolgenseite eine Mindestbeteiligung nicht erforderlich. Sofern und soweit es zur Hinzurechnungsbesteuerung kommt, erfolgt sie dementsprechend auch bei Kleinstbeteiligten.[5]

Soweit die ausländische Gesellschaft Zwischeneinkünfte mit Kapitalanlagecharakter[6] erzielt, erfolgt eine Hinzurechnungsbesteuerung auch ohne anderweitige Inländerbeherrschung bei sämtlichen inländischen Anteilseignern, die zu mindestens 1% beteiligt sind.[7] Liegen ausschließlich oder fast ausschließlich Zwischeneinkünfte mit Kapitalanlagecharakter vor, kommt es ebenfalls ohne anderweitige Inländerbeherrschung bereits bei zu weniger als 1% beteiligten inländischen Anteilseignern zu einer Hinzurechnung, außer die ausländische Gesellschaft ist börsennotiert.[8]

---

[1] Vgl. *Menck, T.*, Blümich, 2003, § 8 AStG, Rz. 83 f.; *Rättig, H./Protzen, P. D.*, Überblick, 2002, S. 242.

[2] Gemäß § 18 AStG ist eine einheitliche und gesonderte Feststellung der Besteuerungsgrundlagen bei der Zwischengesellschaft durchzuführen, vgl. dazu *Vogt, G.*, Blümich, 2004, § 18 AStG, Rz. 6-18.

[3] S. § 10 Abs. 1, 3 AStG. Vgl. das Ermittlungsschema in Anlage 3 des BMF-Schr. v. 14.05.2004, IV B 4 – S 1340 – 11/04, BStBl. I 2004, S. 3. Vgl. zu Einzelheiten *Henkel, U. W.*, Basisgesellschaften, 2005, S. 835 f., Rz. E 457-460; *Uckermann, R. v.*, Basisgesellschaften, 2003, S. 148-167; *Schaumburg, H.*, Steuerrecht, 1998, S. 472-479, Rz. 10.133-10.145; *Baumgärtel, M./Perlet, H.*, Hinzurechnungsbesteuerung, 1996, S. 42-47.

[4] S. §§ 7 Abs. 1, 10 Abs. 1 AStG. Sofern die Gewinnverteilung der Zwischengesellschaft nicht nach der Kapitalbeteiligung erfolgt, ist für die Aufteilung des Hinzurechnungsbetrages gem. § 7 Abs. 5 AStG der Gewinnverteilungsschlüssel maßgebend.

[5] Vgl. *Rättig, H./Protzen, P. D.*, Überblick, 2002, S. 242; *Wassermeyer, F.*, F/W/B, 2002, § 7 AStG, Anm. 68.

[6] S. § 7 Abs. 6a AStG. Dieser entspricht inhaltlich dem alten § 10 Abs. 6 S. 2 AStG, vgl. *Vogt, G.*, Blümich, 2005, § 7 AStG, Rz. 5.

[7] S. § 7 Abs. 6 S. 1 AStG. Zusätzlich muss die Bagatellgrenze gem. § 7 Abs. 6 S. 2 AStG überschritten werden.

[8] S. § 7 Abs. 6 S. 3 AStG, vgl. BMF-Schr. v. 14.05.2004, IV B 4 – S 1340 – 11/04, BStBl. I 2004, S. 3, Tz. 7.6.1-7.6.4.

Während bei der Überprüfung der Inländerbeherrschung auf der Tatbestandsseite mittelbare Beteiligungen mitgezählt werden müssen, kommt es auf der Rechtsfolgenseite nur bei unmittelbar beteiligten Inländern zur Hinzurechnungsbesteuerung. Durch die Zwischenschaltung einer Auslandsgesellschaft lässt sich die Hinzurechnungsbesteuerung allerdings nicht umgehen. Nach § 14 AStG erfolgt eine übertragende Zurechnung von Zwischeneinkünften ausländischer Untergesellschaften an ausländische Obergesellschaften, auf deren Ebene letztlich die Hinzurechnung zu den Inländern durchgeführt werden kann.[1] Die bislang in § 14 AStG a. F. enthaltenen Vorschriften zur Vermeidung einer mehrfachen Hinzurechnung wurden weitestgehend überflüssig, seit Dividenden und Veräußerungsgewinne zu den aktiven Einkünften zählen.[2]

Der Hinzurechnungsbetrag wird zunächst um die ausländischen Steuern der Zwischengesellschaft gemindert. Auf Antrag können die beteiligten inländischen Steuerpflichtigen diese Steuern stattdessen auf ihre Einkommen- oder Körperschaftsteuer anrechnen,[3] was regelmäßig günstiger ist.[4] Der Hinzurechnungsbetrag gilt bei den Anteilseignern als fiktive Dividende, die nach Ablauf des Wirtschaftsjahres der Zwischengesellschaft zugeflossen ist.[5] Allerdings sind weder die unilateralen Befreiungsvorschriften des § 3 Nr. 40 EStG bzw. § 8b KStG noch abkommensrechtliche Dividendenfreistellungen auf diese fiktive Dividende anzuwenden.[6] Im Ergebnis unterliegen damit die niedrig besteuerten passiven Einkünfte der Zwischengesellschaft bei den

---

[1] Vgl. *Baumgärtel, M./Perlet, H.*, Hinzurechnungsbesteuerung, 1996, S. 76-79; *Schaumburg, H.*, Steuerrecht, 1998, S. 524-551, Rz. 10.250-10.290; BMF-Schr. v. 14.05.2004, IV B 4 – S 1340 – 11/04, BStBl. I 2004, S. 3, Tz. 14.0.1-14.3.

[2] Beispielsweise sah § 14 Abs. 2 AStG a. F. eine Kürzung des zuzurechnenden Betrags um die damals noch als passiv angesehenen Dividendenausschüttungen einer Untergesellschaft vor. Nur für den Ausnahmefall des § 11 AStG n. F. ist eine Verhinderung der Doppelerfassung im Rahmen der zurechnenden Besteuerung des § 14 AStG n. F. noch erforderlich, vgl. dazu *Vogt, G.*, Blümich, 2002, § 11 AStG, Rz. 5-8.

[3] S. § 10 Abs. 1 S. 1 AStG und § 12 Abs. 1 AStG. Der Abzug der ausländischen Steuern vom Hinzurechnungsbetrag wird dann rückgängig gemacht, s. § 12 Abs. 1 S. 2 AStG. Dies gilt auch für die Ermittlung des Gewerbeertrags, obwohl eine Anrechnung auf die Gewerbesteuer nicht möglich ist, vgl. *Menck, T.*, Blümich, 2002, § 12 AStG, Rz. 16; BFH, Urt. v. 21.12.2005, I R 4/05, BStBl. II 2006, S. 555. A. A. *Wassermeyer, F.*, F/W/B, 1995, § 12 AStG, Anm. 23a.

[4] Vgl. *Henkel, U. W.*, Basisgesellschaften, 2005, S. 839 f., Rz. E 469; *Wassermeyer, F.*, F/W/B, 1995, § 12 AStG, Anm. 12-13; *Schaumburg, H.*, Steuerrecht, 1998, S. 518.

[5] S. § 10 Abs. 2 AStG.

[6] Das Abkommensprivileg des § 10 Abs. 5 AStG wurde durch das StVergAbG gestrichen, zuvor sah § 10 Abs. 6 AStG (eingefügt durch das StÄndG 1992, BGBl. I 1992, S. 297) nur für passive Einkünfte mit Kapitalanlagecharakter ein treaty override vor, vgl. zur Situation vor 2003 *Schaumburg, H.*, Steuerrecht, 1998, S. 564 f., Rz. 10.311. Vgl. zur aktuellen Rechtslage *Henkel, U. W.*, Basisgesellschaften, 2005, S. 838 f., Rz. E 466.

in Deutschland ansässigen Anteilseignern entweder der Einkommensteuer[1] (sofern die Anteile im Privatvermögen gehalten werden), der Einkommen- und Gewerbesteuer (sofern die Anteile im Betriebsvermögen gehalten werden) oder der Körperschaft- und Gewerbesteuer (sofern die Anteile von einer Kapitalgesellschaft gehalten werden). Die folgende Beispielrechnung in Tabelle 1 verdeutlicht die Wirkungsweise der Hinzurechnungsbesteuerung.

	Anteile im Privatvermögen	**Anteile im Betriebsvermögen**	**Anteile bei Kapitalgesellschaft**
Gesamteinkünfte der ausländischen Gesellschaft	150,00	150,00	150,00
davon: aktiv	50,00	50,00	50,00
= Einkünfte aus passivem Erwerb	100,00	100,00	100,00
ausländische Steuern auf die passiven Einkünfte	- 10,00	- 10,00	- 10,00
Hinzurechnungsbetrag[2]	100,00	100,00	100,00
Gewerbesteuer (h = 400) auf Hinzurechnungsbetrag	-	-16,67	-16,67
ESt / KSt auf Hinzurechnungsbetrag	- 42,00	- 35,00	- 20,83
Anrechnung ausländischer Steuer	+ 10,00	+ 10,00	+ 10,00
§ 35 EStG	-	+ 6,00	-
Gesamte Steuerbelastung der passiven Einkünfte	42,00	45,67	37,50

Tabelle 1: Hinzurechnungsbesteuerung nach den §§ 7-14 AStG

Auf tatsächliche Ausschüttungen der ausländischen Gesellschaft sind die normalen Befreiungsregeln nach DBA oder § 8b KStG anwendbar. Darüber hinaus sind Ausschüttungen und Veräußerungsgewinne auch bei natürlichen Personen steuerbefreit, soweit im selben Jahr oder in den vorangegangenen sieben Jahren Hinzurechnungsbe-

1 Der Solidaritätszuschlag wird hier und in den Beispielrechnungen in Tabelle 1 und Tabelle 2 vernachlässigt.

2 In der Berechnung wurde von einer Anrechnung ausgegangen, der Hinzurechnungsbetrag wurde (auch bei der Ermittlung des Gewerbeertrags) um die anrechenbaren ausländischen Steuern erhöht.

träge der Einkommensteuer unterlegen haben.[1] Auch gewerbesteuerlich werden die tatsächlichen Ausschüttungen der Zwischengesellschaft regelmäßig nicht erfasst.[2]

Quellensteuern, die auf die tatsächlichen Ausschüttungen erhoben werden, können grundsätzlich mangels Anrechnungsvolumens weder bei natürlichen Personen noch bei Kapitalgesellschaften gemäß § 34c EStG bzw. § 26 KStG angerechnet werden. Um eine Doppelbesteuerung zu vermeiden, sieht § 12 Abs. 3 AStG eine nachträgliche Anrechnung derartiger Steuern auf die bei den inländischen Anteilseignern auf den Hinzurechnungsbetrag erhobene Einkommen- oder Körperschaftsteuer vor. Entgegen dem Wortlaut der Vorschrift gilt dies bereits nach Auffassung der Finanzverwaltung sowohl für natürliche Personen als auch für Körperschaften.[3] Die Wirkungsweise dieser Anrechnung verdeutlichen die Ergebnisse in Tabelle 2.

	Anteile im Privatvermögen	**Anteile bei Kapitalgesellschaft**
Einkünfte aus passivem Erwerb	100,00	100,00
ausländische Steuern	- 10,00	- 10,00
Hinzurechnungsbetrag	100,00	100,00
Gewerbesteuer auf Hinzurechnungsbetrag	-	-16,67
ESt / KSt auf Hinzurechnungsbetrag	- 42,00	- 20,83
Anrechnung ausländischer Steuer	+ 10,00	+ 10,00
Tatsächliche Ausschüttung	90,00	90,00
Quellensteuer (10%)	-9,00	-9,00
steuerfrei gem. § 3 Nr. 41 EStG (§ 8b Abs. 1 KStG)	90,00	90,00
naBA gem. § 8b Abs. 5 KStG	-	4,50
Steuer (KSt und GewSt)	-	-1,69
Anrechnung gem. § 34c EStG bzw. § 26 KStG	-	-
Anrechnung gem. § 12 Abs. 3 EStG	+9,00	+9,00
verbleiben nach Steuern	58,00	60,81

Tabelle 2: Nachträgliche Anrechnung gemäß § 12 Abs. 3 AStG

1 S. § 3 Nr. 41 lit. a) EStG für Dividenden und § 3 Nr. 41 lit. b) EStG für Veräußerungsgewinne. Diese Vorschriften gelten auch für Kapitalgesellschaften, vgl. *Rättig, H./Protzen, P. D.*, Hinzurechnungsbesteuerung, 2002, S. 127; R 32 Abs. 1 Nr. 1 KStR 2004.

2 Bei Befreiung gem. § 3 Nr. 41 EStG erfolgt keine Wiederhinzurechnung, s. § 8 Nr. 5 S. 2 GewStG. Bei Befreiung gem. DBA erfolgt ebenfalls keine Wiederhinzurechnung, s. § 8 Nr. 5 S. 1 GewStG. Nur soweit die Befreiung ausschließlich auf § 8b Abs. 1 KStG beruht, droht eine Hinzurechnung, allerdings nur, wenn es sich bei der Zwischengesellschaft nicht um eine Tochtergesellschaft im Sinne der Mutter-/Tochter-Richtlinie handelt, s. § 9 Nr. 7 GewStG.

3 Vgl. BMF-Schr. v. 14.05.2004, IV B 4 – S 1340 – 11/04, BStBl. I 2004, S. 3, Tz. 12.3.4; so bereits *Rättig, H./Protzen, P. D.*, Hinzurechnungsbesteuerung, 2002, S. 127; *Uckermann, R. v.*, Basisgesellschaften, 2003, S. 222; a. A. noch *Menck, T.*, Blümich, 2002, § 12 AStG, Rz. 19.

d) Verhältnis zu Doppelbesteuerungsabkommen

CFC-Regeln führen dazu, dass das Einkommen einer ausländischen Gesellschaft ihren inländischen Anteilseignern zugerechnet und bei diesen besteuert wird. Der potenzielle Konflikt mit Doppelbesteuerungsabkommen ist offensichtlich. Nur soweit die CFC-Regeln eines Landes sich ausschließlich gegen Staaten wenden, mit denen kein Doppelbesteuerungsabkommen abgeschlossen wurde,[1] ist ein Konflikt technisch ausgeschlossen.[2] In den anderen Ländern wird zwar meistens von einem grundsätzlichen Vorrang der bilateralen Verträge gegenüber dem nationalen Recht ausgegangen, dennoch ist das Verhältnis zwischen DBA und CFC-Gesetzgebung in praktisch allen betrachteten Staaten umstritten.[3]

da) Mögliche Kollision mit Doppelbesteuerungsabkommen

Ob bzw. in welchem Umfang es zu einem Konflikt zwischen den CFC-Regeln und einem Doppelbesteuerungsabkommen kommt, ist abhängig von der Beurteilung zweier Fragen.[4] Erstens muss untersucht werden, welchem Steuersubjekt aus abkommensrechtlicher Sicht das Einkommen zuzurechnen ist, das durch die CFC-Vorschriften erfasst wird. Zweitens muss dieses Einkommen unter eine der in Frage kommenden Verteilungsnormen des DBA subsumiert werden, um zu klären, welcher Staat das Besteuerungsrecht hat und nach welcher Methode eine Doppelbesteuerung zu vermeiden ist.[5]

---

1 Vor allem Länder, die eine Blacklist verwenden, haben in der Regel keine DBA mit Steueroasen auf dieser Blacklist. Wenn auch Hochsteuerländer mit Nischen niedriger Besteuerung in eine Blacklist aufgenommen werden, stellt sich vor allem im Verhältnis zu diesen Ländern das Problem der Vereinbarkeit von CFC-Regeln mit DBA, beispielsweise in Portugal (vgl. *Sousa da Câmara, F. d.*, Portugal, 2001, S. 791) und Italien (vgl. *Giuliano, S.*, Italy, 2001, S. 636).

2 Vgl. *Arnold, B. J./Dibout, P.*, Generalbericht, 2001, S. 237. Die ungarischen CFC-Regeln werden nur auf Nicht-DBA-Länder angewendet, vgl. *Liszicza, B.*, Hungary, 2004, S. 306. In Deutschland regelte § 10 Abs. 5 AStG a. F. die Anwendung der Vorschriften der DBA auf die fiktive Dividende der Hinzurechnungsbesteuerung, bis 1991 generell, von 1992 bis 2002 nur soweit nicht Zwischeneinkünfte mit Kapitalanlagecharakter vorlagen.

3 Vgl. *Aigner, H.-J./Scheuerle, U./Stefaner, M.*, General Report, 2004, S. 28 f.; *Arnold, B. J./Dibout, P.*, Generalbericht, 2001, S. 237-240.

4 Vgl. grundlegend *Lang, M.*, Regelungen, 2002, S. 719-721; auch *Rust, A.*, Germany, 2004, S. 267 f.

5 *Aigner, H.-J./Scheuerle, U./Stefaner, M.*, General Report, 2004, S. 37, messen dem Methodenartikel letztlich die größte Bedeutung bei der Beurteilung eines Konflikts zwischen CFC-Regeln und DBA zu.

Die sich somit in einem ersten Schritt stellende Frage nach der Zurechnung der CFC-Einkünfte[1] wird teilweise vernachlässigt,[2] obwohl ihre Beantwortung entscheidend für das Vorliegen eines Konfliktes zwischen CFC-Regeln und dem jeweiligen DBA ist. Die CFC-Einkünfte müssen dabei von den Einkünften der ausländischen Gesellschaft unterschieden werden. Während die Einkünfte der ausländischen Gesellschaft nach dem Recht ihres Ansässigkeitsstaates zu ermitteln sind und der Gesellschaft zuzurechnen sind, werden die CFC-Einkünfte regelmäßig nach den Vorschriften des Ansässigkeitsstaates der Anteilseigner ermittelt. Es handelt sich nicht um dieselben Einkünfte, sodass eine eigenständige Zurechnung dieser CFC-Einkünfte möglich ist.[3]

DBA bilden einen eigenen, vom innerstaatlichen Steuerrecht der Vertragsstaaten getrennten Regelungskreis.[4] Sie sind nach dem Grundsatz der autonomen Abkommensauslegung aus sich selbst heraus auszulegen,[5] wobei die Reichweite dieser Verpflichtung strittig ist.[6] Zumindest in den Bereichen, die bewusst nicht in einem DBA geregelt sind, ist eine autonome Abkommensauslegung nicht möglich. Während DBA beispielsweise den Begriff „Einkünfte" ihrer Art nach eigenständig – und abweichend

---

1 Der Begriff „CFC-Einkünfte" steht in diesem Zusammenhang für den Betrag, der im Rahmen der jeweils anwendbaren CFC-Regeln bei den inländischen Anteilseignern einer ausländischen Gesellschaft besteuert werden soll, unabhängig von der Technik der steuerlichen Erfassung. „Zurechnung" bedeutet in diesem Zusammenhang nicht die Technik, mit der die jeweils anwendbaren CFC-Regeln Einkünfte den inländischen Gesellschaftern zurechnen, sondern die Beurteilung des Ergebnisses dieser Zurechnung aus abkommensrechtlicher Sicht.

2 Das Problem der Zurechnung sprechen nicht an: *Arnold, B. J./Dibout, P.*, Generalbericht, 2001, S. 239 f.; *Borges, R.*, Portugal, 2004, S. 550 f. *Kabbaj, H./Raingeard de la Bletière, E.*, France, 2004, S. 237-242, gehen zwar scheinbar darauf ein, ihre Ausführungen sind jedoch in sich widersprüchlich.

3 Vgl. *Lang, M.*, Regelungen, 2002, S. 720, mit dem Hinweis, dass keine rechtliche Doppelbesteuerung vorliegt, sofern es sich um unterschiedliche Einkünfte handele.

4 Vgl. bereits BFH, Urt. v. 15.01.1971, III R 125/69, BStBl. II 1971, S. 379; *Debatin, H.*, Doppelbesteuerungsabkommen, 1992, S. 5; *Schaumburg, H.*, Steuerrecht, 1998, S. 780 f., Rz. 16.51; *Wassermeyer, F.*, Debatin/Wassermeyer, 2000, Art. 1 OECD-MA, Rz. 48

5 Vgl. *Henkel, U.*, B/H/G/K, 2005, Grundlagen IV, Rz. 45; *Vogel, K.*, Auslegung, 2004, S. 4 f.; *Debatin, H.*, Doppelbesteuerungsabkommen, 1992, S. 6; *Debatin, H.*, Auslegung, 1983, S. 309.

6 Eine möglichst weitgehende Auslegung aus sich selbst heraus vertritt die sogenannte „völkerrechtliche Theorie", nach der sogenannten „landesrechtlichen Theorie" ist zunächst eine Auslegung der im Abkommen nicht definierten Begriffe nach innerstaatlichem Recht vorzunehmen, vgl. zum Streit *Wassermeyer, F.*, Debatin/Wassermeyer, 2000, Art. 1 OECD-MA, Rz. 48. *Wassermeyer* vertritt eine Mittelmeinung, nach der Begriffe vorrangig aus dem Abkommen heraus auszulegen sind, soweit das Abkommen den Begriff ausdrücklich regeln will. Die Staaten können aber auch ausdrücklich oder stillschweigend auf innerstaatliches Recht verweisen, sodass im Ergebnis die meisten der in den DBA verwendeten Ausdrücke nach innerstaatlichem Recht auszulegen sind, vgl. *Wassermeyer, F.*, Debatin/Wassermeyer, 2001, Art. 3 OECD-MA, 2001, Rz. 71a, 76, 82.

beispielsweise vom deutschen innerstaatlichen Steuerrecht – definieren,[1] beinhalten sie meist keine Bestimmungen über die Ermittlung der Höhe dieser Einkünfte.[2] Auch die Zurechnung bestimmter Einkünfte zu einem Steuersubjekt wird in den Abkommen häufig nicht geregelt.[3] Für Zwecke der CFC-Vorschriften treffen die DBA keine eigenständige Zurechnungsentscheidung, daher muss nach nationalem Recht beurteilt werden, ob diese CFC-Einkünfte der ausländischen Gesellschaft oder ihren inländischen Anteilseignern zugerechnet werden.[4]

Erst in einem zweiten Schritt müssen die CFC-Einkünfte bei den Personen, denen sie zugerechnet wurden, unter die Verteilungsnormen des relevanten DBA subsumiert werden. Erfolgt eine Zurechnung zu der ausländischen Gesellschaft, wie sie der französische oberste Gerichtshof vorgenommen hat,[5] kommt als Verteilungsnorm nur die dem Art. 7 OECD-MA nachgebildete Vorschrift[6] über Unternehmensgewinne in Frage. Die Folge wäre, dass der Ansässigkeitsstaat der ausländischen Gesellschaft das alleinige Besteuerungsrecht hat, soweit die CFC-Einkünfte nicht einer Betriebsstätte der ausländischen Gesellschaft im Ansässigkeitsstaat der Anteilseigner zuzurechnen wären.[7]

Werden die CFC-Einkünfte dagegen den inländischen Anteilseignern zugerechnet, kommen als Verteilungsnormen neben Art. 7 OECD-MA vor allem Art. 10 OECD-

---

1 *Wassermeyer* erkennt im OECD-MA 15 Einkunftsarten, während es im deutschen Steuerrecht gem. § 2 EStG nur sieben Einkunftsarten gibt. Während nach deutschem Steuerrecht die Zuordnung von Dividenden oder Zinsen zu den Einkünften aus Kapitalvermögen subsidiär zur Zuordnung zu den Einkünften aus Gewerbebetrieb ist (s. § 20 Abs. 3 EStG), gehen abkommensrechtlich gem. Art. 7 Abs. 7 OECD-MA die Vorschriften über Zinsen oder Dividenden der Zuordnung zu Unternehmensgewinnen (vorbehaltlich des Rückverweises in Art. 10 Abs. 4, Art. 11 Abs. 4 OECD-MA) vor, vgl. *Wassermeyer, F.*, Podiumsdiskussion zu *Vogel, K.*, Auslegung, 2004, S. 26.

2 Vgl. *Wassermeyer, F.*, Auslegung, 1990, S. 405; *Henkel, U.*, B/H/G/K, 2005, Grundlagen IV, Rz. 81.

3 Vgl. *Wassermeyer, F.*, Debatin/Wassermeyer, 2001, Vor Art. 6-22 OECD-MA, Rz. 15; auch BFH, Urt. v. 29.10.1997, I R 35/96, BStBl. II 1998, S. 235; BFH, Urt. v. 08.07.1998, I R 57/97, BStBl. II 1998, S. 672. Ebenso vgl. *Helminen, M.*, Finland, 2004, S. 208 f.

4 Vgl. *Bille, S.*, Hinzurechnungsbesteuerung, 2004, S. 20-24; *Lang, M.*, Regelungen, 2002, S. 719 f.; *Fischer, P.*, Zurechnung, 2001, S. 7; *Wassermeyer, F.*, Auslegung, 1990, S. 406 f.; *Debatin, H.*, Steuervertrag, 1972, S. 1942 f.; auch BFH, Urt. v. 18.12.1986, I R 52/83, BStBl. II 1988, S. 521. Ebenso vgl. *Favi, L.*, Italy, 2004, S. 363 f.

5 Vgl. Conseil d'Etat, Urt. v. 28.06.2002, *Sté Schneider Electric*, n°232276, vgl. dazu *Richter, D.*, Vorrang, 2002, S. 653 f.

6 In dieser Arbeit wird der sprachlichen Vereinfachung wegen davon ausgegangen, dass die jeweiligen DBA dem OECD-MA entsprechen. Soweit von einer Vorschrift des OECD-MA die Rede ist, ist damit die im Einzelfall anwendbare Vorschrift des jeweiligen bilateralen Abkommens gemeint.

7 Vgl. *Richter, D.*, Vorrang, 2002, S. 653; *Lang, M.*, Regelungen, 2002, S. 721; nur insoweit zutreffend auch *Kabbaj, H./Raingeard de la Bletière, E.*, France, 2004, S. 241 f.

MA (Dividenden), aber auch Art. 21 OECD-MA (sonstige Einkünfte) in Frage.[1] Bei Anwendung des Art. 7 OECD-MA kommt es in diesem Fall nicht zu einem Konflikt zwischen DBA und CFC-Regeln, da der Ansässigkeitsstaat der Anteilseigner das alleinige Besteuerungsrecht besitzt. Die gegenteilige Auffassung, nach der der Ansässigkeitsstaat der Anteilseigner das Besteuerungsrecht nur insoweit besitzt, als das CFC-Einkommen einer Betriebsstätte der ausländischen Gesellschaft in seinem Hoheitsgebiet zuzuordnen ist,[2] entbehrt in diesem Fall jeder Grundlage. Einkünfte der Gesellschafter können keiner Betriebsstätte der Gesellschaft zugerechnet werden.[3] Denkbar wäre allenfalls, dass die CFC-Einkünfte einer Betriebsstätte der inländischen Anteilseigner im Staat der ausländischen Gesellschaft zuzurechnen sind, sodass der Ansässigkeitsstaat der Anteilseigner in diesem Umfang das alleinige Besteuerungsrecht verliert und bei Vereinbarung der Freistellungsmethode sogar vollständig an der Besteuerung gehindert würde.[4]

Wenn die CFC-Einkünfte unter den Dividenden-Begriff des Art. 10 OECD-MA fallen, würde der Ansässigkeitsstaat der Anteilseigner sein Besteuerungsrecht nur insoweit verlieren, wie für Dividenden eine Befreiung nach einem Schachtelprivileg vorgesehen ist. In allen anderen Fällen wäre er zwar verpflichtet, eine ausländische Steuer auf die CFC-Einkünfte anzurechnen, wäre an der Besteuerung dieser Einkünfte aber nicht gehindert.[5] Werden die CFC-Einkünfte als sonstige Einkünfte im Sinne des Art. 21 OECD-MA angesehen, dürfen sie ausschließlich im Ansässigkeitsstaat der Anteilseigner besteuert werden.

Sofern das ausschließliche Besteuerungsrecht dem Staat der ausländischen Gesellschaft zugewiesen wird, liegt ein Konflikt zwischen den CFC-Regeln und dem DBA vor, der ein treaty override erforderlich machen würde. Sofern der Ansässigkeitsstaat der Anteilseigner das alleinige Besteuerungsrecht hat oder bei einem gemeinsamen Besteuerungsrecht beider Staaten der Methodenartikel für die Vermeidung der Dop-

---

1 Vgl. *Aigner, H.-J./Scheuerle, U./Stefaner, M.*, General Report, 2004, S. 32.

2 Vgl. so aber *Kabbaj, H./Raingeard de la Bletière, E.*, France, 2004, S. 241 f.

3 Zutreffend dagegen *Helminen, M.*, Finland, 2004, S. 208, mit dem Hinweis auf den Musterkommentar: Art. 7 OECD-MA regelt nur die Besteuerung der Einkünfte der Gesellschaft, verbietet dem Ansässigkeitsstaat der Anteilseigner aber nicht die Besteuerung der Anteilseigner, vgl. OECD-MK, 2005, Art. 7 OECD-MA, Tz. 10.1.

4 Vgl. *Rust, A.*, Germany, 2004, S. 267. Das Besteuerungsrecht des Ansässigkeitsstaates könnte bei Vereinbarung einer Aktivitätsklausel in dem DBA allerdings wieder aufleben.

5 Zwar sehen praktisch alle CFC-Regelungen eine Anrechnung von Steuern der ausländischen Gesellschaft vor, dies ist jedoch nicht mit der Pflicht zur Anrechnung zu verwechseln. Da der Staat der ausländischen Gesellschaft Steuern auf die Einkünfte der Gesellschaft erhebt und nicht auf die davon logisch zu trennenden CFC-Einkünfte, läuft diese Verpflichtung nach DBA im Ergebnis leer.

pelbesteuerung die Anrechungsmethode vorsieht, steht das DBA der Anwendung der CFC-Regeln nicht im Weg, ein treaty override ist insoweit nicht erforderlich. Abbildung 8 stellt die Prüfung, ob es zu einem Konflikt zwischen DBA und CFC-Regeln kommt, grafisch dar.

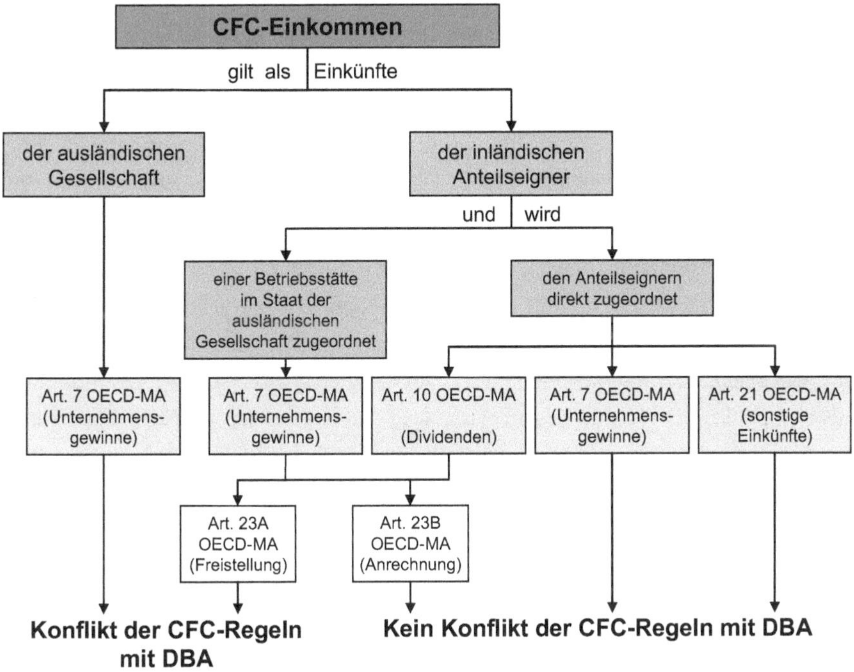

Abbildung 8: Potenzielle Konflikte zwischen CFC-Regeln und DBA

db) Vorliegen eines treaty override

Die Einordnung des Hinzurechnungsbetrags ist nach deutschem Recht eindeutig: § 10 Abs. 2 S. 1 AStG behandelt den Hinzurechnungsbetrag als fiktive Dividende. Die Zwischengesellschaft wird als „Einkunftserzielungssubjekt" angesehen,[1] die inländischen Anteilseigner im Sinne des § 7 AStG sind aber die alleinigen Besteuerungssubjekte.[2] Überträgt man diesen Mechanismus der deutschen Hinzurechnungsbesteuerung auf die Einkünftequalifikation nach Abkommensrecht, so sind die CFC-Einkünfte, die auf Ebene der Zwischengesellschaft gemäß § 18 AStG gesondert und einheitlich festgestellt werden, als Unternehmensgewinne der ausländischen Gesellschaft anzusehen,

---

[1] So der BFH, Urt. v. 02.07.1997, I R 32/95, BStBl. II 1998, S. 176.

[2] Vgl. *Menck, T./Vogt, G.*, Blümich, 2004, § 10 AStG, Rz. 2.

die in Deutschland gemäß Art. 7 OECD-MA nicht besteuert werden dürfen.[1] Dies ergibt sich daraus, dass die Ausschüttung einer fiktiven Dividende das Vorliegen von ausschüttungsfähigen Gewinnen voraussetzt, die der Höhe nach ebenfalls fiktiv sein können, jedenfalls aber Gewinne der ausländischen Gesellschaft sein müssen.[2] Soweit Zwischengewinne Anteilseignern in Deutschland im Rahmen der Hinzurechnungsbesteuerung zugerechnet werden, entstehen auf dieser Ebene zusätzliche Einkünfte, die nicht der Zwischengesellschaft zuzurechnen sind. Hierbei handelt es sich nach deutschem Steuerrecht um fiktive Dividenden.[3] Abkommensrechtlich besteht keine Bindung an diese Einkünftequalifikation nach deutschem Recht, da die Art der Einkünfte im DBA eigenständig geregelt ist; ein Rückgriff auf innerstaatliches Recht ist insoweit nicht zulässig.[4]

Art. 10 Abs. 3 OECD-MA enthält eine teilweise eigenständige und in seinem Bereich den innerstaatlichen Begriffen für Zwecke des Abkommens vorgehende Definition der Dividenden,[5] in der primär eine kausale Beziehung zwischen einem Gesellschaftsanteil und den daraus vermittelten Einkünften vorausgesetzt wird.[6] Unter diesen abkommensrechtlichen Dividendenbegriff lässt sich zumindest der deutsche Hinzurechnungsbetrag subsumieren.[7] Aber auch allgemein fallen CFC-Einkünfte weitgehend unabhängig von der Technik der Zurechnung in den CFC-Vorschriften der einzelnen

---

1 Nach Ansicht des BFH erzielt die Zwischengesellschaft diese Einkünfte, sie sind deshalb ihr zuzurechnen, vgl. BFH, Urt. v. 10.06.1992, I R 105/89, BStBl. II 1992, S. 1029; BFH, Urt. v. 23.10.1991, I R 40/89, BStBl. II 1992, S. 1026.

2 Vgl. in diesem Sinne wohl auch BFH, Urt. v. 02.07.1997, I R 32/95, BStBl. II 1998, S. 176.

3 Vgl. bereits BFH, Urt. v. 12.07.1992, I R 46/85, BStBl. II 1990, S. 113. A. A. *Wassermeyer*, der die deutsche Hinzurechnungsbesteuerung als Zwei-Stufen Konzept bezeichnet, bei dem die ausländische Zwischen(kapital)gesellschaft im Ergebnis wie eine Personengesellschaft behandelt wird, vgl. *Wassermeyer, F.*, F/W/B, 2004, Vor §§ 7-14 AStG, Anm. 55, 101. Seiner Ansicht nach versteuern die Anteilseigner die von der Zwischengesellschaft erzielten und ihr auch zugerechneten Einkünfte, diese Einkünfte würden zum Zwecke der Besteuerung lediglich umqualifiziert, vgl. *Wassermeyer, F.*, Debatin/Wassermeyer, 2000, Art. 1 OECD-MA, Rz. 76 f.

4 In diesem Punkt besteht Übereinstimmung zwischen der hier vertretenen Auffassung und der Auffassung *Wassermeyers*, vgl. *Wassermeyer, F.*, Debatin/Wassermeyer, 2000, Art. 1 OECD-MA, Rz. 76.

5 Vgl. *Wassermeyer, F.*, Debatin/Wassermeyer, 2001, Art. 10 OECD-MA, Rz. 91a, jedenfalls für zwei der drei Gruppen von Dividenden nach Art. 10 Abs. 3 OECD-MA; *Lang, M.*, Einführung, 2002, S. 108, Rz. 305.

6 Vgl. *Wassermeyer, F.*, Debatin/Wassermeyer, 2001, Art. 10 OECD-MA, Rz. 92; *Lang, M.*, Regelungen, 2002, S. 721.

7 Vgl. *Tischbirek, W.*, Vogel/Lehner, 2003, Art. 10 OECD-MA, Rz. 224 m. w. N. Auch die aktuellen französischen CFC-Regeln nehmen eine Zurechnung als fiktive Dividende vor. Die französische Verwaltung subsumiert diese Einkünfte allerdings regelmäßig unter die sonstigen Einkünfte im Sinne von Art. 21 OECD-MA, vgl. *Baranger, S.*, France, 2006, S. 227.

Länder unter diesen Begriff. Wird die ausländische Gesellschaft steuerlich als solche anerkannt, muss sie zunächst die schädlichen und die gesamten Einkünfte (regelmäßig nach dem Recht des Staates der Anteilseigner) ermitteln. Anschließend erhalten die Anteilseigner je nach Höhe ihrer Beteiligung einen Anteil der schädlichen oder der gesamten Einkünfte[1] zugerechnet. Im Ergebnis vermitteln diese CFC-Vorschriften damit Einkünfte, für die das Halten von Gesellschaftsanteilen wesentlich ist, sodass Art. 10 OECD-MA Anwendung findet.[2]

Die Tatsache, dass insoweit keine Zahlungen zwischen der ausländischen Muttergesellschaft und den inländischen Anteilseignern fließen, ändert nichts an diesem Ergebnis. Art. 10 Abs. 1 OECD-MA spricht zwar von Dividenden, die „gezahlt" wurden, aber die Tatsache, dass auch verdeckte Gewinnausschüttungen unter Art. 10 OECD-MA subsumiert werden, obwohl hier eine Zahlung nicht immer erfolgt, zeigt, dass der Begriff des „Zahlens" weit auszulegen ist.[3] Der Begriff „gezahlt" wird im OECD-MA nicht definiert, was einen Rückgriff auf innerstaatliches Recht nötig macht.[4] Wenn dieses eine Dividende oder andere Einkünfte aus Gesellschaftsanteilen fingiert, muss es auch Zahlungen fingieren.[5] Schließlich bestimmt sich auch der Besteuerungszeitpunkt ausschließlich nach innerstaatlichem Recht, was darauf hinweist, dass eine tatsächliche Zahlung zur Anwendung des Art. 10 OECD-MA nicht erforderlich sein kann.[6]

Die vom abkommensrechtlichen Dividendenbegriff des Art. 10 Abs. 3 OECD-MA geforderte Vergleichbarkeit mit Einkünften aus Aktien nach dem Recht des Ansässigkeitsstaats steht einer Anwendung des Art. 10 OECD-MA nicht entgegen. Dies ergibt sich zum einen daraus, dass CFC-Einkünfte und fiktive Dividenden wie tatsächliche Dividenden nicht von der Bemessungsgrundlage der ausländischen Gesellschaft ab-

---

1 Vgl. unten Anhang I, Tabelle 20, S. 241, Spalte 2.

2 Vgl. in diesem Sinne *Lang, M.*, Regelungen, 2002, S. 721; *Helminen, M.*, Finland, 2004, S. 212; *Rust, A.*, Germany, 2004, S. 268; a. A. *Borges, R.*, Portugal, 2004, S. 551.

3 Vgl. *Wassermeyer, F.*, Debatin/Wassermeyer, 2001, Art. 10 OECD-MA, Rz. 94 f.; *Tischbirek, W.*, Vogel/Lehner, 2003, Art. 10 OECD-MA, Rz. 22; *Lang, M.*, Regelungen, 2002, S. 721; *Helminen, M.*, Finland, 2004, S. 209; *Rust, A.*, Germany, 2004, S. 266. Eine weite Auslegung fordert bereits der Musterkommentar, vgl. OECD-MK, 2005, Art. 10 OECD-MA, Tz. 7.

4 Vgl. *Helminen, M.*, Finland, 2004, S. 210.

5 Vgl. *Rust, A.*, Germany, 2004, S. 266.

6 Vgl. *Wassermeyer, F.*, Debatin/Wassermeyer, 2001, Art. 10 OECD-MA, Rz. 40; *Grützner, D.*, B/H/G/K, 2005, Art. 10 OECD-MA, Rz. 50-54; *Tischbirek, W.*, Vogel/Lehner, 2003, Art. 10 OECD-MA, Rz. 24.

zugsfähig sind.[1] Zum anderen ist es bei CFC-Einkünften nicht möglich, das Recht des Quellenstaats zur Beurteilung ihrer Dividendeneigenschaft heranzuziehen. Eine Anwendung von § 10 Abs. 3 AStG in einem negativen Sinne, nach dem Dividendeneinkünfte nur dann vom Wohnsitzstaat angenommen werden können, wenn auch der Quellenstaat das Vorliegen von Dividendeneinkünften bejaht, ist unzulässig.[2]

Bei CFC-Vorschriften in Ländern, die die ausländische Gesellschaft als eigenständiges Steuersubjekt anerkennen und die CFC-Einkünfte als fiktive Dividende (z. B in Deutschland oder Frankreich) oder als normale gewerbliche Einkünfte den Anteilseignern zurechnen (z. B. Norwegen, Schweden) oder auf deren Ebene gesondert besteuern (z. B. Italien) kommt die Verteilungsnorm des Art. 10 OECD-MA zur Anwendung.[3] Etwas anderes gilt nur in den Fällen, in denen die ausländische Gesellschaft konsequent als transparentes Gebilde angesehen wird; Einkünfte aus Gesellschaftsanteilen können dann nicht vorliegen. In diesen Fällen erzielen die Anteilseigner Unternehmensgewinne.[4] Hier ist fraglich, ob die ausländische Gesellschaft in diesem Zusammenhang als Betriebsstätte angesehen werden muss und ob dieser Betriebsstätte die Gewinne zuzurechnen sind, was ein Besteuerungsrecht des Ansässigkeitsstaates der Anteilseigner bei Vereinbarung der Befreiungsmethode ausschließen würde. Von den betrachteten CFC-Regimen wird allerdings nur in Neuseeland konsequent (und ausdrücklich) die ausländische Gesellschaft als eigenständiges Steuersubjekt negiert.[5] Nachdem neuseeländische DBA bei Betriebsstätteneinkünften die Freistellungsmethode nicht vorsehen, stellt sich das Problem der Vereinbarkeit der CFC-Regeln mit DBA nicht.[6]

Insgesamt bleibt also festzuhalten, dass DBA der Anwendung von CFC-Regeln nur dann entgegenstehen, wenn im Rahmen eines Schachtelprivilegs die Freistellungsmethode bei der Besteuerung von Dividenden vereinbart wurde.[7] Nur in diesen Fällen bedarf es nach der hier vertretenen Auffassung eines treaty override, um die Anwendung der CFC-Regeln sicher zu stellen.

---

[1] Vgl. *Lang, M.*, Regelungen, 2002, S. 721; *Lang, M.*, Einführung, 2002, S. 108, Rz. 305; *Wassermeyer, F.*, Debatin/Wassermeyer, 2001, Art. 10 OECD-MA, Rz. 119.

[2] Vgl. *Tischbirek, W.*, Vogel/Lehner, 2003, Art. 10 OECD-MA, Rz. 222 f.

[3] Vgl. wie hier *Tischbirek, W.*, Vogel/Lehner, 2003, Art. 10 OECD-MA, Rz. 224; a.A. *Rosembuj, T.*, Controlled, 1998, S. 335 f., der die ausländische abhängige Gesellschaft als Betriebsstätte ansieht.

[4] Vgl. auch *Favi, L.*, Italy, 2004, S. 363 f.

[5] Vgl. *Howe, B.-A.*, New Zealand, 2001, S. 726; *Jackson, A./Smith, A.*, New Zealand, 2004, S. 474.

[6] Vgl. *Jackson, A./Smith, A.*, New Zealand, 2004, S. 474.

[7] Die neuseeländischen CFC-Vorschriften bilden hier die Ausnahme, da hier eine Einordnung der CFC-Einkünfte als Unternehmensgewinne einer Betriebsstätte der Anteilseigner geboten erscheint, sodass es hier auf den Methodenartikel für Unternehmensgewinne ankommt.

dc) Zulässigkeit eines treaty override

In Deutschland sind die Folgen der abkommensrechtlichen Beurteilung des Hinzurechnungsbetrages gering. § 10 Abs. 5 AStG a. F. ordnete (ab 1992 nur soweit keine Zwischeneinkünfte mit Kapitalanlagecharakter vorlagen) die sinngemäße Anwendung der Dividendenregelung der Abkommen auf den Hinzurechnungsbetrag an. Seine Bedeutung war nach der hier vertretenen Auffassung nur deklaratorisch, sein Wegfall hatte also keine Folgen. Unabhängig von der abkommensrechtlichen Beurteilung wurde allerdings bis 2002 für Zwischeneinkünfte mit Kapitalanlagecharakter bzw. wird seit 2003 für die Hinzurechnungsbesteuerung allgemein ein ausdrückliches treaty override angeordnet,[1] das in Deutschland nach überwiegender Auffassung zulässig ist.[2]

Auch nach dem nationalen Rechtsverständnis in einigen anderen Ländern ist ein treaty override zulässig,[3] während vor allem in den Ländern, die selber keine CFC-Regeln haben, aber deren Gesellschaften oft von CFC-Regeln anderer Länder betroffen sind, DBA eindeutig Vorrang vor nationalen Gesetzen besitzen und ein treaty override als unzulässig angesehen wird.[4] Die abkommensrechtliche Beurteilung der CFC-Einkünfte hat damit nur in den Ländern eine materielle Bedeutung, in denen CFC-Regeln existieren, ein treaty override aber als unzulässig angesehen wird. Von den hier betrachteten Ländern ist das in Frankreich,[5] Italien,[6] Japan,[7] Portugal[8] und Spanien[9]

---

[1] S. § 10 Abs. 6 AStG a. F. i. V. m. § 20 Abs. 1 AStG bis 2002 bzw. nur § 20 Abs. 1 AStG ab 2003. Vgl. zur Abschaffung von § 10 Abs. 5 AStG durch das StVergAbG und zu einem Vergleich mit den Aktivitätsklauseln in deutschen DBA *Sieker, K.*, Verschärfungen, 2003, S. 79 f.; *Schnitger, A.*, Aspekte, 2003, S. 77.

[2] Vgl. BFH, Urt. v. 13.07.1994, I R 120/93, BStBl. II 1995, S. 129; *Rust, A.*, Germany, 2004, S. 264 f.; *Wassermeyer, F.*, Debatin/Wassermeyer, 2000, Vor Art. 1 OECD-MA, Rz. 9-11; *Mössner, J. M.*, Auslegung, 1998, S. 21; *Kruse, H. W./Drüen, K.-D.*, Tipke/Kruse, 2006, § 2 AO, Tz. 2, 5, 38; a. A. *Vogel, K.*, Vogel/Lehner, 2003, Einleitung, Rz. 204 f. Zu den Rechtsfolgen nach Völkerrecht vgl. *Vogel, K.*, Vogel/Lehner, 2003, Einleitung, Rz. 199.

[3] Beispielsweise ist in den Common-law-Ländern Großbritannien, USA (vgl. jeweils *Vogel, K.*, Vogel/Lehner, 2003, Einleitung, Rz. 201) und Neuseeland (vgl. *Jackson, A./Smith, A.*, New Zealand, 2004, S. 482) ein treaty override ebenso zulässig wie in einigen kontinentaleuropäischen Ländern wie z. B. Norwegen (vgl. *Glad, B.*, Norway, 2004, S. 508), Dänemark (vgl. *Rix, J.*, Denmark, 2004, S. 152; *Sørensen, M.*, Denmark, 2001, S. 473 f.) oder Finnland (vgl. *Helminen, M.*, Finland, 2004, S. 204-206).

[4] So beispielsweise in Belgien, Luxemburg, und der Schweiz, vgl. *Vogel, K.*, Vogel/Lehner, 2003, Einleitung, Rz. 204. Zu Belgien vgl. *Bertin, O.*, Belgium, 2001, S. 43-45; zu Luxemburg vgl. *Steichen, A.*, Luxembourg, 2001, S. 230.

[5] Vgl. *Kabbaj, H./Raingeard de la Bletière, E.*, France, 2004, S. 245.

[6] Vgl. *Favi, L.*, Italy, 2004, S. 363.

[7] Vgl. *Vogel, K.*, Vogel/Lehner, 2003, Einleitung, Rz. 204.

[8] Vgl. *Sousa da Câmara, F. d.*, Portugal, 2001, S. 795 f.

[9] Vgl. *Almudí, J. M.*, Spain, 2004, S. 574-578; *García Prats, F. A.*, Spain, 2001, S. 821.

der Fall. In diesen Ländern ist die Beurteilung der CFC-Einkünfte aus abkommensrechtlicher Sicht entscheidend für die Möglichkeit ihrer Anwendung gegenüber DBA-Staaten.[1]

2. Regeln gegen niedrige Eigenkapitalausstattung

CFC-Regeln sollen die steuerlichen Vorteile von Gewinnverlagerungen in abhängige ausländische Gesellschaften neutralisieren, sie richten sich mithin gegen Gestaltungen einer im Inland ansässigen Obergesellschaft eines Konzerns. Wenn die Konzern(teil)spitze aber nicht im Inland ansässig ist, greifen diese Regelungen nicht ein. Im Gegensatz dazu können Regeln gegen niedrige Eigenkapitalausstattung bei abhängigen inländischen Gesellschaften eine Gewinnverlagerung in das Ausland durch übermäßige Fremdfinanzierung erschweren. Diese Regelungen werden als Gesellschafter-Fremdfinanzierungsregeln, Unterkapitalisierungsregeln oder thin-capitalization-rules bezeichnet. Wenn sowohl die abhängige Gesellschaft als auch eine Konzern(teil)spitze in demselben Land ansässig sind, kann eine Gestaltung den Einschränkungen beider Missbrauchsverhinderungsregelungen unterliegen.

Die steuerliche Wirkung der Unterkapitalisierung beruht auf der rechtlichen Selbstständigkeit von Kapitalgesellschaften. Diese können mit ihren Gesellschaftern steuerlich grundsätzlich anerkannte schuldrechtliche Verträge abschließen, zu denen auch Darlehensvereinbarungen gehören. Als Folge daraus können die Gesellschafter entscheiden, ob sie einen Finanzbedarf einer Kapitalgesellschaft durch die Gewährung von Eigenkapital oder Fremdkapital decken sollen. Die steuerlichen Folgen dieser Entscheidung sind für Unternehmen und Staaten gleichermaßen bedeutsam.[2]

Im Grundsatz bedeutet die Finanzierung mit Eigenkapital, dass erzielte Gewinne im Staat der Tochtergesellschaft versteuert werden und anschließende Ausschüttungen als Gewinnverwendung das Einkommen nicht mindern. Eine etwaige Quellensteuer auf Dividenden[3] wird auf eine etwaige Besteuerung der Dividenden auf Ebene der Gesell-

---

[1] Damit führt nach der hier vertretenen Auffassung eine abkommensrechtlich vereinbarte Freistellung von (Schachtel-)Dividenden zur Unanwendbarkeit der CFC-Vorschriften in diesen Ländern.

[2] Vgl. statt aller *Menck, T.*, Grundlagen, 2005, S. 49-51, Rz. A 71 f.; *Gouthière, B.*, Study, 2005, S. 367; *Piltz, D. J.*, Generalbericht, 1996, S. 23, 29.

[3] In der EU ist die Erhebung einer Quellensteuer auf Ausschüttungen innerhalb eines Konzerns durch die Mutter-/Tochter-Richtlinie (90/435/EWG) untersagt. Ansonsten wird die Quellensteuer durch DBA regelmäßig stark reduziert, sofern nicht sogar eine vollständige Befreiung von Schachteldividenden vereinbart wird, vgl. die Übersicht bei *Tischbirek, W.*, Vogel/Lehner, 2003, Art. 10 OECD-MA, Rz. 67.

schafter[1] angerechnet (direkte Anrechnung). Teilweise wird auch die auf Ebene der Tochtergesellschaft erhobene Steuer auf Ebene der Gesellschafter angerechnet (indirekte Anrechnung, z. B. in den USA[2] oder in Großbritannien[3]). Aus Sicht der Staaten kann der Sitzstaat der Tochtergesellschaft den vollen Gewinn besteuern und ggf. sogar noch Quellensteuer auf Ausschüttungen erheben, der Staat der Muttergesellschaft wird maximal die Differenz zwischen dem ausländischen Steuersatz und dem eigenen Steuersatz an Steuern auf die Gewinne erheben können.

Bei Fremdfinanzierung sind die gezahlten Zinsen für die Tochtergesellschaft dagegen regelmäßig abzugsfähige Betriebsausgaben, die ihr Einkommen mindern und korrespondierend dazu bei dem Darlehensgeber als Einnahmen zu erfassen sind. Soweit der Sitzstaat der Tochtergesellschaft keine Quellensteuern auf die Zinszahlungen erhebt,[4] wird sein Steuersubstrat in dem Umfang, in dem die Zinsen den Gewinn gemindert haben, verringert. Der Sitzstaat des Darlehensgebers kann dagegen die Zinseinnahmen, ggf. unter Anrechnung einer gezahlten Quellensteuer, besteuern.

Besteht aus Sicht des Konzerns ein Interesse, Gewinn von der Tochtergesellschaft mittels konzerninterner Fremdfinanzierung in eine Gesellschaft in einem anderen Land zu verlagern, so wird der Konzern versuchen, möglichst viel Fremdkapital zu einem möglichst hohen Zinssatz zu vergeben. Die Vereinbarung eines unangemessen hohen Zinssatzes kann mit Transferpreisregeln erfasst werden, aber selbst wenn der Zinssatz dem arm's-length-Prinzip entspricht, wird durch die Vergabe von Fremdkapital die Bemessungsgrundlage in dem Sitzstaat der Tochtergesellschaft verringert. Zur Begrenzung der Höhe der konzerninternen Fremdkapitalvergabe haben einige Staaten daher in den letzten Jahren vermehrt eigenständige Regelungen erlassen.[5]

---

[1] Sofern die Gesellschafter ebenfalls Kapitalgesellschaften sind, verlangt die Mutter-/Tochter-Richtlinie innerhalb der EU entweder eine Freistellung oder eine indirekte Anrechnung. Die meisten Staaten der EU sehen jedoch eine Freistellung von Schachteldividenden vor, vgl. *Vogel, K.*, Vogel/Lehner, 2003, Art. 23 OECD-MA, Rz. 16; *IBFD* (Hrsg.), Handbook, 2006.

[2] Vgl. dazu *Rienstra, J.*, USA, 2006, S. 757 f.; *Scholes, M. S.* u. a., Strategy, 2005, S. 291-295.

[3] Zu den europarechtlichen Anforderungen an die Ausgestaltung einer indirekten Anrechnung vgl. EuGH, Urt. v. 12.12.2006, Rs. C-446/04 (*FII Group Litigation*), Rz. 47-53.

[4] In der EU ist die Erhebung von Quellensteuern auf Zinszahlungen innerhalb eines Konzerns durch die Zins- und Lizenzrichtlinie (2003/49/EG) untersagt. Sofern Zinszahlungen überhaupt zu einer beschränkten Steuerpflicht des Zahlungsempfängers führen, sind die Quellensteuern häufig niedriger als die Quellensteuern auf Dividenden, vgl. *Piltz, D. J.*, Generalbericht, 1996, S. 31; *Brosens, L.*, rules, 2004, S. 188; *Pöllath, R.*, Vogel/Lehner, 2003, Art. 11 OECD-MA, Rz. 48 f.

[5] Vgl. auch *Jacobs, O. H.*, Unternehmensbesteuerung, 2002, S. 805 f.

a) Anwendungsvoraussetzungen

Auf der Tatbestandsseite der Unterkapitalisierungsregelungen in verschiedenen Ländern sind nur wenige systematische Unterschiede zu erkennen.[1] In den meisten Ländern, die Unterkapitalisierungsregeln erlassen haben, gibt es ein Verhältnis zwischen Fremd- und Eigenkapital, bis zu dem eine Fremdfinanzierung durch Gesellschafter steuerlich nicht in Frage gestellt wird und der Abzug der Zinszahlungen von der steuerlichen Bemessungsgrundlage des Darlehensnehmers gestattet wird. Teilweise ist bei Überschreiten dieser Relation ausnahmsweise noch ein steuerlich wirksamer Abzug der Zinsen möglich, wenn erfolgreich ein Fremdvergleich geführt werden kann.[2] Allerdings sind nicht immer die Verhältnisse des individuellen Darlehensgebers und Gesellschafters (individuelle FK:EK-Relation) maßgeblich, häufig wird das Verhältnis von Eigen- zu Fremdkapital der gesamten Gesellschaft (globale FK:EK-Relation) bei der Prüfung der Unterkapitalisierung berücksichtigt. Die Grenze, bei der eine Anwendung der Unterkapitalisierungsregeln droht, ist unterschiedlich und variiert zwischen 0:1 und 7:1, am häufigsten verbreitet ist die Relation 3:1.

In der Regel kommt eine Anwendung nur bei Darlehen in Betracht, die der Darlehensnehmer von Anteilseignern oder nahe stehenden Personen aufnimmt, auch wenn hier die einzelnen Voraussetzungen unterschiedlich sind.[3] Die Unterkapitalisierungsregeln in Lettland und Ungarn sehen keine Anforderungen an die Beteiligungsvoraussetzungen vor. In Belgien kann es bei Darlehen, die von Geschäftsführern gewährt werden, auch dann zur Anwendung der Unterkapitalisierungsregeln kommen, wenn diese nicht an der Gesellschaft beteiligt sind. In Slowenien und Polen werden dagegen Darlehen, die nicht von einem Gesellschafter, sondern von nahe stehenden Personen gewährt werden, nicht von den Unterkapitalisierungsregeln erfasst. In Slowenien greifen diese Regeln sogar dann nicht ein, wenn Darlehensnehmer und Darlehensgeber beide 100%ige-Tochtergesellschaften derselben Muttergesellschaft sind.

Zur Vermeidung einer gemeinschaftsrechtlich bedenklichen Diskriminierung ausländischer Darlehensgeber[4] wurden einige Unterkapitalisierungsregeln auf inländische

---

1 Tabelle 23 im Anhang I (S. 247) fasst die Anwendungsvoraussetzungen der Unterkapitalisierungsregeln in ausgewählten Staaten zusammen. Vgl. dazu *IBFD* (Hrsg.), Handbook, 2006; *Obser, R.*, Fremdfinanzierung, 2005, S. 101-137; *Brosens, L.*, rules, 2004, S. 197-203; *Kessler, W./Obser, R.*, Überblick, 2004, sowie die Länderberichte im Sonderheft European Taxation 45 (2005), Heft 9/10, und die Länderberichte in *IFA* (Hrsg.), aspects, 1996.

2 Zu den möglichen Herangehensweisen vgl. auch *Brosens, L.*, rules, 2004, S. 190.

3 Vgl. auch *Gouthière, B.*, Study, 2005, S. 367 f.

4 Vgl. EuGH, Urt. v. 12.12.2002, Rs. C-324/00 (*Lankhorst-Hohorst*).

Darlehensgeber ausgedehnt,[1] obwohl hier eine Gefahr der Minderbesteuerung nicht besteht bzw. deutlich geringer ist. Inlandssachverhalte werden beispielsweise in Dänemark, Deutschland, Frankreich, Italien, den Niederlanden, Polen oder Slowenien erfasst. Die Unterkapitalisierungsregeln in Spanien gelten nur für ausländische Darlehensgeber, vermeiden eine Diskriminierung aber dadurch, dass sie innerhalb der EU keine Anwendung finden. Die Anwendungsvoraussetzungen auf Ebene des Darlehensgebers, des Darlehensnehmers, des Darlehens und der Beteiligung zwischen Darlehensgeber und Darlehensnehmer fasst Abbildung 9 zusammen.

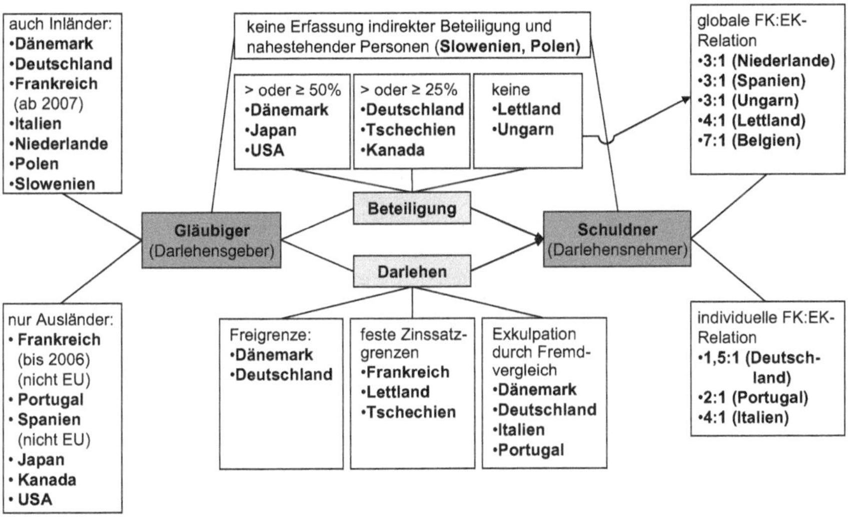

Abbildung 9: Anwendungsvoraussetzungen der Unterkapitalisierungsregeln

b) Rechtsfolgen

Auf der Rechtsfolgenseite kann man zwei systematisch unterschiedliche Ansätze identifizieren.[2] In einem Teil der Länder werden die Zinsen auf das überhöhte Fremdkapital in Dividenden (verdeckte Gewinnausschüttungen) umqualifiziert, beispielsweise in Belgien, Deutschland, Italien oder Spanien. Die Unterkapitalisierungsregeln in den meisten Ländern sehen dagegen eine Nichtabzugsfähigkeit dieser Zinsen beim Darlehensnehmer vor, beispielsweise in Dänemark, den Niederlanden, Polen, Portugal,

[1] Vgl. *Brosens, L.*, rules, 2004, S. 193, S. 197-203. Vgl. dazu ausführlich unten E.IV.2, S. 212.

[2] Vgl. ebenso *Brosens, L.*, rules, 2004, S. 191.

Kanada oder den USA. Abbildung 10 fasst die Rechtsfolgen der Unterkapitalisierungsvorschriften in den betrachteten Ländern zusammen.[1]

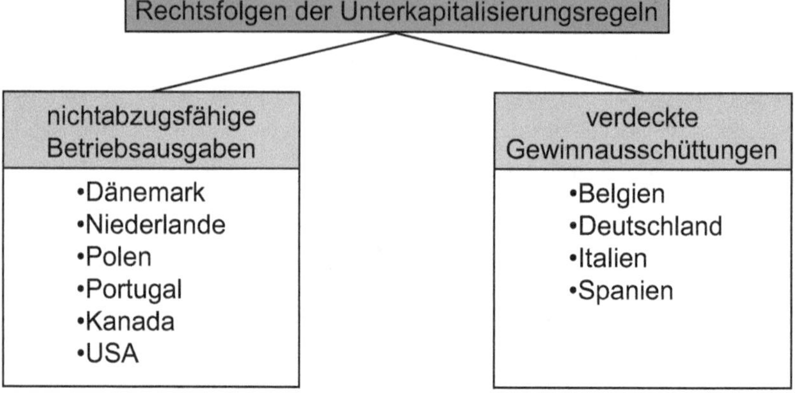

Abbildung 10: Rechtsfolgen der Unterkapitalisierungsregeln

Erfolgt eine Umqualifizierung in Dividenden, bestehen auch international zumindest Möglichkeiten, eine Doppelbesteuerung der Zinsen zu vermeiden, wenn die Umqualifizierung auch auf Ebene des Darlehensgebers vollzogen wird.[2] Bei Nichtabzugsfähigkeit der Zinsen beim Darlehensnehmer ohne Umqualifizierung in Dividenden kommt es dagegen in jedem Fall zu einer Doppelbesteuerung.[3]

c) Gesellschafter-Fremdfinanzierung in Deutschland

Die deutsche Unterkapitalisierungsvorschrift in § 8a KStG wurde 1993 eingeführt als gesetzgeberische Reaktion auf die Weigerung der Finanzgerichtsbarkeit, das Phäno-

---

[1] Vgl. dazu *IBFD* (Hrsg.), Handbook, 2006; *Obser, R.*, Fremdfinanzierung, 2005, S. 137-157; *Brosens, L.*, rules, 2004, S. 197-203; *Kessler, W./Obser, R.*, Überblick, 2004, sowie die Länderberichte im Sonderheft European Taxation 45 (2005), Heft 9/10, und die Länderberichte in *IFA* (Hrsg.), aspects, 1996. In Tabelle 24 im Anhang I (S. 254) werden die Rechtsfolgen ausführlicher dargestellt. Dabei wird grundsätzlich nur die Ebene des Darlehensempfängers betrachtet. Ausnahmsweise werden zusätzlich die Rechtsfolgen beim Darlehensgeber dargestellt, wenn die nationalen Regelungen durch eine zumindest teilweise Qualifikationsverkettung eine drohende Doppelbesteuerung vermeiden, vgl. hierzu unten C.II.2.d), S. 105.

[2] Vgl. dazu unten C.II.2.d), S. 105.

[3] Vgl. *Michielse, G. M.*, Steuerplanung, 1998, S. 53. Eine Ausnahme stellen die dänischen und die deutschen Regeln dar. Zinszahlungen, die auf Ebene des Darlehensnehmers die Bemessungsgrundlage nicht gemindert haben, werden in Dänemark beim Darlehensgeber steuerfrei gestellt, vgl. *Berglund, A.*, Denmark, 2006, S. 172. Auch in Deutschland werden derartige Zinszahlungen in den Fällen, in denen die Voraussetzungen des § 8a KStG erfüllt sind, auf Ebene des Darlehensgebers in verdeckte Gewinnausschüttungen umqualifiziert, vgl. BMF-Schr. v. 15.07.2004, IV A 2 – S 2742a – 20/04, BStBl. I, 2004, S. 539, Tz. 27.

men der Unterkapitalisierung durch die Anwendung der allgemeinen Missbrauchsvorschrift des § 42 AO zu bekämpfen.[1] Auch wenn § 8a KStG damit über zwanzig Jahre nach dem Außensteuergesetz eingeführt wurde, zählte Deutschland dennoch zu den ersten Staaten, die eine Unterkapitalisierungsvorschrift erlassen haben.[2]

Aus dem Urteil des EuGH in der Rechtssache *Lankhorst-Hohorst*[3] folgte die Unvereinbarkeit der Regelung des deutschen § 8a KStG a. F., die als Darlehensgeber nur nicht anrechnungsberechtigte Personen (bis 2000) bzw. nicht im Inland veranlagte Personen (2001 bis 2003)[4] erfasste, mit dem EG-Vertrag. Als Reaktion auf dieses Urteil wurde die Vorschrift des § 8a KStG auf inländische Darlehensgeber ausgedehnt.[5]

Zinsen für langfristiges Fremdkapital, das eine Kapitalgesellschaft von einem wesentlich, d. h. zu mehr als 25% beteiligten Anteilseigner[6] erhalten hat, werden in verdeckte Gewinnausschüttungen umqualifiziert, wenn die folgenden Voraussetzungen kumulativ erfüllt sind. Die Zinsen auf sämtliche Darlehen von wesentlich beteiligten Anteilseignern müssen im Wirtschaftsjahr 250.000 € übersteigen (gesellschafts- und veranlagungszeitraumbezogene Freigrenze).[7] Liegen erfolgsabhängige Vergütungen vor, erfolgt in vollem Umfang eine Umqualifizierung.[8] Wird dagegen eine „in einem

---

[1] Vgl. dazu oben B.III.2.b), S. 35.

[2] 1971 wurden die ersten Unterkapitalisierungsvorschriften in Kanada erlassen, 1987 in Australien, 1989 in den USA, 1991 in Frankreich, 1992 in Spanien und Japan, vgl. bis 1996 *Piltz, D. J.*, Generalbericht, 1996, S. 37. Die meisten Unterkapitalisierungsvorschriften in europäischen Ländern sind erst in letzter Zeit erlassen worden, beispielsweise in Italien und den Niederlanden, die erst 2004 derartige Vorschriften erlassen haben, vgl. *Kessler, W./Obser, R.*, Überblick, 2004, S. 189 f.

[3] Vgl. EuGH, Urt. v. 12.12.2002, Rs. C-324/00 (*Lankhorst-Hohorst*).

[4] Durch den Wechsel vom Anrechnungsverfahren zum Halbeinkünfteverfahren mit dem StSenkG (BGBl. I 2000, S. 1433) war ein Bezug auf die Anrechungsberechtigung nicht mehr möglich.

[5] § 8a KStG wurde neu gefasst durch das sog. Korb-II-Gesetz vom 22.12.2003, BGBl. I 2003, S. 2840. Mehrere Unterkapitalisierungsvorschriften in anderen Ländern wurden im Anschluss an das *Lankhorst-Hohorst*-Urteil auf Inländer ausgedehnt, vgl. oben C.II.2.a), S. 100, bzw. unten Tabelle 23 im Anhang I, S. 253.

[6] Neben Gesellschafter-Darlehen werden auch Darlehen erfasst, die von nahe stehenden Personen des wesentlich beteiligten Anteilseigners und von rückgriffsberechtigten Dritten gewährt werden, s. § 8a Abs. 1 S. 2 KStG. Vgl. dazu BMF-Schr. v. 15.07.2004, IV A 2 – S 2742a – 20/04, BStBl. I, 2004, S. 539, Tz. 12-25; *Kröner, M.*, Ernst&Young, 2005, § 8a KStG, Rz. 113-124.

[7] S. § 8a Abs. 1 S. 1 KStG. Vgl. dazu BMF-Schr. v. 15.07.2004, IV A 2 – S 2742a – 20/04, BStBl. I, 2004, S. 539, Tz. 28-30. Zur Auslegung als gesellschaftsbezogene (und nicht gesellschafterbezogene) Freigrenze vgl. *Menck, T.*, Blümich, 2004, § 8a KStG, Rz. 58 f.; *Frotscher, G.*, Frotscher/Maas, 2006, § 8a KStG, Rz. 100; a. A. *Grotherr, S.*, Freigrenze, 2004, der dem Gesetz eine gesellschafterbezogene Freigrenze entnimmt.

[8] S. § 8a Abs. 1 Nr. 1 KStG.

Bruchteil des Kapitals bemessene Vergütung"[1] vereinbart, erfolgt nur in dem Umfang eine Umqualifizierung, in dem das überlassene Fremdkapital des einzelnen Anteilseigners das Eineinhalbfache seines anteiligen Eigenkapitals übersteigt.[2] Nur in diesem Fall kann durch das erfolgreiche Führen eines Fremdvergleichs eine Umqualifizierung verhindert werden.[3]

Die Umqualifizierung in verdeckte Gewinnausschüttungen erfolgt mit Wirkung für den Darlehensgeber und den Darlehensnehmer.[4] Auf Ebene der fremdfinanzierten Gesellschaft mindern diese Zinsen das Einkommen nicht, auf Ebene des wesentlich beteiligten Anteilseigners sind sie wie Dividenden hälftig (bei natürlichen Personen) bzw. zu 95% (bei Kapitalgesellschaften) steuerbefreit.[5] Da § 8a KStG n. F. in seiner Anwendung nicht auf Darlehen beschränkt ist, die eine inländische Kapitalgesellschaft erhält,[6] kommt auch eine Anwendung auf Outbound-Finanzierungen in Betracht. Wenn inländische Gesellschafter einer ausländischen Kapitalgesellschaft ein Darlehen gewähren, das unter § 8a KStG fällt, und die Zinseinnahmen bei ihnen in freigestellte Dividenden umqualifiziert werden, auf Ebene der ausländischen Kapitalgesellschaft aber keine korrespondierende Gewinnerhöhung vorgenommen wurde, würden die Zinsen weder beim Darlehensnehmer noch beim Darlehensgeber der Besteuerung

---

[1] § 8a Abs. 1 Nr. 2 KStG.

[2] Vgl. dazu *Frotscher, G.*, Frotscher/Maas, 2006, § 8a KStG, Rz. 127-154; *Menck, T.*, Blümich, 2004, § 8a KStG, Rz. 76 f. Ein Schema zur Ermittlung des anteiligen Eigenkapitals findet sich im ersten BMF-Schreiben zu § 8a (BMF-Schr. v. 15.12.1994, IV B 7 – S 2742a – 63/94 BStBl. I 1995, S. 25, Tz. 28), das weiterhin Anwendung findet, soweit es nicht durch das neue Schreiben ersetzt wurde, vgl. BMF-Schr. v. 15.07.2004, IV A 2 – S 2742a – 20/04, BStBl. I, 2004, S. 539, Tz. 1. Die in § 8a Abs. 2 KStG verlangte Kürzung um die Buchwerte der Beteiligungen an anderen Kapitalgesellschaften dient der Vermeidung des sog. Kaskadeneffekts, vgl. dazu *Kröner, M.*, Ernst&Young, 2005, § 8a KStG, Rz. 193-193.8, 227-229.

[3] Zum Führen des Fremdvergleichs vgl. *Frotscher, G.*, Frotscher/Maas, 2006, § 8a KStG, Rz. 62-66; *Kröner, M.*, Ernst&Young, 2005, § 8a KStG, Rz. 98-106; *Menck, T.*, Blümich, 2004, § 8a KStG, Rz. 82-88; *Janssen, B.*, Drittvergleich, 1997.

[4] Vgl. *Frotscher, G.*, Frotscher/Maas, 2006, § 8a KStG, Rz. 103; *Kröner, M.*, Ernst&Young, 2005, § 8a KStG, Rz. 173 m. w. N. Anders nur *Wassermeyer*, wonach auf Gesellschafterebene keine Umqualifizierung der Zinseinnahmen in Beteiligungsertrag erfolgt, vgl. dazu *Wassermeyer, F.*, Fiktionstheorie, 2004, sowie die beiden Repliken: *Frotscher, G.*, Wirkungen, 2004, und *Rödder, T./Schumacher, A.*, Rechtsfolgen, 2004.

[5] Zu den umstrittenen Folgen einer Darlehensgewährung durch nahe stehende Personen oder rückgriffsberechtigte Dritte vgl. BMF-Schr. v. 15.07.2004, IV A 2 – S 2742a – 20/04, BStBl. I, 2004, S. 539, Tz. 12-15 (Schwestergesellschaften), Tz. 16 f. (Tochtergesellschaft als Darlehensgeber) und Tz. 18-25 (rückgriffsberechtigter Dritter); *Herzig, N./Lochmann, U.*, Anwendungsbereich, 2004, S. 149-151; *Wassermeyer, F.*, Rechtsfolgen, 2003.

[6] § 8a Abs. 1 KStG n. F. spricht allgemein von „Vergütungen für Fremdkapital, das eine Kapitalgesellschaft … erhalten hat".

unterliegen.[1] Um dies zu verhindern, legt die Finanzverwaltung die Vorschrift so aus, dass nur in den Fällen, in denen die Zinszahlungen die Bemessungsgrundlage der ausländischen Kapitalgesellschaft nicht gemindert haben, die Zinsen auf Ebene des Darlehensgebers in Deutschland in Gewinnausschüttungen umqualifiziert werden.[2] Unabhängig davon, ob der ausländische Staat eine Umqualifizierung der Zinsen in verdeckte Gewinnausschüttungen vornimmt oder sie nur als nicht abzugsfähige Betriebsausgaben behandelt, vermeidet Deutschland im Anwendungsbereich des § 8a KStG daher ohne Verständigungsverfahren eine wirtschaftliche Doppelbesteuerung der Zinszahlungen auf überhöhte Gesellschafter-Fremdfinanzierung.[3]

d) Unterkapitalisierungsregeln und Doppelbesteuerung

Bei Unterkapitalisierungsregeln ist die Vereinbarkeit mit einzelnen Regelungen der Doppelbesteuerungsabkommen ebenfalls umstritten. Allerdings steht hier nicht primär – wie bei CFC-Regeln – ein Konflikt mit Verteilungsnormen im Raum. Zu prüfen ist vor allem die im Anschluss dargestellte Vereinbarkeit der Unterkapitalisierungsregeln mit Art. 9 OECD-MA, aber auch die abkommensrechtliche Beurteilung der Vergütungen als Zinsen (Art. 11 OECD-MA) oder Dividenden (Art. 10 OECD-MA) sowie ein möglicher Verstoß gegen Nichtdiskriminierungsklauseln (Art. 24 OECD-MA).[4]

Soweit Unterkapitalisierungsregeln eine Einkünftekorrektur bei einer inländischen Gesellschaft bewirken, ist das Verhältnis zu Art. 9 OECD-MA zu überprüfen. Dieses

---

[1] Vgl. *Prinz, U.*, Gesellschafterfremdfinanzierung, 2006, S. 39 f.; *Köhler, S./Eicker, K.*, Eckpunkte, 2004, S. 674 f.; *Benecke, A./Schnitger, A.*, Diskussionsbeitrag, 2004, S. 44 f.; *Kessler, W.*, Spannungsfeld, 2003, S. 2512; *Rödder, T./Schumacher, A.*, Überblick, 2003, S. 1730, FN 45; *Weßling, J./Romswinkel, M.*, Fremdfinanzierung, 2003, S. 926 f.

[2] Vgl. BMF-Schr. v. 15.07.2004, IV A 2 – S 2742a – 20/04, BStBl. I, 2004, S. 539, Tz. 27. Vgl. dazu *Dötsch, E./Pung, A.*, Einführungsschreiben, 2004, S. 1685 f.; *Prinz, U.*, Einzelfragen, 2004, S. 1253 f. Vgl. dazu jetzt allgemein § 8b Abs. 1 S. 2 KStG i. d. F. des Jahressteuergesetzes 2007 (JStG 2007) v. 13.12.2006 (BGBl. I S. 2878).

[3] § 8a KStG sieht einen im Vergleich zu den Vorschriften in den anderen Ländern geringen safe haven von nur 1,5:1 vor. Auch die Beteiligungsvoraussetzungen sind in den meisten anderen Ländern vergleichbar (vgl. unten Tabelle 23 im Anhang I, S. 253). Daher fallen die meisten Vergütungen, die im Ausland von einer Unterkapitalisierungsvorschrift erfasst werden, unter § 8a KStG. Nur in den Fällen, in denen die Voraussetzungen des § 8a KStG nicht erfüllt sind, aber dennoch bei der ausländischen Gesellschaft eine Unterkapitalisierungsregel greift, kommt es nicht zu einer Qualifikationsverkettung.

[4] Vgl. *Obser, R.*, Fremdfinanzierung, 2005, S. 20; *Menck, T.*, Blümich, 2004, § 8a KStG, Rz. 111; *Kessler, W.*, Spannungsfeld, 2003, S. 2507 f.; *Uckmar, V.*, Planning, 2003, S. 17; *Piltz, D. J.*, Generalbericht, 1996, S. 68; *Portner, R.*, Vereinbarkeit, 1996, S. 25-30; *Essers, P.* u. a., Approaches, 1994, S. 174; *Menck, T.*, Unterkapitalisierung, 1994; grundlegend: *Hosson, F. C. de/Michielse, G. M.*, aspects, 1989. Vgl. zum ersten Entwurf eines § 8a KStG kritisch bereits *Pott, H.-M.*, Vereinbarkeit, 1982; *Pöllath, R./Rädler, A. J.*, Rücksicht, 1982; a. A. *Krabbe, H.*, Maßnahmen, 1984, S. 130, der weder einen Verstoß gegen Art. 24 OECD-MA noch gegen Art. 9 OECD-MA sieht.

Verhältnis wird international, teilweise auch innerhalb der Staaten, unterschiedlich beurteilt.[1] Weitgehend Einigkeit besteht darin, dass Art. 9 OECD-MA keine eigenständige Rechtsgrundlage für die Vornahme einer Gewinnkorrektur darstellt, sondern dass hierfür nationale Vorschriften erforderlich sind.[2] Inwieweit Art. 9 OECD-MA andererseits eine Schranke für nationale Korrekturvorschriften, insbesondere für Unterkapitalisierungsvorschriften darstellt, ist international umstritten. Während in Belgien und Frankreich Art. 9 OECD-MA eine Sperrwirkung für Unterkapitalisierungsregeln zugestanden wird,[3] erkennt man in Italien und den Niederlanden keinen Konflikt, da Art. 9 OECD-MA nach deren Sicht nur Gewinnberichtigungen hinsichtlich der Höhe des Zinses betrifft, nicht aber die Behandlung der zugrunde liegenden Darlehensbeträge.[4] Überwiegend herrscht die Auffassung vor, dass zwar ein potenzieller Konflikt existiert, die jeweils eigenen Unterkapitalisierungsvorschriften aber dem Fremdvergleichsgrundsatz des Art. 9 OECD-MA entsprechen und daher in ihrer Anwendung nicht beschränkt sind.[5]

Wenn eine grundsätzliche Anwendbarkeit von Art. 9 OECD-MA auf die Unterkapitalisierungsvorschriften bejaht wird, ist zu prüfen, ob der andere Vertragsstaat gemäß Art. 9 Abs. 2 OECD-MA zur Vornahme einer korrespondierenden Gegenberichtigung

---

1 Vgl. *Gouthière, B.*, Study, 2005, S. 368 f.; *Menck, T.*, Blümich, 2005, § 1 AStG, Rz. 162; *Piltz, D. J.*, Generalbericht, 1996, S. 69; *Portner, R.*, Vereinbarkeit, 1996, S. 25 f.

2 Vgl. *Wassermeyer, F.*, Debatin/Wassermeyer, 2004, Art. 9 OECD-MA, 2004, Rz. 4; *Eigelshoven, A.*, Vogel/Lehner, 2003, Art. 9 OECD-MA, Rz. 18, jeweils m. w. N. Auch allgemein können DBA nicht selbstständig Steueransprüche schaffen, sondern nur bestehende innerstaatliche Besteuerungsansprüche begrenzen, vgl. bereits *Bühler, O.*, Prinzipien, 1964, S. 61; *Vogel, K.*, Vogel/Lehner, 2003, Einleitung, Rz. 68-73 m. w. N.; *Frotscher, G.*, Steuerrecht, 2005, S. 101; differenzierend *Wassermeyer, F.*, Debatin/Wassermeyer, 2000, Art. 1 OECD-MA, Rz. 9. Vgl. *Lang, M.*, Höchstgerichte, 1998, S. 128 f., zur Rechtsprechung in Österreich sowie *Gutmann, D.*, France, 2001, S. 99-102, zu Frankreich.

3 Vgl. *Clarebout, X./Dhaene, M.*, Belgium, 2005, S. 376; *Wyntin, D.*, Belgium, 1996, S. 354 f.; *Delattre, O.*, France, 1996, S. 436; Conseil d'Etat, Urt. v. 30.12.2003, *SA Andritz*, n°233894, vgl. dazu *Baranger, S.*, Supreme, 2004, S. 288-290. Vgl. *Gouthière, B.*, France, 2005, S. 390 f., zu Nichtdiskriminierungsklauseln.

4 Vgl. *Piltz, D. J.*, Generalbericht, 1996, S. 70; *Michielse, G. M.*, Netherlands, 1996, S. 598 f. In diesem Sinne vgl. auch *Wassermeyer, F.*, Debatin/Wassermeyer, 2004, Art. 9 OECD-MA, 2004, Rz. 67, 77.

5 Vgl. *Piltz, D. J.*, Generalbericht, 1996, S. 70; OECD-MK, 2005, Art. 9 OECD-MA, Tz. 3, so auch *Michielse, G. M.*, Steuerplanung, 1998, S. 50 f. Für Deutschland vgl. die Gesetzesbegründung zu § 8a KStG, BT-Drs. 12/4158, S. 37: „Die Umqualifizierung nach § 8a KStG steht im Einklang mit Doppelbesteuerungsabkommen entsprechend dem OECD-Muster"; BMF-Schr. v. 15.12.1994, IV B 7 – S 2742a – 63/94, BStBl. I 1995, S. 25, Tz. 63-66; *Kröner, M.*, Ernst&Young, § 8a KStG, 2005, Rz. 27 f.; *Prinz, U.*, Herrmann/Heuer/Raupach, § 8a KStG, 1995, Rz. 25; a. A. beispielsweise *Frotscher, G.*, Frotscher/Maas, 2006, § 8a KStG, Rz. 24; *Portner, R.*, Vereinbarkeit, 1996, S. 26.

verpflichtet ist.[1] Eine derartige Verpflichtung könnte sich hinsichtlich der Beurteilung der Zahlungen als Zinsen oder Dividenden ergeben. Nur bei einer übereinstimmenden Einkünftequalifikation würde eine wirtschaftliche Doppelbesteuerung, die aus der Anwendung von Unterkapitalisierungsregeln droht, vermieden werden.[2]

Die OECD fordert die Vornahme einer korrespondierenden Gegenberichtigung: Soweit der Staat der Schuldnergesellschaft eine Umqualifizierung von Zinsen in Dividenden vorgenommen hat, soll der Wohnsitzstaat des Darlehensgebers die Doppelbesteuerung durch die Anwendung der für Dividenden geltenden Vorschriften vermeiden.[3] Zwischen den Staaten besteht aber zumindest innerhalb der Finanzverwaltungen weitgehende Einigkeit, dass eine zwingende Qualifikationsverkettung nicht vorliegt.[4] Die Folge ist, dass bei Anwendung einer Unterkapitalisierungsregel regelmäßig eine wirtschaftliche Doppelbesteuerung der erfassten Vergütungen droht.[5]

---

1 Eine Verpflichtung zur Vornahme einer korrespondierenden Gegenberichtigung könnte nur dann bestehen, wenn eine Art. 9 Abs. 2 OECD-MA nachgebildete Vorschrift in das entsprechende DBA aufgenommen wurde, was nur selten der Fall ist, vgl. *Piltz, D. J.*, Generalbericht, 1996, S. 74; *Portner, R.*, Vereinbarkeit, 1996, S. 28. Deutschland hat seinen Vorbehalt gegen diesen Artikel zwar mittlerweile aufgehoben, dennoch ist er erst in wenigen Abkommen enthalten, vgl. *Becker, H.*, B/H/G/K, 2000, Art. 9 OECD-MA, Rz. 205; *Eigelshoven, A.*, Vogel/Lehner, 2003, Art. 9 OECD-MA, Rz. 181.

2 Vgl. *Kessler, W.*, Spannungsfeld, 2003, S. 2508 f.; *Portner, R.*, Vereinbarkeit, 1996, S. 28; *Essers, P.* u. a., Approaches, 1994, S. 174. Die Vereinbarung einer Verpflichtung zur Gegenberichtigung in den DBA zur Vermeidung dieser Doppelbesteuerung ist zwar nach Ansicht des Generalanwalts *Geelhoed* Voraussetzung für die Möglichkeit, einzelfallbezogene Unterkapitalisierungsregeln durch den Rechtfertigungsgrund der Missbrauchsabwehr (dazu unten E.V.1, S. 220) rechtfertigen zu können, vgl. SA v. 29.06.2006, Rs. C-524/04 (*Thin Cap Group Litigation*), Rz. 69-79, 92. Der EuGH ist dieser Auffassung aber nicht gefolgt, vgl. EuGH, Urt. v. 13.03.2007, Rs. C-524/04 (*Thin Cap Group Litigation*), Rz. 88-90.

3 Vgl. OECD-MK, 2005, Art. 23 OECD-MA, Tz. 67 f. Der Musterkommentar behandelt damit aber nicht die (Mehrzahl der) Fälle, in denen die Zinszahlungen beim Darlehensnehmer nicht umqualifiziert werden, sondern als nicht abzugsfähige Betriebsausgaben behandelt werden, vgl. dazu unten Tabelle 24 im Anhang I, S. 255.

4 Vgl. *Piltz, D. J.*, Generalbericht, 1996, S. 72-74. In Deutschland kann seit der Neufassung des § 8a KStG allerdings von einer Qualifikationsverkettung innerhalb des Anwendungsbereichs von § 8a KStG ausgegangen werden, vgl. BMF-Schr. v. 15.07.2004, IV A 2 – S 2742a – 20/04, BStBl. I, 2004, S. 539, Tz. 27, dazu oben C.II.2.c), S. 102. Auch Österreich übernimmt im Verhältnis zu Deutschland eine Umqualifizierung von Zinsen bei Anwendung des § 8a KStG, vgl. *Kessler, W.*, Spannungsfeld, 2003, S. 2509 f.

5 Vgl. *Thömmes, O.*, Financing, 2003, S. 2 f.; *Obser, R.*, Fremdfinanzierung, 2005, S. 45, ausführlich auf S. 141-148 mit einer Länderübersicht.

III. Tabellarische Übersicht und Zwischenfazit

Tabelle 3 liefert eine Übersicht über die betrachteten drei Arten von Missbrauchsverhinderungsnormen in ausgewählten Ländern.

Land	allgemeine Missbrauchsregeln	CFC-Regeln	Unterkapitalisierungsregeln (FK:EK-Quote)
Belgien	Ja	-	1:1 und 7:1
Dänemark	Ja	Ja	4:1
Deutschland	Ja	Ja	1,5:1
Estland	Ja	Ja[1]	-
Finnland	Ja	Ja	-
Frankreich	Ja	Ja	1,5:1
Griechenland	-[2]	-	-
Großbritannien	Ja	Ja	-
Irland	Ja	-	-[3]
Italien	Ja	Ja	4:1
Lettland	-	-	4:1
Litauen	Ja	Ja	4:1
Luxemburg	Ja	-	85:15
Malta	Ja	-	-
Niederlande	Ja	-	3:1
Österreich	Ja	-	-
Polen	-[4]	-	3:1
Portugal	Ja	Ja	2:1
Schweden	Ja	Ja	-
Slowakei	-	-	-
Slowenien	Ja	-	4:1
Spanien	Ja	Ja	3:1

[1] Wegen des Nullsteuersatzes auf thesaurierte Gewinne von Kapitalgesellschaften betreffen die CFC-Regelungen nur Beteiligungen natürlicher Personen, vgl. *Herm, M.*, Estonia, 2006, S. 189, 194.

[2] In Griechenland existieren nur Regelungen über Scheingeschäfte („fictitious transactions"), vgl. *Mavraganis, G. S.*, Greece, 2006, S. 282.

[3] Generelles Abzugsverbot von Zinsaufwendungen bei bestimmten Darlehen von nicht ansässigen 75%-Gesellschaftern, allerdings nicht bei EU- oder DBA-Staaten, vgl. Tabelle 23 im Anhang I, S. 253.

[4] Polen hatte eine allgemeine Missbrauchsregel, die allerdings vom polnischen Verfassungsgericht für verfassungswidrig erklärt wurde und daher nicht mehr angewendet werden kann, vgl. *Ostaszewska, A.*, Poland, 2006, S. 517. Die zum 01.09.2005 in Kraft getretene Ersatzvorschrift erfasst praktisch nur Scheingeschäfte, sodass nicht von einer effektiven Missbrauchsregel gesprochen werden kann, vgl. *Kujawski, G.*, Provisions, 2006, S. 165 f.

Land	allgemeine Missbrauchsregeln	CFC-Regeln	Unterkapitalisierungsregeln (FK:EK-Quote)
Tschechien	Ja	-	4:1 und 6:1
Ungarn	Ja	-	3:1
Zypern	Ja	-	-
Japan	Ja	Ja	3:1
Kanada	Ja	Ja	2:1
Norwegen	Ja	Ja	Einzelfall[1]
USA	Ja	Ja	Einzelfall und 1,5:1

Tabelle 3: Übersicht über die betrachteten Missbrauchsverhinderungsnormen

Die am weitesten verbreiteten allgemeinen Missbrauchsnormen wurden von einigen Staaten um spezielle Missbrauchsnormen ergänzt, die sich gegen bestimmte Gestaltungen bei der internationalen Steuerplanung richten. Ob eine Investition einer Konzernunternehmung CFC-Regeln unterliegt, ist abhängig vom Sitzstaat der Konzernobergesellschaft. Ob eine Investition Unterkapitalisierungsregeln unterliegt, ist dagegen abhängig vom Sitzstaat der Tochtergesellschaft. Wie Tabelle 4 (S. 110) zeigt, sind innerhalb der betrachteten Länder alle Kombinationen dieser beiden Normgruppen denkbar. Diese Kombinationen müssen bei der ökonomischen Analyse berücksichtigt werden.

---

1 Eine gesetzliche Unterkapitalisierungsregel existiert nur für die norwegische Petroleum-Industrie. Auf Basis des allgemeinen Fremdvergleichsgrundsatz kann aber im Einzelfall Fremdkapital steuerlich als Eigenkapital behandelt werden, vgl. *Jansen, J. B./Andersen, R. T.*, Norway, 2005.

Nach Von	Belgien	Dänemark	Deutschland	Finnland	Frankreich	Großbritannien	Irland	Italien	Lettland	Litauen	Luxemburg	Niederlande	Österreich	Polen	Portugal	Schweden	Slowakei	Slowenien	Spanien	Tschechien	Ungarn	Kanada	USA
Belgien	tc	tc	tc	-	tc	-	-	tc	tc	tc	tc	tc	-	tc	tc	-	-	tc	tc	tc	tc	tc	tc
Däne-mark	2	2	2	cfc	2	cfc	cfc	2	2	2	2	2	cfc	2	2	cfc	cfc	2	2	2	2	2	2
Deutsch-land	2	2	2	cfc	2	cfc	cfc	2	2	2	2	2	cfc	2	2	cfc	cfc	2	2	2	2	2	2
Finnland	2	2	2	cfc	2	cfc	cfc	2	2	2	2	2	cfc	2	2	cfc	cfc	2	2	2	2	2	2
Frank-reich	2	2	2	cfc	2	cfc	cfc	2	2	2	2	2	cfc	2	2	cfc	cfc	2	2	2	2	2	2
Großbri-tannien	2	2	2	cfc	2	cfc	cfc	2	2	2	2	2	cfc	2	2	cfc	cfc	2	2	2	2	2	2
Irland	tc	tc	tc	-	tc	-	-	tc	tc	tc	tc	tc	-	tc	tc	-	-	tc	tc	tc	tc	tc	tc
Italien	2	2	2	cfc	2	cfc	cfc	2	2	2	2	2	cfc	2	2	cfc	cfc	2	2	2	2	2	2
Lettland	tc	tc	tc	-	tc	-	-	tc	tc	tc	tc	tc	-	tc	tc	-	-	tc	tc	tc	tc	tc	tc
Litauen	2	2	2	cfc	2	cfc	cfc	2	2	2	2	2	cfc	2	2	cfc	cfc	2	2	2	2	2	2
Luxem-burg	tc	tc	tc	-	tc	-	-	tc	tc	tc	tc	tc	-	tc	tc	-	-	tc	tc	tc	tc	tc	tc
Nieder-lande	tc	tc	tc	-	tc	-	-	tc	tc	tc	tc	tc	-	tc	tc	-	-	tc	tc	tc	tc	tc	tc
Öster-reich	tc	tc	tc	-	tc	-	-	tc	tc	tc	tc	tc	-	tc	tc	-	-	tc	tc	tc	tc	tc	tc
Polen	tc	tc	tc	-	tc	-	-	tc	tc	tc	tc	tc	-	tc	tc	-	-	tc	tc	tc	tc	tc	tc
Portugal	2	2	2	cfc	2	cfc	cfc	2	2	2	2	2	cfc	2	2	cfc	cfc	2	2	2	2	2	2
Schwe-den	2	2	2	cfc	2	cfc	cfc	2	2	2	2	2	cfc	2	2	cfc	cfc	2	2	2	2	2	2
Slowakei	tc	tc	tc	-	tc	-	-	tc	tc	tc	tc	tc	-	tc	tc	-	-	tc	tc	tc	tc	tc	tc
Slowe-nien	tc	tc	tc	-	tc	-	-	tc	tc	tc	tc	tc	-	tc	tc	-	-	tc	tc	tc	tc	tc	tc
Spanien	2	2	2	cfc	2	cfc	cfc	2	2	2	2	2	cfc	2	2	cfc	cfc	2	2	2	2	2	2
Tsche-chien	tc	tc	tc	-	tc	-	-	tc	tc	tc	tc	tc	-	tc	tc	-	-	tc	tc	tc	tc	tc	tc
Ungarn	tc	tc	tc	-	tc	-	-	tc	tc	tc	tc	tc	-	tc	tc	-	-	tc	tc	tc	tc	tc	tc
Kanada	2	2	2	cfc	2	cfc	cfc	2	2	2	2	2	cfc	2	2	cfc	cfc	2	2	2	2	2	2
USA	2	2	2	cfc	2	cfc	cfc	2	2	2	2	2	cfc	2	2	cfc	cfc	2	2	2	2	2	2

Legende	cfc	CFC-Regeln im Staat der Muttergesellschaft vorhanden	tc	Unterkapitalisierungsregeln im Staat der Tochtergesellschaft vorhanden	2	Beide Missbrauchsverhinderungsnormen vorhanden

Tabelle 4: Übersicht über die bilateral anwendbaren speziellen Missbrauchsverhinderungsnormen

D. Ökonomische Analyse steuerlicher Missbrauchsverhinderungsnormen

In diesem Kapitel soll die Wirkung der Missbrauchsverhinderungsnormen auf die Standortwahl von Unternehmen und auf den internationalen Steuerwettbewerb untersucht werden. Diese Wirkung soll deduktiv durch eine Modellanalyse ermittelt werden. Daher ist zunächst die Auswahl oder die Entwicklung eines geeigneten Modells erforderlich, mit dem ein möglicher Einfluss dieser Missbrauchsverhinderungsnormen auf die Standortwahl einer Unternehmung abgebildet werden kann.

I. Modellentwicklung

Anhand der vorhandenen finanzwissenschaftlichen Modelle des Steuerwettbewerbs wird zunächst ermittelt, in welchen Bereichen Missbrauchsverhinderungsnormen im Steuerwettbewerb eine Rolle spielen können. Dabei wird auch geprüft, ob die dargestellten Modelle für die Untersuchung dieser Fragestellung geeignet sind.

1. Steuerwettbewerb

a) Existenz des Steuerwettbewerbs

Steuerwettbewerb im hier verwendeten Sinne[1] entsteht, wenn:

1. Die Standortwahl von Unternehmen durch die Besteuerung beeinflusst wird (betriebswirtschaftliche Voraussetzung) und
2. die Staaten ein Interesse an der Unternehmensansiedlung haben, die Beeinflussung der Standortwahl durch die Besteuerung antizipieren und bei ihrer Steuerrechtsetzung berücksichtigen (staatliche Voraussetzung).

In Unternehmensbefragungen[2] und in anderen empirischen Untersuchungen[3] konnte nachgewiesen werden, dass die Besteuerung bei der Standortentscheidung von Unternehmen relevant ist.[4] Von der Beeinflussung einer Standortentscheidung kann aber nur

---

[1] Vgl. oben B.I.2, S. 13. Vgl. ähnlich *Müller, W.*, Steuerwettbewerb, 2004, S. 50.

[2] Vgl. *Devereux, M.*, Impact, 1992, S. 109.

[3] Eine Zusammenfassung empirischer Untersuchungen zur Reaktion der Steuerzahler auf die internationale Besteuerung findet sich bei *Stöwhase, S.*, Decisions, 2005, S. 36-54; *Spengel, C.*, Unternehmensbesteuerung, 2003, S. 210-220; *Hines, J. R.*, Behavioral, 1999; *Sørensen, P. B.*, Auswirkungen, 1992, S. 338-350.

[4] *Schjelderup* bezeichnet dies als indirekten Nachweis des Steuerwettbewerbs, vgl. *Schjelderup, G.*, Implications, 2002, S. 17 f.

bei ausländischen Direktinvestitionen (foreign direct investments – FDI) gesprochen werden, nicht dagegen bei Portfolioinvestitionen. Die Reaktion von Portfolioinvestitionen auf Besteuerung bzw. auf Besteuerungsversuche[1] sind meist dem Themenkomplex der Steuerhinterziehung zuzuordnen, eine „echte" Kapitalbewegung findet regelmäßig nicht statt.[2] Bei ausländischen Direktinvestitionen, beispielsweise in Form von Betriebsstätten oder Tochterkapitalgesellschaften, findet dagegen meist auch ein realwirtschaftlicher Kapitaltransfer statt, der zu zusätzlicher Wertschöpfung im Empfängerland führt. Daher ist es für die Staaten von besonderer Bedeutung, wie Direktinvestitionen auf steuerliche Standortunterschiede reagieren. Die volkswirtschaftliche Literatur geht derzeit von einer Steuerelastizität der FDI von ca. -0,6 aus, d. h. bei einer Erhöhung der Unternehmenssteuersätze um 1% nehmen die FDI um 0,6% ab.[3] Dabei ist zu beachten, dass mit einer Angleichung der nichtsteuerlichen Standortfaktoren die Steuerbelastung bei der Standortwahl eine größere Bedeutung einnimmt.[4]

Ein Interesse der Staaten an der Unternehmensansiedlung und die Antizipation der Unternehmensentscheidungen bei der Steuerrechtsetzung kann unterstellt werden. So bezieht sich beispielsweise der deutsche Gesetzgeber in Gesetzesbegründungen auf den internationalen Standort- und Steuerwettbewerb[5] und gesteht ihm für die weitere Steuerpolitik eine „zentrale Bedeutung"[6] zu. Damit ist „von einem realen und wirksamen Steuerwettbewerb auszugehen",[7] der durch die zunehmende Globalisierung verstärkt wird (und seinerseits die Globalisierung verstärkt)[8] und der zu einer Verschie-

---

[1] Versuche, Portfolioinvestitionen zu besteuern, führten regelmäßig zu einer sofortigen Kapitalabwanderung, vgl. zu einem Überblick über die Kapitalbewegungen nach der Einführung bzw. Abschaffung von Zinsabschlagssteuern: *Sørensen, P. B.*, Auswirkungen, 1992, S. 337 f. Dies erklärt auch, warum in Deutschland und in vielen anderen Staaten Zinserträge nicht zu einer beschränkten Steuerpflicht des Empfängers führen, vgl. die Übersicht in *BMF* (Hrsg.), Steuern, 2003, S. 26.

[2] Vgl. *Sørensen, P. B.*, Auswirkungen, 1992, S. 337; *Büttner, T.*, Empirie, 2001, S. 59; *Schön, W.*, Competition, 2002, S. 36 f.

[3] Vgl. *Gehauf, G.*, Gewinntransfers, 2004, S. 44 f. *Hines, J. R.*, Behavioral, 1999, S. 309 f., weist auf Schwierigkeiten bei der Interpretation derartiger Ergebnisse hin.

[4] Vgl. oben B.I.2, S. 13.

[5] Vgl. *Hey, J.*, Erosion, 2005, S. 323 f. Vgl. z. B. die Gesetzesbegründung zum Standortsicherungsgesetz, BT-Drs. 12/4158, S. 23 f. Ein aktuelles Beispiel ist das Unternehmenssteuerreformgesetz 2008, das u. a. den Körperschaftsteuersatz senken soll, um die „steuerliche Attraktivität des Standortes Deutschland" zu erhöhen, vgl. Gesetzentwurf der Bundesregierung v. 14.03.2007, Entwurf eines Unternehmenssteuerreformgesetzes, S. 1.

[6] *Eichel, H.*, Steuerwettbewerb, 2004, S. 36.

[7] *Müller, W.*, Steuerwettbewerb, 2004, S. 64.

[8] Vgl. *Müller, W.*, Steuerwettbewerb, 2004, S. 46.

bung der Steuerlasten auf immobile Steuerquellen führen kann bzw. bereits geführt hat.[1]

b) Wirkung des Steuerwettbewerbs

ba) Das Tiebout-Modell

Die erste grundlegende Arbeit zum Thema des Standortwettbewerbs wurde von *Tiebout* 1956 veröffentlicht.[2] In einer Reaktion auf Ergebnisse von *Musgrave* und *Samuelson*, nach denen eine effiziente Bereitstellung öffentlicher Güter nicht durch eine marktähnliche Lösung erreicht werden kann,[3] argumentierte *Tiebout*, dass es durch Wanderungsbewegungen der Bürger zu einer effizienten Lösung kommen kann. Die Entscheidung, den Wohnort zu wechseln (oder nicht zu wechseln), signalisiert bei hinreichend vielen Wahlmöglichkeiten zwischen verschiedenen Wohnorten die Zahlungsbereitschaft für bestimmte Bündel öffentlicher Güter. Auch ohne klassischen Marktmechanismus kann so ein effizientes Ergebnis erreicht werden.[4]

Das *Tiebout*-Modell wurde in verschiedenen Schritten erweitert, sodass der Steuerwettbewerb explizit mit modelliert wurde oder auch mobile Unternehmen, mobiles Kapital und mobile Arbeit integriert werden konnten. In diesen Modellen können die Menschen (bzw. Unternehmen) je nach ihren Präferenzen zwischen Gegenden[5] mit hohen Steuern und einer guten Versorgung mit öffentlichen Gütern und Gegenden mit niedrigen Steuern und einem niedrigen Niveau der Versorgung mit öffentlichen Gütern wählen.[6] Allen Erweiterungen des Modells ist gemeinsam, dass es nur dann zu Ineffizienzen kommt, wenn von zentralen Annahmen des *Tiebout*-Modells abgewichen wird und zum Beispiel externe Effekte der bereitgestellten öffentlichen Güter zwischen den beteiligten Gegenden angenommen werden.[7]

---

[1] Vgl. *Sørensen, P. B.*, co-ordination, 2000; *Devereux, M. P./Griffith, R./Klemm, A.*, Reforms, 2002, S. 483-487; *BMF*, Wettbewerb, 2004, S. 45; *Müller, R.*, Steuersysteme, 2006.

[2] Vgl. *Tiebout, C. M.*, Theory, 1956.

[3] Vgl. beispielsweise *Samuelson, P. A.*, Theory, 1954.

[4] Vgl. *Tiebout, C. M.*, Theory, 1956, S. 420.

[5] Gegend („community") steht allgemein für ein abgrenzbares räumliches Gebilde mit Steuerhoheit, sei es eine Gemeinde, ein Kreis, ein Kanton, ein Bundesland oder ein Staat.

[6] Vgl. die Darstellung bei *Oates, W. E.*, Federalism, 1972, S. 128-131.

[7] Vgl. zu einer Zusammenfassung der Weiterentwicklungen des Tiebout-Modells: *Wilson, J. D.*, Theories, 1999, S. 271-273; *Zodrow, G.*, Coordination, 2003, S. 655-660, jeweils m. w. N.

bb) Das neoklassische Standardmodell

Ohne ein formales Modell aufzustellen, hat *Oates* verschiedene Gründe dafür angeführt, warum Steuerwettbewerb kein geeignetes Instrument zur Ermittlung des optimalen Niveaus der Versorgung mit öffentlichen Gütern darstellt:[1] Wird eine progressive Einkommensteuer erhoben, kommt es zu einer Art adversen Selektion,[2] d. h. arme Leute werden bei gleichem Niveau öffentlicher Güter in Gegenden mit stärkerer Spreizung der Tarife ziehen, während reiche Leute in Gegenden ziehen werden, die eher Steuern mit proportionalen Tarifen (oder sogar Kopfsteuern) erheben. Wird eine Verkaufssteuer erhoben, kommt es zu ähnlichen Verzerrungen oder zu grenzüberschreitenden Kaufreisen. Wird eine Unternehmensteuer erhoben, werden die Ansiedlung der Unternehmen, die Höhe der Löhne und die Kapitalallokation verzerrt. Eine Grundsteuer wird auf Mieten und Pachten überwälzt, sodass es über die unterschiedlichen Grundstückswerte wiederum zu einer Verzerrung der Wohnortwahl reicher Menschen (die in teuren Wohnungen leben) und armer Menschen kommt.

Zodrow/Mieszkowski waren unter den Ersten, die diese Argumentation in Form eines formalen Modells dargestellt haben.[3] Die Staaten wollen in diesem Modell den aggregierten Nutzen ihrer Einwohner und nicht nur ihre Steuereinnahmen maximieren.[4] Die Einwohner ziehen Nutzen aus dem Konsum eines privaten Guts und eines lokalen öffentlichen Guts. Das öffentliche Gut wird vom Staat bereitgestellt und zumindest teilweise durch eine Steuer auf den Kapitaleinsatz finanziert, während das private Gut von den Einwohnern aus ihrem Einkommen nach Steuern erworben wird. Ihr Kapital können die Einwohner weltweit einsetzen (mobiler Produktionsfaktor), sie sind aber mit ihrem Arbeitseinkommen (immobiler Produktionsfaktor) an ihren Wohnort gebunden. Als Arbeitseinkommen erhalten sie den nach Entlohnung des Kapitals übrig bleibenden Teil des Outputs in ihrem Land.[5]

---

1 Vgl. *Oates, W. E.*, Federalism, 1972, S. 131-140, weiterführend S. 140-145.

2 Vgl. dazu grundlegend *Akerlof, G. A.*, Lemons, 1970.

3 Vgl. *Zodrow, G. R./Mieszkowski, P.*, Pigou, 1986; gleichzeitig erschien ein ähnliches Modell von *Wilson*, vgl. *Wilson, J. D.*, Theory, 1986.

4 Da *Zodrow/Mieszkowski* von identischen Einwohnern ausgehen, ist es ausreichend, wenn der Staat versucht, den Nutzen eines repräsentativen Einwohners zu maximieren, vgl. *Zodrow, G. R./Mieszkowski, P.*, Pigou, 1986, S. 359.

5 *Zodrow/Mieszkowski* bezeichnen den zweiten Produktionsfaktor als „Land“ und nicht als „Arbeitseinkommen“, vgl. *Zodrow, G. R./Mieszkowski, P.*, Pigou, 1986, S. 358 f. Unabhängig von der Bezeichnung ist im Modell nur relevant, dass es sich um einen ortsgebundenen, immobilen Produktionsfaktor handelt.

Aus der Sicht eines im Vergleich zum Rest der Welt kleinen Landes ist der Zinssatz, den das Kapital am Weltmarkt (nach Steuern) erhält, exogen fixiert. Unter der Annahme abnehmender Grenzerträge des Kapitals müssen die Staaten bei Erhebung bzw. Erhöhung einer Steuer auf den Kapitaleinsatz mit einer Kapitalabwanderung rechnen.

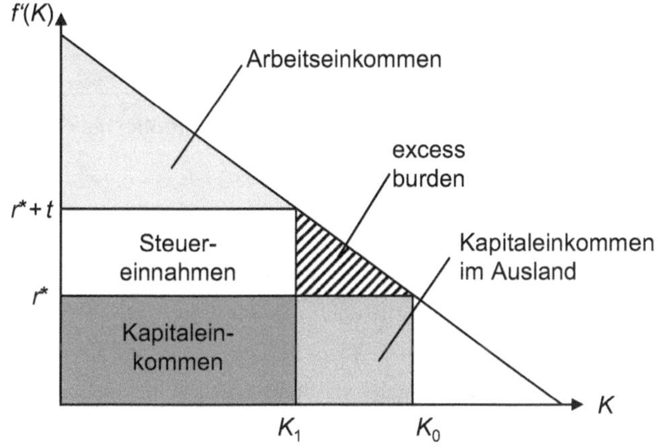

Abbildung 11: Wirkung einer Quellensteuer auf Kapitaleinkommen[1]

Abbildung 11 zeigt die Wirkung einer Quellensteuer[2] bei international mobilem Kapital: Wird eine Quellensteuer auf das eingesetzte Kapital erhoben, sinkt der Kapitaleinsatz in dem betreffenden Land von K_0 auf K_1, da das im Inland eingesetzte Kapital eine höhere Rendite ($r^* + t$) erwirtschaften muss, um nach Steuern die Weltmarktrendite zu erzielen. Weniger produktives Kapital wandert somit ins Ausland ab. Das in dem Land erzielte Kapitaleinkommen geht um die Fläche $(K_0 - K_1) \cdot r^*$ zurück, die Steuereinnahmen betragen $K_1 \cdot ((r^* + t) - r^*)) = K_1 \cdot t$. Die Steuereinnahmen werden jedoch indirekt vom immobilen Produktionsfaktor durch einen Rückgang der Arbeitseinkommen bezahlt. Über den Betrag der Steuereinnahmen sinken die Arbeitseinkommen aber noch um die in Abbildung 11 schräg gestreifte Fläche („excess burden“), die dem Arbeitseinkommen entspricht, das verloren geht, weil Kapital in das Ausland abgewandert ist.

[1] In Anlehnung an *BMF* (Hrsg.), Reform, 1999, S. 70; *Homburg, S.*, Steuerlehre, 2007, S. 295.

[2] Der Begriff der Quellensteuer steht in den volkswirtschaftlichen Modellen für jede Besteuerung, die im Quellenstaat erfolgt, also beispielsweise auch für eine Körperschaftsteuer oder für eine Steuer auf Betriebsstätteneinkünfte, auf die die Freistellungsmethode Anwendung findet.

Die Höhe der Kapitalabwanderung wird im Modell von *Zodrow/Mieszkowski* als Φ bezeichnet. Unter Berücksichtigung dieses Effekts gilt für wohlfahrtsmaximierende Staaten in ihrem Modell die Bedingung:

$$\frac{U_P}{U_C} = \frac{1}{\left(1 - \frac{t \cdot \Phi}{K}\right)} > 1 \qquad \text{(D-1)}$$

Die marginale Grenzrate der Substitution zwischen privatem Konsum *C* und dem öffentlichen Gut *P* ist in ihrem Modell damit im Optimum größer als eins, was auf eine Unterversorgung mit öffentlichen Gütern hindeutet.[1]

bc) Fiskalische Externalitäten und Allokationseffizienz

Im Standardmodell des Steuerwettbewerbs treten aus zwei Gründen Ineffizienzen auf. Der erste Grund sind fiskalische Externalitäten: Da ein Land bei der Wahl seines Steuersatzes zwar berücksichtigt, dass eine Steuererhöhung zu einer Kapitalabwanderung führt, den korrespondierenden Zuwachs an Steuersubstrat in anderen Ländern aber nicht berücksichtigt, wird es die Steuersätze gesamtwirtschaftlich gesehen ineffizient niedrig setzen, wodurch es zu einer Unterversorgung mit öffentlichen Gütern kommt.[2] Soweit die Länder unterschiedlich hohe Steuersätze haben,[3] kommt es darüber hinaus im Modell zu einer Verzerrung der Kapitalallokation im Vergleich zur Situation ohne Steuern (oder mit gleichen Steuersätzen). Wenn die Kapitaleigner die Nachsteuerrendite des Kapitals maximieren, wird es bei unterschiedlichen Steuersätzen nicht zur höchsten Vorsteuer-Grenzproduktivität eingesetzt.

Je nach gewähltem Modell wurden noch weitere potenziell negative Wirkungen eines Systemwettbewerbs dargestellt, allerdings wurden auch Aspekte angesprochen, die positive Folgen haben können.[4] Während ein Wettbewerb auf Privatmärkten unter den Annahmen der Neoklassik regelmäßig positive Folgen hat, führt ein Wettbewerb zwischen den Staaten somit unter vergleichbaren Annahmen nicht zu einem effizienten Ergebnis. Ein Vergleich mit dem Wettbewerb auf Privatmärkten ist dennoch in jeden-

---

1 Vgl. *Zodrow, G. R./Mieszkowski, P.*, Pigou, 1986, S. 367. Vgl. zu den Bedingungen einer optimalen Versorgung mit öffentlichen Gütern *Samuelson, P. A.*, Theory, 1954; ausführlich vgl. *Buchanan, J. M.*, Public Goods, 1967.

2 Vgl. *Feld, L. P./Kirchgässner, G.*, Steuerwettbewerb, 2001, S. 25 f.

3 Voraussetzung hierfür ist, dass die Länder im Gegensatz zum Modell von *Zodrow/Mieszkowski* nicht identisch sind.

4 Vgl. zu einer Übersicht *Wilson, J. D./Wildasin, D. E.*, bane, 2004; *Müller, W.*, Steuerwettbewerb, 2004, S. 78-84; *Zodrow, G.*, Coordination, 2003, S. 655-660; *Feld, L. P./Kirchgässner, G.*, Steuerwettbewerb, 2001, S. 24-35; *Wilson, J. D.*, Theories, 1999.

falls einer Hinsicht zulässig: Eine Steuerharmonisierung ist ähnlich wie ein Kartell im unternehmerischen Bereich inhärent instabil, da der Anreiz zur Defektion mit zunehmender Größe des Kartells ansteigt. Die Staaten, die sich einer Steuerharmonisierung widersetzen, profitieren umso mehr, je mehr Staaten bereits miteinander kooperieren.[1] Vor allem für kleine Staaten lohnt sich die Defektion, da diese vom Steuerwettbewerb tendenziell profitieren und im Nash-Gleichgewicht niedrigere Steuersätze setzen als große Staaten.[2] Eine angestrebte Steuerharmonisierung wird daher auf besonders großen Widerstand seitens dieser Kleinstaaten stoßen.

c) Möglicher Einfluss von Missbrauchsverhinderungsnormen

Die bisher dargestellten Modelle sind für die Untersuchung eines möglichen Einflusses von Missbrauchsverhinderungsnormen nicht geeignet. Es wird regelmäßig von einer Besteuerung der Kapitaleinkünfte ausschließlich und in voller Höhe am Ort des Kapitaleinsatzes ausgegangen (Quellenprinzip).[3] Durch Missbrauchsverhinderungsnormen kann es einerseits zur Durchsetzung des Quellenprinzips kommen, wenn beispielweise Unterkapitalisierungsregeln eine Ausstattung mit Eigenkapital teilweise erzwingen. Andererseits kann aber auch die Quellenbesteuerung durch eine Wohnsitzbesteuerung verdrängt werden, wenn beispielsweise die Abschirmwirkung einer Tochterkapitalgesellschaft durchbrochen wird. Daneben können multinationale Konzernunternehmungen Gewinne von einer Steuerhoheit in eine andere verlagern. Dazu können sie Vertragsvereinbarungen bei Leistungen zwischen verschiedenen Gesellschaften innerhalb des Konzerns in bestimmten Bandbreiten nach oben oder unten anpassen.[4] Durch diese Gewinnverlagerung kann es zu einem (teilweisen) Auseinanderfallen des Ortes der Gewinnentstehung (Ort der Investition) und des Ortes der Gewinnversteuerung kommen.

Das Modell muss daher zum einen berücksichtigen, dass durch Steuerplanung der Ort der Gewinnversteuerung beeinflusst werden kann. Zum anderen werden der Steuerplanung durch Missbrauchsverhinderungsnormen und durch Transferpreisvorschriften Grenzen gesetzt, die durch das Modell ebenfalls abgebildet werden müssen. Die bisher dargestellten finanzwissenschaftlichen Modelle des Steuerwettbewerbs sind hierfür

---

1 Vgl. *Dwyer, T.*, Vanuatu, 2000, S. 56.

2 Vgl. *Bucovetsky, S.*, Asymmetric, 1991; *Wilson, J. D.*, Differences, 1991; *Kanbur, R./Keen, M.*, Jeux, 1993, für Verbrauchsteuern.

3 Vgl. dazu *Homburg, S.*, Steuerlehre, 2007, S. 273-281.

4 Eine Übersicht über Möglichkeiten und Grenzen der Gewinnverlagerung findet sich beispielsweise bei *Jacobs, O. H.*, Unternehmensbesteuerung, 2002, S. 1013-1067, 1075-1086; *Schwenke, M.*, Möglichkeiten, 1998. Vgl. dazu unten D.I.1.c)ca), S. 118.

nicht geeignet. Ihr Abstraktionsgrad ist so hoch, dass durch sie die Komplexität der Missbrauchsverhinderungsnormen nicht erfasst werden kann. Insbesondere die Möglichkeit der Gewinnverlagerung in Basisgesellschaften in Niedrigsteuerländern wird von den Modellen nicht erfasst.[1]

ca) Begriff der Gewinnverlagerung

Vor allem wenn die Gesellschaften eines Konzerns in verschiedenen Ländern ansässig sind, entscheidet die Verteilung des Konzerngewinns auf die beteiligten Gesellschaften über die steuerliche Belastung der Konzernunternehmung. Dadurch bieten sich Möglichkeiten, Steuerersparnisse zu erzielen, ohne dass dies mit einer Änderung der Produktionsstruktur oder mit einer realen Kapitalbewegung verbunden sein muss.[2] Auf steuerliche Belastungsunterschiede kann durch eine Verschiebung steuerlicher Bemessungsgrundlagen reagiert werden.

Eine enge Definition von Gewinnverlagerungen liefert *Höppner*:

> „Gemeint ist hiermit die Verlagerung von Gewinn aus einem Hochsteuerstaat in ein gesellschaftsrechtlich verbundenes Unternehmen in einem Niedrigsteuerstaat durch unangemessene Gestaltung der Geschäftsbeziehungen."[3]

Die Verwendung des Begriffs „unangemessen" wirft hier dieselben Probleme auf wie bei der Definition des Begriffs der Steuerumgehung,[4] darüber hinaus ist diese Definition von Gewinnverlagerungen für die Zwecke dieser Arbeit zu eng. Zum einen kann bei komplexen Transaktionen bereits die Ermittlung einer angemessenen konzerninternen Gegenleistung anhand des arm's-length-principles unmöglich sein.[5] Zum anderen löst die Entscheidung, wie eine Investition im Konzernverbund finanziert wird, unabhängig von der Angemessenheit der Vertragsbeziehungen Verlagerungen des Konzerngewinns aus. Ein Maßstab, der eine angemessene Gestaltung definiert, ist bei

---

[1] Vgl. beispielsweise *Müller, W.*, Steuerwettbewerb, 2004. Im Grundlagenkapitel spricht er zwar diese Möglichkeit an, er greift das Problem aber weder in der Darstellung der neoklassischen Standardmodelle des Steuerwettbewerbs noch in seiner politökonomischen Kritik an diesen Modellen wieder auf.

[2] Vgl. *Tanzi, V.*, Globalization, 1998, S. 14 f.; *Schreiber, U.*, Mobilität, 1998, S. 30. Eine derartige Gewinnverlagerung ohne Verlagerung der Gewinnentstehung ist abzugrenzen von einer Änderung in der Struktur der unternehmerischen Leistungserbringung, die als „reale Gewinnverlagerung" bezeichnet werden kann, vgl. *Eisele, F.*, Funktionsverlagerung, 2003, S. 1 f.

[3] *Höppner, H.-D.*, Äquivalenzprinzip, 2001, S. 101. Als Hauptbeispiele nennt er „die innerkonzernlichen Lieferungen oder Leistungen zu einem zu niedrigen bzw. zu hohen Preis, verglichen mit den Preisen zwischen unabhängigen Unternehmen."

[4] Vgl. oben B.III, S. 26, und C.I.2.b), S. 57.

[5] So auch *Höppner, H.-D.*, Äquivalenzprinzip, 2001, S. 101 m. w. N.

der Wahl der Finanzierungsform ebenfalls häufig nicht zu erkennen.[1] Für Zwecke dieser Arbeit gelten daher sämtliche Maßnahmen, die den steuerlichen Gewinn des Konzerns vorteilhaft auf unterschiedliche Steuerregime verteilen, als Gewinnverlagerung.

cb) Empirische Untersuchungen zur Gewinnverlagerung

In zahlreichen Untersuchungen wurde gezeigt, dass multinationale Konzerne von den Möglichkeiten der Gewinnverlagerung Gebrauch machen.[2] Dabei konnte nachgewiesen werden, dass Steueroasen eine große Rolle bei der internationalen Steuerplanung spielen und sich die Existenz von Steueroasen sogar positiv auf die Investitionen in den umliegenden Ländern auswirken kann.[3]

Mintz/Smart konnten zeigen, dass eine Steuersatzreduktion um einen Prozentpunkt zu einem Anstieg der erklärten Steuerbemessungsgrundlage um 8,5% bei Firmen mit Einkünfteverlagerungsmöglichkeiten geführt hat, während die Bemessungsgrundlage bei Firmen ohne diese Möglichkeiten nur um 1,6% gestiegen ist.[4] *Bartelsman/Beetsma* schätzen, dass mindestens 65% des theoretischen Steuermehraufkommens bei einer Steuersatzerhöhung aufgrund internationaler Gewinnverlagerungen ausbleiben.[5]

Zur Gewinnverlagerung genutzt werden vor allem Vergütungen für immaterielle Vermögenswerte und konzerninterne Finanzierungsstrategien. Beide Methoden erklären

---

[1] Wird die Investition als Betriebsstätte ausgestaltet, bestehen Schwierigkeiten bei der Ermittlung des Dotationskapitals, vgl. *Jacobs, O. H.*, Unternehmensbesteuerung, 2002, S. 645-648; *Wassermeyer F.*, Debatin/Wassermeyer, 2000, Art. 7 OECD-MA, Rz. 290-293; *Kleineidam, H.-J.*, Auslandsbetriebsstätten, 1993, S. 350 f. Bei der Investition in Form einer selbstständigen Tochterkapitalgesellschaft ist wegen der grundsätzlichen Finanzierungsfreiheit und dem Fehlen eindeutiger Kapitalstrukturregeln die Bestimmung einer angemessenen Eigenkapitalausstattung regelmäßig nicht möglich, vgl. *Frotscher, G.*, Frotscher/Maas, 2006, § 8a KStG, Rz. 2; *Kröner, M.*, Ernst&Young, 2005, § 8a KStG, Rz. 6 f., 12.

[2] Vgl. die Zusammenfassung bei *Hines, J. R.*, Behavioral, 1999, S. 313-318. Eine aktuellere Übersicht findet sich auch bei *Stöwhase, S.*, Decisions, 2005, S. 57-70.

[3] Vgl. *Desai, M. A./Foley, C. F./Hines, J. R.*, Demand, 2006; *Desai, M. A./Foley, C. F./Hines, J. R.*, divert, 2006; ähnlich *Grubert, H.*, Intangible, 2003.

[4] Vgl. *Mintz, J./Smart, M.*, shifting, 2004, S. 1161-1163. In ihrem Datensatz sind drei Arten von Unternehmen enthalten, die innerhalb Kanadas tätig sind: Unternehmen, die nur in einer Provinz Steuern zahlen, Unternehmen, deren Bemessungsgrundlage auf die Provinzen zerlegt wird („formula apportionment", vergleichbar der Zerlegung des Gewerbesteuermessbetrags auf die Betriebsstättengemeinden) und Unternehmen (Konzerne), die in mehreren Provinzen rechtlich selbstständige Gesellschaften unterhalten und durch konzerninterne Transaktionen Möglichkeiten zur Gewinnverlagerung haben.

[5] Vgl. *Bartelsman, E. J./Beetsma, R. M.*, transfer pricing, 2003, S. 2238 f.

zusammen praktisch das gesamte Ausmaß an beobachtbarer Gewinnverlagerung innerhalb der untersuchten US-amerikanischen Konzerne.[1]

cc) Gewinnverlagerung im Modell

Die empirische Bedeutung von Gewinnverlagerungen, insbesondere durch konzerninterne Finanzierung, konnte nachgewiesen werden. Die Auswirkungen von Gewinnverlagerungen auf den Steuerwettbewerb sind jedoch unklar. Einerseits kann dadurch die Unterversorgung mit öffentlichen Gütern (und staatlich bereit gestellten Produktionsfaktoren) verstärkt werden.[2] Andererseits kann aber auch eine höhere Besteuerung als bei Abwesenheit von Gewinnverlagerungen die Folge sein.[3] Daneben besteht für die Staaten im Steuerwettbewerb die Möglichkeit, durch eine Kombination aus hohen Steuersätzen und großen Spielräumen in den Transferpreisregeln (oder einer nicht konsequenten Durchsetzung der vorhandenen Regeln) die weniger mobilen inländischen Unternehmen zu besteuern, aber dennoch attraktiv für die Investitionen multinationaler Konzerne zu sein. Es lässt sich im Modell zeigen, dass die strenge Durchsetzung von Transferpreisen für die Staaten nicht immer sinnvoll sein muss.[4] Da die Modelle aber andererseits auch eine internationale Doppelbesteuerung prognostizieren, die aus nicht aufeinander abgestimmten Transferpreisregeln resultiert, erscheinen die Bemühungen der OECD um einheitliche Transferpreisregeln[5] im Modell als sinnvoll.[6]

Die angesprochenen Modelle bilden jedoch nur Gewinnverlagerungen durch die Höhe der Transferpreise bei konzerninternen Lieferbeziehungen ab. Gewinnverlagerungen durch konzerninterne Fremdkapitalvergabe wurden bisher kaum dargestellt. Im Modell von *Mintz/Smart*[7] existieren für eine Firma, die in mehreren Ländern investiert, keine Beschränkungen hinsichtlich der Höhe der internen Fremdkapitalvergabe.[8] Durch die hieraus resultierende Gewinnverlagerung nehmen die Investitionen in den Hochsteuerländern zu, allerdings können diese Länder jeweils nur die Produktionsrente besteuern, während das Kapitaleinkommen komplett in der „relativen Steueroase“ versteuert

---

[1] Vgl. *Grubert, H.*, Intangible, 2003; *Altshuler, R./Grubert, H.*, Repatriation, 2002.

[2] Vgl. *Haufler, A./Schjelderup, G.*, taxation, 1999.

[3] Vgl. *Elitzur, R./Mintz, J.*, rules, 1996.

[4] Vgl. *Peralta, S./Wauthy, X./Ypersele, T. v.*, Control, 2006. Empirische Hinweise, die diese Hypothese stützen können, finden sich bereits bei *Grubert, H.*, Tax Burden, 2003, S. 19-23.

[5] Vgl. *OECD*, Verrechnungspreisgrundsätze, 2000.

[6] Vgl. *Mansori, K. S./Weichenrieder, A. J.*, Disputes, 2001; *Raimondos-Møller, P./Scharf, K.*, Transfer pricing, 2002.

[7] Vgl. *Mintz, J./Smart, M.*, shifting, 2004.

[8] Der konzernintern verrechnete Zinssatz ist in ihrem Modell allerdings exogen fixiert.

wird.[1] *Fuest/Hemmelgarn* haben ein Modell mit einer weiteren Tochtergesellschaft in einer Steueroase entwickelt und zeigen, dass es für die anderen Staaten in ihrem Modell regelmäßig sinnvoll ist, die Steuersätze zu harmonisieren und die Bemessungsgrundlagen zu verbreitern.[2]

Keines der dargestellten Modelle hat allerdings zum Ziel, Missbrauchsverhinderungsnormen zu erfassen.[3] Soweit ersichtlich existieren in der Literatur kaum Modelle, die Missbrauchsverhinderungsnormen und Steuerwettbewerb gleichzeitig betrachten: In einem älteren Beitrag untersucht *Weichenrieder* den Einfluss der Hinzurechnungsbesteuerung und vergleichbarer Vorschriften auf ausländische Direktinvestitionen.[4] In einem aktuellen Working-Paper untersuchen *Buettner* u. a. den Effekt von Unterkapitalisierungsvorschriften auf Finanzierungs- und Investitionsentscheidungen multinationaler Konzerne.[5] Eine kombinierte Analyse mehrerer Missbrauchsverhinderungsnormen in einem einheitlichen Modell ist bisher noch nicht vorgenommen worden.

d) Auswahl des Modelluntersuchungsgegenstandes

Der Einfluss von Gewinnverlagerungen und der hier untersuchten Missbrauchsverhinderungsnormen auf die Standortwahl und den Steuerwettbewerb kann mit den bisher besprochenen Modellen nicht untersucht werden. Daher ist die Entwicklung eines eigenen Modells erforderlich. Es sollte die empirisch als bedeutend identifizierten Strategien zur Gewinnverlagerung abbilden. Auch wenn die konzerninterne Lizenzpolitik aggregiert die gleiche Bedeutung für die beobachtbaren Gewinnverlagerungen hat, ist die Untersuchung der konzerninternen Finanzierungsstrategie für das weitere Vorgehen der geeignetere Untersuchungsgegenstand. Finanzierungsentscheidungen

---

[1] Vgl. *Mintz, J./Smart, M.*, shifting, 2004, S. 1151-1153. Der Grund liegt darin, dass ein Hochsteuerland in ihrem Modell durch eine Senkung des Steuersatzes nur dann zusätzliches Steuersubstrat gewinnt, wenn es zu dem Land mit dem niedrigsten Steuersatz wird und somit das gesamte Kapitaleinkommen und nicht nur die lokale Produktionsrente besteuert.

[2] Vgl. *Fuest, C./Hemmelgarn, T.*, thin capitalization, 2005.

[3] *Fuest/Hemmelgarn* sprechen zwar die Vorschrift des § 8a KStG an, beschreiben sie aber letztlich falsch, vgl. *Fuest, C./Hemmelgarn, T.*, thin capitalization, 2005, S. 513. Sie modellieren § 8a KStG und vergleichbare Unterkapitalisierungsvorschriften als Kosten der Verzerrung der Kapitalstruktur. Diese Kosten werden als konvex steigende Funktion der internen Darlehensvergabe angenommen. Damit wird beispielsweise der Effekt eines safe haven überhaupt nicht erfasst. Auf die potenzielle Bedeutung von Missbrauchsverhinderungsnormen weist bereits *Grubert, H.*, Tax Burden, 2003, hin.

[4] Vgl. *Weichenrieder, A. J.*, Provisions, 1996. Konzerninterne Darlehensvergabe und Transferpreise werden in seinem Modell nicht betrachtet. Da sein Modell im Wesentlichen Fragen der Eigenfinanzierung der Tochtergesellschaft im Ausland und der optimalen Redistributionspolitik behandelt, ist es nicht geeignet, um die weiteren Auswirkungen der Hinzurechnungsbesteuerung und anderer Missbrauchsverhinderungsnormen auf Standortwahl und Steuerwettbewerb zu analysieren.

[5] Vgl. *Buettner, T.* u. a., Impact, 2006.

spielen in jedem (internationalen) Konzern eine zentrale Rolle, während die Lizenzpolitik nur dann in der Steuerplanung eingesetzt werden kann, wenn ausreichend Lizenzen, Patente oder ähnliche immaterielle Vermögenswerte vorhanden sind, mit denen eine Gewinnverlagerung möglich ist.[1] Das Modell beschränkt sich daher auf die Untersuchung konzerninterner Finanzierungsentscheidungen.

Bei einem nur zweistufigen Konzernaufbau mit Mutter- und Tochtergesellschaft kann das niedrigere Steuerniveau der beiden Sitzstaaten durch Finanzierungsgestaltungen nicht unterschritten werden. Erst durch die Einschaltung einer dritten Gesellschaft in einem Niedrigsteuerland kann die Steuerbelastung auf ein nochmals niedrigeres Niveau gesenkt werden.[2] Im Rahmen der konzerninternen Finanzierung kann dieses Ziel durch die Einschaltung einer Konzernfinanzierungsgesellschaft erreicht werden. Die Funktionen einer solchen Finanzierungsgesellschaft und die steuerlichen Restriktionen, denen sie unterworfen ist, sollen im Folgenden dargestellt werden. Dies ermöglicht es, zu entscheiden, welche Missbrauchsverhinderungsnormen durch das Modell abgebildet werden müssen.

2. Konzernfinanzierung mit Finanzierungsgesellschaften

Finanzierungsentscheidungen müssen unter Berücksichtigung ihrer steuerlichen Wirkungen getroffen werden und zählen damit zu den wesentlichen Elementen bei der Steuerplanung internationaler Konzerne.[3] Eine Zielsetzung der Finanzierungsplanung ist es dabei, Zinsen in den Unternehmensteilen bzw. Konzerngesellschaften anfallen zu lassen, die der höchsten steuerlichen Belastung unterliegen. Unternehmensteile bzw. Gesellschaften, die in Niedrigsteuerländern ansässig sind, sollten dagegen primär mit Eigenkapital ausgestattet werden.[4]

Für Gesellschaften, die Mitglied eines Konzernverbundes sind, steht zusätzlich zu den grundsätzlichen Möglichkeiten der Innen- und Außenfinanzierung die Möglichkeit einer konzerninternen Außenfinanzierung zur Verfügung, bei der das Kapital von

---

[1] Eine erfolgreiche Gewinnverlagerung war in der Untersuchung von *Grubert* sogar nur für forschungsbezogene immaterielle Vermögenswerte feststellbar, nicht dagegen für immaterielle Vermögenswerte, die in Zusammenhang mit dem Markenwert stehen, vgl. *Grubert, H.*, Intangible, 2003, S. 233.

[2] Vgl. *Spengel, C.*, Unternehmensbesteuerung, 2003, S. 45.

[3] Vgl. *Piltz, D. J.*, Normenmatrix, 1995, S. 1; *Theisen, M. R.*, Konzern, 2000, S. 596; *Jacobs, O. H.*, Unternehmensbesteuerung, 2002, S. 762; *Burmester, G.*, Unternehmensfinanzierung, 2003, S. 1-4.

[4] Vgl. *Theisen, M. R.*, Konzern, 2000, S. 460; *Jacobs, O. H.*, Unternehmensbesteuerung, 2002, S. 762 f.

anderen Konzerngesellschaften zur Verfügung gestellt wird.[1] Soweit der Konzern als Ganzes das Kapital für eine Investition nicht selbst bereit stellen kann, sondern erst aufnehmen muss (Konzernaußenfinanzierung), kann dies zum einen durch die Muttergesellschaft oder durch die Tochtergesellschaft geschehen. Zum anderen besteht jedoch die Möglichkeit, andere Konzerngesellschaften, insbesondere eigenständige Konzernfinanzierungsgesellschaften, mit der Mittelaufnahme und/oder -vergabe zu betrauen.[2] Die Übertragung der Finanzierungsfunktion auf eine derartige Gesellschaft stellt dabei in der Regel keinen steuerbaren Tatbestand dar.[3]

a) Einsatzmöglichkeiten und Funktion von Finanzierungsgesellschaften

Konzernfinanzierungsgesellschaften dienen der Zentralisierung der Konzernfinanzierung in einer rechtlich selbstständigen Gesellschaft, die nicht die Muttergesellschaft ist.[4] Mit ihnen können Konzerne Kapital für ihr weltweites Engagement zentral beschaffen und unabhängig davon innerhalb des Konzerns verteilen.[5] Wird das aufgenommene Kapital konzernintern nur als Fremdkapital weitergereicht, spricht man von einer reinen Finanzierungsgesellschaft; wird es daneben als Eigenkapital weitergereicht, werden somit zusätzlich Holdingfunktionen übernommen, spricht man von einer gemischt tätigen Finanzierungsgesellschaft.[6] Für die Einschaltung einer Finanzierungsgesellschaft im Ausland können sowohl steuerliche Gründe als auch außersteuerliche Gründe sprechen.[7] Nicht steuerliche Gründe können neben dem Zugang zum ausländischen Kapitalmarkt zu günstigeren Zinskonditionen beispielsweise in der

---

1 Vgl. *Theisen, M. R.*, Konzern, 2000, S. 459 f.

2 Vgl. *Gundel, G.*, Finanzierungsgestaltungen, 1994, S. 211; *Menck, T.*, Grundmodelle, 1997, S. 197; *Bosch, H.-G.*, Gestaltungen, 1997, S. 1736; *Theisen, M. R.*, Konzern, 2000, S. 597; *Uckmar, V.*, Planning, 2003, S. 4; *Theisen, M. R./Wenz, M.*, Verteilung, 2005, S. 43-46.

3 Vgl. *Haas, W.*, Praxisbericht, 2006, S. 194 f. Insbesondere handelt es sich bei der Übertragung der Finanzierungsfunktion nicht um die Verlagerung einer Geschäftschance, vgl. *Burwitz, G.*, Konzernfinanzierungsgesellschaften, 2005, S. 50 f. Vgl. zur Geschäftschancenüberlassung *Eisele, F.*, Funktionsverlagerung, 2003, S. 300-308; *Ditz, X.*, Übertragung, 2006.

4 Vgl. *Theisen, M. R.*, Konzern, 2000, S. 597.

5 Vgl. *Menck, T.*, Grundmodelle, 1997, S. 197; *Eilers, S.*, Substanzerfordernis, 2005, S. 325.

6 Vgl. *Theisen, M. R.*, Konzern, 2000, S. 443 f. m. w. N. Vgl. auch die Unterscheidung zwischen symmetrischer und asymmetrischer Finanzierung bei *Gundel, G.*, Einschaltung, 1998, S. 140 f.

7 Vgl. die ausführliche Darstellung bei *Theisen, M. R.*, Finanzierungsgesellschaften, 1998, S. 721-729 zu den außersteuerlichen und S. 729-735 zu den (damaligen) steuerlichen Motiven.

Zentralisierung der Kapitalbeschaffung und -verwendung sowie der Nutzung der meist weniger reglementierten Möglichkeiten der Kapitalaufnahme im Ausland bestehen.[1]

Aus steuerlicher Sicht ist für deutsche Konzernunternehmen die Einschaltung einer ausländischen Finanzierungsgesellschaft hauptsächlich aus zwei Gründen interessant. Erstens können Zinserträge für konzerninternes Fremdkapital, das einer Tochtergesellschaft gewährt wurde, dem Steuerzugriff des Sitzstaats der Tochtergesellschaft entzogen werden, sie werden nur im Sitzstaat der Konzernfinanzierungsgesellschaft (niedrig) besteuert. Zweitens wird durch die Fremdkapitalaufnahme auf Ebene der ausländischen Finanzierungsgesellschaft die gewerbesteuerliche Hinzurechnung von Dauerschuldzinsen vermieden.[2] Zentrale steuerliche Standortfaktoren für eine Finanzierungsgesellschaft sind daher die niedrige Steuerbelastung der Gewinne und die Quellensteuerfreiheit für Zahlungen an die Gläubiger der Finanzierungsgesellschaft. Als außersteuerlicher Standortfaktor ist vor allem der ungehinderte, kostengünstige und einfache Zugang zum internationalen Kapitalmarkt entscheidend.[3]

Das Volumen der durch ausländische Finanzierungsgesellschaften begebenen Anleihen deutscher Konzerne lag 2004 im dreistelligen Milliardenbereich.[4] Die wirtschaftliche Bedeutung dieser Gesellschaften für die Ansässigkeitsstaaten kann erheblich sein, daher verwundert es nicht, dass einige europäische Staaten seit den neunziger Jahren des 20. Jahrhunderts mit Sondersteuerregimen erfolgreich um die Ansiedlung von Konzernfinanzierungsgesellschaften werben.[5] Das niederländische Regime für Kon-

---

1 Vgl. *Burwitz, G.*, Konzernfinanzierungsgesellschaften, 2005, S. 48 f.; *Theisen, M. R.*, Konzern, 2000, S. 444-447; *Salzberger, W./Theisen, M. R.*, Finanzierungsgesellschaften, 1999; *Gundel, G.*, Finanzierungsgestaltungen, 1994, S. 211, jeweils m. w. N. Vgl. auch *Jacobs, O. H.*, Unternehmensbesteuerung, 2002, S. 1039 f., der sogar davon spricht, dass „die außersteuerlichen Gesichtspunkte .. in der Regel für die Errichtung einer Finanzierungsgesellschaft ausschlaggebend" seien (S. 1040).

2 Vgl. zu den steuerlichen Vorteilen *Theisen, M. R.*, Konzern, 2000, S. 597-599. Die dort noch angeführten Vorteile hinsichtlich der sekundären Abschirmwirkung sind mit Einführung der voraussetzungslosen Steuerbefreiung des § 8b KStG durch das StSenkG (BGBl. I 2000, S. 1433) weitgehend bedeutungslos geworden. Die Vermeidung von Quellensteuern bei Mittelaufnahme und Mittelverwendung ist dagegen weiterhin wichtig, vgl. auch *Ammelung, U.*, Finanzierungsgesellschaften, 2006, S. 72 f.

3 Vgl. auch zu weiteren Standortfaktoren *Ammelung, U.*, Finanzierungsgesellschaften, 2006, S. 73 f.; *Burwitz, G.*, Konzernfinanzierungsgesellschaften, 2005, S. 55-57; *Kofler, G. W.*, Abschirmwirkung, 2002, S. 30-37; *Gundel, G.*, Einschaltung, 1998, S. 135; allgemein *Raupach, A.*, Organisationsstruktur, 1998, S. 128 f.

4 Vgl. *Ammelung, U./Homering, C.*, Falle, 2004, S. 310.

5 Belgien, Irland und vor allem die Niederlande waren bereits Anfang der 1990er Jahre bevorzugte Standorte für Konzernfinanzierungsgesellschaften, während klassische Steueroasen in der Karibik bereits damals kaum eine Rolle gespielt haben, vgl. *Theisen, M. R./Wenz, M.*, Germany, 1996, S. 204. Vgl. zur Darstellung der steuerlichen Rahmenbedingungen an diesen drei Standorten *Burwitz, G.*, Konzernfinanzierungsgesellschaften, 2005, S. 57-86.

zernfinanzierungsaktivitäten, eingeführt zum 1. Januar 1997, hat dabei eine besondere Stellung eingenommen, denn es wird als Auslöser der EU-Initiative gegen den schädlichen Steuerwettbewerb angesehen.[1]

b) Einschränkungen

Die mit der Einschaltung einer Konzernfinanzierungsgesellschaft im Ausland[2] angestrebten steuerlichen Effekte stellen sich nur dann ein, wenn die Konzernfinanzierungsgesellschaft dem Grunde nach steuerlich als ausländische Gesellschaft anerkannt wird. Dazu ist erforderlich, dass sie im Inland nicht (unbeschränkt) steuerpflichtig ist und ihre Einschaltung nicht als missbräuchlich angesehen wird.[3] Darüber hinaus darf ihre Abschirmwirkung nicht durchbrochen werden und die Geschäftsbeziehungen mit dieser Gesellschaft müssen der Höhe nach anerkannt werden.[4] Diese Voraussetzungen für die Erzielung von steuerlichen Vorteilen durch die Einschaltung einer Konzernfinanzierungsgesellschaft werden im Folgenden hauptsächlich aus deutscher Sicht dargestellt.[5]

ba) Ort der Geschäftsleitung

Die Vermeidung der inländischen Steuerpflicht der ausländischen Finanzierungsgesellschaft setzt neben der Anerkennung der Gesellschaft als eigenständiges Steuersubjekt[6] voraus, dass der Ort der Geschäftsleitung[7] tatsächlich im Ausland liegt.[8] Diese Anforderung wird von den meisten Ländern an die steuerliche Anerkennung ausländi-

---

1 Vgl. *Nijkamp, H.*, Landmark, 2001, S. 149, vgl. oben B.II.1.b), S. 16.

2 Im Folgenden wird immer davon ausgegangen, dass es sich um eine ausländische Konzernfinanzierungsgesellschaft handelt, auch wenn nicht gesondert darauf hingewiesen wird.

3 Weitere, allerdings kaum relevante Bedingungen sind, dass weder ein Scheingeschäft gem. § 41 AO noch ein Treuhandverhältnis gem. § 39 AO vorliegt, vgl. dazu *Selling, H.-J.*, Abschirmwirkung, 1988, S. 931.

4 Vgl. *Theisen, M. R.*, Konzern, 2000, S. 600; *Jacobs, O. H.*, Unternehmensbesteuerung, 2002, S. 1044 f.; *Burwitz, G.*, Konzernfinanzierungsgesellschaften, 2005, S. 89-91, 133.

5 Zur Prüfungsreihenfolge der deutschen Finanzverwaltung bei irischen Finanzierungsgesellschaften vgl. koordinierter Ländererlass v. 22.11.1995, IDW-FN 1996, S. 139, vgl. auch *Bosch, H.-G.*, Gestaltungen, 1997, S. 1737; ebenso *Kofler, G. W.*, Abschirmwirkung, 2002, S. 42 f.

6 Vgl. dazu BFH, Urt. v. 17.07.1968, I 121/64, BStBl. II 1968, S. 695.

7 Nach deutschem Steuerrecht ist eine Kapitalgesellschaft im Inland unbeschränkt steuerpflichtig, wenn ihr Sitz (§ 11 AO) oder der Ort ihrer Geschäftsleitung (§ 10 AO) im Inland liegt, s. § 1 Abs. 1 KStG.

8 Vgl. *Gundel, G.*, Einschaltung, 1998, S. 174; *Theisen, M. R.*, Konzern, 2000, S. 600. Auch DBA gewähren regelmäßig nur dann Abkommensschutz, wenn der Ort der Geschäftsleitung im Ausland liegt, vgl. *Bosch, H.-G.*, Gestaltungen, 1997, S. 1738; *Barnard, J./Overgaauw, J./Weeghel, S. v.*, Netherlands, 2001, S. 700; bereits BFH, Urt. v. 17.07.1968, I 121/64, BStBl. II 1968, S. 695.

scher Kapitalgesellschaften gestellt.[1] Auch wenn sich die Prüfung des Orts der Geschäftsleitung teilweise mit der Überprüfung auf das Vorliegen einer missbräuchlichen Gestaltung überschneidet,[2] ist die Frage nach der unbeschränkten Steuerpflicht vorrangig vor der Missbrauchsprüfung.[3]

Damit sich der Ort der Geschäftsleitung tatsächlich im Ausland, am Sitz der Finanzierungsgesellschaft, befindet, müssen die Entscheidungen des Tagesgeschäfts vor Ort getroffen werden und der für die Geschäftsführung maßgebende Wille vor Ort gebildet werden.[4] Die bloße Beeinflussung der Geschäftsführung einer ausländischen Gesellschaft durch ihre deutschen Gesellschafter ist nicht ausreichend, um einen inländischen Ort der Geschäftsleitung anzunehmen.[5] Die in der Literatur teilweise vertretene Substanz bezogene Prüfung des Orts der Geschäftsleitung[6] wird in der neueren Rechtsprechung des BFH abgelehnt: die Übertragung des Tagesgeschäfts einer Kapitalanlagegesellschaft ohne eigenes Personal auf fremde Dritte durch Abschluss eines Management- und eines Vermögensberatungsvertrages führte jedenfalls nicht zur Ableh-

---

1 Vgl. *Arnold, B. J./Dibout, P.*, Generalbericht, 2001, S. 184; für Luxemburg vgl. *Steichen, A./Duro, C.*, Luxembourg, 2001, S. 680; für die Niederlande vgl. *Barnard, J./Overgaauw, J./Weeghel, S. v.*, Netherlands, 2001, S. 700; für Österreich vgl. *Bendlinger, S./Schuch, J.*, Austria, 2001, S. 378 f.; für die Schweiz vgl. *Lutz, G.*, Switzerland, 2001, S. 845 f.; für Großbritannien vgl. *Friel, D.*, United Kingdom, 2001, S. 874. In Japan dagegen kann nicht auf den Ort der tatsächlichen Geschäftsleitung abgestellt werden, vgl. kritisch dazu *Honjo, T.*, Japan, 2001, S. 644.

2 Vgl. *Eilers, S.*, Substanzerfordernis, 2005, S. 326; *Busekist, K. v.*, Auslandsgesellschaften, 2006, S. 132.

3 Vgl. BFH, Urt. v. 01.12.1982, I R 43/79, BStBl. II 1985, S. 2; *Bosch, H.-G.*, Gestaltungen, 1997, S. 1737.

4 Vgl. BFH, Urt. v. 23.01.1991, I R 22/90, BStBl. II 1991, S. 554; BFH, Urt. v. 16.12.1998, I R 138/97, BStBl. II 1999, S. 437; *Gersch, E.-M.*, Klein, 2006, § 10 AO, Rz. 2; *Kruse, H. W.*, Tipke/Kruse, 2003, § 10 AO, Tz. 1; *Gundel, G.*, Einschaltung, 1998, S. 174; *Bosch, H.-G.*, Gestaltungen, 1997, S. 1738.

5 Vgl. BFH, Urt. v. 17.07.1968, I 121/64, BStBl. II 1968, S. 695; BFH, Urt. v. 16.01.1976, III R 92/74, BStBl. II 1976, S. 401; *Kruse, H. W.*, Tipke/Kruse, 2003, § 10 AO, Tz. 7; *Lehner, M.*, Vogel/Lehner, 2003, Art. 4 OECD-MA, Rz. 113.

6 Nach dieser Auffassung muss die ausländische Gesellschaft über eine angemessene personelle und sachliche Ausstattung verfügen, vgl. in diesem Sinne *Bosch, H.-G.*, Gestaltungen, 1997, S. 1738; *Gundel, G.*, Einschaltung, 1998, S. 174; *Theisen, M. R.*, Konzern, 2000, S. 600.

nung der Gestaltung durch den BFH.[1] Ein im Inland befindlicher Ort der Geschäftsleitung wird daher vermeidbar sein,[2] eine Erfassung dieses Parameters im Modell ist nicht erforderlich.

bb) Durchgriffsbesteuerung

Wird der ausländische Ort der Geschäftsleitung anerkannt, können die Einkünfte der ausländischen Finanzierungsgesellschaft nur dann direkt in Deutschland der Besteuerung unterliegen, wenn die Tatbestände der Missbrauchsbestimmung des § 42 AO erfüllt sind. Wird die Einschaltung der ausländischen Gesellschaft als Gestaltungsmissbrauch qualifiziert, wird die Existenz dieser Gesellschaft für Zwecke der deutschen Besteuerung negiert, die Einkünfte werden direkt den im Inland steuerpflichtigen Gesellschaftern zugerechnet.[3]

Die ausländische Gesellschaft bleibt aber auch bei Anwendung des § 42 AO nach dem Recht ihres Sitzstaats unbeschränkt steuerpflichtig und wird dort zur Besteuerung herangezogen. Damit stellt sich die Frage nach der Anrechnung der im Ausland von der ausländischen Gesellschaft bezahlten Steuer bei ihren inländischen Anteilseignern. Die Rechtsprechung hierzu ist uneinheitlich.[4] Unabhängig davon, ob man die Sachver-

---

1 Vgl. BFH, Urt. v. 25.02.2004, I R 42/02, BStBl. II 2005, S. 14, in dem allerdings nurmehr die (nachrangige) Frage nach der Durchgriffsbesteuerung (s. dazu sogleich bb)) verhandelt wurde. Der Ort der Geschäftsleitung wurde in der Vorinstanz (FG Baden-Württemberg, Urt. v. 28.06.2001, 6 K 490/97, EFG 2001, S. 1350) überprüft, die von einem ausländischen (irischen) Ort der Geschäftsleitung ausgegangen ist. Dementsprechend wurde im Anschluss an das BFH-Urteil das BMF-Schr. v. 19.03.2001, IV B 4 – S 1300 – 65/01, BStBl. I 2001, S. 243, in dem Teil aufgehoben, der den Ort der Geschäftsleitung behandelt hat, vgl. BMF-Schr. v. 28.12.2004, IV B 4 – S 1300 – 362/04, BStBl. I 2005, S. 28, Rz. 1. Die Zweifel, ob die Finanzverwaltung diesem Urteil folgen wird (in diesem Sinne *Thömmes, O./Nakhai, K.*, Case Law, 2005, S. 75, 79), haben sich als unbegründet herausgestellt.

2 Vgl. in diesem Sinne auch *Gundel, G.*, Finanzierungsgestaltungen, 1994, S. 214 f.; *Spengel, C.*, Unternehmensbesteuerung, 2003, S. 49; *Ammelung, U.*, Finanzierungsgesellschaften, 2006, S. 74; *Haas, W.*, Praxisbericht, 2006, S. 193 f.

3 Vgl. *Burwitz, G.*, Konzernfinanzierungsgesellschaften, 2005, S. 189-200; *Bauschatz, P.*, Gestaltungsmissbrauch, 2002, S. 333; *Ammelung, U./Schneider, H.*, Einschaltung, 1996, S. 554; *Kraft, G.*, Schlußfolgerungen, 1993, S. 148 f. Vgl. in diesem Sinne bereits BFH, Urt. v. 09.12.1980, VIII R 11/77, BStBl. II 1981, S. 339.

4 Im Urteil v. 24.02.1976 hat der BFH die Anrechnung mit dem Verweis auf die fehlende Subjektidentität abgelehnt, vgl. BFH, Urt. v. 24.02.1976, VIII R 155/71, BStBl. II 1977, S. 265. In den sogenannten Dublin-Docks Entscheidungen v. 19.01.2000 (BFH, Urt. v. 19.01.2000, I R 94/97 und I R 117/97, BStBl. II 2001, S. 222) hat der BFH die Frage (mangels Vorliegen eines Missbrauchs) wegen fehlender Entscheidungserheblichkeit nicht beantworten müssen, die Vorinstanz (FG Baden-Württemberg, Urt. v. 17.07.1997, 10 K 309/96, EFG 1997, S. 1442) hatte zwar die Anrechnung nicht gestattet, aber einen Abzug von der inländischen Bemessungsgrundlage vornehmen wollen, vgl. dazu *Kraft, G.*, Finanzierungsstrukturen, 2000, S. 11 f.

haltsfiktion als eigenständige Rechtsfolge des § 42 AO annimmt oder nicht,[1] ist eine Anrechnung der ausländischen Steuer aber zumindest in dem Umfang, in dem die Gesellschafter bei direkter Einkünfteerzielung im Ausland der beschränkten Steuerpflicht unterlegen hätten, systematisch geboten.[2]

Nach ständiger Rechtsprechung des BFH erfüllt „die Zwischenschaltung von Basisgesellschaften in der Rechtsform einer Kapitalgesellschaft im niedrig besteuernden Ausland den Tatbestand des Rechtsmissbrauchs, wenn für ihre Zwischenschaltung wirtschaftliche oder sonst beachtliche Gründe fehlen.“[3] Dem Missbrauchsverdikt unterliegen damit nur tatsächlich funktionslose Basisgesellschaften, nicht aber eigenwirtschaftlich tätige Gesellschaften.[4] Die Anforderungen an die personelle und sachliche Ausstattung der ausländischen Gesellschaft sind von ihrer Funktion abhängig,[5] bei Finanzierungs- und Kapitalanlagegesellschaften sind sie sehr gering. In beiden Fällen ist weder eigenes Personal noch sind eigene Geschäftsräume erforderlich, selbst das Outsourcing von Managementfunktionen ist höchstrichterlich akzeptiert.[6]

Vor allem aus der Rechtsprechung des BFH zum Konkurrenzverhältnis zwischen § 42 AO und den §§ 7 ff. AStG[7] ergibt sich jedoch, dass für ausländische Finanzierungsgesellschaften die Anwendung des § 42 AO keine Bedrohung darstellt.[8] Grundsätzlich

---

[1] Vgl. zum Streit hinsichtlich der Rechtsfolgen des § 42 AO oben C.I.2.c), S. 61.

[2] Vgl. in diesem Sinne auch *Henkel, U. W.*, Basisgesellschaften, 2005, S. 816 f., Rz. E 405 f.; *Uckermann, R. v.*, Basisgesellschaften, 2003, S. 324.

[3] BFH, Urt. v. 20.03.2002, I R 63/99, BStBl. II 2003, S. 50 m. w. N.

[4] Vgl. BFH, Urt. v. 25.02.2004, I R 42/02, BStBl. II 2005, S. 14, Rz. 23; *Haas, W.*, Praxisbericht, 2006, S. 192 f.; *Eilers, S.*, Substanzerfordernis, 2005, S. 324 f.; *Gundel, G.*, Einschaltung, 1998, S. 173; *Bosch, H.-G.*, Gestaltungen, 1997, S. 1738. Neuerdings betont der BFH, dass die dauerhafte Einschaltung einer Gesellschaft und eine durchgängig verfolgte konzerninterne Struktur gegen eine Missbrauchsannahme sprechen, so BFH, Urt. v. 31.05.2005, I R 74, 88/04, BStBl. II 2006, S. 118, vgl. dazu *Ritzer, C./Stangl, I.*, Zwischenschaltung, 2005, S. 1066 f.

[5] Vgl. BFH, Urt. v. 20.03.2002, I R 63/99, BStBl. II 2003, S. 50. Vgl. dazu *Niedrig, H.-P.*, Substanzerfordernisse, 2003, S. 476-478; *Eilers, S.*, Substanzerfordernis, 2005, S. 324 f.;

[6] Vgl. BFH, Urt. v. 19.01.2000, I R 94/97 und 117/97, BStBl. II 2001, S. 222; BFH, Urt. v. 25.02.2004, I R 42/02, BStBl. II 2005, S. 14, dazu auch *Thömmes, O./Nakhai, K.*, Case Law, 2005, S. 74 f.

[7] Dieses Konkurrenzverhältnis war vor dem Grundsatzurteil des BFH (BFH, Urt. v. 23.10.1991, I R 40/89, BStBl. II 1992, S. 1026) stark umstritten, vgl. *Kraft, G.*, Schlußfolgerungen, 1993, S. 149; *Luttermann, C.*, Basisunternehmen, 1993, S. 154 f., jeweils m. w. N. für die verschiedenen Meinungen.

[8] Selbst für Projektgesellschaften, sogenannte special purpose vehicles, stellt § 42 AO letztlich kein Gestaltungshindernis dar, vgl. *Eilers, S.*, Substanzerfordernis, 2005, S. 323; BFH, Urt. v. 20.03.2002, I R 63/99, BStBl. II 2003, S. 50. Ernüchtert auch *Müller-Gatermann, G.*, Steuerperspektiven, 2006, S. 15: „Der Nachweis eines konkreten Missbrauchs [ist bei Basisgesellschaften] vor dem ersten Senat auf der Basis des geltenden § 42 AO mittlerweile fast nicht mehr zu führen.“

sind sowohl § 42 AO als auch die §§ 7 ff. AStG auf ausländische Basisgesellschaften und damit auf Finanzierungsgesellschaften anwendbar. Nachdem Rechtsfolge des § 42 AO bei einer ausländischen Basisgesellschaft deren steuerliche Negierung wäre, folgert der BFH zu Recht, dass die Anwendung des § 42 AO den Vorschriften der §§ 7-14 AStG logisch vorrangig ist.[1] Dies bedeutet allerdings im Umkehrschluss, dass Sachverhalte, die grundsätzlich von den §§ 7-14 AStG erfasst werden sollen, nicht dem Missbrauchsverdikt durch § 42 AO ausgesetzt sein können, sofern nicht weitere Umstände hinzukommen, die auf einen Missbrauch hindeuten.[2] Damit kommt den spezialgesetzlichen Missbrauchsverhinderungsvorschriften der §§ 7-14 AStG in ihrem potenziellen Anwendungsbereich quasi eine Sperrwirkung gegenüber der allgemeinen Missbrauchsnorm des § 42 AO zu.[3] Die gegen diese Rechtsprechung gerichtete Änderung des § 42 AO durch Hinzufügen eines zweiten Absatzes,[4] hat hieran nichts geändert. Eine Anwendung von § 42 Abs. 1 AO, d. h. die Prüfung seiner Tatbestandsvoraussetzungen, war auch ohne § 42 Abs. 2 AO erforderlich, gerade weil § 42 AO vorrangig vor den §§ 7-14 AStG ist. Diese Tatbestandsvoraussetzungen sind aber nicht erfüllt, sofern es sich um einen regelmäßig durch die Hinzurechnungsbesteuerung

---

1 Vgl. BFH, Urt. v. 23.10.1991, I R 40/89, BStBl. II 1992, S. 1026, seitdem ständige Rechtsprechung, vgl. beispielsweise BFH, Urt. v. 10.06.1992, I R 105/89, BStBl. II 1992, S. 1029; BFH, Urt. v. 19.01.2000, I R 94/97 und I R 117/97, BStBl. II 2001, S. 222; BFH, Urt. v. 20.03.2002, I R 63/99, BStBl. II 2003, S. 50; BFH, Urt. v. 25.02.2004, I R 42/02, BStBl. II 2005, S. 14. Vgl. ausführlich *Burwitz, G.*, Konzernfinanzierungsgesellschaften, 2005, S. 138-169.

2 So die ständige Rechtsprechung, vgl. BFH, Urt. v. 23.10.1991, I R 40/89, BStBl. II 1992, S. 1026, BFH, Urt. v. 10.06.1992, I R 105/89, BStBl. II 1992, S. 1029; BFH, Urt. v. 19.01.2000, I R 94/97 und I R 117/97, BStBl. II 2001, S. 222; BFH, Urt. v. 20.03.2002, I R 63/99, BStBl. II 2003, S. 50; BFH, Urt. v. 25.02.2004, I R 42/02, BStBl. II 2005, S. 14.

3 Vgl. zum Verhältnis von § 42 AO zu Spezialvorschriften *Kruse, H. W./Drüen, K.-D.*, Tipke/Kruse, 2002, § 42 AO, Tz. 20. Vgl. in diesem Sinne auch zum Verhältnis zwischen § 50d Abs. 1a bzw. Abs. 3 EStG und § 42 AO: BFH, Urt. v. 31.05.2005, I R 74, 88/04, BStBl. II 2006, S. 118; vgl. dazu den Nichtanwendungserlass, BMF-Schr. v. 30.01.2006, IV B 1 – S 2411 – 4/06, BStBl. I 2006, S. 166; erneut FG Köln, Urt. v. 16.03.2006, 2 K 1139/02, n. rkr., EFG 2006, S. 896. Durch das JStG 2007 v. 13.12.2006 (BGBl. I S. 2878) wurde § 50d Abs. 3 in der Folge deutlich verschärft.

4 Vgl. dazu oben C.I.2.a), S. 55, insbesondere S. 57, FN 5.

erfassten Sachverhalt handelt.[1] Ein vergleichbares Problem der Anwendungskonkurrenz von allgemeiner Missbrauchsregel und CFC-Regeln stellt sich in Österreich mangels CFC-Gesetzgebung nicht. Insoweit ist es konsequent, dass der ÖVwGH weniger zurückhaltend bei der Anwendung der allgemeinen Missbrauchsbestimmung auf ausländische Basisgesellschaften ist[2] und BFH und ÖVwGH in annähernd identisch gelagerten Fällen zu gegenteiligen Urteilen gekommen sind.[3]

Insgesamt ist die Bekämpfung von Gewinnverlagerungen in ausländische Finanzierungsgesellschaften durch eine Durchgriffsbesteuerung („piercing of the corporate veil") auch in anderen Ländern kaum möglich.[4] Die Abbildung der allgemeinen Missbrauchsvorschrift des § 42 AO bzw. vergleichbarer allgemeiner Umgehungsnormen im Modell ist damit ebenfalls nicht erforderlich.

bc) Vorliegen passiver Einkünfte

Bei einer Konzernfinanzierungsgesellschaft droht regelmäßig die Anwendung der Hinzurechnungsbesteuerung, da in der Regel die Beteiligungsvoraussetzungen erfüllt sind und die Gesellschaft einer niedrigen Besteuerung unterliegt.[5] Nur soweit sie akti-

---

[1] Vgl. BFH, Urt. v. 20.03.2002, I R 63/99, BStBl. II 2003, S. 50, Rz. 24; BFH, Urt. v. 25.02.2004, I R 42/02, BStBl. II 2005, S. 14; *Pezzer, H.-J.*, Kommentar, 2002, S. 279. Die Auffassung der Finanzverwaltung, nach der § 42 AO anwendbar sein soll, „wenn durch den Missbrauch von Gestaltungsmöglichkeiten des Rechts die §§ 7 bis … 14 AStG umgangen werden" (BMF-Schr. v. 14.05.2004, IV B 4 – S 1340 – 11/04, BStBl. I 2004, S. 3, Tz. 7.0.2 Nr. 4) steht nicht im Widerspruch zu der Rechtsprechung des BFH, geht aber auch an der ursprünglichen Intention des § 42 Abs. 2 AO vorbei, vgl. insoweit unzutreffend *Haun, J./Reiser, H.*, Anwendungsschreiben, 2004, S. 844. § 42 Abs. 2 AO sollte die Rechtsprechung des BFH zu den Dublin-Docks Gesellschaften (vgl. BFH, Urt. v. 19.01.2000, I R 94/97 und I R 117/97, BStBl. II 2001, S. 222) aushebeln (vgl. dazu ausführlich *Crezelius, G.*, Neuregelung, 2001, S. 2214 f.). In den Dublin-Docks Fällen scheiterte die Anwendung der Hinzurechnungsbesteuerung an der damals noch möglichen Anwendung des Schachtelprivilegs des Art. XXII Abs. 2 lit. a) aa) DBA-Irland und nicht an einer missbräuchlichen Vermeidung der Tatbestände der §§ 7-14 AStG.

[2] In Österreich gilt § 22 BAO als teilweiser Ersatz für eine spezielle CFC-Gesetzgebung, vgl. *Lang, M.*, Rechtsmissbrauch, 2006, S. 283 m. w. N.

[3] Während der ÖVwGH eine Einschaltung einer Kapitalanlagegesellschaft als rechtsmissbräuchliche Konstruktion angesehen hat, wurde ein vergleichbarer Sachverhalt vom BFH nicht als Missbrauch gewertet, vgl. ÖVwGH, Erk. v. 09.12.2004, 2002/14/0074; BFH, Urt. v. 25.02.2004, I R 42/02, BStBl. II 2005, S. 14. Vgl. kritisch zu dem Urteil des BFH und zu der Urteilsbegründung des ÖVwGH *Lang, M.*, Anwendung, 2005.

[4] Vgl. *Zimmer, F.*, General Report, 2002, S. 50; *Arnold, B. J./Dibout, P.*, Generalbericht, 2001, S. 182, 188. Dies gilt – trotz der in Einzelfällen vom BFH abweichenden Rechtsprechung des ÖVwGH – auch für Österreich, vgl. *Kofler, G. W.*, Abschirmwirkung, 2002, S. 326-332.

[5] Dies gilt für Finanzierungsgesellschaften eines deutschen Konzerns und entsprechend auch für Finanzierungsgesellschaften eines Konzerns, in dem die Obergesellschaft in einem anderen Staat ansässig ist, der CFC-Regeln erlassen hat, vgl. dazu oben, C.II.1.b) S. 68.

ve Einkünfte erzielt, kann daher eine Hinzurechnungsbesteuerung vermieden werden.[1] Durch die Änderungen des AStG, vor allem durch das allgemeine treaty override und durch die Abschaffung der Sonderregelung für Konzernfinanzierungsgesellschaften,[2] bekam die Prüfung der Aktivität der erzielten Einkünfte eine große Relevanz.[3]

Einkünfte ausländischer Finanzierungsgesellschaften gelten nach dem deutschen AStG als aktiv, wenn die Einkünfte der Finanzierungsgesellschaft aus der Vergabe von Fremdkapital stammen, das ausschließlich auf ausländischen Kapitalmärkten aufgenommen wurde und an inländische oder aktiv tätige ausländische Betriebe oder Betriebsstätten vergeben wurde.[4] Die darlehensweise Vergabe von Eigenkapital[5] ist dagegen eine passive Tätigkeit.[6]

Die grundsätzliche Unterscheidung zwischen einer aktiven Konzernfinanzierungsgesellschaft, die selbst Fremdkapital aufnimmt, und einer passiven Konzernfinanzierungsgesellschaft, die Eigenkapital zur Darlehensvergabe nutzt, muss auch im Modell nachvollzogen werden. Bei der Modellbildung werden aber die Praxisprobleme, die in

---

1 Vgl. *Theisen, M. R.*, Konzern, 2000, S. 603.

2 § 10 Abs. 5 AStG a. F. sah die Anwendung der DBA-Regelungen für Dividenden auf den Hinzurechnungsbetrag vor, gem. § 10 Abs. 6 AStG a. F. (eingefügt durch das Steueränderungsgesetz 1992 (StÄndG 1992) v. 25.02.1992 (BGBl. I S. 297)) seit 1993 allerdings nur soweit es sich nicht um Zwischeneinkünfte mit Kapitalanlagecharakter handelte. Soweit Zwischeneinkünfte mit Kapitalanlagecharakter aus Konzernfinanzierungstätigkeiten stammten, wurden sie gem. § 10 Abs. 7 AStG a. F. nur zu 60% hinzugerechnet. Beide Vorschriften wurden durch das StVergAbG vom 16.05.2003 (BGBl. I 2003, S. 660) gestrichen, vgl. dazu *Menck, T./Vogt, G.*, Blümich, 2003, § 10 AStG, Rz. 103-107.

3 Vgl. *Sieker, K.*, Verschärfungen, 2003, S. 80 f.; *Schnitger, A.*, Aspekte, 2003, S. 77. Vgl. zu früheren Änderungen *Ammelung, U./Kuich, P.*, Kapitalmarkt, 2000, S. 644.

4 S. § 8 Abs. 1 Nr. 7 AStG, vgl. dazu *Burwitz, G.*, Konzernfinanzierungsgesellschaften, 2005, S. 239-245; *Henkel, U. W.*, Basisgesellschaften, 2005, S. 828 f., Rz. E 434-E 437; *Wassermeyer, F.*, F/W/B, 2002, § 8 AStG, Anm. 241-272; *Menck, T.*, Grundmodelle, 1997, S. 198.

5 Dies gilt auch für thesaurierte Gewinne aus der aktiven Darlehensvergabe, vgl. *Schaumburg, H.*, Steuerrecht, 1998, S. 459, FN 200; *Menck, T.*, Blümich, 1997, § 8 AStG, Rz. 74; *Wassermeyer, F.*, F/W/B, 2002, § 8 AStG, Anm. 248; *Jacobs, O. H.*, Unternehmensbesteuerung, 2002, S. 1044.

6 Es gibt keine Bagatellgrenze, bis zu der ein Anteil an passiven Erträgen (hier: zur Darlehensvergabe eingesetztes Eigenkapital) insgesamt unschädlich ist, vgl. oben C.II.1.c)cb), S. 77; BFH, Urt. v. 15.09.2004, I R 102-104/03, BStBl. II 2005, S. 255. Mit Eigenkapital darf allenfalls die Büroausstattung und Ähnliches finanziert werden, nicht aber die Darlehensvergabe, vgl. *Menck, T.*, Blümich, 1997, § 8 AStG, Rz. 74.

diesem Zusammenhang auftreten können,[1] vernachlässigt: Bei Einschaltung einer fremdfinanzierten Finanzierungsgesellschaft wird davon ausgegangen, dass sie auch die weiteren Voraussetzungen der Aktivität, insbesondere der darlehensweisen Aufnahme des Kapitals auf ausländischen Kapitalmärkten,[2] erfüllt. Welchen Einfluss eine mögliche Europarechtswidrigkeit der Hinzurechnungsbesteuerung hat, wird erst im Anschluss an die ökonomische Analyse untersucht.[3]

bd) Gewinnermittlung und Transferpreise

Die Darlehensvereinbarungen zwischen einer Konzernfinanzierungsgesellschaft und anderen Mitgliedern des Konzernverbundes sind Leistungsbeziehungen, die nicht durch den zwischen fremden Dritten bestehenden Interessengegensatz gekennzeichnet sind.[4] Aus diesem Grund werden diese Leistungsbeziehungen steuerlich einer Angemessenheitsprüfung unterzogen, die sich am Fremdvergleichsgrundsatz orientiert.[5] Dieser Grundsatz findet sich in Art. 9 OECD-MA auch im Recht der Doppelbesteuerungsabkommen, der aber eine Rechtsgrundlage in Form einer nationalen Korrekturnorm voraussetzt, die nur ihre Schranken in Art. 9 OECD-MA findet.[6] Für deutsche

---

1 Von einer „praktisch undurchführbaren" Vorschrift, bei der „der Gesetzgeber .. von jedem Verständnis für den Ablauf wirtschaftlicher Vorgänge verlassen war" spricht z. B. *Wassermeyer*, der folglich befürchtet, dass sich „de facto kein Sachverhalt unter die Vorschrift subsumieren" lässt, so *Wassermeyer, F.*, F/W/B, 2002, § 8 AStG, Anm. 242 m. w. N. Anders der ehemalige Mitarbeiter der Finanzverwaltung *Menck, T.*, Grundmodelle, 1997, S. 198: „Beim Einsatz durch deutsche Unternehmen ist die Finanzierung … als aktive Tätigkeit anerkannt, der Margengewinn unterliegt also … [im Allgemeinen] nicht der Hinzurechnungsbesteuerung".

2 Zu den Möglichkeiten, diesen Nachweis in der Praxis zu führen vgl. *Ammelung, U.*, Finanzierungsgesellschaften, 2006, S. 76; *Haas, W.*, Praxisbericht, 2006, S. 197; *Ammelung, U./Kuich, P.*, Kapitalmarkt, 2000, S. 644.

3 Vgl. dazu unten E.VI, S. 229.

4 Vgl. *Baumhoff, H.*, Einkunftsabgrenzung, 2005, S. 405, Rz. C 227; *OECD*, Verrechnungspreisgrundsätze, 2000, Anm. 1.2; *Schaumburg, H.*, Steuerrecht, 1998, S. 1203. Vgl. allgemein zur Funktion von Verrechnungspreisen bei konzerninternen Leistungen *Theisen, M. R.*, Konzern, 2000, S. 465-469.

5 Vgl. *Menck, T.*, Blümich, 2005, § 1 AStG, Rz. 1, 50; *Baumhoff, H.*, Einkunftsabgrenzung, 2005, S. 405 f., Rz. C 228 f.; *Jacobs, O. H.*, Unternehmensbesteuerung, 2002, S. 884; *Scholes, M. S.* u. a., Strategy, 2005, S. 326 f.; *IBFD* (Hrsg.), Handbook, 2006, Section A, 7.2. Vgl. zu den möglicherweise erfüllten Tatbeständen der Steuerhinterziehung bei Festlegung unangemessener Verrechnungspreise *Sidhu, K./Schemmel, J. A.*, Steuerhinterziehung, 2005; *Kiesel, H./Theisen, M.*, Risiken, 2006.

6 Vgl. BFH, Urt. v. 12.03.1980, I R 186/76, BStBl. II 1980, S. 531, zu Art. 6 DBA-Niederlande; BFH, Urt. v. 21.01.1981, I R 153/77, BStBl. II 1981, S. 517, zu Art. 5 DBA-Frankreich. Art. 9 OECD-MA entfaltet damit keine „self-executing-Wirkung", vgl. *Wang, H.*, China, 2006, S. 157 f.; *Wassermeyer, F.*, Debatin/Wassermeyer, 2004, Art. 9 OECD-MA, 2004, Rz. 4; *Eigelshoven, A.*, Vogel/Lehner, 2003, Art. 9 OECD-MA, Rz. 18; *Wassermeyer, F.*, F/W/B, 2002, § 1 AStG, Anm. 99; *Jacobs, O. H.*, Unternehmensbesteuerung, 2002, S. 687-689; *Knobbe-Keuk, B.*, Unternehmenssteuerrecht, 1993, S. 689.

Gesellschaften sind dabei die Vorschriften zur verdeckten Gewinnausschüttung bzw. verdeckten Einlage und die Vorschrift des § 1 AStG[1] zu beachten.[2]

Transferpreisregeln sind auch international ein weit verbreitetes Instrument gegen Gewinnverlagerungen,[3] einige Länder sehen sogar erweiterte Prüfungsmöglichkeiten bei Geschäftsbeziehungen mit Niedrigsteuerländern vor.[4] Grundsätzlich werden damit steuerlich Gewinnverlagerungen durch unangemessene Vertragsvereinbarungen nicht anerkannt, wobei die praktischen Schwierigkeiten – und damit auch die Gestaltungsmöglichkeiten – durch die Unbestimmtheit der Grenze der Angemessenheit entstehen.[5] Im Modell müssen daher Transferpreisregeln und die besonderen Verhältnisse bei Konzernfinanzierungsgesellschaften berücksichtigt werden.

Bei Konzernfinanzierungsgesellschaften ist vor allem die steuerliche Angemessenheit der Zinszahlungen in der Darlehensvereinbarung mit der finanzierten Konzerngesellschaft zu prüfen.[6] Der für den Fremdvergleich maßgebliche Zinssatz ist dabei nach Ansicht der deutschen Finanzverwaltung der Zins, den Fremde unter vergleichbaren Bedingungen berechnet hätten, wobei regelmäßig von dem bankenüblichen Sollzins auszugehen ist.[7] Wie bei anderen Geschäftsbeziehungen ist die Ermittlung des fremdüblichen Entgelts, hier also des fremdüblichen Zinssatzes, mit Unsicherheiten behaftet, sodass ein Spielraum für Gewinnverlagerungen verbleibt.[8] Wenn eine Konzernfinanzierungsgesellschaft gemäß der Aktivitätsvoraussetzung des § 8 Nr. 7 AStG aufge-

---

[1] Das Verhältnis zwischen § 1 AStG und den Rechtsinstituten der verdeckten Gewinnausschüttung und verdeckten Einlage ist umstritten, vgl. zum Streitstand: *Wang, H.*, China, 2006, S. 153; *Baumhoff, H.*, Einkunftsabgrenzung, 2005, S. 434-439, Rz. C 256-C 258; *Wassermeyer, F.*, F/W/B, 2004, § 1 AStG, Anm. 76-96.

[2] Vgl. ausführlich *Baumhoff, H.*, Einkunftsabgrenzung, 2005, S. 409-439, Rz. C 231-C 259; *Jacobs, O. H.*, Unternehmensbesteuerung, 2002, S. 669-685; *Schaumburg, H.*, Steuerrecht, 1998, S. 1204-1224, Rz. 18.69-18.107.

[3] Vgl. *Schön, W.*, Competition, 2002, S. 33; *Jacobs, O. H.*, Unternehmensbesteuerung, 2002, S. 870-873; *OECD*, Avoidance, 1987, S. 29 f.

[4] Vgl. *Uckmar, V.*, Planning, 2003, S. 19; *Arnold, B. J./Dibout, P.*, Generalbericht, 2001, S. 183. Zu den französischen Vorschriften vgl. *Gouthière, B.*, Developments, 2006, S. 516 f.

[5] Vgl. *Menck, T.*, Blümich, 2003, § 1 AStG, Rz. 5, 80-95; *Borstell, T.*, Verrechnungspreise, 2003, S. 326 f.; *Höppner, H.-D.*, Äquivalenzprinzip, 2001, S. 101. Mitte 2006 hatte die OECD einen Entwurf zu aktuellen Problemen des Fremdvergleichs veröffentlicht und interessierte Parteien zur Diskussion aufgefordert, vgl. *OECD*, Comparability, 2006.

[6] Vgl. *Gundel, G.*, Finanzierungsgestaltungen, 1994, S. 266.

[7] Vgl. BMF-Schr. v. 23.02.1983, IV C 5 – S 1341 – 4/83, BStBl. I 1983, S. 218, Rz. 4.2.1. Kritisch dazu *Gundel, G.*, Finanzierungsgestaltungen, 1994, S. 266; *Baumhoff, H.*, Einkunftsabgrenzung, 2005, S. 522 f., Rz. C 389. Vgl. zu den umfangreichen Dokumentations- und Mitwirkungspflichten BMF-Schr. v. 12.04.2005, IV B 4 – S 1341 – 1/05, BStBl. I 2005, S. 570.

[8] Vgl. *Tanzi, V.*, Globalization, 1998, S. 15; *Ammelung, U./Schneider, H.*, Einschaltung, 1996, S. 558-560; *Gundel, G.*, Finanzierungsgestaltungen, 1994, S. 267.

nommene Mittel als Darlehen an andere Konzerngesellschaften weiterleitet, erfolgt die Bestimmung des zulässigen Zinssatzes in der Regel nach der Kostenaufschlagsmethode[1] auf Basis der Refinanzierungskosten.[2] In der anschließenden Modellierung wird der von der Finanzierungsgesellschaft berechnete Zinssatz[3] daher als Vielfaches der Refinanzierungskosten dargestellt.[4]

be) Auswirkungen von Unterkapitalisierungsregeln

Eine Darlehensgewährung durch eine Konzernfinanzierungsgesellschaft an eine andere Konzerngesellschaft unterliegt regelmäßig etwaigen im Sitzstaat des Darlehensempfängers geltenden Unterkapitalisierungsregeln. Fast alle der in den betrachteten Ländern vorhandenen Unterkapitalisierungsregeln erfassen auch Darlehen, die nicht durch den unmittelbaren Anteilseigner, sondern durch nahe stehende Personen gewährt werden.[5] Dabei fallen Konzernfinanzierungsgesellschaften regelmäßig unter den Begriff der nahe stehenden Person im Sinne des § 1 Abs. 2 Nr. 1 AStG, der sich in ähnlicher Form in den Unterkapitalisierungsregeln anderer Länder wieder findet.[6] Da (reine)[7] Konzernfinanzierungsgesellschaften selbst nicht an den finanzierten Konzerngesellschaften beteiligt sind, haben sie selbst kein anteiliges Eigenkapital, das bei der Ermittlung eines safe haven berücksichtigt werden könnte. Zumindest in Deutschland kann

---

[1] Die Kostenaufschlagsmethode (Cost-plus Methode) zählt zu den drei Standardmethoden der Verrechnungspreisbestimmung, vgl. BMF-Schr. v. 23.02.1983, IV C 5 – S 1341 – 4/83, BStBl. I 1983, S. 218, Rz. 2.2.4.

[2] Vgl. *Baumhoff, H.*, F/W/B, 2000, § 1 AStG, Anm. 754; *Gundel, G.*, Finanzierungsgestaltungen, 1994, S. 267.

[3] Nach den Verwaltungsgrundsätzen ist die Verrechnung einer Provision für Bürgschaften oder andere Garantien der Muttergesellschaft erforderlich, vgl. dazu BMF-Schr. v. 23.02.1983, IV C 5 – S 1341 – 4/83, BStBl. I 1983, S. 218, Rz. 4.4; *Ammelung, U.*, Finanzierungsgesellschaften, 2006, S. 79 f.; *Ammelung, U./Schneider, H.*, Einschaltung, 1996, S. 559 f.; *Gundel, G.*, Finanzierungsgestaltungen, 1994, S. 267. Dies wird im Modell vernachlässigt, da bei Bürgschaften zu Gunsten von Finanzierungsgesellschaften eine derartige Einkünftekorrektur auf Basis von § 1 AStG nach der BFH-Rechtsprechung nicht zulässig ist, vgl. BFH, Urt. v. 29.11.2000, I R 85/99, BStBl. II 2002, S. 720, noch deutlicher in der Vorinstanz: FG Niedersachsen, Urt. v. 23.03.1999, VI 357/95, DStRE 2000, S. 409.

[4] Vgl. unten D.II, S. 135, bzw. konkret zur Modellierung der Transferpreisregeln D.III.2, S. 152. Zur Vergleichbarkeit der Ergebnisse werden die konzernintern verrechneten Zinssätze auch in den Fällen, in denen die Konzernfinanzierungsgesellschaft Eigenkapital als Darlehen weiterreicht, als Vielfaches der Konzernrefinanzierungskosten modelliert.

[5] Vgl. unten Anhang I, Tabelle 23, S. 253. Eine Ausnahme stellen die Unterkapitalisierungsregeln Sloweniens dar, in denen Darlehensgewährungen zwischen Schwestergesellschaften nicht erfasst werden.

[6] Vgl. unten Anhang I, Tabelle 23, S. 253.

[7] Vgl. zur Unterscheidung zwischen reinen und gemischt tätigen Finanzierungsgesellschaften oben D.I.2.a), S. 123, sowie *Theisen, M. R.*, Konzern, 2000, S. 443 f.

in diesem Fall das anteilige Eigenkapital des nahe stehenden unmittelbar Beteiligten zur Ermittlung des safe haven herangezogen werden.[1]

Durch die bei der finanzierten Konzerngesellschaft anwendbaren Unterkapitalisierungsregeln wird der Umfang der steuerlich anerkannten Darlehensvergabe durch die Konzernfinanzierungsgesellschaft begrenzt. Dieser Effekt muss im Modell abgebildet werden. Soweit die jeweiligen Unterkapitalisierungsvorschriften nicht bereits auf eine globale FK:EK-Relation abstellen, wird dabei davon ausgegangen, dass für die Darlehensvergabe der Konzernfinanzierungsgesellschaft das anteilige Eigenkapital der gemeinsamen Muttergesellschaft als safe haven verwendet werden kann.

II. Modellbeschreibung

Bei steuerlichen Belastungsvergleichen werden die Entscheidungswirkungen oft vernachlässigt,[2] d. h. es wird beispielsweise die optimale Finanzierung bei gegebener Standortwahl ermittelt, aber die gegenseitige Beeinflussung von Finanzierungsweg und Standortwahl wird nicht untersucht. Diese Vereinfachung in der Modellbildung ist bei der hier gewählten Zielsetzung nicht möglich. Die oben dargestellten Missbrauchsnormen richten sich gegen bestimmte Formen der steuerorientierten Gestaltung bei internationalen Investitionen, unter anderem gegen den hier untersuchten Einsatz von Konzernfinanzierungsgesellschaften. Sie üben daher indirekt einen Einfluss auf die Standortwahl aus, indem sie die Einsatzmöglichkeiten dieser Gestaltungen einschränken. Die Modellierung muss somit einen mehrstufigen Optimierungsprozess erfassen und Standortwahl und Finanzierungsweg gleichzeitig betrachten.

1. Modellannahmen

Die Abbildung dieses mehrstufigen Optimierungsprozesses erhöht die Komplexität der Modellbildung.[3] Zur Komplexitätsreduktion und um die Klarheit der Aussagen zu erhöhen, müssen daher an anderen Stellen Vereinfachungen vorgenommen werden:

- Es wird davon ausgegangen, dass eine Investition einer Konzernunternehmung[4] mit einer Kapitalgesellschaft als Spitzeneinheit durch Gründung einer neuen

---

[1] Vgl. *Kröner, M.*, Ernst&Young, 2005, § 8a KStG, Rz. 124; *Frotscher, G.*, Frotscher/Maas, 2006, § 8a KStG, Rz. 75.

[2] Vgl. *Elschen, R.*, Entscheidungsneutralität, 1991, S. 105 f.

[3] Vgl. *Wagner, F. W.*, Gegenstand, 2004, S. 241.

[4] Grenzüberschreitende Unternehmen sind regelmäßig als Konzerne organisiert, vgl. *Theisen, M. R.*, Konzern, 2000, S. 6-9.

(100%igen) Tochterkapitalgesellschaft vorgenommen wird.[1] Die Wahl zwischen Tochtergesellschaft und Betriebsstätte wird nicht betrachtet, auch Unterschiede zwischen verschiedenen Rechtsformen werden vernachlässigt.[2]

- Es wird von vollständiger Rationalität und Information ausgegangen. Die Rendite der Investition ist ex ante bekannt (Modell unter Sicherheit). Dies ermöglicht einen Vergleich der verschiedenen Standorte und Finanzierungswege durch die Betrachtung einer Repräsentativperiode.[3]

Es wird von einer Gewinn maximierenden Konzernunternehmung ausgegangen.[4] Entscheidungskriterium soll der mittels Teilsteuerrechnung[5] abgebildete Nachsteuergewinn der deutschen Konzernobergesellschaft in der betrachteten Repräsentativperiode sein.[6] Daraus folgen weitere Annahmen, die zur Vergleichbarkeit erforderlich sind, aber die Modellergebnisse nicht verfälschen:

- Es wird auf jeder Stufe des Konzerns von Vollausschüttung und phasengleicher Dividendenvereinnahmung ausgegangen. Eine separate oder integrierte Optimierung der Repatriierungsstrategie erfolgt nicht. Wegen der (95%igen) Dividenden-

---

[1] Dies ist die gängige Vorgehensweise bei der Untersuchung grenzüberschreitender Investitionen, vgl. *Spengel, C.*, Unternehmensbesteuerung, 2003, S. 36 f.; *Europäische Kommission*, Unternehmensbesteuerung, 2001, S. 141. Personenunternehmen spielen „im internationalen Bereich sowie bei Direktinvestitionen nur eine untergeordnete Rolle“, *Spengel, C.*, Unternehmensbesteuerung, 2003, S. 13.

[2] Vgl. zur ökonomischen Funktion von Rechtsformen *Theisen, M. R./Wenz, M.*, Grundkonzeption, 2005, S. 14-18; *Wenz, M.*, Unternehmensmischformen, 1999, S. 1-6.

[3] Bei der Modellierung mehrstufiger Optimierungsprozesse ist die Betrachtung einer Repräsentativperiode eine übliche Vorgehensweise in der Betriebswirtschaftlichen Steuerlehre, vgl. *Wagner, F. W.*, Gegenstand, 2004, S. 241.

[4] Bei einer einperiodischen Betrachtungsweise ist die Berechnung und Maximierung des Kapitalwerts nicht erforderlich, das finanzielle Ziel der Unternehmung ist die Maximierung des nach Steuern zur Verfügung stehenden Betrags, vgl. *Wagner, F. W.*, Besteuerung, 2005, S. 446 f.; allgemein zu Zielsystemen einer Unternehmung mit der (im einperiodischen Modell nicht erforderlichen) Unterscheidung zwischen Nah- und Fernzielen: *Schmidt, R.-B.*, Zielsysteme, 1993, Sp. 4800 f.

[5] Vgl. allgemein zur Teilsteuerrechnung: *Rose, G.*, Teilsteuerrechnung, 1973. Eine ausführliche Modellierung der Finanzierungsstrategien eines internationalen Konzerns mittels Teilsteuerrechnung findet sich auch bei *Fritzmann, T.*, Konzernfinanzierung, 2003.

[6] Die Steuerminimierung, die alleine kein sinnvolles Ziel darstellt, ist insoweit nur Mittel zum Zweck, da Steuern das Ergebnis negativ beeinflussen, vgl. *Wagner, F. W./Dirrigl, H.*, Steuerplanung, 1980, S. 8. Allerdings wird die Optimierung im hier verwendeten Modell nicht zweistufig, sondern mehrstufig bzw. iterativ vorgenommen. *Schneeloch* bezeichnet dieses Vorgehen als „integrierte Steuerplanung“, vgl. *Schneeloch, D.*, Steuerpolitik, 2002, S. 4 f.

freistellung[1] sind die steuerlichen Wirkungen einer Ausschüttung bei den wenigen hier betrachteten Beteiligungsebenen gering.[2]

- Quellensteuern werden vernachlässigt. Innerhalb der EU sind sie im Konzernverbund für alle hier betrachteten Zahlungsströme (Zinsen und Dividenden) ohnehin verboten.[3]
- Die Ebene der Anteilseigner der Konzernobergesellschaft wird nicht betrachtet.[4] Da das geltende deutsche Steuerrecht eine Ausschüttung unabhängig von der Herkunft der zu Grunde liegenden Beträge belastet,[5] wird bei einer Maximierung des Nachsteuergewinns der Konzernobergesellschaft bei Ausschüttung immer auch das Einkommen der Gesellschafter aus dieser Beteiligung maximiert.[6]
- Negative Bemessungsgrundlagen auf Ebene der Muttergesellschaft führen zu einer sofortigen Steuererstattung. Diese Annahme ist bei einer reinen Marginalanalyse zulässig, wenn davon ausgegangen wird, dass genügend sonstige steuerpflichtige Gewinne vorhanden sind, die sofort mit den negativen Komponenten der Bemessungsgrundlage verrechnet werden können. Der Jahresüberschuss der Tochtergesellschaft darf dagegen im Modell nicht negativ werden, da die Tochtergesellschaft annahmegemäß keine weiteren Gewinne erzielt und ein Ausgleich mit Einkünften anderer Konzerngesellschaften nicht in Frage kommt.[7]

Als weitere Annahme kommt für das Modell hinzu, dass der Konzern das Kapital für die Investition in voller Höhe als Fremdkapital aufnehmen will oder muss. Dies soll

---

1 S. § 8b Abs. 1, 5 KStG. Damit folgt Deutschland der ersten Möglichkeit von Art. 4 Abs. 1, 2 Mutter-/Tochter-Richtlinie (90/435/EWG).

2 Vgl. aber zu den möglichen Kumulationswirkungen bei mehrstufigen Beteiligungsketten (Kaskadeneffekt) *Kröner, M.*, Ernst&Young, 2004, § 8b KStG, Rz. 224; *Frotscher, G.*, Frotscher/Maas, 2004, § 8b KStG, Rz. 96; bereits *Rödder, T./Schumacher, A.*, Überblick, 2003, S. 1727.

3 Vgl. Art. 5 Mutter-/Tochter-Richtlinie (90/435/EWG); Art. 1 Abs. 1 Zins- und Lizenzrichtlinie (2003/49/EG).

4 Insoweit liegt eine Partialbetrachtung vor, vgl. *Wagner, F. W./Dirrigl, H.*, Steuerplanung, 1980, S. 12 f.

5 S. § 3 Nr. 40 EStG, Ausnahmen stellen die Altfälle der Körperschaftsteuerminderung bzw. -erhöhung gem. §§ 37, 38 KStG und die Einlagenrückgewähr (§ 27 KStG) dar. Diese Sonderfälle sind in der im Modell angestellten Betrachtung irrelevant.

6 Vgl. in diesem Sinne auch *Fritzmann, T.*, Konzernfinanzierung, 2003, S. 225.

7 Eine grenzüberschreitende Verlustverrechnung im Rahmen einer Gruppenbesteuerung ist auch nach dem Urteil des EuGH in der Rechtssache *Marks & Spencer* (EuGH, Urt. v. 13.12.2005, Rs. C-446/03 (*Marks & Spencer*)) nicht generell erforderlich und de lege lata nur in Dänemark, Frankreich, Italien und Österreich unter teilweise restriktiven Voraussetzungen möglich, vgl. *Masui, Y.*, General Report, 2004, S. 54. Zur österreichischen Gruppenbesteuerung vgl. statt aller *Gassner, W./Haidenthaler, W.*, Group, 2004.

annahmegemäß durch die Emission einer Anleihe geschehen, wobei davon ausgegangen wird, dass sämtliche Konzerngesellschaften bei der Anleihenemission dieselben Bedingungen vorfinden.[1] In der Analyse wird zunächst von einer deutschen Muttergesellschaft ausgegangen, bei einzelnen Beispielen wird stattdessen eine belgische Muttergesellschaft angenommen.

Grundsätzlich kann eine Muttergesellschaft eine Tochtergesellschaft mit Eigenkapital oder mit Fremdkapital ausstatten, daneben besteht die Möglichkeit, dass sich die Tochtergesellschaft (mit dem Sicherheiten gewährenden Konzernverbund im Rücken) selbst am Kapitalmarkt refinanziert. Durch die Einschaltung einer Finanzierungsgesellschaft[2] bei der Finanzierung einer Tochtergesellschaft stehen zusätzliche Möglichkeiten zur Verfügung, wie die Tochtergesellschaft mit Kapital versorgt werden kann.[3] Durch die Annahme einer deutschen oder belgischen Muttergesellschaft kann man einige theoretisch denkbare Möglichkeiten der Finanzierung vernachlässigen[4] und somit grundsätzlich vier Alternativen identifizieren, wie die Tochtergesellschaft mit Kapital ausgestattet werden kann.[5]

---

[1] Die Begebung von Anleihen ist das „klassische Instrument der langfristigen Refinanzierung auf den internationalen Kapitalmärkten", *Gundel, G.*, Finanzierungsgestaltungen, 1994, S. 263. Da sie bei Begebung durch die Finanzierungsgesellschaft (oder die Tochtergesellschaft) regelmäßig durch Garantien der Muttergesellschaft besichert werden, ist es plausibel anzunehmen, dass diese Gesellschaften dieselben Konditionen vorfinden, wie die Muttergesellschaft, vgl. *Gundel, G.*, Finanzierungsgestaltungen, 1994, S. 263. Da durch die Einführung des Euro die Zinssätze in der Euro-Zone annähernd gleich sind, vgl. *Sinn, H.-W.*, Competition, 2003, S. 20 m. w. N., ist die Annahme auch staatenübergreifend plausibel.

[2] Im Modell wird von reinen Finanzierungsgesellschaften ausgegangen, also Gesellschaften, die keine Holdingfunktion ausüben, vgl. oben D.I.2.a), S. 123. Aufgenommenes Kapital wird konzernintern nur als Fremdkapital weitergeleitet und nicht als Eigenkapital. Zwar stellt die Zwischenschaltung einer Holdinggesellschaft grundsätzlich ebenfalls eine mögliche Investitionsstrategie dar. Unter den Annahmen des hier verwendeten Modells (insbesondere der Abwesenheit von Quellensteuern und der Ausblendung aperiodischer Besteuerungsvorgänge) hat die Zwischenschaltung einer Holdinggesellschaft jedoch keine steuerlichen Vorteile zur Folge. Vgl. zur Steuerplanung mit Holdinggesellschaften allgemein beispielsweise *Kraft, G.*, Holdingstrukturen, 1999; *Kessler, W.*, Holdinggesellschaften, 2003.

[3] Die Möglichkeiten, die sich durch Einschaltung einer Finanzierungsgesellschaft ergeben, werden beispielsweise bei *Buettner* u. a. vernachlässigt, vgl. *Buettner, T.* u. a., Impact, 2006, S. 14.

[4] Beispielsweise könnte es für Muttergesellschaften in Niedrigsteuerländern vorteilhaft sein, auf die Einschaltung einer Finanzierungsgesellschaft zu verzichten und selbst Kapital als Fremdkapital aufzunehmen. Wenn die Tochtergesellschaft einem höheren Steuersatz unterliegt und das Kapital mit einem Zinsaufschlag ebenfalls als Fremdkapital erhält, würden Gewinne zu einem niedrigeren Steuersatz versteuert. Für eine deutsche Muttergesellschaft kann dieser Fall jedoch ausgeschlossen werden, wie man an dem Vergleich der nominellen Steuersätze erkennt, vgl. dazu *BMF* (Hrsg.), Steuern, 2007, S. 61. Für die belgische Muttergesellschaft ist die Einschaltung einer Finanzierungsgesellschaft in den berechneten Beispielen ebenfalls immer die bessere Alternative.

[5] Vgl. in diesem Sinne auch *Theisen, M. R./Wenz, M.*, Verteilung, 2005, S. 40-47.

Alternative	I	II	III	IV
Anleihenemittent	MU	TU	MU	KFG
Passivseite KFG	-	-	EK	FK (Anleihe)
Passivseite TU	EK	FK (Anleihe)	FK (KFG)	FK (KFG)

Tabelle 5: Finanzierungsalternativen bei der Finanzierung einer Tochtergesellschaft

Tabelle 5 fasst die wesentlichen Merkmale der vier Finanzierungsalternativen, die in Abbildung 12 graphisch dargestellt sind, zusammen.

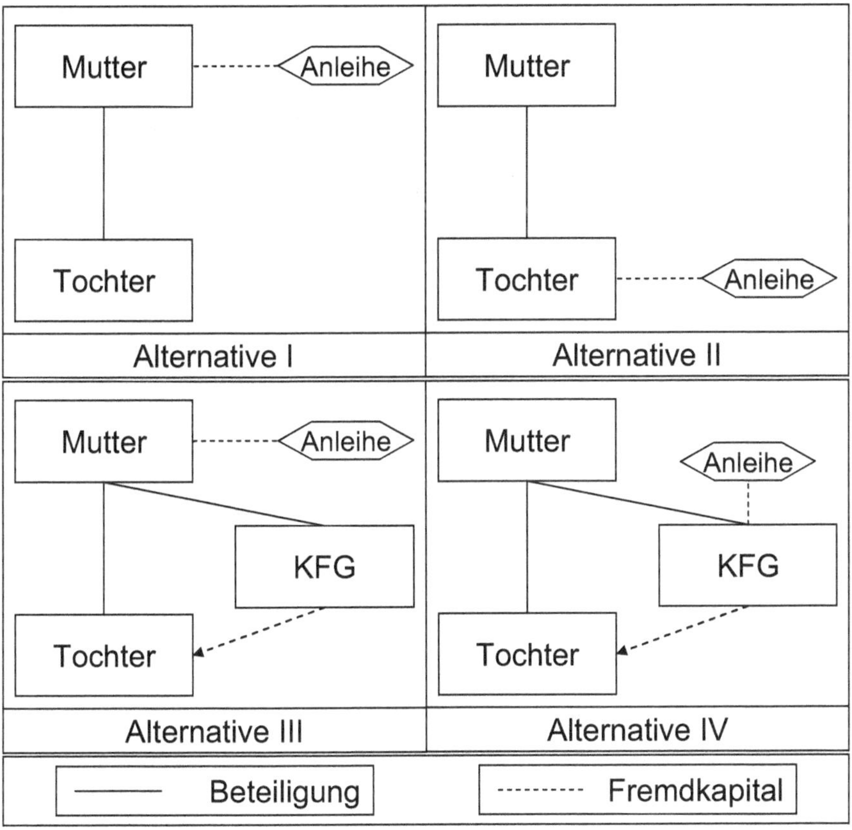

Abbildung 12: Finanzierungsalternativen bei der Finanzierung einer Tochtergesellschaft

Zusammengefasst beruht das Modell auf folgenden Annahmen und Notationen:[1]

- Eine in Deutschland ansässige Konzernmuttergesellschaft A-AG plant, eine neue (aktiv tätige) Tochtergesellschaft (C-KapGes) zu gründen.
- Für die Investition ist ein Kapitaleinsatz in Höhe von K erforderlich.
- Die für die Investition benötigten Mittel kann bzw. will der Konzern nicht aus Eigenmitteln aufbringen, er nimmt sie in voller Höhe von fremden Dritten als Fremdkapital auf.
- Der Konzern sei in der Lage, Fremdkapital durch die Platzierung einer Anleihe zu einem Zinssatz von i aufzunehmen.
- Die Investitionen generieren in den in Frage kommenden Standorten eine ex ante bekannte Vorsteuer-Rendite in Höhe von $\beta \cdot i$.
- Konzernintern kann ein Zinssatz von $\alpha \cdot i$ verrechnet werden ($\alpha > 1$).[2]
- Alle beteiligten Gesellschaften gelten in allen beteiligten Ländern als Kapitalgesellschaften.
- In Deutschland wird von einem Gewerbesteuerhebesatz von $h = 400$ ausgegangen, der Körperschaftsteuersatz beträgt 25%, der Solidaritätszuschlag wird vernachlässigt.
- Die Konzernfinanzierungsgesellschaft B unterliegt dem Steuersatz s_B.
- Eine im Ausland gegründete Tochtergesellschaft unterliegt dem Steuersatz s_C (mit $s_C \geq s_B$, da die Finanzierungstätigkeit mobiler ist und leichter in ein Niedrigsteuerland verlagert werden kann), eine inländische Tochtergesellschaft ebenfalls der Körperschaftsteuer (25%) und der Gewerbesteuer ($h = 400$).

2. Exkurs: Folgen der Initiativen gegen schädlichen Steuerwettbewerb

Vor der Modellanalyse sollen kurz die für diese Arbeit relevanten Folgen der Initiativen der EU und der OECD gegen den schädlichen Steuerwettbewerb dargestellt werden. Während die EU-Initiative in ihren Leitlinien konkret bestimmte Steuerregime bei Finanzdienstleistungen als schädlich ansieht, sind die Kriterien der OECD allgemeiner gehalten. Beide Initiativen wollen aber weiterhin einen fairen Steuerwettbewerb um die Ansiedlung echter ökonomischer Aktivitäten ermöglichen.[3] Mit dem soeben dargestellten Modell soll der Einfluss von Gewinnverlagerungen und der dagegen gerichteten Transferpreisregeln und Missbrauchsverhinderungsnormen auf Steuerwettbewerb und Standortwahl von Unternehmen mit echten ökonomischen Aktivitäten untersucht werden. Im Folgenden wird untersucht, wie dieses Modell durch die Entwicklungen, die durch die beiden Initiativen angestoßen wurden, beeinflusst wird.

a) Schädliche Steuerpraktiken

Hinsichtlich der schädlichen Steuerpraktiken in den OECD-Mitgliedsländern ist das Projekt nach eigener Einschätzung der OECD zu einem erfolgreichen Ende gekommen,[4] nachdem alle im 2000 Report potenziell als schädlich identifizierten Maßnahmen bis 2006 abgeschafft, verändert oder bei genauerer Prüfung als nicht schädlich eingestuft

---

[1] Vgl. zu den verwendeten Symbolen auch oben das Symbolverzeichnis, S. XXVII.

[2] Dazu vgl. unten D.III.2, S. 152.

[3] Vgl. dazu oben B.II, S. 14.

[4] Vgl. ausdrücklich *OECD*, Update, 2006, S. 6, Rz. 16.

wurden.[1] Die genaue Betrachtung der Entwicklungen macht aber deutlich, dass vor dem Hintergrund der Zielsetzungen des 1998 Reports[2] nicht von einem echten Erfolg gesprochen werden kann: Zum einen wurden viele der untersuchten Regime nur geringfügig verändert, und zum anderen wurde die Abschaffung bestimmter Vorzugsregime durch eine Reduktion des generellen Steuersatzes kompensiert.[3] Selbst an dieser Entwicklung hat die OECD kaum einen Anteil, da die meisten der abgeschafften oder angepassten Praktiken in EU-Ländern zu finden waren und unabhängig von den OECD-Vorgaben bereits die Anforderungen des EU-Verhaltenskodex erfüllen mussten.[4]

Dagegen war die Arbeit der Primarolo-Gruppe erfolgreicher als viele erwartet haben,[5] was vor allem vor dem Hintergrund der Reaktionen auf den Ruding-Report fünf Jahre zuvor, der sich ebenfalls gegen bestimmte Sondersteuerregime ausgesprochen hatte, erstaunlich ist.[6] Zunächst führte der Verhaltenskodex innerhalb Europas zu einem gemeinsamen Verständnis dessen, was als unerwünschte Maßnahme im innereuropäischen Steuerwettbewerb anzusehen ist.[7] Von den ursprünglich als schädlich identifizierten Maßnahmen bestanden trotz der Uneinigkeit der Finanzminister in ihrer Beurteilung bereits Mitte 2003 nur noch fünf Maßnahmen, die spätestens bis Ende 2010 bzw. 2011 auslaufen werden.[8] Der Strategiewechsel, im Bereich der direkten Steuern durch politischen Druck und nicht durch erzwungene Harmonisierung zu agieren, hat

---

[1] Bereits bei Verabschiedung des 2004-Reports waren mit dem 50/50-practice in der Schweiz und den 1929 Holdings in Luxemburg nur noch zwei möglicherweise schädliche Regime vorhanden, die einer weiteren Untersuchung unterzogen werden sollten, wobei beide Staaten nicht an den Report gebunden waren, da sie sich bei der Verabschiedung des Reports enthalten hatten, vgl. *OECD*, Progress, 2004, S. 7 f. Bis zur Verabschiedung des 2006-Reports wurde das 50/50-practice in der Schweiz abgeschafft. Das Luxemburg 1929 Holding-Regime wurde verändert und ist aus Sicht des EU-Code of Conduct nicht mehr schädlich (s. dazu unten), zählt aus Sicht der OECD aber weiterhin zu den schädlichen Steuerpraktiken, was Luxemburg zu einer weiteren Enthaltung veranlasst hat, vgl. *OECD*, Update, 2006, S. 4, Rz. 13 f., FN 7.

[2] Vgl. *OECD*, Competition, 1998.

[3] Vgl. *Baker, P.*, Response, 2004, S. 12, 17.

[4] Vgl. *OECD*, Progress, 2004, S. 7-9. Die einzigen abgeschafften bzw. angepassten Praktiken, die sich in Nicht-EU-Staaten befinden, sind die ehemals schädlichen Steuerpraktiken in Island (International Trading Companies), Korea (Offshore Activities of Foreign Exchange Banks), der Türkei (Istanbul Offshore Banking Regime) sowie das Foreign Sales Corporations-Regime in den USA, das allerdings zusätzlich durch die WTO unter Druck geraten war, vgl. dazu *Schön, W.*, WTO, 2004, S. 60.

[5] Vgl. *Mors, M.*, Verhaltenskodex, 2001, S. 208.

[6] Vgl. *Pinto, C.*, Path, 1998, S. 409.

[7] Vgl. *Thömmes, O.*, Corporate Taxation, 2002, S. 124.

[8] Vgl. *Thömmes, O.*, Missbrauchsverhütung, 2005, S. 238. Die fünf auslaufenden Maßnahmen sind bzw. waren die belgischen Koordinierungszentren, das irische Foreign Income Regime, das 1929 Holding-Regime in Luxemburg, die niederländischen internationalen Finanzierungstätigkeiten und die Madeira Free Zone in Portugal.

sich somit als zielführend erwiesen.[1] Der EU-Verhaltenskodex kann als weitgehend umgesetzt gelten.[2] Inwieweit allerdings die Grundfreiheiten des EG-Vertrags den von den Leitlinien teilweise geforderten Missbrauchsregeln entgegenstehen, ist separat zu untersuchen.[3]

Der Umsetzungsdruck beim Verhaltenskodex wird durch die Möglichkeit, innerhalb der EU gegen unerlaubte staatliche Beihilfen vorzugehen, erhöht.[4] In diesem Gebiet besitzt die Kommission Kompetenzen, die ihr nach den Regeln des Code of Conduct nicht zukämen,[5] insbesondere kann sie Mitgliedstaaten zur Abschaffung einer Beihilfe auffordern und die Abschaffung vor dem EuGH durchsetzen.[6] Durch die Ende 1998 veröffentlichten Leitlinien zur Anwendung der Beihilfevorschriften auf die direkten Steuern[7] hat die Kommission ihre bisherige Vorsicht bei der Anwendung der Beihilfevorschriften auf steuerliche Maßnahmen teilweise aufgegeben[8] und sich zu einer häufigeren Überprüfung steuerlicher Vorschriften entschlossen.[9] Zwar sind Verhaltensko-

---

1 Vgl. *Pinto, C.*, EU Law, 2002, S. 234. Vor allem bei den Beitrittsverhandlungen wurde seine Einhaltung von den neuen Mitgliedstaaten konsequent eingefordert, vgl. *Mössner, J. M.*, Taxation, 2005, S. 144.

2 Allerdings gilt auch für die durch den Druck des EU-Verhaltskodex abgeschafften Maßnahmen, dass diese teilweise durch Modifikation faktisch aufrecht erhalten werden konnten.

3 Vgl. dazu oben B.II.2.b), S. 19, zu den Leitlinien und unten Kapitel E, S. 199 zu dem Einfluss der Grundfreiheiten auf die Missbrauchsverhinderungsnormen. Vgl. auch *Nijkamp, H.*, Landmark, 2001, S. 152.

4 Vgl. Abl. EG v. 06.01.1998, C 2, S. 1, Anhang 1, Rz. J. Das im Rahmen des Code of Conduct vorgesehene Verfahren des stand-still und rollback erschien einigen Mitgliedstaaten attraktiver als die nach einem Tätigwerden der Kommission und des EuGH evtl. erforderliche sofortige Abschaffung entsprechender Maßnahmen, vgl. *Bolkestein, F.*, Realization, 2000, S. 78. Vgl. zur Vergleichbarkeit von Beihilfen und Sondersteuerregimen bereits *Valenduc, C.*, Degradation, 1994, S. 25.

5 Vgl. *Osterweil, E.*, Compared, 1999, S. 200-202, mit dem zutreffenden Hinweis, dass hierin ein entscheidender Unterschied des EU-Maßnahmenpakets im Vergleich zum OECD-Projekt liegt.

6 S. Art. 88 Abs. 2 EGV; vgl. dazu *Terra, B./Wattel, P.*, Tax Law, 2001, S. 197 f.; *Bratton, W. W./McCahery, J. A.*, Evaluating, 2001, S. 688.

7 Vgl. Abl. EG v. 10.12.1998, C 384, S. 3. Genau wie der Verhaltenskodex sind diese Leitlinien kein bindendes Recht, sondern soft-law. Da die Kommission jedoch einen großen diskretionären Spielraum in der Anwendung der Beihilfevorschriften hat, kommt diesen Leitlinien eine erhebliche Bedeutung bei der Abschätzung des Vorgehens der Kommission im Bereich der steuerlichen Beihilfen zu, vgl. *Nanetti, F./Mameli, G.*, struggle, 2002, S. 186 f., die in diesem Zusammenhang von einer fast bindenden Wirkung der Leitlinien sprechen.

8 Vgl. *Nanetti, F./Mameli, G.*, struggle, 2002, S. 185 f.

9 Vgl. *Monti, M.*, state aid, 1999, S. 209. Die Kommission hat 2001 einige der ursprünglich 66 als schädlich identifizierten Maßnahmen formell nach den Beihilfevorschriften überprüft, vgl. *Terra, B./Wattel, P.*, Tax Law, 2001, S. 200 f. Vgl. dazu auch EuGH, Urt. v. 22.06.2006, verb. Rs. C-182/03 (*Belgien / Kommission*) und C-217/03 (*Forum 187 ASBL / Kommission*). In diesem Urteil bestätigt der EuGH dem Grunde nach die Unvereinbarkeit der Regeln über belgische Koordinierungszentren mit dem Beihilferecht (Entscheidung der Kommission v. 17.02.2003, 2003/757/EG, Abl. L 282, S. 25).

dex und die Kriterien zur Anwendung der Beihilfevorschriften nicht deckungsgleich,[1] in einem zentralen Kriterium stimmen sie aber überein: Die im Vergleich zu ansässigen Unternehmen günstigere Besteuerung nichtansässiger Unternehmen gilt nach den Leitlinien für die Anwendung der Beihilfevorschriften als selektive Maßnahme[2] und stellt gleichermaßen ein Merkmal schädlicher Steuermaßnahmen nach dem Verhaltenskodex dar.[3] Daher erfüllen alle steuerlichen Maßnahmen, die unter dem Verhaltenskodex als schädlich beurteilt wurden, zumindest das Kriterium der Selektivität,[4] das seinerseits das zentrale Kriterium für die Beurteilung einer steuerlichen Maßnahme als verbotene Beihilfe darstellt.[5] Damit erfassen Verhaltenskodex und Beihilfevorschriften insoweit auch Fälle der Inländerdiskriminierung, die durch die Grundfreiheiten nach der ständigen Rechtsprechung des EuGH gerade nicht erfasst werden.[6]

Ob die Umsetzung dieser Leitlinien bzw. die Abschaffung schädlicher Steuerpraktiken aber ausreicht, um für einen fairen und vor allem unschädlichen Steuerwettbewerb zu sorgen, wurde weder von der OECD noch von der EU geprüft.[7] Betrachtet man die Reaktionen der kritisierten Staaten auf beide Initiativen, wird deutlich, dass Befürchtungen, nach denen es zu einer Erhöhung des Wettbewerbsdrucks im Bereich der nominellen oder effektiven Steuersätze kommt, berechtigt waren.[8] So hat beispielsweise Irland als OECD- und EU-Mitglied früh erkannt, dass es seine kritisierten Regime[9] nicht wird halten können. Als Ausweg hat man gesehen, dass ein Regime mit niedrigen Steuersätzen nur dann als schädlich betrachtet wird, wenn von den allgemeinen Steuersätzen abgewichen wird. Die Senkung des allgemeinen Steuersatzes auf 12,5%

---

1 Vgl. *Monti, M.*, state aid, 1999, S. 210; *Mors, M.*, Verhaltenskodex, 2001, S. 205 f., der darauf hinweist, dass die Beihilfevorschriften nur auf dem Territorium der Mitgliedstaaten gelten, während der Verhaltenkodex auch die abhängigen und assoziierten Gebiete anspricht.

2 Vgl. Abl. EG v. 10.12.1998, C 384, S. 3, Rz. 26.

3 Vgl. Abl. EG v. 06.01.1998, C 2, S. 1, Anhang 1, Rz. B.

4 Vgl. *Nanetti, F./Mameli, G.*, struggle, 2002, S. 187, 189.

5 S. Art. 92 Abs. 1 EGV. Vgl. dazu Abl. EG v. 10.12.1998, C 384, S. 3, Rz. 17-27; *Nanetti, F./Mameli, G.*, struggle, 2002, S. 186.

6 Vgl. dazu unten E.IV, S. 209.

7 Zweifelnd bereits *Vanistendael, F.*, support, 2000, S. 159. Die tatsächliche Wirkung der OECD- aber auch der EU-Initiative sieht auch *Jeffrey Owens*, der Direktor des OECD Centre for Tax Policy & Administration ähnlich kritisch, weshalb er sich für eine breitere Definition des schädlichen Steuerwettbewerbs ausspricht, vgl. *Owens, J.*, Challenges, 2006, S. 557.

8 Vgl. *Meussen, G.*, EU-fight, 2002, S. 157 f.

9 Es handelt sich um das IFSC-Regime in den Dublin-Docks und die Shannon Airport Zone, vgl. OECD, Progress, 2004, S. 7 f.; *Primarolo Gruppe*, Bericht, 1999, Anlage C, S. 180.

zum 01.01.2003[1] war daher eine Lösung, die den Anforderungen beider Projekte gerecht wurde.[2] Auch einige Nicht-Mitglieder mit schädlichen Steuerpraktiken („Steueroasen“), in denen von der OECD nicht nur fehlender Informationsaustausch bemängelt wurde, sondern auch spezifische Steuerpraktiken kritisiert wurden, sind – soweit sie ihre eingegangen Verpflichtungen überhaupt erfüllt haben – dazu übergegangen, ihre Offshore-Regime durch eine generelle Senkung der Unternehmenssteuersätze zu ersetzen.[3] Eine (aus Sicht der EU-Kommission und der OECD[4] aber nicht ausreichende)[5] Alternative war, die schädlichen Steuerpraktiken der Form nach abzuschaffen, sie aber faktisch in nur leicht veränderter Form weiter bestehen zu lassen, wie es Luxemburg bei dem 1929 Holding-Regime[6] gemacht hat.[7]

Für das hier verwendete Modell ist es ohne Bedeutung, ob der niedrigere Steuersatz, dem die Konzernfinanzierungsgesellschaft annahmegemäß unterliegt, eine Folge eines von der OECD oder dem EU-Verhaltenskodex als schädlich eingestuften Sondersteuerregimes ist oder auf einem allgemein niedrigen Tarif beruht. In sämtlichen Zahlenbeispielen wurde mit einer irischen Konzernfinanzierungsgesellschaft gerechnet, die dem allgemeinen Tarif von 12,5% unterliegt. Es liegt also keine Inanspruchnahme schädlicher Steuerpraktiken seitens der Konzernunternehmung vor, das Modell wird durch die weiteren Entwicklungen der beiden Initiativen nicht beeinflusst.

Mögliche gesamtwirtschaftliche Folgen der Initiativen gegen schädlichen Steuerwettbewerb können mit dem in dieser Arbeit verwendeten Modell nicht untersucht werden. Es existieren aber einige finanzwissenschaftliche Modelle, die als Erweiterung des Standardmodells untersuchen, welche Auswirkungen ein Verbot des schädlichen Steuerwettbewerbs nach den Kriterien der OECD bzw. der EU haben wird. Durch den

---

1 Mit dem Finance Act 2004 wurden noch weitere Steuerentlastungen für Unternehmen beschlossen, vgl. *Grimes, L./Maguire, T.*, Ireland, 2005.

2 Vgl. *Baker, P.*, Response, 2004, S. 6 f.; *Terra, B./Wattel, P.*, Tax Law, 2001, S. 193 f.

3 Vgl. *Ambrosanio, M. F./Caroppo, M. S.*, Eliminating, 2005, S. 710-715, mit Beispielen aus Zypern, den Niederländischen Antillen, Mauritius und anderen Ländern.

4 Vgl. *OECD*, Update, 2006, S. 4, Rz. 14.

5 Das 1929 Holding-Regime wird trotz der Änderungen von der Kommission als verbotene Beihilfe eingestuft, vgl. Pressemitteilung der Kommission v. 19.07.2006, IP/06/1021. Zum 01.01.2007 (mit einer Übergangsfrist zu 31.12.2010) wurde das Gesetz abgeschafft, vgl. Mémorial A, n°241 v. 29.12.2006.

6 Vgl. zu einem Überblick *Pinto, C.*, Path, 1998, S. 401 f.

7 Es wurden nur die Zugangsvoraussetzungen des 1929 Holding-Regimes um eine Missbrauchsklausel erweitert, die Rechtsfolgen allerdings unverändert gelassen, weshalb von einer unveränderten praktischen Bedeutung des Regimes ausgegangen wurde, vgl. *Bogaerts, R.*, Luxembourg, 2005, S. 358.

Zwang zu einer gleichmäßigen Besteuerung kommt es in diesen Modellen im Vergleich zu der Möglichkeit der Diskriminierung der immobilen Steuerquellen zu einem Anstieg der Steuersätze auf mobiles Kapital und einem Sinken der Steuersätze auf immobiles Kapital.[1] Dadurch verstärkt sich die Allokationsverzerrung bei dem mobilen Kapital. Ob es insgesamt im Modell zu Wohlfahrtsverlusten kommt, ist jedoch nicht eindeutig zu beantworten und abhängig von weiteren Modellannahmen.[2]

b) Informationsaustausch und Transparenz

Die OECD konnte in ihrem Bemühen um einen effektiven Informationsaustausch auf die Unterstützung einer Reihe von zuvor und gleichzeitig ablaufender Initiativen bauen.[3] Der Austausch von Informationen ist nicht nur zur Bekämpfung der Steuerhinterziehung nötig, sondern ebenso bei der Verfolgung von Geldwäsche.[4] In diesem Bereich wurden bereits vor den Initiativen der OECD und der EU Maßnahmen eingeleitet.[5] Vor allem die Financial Action Task Force on Money Laundering (FATF),[6] die eine Liste mit 40 Empfehlungen gegen Geldwäsche vorgelegt hat[7] und eine eigene

---

1 Vgl. dazu *Diaw, K. M./Gorter, J.*, Harmful, 2003, S. 259 f.

2 Nach dem Modell von *Keen* kommt es in jedem Fall zu Wohlfahrtsverlusten im Vergleich zur Situation mit gezieltem Steuerwettbewerb, vgl. *Keen, M.*, Regimes, 2001. Bei anderen Modellen ist der Wohlfahrtseffekt von weiteren Annahmen, wie der Steuerelastizität der zur Verfügung stehenden Steuerbasen oder einem „home bias" der Investoren abhängig, vgl. *Diaw, K. M./Gorter, J.*, Harmful, 2003; *Janeba, E./Smart, M.*, targeted, 2003; *Haupt, A./Peters, W.*, Restricting, 2005.

3 Eine Übersicht findet sich bei *Karp, J.*, Effect, 2001, S. 12 f.

4 Beide Straftaten beruhen entscheidend auf der Verschleierung der Geldströme. Der Hauptunterschied liegt darin, dass zur Steuerhinterziehung meist nur eine Off-Shore Konstruktion verwendet wird um das Geld vor dem Zugriff des Wohnsitzstaates zu verstecken, während das Geld bei Geldwäsche meist in rascher Folge durch mehrere Off-Shore Gesellschaften geleitet wird, vgl. *Spreutels, J./Grijseels, C.*, Interaction, 2001, S. 3.

5 Vgl. *Makhlouf, G.*, Transparency, 2000, S. 66; eine ausführliche Übersicht zum Kampf gegen Geldwäsche findet sich bei *Spreutels, J./Grijseels, C.*, Interaction, 2001, S. 3-8.

6 Die FATF wurde 1989 auf dem G7-Gipfel in Paris gegründet und besteht derzeit aus 33 Mitgliedern (31 Ländern, der Europäischen Kommission sowie dem „Gulf Co-operation Council" der Länder des arabischen Golfs) und mehreren Organisationen mit Beobachterstatus, darunter die OECD.

7 Die erste Liste wurde 1990 vorgelegt, vgl. *FATF*, Recommendations, 1990. Danach wurde die Liste mehrfach modifiziert, die aktuelle Version stammt aus dem Jahr 2004, vgl. *FATF*, Recommendations, 2004.

Liste nicht-kooperativer Staaten veröffentlicht hatte,[1] ist dabei führend. Seit 1999 übt die FATF auch Druck im Bereich des Informationsaustauschs in Steuersachen aus.[2]

Sowohl die FATF als auch die OECD verlangen von den kooperativen Staaten einen Informationsaustausch auf Anfrage, während die EU-Zinsrichtlinie die EU-Mitgliedstaaten zu einem automatischen Informationsaustausch anhält.[3] Dies lässt auf unterschiedliche Zielsetzungen der beiden Initiativen schließen, da Direktinvestitionen und Portfolioinvestitionen unterschiedliche Anforderungen an den Informationsaustausch stellen. Bei Direktinvestitionen ist die Tatsache der Investition leicht beobachtbar. Somit werden Informationen vor allem hinsichtlich der Bestimmung von Transferpreisen und zur Ermittlung der Tatbestandsvoraussetzung für nationale Missbrauchsnormen (wie vor allem CFC-Regeln) benötigt.[4] Hierzu ist die vom OECD-TIEA vorgesehene Informationserteilung auf Anfrage und die Möglichkeit der Durchführung von Außenprüfungen im Ausland ein geeignetes Mittel.[5] Bei Portfolioinvestitionen fällt es dagegen den nationalen Steuerbehörden schwer, überhaupt Kenntnis von der Identität der Investoren zu erhalten, sodass eine bloße Informationserteilung auf Anfrage, die zumindest die Kenntnis eines Steuerzahlers bzw. Investors voraussetzt, unzureichend ist.[6]

Der verbesserte Informationsaustausch kann für die Missbrauchsverhinderungsnormen vor allem zwei Folgen haben. Zum einen ermöglicht er beispielsweise durch das Aufdecken von Beteiligungsstrukturen die Überprüfung der Anwendungsvoraussetzungen

---

1 Vgl. *FATF*, Report, 2000; *FATF*, Review, 2000. Mit dem Delisting von Nigeria (23.06.2006) und Myanmar (13.10.2006) existieren derzeit allerdings keine nicht-kooperativen Staaten mehr, vgl. http://www.fatf-gafi.org/document/54/0,2340,en_32250379_32236992_33919542_1_1_1_1,00.html (20.03.2007). Der Einfluss der FATF-Initiative ist trotz der im Vergleich zur OECD-Initiative weniger drakonisch anmutenden Gegenmaßnahmen gegen nicht-kooperative Länder sehr groß. Dies ist hauptsächlich auf die durchgängige Unterstützung durch die USA zurückzuführen. Die USA haben sich den FATF-Empfehlungen jeweils angeschlossen, indem das Financial Crimes Enforcement Network (FinCEN) diese Empfehlungen in Form von Advisories an US-amerikanische Banken gerichtet hat, vgl. http://www.fincen.gov/pub_main.html (20.03.2007). Diesen Empfehlungen spricht *Karp, J.*, Effect, 2001, S. 13, eine maßgebliche Wirkung zu.

2 Im Jahr 1999 wurden die FATF-Empfehlungen erweitert. Es wurde klar gestellt, dass der Geldwäsche verdächtige Personen sich nicht mehr auf das Steuergeheimnis berufen dürfen, um eine Ermittlung zu blockieren („fiscal-excuse“). Daneben wurde empfohlen, dass eine Nutzung der gewonnenen Informationen auch in Steuersachen ermöglicht werden soll. Dazu wurde eine Interpretationshilfe zur Empfehlung Nr. 15 verabschiedet, vgl. *FATF*, Annual Report, 1999, S. 33, Rz. 143-145.

3 Vgl. Art. 5 OECD-TIEA im Vergleich zu Art. 9 der Zinsrichtlinie (2003/48/EG).

4 Vgl. *Tanzi, V./Zee, H. H.*, Borderless, 2000, S. 61 f.

5 Vgl. Art. 5 OECD-TIEA zum Informationsaustausch und Art. 6 OECD-TIEA zu der Möglichkeit von Außenprüfungen im Ausland.

6 Vgl. *Tanzi, V./Zee, H. H.*, Borderless, 2000, S. 62 f.

der verschiedenen Normen.[1] Im Modell wird aber stets eine ordnungsgemäße Deklaration unterstellt, sodass sich insoweit keine Auswirkungen auf das Modell ergeben. Zum anderen kann der Informationsaustausch auch Auswirkungen auf Transferpreise haben, wenn die Finanzbehörden mehr Informationen über die Situation der ausländischen Finanzierungsgesellschaft erhalten.[2] Wenn dadurch nurmehr ein niedrigerer Zinssatz bei der konzerninternen Darlehensvergabe verrechnet werden kann, entspricht dies im hier verwendeten Modell einem Absinken von α.

Die möglichen weiteren Auswirkungen der Zinsrichtlinie[3] beeinflussen das Modell nicht. Dies liegt daran, dass die Anleihenzeichner, die potenziell unter den Anwendungsbereich der Zinsrichtlinie fallen, ausgeblendet wurden. Ein Vergleich der Zinsrichtlinie mit der OECD-Initiative lässt jedoch grundsätzliche Zweifel an der Verbindlichkeit der Verpflichtungen einiger Steueroasen zu einem effektiven Informationsaustausch aufkommen. Alle fünf Nicht-EU-Länder,[4] die nach der Zinsrichtlinie vergleichbare Maßnahmen erlassen mussten, hatten die Wahl zwischen einem Informationsaustausch im Sinne des OECD-TIEA,[5] d. h. einem Informationsaustausch auf Anfrage, und einer Quellensteuerlösung. Alle fünf Länder haben sich für die Quellensteuerlösung entschieden, obwohl nur drei von ihnen bei der OECD als unkooperativ gelistet werden[6] und eines von ihnen sich gegenüber der OECD sogar ausdrücklich zur Koope-

---

1 Die häufiger mögliche Anwendung von Missbrauchsnormen ist nicht mit der von der OECD angedrohten koordinierten Anwendung nationaler Abwehrgesetze gleichzusetzen. Diese koordinierte Anwendung soll auf die unkooperativen Steueroasen beschränkt sein, also gerade auf die Staaten, bei denen die Anwendung dieser Maßnahmen an fehlenden Informationen zu scheitern droht. Dieses Problem erkennen *Ambrosanio, M. F./Caroppo, M. S.*, Eliminating, 2005, S. 718, nicht.

2 Steuerpflichtige in Deutschland sind gem. § 90 Abs. 3 AO bereits bisher verpflichtet, sehr umfassende Informationen bei Geschäftsbeziehungen mit nahe stehenden Personen im Ausland vorzulegen.

3 Hinsichtlich des Erfolgs der Zinsrichtlinie zeigt sich die Literatur überwiegend skeptisch, da sie leicht umgangen werden könne, vgl. *Bortenlänger, C.*, Quellensteuer, 2004; *Reiff, H.*, Informationen, 2005, S. 242; *Däppen, A.*, Abkommen, 2004, S. 10.

4 Es handelt sich um die benachbarten Finanzplätze Andorra, Liechtenstein, Monaco, San Marino und die Schweiz.

5 Vgl. Art. 10 Abs. 2 Zinsrichtlinie (2003/48/EG).

6 Derzeit listet die OECD fünf unkooperative Steueroasen auf, neben Liberia und den Marshall Inseln sind das die von der Zinsrichtlinie erfassten Länder Andorra, Liechtenstein und Monaco, vgl. http://www.OECD.org/document/57/0,2340,en_2649_33745_30578809_1_1_1_1,00.html (20.03.2007).

ration bereit erklärt hat.[1] Aus Sicht der OECD scheinen diese Länder in ausreichendem Maße Informationen auf Anfrage bereit zu stellen, aus Sicht der EU ist dies nicht der Fall. Daher ist es zweifelhaft, ob es in Zukunft tatsächlich einfacher sein wird, im Verhältnis zu Steueroasen die Missbrauchsverhinderungsnormen zur Anwendung zu bringen und mehr Informationen zur Bestimmung von Transferpreisen zu erhalten.

3. Vorgehensweise

Da im Rahmen dieser Arbeit Aussagen auf dem Gebiet der Steuerrechtsgestaltungslehre als unzulässig abgelehnt wurden,[2] werden die Missbrauchsverhinderungsnormen nicht auf ihre Zweckmäßigkeit hin untersucht, und es werden keine Aussagen zu einer „optimalen" Ausgestaltung dieser Normen getroffen.

Zweck der Modellanalyse ist die Untersuchung der Beeinflussung der Standortwahl einer multinationalen Konzernunternehmung durch Missbrauchsverhinderungsnormen. Dazu wird für die in Frage kommenden Standorte jeweils der Finanzierungsweg der Tochtergesellschaft optimiert. Daran anschließend wird ein Maßstab für die Steuersatzsensitivität der Standortwahl und die relative Position Deutschlands im Steuerwettbewerb berechnet. Zur Veranschaulichung des Einflusses von Missbrauchsverhinderungsnormen werden einige Zahlenbeispiele gerechnet, in denen Investitionsströme betrachtet werden, die in der Realität durch unterschiedliche Kombinationen dieser Normen betroffen sind.[3]

In der Untersuchung werden schrittweise Vorschriften, die Finanzierungsgestaltungen einschränken können, eingeführt. Die vollständig mit Eigenkapital finanzierte Tochtergesellschaft (Alternative I) wird dabei jeweils als Referenzmaßstab herangezogen, da diese Variante der im Standardmodell des Steuerwettbewerbs[4] untersuchten Situation der reinen Quellenbesteuerung am nächsten kommt. Zunächst werden durch Re-

---

[1] San Marino hat bereits am 04.04.2000 als eine der ersten Steueroasen ein „advance commitment letter" an die OECD geschickt, in dem es sich ausdrücklich zu einem effektiven Informationsaustausch verpflichtet, vgl. http://www.OECD.org/dataOECD/12/51/1903601.pdf (20.03.2007). Daneben ist die Schweiz ebenfalls nicht auf der Liste der unkooperativen Steueroasen, was an ihrem Status als OECD-Mitgliedsland liegt. Hätte sie sich 1998 nicht enthalten, sondern ein Veto eingelegt, hätte sie bereits damals das gesamte Projekt stoppen können.

[2] Vgl. oben A.II, S. 5.

[3] Bei diesen Zahlenbeispielen werden keine realen Investitionen berechnet, es wird ein bestimmter Ausschnitt der Realität betrachtet. Soweit möglich, werden Parameter der in den Beispielen verwendeten Länder in das verwendete Modell übertragen. Konkret sind das die im Modell abbildbaren Aspekte der anwendbaren Missbrauchsnormen sowie die nominellen Steuersätze der betrachteten Länder.

[4] Vgl. oben D.I.1.b)bb), S. 114.

striktionen von α Transferpreisbestimmungen simuliert, anschließend werden Unterkapitalisierungsregeln, dann CFC-Regeln analog zum deutschen AStG und zuletzt beide Regeln zusammen eingeführt.[1] Abbildung 13 beschreibt die verschiedenen Stufen der Modellbildung.

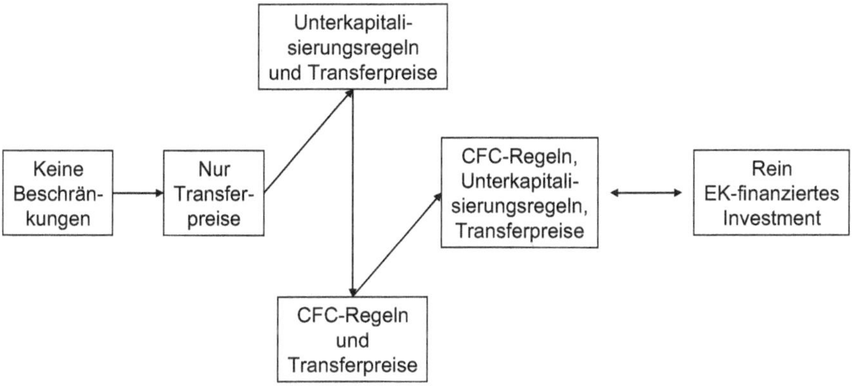

Abbildung 13: Ablauf der Modellanalyse

III. Modellanalyse

Der Nachsteuergewinn der Muttergesellschaft lässt sich zunächst ohne Berücksichtigung von Missbrauchsregeln für die vier Alternativen bei Investition im Ausland in Abhängigkeit von α, β, i, K, s_C und s_B[2] durch Teilsteuerrechnung wie folgt darstellen:[3]

Alternative I:

$$J\ddot{U}_A = \frac{47{,}1}{48} K \cdot \beta \cdot i \cdot (1 - s_C) - \frac{33}{48} K \cdot i \qquad \text{(D-2)}$$

Alternative II:

$$J\ddot{U}_A = \frac{47{,}1}{48} K \cdot (\beta \cdot i - i)(1 - s_C) \qquad \text{(D-3)}$$

---

[1] In der Umfrage des *Ruding*-Reports 1992 gaben jeweils mehr als die Hälfte der Unternehmen an, dass Unterkapitalisierungsregeln und Transferpreisbestimmungen den Erfolg ihrer Steuerplanung kaum oder überhaupt nicht beschränken, vgl. *Devereux, M.*, Impact, 1992, S. 112. Allerdings wurden seit 1992 Unterkapitalisierungsregeln und Transferpreisbestimmungen neu eingeführt bzw. verschärft.

[2] Vgl. zur Erläuterung oben D.II.1, S. 135, sowie das Symbolverzeichnis, S. XXVII.

[3] Vgl. zur Ermittlung der Ergebnisse der einzelnen Gesellschaften Anhang II, 1.b)-e), S. 257.

Alternative III:

$$J\ddot{U}_A = \frac{47{,}1}{48} K \cdot (\beta \cdot i - \alpha \cdot i)(1 - s_C) + \frac{47{,}1}{48} K \cdot \alpha \cdot i \cdot (1 - s_B) - \frac{33}{48} K \cdot i \tag{D-4}$$

Alternative IV:

$$J\ddot{U}_A = \frac{47{,}1}{48} K \cdot (\beta \cdot i - \alpha \cdot i)(1 - s_C) + \frac{47{,}1}{48} K \cdot (\alpha \cdot i - i)(1 - s_B) \tag{D-5}$$

1. Konzernfinanzierungsgesellschaften ohne steuerliche Restriktionen

In einem ersten Schritt wird untersucht, wie die Standortentscheidung im Modell bei völliger Abwesenheit von Missbrauchsverhinderungsnormen getroffen werden würde. Der Konzern unterliegt also weder CFC-Regeln im Staat der Muttergesellschaft noch Unterkapitalisierungsregeln im Staat der Tochtergesellschaft. Auch Transferpreisregeln sind bei der konzerninternen Fremdfinanzierung nicht existent oder zumindest nicht bindend. Im Modell bedeutet dies, dass α jeden beliebigen Wert $\leq \beta$ annehmen kann.

a) Steuerwettbewerb ohne Transferpreisregeln

Unter der Annahme der Nichtexistenz von Missbrauchsverhinderungsnormen und Transferpreisregeln ist es für den Konzern möglich, den von der Tochtergesellschaft erzielten Ertrag komplett in das Land mit dem niedrigsten Steuersatz zu verlagern. Da annahmegemäß der Steuersatz der Finanzierungsgesellschaft[1] niedriger als der Steuersatz der Tochtergesellschaft ist, wird die Tochtergesellschaft durch die Finanzierungsgesellschaft mit Fremdkapital versorgt. Für dieses Fremdkapital wird ein Zinssatz berechnet, der der Vorsteuerrendite der Tochtergesellschaft entspricht, was formell bedeutet, dass $\alpha \cdot i = \beta \cdot i$ gilt. Im Ergebnis kann dadurch der gesamte Gewinn der Tochtergesellschaft in die Finanzierungsgesellschaft verlagert werden. Der Steuersatz s_C, dem die aktiv tätige Tochtergesellschaft unterliegt, spielt für die Standortwahl dann keine Rolle, Steuerwettbewerb um Realinvestitionen findet nicht statt.

Bei der deutschen Muttergesellschaft ist der steuerliche Effekt des Zinsabzugs höher als bei der Finanzierungsgesellschaft. Daher wird die deutsche Muttergesellschaft das

---

[1] Der sprachlichen Vereinfachung wird im Folgenden von einem „Steuersatz der Gesellschaft X" gesprochen. Gemeint ist damit der Steuersatz, dem die Gesellschaft X unterliegt, also im Modell der Steuersatz, der in dem Land gilt, in dem die Gesellschaft X ansässig ist.

Fremdkapital extern aufnehmen und die Finanzierungsgesellschaft mit Eigenkapital ausstatten (Alternative III).[1]

b) Die Position Deutschlands

Bestehen Unterschiede in der Ermittlung der Bemessungsgrundlage, spielt die Besteuerung für die Standortwahl auch bei völliger Abwesenheit von Missbrauchsverhinderungsnormen und Transferpreisbestimmungen eine Rolle. Ertragsunabhängige Elemente der Steuern der Tochtergesellschaft lassen sich durch die Gewinnverlagerung mittels Fremdfinanzierung nicht vermeiden, sodass Unterschiede zwischen den Standorten erhalten bleiben. Beispielhaft sei dieser Effekt an der hälftigen Hinzurechnung von Dauerschuldzinsen bei der Gewerbesteuer in Deutschland[2] dargestellt.[3]

Wenn die aktiv tätige Tochtergesellschaft in Deutschland gegründet wird, muss sie die Hälfte der Dauerschuldzinsen bei der Ermittlung des Gewerbeertrags wieder hinzurechnen.[4] Dabei ist es unerheblich, ob ihr das Fremdkapital konzernintern gewährt wurde oder sie es selbst von fremden Dritten aufgenommen hat. Damit ergibt sich unter Berücksichtigung der Gewerbesteuer ($h = 400$) und der Körperschaftsteuer ein anderer Jahresüberschuss der Tochtergesellschaft C sowie in der Folge ein veränderter Jahresüberschuss der Konzernfinanzierungsgesellschaft B und der Muttergesellschaft A.[5]

Durch die Gewerbesteuerbelastung der Hälfte der Dauerschuldzinsen kann nicht die volle Vorsteuerrendite als Fremdkapitalvergütung verrechnet werden, da die Tochtergesellschaft ansonsten einen Verlust ausweisen würde. Es kann damit nicht (wie oben)

---

1 Die Dominanz von Alternative III ergibt sich auch formal aus dem Vergleich der Formeln D-2 bis D-5, vgl. Anhang II, 2.b), S. 259.

2 Dabei wird hier davon ausgegangen, dass diese Hinzurechnung nicht gegen die Zins- und Lizenzrichtlinie (2003/49/EG) verstößt. Einen Verstoß sehen *Kessler, W./Eicker, K./Schindler, J.*, Hinzurechnung, 2004, S. 678-680; a. A. beispielsweise *Kempf, A./Straubinger, P.*, Lizenzrichtlinie, 2005.

3 Durch die hier angestellte Marginalbetrachtung lassen sich einige andere ertragsunabhängige Elemente vom Modell nicht erfassen. Beispielsweise wären die steuerlichen Auswirkungen der in Österreich erhobenen Lohnsummensteuer im Modell nicht darstellbar. Auch Unterschiede in den Bemessungsgrundlagen, die zu zeitlichen Verschiebungen führen, wie unterschiedliche Abschreibungsmethoden, wären im Modell nicht darstellbar, da nur eine Repräsentativperiode betrachtet wird.

4 S. § 8 Nr. 1 GewStG. Das Gesetz spricht von „Entgelten für Dauerschuldzinsen“, sodass allgemein Entgelte, die für die Nutzung von Fremdkapital gezahlt werden, der hälftigen Hinzurechnung unterliegen, auch wenn es sich dabei nicht um „Zinsen“ im engeren Sinne handelt, vgl. *Hofmeister, F.*, Blümich, 1998, § 8 GewStG, Rz. 59. Der sprachlichen Vereinfachung wegen werden hier derartige Entgelte generell als „Dauerschuldzinsen“ bezeichnet.

5 Die einzelnen Berechnungen dazu finden sich im Anhang II, 2.c), S. 261.

$\alpha \cdot i = \beta \cdot i$ angenommen werden. Der höchstmögliche Zinssatz, der verrechnet werden kann, ohne dass das Ergebnis der Tochter negativ wird, ist gegeben durch:[1]

$$\alpha \leq \frac{10}{11}\beta \tag{D-6}$$

Wiederum stellt Alternative III die dominante Alternative dar, wobei der Jahresüberschuss der Muttergesellschaft bei Gründung einer deutschen Tochtergesellschaft gegeben ist durch:[2]

$$J\ddot{U}_{Ai} = \frac{47{,}1}{48}\left(\frac{5}{8}K \cdot \beta \cdot i - \frac{33}{48}K \cdot \alpha \cdot i\right) + \frac{47{,}1}{48}K \cdot \alpha \cdot i \cdot (1 - s_B) - \frac{33}{48}K \cdot i \tag{D-7}$$

Setzt man anschließend den Jahresüberschuss der Muttergesellschaft bei Auslands- und bei Inlandsinvestment gleich und löst nach β_i auf, erhält man:[3]

$$\beta_i = 1{,}1 \cdot \beta_a \tag{D-8}$$

Wäre der Einsatz von Konzernfinanzierungsgesellschaften keinerlei steuerlichen Restriktionen unterworfen, müsste im Modell eine Tochtergesellschaft in Deutschland eine um 10% höhere Vorsteuerrendite[4] im Vergleich zu einer Tochtergesellschaft im Ausland[5] erwirtschaften, damit der Jahresüberschuss der Muttergesellschaft gleich bleibt.

2. Beschränkungen durch Transferpreisregeln

Um die Restriktionen hinsichtlich der Transferpreise darzustellen, unterliegt der konzernintern verrechenbare Zinssatz, ausgedrückt durch das Produkt $\alpha \cdot i$, im Folgenden Einschränkungen. Der Wert von α kann also nicht in jedem Fall so gewählt werden, dass Vorsteuerrendite und verrechneter Zinssatz identisch sind.

---

1 Vgl. Anhang II, 2.d), S. 262.

2 Vgl. Anhang II, 2.e), S. 262.

3 Zu den Berechnungen vgl. Anhang II, 2.f), S. 263.

4 Mit der „Vorsteuerrendite" ist hier die Rendite der Tochtergesellschaft vor Steuern und vor Zinsen gemeint (im Modell: $\beta \cdot i$). Bei Alternative I wird das Ergebnis nicht durch Zinsaufwand auf Ebene der Tochter gemindert, bei allen anderen Alternativen dagegen schon. Zur Vereinheitlichung wird in allen Fällen von der Vorsteuerrendite gesprochen, ebenso wie das „Vorsteuerergebnis der Tochtergesellschaft" im Zweifel ein Ergebnis bezeichnet, das weder durch Steuern noch durch Zinsen gemindert wurde (EBIT).

5 Wenn bei der Tochtergesellschaft im Ausland ebenfalls ertragsunabhängige Steuern erhoben werden, die sich nicht durch die Gewinnverlagerung vermeiden lassen, gilt diese Aussage nicht.

Im Modell soll α die Transferpreise bzw. die Transferpreisregeln abbilden. Wird konzernintern ein Zinssatz von $\alpha \cdot i$ verrechnet, wird dies annahmegemäß von den beteiligten Finanzverwaltungen nicht angegriffen. Würde ein höherer Zinssatz verrechnet, würden annahmegemäß Transferpreisbestimmungen eine Einkünftekorrektur auslösen.[1] Die Höhe von α setzt sich aus verschiedenen Elementen zusammen. Zum einen ist sie in einem fremdüblichen Zinsaufschlag für durch die Finanzierungsgesellschaft übernommene Aufgaben und Risiken begründet. Zum anderen kann sie als diskretionärer Spielraum, den der Konzern gegenüber den Finanzbehörden hat, interpretiert werden, wenn diese wegen Informationsdefiziten einen größeren Aufschlag zu akzeptieren bereit sind.[2] Zur Vergleichbarkeit der Ergebnisse muss im Folgenden davon ausgegangen werden, dass die Finanzbehörden die Transferpreisbestimmungen gleichmäßig durchsetzen (d. h. α ist unabhängig vom Investitionsland).[3]

a) Steuerwettbewerb mit Transferpreisregeln

Damit die Transferpreisbeschränkungen bindend werden, muss gelten: $\alpha < \beta$. Damit kann der Gewinn nicht vollständig durch die Darlehensvergütung verlagert werden. Unabhängig von der Erweiterung des Modells um Begrenzungen beim internen Zinssatz bleibt Alternative III die dominante Alternative,[4] allerdings bleibt ein Einfluss des Steuersatzes der aktiv tätigen Tochtergesellschaft (s_C) bestehen.

Der Absolutwert der partiellen Ableitung des Jahresüberschusses nach Steuern der Muttergesellschaft A ($JÜ_A$) nach dem ausländischen Steuersatz s_C kann im verwendeten Modell als Maß für die Intensität des Steuerwettbewerbs herangezogen werden: Je

---

[1] Grundsätzlich kann auch bei einem zu niedrigen Zinssatz eine Einkünftekorrektur in Frage kommen, beispielsweise auf Grundlage des deutschen § 1 AStG. Da aber eine Einkünfteverlagerung von der höher besteuerten Tochtergesellschaft in die niedriger besteuerte Konzernfinanzierungsgesellschaft erfolgen soll, kann dieser Fall hier vernachlässigt werden.

[2] Zur Problematik der Bestimmung des Fremdvergleichszinssatzes bei der Darlehensgewährung durch Konzernfinanzierungsgesellschaften vgl. oben D.I.2.b)bd), S. 132.

[3] Diese Annahme wird in der Realität nicht generell erfüllt sein. Beispielsweise konnte im Modell gezeigt werden, dass nicht aufeinander abgestimmte Transferpreisregeln, die zu Doppelbesteuerung führen, eine optimale Handlungsstrategie der Staaten im Steuerwettbewerb darstellen können, vgl. *Mansori, K. S./Weichenrieder, A. J.*, Disputes, 2001; *Raimondos-Møller, P./Scharf, K.*, Transfer pricing, 2002. Das hier entwickelte Modell kommt, wie bereits andere Modelle (vgl. oben D.I.1.c)cc), S. 120) zu dem Ergebnis, dass das Interesse an streng durchgesetzten Transferpreisregeln variiert, vgl. unten Tabelle 16, S. 191. Der Umfang an kodifizierten Transferpreisregeln in OECD-Ländern ist auch in der Realität unterschiedlich, vgl. beispielsweise *Bartelsman, E. J./Beetsma, R. M.*, transfer pricing, 2003, S. 2230. Außerdem kennen einige Länder allgemeine fixe Obergrenzen für den verrechenbaren Zinssatz bei Darlehensvergaben zwischen nahe stehenden Personen, beispielsweise Frankreich und Tschechien, vgl. unten Anhang I, Tabelle 23, S. 253.

[4] Vgl. Anhang II, 2.b), S. 259.

größer der Wert ist, desto stärker ändert sich die Zielgröße bei einem marginalen Unterschied im Steuersatz s_C und desto größer ist der Einfluss einer Steuersatzdifferenz zwischen verschiedenen Standorten bei der Standortwahl. Bei Alternative III ist die partielle Ableitung nach s_C gegeben als:[1]

$$\left|\frac{\partial J\ddot{U}_A(III)}{\partial s_C}\right| = \frac{47{,}1}{48} K \cdot (\beta \cdot i - \alpha \cdot i) \qquad \text{(D-9)}$$

Daraus ergibt sich, dass im Gegensatz zur Situation ohne Transferpreisbestimmungen Steuerwettbewerb weiterhin stattfindet. Hoch profitable Investitionen (hohes β) reagieren c. p. sensibler auf Steuersatzdifferenzen. Hohe Spielräume bei dem intern verrechenbaren Zinssatz (hohes α) verringern c. p. die Steuersensibilität der Standortwahl.

Im Standardmodell des Steuerwettbewerbs[2] wird eine reine Quellenbesteuerung ohne Gewinnverlagerungsmöglichkeiten unterstellt. Dem entspricht im hier verwendeten Modell die eigenkapitalfinanzierte Tochtergesellschaft (Alternative I). Wenn der Absolutwert der partiellen Ableitung des Jahresüberschusses nach Steuern der Muttergesellschaft ($J\ddot{U}_A$) nach dem ausländischen Steuersatz s_C niedriger ist als der Wert, der sich bei Alternative I einstellt, kann im Modell davon gesprochen werden, dass die Intensität des Steuerwettbewerbs im Vergleich zum Standardmodell abgeschwächt ist. Dies ist selbst bei strengen[3] Transferpreisregeln (für $\alpha \rightarrow 1$) der Fall, da bei der eigenkapitalfinanzierten Tochtergesellschaft (Alternative I) der Absolutwert der partiellen Ableitung nach s_C immer höher ist, wie die folgende Formel D-10 zeigt:[4]

$$\left|\frac{\partial J\ddot{U}_A(I)}{\partial s_C}\right| = \frac{47{,}1}{48} K \cdot \beta \cdot i \qquad \text{(D-10)}$$

---

[1] Vgl. Anhang II, 3.a), S. 264.

[2] Vgl. dazu oben D.I.1.b)bb), S. 114.

[3] Mit „strengen“ Transferpreisregeln ist im Rahmen der Modellanalyse in diesem Kapital eine konsequente Durchsetzung des Fremdvergleichsmaßstabs gemeint, die zu einem Absinken von α führt. Dies kann beispielsweise auf Informationspflichten zurückzuführen sein, wenn dadurch Informationsnachteile der Finanzverwaltung abgebaut und diskretionäre Spielräume der Unternehmen eingeschränkt werden. „Großzügige“ Transferpreisregeln bezeichnen dementsprechend beispielsweise Situationen, in denen existierende Regeln wenig effektiv durchgesetzt werden und die Unternehmen einen größeren Spielraum bei der Festsetzung des intern verrechneten Zinssatzes haben, sodass α steigt.

[4] Vgl. Anhang II, 3.a), S. 264.

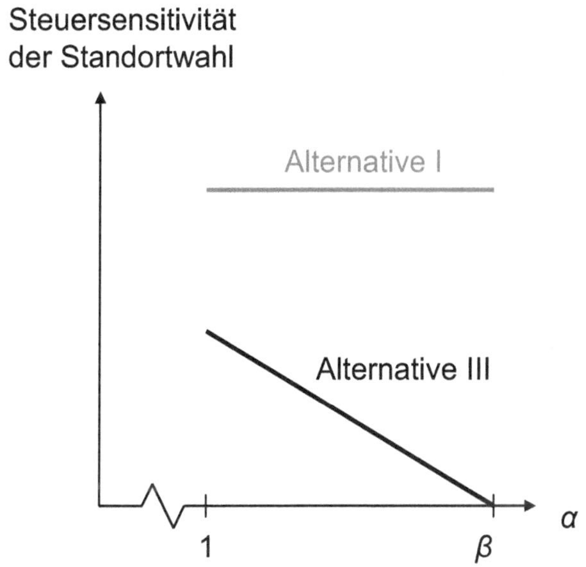

Abbildung 14: Steuersatzsensitivität der Standortwahl

Graphisch lässt sich die Intensität des Steuerwettbewerbs, ausgedrückt durch die Steuersatzsensitivität der Standortwahl, vereinfacht wie in Abbildung 14 veranschaulichen: Die hellgraue Kurve steht dabei für die rein eigenkapitalfinanzierte Investition in einem anderen Land. Der ausländische Steuersatz wird dann auf die volle Vorsteuerrendite angewendet. Die schwarze Kurve sinkt mit großzügigeren Transferpreisregeln und entspricht für $\alpha = \beta$ wieder der Situation ohne Transferpreisregeln.

b) Die Position Deutschlands

Um einen negativen Jahresüberschuss durch die Gewerbesteuerbelastung der Hälfte der Dauerschuldzinsen bei der Tochtergesellschaft zu verhindern, konnte α bei Inlandsinvestment bereits ohne Transferpreisregeln nicht den Wert von β erreichen. Ohne Einschränkung durch Transferpreisregeln wurde α so gewählt, dass der Gewinn vollständig durch die Darlehensvergütung und die darauf lastende (hälftige) Gewerbesteuer aufgezehrt wird. Dennoch musste eine Tochtergesellschaft in Deutschland eine höhere Vorsteuerrendite als eine ausländische Tochtergesellschaft erwirtschaften, um trotz der hälftigen Hinzurechnung der Dauerschuldzinsen bei der Gewerbesteuer im Modell dasselbe Nachsteuerergebnis bei der Muttergesellschaft zu generieren.[1] Bei

[1] Vgl. oben D.III.1.b), S. 151.

bindenden Transferpreisregeln muss eine Investition in eine deutsche Tochtergesellschaft folgende Vorsteuerrendite erwirtschaften, um im Modell einer Investition in eine ausländische Tochtergesellschaft gleichwertig zu sein:[1]

$$\beta_i = 1{,}6 \cdot \beta_a \cdot (1 - s_c) - 1{,}6 \cdot \alpha \cdot (0{,}3125 - s_c) \qquad \text{(D-11)}$$

Sofern der ausländische Steuersatz 31,25% beträgt, ist das Ergebnis von Formel D-11 im Vergleich zu Formel D-8 unverändert. Im Vergleich zu einer Investition in einem Staat mit einem Steuersatz von weniger als 31,25% müsste die deutsche Tochtergesellschaft eine Rendite erzielen, die vor Steuern mehr als 1,1 mal so groß ist wie bei einer ausländischen Tochtergesellschaft. Im Vergleich mit einer Tochtergesellschaft, die in einem Staat gegründet wird, dessen Steuersatz über 31,25% liegt, stellt sich die Situation umgekehrt dar. Zur Erzielung eines gleich hohen Nachsteuerergebnisses bei der Muttergesellschaft ist aus Sicht der deutschen Tochtergesellschaft eine Vorsteuerrendite ausreichend, die (abhängig von α, β_a und s_C) die Rendite der ausländischen Tochtergesellschaft um weniger als 10% übersteigt.

Die Ursache dieses Ergebnisses liegt erneut in der hälftigen gewerbesteuerlichen Hinzurechnung der Dauerschuldzinsen. Diese führt dazu, dass ein Zinsabzug bei einer deutschen Kapitalgesellschaft trotz des nominell höheren Grenzsteuersatzes nur eine Steuerentlastung von 31,25% zur Folge hat.[2] Transferpreisregeln begrenzen die Höhe der Zinszahlungen, die eine inländische oder ausländische Tochtergesellschaft an die Konzernfinanzierungsgesellschaft leisten darf. Damit wird der Einfluss verringert, den die nur bei der deutschen Tochtergesellschaft erfolgende hälftige Hinzurechnung der Dauerschuldzinsen bei der Gewerbesteuer hat.

c) Zahlenbeispiel: Investition einer belgischen Muttergesellschaft

Bisher wurde in den Berechnungen immer von einer deutschen Muttergesellschaft ausgegangen und in teilweiser Abweichung zum geltenden Recht unterstellt, CFC-Regeln und Unterkapitalisierungsvorschriften seien nicht vorhanden. Bei Betrachtung von Tabelle 4 auf S. 110 wird aber deutlich, dass es in der Realität einige Investitionsströme gibt, die weder CFC-Regeln noch Unterkapitalisierungsregeln ausgesetzt sind. Dies trifft beispielsweise für Investitionen zu, in denen die Muttergesellschaft in Österreich, Belgien, Ungarn, Irland, Luxemburg oder den Niederlanden ansässig ist, und die

---

[1] Vgl. Anhang II, 3.b), S. 264.

[2] Dieser Wert gilt für den hier verwendeten Hebesatz von 400% und unter Vernachlässigung des Solidaritätszuschlags.

Tochtergesellschaft beispielsweise in Österreich, Finnland, Schweden oder Großbritannien gegründet werden soll.

Die im Modell darstellbaren Aspekte der Realität sind die nominellen Steuersätze in den verschiedenen Ländern sowie in diesem Abschnitt die Nichtexistenz von speziellen Missbrauchsverhinderungsnormen bei den bilateralen Investitionsströmen. In Abweichung zu den bisherigen Modellannahmen wird nun von einer belgischen Muttergesellschaft ausgegangen, die de lege lata keinen CFC-Vorschriften unterliegt. Sie will eine Tochtergesellschaft in Österreich, Finnland, Schweden oder Großbritannien gründen, deren Kapitalausstattung ihrerseits de lege lata nicht durch Unterkapitalisierungsvorschriften eingeschränkt würde. Die Finanzierung soll annahmegemäß über eine mit Eigenkapital ausgestattete Konzernfinanzierungsgesellschaft in Irland erfolgen.

Der Steuersatz in Belgien beträgt 33,99%, wobei Dividenden zu 95% freigestellt werden.[1] Der Steuersatz in Irland beträgt 12,5%, in Österreich 25%, in Finnland 26%, in Schweden 28%, in Großbritannien 30%.[2] Als Referenzinvestition gilt die Gründung einer Tochtergesellschaft in Österreich, die eine Rendite in Höhe von $\beta \cdot i$ erzielt. Unter Berücksichtigung der möglichen Gewinnverlagerung in eine Konzernfinanzierungsgesellschaft wird die Vorsteuerrendite ermittelt, die in den anderen Ländern zur Kompensation der Wirkungen des im Vergleich zu Österreich jeweils höheren Steuersatzes erforderlich ist, um denselben Gewinn bei der Muttergesellschaft zu generieren. Um den Einfluss der Einschaltung der Konzernfinanzierungsgesellschaft auf die Standortwahl zu verdeutlichen, wird vergleichsweise das Ergebnis berechnet, das sich bei einer eigenkapitalfinanzierten Investition (Alternative I) einstellt. Die jeweiligen Renditeanforderungen stellt die nachfolgende Tabelle 6 dar.[3]

	Finnland	**Schweden**	**Großbritannien**
Alt. III	$\beta_{FI} = \frac{75}{74} \cdot \beta - \frac{1}{74} \cdot \alpha$	$\beta_{SE} = \frac{75}{72} \cdot \beta - \frac{3}{72} \cdot \alpha$	$\beta_{UK} = \frac{75}{70} \cdot \beta - \frac{5}{70} \cdot \alpha$
Alt. I	$\beta_{FI} = \frac{75}{74} \cdot \beta$	$\beta_{SE} = \frac{75}{72} \cdot \beta$	$\beta_{UK} = \frac{75}{70} \cdot \beta$

Tabelle 6: Renditeanforderungen bei Investition einer belgischen Muttergesellschaft in ausgewählten Ländern ohne Unterkapitalisierungsregeln

[1] Die Freistellung in Belgien ist technisch so ausgestaltet, dass sie nur bei ausreichenden Gewinnen der Muttergesellschaft erfolgt, wovon im verwendeten Modell jedoch ausgegangen wird. Daneben sieht Belgien für Dividenden von bestimmten niedrig besteuerten Tochtergesellschaften einen Übergang zur Anrechnungsmethode vor, dies gilt jedoch nicht für Gesellschaften, die innerhalb der EU ansässig sind, vgl. *Offermans, R.*, Belgium, 2006, S. 68.

[2] Vgl. *BMF* (Hrsg.), Steuern, 2007, S. 61; *IBFD* (Hrsg.), Handbook, 2006.

[3] Vgl. zur Ermittlung der Formeln Anhang II, 3.c), S. 266.

Die steuerlichen Unterschiede zwischen den verschiedenen Standorten bei Alternative III und bei Alternative I zeigt die folgende Abbildung 15. Auf der y-Achse ist dabei abgetragen, um wie viel Prozent die Vorsteuerrendite in den anderen drei Standorten die Rendite in Österreich übersteigen muss, um zu einem gleichen Nachsteuerergebnis bei der belgischen Mutter zu führen (hier als „EBIT-Delta" bezeichnet).

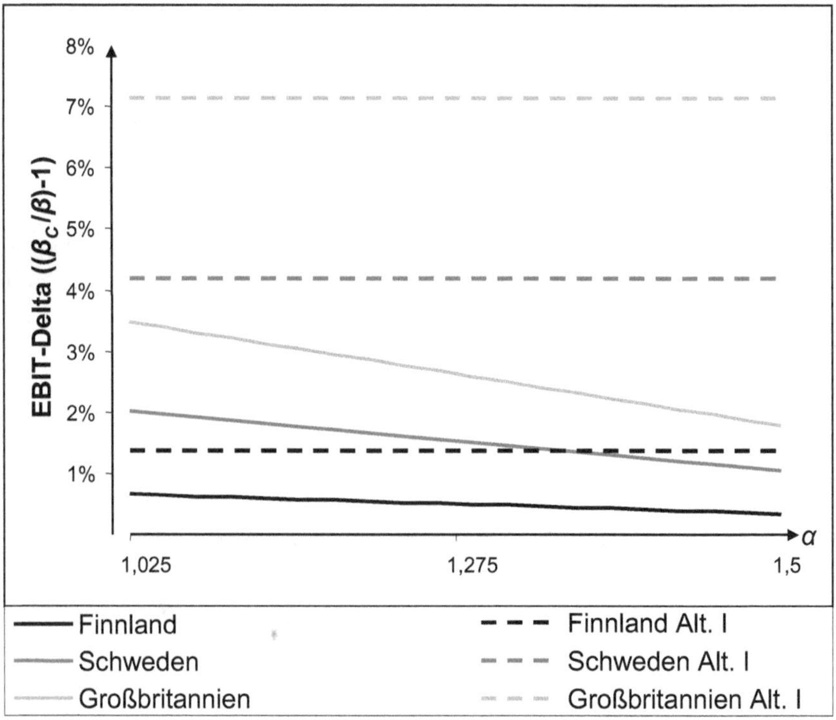

Abbildung 15: Renditeanforderungen bei Investition einer belgischen Muttergesellschaft in ausgewählten Ländern ohne Unterkapitalisierungsregeln

Bereits sehr kleine Werte von α, also streng durchgesetzte Transferpreisbestimmungen,[1] führen dazu, dass im Vergleich zu einer Situation, in der eine Einschaltung einer Konzernfinanzierungsgesellschaft nicht möglich ist, die zur Gleichwertigkeit der Standorte erforderlichen Renditeunterschiede geringer sind.

[1] Für $\alpha = 1{,}025$ wäre beispielsweise intern ein Zinssatz von 4,1% verrechenbar, was einem mark up von nur 0,1% entspricht.

Die folgende Tabelle 7 veranschaulicht die Ergebnisse anhand eines Zahlenbeispiels und stellt dar, welche Vorsteuerergebnisse zu einem gleichen Nachsteuerergebnis auf Ebene der Muttergesellschaft führen.[1]

	Österreich	**Finnland**	**Schweden**	**Großbritannien**
$\alpha = 1{,}025$	100,00	100,66	102,03	103,48
$\alpha = 1{,}125$	100,00	100,59	101,82	103,13
$\alpha = 1{,}25$	100,00	100,51	101,56	102,68
$\alpha = 1{,}375$	100,00	100,42	101,30	102,23
$\alpha = 1{,}5$	100,00	100,34	101,04	101,79
Alternative I	100,00	101,35	104,17	107,14

Tabelle 7: Zahlenbeispiel: im Modell gleichwertige Vorsteuerergebnisse bei Investition einer belgischen Muttergesellschaft in ausgewählten Ländern ohne Unterkapitalisierungsregeln

3. Auswirkungen von Unterkapitalisierungsregeln

Unterkapitalisierungsregeln verstärken die Wirkung von Transferpreisregeln. Auf Ebene der inländischen Tochtergesellschaft schränken Transferpreisregeln die Höhe der Vergütungen ein, die für konzernintern gewährtes Fremdkapital verrechnet werden können, während Unterkapitalisierungsregeln bereits den Umfang der konzerninternen Fremdkapitalvergabe begrenzen. Sowohl Transferpreisregeln als auch Unterkapitalisierungsregeln wirken gegen Gewinnverlagerungen bei Inbound-Investitionen.

Die aus der Anwendung von Unterkapitalisierungsregeln resultierende Mehrbelastung für Gesellschaft (Schuldner) und Gesellschafter (Gläubiger) hängt wesentlich von der Frage der Qualifikationsverkettung ab. Nimmt der Sitzstaat der Tochtergesellschaft eine Umqualifizierung der Zinszahlungen in (nicht abzugsfähige) Gewinnausschüttungen vor, und folgt der Sitzstaat der Muttergesellschaft dieser Umqualifizierung, so entspricht die Belastung dieser Zahlungen denen einer offenen Gewinnausschüttung. Eine Doppelbesteuerung wird weitestgehend vermieden. Von einer solchen übereinstimmenden Beurteilung der Zahlungen kann nicht generell ausgegangen werden.[2] Folgt der Sitzstaat der Muttergesellschaft dieser Umqualifizierung nicht, kommt es zu

---

[1] Der Berechnung wurde ein Zinssatz für die Aufnahme von Fremdkapital von Dritten von $i = 4\%$ zu Grunde gelegt und ermittelt, welches Vorsteuerergebnis ein Kapitaleinsatz in Höhe von $K = 1.250$ in den jeweiligen Standorten erzielen muss, um auf Ebene der belgischen Muttergesellschaft zu einem identischen Nachsteuerergebnis zu kommen. Als Referenz wird von einer Investition in eine österreichische Tochtergesellschaft ausgegangen, die eine Vorsteuerrendite von 8% ($\beta = 2$) erzielt.

[2] Vgl. *Piltz, D. J.*, Generalbericht, 1996, S. 72-74, vgl. ausführlich oben C.II.2.d), S. 105.

einer Doppelbesteuerung. Die Zahlungen werden sowohl auf Ebene der Tochtergesellschaft als auch auf Ebene der Muttergesellschaft steuerlich erfasst.

Für die weiteren Berechnungen wird daher davon ausgegangen, dass – sofern die Finanzierung der Tochtergesellschaft mit Fremdkapital überhaupt erwünscht ist – die Anwendung der Unterkapitalisierungsregel vermieden werden soll. Auf die Quantifizierung der Steuerwirkungen bei Anwendung dieser Vorschriften kann daher verzichtet werden.

a) Steuerwettbewerb bei Unterkapitalisierungsregeln

Bei (hypothetischer) Abwesenheit von CFC-Regeln ist für eine deutsche Muttergesellschaft bei Investition im Ausland Alternative III weiterhin die Alternative, die das höchste Nachsteuerergebnis zur Folge hat. Dies gilt bei einer Marginalbetrachtung selbst dann, wenn in den untersuchten Ländern Unterkapitalisierungsregeln zur Anwendung kommen. Die Tochtergesellschaften werden im maximal zulässigen Umfang mit Fremdkapital der Finanzierungsgesellschaft ausgestattet (Alternative III), die Finanzierung mit Eigenkapital erfolgt nur, um innerhalb des save haven zu bleiben. Der maximal zulässige Anteil des Fremdkapitals am gesamten Kapital wird im Folgenden mit φ bezeichnet.[1]

Die Beschränkung des Umfangs der Fremdkapitalvergabe führt dazu, dass die Transferpreisbeschränkungen jetzt auch dann noch bindend wären, wenn α größer ist als β.[2] Selbst wenn die gesamte Vorsteuerrendite des fremdfinanzierten Kapitaleinsatzes in die Finanzierungsgesellschaft verlagert werden könnte, wäre noch ein positives Ergebnis in der Tochtergesellschaft vorhanden. Insoweit bestünde ein Interesse, dieses durch eine über die Vorsteuerrendite hinausgehende Erhöhung des konzerninternen Zinssatzes in die Finanzierungsgesellschaft zu verlagern.

Als Maßstab für die Intensität des Steuerwettbewerbs dient erneut der Absolutwert der partiellen Ableitung des Jahresüberschusses nach Steuern der Muttergesellschaft A ($JÜ_A$) nach dem ausländischen Steuersatz s_C. Bei Alternative III ohne Unterkapitalisierungsregeln wurde die partielle Ableitung nach s_C errechnet als:

$$\left|\frac{\partial JÜ_A(III)}{\partial s_C}\right| = \frac{47{,}1}{48} K \cdot (\beta \cdot i - \alpha \cdot i) \qquad \text{(D-9)}$$

---

[1] Vgl. Anhang II, 4.a), Tabelle 25, S. 269, zu einer Transformation von φ in FK:EK-Quoten.

[2] Vgl. Anhang II, 4.c), S. 270.

Führt man dagegen Unterkapitalisierungsregeln ein, die die maximal zulässige Fremdfinanzierung auf den Anteil φ begrenzen, ist die partielle Ableitung:[1]

$$\left|\frac{\partial J\ddot{U}_A(III)}{\partial s_C}\right| = \frac{47{,}1}{48} K \cdot (\beta \cdot i - \varphi \cdot \alpha \cdot i) \tag{D-12}$$

Graphisch lässt sich die Intensität des Steuerwettbewerbs, ausgedrückt durch die Steuersatzsensitivität der Standortwahl, vereinfacht wie folgt darstellen:

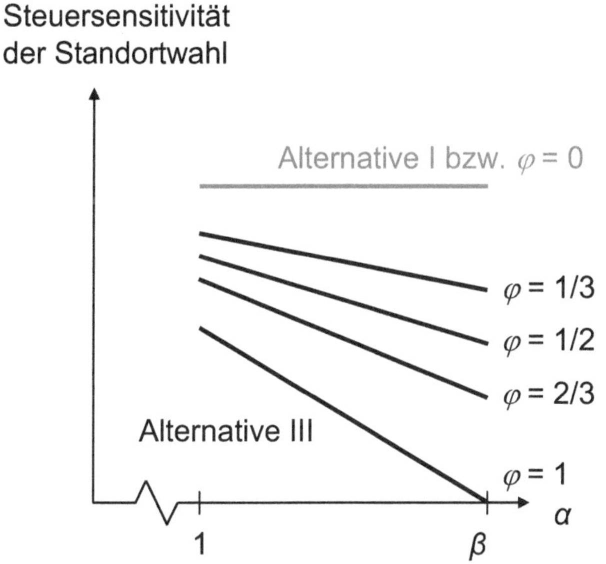

Abbildung 16: Steuersatzsensitivität der Standortwahl bei Unterkapitalisierungsregeln

Die hellgraue Kurve entspricht dem Wert $\varphi = 0$ (rein EK-finanzierte Investition, Alternative I). Die Steuersatzsensitivität der Investition über eine Konzernfinanzierungsgesellschaft lässt sich in Abhängigkeit der Transferpreisregeln (α) durch die schwarzen Kurven als eine Kurvenschar darstellen, deren y-Abschnitt ($\alpha = 1$) und (negative) Steigung von φ abhängen. α und φ sind dabei in gewissen Grenzen austauschbar, sodass ein höheres α ein niedrigeres φ kompensieren kann.[2]

---

[1] Vgl. Anhang II, 4.d), S. 270.

[2] Diese Kompensation würde eintreten, wenn weniger zulässiges Fremdkapital zu einem höheren Zinssatz konzernintern vergütet wird, um denselben Umfang an Gewinnverlagerung zu erzielen.

b) Die Position Deutschlands

Unter der hypothetischen Abwesenheit von CFC-Regeln hängt die steuerliche Beurteilung des Standorts Deutschland aus Sicht einer deutschen Muttergesellschaft bei Berücksichtigung der Unterkapitalisierungsregeln von einem zusätzlichen Parameter ab. Nicht nur die hälftige Hinzurechnung von Dauerschuldzinsen bei der Gewerbesteuer beeinflusst das Ergebnis, sondern auch der safe haven der deutschen Unterkapitalisierungsvorschrift des § 8a KStG. Danach wird eine FK:EK-Relation von 1,5:1, also eine EK-Quote von 40% noch akzeptiert. Für deutsche Tochtergesellschaften gilt damit: $\varphi_{DE} = 0{,}6$.

Die zur Gleichwertigkeit der Inlandsinvestition mit der Auslandsinvestition erforderliche Rendite einer deutschen Tochtergesellschaft war oben[1] in Formel D-11 nur von der ausländischen Rendite β_a, den Transferpreisregeln α und dem ausländischen Steuersatz s_C abhängig. Jetzt erlangen die im jeweiligen Investitionsland geltenden Unterkapitalisierungsregeln als zusätzlicher Parameter φ Bedeutung. Die inländische Rendite, bei der auf Ebene der Muttergesellschaft ein im Vergleich zur Auslandsinvestition gleich hoher Nachsteuergewinn erzielt wird, ist jetzt gegeben durch:[2]

$$\beta_i = 1{,}6 \cdot \beta \cdot (1 - s_C) + 1{,}6 \cdot \alpha \cdot (\varphi - \varphi_{DE})(1 - s_B) + 1{,}6 \cdot \alpha \cdot \left(\frac{33}{48} \varphi_{DE} - \varphi \cdot (1 - s_C) \right) \qquad \text{(D-13)}$$

Graphisch lässt sich dieser Zusammenhang durch Abbildung 17 veranschaulichen. Auf der y-Achse ist abgetragen, um wie viel Prozent die Vorsteuerrendite einer deutschen Tochtergesellschaft die Vorsteuerrendite einer ausländischen Tochtergesellschaft übersteigen muss, damit die Muttergesellschaft ein identisches Nachsteuerergebnis erzielt. Dabei wird eine Inlandsinvestition verglichen mit Investitionen in Ländern, die eine FK:EK-Relation von 2:1 ($\varphi = 0{,}6\overline{6}$) oder 4:1 ($\varphi = 0{,}8$) akzeptieren und Investitionen in Ländern ohne Unterkapitalisierungsregeln ($\varphi = 1$) gegenübergestellt. Großzügigere safe haven-Regelungen in anderen Ländern führen dazu, dass der zur Gleichwertigkeit erforderliche Renditeunterschied steigt. Der ausländische Steuersatz, ab dem stärkere Einschränkungen durch Transferpreisregeln diesen Renditeunterschied verringern und nicht erhöhen,[3] sinkt mit den Unterschieden in den safe haven-Höhen (φ - φ_{DE}). Dies ist darauf zurückzuführen, dass bei einem großen Unterschied, also bei

[1] Vgl. oben D.III.2.b), S. 155.

[2] Vgl. Anhang II, 4.e), S. 271.

[3] Vgl. zur Erklärung dieses Effekts oben D.III.2.b), S. 155.

einem großzügigen safe haven im Ausland, die Investition im Ausland durch Transferpreisregeln c. p. relativ stärker betroffen ist, als die Investition im Inland.

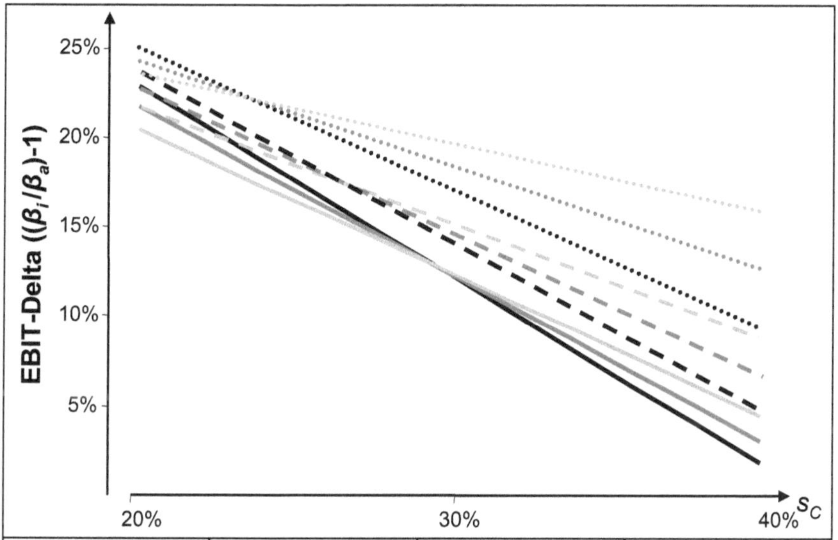

	$\varphi = 0{,}6\overline{6}$	$\varphi = 0{,}8$	$\varphi = 1$
$\alpha = 1{,}025$	$\alpha = 1{,}025$ $\varphi = 0{,}6\overline{6}$	$\alpha = 1{,}025$ $\varphi = 0{,}8$	$\alpha = 1{,}025$ $\varphi = 1$
$\alpha = 1{,}25$	$\alpha = 1{,}25$ $\varphi = 0{,}6\overline{6}$	$\alpha = 1{,}25$ $\varphi = 0{,}8$	$\alpha = 1{,}25$ $\varphi = 1$
$\alpha = 1{,}5$	$\alpha = 1{,}5$ $\varphi = 0{,}6\overline{6}$	$\alpha = 1{,}5$ $\varphi = 0{,}8$	$\alpha = 1{,}5$ $\varphi = 1$

Abbildung 17: Renditeanforderungen bei Inlandsinvestment unter Berücksichtigung des deutschen § 8a KStG

In Abbildung 18 wird die Position Deutschlands gegenüber Ländern, die dieselbe FK:EK-Relation bei ihren Unterkapitalisierungsvorschriften verwenden ($\varphi = 0{,}6$), dargestellt und mit der hypothetischen Situation, in der weder in Deutschland noch im Ausland CFC-Regeln oder Unterkapitalisierungsvorschriften zur Anwendung kommen, verglichen. Erneut wird dargestellt, um wie viel Prozent die Vorsteuerrendite einer Investition im Inland über der Rendite im Ausland liegen muss, damit die Muttergesellschaft ein identisches Nachsteuerergebnis erzielt. Der Vergleich zeigt, dass unter den Modellannahmen die Einführung vergleichbarer Unterkapitalisierungsvorschriften zu einer geringeren Differenz zwischen der Inlands- und der Auslandsinvestition führt, wenn die Investition in Deutschland mit einer Investition in Ländern verglichen wird, deren Steuersatz über 31,25% liegt. Gegenüber Ländern, deren Steuersatz unter diesem Wert liegt, führt die Einführung vergleichbarer Unterkapitalisierungsregeln dagegen dazu, dass der zur Gleichwertigkeit erforderliche Renditeunterschied steigt.[1] Neben Deutschland haben die USA und Frankreich Unterkapitalisierungsvorschriften, die eine EK-Quote von 40% noch akzeptieren, in beiden Ländern beträgt der Steuersatz mehr als 31,25%.[2]

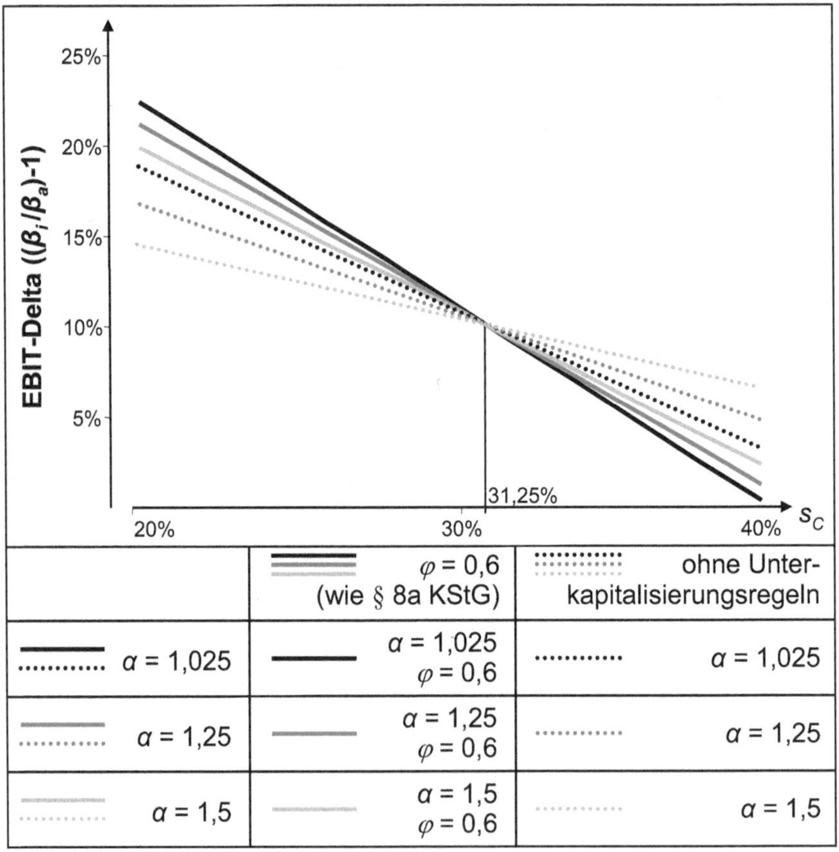

Abbildung 18: Renditeanforderungen bei Inlandsinvestment mit und ohne Unterkapitalisierungsregeln im Vergleich

[1] Vgl. dazu die Erläuterungen unter D.III.2.b), S. 155, wobei der beschriebene Effekt durch die zusätzlichen Einschränkungen, die der Gewinnverlagerung durch die Unterkapitalisierungsregeln auferlegt werden, noch verstärkt wird.

[2] Vgl. *Baranger, S.*, France, 2006, S. 218; *Rienstra, J.*, USA, 2006, S. 754.

c) Zahlenbeispiel: Investition einer belgischen Muttergesellschaft

Bei der Modellanalyse der Unterkapitalisierungsregeln wurden bis hierhin zwei hypothetische Annahmen getroffen: Erstens wurde von einer deutschen Muttergesellschaft ausgegangen, die tatsächliche Existenz der deutschen Hinzurechnungsbesteuerung jedoch ignoriert, zweitens wurden s_C und φ als voneinander unabhängige Variablen modelliert. Im Folgenden werden einige der de lege lata beobachtbaren Kombinationen aus Steuersätzen und Unterkapitalisierungsregeln in das Modell eingesetzt und anhand eines Zahlenbeispiels berechnet. Dabei betrachtet das Modell wiederum nur einen Ausschnitt aus der Realität: Neben den nominellen Steuersätzen wird der safe haven aus den jeweiligen Steuersystemen im Modell abgebildet. Die Muttergesellschaft soll in einem Land sitzen, in dem es keine CFC-Regeln gibt.

Als Standorte, an denen die Muttergesellschaft keinen CFC-Regeln unterliegt, kommen erneut[1] u. a. Österreich, Belgien oder die Niederlande in Frage. Investitionen einer dort ansässigen Muttergesellschaft in Ländern, in denen Unterkapitalisierungsregeln existieren, unterliegen auf Ebene der Tochtergesellschaft den Einschränkungen dieser Regelungen, das Fremdkapital kann jedoch von einer Konzernfinanzierungsgesellschaft gewährt werden, die mit Eigenkapital arbeitet. Neben Deutschland bestehen u. a. noch in Belgien, Tschechien, Dänemark, Frankreich, Italien, Portugal, Spanien, Japan, Kanada und den USA Vorschriften, die eine Unterkapitalisierung von Tochtergesellschaften internationaler Konzerne verhindern sollen.

Betrachtet wird im Folgenden eine Investition einer belgischen Muttergesellschaft in eine Tochterkapitalgesellschaft, die in Portugal, Dänemark, Italien oder Frankreich ansässig sein soll. Diese Länder wurden aus den verfügbaren Ländern ausgewählt, da sie jeweils ähnlich hohe Steuersätze, aber unterschiedliche Unterkapitalisierungsvorschriften aufweisen, wie Tabelle 8 zeigt.

---

[1] Vgl. D.III.2.c), S. 156.

Land	Steuersatz[1]	FK:EK-Quote	φ
Portugal	27,5%[2]	2:1	$0,6\overline{6}$
Dänemark	28%	4:1	0,8
Italien	33%	4:1	0,8
Frankreich	35%	1,5:1	0,6

Tabelle 8: Steuersätze, FK:EK-Quoten und φ in Portugal, Dänemark, Italien und Frankreich

Als Referenzinvestition wird die Gründung einer Tochtergesellschaft in Portugal herangezogen, die eine Rendite in Höhe von $\beta \cdot i$ erzielt. Dann wird ermittelt, welche Vorsteuerrendite in den anderen Ländern erforderlich ist, um denselben Gewinn bei der Muttergesellschaft zu generieren. Um den Einfluss der Unterkapitalisierungsregeln auf die Standortwahl zu verdeutlichen, wird das Ergebnis einerseits verglichen mit der hypothetischen Situation, in der in keinem der betrachteten Länder Unterkapitalisierungsvorschriften vorhanden sind ($\varphi_C = 1$) und andererseits wiederum dem Ergebnis bei einer rein eigenfinanzierten Tochtergesellschaft (Alternative I bzw. $\varphi = 0$) gegenübergestellt. Tabelle 9 stellt die verschiedenen Situationen dar:[3]

	Dänemark	Italien	Frankreich
Alt. III	$\beta_{DK} = \frac{72,5}{72} \cdot \beta - \frac{2,4}{72} \cdot \alpha$	$\beta_{IT} = \frac{72,5}{67} \cdot \beta - \frac{6,4}{67} \cdot \alpha$	$\beta_{FR} = \frac{72,5}{65} \cdot \beta - \frac{3,5}{65} \cdot \alpha$
Alt. III $\varphi_C = 1$	$\beta_{DK} = \frac{72,5}{72} \cdot \beta - \frac{0,5}{72} \cdot \alpha$	$\beta_{IT} = \frac{72,5}{67} \cdot \beta - \frac{5,5}{67} \cdot \alpha$	$\beta_{FR} = \frac{72,5}{65} \cdot \beta - \frac{7,5}{65} \cdot \alpha$
Alt. I	$\beta_{DK} = \frac{72,5}{72} \cdot \beta$	$\beta_{IT} = \frac{72,5}{67} \cdot \beta$	$\beta_{FR} = \frac{72,5}{65} \cdot \beta$

Tabelle 9: Renditeanforderungen bei Investition einer belgischen Muttergesellschaft in ausgewählten Ländern mit Unterkapitalisierungsregeln

In Abbildung 19 sind diese Formeln in Abhängigkeit von α grafisch dargestellt. Durch die Möglichkeit der Einschaltung einer Konzernfinanzierungsgesellschaft reduziert sich der steuerliche Unterschied zwischen einer Investition in Italien bzw. Frankreich im Vergleich zur Investition in Portugal auch bei Berücksichtigung der Unterkapitalisierungsvorschriften. Der geringe Unterschied zwischen einer Investition in Dänemark ($s_{DK} = 0,28$) und Portugal ($s_{PT} = 0,275$) wird durch die großzügigere FK:EK-Relation

[1] Vgl. *IBFD* (Hrsg.), Handbook, 2006.

[2] Der Steuersatz ermittelt sich durch 25% staatlichen Steuersatz zuzüglich eines kommunalen Zuschlags von bis zu 10%. In Lissabon beträgt der Zuschlag 10%.

[3] Vgl. Anhang II, 4.f), S. 271.

der dänischen Unterkapitalisierungsvorschrift im Modell sogar umgekehrt: Bei einer Investition in Dänemark wäre im Modell eine geringfügig niedrigere Vorsteuerrendite ausreichend, um zu demselben Nachsteuerergebnis bei der belgischen Muttergesellschaft zu führen wie die Referenzinvestition in Portugal. Die gestrichelten Linien stellen zum Vergleich die Situation dar, die sich bei einer zwingend voll eigenkapitalfinanzierten Tochtergesellschaft (Alternative I) einstellen würde, während die gepunkteten Linien die hypothetische Situation ohne Unterkapitalisierungsregeln in den beteiligten Ländern darstellen (Alternative III, $\varphi_C = 1$). Der Unterschied zwischen den durchgezogenen Linien und den gepunkteten Linien zeigt die Wirkung von Unterschieden im safe haven in den betrachteten Ländern.

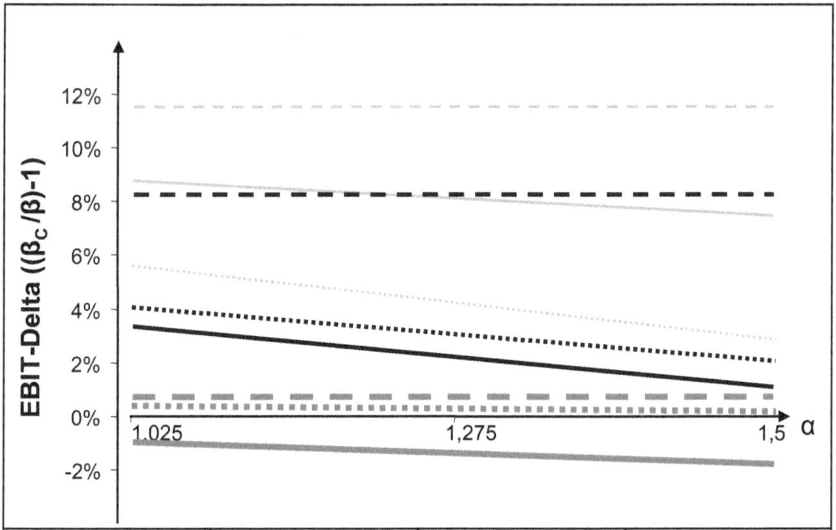

	$\varphi = \varphi_C$	Alternative I	$\varphi = 1$
Dänemark, $s_C = 0{,}28$	Dänemark, $\varphi = 0{,}8$	Dänemark, Alt. I	Dänemark, $\varphi = 1$
Italien, $s_C = 0{,}33$	Italien, $\varphi = 0{,}8$	Italien, Alt. I	Italien, $\varphi = 1$
Frankreich, $s_C = 0{,}35$	Frankreich, $\varphi = 0{,}6$	Frankreich, Alt. I	Frankreich, $\varphi = 1$

Abbildung 19: Renditeanforderungen bei Investition einer belgischen Muttergesellschaft in ausgewählten Ländern mit Unterkapitalisierungsregeln

Tabelle 10 veranschaulicht die Auswirkungen anhand eines Zahlenbeispiels und stellt dar, welche Vorsteuergewinne zu einem gleichen Nachsteuerergebnis auf Ebene der Muttergesellschaft führen.[1]

	Portugal	**Dänemark**		**Italien**		**Frankreich**	
	$\varphi_{PT} = 0,6\overline{6}$	$\varphi_{DK} = 0,8$	$\varphi = 1$	$\varphi_{IT} = 0,8$	$\varphi = 1$	$\varphi_{FR} = 0,6$	$\varphi = 1$
$\alpha = 1,025$	100,00	98,99	100,34	103,31	104,00	108,78	105,63
$\alpha = 1,125$	100,00	98,82	100,30	102,84	103,59	108,51	105,05
$\alpha = 1,25$	100,00	98,61	100,26	102,24	103,08	108,17	104,33
$\alpha = 1,375$	100,00	98,40	100,22	101,64	102,57	107,84	103,61
$\alpha = 1,5$	100,00	98,19	100,17	101,04	102,05	107,50	102,88
Alternative I	100,00		100,69		108,21		111,54

Tabelle 10: Zahlenbeispiel: im Modell gleichwertige Vorsteuerergebnisse bei Investition einer belgischen Muttergesellschaft in ausgewählten Ländern mit Unterkapitalisierungsregeln

Die Tabelle verdeutlicht das in Abbildung 19 Gezeigte. Gegenüber der Situation im Standardmodell des Steuerwettbewerbs hat die Einschaltung einer Konzernfinanzierungsgesellschaft eine Verringerung der Steuersatzsensitivität zur Folge. Die Unterschiede in den real existierenden Unterkapitalisierungsvorschriften führen im Modell zu ambivalenten Effekten. Während sich die Differenz zwischen gleichwertigen Vorsteuerergebnissen einer Investition in Frankreich und Portugal im Vergleich zur Situation ohne Unterkapitalisierungsvorschriften vergrößert, gilt für den Vergleich einer Investition in Italien bzw. Dänemark mit der Referenzinvestition in Portugal wegen des jeweils großzügigeren safe haven das Gegenteil.

4. Auswirkungen der Hinzurechnungsbesteuerung de lege lata

Im folgenden Abschnitt wird untersucht, wie CFC-Regeln im verwendeten Modell wirken. Dabei wird erneut von einer deutschen Muttergesellschaft ausgegangen, die dementsprechend dem deutschen Außensteuergesetz unterliegt. Unterkapitalisierungsregeln in dem Staat der Tochtergesellschaft sollen zunächst annahmegemäß nicht (weder bei Investition im Ausland noch bei einer im Vergleich dazu untersuchten Investition im Inland) existieren. Anschließend wird wiederum ein Zahlenbeispiel für Investitionsströme, die de lege lata dieser Kombination von Missbrauchsverhinderungsnormen unterliegen, berechnet.

[1] Zu den Annahmen der Tabelle vgl. oben die Anmerkung zu Tabelle 7, S. 159. Als Referenz wird in diesem Abschnitt von einer Investition in eine portugiesische Tochtergesellschaft ausgegangen.

a) Steuerwettbewerb bei Hinzurechnungsbesteuerung de lege lata

Das deutsche AStG sieht Konzernfinanzierungsgesellschaften nur dann als aktiv an, wenn diese das gesamte Kapital zur Vergabe der konzerninternen Darlehen auf ausländischen Kapitalmärkten von fremden Dritten aufgenommen haben (Alternative IV). Soweit sie (auch) Eigenkapital als Darlehen weiterreichen (Alternative III), gelten sie dagegen als passiv.[1] Unter Berücksichtigung des deutschen AStG entspricht der Jahresüberschuss der Muttergesellschaft nach Steuern bei Alternative III daher nicht mehr Formel D-4. Es käme zur Anwendung der Hinzurechnungsbesteuerung, sodass der Gewinn der Konzernfinanzierungsgesellschaft unter Anrechnung der gezahlten Steuern der Muttergesellschaft zugerechnet werden würde.[2]

Alternative III ist in diesem Fall nicht mehr die dominante Alternative. Graphisch lässt sich das Ergebnis der Alternativen unter Berücksichtigung der Einschränkung durch das deutsche AStG durch die folgende Abbildung 20 veranschaulichen.

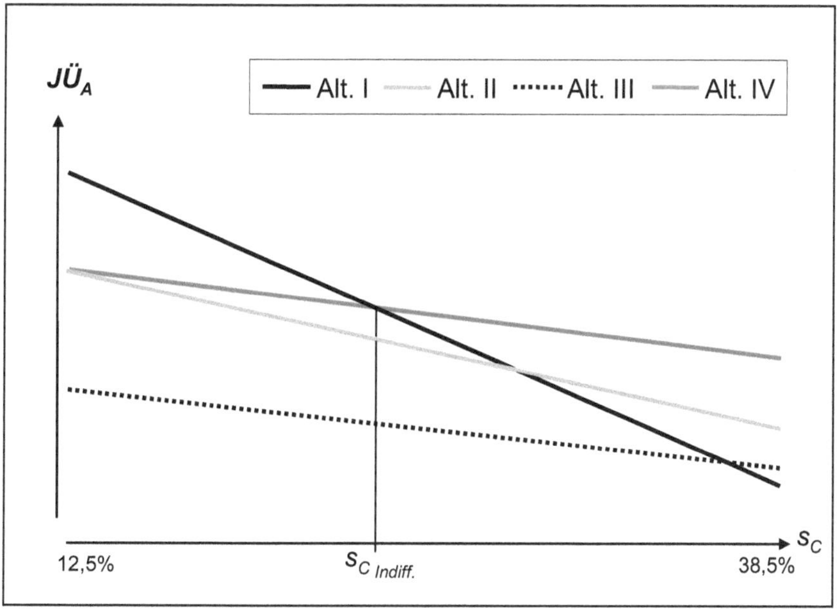

Abbildung 20: Ergebnis der Alternativen bei Berücksichtigung des deutschen AStG

---

[1] S. § 8 Abs. 1 Nr. 7 AStG, vgl. dazu oben D.I.2.b)bc), S. 130.

[2] Vgl. oben C.II.1.c)cd), S. 85. Zur Berechnung des veränderten Jahresüberschusses bei Alternative III vgl. Anhang II, 5.a), S. 274.

In Abhängigkeit des Steuersatzes, dem die Tochtergesellschaft unterliegt (s_C), generiert je nach den zur Anwendung kommenden Transferpreisbegrenzungen (α) entweder Alternative IV oder Alternative I das höchste Nachsteuerergebnis bei der Muttergesellschaft. Eine Gleichwertigkeit der beiden Alternativen ist gegeben, wenn gilt:[1]

$$s_C = s_B\left(1-\frac{1}{\alpha}\right)+\frac{14{,}1}{47{,}1\cdot\alpha} \qquad \text{(D-14)}$$

Einige Beispielwerte für diesen Indifferenzsteuersatz sind für ausgewählte Werte von s_B und in Abhängigkeit von α in der folgenden Tabelle 11 dargestellt.

s_B	**0,0%**	**5,0%**	**12,5%**
$\alpha = 1{,}025$	29,21%	29,33%	29,51%
$\alpha = 1{,}125$	26,61%	27,17%	28,00%
$\alpha = 1{,}25$	23,95%	24,95%	26,45%
$\alpha = 1{,}375$	21,77%	23,14%	25,18%
$\alpha = 1{,}5$	19,96%	21,62%	24,12%

Tabelle 11: Indifferenzsteuersatz in Abhängigkeit von α

Der Absolutwert der partiellen Ableitung des Jahresüberschusses nach Steuern der Muttergesellschaft als Maßstab für die Steuersensitivität der Standortwahl ist bei Alternative IV mit dem Wert bei Alternative III identisch.[2]

$$\left|\frac{\partial J\ddot{U}_A(IV)}{\partial s_C}\right| = \frac{47{,}1}{48}K\cdot(\beta\cdot i-\alpha\cdot i) \qquad \text{(D-15)}$$

Dies liegt daran, dass in beiden Fällen derselbe Betrag (abhängig von α) durch die konzerninterne Darlehensvergabe von der Tochtergesellschaft in die Finanzierungsgesellschaft verlagert und damit dem Besteuerungszugriff des Sitzstaats der Tochtergesellschaft entzogen wird. Während bei Alternative III allerdings zusätzlich ein Abzug der Refinanzierungskosten im Sitzstaat der Mutter möglich ist, wird bei Alternative IV dieser Aufwand bei der Konzernfinanzierungsgesellschaft geltend gemacht. Dies führt zwar zu einem verringerten Nachsteuerergebnis der Muttergesellschaft, die deutsche Hinzurechnungsbesteuerung hat jedoch insoweit keinen Einfluss auf die Steuersensitivität und den Steuerwettbewerb im Vergleich zu einer hypothetischen Situation ohne CFC-Regeln.

---

1 Vgl. Anhang II, 5.b), S. 275.

2 Vgl. oben Formel D-9, S. 154.

Durch das deutsche AStG kommt es aber nur im Bereich oberhalb des Indifferenzsteuersatzes zu einer Abschwächung des Steuerwettbewerbs im Vergleich zu einer reinen Quellenbesteuerung. Zwischen Ländern, die einen Steuersatz unterhalb des Indifferenzsteuersatzes anbieten, ist der Steuerwettbewerb im Gegensatz zur Situation ohne AStG nicht mehr abgeschwächt, da hier die Tochtergesellschaft eigenkapitalfinanziert wird (Alternative I) und somit der Absolutwert der partiellen Ableitung diesem bereits bekannten höheren Wert entspricht:

$$\left|\frac{\partial J\ddot{U}_A(I)}{\partial s_C}\right| = \frac{47{,}1}{48} K \cdot \beta \cdot i \qquad \text{(D-10)}$$

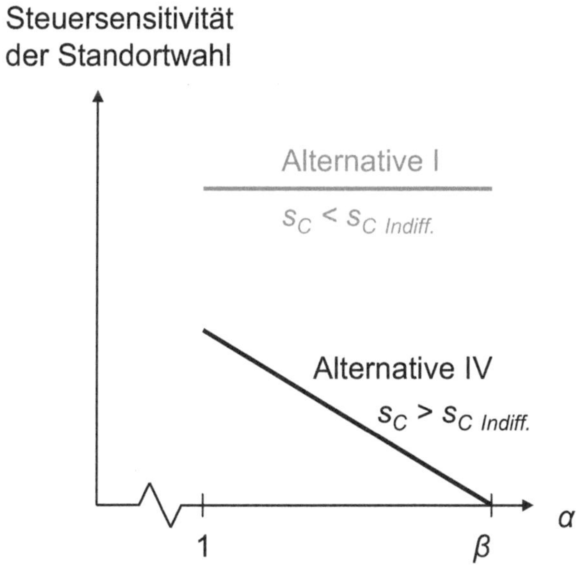

Abbildung 21: Steuersatzsensitivität der Standortwahl bei CFC-Regeln[1]

Graphisch lässt sich die Intensität des Steuerwettbewerbs bei Berücksichtigung des deutschen AStG ähnlich veranschaulichen wie im Fall ohne CFC-Regeln.[2] Allerdings stellt die hellgraue Kurve hier nicht nur die Situation im neoklassischen Standardmodell, sondern auch die Intensität des Steuerwettbewerbs zwischen Ländern mit Steuer-

[1] Da der Indifferenzsteuersatz von α abhängig ist, lässt sich für $s_C = s_{C\ Indiff.}$ keine sinnvolle Aussage über die Intensität des Steuerwettbewerbs in Abhängigkeit von α formulieren.

[2] Vgl. oben Abbildung 14, S. 155.

sätzen unterhalb des Indifferenzsteuersatzes dar. Die schwarze Kurve gilt für Investitionen in Ländern, deren Steuersatz über dem Indifferenzsteuersatz liegt.

Aus Sicht der Muttergesellschaft ergeben sich im Vergleich zur Situation ohne CFC-Vorschriften folgende Auswirkungen hinsichtlich der Bedeutung von Transferpreisregeln und Unterkapitalisierungsregeln im Staat der Tochtergesellschaft: Ohne CFC-Vorschriften im Staat der Muttergesellschaft wurde die Tochtergesellschaft in jedem Fall durch eine mit Eigenkapital arbeitende Konzernfinanzierungsgesellschaft mit Fremdkapital ausgestattet. Unabhängig vom Steuersatz des Landes, in dem die Tochtergesellschaft gegründet werden soll, stellen Transferpreisregeln und Unterkapitalisierungsvorschriften in diesem Land daher eine Einschränkung für die Gewinnverlagerung dar. Durch die Regelungen der deutschen Hinzurechnungsbesteuerung werden Tochtergesellschaften in Ländern, deren Steuersatz unter dem Indifferenzsteuersatz liegt, direkt durch die Muttergesellschaft mit Eigenkapital versorgt. Auf das Vorhandensein von Unterkapitalisierungsregeln und die Strenge der Transferpreisregeln kommt es in diesen Fällen nicht an. Nur bei Investitionen in Ländern mit Steuersätzen oberhalb des Indifferenzsteuersatzes sind diese Fragen weiterhin von Bedeutung.

Das Ergebnis ändert sich, wenn die zur Anwendung kommenden CFC-Regeln Zinseinkünfte generell als schädlich ansehen. Auch Alternative IV würde in diesem Fall eine Hinzurechnungsbesteuerung auslösen und nicht gewählt werden. Letztlich ist damit die Verlagerung von Steuersubstrat in ein drittes Land durch die hier betrachteten Gestaltungen nicht mehr möglich. In einem zweistufigen Konzern wird dann das Fremdkapital an dem Standort mit dem höheren Steuersatz eingesetzt und das Eigenkapital an dem Standort mit dem niedrigeren Steuersatz. Je nach Verhältnis zwischen dem Steuersatz der Muttergesellschaft und dem Steuersatz der Tochtergesellschaft wird daher von den hier betrachteten Alternativen entweder Alternative I oder Alternative II gewählt.

b) Die Position Deutschlands

Unter Berücksichtigung des deutschen AStG kann weder eine Tochtergesellschaft in einem anderen Land noch in Deutschland durch eine mit Eigenkapital ausgestattete Konzernfinanzierungsgesellschaft (Alternative III) mit Fremdkapital finanziert werden. Hinsichtlich der Position Deutschlands im Steuerwettbewerb muss man zwei verschiedene Situationen unterscheiden. Das Inlandsinvestment, das immer mit dem durch Alternative IV beschriebenen Weg durchgeführt wird,[1] steht zum einen in Kon-

[1] Vgl. Anhang II, 5.c), S. 277.

kurrenz zu einer eigenkapitalfinanzierten Tochtergesellschaft (Alternative I) in Ländern mit Steuersätzen unterhalb des Indifferenzsteuersatzes. Zum anderen muss das Inlandsinvestment mit Investitionen verglichen werden, die in Ländern, deren Steuersätze darüber liegen, durchgeführt werden. Hierbei wird ebenfalls eine fremdkapitalfinanzierte Konzernfinanzierungsgesellschaft eingeschaltet (Alternative IV).

Die im Modell erforderliche Vorsteuerrendite der deutschen Tochtergesellschaft, die bei einer deutschen Muttergesellschaft zu demselben Nachsteuerergebnis führt wie eine Investition im Ausland, muss für die beiden Situationen getrennt ermittelt werden.[1]

$$\beta_i = 1{,}6 \cdot \beta_a \cdot (1 - s_C) - \frac{1}{2}\alpha - 1{,}6 \cdot s_B \cdot (1-\alpha) + \frac{376}{785} \quad \textit{für } s_C \le s_{C_{Indiff.}} \qquad \text{(D-16)}$$

$$\beta_i = 1{,}6 \cdot \beta_a \cdot (1 - s_C) - 1{,}6 \cdot \alpha \cdot (0{,}3125 - s_C) \quad \textit{für } s_C > s_{C_{Indiff.}} \qquad \text{(D-17)}$$

Im Vergleich zu anderen Hochsteuerländern ändert sich der zur Gleichwertigkeit erforderliche Renditeunterschied nicht, unabhängig davon, ob die eingeschaltete Konzernfinanzierungsgesellschaft mit Eigenkapital arbeitet oder selbst Fremdkapital aufnimmt. Dies zeigt der Vergleich von Formel D-17 mit D-11. Gegenüber Investitionen in Niedrigsteuerländern, also Ländern, die einen Steuersatz unterhalb des Indifferenzsteuersatzes anbieten, verändert sich dieser Renditeunterschied dagegen (Formel D-16).

Abbildung 22 zeigt für ausgewählte Werte von α einschließlich des Falls ohne Transferpreisbestimmungen ($\alpha = \beta$, gepunktete Kurven), wie sich die Position Deutschlands im Steuerwettbewerb in Abhängigkeit des ausländischen Steuersatzes s_C verändert. Wie bereits in Abbildung 17 auf S. 163 ist auf der y-Achse abgetragen, um wie viel Prozent die Vorsteuerrendite einer deutschen Tochtergesellschaft die Vorsteuerrendite einer ausländischen Tochtergesellschaft übersteigen muss, damit die Muttergesellschaft ein identisches Nachsteuerergebnis erzielt. Die zum Vergleich abgebildeten gestrichelten Kurven stellen die Situation ohne AStG bei ansonsten gleichen Bedingungen dar.

[1] Vgl. Anhang II, 5.d), S. 277.

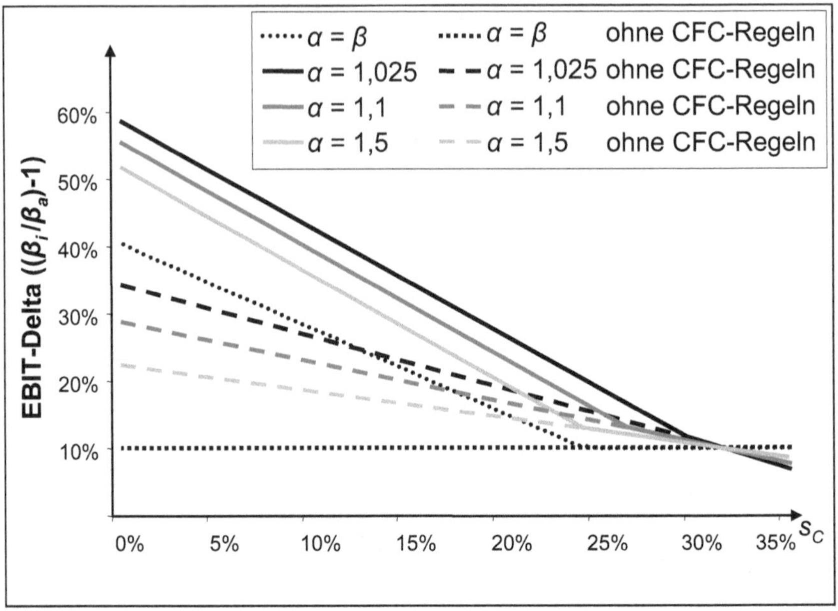

Abbildung 22: Position Deutschlands im Steuerwettbewerb unter Berücksichtigung des deutschen AStG

c) Zahlenbeispiel: Investition einer deutschen Muttergesellschaft

Die oben unter a) und b) entwickelten Hypothesen basieren auf der Annahme, dass die Tochtergesellschaft keinen Unterkapitalisierungsregeln unterliegt. Wie Tabelle 4 auf S. 110 verdeutlicht, ist diese Annahme jedoch für viele Investitionsströme keine hypothetische Annahme, sondern Realität. Bei Investitionen, die aus Dänemark, Finnland, Frankreich, Deutschland, Italien, Litauen, Portugal, Spanien, Schweden, Großbritannien, Japan, Kanada oder den USA nach Österreich, Finnland, Schweden oder Großbritannien fließen, droht zwar auf Ebene der Muttergesellschaft die Anwendung von CFC-Regeln, die Tochtergesellschaft unterliegt aber keinen Unterkapitalisierungsregeln.

Wie oben[1] wird im Folgenden als Zahlenbeispiel eine Investition in Österreich, Finnland, Schweden oder Großbritannien, hier durch eine deutsche Muttergesellschaft, betrachtet.[2] Der im Modell abgebildete Ausschnitt der Realität ändert sich: Das deut-

---

[1] Vgl. D.III.2.c), S. 156.

[2] Investitionen in diese vier Länder machen zusammen fast ein Drittel der deutschen Direktinvestitionen innerhalb der EU aus, vgl. *Spengel, C.*, Unternehmensbesteuerung, 2003, S. 217, Tabelle 3.5.

sche AStG führt zu einer höheren steuerlichen Belastung der Alternative III. Des Weiteren können wieder die nominellen Steuersätze der betrachteten Länder in das Modell eingesetzt werden. In Abhängigkeit von α wird eine Investition mit Eigenkapital oder unter Einschaltung einer fremdfinanzierten Konzernfinanzierungsgesellschaft durchgeführt, wie Tabelle 12 für die verschiedenen Länder zeigt.[1]

	Österreich	**Finnland**	**Schweden**	**Großbritannien**
$\alpha \geq 1{,}395$	Alt. IV	Alt. IV	Alt. IV	Alt. IV
$1{,}395 > \alpha \geq 1{,}292$	Alt. I	Alt. IV	Alt. IV	Alt. IV
$1{,}292 > \alpha \geq 1{,}125$	Alt. I	Alt. I	Alt. IV	Alt. IV
$1{,}125 > \alpha \geq 1$	Alt. I	Alt. I	Alt. I	Alt. IV

Tabelle 12: Investitionswege einer deutschen Muttergesellschaft bei Investition in ausgewählten Ländern ohne Unterkapitalisierungsregeln in Abhängigkeit von α

Zur Gleichwertigkeit der Standortalternativen im verwendeten Modell müssen sie unabhängig vom Investitionsweg dasselbe Nachsteuerergebnis bei der deutschen Muttergesellschaft generieren. Tabelle 13 stellt je nach gewähltem Finanzierungsweg die dazu erforderlichen Renditen im Verhältnis zur als Referenz angenommenen Investition in Österreich dar.[2]

Alternativinvestition / **Referenzinvestition**	**Alternative I**	**Alternative IV**
Alternative I	$\beta_C = \beta \cdot \frac{1-0{,}25}{1-s_C}$	$\beta_C = \frac{0{,}75 \cdot \beta - \alpha \cdot (s_C - s_B) - s_B + \frac{47}{157}}{1-s_C}$
Alternative IV	nicht möglich	$\beta_C = \frac{0{,}75 \cdot \beta + \alpha \cdot (0{,}25 - s_C)}{1-s_C}$

Tabelle 13: Renditeanforderungen bei Investition einer deutschen Muttergesellschaft in ausgewählten Ländern ohne Unterkapitalisierungsregeln

Die deutsche Hinzurechnungsbesteuerung führt dazu, dass unterschiedliche Vergleichspaare hinsichtlich des jeweils gewählten Finanzierungswegs gebildet werden müssen. Die zur Gleichwertigkeit erforderlichen Renditeunterschiede bei Investition einer deutschen Muttergesellschaft in den betrachteten vier Ländern werden durch diese unterschiedlichen Vergleichspaare beeinflusst. Dies verdeutlicht Abbildung 23.

---

[1] Vgl. zur Herleitung der Ergebnisse Anhang II, 5.e), S. 278.

[2] Vgl. Anhang II, 5.e), S. 278.

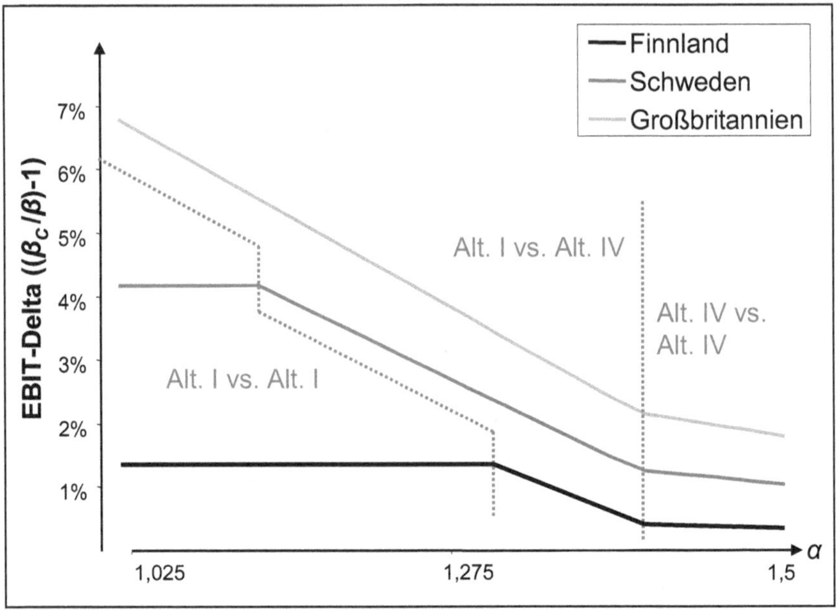

Abbildung 23: Renditeanforderungen bei Investition einer deutschen Muttergesellschaft in ausgewählten Ländern ohne Unterkapitalisierungsregeln

Im Gegensatz zu Abbildung 15 (S. 158) kommt es bei niedrigen Werten von α, also bei streng durchgesetzten Transferpreisbestimmungen, nicht generell zu einer geringeren Steuersensitivität der Standortwahl im Vergleich zu einer zwingend rein mit Eigenkapital durchgeführten Investition. Bei niedrigem α lohnt sich für eine deutsche Muttergesellschaft erst bei einem hohen Steuersatz am Standort der Tochtergesellschaft die Einschaltung einer fremdfinanzierten Konzernfinanzierungsgesellschaft (Alternative IV). Unterhalb dieses Steuersatzes werden Tochtergesellschaften im Modell ohnehin mit Eigenkapital ausgestattet, um die steuerliche Wirkung des Zinsabzuges auf Ebene der deutschen Muttergesellschaft nutzen zu können. In diesen Fällen ist der Steuerwettbewerb nicht abgeschwächt.

In den Bereichen, in denen nur die Referenzinvestition mit einer eigenkapitalfinanzierten Tochtergesellschaft durchgeführt wird, sinkt in den anderen Standorten die im Modell zur Gleichwertigkeit mit der Referenzinvestition erforderliche Rendite mit großzügigeren Transferpreisregeln (steigendem α) rasch. Wenn α so groß ist, dass auch bei der Referenzinvestition eine Finanzierungsgesellschaft eingeschaltet wird, nähern sich die Renditeanforderungen nur noch langsam an. Tabelle 14 veranschaulicht die Ergebnisse anhand eines Zahlenbeispiels und stellt dar, welche Vorsteuergewinne zu einem gleichen Nachsteuerergebnis auf Ebene der Muttergesellschaft führen.[1]

	Österreich	Finnland	Schweden	Großbritannien
$\alpha = 1{,}025$	(Alt. I) 100,00	(Alt. I) 101,35	(Alt. I) 104,17	(Alt. IV) 106,78
$\alpha = 1{,}125$	(Alt. I) 100,00	(Alt. I) 101,35	(Alt. I) 104,17	(Alt. IV) 105,53
$\alpha = 1{,}25$	(Alt. I) 100,00	(Alt. I) 101,35	(Alt. IV) 102,82	(Alt. IV) 103,97
$\alpha = 1{,}375$	(Alt. I) 100,00	(Alt. IV) 100,59	(Alt. IV) 101,47	(Alt. IV) 102,41
$\alpha = 1{,}5$	(Alt. IV) 100,00	(Alt. IV) 100,34	(Alt. IV) 101,04	(Alt. IV) 101,79
Alternative I	100,00	101,35	104,17	107,14

Tabelle 14: Zahlenbeispiel: im Modell gleichwertige Vorsteuerergebnisse bei Investition einer deutschen Muttergesellschaft in ausgewählten Ländern ohne Unterkapitalisierungsregeln

5. Auswirkungen der gleichzeitigen Anwendbarkeit von Hinzurechnungsbesteuerung und Unterkapitalisierungsregeln

Als letzte Erweiterung des Modells sollen Investitionsströme betrachtet werden, die auf Ebene der Muttergesellschaft unter CFC-Regeln fallen können und auf Ebene der Tochtergesellschaft Unterkapitalisierungsregeln zu berücksichtigen haben. Dabei wird wie bereits im Abschnitt 3 davon ausgegangen, dass – sofern die Finanzierung der Tochtergesellschaft mit Fremdkapital überhaupt erwünscht ist – die Anwendung der Unterkapitalisierungsregel vermieden werden soll, unabhängig davon, ob eine Qualifikationsverkettung angenommen werden kann.

a) Steuerwettbewerb mit Hinzurechnungsbesteuerung und Unterkapitalisierungsregeln

Wird eine Investition sowohl durch CFC-Regeln analog zum deutschen AStG als auch durch Unterkapitalisierungsregeln erfasst, wird erneut nur bei Investitionen in Hochsteuerländern eine fremdfinanzierte Konzernfinanzierungsgesellschaft eingeschaltet (Alternative IV). In Niedrigsteuerländern führt die Investitionsalternative I zum höchsten Nachsteuerergebnis bei einer deutschen Muttergesellschaft. Bei einer reinen Marginalanalyse ändert sich durch die Berücksichtigung etwaiger Unterkapitalisierungsregeln der Steuersatz, bei dem Indifferenz zwischen Alternative I und Alternative IV besteht, gegenüber dem oben in Formel D-14 (S. 170) ermittelten Wert nicht.[2]

---

[1] Zu den Annahmen der Tabelle vgl. oben die Anmerkung zu Tabelle 7, S. 159. Als Referenz wird in diesem Abschnitt von einer Investition in eine österreichische Tochtergesellschaft ausgegangen, Entscheidungskriterium ist das Nachsteuerergebnis auf Ebene der deutschen Muttergesellschaft.

[2] Vgl. Anhang II, 6.a), S. 280.

Bei der eigenkapitalfinanzierten Investition in Niedrigsteuerländern ist die Existenz von Unterkapitalisierungsregeln ohne Bedeutung. Damit ändert sich auch die Intensität des Steuerwettbewerbs zwischen Niedrigsteuerländern – ausgedrückt als Absolutwert der partiellen Ableitung des Jahresüberschusses nach Steuern der Muttergesellschaft A ($JÜ_A$) nach dem ausländischen Steuersatz s_C – gegenüber der Situation ohne Unterkapitalisierungsregeln nicht:

$$\left|\frac{\partial JÜ_A(I)}{\partial s_C}\right| = \frac{47{,}1}{48} K \cdot \beta \cdot i \qquad \text{(D-10)}$$

Bei Investitionen in Hochsteuerländern wird die Tochtergesellschaft im maximal zulässigen Umfang durch die ihrerseits fremdfinanzierte Konzernfinanzierungsgesellschaft mit Fremdkapital ausgestattet (Alternative IV). Allerdings nimmt die Konzernfinanzierungsgesellschaft nicht das gesamte benötigte Kapital selbst auf, sondern nur den Teil, den sie als Fremdkapital an die Tochtergesellschaft weiterreichen kann ($\varphi \cdot K$). Das restliche Fremdkapital ($(1 - \varphi) \cdot K$) nimmt die Muttergesellschaft in Deutschland auf, um zumindest in diesem Umfang den Zinsabzug in Deutschland geltend zu machen. Wegen der Unterkapitalisierungsregeln auf Ebene der Tochtergesellschaft wären die Transferpreisregeln hier erneut selbst für $\alpha \geq \beta$ noch bindend.[1]

Die Intensität des Steuerwettbewerbs zwischen Hochsteuerländern wird durch die Berücksichtigung etwaiger Unterkapitalisierungsregeln beeinflusst. Die Steuersensitivität der Standortwahl ist auch bei Berücksichtigung von Unterkapitalisierungsregeln bei Alternative III und Alternative IV in demselben Umfang abgeschwächt, wie der Vergleich von Formel D-12 (S. 161) mit der Formel D-18 zeigt.[2]

$$\left|\frac{\partial JÜ_A(IV)}{\partial s_C}\right| = \frac{47{,}1}{48} K \cdot (\beta \cdot i - \varphi \cdot \alpha \cdot i) \qquad \text{(D-18)}$$

Graphisch lässt sich diese Situation genauso veranschaulichen wie in Abbildung 16 (S. 161) für den Fall ohne CFC-Regeln. Allerdings stellt die hellgraue Kurve hier (auch) die Intensität des Steuerwettbewerbs zwischen Ländern mit Steuersätzen unterhalb des Indifferenzsteuersatzes dar. Etwaige Unterkapitalisierungsregeln in diesen Ländern haben keine Bedeutung. Die schwarzen Kurven stehen für die Steuersatzsensitivität einer Investition in Ländern mit Steuersätzen oberhalb des Indifferenzsteuer-

[1] Vgl. oben D.III.3.a), S. 160.

[2] Vgl. Anhang II, 6.b), S. 282.

satzes. Für unterschiedliche Werte von φ haben die Kurven einen unterschiedlichen y-Abschnitt und eine unterschiedliche Steigung.

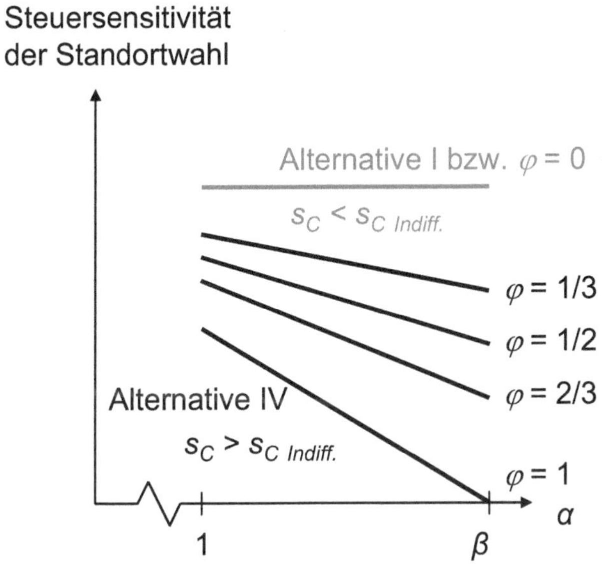

Abbildung 24: Steuersatzsensitivität der Standortwahl bei CFC-Regeln und Unterkapitalisierungsregeln[1]

b) Die Position Deutschlands

Bei Berücksichtigung des deutschen AStG auf Ebene der Muttergesellschaft kann eine Tochtergesellschaft weder in einem anderen Land noch in Deutschland durch eine mit Eigenkapital ausgestattete Konzernfinanzierungsgesellschaft (Alternative III) mit Fremdkapital versorgt werden. Wie oben[2] müssen daher zwei Situationen unterschieden werden. Das Inlandsinvestment wird immer mit dem durch Alternative IV beschriebenen Weg durchgeführt. Als zusätzlicher Faktor ist dabei § 8a KStG in Deutschland ($\varphi_{DE} = 0{,}6$) zu berücksichtigen. Es steht erstens in Konkurrenz zu einer eigenkapitalfinanzierten Tochtergesellschaft (Alternative I) in Ländern mit Steuersätzen unterhalb des Indifferenzsteuersatzes. Zweitens muss das Inlandsinvestment mit Investitionen verglichen werden, die in Ländern mit Steuersätzen oberhalb des Indiffe-

---

[1] Da der Indifferenzsteuersatz von α abhängig ist, lässt sich für $s_C = s_{C\ Indiff.}$ keine sinnvolle Aussage über die Intensität des Steuerwettbewerbs in Abhängigkeit von α formulieren.

[2] Vgl. D.III.4.b), S. 172.

renzsteuersatzes durchgeführt werden. Hierbei wird ebenfalls eine fremdkapitalfinanzierte Konzernfinanzierungsgesellschaft eingeschaltet (Alternative IV). Die im Modell erforderliche Vorsteuerrendite der deutschen Tochtergesellschaft, die bei der deutschen Muttergesellschaft zum selben Nachsteuerergebnis führt wie eine Investition im Ausland, muss daher erneut für die beiden Situationen getrennt ermittelt werden.

In der Konkurrenz mit Niedrigsteuerländern wirkt sich nur die Einschränkung der Fremdkapitalausstattung der deutschen Tochtergesellschaft durch § 8a KStG aus, während etwaige Unterkapitalisierungsregeln in diesen Ländern unerheblich sind. Im Vergleich mit Hochsteuerländern sind dagegen die Unterschiede zwischen dem safe haven des deutschen § 8a KStG und den jeweiligen Unterkapitalisierungsregeln in den anderen Ländern von Bedeutung. Die erforderliche Vorsteuerrendite ist jeweils:[1]

$$\beta_i = 1{,}6 \cdot \beta_a \cdot (1 - s_C) + \varphi_{DE} \cdot \left(-0{,}5 \cdot \alpha + 1{,}6 \cdot s_B \cdot (\alpha - 1) + \frac{376}{785} \right) \text{ für } s_C \leq s_{C_{Indiff.}} \quad \text{(D-19)}$$

$$\begin{aligned} \beta_i = {} & 1{,}6 \cdot (\beta_a - \varphi \cdot \alpha)(1 - s_C) \\ & + 1{,}1 \cdot \varphi_{DE} \cdot \alpha - 1{,}6 \cdot (\varphi_{DE} - \varphi) \cdot \left((\alpha - 1)(1 - s_B) + \frac{110}{157} \right) \quad \text{für } s_C > s_{C_{Indiff.}} \end{aligned} \quad \text{(D-20)}$$

Dabei gilt jeweils $\varphi_{DE} = 0{,}6$.

Grafisch kann der Verlauf dieser Funktionen durch Abbildung 25 veranschaulicht werden. Auf der y-Achse ist dabei abgetragen, um wie viel Prozent die Vorsteuerrendite einer deutschen Tochtergesellschaft die Vorsteuerrendite einer ausländischen Tochtergesellschaft übersteigen muss, damit die Muttergesellschaft ein identisches Nachsteuerergebnis erzielt. Die durchgehenden Linien beschreiben die hypothetische Situation, in der weder in Deutschland noch im Ausland Unterkapitalisierungsregeln existieren. Die gestrichelten Linien stehen für die Konkurrenz mit anderen Staaten, die mit § 8a KStG identische Unterkapitalisierungsregeln haben ($\varphi = \varphi_{DE} = 0{,}6$). Im Vergleich zu Niedrigsteuerländern ergibt sich durch § 8a KStG eine Verschiebung der Kurven entlang der y-Achse nach oben, d. h. die zur Gleichwertigkeit mit der Auslandsinvestition erforderliche Rendite einer deutschen Tochtergesellschaft steigt. Je höher der Wert von α, desto größer ist diese Verschiebung. Dies liegt daran, dass zwar § 8a KStG die Fremdfinanzierung einer deutschen Tochtergesellschaft begrenzt, die als identisch angenommenen Unterkapitalisierungsregeln im niedrig besteuernden Ausland aber keine Einschränkung darstellen, da Alternative I gewählt würde. In der Konkurrenz mit Hochsteuerländern mit identischen Unterkapitalisierungsregeln sind

[1] Vgl. Anhang II, 6.c), S. 282.

die Kurven im weiteren Verlauf gedreht und schneiden bei $s_C = 31{,}25\%$ die Kurven, die die Situation ohne Unterkapitalisierungsregeln darstellen.[1]

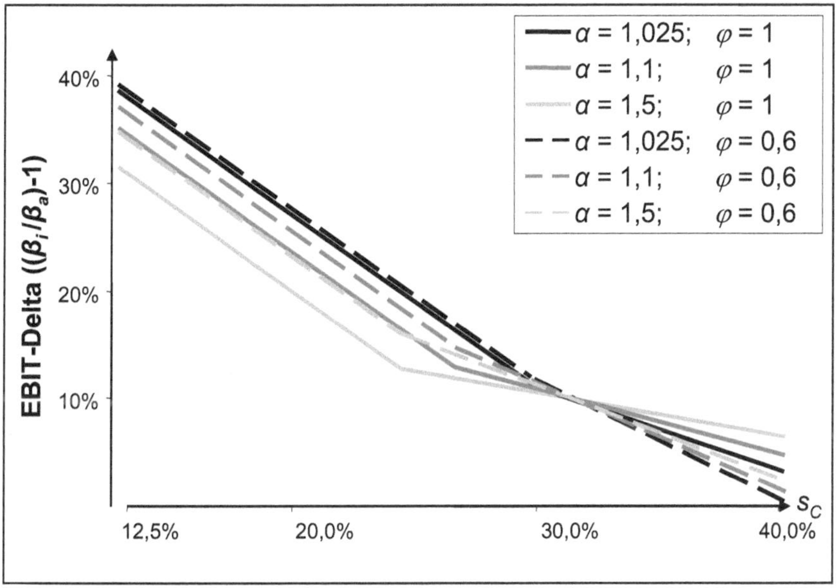

Abbildung 25: Renditeanforderungen bei Inlandsinvestment und Berücksichtigung von Hinzurechnungsbesteuerung und Unterkapitalisierungsregeln

Den Einfluss von Unterschieden in den safe haven-Regelungen (φ) in Hochsteuerländern zeigt Abbildung 26: Die durchgezogenen Linien beschreiben hier den zur Gleichwertigkeit erforderlichen Renditeunterschied gegenüber Investitionen in Ländern mit identischen Unterkapitalisierungsregeln ($\varphi = \varphi_{DE} = 0{,}6$). Die gestrichelten Linien stellen den Unterschied gegenüber Investitionen in Ländern mit großzügigeren Unterkapitalisierungsregeln ($\varphi = 0{,}8$) dar. Hier nimmt der zur Gleichwertigkeit erforderliche Renditeunterschied mit steigendem ausländischen Steuersatz langsamer ab als im Vergleich mit Ländern, die identische Unterkapitalisierungsregeln erlassen haben. Unterhalb des Indifferenzsteuersatz spielt eine Differenz in den safe haven-Regelungen der jeweiligen Unterkapitalisierungsregeln keine Rolle.

[1] Vgl. zur Erläuterung dieses Effekts oben Abbildung 18, S. 164.

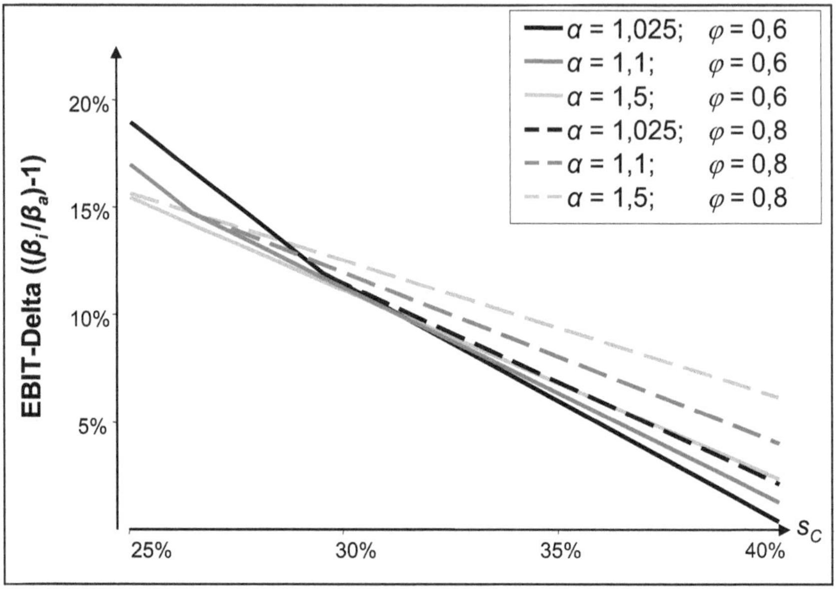

Abbildung 26: Renditeanforderungen bei Inlandsinvestment und Berücksichtigung von Hinzurechnungsbesteuerung und unterschiedlichen Unterkapitalisierungsregeln in Hochsteuerländern

c) Zahlenbeispiel: Investition einer deutschen Muttergesellschaft

Hinsichtlich der anwendbaren Missbrauchsnormen können die bisher getroffenen – aus Sicht einer deutschen Muttergesellschaft hypothetischen – Annahmen fallen gelassen werden. Eine deutsche Muttergesellschaft muss bei ihren Investitionsplanungen die deutsche Hinzurechnungsbesteuerung berücksichtigen. Je nach Investitionsstandort müssen die dort unter Umständen auf die zu gründende Gesellschaft anzuwendenden Unterkapitalisierungsregeln in die Planung mit einbezogen werden, wobei in der Modellterminologie gesprochen s_C und φ_C die Planung der Investition steuerlich beeinflussen.

Als Zahlenbeispiel wird im Folgenden eine deutsche Muttergesellschaft betrachtet, die eine Tochterkapitalgesellschaft in Portugal, Dänemark, Italien oder Frankreich gründen will.[1] Diese Länder wurden bereits oben bei der Berechnung der Investition einer (keinen CFC-Regeln unterliegenden) belgischen Muttergesellschaft verglichen.[2] Als

---

1 Investitionen in diese Länder machen ca. ein Viertel der deutschen Direktinvestitionen innerhalb der EU aus, vgl. *Spengel, C.*, Unternehmensbesteuerung, 2003, S. 217, Tabelle 3.5.

2 Vgl. oben D.III.3.c), S. 165.

Ausschnitt aus der Realität bildet das Modell die Existenz der deutschen §§ 7-14 AStG, die nominellen Steuersätze in den betrachteten Ländern sowie die safe haven-Höhen der jeweiligen Unterkapitalisierungsregeln ab.

Als Referenzinvestition wird die Gründung einer Tochtergesellschaft in Portugal herangezogen und ermittelt, welches Vorsteuerergebnis in den anderen Ländern erforderlich ist, um denselben Gewinn bei der Muttergesellschaft zu generieren. Die im Modell zur Gleichwertigkeit der betrachteten Länder erforderlichen Renditen sind im Anhang[1] berechnet und in Abbildung 27 grafisch dargestellt.

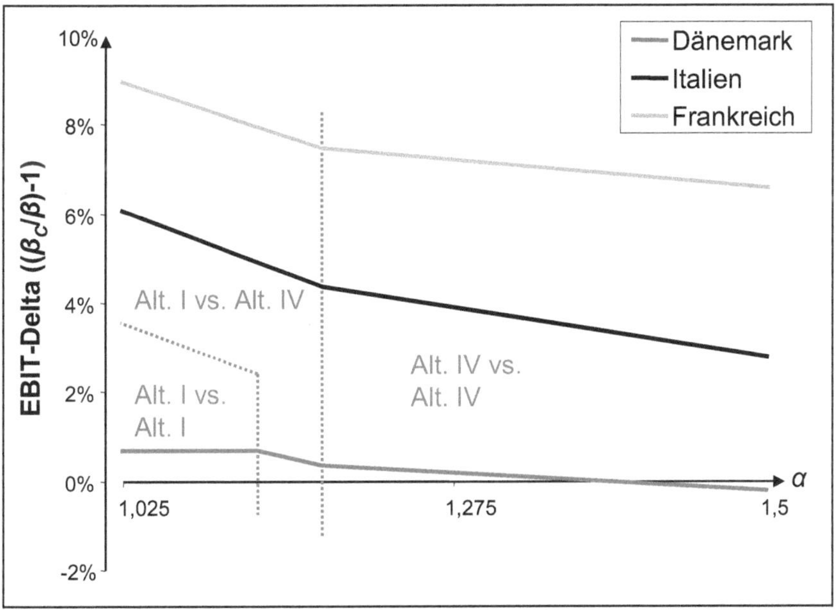

Abbildung 27: Renditeanforderungen bei Investition einer deutschen Muttergesellschaft in ausgewählten Ländern mit Unterkapitalisierungsregeln

In Tabelle 15 werden die Auswirkungen der deutschen Hinzurechnungsbesteuerung und der jeweiligen Unterkapitalisierungsregeln anhand eines Zahlenbeispiels veranschaulicht. Dabei wird dargestellt, welche Vorsteuergewinne zu einem gleichen Nachsteuerergebnis auf Ebene der Muttergesellschaft führen.[2] Das Ergebnis wird wiederum

---

[1] Vgl. Anhang II, 6.d), S. 284.

[2] Zu den Annahmen der Tabelle vgl. oben die Anmerkung zu Tabelle 7, S. 159. Als Referenz wird in diesem Abschnitt von einer Investition in eine portugiesische Tochtergesellschaft ausgegangen, Entscheidungskriterium ist das Nachsteuerergebnis auf Ebene der deutschen Muttergesellschaft.

der Situation bei einer rein eigenfinanzierten Tochtergesellschaft (Alternative I bzw. $\varphi = 0$) gegenübergestellt.

	Portugal ($\varphi = 0,6\overline{6}$)	**Dänemark** ($\varphi = 0,8$)	**Italien** ($\varphi = 0,8$)	**Frankreich** ($\varphi = 0,6$)
$\alpha = 1,025$	(Alt. I) 100,00	(Alt. I) 100,69	(Alt. IV) 106,07	(Alt. IV) 108,94
$\alpha = 1,125$	(Alt. I) 100,00	(Alt. IV) 100,69	(Alt. IV) 104,85	(Alt. IV) 107,90
$\alpha = 1,25$	(Alt. IV) 100,00	(Alt. IV) 100,23	(Alt. IV) 103,97	(Alt. IV) 107,28
$\alpha = 1,375$	(Alt. IV) 100,00	(Alt. IV) 100,02	(Alt. IV) 103,38	(Alt. IV) 106,94
$\alpha = 1,5$	(Alt. IV) 100,00	(Alt. IV) 99,81	(Alt. IV) 102,78	(Alt. IV) 106,61
Alternative I	100,00	100,69	108,21	111,54

Tabelle 15: Zahlenbeispiel: im Modell gleichwertige Vorsteuerergebnisse bei Investition einer deutschen Muttergesellschaft in ausgewählten Ländern mit Unterkapitalisierungsregeln

Die Steuersätze in den betrachteten Ländern sind vergleichsweise hoch, sodass sich bereits bei niedrigen Werten von α der Einsatz einer fremdfinanzierten Konzernfinanzierungsgesellschaft (Alternative IV) lohnt.[1] Der größere safe haven in Dänemark führt für hohe Werte von α erneut[2] zu einer Überkompensation der Wirkung des höheren Steuersatzes. Zur Gleichwertigkeit mit der Referenzinvestition wäre eine geringfügig niedrigere Vorsteuerrendite ausreichend. Mit steigendem α können höhere Zinssätze verrechnet werden und der restriktivere safe haven in Frankreich gewinnt an Bedeutung. Dies sieht man daran, dass der zur Gleichwertigkeit erforderliche Renditeunterschied in Frankreich mit steigendem α weniger stark zurückgegangen ist, als beispielsweise in Italien.

Ohne Unterkapitalisierungsregeln sind die Unterschiede zwischen zwei verglichenen Ländern, bei denen die Investition mit Alternative III bzw. bei Berücksichtigung von CFC-Regeln auf Ebene der Muttergesellschaft mit Alternative IV durchgeführt würde, gleich groß. Dies sieht man durch Vergleich der jeweils vorletzen Zeile von Tabelle 7 (S. 159) und Tabelle 14 (S. 177). Durch Unterkapitalisierungsregeln mit unterschiedlichen safe haven-Regelungen (im Modell: mit Unterschieden in φ) führt der Vergleich zweier Standorte, bei denen eine fremdfinanzierte Konzernfinanzierungsgesellschaft zur Finanzierung der Investition genutzt wird (Alternative IV), nicht mehr zu demselben Ergebnis wie bei einer möglichen Nutzung einer eigenkapitalfinanzierten Konzernfinanzierungsgesellschaft. Unterschiedlich große Teile des eingesetzten Kapitals müssen als Eigenkapital zur Verfügung gestellt werden und werden auch bei Alterna-

[1] Vgl. Anhang II, 6.d), Tabelle 26, S. 284.

[2] Vgl. oben D.III.3.c), S. 165.

tive IV auf Ebene der Muttergesellschaft refinanziert. Dadurch wird die steuerliche Beurteilung der Investitionsstandorte beeinflusst. Man erkennt dies beim Vergleich der Tabelle 10 (S. 168) mit Tabelle 15 (S. 184).

IV. Ergebnis

In der Modellanalyse wurde deutlich, dass die anwendbaren Missbrauchsverhinderungsnormen die Standortwahl und die Steuersatzsensitivität der Standortwahl beeinflussen. Durch die rechtsvergleichende Darstellung der Missbrauchsverhinderungsnormen[1] in den betrachteten Ländern wurde ferner deutlich, dass die bilateralen Investitionsströme in unterschiedlichem Umfang von diesen Normen betroffen sind. Weiterhin konnte gezeigt werden, dass jede mögliche Kombination von speziellen Missbrauchsverhinderungsnormen in der Realität vorkommt.[2]

Die untersuchten Normen haben nicht nur einen Einfluss auf die Steuersatzsensitivität der Standortwahl, sondern verändern auch die Verteilung des Steuersubstrats auf die beteiligten Länder. Diese Wirkungen sollen im Folgenden skizziert werden, um eine umfassendere Beurteilung der Wirkung von Missbrauchsverhinderungsnormen im Steuerwettbewerb zu ermöglichen. Dazu wird untersucht, welchen Anteil an der gesamten Bemessungsgrundlage die beteiligten Länder bei den im Modell berechneten Investitions- bzw. Finanzierungsalternativen besteuern können und wie sich diese Verteilung auf die Steuerzahlungen der gesamten Konzernunternehmung auswirkt.[3]

1. Verschiebungen in den Bemessungsgrundlagen

Die Wahl unterschiedlicher Finanzierungswege im Konzern (Alternativen I-IV) bringt Verschiebungen in der Verteilung der steuerlichen Bemessungsgrundlagen[4] auf die

[1] Vgl. oben Kapitel C, S. 47.

[2] Vgl. oben Tabelle 4, S. 110.

[3] Diesem Abschnitt und damit Abbildung 28 sowie Abbildung 29 liegt eine nochmals vereinfachte Berechnung im Rahmen des bisher verwendeten Modells zu Grunde, in der Einschränkungen durch Transferpreise und Unterkapitalisierungsregeln erfasst werden und die im Anhang II, 7.a), S. 287, dargestellt ist. Da die absolute Höhe der Zahlen hier nicht aussagefähig ist und es nur auf Relationen sowie vor allem auf die Verschiebungen zwischen den Ländern ankommt, enthalten beide Abbildungen keine skalierten Achsen.

[4] Die Ebene der Anleihenzeichner wurde bei der Darstellung vernachlässigt. Da angenommen wurde, dass der Anleihenzinssatz unabhängig von der emittierenden Konzerngesellschaft ist, kann auch angenommen werden, dass sich bei den verschiedenen Alternativen keine Veränderungen bei den Anleihenzeichner einstellen.

beteiligten Länder mit sich.[1] Die folgende Abbildung 28 stellt die jeweilige steuerliche Bemessungsgrundlage der Muttergesellschaft, der Konzernfinanzierungsgesellschaft und der aktiven Tochtergesellschaft für jede der oben in Abbildung 12 (S. 139) vorgestellten vier Alternativen dar.

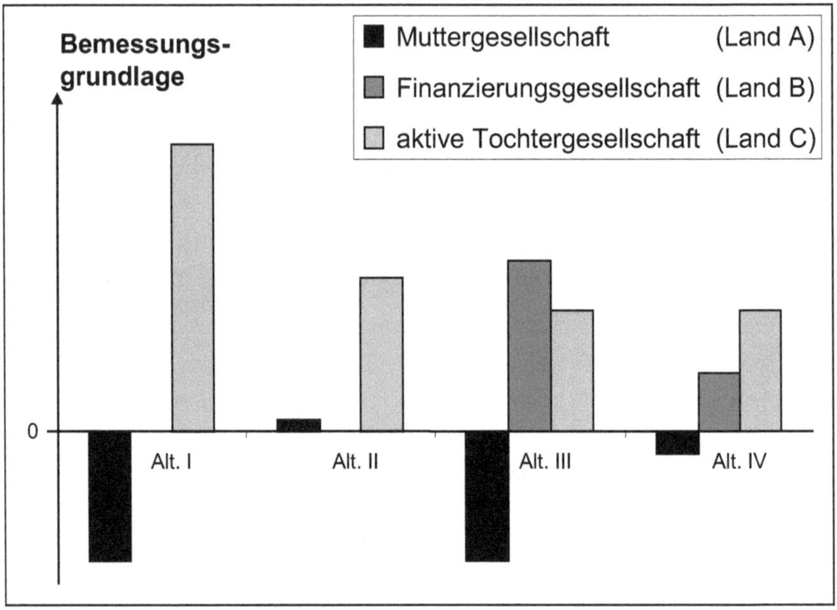

Abbildung 28: Verteilung der Bemessungsgrundlagen auf die beteiligten Länder

Die steuerliche Bemessungsgrundlage multipliziert mit dem jeweils anwendbaren Steuersatz ergibt die Steuerzahlung der jeweiligen Konzerngesellschaft in ihrem Ansässigkeitsstaat. Durch Differenzen in den Steuersätzen kommt es dann nicht nur zu Verschiebungen zwischen den Ländern, sondern aus Sicht des Konzerns zu Unterschieden in der Summe der Steuerzahlungen der einzelnen Konzerngesellschaften, die durch den schräg gestreiften Balken in der folgenden Abbildung 29 veranschaulicht werden.[2]

[1] Vgl. ähnlich bereits *Theisen, M. R./Wenz, M.*, Verteilung, 2005. Die Höhe der Abbildung 28 zu Grunde liegenden Zahlen ist nicht aussagefähig, daher sind die entsprechenden Berechnungen nur im Anhang II, 7.b), S. 287, dokumentiert.

[2] Die Höhe der Abbildung 29 zu Grunde liegenden Zahlen ist nicht aussagefähig, daher sind die Berechnungen nur im Anhang II, 7.c), S. 288, dokumentiert.

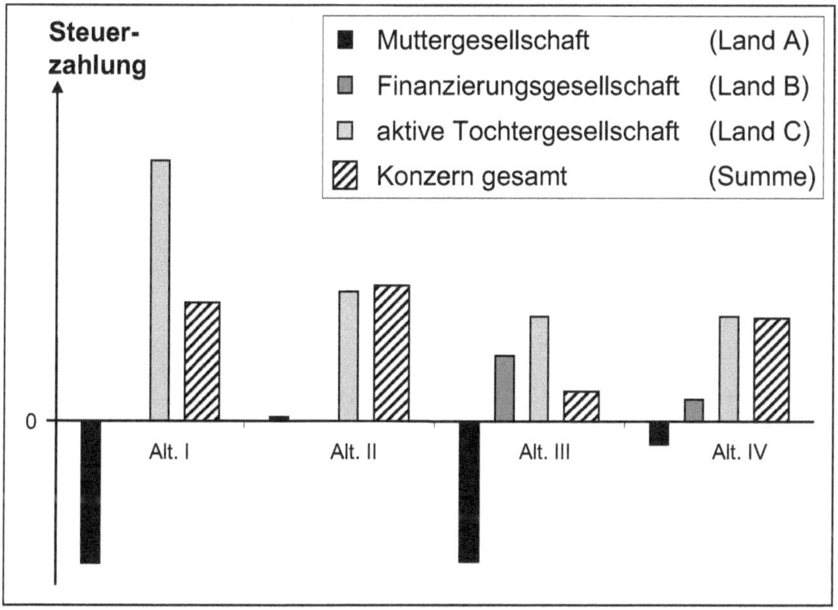

Abbildung 29: Steuerzahlung der Gesellschaften in den beteiligten Ländern

Bei der Interpretation dieser Abbildung ist zu beachten, dass zwar die Summe der Steuerzahlungen des Konzerns bei Alternative III deutlich geringer ist als bei den anderen Alternativen. Ob Alternative III zu dem dargestellten Ergebnis führt, hängt jedoch von dem Vorhandensein von CFC-Regeln im Staat der Muttergesellschaft ab. Existieren derartige Regeln nicht, ist Alternative III die dominante Alternative. Existieren dagegen CFC-Vorschriften, führt Alternative III zu anderen und in der Summe höheren Steuerzahlungen[1] als in Abbildung 29 dargestellt und ist deshalb nicht mehr die dominante Alternative. Die Investition wird entweder mit einer eigenkapitalfinanzierten Tochtergesellschaft (Alternative I) oder mit Einschaltung einer sich selbst refinanzierenden Konzernfinanzierungsgesellschaft (Alternative IV) durchgeführt.

Aus dieser Modellaussage lässt sich eine Hypothese gewinnen, deren empirische Bestätigung das verwendete Modell stützen würde,[2] ohne dass die im Folgenden dargestellten, schwieriger zu messenden Hypothesen empirisch überprüft werden müssten. Tochtergesellschaften in verschiedenen Ländern (mit unterschiedlich hohen Steuersät-

---

[1] Vgl. zur Berechnung der Nachsteuerergebnisse bei Alternative III und Anwendung der Hinzurechnungsbesteuerung Anhang II, 5.a), S. 274.

[2] Die Bestätigung dieser Hypothese würde das Modell vorläufig stützen, ihre Widerlegung jedoch falsifizieren, vgl. *Popper, K.*, Logik, 1994, S. 7 f.

zen), deren Muttergesellschaft in einem Land ohne CFC-Regeln ansässig ist, müssten tendenziell geringere Unterschiede in der Ausstattung mit konzerninternem Fremdkapital aufweisen als Tochtergesellschaften in denselben Ländern, deren Muttergesellschaft in Deutschland sitzt. Während bei Ersteren die Vergabe von konzerninternem Fremdkapital durch eine mit Eigenkapital arbeitende Konzernfinanzierungsgesellschaft immer steuerlich attraktiv ist, werden Letztere, sofern sie in Niedrigsteuerländern ansässig sind, von der Muttergesellschaft überwiegend mit Eigenkapital ausgestattet.

2. Determinanten der Steuerzahlungen

Die Wahl zwischen Alternative I und Alternative IV und damit auch die daraus resultierende Verteilung der Bemessungsgrundlage auf die beteiligten Länder ist von verschiedenen Faktoren abhängig. Aus Abbildung 29 ist erkennbar, dass Staat A bei Alternative IV eine höhere Steuerzahlung erhält (bzw. eine geringere Steuererstattung gewähren muss),[1] als bei Alternative I. Staat C erhält dagegen bei Alternative I die höchste Steuerzahlung. Tabelle 16 fasst die aus dem Modell gewonnenen Hypothesen über die wesentlichen Einflussfaktoren der Steuerzahlungen in Land A (Muttergesellschaft) und in Land C (aktive Tochtergesellschaft) aus der hier betrachteten Investition einer Konzernunternehmung zusammen. Der Sitzstaat der Finanzierungsgesellschaft wird nicht betrachtet.

<table>
<tr><th>Parameter</th><th>Land A
(Muttergesellschaft)</th><th>Land C
(aktive Tochtergesellschaft)</th></tr>
<tr><td>Steuersatz in Land A
(s_A)</td><td colspan="2">Eine Erhöhung des Steuersatzes s_A erhöht den Wert des Zinsabzuges in Land A. Wenn in Land A CFC-Regeln vorhanden sind, steigt der Indifferenzsteuersatz für die Investition im Land C, dadurch wird auch bei höheren Steuersätzen in Land C noch Alternative I gewählt. Ohne CFC-Regeln in Land A hat der Steuersatz s_A keinen Einfluss auf die Alternativenwahl, es wird immer Alternative III gewählt.</td></tr>
</table>

[1] Eine negative Bemessungsgrundlage der Muttergesellschaft führt unter den Modellannahmen zu einer Steuererstattung in Land A. Der sprachlichen Klarheit wegen wird in diesem Abschnitt eine niedrigere Steuererstattung mit einem Anstieg der Steuerzahlung und eine höhere Steuererstattung mit einer niedrigeren Steuerzahlung in Land A gleichgesetzt. Da Voraussetzung für die Annahme einer sofortigen Steuererstattung das Vorliegen ausreichender anderweitiger positiver Einkünfte in Land A ist, sind die Begriffe insoweit deckungsgleich; dennoch beziehen sich die Aussagen in diesem Abschnitt nur auf die Wirkungen hinsichtlich des Teils der Bemessungsgrundlage, der aus der hier betrachteten Investition resultiert.

Parameter	Land A (Muttergesellschaft)	Land C (aktive Tochtergesellschaft)
Steuersatz in Land A (s_A)	Bei Alternative I werden die gesamten Refinanzierungskosten in Land A zum Abzug gebracht, die Steuerzahlung der Gesellschaft in Land A sinkt im Vergleich zu Alternative IV. Ein höherer Steuersatz s_A führt bei allen Alternativen nur in Bezug auf die 5% nichtabzugsfähigen Betriebsausgaben bei den erhaltenen Dividenden zu einer höheren Steuerzahlung der Gesellschaft in Land A.	Bei Alternative I wird die Tochtergesellschaft voll mit Eigenkapital finanziert, die Steuerzahlung der Gesellschaft in Land C steigt im Vergleich zu Alternative IV. Bei Alternative III und Alternative IV hat eine Erhöhung von s_A keinen Einfluss auf die Steuerzahlung der Gesellschaft in Land C.
Steuersatz in Land C (s_C)	Sofern CFC-Regeln in Land A vorhanden sind und Land C den Steuersatz s_C über den Indifferenzsteuersatz hinaus erhöht, wird Alternative IV statt Alternative I gewählt. Ohne CFC-Regeln in Land A hat der Steuersatz s_C keinen Einfluss auf die Alternativenwahl, es wird immer Alternative III gewählt.	
	Ein höheres Nachsteuerergebnis durch einen niedrigeren Steuersatz bei der Tochtergesellschaft ermöglicht eine höhere Ausschüttung, die teilweise[1] der Besteuerung auf Ebene der Muttergesellschaft unterliegt. Sofern CFC-Regeln in Land A vorhanden sind, führt eine Erhöhung des Steuersatzes s_C nur zu geringfügigen Veränderungen der Steuerzahlung in Land A, solange der Indifferenzsteuersatz nicht überschritten wird. Bei Überschreiten des Indifferenzsteuersatzes steigt die Steuerzahlung in Land A deutlich. Oberhalb des Indifferenzsteuersatzes und wenn mangels CFC-Regeln in Land A für die Investition Alternative III gewählt wird, führt eine weitere Erhöhung des Steuersatzes s_C wiederum nur zu geringfügigen Veränderungen der Steuerzahlung in Land A.	Sofern CFC-Regeln in Land A vorhanden sind, führt eine Erhöhung des Steuersatzes s_C zu einer höheren Steuerzahlung in Land C, solange der Indifferenzsteuersatz nicht überschritten wird. Bei Überschreiten des Indifferenzsteuersatzes sinkt die Steuerzahlung in Land C deutlich. Oberhalb des Indifferenzsteuersatzes und wenn mangels CFC-Regeln in Land A für die Investition Alternative III gewählt wird, steigt die Steuerzahlung mit einer Erhöhung von s_C nur noch langsam an, da ein Teil des Gewinns in die Finanzierungsgesellschaft verlagert wird.

1 In den im Modell betrachteten Ländern Deutschland und Belgien unterliegt die Ausschüttung nur zu 5% als nicht abzugsfähige Betriebsausgaben der Besteuerung auf Ebene der Muttergesellschaft.

<table>
<tr><th>Parameter</th><th>Land A
(Muttergesellschaft)</th><th>Land C
(aktive Tochtergesellschaft)</th></tr>
<tr><td rowspan="2">Transfer-preisregeln zwischen Land C und Land B (α)</td><td colspan="2">Sofern CFC-Regeln in Land A vorhanden sind, führen großzügige Transferpreisregeln (hohes α) zu einem Sinken des Indifferenzsteuersatzes. Strenge Transferpreisregeln (niedriges α) erhöhen den Indifferenzsteuersatz.</td></tr>
<tr><td>Wenn CFC-Regeln in Land A vorhanden sind, führen großzügigere Transferpreisregeln zu einer höheren Steuerzahlung in Land A, sofern der Steuersatz s_C dadurch den Indifferenzsteuersatz übersteigt und Alternative IV gewählt wird.
Wenn keine CFC-Regeln in Land A vorhanden sind oder s_C bereits oberhalb des Indifferenzsteuersatzes liegt, hat α (fast) keinen Einfluss auf die Steuerzahlung in Land A.[1]</td><td>Existieren CFC-Regeln in Land A und liegt s_C unterhalb des Indifferenzsteuersatzes, haben Transferpreisregeln keinen Einfluss auf die Steuerzahlung in Land C.
Existieren CFC-Regeln in Land A und liegt s_C oberhalb des Indifferenzsteuersatzes, führen strengere Transferpreisregeln zu einer deutlich höheren Steuerzahlung in Land C, wenn s_C dadurch den Indifferenzsteuersatz unterschreitet.
Oberhalb des Indifferenzsteuersatzes und/oder wenn in Land A keine CFC-Regeln vorhanden sind, führen strengere Transferpreisregeln zu einer höheren Steuerzahlung in Land C, da der verlagerte Gewinn reduziert wird.</td></tr>
<tr><td>Unterkapitalisierungsregeln in Land A</td><td colspan="2">Unterkapitalisierungsregeln in Land A haben keinen Einfluss auf die Steuerzahlungen in den beteiligten Ländern.</td></tr>
<tr><td rowspan="2">Unterkapitalisierungsregeln in Land C</td><td colspan="2">Unterkapitalisierungsregeln in Land C beeinflussen die Alternativenwahl nicht.</td></tr>
<tr><td>Da Unterkapitalisierungsregeln in Land C im Modell dazu führen, dass die Muttergesellschaft einen Teil der Investition selbst refinanziert, sinkt die Steuerzahlung in Land A durch Unterkapitalisierungsregeln in Land C, sofern CFC-Regeln in Land A vorhanden sind und der Steuersatz s_C oberhalb des Indifferenzsteuersatzes liegt.</td><td>Unterkapitalisierungsregeln in Land C haben keinen Einfluss auf die Steuerzahlung in Land C, sofern der Steuersatz s_C unterhalb des Indifferenzsteuersatzes liegt und CFC-Regeln in Land A existieren.
Wenn keine CFC-Regeln in Land A existieren oder wenn der Steuersatz s_C oberhalb des Indifferenzsteuersatzes liegt, führen Unterkapitalisierungsregeln zu einer höheren Steuerzahlung in Land C, da sie die Gewinnverlagerung reduzieren.</td></tr>
</table>

---

[1] Durch Transferpreisregeln verschiebt sich die steuerliche Bemessungsgrundlage zwischen der Konzernfinanzierungsgesellschaft und der Tochtergesellschaft. Da annahmegemäß die Finanzierungsgesellschaft einer niedrigeren Steuerbelastung unterliegt, führen großzügigere Transferpreisbestimmungen im Modell dazu, dass ein größerer Teil der Bemessungsgrundlage niedrig besteuert wird, was wiederum dazu führt, dass die beiden abhängigen Gesellschaften in der Summe eine höhere Ausschüttung vornehmen können, die wiederum auf Ebene der deutschen bzw. belgischen Muttergesellschaft zu 5% als nicht abzugsfähige Betriebsausgaben in die Bemessungsgrundlage mit eingeht.

Parameter	Land A (Muttergesellschaft)	Land C (aktive Tochtergesellschaft)
CFC-Regeln in Land A	Ohne CFC-Regeln wird immer Alternative III gewählt. Mit CFC-Regeln wird für Investitionen in Ländern mit Steuersätzen oberhalb des Indifferenzsteuersatzes Alternative IV gewählt, während für Investitionen in Ländern mit Steuersätzen unterhalb des Indifferenzsteuersatzes Alternative I gewählt wird.	
	Eine Einführung von CFC-Regeln führt bei Investitionen in Ländern, deren Steuersatz s_C über dem Indifferenzsteuersatz liegt, zu einer höheren Steuerzahlung in Land A. Bei Investitionen in Ländern, deren Steuersatz s_C unter dem Indifferenzsteuersatz liegt, hat die Einführung von CFC-Regeln (fast)[1] keinen Einfluss auf die Höhe der Steuerzahlung in Land A.	Wenn der Steuersatz s_C oberhalb des Indifferenzsteuersatzes liegt, hat die Einführung von CFC-Regeln in Land A keinen Einfluss auf die Steuerzahlung in Land C. Wenn der Steuersatz s_C unterhalb des Indifferenzsteuersatzes liegt, wird bei Existenz von CFC-Regeln in Land A die Investition im Wege von Alternative I durchgeführt, die Steuerzahlung in Land C steigt.
CFC-Regeln in Land C	CFC-Regeln in Land C haben keinen Einfluss auf die Steuerzahlungen in den beteiligten Ländern.	

Tabelle 16: Übersicht über die aus dem Modell abgeleiteten Hypothesen der Determinanten der Steuerzahlungen in Land A und C

Abbildung 30 veranschaulicht einen Teil der dargestellten Hypothesen. Sie stellt die Steuerzahlung der Konzerngesellschaft in Land C in Abhängigkeit des Steuersatzes in Land C dar.[2] Die schwarze Kurve entspricht der Steuerzahlung, solange Alternative I gewählt, d. h. solange die Tochtergesellschaft mit Eigenkapital finanziert wird. Existieren in Land A keine CFC-Regeln, wird die Tochtergesellschaft immer über eine mit Eigenkapital ausgestattete Finanzierungsgesellschaft finanziert (Alternative III). Die Steuerzahlung in Land C (dunkelgraue Kurven) ist dann abhängig von den Unterkapitalisierungsvorschriften und den Transferpreisvorschriften, die auf die Beziehung zwischen der aktiven Tochtergesellschaft und der Finanzierungsgesellschaft anwendbar sind. Strenge Transferpreisvorschriften und ein restriktiver safe haven führen entsprechend zu einer höheren Steuerzahlung bei gleichem Steuersatz.

Wird der Indifferenzsteuersatz überschritten, ist es für die Steuerzahlung in Land C irrelevant, ob die Muttergesellschaft eventuell CFC-Regeln unterliegt (Alternative IV) oder nicht (Alternative III). Bei großzügigen Transferpreisregeln (hohes α) wird der Indifferenzsteuersatz schnell erreicht, bei strengen Transferpreisregeln ist dies erst später der Fall. Der Einfluss der Transferpreisvorschriften und der Unterkapitalisierungsvor-

---

[1] Vgl. FN 1, S. 190, analog.

[2] Die Abbildung stellt nur die grundlegenden Eigenschaften der Entwicklung der Steuerzahlung dar und ist auf der y-Achse nicht kardinal skaliert.

schriften auf die Steigung der Geraden (hellgraue Kurven) bleibt bestehen. Aus Sicht von Land C sind daher bei einer isolierten Betrachtung strengere Transferpreisregeln einem restriktiveren safe haven vorzuziehen, da Letzterer nur den Umfang der konzerninternen Fremdkapitalvergabe begrenzt, nicht aber den Zeitpunkt, ab dem die Fremdkapitalvergabe durch die Konzernfinanzierungsgesellschaft der Eigenkapitalfinanzierung vorzuziehen ist.

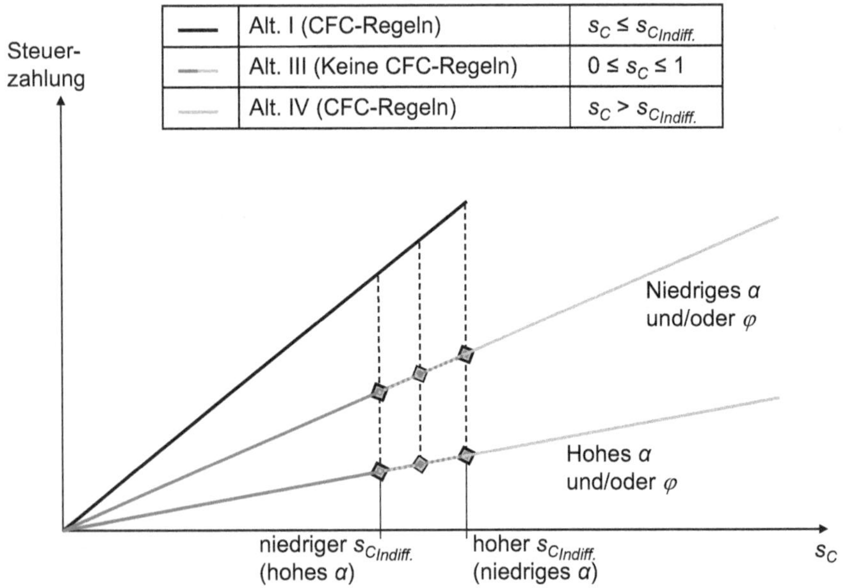

Abbildung 30: Steuerzahlung der Konzerngesellschaft in Land C

3. Bedeutung der Missbrauchsverhinderungsnormen für den Steuerwettbewerb

Die untersuchten Missbrauchsverhinderungsnormen sind für die beteiligten Staaten ein Versuch, Steuersubstrat im Land zu halten und das Steueraufkommen zu sichern. Allerdings konnte gezeigt werden, dass sie die Standortwahl der Unternehmen beeinflussen. Im Modell ist der Jahresüberschuss nach Steuern bei der Muttergesellschaft das Entscheidungskriterium bei der Standortwahl. Jedes Absinken dieses Kriteriums, beispielsweise durch eine Steuersatzerhöhung in Land C, kann damit c. p. im Modell dazu führen, dass die Investition an einem anderen Standort durchgeführt wird. In welchem Umfang Unternehmen davon abgehalten werden, in diesem Land zu investieren, kann im hier verwendeten Modell nicht beurteilt werden. Dazu wäre eine weitergehende Integration in die finanzwissenschaftlichen Modelle und eine empirische Fundierung erforderlich. Um die in dieser Arbeit dargestellten Elemente nationaler Steuersysteme in die finanzwissenschaftlichen Modelle des Steuerwettbewerbs[1] zu integrieren, müssten die folgenden Aspekte berücksichtigt werden:

- Wie oben gezeigt wurde,[2] ist die Steuerzahlung am Ort des Kapitaleinsatzes[3] abhängig von den drei Parametern Steuersatz (s_C), Transferpreisvorschriften (α) und safe haven-Regelung (φ). Allerdings ist der Verlauf der Steuerzahlung nicht immer eine stetige Funktion, vielmehr ist sie am Indifferenzsteuersatz unterbrochen, sofern die Muttergesellschaft CFC-Regeln unterliegt.

- Verlässt man die bisher gewählte einzelwirtschaftliche Perspektive und nähert sich – beispielsweise durch Annahme beliebig vieler bzw. beliebig unterteilbarer Unternehmen – der gesamtwirtschaftlichen Perspektive an, lassen sich die Eigenschaften der Reaktionsfunktion des Kapitaleinsatzes bestimmen. Die Höhe des Kapitaleinsatzes in einem Land wird ebenfalls von den Parametern beeinflusst, die Veränderungen im Entscheidungskriterium bewirken. Die Reaktionsfunktion des Kapitaleinsatzes ist damit nicht nur vom Steuersatz, sondern auch von den Transferpreisregeln und den Unterkapitalisierungsvorschriften[4] abhängig. Der Staat C muss nicht nur bei der Erhöhung des Steuersatzes mit einer Kapitalabwanderung rechnen,[5] auch strengere Transferpreisvorschriften und ein niedrigerer safe haven führen unter Umständen zu einer Kapitalabwanderung.

- Sowohl die Steuerzahlung als auch die Reaktionsfunktion des Kapitaleinsatzes sind jeweils nur für Inbound-Investitionen aus einem bestimmten Land definiert. Der im Sitzstaat der Muttergesellschaft geltende Steuersatz hat Einfluss auf die Höhe des Indifferenzsteuersatzes. Unterliegt die Muttergesellschaft keinen CFC-Regeln, gibt es keinen Indifferenzsteuersatz und die Tochtergesellschaft wird

---

[1] Vgl. oben D.I.1.b)bb), S. 114, zur Darstellung des neoklassischen Standardmodells sowie oben die Nachweise in FN 4, S. 116, mit Übersichten über die Modelle.

[2] Vgl. oben D.IV.2, S. 188, vor allem Tabelle 16, S. 191.

[3] Mit „Kapitaleinsatz" ist sowohl der Einsatz von Eigenkapital als auch der Einsatz von Fremdkapital gemeint. Das Standardmodell des Steuerwettbewerbs differenziert ebenfalls nicht zwischen der Mittelherkunft.

[4] Eine erhöhte Steuersensitivität des Kapitaleinsatzes bei Existenz von Unterkapitalisierungsvorschriften in einem Land konnte auch empirisch nachgewiesen werden, vgl. *Buettner, T.* u. a., Impact, 2006, S. 23.

[5] Vgl. dazu oben D.I.1.b)bb), S. 114.

immer über eine mit Eigenkapital ausgestattete Konzernfinanzierungsgesellschaft fremdfinanziert.

Berücksichtigt man die in dieser Arbeit dargestellten Wirkungen von Missbrauchsverhinderungsnormen, so lässt sich daraus eine Hypothese über den Verlauf der Reaktionsfunktion des Kapitaleinsatzes ableiten, die von Abbildung 31 veranschaulicht wird. Der Kapitaleinsatz kann dabei vereinfachend als umgekehrt proportional zur gesamten Steuerbelastung des Konzerns angenommen werden. Im Hintergrund ist daher die Steuerzahlung der Tochtergesellschaft aus einer durchgeführten Investition aus Abbildung 30 als schwach gepunkte Kurven nochmals dargestellt. Die einzelnen Kurven von Abbildung 31 werden in Tabelle 17 (S. 195) erläutert.[1]

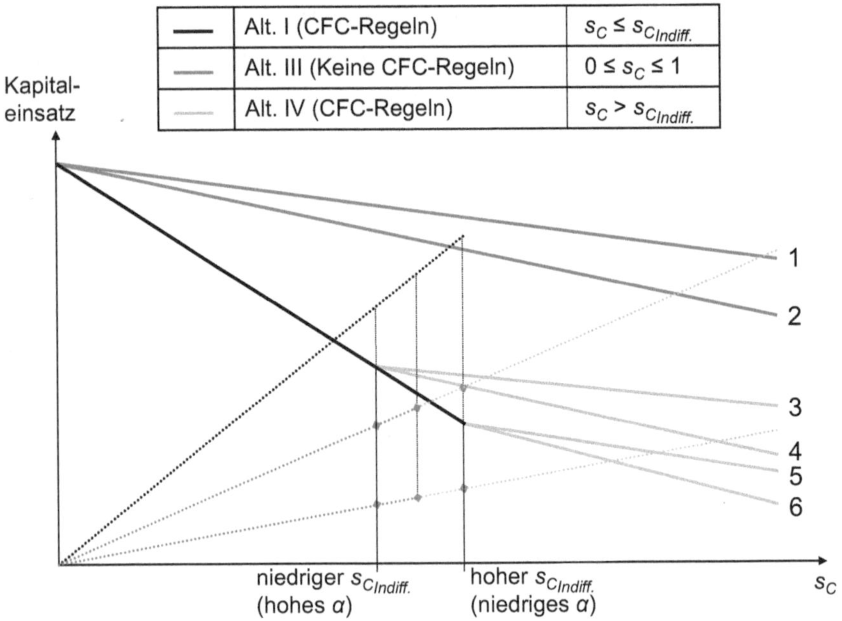

Abbildung 31: Reaktionsfunktion des Kapitaleinsatzes

[1] Die Abbildung stellt nur die grundlegenden Eigenschaften der Entwicklung der Reaktionsfunktion des Kapitaleinsatzes dar und ist auf der y-Achse nicht kardinal skaliert. Die Darstellung hat nur Gültigkeit jeweils in Bezug auf Investitionen aus einem bestimmten anderen Land, d. h. die Kurven 1 und 2 gelten nur für Investitionen aus Ländern ohne CFC-Regeln. Sie dürfen nicht in Relation zu den Kurven 3 bis 6 gesetzt werden, die nur für Investitionen aus Ländern mit CFC-Regeln gelten.

Kurve Nr.	Beschreibung	
1	Investitionen aus Ländern ohne CFC-Regeln (Alternative III, dunkelgraue Kurven).	hohes α und/oder φ
2		niedriges α und/oder φ
3	Investitionen aus Ländern mit CFC-Regeln (solange der Steuersatz unterhalb des Indifferenzsteuersatzes liegt: Alternative I, schwarze Kurve. Sobald der Steuersatz oberhalb des Indifferenzsteuersatzes liegt: Alternative IV, hellgraue Kurven)	hohes α und hohes φ
4		hohes α und niedriges φ
5		niedriges α und hohes φ
6		niedriges α und niedriges φ

Tabelle 17: Erläuterungen zu Abbildung 31

Im Rahmen des neoklassischen Standardmodells wurden zwei Ursachen für die negativen Folgen des Steuerwettbewerbs identifiziert: Erstens die Unterversorgung mit öffentlichen Gütern und zweitens die Allokationsverzerrung des Kapitaleinsatzes.[1] Die Möglichkeiten, die sich den Unternehmen zur Gewinnverlagerung bieten, bzw. Art und Umfang der Einschränkungen, denen derartige Versuche unterliegen, beeinflussen beide Elemente des Steuerwettbewerbs. Grob vereinfacht lässt sich sagen: Je mehr Möglichkeiten zur Gewinnverlagerung bestehen, desto weniger Allokationsverzerrung tritt auf. Allerdings nimmt dabei die Unterversorgung mit öffentlichen Gütern zu, da den beteiligten Staaten Steuereinnahmen entzogen werden. Die folgende Abbildung 32 auf der nächsten Seite zeigt vereinfacht den Zusammenhang zwischen Gewinnverlagerungsmöglichkeiten und Allokationsverzerrung bzw. Unterversorgung auf. Die dazugehörige Tabelle 18 erläutert die einzelnen Punkte bzw. Bereiche der Abbildung.

[1] Vgl. D.I.1.b)bc), S. 116.

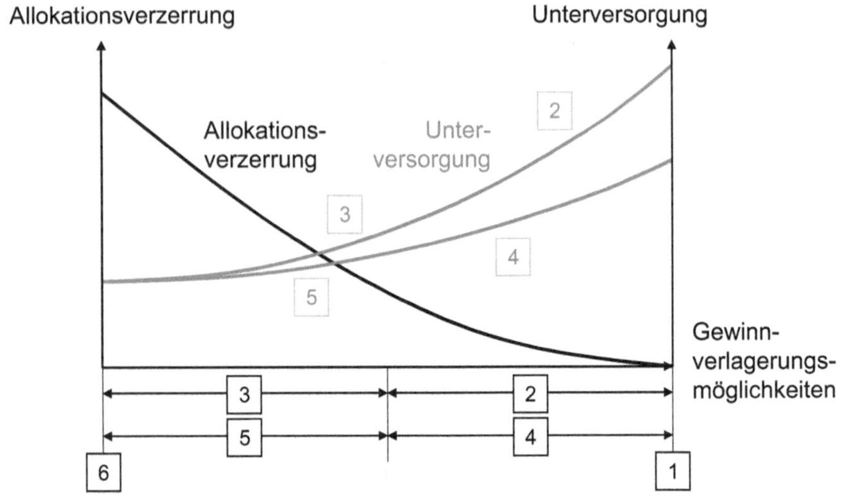

Abbildung 32: Allokationsverzerrung und Unterversorgung

Situation / anwendbare Gesetzesbestimmungen	Nr.	Beispiele	
keine Beschränkungen der Gewinnverlagerung	1	**von**	**nach**
nur Transferpreisregeln	2	Belgien, Österreich, Niederlande	Österreich, Finnland, Schweden, Großbritannien
Transferpreisregeln, keine CFC-Regeln, aber Unterkapitalisierungsregeln (je nach zulässiger FK:EK-Quote)	3	Belgien, Österreich, Niederlande	Dänemark, Frankreich, Portugal, Italien
Transferpreisregeln, AStG de lege lata (und analog) hinsichtlich der Konkurrenz der Hochsteuerländer (über Indifferenzsteuersatz)	4	Deutschland	Österreich, Finnland, Schweden, Großbritannien (in Abhängigkeit von α)
Transferpreisregeln, AStG de lege lata (und analog) und Unterkapitalisierungsregeln (je nach zulässiger FK:EK-Quote) hinsichtlich der Konkurrenz der Hochsteuerländer (über Indifferenzsteuersatz)	5	Deutschland	Dänemark, Frankreich, Portugal, Italien (in Abhängigkeit von α)
Transferpreisregeln, AStG de lege lata (und analog) unabhängig von Unterkapitalisierungsvorschriften hinsichtlich der Konkurrenz der Niedrigsteuerländer (unter Indifferenzsteuersatz)	6	Deutschland	Irland, Lettland, Litauen, Österreich, Ungarn (in Abhängigkeit von α)
zwingend voll EK-finanzierte Investition	6	neoklassisches Standardmodell	

Tabelle 18: Erläuterungen zu Abbildung 32

Aus der Verteilung der Steuerzahlungen auf die beteiligten Länder[1] ist ersichtlich, dass eine Unterversorgung mit öffentlichen Gütern in den beteiligten Staaten in unterschiedlichem Maße droht. Ein Schaden aus der Allokationsverzerrung des Kapitaleinsatzes lässt sich keinem bestimmten Land zuordnen und kann, wenn überhaupt, nur in der Aggregation der Wohlfahrt wie im Standardmodell des Steuerwettbewerbs, sinnvoll interpretiert werden. Aus diesem Grund lässt sich weder ein aus einzelstaatlicher noch ein aus gesamtwirtschaftlicher Sicht optimaler Umfang von Missbrauchsverhinderungsnormen ableiten. Sie bleiben ein Instrument, das nicht kooperative Staaten im Steuerwettbewerb einsetzen können, um sich gegen Einnahmeausfälle zu schützen. Wie gezeigt werden konnte, haben sie aber Auswirkungen auf andere Staaten und beeinflussen indirekt Investitionsentscheidungen. Die Behandlung von Konzernfinanzierungsgesellschaften nach dem deutschen AStG de lege lata kann in diesem Zusammenhang insoweit positiv beurteilt werden. Es wird ein doppelter Zinsabzug in Hochsteuerländern verhindert, was zu einer Verringerung der Unterversorgung führt. Im Verhältnis der Hochsteuerländer untereinander hat dies aber keinen Einfluss auf die Steuersensitivität der Standortwahl und damit auf die Allokationsverzerrung des Kapitaleinsatzes.

[1] Vgl. Abbildung 29, S. 187.

E. Einfluss der Grundfreiheiten auf die Missbrauchsverhinderungsnormen

Abschließend soll untersucht werden, ob das in Kapitel D verwendete Modell und die darin abgebildeten Missbrauchsverhinderungsnormen vor dem Hintergrund der Vorgaben des Europarechts Bestand haben können. Dazu wird der Einfluss der Grundfreiheiten auf die untersuchten Missbrauchsverhinderungsnormen untersucht und analysiert, wie sich die Auslegung dieser Grundfreiheiten in der Rechtsprechung des EuGH auf das verwendete Modell auswirkt.

Die Rechtsprechung des EuGH hat einen großen Einfluss auf die Steuersysteme und die Missbrauchsverhinderungsregeln der Mitgliedstaaten der EU. Diese Rechtsprechung lässt sich in Abgrenzung zur positiven Integration durch Harmonisierungsmaßnahmen auf Gemeinschaftsebene als negative Integration bezeichnen.[1] Im Bereich der direkten Steuern ist die Harmonisierung noch nicht sehr weit fortgeschritten,[2] die Rechtsprechung des EuGH ist daher der „Motor der europäischen Steuerharmonisierung“,[3] sie führt aber nicht zu einer automatischen Angleichung der Steuersysteme.[4]

I. Anwendbare Grundfreiheiten

Die europäischen Grundfreiheiten decken sämtliche wirtschaftliche Aktivitäten ab, die von den nationalen Steuerordnungen erfasst werden.[5] Ein grenzüberschreitendes Element, das nach der Rechtsprechung des EuGH[6] und Auffassung der Literatur[7] Bedingung für die Inanspruchnahme des Schutzes durch die Grundfreiheiten ist, liegt bei allen Gestaltungen vor, die eine Gewinnverlagerung in eine ausländische Konzerngesellschaft bezwecken.

---

1 Vgl. *Seiler, C.*, Marktfreiheiten, 2005, S. 25; *Terra, B./Wattel, P.*, Tax Law, 2001, S. 22 f.

2 Vgl. *Schaumburg, H.*, Außensteuerrecht, 2005, S. 1130 m. w. N.

3 *Schaumburg, H.*, Außensteuerrecht, 2005, S. 1131.

4 Vgl. *Schön, W.*, Rechtsproblem, 2000, S. 216.

5 Vgl. *Schön, W.*, Gemeinschaftsrecht, 2004, S. 29.

6 Vgl. EuGH, Urt. v. 07.02.1979, Rs. 115/78 (*Knoors*), Leitsatz 1, Rz. 24; EuGH, Urt. v. 26.01.1993, Rs. C-112/91 (*Werner*), Leitsatz, Rz. 16 f. Der EuGH legt dieses Erfordernis aber großzügig aus, sodass bereits potenzielle Auswirkungen auf den Binnenmarkt genügen, um den Anwendungsbereich der Grundfreiheiten zu eröffnen, vgl. *Hahn, H.*, Gemeinschaftsrecht, 2005, S. 438 m. w. N.

7 Vgl. *Everling, U.*, Niederlassungsrecht, 1990, S. 1857; *Jarass, H. D.*, Niederlassungsfreiheit, 1993, S. 1 f.; *Hahn, H.*, Gemeinschaftsrecht, 2005, S. 437.

Die potenziell unter den Anwendungsbereich der skizzierten Missbrauchsverhinderungsnormen fallenden Gestaltungen beinhalten regelmäßig die Gründung einer kontrollierten ausländischen Kapitalgesellschaft, einen grenzüberschreitenden Kapitalverkehr und grenzüberschreitend erbrachte Dienstleistungen. Damit ist der Anwendungsbereich der Niederlassungsfreiheit, der Kapitalverkehrsfreiheit und der Dienstleistungsfreiheit eröffnet, wie Abbildung 33 verdeutlicht. Allerdings ist die Dienstleistungsfreiheit gegenüber der Niederlassungsfreiheit nur subsidiär anzuwenden, sodass sie im Ergebnis nicht geprüft werden muss.[1]

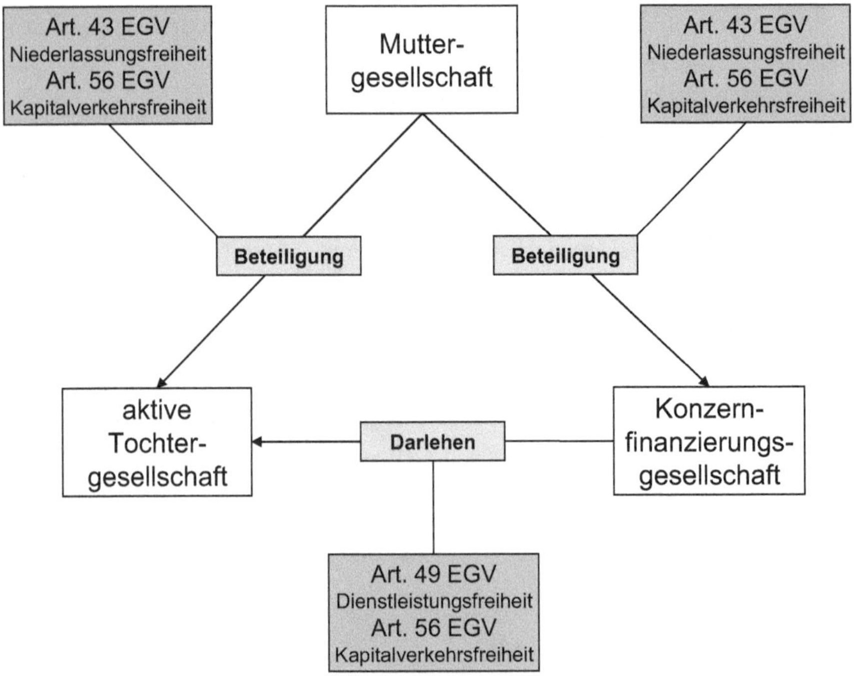

Abbildung 33: Betroffene Grundfreiheiten bei den im Modell untersuchten Gestaltungen

[1] Vgl. ausdrücklich zur Abgrenzung zwischen der Arbeitnehmerfreizügigkeit, der Dienstleistungsfreiheit und der Niederlassungsfreiheit und zur Subsidiarität der Dienstleistungsfreiheit gegenüber der Niederlassungsfreiheit: EuGH, Urt. v. 30.11.1995, Rs. C-55/94 (*Gebhard*), Rz. 20-22.

Die Niederlassungsfreiheit schützt die Gemeinschaftsbürger[1] bei Niederlassung[2] in einem anderen Mitgliedstaat vor nachteiliger Behandlung im Vergleich zu einer Niederlassung im Inland. Bei Erwerb einer Beteiligung an einer ausländischen Kapitalgesellschaft ist sie nur dann anwendbar, wenn eine qualifizierte Beteiligung erworben wird, durch die die Gesellschaft kontrolliert werden kann.[3] Der Erwerb von Streubesitzbeteiligungen und sonstiger grenzüberschreitender Kapitalverkehr[4] wird dagegen durch die Kapitalverkehrsfreiheit geschützt.

II. Persönlicher Anwendungsbereich

Weiterhin ist es erforderlich, zwischen dem sachlichen Anwendungsbereich und dem persönlichen Anwendungsbereich der Grundfreiheiten zu unterscheiden.[5] Der persönliche Anwendungsbereich umfasst zunächst die Staatsangehörigen der Mitgliedstaaten, daneben aber auch die Staatsangehörigen der EWR-Staaten[6] sowie Staaten, mit denen im Einzelfall ein entsprechendes Assoziierungsabkommen besteht.[7] Im bilateralen Verhältnis zwischen EU- und EWR-Staaten ist die jeweilige Anwendbarkeit der Grundfreiheiten durch entsprechende Judikate der zuständigen Gerichte geklärt, so hat

---

1 Als Gemeinschaftsbürger gelten neben natürlichen Personen auch juristische Personen (s. Art. 48 EGV) sowie nach h. M. auch Personengesellschaften, vgl. *Hahn, H.*, Gemeinschaftsrecht, 2005, S. 474 f. m. w. N.; *Bröhmer, J.*, Calliess/Ruffert, 2007, Art. 48 EGV, Rn. 2-4 m. w. N.; *Schnitger, A.*, Geltung, 2002, S. 711; *Randelzhofer, A./Forsthoff, U.*, Grabitz/Hilf, 2001, Art. 48 EGV, Rdnr. 7.

2 Niederlassung bedeutet in diesem Zusammenhang die „tatsächliche Ausübung einer wirtschaftlichen Tätigkeit mittels einer festen Einrichtung in einem anderen Mitgliedstaat auf unbestimmte Zeit", EuGH, Urt. v. 26.07.1991, Rs. C-221/89 (*Factortame*), Rz. 20. Die Anforderungen an die Substanz der wirtschaftlichen Aktivität, die der EuGH in diesem Urteil aufgestellt hat, sind jedoch nicht sehr hoch, vgl. dazu *Weber, D.*, Freedoms, 2005, S. 36-39. Die Gründe für die Wahl eines Mitgliedstaates als Niederlassungsort sind für die Anwendbarkeit der Niederlassungsfreiheit irrelevant, vgl. EuGH, Urt. v. 30.09.2003, Rs. C-167/01 (*Inspire Art*), Rz. 95.

3 Vgl. EuGH, Urt. v. 13.04.2000, Rs. C-251/98 (*Baars*), Rz. 22; EuGH, Urt. v. 05.11.2002, Rs. C-208/00 (*Überseering*), Rz. 77, mit der ausdrücklichen Abgrenzung zur Anwendbarkeit der Kapitalverkehrsfreiheit beim Erwerb von Streubesitz.

4 Eine Konkretisierung des Begriffs „Kapitalverkehr" entnimmt der EuGH regelmäßig dem Anhang der Kapitalverkehrsrichtlinie (RL 88/361/EWG v. 24.06.1988, Abl. EG v. 08.07.1988, L 178, S. 5), die „eine nicht erschöpfende Aufzählung der Vorgänge, die zum Kapitalverkehr" gehören, enthält, so beispielsweise EuGH, Urt. v. 06.06.2000, Rs. C-35/98 (*Verkooijen*), Rz. 27; vgl. dazu *Rohde, A.*, Kapitalverkehr, 2005, S. 222; *Ress, G./Uckrow, J.*, Grabitz/Hilf, 2002, Art. 56 EGV, Rdnr. 12-17.

5 Vgl. *Cordewener, A.*, Grundzüge, 2004, S. 7; EuGH, Urt. v. 15.01.2002, Rs. C-55/00 (*Gottardo*), Rz. 22.

6 Zum EWR zählen neben den 27 EU-Mitgliedstaaten noch Island, Liechtenstein und Norwegen.

7 Vgl. *Rödder, T.*, Visier, 2004, S. 1629; ausführlich vgl. *Randelzhofer, A./Forsthoff, U.*, Grabitz/Hilf, 2001, vor Art. 39-55 EGV, RdNr. 9-42.

der EuGH ausdrücklich die Anwendbarkeit der Grundfreiheiten im Verhältnis zwischen Österreich und Liechtenstein bejaht,[1] und der EFTAGH hat die Kapitalverkehrsfreiheit im Verhältnis zwischen Norwegen und Großbritannien bzw. Deutschland angewendet.[2]

Der Anwendungsbereich der Kapitalverkehrsfreiheit wurde mit ihrer Kodifikation[3] über die EU/EWR-Staaten hinaus auf Drittstaaten ausgedehnt.[4] Noch ist aber im Einzelnen unklar, ob bzw. inwieweit sich die Rechtsprechung des EuGH zu Binnenmarktsachverhalten auf Verhältnisse mit Drittstaatenbezug übertragen lässt, die grundsätzliche Anwendung der Kapitalverkehrsfreiheit im Verhältnis zu Drittstaaten steht mittlerweile allerdings außer Frage.[5]

III. Konkurrenzverhältnis und Drittstaatenwirkung

In Binnenmarktsachverhalten hat das Konkurrenzverhältnis zwischen den Grundfreiheiten – insbesondere das Konkurrenzverhältnis zwischen Kapitalverkehrs- und Niederlassungsfreiheit – kaum Bedeutung. Der Rechtsprechung des EuGH folgend,[6] geht die Literatur in diesen Fällen von einer parallelen Anwendbarkeit der Grundfreiheiten

---

[1] Vgl. EuGH, Urt. v. 23.09.2003, Rs. C-452/01 (*Ospelt und Schlössle Weissenberg*).

[2] Vgl. EFTAGH v. 23.11.2004, Rs. E-1/04 (*Fokus Bank ASA*).

[3] Die Kapitalverkehrsfreiheit erlangte erst zum 01.01.1994 durch die Kodifikation in Art. 73b EGV i. d. F. des Maastricht-Vertrages, später Art. 56 EGV, unmittelbare Wirkung. Zuvor wurde ihr die unmittelbare Wirkung abgesprochen, vgl. EuGH, Urt. v. 11.11.1981, Rs. 203/80 (*Casati*); noch EuGH, Urt. v. 09.07.1997, Rs. C-222/95 (*Parodi*). Vgl. zu der Entwicklung ausführlich: *Ohler, C.*, Zahlungsverkehrsfreiheit, 2002, S. 1-18; *Haferkamp, U.*, Kapitalverkehrsfreiheit, 2003, S. 18-27, jeweils m. w. N.

[4] S. Art. 56 Abs. 1 EGV.

[5] Vgl. *Schnitger, A.*, Kapitalverkehrsfreiheit, 2005, S. 493 m. w. N. Vgl. auch EuGH, Urt. v. 12.12.2006, Rs. C-446/04 (*FII Group Litigation*), Rz. 58-71, in dem der EuGH die Kapitalverkehrsfreiheit unabhängig von einem möglichen Drittstaatenbezug („gebietsfremde Gesellschaften") prüft. Ausdrücklich bereits in EuGH, Urt. v. 14.12.1995, verb. Rs. C-163, 165, 250/94 (*Sanz de Lera*). Demnächst muss bei § 8a KStG a. F. zu der Drittstaatenproblematik Stellung genommen werden, vgl. Vorlagebeschluss des FG Baden-Württemberg v. 14.10.2004, 3 K 62/99, EFG 2005, S. 309, anhängig als Rs. C-492/04 (*Lasertec*).

[6] Der EuGH formuliert dies in der Form, dass der Verstoß gegen die eine Grundfreiheit die Prüfung der anderen Grundfreiheit entbehrlich mache, vgl. beispielsweise EuGH, Urt. v. 28.04.1998, Rs. C-118/96 (*Safir*), Rz. 35; EuGH, Urt. v. 01.06.1999, Rs. C-302/97 (*Konle*), Rz. 55; EuGH, Urt. v. 13.04.2000, Rs. C-251/98 (*Baars*), Rz. 42. In einzelnen Entscheidungen wurden aber auch beide Grundfreiheiten nebeneinander geprüft, vgl. z. B. EuGH, Urt. v. 23.05.2000, Rs. C-58/99 (*Kommission / Italien*), Rz. 13, 20.

aus.[1] In Fällen mit Drittstaatenbezug erlangt dieses Konkurrenzverhältnis dagegen materielle Bedeutung, da nur die Kapitalverkehrsfreiheit auf Drittstaatensachverhalte anwendbar ist.[2] Dieses Konkurrenzverhältnis war bis Oktober 2006 umstritten, da der EuGH bis dahin noch nicht dazu gezwungen war,[3] sich hierzu zu äußern. Zu diesem Zeitpunkt wurden zwei gegensätzliche Positionen von den Generalanwälten in ihren Schlussanträgen Verfahren vor dem EuGH vertreten:

- Generalanwältin *Stix-Hackl* war in ihren Schlussanträgen in der Rechtssache *Fidium Finanz AG* der Auffassung, dass auch in Drittstaatenfällen die Grundfreiheiten nebeneinander anwendbar sind.[4]
- Generalanwalt *Geelhoed* hat in seinen Schlussanträgen in der Rechtssache *Thin Cap Group Litigation* dagegen die Auffassung vertreten, dass diejenige Grundfreiheit, die unmittelbar betroffen ist, die andere Grundfreiheit verdrängt.[5] Diese Auffassung geht im Wesentlichen zurück auf die Überlegungen zu dem Konkurrenzverhältnis zwischen den Grundfreiheiten, die Generalanwalt *Alber* in den Schlussanträgen zur Rechtssache *Baars* angestellt hat,[6] die der Gerichtshof in seinem anschließenden Urteil jedoch nicht aufgegriffen hat.[7]

---

[1] Vgl. *Ohler, C.*, Zahlungsverkehrsfreiheit, 2002, S. 88-92; *Schnitger, A.*, Kapitalverkehrsfreiheit, 2005, S. 501; *Bröhmer, J.*, Calliess/Ruffert, 2007, Art. 56 EGV, Rn. 16-27; *Ress, G./Uckrow, J.*, Grabitz/Hilf, 2002, Art. 56 EGV, Rdnr. 28, jeweils m. w. N. Anders dagegen noch: *Ohler, C.*, Schranken, 1996, S. 1802, 1804 f.; *Freitag, R.*, Beschränkungen, 1997, S. 190 f.

[2] Vgl. *Ohler, C.*, Zahlungsverkehrsfreiheit, 2002, S. 87.

[3] Generell vermeiden der EuGH und die Generalanwälte Aussagen zur Anwendung der Kapitalverkehrsfreiheit in Fällen mit Drittstaatenbezug, vgl. *Flynn, L.*, Case Law, 2002, S. 785 f., mit dem Hinweis auf EuGH, Urt. v. 16.03.1999, Rs. C-222/97 (*Trummer und Mayer*), in dem der EuGH die allgemein gestellte Frage des Vorabentscheidungsersuchens („Fremdwährungsschuld", Rz. 15) einschränkend nur für Mitgliedstaaten („Währung eines anderen Mitgliedstaates", Rz. 18 u. a.) beantwortet.

[4] Vgl. SA v. 16.03.2006, Rs. C-452/04 (*Fidium Finanz AG*), Rz. 53-63. In diese Richtung wurde auch in einem niederländischen Verfahren vor einem nationalen Gericht argumentiert, vgl. *Pistone, P.*, Impact, 2006, S. 236 f. Vgl. bereits *Schön, W.*, Drittstaaten, 2005, S. 500: „Häufig ergänzen sich die Grundfreiheiten vielmehr zu einem sinnhaften Gesamtschutz eines wirtschaftlichen Sachverhalts."

[5] Vgl. SA v. 29.06.2006, Rs. C-524/04 (*Thin Cap Group Litigation*), Rz. 35 f. In diesem Sinne bereits *Ohler, C.*, Zahlungsverkehrsfreiheit, 2002, S. 97 f., der aus Art. 58 Abs. 2 EGV eine Nichtanwendbarkeit der Kapitalverkehrsfreiheit bei Drittstaatensachverhalten folgert, soweit die Sachverhalte sachlich auch der Niederlassungsfreiheit zuzuordnen wären.

[6] Vgl. SA v. 14.10.1999, Rs. C-251/98 (*Baars*), Rz. 10-30, v. a. Rz. 26.

[7] Vgl. EuGH, Urt. v. 13.04.2000, Rs. C-251/98 (*Baars*), Rz. 42, vgl. *Bröhmer, J.*, Calliess/Ruffert, 2007, Art. 56 EGV, Rn. 26.

In seinen Urteilen in den Rechtssachen *Cadbury Schweppes*[1] und vor allem *Fidium Finanz AG*[2] ist der EuGH der letztgenannten Auffassung gefolgt.[3] Dies kann zu einer gespaltenen Schutzwirkung der Grundfreiheiten führen, wenn Missbrauchsverhinderungsnormen auch bei nicht qualifizierten Beteiligungen greifen. Dieses Problem soll beispielhaft anhand der deutschen §§ 7-14 AStG gezeigt werden.[4] Eine Hinzurechnung der passiven Einkünfte erfolgt bei Vorliegen einer Inländerbeherrschung auch bei denjenigen inländischen Gesellschaftern, die nur geringfügig an der ausländischen Gesellschaft beteilt sind. Liegen Zwischeneinkünfte mit Kapitalanlagecharakter[5] vor, ist insoweit nicht einmal eine Inländerbeherrschung erforderlich.[6] Somit wäre in all denjenigen Fällen, in denen es bei Streubesitzbeteiligung zur Anwendung der Hinzurechnungsbesteuerung kommt, der Schutzbereich der Kapitalverkehrsfreiheit eröffnet. Die Vorschriften der §§ 7-14 AStG wären insoweit auch im Drittstaatenverhältnis auf die Vereinbarkeit mit dem EG-Vertrag zu überprüfen. Bei Vorliegen einer qualifizierten Beteiligung würden dagegen nur innergemeinschaftliche Sachverhalte dem Schutzbereich der dann unmittelbar betroffenen Niederlassungsfreiheit unterliegen. Abbildung 34 veranschaulicht dieses Ergebnis.

---

1 Vgl. EuGH, Urt. v. 12.09.2006, Rs. C-196/04 (*Cadbury Schweppes*), Rz. 33. Bemerkenswert ist hierbei, dass das Konkurrenzverhältnis zwischen Niederlassungsfreiheit und Kapitalverkehrsfreiheit in einem Binnenmarktsachverhalt vom EuGH angesprochen wurde. Dies war im Streitfall von materieller Bedeutung, weil der EuGH im weiteren Verlauf den Zweck der betroffenen Grundfreiheit untersucht hat, und daher eine Festlegung auf eine betroffene Grundfreiheit erforderlich war.

2 Vgl. EuGH, Urt. v. 03.10.2006, Rs. C-452/04 (*Fidium Finanz AG*), Rz. 27-34. *Rehm, H./Nagler, J.*, Ausländerungleichbehandlung, 2006, S. 861, lehnen die Übertragung der Grundsätze der Rechtssache *Fidium Finanz AG*, die die Abgrenzung der Dienstleistungsfreiheit von der Kapitalverkehrsfreiheit zum Gegenstand hatte, auf das Verhältnis zwischen Niederlassungsfreiheit und Kapitalverkehrsfreiheit ab, stehen damit aber in eindeutigem Widerspruch zum EuGH in seinem Urt. v. 12.09.2006, Rs. C-196/04 (*Cadbury Schweppes*), Rz. 33.

3 Mittlerweile kann diese Position als ständige Rechtsprechung bezeichnet werden, vgl. EuGH, Urt. v. 12.12.2006, Rs. C-374/04 (*ACT Group Litigation*), Rz. 39 f.; EuGH, Urt. v. 12.12.2006, Rs. C-446/04 (*FII Group Litigation*), Rz. 37 f.; EuGH, Urt. v. 13.03.2007, Rs. C-524/04 (*Thin Cap Group Litigation*), Rz. 33 f.

4 Neben der deutschen Hinzurechnungsbesteuerung kann es unter anderem auch in Finnland, Norwegen oder Portugal zur Anwendung der CFC-Vorschriften bei nicht qualifizierten Beteiligungen kommen, vgl. dazu unten Anhang I, Tabelle 19, S. 239.

5 S. § 7 Abs. 6, 6a AStG.

6 Wenn die Zwischengesellschaft zwar Zwischeneinkünfte mit Kapitalanlagecharakter erzielt, diese aber nicht die gesamten Einkünfte oder fast die gesamten Einkünfte der Zwischengesellschaft darstellen und daneben keine Inländerbeherrschung vorliegt, erfolgt eine Hinzurechnung erst ab einer Beteiligung von 1%, vgl. dazu oben C.II.1.c)cb), S. 77.

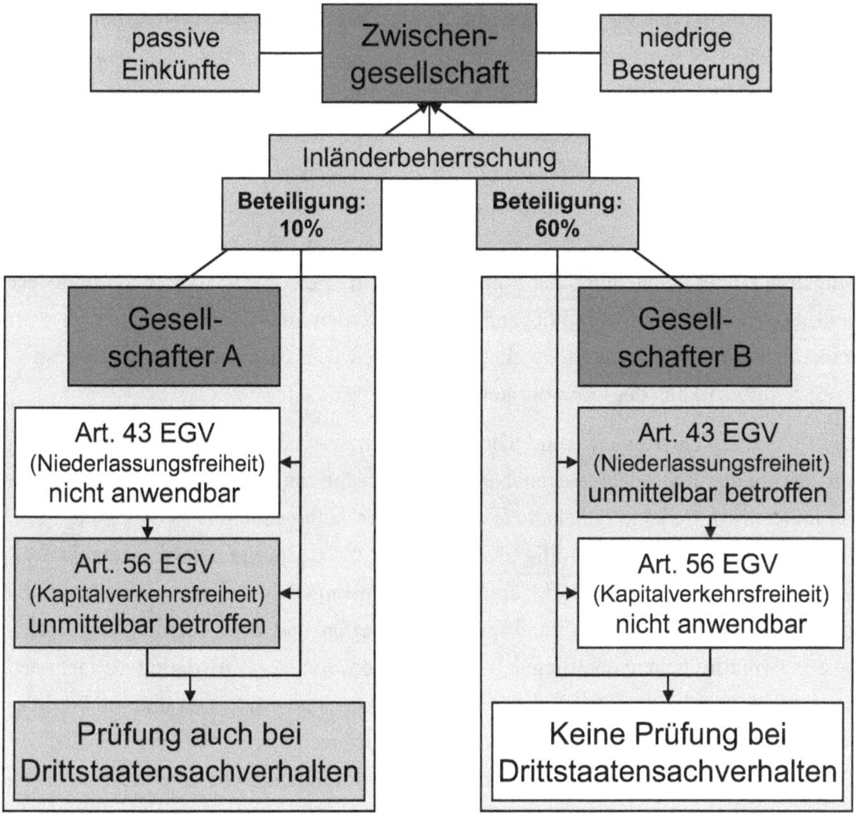

Abbildung 34: Folgen des Konkurrenzverhältnisses der Grundfreiheiten für die Überprüfung der Hinzurechnungsbesteuerung

Noch in der Rechtssache *Fidium Finanz AG* konnte der EuGH dahin gehend verstanden werden, dass das Ergebnis der Konkurrenzprüfung nicht ausschließlich von dem konkreten Sachverhalt abhängt.[1] Maßgeblich sei der Regelungsgehalt der beschränkenden Norm.[2] Daraus ließe sich ableiten, dass die Kapitalverkehrsfreiheit nur dann in ihrer Schutzwirkung verdrängt wird, wenn die in Frage stehende Norm vorwiegend eine andere Grundfreiheit berührt und die Folgen für den freien Kapitalverkehr sich mithin als eine zwangsläufige Folge der Beschränkungen einer anderen Grundfreiheit darstellen. Richtet sich die beschränkende Norm dagegen auch gegen Portfolioinvesti-

---

1 Etwas unklar vgl. *Sedemund, J.*, Wirkung, 2006, S. 2784.

2 Vgl. EuGH, Urt. v. 03.10.2006, Rs. C-452/04 (*Fidium Finanz AG*), Rz. 49; *Schönfeld, J.*, Anmerkung, 2006, S. 2550.

tionen, wie es bei den §§ 7-14 AStG der Fall ist, hat die Kapitalverkehrsfreiheit einen eigenständigen Schutzgehalt und bleibt auch bei qualifizierten Beteiligungen, die den Schutz der Niederlassungsfreiheit in Anspruch nehmen können, parallel anwendbar.[1] Dem steht allerdings m. E. der klare Wortlaut der EuGH-Urteile in den Rechtssachen *ACT Group Litigation*[2] und *FII Group Litigation*[3] entgegen: In beiden Fällen stellt der Gerichtshof fest, dass Normen, die unterschiedslos bei Portfolio-Beteiligungen wie auch bei Mehrheitsbeteiligungen beschränkend wirken, sowohl unter die Niederlassungsfreiheit als auch unter die Kapitalverkehrsfreiheit fallen können. Welche der beiden Grundfreiheiten anschließend geprüft werden muss, macht er jedoch ausschließlich vom konkreten Sachverhalt abhängig,[4] was zu der oben skizzierten gespaltenen Schutzwirkung der Grundfreiheiten führt.

Die Kapitalverkehrsfreiheit – und damit ihre Schutzwirkung in Drittstaatensachverhalten – bleibt damit nur dann anwendbar, wenn sie nicht von einer anderen Grundfreiheit verdrängt wird. Bedeutung behält sie damit immer dann, wenn ihre Schutzwirkung im konkreten Einzelfall nicht „völlig zweitrangig ist.“[5] Hierzu hat bereits Generalanwalt *Albers* in der Rechtssache *Baars* zu Recht darauf hingewiesen, dass es Sachverhalte gibt, die unmittelbar beide Grundfreiheiten betreffen und damit dem Schutzbereich beider Grundfreiheiten unterliegen.[6] M. E. wirken von den im Modell betrachteten Missbrauchsverhinderungsnormen Unterkapitalisierungsvorschriften unmittelbar beschränkend auf bestimmte Kapitalströme, beispielsweise wenn sie bei bestehenden Tochtergesellschaften eine (ggf. erhöhte) Darlehensaufnahme von einer ausländischen Konzerngesellschaft steuerlich unattraktiv machen. Damit wäre in jedem Fall der Schutzbereich der Kapitalverkehrsfreiheit eröffnet. Dass als weitere Voraussetzung meist qualifizierte Beteiligungen vorliegen müssen, würde dann nur dazu führen, dass

---

1 In diesem Sinne ist wohl auch der BFH zu verstehen, der in einem Drittstaatensachverhalt bei § 8b Abs. 5 KStG a. F. einen Verstoß gegen die Kapitalverkehrsfreiheit gesehen hat, obwohl im Entscheidungssachverhalt eine qualifizierte (60%ige) Beteiligung an einer südafrikanischen Kapitalgesellschaft vorlag, vgl. BFH, Urt. v. 09.08.2006, I R 95/05, BFH/NV 2006, S. 2379, dazu *Schönfeld, J.*, Anmerkung, 2006, S. 2550 f.

2 Vgl. EuGH, Urt. v. 12.12.2006, Rs. C-374/04 (*ACT Group Litigation*).

3 Vgl. EuGH, Urt. v. 12.12.2006, Rs. C-446/04 (*FII Group Litigation*).

4 Vgl. EuGH, Urt. v. 12.12.2006, Rs. C-374/04 (*ACT Group Litigation*), Rz. 37-41; EuGH, Urt. v. 12.12.2006, Rs. C-446/04 (*FII Group Litigation*), Rz. 36-38. Da es sich in beiden Fällen um Musterverfahren mit mehreren Klägern handelte, waren im Ergebnis beide Grundfreiheiten zu prüfen.

5 EuGH, Urt. v. 03.10.2006, Rs. C-452/04 (*Fidium Finanz AG*), Rz. 34. Vgl. auch *Sedemund, J.*, Wirkung, 2006, S. 2784.

6 Vgl. SA v. 14.10.1999, Rs. C-251/98 (*Baars*), Rz. 27-30.

parallel auch die Niederlassungsfreiheit anwendbar ist, diese aber nicht die Kapitalverkehrsfreiheit verdrängt.[1]

Auf Basis der derzeitigen Rechtsprechung des EuGH muss allerdings sowohl bei CFC-Vorschriften als auch bei Unterkapitalisierungsregeln davon ausgegangen werden, dass sie grundsätzlich nur beschränkend auf die Niederlassungsfreiheit wirken. Bei dem der Rechtssache *Cadbury Schweppes* zu Grunde liegenden Sachverhalt wurden abhängige ausländische Gesellschaften zur Konzernfinanzierung eingesetzt. Hier hat der EuGH ausdrücklich nur eine Prüfung am Maßstab der Niederlassungsfreiheit vorgenommen. Das Gleiche gilt für die dem Musterverfahren in der Rechtssache *Thin Cap Group Litigation* zu Grunde liegenden Sachverhalte. Sowohl bei CFC-Vorschriften als auch bei Unterkapitalisierungsvorschriften sieht der EuGH eine mögliche Beschränkung der Dienstleistungs- oder Kapitalverkehrsfreiheit als „unvermeidliche Konsequenz einer .. Beschränkung der Niederlassungsfreiheit" an.[2] Bei beiden im Modell beschriebenen speziellen Missbrauchsverhinderungsnormen kommt es daher nur dann in Drittstaatenfällen zu einer Überprüfung am Maßstab der Grundfreiheiten, wenn diese im konkreten Fall bei einer Beteiligung greifen, die keine Kontrolle an der in- bzw. ausländischen Gesellschaft vermittelt und damit nicht unter die Niederlassungsfreiheit fällt. Ob diese gespaltene Schutzwirkung sinnvoll ist, soll hier nicht weiter hinterfragt werden.[3]

Unabhängig vom Konkurrenzverhältnis zwischen den beiden Grundfreiheiten können die betrachteten Missbrauchsnormen aber je nach konkreter Ausgestaltung und je nach konkret vorliegendem Sachverhalt sowohl an der Niederlassungs- als auch an der Kapitalverkehrsfreiheit zu messen sein. Diejenigen Vorschriften, die auch bei Minderheitsbeteiligungen anwendbar sind,[4] können in diesen Fällen zu Beschränkungen der dann unmittelbar betroffenen Kapitalverkehrsfreiheit führen und damit auch bei Drittstaatenbezug dem Schutz der Grundfreiheiten unterliegen.

---

1 Die Auffassung von GA *Geelhoed*, der bei der Überprüfung von Unterkapitalisierungsvorschriften nur die Niederlassungsfreiheit als unmittelbar betroffen ansieht (vgl. SA v. 29.06.2006, Rs. C-524/04 (*Thin Cap Group Litigation*), Rz. 35 f.), kann m. E. nicht überzeugen. Unterstellt man eine bereits vorhandene Niederlassung in einem anderen Staat, beschränkt eine Unterkapitalisierungsvorschrift unmittelbar den Kapitalverkehr, wenn sie die weitere Zuführung von Fremdkapital steuerlich unattraktiv macht.

2 EuGH, Urt. v. 12.09.2006, Rs. C-196/04 (*Cadbury Schweppes*), Rz. 33; EuGH, Urt. v. 13.03.2007, Rs. C-524/04 (*Thin Cap Group Litigation*), Rz. 34.

3 Vgl. kritisch zu vergleichbaren Sachverhalten *Pistone, P.*, Impact, 2006, S. 237; *Rehm, H./Nagler, J.*, Ausländerungleichbehandlung, 2006, S. 861.

4 Vgl. dazu unten Anhang, Tabelle 19, S. 239 zu den CFC-Vorschriften und Tabelle 23, S. 253 zu den Unterkapitalisierungsregeln.

Dieses Ergebnis bedeutet aber nicht, dass die Anwendung der Kapitalverkehrsfreiheit im Verhältnis zu Drittstaaten denselben Grundsätzen folgt, wie innerhalb des Binnenmarktes. Bei der Interpretation der Kapitalverkehrsfreiheit muss das Ziel des EGV berücksichtigt werden.[1] Eine Ausdehnung der den Binnenmarkt konkretisierenden Vorschriften auf sämtliche Drittstaaten kann dabei nicht bezweckt worden sein.[2]

Die in den Art. 57-60 EGV kodifizierten Einschränkungen sind allerdings nicht geeignet, die diskutierten Missbrauchsverhinderungsnormen dem Schutzbereich der Kapitalverkehrsfreiheit in Drittstaatenfällen zu entziehen. Die Grandfather Clause in Art. 57 Abs. 1 EGV, nach der am 31.12.1993 im Verhältnis zu Drittstaaten bereits bestehende[3] Beschränkungen nicht von der Kapitalverkehrsfreiheit betroffen sind,[4] greift bei nicht unerheblichen Verschärfungen bestehender Regelungen nicht ein.[5] Die von Art. 57 Abs. 2, 59 und 60 EGV vorgesehenen Einschränkungsmöglichkeiten stehen nur den Gemeinschaftsorganen bei einer koordinierten Vorgehensweise zu und unterliegen überdies einer zeitlichen Beschränkung.[6] Art. 58 EGV schließlich hat nach der jüngeren Rechtsprechung des EuGH rein deklaratorischen Charakter, da er lediglich die bisherige Rechtsprechung des EuGH kodifizieren sollte und als Ausnahme vom Grundsatz der Kapitalverkehrsfreiheit eng auszulegen ist.[7]

---

1 Vgl. in diesem Sinne auch *Ståhl, K.*, Movement, 2004, S. 51: „The purpose of the provisions plays a very important role in the ECJ's method of interpretation."; ähnlich *Kokott, J./Henze, T.*, Tendenzen, 2005, S. 100-102; eine teleologische Auslegung der Grundfreiheiten fordert auch der EuGH, vgl. EuGH, Urt. v. 12.09.2006, Rs. C-196/04 (*Cadbury Schweppes*), Rz. 52.

2 Vgl. *Schön, W.*, Drittstaaten, 2005, S. 503-511; *Schwenke, M.*, Wandel, 2006, S. 753. Ein derartiges Ziel wäre bereits angesichts der fehlenden Reziprozität der Kapitalverkehrsfreiheit zum Scheitern verurteilt, vgl. dazu auch *Ståhl, K.*, Movement, 2004, S. 51.

3 Die Frage, ab wann eine Regelung „besteht" ist eine entscheidungserhebliche Frage des Vorlagebeschlusses des FG Baden-Württemberg v. 14.10.2004, 3 K 62/99, EFG 2005, S. 309, anhängige Rs. C-492/04 (*Lasertec*), da § 8a KStG a. F. durch das StandOG v. 13.09.1993 erlassen wurde, das am 18.09.1993 in Kraft trat. Jedoch war § 8a KStG i. d. F. des StandOG erstmals anwendbar für das Wirtschaftsjahr, das nach dem 31.12.1993 begann. Vgl. zu diesem Problem *Kessler, W./Eicker, K./Obser, R.*, Fremdfinanzierung, 2004, S. 327 f. m. w. N.; *Schnitger, A.*, Wirkungsgrenzen, 2004, S. 635 f.; *Prinz, U.*, Gesellschafterfremdfinanzierung, 2006, S. 46 f.

4 Vgl. *Schön, W.*, Drittstaaten, 2005, S. 493 f. m. w. N.

5 Vgl. *Ohler, C.*, Zahlungsverkehrsfreiheit, 2002, S. 207 f.

6 Vgl. *Haferkamp, U.*, Kapitalverkehrsfreiheit, 2003, S. 211-219.

7 Vgl. *Eicker, K./Obser, R.*, Konturen, 2004, S. 443; *Terra, B./Wattel, P.*, Tax Law, 2001, S. 18-20 („überflüssig"); ausdrücklich auch GA *Kokott*, SA v. 12.02.2004, Rs. C-242/03 (*Weidert und Paulus*), Rz. 27; SA v. 18.03.2004, Rs. C-319/02 (*Manninen*), Rz. 37 f. m. w. N.; EuGH, Urt. v. 07.09.2004, Rs. C-319/02 (*Manninen*), Rz. 28 f.; EuGH, Urt. v. 15.07.2004, Rs. C-315/02 (*Lenz*), Rz. 26.

In der Literatur werden weitere Möglichkeiten diskutiert, die den Anwendungsbereich der Kapitalverkehrsfreiheit gegenüber Drittstaaten einschränken könnten,[1] wie eine Bereichsausnahme für den Bereich der direkten Steuern[2] oder Unterschiede bei der Prüfung der Vergleichbarkeit der Sachverhalte.[3] Am wahrscheinlichsten erscheint die Möglichkeit, dass Einschränkungen der Kapitalverkehrsfreiheit bei Drittstaatensachverhalten weitergehenden Rechtfertigungsmöglichkeiten zugänglich sind, als dies bei Sachverhalten innerhalb des Binnenmarktes der Fall ist. Auf diese Möglichkeit wird im Rahmen der Rechtfertigungsprüfung gesondert eingegangen.[4]

IV. Beschränkungsprüfung

Ist bei einem Sachverhalt der Schutzbereich mindestens einer Grundfreiheit betroffen, überprüft der EuGH in einem nächsten Schritt, ob eine nationale Norm einen Verstoß gegen diese Grundfreiheit darstellt. Dabei versteht er die Grundfreiheiten nicht nur als Verbote offener und verdeckter Diskriminierungen[5] primär in Inbound-Fällen, sondern auch als Beschränkungsverbote in Outbound-Fällen.[6] Die verschiedenen Fälle der Beeinträchtigung einer Grundfreiheit werden vom EuGH allerdings zu Recht nicht mehr streng unterschieden.[7] Der EuGH verfolgt in seiner Rechtsprechung – soweit

---

[1] Vgl. zu einer Übersicht *Schön, W.*, Drittstaaten, 2005, S. 495 f. m. w. N.

[2] Vgl. in diesem Sinne *Schön, W.*, Drittstaaten, 2005, S. 502-511 m. w. N.; a. A. *Haferkamp, U.*, Kapitalverkehrsfreiheit, 2003, S. 207 f.; *Kokott, J./Henze, T.*, Tendenzen, 2005, S. 70-78.

[3] Vgl. *Rust, A.*, Germany, 2004, S. 277 f.; *Schön, W.*, Drittstaaten, 2005, S. 511-513; *Schnitger, A.*, Kapitalverkehrsfreiheit, 2005, S. 494; so auch SA v. 18.03.2004, Rs. C-319/02 (*Manninen*), Rz. 79.

[4] Vgl. unten E.V, S. 218.

[5] Eine offene Diskriminierung liegt vor, wenn Rechtsfolgen an das Vorliegen bzw. Nicht-Vorliegen der Staatsangehörigkeit (Wohnsitz bzw. Geschäftssitz) geknüpft werden, bei einer verdeckten Diskriminierung werden keine Rechtsfolgen an die Staatsangehörigkeit geknüpft, dennoch wird die Norm überwiegend von Ausländern erfüllt, vgl. *Hahn, H.*, Gemeinschaftsrecht, 2005, S. 475. Vgl. ausdrücklich zum Verbot der verdeckten Diskriminierung bereits EuGH, Urt. v. 12.02.1974, Rs. 152/73 (*Sotgiu*), Rz. 11: „Die Vorschriften über die Gleichbehandlung … verbieten … auch alle Formen der versteckten Diskriminierung, die durch die Anwendung anderer Unterscheidungsmerkmale tatsächlich zu dem gleichen Ergebnis führen."

[6] Vgl. zur Entwicklung der Niederlassungsfreiheit zu einem allgemeinen Beschränkungsverbot *Bröhmer, J.*, Calliess/Ruffert, 2007, Art. 43 EGV, Rn. 20-34; *Cordewener, A.*, Grundfreiheiten, 2002, S. 104-107. Vgl. zu dieser Entwicklung im Gesellschaftsrecht bereits *Knobbe-Keuk, B.*, Niederlassungsfreiheit, 1990, S. 2573 f.

[7] Die Grenzen zwischen den Merkmalen der Diskriminierung und der Beschränkung in der Rechtsprechung des EuGH sind verschwommen, vgl. *Lyal, R.*, Community Law, 2003, S. 28 f.; *Kokott, J./Henze, T.*, Tendenzen, 2005, S. 92-94. Ausführlich zur Unterscheidung zwischen non-discrimination und non-restriction, die im Bereich der direkten Steuern nicht aufrecht erhalten wurde vgl. *Vanistendael, F.*, Compatibility, 2003, S. 136-138.

möglich[1] – konsequent das Ziel des vollständig integrierten Gemeinsamen Marktes,[2] in dem das Merkmal „Ausland“ keine Bedeutung mehr haben darf: Aus der Tatsache, dass ein Sachverhalt grenzüberschreitend verwirklicht wird, dürfen keine nachteiligen[3] Rechtsfolgen im Vergleich zu einem rein nationalen Sachverhalt folgen.[4] Ob man in diesem Zusammenhang eine nationale Norm auf das Vorliegen einer Beschränkung grenzüberschreitender Tätigkeiten oder auf eine Diskriminierung grenzüberschreitender Sachverhalte gegenüber rein inländischen Sachverhalten prüft,[5] ist dabei nebensächlich.[6] Im Rahmen dieser Arbeit wird daher durchgängig von Beschränkung gesprochen, unabhängig davon, ob (auch) eine Diskriminierung vorliegt.[7]

---

[1] So weist der EuGH regelmäßig darauf hin, dass Unterschiede in den Steuerniveaus keinen Verstoß gegen die Grundfreiheiten darstellen. Desweiteren kann er nicht (direkt) über die Zuteilung von Besteuerungsrechten entscheiden, vgl. zu beiden Aspekten EuGH, Urt. v. 12.05.1998, Rs. C-336/96 (*Gilly*), Rz. 24 und 30 bzw. 47. Nach dem Verständnis des Binnenmarkts als eines einheitlichen Marktes wäre allerdings der (unbeschränkten) Anrechnungsmethode in vielen Bereichen der Vorzug zu geben, so auch *Hey, J.*, Perspektiven, 2004, S. 198-203.

[2] Vgl. grundlegend *Vanistendael, F.*, role, 1997, S. 122. Der EuGH sieht die EU als einen Gemeinsamen Markt, bildlich beschrieben als einen einzigen Billardtisch, an dem alle Spieler gleichzeitig spielen und nicht als eine Vielzahl von Tischen, an denen die Spieler unter gleichen Bedingungen, aber getrennt voneinander spielen, vgl. treffend *Vanistendael, F.*, Compatibility, 2003, S. 139. Vgl. zum Unterschied zwischen dem Konzept separierter Teilmärkte und dem Konzept des Gemeinsamen Marktes auch *Wenz, M.*, Grundkonzeption, 2005, S. 36 f.; *Hey, J.*, Perspektiven, 2004, S. 202.

[3] Die Grundfreiheiten fordern zwar eine Inländergleichbehandlung, eine Inländerdiskriminierung „gestatten“ sie zwar nicht, können sie aber – mangels Anwendbarkeit in rein nationalen Fällen – nicht verbieten, vgl. nur EuGH, Urt. v. 23.10.1986, Rs. 355/85 (*Driancourt*); so wohl auch h. M. in der Literatur, vgl. nur *Hahn, H.*, Gemeinschaftsrecht, 2005, S. 438 m. w. N. für h. M. und Gegenmeinung.

[4] Vgl. EuGH, Urt. v. 08.03.2001, verb. Rs. C-397 und 410/98 (*Metallgesellschaft und Hoechst*), Rz. 43; EuGH, Urt. v. 11.03.2004, Rs. C-9/02 (*Hughes de Lasteyrie du Saillant*), Rz. 46. In der Rechtssache *Bosal* hat der EuGH konkret entschieden, dass die Tatsache, dass eine Muttergesellschaft eine Tochtergesellschaft in einem anderen Mitgliedstaat und nicht im Inland hat, keine nachteiligen Rechtsfolgen nach sich ziehen darf, vgl. EuGH, Urt. v. 18.09.2003, Rs. C-168/01 (*Bosal*), Rz. 18, 39; dazu *Vanistendael, F.*, Bosal, 2003, S. 192.

[5] Vgl. *Hahn, H.*, Gemeinschaftsrecht, 2005, S. 439 f. m. w. N.

[6] So zutreffend auch *Schaumburg, H.*, Außensteuerrecht, 2005, S. 1133. *Cordewener* geht davon aus, dass den Grundfreiheiten sowohl eine gleichheitsrechtliche Komponente als auch eine freiheitsrechtliche Komponente innewohnt, vgl. ausführlich *Cordewener, A.*, Grundfreiheiten, 2002, S. 200-302. *Lyal* zeigt zwar auf, dass es sich in den von ihm untersuchten Fällen, in denen der EuGH ein Beschränkungsverbot geprüft hat, (auch) um Fälle der Diskriminierung gehandelt hat. Da er aber in der Beurteilung der Fälle zu keinem anderen Ergebnis gekommen wäre, erschließt sich der Sinn dieser Unterscheidung nicht, vgl. *Lyal, R.*, Community Law, 2003.

[7] Streng genommen ist bei einer Diskriminierungsprüfung die Bildung eines Vergleichspaars nötig, bei einer Beschränkungsprüfung nicht, vgl. *Cordewener, A.*, Grundfreiheiten, 2002, S. 175-182. Zur Notwendigkeit eines Vergleichsmaßstabes auch bei einer Beschränkungsprüfung vgl. aber *Lang, M.*, Wende, 2006, S. 366 f. Der EuGH führt eine Vergleichspaarbildung oft in beiden Fällen durch, teilweise aber auf Tatbestandsebene, teilweise erst auf Rechtfertigungsebene. Kritisch zu dieser „Gefahr einer Vermengung von Tatbestands- und Rechtfertigungsebene“ *Englisch, J.*, Dogmatik, 2003, S. 90 f.

Eine Beschränkung ist für jeden Einzelfall zu vermeiden.[1] Die Eingriffsschwelle ist sehr niedrig: In ständiger Rechtsprechung hat der EuGH entschieden, dass es für das Vorliegen einer Beschränkung ausreichend ist, wenn eine nationale Norm dazu führt, dass die Ausübung der Grundfreiheiten „weniger attraktiv"[2] ist, „verteuert"[3] wird oder der Steuerpflichtige von der Ausübung seiner Grundfreiheiten „abgeschreckt"[4] bzw. „davon abgehalten"[5] wird. Ausdrücklich zu den Beschränkungen zählt der EuGH auch Liquiditätsnachteile,[6] administrative Erschwernisse, Beweislastregeln[7] oder eine Pflicht zur Sicherheitsleistung.[8]

1. Transferpreisregeln

Bereits bei Transferpreisregeln, die zwischen inländischen und ausländischen Sachverhalten unterscheiden, wird in der Literatur eine Beeinträchtigung der Grundfreiheiten diskutiert.[9] Die im Modell als α abgebildeten Transferpreise würden zumindest bei einer Tochtergesellschaft in Deutschland von dem auf Inlands- und Auslandssachverhalte gleichermaßen anwendbaren Instrument der verdeckten Gewinnausschüttung erfasst, da es sich bei überhöhten Zinszahlungen um Vermögensminderungen der Tochtergesellschaft handelt, die durch das Gesellschaftsverhältnis veranlasst sind.[10] Soweit vergleichbare Vorschriften in anderen Ländern ebenfalls nicht zwischen dem Inlandssachverhalt und dem Auslandssachverhalt unterscheiden, liegt eine Beeinträchtigung der Grundfreiheiten nicht vor.

---

1 Vgl. *Drüen, K.-D./Kahler, B.*, Steuerhoheit, 2005, S. 178 m. w. N.; *Schön, W.*, Gemeinschaftsrecht, 2004, S. 31 m. w. N. Daher können Vereinfachungsüberlegungen keine Beeinträchtigung einer Grundfreiheit begründen, vgl. EuGH, Urt. v. 04.03.2004, Rs. C-334/02 (*Kommission / Frankreich*), Rz. 29; EuGH, Urt. v. 15.07.2004, Rs. C-315/02 (*Lenz*), Rz. 48 m. w. N.; EuGH, Urt. v. 07.09.2004, Rs. C-319/02 (*Manninen*), Rz. 54.

2 EuGH, Urt. v. 12.12.2004, Rs. C-324/00 (*Lankhorst-Hohorst*), Rz. 32.

3 EuGH, Urt. v. 04.12.1986, Rs. 205/84 (*Kommission / Deutschland*), Rz. 28.

4 EuGH, Urt. v. 06.06.2000, Rs. C-35/98 (*Verkooijen*), Rz. 34; ähnlich: EuGH, Urt. v. 11.03.2004, Rs. C-9/02 (*Hughes de Lasteyrie du Saillant*), Rz. 45.

5 EuGH, Urt. v. 26.01.1999, Rs. C-18/95 (*Terhoeve*), Rz. 40.

6 So in den Urteilen v. 08.03.2001, verb. Rs. C-397 und 410/98 (*Metallgesellschaft und Hoechst*), Rz. 30 und v. 21.11.2002, Rs. C-436/00 (*X und Y*), Rz. 36-38.

7 Vgl. EuGH, Urt. v. 28.10.1999, Rs. C-55/98 (*Vestergaard*), Rz. 21-25.

8 Vgl. EuGH, Urt. v. 11.03.2004, Rs. C-9/02 (*Hughes de Lasteyrie du Saillant*), Rz. 47, 56.

9 Vgl. zu § 1 AStG *Köplin, M./Sedemund, J.*, § 1 AStG, 2000; *Dautzenberg, N./Göksch, S.*, Problematik, 2000; auch BFH, Urt. v. 29.11.2000, I R 85/99, BStBl. II 2002, S. 720; BFH, Beschl. v. 21.06.2001, I B 141/00, BFHE 195, S. 398. Vgl. zu den verschärften Dokumentationspflichten bei grenzüberschreitenden Sachverhalten *Rädler, A. J.*, Trends, 2004, S. 372.

10 Vgl. zur Definition der verdeckten Gewinnausschüttung in ständiger Rechtsprechung BFH, Urt. v. 18.04.2002, III R 43/00, BStBl. II 2003, S. 149.

2. Unterkapitalisierungsregeln

Bei Unterkapitalisierungsregeln liegt in all den Fällen, in denen ein im Ausland ansässiger Gesellschafter als Darlehensgeber ein Tatbestandsmerkmal der Vorschrift ist, eine erkennbare Beschränkung der Grundfreiheiten vor.[1] In diesen Fällen wird eine inländische Gesellschaft, die von einem ausländischen Gesellschafter ein Darlehen erhält, schlechter behandelt als eine vergleichbare Gesellschaft, die von einem inländischen Gesellschafter ein Darlehen erhält. Die aus dem deutschen § 8a KStG a. F. resultierende Beschränkung der Grundfreiheiten wurde vom EuGH im *Lankhorst-Hohorst*-Urteil festgestellt.[2] Im Anschluss an dieses Urteil wurde in einigen Ländern der EU der Anwendungsbereich der Unterkapitalisierungsregeln auf inländische Darlehensgeber ausgedehnt.[3] Unabhängig von der drohenden Doppelbesteuerung, wenn der Ansässigkeitsstaat des Darlehensgebers einer Umqualifizierung nicht folgt,[4] stellen nach Auffassung des Generalanwalts *Geelhoed* derartige, auch auf Inlandssachverhalte anwendbare Vorschriften keine Beeinträchtigung der Grundfreiheiten durch den Ansässigkeitsstaat der Tochtergesellschaft dar.[5] Eine Diskriminierung bzw. Beschränkung liegt in diesen Fällen aber nur dann nicht vor, wenn man keine Gesamtbetrachtung der Belastungswirkung durchführt, sondern ausschließlich die inländische Tochtergesellschaft betrachtet.[6] Eine Gesamtbetrachtung bei der Beschränkungsprüfung hat

---

1 Vgl. in diesem Sinne *Körner, A.*, Incompatibility, 2003, S. 165; *Brosens, L.*, rules, 2004, S. 193. Vgl. bereits *Knobbe-Keuk, B.*, Wiederauflage, 1993, S. 62 f.; *Meilicke, W.*, Finanzierungsfreiheit, 1995, S. 155 f.; a. A. noch *Michielse, G. M.*, Steuerplanung, 1998, S. 53.

2 Vgl. EuGH, Urt. v. 12.12.2002, Rs. C-324/00 (*Lankhorst-Hohorst*), Rz. 27-32. Die bei Einführung der Vorschrift bestehende Hoffnung, nach der die Erfassung inländischer nicht anrechnungsberechtigter Darlehensgeber das Vorliegen einer (versteckten) Diskriminierung ausschließt (vgl. dazu *Herzig, N.*, Fremdfinanzierung, 1993, S. 239; a. A. bereits *Knobbe-Keuk, B.*, Wiederauflage, 1993, S. 62 f.), wurde im Urteil zurückgewiesen (Rz. 28). Ob § 8a KStG a. F. auch im Verhältnis zu Drittstaaten gegen Gemeinschaftsrecht verstoßen hat, ist Gegenstand des anhängigen Verfahrens in der Rechtssache *Lasertec*, vgl. Vorlagebeschlusses des FG Baden-Württemberg v. 14.10.2004, 3 K 62/99, EFG 2005, S. 309, anhängige Rs. C-492/04 (*Lasertec*). Vgl. dazu *Kessler, W./Eicker, K./Obser, R.*, Fremdfinanzierung, 2004; *Schnitger, A.*, Wirkungsgrenzen, 2004; *Schnitger, A.*, Kapitalverkehrsfreiheit, 2005; *Rehm, H./Nagler, J.*, Folgen, 2005.

3 Vgl. *Ambrosanio, M. F./Caroppo, M. S.*, Eliminating, 2005, S. 697; *Brosens, L.*, rules, 2004, S. 193 f. Diese Möglichkeit wurde kurz nach dem Urteil in der Literatur noch als unpraktisch bzw. unmöglich verworfen, vgl. *Vinther, N./Werlauff, E.*, thinking, 2003, S. 105.

4 Für Unterkapitalisierungsregeln, die nur auf ausländische Darlehensgeber Anwendung finden, fordert der Generalanwalt allerdings von dem Ansässigkeitsstaat des Darlehensnehmers, dass er die korrespondierende Umqualifizierung beim Darlehensgeber sicher stellt, vgl. SA v. 29.06.2006, Rs. C-524/04 (*Thin Cap Group Litigation*), Rz. 69. Dem ist der EuGH in seinem Urteil allerdings nicht gefolgt, vgl. EuGH, Urt. v. 13.03.2007, Rs. C-524/04 (*Thin Cap Group Litigation*), Rz. 88-90.

5 Vgl. SA v. 29.06.2006, Rs. C-524/04 (*Thin Cap Group Litigation*), Rz. 44, 68.

6 Vgl. bereits *Thömmes, O.*, Financing, 2003, S. 2 f.; *Schön, W.*, Binnenmarkt, 2004, S. 299.

der EuGH zwar in der Rechtssache *de Groot* vorgenommen,[1] danach aber nicht wieder aufgegriffen.[2] Nach dem gegenwärtigen Stand der Rechtsprechung des EuGH muss daher davon ausgegangen werden, dass Unterkapitalisierungsregeln, die auch auf inländische Darlehensgeber anwendbar sind, in Inbound-Fällen nicht mehr dem Schutzbereich der Grundfreiheiten unterliegen.[3]

Allerdings vertritt die Literatur nahezu einhellig die Auffassung, dass Unterkapitalisierungsregeln wie § 8a KStG im Outbound-Fall zu einer Beeinträchtigung der Grundfreiheiten führen können:[4] Es droht – bei Umkehrung der Perspektive – eine Ungleichbehandlung auf Ebene einer inländischen Muttergesellschaft. Darlehenszinsen, die diese von einer inländischen Tochtergesellschaft erhält, werden bei Anwendung der Unterkapitalisierungsvorschrift in steuerfreie Dividenden umqualifiziert. Darlehenszinsen einer ausländischen Tochtergesellschaft, die unter sonst gleichen Umständen nicht umqualifiziert werden, müssten in voller Höhe versteuert werden, was eine Beschränkung bzw. Diskriminierung der Auslandsinvestition und einen Verstoß gegen die Grundfreiheiten darstellen könnte. Würde allerdings auch im Outbound-Fall eine Umqualifizierung von Darlehenszinsen gemeinschaftsrechtlich erzwungen, entstünden Möglichkeiten zur Generierung sogenannter weißer Einkünfte, die weder auf Ebene der Tochtergesellschaft noch auf Ebene der Muttergesellschaft der Besteuerung unterliegen.[5] Die Rettung der Unterkapitalisierungsvorschriften im Inbound-Fall wäre dann nur ein Pyrrhus-Sieg der Finanzverwaltungen. Da den Mitgliedstaaten aber in der Rechtssache *Marks & Spencer* gestattet wurde, die doppelte Berücksichtigung von Verlusten zu verhindern,[6] muss es ebenso zulässig sein, wenn sie die doppelte Nicht-

---

[1] Vgl. EuGH, Urt. v. 12.02.2002, Rs. C-385/00 (*de Groot*).

[2] Vgl. kritisch *Obser, R.*, Inbound, 2005, S. 799 f. Die durch die Rechtssache *Manninen* eingeleitete Wende in der Kohärenzrechtfertigung betrifft insoweit nur die Rechtfertigungsprüfung, bei der seitdem Ansätze einer Gesamtschau erkennbar sind, vgl. SA v. 18.03.2004, Rs. C-319/02 (*Manninen*), Rz. 49-65; EuGH, Urt. v. 07.09.2004, Rs. C-319/02 (*Manninen*), Rz. 40-47; EuGH, Urt. v. 12.12.2005, Rs. C-446/03 (*Marks & Spencer*), Rz. 42-52. Eine Gesamtschau bei der Beschränkungsprüfung hat der EuGH kürzlich abgelehnt, vgl. EuGH, Urt. v. 12.09.2006, Rs. C-196/04 (*Cadbury Schweppes*), Rz. 45.

[3] Vgl. SA v. 29.06.2006, Rs. C-524/04 (*Thin Cap Group Litigation*), Rz. 44, 68. A. A. *Obser, R.*, Inbound, 2005; *Brosens, L.*, rules, 2004, S. 203, 209-211.

[4] Vgl. in diesem Sinne *Weßling, J./Romswinkel, M.*, Fremdfinanzierung, 2003, S. 926 f.; *Kessler, W.*, Spannungsfeld, 2003, S. 252 f.; *Benecke, A./Schnitger, A.*, Diskussionsbeitrag, 2004, S. 47; *Prinz, U.*, Gesellschafterfremdfinanzierung, 2006, S. 39 f., 67; *Frotscher, G.*, Frotscher/Maas, 2006, § 8a KStG, Rz. 33; *Kröner, M.*, Ernst&Young, 2005, § 8a KStG, Rz. 173.26.

[5] Vgl. zu dieser Problematik *Weßling, J./Romswinkel, M.*, Fremdfinanzierung, 2003, S. 926 f.; *Kessler, W.*, Spannungsfeld, 2003, S. 252 f.

[6] Vgl. SA v. 07.04.2005, Rs. C-446/03 (*Marks & Spencer*), Rz. 72; EuGH, Urt. v. 13.12.2005, Rs. C-446/03 (*Marks & Spencer*), Rz. 47 f.

besteuerung verhindern. Der von der deutschen Finanzverwaltung[1] gewählte Weg, nur bei tatsächlicher Nichtabzugsfähigkeit der Zinsen beim ausländischen Darlehensnehmer auf Ebene des deutschen Darlehensgeber eine Umqualifizierung in eine Gewinnausschüttung vorzunehmen,[2] vermeidet einerseits die doppelte Nichtbesteuerung und andererseits die Doppelbesteuerung bei der Anwendung ausländischer Unterkapitalisierungsregeln. Dies sollte in diesem Zusammenhang ein geeignetes und erforderliches Mittel darstellen.[3]

Unterkapitalisierungsregeln lassen sich durch die Ausdehnung auf inländische Darlehensgeber somit effektiv dem Schutz der Grundfreiheiten entziehen.[4] Aber auch für bestehende Unterkapitalisierungsregeln, die nur auf ausländische Darlehensgeber Anwendung finden, bietet der Rechtfertigungsgrund der Missbrauchsabwehr nach dem Urteil in der Rechtssache *Thin Cap Group Litigation* Möglichkeiten, die Vereinbarkeit mit Gemeinschaftsrecht auf Ebene der Rechtfertigungsprüfung sicher zu stellen.[5]

3. Regeln gegen beherrschte ausländische Gesellschaften

Bei CFC-Regeln liegt eine eindeutige Beschränkung der Grundfreiheiten vor, da eine inländische Muttergesellschaft mit einer ausländischen Tochtergesellschaft bei Anwendung der CFC-Regeln schlechter behandelt wird als eine vergleichbare inländische Muttergesellschaft, die eine Tochtergesellschaft im Inland gegründet hat.[6] Dass derartige Regeln erst so spät dem EuGH vorgelegt wurden, liegt vor allem daran, dass sie als Missbrauchsverhinderungsnormen primär abschreckend wirken, indem sie be-

---

[1] Kritisch dazu wegen fehlender Rechtsgrundlage der Verwaltungsauffassung *Prinz, U.*, Gesellschafterfremdfinanzierung, 2006, S. 67. S. dazu mittlerweile § 8b Abs. 1 S. 2 KStG.

[2] Vgl. dazu oben C.II.2.c), S. 102.

[3] In der Rechtssache *Marks & Spencer* wird ausdrücklich gefordert, dass die Behandlung der Verluste im anderen Mitgliedstaat zu berücksichtigen ist, vgl. SA v. 07.04.2005, Rs. C-446/03 (*Marks & Spencer*), Rz. 76. Die Auffassung der deutschen Finanzverwaltung berücksichtigt die Behandlung der Zinszahlung im Ausland und entspricht damit diesem Grundsatz. Vgl. in diesem Sinne mit einer anderen Begründung auch *Englisch, J.*, Anmerkung Manninen, 2004, S. 684 f.; *Vanistendael, F.*, Cohesion, 2005, S. 222.

[4] Die Ausdehnung des Anwendungsbereichs auf Inlandsfälle hat zumindest einen erhöhten administrativen Aufwand zur Folge. Vgl. dazu kritisch *Prinz, U.*, Gesellschafterfremdfinanzierung, 2006, S. 67; *Vinther, N./Werlauff, E.*, thinking, 2003, S. 105.

[5] Vgl. EuGH, Urt. v. 13.03.2007, Rs. C-524/04 (*Thin Cap Group Litigation*), Rz. 71-87. Vgl. dazu unten E.V.1, S. 220.

[6] Vgl. *Clayson, M.*, Impact, 1998, S. 331 f.; *Lang, M.*, Legislation, 2002, S. 375; *Thömmes, O.*, Corporate Taxation, 2002, S. 124; *Englisch, J.*, Dogmatik, 2003, S. 97; *Lieber, B./Rasch, S.*, Konsequenzen, 2004, S. 1572 f.; *Bille, S.*, Hinzurechnungsbesteuerung, 2004, S. 108-122; *Wassermeyer, F.*, Reformbedarf, 2005, S. 19; *Helminen, M.*, Future, 2005; *Fontana, R.*, Future, 2006; a. A. *Menck, T.*, Grundmodelle, 1997, S. 175; *Fischer, P.*, Zurechnung, 2001, S. 7; *Thiel, J.*, Einfluss, 2004, S. 2607 f.

stimmte Gestaltungen steuerlich unattraktiv machen.[1] Im Juni 2004 wurden aber dem EuGH die britischen CFC-Regeln zur Überprüfung vorgelegt[2] und vom EuGH in der Folge als Beschränkung der Grundfreiheiten angesehen.[3] Unabhängig von den Unterschieden, welche die CFC-Regeln innerhalb der Mitgliedstaaten der EU im Detail aufweisen,[4] lassen sich die Aussagen zum Vorliegen einer Beschränkung auf die CFC-Vorschriften anderer Mitgliedstaaten übertragen.[5] Die Frage der Vereinbarkeit mit Gemeinschaftsrecht hängt damit vom Ergebnis der Rechtfertigungsprüfung ab.[6]

4. Allgemeine Umgehungsnormen

Allgemeine Umgehungsnormen wie § 42 AO werden bei einer teilweisen Europarechtswidrigkeit spezieller Missbrauchsverhinderungsnormen an Bedeutung gewinnen.[7] Sie gelten regelmäßig gleichermaßen für Inlandssachverhalte wie für Auslandssachverhalte. Nicht die Existenz einer derartigen Norm kann somit eine Beschränkung der Grundfreiheiten darstellen, sondern nur die konkrete Auslegung dieser Norm durch die Gerichte.[8] Die Auslegung des § 42 AO darf daher im Verhältnis zu den anderen Mitgliedstaaten nicht ohne Weiteres von der Auslegung in einem ansonsten vergleichbaren Inlandssachverhalt abweichen. Es darf beispielsweise bei Einschaltung einer ausländischen Tochtergesellschaft nicht einfach ein Missbrauch angenommen wer-

---

[1] In Deutschland kam hinzu, dass es durch das auch bei der Hinzurechnungsbesteuerung gewährte DBA-Schachtelprivileg kaum zur Anwendung der Hinzurechnungsbesteuerung kam, vgl. *Lieber, B./Rasch, S.*, Konsequenzen, 2004, S. 1573 m. w. N.; *Wagner, S.*, Zukunft, 2005, S. 331.

[2] Darüber hinaus sind zu den britischen CFC-Regeln weitere Verfahren anhängig: Rs. C-201/05 (*Test Claimants in the CFC and Dividend Group Litigation*) und C-203/05 (*Vodafone2*). Hier sind weder die Urteile ergangen, noch liegen die Schlussanträge vor. Aus Deutschland wurde bis dato nur die flankierende Vorschrift des § 20 AStG vorgelegt, vgl. FG Münster, Urt. v. 05.07.2005, 15 K 1114/99F, EFG 2005, S. 1512, EuGH, anh. Rs. C-298/05 (*Columbus Container Services*). Vgl. dazu *Rainer, A./Thömmes, O.*, Rules, 2005, S. 554 f.; *Scheipers, T./Maywald, A.*, Vereinbarkeit, 2006.

[3] Vgl. EuGH, Urt. v. 12.09.2006, Rs. C-196/04 (*Cadbury Schweppes*), Rz. 39-46.

[4] Vgl. dazu oben C.II.1.b), S. 68.

[5] Die beschränkenden Elemente sind zumindest in den Grundzügen in allen CFC-Regeln enthalten, so auch *Fontana, R.*, Future, 2006, S. 322 f. Dies gilt allerdings nur für die CFC-Regeln, deren Anwendung innerhalb der EU bzw. des EWR nicht generell ausgeschlossen wird. Zur Übertragbarkeit dieser Grundsätze auf Deutschland vgl. BMF, Schr. v. 08.01.2007, IV B 4 – S 1351 – 1/07, BStBl. I 2007, S. 99.

[6] Vgl. zur Rechtfertigungsprüfung unten E.V, S. 218.

[7] Vgl. *Müller-Gatermann, G.*, Steuerperspektiven, 2006, S. 32 f., zu möglichen Änderungen des § 42 AO, die seine Anwendung erleichtern sollen.

[8] Vgl. *Bauschatz, P.*, Gestaltungsmissbrauch, 2002, S. 335. Der EuGH ist zur Überprüfung der Auslegung nationaler Gerichte berechtigt, wenn diese Auslegung einen Bezug zum Gemeinschaftsrecht aufweist, vgl. *Ruiz Almendral, V.*, Avoidance, 2005, S. 575; EuGH, Urt. v. 17.07.1997, Rs. C-28/95 (*Leur-Bloem*), Rz. 30-33, 44.

den.[1] Selbst widerlegbare Vermutungen, die ausschließlich für den grenzüberschreitenden Fall gelten, führen zu einer Beschränkung der Grundfreiheiten, die allerdings nach der neueren Rechtsprechung des EuGH gerechtfertigt sein kann, wenn objektive Kriterien die Missbrauchsannahme begründen und ein Gegenbeweis tatsächlich möglich ist.[2]

Bei der Auslegung der allgemeinen Missbrauchsnormen muss das Ziel des Gemeinsamen Marktes berücksichtigt werden.[3] Eine Vermeidung nur inländischer Steuern kann deshalb höchstens Indiz für eine Umgehung, aber kein eigenständiges Tatbestandsmerkmal sein. Im Gemeinsamen Markt muss es grundsätzlich unerheblich sein, wo eine Bemessungsgrundlage versteuert wird.[4] Insbesondere aus den EuGH-Entscheidungen *ICI*, *Centros*, *X und Y* und *Inspire Art* wird deutlich, dass für Begriffe wie die „Umgehung eines nationalen Steuerrechts" europarechtlich kein Raum mehr verbleibt.[5] Eine Ausnahme von dieser Grundregel kann es nur geben, wenn sich der Steuerpflichtige in missbräuchlicher Weise auf Gemeinschaftsrecht bzw. die noch bestehenden Grenzen beruft, das heißt, wenn er eine rein künstliche Konstruktion einsetzt, um die Bemessungsgrundlage zu verlagern.[6]

Soweit die Überprüfung allgemeiner Missbrauchsverhinderungsnormen nicht dazu führt, dass eine ausländische Kapitalgesellschaft steuerlich nicht anerkannt wird, kann kein Verstoß gegen die Grundfreiheiten vorliegen. Die zurückhaltende Anwendung

---

1 Vgl. EuGH, Urt. v. 16.07.1988, Rs. C-264/96 (*ICI*), Rz. 26; EuGH, Urt. v. 21.11.2002, Rs. C-436/00 (*X und Y*), Rz. 44; vgl. auch *Ruiz Almendral, V.*, Avoidance, 2005, S. 573; *Hölzemann, S.*, Anerkennung, 2006, S. 834.

2 In diesem Sinne argumentieren jedenfalls die Generalanwälte *Léger* und *Geelhoed*, vgl. SA v. 02.05.2006, Rs. C-196/04 (*Cadbury Schweppes*), Rz. 110-117, 134-140, 143-145, bestätigt durch EuGH, Urt. v. 12.09.2006, Rs. C-196/04 (*Cadbury Schweppes*), Rz. 70; SA v. 29.06.2006, Rs. C-524/04 (*Thin Cap Group Litigation*), Rz. 63-67. Vgl. unten E.V, S. 218 zur Rechtfertigungsprüfung.

3 Vgl. ähnlich auch *Ruiz Almendral, V.*, Avoidance, 2005, S. 573; *Bauschatz, P.*, Gestaltungsmissbrauch, 2002, S. 341; *Paschen, U.*, Steuerumgehung, 2001, S. 194-208; *Schön, W.*, Gestaltungsmißbrauch, 1996, S. 14. Vgl. *Wessels, N.*, Verhältnis, 2004; *Kärgel, A.*, Konflikt, 2003, S. 168-170; *Rädler, A. J./Lausterer, M./Blumenberg, J.*, Mißbrauch, 1996 zu dem besonderen Fall der IFSC-Gesellschaften.

4 In diesem Sinne auch *Weber, D.*, Freedoms, 2005, S. 1: „What at the national level is viewed as abuse may often be viewed from an EC law perspective as invoking the Treaty freedoms."

5 Vgl. EuGH, Urt. v. 09.03.1999, Rs. C-212/97 (*Centros*), Rz. 27; EuGH, Urt. v. 21.11.2002, Rs. C-436/00 (*X und Y*), Rz. 44; EuGH, Urt. v. 30.09.2003, Rs. C-167/01 (*Inspire Art*), Rz. 96, 137 f. Ausdrücklich in EuGH, Urt. v. 16.07.1998, Rs. C-264/96 (*ICI*), Rz. 26: „Die Niederlassung einer Gesellschaft außerhalb des Vereinigten Königreichs impliziert aber als solche nicht die Steuerumgehung, da die betreffende Gesellschaft auf jeden Fall dem Steuerrecht des Niederlassungsstaats unterliegt."

6 Vgl. oben B.III.5, S. 40.

des § 42 AO durch den BFH[1] entspricht insoweit einer gemeinschaftsrechtskonformen Auslegung des § 42 AO. Die steuerliche Nichtanerkennung einer ausländischen Kapitalgesellschaft wäre aber zumindest dann ebenfalls gemeinschaftsrechtlich unbedenklich, wenn eine inländische Kapitalgesellschaft in einem vergleichbaren Sachverhalt gleichermaßen nicht anerkannt würde.[2] Diese Forderung lässt sich aber nur selten überprüfen, da vergleichbare Sachverhalte im Inland regelmäßig keinen Steuervorteil mit sich bringen, so dass eine Steuerumgehung nicht vorliegen kann. Dennoch darf aus der Anwendung einer allgemeinen Umgehungsvorschrift auf eine ausländische Kapitalgesellschaft nicht ohne Weiteres auf das Vorliegen einer unzulässigen Beschränkung der Grundfreiheiten geschlossen werden. Dies ergibt sich zum einen daraus, dass ein Missbrauchsverbot ein allgemeiner Grundsatz des Gemeinschaftsrechts ist[3] und sich die Gemeinschaftsbürger daher nicht missbräuchlich auf die Grundfreiheiten berufen dürfen.[4] Zum anderen ist spätestens auf der Rechtfertigungsebene[5] die Verhinderung von Steuerumgehungen ein zumindest abstrakt akzeptierter Rechtfertigungsgrund. Auf dieser Ebene lassen sich Abweichungen zwischen den Anforderungen, die an die steuerliche Anerkennung einer Kapitalgesellschaft im Inlandsfall und im grenzüberschreitenden Fall gestellt werden, durch folgende Überlegung begründen: Im reinen Inlandsfall steht die Umgehung des nationalen Steuerrechts in Frage, während im grenzüberschreitenden Fall geprüft werden muss, ob sich der Steuerpflichtige zu Recht auf den Schutz der Grundfreiheiten berufen kann, oder ob er das Gemeinschaftsrecht in missbräuchlicher Weise in Anspruch nehmen möchte.[6]

---

[1] Vgl. BFH, Urt. v. 25.02.2004, I R 42/02, BStBl. II 2005, S. 14, mit ausdrücklichem Hinweis auf die Tatsache, dass eine dauerhafte Zwischenschaltung einer inländischen Kapitalgesellschaft noch nie als Rechtsmissbrauch qualifiziert wurde, vgl. dazu BFH, Urt. v. 15.10.1998, III R 75/97, BStBl. II 1999, S. 119; BFH, Urt. v. 23.10.1996, I R 55/95, BStBl. II 1998, S. 90.

[2] Vgl. *Lang, M.*, Anwendung, 2005, S. 79; *Obermair, C./Weninger, P. J.*, Treaty Shopping, 2005, S. 470; *Bauschatz, P.*, Gestaltungsmissbrauch, 2002, S. 335 f.

[3] Vgl. EuGH, Urt. v. 21.02.2006, Rs. C-255/02 (*Halifax*), Rz. 69; SA v. 16.03.2006, Rs. C-452/04 (*Fidium Finanz AG*), Rz. 81, 95. Vgl. auch oben B.III.5, S. 40.

[4] Vgl. EuGH, Urt. v. 12.05.1998, Rs. C-367/96 (*Kefalas*), Rz. 20-22; EuGH, Urt. v. 23.03.2000, Rs. C-373/97 (*Diamantis*), Rz. 33-35.

[5] Die Anwendung der Grundfreiheiten ist von der Möglichkeit der Rechtfertigung von Maßnahmen gegen die missbräuchliche Ausnutzung dieser Grundfreiheiten zu trennen, vgl. EuGH, Urt. v. 09.03.1999, Rs. C-212/97 (*Centros*), Rz. 18; EuGH, Urt. v. 30.09.2003, Rs. C-167/01 (*Inspire Art*), Rz. 98; EuGH, Urt. v. 12.09.2006, Rs. C-196/04 (*Cadbury Schweppes*), Rz. 34-38.

[6] Vgl. zutreffend *Wassermeyer, F./Schönfeld, J.*, Auswirkungen, 2006, S. 1071.

V. Rechtfertigungsprüfung

Wenn eine Beschränkung der Grundfreiheiten festgestellt wird, ist in einem zweiten Schritt zu überprüfen, ob sie gerechtfertigt werden kann. Insoweit findet eine Abwägung zwischen den nationalstaatlichen Interessen der Mitgliedstaaten und den Grundfreiheiten statt.[1] Im Bereich des Steuerrechts haben nur die Rechtfertigungsgründe, die auf der sog. „rule of reason" bzw. der sog. *Gebhard*-Formel[2] beruhen, Bedeutung erlangen können,[3] ohne dass sich dabei eine allgemein gültige Dogmatik herausgebildet hätte.[4] Diese Rechtfertigungsgründe wurden in ihren Grundzügen bereits in den Rechtssachen *Dassonville*[5] und *Cassis de Dijon*[6] entwickelt.[7]

Bei der Rechtfertigungsprüfung sind zwei Stufen zu unterscheiden: Zunächst ist abstrakt ein dem Grunde nach akzeptabler Rechtfertigungsgrund zu suchen, d. h. es ist zu prüfen, ob mit den in Frage stehenden Regelungen ein an sich legitimes Ziel verfolgt wird. Sämtliche abstrakt akzeptierten Rechtfertigungsgründe müssen in nichtdiskriminierender Weise angewendet werden und eine Verhältnismäßigkeitsprüfung überstehen. Dazu müssen die in Frage stehenden Maßnahmen zum einen geeignet und zum anderen erforderlich sein, das angestrebte und im zwingenden Allgemeininteresse liegende Ziel zu erreichen.[8]

---

1 Vgl. *Cordewener, A.*, Grundfreiheiten, 2002, S. 130; *Englisch, J.*, Dogmatik, 2003, S. 90.

2 Vgl. EuGH, Urt. v. 30.11.1995, Rs. C-55/94 (*Gebhard*), Rz. 39.

3 Vgl. *Hahn, H.*, Gemeinschaftsrecht, 2005, S. 507 f. m. w. N. In der älteren Rechtsprechung des EuGH wurden die ungeschriebenen Rechtfertigungsgründe nur in Beschränkungsfällen geprüft, vgl. dazu *van den Hurk, H.*, Limits, 1999, S. 220 f. Da die Unterscheidung zu den Diskriminierungsfällen aber mittlerweile verschwommen ist und Tatbestands- und Rechtfertigungsebenen vermengt werden (so jedenfalls *Englisch, J.*, Dogmatik, 2003, S. 90 f.), ist auch dieses Element der Unterscheidung zwischen Beschränkungen und Diskriminierungen nicht mehr relevant, vgl. in diesem Sinne auch *Cordewener, A.*, Grundfreiheiten, 2002, S. 140-161, 333-340; *Vanistendael, F.*, Approach, 2005, S. 531-541.

4 Vgl. *Schaumburg, H.*, Außensteuerrecht, 2005, S. 1133; *Cordewener, A.*, Grundzüge, 2004, S. 8.

5 Vgl. EuGH, Urt. v. 11.07.1974, Rs. 8/74 (*Dassonville*).

6 Vgl. EuGH, Urt. v. 20.02.1979, Rs. 120/78 (*Rewe-Zentral AG*).

7 Vgl. *Hahn, H.*, Gemeinschaftsrecht, 2005, S. 507; *Terra, B./Wattel, P.*, Tax Law, 2001, S. 32 f.

8 Vgl. *Cordewener, A.*, Grundzüge, 2004, S. 7; *Hahn, H.*, Gemeinschaftsrecht, 2005, S. 514 m. w. N. Vgl. z. B. EuGH, Urt. v. 11.03.2004, Rs. C-9/02 (*Hughes de Lasteyrie du Saillant*), Rz. 52; ausführlich EuGH, Urt. v. 09.03.1999, Rs. C-212/97 (*Centros*), Rz. 34: „Im übrigen sind … nationale Maßnahmen, die die Ausübung … der Grundfreiheiten behindern …, zulässig, wenn vier Voraussetzungen erfüllt sind: sie müssen in nichtdiskriminierender Weise angewandt werden, sie müssen zwingenden Gründen des Allgemeininteresses entsprechen, sie müssen zur Erreichung des verfolgten Zieles geeignet sein, und sie dürfen nicht über das hinausgehen, was zur Erreichung dieses Zieles erforderlich ist."; ähnlich EuGH, Urt. v. 30.11.1995, Rs. C-55/94 (*Gebhard*), Rz. 39.

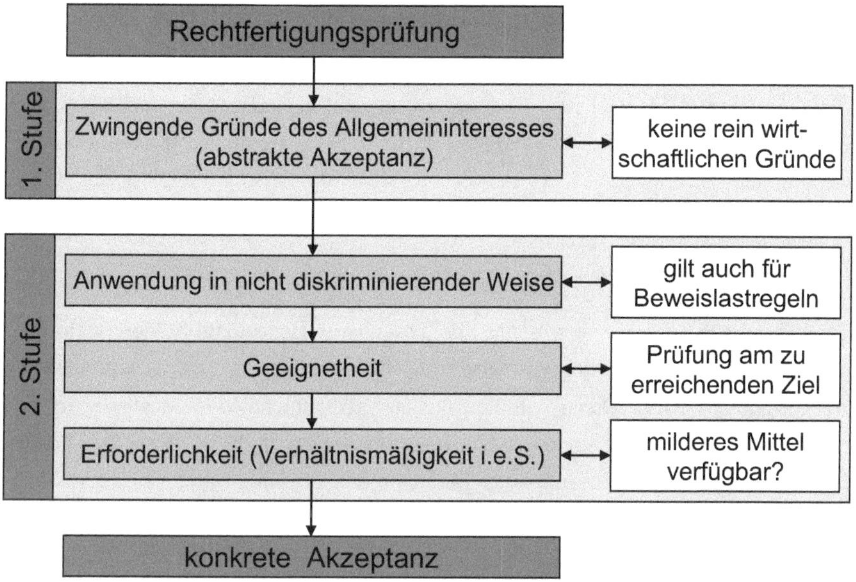

Abbildung 35: Rechtfertigungsprüfung bei Beschränkung der Grundfreiheiten

Bereits abstrakt nicht akzeptiert wird der Rechtfertigungsgrund des Verlusts von Steueraufkommen,[1] der dessen ungeachtet immer wieder vorgetragen wird.[2] In einem Gemeinsamen Markt spielt es keine Rolle, in welchem Land Steuern gezahlt werden,[3] es kann bei der Besteuerung einer Muttergesellschaft damit auch keine Rolle spielen, wo sie und ihre Tochtergesellschaften Steuern zahlen.[4] Daher können Steuerbelastungsunterschiede keine Steuernormen rechtfertigen, die Steuerverlagerungen verhindern sol-

---

1 Ständige Rechtsprechung des EuGH, vgl. z. B. EuGH, Urt. v. 12.09.2006, Rs. C-196/04 (*Cadbury Schweppes*), Rz. 49; EuGH, Urt. v. 07.09.2004, Rs. C-319/02 (*Manninen*), Rz. 49; EuGH, Urt. v. 15.07.2004, Rs. C-315/02 (*Lenz*), Rz. 40; EuGH, Urt. v. 06.06.2000, Rs. C-35/98 (*Verkooijen*), Rz. 59, mit der Gleichstellung mit „rein wirtschaftlichen Gründen", die in anderen Rechtsgebieten nicht als Rechtfertigungsgrund anerkannt wurden. Im Steuerrecht zuerst wohl EuGH, Urt. v. 16.07.1998, Rs. C-264/96 (*ICI*), Rz. 28, ohne weitere Begründung.

2 Vgl. das Vorbringen der dänischen Regierung in der Rechtssache *Hughes de Lasteyrie du Saillant*, vgl. EuGH, Urt. v. 11.03.2004, Rs. C-9/02 (*Hughes de Lasteyrie du Saillant*), Rz. 59 f., sowie das Vorbringen der niederländischen Regierung und der Kommission in der Rechtssache *Bosal*, vgl. EuGH, Urt. v. 18.09.2003, Rs. C-168/01 (*Bosal*), Rz. 20, 42.

3 Vgl. EuGH, Urt. v. 16.07.1998, Rs. C-264/96 (*ICI*), Rz. 26.

4 Vgl. *Vanistendael, F.*, Bosal, 2003, S. 192.

len;[1] dies gilt selbst dann, wenn der Unterschied in der Steuerbelastung erkennbar die Ursache für die Sachverhaltsgestaltung war.[2]

Demgegenüber ist die Wirksamkeit der Steueraufsicht dem Grundsatz nach als Rechtfertigungsgrund akzeptiert.[3] Allerdings greift dieser Rechtfertigungsgrund – trotz des wiederholten Vorbringens seitens der Finanzverwaltungen der Mitgliedstaaten[4] – seit Inkrafttreten der Amtshilfe-Richtlinie[5] nicht ein.[6]

1. Verhinderung von Steuerumgehungen

Für Missbrauchsverhinderungsregeln von besonderer Bedeutung ist der Rechtfertigungsgrund der Verhinderung von Steuerumgehungen, der vom EuGH zumindest abstrakt akzeptiert wird.[7] Dabei kollidiert der europarechtliche Missbrauchsbegriff[8] regelmäßig mit dem jeweiligen nationalen Missbrauchsbegriff, der in diesen Situationen i. d. R. deutlich weiter geht. Solange Regierungen die Umgehung bzw. den Missbrauch ihres nationalen Steuerrechts vorgebracht haben ohne dass ein (als Rechtferti-

---

[1] Vgl. *Schaumburg, H.*, Außensteuerrecht, 2005, S. 1133 m. w. N.; ausdrücklich EuGH, Urt. v. 15.07.2004, Rs. C-315/02 (*Lenz*), Rz. 40.

[2] Vgl. *Vinther, N./Werlauff, E.*, Motives, 2006, S. 384; *Thömmes, O.*, Missbrauchsverhütung, 2005, S. 218, mit Verweis auf den *Eurowings*-Fall, vgl. EuGH, Urt. v. 26.10.1999, Rs. C-294/97 (*Eurowings*), Rz. 43-45. In der Regel wird diese Haltung des EuGH begrüßt, vgl. *Hahn, H.*, Gemeinschaftsrecht, 2005, S. 510; *Englisch, J.*, Dogmatik, 2003, S. 95. Erst in letzter Zeit werden auch skeptische Stimmen in der Literatur laut, vgl. *Seiler, C.*, Marktfreiheiten, 2005.

[3] Vgl. EuGH, Urt. v. 15.05.1997, Rs. C-250/95 (*Futura Participations*), Rz. 31. Vgl. dazu *Terra, B./Wattel, P.*, Tax Law, 2001, S. 76 f. Auch Maßnahmen der Steueraufsicht müssen diskriminierungsfrei angewendet werden, vgl. EuGH, Urt. v. 28.10.1999, Rs. C-55/98 (*Vestergaard*), Rz. 25.

[4] Vgl. das Vorbringen der schwedischen Steuerverwaltung in der Rechtssache *X und Y*, EuGH, Urt. v. 21.12.2002, Rs. C-436/00 (*X und Y*), Rz. 48; das Vorbringen der französischen Regierung in der Rechtssache *Lenz*, vgl. EuGH, Urt. v. 15.07.2004, Rs. C-315/02 (*Lenz*), Rz. 44, und das Vorbringen mehrerer Regierungen in der Rechtssache *Lasteyrie du Saillant*, vgl. SA v. 13.03.2003, Rs. C-9/02 (*Hughes de Lasteyrie du Saillant*), Rz. 52-55.

[5] Vgl. Amtshilferichtlinie (77/799/EWG); dazu *Terra, B./Wattel, P.*, Tax Law, 2001, S. 461-472.

[6] Vgl. *Schön, W.*, Gemeinschaftsrecht, 2004, S. 33 f. Kritisch dazu *Fischer, P.*, Verfassungsstaat, 2005, S. 465; *Wunderlich, N./Abath, L.*, Verhältnis, 2005, S. 553, mit der Aufforderung an Mitgliedstaaten und Kommission, die Amtshilfe-Richtlinie zu einem effektiveren Instrument weiter zu entwickeln.

[7] Vgl. ausdrücklich EuGH, Urt. v. 21.02.2006, Rs. C-255/02 (*Halifax*), Rz. 69 f. Die grundsätzliche Anerkennung dieses Rechtfertigungsgrundes ergibt sich ansonsten aus der Tatsache, dass der EuGH diesen Grund zumindest prüft, vgl. SA v. 02.05.2006, Rs. C-196/04 (*Cadbury Schweppes*), Rz. 86. Vgl. dazu auch *Weber, D.*, Freedoms, 2005, S. 174 f.; *Saß, G.*, Vereinbarkeit, 2002, S. 2343 f.; *Terra, B./Wattel, P.*, Tax Law, 2001, S. 77-84.

[8] Vgl. dazu oben B.III.5, S. 40.

gungsgrund relevanter) Missbrauch des Gemeinschaftsrechts vorlag,[1] mussten sie mit ihren Argumenten zwangsläufig scheitern.[2]

Zunächst hat der EuGH seit Langem betont, dass die bloße „Gefahr" von Steuerumgehungen alleine noch keine beschränkenden Maßnahmen rechtfertigen kann.[3] Darüber hinaus fordert der EuGH generell (orientiert am angelsächsischen case-law)[4] eine konkrete Einzelfallprüfung.[5] Allgemeine Missbrauchsvermutungen mit pauschalen gesetzlichen Tatbeständen, wie sie das deutsche Steuerrecht beispielsweise in § 8a KStG a. F. und dem AStG verwendet, werden von ihm nicht als Rechtfertigungsgrund akzeptiert.[6] Dies gilt umso mehr, wenn ein Gegenbeweis nicht möglich (wie bei den §§ 7-14 AStG) oder nicht in geeigneter Weise durchführbar (wie bei § 8a KStG)[7] ist. Darüber hinaus lässt sich bereits eine pauschale Missbrauchsvermutung mit der Möglichkeit eines Gegenbeweises (und einer damit verbundenen Beweislastumkehr)[8] nicht mit der älteren EuGH-Rechtsprechung in Einklang bringen.[9] In dieser spricht der EuGH regelmäßig nur davon, dass „den Finanzbehörden" der Nachweis des Missbrauchs im Einzelfall

---

1 Vgl. zu dieser Unterscheidung auch *Vanistendael, F.*, Theory, 2006, S. 192.

2 So z. B. die französische Regierung in der Rechtssache *Lasteyrie du Saillant* zur Verteidigung der französischen Wegzugsbesteuerung, vgl. EuGH, Urt. v. 11.03.2004, Rs. C-9/02 (*Hughes de Lasteyrie du Saillant*), Rz. 24, 50-54; die deutsche sowie die dänische und die britische Regierung und sogar die Europäische Kommission in der Rechtssache *Lankhorst-Hohorst* zur Verteidigung des § 8a KStG a. F., vgl. EuGH, Urt. v. 12.12.2002, Rs. C-324/00 (*Lankhorst-Hohorst*), Rz. 17, 34-48. Unklar in der Rechtssache *Marks & Spencer*, in der der EuGH diesen Rechtfertigungsgrund akzeptiert, allerdings nur in Verbindung mit anderen Gründen und nur unter einschränkenden Bedingungen, vgl. EuGH, Urt. v. 13.12.2005, Rs. C-446/03 (*Marks & Spencer*), Rz. 49-51.

3 Vgl. in diesem Sinne ausdrücklich zur „Gefahr der Steuerflucht" EuGH, Urt. v. 28.01.1986, Rs. 270/83 (*avoir fiscal*), Rz. 25.

4 Vgl. *Thömmes, O.*, Missbrauchsverhütung, 2005, S. 216.

5 So ausdrücklich EuGH, Urt. v. 21.01.2002, Rs. C-436/00 (*X und Y*), Rz. 42 f., und (zur Fusionsrichtlinie) EuGH, Urt. v. 17.07.1997, Rs. C-28/95 (*Leur-Bloem*), Rz. 41.

6 Vgl. *Weber, D.*, Freedoms, 2005, S. 212-216; *Thömmes, O.*, Missbrauchsverhütung, 2005, S. 216 f. m. w. N. Zutreffend auch seine Kritik auf S. 215, nach der diese „Vorgaben für eine EG-rechtlich zulässige Missbrauchsabwehr ... von den Mitgliedstaaten mit an Ignoranz grenzender Hartnäckigkeit schlicht nicht zur Kenntnis genommen werden. Stattdessen lassen die einzelnen Mitgliedstaaten in ihrem Bestreben nicht nach, die gleichen vom EuGH bereits mehrfach geprüften und verworfenen Argumente wieder und wieder gebetsmühlenhaft vorzutragen."

7 Vgl. dazu EuGH, Urt. v. 12.12.2002, Rs. C-324/00 (*Lankhorst-Hohorst*), Rz. 35, 38.

8 Vgl. allgemein zur Beweisführung im deutschen Steuerrecht *Seer, R.*, Durchführung, 2005, Rz. 204-218. Vgl. zur Frage der Zulässigkeit einer vom Inlandsfall abweichenden Beweislastverteilung EuGH, Urt. v. 28.10.1999, Rs. C-55/98 (*Vestergaard*), Rz. 25.

9 Skeptisch hierzu bereits *Hey, J.*, Perspektiven, 2004, S. 196. Teilweise a. A. *Weber, D.*, Freedoms, 2005, S. 216-226.

möglich sein kann.[1] Die mündliche Verhandlung in der Rechtssache *Cadbury Schweppes*[2] und die Schlussanträge von Generalanwalt *Léger*[3] ließen bereits auf ein Umdenken innerhalb des EuGH schließen, das der EuGH in seinem in Großer Kammer[4] ergangenen Urteil bestätigt hat.[5] Eine Missbrauchsvermutung bei Vorliegen bestimmter objektiver Merkmale ist demnach bei der realistischen Möglichkeit eines Gegenbeweises zulässig.[6]

Auch bei der Führung eines Gegenbeweises stellt die Grenze, ab der ein Missbrauch als widerlegt gilt, die zentrale Auslegungsfrage dar. Die Kommission hat daher in der mündlichen Verhandlung der Rechtssache *Cadbury Schweppes* vorgeschlagen, der EuGH solle den nationalen Gerichten Leitlinien vorgeben, anhand derer diese das Vorliegen eines Missbrauchs überprüfen können.[7] Bei der Anwendung von CFC-Regeln wurden von Generalanwalt *Léger* die „Realität des Standorts der Tochtergesellschaft",[8] die „Echtheit der von ihr ausgeübten Tätigkeit"[9] und der „wirtschaftliche Wert dieser Tätigkeit"[10] als Merkmale der Einzelfallprüfung genannt. Er möchte aber

---

1 Vgl. EuGH, Urt. v. 17.07.1997, Rs. C-28/95 (*Leur-Bloem*), Rz. 41, ausdrücklich auch GA *Mischo* in SA v. 13.03.2003, Rs. C-9/02 (*Hughes de Lasteyrie du Saillant*), Rz. 60: „Daraus folgt, dass eine nationale Maßnahme mit dem Grundsatz der Verhältnismäßigkeit nur dann vereinbar ist, wenn sie den *Finanzbehörden* die Möglichkeit gibt, im Einzelfall das tatsächliche Vorliegen ... einer Steuerumgehung nachzuweisen, nicht aber dann, wenn sie ... bei Ausübung der gemeinschaftsrechtlichen Niederlassungsfreiheit eine betrügerische Absicht unterstellt." (Hervorhebung nicht im Original).

2 Vgl. dazu *Rödder, T./Schönfeld, J.*, Missbrauchsbegriff, 2006.

3 Vgl. SA v. 02.05.2006, Rs. C-196/04 (*Cadbury Schweppes*).

4 Der EuGH tagt in Großer Kammer, wenn ein Mitgliedstaat oder Gemeinschaftsorgan als Verfahrensbeteiligter einen Antrag stellt und daneben bei besonders komplexen oder bedeutsamen Rechtssachen, vgl. http://curia.europa.eu/de/instit/presentationfr/index_cje.htm (20.03.2007).

5 Vgl. zumindest implizit EuGH, Urt. v. 12.09.2006, Rs. C-196/04 (*Cadbury Schweppes*), Rz. 70 f.

6 Vgl. ausführlich SA v. 02.05.2006, Rs. C-196/04 (*Cadbury Schweppes*), Rz. 111-117, 145-150, ausdrücklich zur Zulässigkeit der Missbrauchsannahme mit der Möglichkeit des Gegenbeweises Rz. 135-140, wo die Instrumente der Amtshilfe-Richtlinie als nicht geeignetes Mittel abgelehnt werden; ähnlich SA v. 29.06.2006, Rs. C-524/04 (*Thin Cap Group Litigation*), Rz. 66 f. Vgl. in diesem Sinne auch *García-Herrera, C./Herrera, P. M.*, fairness, 2004, S. 59 f.; *Lang, M.*, Rechtsmissbrauch, 2006, S. 280 f.

7 Vgl. *Rödder, T./Schönfeld, J.*, Missbrauchsbegriff, 2006, S. 51.

8 SA v. 02.05.2006, Rs. C-196/04 (*Cadbury Schweppes*), Rz. 112. Dabei ist zu überprüfen, ob Merkmale wie Räumlichkeiten, Personal und Ausstattung ausreichen, um die behaupteten Leistungen erbringen zu können.

9 SA v. 02.05.2006, Rs. C-196/04 (*Cadbury Schweppes*), Rz. 113. Dabei kommt es darauf an, ob das Personal der Tochtergesellschaft zur Erbringung der Leistungen kompetent genug ist und wo die Entscheidungen bei der Erbingung dieser Leistungen getroffen werden.

10 SA v. 02.05.2006, Rs. C-196/04 (*Cadbury Schweppes*), Rz. 114. „Wenn die Leistungen der Tochtergesellschaft für die Tätigkeit der Muttergesellschaft ganz ohne wirtschaftliches Interesse sind", könne von einer künstlichen Konstruktion ausgegangen werden. Selbst der Generalanwalt befürchtet bereits Schwierigkeiten bei der Anwendung dieses Kriteriums.

nicht (zumindest nicht erkennbar) von der bisherigen Rechtsprechung des EuGH abweichen, daher können diese Kriterien nur eine Konkretisierung rein künstlicher Konstruktionen darstellen, aber nicht zu einer inhaltlichen Erweiterung des Missbrauchsbegriffs führen. Der EuGH hat in seinem Urteil diese drei Punkte nur am Rande aufgegriffen, aber auch nicht ausdrücklich zurück gewiesen.[1] Allerdings hat er nochmals betont, dass nur für „rein künstliche, jeder wirtschaftlichen Realität bare Gestaltungen"[2] das Argument der Missbrauchsbekämpfung erfolgversprechend ins Feld geführt werden kann.[3] Darüber hinaus müssen die oben unter B.III.5 (S. 40) Kriterien des europarechtlichen Missbrauchsbegriffs erfüllt, sein, d. h. vor allem, dass durch die Gestaltung ausschließlich Steuervorteile angestrebt werden, die Gestaltung aber nicht dem Zweck der Grundfreiheiten entspricht.[4]

Durch die neuere Rechtsprechung wird zwar nicht gefordert, die Maßstäbe der steuerlichen Anerkennung einer Kapitalgesellschaft im Inlands- und im Auslandsfall gleich hoch anzusetzen.[5] Dennoch zeigt die jüngere Rechtsprechung des BFH zu § 42 AO,[6] dass eine effektive Verhinderung von Einkünfteverlagerungen in ausländische Gesellschaften auch anhand der von Generalanwalt *Léger* vorgeschlagenen Kriterien kaum mehr möglich ist. Die Konkretisierung der „Realität des Standorts" hat funktionsabhängig zu erfolgen und stellt oft keine Hürde für eine Gestaltung dar.[7] Das Kriterium der „Echtheit der Tätigkeit" fällt mit der vorgelagerten Prüfung des tatsächlichen Orts der Geschäftsleitung zusammen, der „wirtschaftliche Wert der Tätigkeiten" muss im Rahmen von Transferpreisbestimmungen überprüft werden.[8]

---

1 Vgl. EuGH, Urt. v. 12.09.2006, Rs. C-196/04 (*Cadbury Schweppes*), Rz. 67: Die Feststellung einer rein künstlichen Konstruktion muss sich „u. a. auf das Ausmaß des greifbaren Vorhandenseins der beherrschten ausländischen Gesellschaft in Form von Geschäftsräumen, Personal und Ausrüstungsgegenständen beziehen."

2 EuGH, Urt. v. 12.09.2006, Rs. C-196/04 (*Cadbury Schweppes*), Rz. 55; ähnlich bereits EuGH, Urt. v. 16.07.1998, Rs. C-264/96 (*ICI*), Rz. 26.

3 Vgl. bereits *Schön, W.*, Gemeinschaftsrecht, 2004, S. 34.

4 Vgl. EuGH, Urt. v. 12.09.2006, Rs. C-196/04 (*Cadbury Schweppes*), Rz. 63 f.; *Vanistendael, F.*, Theory, 2006, S. 194.

5 Vgl. dazu oben E.IV.4, S. 215; *Wassermeyer, F.*/*Schönfeld, J.*, Auswirkungen, 2006, S. 1071.

6 Vgl. insbesondere BFH, Urt. v. 25.02.2004, I R 42/02, BStBl. II 2005, S. 14.

7 Vgl. in diesem Sinne auch *Müller-Gatermann, G.*, Steuerperspektiven, 2006, S. 15, der deshalb die Anerkennung auch typisierender Missbrauchsverhinderungsnormen durch den EuGH verlangt.

8 Vgl. dazu oben D.I.2.b)ba), S. 125. Vgl. in diesem Sinne auch *Lang, M.*, Rechtsmissbrauch, 2006, S. 285: „Die Kriterien … decken sich mit den Grundsätzen … der Einkünftezurechnung." So auch *Mihm, A.*, BB-Kommentar, 2006, S. 1841: „Diese Kriterien erinnern deutlich an die deutsche Rechtsprechung zu Basisgesellschaften."

Bezogen auf die oben dargestellten CFC-Regeln bedeutet diese Entwicklung, dass der Rechtfertigungsgrund der Verhinderung von Steuerumgehungen zumindest bei den Regeln, in denen dem Steuerpflichtigen keine Möglichkeit des Gegenbeweises gegeben wird, nicht greift, da derartige Regeln zur Erreichung des angestrebten Ziels nicht erforderlich sind, also unverhältnismäßig ausgestaltet sind. Des Weiteren dürfte eine Anwendung dieser Regeln auch bei nicht-kontrollierenden Gesellschaftern nicht zulässig sein, da hier die Annahme eines Missbrauchs nicht schlüssig begründet werden kann.[1] Hauptsächlich muss aber der Katalog der passiven bzw. schädlichen Einkünfte nach dem Urteil in der Rechtssache *Cadbury Schweppes*[2] bei sämtlichen CFC-Regeln überdacht und vor allem deutlich enger gefasst werden oder zumindest um einen Motivtest ergänzt werden.[3] Sofern eine Gesellschaft wirtschaftlich in ihrem Ansässigkeitsstaat tätig ist, kann die Art der erzielten Einkünfte oder die Art der ausgeübten Tätigkeit bestenfalls ein Indiz für eine künstliche Konstruktion sein, deren Vorliegen unabhängig von der Existenz steuerlicher Motive im konkreten Einzelfall widerlegbar sein muss.[4]

Bei Unterkapitalisierungsregeln ist nach Ansicht des EuGH der Fremdvergleichsmaßstab ein geeignetes Kriterium für eine Missbrauchsannahme.[5] Inwieweit dieser Maßstab darüber hinaus auch als Prüfkriterium für das tatsächliche Vorliegen eines Missbrauchs Bedeutung haben soll bzw. welche „wirtschaftlichen Gründe für den Abschluss dieses Geschäfts“[6] das Missbrauchsverdikt noch verhindern können, geht weder aus den Schlussanträgen noch aus dem Urteil klar hervor. Die bisherige Rechtsprechung des EuGH und das Erfordernis einer „rein künstlichen Konstruktion“ erfordern m. E. über den reinen Fremdvergleich hinausgehende Merkmale, um das Vorliegen eines Missbrauchs des Gemeinschaftsrechts annehmen zu können.[7] Eine Rechtfer-

---

1 Vgl. in diesem Sinne auch *Rödder, T./Schönfeld, J.*, Missbrauchsbegriff, 2006, S. 51. Ähnlich *Wassermeyer, F./Schönfeld, J.*, Auswirkungen, 2006, S. 1067, die zumindest geringere Mitwirkungspflichten und leichtere Gegenbeweismöglichkeiten bei Minderheitsgesellschaftern für erforderlich halten. Eine derartige Möglichkeit sieht das BMF-Schreiben zur Hinzurechnungsbesteuerung nicht explizit vor, für den Umfang der geforderten Nachweise ist aber der jeweilige Einzelfall maßgeblich, vgl. BMF, Schr. v. 08.01.2007, IV B 4 – S 1351 – 1/07, BStBl. I 2007, S. 99.

2 Vgl. EuGH, Urt. v. 12.09.2006, Rs. C-196/04 (*Cadbury Schweppes*).

3 Vgl. *Wassermeyer, F./Schönfeld, J.*, Auswirkungen, 2006, S. 1070 f.

4 Vgl. EuGH, Urt. v. 12.09.2006, Rs. C-196/04 (*Cadbury Schweppes*), Rz. 65. Zur Auslegung dieser Anforderungen durch die deutsche Finanzverwaltung vgl. BMF, Schr. v. 08.01.2007, IV B 4 – S 1351 – 1/07, BStBl. I 2007, S. 99.

5 Vgl. SA v. 29.06.2006, Rs. C-524/04 (*Thin Cap Group Litigation*), Rz. 66; EuGH, Urt. v. 13.03.2007, Rs. C-524/04 (*Thin Cap Group Litigation*), Rz. 81.

6 EuGH, Urt. v. 13.03.2007, Rs. C-524/04 (*Thin Cap Group Litigation*), Rz. 82.

7 Vgl. oben B.III.5, S. 40.

tigung nach den Grundsätzen, die der EuGH in der Rechtssache *Cadbury Schweppes* aufgestellt hat,[1] ist bei Unterkapitalisierungsregeln nicht möglich, wenn eine in die Wirtschaft des Niederlassungsstaates integrierte Tochtergesellschaft mit Fremdkapital ausgestattet wird. Sofern nicht bereits eine Beschränkung der Grundfreiheiten abgelehnt wird, lassen sich Unterkapitalisierungsregeln mit starren FK:EK-Quoten auch nach der neuesten Rechtsprechung daher nicht mit dem Ziel der Verhinderung von Missbräuchen rechtfertigen.

2. Kohärenz

Der etwas unklare[2] Rechtfertigungsgrund der „Kohärenz" wurde vom EuGH erstmalig in der Rechtssache *Bachmann*[3] anerkannt.[4] Trotz des häufigen Vorbringens dieses Rechtfertigungsgrundes durch die Regierungen der Mitgliedstaaten[5] wurde er danach vom EuGH nie wieder akzeptiert.[6]

Kohärenz kann als systematischer und funktionaler Zusammenhang einer Gruppe von steuerlichen Normen (die insgesamt eine einheitliche Funktion erfüllen) bezeichnet werden.[7] Im Fall *Bachmann* haben sich dabei bestimmte Vorteile und Nachteile bei demselben Steuerpflichtigen in demselben Steuersystem ausgeglichen.[8] Im Fall *Wielockx* wurde den Mitgliedstaaten die Berufung auf die Kohärenz einer Regelung ver-

---

[1] Vgl. EuGH, Urt. v. 12.09.2006, Rs. C-196/04 (*Cadbury Schweppes*), Rz. 51-55.

[2] Vgl. kritisch *Fischer, P.*, Verfassungsstaat, 2005, S. 465: „sinnentleerter und nie realiter wirkmächtiger Gesichtspunkt ohne praktischen Wert"; *Thömmes, O.*, Missbrauchsverhütung, 2005, S. 220: „Leerformel ohne Konturen"; SA v. 29.06.2006, Rs. C-524/04 (*Thin Cap Group Litigation*), Rz. 87: „etwas konturlos".

[3] Vgl. EuGH, Urt. v. 28.01.1992, Rs. C-204/90 (*Bachmann*), Rz. 21-28.

[4] Allerdings wird angezweifelt, ob der EuGH die damalige Argumentation heute noch als Rechtfertigungsgrund akzeptieren würde, vgl. skeptisch *Schön, W.*, Gemeinschaftsrecht, 2004, S. 35; *Thömmes, O.*, Missbrauchsverhütung, 2005, S. 220.

[5] Vgl. beispielsweise das Vorbringen der deutschen (und britischen) Regierung in EuGH, Urt. v. 12.12.2002, Rs. C-324/00 (*Lankhorst-Hohorst*), Rz. 39; der niederländischen Regierung in EuGH, Urt. v. 11.03.2003, Rs. C-9/02 (*Hughes de Lasteyrie du Saillant*), Rz. 61.

[6] Allerdings hat der Kohärenzgedanke durch die Berücksichtigung auf der Ebene der Beschränkungsprüfung in einigen Fällen zu Urteilen im Sinne der Steuerverwaltungen geführt, vgl. beispielsweise EuGH, Urt. v. 12.07.2005, Rs. C-403/03 (*Schempp*). Vgl. zur „Austauschbarkeit" der Vergleichbarkeits- und der Rechtfertigungsebene insoweit auch *Lang, M.*, Wende, 2006, S. 373 f.

[7] Vgl. *Elicker, M.*, Kohärenz, 2005, S. 89; *Frotscher, G.*, Steuerrecht, 2005, S. 45; ausführlich *Cordewener, A.*, Grundfreiheiten, 2002, S. 958-974.

[8] Vgl. EuGH, Urt. v. 28.01.1992, Rs. C-204/90 (*Bachmann*).

wehrt, wenn die behauptete Kohärenz bereits durch eine abkommensrechtliche Regelung gewahrt wird.[1]

Das lange Zeit unklare Erfordernis der Subjektidentität im Rahmen der Kohärenz ist bei der Beurteilung der hier betrachteten Missbrauchsverhinderungsnormen wichtig. Während in der Literatur insbesondere im Verhältnis zwischen Kapitalgesellschaft und Anteilseigner eine subjektübergreifende Sichtweise gefordert wird,[2] wurde die Rechtsprechung[3] des EuGH teilweise dahin interpretiert, dass er diese Subjektidentität in jedem Fall fordert.[4] Diese Auffassung hat der EuGH in der Rechtssache *Manninen* aufgegeben, allerdings hat er gleichzeitig betont, dass die Kohärenz nicht nur im nationalen Fall, sondern eben auch im grenzüberschreitenden Fall zu wahren ist.[5]

Mit dieser neuen Phase der Rechtsprechung des EuGH zum Rechtfertigungsgrund der Kohärenz wird das Ziel des Gemeinsamen Marktes nunmehr auch im Kohärenzargument konsequent berücksichtigt. Er akzeptiert die Ausdehnung des Kohärenzgedankens auf zwei Steuersubjekte,[6] verlangt aber auch dann eine Gleichbehandlung des Inlandfalls mit einem grenzüberschreitenden Fall: Die Kohärenz muss also auf Gemeinschaftsebene und nicht nur auf nationaler Ebene gewahrt bleiben.[7] Das bedeutet konkret, dass Vorteile in einem Mitgliedstaat mit Nachteilen in einem anderen Mitglied-

---

[1] Vgl. EuGH, Urt. v. 11.08.1995, Rs. C-80/94 (*Wielockx*), Rz. 24 f.; *Vanistendael, F.*, Cohesion, 2005, S. 216 f.; *Elicker, M.*, Kohärenz, 2005, S. 89; *Englisch, J.*, Dogmatik, 2003, S. 96.

[2] Vgl. *Schön, W.*, Gemeinschaftsrecht, 2004, S. 53 m. w. N.; *Schön, W.*, Binnenmarkt, 2004, S. 298; *Hey, J.*, Perspektiven, 2004, S. 197; *Eicker, K./Müller, S.*, Entscheidung, 2001, S. 441.

[3] Vgl. insbesondere die Urteile *Baars* und *Verkooijen*, EuGH, Urt. v. 13.04.2000, Rs. C-251/98 (*Baars*), Rz. 33-40; EuGH, Urt. v. 06.06.2000, Rs. C-35/98 (*Verkooijen*), Rz. 54-58.

[4] Vgl. *Hahn, H.*, Gemeinschaftsrecht, 2005, S. 512 m. w. N.

[5] Die Generalanwältin *Kokott* formuliert dies ausdrücklich in den Schlussanträgen, vgl. SA v. 18.03.2004, Rs. C-319/02 (*Manninen*), Rz. 53-61. Aus dem Urteil lässt sich dies nur implizit herauslesen, vgl. EuGH, Urt. v. 07.04.2004, Rs. C-319/02 (*Manninen*), Rz. 46. Vgl. dazu auch *Vanistendael, F.*, Cohesion, 2005, S. 217-220; *Hintsanen, L./Pettersson, K.*, Implications, 2005, S. 132. Ausdrücklich auch GA *Maduro*, vgl. SA v. 07.04.2005, Rs. C-446/03 (*Marks & Spencer*), Rz. 65-81. Skeptisch zur Gleichsetzung des grenzüberschreitenden Falls mit dem nationalen Fall und einem wenig überzeugenden Verweis auf das *AMID*-Urteil (EuGH, Urt. v. 14.12.2000, Rs. C-141/99 (*AMID*)) noch *Meussen, G.*, Boundaries, 2003, S. 147.

[6] Vgl. zustimmend auch *Wunderlich, N./Abath, L.*, Verhältnis, 2005, S. 553.

[7] Vgl. *Vanistendael, F.*, Cohesion, 2005, S. 220; *Gammie, M.*, Impact, 2005, S. 487; auch *Schnitger, A.*, Kohärenz, 2004, S. 1360 f.

staat verknüpft sein können,[1] ein DBA als zusätzliche Voraussetzung ist nicht (mehr) erforderlich.[2]

Damit entspricht selbst dieser erweiterte Kohärenzbegriff nicht der Form, wie er von den Finanzverwaltungen als Rechtfertigungsversuch angebracht wird. Soweit die nationalen Finanzverwaltungen im Rahmen der Missbrauchsbekämpfung nur die Sicherung des eigenen Steuersubstrats im Auge haben, wird dieser „neue" Kohärenzbegriff auch in Zukunft selten als Rechtfertigungsgrund greifen, denn er verlangt gerade eine systematisch gleichwertige Behandlung des grenzüberschreitenden Sachverhalts mit einem inländischen Fall. Soweit die Gewährung eines steuerlichen Vorteils im Inlandsfall die (ggf. spätere) steuerliche Erfassung bei demselben (oder in bestimmten Fällen bei einem anderen) Steuersubjekt voraussetzt, muss dieser Vorteil auch im grenzüberschreitenden Fall gewährt werden, wenn die steuerliche Erfassung in einem anderen Mitgliedstaat gesichert ist.[3] Umgekehrt darf ein steuerlicher Nachteil im Inland nicht damit begründet werden, dass eine Belastung im Inland nicht erfolgt ist. Die steuerliche Erfassung in einem anderen Mitgliedstaat ist grundsätzlich anzuerkennen.[4] Missbrauchsverhinderungsnormen, die eine Beeinträchtigung der Grundfreiheiten darstellen, werden sich mit dem Kohärenzgedanken – unabhängig von seiner konkreten Ausgestaltung – daher nicht rechtfertigen lassen.

3. Rechtfertigungsmöglichkeiten in Drittstaatenfällen

Im Verhältnis zu Drittstaaten sprechen einige Gründe dafür, dass der EuGH zumindest den Aspekt der Sachverhaltsaufklärung, vermutlich aber sogar den Aspekt des Verlusts von Steueraufkommen, bei Beeinträchtigungen der Kapitalverkehrsfreiheit anders

---

1 Der Gedanke der grenzüberschreitenden Kohärenz ist beispielsweise in der steuerlichen Behandlung von Unterhaltsleistungen im deutschen Steuerrecht konsequent verwirklicht worden. Grenzüberschreitende Unterhaltsleistungen sind nach § 1a Abs. 1 Nr. 1 S. 3 EStG nur dann abzugsfähig, wenn sie vom Empfänger im anderen Mitgliedstaat versteuert werden. Diese systematische Verknüpfung wurde vom EuGH auch für den Fall nicht beanstandet, dass derartige Unterhaltsleistungen in Deutschland unter dem Grundfreibetrag lägen, vgl. EuGH, Urt. v. 12.07.2005, Rs. C-403/03 (*Schempp*). Allerdings argumentierte der EuGH hier nicht auf Rechtfertigungsebene mit dem Kohärenzgedanken, sondern lehnte bereits auf Tatbestandsebene das Vorliegen einer Diskriminierung ab.

2 So aber noch *Elicker, M.*, Kohärenz, 2005, S. 89.

3 Vgl. *Gammie, M.*, Impact, 2005, S. 487 f. Ähnlich am Beispiel der Erfassung stiller Reserven: *Hey, J.*, Erosion, 2005, S. 319; vgl. dazu auch EuGH, Urt. v. 12.07.2005, Rs. C-403/03 (*Schempp*).

4 Vgl. in diesem Sinne bereits EuGH, Urt. v. 18.09.2003, Rs. C-168/01 (*Bosal*), Rz. 31-36, 39; *Vanistendael, F.*, Bosal, 2003, S. 192; *Schön, W.*, Gemeinschaftsrecht, 2004, S. 55, ausdrücklich *Vanistendael, F.*, Cohesion, 2005, S. 220: „The Court has established the equivalence of tax system of other Member States, very much like it has established the equivalence of the legal systems." A. A. *Wagner, S.*, Zukunft, 2005, S. 331.

beurteilen könnte als in reinen Binnenmarktfällen.[1] Im Verhältnis zu Drittstaaten steht insbesondere das Instrumentarium der Amtshilfe-Richtlinie und der Beitreibungs-Richtlinie[2] nicht zur Verfügung.[3] Allenfalls in den Fällen, in denen ein DBA mit großer Auskunftsklausel besteht, erscheint ein Verweis des EuGH auf vergleichbare Möglichkeiten für denkbar, wenn auch vor dem Hintergrund, dass derartige Vorschriften nicht der gemeinschaftsrechtlichen Kontrolle unterliegen, wenig wünschenswert.[4] Nachdem im Drittstaatenverhältnis ein Verlust von Steueraufkommen immer zu Lasten der Gemeinschaft ginge, die Grenzen des Gemeinsamen Marktes also überschritten werden, erscheint es auch sinnvoll, die Verteidigung des gemeinschaftlichen (nicht: nationalen!) Steueraufkommens als Rechtfertigungsgrund zumindest dem Grunde nach zu akzeptieren.[5] Auch bei der Prüfung des Kohärenzarguments kann die Beurteilung der steuerlichen Vor- und Nachteile, die sich grenzüberschreitend in dem Drittstaat ergeben, anders erfolgen, da insoweit die Binnenmarktsphäre verlassen wird.[6]

Bei der Prüfung des Rechtfertigungsgrundes der Missbrauchsabwehr[7] kann zumindest das Ziel der Steuerersparnis größere Bedeutung erlangen, sofern steuerliche Bemessungsgrundlagen dem Gemeinschaftsgebiet entzogen werden. Für eine weitergehende Änderung des Missbrauchsbegriffs in Drittstaatenfällen bestehen aber keine Gründe. Die von der Literatur erwartete Klärung durch die nicht-steuerliche Rechtssache *Fidium Finanz AG* hinsichtlich des Rechtfertigungsgrunds der Verhinderung von Missbräuchen in Drittstaatenfällen[8] ist ausgeblieben. In ihren Schlussanträgen ist Generalanwältin *Stix-Hackl* bei der Prüfung des Rechtfertigungsgrundes der Missbrauchsabwehr zwar zunächst nicht auf Besonderheiten des Drittstaatensachverhalts eingegan-

---

1 Vgl. zu weiteren möglichen Unterschieden bei der Rechtfertigungsprüfung in Drittstaatenfällen auch *Pistone, P.*, Impact, 2006, S. 237 f.

2 Vgl. RL 76/308/EWG v. 15.03.1976, Abl. EG v. 19.03.1976, L 73, S. 18.

3 Vgl. *Schön, W.*, Drittstaaten, 2005, S. 518. Da die Amtshilferichtlinie (77/799/EWG) nicht in den Anhang des EWR-Abkommens (Abl. EG v. 3.1.1994, L 1, S. 1) aufgenommen wurde, gilt sie in den EWR-Staaten nicht. Daher könnten sich insoweit auch hier Veränderungen bei der Rechtfertigungsprüfung ergeben.

4 Vgl. *Ståhl, K.*, Movement, 2004, S. 54 f.; *Schnitger, A.*, Kapitalverkehrsfreiheit, 2005, S. 494.

5 Vgl. ähnlich bereits *Ståhl, K.*, Movement, 2004, S. 54; *Schön, W.*, Drittstaaten, 2005, S. 516. Allerdings wird weder von *Ståhl* noch von *Schön* auf die wesentliche Unterscheidung zwischen der nicht akzeptierten Verteidigung des nationalen und der potenziell akzeptablen Verteidigung des gemeinschaftlichen Steueraufkommens hingewiesen.

6 Vgl. *Schnitger, A.*, Kapitalverkehrsfreiheit, 2005, S. 495.

7 Vgl. skeptisch hinsichtlich möglicher Änderungen *Schön, W.*, Drittstaaten, 2005, S. 518, a. A. *Schnitger, A.*, Kapitalverkehrsfreiheit, 2005, S. 494.

8 Vgl. *Schnitger, A.*, Kapitalverkehrsfreiheit, 2005, S. 501.

gen.[1] Allerdings widmete sie sich der Drittstaatenproblematik bei der Prüfung von Art. 58 Abs. 1 lit. b) EGV ausführlich. Dabei hat sie vor allem die fehlenden Möglichkeiten der Überprüfung vor Ort und die nicht gleichwertige Zusammenarbeit mit Behörden in einem Drittstaat betont.[2] Da der EuGH im Gegensatz zur Generalanwältin bereits die Anwendbarkeit der Kapitalverkehrsfreiheit verneint hat,[3] musste bzw. konnte er zu diesen Fragen keine Stellung nehmen. Inwieweit bei Drittstaatenbezug weitergehende Möglichkeiten bestehen, Beschränkungen durch Missbrauchsverhinderungsnormen zu rechtfertigen, ist daher noch nicht abschließend durch den EuGH geklärt.

VI. Auswirkungen auf das verwendete Modell

Bei sämtlichen in dieser Arbeit betrachteten Missbrauchsverhinderungsnormen kommt ein Verstoß gegen Europarecht in Betracht, wobei das Ausmaß der Betroffenheit unterschiedlich ist.

- Bei Transferpreisvorschriften liegt nur dann ein Verstoß gegen die Grundfreiheiten vor, wenn sie den grenzüberschreitenden Sachverhalt diskriminieren.
- Bei Unterkapitalisierungsregeln bietet die (steuersystematisch fragwürdige)[4] Ausdehnung dieser Regeln auf inländische Darlehensgeber eine Möglichkeit, diese Vorschriften dem Schutzbereich der Grundfreiheiten zu entziehen. Wenn Staaten ein Interesse an der Beibehaltung dieser Normen haben und die mit der Ausdehnung auf Inlandssachverhalte verbundenen Nachteile in Kauf nehmen wollen,[5] können sie diese Regeln auch innerhalb des Binnenmarktes beibehalten.
- Bei CFC-Regeln ist eine Beschränkung der Grundfreiheiten dagegen nicht zu vermeiden. Eine Ausdehnung auf Inlandssachverhalte ist hier kaum möglich.[6] Auch durch den Rechtfertigungsgrund der Verhinderung von Steuerumgehungen wird der Verstoß gegen die Grundfreiheiten nicht verhindert. Die Möglichkeit ei-

---

[1] Vgl. SA v. 16.03.2006, Rs. C-452/04 (*Fidium Finanz AG*), Rz. 80-103.

[2] Vgl. SA v. 16.03.2006, Rs. C-452/04 (*Fidium Finanz AG*), Rz. 171-184.

[3] Vgl. EuGH, Urt. v. 03.10.2006, Rs. C-452/04 (*Fidium Finanz AG*), Rz. 49. Vgl. dazu oben E.III, S. 202.

[4] Vgl. in diesem Sinne sogar SA v. 29.06.2006, Rs. C-524/04 (*Thin Cap Group Litigation*), Rz. 68.

[5] Vgl. dazu *Prinz, U.*, Gesellschafterfremdfinanzierung, 2006, S. 67; *Vinther, N./Werlauff, E.*, thinking, 2003, S. 105; *Herzig, N.*, Analyse, 2003, S. 195.

[6] Vgl. *Wassermeyer, F./Schönfeld, J.*, Auswirkungen, 2006, S. 1070; *Wassermeyer, F.*, Reformbedarf, 2005, S. 21; *Schaumburg, H./Schaumburg, H.*, Leistungsfähigkeit, 2005, S. 312.

ner widerlegbaren Missbrauchsvermutung kann nicht dieselbe Wirkung erreichen wie die bisherigen CFC-Regeln, wenn sich der EuGH nicht in einen klaren Widerspruch zu seiner bisherigen Linie hinsichtlich des Vorliegens eines Missbrauchs setzen will. Eine CFC-Richtlinie, wie sie beispielsweise von *Wassermeyer* vorgeschlagen wird,[1] dürfte an der erforderlichen Einstimmigkeit scheitern, da Länder wie Irland oder Zypern von der Ansiedlung „passiver" Gesellschaften profitieren.[2]

- Allgemeine Umgehungsnormen könnten bei einer teilweisen Unvereinbarkeit spezieller Missbrauchsverhinderungsnormen mit Europarecht an Bedeutung gewinnen. Bei allgemeinen Umgehungsnormen könnte ein Verstoß gegen europäisches Gemeinschaftsrecht dann vorliegen, wenn sie nicht gleichmäßig auf innerstaatliche und grenzüberschreitende innergemeinschaftliche Sachverhalte angewendet werden. Bei gleichmäßiger Anwendung sind sie dagegen europarechtlich unbedenklich, da auch das Gemeinschaftsrecht ein allgemeines Missbrauchsverbot kennt. Wegen der engen Grenzen, die der europarechtliche Missbrauchsbegriff hier setzt, ist eine häufigere Anwendung in grenzüberschreitenden Fällen aber kaum möglich, die Nutzung von Konzernfinanzierungsgesellschaften kann auch in Zukunft durch allgemeine Umgehungsnormen nicht verhindert werden.

Das Modell kann die Nuancen in der Auslegung von Missbrauchsverhinderungsnormen und die Details der Auslegung des Europarechts nicht abbilden. Die modellierten Transferpreisregeln und Unterkapitalisierungsregeln verstoßen aber nicht gegen Europarecht bzw. könnten so modifiziert werden, dass sie keine Beeinträchtigung der Grundfreiheiten darstellen. Auswirkungen auf das Modell ergeben sich insoweit keine. Einzig bei den CFC-Vorschriften ist nach der Analyse der Rechtsprechung des EuGH unklar, unter welchen Bedingungen die Mitgliedstaaten diese Vorschriften noch werden anwenden können. Das Modell kann, bedingt durch die notwendigerweise vorgenommenen Vereinfachungen, die Grenze zur noch zulässigen Missbrauchsverhinderung nicht ziehen, sondern stellt Grenzfälle dar. Die im Modell als Alternative III bezeichnete Gestaltung setzt eine mit Eigenkapital ausgestattete Konzernfinanzierungsgesellschaft ein, wobei die Refinanzierung auf Ebene der Muttergesellschaft

---

[1] Vgl. *Wassermeyer, F.*, Reformbedarf, 2005, S. 21.

[2] Irland und Zypern haben in der Verhandlung in der Rechtssache *Cadbury Schweppes* die Position des Steuerpflichtigen unterstützt, vgl. *Rödder, T./Schönfeld, J.*, Missbrauchsbegriff, 2006; SA v. 02.05.2006, Rs. C-196/04 (*Cadbury Schweppes*).

erfolgt. Dies führt im Ergebnis zu einem double-dip durch den Zinsabzug einerseits auf Ebene der Tochtergesellschaft und andererseits auf Ebene der Muttergesellschaft. Sofern die Konzernfinanzierungsgesellschaft keine weiteren Tätigkeiten ausübt, kann man hierin eine missbräuchliche Inanspruchnahme der noch existierenden Grenzen im Binnenmarkt sehen, da das aufgenommene Kapital in einer rein künstlichen Konstruktion über die Konzernfinanzierungsgesellschaft (und damit unter Nutzung noch existierender Grenzen) in die Tochtergesellschaft geleitet wird. Eine über diesen Grenzfall hinausgehende Anwendung von CFC-Regeln auf Konzernfinanzierungsgesellschaften ist dagegen mit den europäischen Grundfreiheiten unvereinbar. Insbesondere die im Modell als Alternative IV bezeichnete Gestaltung, bei der die Konzernfinanzierungsgesellschaft selbst die zur Darlehensvergabe benötigten Mittel am Kapitalmarkt aufnimmt, darf keine Besteuerung nach CFC-Regeln auslösen.[1]

Wie Abbildung 36 zeigt, sind daher für die im Modell betrachteten Grenzfälle keine Anpassungen an europarechtliche Nebenbedingungen erforderlich.

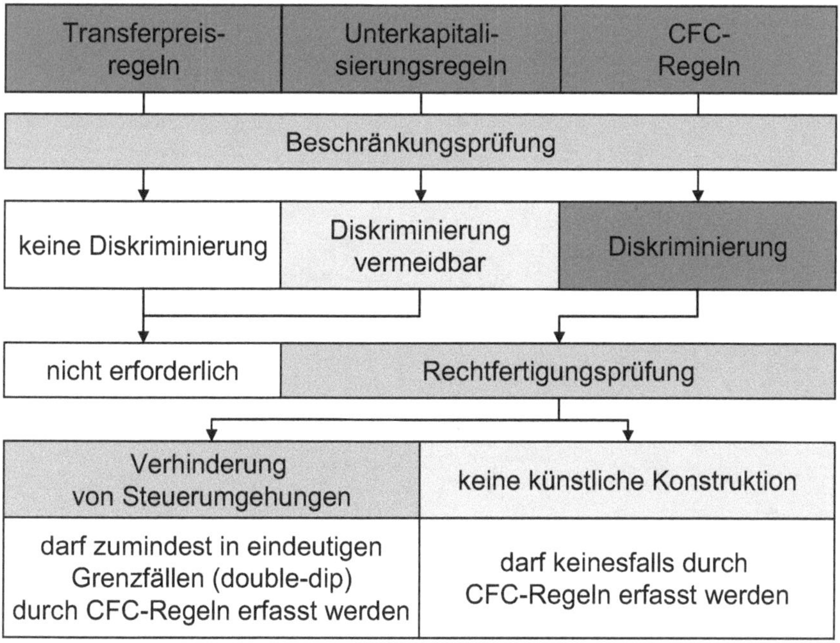

Abbildung 36: Anpassung der modellierten Missbrauchsnormen an europarechtliche Vorgaben

[1] Dasselbe gilt insoweit auch für die Anwendung der deutschen Hinzurechnungsbesteuerung auf Konzernfinanzierungsgesellschaften, soweit diese auch Eigenkapital einsetzen, das aus reinvestierten Gewinnen stammt, vgl. dazu *Schaumburg, H.*, Steuerrecht, 1998, S. 459, FN 200 m. w. N.

F. Zusammenfassung

In dieser Arbeit wurden drei der im Rahmen der periodischen internationalen Steuerplanung wesentlichen Missbrauchsverhinderungsnormen in ausgewählten Ländern dargestellt und mögliche Wirkungen dieser Normen auf den internationalen Steuerwettbewerb untersucht. Steuerwettbewerb entsteht, wenn Staaten ihre Steuersätze und Steuersysteme verändern, um international operierende Unternehmen zur Durchführung von Direktinvestitionen in ihrem Hoheitsgebiet zu bewegen.

Missbrauchsverhinderungsnormen erfüllen ihren Zweck bereits dann, wenn sie bestimmte Gestaltungen steuerlich unattraktiv machen, ohne dass es zu einer tatsächlichen Anwendung dieser Normen kommt. Nur in einer Übergangszeit oder bei Rechtsunsicherheit führen diese Normen zu einer echten Missbrauchsbekämpfung.

Die deutsche allgemeine Umgehungsvorschrift des § 42 AO beinhaltet mit der fraus legis-Doktrin, dem substance over form-Gedanken und dem business purpose-Test verschiedene Elemente, die sich in anderen Ländern teilweise zu eigenständigen Missbrauchsdoktrinen entwickelt haben.

Regeln gegen beherrschte ausländische Gesellschaften (CFC-Regeln) haben das Ziel, die steuerlichen Vorteile von Gewinnverlagerungen in abhängige ausländische Gesellschaften zu neutralisieren. Dagegen schränken Unterkapitalisierungsregeln die Möglichkeit ein, die steuerliche Bemessungsgrundlage von Tochterkapitalgesellschaften durch überhöhte Gesellschafter-Fremdfinanzierung in das Ausland zu verlagern.

CFC-Regeln schränken die Gestaltungsmöglichkeiten bei Outbound-Investitionen ein, während Unterkapitalisierungsregeln für Inbound-Investitionen von Bedeutung sind. Sämtliche möglichen Kombinationen dieser beiden Missbrauchsverhinderungsnormen sind bei bilateralen Investitionsströmen in der Realität anzutreffen. Allgemeine Umgehungsregeln existieren in fast jedem der in dieser Arbeit betrachteten Staaten.

Zur Untersuchung der Wirkung dieser Missbrauchsverhinderungsnormen im Steuerwettbewerb wurde ein eigenes Modell entwickelt. In diesem Modell wird beispielhaft die Standortwahl eines Konzerns bei der Gründung einer neuen Tochterkapitalgesellschaft betrachtet. Dabei wird analysiert, welchen Einfluss die Möglichkeit der Einschaltung einer konzerneigenen Finanzierungsgesellschaft bei der Finanzierung der Tochtergesellschaft und die Einschränkung dieser Möglichkeit durch verschiedene Missbrauchsverhinderungsnormen auf diese Standortwahl ausüben. Neben Transferpreisvorschriften, die eine Einkünftekorrektur auslösen können, schränken insbesondere CFC-Regeln und Unterkapitalisierungsregeln die Gestaltungsmöglichkeiten bei der Einschaltung einer konzerneigenen Finanzierungsgesellschaft ein. Allgemeine Umgehungsregeln und Regeln über die Bestimmung des Orts der Geschäftsleitung stellen dagegen regelmäßig kein Hindernis für derartige Gestaltungen dar. Aus dem verwendeten Modell lassen sich folgende Hypothesen über die Wirkung von Missbrauchsverhinderungsnormen im Steuerwettbewerb ableiten:

(1) Das neoklassische Standardmodell des internationalen Steuerwettbewerbs geht von einer reinen Quellenbesteuerung ohne die Möglichkeit einer Gewinnverlagerung aus. Dem entspricht in der Modellierung in der vorliegenden Untersuchung näherungsweise die voll mit Eigenkapital finanzierte Tochtergesellschaft. Bei uneingeschränkt möglicher Gewinnverlagerung würde Steuerwettbewerb dagegen nicht stattfinden, da der Gewinn einer Tochtergesellschaft komplett in die niedrig besteuerte Konzernfinanzierungsgesellschaft verlagert werden könnte und keine Besteuerung im Quellenstaat erfolgen würde. Nur ertragsunabhängige Elemente in den Bemessungsgrundlagen würden noch zu Steuerzahlungen der Tochtergesellschaft führen und einen Einfluss auf die Standortwahl ausüben.

(2) Existieren dagegen Transferpreisregeln, aber keine weiteren Missbrauchsverhinderungsnormen, werden die Möglichkeiten zur Gewinnverlagerung eingeschränkt, aber nicht völlig abgestellt. Der Steuerwettbewerb wäre damit nicht völlig ausgeschaltet, er wäre aber im Vergleich zum neoklassischen Standardmodell des Steuerwettbewerbs weiterhin abgeschwächt.

(3) Unterkapitalisierungsregeln verstärken diese Wirkung der Transferpreisregeln. Der Steuerwettbewerb wird zwar durch die weiterhin mögliche Gewinnverlagerung mittels Fremdfinanzierung abgeschwächt, durch die teilweise erzwungene Eigenkapitalausstattung der Tochtergesellschaft kommt es insoweit zu einer Annäherung an das neoklassische Standardmodell.

(4) Die Berücksichtigung von CFC-Regeln, die wie das deutsche AStG zwischen einer eigenkapitalfinanzierten (passiven) und einer fremdkapitalfinanzierten (aktiven) Konzernfinanzierungsgesellschaft unterscheiden, hat hinsichtlich der Konkurrenz der Hochsteuerländer um Direktinvestitionen keinen Einfluss auf den Steuerwettbewerb. Dieser bleibt in demselben Umfang abgeschwächt wie ohne CFC-Regeln. Bei Investitionen in Niedrigsteuerländern entspricht die Intensität des Steuerwettbewerbs dagegen dem neoklassischen Standardmodell. Da die Refinanzierung auf Ebene der Muttergesellschaft durch derartige CFC-Vorschriften bei Einschaltung einer Finanzierungsgesellschaft unmöglich wird, werden Investitio-

nen in Niedrigsteuerländern ohne Finanzierungsgesellschaft durchgeführt, um den Zinsabzug im Ansässigkeitsstaat der Muttergesellschaft zu nutzen. Zwischen diesen Ländern ist der Steuerwettbewerb im Vergleich zum Standardmodell nicht abgeschwächt, da die Tochtergesellschaft mit Eigenkapital ausgestattet wird.

(5) Wenn Investitionsströme durch CFC-Regeln analog zum deutschen AStG erfasst werden, sind Unterkapitalisierungsregeln nur in Hochsteuerländern von Bedeutung, da Investitionen in Niedrigsteuerländer eigenkapitalfinanziert werden.

(6) Um die Existenz von Missbrauchsverhinderungsnormen in gesamtwirtschaftliche Modelle des Steuerwettbewerbs zu integrieren, müssten diese Modelle folgendermaßen erweitert bzw. verändert werden:

(a) Zum einen ist die Steuerzahlung am Ort des Kapitaleinsatzes vom Steuersatz, den Transferpreisvorschriften und der safe haven-Regelung am Investitionsort abhängig. Zum anderen kann der Verlauf der Steuerzahlung nicht als eine stetige Funktion angenommen werden. Die Funktion ist am Indifferenzsteuersatz unterbrochen, sofern die Muttergesellschaft CFC-Regeln unterliegt.

(b) Aus diesen Gründen ist die Reaktionsfunktion des Kapitaleinsatzes in einem bestimmten Land ebenfalls nicht nur vom Steuersatz, sondern auch von den Transferpreisregeln und den Unterkapitalisierungsvorschriften abhängig. Sowohl eine Erhöhung des Steuersatzes als auch strengere Transferpreisvorschriften und ein niedrigerer safe haven führen unter Umständen zu einem niedrigeren Kapitaleinsatz in einem Land.

(c) Daneben müssten diese Modelle berücksichtigen, dass jeder bilaterale Investitionsstrom individuell betrachtet werden muss. Sowohl die Steuerzahlung als auch die Reaktionsfunktion des Kapitaleinsatzes in einem Land sind von der Existenz von CFC-Regeln im Sitzstaat der Muttergesellschaft sowie dem dort geltenden Steuersatz abhängig.

Die Initiativen der OECD und der EU gegen schädlichen Steuerwettbewerb waren zwar dem äußeren Anschein nach erfolgreich, ob dies aber in der Realität dazu führt, dass der Steuerwettbewerb zwischen den Staaten keine oder weniger schädliche Folgen hat, ist umstritten. Die Ergebnisse des in dieser Arbeit verwendeten Modells werden durch die teilweise bereits erfolgte Umsetzung dieser Initiativen jedenfalls nicht beeinflusst.

Die betrachteten Missbrauchsverhinderungsnormen wirken bei Aktivitäten, die dem Schutzbereich mehrerer europäischer Grundfreiheiten unterliegen. Die Kapitalverkehrsfreiheit ist über reine Binnenmarktsachverhalte hinaus auch in Drittstaatenfällen anzuwenden. Soweit diese Missbrauchsverhinderungsnormen zwischen Inlandssachverhalten und grenzüberschreitenden Sachverhalten differenzieren, stellen sie eine Beeinträchtigung der Grundfreiheiten dar. So wie sie in der vorliegenden Untersuchung modelliert wurden, verstoßen sie aber nicht gegen europäisches Gemeinschaftsrecht. Die aus dem Modell gewonnenen Hypothesen lassen sich damit auch unter Berücksichtigung der Rechtsprechung des EuGH aufrechterhalten.

Anhang

I. Tabellarische Übersicht über ausgewählte spezielle Missbrauchsverhinderungsnormen

1. Regeln gegen beherrschte Auslandsgesellschaften

a) Beherrschungsvoraussetzungen

Land	Anwendung (Kontrollvoraussetzungen)	Zurechnung
Dänemark	Anwendungsvoraussetzung ist, dass ein Inländer mindestens 25% des Kapitals oder mehr als 50% der Stimmrechte hält.[1]	Eine Zurechnung erfolgt anteilig nach der durchschnittlichen Beteiligungsquote im Wirtschaftsjahr bei dem Inländer, der direkt oder indirekt die größte Beteiligung hält.
Deutschland	Grundsätzliche Anwendungsvoraussetzung ist, dass mehr als 50% des Kapitals oder der Stimmrechte von Inländern gehalten werden. Bei Einkünften mit Kapitalanlagecharakter ist die Mindestbeteiligung eines Inländers ohne anderweitig vorliegende Inländerbeherrschung 1%. Erzielt die ausländische Gesellschaft fast ausschließlich Einkünfte mit Kapitalanlagecharakter, ist eine Mindestbeteiligung nicht erforderlich.	Eine Zurechnung erfolgt anteilig nach der Beteiligung am Nennkapital bei allen Inländern ab dem ersten Anteil, sofern die Anwendungsvoraussetzungen erfüllt sind.
Finnland	Anwendungsvoraussetzung ist, dass Inländer mindestens 50% des Kapitals, der Stimmrechte oder der Gewinnansprüche besitzen.	Eine Zurechnung erfolgt anteilig, aber erst wenn ein Inländer mindestens 10% des Kapitals oder der Gewinnansprüche besitzt.
Frankreich[2]	Anwendungsvoraussetzung ist, dass eine inländische Kapitalgesellschaft zu mehr als 50% an einer ausländischen Kapitalgesellschaft beteiligt ist, oder dass französische Kapitalgesellschaften zusammen zu mehr als 50% an einer ausländischen Kapitalgesellschaft beteiligt sind.	Eine Zurechnung zu den inländischen Anteilseignern erfolgt quotal. Wird die Beherrschungsvoraussetzung durch mehrere Kapitalgesellschaften zusammen erfüllt, erfolgt eine Zurechnung erst bei einer mindestens 5%-igen Beteiligung.

1 Wenn mehrere Inländer diese Bedingungen erfüllen, kommen die Regeln nur bei demjenigen zur Anwendung, der die meisten Anteile direkt oder indirekt hält, vgl. *Sørensen, M.*, Denmark, 2001, S. 465.

2 Die französischen CFC-Vorschriften wurden 2005 überarbeitet, vgl. zu den hier dargestellten aktuellen Regeln: *Baranger, S.*, France, 2006, S. 227; *Gouthière, B.*, Developments, 2006, S. 514-516.

Land	Anwendung (Kontrollvoraussetzungen)	Zurechnung
Großbritannien	Anwendungsvoraussetzung ist, dass mehr als 50% der Stimmrechte von Inländern gehalten werden oder dass mindestens 40% der Stimmrechte von einem Inländer und zwischen 40% und 55% von einem Ausländer gehalten werden.	Eine Zurechnung erfolgt quotal bei inländischen Kapitalgesellschaften, die (zusammen mit abhängigen Personen) mindestens 25% der Stimmrechte und der Gewinnansprüche besitzen.
Italien	Anwendungsvoraussetzung ist, dass ein Inländer die Kontrolle ausübt, d. h. dass ein Inländer mehr als 50% der Stimmrechte hat, ausreichend Stimmrechte zur Ausübung eines maßgeblichen Einflusses hat oder einen maßgeblichen Einfluss durch Verträge ausüben kann. Seit 2004 ist eine Anwendung bereits bei einer mehr als 20%igen Beteiligung möglich.	Eine Zurechnung erfolgt quotal nach Gewinnrechten, es werden aber nur dem kontrollierenden Inländer Gewinne zugerechnet.
Portugal	Anwendungsvoraussetzung ist, dass mindestens ein Inländer zu mindestens 25% beteiligt ist oder mehrere Inländer zu mehr als 50% beteiligt sind.	Eine Zurechnung erfolgt quotal, aber nur, wenn die Beteiligung mindestens 10% beträgt.
Schweden	Anwendungsvoraussetzung ist seit 2004, dass ein Inländer zu mindestens 25% am Kapital oder den Stimmrechten beteiligt ist.	Eine Zurechnung erfolgt quotal bei allen Inländern, die zu mindestens 25% am Kapital oder den Stimmrechten beteiligt sind.
Spanien	Anwendungsvoraussetzung ist, dass ein Inländer mindestens 50% des Kapitals, der Stimmrechte oder der Gewinnansprüche hält.	Eine Zurechnung erfolgt quotal ab dem ersten Anteil.
Japan	Anwendungsvoraussetzung ist, dass Inländer mehr als 50% des Kapital oder der Stimmrechte halten.	Eine Zurechnung erfolgt quotal bei Inländern, die mindestens 5% des Kapitals oder der Stimmrechte halten.
Kanada	Anwendungsvoraussetzung ist, dass die ausländische Gesellschaft durch einen oder bis zu fünf Kanadier kontrolliert wird.	Eine Zurechnung erfolgt ab dem ersten Anteil bei Inländern, die die ausländische Gesellschaft kontrollieren.
Neuseeland	Anwendungsvoraussetzung ist, dass 5 oder weniger Inländer mehr als 50% der Stimmrechte oder die de facto-Kontrolle haben oder dass ein Inländer mindestens 40% der Stimmrechte und kein Ausländer gleichzeitig mindestens so viele Stimmrechte hat wie der Inländer.	Eine Zurechnung erfolgt quotal, aber nur bei Inländern, die mindestens zu 10% beteiligt sind.
Norwegen	Anwendungsvoraussetzung ist, dass mindestens 50% des Kapitals, der Stimmrechte oder der Gewinnansprüche von Inländern gehalten werden.	Eine Zurechnung erfolgt ab dem ersten Anteil entsprechend dem Dividendenanspruch des Inländers.

Land	Anwendung (Kontrollvoraussetzungen)	Zurechnung
USA	CFC-Vorschriften greifen, wenn mehr als 50% des Kapitals oder der Stimmrechte von Inländern gehalten werden, die jeweils zu mindestens 10% beteiligt sind.	Eine Zurechnung erfolgt quotal für Inländer, die zu mindestens 10% am Kapital oder den Stimmrechten beteiligt sind.

Tabelle 19: Beherrschungsvoraussetzungen bei ausgewählten CFC-Vorschriften[1]

b) Art der Einkünfte

Land	Anforderungen an die Art der Einkünfte	zugerechnete Einkünfte
Dänemark	Anwendungsvoraussetzung ist, dass mehr als 1/3 des Einkommens aus schädlichen Einkünften besteht. Schädliche Einkünfte sind vor allem Zinsen, Lizenzen, Leasingeinkünfte, Dividenden und Veräußerungsgewinne.	Nur schädliche Einkünfte werden zugerechnet.
Deutschland	Anwendungsvoraussetzung ist, dass Einkünfte aus passiven Tätigkeiten vorliegen. Passive Tätigkeiten sind alle Tätigkeiten, die nicht aktiv sind (negative Abgrenzung). Einkünfte aus passiven Tätigkeiten sind i. d. R. Zinsen, Lizenzen oder Mieteinnahmen bei beweglichen Wirtschaftsgütern.	Nur die Einkünfte aus passiven Tätigkeiten werden zugerechnet.
Finnland	Es erfolgt keine Anwendung, wenn Einkünfte hauptsächlich aus industriellen oder Vertriebs- oder Marketingaktivitäten im Sitzstaat der ausländischen Tochtergesellschaft stammen.	Wenn die Anwendungsvoraussetzungen erfüllt sind, werden alle Einkünfte zugerechnet.
Frankreich[2]	Es gibt keine Anforderungen an die Art der Einkünfte. Allerdings gibt es Ausnahmen von der Anwendung, sofern der französische Anteilseigner nachweisen kann, dass die Zwischenschaltung nicht aus steuerlichen Gründen erfolgt. Innerhalb der EU kommt es nur bei künstlichen Konstruktionen zur Anwendung der CFC-Regeln.	Wenn die Anwendungsvoraussetzungen erfüllt sind, werden alle Einkünfte zugerechnet.

---

1 Folgende Quellen wurden bei der Erstellung der Tabelle verwendet: *IBFD* (Hrsg.), Handbook, 2006; die Länderberichte in: *Michael Lang* u. a. (Hrsg.), Legislation, 2004; *IFA* (Hrsg.), Limits, 2001, sowie *Ambrosanio, M. F./Caroppo, M. S.*, Eliminating, 2005, Tabelle 5, S. 699-701. Soweit zu einzelnen Ländern zusätzliche Quellen herangezogen wurden, ist dies bei den jeweiligen Ländern belegt.

2 Die französischen CFC-Vorschriften wurden 2005 überarbeitet, vgl. zu den hier dargestellten aktuellen Regeln: *Baranger, S.*, France, 2006, S. 227; *Gouthière, B.*, Developments, 2006, S. 514-516.

Land	Anforderungen an die Art der Einkünfte	zugerechnete Einkünfte
Großbritannien	Grundsätzlich gibt es keine Anforderungen an die Art der Einkünfte, es sind aber Befreiungstatbestände vorhanden: Es erfolgt keine Anwendung der CFC-Vorschriften, wenn die ausländische Gesellschaft aktive Handelstätigkeiten im Sitzstaat betreibt oder es sich um eine Holdinggesellschaft handelt, die bestimmte Voraussetzungen erfüllt. Darüber hinaus erfolgt keine Anwendung der CFC-Regeln, wenn 90% des Einkommens ausgeschüttet wird. Ausnahmen sind auch nach dem „Motive Test" möglich, wenn Steuervermeidung kein Hauptgrund für die Einschaltung der ausländischen Gesellschaft war.	Wenn die Anwendungsvoraussetzungen erfüllt sind und keine Befreiungstatbestände vorliegen, werden alle Einkünfte zugerechnet.
Italien	Es erfolgt keine Anwendung, wenn die ausländische Gesellschaft hauptsächlich eine industrielle oder gewerbliche Tätigkeit in ihrem Sitzstaat ausübt.	Wenn die Anwendungsvoraussetzungen erfüllt sind, werden alle Einkünfte zugerechnet.
Portugal	Es erfolgt keine Anwendung der CFC-Vorschriften, sofern die Gewinne der ausländischen Gesellschaft mindestens zu 75% aus industrieller Tätigkeit oder aus gewerblicher Tätigkeit mit in Portugal nicht ansässigen Personen stammen und die Haupttätigkeit nicht aus bestimmten schädlichen Tätigkeiten (v. a. Banktätigkeiten, Holdingtätigkeiten, Lizenzvergabe oder Leasing) besteht.	Wenn die Anwendungsvoraussetzungen erfüllt sind, werden alle Einkünfte zugerechnet.
Schweden	Es gibt keine Anforderungen an die Art der Einkünfte, allerdings hat die Art der Einkünfte Bedeutung bei der Feststellung, ob eine niedrige Besteuerung vorliegt.	Wenn die Anwendungsvoraussetzungen erfüllt sind, werden alle Einkünfte zugerechnet.
Spanien	CFC-Vorschriften greifen nur bei schädlichen Einkünften, d. h. bei passiven Einkünften (v. a. Mieten, Zinsen und Dividenden) und bei Einkünften, die aus der Reduzierung der spanischen Steuerbemessungsgrundlagen stammen (Einkünfte aus Dienstleistungen, die in Spanien als Betriebsausgaben erfasst werden). Es existieren Rückausnahmen bei bestimmten schädlichen Einkünften.	Nur die schädlichen Einkünfte werden zugerechnet, sofern sie mindestens 15% der gesamten Einkünfte oder 4% des Umsatzes der CFC ausmachen. Bei ausländischen Gesellschaften in Steueroasen (Blacklist) besteht eine Vermutung, dass sämtliche Einkünfte schädliche Einkünfte sind und dass die schädlichen Einkünfte 15% der Anschaffungskosten der Beteiligung betragen.

Land	Anforderungen an die Art der Einkünfte	zugerechnete Einkünfte
Japan	Grundsätzlich werden keine Anforderungen an die Art der Einkünfte gestellt, allerdings erfolgt keine Anwendung der CFC-Vorschriften, wenn die ausländische Gesellschaft hauptsächlich Einkünfte aus aktiven Tätigkeiten (nicht: Zinsen, Lizenzen, Dividenden u. Ä.) erzielt und ihre Leistungen überwiegend gegenüber fremden Dritten erbringt bzw. die Einkünfte überwiegend in ihrem Sitzstaat erzielt.	Wenn keine Ausnahmen vorliegen, werden alle Einkünfte zugerechnet.
Kanada	Anwendungsvoraussetzung ist, dass die ausländische Gesellschaft schädliche Einkünfte (passive Einkünfte, v. a. Zinsen, Lizenzen, Mieten, Dividenden und Veräußerungsgewinne) erzielt.	Nur die schädlichen Einkünfte werden zugerechnet.
Neuseeland	Es werden keine Anforderungen an die Art der Einkünfte gestellt.	Sämtliche Einkünfte werden zugerechnet.
Norwegen	Es gibt keine Anforderungen an die Art der Einkünfte wenn die ausländische Gesellschaft nicht in einem Staat ansässig ist, mit dem Norwegen ein DBA abgeschlossen hat. Auf Gesellschaften in DBA-Ländern finden die CFC-Vorschriften nur Anwendung, wenn die Einkünfte hauptsächlich aus passiver Tätigkeit (v. a. Zinsen, Lizenzen, Mieten, Dividenden[1]) stammen.	Wenn die Anwendungsvoraussetzungen erfüllt sind, werden alle Einkünfte zugerechnet.
USA	CFC-Vorschriften greifen nur bei schädlichen Einkünften, v. a. bei Zinsen, Lizenzen, Mieten, Dividenden und Veräußerungsgewinnen, bei Einkünften aus dem Handel mit bzw. aus Dienstleistungen für und an nahestehende Personen.	Nur die schädlichen Einkünfte werden zugerechnet. Wenn mehr als 70% der gesamten Einkünfte bereits aus dem Handel mit bzw. aus Dienstleistungen für und an nahestehende Personen stammen, werden sämtliche Einkünfte zugerechnet.

Tabelle 20: Art der erfassten und der zugerechneten Einkünfte der CFC[2]

[1] Passive Einkünfte sind nicht gesetzlich definiert, vgl. *Glad, B.*, Norway, 2004, S. 499 f.

[2] Folgende Quellen wurden bei der Erstellung der Tabelle verwendet: *IBFD* (Hrsg.), Handbook, 2006; die Länderberichte in: *Michael Lang* u. a. (Hrsg.), Legislation, 2004; *IFA* (Hrsg.), Limits, 2001, sowie *Ambrosanio, M. F./Caroppo, M. S.*, Eliminating, 2005, Tabelle 5, S. 699-701. Soweit zu einzelnen Ländern zusätzliche Quellen herangezogen wurden, ist dies bei den jeweiligen Ländern belegt.

c) Ausländischer Steuersatz

Land	Anforderungen an den Sitzstaat der Basisgesellschaft
Dänemark	CFC-Vorschriften greifen bei niedriger Besteuerung. Niedrige Besteuerung liegt vor, wenn der nominale Steuersatz unter 75% des dänischen Steuersatzes und damit unter 22,5% liegt, oder die effektive Steuerbelastung 75% der effektiven dänischen Steuerbelastung auf dieselbe Bemessungsgrundlage unterschreitet.
Deutschland	CFC-Vorschriften greifen bei niedriger Besteuerung, d. h. bei einer Besteuerung (tatsächlichen Belastung) von weniger als 25%.
Finnland	CFC-Vorschriften greifen, wenn die effektive Besteuerung 60% der finnischen Steuerbelastung von 29% unterschreitet (< 17,4%).
Frankreich[1]	CFC-Vorschriften greifen, wenn die ausländische Gesellschaft einer Besteuerung unterliegt, die mindestens um 50% niedriger als die entsprechende französische Steuer ist.
Großbritannien	CFC-Vorschriften greifen, wenn die gezahlte Steuer weniger als 75% der entsprechenden Steuer in Großbritannien ist oder die CFC einem „designer-rate-regime" unterliegt. CFC-Vorschriften greifen nicht, wenn die ausländische Gesellschaft 90% ihres Einkommens in einem Land der „white list" erzielt.
Italien	Italien verwendet eine Liste der Staaten, auf die die CFC-Vorschriften Anwendung finden (Blacklist). Diese Liste kann vom Finanzminister per Dekret verändert werden.
Norwegen	CFC-Vorschriften greifen, wenn die veranlagte Steuer der ausländischen Gesellschaft (über mehrere Jahre betrachtet) weniger als 2/3 der entsprechenden norwegischen Steuer (nominaler Steuersatz 28%) beträgt.
Portugal	Blacklist mit 82 Ländern, Territorien und Regionen,[2] aus der wohl eine Vermutung einer niedrigen Besteuerung folgt.[3] Zusätzlich bzw. alternativ gibt es eine gesetzliche Definition eines Niedrigsteuerlandes: Niedrige Besteuerung liegt vor, wenn die von der ausländischen Gesellschaft gezahlte Steuer 60% der entsprechenden portugiesischen Steuer nicht übersteigt.
Schweden	CFC-Vorschriften greifen, wenn die ausländische Gesellschaft einer niedrigen Besteuerung unterliegt, d. h. wenn die gezahlte Steuer weniger als 55% der entsprechenden schwedischen Steuer (nominaler Satz 28%) beträgt. Daneben gibt es eine Whitelist, nach der in bestimmten Ländern für bestimmte Aktivitäten der ausländischen Gesellschaft keine niedrige Besteuerung angenommen wird.

[1] Die französischen CFC-Vorschriften wurden 2005 überarbeitet, vgl. zu den hier dargestellten aktuellen Regeln: *Baranger, S.*, France, 2006, S. 227; *Gouthière, B.*, Developments, 2006, S. 514-516.

[2] Vgl. *Borges, R.*, Portugal, 2004, S. 535, der zur Entstehung der Blacklist anmerkt, dass sie zwar ursprünglich auf der OECD-Liste von 2000 aufbaute, dann jedoch wesentlich erweitert wurde, weil die Liste der OECD als zu eng empfunden wurde.

[3] Vgl. *Borges, R.*, Portugal, 2004, S. 535, der in bestimmten Fällen von der generell alternativen Wirkung der Liste und des relativen Kriteriums abweichen möchte; a. A. *Sousa da Câmara, F. d.*, Portugal, 2001, S. 767 f., 778, der annimmt, dass ein Land auf der Blacklist sein muss und im konkreten Fall eine niedrige Besteuerung anbieten muss, um für dort ansässige Gesellschaften die CFC-Vorschriften anwendbar zu machen.

Land	Anforderungen an den Sitzstaat der Basisgesellschaft
Spanien	CFC-Vorschriften greifen, wenn die gezahlte Steuer der ausländischen Gesellschaft in der jeweiligen Kategorie der schädlichen Einkünfte (per basket) weniger als 75% der entsprechenden spanischen Steuer beträgt. Bei Ländern, die auf der Blacklist verzeichnet sind, besteht eine Vermutung, dass eine niedrige Besteuerung vorliegt. Es erfolgt keine Anwendung bei Ländern innerhalb der EU, die nicht auf der Blacklist sind.[1]
Japan	Japan verwendete vor 1992 eine Blacklist. Seit 1992 greifen die CFC-Vorschriften, wenn die effektive Steuerbelastung der ausländischen Gesellschaft 25% nicht überschreitet.
Kanada	Keine Anforderungen: die CFC-Vorschriften greifen für alle schädlichen Einkünfte ausländischer Gesellschaften, wenn die Voraussetzungen der Kontrolle erfüllt sind.
Neuseeland	CFC-Vorschriften greifen bei allen Ländern, die nicht auf der „grey list“ sind (Australien, Deutschland, Japan, Kanada, Großbritannien, USA und Norwegen). Bei Gesellschaften, die in diesen Ländern ansässig sind, greifen die CFC-Vorschriften nur, wenn bestimmte Steuervergünstigungen in Anspruch genommen werden.
USA	Nur Einkünfte, die einer Besteuerung von weniger als 90% der entsprechenden US-amerikanischen Besteuerung unterliegen, zählen zu den schädlichen Einkünften.

Tabelle 21: Anforderungen an den Sitzstaat der Basisgesellschaft[2]

[1] Vgl. *García-Herrera, C./Herrera, P. M.*, fairness, 2004, S. 58. EU-Mitgliedstaaten auf der Blacklist sind Malta und Luxemburg im Fall der 1929 Holdings, vgl. *García Prats, F. A.*, Spain, 2001, S. 804.

[2] Folgende Quellen wurden bei der Erstellung der Tabelle verwendet: *IBFD* (Hrsg.), Handbook, 2006; die Länderberichte in: *Michael Lang* u. a. (Hrsg.), Legislation, 2004; *IFA* (Hrsg.), Limits, 2001, sowie *Ambrosanio, M. F./Caroppo, M. S.*, Eliminating, 2005, Tabelle 5, S. 699-701. Soweit zu einzelnen Ländern zusätzliche Quellen herangezogen wurden, ist dies bei den jeweiligen Ländern belegt.

d) Technik der Zurechnung

Land	Erfassung bei den inländischen Gesellschaftern	Behandlung von Verlusten der CFC	Behandlung von Dividenden
Dänemark	Zurechnung der schädlichen Einkünfte zu den Inländern. Anrechnung ausländischer Steuern.	Keine Verrechnung mit anderen Einkünften möglich. Verlustvortrag über fünf Jahre möglich.	Anwendung der allgemeinen Dividendenfreistellung bei Beteiligungen von mindestens 25% seit drei Jahren.
Deutschland	Die nach deutschem Steuerrecht ermittelten schädlichen Einkünfte werden als fiktive Dividende unter Nichtanwendung von Befreiungsvorschriften den Inländern zugerechnet. Abzug, ggf. Anrechnung ausländischer Steuern möglich.	Keine Verrechnung mit anderen Einkünften möglich (keine Ausschüttung von Verlusten). Verlustvortrag nach Maßgabe des § 10d EStG möglich.	Freistellung zu 95% bei inländischen Kapitalgesellschaften bzw. zu 100% bei inländischen natürlichen Personen. Rückwirkende Anrechnung ausländischer Quellensteuer auf die bezahlte Steuer auf hinzugerechnete schädliche Einkünfte vergangener Jahre möglich.
Finnland	Zurechnung der nach finnischen Regeln ermittelten Einkünfte der CFC zu den Inländern. Anrechnung ausländischer Steuern möglich.	Keine Verrechnung mit anderen Einkünften möglich. Verlustvortrag über fünf Jahre möglich.	Freistellung von Dividenden, die aus zugerechneten Einkünften stammen. Daher keine Anrechnung ausländischer Quellensteuern.
Frankreich[1]	Zurechnung der Einkünfte der CFC zu den Inländern als fiktive Dividenden. Anrechnung ausländischer Steuern möglich.	Keine Verrechnung mit anderen Einkünften möglich.	Freistellung der Dividenden, keine Anrechnung von Quellensteuern möglich.
Großbritannien	Zurechnung der nach britischen Vorschriften ermittelten Einkünfte der CFC zu den Inländern als Einkünfte eigener Art. Anrechnung ausländischer Steuern möglich.	Keine Verrechnung mit anderen Einkünften möglich, da keine Zurechnung von Verlusten erfolgt. Verlustvortrag bei der CFC unbegrenzt möglich (per basket).	Steuern, die auf die zugerechneten Einkünfte gezahlt wurden, können auf die Steuern, die auf die Dividenden zu zahlen sind, angerechnet werden. Anrechnung von Quellensteuern möglich.
Italien	Zurechnung der nach italienischen Vorschriften ermittelten schädlichen Einkünfte zu den Inländern, gesonderte Besteuerung zu mindestens 27%. Anrechnung ausländischer Steuern möglich.	Keine Verrechnung mit anderen Einkünften möglich. Verlustvortrag über fünf Jahre möglich.	Freistellung von Dividenden, die aus zugerechneten Einkünften stammen. Anrechnung von Quellensteuern möglich.[2]

[1] Die französischen CFC-Vorschriften wurden 2005 überarbeitet, daher kann hier nur auf die Darstellung bei *Baranger, S.*, France, 2006, S. 227, zurückgegriffen werden.

[2] Vgl. *Valente, P./Magenta, M.*, Legislation, 2001, S. 55.

Land	Erfassung bei den inländischen Gesellschaftern	Behandlung von Verlusten der CFC	Behandlung von Dividenden
Norwegen	Zurechnung der nach norwegischen Vorschriften ermittelten Einkünfte der CFC. Anrechnung ausländischer Steuern möglich.	Verrechnung der Verluste mit inländischen Einkünften grundsätzlich möglich.	Freistellung von Dividenden der CFC, solange die kumulierten Dividenden die kumulierten zugerechneten Einkünfte nicht übersteigen. Keine Anrechnung ausländischer Quellensteuern.
Portugal	Zurechnung der nach ausländischem Recht ermittelten Einkünfte zu den Inländern. Anrechnung ausländischer Steuern möglich.	Keine Verrechnung der Verluste mit anderen Einkünften. Kein Verlustvor- oder -rücktrag bei der CFC möglich.	Faktische Freistellung von Dividenden der CFC, die aus zugerechneten Einkünften stammen. Anrechnung von Quellensteuern möglich.
Schweden	Zurechnung der nach schwedischen Regeln ermittelten Einkünfte zu den Inländern als normale gewerbliche Einkünfte.	Keine Verrechnung der Verluste mit anderen Einkünften. Verlustvortrag unbegrenzt möglich.	Freistellung von Dividenden, die aus zugerechneten Einkünften stammen.
Spanien	Zurechnung der nach spanischen Regeln ermittelten schädlichen Einkünfte als eigenständige Einkünftekategorie zu den Inländern. Anrechnung ausländischer Steuern nur bei inländischen Kapitalgesellschaften möglich; keine Anrechnung bei Ländern auf der Blacklist.	Keine Zurechnung von Verlusten; eine Zurechnung schädlicher Einkünfte erfolgt nur soweit sie die gesamten Einkünfte der CFC nicht übersteigen	Freistellung von Dividenden, die aus zugerechneten Einkünften stammen. Anrechnung von Quellensteuern möglich.
Japan	Zurechnung der nach japanischen oder ausländischen Vorschriften ermittelten Einkünfte zu den Inländern. Anrechnung ausländischer Steuern möglich.	Keine Verrechnung mit anderen Einkünften, nur positive Einkünfte werden zugerechnet.	Zwar keine Freistellung der Dividenden, aber bis zur Höhe der steuerpflichtigen Dividenden dürfen die zugerechneten Einkünfte der vergangenen fünf Jahre als Betriebsausgaben angesetzt werden.

Land	Erfassung bei den inländischen Gesellschaftern	Behandlung von Verlusten der CFC	Behandlung von Dividenden
Kanada	Zurechnung der nach kanadischen Regeln ermittelten schädlichen Einkünfte zu den Inländern. Anrechnung ausländischer Steuern möglich.	Keine Verrechnung mit anderen Einkünften (Ausnahmen bei bestimmten Einkunftsarten). Verlustvortrag (7 Jahre) und Verlustrücktrag (3 Jahre) möglich.	Anrechnung der bereits zugerechneten Einkünfte auf die Dividenden. Anrechnung von Quellensteuern möglich.
Neuseeland	Zurechnung der nach neuseeländischen Vorschriften ermittelten Einkünfte der CFC, als ob eine Betriebsstätte vorläge. Anrechnung ausländischer Steuern möglich.	Verrechnung der Verluste nur mit anderen ausländischen Einkünften möglich. Verlustvortrag unbegrenzt möglich.	Faktische Freistellung von Dividenden, die aus zugerechneten Einkünften stammen.[1] Anrechnung von Quellensteuern möglich.
USA	Zurechnung der nach den CFC-Vorschriften ermittelten schädlichen Einkünfte zu den Inländern als subpart-F-Einkommen. Anrechnung ausländischer Steuern möglich.[2]	Keine Verrechnung mit anderen Einkünften, nur positive Einkünfte werden zugerechnet. Schädliche Einkünfte werden solange nicht zugerechnet, wie die CFC insgesamt Verluste erzielt.	Freistellung von Dividenden, die aus zugerechneten Einkünften stammen. Anrechnung von Quellensteuern möglich.

Tabelle 22: Behandlung von Gewinnen, Verlusten und Dividenden einer CFC[3]

[1] Es handelt sich um eine nur faktische Freistellung, da durch komplizierte Anrechnungsvorschriften die Einmalerfassung des Einkommens der ausländischen Gesellschaft im Inland sichergestellt werden soll, vgl. die Darstellung und die Beispielrechnung bei *Jackson, A./Smith, A.*, New Zealand, 2004, S. 477-479.

[2] Natürliche Personen dürfen die ausländische Steuer nicht anrechnen, sondern nur von der Bemessungsgrundlage abziehen, vgl. *Rogers, J. E./Lemanowicz, E. P.*, United States, 2001, S. 913.

[3] Folgende Quellen wurden bei der Erstellung der Tabelle verwendet: *IBFD* (Hrsg.), Handbook, 2006, sowie die Länderberichte in: *Michael Lang* u. a. (Hrsg.), Legislation, 2004, und *IFA* (Hrsg.), Limits, 2001. Soweit zu einzelnen Ländern zusätzliche Quellen herangezogen wurden, ist dies bei den jeweiligen Ländern belegt.

2. Unterkapitalisierungsregeln

a) Anwendungsvoraussetzungen

Land	Darlehensnehmer	Darlehensgeber
Belgien[1]	FK:EK-Relation von 1:1 bei Darlehen, die von Geschäftsführern[2] oder von natürlichen Personen als Anteilseigner des Darlehensnehmers gewährt werden.	Keine Mindestbeteiligung bei Darlehen, die von Geschäftsführern oder natürlichen Personen als Anteilseignern gewährt wurden.
	Globale FK:EK-Relation von 7:1 bei Darlehen, die von ansässigen oder nicht ansässigen Personen gewährt werden, bei denen die Zinsen keiner oder einer reduzierten Besteuerung unterliegen.[3]	Die Regelungen finden keine Anwendung, wenn der Darlehensgeber selbst eine belgische Kapitalgesellschaft ist, die der belgischen Körperschaftsteuer unterliegt.
Dänemark	Globale FK:EK-Relation von 4:1. Das Darlehen muss 10 Millionen dänische Kronen (~1,3 Mill. €) übersteigen (Freigrenze). Ausnahmen durch Fremdvergleich nur bei Darlehen von rückgriffsberechtigten Dritten möglich.	Ein in- oder ausländischer Darlehensgeber muss direkt oder indirekt zu mehr als 50% am Darlehensnehmer beteiligt sein, oder ein Dritter muss zu jeweils mehr als 50% an beiden Parteien beteiligt sein.[4]

---

1 Die Unterkapitalisierungsregeln in Belgien sind nur von untergeordneter Bedeutung, vgl. *Obser, R.*, Fremdfinanzierung, 2005, S. 102 f. m. w. N. Nachdem Belgien ab 2006 eine Steuerreform umgesetzt hat, die einer zinsbereinigten Körperschaftsteuer entspricht, also einen Abzug von Eigenkapitalkosten vorsieht, wird damit gerechnet, dass die Unterkapitalisierungsvorschriften nochmals deutlich an Bedeutung verlieren werden, vgl. *Clarebout, X./Dhaene, M.*, Belgium, 2005, S. 378, und zur belgischen Körperschaftsteuerreform 2006 ausführlich *Gerard, M.*, Dual Allowance, 2006. Die Reform wirkt sich auf die Modellierung der belgischen Muttergesellschaft in den beiden Beispielrechnungen (vgl. oben D.III.2.c), S. 156 und D.III.3.c), S. 165) allerdings nicht aus.

2 Erfasst werden natürliche und juristische Personen, die eine leitende Funktion ausüben, also Geschäftsführer, Manager, Liquidatoren, oder die ähnliche Positionen innehaben.

3 Zwar zielt diese Regelung primär auf Darlehensgeber in Niedrigsteuerländern ab, es fallen aber auch Darlehen, die von einem belgischen Coordination Center gewährt werden, unter diese Regelung, vgl. *Kessler, W./Obser, R.*, Überblick, 2004, S. 188; *Brosens, L.*, rules, 2004, S. 198. Zu Problemen bei der Beantwortung der Frage, in welchen Fällen Zinsen einer reduzierten („considerably more advantageous than the standard tax regime in Belgium") Besteuerung unterliegen, vgl. *Clarebout, X./Dhaene, M.*, Belgium, 2005, S. 373.

4 Rückwirkend zum 01.01.2006, mit Gültigkeit für Zinszahlungen, die nach dem 31.04.2006 getätigt werden, wurde der Anwendungsbereich der Regelungen erweitert, sodass bestimmte steuerlich transparente Gesellschaftsformen und faktische Kontrollmöglichkeiten auch unter die Unterkapitalisierungsvorschriften fallen können, vgl. *Bjørnholm, N./Becker-Christensen, A.*, Denmark, 2006, S. 504 f.

Land	Darlehensnehmer	Darlehensgeber
Deutsch-land	FK:EK-Relation von 1,5:1 bei festverzinslichen Darlehen, die von wesentlich beteiligten in- oder ausländischen Anteilseignern gewährt wurden; bei erfolgsabhängiger Vergütung ist die Quote 0:1. Die Zinszahlungen an derartige Anteilseigner müssen im Wirtschaftsjahr 250.000 € übersteigen. Ausnahmen bei erfolgreichem Führen des Fremdvergleichs möglich.	Darlehensgeber muss zu mehr als 25% direkt oder indirekt am Darlehensnehmer beteiligt sein, bzw. ein Dritter muss an beiden Gesellschaften zu mindestens 25% beteiligt sein (nahe stehende Personen).
Estland	Keine Unterkapitalisierungsregeln.	
Finnland	Keine Unterkapitalisierungsregeln.	
Frank-reich[1]	Darlehen, die von verbundenen Unternehmen gewährt werden, fallen unter die Unterkapitalisierungsregeln. Der Darlehenszins darf den durchschnittlichen Zins, den Banken für zweijährige Darlehen an Unternehmen verlangen, nicht überschreiten, wobei ein Fremdvergleich geführt werden kann. Das von verbundenen Unternehmen gewährte Fremdkapital darf das 1,5-fache des gesamten Eigenkapitals nicht übersteigen.	Verbundene Unternehmen liegen vor, wenn der Darlehensgeber unmittelbar oder mittelbar zu mindestens 50% am Darlehensnehmer beteiligt ist, oder wenn ein Dritter zu mindestens 50% am Darlehensgeber und am Darlehensnehmer beteiligt ist. Auch faktische Kontrollmöglichkeiten sind ausreichend. Keine Anwendung bei Cash-Pooling-Verträgen und bei bestimmten Banken und ähnlichen Unternehmen.
Griechen-land	Keine Unterkapitalisierungsregeln.	
Groß-britannien	Die Unterkapitalisierungsregeln wurden zum 01.04.2004 abgeschafft und durch verschärfte Transferpreisvorschriften ersetzt.[2]	

[1] In Frankreich wurden die Gesellschafter-Fremdfinanzierungsvorschriften durch das Finanzgesetz 2006 mit Wirkung zum 01.01.2007 geändert. Vgl. hierzu *Obser, R.*, Fremdfinanzierung, 2005, S. 138, 144; *Baranger, S.*, France, 2006, S. 226; *Weier, D./Seroin, P.*, Frankreich, 2005; *Bourmont, J. H. de/Rubechi, G.*, Frankreich, 2005. Zuvor waren die Regelungen durch ihre Unanwendbarkeit in EU- und in DBA-Fällen in ihrer praktischen Bedeutung sehr eingeschränkt, vgl. *Baranger, S.*, Supreme, 2004.

[2] Vgl. die ausführliche Darstellung bei *Nias, P. M./Purcell, N.*, United Kingdom, 2005, S. 435-441; *Brosens, L.*, rules, 2004, S. 202 f.

Land	Darlehensnehmer	Darlehensgeber
Irland[1]	Kein safe haven.	Nicht in Irland ansässiger Darlehensgeber muss zu mindestens 75% an dem Darlehensnehmer beteiligt sein, oder ein Dritter muss zu mindestens 75% an beiden Parteien beteiligt sein. Keine Anwendung innerhalb der EU und in den meisten Ländern, mit denen Irland ein DBA abgeschlossen hat.
Italien	Globale und individuelle FK:EK-Relation von 4:1, wenn Darlehen von wesentlich beteiligten Gesellschaftern gewährt werden. Ausnahmen durch Fremdvergleich möglich. Keine Anwendung bei Banken und Versicherungen.	In- oder ausländische Darlehensgeber[2] müssen als „qualified shareholders" wesentlich, d. h. direkt oder indirekt zu mindestens 25% an dem Darlehensnehmer beteiligt sein, die Kontrolle über diesen ausüben oder qualifizierten Anteilseignern nahe stehen.
Lettland	Globale FK:EK-Relation von 4:1. Die gesamten Zinszahlungen dürfen das gesamte Fremdkapital, multipliziert mit dem 1,2-fachen des Zinssatzes für kurzfristige Darlehen des letzten Monats des Wirtschaftsjahres nach Berechnungen des statistischen Instituts, nicht übersteigen. Keine Anwendung bei Kreditinstituten und Versicherungen sowie bei Darlehen, die von in Lettland oder einem anderen EU-Mitgliedstaat registrierten Kreditinstituten aufgenommen wurden.	Keine Anforderungen an die Beteiligungsverhältnisse.
Litauen	FK:EK-Relation von 4:1 für Darlehen, die von kontrollierenden Gesellschaftern gewährt wurden. Ausnahmen durch Fremdvergleich möglich. Der vereinbarte Zinssatz darf den durchschnittlichen Bankzinssatz nicht übersteigen.	Der Darlehensgeber muss direkt oder indirekt zu mehr als 50% der Anteile am Darlehensnehmer beteiligt sein oder mindestens 10% der Anteile haben und zusammen mit nahe stehenden Parteien mehr als 50% der Anteile besitzen.

[1] Irland hat keine gesonderten Unterkapitalisierungsvorschriften, es gibt aber detaillierte Anforderungen für die Abzugsfähigkeit des Zinsaufwandes. Einer Unterkapitalisierungsvorschrift am nähesten kommt die hier skizzierte Vorschrift bei ausländischen 75%-Anteilseignern, die in Tabelle 24 dargestellten Rechtsfolgen gelten nur in diesem Fall. Vgl. ausführlich *Hickson, J. H.*, Ireland, 2005, S. 402-404.

[2] In der Entwurfsfassung sollten die Regelungen nur für ausländische Darlehensgeber Anwendung finden, dies wurde jedoch im Erlasswege aus europarechtlichen Gründen geändert und der Anwendungsbereich auch auf inländische Darlehensgeber ausgeweitet, vgl. *Gusmeroli, M./Russo, M.*, Italian, 2004, S. 513.

Land	Darlehensnehmer	Darlehensgeber
Luxemburg	Keine speziellen Unterkapitalisierungsregeln. Allerdings können Zinsen auf Gesellschafterdarlehen in verdeckte Gewinnausschüttungen umqualifiziert werden, wenn die Darlehensvergabe unangemessen war. Die Finanzverwaltung akzeptiert eine Fremdkapitalquote von 85:15.	
Malta	Keine Unterkapitalisierungsregeln.	
Niederlande	Bei Konzerngesellschaften (nach Handelsrecht) gilt nach Abzug eines Freibetrags von 500.000 € eine globale FK:EK-Relation von 3:1. Anstelle der Quote von 3:1 dürfen die Unternehmen wahlweise auch das durchschnittliche Verhältnis zwischen Fremd- und Eigenkapital aller Konzerngesellschaften weltweit („group ratio") als Maßstab heranziehen.	Darlehensgeber und Darlehensnehmer müssen Mitglied desselben Konzerns im Sinne des niederländischen Handelsrechts sein, d. h. es muss sich bei dem Darlehensnehmer um eine „group company" oder eine „related company" handeln.[1] Auf den Sitz des Darlehensgebers kommt es nicht an.
Österreich	Keine spezialgesetzliche Unterkapitalisierungsregel. Einzelfallentscheidungen des ÖVwGH auf Basis von § 22 BAO mit liberalem Grundtenor ohne starre Quotenregeln. Darlehen nahe stehender Personen sind durch die Rechtsprechung kaum betroffen.	
Polen	FK:EK-Relation von 3:1 bei Darlehen, die von wesentlich beteiligten in- und ausländischen Gesellschaftern gewährt wurden.	Der Darlehensgeber muss alleine oder als Gruppe zu mindestens 25% an dem Darlehensnehmer beteiligt sein oder ein Dritter muss am Darlehensgeber und Darlehensnehmer zu mindestens 25% beteiligt sein. Keine Anwendung bei indirekter Beteiligung oder bei anderweitig nahestehenden Personen.

[1] Vgl. zu einer genauen Beschreibung der Anwendungsvoraussetzungen hinsichtlich dieses Merkmals *Smit, P./Smith, E.*, Netherlands, 2005, S. 422 f.

Land	Darlehensnehmer	Darlehensgeber
Portugal	Individuelle FK:EK-Relation von 2:1 für Darlehen, die von nicht ansässigen nahe stehenden Personen gewährt wurden. Ausnahmen durch Fremdvergleich möglich.	Zwischen dem nicht ansässigen Darlehensgeber und dem Darlehensnehmer müssen in mindestens einer Richtung faktische Kontrollmöglichkeiten bestehen. Dies ist vor allem dann der Fall, wenn: - eine direkte oder indirekte Beteiligung von mindestens 10% vorliegt, - ein Dritter an beiden Parteien direkt oder indirekt zu mindestens 10% beteiligt ist, - personelle Verflechtungen zwischen den beiden Parteien bestehen oder - die Parteien als Konzerngesellschaften unter einer einheitlichen Leitung stehen. Generelle Anwendung bei Darlehen zwischen einer ansässigen Gesellschaft und einer Gesellschaft in einer Steueroase (Blacklist).
Schweden	Keine Unterkapitalisierungsregeln.	
Slowakei	Keine Unterkapitalisierungsregeln.[1]	
Slowenien[2]	FK:EK-Relation von 4:1 (ab 2012, bis dahin 8:1 bis 2007, 6:1 bis 2010 und 5:1 in 2011) bei Darlehen von wesentlich beteiligten Gesellschaftern.	Der in- oder ausländische Darlehensgeber muss direkt oder indirekt zu mindestens 25% am Darlehensnehmer beteiligt sein. Keine Anwendung bei nahe stehenden Personen, auch nicht bei Schwestergesellschaften.
Spanien	Globale FK:EK-Relation von 3:1 bei Darlehen zwischen verbundenen Unternehmen. Antrag auf verbindliche Auskunft hinsichtlich der Anwendung einer anderen Relation (Fremdvergleich) ist möglich.	Ein ausländischer, nicht in der EU ansässiger Darlehensgeber muss zu mindestens 5% an dem Darlehensnehmer beteiligt sein, und die beiden Parteien müssen einander nahe stehen. Von nahe stehenden Parteien wird u. a. ausgegangen wenn:[3] - beide Parteien demselben Konzern angehören, - eine Gesellschaft an der anderen direkt oder indirekt zu mindestens 25% beteiligt ist, oder - ein Dritter an beiden Gesellschaften direkt oder indirekt zu mindestens 25% beteiligt ist.

[1] Die Unterkapitalisierungsregeln wurden zum 01.01.2004 abgeschafft, vgl. *Blažejová, Z.*, Slovak Republic, 2005, S. 428 f.

[2] Vgl. *Janežič, K./Zorman, G.*, Slovenia, 2005, S. 429-431.

[3] Vgl. ausführlich *Escoda, A./Ibáñez, A.*, Spain, 2005, S. 432.

Land	Darlehensnehmer	Darlehensgeber
Tschechien	FK:EK-Relation von 4:1 bei Fremdkapital, das von in- oder ausländischen nahestehenden Parteien aufgenommen wurde. Bei Banken und Versicherungen beträgt die Quote 6:1. Der Darlehenszins zwischen nahestehenden Parteien darf 140% des Diskontsatzes der tschechischen Nationalbank nicht überschreiten.	Von nahestehenden Parteien wird ausgegangen, wenn eine Partei an der anderen direkt oder indirekt zu mindestens 25% am Kapital oder den Stimmrechten beteiligt ist oder eine Partei über die andere Partei faktische Kontrolle ausüben kann oder ein Dritter über beide Parteien die Kontrolle ausüben kann.
Ungarn	Globale FK:EK-Relation von 3:1 für Darlehen (außer Darlehen, die von Banken gewährt werden) oder nicht frei gehandelte Anleihen. Auf Kreditinstitute und ähnliche Unternehmen wird diese Regel nicht angewendet.	Keine Anforderungen an die Beteiligungsverhältnisse.
Zypern	Keine Unterkapitalisierungsregeln.	
Japan[1]	Individuelle FK:EK-Relation von 3:1 bei Darlehen, die von nicht ansässigen nahe stehenden Personen gewährt wurden. Eine Anwendung droht nur, wenn und soweit zusätzlich die globale FK:EK-Relation von 3:1 überschritten wird. Ausnahmen durch Fremdvergleich möglich.	Der Darlehensgeber muss in Japan nicht ansässig sein und zu mindestens 50% direkt oder indirekt an dem Darlehensnehmer beteiligt sein oder ein Dritter ist an beiden Parteien zu mindestens 50% direkt oder indirekt beteiligt. Auch bei faktischen Kontrollmöglichkeiten wird von nahe stehenden Personen ausgegangen.
Kanada	2:1 bei Darlehen, die von nicht ansässigen wesentlich beteiligten Gesellschaftern gewährt wurden.	Der Darlehensgeber muss in Kanada nicht ansässig sein und an dem Darlehensnehmer zu mindestens 25% beteiligt sein.

[1] Vgl. *Huston, J.* u. a., Japanese, 2003, § 5, S. 49-52.

<table>
<tr><th>Land</th><th>Darlehensnehmer</th><th>Darlehensgeber</th></tr>
<tr><td>Norwegen[1]</td><td colspan="2">Eine gesetzlich kodifizierte Unterkapitalisierungsvorschrift existiert nur für Gesellschaften der Petroleum-Industrie. Daneben erlaubt die allgemeine Fremdvergleichsregel, Fremdkapital in Einzelfällen steuerlich als Eigenkapital zu behandeln. Eine FK:EK-Relation von 85:15 wurde von den Gerichten akzeptiert.</td></tr>
<tr><td rowspan="2">USA</td><td>Globale FK:EK-Relation von 1,5:1 bei Darlehen von in den USA nicht steuerpflichtigen nahe stehenden Parteien.</td><td>Der Darlehensgeber muss in den USA nicht steuerpflichtig (d. h. es darf nach dem jeweiligen DBA auch keine Quellensteuer auf die Zinsen anfallen) sein und an dem Darlehensnehmer zu mindestens 50% beteiligt sein oder ein Dritter muss an beiden Parteien jeweils zu mindestens 50% beteiligt sein.</td></tr>
<tr><td colspan="2">Eine Unterkapitalisierung wird daneben im Einzelfall und vor allem bei hybriden Finanzinstrumenten unabhängig von der Ansässigkeit des Darlehensgebers geprüft, um festzustellen, ob aus wirtschaftlicher Sicht von Fremd- oder von Eigenkapital auszugehen ist. Eine allgemeine safe haven-Regel gibt es nicht, allerdings kann bei reinen Fremdkapitalvergaben davon ausgegangen werden, dass eine Fremdkapital zu Eigenkapitalquote von 3:1 oder weniger akzeptiert werden wird.</td></tr>
</table>

Tabelle 23: Übersicht über Unterkapitalisierungsregeln in ausgewählten Staaten[2]

---

[1] Vgl. *Jansen, J. B./Andersen, R. T.*, Norway, 2005.

[2] Folgende Quellen wurden bei der Erstellung der Tabelle verwendet: *IBFD* (Hrsg.), Handbook, 2006; *Obser, R.*, Fremdfinanzierung, 2005, S. 101-137; *Brosens, L.*, rules, 2004, S. 197-203; *Kessler, W./Obser, R.*, Überblick, 2004, sowie die Länderberichte im Sonderheft European Taxation 45 (2005), Heft 9/10, und die Länderberichte in *IFA* (Hrsg.), aspects, 1996. Soweit zu einzelnen Ländern zusätzliche Quellen herangezogen wurden, oder die Darstellung ausschließlich auf einer Quelle beruht, ist dies bei den jeweiligen Ländern belegt.

b) Rechtsfolgen

Land	Rechtsfolgen
Belgien	Soweit die Grenzen der FK:EK-Relation überschritten werden, werden Zinsen auf Darlehen von natürlichen Personen in Dividenden umqualifiziert. Zinsen auf Darlehen von nicht oder niedrig besteuerten Personen sind in diesem Umfang nicht abzugsfähig.
Dänemark	Zinsen auf Gesellschafterdarlehen sind nicht abzugsfähig, soweit die Grenzen der FK:EK-Relation überschritten werden. Die bei einem in- oder ausländischen Darlehensempfänger nicht abzugsfähigen Zinsen werden bei einem in Dänemark ansässigen Darlehensgeber nicht besteuert.
Deutschland	Zinsen werden in verdeckte Gewinnausschüttungen umqualifiziert, wenn die Freigrenze überschritten wird und soweit die Grenzen der FK:EK-Relation überschritten werden. Bei einem ausländischen Darlehensempfänger erfolgt die Umqualifizierung mit Wirkung für den inländischen Darlehensgeber nur soweit die Zinsen beim Schuldner nicht abzugsfähig sind.
Frankreich[1]	Zinsen sind nicht abzugsfähig, soweit die Grenzen der FK:EK-Relation überschritten werden und die Zinszahlungen an verbundene Unternehmen 25% des laufenden Ergebnisses vor Steuern vor Abzug dieser Zinsen und vor Abzug bestimmter Abschreibungen überschreiten. Wenn die Zinseinnahmen von verbundenen Unternehmen höher sind als die Zinszahlungen an verbundene Unternehmen bleiben die Zinsen weiterhin abzugsfähig. Nicht abzugsfähige Zinsen sind vortragsfähig, wobei 5% des vorgetragenen Zinsaufwands jährlich verloren gehen. Zinszahlungen, die die Höchstgrenze für den Zinssatz übersteigen und der Höhe nach unangemessen sind, werden in verdeckte Gewinnausschüttungen umqualifiziert.
Irland	Zinsen werden in verdeckte Gewinnausschüttungen umqualifiziert soweit die Voraussetzungen erfüllt werden.
Italien	Zinsen werden in verdeckte Gewinnausschüttungen umqualifiziert soweit die Grenzen der FK:EK-Relationen überschritten werden.
Lettland	Zinsen sind nicht abzugsfähig, soweit die Grenzen der FK:EK-Relation überschritten werden.
Litauen	Zinsen sind nicht abzugsfähig, soweit die Grenzen der FK:EK-Relation überschritten werden.
Niederlande	Zinsen sind nicht abzugsfähig, soweit die Grenzen der FK:EK-Relation überschritten werden. Zinsen sind maximal in dem Umfang nicht abzugsfähig, in dem die Zinszahlungen an verbundene Unternehmen die Zinseinnahmen von verbundenen Unternehmen übersteigen.
Polen	Zinsen sind nicht abzugsfähig, soweit die Grenzen der FK:EK-Relation überschritten werden.
Portugal	Zinsen sind nicht abzugsfähig, soweit die Grenzen der FK:EK-Relation überschritten werden.
Slowenien	Zinsen sind nicht abzugsfähig, soweit die Grenzen der FK:EK-Relation überschritten werden.

[1] Vgl. *Obser, R.*, Fremdfinanzierung, 2005, S. 138, 144; *Baranger, S.*, France, 2006, S. 226; *Weier, D./Seroin, P.*, Frankreich, 2005; *Bourmont, J. H. de/Rubechi, G.*, Frankreich, 2005.

Land	Rechtsfolgen
Spanien	Zinsen werden in verdeckte Gewinnausschüttungen umqualifiziert soweit die Grenzen der FK:EK-Relation überschritten werden.
Tschechien	Zinsen werden in verdeckte Gewinnausschüttungen umqualifiziert soweit die Grenzen der FK:EK-Relation überschritten werden.
Ungarn	Zinsen sind nicht abzugsfähig, soweit die Grenzen der FK:EK-Relation überschritten werden.
Japan[1]	Zinsen sind nicht abzugsfähig, soweit die Grenzen der FK:EK-Relationen überschritten werden.
Kanada	Zinsen sind nicht abzugsfähig, soweit die Grenzen der FK:EK-Relation überschritten werden.
Norwegen[2]	Zinsen auf Fremdkapital, das unter dem allgemeinen Fremdvergleichsgrundsatz als Eigenkapital angesehen wurde, sind nicht abzugsfähig.
USA	Zinsen sind im Rahmen der „earnings-strippings-rule“ nicht abzugsfähig, soweit sie an in den USA nicht steuerpflichtige nahe stehende Parteien gezahlt werden und die Zinszahlungen abzüglich der Zinseinnahmen („net interest expense“) die Hälfte des „net adjusted income“ übersteigen.[3] Nicht abzugsfähige Zinsen können unbegrenzt vorgetragen werden.

Tabelle 24: Übersicht über die Rechtsfolgen der Unterkapitalisierungsregeln in ausgewählten Staaten[4]

---

[1] Vgl. *Huston, J.* u. a., Japanese, 2003, § 5, S. 49-52.

[2] Vgl. *Jansen, J. B./Andersen, R. T.*, Norway, 2005.

[3] Das „net adjusted income“ ist das zu versteuernde Einkommen, bereinigt um Zinsaufwand, Verluste, Abschreibungen u. Ä., vgl. *Engle, H. S./Raineri, W. T.*, United States, 1996, S. 788 f.

[4] Folgende Quellen wurden bei der Erstellung der Tabelle verwendet: *IBFD* (Hrsg.), Handbook, 2006; *Obser, R.*, Fremdfinanzierung, 2005, S. 137-157; *Brosens, L.*, rules, 2004, S. 197-203; *Kessler, W./Obser, R.*, Überblick, 2004, sowie die Länderberichte im Sonderheft European Taxation 45 (2005), Heft 9/10, und die Länderberichte in *IFA* (Hrsg.), aspects, 1996. Soweit zu einzelnen Ländern zusätzliche Quellen herangezogen wurden, ist dies bei den jeweiligen Ländern belegt.

II. Herleitung der im Modell verwendeten Formeln

1. Nachsteuerergebnisse der Gesellschaften

a) Allgemeine teilsteuerliche Formeln

aa) Ermittlung des Werts einer Ausschüttung

Bei einem gewerbesteuerlichen Hebesatz von $h = 400$ verbleibt einer deutschen Kapitalgesellschaft nach Steuern von einer Ausschüttung in Höhe von x:

$$x - 0{,}05 \cdot x \cdot \frac{0{,}05 \cdot h}{1 + 0{,}05 \cdot h} - \left(0{,}05 \cdot x - 0{,}05 \cdot x \cdot \frac{0{,}05 \cdot h}{1 + 0{,}05 \cdot h} \right) \cdot 0{,}25 \tag{0-1}$$

$$x \cdot \left(1 - 0{,}05 \cdot \frac{0{,}2}{1{,}2} \right) - \left(0{,}05 \cdot x \cdot \left(1 - \frac{0{,}2}{1{,}2} \right) \right) \cdot 0{,}25 \tag{0-2}$$

$$x \cdot \left(1 - \frac{0{,}05}{6} \right) - \frac{0{,}05}{4} x \cdot \left(1 - \frac{1}{6} \right) \tag{0-3}$$

$$\frac{5{,}95}{6} x - \frac{0{,}25}{24} x \tag{0-4}$$

$$\frac{47{,}1}{48} x \tag{0-5}$$

ab) Zinsabzug bei hälftiger Hinzurechnung von Dauerschuldzinsen

Durch die Abzugsfähigkeit von Zinsen von der steuerlichen Bemessungsgrundlage kommt es aus Sicht des Unternehmens zu einem Rückgang des Nachsteuergewinns, der kleiner ist als die Zinszahlungen. In Deutschland ist die Ermittlung des Rückgangs des Nachsteuergewinns durch die nur hälftige Abzugsfähigkeit von Dauerschuldzinsen von der gewerbesteuerlichen Bemessungsgrundlage, die daraus resultierende Erhöhung der Gewerbesteuer, die allerdings ihre eigene Bemessungsgrundlage und die Bemessungsgrundlage der Körperschaftsteuer mindert, komplizierter.

$$\Delta J\ddot{U} = -K \cdot i - \left(-\frac{1}{2} K \cdot i \right) \frac{0{,}05 \cdot 4}{1 + 0{,}05 \cdot 4} - \left(-K \cdot i - \left(\left(-\frac{1}{2} K \cdot i \right) \frac{0{,}05 \cdot 4}{1 + 0{,}05 \cdot 4} \right) \right) \cdot 0{,}25 \tag{0-6}$$

$$\Delta J\ddot{U} = -K \cdot i - \left(-\frac{K \cdot i}{12} \right) - \left(-\frac{K \cdot i}{4} - \left(-\frac{K \cdot i}{4 \cdot 12} \right) \right) \tag{0-7}$$

$$\Delta J\ddot{U} = -K \cdot i + \frac{1}{12} K \cdot i + \frac{1}{4} K \cdot i - \frac{1}{48} K \cdot i \tag{0-8}$$

$$\Delta J\ddot{U} = -\left(\frac{48}{48} - \frac{4}{48} - \frac{12}{48} + \frac{1}{48}\right)K \cdot i \tag{0-9}$$

$$\Delta J\ddot{U} = -\frac{33}{48}K \cdot i \tag{0-10}$$

b) Jahresüberschüsse der beteiligten Gesellschaften bei Alternative I

$$J\ddot{U}_C = K \cdot \beta \cdot i \cdot (1 - s_C) \tag{0-11}$$

$$J\ddot{U}_A(I) = \frac{47{,}1}{48}K \cdot \beta \cdot i \cdot (1 - s_C) - \frac{33}{48}K \cdot i \tag{0-12}$$

c) Jahresüberschüsse der beteiligten Gesellschaften bei Alternative II

$$J\ddot{U}_C = K \cdot (\beta \cdot i - i)(1 - s_C) \tag{0-13}$$

$$J\ddot{U}_A(II) = \frac{47{,}1}{48}K \cdot (\beta \cdot i - i)(1 - s_C) \tag{0-14}$$

d) Jahresüberschüsse der beteiligten Gesellschaften bei Alternative III

$$J\ddot{U}_C = K \cdot (\beta \cdot i - \alpha \cdot i)(1 - s_C) \tag{0-15}$$

$$J\ddot{U}_B = K \cdot \alpha \cdot i \cdot (1 - s_B) \tag{0-16}$$

$$J\ddot{U}_A(III) = \frac{47{,}1}{48}K \cdot (\beta \cdot i - \alpha \cdot i)(1 - s_C) + \frac{47{,}1}{48}K \cdot \alpha \cdot i \cdot (1 - s_B) - \frac{33}{48}K \cdot i \tag{0-17}$$

e) Jahresüberschüsse der beteiligten Gesellschaften bei Alternative IV

$$J\ddot{U}_C = K \cdot (\beta \cdot i - \alpha \cdot i)(1 - s_C) \tag{0-18}$$

$$J\ddot{U}_B = K \cdot (\alpha \cdot i - i) \cdot (1 - s_B) \tag{0-19}$$

$$J\ddot{U}_A(IV) = \frac{47{,}1}{48}K \cdot (\beta \cdot i - \alpha \cdot i)(1 - s_C) + \frac{47{,}1}{48}K \cdot (\alpha \cdot i - i)(1 - s_B) \tag{0-20}$$

2. Ermittlung der dominanten Alternative ohne Missbrauchsregeln

Im Modell bedeutet die Abwesenheit von Transferpreisregeln, dass α jeden beliebigen Wert $\leq \beta$ annehmen kann. Unter der Annahme $s_C > s_B$ gilt jeweils $\alpha \cdot i = \beta \cdot i$.

a) Ermittlung des Nachsteuerergebnisses der Muttergesellschaft bei den verschiedenen Alternativen

Alternative I:

$$J\ddot{U}_A(I) = \frac{47{,}1}{48} K \cdot \beta \cdot i \cdot (1 - s_C) - \frac{33}{48} K \cdot i \qquad (0\text{-}12)$$

Alternative II:

$$J\ddot{U}_A(II) = \frac{47{,}1}{48} K \cdot (\beta \cdot i - i)(1 - s_C) \qquad (0\text{-}14)$$

Alternative III:

$$J\ddot{U}_A(III) = \frac{47{,}1}{48} K \cdot (\beta \cdot i - \alpha \cdot i)(1 - s_C) + \frac{47{,}1}{48} K \cdot \alpha \cdot i \cdot (1 - s_B) - \frac{33}{48} K \cdot i \qquad (0\text{-}17)$$

Mit $\alpha \cdot i = \beta \cdot i$ gilt:

$$J\ddot{U}_A(III) = \frac{47{,}1}{48} K \cdot \beta \cdot i \cdot (1 - s_B) - \frac{33}{48} K \cdot i \qquad (0\text{-}21)$$

Alternative IV:

$$J\ddot{U}_A(IV) = \frac{47{,}1}{48} K \cdot (\beta \cdot i - \alpha \cdot i)(1 - s_C) + \frac{47{,}1}{48} K \cdot (\alpha \cdot i - i)(1 - s_B) \qquad (0\text{-}20)$$

Mit $\alpha \cdot i = \beta \cdot i$ gilt:

$$J\ddot{U}_A(IV) = \frac{47{,}1}{48} K \cdot (\beta \cdot i - i)(1 - s_B) \qquad (0\text{-}22)$$

b) Vergleich der Alternativen

Unabhängig vom Vorliegen von Einschränkungen durch Transferpreisbestimmungen (für $1 \leq \alpha \leq \beta$) folgt aus dem Vergleich von Formel 0-12 und Formel 0-17, dass Alternative III im Modell der Alternative I vorgezogen wird, wenn $s_C > s_B$ gilt.

$$\begin{aligned} J\ddot{U}_A(I) &= \frac{47{,}1}{48}K \cdot \beta \cdot i \cdot (1 - s_C) - \frac{33}{48}K \cdot i \\ < J\ddot{U}_A(III) &= \frac{47{,}1}{48}K \cdot (\beta \cdot i - \alpha \cdot i)(1 - s_C) + \frac{47{,}1}{48}K \cdot \alpha \cdot i \cdot (1 - s_B) - \frac{33}{48}K \cdot i \end{aligned} \qquad (0\text{-}23)$$

$$\beta \cdot i \cdot (1 - s_C) < \beta \cdot i \cdot (1 - s_C) - \alpha \cdot i \cdot (1 - s_C) + \alpha \cdot i \cdot (1 - s_B) \qquad (0\text{-}24)$$

$$0 < \alpha \cdot i \cdot (1 - s_B) - \alpha \cdot i \cdot (1 - s_C) \qquad (0\text{-}25)$$

$$(1 - s_C) < (1 - s_B) \qquad (0\text{-}26)$$

$$s_C > s_B \qquad (0\text{-}27)$$

Ebenfalls unabhängig vom Vorliegen von Einschränkungen durch Transferpreisbestimmungen folgt aus dem Vergleich von Formel 0-14 und Formel 0-20, dass Alternative IV im Modell der Alternative II vorgezogen wird.

$$\begin{aligned} J\ddot{U}_A(II) &= \frac{47{,}1}{48}K \cdot (\beta \cdot i - i)(1 - s_C) \\ < J\ddot{U}_A(IV) &= \frac{47{,}1}{48}K \cdot (\beta \cdot i - \alpha \cdot i)(1 - s_C) + \frac{47{,}1}{48}K \cdot (\alpha \cdot i - i)(1 - s_B) \end{aligned} \qquad (0\text{-}28)$$

$$(\beta \cdot i - i)(1 - s_C) < (\beta \cdot i - \alpha \cdot i)(1 - s_C) + (\alpha \cdot i - i)(1 - s_B) \qquad (0\text{-}29)$$

$$\beta \cdot i \cdot (1 - s_C) - i \cdot (1 - s_C) < \beta \cdot i \cdot (1 - s_C) - \alpha \cdot i \cdot (1 - s_C) + (\alpha \cdot i - i)(1 - s_B) \qquad (0\text{-}30)$$

$$-(1 - s_C) < -\alpha \cdot (1 - s_C) + \alpha \cdot (1 - s_B) - (1 - s_B) \qquad (0\text{-}31)$$

$$1 - s_C > \alpha \cdot (1 - s_C - 1 + s_B) + (1 - s_B) \qquad (0\text{-}32)$$

$$1 - s_C > \alpha \cdot (s_B - s_C) + (1 - s_B) \qquad (0\text{-}33)$$

Da von $s_C > s_B$ ausgegangen wird, ist der Term nach α negativ und $(1 - s_B)$ daneben immer kleiner als $(1 - s_C)$, weswegen die Ungleichung immer erfüllt ist und somit Alternative IV immer besser ist als Alternative II.

Ebenfalls unabhängig vom Vorliegen von Einschränkungen durch Transferpreisbestimmungen folgt aus dem Vergleich von Formel 0-17 und Formel 0-20, dass Alternative III im Modell der Alternative IV vorgezogen wird.

$$\begin{aligned} &J\ddot{U}_A(III) = \frac{47{,}1}{48} K \cdot (\beta \cdot i - \alpha \cdot i)(1 - s_C) + \frac{47{,}1}{48} K \cdot \alpha \cdot i \cdot (1 - s_B) - \frac{33}{48} K \cdot i \\ &> J\ddot{U}_A(IV) = \frac{47{,}1}{48} K \cdot (\beta \cdot i - \alpha \cdot i)(1 - s_C) + \frac{47{,}1}{48} K \cdot (\alpha \cdot i - i)(1 - s_B) \end{aligned} \tag{0-34}$$

$$\begin{aligned} &(\beta \cdot i - \alpha \cdot i)(1 - s_C) + \alpha \cdot i \cdot (1 - s_B) - \frac{33}{47{,}1} i \\ &> (\beta \cdot i - \alpha \cdot i)(1 - s_C) + (\alpha \cdot i - i)(1 - s_B) \end{aligned} \tag{0-35}$$

$$\alpha \cdot i \cdot (1 - s_B) - \frac{33}{47{,}1} i > (\alpha \cdot i - i)(1 - s_B) \tag{0-36}$$

$$\alpha \cdot i \cdot (1 - s_B) - \frac{33}{47{,}1} i > \alpha \cdot i \cdot (1 - s_B) - i \cdot (1 - s_B) \tag{0-37}$$

$$-\frac{33}{47{,}1} > -(1 - s_B) \tag{0-38}$$

$$s_B < 1 - \frac{33}{47{,}1} \approx 0{,}2994 \tag{0-39}$$

Da für eine Konzernfinanzierungsgesellschaft immer ein Standort gefunden werden kann, dessen Steuerbelastung 30% deutlich unterschreitet, ist die Ungleichung immer erfüllt und Alternative III wird der Alternative IV vorgezogen.

Somit ist unabhängig von möglichen Einschränkungen durch Transferpreisregeln Alternative III die dominante Alternative.

c) Ermittlung des Nachsteuerergebnisses der Muttergesellschaft bei Investition im Inland

Alternative I:

$$J\ddot{U}_{Ci} = K \cdot \beta \cdot i \cdot \left(1 - \frac{1}{6}\right)(1 - 0{,}25) \qquad (0\text{-}40)$$

$$J\ddot{U}_{Ci} = \frac{5}{8} K \cdot \beta \cdot i \qquad (0\text{-}41)$$

$$J\ddot{U}_{Ai}(I) = \frac{47{,}1}{48} \cdot \frac{5}{8} K \cdot \beta \cdot i - \frac{33}{48} K \cdot i \qquad (0\text{-}42)$$

Alternative II:

$$J\ddot{U}_{Ci} = \frac{5}{8} K \cdot \beta \cdot i - \frac{33}{48} K \cdot i \qquad (0\text{-}43)$$

$$J\ddot{U}_{Ai}(II) = \frac{47{,}1}{48}\left(\frac{5}{8} K \cdot \beta \cdot i - \frac{33}{48} K \cdot i\right) \qquad (0\text{-}44)$$

Alternative III:

$$J\ddot{U}_{Ci} = \frac{5}{8} K \cdot \beta \cdot i - \frac{33}{48} K \cdot \alpha \cdot i \qquad (0\text{-}45)$$

$$J\ddot{U}_{Bi} = K \cdot \alpha \cdot i \cdot (1 - s_B) \qquad (0\text{-}46)$$

$$J\ddot{U}_{Ai}(III) = \frac{47{,}1}{48}\left(\frac{5}{8} K \cdot \beta \cdot i - \frac{33}{48} K \cdot \alpha \cdot i\right) + \frac{47{,}1}{48} K \cdot \alpha \cdot i \cdot (1 - s_B) - \frac{33}{48} K \cdot i \qquad (0\text{-}47)$$

Alternative IV:

$$J\ddot{U}_{Ci} = \frac{5}{8} K \cdot \beta \cdot i - \frac{33}{48} K \cdot \alpha \cdot i \qquad (0\text{-}45)$$

$$J\ddot{U}_{Bi} = K \cdot (\alpha \cdot i - i)(1 - s_B) \qquad (0\text{-}48)$$

$$J\ddot{U}_{Ai}(IV) = \frac{47{,}1}{48}\left(\frac{5}{8} K \cdot \beta \cdot i - \frac{33}{48} K \cdot \alpha \cdot i\right) + \frac{47{,}1}{48} K \cdot (\alpha \cdot i - i)(1 - s_B) \qquad (0\text{-}49)$$

d) Bestimmung der Zinssatzobergrenze bei Alternative III und IV

Auch ohne Transferpreisbestimmungen kann unter der Bedingung, dass der Jahresüberschuss der Tochtergesellschaft nicht negativ werden darf, im Inlandsfall nicht die gesamte Vorsteuerrendite durch die Vergütung für das gewährte Fremdkapital verlagert werden. Der Zinssatz muss unter diesen Bedingungen so gewählt werden, dass das Nachsteuerergebnis der Tochtergesellschaft unter Berücksichtigung der hälftigen Hinzurechnung der Dauerschuldzinsen bei der Gewerbesteuer nicht negativ wird.

Die Bedingung $J\ddot{U}_{Ci} \geq 0$ ist erfüllt, wenn gilt:

$$J\ddot{U}_{Ci} = \frac{5}{8} K \cdot \beta \cdot i - \frac{33}{48} K \cdot \alpha \cdot i \geq 0 \tag{0-50}$$

$$\frac{5}{8} K \cdot \beta \cdot i \geq \frac{33}{48} K \cdot \alpha \cdot i \tag{0-51}$$

$$\frac{30}{48} \beta \geq \frac{33}{48} \alpha \tag{0-52}$$

$$\beta \geq 1{,}1 \cdot \alpha \quad \text{bzw.} \quad \alpha \leq \frac{10}{11} \beta \tag{0-53}$$

e) Ermittlung der dominanten Alternative bei Inlandsinvestment

Bei Inlandsinvestment wird Alternative II im Modell der Alternative I vorgezogen. Dies folgt unmittelbar aus dem Vergleich von Formel 0-42 mit Formel 0-44.

Bei Inlandsinvestment wird Alternative III im Modell der Alternative II vorgezogen. Dies folgt ebenfalls unmittelbar aus dem Vergleich von Formel 0-44 mit Formel 0-47.

Bei Inlandsinvestment wird wiederum Alternative III im Modell der Alternative IV vorgezogen. Dies folgt aus dem Vergleich von Formel 0-47 mit 0-49. Bei Inlandsinvestment verändert sich der Jahresüberschuss der Muttergesellschaft gegenüber dem Auslandsinvestment jeweils nur in der Komponente, die die Ausschüttung der Tochtergesellschaft darstellt. Ansonsten stimmen Formel 0-47 bzw. 0-49 mit Formel 0-17 bzw. 0-20 überein, so dass wie bei Auslandsinvestment unter der Bedingung eines hinreichend niedrigen Steuersatzes der Konzernfinanzierungsgesellschaft (weniger als ca. 30%, vgl. Formel 0-39) gilt, dass Alternative III im Modell einen höheren Jahresüberschuss der Mutter zu Folge hat, als Alternative IV.

Durch die partielle Ableitung von Formel 0-47 nach α erkennt man, dass der Jahresüberschuss der Mutter bei einem möglichst hohen α maximiert wird.

$$JÜ_{Ai}(III) = \frac{47{,}1}{48}\left(\frac{5}{8}K \cdot \beta \cdot i - \frac{33}{48}K \cdot \alpha \cdot i\right) + \frac{47{,}1}{48}K \cdot \alpha \cdot i \cdot (1 - s_B) - \frac{33}{48}K \cdot i \qquad (0\text{-}47)$$

$$\frac{\partial JÜ_{Ai}}{\partial \alpha} = -\frac{47{,}1}{48} \cdot \frac{33}{48}K \cdot i + \frac{47{,}1}{48}K \cdot i \cdot (1 - s_B) \qquad (0\text{-}54)$$

Formel 0-54 ist größer Null, wenn gilt:

$$-\frac{47{,}1}{48} \cdot \frac{33}{48}K \cdot i + \frac{47{,}1}{48}K \cdot i \cdot (1 - s_B) > 0 \qquad (0\text{-}55)$$

$$1 - s_B > \frac{33}{48} \qquad (0\text{-}56)$$

$$s_B < 1 - \frac{33}{48} = 0{,}3125 \qquad (0\text{-}57)$$

Da der Jahresüberschuss der Mutter bei einem möglichst hohen α maximiert wird, muss im weiteren Verlauf ein möglichst hoher Wert von α verwendet werden, dessen Obergrenze ohne Transferpreisregeln durch Formel 0-53 bestimmt wird. Ohne Transferpreisregeln gilt somit:

$$\beta = 1{,}1 \cdot \alpha \text{ bzw. } \alpha = \frac{10}{11}\beta \qquad (0\text{-}58)$$

f) Vergleich der dominanten Alternative bei Inlands- und bei Auslandsinvestment

Zur Unterscheidung der Rendite einer inländischen und einer ausländischen Tochtergesellschaft wird die jeweils erzielte Vorsteuerrendite mit β_i bzw. β_a bezeichnet. Indifferenz zwischen Inlands- und Auslandsinvestment liegt vor, wenn gilt:

$$\begin{aligned} JÜ_{Ai} &= \frac{47{,}1}{48}\left(\frac{5}{8}K \cdot \beta_i \cdot i - \frac{33}{48}K \cdot \alpha_i \cdot i\right) + \frac{47{,}1}{48}K \cdot \alpha_i \cdot i \cdot (1 - s_B) - \frac{33}{48}K \cdot i \\ = JÜ_{Aa} &= \frac{47{,}1}{48}K \cdot (\beta_a \cdot i - \alpha_a \cdot i)(1 - s_C) + \frac{47{,}1}{48}K \cdot \alpha_a \cdot i \cdot (1 - s_B) - \frac{33}{48}K \cdot i \end{aligned} \qquad (0\text{-}59)$$

mit $\alpha_i = \frac{10}{11}\beta_a$ und $\alpha_a = \beta_a$

$$\begin{aligned} &\frac{47{,}1}{48}\left(\frac{5}{8}K \cdot \beta_i \cdot i - \frac{33}{48}K \cdot \frac{10}{11}\beta_i \cdot i\right) + \frac{47{,}1}{48}K \cdot \frac{10}{11}\beta_i \cdot i \cdot (1 - s_B) - \frac{33}{48}K \cdot i \\ &= \frac{47{,}1}{48}K \cdot (\beta_a \cdot i - \beta_a \cdot i)(1 - s_C) + \frac{47{,}1}{48}K \cdot \beta_a \cdot i \cdot (1 - s_B) - \frac{33}{48}K \cdot i \end{aligned} \qquad (0\text{-}60)$$

$$\begin{aligned}&\left(\frac{5}{8}\beta_i\cdot i-\frac{33}{48}\cdot\frac{10}{11}\beta_i\cdot i\right)+\frac{10}{11}\beta_i\cdot i\cdot(1-s_B)\\&=(\beta_a\cdot i-\beta_a\cdot i)(1-s_C)+\beta_a\cdot i\cdot(1-s_B)\end{aligned}\tag{0-61}$$

$$0+\frac{10}{11}\beta_i\cdot i\cdot(1-s_B)=0\cdot(1-s_C)+\beta_a\cdot i\cdot(1-s_B)\tag{0-62}$$

$$\frac{10}{11}\beta_i=\beta_a\tag{0-63}$$

$$\beta_i=1{,}1\cdot\beta_a\tag{0-64}$$

3. Existenz von Transferpreisregeln

a) Ermittlung der partiellen Ableitung nach s_C

Die Nachsteuerergebnisse der beteiligten Gesellschaften sind in Formel 0-11 bis 0-20 berechnet, Alternative III wurde unabhängig von Einschränkungen durch Transferpreisregeln als dominante Alternative identifiziert. Der Absolutwert der partiellen Ableitung des Entscheidungskriteriums steht für den Einfluss des Steuersatzes im Standort der Tochtergesellschaft bei der Standortwahl.

$$J\ddot{U}_A(III)=\frac{47{,}1}{48}K\cdot(\beta\cdot i-\alpha\cdot i)(1-s_C)+\frac{47{,}1}{48}K\cdot\alpha\cdot i\cdot(1-s_B)-\frac{33}{48}K\cdot i\tag{0-17}$$

$$\left|\frac{\partial J\ddot{U}_A(III)}{\partial s_C}\right|=\frac{47{,}1}{48}K\cdot(\beta\cdot i-\alpha\cdot i)\tag{0-65}$$

Bei Alternative I ist die partielle Ableitung dagegen:

$$J\ddot{U}_A(I)=\frac{47{,}1}{48}K\cdot\beta\cdot i\cdot(1-s_C)-\frac{33}{48}K\cdot i\tag{0-12}$$

$$\left|\frac{\partial J\ddot{U}_A(I)}{\partial s_C}\right|=\frac{47{,}1}{48}K\cdot\beta\cdot i\tag{0-66}$$

b) Einfluss auf die Position Deutschlands

Ein Vergleich der unverändert dominanten Alternative III bei Inlands- und bei Auslandsinvestment durch Gleichsetzen ergibt:

$$\begin{aligned}J\ddot{U}_{Ai}&=\frac{47{,}1}{48}\left(\frac{5}{8}K\cdot\beta_i\cdot i-\frac{33}{48}K\cdot\alpha_i\cdot i\right)+\frac{47{,}1}{48}K\cdot\alpha_i\cdot i\cdot(1-s_B)-\frac{33}{48}K\cdot i\\=J\ddot{U}_{Aa}&=\frac{47{,}1}{48}K\cdot(\beta_a\cdot i-\alpha_a\cdot i)(1-s_C)+\frac{47{,}1}{48}K\cdot\alpha_a\cdot i\cdot(1-s_B)-\frac{33}{48}K\cdot i\end{aligned}\tag{0-59}$$

mit $\alpha_i < \frac{10}{11}\beta_i$ und $\alpha_i = \alpha_a < \beta_a$

Da die Transferpreisbedingungen bindend sein sollen, liegen Ungleichungen vor, so dass α_i und α_a nicht durch β_i bzw. β_a substituiert werden können. Zur Vergleichbarkeit der Situation wird von einem einheitlichen α ($\alpha_i = \alpha_a = \alpha$) ausgegangen, d.h. von gleichmäßig durchgesetzten Transferpreisbestimmungen.

$$\frac{47{,}1}{48}\left(\frac{5}{8}K\cdot\beta_i\cdot i-\frac{33}{48}K\cdot\alpha\cdot i+(1-s_B)\cdot K\cdot\alpha\cdot i\right)-\frac{33}{48}K\cdot i \\ =\frac{47{,}1}{48}K\cdot(\beta_a\cdot i-\alpha\cdot i)(1-s_C)+\frac{47{,}1}{48}(K\cdot\alpha\cdot i)(1-s_B)-\frac{33}{48}K\cdot i \tag{0-67}$$

$$\left(\frac{5}{8}\beta_i\cdot i-\frac{33}{48}\alpha\cdot i+(1-s_B)\cdot\alpha\cdot i\right) \\ =(\beta_a\cdot i-\alpha\cdot i)(1-s_C)+\alpha\cdot i\cdot(1-s_B) \tag{0-68}$$

$$\frac{5}{8}\beta_i-\frac{33}{48}\alpha+(1-s_B)\cdot\alpha=(\beta_a-\alpha)(1-s_C)+\alpha\cdot(1-s_B) \tag{0-69}$$

$$\frac{5}{8}\beta_i-\frac{33}{48}\alpha=\beta_a\cdot(1-s_C)-\alpha\cdot(1-s_C) \tag{0-70}$$

$$\beta_i=1{,}6\cdot\beta_a\cdot(1-s_C)-1{,}6\cdot\alpha\cdot\left(\frac{15}{48}-s_C\right) \tag{0-71}$$

Formel 0-71 konvergiert für $\alpha \to \beta_a$ zu $\beta_i = 1{,}1 \cdot \beta_a$ und entspricht dann Formel 0-64.

$$\beta_i=1{,}6\cdot\beta_a\cdot(1-s_C)-1{,}6\cdot\beta_a\cdot\left(\frac{15}{48}-s_C\right) \tag{0-72}$$

$$\beta_i=1{,}6\cdot\beta_a\cdot\left(1-s_C-\frac{15}{48}+s_C\right) \tag{0-73}$$

$$\beta_i=1{,}6\cdot\beta_a\cdot\left(1-\frac{5}{16}\right)=\frac{16}{10}\cdot\frac{11}{16}\beta_a \tag{0-74}$$

Vergleicht man Formel 0-71 mit Formel 0-64, kann man untersuchen, welchen Einfluss Beschränkungen der Transferpreise auf die Position Deutschlands haben.

$$\beta_i=1{,}1\cdot\beta_a=1{,}6\cdot\beta_a\cdot(1-s_C)-1{,}6\cdot\alpha\cdot\left(\frac{15}{48}-s_C\right) \tag{0-75}$$

$$1{,}1\cdot\beta_a=1{,}6\cdot\beta_a-1{,}6\cdot\beta_a\cdot s_C-1{,}6\cdot\alpha\cdot\left(\frac{15}{48}-s_C\right) \tag{0-76}$$

$$0=0{,}5\cdot\beta_a-1{,}6\cdot\beta_a\cdot s_C-0{,}5\cdot\alpha+1{,}6\cdot\alpha\cdot s_C \tag{0-77}$$

$$0 = 0{,}5 \cdot (\beta_a - \alpha) - 1{,}6 \cdot s_C \cdot (\beta_a - \alpha) \tag{0-78}$$

$$1{,}6 \cdot s_C = 0{,}5 \tag{0-79}$$

$$s_C = \frac{5}{16} = 0{,}3125 \tag{0-80}$$

Für ausländische Steuersätze von $s_C = 31{,}25\%$ verändert sich der zur Gleichwertigkeit des Inlandsinvestments mit dem Auslandsinvestment erforderliche Unterschied in den Vorsteuerrenditen einer deutschen und einer ausländischen Tochtergesellschaft durch die Einführung von Transferpreisen nicht.

Wie die partielle Ableitung von Formel 0-71 ergibt, erhöht sich für ausländische Steuersätze unter 31,25% dieser Unterschied durch Transferpreisbestimmungen, bei ausländischen Steuersätzen über 31,25% verringert er sich.

$$\beta_i = 1{,}6 \cdot \beta_a \cdot (1 - s_C) - 1{,}6 \cdot \alpha \cdot \left(\frac{15}{48} - s_C\right) \tag{0-71}$$

$$\frac{\partial \beta_i}{\partial s_C} = -1{,}6 \cdot \beta_a + 1{,}6 \cdot \alpha \tag{0-81}$$

Formel 0-81 ist wegen der Bedingung $\alpha_a < \beta_a$ kleiner Null, für Werte von $s_C > 31{,}25\%$ ist das Ergebnis von Formel 0-71 also niedriger als das Ergebnis von Formel 0-64.

c) Beispielinvestition einer belgischen Muttergesellschaft

Im konkreten Beispielfall bleibt der Jahresüberschuss der Tochtergesellschaft gleich:

$$J\ddot{U}_C = K \cdot (\beta \cdot i - \alpha \cdot i)(1 - s_C) \tag{0-15}$$

mit: $s_C = 0{,}25$ für Österreich; $s_C = 0{,}26$ für Finnland; $s_C = 0{,}28$ für Schweden und $s_C = 0{,}30$ für Großbritannien.

Der Jahresüberschuss der Finanzierungsgesellschaft in Irland ist bei $s_B = 0{,}125$ gegeben als:

$$J\ddot{U}_B = 0{,}875 \cdot K \cdot \alpha \cdot i \tag{0-82}$$

Der Jahresüberschuss der belgischen Mutter wiederum ist bei einem belgischen Steuersatz von 33,99%, gerundet auf 34% gegeben mit:[1]

$$\begin{aligned} J\ddot{U}_A &= K\cdot(\beta\cdot i-\alpha\cdot i)(1-s_C)+0{,}875\cdot K\cdot\alpha\cdot i-K\cdot i \\ &\quad -0{,}34\cdot\left[0{,}05\cdot(K\cdot(\beta\cdot i-\alpha\cdot i)(1-s_C)+0{,}875\cdot K\cdot\alpha\cdot i)-K\cdot i\right] \end{aligned} \tag{0-83}$$

$$\begin{aligned} J\ddot{U}_A &= K\cdot(\beta\cdot i-\alpha\cdot i)(1-s_C)+0{,}875\cdot K\cdot\alpha\cdot i-K\cdot i \\ &\quad -0{,}017\cdot(K\cdot(\beta\cdot i-\alpha\cdot i)(1-s_C)+0{,}875\cdot K\cdot\alpha\cdot i)+0{,}34\cdot K\cdot i \end{aligned} \tag{0-84}$$

$$\begin{aligned} J\ddot{U}_A &= K\cdot(\beta\cdot i-\alpha\cdot i)(1-s_C)+0{,}875\cdot K\cdot\alpha\cdot i-K\cdot i \\ &\quad -0{,}017\cdot K\cdot(\beta\cdot i-\alpha\cdot i)(1-s_C)-0{,}014875\cdot K\cdot\alpha\cdot i+0{,}34\cdot K\cdot i \end{aligned} \tag{0-85}$$

$$J\ddot{U}_A = 0{,}983\cdot K\cdot(\beta\cdot i-\alpha\cdot i)(1-s_C)+0{,}860125\cdot K\cdot\alpha\cdot i-0{,}66\cdot K\cdot i \tag{0-86}$$

Damit ergibt sich durch Einsetzen von $s_C = 0{,}25$ für Österreich; $s_C = 0{,}26$ für Finnland; $s_C = 0{,}28$ für Schweden und $s_C = 0{,}30$ für Großbritannien.

$$J\ddot{U}_A(AT) = 0{,}73725\cdot K\cdot(\beta\cdot i-\alpha\cdot i)+0{,}860125\cdot K\cdot\alpha\cdot i-0{,}66\cdot K\cdot i \tag{0-87}$$

$$J\ddot{U}_A(FI) = 0{,}72742\cdot K\cdot(\beta\cdot i-\alpha\cdot i)+0{,}860125\cdot K\cdot\alpha\cdot i-0{,}66\cdot K\cdot i \tag{0-88}$$

$$J\ddot{U}_A(SE) = 0{,}70776\cdot K\cdot(\beta\cdot i-\alpha\cdot i)+0{,}860125\cdot K\cdot\alpha\cdot i-0{,}66\cdot K\cdot i \tag{0-89}$$

$$J\ddot{U}_A(UK) = 0{,}6881\cdot K\cdot(\beta\cdot i-\alpha\cdot i)+0{,}860125\cdot K\cdot\alpha\cdot i-0{,}66\cdot K\cdot i \tag{0-90}$$

Um den Einfluss der Besteuerung darzustellen, wird die Investition in Österreich als Referenz herangezogen und durch Gleichsetzen ermittelt, um wie viel höher die Vorsteuerrenditen bei Investitionen in den drei anderen betrachteten Ländern sein müssen.

$$\begin{aligned} & J\ddot{U}_A(AT) = 0{,}73725\cdot K\cdot(\beta\cdot i-\alpha\cdot i)+0{,}860125\cdot K\cdot\alpha\cdot i-0{,}66\cdot K\cdot i \\ & = J\ddot{U}_A(FI) = 0{,}72742\cdot K\cdot(\beta_{FI}\cdot i-\alpha\cdot i)+0{,}860125\cdot K\cdot\alpha\cdot i-0{,}66\cdot K\cdot i \end{aligned} \tag{0-91}$$

$$0{,}73725\cdot K\cdot(\beta\cdot i-\alpha\cdot i)=0{,}72742\cdot K\cdot(\beta_{FI}\cdot i-\alpha\cdot i) \tag{0-92}$$

$$0{,}73725\cdot(\beta-\alpha)=0{,}72742\cdot(\beta_{FI}-\alpha) \tag{0-93}$$

$$0{,}73725\cdot\beta-0{,}73725\cdot\alpha = 0{,}72742\cdot\beta_{FI}-0{,}72742\cdot\alpha \tag{0-94}$$

$$0{,}73725\cdot\beta-0{,}00983\cdot\alpha = 0{,}72742\cdot\beta_{FI} \tag{0-95}$$

$$\beta_{FI} = \frac{75}{74}\beta-\frac{1}{74}\alpha \tag{0-96}$$

[1] Die Freistellung in Belgien ist technisch so ausgestaltet, dass sie nur bei ausreichenden Gewinnen der Muttergesellschaft erfolgt, vgl. *Offermans, R.*, Belgium, 2006, S. 68. Auf Ebene der Muttergesellschaft wurde aber bereits bisher eine Marginalbetrachtung durchgeführt, d. h. eine sofortige und vollständige Verrechnung negativer Ergebniskomponenten mit unterstellten ausreichenden positiven Ergebniskomponenten angenommen.

Analog ergibt sich für Schweden und Großbritannien:

$$\beta_{SE} = \frac{75}{72}\beta - \frac{3}{72}\alpha \tag{0-97}$$

$$\beta_{UK} = \frac{75}{70}\beta - \frac{5}{70}\alpha \tag{0-98}$$

Im Vergleich zu der mit Eigenkapital ausgestatteten Tochtergesellschaft (Alternative I), ist die Steuersensitivität der Standortwahl deutlich geringer. Der Jahresüberschuss der Tochtergesellschaft in den vier Standorten bei Alternative I wäre:

$$J\ddot{U}_C = K \cdot \beta \cdot i \cdot (1 - s_C) \tag{0-99}$$

Der Jahresüberschuss der Mutter wäre dann:

$$J\ddot{U}_A = K \cdot \beta \cdot i \cdot (1 - s_C) - K \cdot i - 0{,}34 \cdot (0{,}05 \cdot K \cdot \beta \cdot i \cdot (1 - s_C) - K \cdot i) \tag{0-100}$$

Der Jahresüberschuss der belgischen Muttergesellschaft für Investitionen mit Alternative I in den einzelnen Ländern ist jeweils gegeben als:

$$J\ddot{U}_A(AT) = 0{,}73725 \cdot K \cdot \beta \cdot i - 0{,}66 \cdot K \cdot i \tag{0-101}$$

$$J\ddot{U}_A(FI) = 0{,}72742 \cdot K \cdot \beta \cdot i - 0{,}66 \cdot K \cdot i \tag{0-102}$$

$$J\ddot{U}_A(SE) = 0{,}70776 \cdot K \cdot \beta \cdot i - 0{,}66 \cdot K \cdot i \tag{0-103}$$

$$J\ddot{U}_A(UK) = 0{,}6881 \cdot K \cdot \beta \cdot i - 0{,}66 \cdot K \cdot i \tag{0-104}$$

Erneut dient die Investition in Österreich als Referenz, um die zur Gleichwertigkeit der Standorte erforderlichen Vorsteuerrenditen in den drei anderen Ländern zu ermitteln. Da die steuerliche Behandlung des Zinsaufwands und die grundsätzliche Erfassung der Dividenden auf Ebene der belgischen Muttergesellschaft unabhängig von der Vorbelastung der den Dividenden zu Grunde liegenden Gewinne ist, ist notwendige und hinreichende Bedingung für eine Gleichwertigkeit der Standorte ein identisches Nachsteuerergebnis der Tochtergesellschaft.

Damit ergibt sich für Finnland bzw. analog für Schweden und Großbritannien:

$$\beta_{FI} = \frac{1 - s_{AT}}{1 - s_{FI}}\beta = \frac{75}{74}\beta \Rightarrow \frac{\beta_{FI}}{\beta} = \frac{75}{74} = const. \tag{0-105}$$

$$\beta_{SE} = \frac{1 - s_{AT}}{1 - s_{SE)}}\beta = \frac{75}{72}\beta \Rightarrow \frac{\beta_{SE}}{\beta} = \frac{75}{72} = const. \tag{0-106}$$

$$\beta_{UK} = \frac{1 - s_{AT}}{1 - s_{UK)}}\beta = \frac{75}{70}\beta \Rightarrow \frac{\beta_{UK}}{\beta} = \frac{75}{70} = const. \tag{0-107}$$

4. Einfluss von Unterkapitalisierungsregeln

a) Modellierung der Unterkapitalisierungsregeln

Der safe haven wird im Folgenden durch φ ausgedrückt, was für den höchstmöglichen FK-Anteil am gesamten Kapital steht. Der häufig angegebene Mindest-EK-Anteil wird dann durch $(1 - \varphi)$ ausgedrückt. Eine Transformation der in Tabelle 3 auf S. 109 angegebenen FK:EK-Quoten in φ ist nach folgender Tabelle möglich:

FK:EK-Quote	φ	Beispiele (Länder)
1:1	$\frac{1}{2} = 0{,}5$	Belgien
1,5:1	$\frac{1{,}5}{2{,}5} = \frac{3}{5} = 0{,}6$	Deutschland, Frankreich, USA
2:1	$\frac{2}{3} = 0{,}6\overline{6}$	Portugal, Kanada
3:1	$\frac{3}{4} = 0{,}75$	Ungarn, Niederlande, Polen, Spanien, Japan
4:1	$\frac{4}{5} = 0{,}8$	Dänemark, Italien, Lettland, Litauen
7:1	$\frac{7}{8} = 0{,}875$	Belgien

Tabelle 25: Transformation der FK:EK-Quoten in φ

b) Ermittlung der Jahresüberschüsse der Gesellschaften

Die Jahresüberschüsse der beteiligten Gesellschaften bei Alternative III ermitteln sich dann wie folgt:

$$J\ddot{U}_C = K \cdot (\beta \cdot i - \varphi \cdot \alpha \cdot i)(1 - s_C) \quad (0\text{-}108)$$

$$J\ddot{U}_B = \varphi \cdot K \cdot \alpha \cdot i \cdot (1 - s_B) \quad (0\text{-}109)$$

$$J\ddot{U}_A = \frac{47{,}1}{48} K \cdot (\beta \cdot i - \varphi \cdot \alpha \cdot i)(1 - s_C) + \frac{47{,}1}{48} \varphi \cdot K \cdot \alpha \cdot i \cdot (1 - s_B) - \frac{33}{48} K \cdot i \quad (0\text{-}110)$$

bzw. bei Inlandsinvestment:

$$J\ddot{U}_{Ci} = \frac{5}{8} K \cdot \beta \cdot i - \frac{33}{48} \varphi \cdot K \cdot \alpha \cdot i \quad (0\text{-}111)$$

$$J\ddot{U}_{Bi} = \varphi \cdot K \cdot \alpha \cdot i \cdot (1 - s_B) \quad (0\text{-}112)$$

$$J\ddot{U}_{Ai} = \frac{47{,}1}{48} \left(\frac{5}{8} K \cdot \beta \cdot i - \frac{33}{48} \varphi \cdot K \cdot \alpha \cdot i \right) + \frac{47{,}1}{48} \varphi \cdot K \cdot \alpha \cdot i \cdot (1 - s_B) - \frac{33}{48} K \cdot i \quad (0\text{-}113)$$

c) Veränderte Restriktionen für α

Bei Investition im Ausland sind die Transferpreisbeschränkungen bindend, wenn gilt:

$$J\ddot{U}_C = K \cdot (\beta \cdot i - \varphi \cdot \alpha \cdot i)(1 - s_C) > 0 \quad \text{(0-114)}$$

$$\beta - \varphi \cdot \alpha > 0 \quad \text{(0-115)}$$

$$\alpha < \frac{\beta}{\varphi} \quad \text{(0-116)}$$

Bei Investition im Inland sind die Transferpreisbeschränkungen bindend, wenn gilt:

$$J\ddot{U}_{Ci} = \frac{5}{8} K \cdot \beta \cdot i - \varphi \cdot \frac{33}{48} K \cdot \alpha \cdot i > 0 \quad \text{(0-117)}$$

$$\frac{5}{8} \beta - \varphi \cdot \frac{33}{48} \alpha > 0 \quad \text{(0-118)}$$

$$\alpha < \frac{10}{11} \frac{\beta}{\varphi} \quad \text{(0-119)}$$

Unter der Annahme, dass weiterhin gilt $1 \leq \alpha \leq \beta$, bedeutet dies, dass Transferpreisbestimmungen, die dieser Annahme genügen, auch bei Inlandsinvestitionen bindend sind, sofern gilt:

$$\varphi < \frac{10}{11} \quad \text{(0-120)}$$

Dies entspricht einer FK:EK-Quote von 10:1, die weder in Deutschland noch in einem anderen Land mit Unterkapitalisierungsvorschriften innerhalb des safe haven liegt.

d) Ermittlung der partiellen Ableitung

Leitet man Formel 0-155 partiell nach s_C ab, erhält man:

$$\left| \frac{\partial J\ddot{U}_A(III)}{\partial s_C} \right| = \frac{47{,}1}{48} K \cdot (\beta \cdot i - \varphi \cdot \alpha \cdot i) \quad \text{(0-121)}$$

Die partielle Ableitung nach s_C ohne Unterkapitalisierungsregeln war dagegen:

$$\left| \frac{\partial J\ddot{U}_A(III)}{\partial s_C} \right| = \frac{47{,}1}{48} K \cdot (\beta \cdot i - \alpha \cdot i) \quad \text{(0-65)}$$

Bei Alternative I ist die partielle Ableitung unverändert:

$$\left| \frac{\partial J\ddot{U}_A(I)}{\partial s_C} \right| = \frac{47{,}1}{48} K \cdot \beta \cdot i \quad \text{(0-66)}$$

e) Einfluss auf die Position Deutschlands

Ein Vergleich des Jahresüberschusses der Muttergesellschaft bei Inlands- und bei Auslandsinvestment durch Gleichsetzen ergibt:

$$\begin{aligned} J\ddot{U}_{Aa} &= \frac{47{,}1}{48}K\cdot(\beta\cdot i-\varphi\cdot\alpha\cdot i)(1-s_C)+\frac{47{,}1}{48}\varphi\cdot K\cdot\alpha\cdot i\cdot(1-s_B)-\frac{33}{48}K\cdot i \\ \overset{!}{=} J\ddot{U}_{Ai} &= \frac{47{,}1}{48}\left(\frac{5}{8}K\cdot\beta_i\cdot i-\frac{33}{48}\varphi_{DE}\cdot K\cdot\alpha\cdot i\right) \\ &\quad +\frac{47{,}1}{48}\varphi_{DE}\cdot K\cdot\alpha\cdot i\cdot(1-s_B)-\frac{33}{48}K\cdot i \end{aligned} \tag{0-122}$$

$$\begin{aligned} J\ddot{U}_{Aa} &= (\beta-\varphi\cdot\alpha)(1-s_C)+\varphi\cdot\alpha\cdot(1-s_B)= \\ J\ddot{U}_{Ai} &= \left(\frac{5}{8}\beta_i-\frac{33}{48}\varphi_{DE}\cdot\alpha\right)+\varphi_{DE}\cdot\alpha\cdot(1-s_B) \end{aligned} \tag{0-123}$$

$$(\beta-\varphi\cdot\alpha)(1-s_C)+\varphi\cdot\alpha\cdot(1-s_B)+\frac{33}{48}\varphi_{DE}\cdot\alpha-\varphi_{DE}\cdot\alpha\cdot(1-s_B)=\frac{5}{8}\beta_i \tag{0-124}$$

$$\frac{5}{8}\beta_i=\beta\cdot(1-s_C)+\alpha\cdot(\varphi-\varphi_{DE})(1-s_B)+\frac{33}{48}\varphi_{DE}\cdot\alpha-\varphi\cdot\alpha\cdot(1-s_C) \tag{0-125}$$

$$\beta_i=1{,}6\cdot\beta\cdot(1-s_C)+1{,}6\cdot\alpha\cdot(\varphi-\varphi_{DE})(1-s_B)+1{,}6\cdot\alpha\cdot\left(\frac{33}{48}\varphi_{DE}-\varphi\cdot(1-s_C)\right) \tag{0-126}$$

Mit $\varphi_{DE} = 0{,}6$ ergibt sich:

$$\beta_i=1{,}6\cdot\beta\cdot(1-s_c)+1{,}6\cdot\alpha\cdot(\varphi-0{,}6)(1-s_B)+1{,}6\cdot\alpha\cdot\left(\frac{33}{48}0{,}6-\varphi\cdot(1-s_C)\right) \tag{0-127}$$

$$\beta_i=1{,}6\cdot\beta\cdot(1-s_c)+1{,}6\cdot\alpha\cdot(\varphi-0{,}6)(1-s_B)+1{,}6\cdot\alpha\cdot\left(\frac{33}{80}-\varphi\cdot(1-s_C)\right) \tag{0-128}$$

f) Beispielinvestition einer belgischen Muttergesellschaft

Der Jahresüberschuss der Tochtergesellschaft ist unter der Annahme von Unterkapitalisierungsregeln jeweils gegeben als:

$$J\ddot{U}_C=K\cdot(\beta\cdot i-\varphi\cdot\alpha\cdot i)(1-s_C) \tag{0-108}$$

Dabei gilt $\varphi = 0{,}6$ für Frankreich, $\varphi = 0{,}6\overline{6}$ für Portugal und $\varphi = 0{,}8$ für Dänemark und Italien. Darüber hinaus gilt $s_C = 27{,}5\%$ für Portugal, $s_C = 28\%$ für Dänemark, $s_C = 33\%$ für Italien und $s_C = 35\%$ für Frankreich.

Der Jahresüberschuss der Konzernfinanzierungsgesellschaft, die sich wiederum annahmegemäß in Irland befinden soll, beträgt dann:

$$J\ddot{U}_B = 0{,}875 \cdot K \cdot \varphi \cdot \alpha \cdot i \tag{0-129}$$

Bei einem belgischen Steuersatz von 34% ergibt sich damit für die belgische Muttergesellschaft ein Nachsteuerergebnis von:

$$J\ddot{U}_A = 0{,}983 \cdot K \cdot (\beta \cdot i - \varphi \cdot \alpha \cdot i)(1 - s_C) + 0{,}860125 \cdot K \cdot \varphi \cdot \alpha \cdot i - 0{,}66 \cdot K \cdot i \tag{0-130}$$

Für die vier betrachteten Länder ergibt sich somit ein Nachsteuerergebnis von:

$$\begin{aligned} J\ddot{U}_A(PT) = {} & 0{,}983 \cdot K \cdot \left(\beta \cdot i - \frac{2}{3}\alpha \cdot i\right)(1 - 0{,}275) \\ & + 0{,}860125 \cdot K \cdot \frac{2}{3}\alpha \cdot i - 0{,}66 \cdot K \cdot i \end{aligned} \tag{0-131}$$

$$\begin{aligned} J\ddot{U}_A(DK) = {} & 0{,}983 \cdot K \cdot (\beta \cdot i - 0{,}8 \cdot \alpha \cdot i)(1 - 0{,}28) \\ & + 0{,}860125 \cdot K \cdot 0{,}8 \cdot \alpha \cdot i - 0{,}66 \cdot K \cdot i \end{aligned} \tag{0-132}$$

$$\begin{aligned} J\ddot{U}_A(IT) = {} & 0{,}983 \cdot K \cdot (\beta \cdot i - 0{,}8 \cdot \alpha \cdot i)(1 - 0{,}33) \\ & + 0{,}860125 \cdot K \cdot 0{,}8 \cdot \alpha \cdot i - 0{,}66 \cdot K \cdot i \end{aligned} \tag{0-133}$$

$$\begin{aligned} J\ddot{U}_A(FR) = {} & 0{,}983 \cdot K \cdot (\beta \cdot i - 0{,}6 \cdot \alpha \cdot i)(1 - 0{,}35) \\ & + 0{,}860125 \cdot K \cdot 0{,}6 \cdot \alpha \cdot i - 0{,}66 \cdot K \cdot i \end{aligned} \tag{0-134}$$

Um den Einfluss der Besteuerung darzustellen, wird die Investition in Portugal als Referenz herangezogen und durch Gleichsetzen ermittelt, um wie viel höher bzw. niedriger die Vorsteuerrenditen bei Investitionen in den drei anderen betrachteten Ländern sein müssen.

$$\begin{aligned} J\ddot{U}_A(PT) = {} & 0{,}983 \cdot K \cdot \left(\beta \cdot i - \frac{2}{3} \cdot \alpha i\right)(1 - 0{,}275) \\ & + 0{,}860125 \cdot K \cdot \frac{2}{3}\alpha \cdot i - 0{,}66 \cdot K \cdot i = \\ J\ddot{U}_A(C) = {} & 0{,}983 \cdot K \cdot (\beta_C \cdot i - \varphi_C \cdot \alpha \cdot i)(1 - s_C) \\ & + 0{,}860125 \cdot K \cdot \varphi_C \cdot \alpha \cdot i - 0{,}66 \cdot K \cdot i \end{aligned} \tag{0-135}$$

$$\begin{aligned} & J\ddot{U}_A(PT) = 0{,}983 \cdot \left(\beta - \frac{2}{3}\alpha\right) \cdot 0{,}725 + 0{,}860125 \cdot \frac{2}{3}\alpha = \\ & J\ddot{U}_A(C) = 0{,}983 \cdot (\beta_C - \varphi_C \cdot \alpha)(1 - s_C) + 0{,}860125 \cdot \varphi_C \cdot \alpha \end{aligned} \tag{0-136}$$

$$\begin{aligned} & 0{,}983 \cdot 0{,}725 \cdot \beta - 0{,}983 \cdot 0{,}725 \cdot \frac{2}{3}\alpha + 0{,}860125 \cdot \frac{2}{3}\alpha = \\ & 0{,}983 \cdot (1 - s_C) \cdot \beta_C - 0{,}983 \cdot (1 - s_C) \cdot \varphi_C \cdot \alpha + 0{,}860125 \cdot \varphi_C \cdot \alpha \end{aligned} \tag{0-137}$$

$$\begin{aligned} & 0{,}983 \cdot 0{,}725 \cdot \beta + \frac{2}{3}\alpha \cdot (0{,}983 \cdot 0{,}875 - 0{,}983 \cdot 0{,}725) = \\ & 0{,}983 \cdot (1 - s_C) \cdot \beta_C + \varphi_C \cdot \alpha \cdot (0{,}983 \cdot 0{,}875 - 0{,}983 \cdot (1 - s_C)) \end{aligned} \tag{0-138}$$

$$0{,}725 \cdot \beta = (1 - s_C) \cdot \beta_C - \frac{2}{3}\alpha \cdot (0{,}875 - 0{,}725) + \varphi_C \cdot \alpha \cdot (0{,}875 - (1 - s_C)) \tag{0-139}$$

$$0{,}725 \cdot \beta = (1 - s_C) \cdot \beta_C + \alpha \cdot \left(\varphi_C \cdot (0{,}875 - (1 - s_C)) - \frac{2}{3}(0{,}875 - 0{,}725) \right) \tag{0-140}$$

Damit ergibt sich für Dänemark:

$$0{,}725 \cdot \beta = 0{,}72 \cdot \beta_{DK} + \alpha \cdot \left(0{,}8 \cdot (0{,}875 - 0{,}72) - \frac{2}{3}(0{,}875 - 0{,}725) \right) \tag{0-141}$$

$$0{,}725 \cdot \beta = 0{,}72 \cdot \beta_{DK} + \alpha \cdot \left(0{,}8 \cdot 0{,}155 - \frac{2}{3} \cdot 0{,}15 \right) \tag{0-142}$$

$$0{,}725 \cdot \beta = 0{,}72 \cdot \beta_{DK} + 0{,}024 \cdot \alpha \tag{0-143}$$

$$\beta_{DK} = \frac{72{,}5}{72}\beta - \frac{2{,}4}{72}\alpha \tag{0-144}$$

Analog ergibt sich für Italien:

$$0{,}725 \cdot \beta = 0{,}67 \cdot \beta_{IT} + \alpha \cdot \left(0{,}8 \cdot (0{,}875 - 0{,}67) - \frac{2}{3} \cdot (0{,}875 - 0{,}725) \right) \tag{0-145}$$

$$0{,}725 \cdot \beta = 0{,}67 \cdot \beta_{IT} + \alpha \cdot \left(0{,}8 \cdot 0{,}205 - \frac{2}{3} \cdot 0{,}15 \right) \tag{0-146}$$

$$0{,}725 \cdot \beta = 0{,}67 \cdot \beta_{IT} + 0{,}064 \cdot \alpha \tag{0-147}$$

$$\beta_{IT} = \frac{72{,}5}{67}\beta - \frac{6{,}4}{67}\alpha \tag{0-148}$$

Analog ergibt sich für Frankreich:

$$0{,}725 \cdot \beta = 0{,}65 \cdot \beta_{FR} + \alpha \cdot \left(0{,}6 \cdot (0{,}875 - 0{,}65) - \frac{2}{3} \cdot (0{,}875 - 0{,}725) \right) \tag{0-149}$$

$$0{,}725 \cdot \beta = 0{,}65 \cdot \beta_{FR} + \alpha \cdot \left(0{,}6 \cdot 0{,}225 - \frac{2}{3} \cdot 0{,}15 \right) \tag{0-150}$$

$$0{,}725 \cdot \beta = 0{,}65 \cdot \beta_{FR} + 0{,}035 \cdot \alpha \tag{0-151}$$

$$\beta_{FR} = \frac{72{,}5}{65}\beta - \frac{3{,}5}{65}\alpha \tag{0-152}$$

Unterstellt man dagegen die Abwesenheit von Unterkapitalisierungsregeln in den betrachteten Ländern ($\varphi = 1$) ergibt sich analog zu Abschnitt 3.c) in diesem Anhang

(S. 266) für die hier betrachteten Länder jeweils durch Gleichsetzen mit der Referenzinvestition in Portugal:

$$JÜ_A = 0{,}983 \cdot K \cdot (\beta \cdot i - \alpha \cdot i)(1 - s_C) + 0{,}860125 \cdot K \cdot \alpha \cdot i - 0{,}66 \cdot K \cdot i \quad (0\text{-}86)$$

$$\begin{aligned} JÜ_A(PT) &= 0{,}983 \cdot 0{,}725 \cdot K \cdot (\beta \cdot i - \alpha \cdot i) + 0{,}860125 \cdot K \cdot \alpha \cdot i - 0{,}66 \cdot K \cdot i = \\ JÜ_A(DK) &= 0{,}983 \cdot 0{,}72 \cdot K \cdot (\beta_{DK} \cdot i - \alpha \cdot i) + 0{,}860125 \cdot K \cdot \alpha \cdot i - 0{,}66 \cdot K \cdot i \end{aligned} \quad (0\text{-}153)$$

$$0{,}725 \cdot (\beta - \alpha) = 0{,}72 \cdot (\beta_{DK} - \alpha) \quad (0\text{-}154)$$

$$0{,}72 \cdot \beta_{DK} = 0{,}725 \cdot \beta - 0{,}725 \cdot \alpha + 0{,}72 \cdot \alpha \quad (0\text{-}155)$$

$$\beta_{DK} = \frac{72{,}5}{72}\beta - \frac{0{,}5}{72}\alpha \quad (0\text{-}156)$$

Analog ergibt sich für Italien und Frankreich

$$\beta_{IT} = \frac{72{,}5}{67}\beta - \frac{5{,}5}{67}\alpha \quad (0\text{-}157)$$

$$\beta_{FR} = \frac{72{,}5}{65}\beta - \frac{7{,}5}{65}\alpha \quad (0\text{-}158)$$

Bei Alternative I ergibt sich analog zu Abschnitt 3.c) in diesem Anhang (S. 266) für die hier betrachteten Länder jeweils durch Gleichsetzen mit der Referenzinvestition in Portugal:

$$\beta_{DK} = \frac{72{,}5}{72}\beta \quad (0\text{-}159)$$

$$\beta_{IT} = \frac{72{,}5}{67}\beta \quad (0\text{-}160)$$

$$\beta_{FR} = \frac{72{,}5}{65}\beta \quad (0\text{-}161)$$

5. Einfluss von CFC-Regeln

a) Veränderung von Alternative III durch die Hinzurechnungsbesteuerung

Bei der Tochtergesellschaft und der Konzernfinanzierungsgesellschaft ergeben sich gegenüber der Situation ohne CFC-Regeln keine Veränderungen.

$$JÜ_C = K \cdot (\beta \cdot i - \alpha \cdot i)(1 - s_C) \quad (0\text{-}15)$$

$$JÜ_B = K \cdot \alpha \cdot i \cdot (1 - s_B) \quad (0\text{-}16)$$

Das Ergebnis bei der Muttergesellschaft ist gegenüber Formel 0-17 deutlich verändert. Das Ergebnis der (passiven) Konzernfinanzierungsgesellschaft wird ihr unabhängig von einer Ausschüttung zugerechnet, die ausländischen Steuern können dabei angerechnet werden. Da weiterhin von Vollausschüttung ausgegangen wird, wird die Ausschüttung der Konzernfinanzierungsgesellschaft unabhängig von der Befreiung nach § 3 Nr. 41 EStG oder § 8b Abs. 1 KStG durch die fiktiven nicht abzugsfähigen Betriebsausgaben gemäß § 8b Abs. 5 KStG weiterhin zu 5% steuerlich erfasst. Hier annahmegemäß nicht anfallende Quellensteuern könnten durch § 12 Abs. 3 AStG nachträglich angerechnet werden, eine gewerbesteuerliche (Wieder-)Hinzurechnung der Dividenden gem. § 8 Nr. 5 GewStG erfolgt nicht.[1]

$$\begin{aligned} J\ddot{U}_A = {} & \frac{47{,}1}{48} K \cdot (\beta \cdot i - \alpha \cdot i)(1 - s_C) + \frac{47{,}1}{48} K \cdot \alpha \cdot i \cdot (1 - s_B) - \frac{33}{48} K \cdot i \\ & - K \cdot \alpha \cdot i \cdot \frac{1}{6} - K \cdot \alpha \cdot i \cdot \frac{5}{6} \cdot \frac{1}{4} + K \cdot \alpha \cdot i \cdot s_B \end{aligned} \qquad (0\text{-}162)$$

$$\begin{aligned} J\ddot{U}_A = {} & \frac{47{,}1}{48} K \cdot (\beta \cdot i - \alpha \cdot i)(1 - s_C) + \frac{47{,}1}{48} K \cdot \alpha \cdot i \cdot (1 - s_B) - \frac{33}{48} K \cdot i \\ & - \frac{3}{8} K \cdot \alpha \cdot i + K \cdot \alpha \cdot i \cdot s_B \end{aligned} \qquad (0\text{-}163)$$

$$\begin{aligned} J\ddot{U}_A = {} & \frac{47{,}1}{48} K \cdot (\beta \cdot i - \alpha \cdot i)(1 - s_C) - \frac{33}{48} K \cdot i \\ & - \frac{3}{8} K \cdot \alpha \cdot i + \frac{47{,}1}{48} K \cdot \alpha \cdot i + K \cdot \alpha \cdot i \cdot s_B - \frac{47{,}1}{48} K \cdot \alpha \cdot i \cdot s_B \end{aligned} \qquad (0\text{-}164)$$

$$\begin{aligned} J\ddot{U}_A = {} & \frac{47{,}1}{48} K \cdot (\beta \cdot i - \alpha \cdot i)(1 - s_C) - \frac{33}{48} K \cdot i \\ & + \frac{29{,}1}{48} K \cdot \alpha \cdot i + \frac{0{,}9}{48} K \cdot \alpha \cdot i \cdot s_B \end{aligned} \qquad (0\text{-}165)$$

b) Ermittlung der dominanten Alternative

Oben in Abschnitt 2.b) in diesem Anhang (S. 259) wurde für die Situation ohne Hinzurechnungsbesteuerung gezeigt, dass Alternative III die dominante Alternative ist. Auch bei Berücksichtigung des deutschen AStG kann dabei die Aussage, dass Alternative IV im Modell zu einem höheren Nachsteuerergebnis bei der Muttergesellschaft führt als Alternative II aufrechterhalten werden. Das Verhältnis von Alternative III zu Alternative I muss dagegen unter den veränderten Bedingungen neu überprüft werden.

Das unveränderte Ergebnis bei Alternative I ist dem veränderten Ergebnis bei Alternative III gegenüber zu stellen:

---

[1] Vgl. zu den Rechtsfolgen der deutschen Hinzurechnungsbesteuerung oben C.II.1.c)cd), S. 85.

$$JÜ_A(I) = \frac{47,1}{48} K \cdot \beta \cdot i \cdot (1 - s_C) - \frac{33}{48} K \cdot i = JÜ_A(III)$$
$$= \frac{47,1}{48} K \cdot (\beta \cdot i - \alpha \cdot i)(1 - s_C) - \frac{33}{48} K \cdot i + \frac{29,1}{48} K \cdot \alpha \cdot i + \frac{0,9}{48} K \cdot \alpha \cdot i \cdot s_B \tag{0-166}$$

$$\frac{47,1}{48} \beta \cdot (1 - s_C) = \frac{47,1}{48} (\beta - \alpha)(1 - s_C) + \frac{29,1}{48} \alpha + \frac{0,9}{48} \alpha \cdot s_B \tag{0-167}$$

$$47,1 \cdot \beta \cdot (1 - s_C) = 47,1 \cdot \beta \cdot (1 - s_C) - 47,1 \cdot \alpha \cdot (1 - s_C) + 29,1 \cdot \alpha + 0,9 \cdot \alpha \cdot s_B \tag{0-168}$$

$$47,1 \cdot \alpha - 47,1 \cdot \alpha \cdot s_C = 29,1 \cdot \alpha + 0,9 \cdot \alpha \cdot s_B \tag{0-169}$$

$$18 - 47,1 \cdot s_C = 0,9 \cdot s_B \tag{0-170}$$

$$s_B = 20 - 52\frac{1}{3} \cdot s_C \tag{0-171}$$

Formel 0-171 als Ungleichung in Abhängigkeit des Steuersatzes der aktiven Tochtergesellschaft formuliert bedeutet: Alternative III generiert nur dann ein höheres Nachsteuerergebnis für die Muttergesellschaft als Alternative I, wenn gilt:

$$s_C > \frac{20 - s_B}{52\frac{1}{3}} \tag{0-172}$$

Diese Ungleichung in Formel 0-172 ist im Bereich von $s_B < 25\%$ ab einem ausländischen Steuersatz s_C von ca. 38% erfüllt.

Allerdings ist bei diesen Steuersätzen bereits Alternative IV immer besser als Alternative I, wie sich aus dem Vergleich dieser beiden Alternativen ergibt:

$$\frac{47,1}{48} K \cdot \beta \cdot i \cdot (1 - s_C) - \frac{33}{48} K \cdot i =$$
$$\frac{47,1}{48} K \cdot (\beta \cdot i - \alpha \cdot i)(1 - s_C) + \frac{47,1}{48} (K \cdot \alpha \cdot i - K \cdot i)(1 - s_B) \tag{0-173}$$

$$47,1 \cdot K \cdot \beta \cdot i \cdot (1 - s_C) - 33 \cdot K \cdot i = 47,1 \cdot K \cdot \beta \cdot i \cdot (1 - s_C)$$
$$- 47,1 \cdot K \cdot \alpha \cdot i \cdot (1 - s_C) + 47,1 \cdot (K \cdot \alpha \cdot i - K \cdot i)(1 - s_B) \tag{0-174}$$

$$-33 = -47,1 \cdot \alpha \cdot (1 - s_C) + 47,1 \cdot \alpha \cdot (1 - s_B) - 47,1 \cdot (1 - s_B) \tag{0-175}$$

$$-\frac{33}{47,1} = -\alpha + \alpha \cdot s_C + \alpha - \alpha \cdot s_B - 1 + s_B \tag{0-176}$$

$$\frac{14,1}{47,1} - s_B + \alpha - \alpha + \alpha \cdot s_B = \alpha \cdot s_C \tag{0-177}$$

$$\alpha \cdot s_C = \frac{14,1}{47,1} - s_B + \alpha \cdot s_B \tag{0-178}$$

$$s_C = s_B \cdot \left(1 - \frac{1}{\alpha}\right) + \frac{14{,}1}{47{,}1 \cdot \alpha} \quad (0\text{-}179)$$

Formel 0-179 als Ungleichung in Abhängigkeit des Steuersatzes der aktiven Tochtergesellschaft formuliert bedeutet: Alternative IV generiert nur dann ein höheres Nachsteuerergebnis für die Muttergesellschaft als Alternative I, wenn gilt:

$$s_C > s_B \cdot \left(1 - \frac{1}{\alpha}\right) + \frac{14{,}1}{47{,}1 \cdot \alpha} \quad (0\text{-}180)$$

c) Ermittlung der dominanten Alternative bei Inlandsinvestment

Bei Inlandsinvestment wurde Alternative II im Modell der Alternative I sowie Alternative III der Alternative II vorgezogen.[1] Durch die Hinzurechnungsbesteuerung sinkt das Nachsteuerergebnis der Muttergesellschaft bei Alternative III, sodass nunmehr Alternative II und Alternative IV miteinander verglichen werden müssen, um die dominante Alternative zu ermitteln.

Aus dem Vergleich von Formel 0-44 mit Formel 0-49 folgt unmittelbar, dass Alternative IV ein höheres Nachsteuerergebnis bei der Muttergesellschaft zur Folge hat und somit die dominante Alternative bei Inlandsinvestment darstellt.

d) Einfluss auf die Position Deutschlands

Der Jahresüberschuss der inländischen Muttergesellschaft bei Alternative I ist unverändert gegeben als:

$$J\ddot{U}_A(I) = \frac{47{,}1}{48} K \cdot \beta \cdot i \cdot (1 - s_C) - \frac{33}{48} K \cdot i \quad (0\text{-}12)$$

Für Steuersätze unterhalb des Indifferenzsteuersatzes ist Formel 0-12 mit dem Jahresüberschuss der Muttergesellschaft bei Inlandsinvestition im Wege der Alternative IV (Formel 0-49) gleichzusetzen.

$$J\ddot{U}_{Ai}(IV) = \frac{47{,}1}{48}\left(\frac{5}{8} K \cdot \beta \cdot i - \frac{33}{48} K \cdot \alpha \cdot i\right) + \frac{47{,}1}{48} K \cdot (\alpha \cdot i - i)(1 - s_B) \quad (0\text{-}49)$$

Gleichsetzen und Auflösen nach β_i ergibt:

[1] Vgl. oben in diesem Anhang, Abschnitt 2.e), S. 262.

$$\frac{47{,}1}{48}K\cdot\beta_a\cdot i\cdot(1-s_C)-\frac{33}{48}K\cdot i= \\ \frac{47{,}1}{48}\left(\frac{5}{8}\beta_i\cdot i\cdot K-\frac{33}{48}K\cdot\alpha\cdot i\right)+\frac{47{,}1}{48}K\cdot(\alpha\cdot i-i)(1-s_B) \quad (0\text{-}181)$$

$$\beta_a\cdot i\cdot(1-s_C)-\frac{33}{47{,}1}i=\frac{5}{8}\beta_i\cdot i-\frac{33}{48}\alpha\cdot i+(\alpha\cdot i-i)(1-s_B) \quad (0\text{-}182)$$

$$\beta_a\cdot i-\beta_a\cdot i\cdot s_C-\frac{110}{157}i=\frac{5}{8}\beta_i\cdot i-\frac{33}{48}\alpha\cdot i+\alpha\cdot i-\alpha\cdot i\cdot s_B-i+i\cdot s_B \quad (0\text{-}183)$$

$$i\cdot\left(\beta_a-\beta_a\cdot s_C-\frac{110}{157}\right)=i\cdot\left(\frac{5}{8}\beta_i+\frac{15}{48}\alpha-\alpha\cdot s_B+s_B-1\right) \quad (0\text{-}184)$$

$$\beta_a-\beta_a\cdot s_C+\frac{47}{157}-\frac{15}{48}\alpha+\alpha\cdot s_B-s_B=\frac{5}{8}\beta_i \quad (0\text{-}185)$$

$$\frac{5}{8}\beta_i=\beta_a\cdot(1-s_C)-\frac{5}{16}\alpha-s_B\cdot(1-\alpha)+\frac{47}{157} \quad (0\text{-}186)$$

$$\beta_i=1{,}6\cdot\beta_a\cdot(1-s_C)-\frac{1}{2}\alpha-1{,}6\cdot s_B\cdot(1-\alpha)+\frac{376}{785}\quad \textit{für } s_C<s_{C_{Indiff.}} \quad (0\text{-}187)$$

Sofern der ausländische Steuersatz oberhalb des Indifferenzsteuersatzes liegt, muss das Inlandsinvestment (Formel 0-49) dem ebenfalls unter Einschaltung einer Konzernfinanzierungsgesellschaft (Alternative IV) durchgeführten Auslandsinvestment (Formel 0-20) gegenübergestellt werden. Gleichsetzen und Auflösen ergibt:

$$\frac{47{,}1}{48}\left(\frac{5}{8}\beta_i\cdot i\cdot K-\frac{33}{48}\alpha\cdot i\cdot K+(K\cdot\alpha\cdot i-K\cdot i)(1-s_B)\right)= \\ \frac{47{,}1}{48}(K\cdot(\beta_a\cdot i-\alpha\cdot i)(1-s_C)+K\cdot(\alpha\cdot i-i)(1-s_B)) \quad (0\text{-}188)$$

$$\frac{5}{8}\beta_i\cdot i-\frac{33}{48}\alpha\cdot i+(\alpha\cdot i-i)(1-s_B)= \\ (\beta_a\cdot i-\alpha\cdot i)(1-s_C)+(\alpha\cdot i-i)(1-s_B) \quad (0\text{-}189)$$

$$\frac{5}{8}\beta_i\cdot i-\frac{33}{48}\alpha\cdot i=\beta_a\cdot i-\beta_a\cdot i\cdot s_C-\alpha\cdot i+\alpha\cdot i\cdot s_C \quad (0\text{-}190)$$

$$\frac{5}{8}\beta_i+\frac{15}{48}\alpha=\beta_a-\beta_a\cdot s_C+\alpha\cdot s_C \quad (0\text{-}191)$$

$$\beta_i=1{,}6\cdot\beta_a\cdot(1-s_C)-1{,}6\cdot\alpha\cdot(0{,}3125-s_C)\quad \textit{für } s_C>s_{C_{Indiff.}} \quad (0\text{-}192)$$

e) Beispielinvestition einer deutschen Muttergesellschaft

Als Referenz für den Vergleich einer Investition durch eine deutsche Muttergesellschaft in Österreich, Finnland, Schweden oder Großbritannien dient die Investition in

Österreich, da Österreich den niedrigsten Steuersatz der betrachteten Länder hat. In Abhängigkeit von α werden diese Investitionen mit oder ohne Einschaltung einer fremdfinanzierten Konzernfinanzierungsgesellschaft durchgeführt, zur Gleichwertigkeit der Investitionsstandorte im verwendeten Modell müssen sie unabhängig vom Investitionsweg dasselbe Nachsteuerergebnis bei der deutschen Muttergesellschaft generieren.

Für $\alpha = 1$ ist der Indifferenzsteuersatz bei einer irischen Konzernfinanzierungsgesellschaft ($s_B = 12{,}5\%$) ca. 29,94% (vgl. Formel 0-125), sodass nur für die Investition in Großbritannien immer Alternative IV gewählt werden wird. Bei den anderen drei Ländern ist eine Fallunterscheidung in Abhängigkeit von α erforderlich.

Löst man Formel 0-125 nach α auf, erhält man:

$$s_C = s_B \cdot \left(1 - \frac{1}{\alpha}\right) + \frac{14{,}1}{47{,}1 \cdot \alpha} \tag{0-179}$$

$$\alpha \cdot s_C - \alpha \cdot s_B = \frac{14{,}1}{47{,}1} - s_B \tag{0-193}$$

$$\alpha = \frac{\frac{14{,}1}{47{,}1} - s_B}{(s_C - s_B)} \tag{0-194}$$

Für den Vergleich einer Investition in einem Staat C mit der Investition in Österreich (Referenzinvestition) bei Wahl von Alternative IV in beiden Staaten muss gelten:

$$\begin{aligned} J\ddot{U}_A(AT) &= \frac{47{,}1}{48} K \cdot (\beta \cdot i - \alpha \cdot i)(1 - 0{,}25) + \frac{47{,}1}{48} K \cdot (\alpha \cdot i - i)(1 - s_B) \\ = J\ddot{U}_A(C) &= \frac{47{,}1}{48} K \cdot (\beta_C \cdot i - \alpha \cdot i)(1 - s_C) + \frac{47{,}1}{48} K \cdot (\alpha \cdot i - i)(1 - s_B) \end{aligned} \tag{0-195}$$

$$(\beta - \alpha)(1 - 0{,}25) = (\beta_C - \alpha)(1 - s_C) \tag{0-196}$$

$$\beta \cdot (1 - 0{,}25) - \alpha \cdot (1 - 0{,}25) = \beta_C \cdot (1 - s_C) - \alpha \cdot (1 - s_C) \tag{0-197}$$

$$\beta_C = \frac{0{,}75 \cdot \beta + \alpha \cdot (0{,}25 - s_C)}{1 - s_C} \tag{0-198}$$

Für den Vergleich einer Investition in einem Staat C mit der Investition in Österreich (Referenzinvestition) bei Wahl von Alternative I in Österreich und Alternative IV im Staat C muss gelten:

$$JÜ_A(AT) = \frac{47{,}1}{48} K \cdot \beta \cdot i \cdot (1 - 0{,}25) - \frac{33}{48} K \cdot i$$
$$= JÜ_A(C) = \frac{47{,}1}{48} K \cdot (\beta_C \cdot i - \alpha \cdot i)(1 - s_C) + \frac{47{,}1}{48} K \cdot (\alpha \cdot i - i)(1 - s_B) \quad (0\text{-}199)$$

$$\beta \cdot (1 - 0{,}25) - \frac{110}{157} = (\beta_C - \alpha)(1 - s_C) + (\alpha - 1)(1 - s_B) \quad (0\text{-}200)$$

$$(\beta_C - \alpha)(1 - s_C) = 0{,}75 \cdot \beta - \alpha + \alpha \cdot s_B + 1 - s_B - \frac{110}{157} \quad (0\text{-}201)$$

$$\beta_C \cdot (1 - s_C) - \alpha + \alpha \cdot s_C = 0{,}75 \cdot \beta - \alpha + \alpha \cdot s_B - s_B + \frac{47}{157} \quad (0\text{-}202)$$

$$\beta_C = \frac{0{,}75 \cdot \beta - \alpha \cdot (s_C - s_B) - s_B + \frac{47}{157}}{1 - s_C} \quad (0\text{-}203)$$

Für den Vergleich einer Investition in einem Staat C mit der Investition in Österreich (Referenzinvestition) bei Wahl von Alternative I in beiden Staaten muss gelten:

$$JÜ_A(AT) = \frac{47{,}1}{48} K \cdot \beta \cdot i \cdot (1 - 0{,}25) - \frac{33}{48} K \cdot i$$
$$= JÜ_A(C) = \frac{47{,}1}{48} K \cdot \beta_C \cdot i \cdot (1 - s_C) - \frac{33}{48} K \cdot i \quad (0\text{-}204)$$

$$\beta \cdot (1 - 0{,}25) = \beta_C \cdot (1 - s_C) \quad (0\text{-}205)$$

$$\beta_C = \beta \cdot \frac{1 - 0{,}25}{1 - s_C} \quad (0\text{-}206)$$

6. Unterkapitalisierungsregeln und CFC-Regeln

a) Berechnung der Jahresüberschüsse und des Indifferenzsteuersatzes

Alternative I wird von den Restriktionen durch CFC-Regeln und Unterkapitalisierungsregeln nicht verändert. Da Alternative III nicht mehr vorteilhaft ist, muss Alternative I mit der veränderten Alternative IV verglichen werden. Die Konzernfinanzierungsgesellschaft nimmt nicht das gesamte benötigte Kapital auf, sondern nur den Teil, den sie als Fremdkapital an die Tochtergesellschaft weiterreichen kann ($\varphi \cdot K$). Das restliche Fremdkapital ($(1 - \varphi) \cdot K$) nimmt die Muttergesellschaft in Deutschland auf.

Die Jahresüberschüsse der beteiligten Gesellschaften ermitteln sich dann wie folgt:

$$JÜ_C = K \cdot (\beta \cdot i - \varphi \cdot \alpha \cdot i)(1 - s_C) \tag{0-207}$$

$$JÜ_B = K \cdot \varphi \cdot (\alpha \cdot i - i)(1 - s_B) \tag{0-208}$$

$$\begin{aligned} JÜ_A(IV) = {} & \frac{47{,}1}{48} K \cdot (\beta \cdot i - \varphi \cdot \alpha \cdot i)(1 - s_C) - \frac{33}{48}(1 - \varphi) \cdot K \cdot i \\ & + \frac{47{,}1}{48} K \cdot \varphi \cdot (\alpha \cdot i - i)(1 - s_B) \end{aligned} \tag{0-209}$$

bzw. bei Inlandsinvestment:

$$JÜ_{Ci} = \frac{5}{8} K \cdot \beta \cdot i - \frac{33}{48} \varphi_{DE} \cdot K \cdot \alpha \cdot i \tag{0-210}$$

$$JÜ_{Bi} = \varphi_{DE} \cdot K \cdot (\alpha \cdot i - i)(1 - s_B) \tag{0-211}$$

$$\begin{aligned} JÜ_{Ai}(IV) = {} & \frac{47{,}1}{48}\left(\frac{5}{8} K \cdot \beta_i \cdot i - \frac{33}{48} \varphi_{DE} \cdot K \cdot \alpha \cdot i\right) \\ & + \frac{47{,}1}{48} \varphi_{DE} \cdot K \cdot (\alpha \cdot i - i)(1 - s_B) - \frac{33}{48}(1 - \varphi_{DE}) \cdot K \cdot i \end{aligned} \tag{0-212}$$

mit $\varphi_{DE} = 0{,}6$.

Für die Entscheidung, ob überhaupt eine Konzernfinanzierungsgesellschaft eingeschaltet werden soll, ist die Höhe des safe haven unerheblich, da eine reine Marginalbetrachtung durchgeführt wird. Dies kann formell gezeigt werden, da der Indifferenzsteuersatz gegenüber dem Grundfall in Formel 0-125 unverändert ist:

$$\begin{aligned} & \frac{47{,}1}{48} K \cdot \beta \cdot i \cdot (1 - s_C) - \frac{33}{48} K \cdot i = \\ & \frac{47{,}1}{48} K \cdot (\beta \cdot i - \varphi \cdot \alpha \cdot i)(1 - s_C) - \frac{33}{48}(1 - \varphi) \cdot i + \frac{47{,}1}{48} K \cdot \varphi \cdot (\alpha \cdot i - i)(1 - s_B) \end{aligned} \tag{0-213}$$

$$\begin{aligned} & \frac{47{,}1}{48} \beta \cdot (1 - s_C) - \frac{33}{48} = \\ & \frac{47{,}1}{48}(\beta - \varphi \cdot \alpha)(1 - s_C) - \frac{33}{48}(1 - \varphi) + \frac{47{,}1}{48} \varphi \cdot (\alpha - 1)(1 - s_B) \end{aligned} \tag{0-214}$$

$$\begin{aligned} & \frac{47{,}1}{48} \beta \cdot (1 - s_C) - \frac{33}{48} = \\ & \left(\frac{47{,}1}{48} \beta - \frac{47{,}1}{48} \varphi \cdot \alpha\right)(1 - s_C) - \frac{33}{48} + \frac{33}{48} \varphi + \frac{47{,}1}{48} \varphi \cdot (\alpha - 1)(1 - s_B) \end{aligned} \tag{0-215}$$

$$\frac{47{,}1}{48} \varphi \cdot \alpha \cdot (1 - s_C) = \frac{33}{48} \varphi + \frac{47{,}1}{48} \varphi \cdot \alpha \cdot (1 - s_B) - \frac{47{,}1}{48} \varphi \cdot (1 - s_B) \tag{0-216}$$

$$47{,}1 \cdot \varphi \cdot \alpha \cdot (1 - s_C) = 47{,}1 \cdot \varphi \cdot \alpha - 47{,}1 \cdot \varphi \cdot \alpha \cdot s_B - 14{,}1 \cdot \varphi + 47{,}1 \cdot \varphi \cdot s_B \tag{0-217}$$

$$47{,}1\cdot\varphi\cdot\alpha\cdot(1-s_C)=47{,}1\cdot\varphi\cdot\alpha\left(1-s_B+\frac{1}{\alpha}s_B-\frac{14{,}1}{47{,}1\cdot\alpha}\right) \tag{0-218}$$

$$s_C=s_B\left(1-\frac{1}{\alpha}\right)+\frac{14{,}1}{47{,}1\cdot\alpha} \tag{0-219}$$

b) Ermittlung der partiellen Ableitung

Leitet man Formel 0-212 partiell nach s_C ab, erhält man:

$$\begin{aligned}J\ddot{U}_{Ai}(IV)=&\frac{47{,}1}{48}\left(\frac{5}{8}K\cdot\beta_i\cdot i-\frac{33}{48}\varphi_{DE}\cdot K\cdot\alpha\cdot i\right)\\&+\frac{47{,}1}{48}\varphi_{DE}\cdot K\cdot(\alpha\cdot i-i)(1-s_B)-\frac{33}{48}(1-\varphi_{DE})\cdot K\cdot i\end{aligned} \tag{0-212}$$

$$\left|\frac{\partial J\ddot{U}_A(IV)}{\partial s_C}\right|=\frac{47{,}1}{48}K\cdot(\beta\cdot i-\varphi\cdot\alpha\cdot i) \tag{0-220}$$

c) Einfluss auf die Position Deutschlands

Bei Auslandsinvestment in einem Niedrigsteuerland C ist der Jahresüberschuss der Muttergesellschaft gegeben als:

$$J\ddot{U}_A(I)=\frac{47{,}1}{48}K\cdot\beta\cdot i\cdot(1-s_C)-\frac{33}{48}K\cdot i \tag{0-12}$$

Bei Inlandsinvestment ist der Jahresüberschuss der deutschen Muttergesellschaft gegeben als:

$$\begin{aligned}J\ddot{U}_{Ai}(IV)=&\frac{47{,}1}{48}\left(\frac{5}{8}K\cdot\beta_i\cdot i-\frac{33}{48}\varphi_{DE}\cdot K\cdot\alpha\cdot i\right)\\&+\frac{47{,}1}{48}\varphi_{DE}\cdot K\cdot(\alpha\cdot i-i)(1-s_B)-\frac{33}{48}(1-\varphi_{DE})\cdot K\cdot i\end{aligned} \tag{0-212}$$

Gleichsetzen ergibt:

$$\begin{aligned}J\ddot{U}_{Aa}(I)&=\frac{47{,}1}{48}K\cdot\beta\cdot i\cdot(1-s_C)-\frac{33}{48}K\cdot i\\&=J\ddot{U}_{Ai}(IV)=\frac{47{,}1}{48}\left(\frac{5}{8}K\cdot\beta_i\cdot i-\frac{33}{48}\varphi_{DE}\cdot K\cdot\alpha\cdot i\right)\\&\quad+\frac{47{,}1}{48}\varphi_{DE}\cdot K\cdot(\alpha\cdot i-i)(1-s_B)-\frac{33}{48}(1-\varphi_{DE})K\cdot i\end{aligned} \tag{0-221}$$

$$\frac{47{,}1}{48}\beta\cdot(1-s_C)-\frac{33}{48}= \\ \frac{47{,}1}{48}\left(\frac{5}{8}\beta_i-\frac{33}{48}\varphi_{DE}\cdot\alpha\right)+\frac{47{,}1}{48}\varphi_{DE}\cdot(\alpha-1)(1-s_B)-\frac{33}{48}(1-\varphi_{DE}) \tag{0-222}$$

$$\beta\cdot(1-s_C)=\frac{5}{8}\beta_i-\frac{33}{48}\varphi_{DE}\cdot\alpha+\varphi_{DE}\cdot(\alpha-1)(1-s_B)+\frac{110}{157}\varphi_{DE} \tag{0-223}$$

$$\frac{5}{8}\beta_i=\beta\cdot(1-s_C)+\frac{33}{48}\varphi_{DE}\cdot\alpha-\varphi_{DE}\cdot(\alpha-1)(1-s_B)-\frac{110}{157}\varphi_{DE} \tag{0-224}$$

$$\beta_i=1{,}6\cdot\beta\cdot(1-s_C)+1{,}1\cdot\varphi_{DE}\cdot\alpha-1{,}6\cdot\varphi_{DE}\cdot(\alpha-1)(1-s_B)-\frac{176}{157}\varphi_{DE} \tag{0-225}$$

$$\beta_i=1{,}6\cdot\beta\cdot(1-s_C)+\varphi_{DE}\cdot\left(1{,}1\cdot\alpha-1{,}6\cdot\alpha\cdot(1-s_B)+1{,}6\cdot(1-s_B)-\frac{176}{157}\right) \tag{0-226}$$

$$\beta_i=1{,}6\cdot\beta\cdot(1-s_C)+\varphi_{DE}\cdot\left(-0{,}5\cdot\alpha+1{,}6\cdot s_B\cdot(\alpha-1)+\frac{376}{785}\right) \tag{0-227}$$

mit $\varphi_{DE}=0{,}6$.

Bei Auslandsinvestment in einem Hochsteuerland C ist der Jahresüberschuss der deutschen Muttergesellschaft gegeben als:

$$J\ddot{U}_A(IV)=\frac{47{,}1}{48}K\cdot(\beta\cdot i-\varphi\cdot\alpha\cdot i)(1-s_C)-\frac{33}{48}(1-\varphi)\cdot K\cdot i \\ +\frac{47{,}1}{48}K\cdot\varphi\cdot(\alpha\cdot i-i)(1-s_B) \tag{0-209}$$

Gleichsetzen mit dem Jahresüberschuss bei Inlandsinvestment ergibt hier:

$$J\ddot{U}_{Aa}(IV)=\frac{47{,}1}{48}K\cdot(\beta\cdot i-\varphi\cdot\alpha\cdot i)(1-s_C)-\frac{33}{48}(1-\varphi)\cdot K\cdot i \\ +\frac{47{,}1}{48}K\cdot\varphi\cdot(\alpha\cdot i-i)(1-s_B) \\ =J\ddot{U}_{Ai}(IV)=\frac{47{,}1}{48}\left(\frac{5}{8}K\cdot\beta_i\cdot i-\frac{33}{48}\varphi_{DE}\cdot K\cdot\alpha\cdot i\right) \\ +\frac{47{,}1}{48}\varphi_{DE}\cdot K\cdot(\alpha\cdot i-i)(1-s_B)-\frac{33}{48}(1-\varphi_{DE})K\cdot i \tag{0-228}$$

$$\frac{47{,}1}{48}(\beta-\varphi\cdot\alpha)(1-s_C)-\frac{33}{48}(1-\varphi)+\frac{47{,}1}{48}\varphi\cdot(\alpha-1)(1-s_B)= \\ \frac{47{,}1}{48}\left(\frac{5}{8}\beta_i-\frac{33}{48}\varphi_{DE}\cdot\alpha\right)+\frac{47{,}1}{48}\varphi_{DE}\cdot(\alpha-1)(1-s_B)-\frac{33}{48}(1-\varphi_{DE}) \tag{0-229}$$

$$(\beta-\varphi\cdot\alpha)(1-s_C)= \left(\frac{5}{8}\beta_i-\frac{33}{48}\varphi_{DE}\cdot\alpha\right)+(\varphi_{DE}-\varphi)\cdot(\alpha-1)(1-s_B)-\frac{110}{157}\cdot(\varphi-\varphi_{DE}) \tag{0-230}$$

$$(\beta-\varphi\cdot\alpha)(1-s_C)= \frac{5}{8}\beta_i-\frac{33}{48}\varphi_{DE}\cdot\alpha+(\varphi_{DE}-\varphi)\left((\alpha-1)(1-s_B)+\frac{110}{157}\right) \tag{0-231}$$

$$\beta_i=1{,}6\cdot(\beta-\varphi\cdot\alpha)(1-s_C) +1{,}1\cdot\varphi_{DE}\cdot\alpha-1{,}6\cdot(\varphi_{DE}-\varphi)\left((\alpha-1)(1-s_B)+\frac{110}{157}\right) \tag{0-232}$$

mit $\varphi_{DE} = 0{,}6$.

d) Beispielinvestition einer deutschen Muttergesellschaft

Betrachtet wird eine Investition in Portugal, Dänemark, Italien oder Frankreich. Dabei gilt $\varphi = 0{,}6$ für Frankreich, $\varphi = 0{,}6\overline{6}$ für Portugal und $\varphi = 0{,}8$ für Dänemark und Italien. Darüber hinaus gilt $s_C = 27{,}5\%$ für Portugal, $s_C = 28\%$ für Dänemark, $s_C = 33\%$ für Italien und $s_C = 35\%$ für Frankreich.

Unter Berücksichtigung von Formel 0-194 erhält man damit folgende Intervalle:

	Portugal	Dänemark	Italien	Frankreich
$\alpha \geq 1{,}1624$	Alt. IV	Alt. IV	Alt. IV	Alt. IV
$1{,}1624 > \alpha \geq 1{,}1249$	Alt. I	Alt. IV	Alt. IV	Alt. IV
$1{,}1249 > \alpha \geq 1$	Alt. I	Alt. I	Alt. IV	Alt. IV

Tabelle 26: Investitionswege einer deutschen Muttergesellschaft bei Investition in ausgewählten Ländern mit Unterkapitalisierungsregeln in Abhängigkeit von α

Für den Vergleich einer Investition in einem Staat C mit der Investition in Portugal (Referenzinvestition) bei Wahl von Alternative IV in beiden Staaten muss gelten:

$$\begin{aligned} J\ddot{U}_A(PT) &= \frac{47{,}1}{48}K\cdot(\beta\cdot i-\varphi_{PT}\cdot\alpha\cdot i)(1-s_{PT})-\frac{33}{48}(1-\varphi_{PT})\cdot K\cdot i \\ &\quad+\frac{47{,}1}{48}K\cdot\varphi_{PT}\cdot(\alpha\cdot i-i)(1-s_B)= \\ J\ddot{U}_A(C) &= \frac{47{,}1}{48}K\cdot(\beta_C\cdot i-\varphi_C\cdot\alpha\cdot i)(1-s_C)-\frac{33}{48}(1-\varphi_C)\cdot K\cdot i \\ &\quad+\frac{47{,}1}{48}K\cdot\varphi_C\cdot(\alpha\cdot i-i)(1-s_B) \end{aligned} \tag{0-233}$$

$$(\beta-\varphi_{PT}\cdot\alpha)(1-s_{PT})-\frac{110}{157}(1-\varphi_{PT})+\varphi_{PT}\cdot(\alpha-1)(1-s_B)= \\ (\beta_C-\varphi_C\cdot\alpha)(1-s_C)-\frac{110}{157}(1-\varphi_C)+\varphi_C\cdot(\alpha-1)(1-s_B) \tag{0-234}$$

$$(\beta_C-\varphi_C\cdot\alpha)(1-s_C)= \\ (\beta-\varphi_{PT}\cdot\alpha)(1-s_{PT})+(\varphi_{PT}-\varphi_C)\left((\alpha-1)(1-s_B)+\frac{110}{157}\right) \tag{0-235}$$

$$\beta_C\cdot(1-s_C)=\varphi_C\cdot\alpha\cdot(1-s_C)+ \\ \beta\cdot(1-s_{PT})-\varphi_{PT}\cdot\alpha\cdot(1-s_{PT})+(\varphi_{PT}-\varphi_C)\left((\alpha-1)(1-s_B)+\frac{110}{157}\right) \tag{0-236}$$

Mit $s_{PT} = 0{,}275$ und $\varphi_{PT} = 0{,}6\overline{6}$ ergibt sich:

$$\beta_C=\frac{0{,}725\cdot\beta+\varphi_C\cdot\alpha\cdot(1-s_C)-\frac{29}{60}\alpha+\left(\frac{2}{3}-\varphi_C\right)\left((\alpha-1)(1-s_B)+\frac{110}{157}\right)}{(1-s_C)} \tag{0-237}$$

Für den Vergleich einer Investition in einem Staat C mit der Investition in Portugal (Referenzinvestition) bei Wahl von Alternative I in Portugal und Alternative IV im Staat C muss gelten:

$$J\ddot{U}_A(PT)=\frac{47{,}1}{48}K\cdot\beta\cdot i\cdot(1-s_{PT})-\frac{33}{48}K\cdot i= \\ J\ddot{U}_A(C)=\frac{47{,}1}{48}K\cdot(\beta_C\cdot i-\varphi_C\cdot\alpha\cdot i)(1-s_C)-\frac{33}{48}(1-\varphi_C)\cdot K\cdot i \\ +\frac{47{,}1}{48}K\cdot\varphi_C\cdot(\alpha\cdot i-i)(1-s_B) \tag{0-238}$$

$$\beta\cdot(1-s_{PT})-\frac{110}{157}= \\ (\beta_C-\varphi_C\cdot\alpha)(1-s_C)-\frac{110}{157}(1-\varphi_C)+\varphi_C\cdot(\alpha-1)(1-s_B) \tag{0-239}$$

$$\beta\cdot(1-s_{PT})=\beta_C\cdot(1-s_C)-\varphi_C\cdot\alpha\cdot(1-s_C)+\varphi_C\cdot\left((\alpha-1)(1-s_B)+\frac{110}{157}\right) \tag{0-240}$$

$$\beta_C=\frac{\beta\cdot(1-s_{PT})+\varphi_C\cdot\alpha\cdot(1-s_C)-\varphi_C\cdot\left((\alpha-1)(1-s_B)+\frac{110}{157}\right)}{1-s_C} \tag{0-241}$$

Mit $s_{PT} = 0{,}275$ ergibt sich:

$$\beta_C = \frac{0{,}725 \cdot \beta + \varphi_C \cdot \alpha \cdot (1 - s_c) - \varphi_C \cdot \left((\alpha - 1)(1 - s_B) + \frac{110}{157} \right)}{1 - s_C} \tag{0-242}$$

Für den Vergleich einer Investition in einem Staat C mit der Investition in Portugal (Referenzinvestition) bei Wahl von Alternative I in beiden Staaten muss gelten:

$$\begin{aligned} J\ddot{U}_A(PT) &= \frac{47{,}1}{48} K \cdot \beta \cdot i \cdot (1 - s_{PT}) - \frac{33}{48} K \cdot i \\ = J\ddot{U}_A(C) &= \frac{47{,}1}{48} K \cdot \beta_C \cdot i \cdot (1 - s_C) - \frac{33}{48} K \cdot i \end{aligned} \tag{0-243}$$

$$\beta \cdot (1 - s_{PT}) = \beta_C \cdot (1 - s_C) \tag{0-244}$$

$$\beta_C = \beta \cdot \frac{1 - s_{PT}}{1 - s_C} \tag{0-245}$$

Mit $s_{PT} = 0{,}275$ ergibt sich:

$$\beta_C = \beta \cdot \frac{0{,}725}{1 - s_C} \tag{0-246}$$

7. Einfluss auf die Steuerzahlungen

a) Modellvereinfachungen

Der Einfluss der Missbrauchsverhinderungsnormen auf das Steueraufkommen und den Steuerwettbewerb wird anhand eines nochmals vereinfachten Beispiels im Modell berechnet: In Abwandlung des ursprünglichen Modells werden Besonderheiten bei der Ermittlung der Bemessungsgrundlage, wie beispielsweise die hälftige Hinzurechnung von Dauerschuldzinsen bei der deutschen Gewerbesteuer, vernachlässigt. Zuschlags- und Annexsteuern werden weiterhin vernachlässigt bzw. nur als Bestandteil des allgemeinen Steuersatzes (s_A, s_B, s_C) ausgedrückt. Es wird auf Ebene der Muttergesellschaft eine faktische 95%-ige Dividendenfreistellung analog zur Regelung des deutschen § 8b Abs. 1, 5 KStG angenommen, d. h. tatsächliche Betriebsausgaben bleiben abzugsfähig.

b) Einfluss auf die Bemessungsgrundlagen

Die steuerliche Bemessungsgrundlage in den beteiligten Ländern ergibt sich aus folgender Tabelle 27.

Alt.	Land A (Muttergesellschaft)	Land B (KFG)	Land C (Tochter)
I	$0{,}05 \cdot \beta \cdot i \cdot K \cdot (1-s_C) - i \cdot K$	-	$\beta \cdot i \cdot K$
II	$0{,}05 \cdot (\beta \cdot i - i) \cdot K \cdot (1-s_C)$	-	$(\beta \cdot i - i) \cdot K$
III	$0{,}05 \cdot K \cdot \begin{pmatrix} (\beta \cdot i - \varphi \cdot \alpha \cdot i)(1-s_C) \\ + \varphi \cdot \alpha \cdot i \cdot (1-s_B) \end{pmatrix} - i \cdot K$	$\varphi \cdot \alpha \cdot i \cdot K$	$(\beta \cdot i - \varphi \cdot \alpha \cdot i) \cdot K$
IV	$0{,}05 \cdot K \cdot \begin{pmatrix} (\beta \cdot i - \varphi \cdot \alpha \cdot i)(1-s_C) \\ + \varphi \cdot (\alpha \cdot i - i)(1-s_B) \end{pmatrix} - (1-\varphi) \cdot i \cdot K$	$(\alpha \cdot i - i) \cdot \varphi \cdot K$	$(\beta \cdot i - \varphi \cdot \alpha \cdot i) \cdot K$

Tabelle 27: Steuerliche Bemessungsgrundlagen der Gesellschaften in hypothetischen Ländern

Setzt man willkürlich als Beispiel folgende Werte ein: $K = 1.000$; $i = 0{,}04$; $\beta = 2$; $\alpha = 1{,}5$; $\varphi = 0{,}8$, $s_A = 0{,}35$,[1] $s_B = 0{,}125$, $s_C = 0{,}3$ erhält man die in Tabelle 28 dargestellten Ergebnisse. Die absolute Höhe der Zahlen ist in dieser Tabelle ohne Aussagekraft, weshalb in Abbildung 28 die Achsen nicht skaliert sind. Die Zahlen dienen hier nur der Dokumentation von Abbildung 28. Entscheidend sind die Verschiebungen zwischen den einzelnen Ländern, die sich in Abhängigkeit der Alternativenwahl ergeben.

[1] Zur Erläuterung der eingesetzten Steuersätze vgl. unten c) auf der nächsten Seite.

Alt.	Land A (Muttergesellschaft)	Land B (Konzernfinanzierungsgesellschaft)	Land C (aktive Tochtergesellschaft)	Summe[1]
I	-37,20	0,00	80,00	42,80
II[2]	1,40	0,00	40,00	41,40
III	-36,78	48,00	32,00	43,22
IV[3]	-6,18	16,00	32,00	41,82

Tabelle 28: Zahlenbeispiel: steuerliche Bemessungsgrundlagen der Gesellschaften in hypothetischen Ländern

c) Einfluss auf die Steuerzahlungen

Ausgehend von der Verteilung der Bemessungsgrundlage auf die beteiligten Länder kann durch das Einsetzen hypothetischer Steuersätze die jeweils fällige Steuerzahlung berechnet werden. Weiterhin sollen Besonderheiten in der Ermittlung der Bemessungsgrundlage (insbesondere die hälftige Hinzurechnung von Dauerschuldzinsen) vernachlässigt werden. Es wird von einer Muttergesellschaft in einem Hochsteuerland ($s_A = 0,35$) ausgegangen, die in ein Land mit einem mittleren Steuersatz ($s_C = 0,3$) investieren möchte. Eine etwaige Konzernfinanzierungsgesellschaft sitzt in Irland ($s_B = 0,125$). Auch hier sind die absoluten Zahlen ohne Aussagefähigkeit, Abbildung 29 enthält wiederum keine skalierten Achsen. Entscheidend sind hier ebenfalls die Verschiebungen zwischen den beteiligten Ländern.

Alt.	Land A (Muttergesellschaft)	Land B (Konzernfinanzierungsgesellschaft)	Land C (aktive Tochtergesellschaft)	Summe[4]
I	-13,02	0,00	24,00	10,98
II	0,49	0,00	12,00	12,49
III	-12,87	6,00	9,60	2,72
IV	-2,16	2,00	9,60	9,43

Tabelle 29: Steuerzahlungen der Gesellschaften in hypothetischen Ländern

[1] Durch die pauschalen 5%-igen nicht abzugsfähigen Betriebsausgaben bei Gewinnausschüttungen addiert sich die Summe nicht auf denselben Wert.

[2] Annahmegemäß greifen die Unterkapitalisierungsregeln nicht ein, wenn die Tochter das Fremdkapital von fremden Dritten aufnimmt, d. h. selbst die Anleihe am Kapitalmarkt platziert.

[3] Durch die Berücksichtigung von Unterkapitalisierungsvorschriften ist es bei Alternative IV erforderlich, dass auch die Muttergesellschaft einen Teil des Fremdkapitals aufnimmt und als Eigenkapital an die Tochtergesellschaft weiterreicht. Setzt man $\varphi = 1$ würde die Bemessungsgrundlage in Land A nicht negativ werden.

[4] Rundungsbedingt sind Abweichungen bei der Aufsummierung der Zeilen möglich.

Literaturverzeichnis

Aigner, Hans-Jörgen/Scheuerle, Ulrich/Stefaner, Markus [General Report, 2004]: General Report, in: *Michael Lang* u. a. (Hrsg.), Legislation, 2004, S. 13-52

Akerlof, George A. [Lemons, 1970]: The Market for "Lemons": Quality Uncertainty and the Market Mechanism, in: QJE 84 (1970), S. 488-500

Allingham, Michael G./Sandmo, Agnar [Analysis, 1972]: Income Tax Evasion: A Theoretical Analysis, in: JPE 1 (1972), S. 323-338

Almudi Cid, Jose Manuel [Spain, 2004]: National Report Spain, in: *Michael Lang* u. a. (Hrsg.), Legislation, 2004, S. 559-580

Altshuler, Rosanne/Grubert, Harry [Repatriation, 2002]: Repatriation taxes, repatriation strategies and multinational financial policy, in: JPE 87 (2002), S. 73-107

Ambrosanio, Maria F./Caroppo, Maria S. [Eliminating, 2005]: Eliminating Harmful Tax Practices in Tax Havens: Defensive Measures by Major EU Countries and Tax Haven Reforms, in: CTJ 53 (2005), S. 685-719

Ammelung, Ulrich [Finanzierungsgesellschaften, 2006]: Ausländische Finanzierungsgesellschaften und Cash-Pools, in: *Detlev J. Piltz/Harald Schaumburg* (Hrsg.), Unternehmensfinanzierung, 2006, S. 71-97

Ammelung, Ulrich/Homering, Christian [Falle, 2004]: § 8a KStG-Falle für ausländische Finanzierungsgesellschaften und Lösungsansätze, in: IStR 13 (2004), S. 310-313

Ammelung, Ulrich/Kuich, Peter [Kapitalmarkt, 2000]: Ausländischer Kapitalmarkt im Sinne des § 8 Abs. 1 Nr. 7 AStG – Nachweis einer aktiven Finanzierungstätigkeit bei der Begebung von Anleihen, in: IStR 9 (2000), S. 641-644

Ammelung, Ulrich/Schneider, Helmut [Einschaltung, 1996]: Einschaltung niederländischer Finanzierungsgesellschaften bei Konzernfinanzierungen über den Eurokapitalmarkt, in: IStR 5 (1996), S. 501-504 (Teil I) und S. 552-560 (Teil II)

Arias, Manuel M./Pérez de Ayala, José L. [Spain, 2002]: Spain, in: *IFA* (Hrsg.), Form, 2002, S. 509-522

Arnold, Brian J. [Taxation, 1986]: The Taxation of Controlled Foreign Corporations: an International Comparison, Adelaide: Canadian Tax Foundation, 1986

Arnold, Brian J./Dibout, Patrick [Generalbericht, 2001]: Generalbericht, in: *IFA* (Hrsg.), Limits, 2001, S. 167-246

Arts, Jan H. [Netherlands, 1999]: Netherlands, 1999, in: ET 39 (1999), S. 105-108 (Teilartikel des Beitrags von *Mössner, J. M.*, Tax, 1999)

Aufermann, Ewald [Wesen, 1929]: Das Wesen betriebswirtschaftlicher Steuerlehre, in: ZfhH 22 (1929), S. 8-12

Aufermann, Ewald [Grundzüge, 1959]: Grundzüge der Betriebswirtschaftlichen Steuerlehre, Wiesbaden: Gabler, 1959

Baker, Philip [Response, 2004]: The World-Wide Response to the Harmful Tax Competition Campaigns, in: GITC Review 3 (2004), S. 1-42 http://www.taxbar.com/documents/world-wide_response_000.pdf (20.03.2007)

Ballard, Richard M./Davison, Paul E. [United Kingdom, 2002]: United Kingdom, in: *IFA* (Hrsg.), Form, 2002, S. 569-594

Baranger, Séverine [Supreme, 2004]: Supreme Court Rules on Thin Capitalization Provisions, in: ET 44 (2004), S. 287-290

Baranger, Séverine [France, 2006]: France, in: *IBFD* (Hrsg.), Handbook, 2006, S. 215-241

Barnard, Johan/Overgaauw, Jacques/Weeghel, Stef van [Netherlands, 2001]: Netherlands, in: *IFA* (Hrsg.), Limits, 2001, S. 693-716

Bartelsman, Eric J./Beetsma, Roel M. [transfer pricing, 2003]: Why pay more? Corporate tax avoidance through transfer pricing in OECD countries, in: JPE 87 (2003), S. 2225-2252

Baumgärtel, Martina/Perlet, Helmut [Hinzurechnungsbesteuerung, 1996]: Die Hinzurechnungsbesteuerung bei Auslandsbeteiligungen – mit den neuen Grundsätzen der Finanzverwaltung zur Anwendung des Außensteuergesetzes, Neuwied, Kriftel, Berlin: Luchterhand, 1996

Baumhoff, Hubertus (Bearb.) [F/W/B, § 1 AStG]: § 1 AStG – Berichtigung von Einkünften, in: *Franz Wassermeyer/Detlev J. Piltz (Hrsg.)*, Außensteuerrecht, 2006, Stand: 47.-50. EL, 2000-2002

Baumhoff, Hubertus [Einkunftsabgrenzung, 2005]: Einkunftsabgrenzung bei international verbundenen Unternehmen, in: *Jörg M. Mössner* u. a., Steuerrecht, 2005, S. 402-590

Bauschatz, Peter [Gestaltungsmissbrauch, 2002]: Steuerlicher Gestaltungsmissbrauch und Europarecht (Teil II): Öffnung der Steuersysteme im Recht der direkten Steuern der EU-Mitgliedstaaten und Abwehr grenzüberschreitender Gestaltungen durch Missbrauchsvorschriften anhand ausgewählter Beispiele des deutschen Steuerrechts, in: IStR 11 (2003), S. 333-342

Becker, Enno [Auslegung, 1924]: Zur Auslegung der Steuergesetze, in: StuW 3 (1924), Sp. 145-180

Becker, Helmut (Bearb.) [B/H/G/K, Grundlagen V]: Teil 1: Grundlagen, Abschnitt V: Missbrauch von DBA, in: *Helmut Becker* u. a. (Hrsg.), DBA-Kommentar, 2005, Stand: 1.-5. EL, 1997-1999

Becker, Helmut (Bearb.) [B/H/G/K, Art. 9 OECD-MA]: Art. 9 OECD-MA – Verbundene Unternehmen, in: *Helmut Becker* u. a. (Hrsg.), DBA-Kommentar, 2005, Stand: 7. EL, 2000

Becker, Helmut u. a. (Hrsg.) [DBA-Kommentar, 2005]: DBA-Kommentar, Stand: 17. EL, 2005, Herne/Berlin: NWB

Bellstedt, Christoph [Neuregelung, 1963]: Die Neuregelung der Besteuerung von Auslandsinvestitionen im amerikanischen Steuerrecht, in: DStR 1 (1962/63), S. 331-336

Bendlinger, Stefan/Schuch, Josef [Austria, 2001]: Austria, in: *IFA* (Hrsg.), Limits, 2001, S. 371-397

Benecke, Andreas/Schnitger, Arne [Diskussionsbeitrag, 2004]: Anwendung des § 8a KStG – Ein Diskussionsbeitrag, in: IStR 13 (2004), S. 44-48

Berglund, Anna [Denmark, 2006]: Denmark, in: *IBFD* (Hrsg.), Handbook, 2006, S. 163-182

Bertin, Olivier [Belgium, 2001]: Tax Treaty Interpretation in Belgium, in: *Michael Lang* (Hrsg.), Interpretation, 2001, S. 41-62

BIAC [Business View, 1999]: A Business View on Tax Competition, Juni 1999 http://www.biac.org/statements/tax/htc.pdf (20.03.2007)

Bille, Stefanie [Hinzurechnungsbesteuerung, 2004]: Hinzurechnungsbesteuerung in Europa, Aachen: Shaker, 2004, zugl.: Münster, Univ., Diss., 2004

Bitz, Michael u. a. (Hrsg.) [Kompendium, 2005]: Vahlens Kompendium der Betriebswirtschaftslehre, 5. Aufl., München: Vahlen, 2005

Bjørnholm, Nikolaj/Becker-Christensen, Anne [Denmark, 2006]: Denmark Extends Scope of Anti-Avoidance Rules, in: ET 46 (2006), S. 504-505

Blažejová, Zuzana [Slovak Republic, 2005]: Slovak Republic, in: ET 45 (2005), S. 428-429

BMF (Hrsg.) [Reform, 1999]: Reform der internationalen Kapitaleinkommensbesteuerung, Gutachten erstattet vom Wissenschaftlichen Beirat beim BMF, Schriftenreihe des BMF, Heft 65, Bonn: Stollfuß, 1999

BMF (Hrsg.) [Steuern, 2003]: Die wichtigsten Steuern im internationalen Vergleich, Ausgabe 2003, http://www.bundesfinanzministerium.de/cln_01/nn_3790/DE/Steuern/Veroeffentlichungen__zu__Steuerarten/001__1,templateId=raw, property=publicationFile.pdf (1.12.2005)

BMF (Hrsg.) [Steuerrechtsänderungen, 2004]: Übersicht über die Steuerrechtsänderungen seit 1964, Stand: August 2004, http://www.bundesfinanzministerium.de/lang_de/DE/Service/Downloads/Downloads__4/26223__0,templateId=raw, property=publicationFile.pdf (20.03.2007)

BMF (Hrsg.) [Monatsbericht 9/2004]: Monatsbericht des BMF, September 2004 http://www.bundesfinanzministerium.de/lang_de/DE/Service/Downloads/Abt__I/Monatsbericht/26698__4,templateId=raw,property=publicationFile.pdf (20.03.2007)

BMF [Wettbewerb, 2004]: Wettbewerb der Steuersystme braucht Regeln – die koordinierende Rolle der OECD in der internationalen Steuerpolitik –, in: *BMF* (Hrsg.), Monatsbericht 9/2004, S. 45-55

BMF (Hrsg.) [Monatsbericht 1/2007]: Monatsbericht des BMF, Januar 2007 http://www.bundesfinanzministerium.de/lang_de/DE/Aktuelles/Monatsbericht__des__BMF/2007/01/070130agmb016,templateId=raw,property=publicationFile.pdf (20.03.2007)

BMF [Steuern, 2007]: Die wichtigsten Steuern im internationalen Vergleich, in: *BMF* (Hrsg.), Monatsbericht 1/2007, S. 53-68

Bogaerts, Raf [Luxembourg, 2005]: Luxembourg Adapts 1929 Holding Companies Regime to Comply with EU Code of Conduct, in: ET 45 (2005), S. 356-359

Böing, Christian [Gestaltungsmissbrauch, 2006]: Steuerlicher Gestaltungsmissbrauch in Europa – Eine rechtsvergleichende und gemeinschaftsrechtliche Untersuchung von Konzeptionen zur Bekämpfung des Gestaltungsmissbrauchs, Hamburg, Dr. Kovač, 2006, zugl.: Hamburg, Univ., Diss., 2005

Bolkestein, Frits [Realization, 2000]: Taxation and competition: the realization of the Internal Market, in: ECTR 9 (2000), S. 78-82

Borges, Ricardo [Portugal, 2004]: National Report Portugal, in: *Michael Lang* u. a. (Hrsg.), Legislation, 2004, S. 527-558

Borstell, Thomas [Verrechnungspreise, 2003]: Verrechnungspreise bei konzerninternen Lieferbeziehungen, in: *Siegfried Grotherr* (Hrsg.), Steuerplanung, 2003, S. 323-344

Bortenlänger, Christine [Quellensteuer, 2004]: Quellensteuer für die Dummen, in: HB Nr. 125 v. 01.07.2004, S. 11

Bosch, Hans-Gerd [Gestaltungen, 1997]: Steuerliche Gestaltungen bei ausländischen Finanzierungsgesellschaften aus Sicht der steuerlichen Betriebsprüfung, in: DB 50 (1997), S. 1736-1741

Bourmont, Jacques-Henry de/Rubechi, Guillaume [Frankreich, 2005]: Gesellschafterfremdfinanzierung in Frankreich – Gesetzesänderungen und Gestaltungsmöglichkeiten, in: RIW 51 (2005), S. 514-519

Bracewell-Milnes, Barry [Avoidance, 1980]: The Economics of International Tax Avoidance, Deventer: Kluwer, 1980

Bracewell-Milnes, Barry [Beneficial, 1999]: Tax Competition: Harmful or Beneficial?, in: Intertax 27 (1999), S. 86-88

Bracewell-Milnes, Barry [Avoidance, 2003]: Is Tax Avoidance Harmful?, in: Intertax 31 (2003), S. 96

Bratton, William W./McCahery, Joseph A. [Evaluating, 2001]: Tax Coordination and Tax Competition in the European Union: Evaluating the Code of Conduct on Business Taxation, in: CMLR 38 (2001), S. 677-718

Breyer, Friedrich/Kolmar, Martin [Wirtschaftspolitik, 2001]: Grundlagen der Wirtschaftspolitik, Tübingen: Mohr Siebeck, 2001

Brockmeyer, Hans B. (Bearb.) [Schmidt-Bleibtreu/Klein, Art. 103 GG]: Art. 103 GG – Anspruch auf rechtliches Gehör; Verbot rückwirkender Strafgesetze und der Doppelbestrafung, in: *Bruno Schmidt-Bleibtreu* (Begr.)/*Franz Klein* (Hrsg.), Grundgesetz, 2004

Brockmeyer, Hans B. (Bearb.) [Klein, § 41 AO]: § 41 AO – Unwirksame Rechtsgeschäfte, in: *Franz Klein* (Hrsg.), Abgabenordnung, 2006

Brockmeyer, Hans B. (Bearb.) [Klein, § 42 AO]: § 42 AO – Missbrauch von rechtlichen Gestaltungsmöglichkeiten, in: *Franz Klein* (Hrsg.), Abgabenordnung, 2006

Bröhmer, Jürgen (Bearb.) [Calliess/Ruffert, Art. 43 EGV]: Art. 43 EG-Vertrag, in: *Christian Calliess/Matthias Ruffert* (Hrsg.) EUV/EGV, 2007

Bröhmer, Jürgen (Bearb.) [Calliess/Ruffert, Art. 48 EGV]: Art. 48 EG-Vertrag, in: *Christian Calliess/Matthias Ruffert* (Hrsg.) EUV/EGV, 2007

Bröhmer, Jürgen (Bearb.) [Calliess/Ruffert, Art. 56 EGV]: Art. 56 EG-Vertrag, in: *Christian Calliess/Matthias Ruffert* (Hrsg.) EUV/EGV, 2007

Brosens, Linda [rules, 2004]: Thin capitalization rules and EU law, in: ECTR 13 (2004), S. 188-213

Buchanan, James M. [Public Goods, 1967]: The Demand and Supply of Public Goods, Chicago: Rand Mc Nally, 1967

Bucovetsky, Sam [Asymmetric, 1991]: Asymmetric Tax Competition, in: JUE 30 (1991), S. 167-181

Buettner, Thiess u. a. [Impact, 2006]: The Impact of Thin-Capitalization Rules on Multinationals' Financing and Investment Decisions, CESifo Working Paper No. 1817, October 2006, http://www.cesifo.de/DocCIDL/cesifo1_wp1817.pdf (20.03.2007)

Bühler, Ottmar [Prinzipien, 1964]: Prinzipien des internationalen Steuerrechts – Ein systematischer Versuch, München/Berlin: Beck, 1964

Burmester, Gabriele [Unternehmensfinanzierung, 2003]: Unternehmensfinanzierung im Internationalen Steuerrecht – Grundlagen und Gestaltungen für Einheitsunternehmen, Kapitalgesellschaftskonzerne und Personengesellschaftskonzerne, Köln: Otto Schmidt, 2003

Burwitz, Gero [Konzernfinanzierungsgesellschaften, 2005]: Ausländische Konzernfinanzierungsgesellschaften im Internationalen Steuerrecht – Zugleich eine Analyse von Dublin-Docks-Gesellschaften deutscher Konzernmütter, Köln: Otto Schmidt, 2005, zugl.: Osnabrück, Univ., Diss., 2004

Busekist, Konstantin v. [Auslandsgesellschaften, 2006]: Ort der Geschäftsleitung und missbräuchlicher Einsatz von Auslandsgesellschaften – Praktische Folgen aus den EuGH[1]-Entscheidungen „Dublin Docks“ und „Hülversum“ & Co., in: GmbHR 97 (2006), S. 132-137

---

[1] Der Titel des Beitrags ist falsch, da es sich um Entscheidungen des BFH und nicht des EuGH handelt.

Büttner, Thiess [Empirie, 2001]: Empirie des Steuerwettbewerbs: Zum Stand der Forschung, in: *Walter Müller/Otto Fromm/Bernd Hansjürgens* (Hrsg.), Regeln, 2001, S. 53-70

Calliess, Christian/Ruffert, Matthias (Hrsg.) [EUV/EGV, 2007]: EUV/EGV – Das Verfassungsrecht der Europäischen Union mit Europäischer Grundrechtecharta – Kommentar, 3. Aufl., München: C.H. Beck, 2007

Clarebout, Xavier/Dhaene, Marc [Belgium, 2005]: Belgium, in: ET 45 (2005), S. 372-378

Clausen, Uwe [Struktur, 2003]: Struktur und Rechtsfolgen des § 42 AO, in: DB 56 (2003), S. 1589-1596

Clayson, Murray [Impact, 1998]: The Impact of European Law and Treaty Relief on the UK Controlled Foreign Company Rules, in: Intertax 26 (1998), S. 326-333

Cooper, Graeme S. (Hrsg.) [Avoidance, 1997]: Tax Avoidance and The Rule of Law, Amsterdam: IBFD, 1997

Cooper, Graeme S. [Conflicts, 1997]: Conflicts, Challenges and Choices – The Rule of Law and Anti-Avoidance Rules, in: *Graeme S. Cooper* (Hrsg.), Avoidance, 1997, S. 13-50

Cordewener, Axel [Grundfreiheiten, 2002]: Europäische Grundfreiheiten und nationales Steuerrecht – „Konvergenz“ des Gemeinschaftsrechts und „Kohärenz“ der direkten Steuern in der Rechtsprechung des EuGH, Köln: Otto Schmidt, 2002, zugl.: Bonn, Univ., Diss., 2001

Cordewener, Axel [Grundzüge, 2004]: Deutsche Unternehmensbesteuerung und europäische Grundfreiheiten – Grundzüge des materiellen und formellen Rechtsschutzsystems der EG, in: DStR 42 (2004), S. 6-15

Cozian, Maurice [abuse, 1991]: What is abuse of law?, in: Intertax 19 (1991), S. 103-107

Crezelius, Georg [Umgehungen, 1995]: Kodifizierte und rechtsprechungstypisierte Umgehungen, in: StuW 72 (1995), S. 313-325

Crezelius, Georg [Neuregelung, 2001]: Neuregelung des § 42 AO?: Vom Missbrauch des Missbrauchs, in: DB 54 (2001), S. 2214-2215

Crezelius, Georg [Argumentationsmuster, 2003]: Das Argumentationsmuster des sog. Gesamtplans, in: FR 85 (2003), S. 537-542

Danzer, Jürgen [Steuerumgehung, 1981]: Die Steuerumgehung, Köln: Peter Deubner, 1981, zugl.: Bochum, Univ., Diss., 1981

Däppen, Adriano [Abkommen, 2004]: Abkommen zwischen der Schweiz und der EU über die Zinsbesteuerung, in: VW 2004, S. 8-10.

Dautzenberg, Norbert/Gocksch, Sebastian [Problematik, 2000]: Die europarechtliche Problematik des § 1 AStG, in: BB 55 (2000), S. 904-911

Debatin, Helmut [Steueroasenländer, 1965]: Einkommens- und Vermögensverlagerungen in sog. Steueroasenländer unter Ausnutzung des zwischenstaatlichen Steurgefälles, in: DB 17 (1965), S. 1022-1025 (Teil I) und S. 1065-1070 (Teil II)

Debatin, Helmut [Steuervertrag, 1972]: Der deutsch-schweizerische Steuervertrag, in: DB 25 (1972), S. 1939-1945 (Teil I) und S. 1983-1989 (Teil II)

Debatin, Helmut [Auslegung, 1983]: Zur Auslegung von Doppelbesteuerungsabkommen, in: *Lutz Fischer* (Hrsg.), FS Scherpf, 1983, S. 305-318

Debatin, Helmut [Doppelbesteuerungsabkommen, 1992]: Doppelbesteuerungsabkommen und innerstaatliches Recht, in: DStR 30 (1992), Beihefter zu Heft 23

Debatin, Helmut/Wassermeyer, Franz (Hrsg.) [Doppelbesteuerung, 2006]: Debatin/Wassermeyer Doppelbesteuerung – Kommentar zu allen deutschen Doppelbesteuerungsabkommen, Stand: 97. EL, 2006, München: C.H. Beck

Delattre, Olivier [France, 1996]: France, in: *IFA* (Hrsg.), aspects, 1996, S. 419-442

Desai, Mihir A./Foley, C. Fritz/Hines, James R. [Demand, 2006]: The Demand for Tax Haven Operations, in: JPE 90 (2006), S. 513-531

Desai, Mihir A./Foley, C. Fritz/Hines, James R. [divert, 2006]: Do tax havens divert economic activity?, in: Economics Letters 90 (2006), S. 219-224

Devereux, Michael [Impact, 1992]: The Impact of Taxation on International Business: Evidence from the Ruding Committee Survey, in: ECTR 1 (1992), S. 105-117

Devereux, Michael P./Griffith, Rachel/Klemm, Alexander [Reforms, 2002]: Corporate income tax reforms and international tax competition, in: EP 35 (2002), S. 451-495

Diaw, Khaled M./Gorter, Joeri [Harmful, 2003]: Harmful Tax Practices: To Brook or to Ban?, in: FA 59 (2003), S. 249-263

Diller, Markus [Konzerneinheiten, 2004]: Steueroptimale Finanzierung ausländischer Konzerneinheiten – Eine investitionstheoretische Analyse unter besonderer Berücksichtigung des grenzüberschreitenden Leasings, Frankfurt a.M. u. a.: Peter Lang, 2004, zugl.: Passau, Univ., Diss., 2003

Ditz, Xaver [Übertragung, 2006]: Übertragung von Geschäftschancen bei Funktionsverlagerungen ins Ausland – Darstellung an ausgewählten Beispielen, in: DStR 44 (2006), S. 1625-1631

Dixit, Avinash K. [Policy, 1996]: The Making of Economic Policy: A Transaction-Cost Politics Perspective, Cambridge u. a.: MIT Press, 1996

Dötsch, Ewald/Pung, Alexandra [Einführungsschreiben, 2004]: Gesellschafter-Fremdfinanzierung: Das Einführungsschreiben zu § 8a KStG vom 15.07.2004, in: DB 57 (2004), S. 1683-1691

Dourado, Ana Paula [EC draft, 2000]: The EC draft directive on interest from savings from a perspective of International Tax Law, in: ECTR 9 (2000), S. 144-152

Drenseck, Walter/Seer, Roman (Hrsg.) [FS Kruse, 2001]: Festschrift für Heinrich Wilhelm Kruse zum 70. Geburtstag, Köln: Otto Schmidt, 2001

Dreßler, Günter [Vermögensverlagerungen, 2000]: Gewinn- und Vermögensverlagerungen in Niedrigsteuerländer und ihre steuerliche Überprüfung, 3. Aufl., Neuwied, Kriftel: Luchterhand, 2000

Drüen, Klaus-Dieter/Kahler, Björn [Steuerhoheit, 2005]: Die nationale Steuerhoheit im Prozess der Europäisierung, in: StuW 82 (2005), S. 171-184

Dwyer, Terry [Vanuatu, 2000]: ‚Harmful' tax competition and the future of offshore financial centres such as Vanuatu, in: PEB 15 (2000), S. 48-69

Ebling, Klaus (Hrsg.) [Blümich, 2006]: Blümich – Einkommensteuergesetz, Körperschaftsteuergesetz, Gewerbesteuergesetz – Kommentar, Stand: 89. EL, 2006, München: Vahlen

Edwards, Jeremy/Keen, Michael [Leviathan, 1996]: Tax Competition and Leviathan, in: EER 40 (1996), S. 113-134

Eichel, Hans [Steuerwettbewerb, 2004]: Steuerwettbewerb in der EU, in: *BMF* (Hrsg.), Monatsbericht 9/2004, S. 35-38

Eicker, Klaus/Müller, Stefan [Entscheidung, 2001]: Entscheidung des EuGH in Sachen Hoechst/Metallgesellschaft: Erwartungen nicht erfüllt, in: RIW 47 (2001), S. 438-443

Eicker, Klaus/Obser, Ralph [Konturen, 2004]: Die Kapitalverkehrsfreiheit bekommt Konturen – zugleich Anmerkungen zu den Schlussanträgen in den Rechtssachen Weidert und Paulus, Manninen und Lenz, in: IStR 13 (2004), S. 443-447

Eigelshoven, Axel (Bearb.) [Vogel/Lehner, Art. 9 OECD-MA]: Artikel 9 OECD-MA – Verbundene Unternehmen, in: *Klaus Vogel* (Begr.), *Moris Lehner* (Hrsg.), DBA, 2003

Eilers, Stephan [Anwendungsrestriktionen, 1993]: Gemeinschaftsrechtliche Anwendungsrestriktionen für § 42 AO, in: DB 46 (1993), S. 1156-1160

Eilers, Stephan [Substanzerfordernis, 2005]: Substanzerfordernis an ausländische Finanzierungsgesellschaften, in: *Rudolf Gocke/Dietmar Gosch/Michael Lang* (Hrsg.), FS Wassermeyer, 2005, S. 323-332

Eisele, Florian [Funktionsverlagerung, 2003]: Grenzüberschreitende Funktionsverlagerung – Recht und Besteuerung im Einheitsunternehmen und Konzern, Herne/Berlin: NWB, 2003, zugl.: München, Univ., Diss., 2002

Elicker, Michael [Kohärenz, 2005]: Die „steuerrechtliche Kohärenz" in der Rechtsprechung des Europäischen Gerichtshofs – Zugleich eine Einordnung der Entscheidung vom 11.03.2004 „de Lasteyrie", in: IStR 14 (2005), S. 89-92

Elitzur, Ramy/Mintz, Jack [rules, 1996]: Transfer pricing rules and corporate tax competition, in: JPE 60 (1996), S. 401-422

Elschen, Rainer [Entscheidungsneutralität, 1991]: Entscheidungsneutralität, Allokationseffizienz und Besteuerung nach der Leistungsfähigkeit – gibt es ein gemeinsames Fundament der Steuerwissenschaften?, in: StuW 68 (1991), S. 99-115

Endres, Dieter/Thies, Angelika [Practice, 1998]: Controlled Foreign Companies: the German Rules in Theory and Practice, in: Intertax 26 (1998), S. 293-300

Engle, Howard S./Raineri, Walter T. [United States, 1996]: United States, in: *IFA* (Hrsg.), aspects, 1996, S. 773-800

Englisch, Joachim [Dogmatik, 2003]: Zur Dogmatik der Grundfreiheiten des EGV und ihren ertragsteuerlichen Implikationen, in: StuW 80 (2003), S. 88-97

Englisch, Joachim [Anmerkung Manninen, 2004]: Anmerkung zu EuGH, Urt. v. 07.09.2004, Rs. C-319/02 (*Manninen*), in: IStR 13 (2004), S. 684-686

Erlei, Mathias/Leschke, Martin/Sauerland, Dirk [Institutionenökonomik, 1999]: Neue Institutionenökonomik, Stuttgart: Schäffer-Poeschel, 1999

Ernst & Young (Hrsg.) [Körperschaftsteuergesetz, 2006]: Körperschaftsteuergesetz mit Nebenbestimmungen, Kommentar, Stand: 52. EL, 2006, Bonn: Stollfuß

Escoda, Alejandro/Ibáñez, Alexandre [Spain, 2005]: Spain, in: ET 45 (2005), S. 431-433

Essers, Peter u. a. [Approaches, 1994]: Some Fiscal Aspects of Financing Structures within a Group of Companies and Thin Capitalization Approaches in Europe, Report of the Wintercourse 1994, in: ECTR 3 (1994), S. 167-176

Europäische Kommission (Hrsg.) [Bericht, 1992]: Bericht des unabhängigen Sachverständigenausschusses zur Unternehmensbesteuerung („Ruding-Report"), März 1992, Luxemburg: Amt für amtliche Veröffentlichungen der Europäischen Gemeinschaften, 1992; Deutsche Übersetzung abgedruckt als BT-Drs. 13/4138

Europäische Kommission [Steuern, 1996]: Steuern in der Europäischen Union, Diskussionspapier für die informelle Tagung der für Wirtschafts- und Finanzfragen zuständigen Minister v. 20.03.1996, SEK(96) 487 endg.

Europäische Kommission [Bericht, 1996]: Steuern in der Europäischen Union – Bericht über die Entwicklung der Steuersysteme v. 22.10.1996, KOM(96) 546 endg.

Europäische Kommission [Jahresbericht, 1998]: Erster Jahresbericht über die Anwendung des Verhaltenskodex für die Unternehmensbesteuerung und über steuerliche Beihilfen v. 25.11.1998, KOM(1998) 595 endg.

Europäische Kommission [Results, 2003]: Results of Council of Economics and Finance Ministers, Brussels, 21st January 2003 – Taxation, MEMO/03/13 http://europa.eu.int/rapid/pressReleasesAction.do?reference=MEMO/03/13&format=PDF&aged=1&language=EN&guiLanguage=en (20.03.2007)

Europäische Kommission [Unternehmensbesteuerung, 2001]: Unternehmensbesteuerung im Binnenmarkt, Arbeitsdokument der Dienststellen der Kommission v. 23.10.2001, SEK(2001)1681, KOM(2001) 582 endg.

Everling, Ulrich [Niederlassungsrecht, 1990]: Das Niederlassungsrecht in der Europäischen Gemeinschaft, in: DB 37 (1990), S. 1853-1859

FATF [Recommendations, 1990]: The Forty Recommendations of the Financial Action Task Force on Money Laundering http://www.fatf-gafi.org/dataoecd/25/61/33635879.pdf (20.03.2007)

FATF [Annual Report, 1999]: Annual Report 1998 – 1999 http://www.fatf-gafi.org/dataoecd/13/50/34326725.pdf (20.03.2007)

FATF [Report, 2000]: Report on Non-Cooperative Countries and Territories http://www.fatf-gafi.org/dataoecd/57/22/33921735.pdf (20.03.2007)

FATF [Review, 2000]: Review to Identify Non-Cooperative Countries or Territories: Increasing the Worldwide Effectiveness of Anti-Money Laundering Measures http://www.fatf-gafi.org/dataoecd/56/43/33921824.pdf (20.03.2007)

FATF [Recommendations, 2004]: The Forty Recommendations http://www.fatf-gafi.org/dataoecd/7/40/34849567.pdf (20.03.2007)

Favi, Linda [Italy, 2004]: National Report Italy, in: *Michael Lang* u. a. (Hrsg.), Legislation, 2004, S. 349-390

Feld, Lars P./Kirchgässner, Gebhard [Steuerwettbewerb, 2001]: Vor- und Nachteile des Steuerwettbewerbs, in: *Walter Müller/Otto Fromm/Bernd Hansjürgens* (Hrsg.), Regeln, 2001, S. 21-51

Felix, Günther [Gesetzesanwendung, 1982]: Rechtssichere Gesetzesanwendung und Steuerplanung, in: *Klaus Tipke* (Hrsg.), Grenzen, 1982, S. 99-135

Fischer, Lutz (Hrsg.) [FS Scherpf, 1983]: Unternehmung und Steuer – Festschrift zur Vollendung des 80. Lebensjahres von Peter Scherpf, Wiesbaden: Gabler, 1983

Fischer, Lutz/Kleineidam, Hans-Jochen/Warneke, Perygrin [Internationale, 2005]: Internationale Betriebswirtschaftliche Steuerlehre, 5. Aufl, Berlin: Erich Schmidt, 2005

Fischer, Peter (Bearb.) [HHSp, § 42 AO]: § 42 AO – Mißbrauch von Gestaltungsmöglichkeiten, in: *Walter Hübschmann/Ernst Hepp/Armin Spitaler* (Begr.), Abgabenordnung, 2006, Stand: 132. EL, 1991

Fischer, Peter [Umgehung, 1996]: Die Umgehung des Steuergesetzes – Zu den Bedingungen einer Bewahrung der Steuerrechtsordnung „aus eigener Kraft“, in: DB 49 (1996), S. 644-653

Fischer, Peter [Zurechnung, 2001]: Zurechnung, Zugriff, Durchgriff – Aspekte einer Grundfrage des Steuerrechts, in: FR 83 (2001), S. 1-8

Fischer, Peter [Geltungsanspruch, 2001]: Geltungsanspruch des Steuergesetzes, Steuerumgehung und „wirtschaftliche oder sonst beachtliche außersteuerliche Gründe“ – Zehn Thesen zum Meinungsstreit zwischen „Außen- und Innentheorie“, in: FR 83 (2001), S. 1212-1215

Fischer, Peter [Umgehung, 2003]: Zu Gerd Rose: Umgehung des Steuergesetzes und Planungssicherheit, in: FR 85 (2003), S. 1277-1279

Fischer, Peter [Verfassungsstaat, 2005]: Europa macht mobil – bleibt der Verfassungsstaat auf der Strecke?, in: FR 87 (2005), S. 457-468

Fischer, Peter [Streit, 2005]: Zum Streit zwischen „Außentheorie“ und „Innentheorie“ – am Beispiel des Erkenntnisses des österr. VwGH zu „Briefkastengesellschaften in der irischen IFSC-Steueroase“, in: FR 87 (2005), S. 585-588

Flume, Werner [Steuerrechtsprechung, 1986]: Steuerrechtsprechung und Steuerrecht, in: StbJb 1985/86, S. 277-310

Flynn, Leo [Case Law, 2002]: Coming of Age: The Free Movement of Capital Case Law 1993-2002, in: CMLR 39 (2002), S. 773-805

Fontana, Renata [Future, 2006]: The Uncertain Future of CFC Regimes in the Member States of the European Union, in: ET 46 (2006), S. 259-267 (Part 1) und S. 317-334 (Part 2)

Förster, Guido/Schmidtmann, Dirk [Gesamtplanrechtsprechung, 2003]: Die Gesamtplanrechtsprechung im Steuerrecht – mit einem Vergleich der sog. „Step transaction doctrine“ im amerikanischen, britischen und belgischen Steuerrecht, in: StuW 80 (2003), S. 114-124

Francke, Jan [Just Right, 1998]: The 1998 OECD Report on Harmful Tax Competition: Just Right, in: TNI 17 (1998), S. 979-981

Franzen, Klaus/Gast-de Haan, Brigitte (Begr.) [Steuerstrafrecht, 2005]: Steuerstrafrecht mit Zoll- und Verbrauchsteuerstrafrecht, Kommentar, §§ 369-412 AO, StraBEG, § 32 ZollVG, 6. Aufl., München: C.H. Beck, 2005

Freitag, Robert [Beschränkungen, 1997]: Mitgliedstaatliche Beschränkungen des Kapitalverkehrs und Europäisches Gemeinschaftsrecht, in: EWS 8 (1997), S. 186-195

Friauf, Karl H. [Rechtsfortbildung, 1982]: Möglichkeiten und Grenzen der Rechtsfortbildung im Steuerrecht, in: *Klaus Tipke* (Hrsg.), Grenzen, 1982, S. 53-69

Friel, Daniel [United Kingdom, 2001]: United Kingdom, in: *IFA* (Hrsg.), Limits, 2001, S. 869-902

Fritsch, Michael/Wein, Thomas/Ewers, Hans-Jürgen [Marktversagen, 1999]: Marktversagen und Wirtschaftspolitik – Mikroökonomische Grundlagen staatlichen Handelns, 3. Aufl., München: Vahlen, 1999

Fritzmann, Thomas [Konzernfinanzierung, 2003]: Internationale Konzernfinanzierung – Entscheidungshilfen zur steuerlichen Optimierung der Finanzierung ausländischer Tochtergesellschaften unter Anwendung der Teilsteuerrechnung, Aachen: Shaker, 2003, zugl.: Bayreuth, Univ., Diss., 2003

Frommel, Stefan N. [Avoidance, 1984]: Tax Avoidance and the House of Lords: Uncertainty as Deterrent, in: Intertax 12 (1984), S. 378-391 (Teil 1) und S. 435-453 (Teil 2)

Frommel, Stefan N. [United Kingdom, 1991]: United Kingdom tax law and abuse of rights, in: Intertax 19 (1991), S. 54-81

Frotscher, Gerrit [Wirkungen, 2004]: Zu den Wirkungen des § 8a KStG n. F. – Zugleich Replik zu Wassermeyer, DStR 2004, 749, in: DStR 42 (2004), S. 754-757

Frotscher, Gerrit [Steuerrecht, 2005]: Internationales Steuerrecht, 2. Aufl., München: C.H. Beck, 2005

Frotscher, Gerrit (Bearb.) [Frotscher/Maas, § 8a KStG]: § 8a KStG – Gesellschafter-Fremdfinanzierung, in: *Gerrit Frotscher/Ernst Maas* (Hrsg.), KStG, UmwStG, 2006, Stand: 82. EL, 2006

Frotscher, Gerrit (Bearb.) [Frotscher/Maas, § 8b KStG]: § 8b KStG – Beteiligung an anderen Körperschaften, in: *Gerrit Frotscher/Ernst Maas* (Hrsg.), KStG, UmwStG, 2006, Stand: 76. EL, 2004

Frotscher, Gerrit/Maas, Ernst (Hrsg.) [KStG, UmwStG, 2006]: Kommentar zum Körperschaft- und Umwandlungssteuergesetz, Stand: 83. EL, 2006, Freiburg: Haufe

Fuest, Clemens/Hemmelgarn, Thomas [thin capitalization, 2005]: Corporate tax policy, foreign firm ownership and thin capitalization, in: RSUE 35 (2005), S. 508-526

Gammie, Malcolm [Perspective, 2000]: International Tax Avoidance: A UK Perspective, in: Intertax 28 (2000), S. 267-278

Gammie, Malcom [Impact, 2005]: The Impact of the Marks & Spencer Case on US-European Planning, in: Intertax 33 (2005), S. 485-489

Garabedian, Daniel [Belgium, 2002]: Belgium, in: *IFA* (Hrsg.), Form, 2002, S. 153-174

García Prats, Francisco A. [Spain, 2001]: Spain, in: *IFA* (Hrsg.), Limits, 2001, S. 803-826

García-Herrera, Cristina/Herrera, Pedro M. [fairness, 2004]: Is tax fairness in Europe under siege? Spanish law and anti-avoidance provisions, in: ECTR 13 (2004), S. 57-64

Gassner, Wolfgang [Interpretation, 1972]: Interpretation und Anwendung der Steuergesetze – Kritische Analyse der wirtschaftliche Betrachtungsweise des Steuerrechts, Wien: Anton Orac, 1972

Gassner, Wolfgang [Austria, 1996]: Austria, in: *IFA* (Hrsg.), aspects, 1996, S. 315-340

Gassner, Wolfgang [Umgehungsproblem, 2001]: Das allgemeine und das besondere Umgehungsproblem im Steuerrecht, in: *Walter Drenseck/Roman Seer* (Hrsg.), FS Kruse, 2001, S. 183-190

Gassner, Wolfgang [Gründe, 2001]: Neun und noch viel mehr Gründe gegen ein österreichisches Außensteuergesetz, in: SWI 11 (2001), S. 295-297

Gassner, Wolfgang [Austria, 2002]: Austria, in: *IFA* (Hrsg.), Form, 2002, S. 119-152

Gassner, Wolfgang/Haidenthaler, Werner [Group, 2004]: Group Taxation in Austria, in: SWI 13 (2004), S. 434-440

Gassner, Wolfgang u. a. (Hrsg.) [Besteuerungsrechte, 2005]: Die Verteilung der Besteuerungsrechte zwischen Ansässigkeits- und Quellenstaat im Recht der Doppelbesteuerungsabkommen, Wien: Linde, 2005

Gehauf, Gregor [Gewinntransfers, 2004]: Gewinntransfers in Multinationalen Unternehmen und deren Besteuerung, Frankfurt a.M. u. a.: Peter Lang, 2004, zugl.: München, Univ., Diss., 2003

Genschel, Philipp [Wohlfahrtsstaat, 2000]: Der Wohlfahrtsstaat im Steuerwettbewerb, MPIfG Working Paper 00/5, Juli 2000 http://www.mpi-fg-koeln.mpg.de/pu/workpap/wp00-5/wp00-5.html (20.03.2007)

Gerard, Marcel [Dual Allowance, 2006]: Belgium Moves to Dual Allowance for Corporate Equity, in: ET 46 (2006), S. 156-162

Gersch, Eva-Maria (Bearb.) [Klein, § 10 AO]: § 10 AO – Ort der Geschäftsleitung, in: *Franz Klein* (Hrsg.), Abgabenordnung, 2006

Gibbons, William J. [Effects, 1956]: The Effects of Basing International Business Abroad, in: Harvard Law Review 69 (1956), S. 1206-1249

Giuliano, Stefano [Italy, 2001]: Italy, in: *IFA* (Hrsg.), Limits, 2001, S. 615-640

Glad, Brigitta [Norway, 2004]: National Report Norway, in: *Michael Lang* u. a. (Hrsg.), Legislation, 2004, S. 489-526

Gocke, Rudolf/Gosch, Dietmar/Lang, Michael (Hrsg.) [FS Wassermeyer, 2005]: Körperschaftsteuer, Internationales Steuerrecht, Doppelbesteuerung, Festschrift für Franz Wassermeyer zum 65. Geburtstag, München: C.H. Beck, 2005

Gordon, Roger H. [Investment, 1986]: Taxation of Investment and Savings in a World Economy, in: AER 76 (1986), S. 1086-1102

Goulder, Robert [Coalition, 2000]: New Coalition Strikes Back at OECD Tax Haven Campaign, in: TNI 21 (2000), S. 2650-2654

Gouthière, Bruno [Study, 2005]: A Comparative Study of the Thin Capitalization Rules in the Member States of the European Union and Certain Other States, Introduction, in: ET 45 (2005), S. 367-369

Gouthière, Bruno [France, 2005]: France, in: ET 45 (2005), S. 389-394

Gouthière, Bruno [Developments, 2006]: French Anti-Abuse International Tax Legislation: Recent Developments, in: ET 46 (2006), S. 514-521

Grabitz, Eberhard (Begr.)/*Hilf, Meinhard* (Hrsg.) [Recht, 2005]: Das Recht der Europäischen Union, München: C.H. Beck, Stand: 29. EL, 2005

Grimes, Liam/Maguire, Tom [Ireland, 2005]: Ireland Becomes an Even More Attractive Prospect for Corporate Entities, in: ET 45 (2005), S. 148-154

Grotherr, Siegfried (Hrsg.) [Steuerplanung, 2003]: Handbuch der internationalen Steuerplanung, 2. Aufl., Herne/Berlin: NWB, 2003

Grotherr, Siegfried [Freigrenze, 2004]: Anwendungsgrundsätze und Zweifelsfragen der neuen Freigrenze in Höhe von 250 000 Euro bei der Gesellschafter-Fremdfinanzierung (§ 8a KStG), in: BB 59 (2004), S. 411-420

Grubert, Harry [Intangible, 2003]: Intangible Income, Intercompany Transactions, Income Shifting and the Choice of Location, in: NTJ 56 (2003), S. 221-242

Grubert, Harry [Tax Burden, 2003]: The Tax Burden on Cross-Border Investment: Company Strategies and Country Responses, CESifo Working Paper No. 964, 2003, http://www.cesifo.de/DocCIDL/964.pdf (20.03.2007)

Grützner, Dieter (Bearb.) [B/H/G/K, Art. 10 OECD-MA]: Art. 10 OECD-MA – Dividenden, in: *Helmut Becker* u. a. (Hrsg.), DBA-Kommentar, 2005, Stand: 17. EL, 2005

Gundel, Günter [Auswirkungen, 1993]: Auswirkungen der neuen Hinzurechnungsbesteuerung des Außensteuergesetzes auf internationale Finanzierungsgesellschaften, in: IStR 2 (1993), S. 49-57

Gundel, Günter [Finanzierungsgestaltungen, 1994]: Finanzierungsgestaltungen über das Ausland, in: IStR 3 (1994), S. 211-218 (Teil I) und S. 263-268 (Teil II)

Gundel, Günter [Einschaltung, 1998]: Steuergestaltung bei der Einschaltung internationaler Finanzierungsgesellschaften in die Finanzierung deutscher internationaler Konzerne, in: *Harald Schaumburg* (Hrsg.), Gestaltungen, 1998, S. 131-175

Gusmeroli, Michele/Russo, Massimiliano [Italian, 2004]: Italian Thin Capitalization Rules, Tax Treaties and EC Law: Much Ado About Something, in: Intertax 32 (2004), S. 493-519

Gutenberg, Erich [Einführung, 1958]: Einführung in die Betriebswirtschaftslehre, Wiesbaden: Gabler, 1958

Gutmann, Daniel [France, 2001]: Tax Treaty Interpretation in France, in: *Michael Lang* (Hrsg.), Interpretation, 2001, S. 95-117

Haarmann, Wilhelm (Hrsg.) [Grenzen, 1994]: Grenzen der Gestaltung im Internationalen Steuerrecht – Missbrauchsverhütung in der Diskussion: EU-Recht, DBA, Hinzurechnungsbesteuerung, grenzüberschreitenden Unternehmensfinanzierung, Verrechnungspreise, Verfahrenspraxis; Köln: Otto Schmidt, 1994

Haarmann, Wilhelm (Hrsg.) [Anwendung, 2004]: Auslegung und Anwendung von Doppelbesteuerungsabkommen, Köln: Otto Schmidt, 2004

Haas, Wolfgang [Praxisbericht, 2006]: Praxisbericht Konzernfinanzierung, in: *Detlev J. Piltz/Harald Schaumburg* (Hrsg.), Unternehmensfinanzierung, 2006, S. 179-200

Haberstock, Lothar/Breithecker, Volker [Einführung, 2005]: Einführung in die Betriebswirtschaftliche Steuerlehre – mit Fallbeispielen, Übungsaufgaben und Lösungen, 13. Aufl., Berlin: Erich Schmidt, 2005

Haferkamp, Ute [Kapitalverkehrsfreiheit, 2003]: Die Kapitalverkehrsfreiheit im System der Grundfreiheiten des EG-Vertrages, Bonn: Nomos, 2003, zugl.: Bonn, Univ., Diss., 2002

Hahn, Hartmut [Steuerkultur, 2005]: § 42 AO und Steuerkultur – zu einem unbekannten Standortfaktor, in: DStZ 93 (2005), S. 183-190

Hahn, Hartmut [Gemeinschaftsrecht, 2005]: Gemeinschaftsrecht und Recht der direkten Steuern, in: DStZ 93 (2005), S. 433-442 (Teil I), S. 469-481 (Teil II) und S. 507-515 (Teil III)

Hahn, Hartmut [Gestaltungsmissbrauch, 2006]: „Gestaltungsmissbrauch" im Sinne des § 42 AO, in: DStZ 94 (2006), S. 431-441

Haufler, Andreas/Schjelderup, Guttorm [taxation, 1999]: Corporate taxation, profit shifting, and the efficiency of public input provision, in: FA 56 (1999), S. 481-499

Haufler, Andreas/Schjelderup, Guttorm [profit shifting, 2000]: Corporate tax systems and cross country profit shifting, in: OEP 52 (2000), S. 306-325

Haun, Jürgen/Reiser, Hagen [Anwendungsschreiben, 2004]: Ausgewählte Probleme des Anwendungsschreibens zum Außensteuergesetz aus der Sicht der GmbH – Anmerkungen zum BMF-Schr. v. 14.05.2004 – IV B 5 – S 1340 – 11/04, in: GmbHR 95 (2004), S. 841-850

Haun, Jürgen/Reiser, Hagen [Probleme, 2006]: Aktuelle Probleme zur Anwendung des Außensteuergesetzes aus Sicht der GmbH – Kommentierungen und Anregungen, in: GmbHR 97 (2006), S. 74-79

Haupt, Alexander/Peters, Wolfgang [Restricting, 2005]: Restricting preferential tax regimes to avoid harmful tax competition, in: RSUE 25 (2005), S. 493-507

Hebig, Michael u. a. (Hrsg.) [FS Wacker, 2006]: Aktuelle Entwicklungsaspekte der Unternehmensbesteuerung – Festschrift für Wilhelm H. Wacker zum 75. Geburtstag, Berlin: Erich Schmidt, 2006

Heeder, Oliver [Fraus legis, 1998]: Fraus legis: Eine rechtsvergleichende Untersuchung über den Vorbehalt der Gesetzesumgehung in Deutschland, Österreich, der Schweiz, Frankreich und Belgien unter besonderer Berücksichtigung des Internationalen Privatrechts, Frankfurt a.M. u. a.: Peter Lang, 1998, zugl.: Regensburg, Univ., Diss., 1997

Heinen, Edmund [Entscheidungstheorie, 1966]: Betriebswirtschaftslehre heute – Die Bedeutung der Entscheidungstheorie für Forschung und Praxis, Wiesbaden: Gabler, 1966

Heinen, Edmund [Einführung, 1985]: Einführung in die Betriebswirtschaftslehre, 9. Aufl., Wiesbaden: Gabler, 1985

Helminen, Marjaana [Finland, 2004]: National Report Finland, in: *Michael Lang* u. a. (Hrsg.), Legislation, 2004, S. 191-219

Helminen, Marjaana [Future, 2005]: Is There a Future for CFC-regimes in the EU?, in: Intertax 33 (2005), S. 117-123

Henkel, Udo W. (Bearb.) [B/H/G/K, Grundlagen IV]: Teil 1: Grundlagen, Abschnitt IV: Auslegung der Doppelbesteuerungsabkommen, in: *Helmut Becker* u. a. (Hrsg.), DBA-Kommentar, 2005, Stand: 17. EL, 2005

Henkel, Udo W. [Basisgesellschaften, 2005]: Auslandsaktivitäten inländischer Unternehmen, III. Basisgesellschaften, in: *Jörg M. Mössner* u. a., Steuerrecht, 2005, S. 807-848

Hensel, Albert [Dogmatik, 1923]: Zur Dogmatik des Begriffs „Steuerumgehung“, in: *Paul Krüger* u. a. (Hrsg.), Festgabe Zitelmann, 1923, S. 217-288

Herm, Marek [Estonia, 2006]: Estonia, in: *IBFD* (Hrsg.), Handbook, 2006, S. 183-195

Herrmann, Carl/Heuer, Gerhard/Raupach, Arndt (Hrsg.) [Kommentar, 2006]: Einkommensteuer- und Körperschaftsteuergesetz, Kommentar, Stand: 222. EL, 2006, Köln: Otto Schmidt

Herzig, Norbert [Fremdfinanzierung, 1993]: Gesellschafter-Fremdfinanzierung von Kapitalgesellschaften – Bericht aus einer Arbeitsgruppe, in: StuW 70 (1993), S. 237-248

Herzig, Norbert [Analyse, 2003]: Gesellschafter-Fremdfinanzierung – Analyse und Perspektiven, in: WPg 56 (2003), Sonderheft, S. S 191-S 205

Herzig, Norbert/Lochmann, Uwe [Anwendungsbereich, 2004]: Anwendungsbereich und Rechtsfolgen von § 8a KStG n. F., in: StuW 81 (2004), S. 144-157

Herzig, Norbert/Watrin, Christoph [Anforderungen, 2000]: Betriebswirtschaftliche Anforderungen an eine Unternehmenssteuerreform, in: StuW 77 (2000), S. 378-388

Hespel, Annick/Mignolet, Michel [Services, 2000]: Tax-Aided Financial Services Companies and the Cost of Capital, in: Fiscal Studies 21 (2000), S. 349-374

Hey, Johanna [Perspektiven, 2004]: Perspektiven der Unternehmensbesteuerung in Europa, in: StuW 81 (2004), S. 193-211

Hey, Johanna [Erosion, 2005]: Erosion nationaler Besteuerungsprinzipien im Binnenmarkt?, in: StuW 82 (2005), S. 317-326

Hey, Johanna [Zukunft, 2006]: Die EuGH-Entscheidung in der Rechtssache Marks & Spencer und die Zukunft der deutschen Organschaft – Haben die Mitgliedstaaten den EuGH domestiziert?, in: GmbHR 97 (2006), S. 113-123

Hickson, John H. [Ireland, 2005]: Ireland, in: ET 45 (2005), S. 402-404

Hines, James R. [Behavioral, 1999]: Lessons from Behavioral Responses to International Taxation, in: NTJ 52 (1999), S. 305-322

Hintsanen, Lari/Pettersson, Kennet [Implications, 2005]: The Implications of the ECJ Holding the Denial of Finnish Imputation Credits in Cross-Border Situations to be Incompatible with the EC Treaty in the Manninen Case, in: ET 45 (2005), S. 130-137

Hirsch, Christoph J. [Anteilseigner, 1999]: Gesellschafterfremdfinanzierung inländischer Kapitalgesellschaften durch ausländische Anteilseigner, Frankfurt a.M. u. a.: Peter Lang, 1999, zugl.: Würzburg, Univ., Diss., 1999

Hobbes, Thomas [Leviathan I, 1651]: Of Man, Being the First Part of Leviathan, 1651, The Harvard classics, on-line ed., http://www.bartleby.com/34/5/ (20.03.2007)

Hofmann, Hans (Bearb.) [Schmidt-Bleibtreu/Klein, Art. 20 GG]: Art. 20 GG: Staatsstrukturprinzipien, Widerstandsrecht, in: *Bruno Schmidt-Bleibtreu* (Begr.)/*Franz Klein* (Hrsg.), Grundgesetz, 2004

Hofmeister, Ferdinand (Bearb.) [Blümich, § 8 GewStG]: § 8 GewStG – Hinzurechnungen, in: *Klaus Ebling* (Hrsg.), Blümich, 2006, Stand: 59.-82. EL, 1998-2004

Hohaus, Balko [Europa, 1996]: Steuerwettbewerb in Europa – Eine Analyse der Folgen unbeschränkter Güter- und Faktormobilität im Europäischen Binnenmarkt, Frankfurt a.M. u. a.: Peter Lang, 1996, zugl.: München, Univ., Diss., 1995

Hölzemann, Stefan [Anerkennung, 2006]: Neues zur steuerlichen Anerkennung ausländischer Kapitalgesellschaften – Sind eigenes Personal, eigene Geschäftsräume und eine Geschäftsausstattung noch erforderlich?, in: IStR 15 (2006), S. 830-836

Homann, Karl/Suchanek, Andreas [Ökonomik, 2000]: Ökonomik: Eine Einführung, Tübingen: Mohr Siebeck, 2000

Homburg, Stefan [Steuerlehre, 2007]: Allgemeine Steuerlehre, 5. Aufl., München: Vahlen, 2007

Honjo, Tasuku [Japan, 2001]: Japan, in: *IFA* (Hrsg.), Limits, 2001, S. 641-654

Höppner, Horst-Dieter [Äquivalenzprinzip, 2001]: Das Äquivalenzprinzip als zentraler Maßstab für fairen Steuerwettbewerb – Bemerkungen dazu aus der Sicht der Finanzverwaltung, in: *Walter Müller/Otto Fromm/Bernd Hansjürgens* (Hrsg.), Regeln, 2001, S. 89-104

Hosson, Fred C. de/Michielse, Geerten M. [aspects, 1989]: Treaty aspects of the ‚thin capitalisation' issue – A review of the OECD Report, in: Intertax 17 (1989), S. 476-484

Howe, Betsy-Ann [New Zealand, 2001]: New Zealand, in: *IFA* (Hrsg.), Limits, 2001, S. 717-738

Hübschmann, Walter/Hepp, Ernst/Spitaler, Armin (Begr.) [Abgabenordnung, 2006]: Abgabenordnung, Finanzgerichtsordnung, Kommentar, Stand: 189. EL, 2006, Köln: Otto Schmidt

Huizinga, Harry/Nielsen, Søren B. [interest flows, 2002]: Withholding taxes or information exchange: the taxation of international interest flows, in: JPE 87 (2002), S. 39-72

Huston, John u. a. [Japanese, 2003]: Japanese International Taxation, New York: Juris, 2003

IBFD (Hrsg.) [Handbook, 2006]: European Tax Handbook, 17. Aufl., Den Haag: IBFD, 2006

IFA (Hrsg.) [Avoidance, 1983]: Tax Avoidance/Tax Evasion, Cahiers de droit fiscal international, Volume LXVIIIa, Deventer: Kluwer, 1983

IFA (Hrsg.) [aspects, 1996]: International aspects of thin capitalization, Cahiers de droit fiscal international, Volume LXXXIb, Den Haag: Kluwer, 1996

IFA (Hrsg.) [Limits, 2001]: Limits on the use of low-tax regimes by multinational businesses: current measures and emerging trends, Cahiers de droit fiscal international, Volume LXXXVIb, Den Haag: Kluwer, 2001

IFA (Hrsg.) [Form, 2002]: Form and substance in tax law, Cahiers de droit fiscal international, Volume LXXXVIIa, Den Haag: Kluwer, 2002

IFA (Hrsg.) [Group taxation, 2004]: Group taxation, Cahiers de droit fiscal international, Volume LXXXIXb, Den Haag: Kluwer, 2004

Ijzerman, Robert L. [Netherlands, 2002]: Netherlands, in: *IFA* (Hrsg.), Form, 2002, S. 451-472

Jackson, Andrew B./Smith, Andrew M. [New Zealand, 2004]: National Report New Zealand, in: *Michael Lang* u. a. (Hrsg.), Legislation, 2004, S. 463-487

Jacobs, Otto H. [Unternehmensbesteuerung, 2002]: Internationale Unternehmensbesteuerung: deutsche Investitionen im Ausland; ausländische Investitionen im Inland, 5. Aufl., München: C.H. Beck, 2002

Jagdfeld, August [Steuerflucht, 1972]: Steuerflucht und Steuerfluchtbekämpfung von Brüning bis Brandt, in: StuW 49 (1972), S. 258-263

Janeba, Eckhard/Smart, Michael [targeted, 2003]: Is targeted tax competition less harmful than its remedies?, in: ITPF 10 (2003), S. 259-280

Janežič, Karmen/Zorman, Gregor [Slovenia, 2005]: Slovenia, in: ET 45 (2005), S. 429-431

Jansen, Jan B./Andersen, Rune T. [Norway, 2005]: Norway, in: ET 45 (2005), S. 442-444

Janssen, Bernhard [Drittvergleich, 1997]: Der Drittvergleich des § 8a Abs. 1 Satz 1 Nr. 2 KStG, in: BB 52 (1997), S. 1177-1181

Jarass, Hans D. [Niederlassungsfreiheit, 1993]: Die Niederlassungsfreiheit in der Europäischen Gemeinschaft – Ein Kernelement der Freiheit selbständiger wirtschaftlicher Betätigung, in: RIW 39 (1993), S. 1-7

Jensen, Michael C. [Methodology, 1983]: Organization Theory and Methodology, in: TAR 58 (1983), S. 319-339

Joecks, Wolfgang [Franzen/Gast/Joecks, § 370 AO]: § 370 AO – Steuerhinterziehung, in: *Klaus Franzen/Brigitte Gast-de Haan* (Begr.), Steuerstrafrecht, 2005

Kabbaj, Hicham/Raingeard de la Bletière, Emmanuel [France, 2004]: National Report France, in: *Michael Lang* u. a. (Hrsg.), Legislation, 2004, S. 221-254

Kanbur, Ravi/Keen, Michael [Jeux, 1993]: Jeux Sans Frontières: Tax Competition and Tax Coordination When Countries Differ in Size, in: AER 83 (1993), S. 877-892

Kärgel, Andrea [Konflikt, 2003]: Steuerrechtliche Anti-Missbrauchs-Regeln im Konflikt mit europäischem Gemeinschaftsrecht, Bonn: Deutscher Anwalts Verlag, 2003, zugl.: Berlin, Freie Univ., Diss., 2001

Karp, Joel J. [Effect, 2001]: Effect of OECD and Similar Initiatives on Multinational Operations, in: ITJ 27 (2001), S. 12-22

Keen, Michael [Regimes, 2001]: Preferential Regimes Can Make Tax Competition Less Harmful, in: NTJ 54 (2001), S. 757-762

Kempf, Andreas/Straubinger, Peter [Lizenzrichtlinie, 2005]: Nochmals: Die EU-Zins-/Lizenzrichtlinie und § 8 Nr. 1 GewStG, in: IStR 14 (2005), S. 773-775

Kessler, Wolfgang [Holdinggesellschaften, 2003]: Grundlagen der Steuerplanung mit Holdinggesellschaften, in: *Siegfried Grotherr* (Hrsg.), Steuerplanung, 2003, S. 159-186

Kessler, Wolfgang [Spannungsfeld, 2003]: Die Gesellschafter-Fremdfinanzierung im Spannungsfeld zum Recht der Doppelbesteuerungsabkommen und Europarecht, in: DB 56 (2003), S. 2507-2514

Kessler, Wolfgang/Eicker, Klaus/Obser, Ralph [Fremdfinanzierung, 2004]: Die Gesellschafter-Fremdfinanzierung im Lichte der Kapitalverkehrsfreiheit, in: IStR 13 (2004), S. 325-329

Kessler, Wolfgang/Eicker, Klaus/Schindler, Jörg [Hinzurechnung, 2004]: Hinzurechnung von Dauerschuldzinsen nach § 8 Nr. 1 GewStG verstößt gegen die Zins-/Lizenzgebühren-Richtlinie, in: IStR 13 (2004), S. 678-680

Kessler, Wolfgang/Obser, Ralph [Überblick, 2004]: Überlick zur Gesellschafter-Fremdfinanzierung in den Mitgliedstaaten der Europäischen Union, in: IStR 13 (2004), S. 187-191

Kiesel, Hanno/Theisen, Michaela [Risiken, 2006]: Steuerstrafrechtliche Risiken konzerninterner Verrechnungspreisgestaltungen, in: IStR 15 (2006), S. 284-288

Kiesewetter, Dirk [Leitbilder, 1997]: Theoretische Leitbilder einer Reform der Unternehmensbesteuerung, in: StuW 74 (1997), S. 24-34

Kirchhof, Paul [Auslegungsmethoden, 1983]: Steuerumgehung und Auslegungsmethoden, in: StuW 60 (1983), S. 173-183

Klapdor, Ralf [Versuch, 2002]: Versuch einer ökonomischen Fundierung der Hinzurechnungsbesteuerung, in: DBW 62 (2002), S. 359-378

Klein, Franz (Hrsg.) [Abgabenordnung, 2006]: Abgabenordnung – Kommentar, 9. Aufl., München: C.H. Beck, 2006

Kleineidam, Hans-Jochen [Weiterentwicklung, 1970]: Zur Weiterentwicklung der betriebswirtschaftlichen Steuerlehre, in: ZfB 40 (1970), S. 105-118

Kleineidam, Hans-Jochen [Auslandsbetriebsstätten, 1993]: Gewinnermittlung bei Auslandbetriebsstätten, in: IStR 2 (1993), S. 349-352 (Teil I) und S. 395-400 (Teil II)

Kleineidam, Hans-Jochen (Hrsg.) [FS Fischer, 1999]: Unternehmenspolitik und Besteuerung, Festschrift für Lutz Fischer zum 60. Geburtstag, Berlin: Erich Schmidt, 1999

Knobbe-Keuk, Brigitte [Fremdfinanzierung, 1979]: Der Gesetzgeber und die Fremdfinanzierung von Kapitalgesellschaften durch ausländische Anteilseigner, in: BB 34 (1979), S. 1596-1597

Knobbe-Keuk, Brigitte [Kritik, 1982]: Die Fremdfinanzierung inländischer Kapitalgesellschaften durch nichtanrechnungsberechtigte Anteilseigner – Kritik des § 8a KStÄndGE 1982, in: StuW 59 (1982), S. 201-222

Knobbe-Keuk, Brigitte [Niederlassungsfreiheit, 1990]: Niederlassungsfreiheit: Diskriminierungs- oder Beschränkungsverbot?, in: DB 43 (1990), S. 2573-2584

Knobbe-Keuk, Brigitte [Unternehmenssteuerrichtlinien, 1992]: Die beiden Unternehmenssteuerrichtlinien – Insbesondere die Mißbrauchsklauseln und die Mängel der deutschen Umsetzung, in: EuZW 3 (1992), S. 336-343

Knobbe-Keuk, Brigitte [Wiederauflage, 1993]: Wieder mal ein Entwurf zu § 8a KStG – Wiederauflage einer Regelung zur Gesellschafterfremdfinanzierung im Standortsicherungsgesetz, in: DB 46 (1993), S. 60-66

Knobbe-Keuk, Brigitte [Unternehmenssteuerrecht, 1993]: Bilanz- und Unternehmenssteuerrecht, 9. Aufl., Köln: Otto Schmidt, 1993

Koenig, Ulrich [Pahlke/Koenig, § 42 AO]: § 42 – Missbrauch von Gestaltungsmöglichkeiten, in: *Armin Pahlke/Ulrich Koenig* (Hrsg.), Abgabenordnung, 2004

Kofler, Georg W. [Abschirmwirkung, 2002]: Die steuerliche Abschirmwirkung ausländischer Finanzierungsgesellschaften und ihre Durchbrechung aus österreichischer Sicht, Wien: Linde, 2002, zugl.: Linz, Univ., Diss., 2002

Köhler, Stefan/Eicker, Klaus [Eckpunkte, 2004]: Aktuelles Beratungs-Know-how Internationales Steuerrecht – § 8a KStG n. F.: Eckpunkte der grenzüberschreitenden Relevanz, in: DStR 42 (2004), S. 672-676

Kokott, Juliane/Henze, Thomas [Tendenzen, 2005]: Tendenzen der EuGH-Rechtsprechung zu den direkten Steuern – Diskriminierung, Kohärenz, Meistbegünstigung, in: *Jürgen Lüdicke* (Hrsg.), Unternehmensbesteuerung, 2005, S. 67-106

König, Rolf/Wosnitza, Michael [Steuerwirkungslehre, 2004]: Betriebswirtschaftliche Steuerplanungs- und Steuerwirkungslehre, Heidelberg: Physica, 2004

Konzak, Olaf [Analogie, 1997]: Analogie im Verwaltungsrecht, in: NVwZ 16 (1997), S. 872-873

Köplin, Manfred/Sedemund, Jan [§ 1 AStG, 2000]: Ist § 1 AStG europarechtswidrig?, in: IStR 9 (2000), S. 305-307

Körner, Andreas [Incompatibility, 2003]: The ECJ's Lankhorst-Hohorst Judgement – Incompatibility of Thin Capitalization Rules with European Law and Further Consequences, in: Intertax 31 (2003), S. 162-168

Krabbe, Helmut [Maßnahmen, 1984]: Maßnahmen gegen unangemessene Gesellschafterfremdfinanzierung und das Recht der Doppelbesteuerungsabkommen, in: RIW 30 (1984), S. 127-130

Kraft, Gerhard [Inanspruchnahme, 1991]: Die mißbräuchliche Inanspruchnahme von Doppelbesteuerungsabkommen – Zur Problematik des „Treaty Shopping" unter Berücksichtigung der Rechtslage in der Bundesrepublik Deutschland, in der Schweiz und in den Vereinigten Staaten, Heidelberg: C.F. Müller, 1991, zugl.: Mannheim, Univ., Diss., 1990

Kraft, Gerhard [Schlußfolgerungen, 1993]: Schlußfolgerungen aus der BFH-Rechtsprechung zur Abgrenzung des § 42 AO von den §§ 7 ff. AStG aus der Sicht der internationalen Steuerberatung, in: IStR 2 (1993), S. 148-153

Kraft, Gerhard [Holdingstrukturen, 1999]: Betriebswirtschaftliche und steuerplanerische Gestaltungsüberlegungen bei Implementierung und Beendigung internationaler Holdingstrukturen, in: DStR 37 (1999), S. 1540-1544

Kraft, Gerhard [Finanzierungsstrukturen, 2000]: Finanzierungsstrukturen im internationalen Konzern auf dem Prüfstand der höchstrichterlichen Rechtsprechung, in: IStR 9 (2000), S. 11-14

Kraft, Gerhard/Nitzschke, Dirk [Kreditinstituts-Begriff, 2003]: Der Kreditinstituts-Begriff des Außensteuergesetzes unter besonderer Berücksichtigung der aufsichtsrechtlichen Einflüsse der 6. KWG-Novelle, in: IStR 12 (2003), S. 427-432

Kramer, Jörg-Dietrich [devices, 1991]: Abuse of law by tax saving devices, in: Intertax 19 (1991), S. 96-102

Krause-Junk, Gerold (Hrsg.) [Steuersysteme, 1998]: Steuersysteme der Zukunft – Jahrestagung des Vereins für Socialpolitik, Gesellschaft für Wirtschafts- und Sozialwissenschaften in Kassel vom 25.-27. September 1996, Berlin: Duncker & Humblot, 1998

Kröner, Michael (Bearb.) [Ernst&Young, § 8a KStG]: § 8a KStG – Gesellschafter-Fremdfinanzierung, in: *Ernst & Young* (Hrsg.), Körperschaftsteuergesetz, 2006, Stand: 49. EL, 2005

Kröner, Michael (Bearb.) [Ernst&Young, § 8b KStG]: § 8b KStG – Beteiligung an anderen Körperschaften, in: *Ernst & Young* (Hrsg.), Körperschaftsteuergesetz, 2006, Stand: 40. EL, 2004

Krüger, Paul u. a. (Hrsg.) [Festgabe Zitelmann, 1923]: Bonner Festgabe für Ernst Zitelmann zum fünfzigjährigen Doktorjubiläum, München, Leipzig: Duncker & Humblot, 1923

Kruse, Heinrich W. [Gesetzesbindung, 1982]: Steuerspezifische Gründe und Grenzen der Gesetzesbindung, in: *Klaus Tipke* (Hrsg.), Grenzen, 1982, S. 71-84

Kruse, Heinrich W. (Bearb.) [Tipke/Kruse, § 10 AO]: § 10 AO – Ort der Geschäftsleitung, in: *Klaus Tipke/Heinrich Wilhelm Kruse* (Hrsg.), AO/FGO, 2006, Stand: 100. EL, 2003

Kruse, Heinrich W. (Bearb.) [Tipke/Kruse, § 39 AO]: § 39 AO – Zurechnung, in: *Klaus Tipke/Heinrich Wilhelm Kruse* (Hrsg.), AO/FGO, 2006, Stand: 109. EL, 2006

Kruse, Heinrich W. (Bearb.) [Tipke/Kruse, § 41 AO]: § 41 AO – Unwirksame Rechtsgeschäfte, in: *Klaus Tipke/Heinrich Wilhelm Kruse* (Hrsg.), AO/FGO, 2006, Stand: 105. EL, 2004

Kruse, Heinrich W./Drüen, Klaus-Dieter (Bearb.) [Tipke/Kruse, § 2 AO]: § 2 AO – Vorrang völkerrechtlicher Vereinbarungen, in: *Klaus Tipke/Heinrich Wilhelm Kruse* (Hrsg.), AO/FGO, 2006, Stand: 109. EL, 2006

Kruse, Heinrich W./Drüen, Klaus-Dieter (Bearb.) [Tipke/Kruse, § 4 AO]: § 4 AO – Gesetz, in: *Klaus Tipke/Heinrich Wilhelm Kruse* (Hrsg.), AO/FGO, 2006, Stand: 96. EL, 2001

Kruse, Heinrich W./Drüen, Klaus-Dieter (Bearb.) [Tipke/Kruse, § 42 AO]: § 42 AO – Missbrauch von Gestaltungsmöglichkeiten, in: *Klaus Tipke/Heinrich Wilhelm Kruse* (Hrsg.), AO/FGO, 2006, Stand: 88.-104. EL, 1999-2004

Kujawski, Gregory [Provisions, 2006]: General and Specific Anti-Avoidance Provisions in Polish Tax Law, in: ET 46 (2006), S. 163-169

Kußmaul Heinz [Steuerlehre, 1995]: Die Betriebswirtschaftliche Steuerlehre als steuerliche Betriebswirtschaftslehre?, in: StuW 72 (1995), S. 3-14

Kußmaul Heinz [Steuerlehre, 2005]: Betriebswirtschaftliche Steuerlehre, 4. Aufl., München, Wien: Oldenbourg, 2005

Lang, Joachim (Hrsg.) [FS Tipke, 1995]: Die Steuerrechtsordnung in der Diskussion – Festschrift für Klaus Tipke zum 70. Geburtstag, Köln: Otto Schmidt, 1995

Lang, Joachim [Einführung, 2005]: § 1: Einführung, in: *Klaus Tipke/Joachim Lang* (Hrsg.), Steuerrecht, 2005, S. 1-20

Lang, Joachim [Ordnung, 2005]: § 4: Rechtsstaatliche Ordnung des Steuerrechts, in: *Klaus Tipke/Joachim Lang* (Hrsg.), Steuerrecht, 2005, S. 64-130

Lang, Joachim [Rechtsanwendung, 2005]: § 5: Rechtsanwendung im Steuerrecht, in: *Klaus Tipke/Joachim Lang* (Hrsg.), Steuerrecht, 2005, S. 131-162

Lang, Joachim [Steuerschuldrecht, 2005]: § 8: Einführung in das besondere Steuerschuldrecht, in: *Klaus Tipke/Joachim Lang* (Hrsg.), Steuerrecht, 2005, S. 185-214

Lang, Michael [Höchstgerichte, 1998]: Die Auslegung von Doppelbesteuerungsabkommen in der Rechtsprechung der Höchstgerichte Österreichs, in: *Michael Lang/Jörg M. Mössner/Robert Waldburger*, Doppelbesteuerungsabkommen, 1998, S. 117-135

Lang, Michael (Hrsg.) [Interpretation, 2001]: Tax Treaty Interpretation, Wien: Linde, 2001

Lang, Michael [Regelungen, 2002]: CFC-Regelungen und Doppelbesteuerungsabkommen, in: IStR 11 (2002), S. 717-723

Lang, Michael [Legislation, 2002]: CFC Legislation and Community Law, in: ET 42 (2002), S. 374-379

Lang, Michael [Einführung, 2002]: Einführung in das Recht der Doppelbesteuerungsabkommen, 2. Aufl., Wien: Linde, 2002

Lang, Michael [Anwendung, 2005]: VwGH zur Anwendung des § 22 BAO auf irische IFSC-Gesellschaften, in: SWI 15 (2005), S. 67-80

Lang, Michael (Hrsg.) [Soft Law, 2005]: Soft Law in der Praxis – Beiträge anlässlich eines Symposions zu Ehren Wolfgang Gassners, Wien: Linde, 2005

Lang, Michael [Rechtsmissbrauch, 2006]: Rechtsmissbrauch und Gemeinschaftsrecht im Lichte von Halifax und Cadbury Schweppes, in: SWI 16 (2006), S. 273-285

Lang, Michael [Wende, 2006]: Eine Wende in der Rechtsprechung des EuGH zu den direkten Steuern?, in: *Michael Hebig* u. a. (Hrsg.), FS Wacker, 2006, S. 365-380

Lang, Michael/Mössner, Jörg M./Waldburger, Robert [Doppelbesteuerungsabkommen, 1998]: Die Auslegung von Doppelbesteuerungsabkommen in der Rechtsprechung der Höchstgerichte Deutschlands, der Schweiz und Österreichs, Wien: Linde, 1998

Lang, Michael u. a. (Hrsg.) [Legislation, 2004]: CFC Legislation – Domestic Provisions, Tax Treaties and EC Law, Wien: Linde, 2004

Langer, Marshall J. [Havens, 2000]: Harmful Tax Competition: Who Are the Real Tax Havens?, in: TNI 21 (2000), S. 2831-2839

Larbig, Gregor [Kodex, 2001]: Der EU-Verhaltenskodex zur Unternehmensbesteuerung – Kodex und OECD-Report im Vergleich, in: *Walter Müller/Otto Fromm/Bernd Hansjürgens* (Hrsg.), Regeln, 2001, S. 89-104

Larenz, Karl/Canaris, Claus-Wilhelm [Methodenlehre, 1995]: Methodenlehre der Rechtswissenschaft, 3. Aufl., Berlin u. a.: Springer, 1995

Larking, Barry [Another go, 2001]: Another go at the Savings Directive – third time lucky?, in: ECTR 10 (2001), S. 220-234

Léhérissel, Hervé [France, 2002]: France, in: *IFA* (Hrsg.), Form, 2002, S. 263-286

Lehner, Moris (Bearb.) [Vogel/Lehner, Art. 4 OECD-MA]: Art. 4 OECD-MA – Ansässige Personen, in: *Klaus Vogel* (Begr.), *Moris Lehner* (Hrsg.), DBA, 2003

Lenz, Martin/Heinsen, Oliver [Niedrigbesteuerung, 2003]: Zur Niedrigbesteuerung i.S. des § 8 Abs. 3 AStG, in: IStR 12 (2003), S. 793-798

Lieber, Bettina/Rasch, Stephan [Konsequenzen, 2004]: Mögliche Konsequenzen der Rechtssache „Cadbury Schweppes" für die deutsche Hinzurechnungsbesteuerung, in: GmbHR 95 (2004), S. 1572-1578

Liebman, Howard M./Leventhall, Sara [Moving, 1998]: Moving Towards Tax Coordination, in: ET 38 (1998), S. 96-99

Liszicza, Balint [Hungary, 2004]: National Report Hungary, in: *Michael Lang* u. a. (Hrsg.), Legislation, 2004, S. 303-322

Loukota, Helmut [OECD-Maßnahmen, 1998]: Die aktuellen OECD-Maßnahmen gegen den schädlichen Steuerwettbewerb, Wissenschaftliche Schriftenreihe des öBMF Nr. I/98, Wien: öBMF, 1998

Luckenbach, Helga [Wirtschaftspolitik, 2000]: Theoretische Grundlagen der Wirtschaftspolitik, 2. Aufl., München: Vahlen, 2000

Lüdemann, Lars [Steuerplanung, 2005]: Die Steuerplanung der multinationalen Unternehmung unter besonderer Berücksichtigung der deutschen Hinzurechnungsbesteuerung nach §§ 7-14 AStG – Eine Gesamtsteuerbelastungsanalyse beim Bezug von niedrig besteuerten passiven und aktiven Einkünften, Hamburg: Kovač, 2005, zugl.: Passau, Univ., Diss., 2004

Lüdicke, Jürgen (Hrsg.) [Unternehmensbesteuerung, 2005]: Tendenzen der Europäischen Unternehmensbesteuerung, Köln: Otto Schmidt, 2005

Lupo, Antonello [Italy, 2002]: Italy, 2002, in: *IFA* (Hrsg.), Form, 2002, S. 357-378

Lutter, Marcus/Scheffler, Eberhard/Schneider, Uwe H. (Hrsg.) [Handbuch, 1998]: Handbuch der Konzernfinanzierung, Köln: Otto Schmidt, 1998

Luttermann, Claus [Basisunternehmen, 1993]: Die Rechtsprechung des Bundesfinanzhofes zur Anerkennung von Basisunternehmen im Internationalen Steuerrecht, in: IStR 2 (1993), S. 153-160

Lutz, Georg [Switzerland, 2001]: Switzerland, in: *IFA* (Hrsg.), Limits, 2001, S. 841-868

Lyal, Richard [Community Law, 2003]: Non-discrimination and direct tax in Community law, in: ECTR 12 (2003), S. 68-74

Maier-Frischmuth, Markus [Unternehmenstätigkeit, 2003]: Internationale Unternehmenstätigkeit und deutsche Hinzurechnungsbesteuerung – Steuerlast- und Systemanalyse, Lohmar, Köln: Eul, 2003, zugl.: Hohenheim, Univ., Diss., 2003

Makhlouf, Gabriel [Transparency, 2000]: Transparency in Tax Systems: Keeping Pace with the Information Age, in: Intertax 28 (2000), S. 64-66

Malherbe, Jacques u. a. [Simulation, 1991]: Simulation in Belgian fiscal law: a modest proposal for a clear legislative solution, in: Intertax 19 (1991), S. 88-92

Mangoldt, Hermann v. (Begr.)/*Starck, Christian* (Hrsg.) [Grundgesetz, 2005]: Kommentar zum Grundgesetz, 5. Aufl., München: Vahlen, 2005

Mankiw, N. Gregory [Volkswirtschaftslehre, 2004]: Grundzüge der Volkswirtschaftslehre, 3. Aufl., Stuttgart: Schäffer-Poeschel, 2004

Mansori, Kashif S./Weichenrieder, Alfons J. [Disputes, 2001]: Tax Competition and Transfer Pricing Disputes, in: FA 58 (2001), S. 1-11

Masson, Guy/Porter, Shawn D. [Canada, 2002]: Canada, in: *IFA* (Hrsg.), Form, 2002, S. 187-212

Masui, Yoshihiro [General Report, 2004]: General Report, in: *IFA* (Hrsg.), Group taxation, 2004, S. 21-67

Matteotti, René [Interpretation, 2005]: Interpretation of Tax Treaties and Domestic General Anti-Avoidance Rules – A Sceptical Look at the 2003 Update to the OECD Commentary, in: Intertax 33 (2005), S. 336-350

Mavraganis, George S. [Greece, 2006]: Greece, in: *IBFD* (Hrsg.), Handbook, 2006, S. 273-283

Meilicke, Wienand [Finanzierungsfreiheit, 1995]: Finanzierungsfreiheit und Europarecht, in: *Detlev J. Piltz/Harald Schaumburg* (Hrsg.), Unternehmensfinanzierung, 1995, S. 145-161

Menck, Thomas [Unterkapitalisierung, 1994]: Unterkapitalisierung und DBA – Zu § 8a KStG und zum OECD-Musterabkommen, in: FR 76 (1994), S. 69-76

Menck, Thomas [Grundmodelle, 1997]: Neuere Grundmodelle grenzüberschreitender Steuerplanung im Blickfeld der Außenprüfung, in: StBp 37 (1997), S. 173-178 (Teil I) und S. 197-201 (Teil II)

Menck, Thomas (Bearb.) [Blümich, § 1 AStG]: § 1 AStG – Berichtigung von Einkünften, in: *Klaus Ebling* (Hrsg.), Blümich, 2006, Stand: 62.-87. EL, 1999-2005

Menck, Thomas (Bearb.) [Blümich, § 8 AStG]: § 8 AStG – Einkünfte von Zwischengesellschaften, in: *Klaus Ebling* (Hrsg.), Blümich, 2006, Stand: 57.-81 EL, 1998-2004

Menck, Thomas (Bearb.) [Blümich, § 9 AStG]: § 9 AStG – Freigrenze bei gemischten Einkünften, in: *Klaus Ebling* (Hrsg.), Blümich, 2006, Stand: 75. EL, 2002

Menck, Thomas (Bearb.) [Blümich, § 12 AStG]: § 12 AStG – Steueranrechnung, in: *Klaus Ebling* (Hrsg.), Blümich, 2006, Stand: 75. EL, 2002

Menck, Thomas (Bearb.) [Blümich, § 8a KStG]: § 8a KStG – Gesellschafter-Fremdfinanzierung, in: *Klaus Ebling* (Hrsg.), Blümich, 2006, Stand: 82.-84. EL, 2004

Menck, Thomas (Bearb.) [Grundlagen, 2005]: Grundlagen, in: *Jörg M. Mössner* u. a., Steuerrecht, 2005, S. 1-64

Menck, Thomas/Vogt, Gabriele (Bearb.) [Blümich, § 10 AStG]: § 10 AStG – Hinzurechnungsbetrag, in: *Klaus Ebling* (Hrsg.), Blümich, 2006, Stand 75.-81. EL, 2002-2004

Merks, Paulus [Evasion, 2006]: Tax Evasion, Tax Avoidance and Tax Planning, in: Intertax 34 (2006), S. 272-281

Meussen, Gerard [EU-fight, 2002]: The EU-fight against harmful tax competition; future developments, in: ECTR 11 (2002), S. 157-159

Meussen, Gerard [Boundaries, 2003]: The Marks & Spencer case: reaching the boundaries of the EC Treaty, in: ECTR 12 (2003), S. 144-148

Michielse, Geerten M. (Hrsg.) [Tax Treatment, 1996]: Tax Treatment of Financial Instruments – A Survey to France, Germany, The Netherlands and the United Kingdom, Den Haag, London, Boston: Kluwer Law International, 1996

Michielse, Geerten M. [Netherlands, 1996]: Netherlands, in: *IFA* (Hrsg.), aspects, 1996, S. 583-604

Michielse, Geerten M. [Steuerplanung, 1998]: Gesellschafter-Fremdfinanzierung in den Mitgliedstaaten der Europäischen Union – Standortbezogene Steuerplanung, in: *Manuel R. Theisen* (Hrsg.), Umbruch, 1998, S. 33-58

Mihm, Asmus [BB-Kommentar, 2006]: BB-Kommentar zu BFH, Urt. v. 03.05.2006, I R 124/04, in: BB 61 (2006), S. 1840-1841

Mintz, Jack/Smart, Michael [shifting, 2004]: Income shifting, investment, and tax competition: Theory and evidence from provincial taxation in Canada, in: JPE 88 (2004), S. 1149-1168

Mitchell, Daniel J. [Proposal, 2000]: An OECD Proposal to Eliminate Tax Competition Would Mean Higher Taxes and Less Privacy, in: TNI 21 (2000), S. 1799-1821

Moerman, Sébastien B. [Theory, 1999]: The Theory of Tax Abuse, in: Intertax 27 (1999), S. 284-290

Moerman, Sébastien B. [Characteristics, 1999]: The Main Characteristics of Tax Havens, in: Intertax 27 (1999), S. 368-375

Monti, Mario [state aid, 1999]: How state aid affects tax competition, in: ECTR 8 (1999), S. 208-210

Morris, Gilbert [Sovereignity, 2001]: The Loss of Sovereignity, the United Nations, and Offshore Financial Centres, in: TNI 23 (2001), S. 1297-1301

Mors, Matthias [Verhaltenskodex, 2001]: Der EU-Verhaltenskodex zur Unternehmensbesteuerung – Bisherige Erfahrungen und Ergebnisse der „hochrangigen Arbeitsgruppe", in: *Walter Müller/Otto Fromm/Bernd Hansjürgens* (Hrsg.), Regeln, 2001, S. 89-104

Mössner, Jörg M. [Auslegung, 1998]: Die Auslegung von Doppelbesteuerungsabkommen in der Rechtsprechung des Bundesfinanzhofs, in: *Michael Lang/Jörg M. Mössner/Robert Waldburger*, Doppelbesteuerungsabkommen, 1998, S. 19-50

Mössner, Jörg M. [Tax, 1999]: Tax Avoidance Concepts and European Tax Education: Professors of Tax Law Hold First Meeting in Osnabrück, in: ET 39 (1999), S. 92-135

Mössner, Jörg M. [Taxation, 2005]: Der Code of Conduct for Business Taxation vom 1.12.1997, in: *Michael Lang* (Hrsg.), Soft Law, 2005, S. 136-144

Mössner, Jörg M. u. a. [Steuerrecht, 2005]: Steuerrecht international tätiger Unternehmen, 3. Aufl., Köln: Otto Schmidt, 2005

Müller, Regina [Steuersysteme, 2006]: Steuersysteme im Wettbewerb, in: StuW 85 (2006), S. 173-181

Müller, Walter [Regeln, 1998]: Was ist fairer Steuerwettbewerb und welche Regeln braucht er?, in: Konjunkturpolitik (AEQ) 44 (1998), S. 313-352

Müller, Walter [Steuerwettbewerb, 2004]: Funktionsfähiger Steuerwettbewerb – Zur Notwendigkeit, Ausgestaltung und Durchsetzung einer internationalen Steuerwettbewerbsordnung, Marburg: Metropolis, 2004, zugl.: Kassel, Univ., Habil., 2002

Müller, Walter/Fromm, Oliver/Hansjürgens, Bernd (Hrsg.) [Regeln, 2001]: Regeln für den europäischen Systemwettbewerb – Steuern und soziale Sicherungssysteme, Marburg: Metropolis, 2001

Müller-Gatermann, Gert [Steuerperspektiven, 2006]: Deutsche Steuerperspektiven im europäischen Kontext, in: StbJb 2005/2006, S. 11-34

Nanetti, Francesco/Mameli, Giovanni [struggle, 2002]: The creeping normative role of the EC Commission in the twin-track struggle against state aids and harmful tax competition, in: ECTR 11 (2002), S. 185-191

Nias, Peter M./Purcell, Nicole [United Kingdom, 2005]: United Kingdom, in: ET 45 (2005), S. 435-441

Niedrig, Hans-Peter [Substanzerfordernisse, 2003]: Substanzerfordernisse bei ausländischen Gesellschaften, in: IStR 12 (2003), S. 474-482

Nijkamp, Heleen [Landmark, 2001]: Landmark agreement on EU tax package: new guidelines stretch scope of EU Code of Conduct, in: ECTR 10 (2001), S. 147-154

Nolte, Georg (Bearb.) [Mangoldt/Starck, Art. 103 GG]: Art. 103 GG – Anspruch auf rechtliches Gehör, Verbot rückwirkender Strafgesetze und der Doppelbestrafung, in: *Hermann v. Mangoldt* (Begr.)/*Christian Starck* (Hrsg.), Grundgesetz, 2005

Oates, Wallace E. [Federalism, 1972]: Fiscal Federalism, New York u. a.: Harcourt Brace Jovanovich, 1972

Obermair, Christine/Weninger, Patrick J. [Treaty Shopping, 2005]: Treaty Shopping and Domestic GAARs in the Light of a Recent Austrian Decision on Irish IFS Companies, in: Intertax 33 (2005), S. 466-473

Obser, Ralph [Fremdfinanzierung, 2005]: Gesellschafter-Fremdfinanzierung im europäischen Konzern – Länderprofile – Doppelbesteuerungsabkommen – Europäisches Gemeinschaftsrecht, Düsseldorf: IDW, 2005, zugl.: Freiburg, Univ., Diss., 2005

Obser, Ralph [Inbound, 2005]: § 8a KStG im Inbound-Sachverhalt – eine EG-rechtliche Beurteilung, in: IStR 14 (2005), S. 799-804

OECD [Avoidance, 1987]: International Tax Avoidance and Evasion – Four Related Studies, Paris: OECD Publications, 1987

OECD [Legislation, 1996]: Controlled Foreign Company Legislation, Paris: OECD Publications, 1996

OECD [Competition, 1998]: Harmful Tax Competition – An Emerging Global Issue, Paris: OECD Publications, 1998

OECD [Towards, 2000]: Towards Global Tax Co-operation, Report to the 2000 Ministerial Council Meeting and Recommendations by the Committee on Fiscal Affairs – Progress in Identifying and Eliminating Harmful Tax Practices http://www.oecd.org/dataoecd/9/61/2090192.pdf (20.03.2007)

OECD [Verrechnungspreisgrundsätze, 2000]: Verrechnungspreisgrundsätze für multinationale Unternehmen und Steuerverwaltungen, 2. Aufl., Köln: Otto Schmidt, 2000

OECD [Progress, 2001]: The OECD's Project on Harmful Tax Practices: The 2001 Progress Report
http://www.oecd.org/dataoecd/60/28/2664438.pdf (20.03.2007)

OECD [Progress, 2004]: The OECD's Project on Harmful Tax Practices: The 2004 Progress Report
http://www.oecd.org/dataoecd/60/33/30901115.pdf (20.03.2007)

OECD [Global, 2004]: OECD Global Forum On Taxation, Berlin, 3-4 June 2004: A Process for Achieving a Global Level Playing Field
http://www.oecd.org/dataoecd/13/0/31967501.pdf (20.03.2007)

OECD [Global, 2005]: Progress Towards a Level Playing Field: Outcomes of the OECD Global Forum on Taxation, Melbourne, 15-16 November 2005
http://www.oecd.org/dataoecd/28/55/35670025.pdf (20.03.2007)

OECD [OECD-MK, 2005]: Kommentar zum OECD-Musterabkommen auf dem Gebiet der Steuern vom Einkommen und Vermögen, hrsg. von der OECD, Stand: 15.07.2005 (abgedruckt in: *Helmut Debatin/Franz Wassermeyer* (Hrsg.), Doppelbesteuerung, 2006)

OECD [Comparability, 2006]: Comparability: Public Invitation to Comment on a Series of Draft Issues Notes
http://www.oecd.org/dataoecd/59/38/36651642.pdf (20.03.2007)

OECD [Update, 2006]: The OECD's Project on Harmful Tax Practices: 2006 Update on Progress in Member Countries
http://www.oecd.org/dataoecd/1/17/37446434.pdf (20.03.2007)

Offermans, René [Belgium, 2006]: Belgium, in: *IBFD* (Hrsg.), Handbook, 2006, S. 63-82

Ohler, Christoph [Schranken, 1996]: Die Kapitalverkehrsfreiheit und ihre Schranken, in: WM 50 (1996), S. 1801-1808

Ohler, Christoph [Zahlungsverkehrsfreiheit, 2002]: Europäische Kapital- und Zahlungsverkehrsfreiheit – Kommentar zu den Artikeln 56 bis 60 EGV, der Geldwäscherichtlinie und Überweisungsrichtlinie, Berlin u. a.: Springer, 2002

Orlov, Mykola [Concept, 2004]: The Concept of Tax Haven: A Legal Analysis, in: Intertax 32 (2004), S. 95-111

Ostaszewska, Aleksandra [Poland, 2006]: Poland, in: *IBFD* (Hrsg.), Handbook, 2006, S. 511-524

Osterweil, Eric [Compared, 1999]: OECD Report on Harmful Tax Competition and European Code of Conduct Compared, in: ET 39 (1999), S. 198-202

Owens, Jeffrey [Challenges, 2006]: International Taxation: Meeting the Challenges – The Role of the OECD, in: ET 46 (2006), S. 555-558

Pahlke, Armin/Koenig, Ulrich (Hrsg.) [Abgabenordnung, 2004]: Abgabenordnung – §§ 1 bis 368 – Kommentar, München: C.H. Beck, 2004

Paschen, Uwe [Steuerumgehung, 2001]: Steuerumgehung im nationalen und internationalen Steuerrecht, Wiesbaden: Duncker & Humblot, 2001, zugl.: Hamburg, Univ., Diss., 2001

Pelka, Jürgen [Rechtsanwendung, 1982]: Rechtsanwendung und Rechtssetzung durch Verwaltungsvorschriften zum Einkommensteuerrecht und zum Bewertungsrecht, in: *Klaus Tipke* (Hrsg.), Grenzen, 1982, S. 209-239

Pelka, Jürgen (Hrsg.) [Grenzen, 2000]: Europa- und verfassungsrechtliche Grenzen der Unternehmensbesteuerung, DStJG Band 23, Köln: Otto Schmidt, 2000

Peralta, Susana/Wauthy, Xavier/Ypersele, Tanguy van [Control, 2006]: Should countries control international profit shifting?, in: JIE 68 (2006), S. 24-37

Petersen, Sven A. [Organisationsform, 2006]: Einfluss der Besteuerung auf die Wahl der Organisationsform – Eine institutionenökonomische Analyse der Auswirkungen auf Integration und Konzernierung, Wiesbaden: Gabler/DUV, 2006, zugl.: München, Univ., Diss., 2006

Pezzer, Heinz-Jürgen [Entwicklungen, 2001]: Neuere Entwicklungen in der BFH-Rechtsprechung zu § 42 AO, in: StbJb 2000/2001, S. 61-83

Pezzer, Heinz-Jürgen [Gesellschafterdarlehen, 2002]: Kommentar zu BFH Urt. v. 17.10.2001, I R 97/00, in: FR 84 (2002), S. 277-279

Pfaff, Ivo [Lehre, 1892]: Zur Lehre vom sogenannten in fraudem legis agere, Wien: Manz, 1892
http://dlib-pr.mpier.mpg.de/m/kleioc/0010/exec/wrapbooks/%22182719%22 (digitale Bibliothek des MPI für europäische Rechtsgeschichte) (20.03.2007)

Philipowski, Rüdiger [Anmerkung, 2005]: Anmerkung zu FG Baden-Württemberg, Urt. v. 28.10.2004, 6 K 170/02, in: IStR 14 (2005), S. 99-101

Piltz, Detlev J. [Normenmatrix, 1995]: Einführung – Normenmatrix bei internationaler Finanzierung, in: *Detlev J. Piltz/Harald Schaumburg* (Hrsg.), Unternehmensfinanzierung, 1995, S. 1-4

Piltz, Detlev J. [Generalbericht, 1996]: Generalbericht, in: *IFA* (Hrsg.), aspects, 1996, S. 19-81

Piltz, Detlev J./Schaumburg, Harald (Hrsg.) [Unternehmensfinanzierung, 2006]: Internationale Unternehmensfinanzierung, Forum der Internationalen Besteuerung, Heft 29, Köln: Otto Schmidt, 2006

Piltz, Detlev J./Schaumburg, Harald [Unternehmensfinanzierung, 1995]: Unternehmensfinanzierung im Internationalen Steuerrecht, Köln: Otto Schmidt, 1995

Pinto, Carlo [Path, 1998]: EU and OECD to Fight Harmful Tax Competition: Has the Right Path Been Undertaken?, in: Intertax 26 (1998), S. 386-410

Pinto, Carlo [EU Law, 2002]: Tax Competition and EU Law, Amsterdam: IBFD, 2002, zugl.: Amsterdam, Univ., Diss., 2002

Pistone, Pasquale [Impact, 2006]: The Impact of European Law on the Relations with Third Countries in the Field of Direct Taxation, in: Intertax 34 (2006), S. 234-244

Pöllath, Reinhard (Bearb.) [Vogel/Lehner, Art. 11 OECD-MA]: Art. 11 OECD-MA – Zinsen, in: *Klaus Vogel* (Begr.), *Moris Lehner* (Hrsg.), DBA, 2003

Pöllath, Reinhard/Rädler, Albert J. [Rücksicht, 1982]: Gewinnberichtigungen zwischen verbundenen Unternehmen ohne Rücksicht auf Abkommensrecht, in: DB 35 (1982), S. 561-565 (Teil I) und S. 617-620 (Teil II)

Popper, Karl [Logik, 1994]: Logik der Forschung, 10. Aufl., Tübingen: Mohr Siebeck, 1994

Portner, Rosemarie [Vereinbarkeit, 1996]: Vereinbarkeit des § 8a KStG mit den Doppelbesteuerungsabkommen, in: IStR 5 (1996), S. 23-30 (Teil I) und S. 66-70 (Teil II)

Pott, Hans-Michael [Vereinbarkeit, 1982]: Die Vereinbarkeit des Entwurfs eines § 8a KStG (KStÄndGE 1982) mit dem Völkerrecht, in: StuW 59 (1982), S. 223-230

Prätzler, Robert [Untersuchung, 2004]: Systematische Untersuchung einer möglichen Vorzugsbesteuerung ausländischer Spitzenarbeitskräfte, ausgehend vom entsprechenden Gesetzesantrag des Landes Hessen vom 28.08.2003, in: IStR 13 (2004), S. 512-518

Primarolo Gruppe [Bericht, 1999]: Bericht der Gruppe „Verhaltenskodex" (Unternehmensbesteuerung) an den Rat „Wirtschaft und Finanzen" vom 29.11.1999, Nr. 4901/99, veröffentlicht am 28.02.2000 http://ec.europa.eu/taxation_customs/resources/documents/primarolo_de.pdf (20.03.2007)

Primarolo Gruppe [Progress, 2000]: Progress Report v. 20.11.2000, 13563/00 FISC 193 (nicht öffentlich zugänglich, zitiert nach *Nijkamp, H.*, Landmark, 2001)

Prinz, Ulrich (Bearb.) [Herrmann/Heuer/Raupach, § 8a KStG]: § 8a KStG – Gesellschafter-Fremdfinanzierung, in: *Carl Herrmann/Gerhard Heuer/Arndt Raupach* (Hrsg.), Kommentar, 2006, Stand: 178. EL, 1995

Prinz, Ulrich [Einzelfragen, 2004]: Ausgewählte Einzelfragen zu § 8a KStG mit internationalem Bezug, in: FR 86 (2004), S. 1249-1256

Prinz, Ulrich [Gesellschafterfremdfinanzierung, 2006]: Gesellschafterfremdfinanzierung von Kapitalgesellschaften, in: *Detlev J. Piltz/Harald Schaumburg* (Hrsg.), Unternehmensfinanzierung, 2006, S. 21-70

Rädler, Albert J. [Basisgesellschaft, 1964]: Zum betriebswirtschaftlichen Begriff der Basisgesellschaft, in: StuW 41 (1964), Sp. 545-556

Rädler, Albert J. [Market, 1994]: Do National Anti-Abuse Clauses Distort the Internal Market?, in: ET 34 (1994), S. 311-313

Rädler, Albert J. [Trends, 2004]: Recent Trends in European and International Taxation, in: Intertax 32 (2004), S. 365-376

Rädler, Albert J./Lausterer, Martin/Blumenberg, Jens [Mißbrauch, 1996]: Steuerlicher Mißbrauch und EG-Recht – Verstößt die generelle Anwendung von § 42 AO auf die Beteiligung deutscher Unternehmen an Tochtergesellschaften im irischen IFSC gegen Gemeinschaftsrecht?, in: DB 49 (1996), Beilage Nr. 3

Raimondos-Møller, Pascalis/Scharf, Kimberley [Transfer pricing, 2002]: Transfer pricing rules and competing governments, in: OEP 54 (2002), S. 230-246

Rainer, Anno/Thömmes, Otmar [Rules, 2005]: Are German CFC Rules Compatible with EU Freedoms?, in: Intertax 33 (2005), S. 554-555

Randelzhofer, Albrecht/Forsthoff, Ulrich (Bearb.) [Grabitz/Hilf, vor Art. 39-55 EGV]: vor Art. 39-55 EGV – Vorbemerkungen zu den Art. 39-55 EGV, in: *Eberhard Grabitz* (Begr.)/*Meinhard Hilf* (Hrsg.), Recht, 2005, Stand: 18. EL, 2001

Randelzhofer, Albrecht/Forsthoff, Ulrich (Bearb.) [Grabitz/Hilf, Art. 48 EGV]: Art. 48 EGV – Gleichstellung der Gesellschaften, in: *Eberhard Grabitz* (Begr.)/*Meinhard Hilf* (Hrsg.), Recht, 2005, Stand: 18. EL, 2001

Rättig, Horst/Protzen, Peer D. [Überblick, 2002]: Überblick über die Hinzurechnungsbesteuerung des AStG in der Fassung des Unternehmenssteuerfortentwicklungsgesetzes, in: DStR 40 (2002), S. 241-246

Rättig, Horst/Protzen, Peer Daniel [Hinzurechnungsbesteuerung, 2002]: Die „neue Hinzurechnungsbesteuerung" der §§ 7-14 AStG in der Fassung des UntStFG – Problembereiche und Gestaltungshinweise, in: IStR 11 (2002), S. 123-128

Raupach, Arndt [Utopie, 1997]: „Gemeinschaftsweite Unternehmensbesteuerung, die den Anforderungen des Binnenmarktes gerecht wird" – Flucht aus dem Chaos in eine Utopie?, in: *Wolfgang Schön* u. a. (Hrsg.), GS Knobbe-Keuk, S. 675-728

Raupach, Arndt [Organisationsstruktur, 1998]: Wechselwirkungen zwischen der Organisationsstruktur und der Besteuerung multinationaler Konzernunternehmungen, in: *Manuel R. Theisen* (Hrsg.), Umbruch, 1998, S. 59-168

Rauscher, Michael [Leviathan, 1998]: Leviathan and Competition among Jurisdictions: The Case of Benefit Taxation, in: JUE 44 (1998), S. 59-67

Rehm, Helmut/Nagler, Jürgen [Folgen, 2005]: Ist § 8a KStG a.F. weltweit nicht mehr anwendbar? Folgen des Lasertec-Beschlusses des FG Baden-Württemberg vom 14.10.2004, in: IStR 14 (2005), S. 261-267

Rehm, Helmut/Nagler, Jürgen [Ausländerungleichbehandlung, 2006]: Verbietet die Kapitalverkehrsfreiheit nach 1993 eingeführte Ausländerungleichbehandlung? – Anmerkung zum BFH-Urteil vom 9.8.2006, I R 95/05, IStR 2006, 864, in: IStR 15 (2006), S. 859-861

Reiffs, Hans [Informationen, 2005]: Informationen über Zinsen in Europa – Zugleich Anmerkungen zu dem BMF-Schreiben vom 06.01.2005 IV C 1 – S 2000 – 363/04 –, in: DB 58 (2005), S. 242-250

Ress, Georg/Uckrow, Jörg (Bearb.) [Grabitz/Hilf, Art. 56 EGV]: Art. 56 EGV – Freier Kapital- und Zahlungsverkehr, in: *Eberhard Grabitz* (Begr.)/*Meinhard Hilf* (Hrsg.), Recht, 2005, Stand: 19. EL, 2002

Richter, Dirk [Vorrang, 2002]: Conseil d'Etat bestätigt Vorrang des DBA-Rechts von [!] nationaler Hinzurechnungsbesteuerung, in: IStR 11 (2002), S. 653 f.

Richter, Rudolf/Furubotn, Eirik G. [Institutionenökonomik, 2003]: Neue Institutionenökonomik (Institutions and Economic Theory, engl.), übers. von *Monika Streissler*, 3. Aufl., Tübingen: Mohr Siebeck, 2003

Rienstra, John [USA, 2006]: United States, in: *IBFD* (Hrsg.), Handbook, 2006, S. 751-779

Ritter, Wolfgang [Steuerverschärfung, 1999]: Nationale Steuerverschärfung als Beitrag zum internationalen Steuerwettbewerb, in: *Hans-Jochen Kleineidam* (Hrsg.), FS Fischer, 1999, S. 179-205

Ritzer, Claus/Stangl, Ingo [Zwischenschaltung, 2005]: Aktuelle Entwicklungen bei den steuerlichen Anforderungen an die Zwischenschaltung ausländischer Kapitalgesellschaften – Anmerkung zu BFH v. 31.05.2005, I R 74, 88/04, FR 2005, 1094, in: FR 87 (2005), S. 1063-1068

Rix, Jacob [Denmark, 2004]: National Report Denmark, in: *Michael Lang* u. a. (Hrsg.), Legislation, 2004, S. 139-171

Rödder, Thomas [Visier, 2004]: Deutsche Unternehmensbesteuerung im Visier des EuGH, in: DStR 42 (2004), S. 1629-1634

Rödder, Thomas/Schönfeld, Jens [Missbrauchsbegriff, 2006]: Mündliche Verhandlung vor dem EuGH in der Rechtssache „Cadbury Schweppes": Wird sich der Missbrauchsbegriff des EuGH verändern?, in: IStR 15 (2006), S. 49-52

Rödder, Thomas/Schumacher, Andreas [Überblick, 2003]: Erster Überblick über die geplanten Steuerverschärfungen und -entlastungen für Unternehmen zum Jahreswechsel 2003/2004, in: DStR 41 (2003), S. 1727-1736

Rödder, Thomas/Schumacher, Andreas [Rechtsfolgen, 2004]: Rechtsfolgen des § 8a KStG n. F. – Zugleich Replik zu Wassermeyer, DStR 2004, S. 749, in: DStR 42 (2004), S. 758-765

Rogers, John E./Lemanowicz, Edward P. [United States, 2001]: United States, in: *IFA* (Hrsg.), Limits, 2001, S. 903-926

Rohde, Andreas [Kapitalverkehr, 2005]: Freier Kapitalverkehr und deutsche Steuern – Anmerkungen zu den EuGH-Entscheidungen Barbier und Manninen –, in: StuB 7 (2005), S. 222-225

Rosander, Ulrika [Sweden, 2002]: Sweden, in: *IFA* (Hrsg.), Form, 2002, S. 523-536

Rose, Gerd [Teilsteuerrechnung, 1973]: Die Steuerbelastung der Unternehmung – Grundzüge der Teilsteuerrechnung, Wiesbaden: Gabler, 1973

Rose, Gerd [Steuerplanungssicherheit, 2003]: Missbrauchs-Innentheorie und Steuerplanungssicherheit, in: FR 85 (2003), S. 1274-1279

Rose, Gerd/Glorius-Rose, Cornelia [Gestaltungsmißbrauch, 1997]: Neuere Rechtsprechungsentwicklung zum Gestaltungsmißbrauch (§ 42 AO), in: DB 50 (1997), S. 2397-2398

Rose, Gerd/Glorius-Rose, Cornelia [Steuerumgehung, 1999]: Zu den Rechtsfolgen einer Steuerumgehung: Probleme bei der Handhabung des § 42 Satz 2 AO, in: DB 52 (1999), S. 1673-1676

Rose, Gerd/Glorius-Rose, Cornelia [Steuerplanung, 2002]: Steuerplanung und Gestaltungsmissbrauch – eine Auswertung der jüngeren Rechtsprechung des BFH zu § 42 AO, 3. Aufl., Bielefeld: Erich Schmidt, 2002

Rose, Gerd/Glorius-Rose, Cornelia [BFH, 2003]: Bemerkungen zur aktuellen Missbrauchs-Rechtsprechung (§ 42 AO) des BFH, in: DB 56 (2003), S. 409-413

Rose, Gerd/Glorius-Rose, Cornelia [Rechtsprechung, 2004]: Zur jüngsten Rechtsprechung des BFH hinsichtlich § 42 AO – Zugleich Anmerkung zum BFH-Urteil vom 16.12.2003 VIII R 89/02, in: DB 57 (2004), S. 2174-2176

Rosembuj, Tulio [Controlled, 1998]: Controlled Foreign Corporations – Critical Aspects, in: Intertax 26 (1998), S. 333-353

Roser, Frank [Auslegung, 2005]: Die Auslegung sog. ‚alternativer Missbrauchsbestimmungen' – Inwieweit können derartige Vorschriften Steueransprüche begründen?, in: FR 87 (2005), S. 178-184

Rouselle, Olivier/Liebman, Howard M. [Doctrine, 2006]: The Doctrine of the Abuse of Community Law: The Sword of Damocles Hanging over the Head of EC Corporate Tax Law?, in: ET 46 (2006), S. 559-564

Rotondaro, Carmine/Rienstra, John G. (Hrsg.) [Transfer Pricing, 2006]: The Tax Treatment of Transfer Pricing, Amsterdam: IBFD, Stand: 38. EL, 2006

Ruiz Almendral, Violeta [Avoidance, 2005]: Tax Avoidance and the European Court of Justice: What is at Stake for European General Anti-Avoidance Rules?, in: Intertax 33 (2005), S. 562-583

Ruiz Almendral, Violeta/Seitz, Georg [Umgehungsvorschrift, 2004]: Die neue spanische Umgehungsvorschrift des Art. 15 Ley General Tributaria (LGT) – Ist der deutsche § 42 AO als Vorbild geeignet?, in: StuW 81 (2004), S. 328-341

Rust, Alexander [Germany, 2004]: National Report Germany, in: *Michael Lang* u. a. (Hrsg.), Legislation, 2004, S. 255-279

Salzberger, Wolfgang [Gewinnermittlung, 1994]: Die steuerliche Gewinnermittlung einer Konzernunternehmung in der Europäischen Union: eine betriebswirtschaftliche Analyse, Köln: Otto Schmidt, 1994, zugl.: Mannheim, Univ., Diss., 1994

Salzberger, Wolfgang/Theisen, Manuel R. [Finanzierungsgesellschaften, 1999]: Konzerneigene Finanzierungsgesellschaften, in: WiSt 28 (1999), S. 406-411

Samuelson, Paul A. [Theory, 1954]: The Pure Theory of Public Expenditures, in: Review of Economics and Statistics 36 (1954), S. 387-389

Saß, Gert [Vereinbarkeit, 2002]: Zur Vereinbarkeit der Hinzurechnungsbesteuerung nach dem AStG mit den EU-Grundfreiheiten, in: DB 45 (2002), S. 2342-2346

Savigny, Carl Friedrich v. [System, 1840]: System des heutigen römischen Rechts, Erster Band, Berlin: Veit und Comp., 1840 http://dlib-pr.mpier.mpg.de/m/kleioc/0010/exec/books/%22199236%22 (digitale Bibliothek des MPI für europäische Rechtsgeschichte) (20.03.2007)

Schaumburg, Harald [Leistungsfähigkeitsprinzip, 1995]: Das Leistungsfähigkeitsprinzip im internationalen Steuerrecht, in: *Joachim Lang* (Hrsg.), FS Tipke, 1995, S. 125-143

Schaumburg, Harald (Hrsg.) [Gestaltungen, 1998]: Steuerrecht und steuerorientierte Gestaltungen im Konzern, Kölner Konzernrechtstage, Köln: Otto Schmidt, 1998

Schaumburg, Harald [Steuerrecht, 1998]: Internationales Steuerrecht: Außensteuerrecht, Doppelbesteuerungsrecht, 2. Aufl., Köln: Otto Schmidt, 1998

Schaumburg, Harald [Außensteuerrecht, 2005]: Außensteuerrecht und europäische Grundfreiheiten, in: DB 58 (2005), S. 1129-1137

Schaumburg, Heide/Schaumburg, Harald [Leistungsfähigkeit, 2005]: Steuerliche Leistungsfähigkeit und europäische Grundfreiheiten im Internationalen Steuerrecht, in: StuW 82 (2005), S. 306-316

Scheipers, Thomas/Maywald, Andreas [Vereinbarkeit, 2006]: Zur Vereinbarkeit des § 20 Abs. 2 AStG mit EG-Recht unter Berücksichtigung der Ausführungen des Generalanwalts Léger in der Rs. Cadbury Schweppes, in: IStR 15 (2006), S. 472-477

Schenk, Monika [Steuersysteme, 2002]: Effiziente Steuersysteme und internationaler Steuerwettbewerb, Frankfurt a.M. u. a.: Peter Lang, 2002, zugl.: Erlangen-Nürnberg, Univ., Diss., 2002

Schiessl, Martin [Germany, 2002]: Germany, in: *IFA* (Hrsg.), Form, 2002, S. 287-312

Schjelderup, Guttorm [Implications, 2002]: International Tax Competition: Is it Harmful, and if so, What are the Policy Implications, The Globalisation Project, Norwegisches Außenministerium, Report 10 http://odin.dep.no/filarkiv/152193/rapp10.pdf (11.8.2006)

Schmidt, Ralf-Bodo [Zielsysteme, 1993]: Zielsysteme der Unternehmung, in: *Waldemar Wittmann* u. a. (Hrsg.), Handwörterbuch, 1993, Sp. 4794-4806

Schmidt-Bleibtreu, Bruno (Begr.)/*Klein, Franz* (Hrsg.) [Grundgesetz, 2004]: Kommentar zum Grundgesetz, 10. Aufl., München: Luchterhand, 2004

Schmiel, Ute [Werturteilsfreiheit, 2005]: Werturteilsfreiheit als Postulat für die Betriebswirtschaftliche Steuerlehre?, in: ZfbF 57 (2005), S. 525-545

Schneeloch, Dieter [Steuerpolitik, 2002]: Besteuerung und betriebliche Steuerpolitik – Band 2: Betriebliche Steuerpolitik, 2. Aufl, München: Vahlen, 2002

Schneider, Dieter [Investition, 1992]: Investition, Finanzierung und Besteuerung, 7. Aufl., Wiesbaden: Gabler, 1992

Schneider, Dieter [Betriebswirtschaftslehre, 1993]: Betriebswirtschaftslehre – Band 1: Grundlagen, München, Wien: Oldenbourg, 1993

Schneider, Dieter [Steuerlast, 2002]: Steuerlast und Steuerwirkung – Einführung in die steuerliche Betriebswirtschaftslehre, München, Wien: Oldenbourg, 2002

Schnitger, Arne [Geltung, 2002]: Geltung der Grundfreiheiten des EGV für Drittstaatsangehörige im Steuerrecht, in: IStR 11 (2002), S. 711-716

Schnitger, Arne [Aspekte, 2003]: Internationale Aspekte des Entwurfs eines Gesetzes zum Abbau von Steuervergünstigungen und Ausnahmeregelungen (Steuervergünstigungsabbaugesetz - StVergAbG), in: IStR 12 (2003), S. 73-78

Schnitger, Arne [Wirkungsgrenzen, 2004]: Mögliche Wirkungsgrenzen der Grundfreiheiten des EG-Vertrages am Beispiel des § 8a KStG – Zugleich Anmerkung zu dem Beitrag von Kessler/Eicker/Obser, IStR 2004, 325 ff., in: IStR 13 (2004), S. 635-639

Schnitger, Arne [Kohärenz, 2004]: Grenzüberschreitende Körperschaftsteueranrechnung und Neuausrichtung der Kohärenz nach dem EuGH-Urteil in der Rs. Manninen, in: FR 86 (2004), S. 1357-1373

Schnitger, Arne [Kapitalverkehrsfreiheit, 2005]: Die Kapitalverkehrsfreiheit im Verhältnis zu Drittstaaten, in: IStR 14 (2005), S. 493-504

Scholes, Myron S. u. a. [Strategy, 2005]: Taxes and Business Strategy – A Planning Approach, 3. Aufl., New Jersey: Pearson, 2005

Schön, Wolfgang [Gestaltungsmißbrauch, 1996]: Gestaltungsmißbrauch im europäischen Steuerrecht, in: IStR 5 (1996), Beihefter zu Heft 2

Schön, Wolfgang (Hrsg.) [GS Knobbe-Keuk, 1997]: Gedächnisschrift für Brigitte Knobbe-Keuk, Köln: Otto Schmidt, 1997

Schön, Wolfgang [Rechtsproblem, 2000]: Der „Wettbewerb" der europäischen Steuerordnungen als Rechtsproblem, in: *Jürgen Pelka* (Hrsg.), Grenzen, 2000, S. 191-226

Schön, Wolfgang [Competition, 2002]: Tax Competition in Europe - General Report, EATLP Meeting 2002, Lausanne
(Der Beitrag war bis zur Veröffentlichung des Tagungsbandes (*Schön, Wolfgang* (Hrsg.), Tax competition in Europe, Amsterdam: IBFD, 2003) online unter www.eatlp.org verfügbar, der Zitierung wird die Paginierung des online bereitgestellten Beitrags zu Grunde gelegt.)

Schön, Wolfgang [Gemeinschaftsrecht, 2004]: Unternehmensbesteuerung und Europäisches Gemeinschaftsrecht, in: StbJb 2003/04, S. 27-67

Schön, Wolfgang [WTO, 2004]: WTO und Steuerrecht, in: RIW 50 (2004), S. 50-62

Schön, Wolfgang [Binnenmarkt, 2004]: Besteuerung im Binnenmarkt – die Rechtsprechung des EuGH zu den direkten Steuern, in: IStR 13 (2004), S. 289-300

Schön, Wolfgang [Drittstaaten, 2005]: Der Kapitalverkehr mit Drittstaaten und das internationale Steuerrecht, in: *Rudolf Gocke/Dietmar Gosch/Michael Lang* (Hrsg.), FS Wassermeyer, 2005, S. 489-521

Schönfeld, Jens [Hinzurechnungsbesteuerung, 2005]: Hinzurechnungsbesteuerung und europäisches Gemeinschaftsrecht, Köln: Otto Schmidt, 2005, zugl.: Bonn, Univ., Diss., 2004

Schönfeld, Jens [Anmerkung, 2006]: Anmerkung zu BFH, Urt. v. 09.08.2006, I R 95/05, DB 2006, S. 2547, in: DB 59 (2006), S. 2550-2551

Schreiber, Ulrich [Mobilität, 1998]: Internationale Mobilität von Steuerbasen – Ist nationale Steuerpolitik noch möglich?, in: *Gerold Krause-Junk* (Hrsg.), Steuersysteme, 1998, S. 29-88

Schwenke, Michael [Möglichkeiten, 1998]: Möglichkeiten der Gewinnverlagerung ins Ausland, in: BB 53 (1998), S. 2604-2617

Schwenke, Michael [Wandel, 2006]: Die Kapitalverkehrsfreiheit im Wandel? Eine erste Analyse neuer Entwicklungen in der Rechtsprechung des EuGH, in: IStR 15 (2006), S. 748-754

Sedemund, Jan [Wirkung, 2006]: Die mittelbare Wirkung der Grundfreiheiten für in Drittstaaten ansässige Unternehmen nach den EuGH-Urteilen Fidium Finanz AG und Cadbury Schweppes, in: BB 61 (2006), S. 2781-2786

Seer, Roman [Durchführung, 2005]: § 21: Durchführung der Besteuerung, in: *Klaus Tipke/Joachim Lang* (Hrsg.), Steuerrecht, 2005, S. 819-942

Seibold, Sabine [Betriebswirtschaftslehre, 2002]: Steuerliche Betriebswirtschaftslehre in nationaler und transnationaler Sicht, Bielefeld: Erich Schmidt, 2002, zugl.: Göttingen, Univ., Habil., 2002

Seiler, Christian [Marktfreiheiten, 2005]: Das Steuerrecht unter dem Einfluss der Marktfreiheiten, in: StuW 82 (2005), S. 25-36

Selling, Hans-Jürgen [Abschirmwirkung, 1988]: Die Abschirmwirkung ausländischer Basisgesellschaften gegenüber dem deutschen Fiskus, in: DB 41 (1988), S. 930-936

Selling, Hans-Jürgen [Deutschland, 2000]: Deutschland im Steuerwettbewerb der Staaten – Einige steuerpolitische Überlegungen –, in: IStR 9 (2000), S. 225-232

Sidhu, Karl/Schemmel, Jan A. [Steuerhinterziehung, 2005]: Steuerhinterziehung bei grenzüberschreitenden Gewinnverlagerungen durch Festlegung unangemessener Konzernverrechnungspreise, in: BB 60 (2005) S. 2549-2552

Siegel, Theodor [Steuerwirkungen, 1982]: Steuerwirkungen und Steuerpolitik in der Unternehmung, Würzburg: Physica, 1982

Sieker, Klaus [Verschärfungen, 2003]: Steuervergünstigungsabbaugesetz: Vorgesehene Verschärfungen der Rechtsfolgen der Hinzurechnungsbesteuerung, in: IStR 12 (2003), S. 78-84

Sieker, Susanne [Umgehungsgeschäfte, 2001]: Umgehungsgeschäfte – typische Strukturen und Mechanismen ihrer Bekämpfung, Tübingen: Mohr-Siebeck, 2001: zugl.: Berlin, Freie Univ., Habil., 1999/2000

Sinn, Hans-Werner [principle, 1997]: The selection principle and market failure in systems competition, in: JPE 66 (1997), S. 247-274

Sinn, Hans-Werner [Competition, 2003]: The New Systems Competition, CESifo - Yrjö Jahnsson Lectures, Oxford: Basil Blackwell, 2003
Zitiert wurde die zum download verfügbare Version unter: http://www.ifo.de/servlet/page?_pageid=56&_dad=portal30&_schema=PORTAL30&pa_id=112670 (1.7.2005)

Smit, Pim/Smith, Eric [Netherlands, 2005]: Netherlands, in: ET 45 (2005), S. 417-423

Smith, Adam [Wealth, 1776]: An Inquiry into the Nature and Causes of the Wealth of Nations, http://www.econlib.org/LIBRARY/Smith/smWN.html (20.03.2007)

Sohmen, Egon [Allokationstheorie, 1992]: Allokationstheorie und Wirtschaftspolitik, 2. Aufl., Tübingen: Mohr, 1992

Sommermann, Karl-Peter (Bearb.) [Mangoldt/Starck, 2005, Art. 20 GG]: Art. 20 GG – Staatsstrukturprinzipien; Widerstandsrecht, in: *Hermann v. Mangoldt* (Begr.)/*Christian Starck* (Hrsg.), Grundgesetz, 2005

Sörensen, Michael [Denmark, 2001]: Denmark, in: *IFA* (Hrsg.), Limits, 2001, S. 457-478

Sørensen, Peter B. [Auswirkungen, 1992]: Die Auswirkungen der Besteuerung auf internationale Investitionen und Effizienz, in: *Europäische Kommission* (Hrsg.), Bericht, 1992, Anhang 5A, S. 323-374

Sørensen, Peter B. [co-ordination, 2000]: The case for international tax co-ordination reconsidered, in: EP 15 (2000), S. 429-472

Sousa da Câmara, Francisco de [Portugal, 2001]: Portugal, in: *IFA* (Hrsg.), Limits, 2001, S. 767-802

Spengel, Christoph [Unternehmensbesteuerung, 2003]: Internationale Unternehmensbesteuerung in der Europäischen Union, Düsseldorf: IDW, 2003, zugl.: Mannheim, Univ., Habil., 2002

Spindler, Wolfgang [Gesamtplan, 2005]: Der „Gesamtplan" in der Rechtsprechung des BFH, in: DStR 43 (2005), S. 1-5

Spreutels, Jean/Grijseels, Caty [Interaction, 2001]: Interaction between money laundering and tax evasion: Belgian and international measures in the fight against money laundering, in: ECTR 10 (2001), S. 3-12

Ståhl, Kristina [Movement, 2004]: Free movement of capital between Member States and third countries, in: ECTR 13 (2004), S. 47-56

Steichen, Alain [Luxembourg, 2001]: Tax Treaty Interpretation in Luxembourg, in: *Michael Lang* (Hrsg.), Interpretation, 2001, S. 229-239

Steichen, Alain/Duro, Charles [Luxembourg, 2001]: Luxembourg, in: *IFA* (Hrsg.), Limits, 2001, S. 667-692

Stöwhase, Sven [Decisions, 2005]: Taxes and multinational enterprises in the EU: Location decisions and income shifting, München, Univ., Diss., 2005, eDissertation Nr. 3925, http://edoc.ub.uni-muenchen.de/archive/00003925/ (20.03.2007)

Streng, William P./Yoder, Lowell D. [United States, 2002]: United States, in: *IFA* (Hrsg.), Form, 2002, S. 595-624

Tanzer, Michael [Analogieverbot, 1981]: Das „Analogieverbot“ im Steuerrecht – Eine Wertbetrachtung auf der Grundlage des kritischen Rechtspositivismus, in: StuW 58 (1981), S. 201-219

Tanzi, Vito [Globalization, 1998]: Globalization, Tax Competition and the Future of Tax Systems, in: *Gerold Krause-Junk* (Hrsg.), Steuersysteme, 1998, S. 11-27

Tanzi, Vito/Zee, Howell H. [Borderless, 2000]: Taxation in a Borderless World: The Role of Information Exchange, in: Intertax 28 (2000), S. 58-63

Terra, Ben/Wattel, Peter [Tax Law, 2001]: European Tax Law, 3. Aufl., Den Haag: Kluwer, 2001

Theisen, Manuel R. (Hrsg.) [Umbruch, 1998]: Der Konzern im Umbruch – Organisation, Besteuerung, Finanzierung und Überwachung, Stuttgart: Schäffer-Poeschel, 1998

Theisen, Manuel R. [Finanzierungsgesellschaften, 1998]: Konzerneigene Finanzierungsgesellschaften, in: *Marcus Lutter/Eberhard Scheffler/Uwe H. Schneider* (Hrsg.), Handbuch, 1998, S. 717-743

Theisen, Manuel R. [Konzern, 2000]: Der Konzern – Betriebswirtschaftliche und rechtliche Grundlagen der Konzernunternehmung, 2. Aufl., Stuttgart: Schäffer-Poeschel, 2000

Theisen, Manuel R./Wenz, Martin [Germany, 1996]: Federal Republic of Germany, in: *Geerten M. Michielse* (Hrsg.), Tax Treatment, 1996, S. 81-229

Theisen, Manuel R./Wenz, Martin (Hrsg.) [Aktiengesellschaft, 2005]: Die Europäische Aktiengesellschaft – Recht, Steuern und Betriebswirtschaft der Societas Europaea (SE), 2. Aufl., Stuttgart: Schäffer-Poeschel, 2005

Theisen, Manuel R./Wenz, Martin [Grundkonzeption, 2005]: Hintergründe, historische Entwicklung und Grundkonzeption, in: *Manuel R. Theisen/Martin Wenz* (Hrsg.), Aktiengesellschaft, 2005, S. 1-56

Theisen, Manuel R./Wenz, Martin [Verteilung, 2005]: Die abkommensrechtliche Verteilung der Besteuerungsrechte zwischen Ansässigkeits- und Quellenstaat aus betriebswirtschaftlicher Sicht, in: *Wolfgang Gassner* u. a. (Hrsg.), Besteuerungsrechte, 2005, S. 29-48

Thiel, Jochen [Einfluss, 2004]: Der fortschreitende Einfluss des EuGH auf die Ertragsbesteuerung der Unternehmen – Aktuelle Urteile und anhängige Verfahren, in: DB 57 (2004), S. 2603-2609

Thiel, Servaas van [Prohibition, 1994]: The Prohibition of Income Tax Discrimination in the European Union: What Does It Mean?, in: ET 34 (1994), S. 303-310

Thömmes, Otmar [Auslegung, 1994]: Auslegung und Anwendung von Mißbrauchsverhütungsvorschriften im EG-Steuerrecht, in: *Wilhelm Haarmann* (Hrsg.), Grenzen, 1994, S. 27-54

Thömmes, Otmar [Corporate Taxation, 2002]: Corporate Taxation in the European Union in the Year 2002 – A Single Currency and Fifteen Different Tax Jurisdictions, in: Intertax 30 (2002), S. 123-124

Thömmes, Otmar [Financing, 2003]: Group Financing and EC Law, in: Intertax 31 (2003), S. 2-3

Thömmes, Otmar [Missbrauchsverhütung, 2005]: Missbrauch und Missbrauchsverhütung aus EG-rechtlicher Sicht, in: *Rudolf Gocke/Dietmar Gosch/Michael Lang* (Hrsg.), FS Wassermeyer, 2005, S. 207-240

Thömmes, Otmar/Nakhai, Katja [Case Law, 2005]: New Case Law on Anti-Abuse Provisions in Germany, in: Intertax 33 (2005), S. 74-79

Tiebout, Charles M. [Theory, 1956]: A Pure Theory of Local Expenditures, in: JPolE 64 (1956), S. 416-424

Tipke, Klaus [Grenzen, 1972]: Über Grenzen der Auslegung und Analogie, behandelt am Beispiel der „Entstrickung", in: StuW 49 (1972), S. 264-269

Tipke, Klaus (Hrsg.) [Grenzen, 1982]: Grenzen der Rechtsfortbildung durch Rechtsprechung und Verwaltungsvorschriften im Steuerrecht, DStJG Band 5, Köln: Otto Schmidt, 1982

Tipke, Klaus [Steuerrechtsordnung III, 1993]: Die Steuerrechtsordnung – Band III: Föderative Steuerverteilung, Rechtsanwendung und Rechtsschutz, Gestalter der Steuerrechtsordnung, Köln: Otto Schmidt, 1993

Tipke, Klaus [Steuerrechtsordnung I, 2000]: Die Steuerrechtsordnung – Band I: Wissenschaftstheoretische, systematische und grundrechtlich-rechtsstaatliche Grundlagen, 2. Aufl., Köln: Otto Schmidt, 2000

Tipke, Klaus/Kruse, Heinrich Wilhelm (Hrsg.) [AO/FGO, 2006]: Abgabenordnung/Finanzgerichtsordnung – Kommentar zur AO und FGO (ohne Steuerstrafrecht), Stand: 109. EL, 2006: Köln: Otto Schmidt

Tipke,Klaus/Lang, Joachim (Hrsg.) [Steuerrecht, 2005]: Steuerrecht, 18. Aufl., Köln: Otto Schmidt, 2005

Tischbirek, Wolfgang (Bearb.) [Vogel/Lehner, Art. 10 OECD-MA]: Artikel 10 OECD-MA – Dividenden, in: *Klaus Vogel* (Begr.), *Moris Lehner* (Hrsg.), DBA, 2003

Uckermann, Ruprecht v. [Basisgesellschaften, 2003]: Besteuerung von Basisgesellschaften in den USA und in Deutschland, Köln: Otto Schmidt, 2003, zugl.: Osnabrück, Univ., Diss., 2003

Uckmar, Victor [Generalbericht, 1983]: Generalbericht, in: *IFA* (Hrsg.), Avoidance, 1983, S. 99-146

Uckmar, Victor [Planning, 2003]: International Tax Planning: Forms and Measures of Counteraction, 2003. Paper zum Vortrag auf der Technischen Konferenz "Key Aspects in Control Actions of the Tax Administrations" der *CIAT* (*Inter-American Center of Tax Administrations*), Lissabon, 29. September – 2. Oktober 2003, abrufbar unter http://www.ciat.org (21.01.2004)

Ullah, Monuhar [United Kingdom, 2004]: National Report United Kingdom, in: *Michael Lang* u. a. (Hrsg.), Legislation, 2004, S. 605-638

Valenduc, Christian [Degradation, 1994]: Tax Havens and Fiscal Degradation in the European Community, in: ECTR 3 (1994), S. 20-25

Valente, Piergiorgio/Magenta, Marco [Legislation, 2001]: Italy: New CFC Legislation, in: Intertax 29 (2001), S. 52-56

van den Hurk, Hans [Limits, 1999]: The European Court of Justice knows its limits (A discussion inspired by the Gilly and ICI cases), in: ECTR 8 (1999), S. 211-223

Vanderkerken, Caroline H. [Legislation, 1994]: Belgium: New Anti-avoidance Legislation, in: ET 34 (1994), S. 23-25

Vanistendael, Frans J. [Interpretation, 1997]: Judicial Interpretation and the Role of Anti-Abuse Provisions in Tax Law, in: *Graeme S. Cooper* (Hrsg.), Avoidance, 1997, S. 131-154

Vanistendael, Frans J. [role, 1997]: The role of the European Court of Justice as the supreme judge in tax cases, in: ECTR 6 (1997), S. 114-122

Vanistendael, Frans J. [Taxation, 1998]: European Taxation in the 21st Century: The Road Towards Integration, in: ET 38 (1998), S. 331-335

Vanistendael, Frans J. [support, 2000]: Fiscal support measures and harmful tax competition, in: ECTR 9 (2000), S. 152-161

Vanistendael, Frans J. [Compatibility, 2003]: The compatibility of the basic economic freedoms with the sovereign national tax systems of the Member States, in: ECTR 12 (2003), S. 136-143

Vanistendael, Frans J. [Bosal, 2003]: Bosal?!, in: ECTR 12 (2003), S. 192-193

Vanistenael, Frans J. [Cohesion, 2005]: Cohesion: the phoenix rises from his ashes, in: ECTR 14 (2005), S. 208-222

Vanistendael, Frans J. [Approach, 2005]: A comparative and economic approach to equality in European Taxation, in: *Rudolf Gocke/Dietmar Gosch/Michael Lang* (Hrsg.), FS Wassermeyer, 2005

Vanistendael, Frans J. [Theory, 2006]: Halifax and Cadbury Schweppes: one single European theory of abuse in tax law?, in: ECTR 15 (2006), S. 192-195

Végh, Perla G. [Exchange, 2002]: Towards a Better Exchange of Information, in: ET 42 (2002), S. 394-400

Verma, Mahender N./Kaka, Porus F. [India, 2001]: India, in: *IFA* (Hrsg.), Limits, 2001, S. 567-581

Vinther, Nikolaj/Werlauff, Erik [thinking, 2003]: The need for fresh thinking about tax rules on thin capitalization: the consequences of the judgement of the ECJ in Lankhorst-Hohorst, in: ECTR 12 (2003), S. 97-106

Vinther, Nikolaj/Werlauff, Erik [Motives, 2006]: Tax Motives Are Legal Motives – The Borderline between the Use and Abuse of the Freedom of Establishment with Reference to the Cadbury Schweppes Case, in: ET 46 (2006), S. 383-386

Vogel, Klaus [Steuerumgehung, 1985]: Steuerumgehung nach innerstaatlichem Recht und nach Abkommensrecht, in: StuW 62 (1985), S. 369-381

Vogel, Klaus [Steuerumgehung, 1994]: Steuerumgehung bei Doppelbesteuerungsabkommen, in: *Wilhelm Haarmann* (Hrsg.), Grenzen, 1994, S. 79-99

Vogel, Klaus (Bearb.) [Vogel/Lehner, Einleitung]: Einleitung, in: *Klaus Vogel* (Begr.), *Moris Lehner* (Hrsg.), DBA, 2003

Vogel, Klaus [Auslegung, 2004]: Auslegung von Doppelbesteuerungsabkommen, in: *Wilhelm Haarmann* (Hrsg.), Anwendung, 2004, S. 1-30

Vogel, Klaus (Begr.), *Lehner, Moris* (Hrsg.) [DBA, 2003]: Doppelbesteuerungsabkommen der Bundesrepublik Deutschland auf dem Gebiet der Steuern vom Einkommen und Vermögen – Kommentar auf der Grundlage der Musterabkommen, 4. Aufl., München: C.H. Beck, 2003

Vogt, Gabriele (Bearb.) [Blümich, Vor §§ 7-14 AStG]: Vorbemerkungen zu den §§ 7-14 AStG, in: *Klaus Ebling* (Hrsg.), Blümich, 2006, Stand: 81.-85. EL, 2004-2005

Vogt, Gabriele (Bearb.) [Blümich, § 7 AStG]: § 7 AStG – Steuerpflicht inländischer Gesellschafter, in: *Klaus Ebling* (Hrsg.), Blümich, 2006, Stand: 57.-85. EL, 1997-2005

Vogt, Gabriele (Bearb.) [Blümich, § 11 AStG]: § 11 AStG – Veräußerungsgewinne, in: *Klaus Ebling* (Hrsg.), Blümich, 2006, Stand: 78. EL, 2003

Vogt, Gabriele (Bearb.) [Blümich, § 18 AStG]: § 18 AStG – Gesonderte Feststellung von Besteuerungsgrundlagen, in: *Klaus Ebling* (Hrsg.), Blümich, 2006, Stand: 83. EL, 2004

Vogt, Gabriele (Bearb.) [Blümich, § 20 AStG]: § 20 AStG – Bestimmungen über die Anwendung von Abkommen zur Vermeidung der Doppelbesteuerung, in: *Klaus Ebling* (Hrsg.), Blümich, 2006, Stand: 78. EL, 2003

Vogt, Gabriele [Niedrigbesteuerung, 2005]: Die Niedrigbesteuerung in den Hinzurechnungsvorschriften des AStG, in: DStR 43 (2005), S. 1347-1351

Wagner, Franz W. [Steuervermeidungslehre, 1986]: Der gesellschaftliche Nutzen einer betriebswirtschaftlichen Steuermeidungslehre, in: FA 44 (1986), S. 1-54

Wagner, Franz W. [Gegenstand, 2004]: Gegenstand und Methoden betriebswirtschaftlicher Steuerforschung, in: StuW 81 (2004), S. 237-250

Wagner, Franz W. [Besteuerung, 2005]: Besteuerung, in: *Michael Bitz* u. a. (Hrsg.), Kompendium, 2005, Band 2, S. 407-478

Wagner, Franz W./Dirrigl, Hans [Steuerplanung, 1980]: Die Steuerplanung der Unternehmung, Stuttgart, New York: Fischer, 1980

Wagner, Siegfried [Zukunft, 2005]: Die Zukunft des internationalen Steuerrechts nach dem Manninen-Urteil, in: DStZ 93 (2005), S. 325-333

Waldthausen, Johannes v. [Steuerlastgestaltung, 1999]: Steuerlastgestaltung im Einflußbereich der erweiterten Hinzurechnungsbesteuerung im Außensteuergesetz, Lohmar/Köln: Eul, 1999, zugl.: Frankfurt (Oder), Univ., Diss., 1998

Wang, Huili [China, 2006]: Besteuerung deutscher Direktinvestitionen in China – Laufende Besteuerung, Unternehmenskauf, -veräußerung und -umstrukturierung, Herne/Berlin: NWB, 2006, zugl.: München, Univ., Diss., 2006

Ward, David A. [Abuse, 1995]: Abuse of Tax Treaties, in: Intertax 23 (1995), S. 176-186

Wartenburger, Lucas [Bedeutung, 2001]: Die Bedeutung des Gemeinschaftsrechts für innergemeinschaftliche Steueroasen, in: IStR 10 (2001), S. 397-402

Wassermeyer, Franz (Bearb.) [Debatin/Wassermeyer, Vor Art. 1 OECD-MA]: Vor Art. 1 OECD-MA – Vorbemerkung, in: *Helmut Debatin/Franz Wassermeyer* (Hrsg.), Doppelbesteuerung, 2006, Stand: 82. EL, 2000

Wassermeyer, Franz (Bearb.) [Debatin/Wassermeyer, Art. 1 OECD-MA]: Art. 1 OECD-MA – Unter das Abkommen fallende Personen, in: *Helmut Debatin/Franz Wassermeyer* (Hrsg.), Doppelbesteuerung, 2006, Stand: 82.-89. EL, 2000-2003

Wassermeyer, Franz (Bearb.) [Debatin/Wassermeyer, Art. 3 OECD-MA]: Art. 3 OECD-MA – Allgemeine Begriffsbestimmungen, in: *Helmut Debatin/Franz Wassermeyer* (Hrsg.), Doppelbesteuerung, 2006, Stand: 83. EL, 2001

Wassermeyer, Franz (Bearb.) [Debatin/Wassermeyer, Vor Art. 6-22 OECD-MA]: Vor Art. 6-22 OECD-MA – Besteuerung der Einkünfte und des Vermögens, in: *Helmut Debatin/Franz Wassermeyer* (Hrsg.), Doppelbesteuerung, 2006, Stand: 83. EL, 2001

Wassermeyer, Franz (Bearb.) [Debatin/Wassermeyer, Art. 7 OECD-MA]: Art. 7 OECD-MA – Unternehmensgewinne, in: *Helmut Debatin/Franz Wassermeyer* (Hrsg.), Doppelbesteuerung, 2006, Stand: 81.-89. EL, 2000-2003

Wassermeyer, Franz (Bearb.) [Debatin/Wassermeyer, Art. 9 OECD-MA]: Art. 9 OECD-MA – Verbundene Unternehmen, in: *Helmut Debatin/Franz Wassermeyer* (Hrsg.), Doppelbesteuerung, 2006, Stand: 93. EL, 2004

Wassermeyer, Franz (Bearb.) [Debatin/Wassermeyer, Art. 10 OECD-MA]: Art. 10 OECD-MA – Dividenden, in: *Helmut Debatin/Franz Wassermeyer* (Hrsg.), Doppelbesteuerung, 2006, Stand: 84.-97. EL, 2001-2006

Wassermeyer, Franz (Bearb.) [F/W/B, § 1 AStG]: § 1 AStG – Berichtigung von Einkünften, in: *Franz Wassermeyer/Detlev J. Piltz* (Hrsg.), Außensteuerrecht, 2006, Stand: 45.-55. EL, 1999-2004

Wassermeyer, Franz (Bearb.) [F/W/B, Vor §§ 7-14 AStG]: Vor §§ 7-14 AStG, in: *Franz Wassermeyer/Detlev J. Piltz* (Hrsg.), Außensteuerrecht, 2006, Stand: 50.-55. EL, 2002-2004

Wassermeyer, Franz (Bearb.) [F/W/B, § 7 AStG]: § 7 AStG – Steuerpflicht inländischer Gesellschafter, in: *Franz Wassermeyer/Detlev J. Piltz* (Hrsg.), Außensteuerrecht, 2006, Stand: 50.-54. EL, 2002-2004

Wassermeyer, Franz (Bearb.) [F/W/B, § 8 AStG]: § 8 AStG – Einkünfte von Zwischengesellschaften, in: *Franz Wassermeyer/Detlev J. Piltz* (Hrsg.), Außensteuerrecht, 2006, Stand: 51.-54. EL, 2002-2004

Wassermeyer, Franz (Bearb.) [F/W/B, § 12 AStG]: § 12 AStG – Steueranrechnung, in: *Franz Wassermeyer/Detlev J. Piltz* (Hrsg.), Außensteuerrecht, 2006, Stand: 35. EL, 1995

Wassermeyer, Franz [Auslegung, 1990]: Die Auslegung von Doppelbesteuerungsabkommen durch den Bundesfinanzhof, in: StuW 67 (1990), S. 404-412

Wassermeyer, Franz [Einkünftekorrekturnormen, 2001]: Einkünftekorrekturnormen im Steuerrecht, in: IStR 10 (2001), S. 633-638

Wassermeyer, Franz [Rechtsfolgen, 2003]: Ungeklärte Rechtsfolgen bei der Verschärfung der Regeln zur Gesellschafterfremdfinanzierung – Zugleich Stellungnahme zu Rödder/Schumacher, DStR 2003, 1725, 1731, in: DStR 41 (2003), S. 2056-2057

Wassermeyer, Franz [Fiktionstheorie, 2004]: § 8a KStG n. F. und die gescheiterte Rückkehr zur Fiktionstheorie – keine Auswirkung auf Gesellschafterebene, in: DStR 42 (2004), S. 749-754

Wassermeyer, Franz [Reformbedarf, 2005]: Reformbedarf im deutschen internationalen Steuerrecht, in: StbJb 2004/2005, S. 11-23

Wassermeyer, Franz/Piltz, Detlev J. (Hrsg.) [Außensteuerrecht, 2006]: Flick/Wassermeyer/Baumhoff: Außensteuerrecht – Kommentar, Stand: 58. EL, 2006, Köln: Otto Schmidt

Wassermeyer, Franz/Schönfeld, Jens [Auswirkungen, 2006]: Die EuGH-Entscheidung in der Rechtssache „Cadbury Schweppes" und deren Auswirkungen auf die deutsche Hinzurechnungsbesteuerung, in: GmbHR 97 (2006), S. 1065-1073

Weber, Dennis [Freedoms, 2005]: Tax Avoidance and the EC Treaty Freedoms – A Study of the Limitations under European Law to the Prevention of Tax Avoidance, Den Haag: Kluwer, 2005

Weeghel, Stef van [Improper, 1998]: The Improper Use of Tax Treaties – With Particular Reference to the Netherlands and the United States, London, Den Haag, Boston: Kluwer, 1998

Weichenrieder, Alfons J. [Provisions, 1996]: Anti-Tax-Avoidance Provisions and the Size of Foreign Direct Investment, in: ITPF 3 (1996), S. 67-81

Weier, Dagmar/Seroin, Patrick [Frankreich, 2005]: Reform der Gesellschafter-Fremdfinanzierung und der Unternehmensbesteuerung in Frankreich, in: IStR 14 (2005), S. 725-729

Weimann, Joachim [Wirtschaftspolitik, 2006]: Wirtschaftspolitik – Allokation und kollektive Entscheidung, 4. Aufl., Berlin, Heidelberg, New York: Springer, 2006

Wenz, Martin [Unternehmensmischformen, 1999]: Besteuerung transnationaler Unternehmensmischformen – Analyse der Besteuerung einer britisch-deutschen Private Limited Company & Co. KG und einer deutsch-britischen GmbH & Co. Limited Partnership, Mannheim, Univ., Diss., vervielf. 1999

Wessels, Nina [Verhältnis, 2004]: Das Verhältnis des § 42 AO zu gemeinschaftsrechtlichen Beihilferegelungen zur Wirtschaftsförderung am Beispiel der „Dublin-Docks-Gesellschaften", in: DStZ 92 (2004), S. 154-159

Weßling, Johannes/Romswinkel, Marco [Fremdfinanzierung, 2003]: Die Gesellschafter-Fremdfinanzierung nach „Lankhorst/Hohorst" – Oder: Was kann der Gesetzgeber bei § 8a KStG überhaupt noch tun?, in: GmbHR 94 (2003), S. 925-928

Wilson, John D. [Theory, 1986]: A Theory of Interregional Tax Competition, in: JUE 19 (1986), S. 296-315

Wilson, John D. [Differences, 1991]: Tax Competition with Interregional Differences in Factor Endowments, in: RSUE 21 (1991), S. 423-451

Wilson, John D. [Theories, 1999]: Theories of Tax Competition, in: NTJ 52 (1999), S. 269-304

Wilson, John D./Wildasin, David E. [bane, 2004]: Capital tax competition: bane or boon, in: JPE 88 (2004), S. 1065-1091

Winkelmann, Marion [Steuerumgehung, 1997]: Steuerumgehung durch die Einschaltung ausländischer Kapitalgesellschaften: eine Untersuchung des Normenkonkurrenzverhältnisses zwischen § 42 AO und den §§ 7 ff. AStG sowie § 50d Abs. 1a EStG, Frankfurt a.M. u. a.: Peter Lang, 1997, zugl.: Mannheim, Univ., Diss., 1996

Wisselink, Arnold [exchange, 1997]: International exchange of tax information between European and other countries, in: ECTR 6 (1997), S. 108-115

Wittmann, Waldemar u. a. (Hrsg.) [Handwörterbuch, 1993]: Handwörterbuch der Betriebswirtschaftslehre, 5. Aufl., Stuttgart: Schäffer-Poeschel, 1993

Wöhe, Günter [Problematik, 1959]: Zur Problematik der Werturteile in der Betriebswirtschaftslehre, in: ZfhF 11 (1959), S. 165-179

Wöhe, Günter [Postulat, 1983]: Die Aufgaben der Betriebswirtschaftlichen Steuerlehre und das Postulat der Wertfreiheit, in: *Lutz Fischer* (Hrsg.), FS Scherpf, 1983 S. 5-20

Wöhe, Günter [Steuerlehre I/1, 1988]: Betriebswirtschaftliche Steuerlehre – Band I, 1. Halbband: Die Steuern des Unternehmens – Das Besteuerungsverfahren, 6. Aufl., München: Vahlen, 1988

Wrede, Friedrich [Gewinnausschüttungen, 1979]: Aktuelle Fragen zur Behandlung von Gewinnausschüttungen bei der Körperschaftsteuer, in: DB 32 (1979), S. 1619-1624 (Teil I) und S. 1672-1676 (Teil II)

Wright, Arthur W. [Review, 1998]: Review: OECD Harmful Tax Competition Report Falls Short, in: TNI 17 (1998), S. 461-463

Wunderlich, Nina/Albath, Lars [Verhältnis, 2005]: Der Europäische Gerichtshof und die direkten Steuern – Ein Beitrag zum Verhältnis von Gemeinschaftsrecht und nationalem Recht, in: DStZ 93 (2005), S. 547-554

Wyntin, Dag [Belgium, 1996]: Belgium, in: *IFA* (Hrsg.), aspects, 1996, S. 341-366

Zimmer, Frederik [General Report, 2002]: General Report, in: *IFA* (Hrsg.), Form, 2002, S. 19-67

Zodrow, George [Coordination, 2003]: Tax Competition and Tax Coordination in the European Union, in: ITPF 10 (2003), S. 651-671

Zodrow, George R./Mieszkowski, Peter [Pigou, 1986]: Pigou, Tiebout, Property Taxation, and the Underprovision of Local Public Goods, in: JUE 19 (1986), S. 356-370

Rechtsprechungsverzeichnis

I. Rechtsprechung des EuGH

Sämtliche EuGH-Urteile sind im amtlichen Volltext mit Randziffern online abrufbar; bis einschließlich Rs. 373/88 unter: http://curia.europa.eu/en/content/juris/c1.htm, ab einschließlich Rs. C-1/89 unter: http://curia.europa.eu/en/content/juris/c2.htm, ab dem 17.06.1997 auch unter http://curia.europa.eu/jurisp/cgi-bin/form.pl?lang=de.

Gericht	Datum	Aktenzeichen
EuGH	Urt. v. 12.02.1973	Rs. 152/73 (*Sotgiu*)
EuGH	Urt. v. 11.07.1974	Rs. 8/74 (*Dassonville*)
EuGH	Urt. v. 11.10.1977	Rs. 125/76 (*Cremer*)
EuGH	Urt. v. 07.02.1979	Rs. 115/78 (*Knoors*)
EuGH	Urt. v. 20.02.1979	Rs. 120/78 (*Rewe-Zentral AG*)
EuGH	Urt. v. 11.11.1981	Rs. 203/80 (*Casati*)
EuGH	Urt. v. 10.01.1985	Rs. 229/83 (*Leclerc*)
EuGH	Urt. v. 28.01.1986	Rs. 270/83 (*avoir fiscal*)
EuGH	Urt. v. 23.10.1986	Rs. 355/85 (*Driancourt*)
EuGH	Urt. v. 04.12.1986	Rs. 205/84 (*Kommission / Deutschland*)
EuGH	Urt. v. 25.07.1991	Rs. C-221/89 (*Factortame*)
EuGH	Urt. v. 28.01.1992	Rs. C-204/90 (*Bachmann*)
EuGH	Urt. v. 26.01.1993	Rs. C-112/91 (*Werner*)
EuGH	Urt. v. 11.08.1995	Rs. C-80/94 (*Wielockx*)
EuGH	Urt. v. 30.11.1995	Rs. C-55/94 (*Gebhard*)
EuGH	Urt. v. 14.12.1995	verb. Rs. C-163, 165, 250/94 (*Sanz de Lera*)
EuGH	Urt. v. 02.05.1996	Rs. C-206/94 (*Paletta*)
EuGH	Urt. v. 17.10.1996	verb. Rs. C-283, 191, 292/94 (*Denka-vit/Vitic/Vormeer*)
EuGH	Urt. v. 15.05.1997	Rs. C-250/95 (*Futura Participations*)
EuGH	Urt. v. 09.07.1997	Rs. C-222/95 (*Parodi*)

Gericht	Datum	Aktenzeichen
EuGH	Urt. v. 17.07.1997	Rs. C-28/95 (*Leur-Bloem*)
EuGH	Urt. v. 28.04.1998	Rs. C-118/96 (*Safir*)
EuGH	Urt. v. 12.05.1998	Rs. C-336/96 (*Gilly*)
EuGH	Urt. v. 12.05.1998	Rs. C-367/96 (*Kefalas*)
EuGH	Urt. v. 16.07.1998	Rs. C-264/96 (*ICI*)
EuGH	Urt. v. 26.01.1999	Rs. C-18/95 (*Terhoeve*)
EuGH	Urt. v. 09.03.1999	Rs. C-212/97 (*Centros*)
EuGH	Urt. v. 16.03.1999	Rs. C-222/97 (*Trummer und Mayer*)
EuGH	Urt. v. 01.06.1999	Rs. C-302/97 (*Konle*)
EuGH	Urt. v. 26.10.1999	Rs. C-294/97 (*Eurowings*)
EuGH	Urt. v. 28.10.1999	Rs. C-55/98 (*Vestergaard*)
EuGH	Urt. v. 23.03.2000	Rs. C-373/97 (*Diamantis*)
EuGH	Urt. v. 13.04.2000	Rs. C-251/98 (*Baars*)
EuGH	Urt. v. 23.05.2000	Rs. C-58/99 (*Kommission / Italien*)
EuGH	Urt. v. 06.06.2000	Rs. C-35/98 (*Verkooijen*)
EuGH	Urt. v. 26.09.2000	Rs. C-478/98 (*Kommission / Belgien*)
EuGH	Urt. v. 14.12.2000	Rs. C-110/99 (*Emsland Stärke*)
EuGH	Urt. v. 14.12.2000	Rs. C-141/99 (*AMID*)
EuGH	Urt. v. 08.03.2001	verb. Rs. C-397 und 410/98 (*Metallgesellschaft und Hoechst*)
EuGH	Urt. v. 15.01.2002	Rs. C-55/00 (*Gottardo*)
EuGH	Urt. v. 05.11.2002	Rs. C-208/00 (*Überseering*)
EuGH	Urt. v. 21.11.2002	Rs. C-436/00 (*X und Y*)
EuGH	Urt. v. 12.12.2002	Rs. C-324/00 (*Lankhorst-Hohorst*)
EuGH	Urt. v. 12.12.2002	Rs. C-385/00 (*de Groot*)
EuGH	Urt. v. 18.09.2003	Rs. C-168/01 (*Bosal*)
EuGH	Urt. v. 23.09.2003	Rs. C-452/01 (*Ospelt und Schlössle Weissenberg*)
EuGH	Urt. v. 30.09.2003	Rs. C-167/01 (*Inspire Art*)

Gericht	Datum	Aktenzeichen
EuGH	Urt. v. 04.03.2004	Rs. C-334/02 (*Kommission / Frankreich*)
EuGH	Urt. v. 11.03.2004	Rs. C-9/02 (*Hughes de Lasteyrie du Saillant*)
EuGH	Urt. v. 15.07.2004	Rs. C-315/02 (*Lenz*)
EuGH	Urt. v. 07.09.2004	Rs. C-319/02 (*Manninen*)
EuGH	Urt. v. 12.07.2005	Rs. C-403/03 (*Schempp*)
EuGH	Urt. v. 21.07.2005	Rs. C-515/03 (*Eichsfelder Schlachtbetrieb*)
EuGH	Urt. v. 13.12.2005	Rs. C-446/03 (*Marks & Spencer*)
EuGH	Urt. v. 22.06.2006	verb. Rs. C-182/03 (*Belgien / Kommission*) und C-217/03 (*Forum 187 ASBL / Kommission*)
EuGH	Urt. v. 21.02.2006	Rs. C-255/02 (*Halifax*)
EuGH	Urt. v. 12.09.2006	Rs. C-196/04 (*Cadbury Schweppes*)
EuGH	Urt. v. 03.10.2006	Rs. C-452/04 (*Fidium Finanz AG*)
EuGH	Urt. v. 12.12.2006	Rs. C-374/04 (*ACT Group Litigation*)
EuGH	Urt. v. 12.12.2006	Rs. C-446/04 (*FII Group Litigation*)
EuGH	Urt. v. 13.03.2007	Rs. C-524/04 (*Thin Cap Group Litigation*)

II. Schlussanträge der Generalanwälte vor dem EuGH

Sämtliche Schlussanträge der Generalanwälte ab dem 17.06.1997 sind unter http://curia.europa.eu/jurisp/cgi-bin/form.pl?lang=de online abrufbar.

Generalanwalt	Datum	Aktenzeichen
Alber	SA v. 14.10.1999	Rs. C-251/98 (*Baars*)
Mischo	SA v. 13.03.2003	Rs. C-9/02 (*Hughes de Lasteyrie du Saillant*)
Kokott	SA v. 12.02.2004	Rs. C-242/03 (*Weidert und Paulus*)
Kokott	SA v. 18.03.2004	Rs. C-319/02 (*Manninen*)
Maduro	SA v. 07.04.2005	Rs. C-255/02, C-419/02, C-223/03 (*Halifax, BUPA, Huddersfield*)
Maduro	SA v. 07.04.2005	Rs. C-446/03 (*Marks & Spencer*)
Stix-Hackl	SA v. 16.03.2006	Rs. C-452/04 (*Fidium Finanz AG*)
Léger	SA v. 02.05.2006	Rs. C-196/04 (*Cadbury Schweppes*)
Geelhoed	SA v. 29.06.2006	Rs. C-524/04 (*Thin Cap Group Litigation*)

III. Rechtsprechung deutscher Gerichte

1. Rechtsprechung des Bundesverfassungsgerichts

Gericht	Datum	Aktenzeichen	Fundstelle
BVerfG	Urt. v. 24.01.1962	1 BvR 232/60	BVerfGE 13, S. 318
BVerfG	Urt. v. 30.01.1985	1 BvR 279/83	NJW 1985, S. 1891
BVerfG	Bs. v. 23.10.1985	1 BvR 1053/82	BVerfGE 71, S. 108

2. Rechtsprechung des Bundesfinanzhofs

Gericht	Datum	Aktenzeichen	Fundstelle
BFH	Urt. v. 17.07.1968	I 121/64	BStBl. II 1968, S. 695
BFH	Urt. v. 15.01.1971	III R 125/69	BStBl. II 1971, S. 379
BFH	Urt. v. 21.05.1971	III R 125-127/70	BStBl. II 1971, S. 721
BFH	Urt. v. 11.02.1972	III R 5/70	BStBl. II 1972, S. 480
BFH	Urt. v. 29.01.1975	I R 135/70	BStBl. II 1975, S. 553
BFH	Bs. v. 07.02.1975	VIII B 61-62/74	BStBl. II 1976, S. 608
BFH	Urt. v. 16.01.1976	III R 92/74	BStBl. II 1976, S. 401
BFH	Urt. v. 24.02.1976	VIII R 155/71	BStBl. II 1977, S. 265
BFH	Urt. v. 12.03.1980	I R 186/76	BStBl. II 1980, S. 531
BFH	Urt. v. 19.03.1980	II R 23/77	BStBl. II 1980, S. 598
BFH	Urt. v. 09.12.1980	VIII R 11/77	BStBl. II 1981, S. 339
BFH	Urt. v. 21.01.1981	I R 153/77	BStBl. II 1981, S. 517
BFH	Bs. v. 29.11.1982	GrS 1/81	BStBl. II 1983, S. 272
BFH	Urt. v. 01.12.1982	I R 43/79	BStBl. II 1985, S. 2
BFH	Urt. v. 01.02.1983	VIII R 30/80	BStBl. II 1983, S. 534
BFH	Urt. v. 20.10.1983	IV R 175/79	BStBl. II 1984, S. 221
BFH	Urt. v. 26.10.1983	I R 200/78	BStBl. II 1984, S. 258
BFH	Urt. v. 13.01.1984	VI R 194/80	BStBl. II 1984, S. 315
BFH	Urt. v. 14.05.1986	II R 22/84	BStBl. II 1986, S. 620
BFH	Urt. v. 18.12.1986	I R 52/83	BStBl. II 1988, S. 521
BFH	Urt. v. 28.04.1987	IX R 7/83	BStBl. II 1987, S. 814
BFH	Urt. v. 03.03.1988	V R 183/83	BStBl. II 1989, S. 205
BFH	Urt. v. 16.03.1988	X R 27/86	BStBl. II 1988, S. 629
BFH	Urt. v. 19.05.1988	V R 115/83	BStBl. II 1988, S. 916
BFH	Urt. v. 12.07.1988	IX R 149/83	BStBl. II 1988, S. 942
BFH	Urt. v. 21.10.1988	III R 194/84	BStBl. II 1989, S. 216
BFH	Urt. v. 12.07.1989	I R 46/85	BStBl. II 1990, S. 113

Gericht	Datum	Aktenzeichen	Fundstelle
BFH	Urt. v. 06.03.1990	II R 88/87	BStBl. II 1990, S. 446
BFH	Urt. v. 16.05.1990	I R 16/88	BStBl. II 1990, S. 1049
BFH	Urt. v. 17.01.1991	IV R 132/85	BStBl. II 1991, S. 607
BFH	Urt. v. 23.01.1991	I R 22/90	BStBl. II 1991, S. 554
BFH	Urt. v. 23.10.1991	I R 40/89	BStBl. II 1992, S. 1026
BFH	Urt. v. 16.01.1992	V R 1/91	BStBl. II 1992, S. 541
BFH	Urt. v. 05.02.1992	I R 127/90	BStBl. II 1992, S. 532
BFH	Urt. v. 10.06.1992	I R 105/89	BStBl. II 1992, S. 1029
BFH	Urt. v. 19.05.1993	I R 124/91	BStBl. II 1993, S. 889
BFH	Urt. v. 13.07.1994	I R 120/93	BStBl. II 1995, S. 129
BFH	Urt. v. 06.03.1996	II R 38/93	BStBl. II 1996, S. 377
BFH	Urt. v. 23.10.1996	I R 55/95	BStBl. II 1998, S. 90
BFH	Urt. v. 02.07.1997	I R 32/95	BStBl. II 1998, S. 176
BFH	Urt. v. 29.10.1997	I R 35/96	BStBl. II 1998, S. 235
BFH	Bs. v. 20.05.1998	III B 9/98	BStBl. II 1998, S. 721
BFH	Urt. v. 08.07.1998	I R 57/97	BStBl. II 1998, S. 672
BFH	Urt. v. 15.10.1998	III R 75/97	BStBl. II 1999, S. 119
BFH	Urt. v. 16.12.1998	I R 138/97	BStBl. II 1999, S. 437
BFH	Urt. v. 19.08.1999	I R 77/96	BStBl. II 2001, S. 43
BFH	Urt. v. 19.01.2000	I R 94/97	BStBl. II 2001, S. 222
BFH	Urt. v. 29.11.2000	I R 85/99	BStBl. II 2002, S. 720
BFH	Bs. v. 21.06.2001	I B 141/00	BFHE 195, S. 398
BFH	Urt. v. 19.02.2002	IX R 32/98	BStBl. II 2002, S. 674
BFH	Urt. v. 20.03.2002	I R 63/99	BStBl. II 2003, S. 50
BFH	Urt. v. 18.04.2002	III R 43/00	BStBl. II 2003, S. 149
BFH	Urt. v. 09.07.2003	I R 82/01	BStBl. II 2004, S. 4
BFH	Urt. v. 25.02.2004	I R 42/02	BStBl. II 2005, S. 14
BFH	Urt. v. 18.03.2004	III R 25/02	BStBl. II 2004, S. 787

Gericht	Datum	Aktenzeichen	Fundstelle
BFH	Urt. v. 15.09.2004	I R 102-104/03	BStBl. II 2005, S. 255
BFH	Urt. v. 15.03.2005	X R 39/03	BStBl. II 2005, S. 817
BFH	Urt. v. 31.05.2005	I R 74, 88/04	BStBl. II 2006, S. 118
BFH	Urt. v. 27.10.2005	IX R 76/03	BStBl. II 2006, S. 359
BFH	Urt. v. 21.12.2005	I R 4/05	BStBl. II 2006, S. 555
BFH	Urt. v. 14.03.2006	I R 8/05	DStR 2006, S. 1076
BFH	Urt. v. 03.05.2006	I R 124/04	BB 2006, S. 1836
BFH	Urt. v. 09.08.2006	I R 95/05	BFH/NV 2006, S. 2379

3. Rechtsprechung der Finanzgerichte

Gericht	Datum	Aktenzeichen	Fundstelle
FG Baden-Württemberg	Urt. v. 17.07.1997	10 K 309/96	EFG 1997, S. 1442
FG Niedersachsen	Urt. v. 23.03.1999	VI 357/95	DStRE 2000, S. 409
FG Baden-Württemberg	Urt. v. 28.06.2001	6 K 490/97	EFG 2001, S. 1350
FG München	Urt. v. 27.10.2003	7 K 1385/00	EFG 2004, S. 317
FG Baden-Württemberg	Bs. v. 14.10.2004	3 K 62/99	EFG 2005, S. 309
FG Baden-Württemberg	Urt. v. 28.10.2004	6 K 170/02	IStR 2005, S. 92
FG Münster	Urt. v. 05.07.2005	15 K 1114/99F	EFG 2005, S. 1512
FG Köln	Urt. v. 16.03.2006, n. rkr.[1]	2 K 1139/02	EFG 2006, S. 896

[1] Beim BFH anhängig unter dem Az. I R 26/06.

IV. Rechtsprechung ausländischer Gerichte

Gericht	Datum	Aktenzeichen	Fundstelle
Conseil d'Etat	Urt. v. 28.06.2002	*Sté Schneider Electric*, n°232276	Internet[1]
Conseil d'Etat	Urt. v. 30.12.2003	*SA Andritz*, n°233894	Internet
EFTAGH	Urt. v. 23.11.2004	E-1/04 (*Fokus Bank ASA*)	Internet[2]
ÖVwGH	Erk. v. 09.12.2004	2002/14/0074	Internet[3]

[1] Unter http://www.legifrance.gouv.fr/WAspad/RechercheSimpleJade.jsp sind die Urteile des Conseil d'Etat abrufbar.

[2] Alle Urteile des EFTA-Gerichtshofs können in Englisch und der jeweiligen zweiten Amtssprache (deutsch nur bei Entscheidungen, die Liechtenstein betreffen) im amtlichen Volltext unter http://www.eftacourt.lu abgerufen werden, das Urteil *Fokus Bank* ist unter http://www.dinesider.no/customer/770660/archive/files/Decided%20Cases/2004/e_1_04decision-e.pdf abrufbar.

[3] Die Urteile des ÖVwGH sind unter http://www.ris.bka.gv.at/vwgh/ abrufbar.

Quellenverzeichnis

I. Deutsche Quellen

1. Gesetze

Abgabenordnung (AO 1977) in der Fassung der Bekanntmachung vom 01.10.2002 (BGBl. I S. 3866, ber. 2003 S. 61) zuletzt geändert durch Jahressteuergesetz 2007 vom 13.12.2006 (BGBl. I S. 2878)

Gesetz über die Besteuerung bei Auslandsbeziehungen (Außensteuergesetz) vom 08.09.1972 (BGBl. I S. 1713) zuletzt geändert durch Gesetz über steuerliche Begleitmaßnahmen zur Einführung der Europäischen Gesellschaft und zur Änderung weiterer steuerrechtlicher Vorschriften (SEStEG) vom 07.12.2006 (BGBl. I S. 2782)

Einkommensteuergesetz (EStG) in der Fassung der Bekanntmachung vom 19.10.2002 (BGBl. I S. 4210, ber. 2003 S. 179) zuletzt geändert durch Gesetz zur Anspruchsberechtigung von Ausländern wegen Kindergeld, Erziehungsgeld und Unterhaltsvorschuss vom 13.12.2006 (BGBl. I S. 2915)

Gewerbesteuergesetz (GewStG) in der Fassung der Bekanntmachung vom 15.10.2002 (BGBl. I S. 4167) zuletzt geändert durch Jahressteuergesetz 2007 vom 13.12.2006 (BGBl. I S. 2878)

Grundgesetz für die Bundesrepublik Deutschland (GG) vom 23.05.1949 (BGBl. I S. 1) zuletzt geändert durch Änderungsgesetz vom 28.08.2006 (BGBl. I S. 2034)

Körperschaftsteuergesetz (KStG) in der Fassung der Bekanntmachung vom 15.10.2002 (BGBl. I S. 4144) zuletzt geändert durch Jahressteuergesetz 2007 vom 13.12.2006 (BGBl. I S. 2878)

Gesetz über das Kreditwesen (Kreditwesengesetz – KWG) in der Fassung der Bekanntmachung vom 09.09.1998 (BGBl. I S. 2776) zuletzt geändert durch Transparenzrichtlinien-Umsetzungsgesetz vom 05.01.2007 (BGBl. I S. 10)

Umwandlungssteuergesetz (UmwStG) in der Fassung der Bekanntmachung vom 07.12.2006 (BGBl. I S. 2782)

Gesetz über die Beaufsichtigung der Versicherungsunternehmen (Versicherungsaufsichtsgesetz – VAG) in der Fassung der Bekanntmachung vom 17.12.1992 (BGBl. I 1993 S. 2) zuletzt geändert durch Transparenzrichtlinien-Umsetzungsgesetz vom 05.01.2007 (BGBl. I S. 10)

2. Verordnungen

Verordnung zur Umsetzung der Richtlinie 2003/48/EG des Rats vom 03.06.2003 im Bereich der Besteuerung von Zinserträgen (Zinsinformationsverordnung – ZIV) vom 26.01.2004 (BStBl. I 2004, S. 297, BGBl. I 2004, S. 128) zuletzt geändert durch Gesetz zur Neuorganisation der Bundesfinanzverwaltung vom 22.09.2005 (BGBl. I S. 2809)

3. Änderungsgesetze

Steueränderungsgesetz 1992 (StÄndG 1992) vom 25.02.1992, BGBl. I 1992, S. 297

Gesetz zur Verbesserung der steuerlichen Bedingungen zur Sicherung des Wirtschaftsstandorts Deutschland im Europäischen Binnenmarkt (Standortsicherungsgesetz – StandOG) vom 13.09.1993, BGBl. I 1993, S. 1569

Steuersenkungsgesetz (StSenkG) vom 23.10.2000, BGBl. I 2000, S. 1433

Steueränderungsgesetz 2001 (StÄndG 2001) vom 20.12.2001, BGBl. I 2001, S. 3794

Gesetz zur Fortentwicklung des Unternehmenssteuerrechts (Unternehmenssteuerfortentwicklungsgesetz – UntStFG) vom 20.12.2001, BGBl. I 2001, S. 3858

Steuervergünstigungsabbaugesetz (StVergAbG) vom 15.05.2003, BGBl. I 2003, S. 660

Steueränderungsgesetz 2003 (StÄndG 2003) vom 15.12.2003, BGBl. I 2003, S. 2645

Gesetz zur Umsetzung der Protokollerklärung der Bundesregierung zur Vermittlungsempfehlung zum Steuervergünstigungsabbaugesetz vom 22.12.2003, BGBl. I 2003, S. 2840 („Korb-II Gesetz“)

Jahressteuergesetz 2007 (JStG 2007) vom 13.12.2006, BGBl. I S. 2878

4. Gesetzesentwürfe und Gesetzesbegründungen

Begründung zum Steueranpassungsgesetz, RStBl. 1934, S. 1398

Entwurf eines Gesetzes zur Verbesserung der steuerlichen Bedingungen zur Sicherung des Wirtschaftsstandorts Deutschland im Europäischen Binnenmarkt (Standortsicherungsgesetz – StandOG) vom 20.01.1993, BT-Drs. 12/4158

Beschlussempfehlung des Finanzausschusses (7. Ausschuss) zu dem Gesetzentwurf der Bundesregierung – Drucksache 14/6877 – Entwurf eines Gesetzes zur Änderung steuerlicher Vorschriften (Steueränderungsgesetz – StÄndG 2001) vom 07.11.2001, BT-Drs. 14/7340

Entwurf eines Gesetzes zur Verbesserung der steuerlichen Rahmenbedingungen für ausländische Spitzenarbeitskräfte in Deutschland, Gesetzesantrag des Landes Hessen vom 28.08.2003, BR-Drs. 613/03

Entwurf eines Unternehmenssteuerreformgesetzes 2008, Gesetzesentwurf der Bundesregierung vom 14.03.2007, unter http://www.bundesfinanzministerium.de/lang_de/DE/Aktuelles/Aktuelle__Gesetze/Gesetzentwuerfe__Arbeitsfassungen/045__a,templateId=raw,property=publicationFile.pdf (20.03.2007)

5. Verwaltungsanweisungen

Erlaß betreffend Verlagerung von Einkünften und Vermögen in sog. Steueroasenländer, koordinierter Ländererlass vom 14.06.1965, S 1301 – 99 – 31 1 („Oasenerlaß"), BStBl. II 1965, S. 74

Schreiben betr. Grundsätze für die Prüfung der Einkunftsabgrenzung bei international verbundenen Unternehmen (Verwaltungsgrundsätze), BMF-Schr. v. 23.02.1983, IV C 5 – S 1341 – 4/83, BStBl. I 1983, S. 218

Verdecktes Nennkapital, BMF-Schr. v. 16.03.1987, IV B 7 – S 2742 – 3/87, BStBl. I 1987, S. 373

Schreiben betr. Gesellschafter-Fremdfinanzierung (§ 8a KStG), BMF-Schr. v. 15.12.1994, IV B 7 – S 2742a – 63/94 BStBl. I 1995, S. 25

Archivmitteilung des Senators für Finanzen Bremen, koordinierter Ländererlass v. 22.11.1995, IDW-FN 1996, S. 139

Schreiben betr. steuerliche Behandlung der Beteiligung an irischen Kapitalanlagegesellschaften; BFH-Urteile vom 19. Januar 2000 – I R 94/97 und I R 117/97 – (BStBl. 2001 II S. 222), BMF-Schr. v. 19.03.2001, IV B 4 – S 1300 – 65/01, BStBl. I 2001, S. 243

Grundsätze zur Anwendung des Außensteuergesetzes, BMF-Schr. v. 14.05.2004, IV B 4 – S 1340 – 11/04, BStBl. I 2004, S. 3

Gesellschafter-Fremdfinanzierung (§ 8a KStG), BMF-Schr. v. 15.07.2004, BStBl. I, 2004, S. 539

Schreiben betr. steuerliche Behandlung der Beteiligung an irischen Kapitalanlagegesellschaften; BFH-Urteil vom 25. Februar 2004 – I R 42/02 –, BMF-Schr. v. 28.12.2004, IV B 4 – S 1300 – 362/04, BStBl. I 2005, S. 28

Einführungsschreiben zur ZIV, BMF-Schr. v. 06.01.2005, IV C 1 – S 2000 – 363/04, BStBl. I 2005, S. 29.

Schreiben betr. Grundsätze für die Prüfung der Einkunftsabgrenzung zwischen nahestehenden Personen mit grenzüberschreitenden Geschäftsbeziehungen in Bezug auf Ermittlungs- und Mitwirkungspflichten, Berichtigungen sowie auf Verständigungs- und EU-Schiedsverfahren (Verwaltungsgrundsätze-Verfahren), BMF-Schr. v. 12.04.2005, IV B 4 – S 1341 – 1/05, BStBl. I 2005, S. 570

Änderung des Einführungsschreibens zur Zinsinformationsverordnung (ZIV) vom 6. Januar 2005, IV C 1 – S 2000 – 352/04, BMF-Schr. v. 13.06.2005, IV C 1 – S 2402a – 23/05, BStBl. I 2005, S. 716

Hinzurechnungsbesteuerung nach dem Außensteuergesetz (AStG), BMF, Schr. v. 08.01.2007, IV B 4 – S 1351 – 1/07, BStBl. I 2007, S. 99

6. Richtlinien

Körperschaftsteuer-Richtlinien 2004 (KStR 2004), 13.12.2004, BStBl. I Sondernummer 2, S. 2

II. Europäische Quellen

1. Primärrecht

EG-Vertrag (EGV) vom 25.03.1957 in der konsolidierten Fassung vom 16.04.2003,[1] Abl. v. 29.12.2006, C 321E, S. 37, http://eur-lex.europa.eu/LexUriServ/site/de/oj/2006/ce321/ce32120061229de00010331.pdf

2. Richtlinien

Richtlinie 76/308/EWG des Rates vom 15.03.1976 über die gegenseitige Unterstützung bei der Beitreibung von Forderungen in Bezug auf bestimmte Abgaben, Zölle, Steuern und sonstige Maßnahmen (Beitreibungsrichtlinie), Abl. EG v. 19.03.1976, L 73, S. 18, zuletzt geändert durch EU-Beitrittsakte 2003 vom 16.04.2003, ABl. v. 23.09.2003, L 236, S. 33

Sechste Richtlinie 77/388/EWG des Rates vom 17.05.1977 zur Harmonisierung der Rechtsvorschriften der Mitgliedstaaten über die Umsatzsteuern – Gemeinsames Mehrwertsteuersystem: einheitliche steuerpflichtige Bemessungsgrundlage, Abl. EG v. 13.06.1977, L 145, S. 1 (ber. L 157, S. 23, L 173, S. 27, L 242, S. 22 und L 262, S. 44), zuletzt geändert durch RL 2006/18/EG vom 14.02.2006, ABl. v. 22.02.2006, L 51, S. 12

Richtlinie 77/799/EWG des Rates vom 19.12.1977 über die gegenseitige Amtshilfe zwischen den zuständigen Behörden der Mitgliedstaaten im Bereich der direkten Steuern, bestimmter Verbrauchsteuern und der Steuern auf Versicherungsprämien (Amtshilferichtlinie), Abl. EG v. 27.12.1977, L 336, S. 15

Richtlinie 88/361/EWG des Rates vom 24.06.1988 zur Durchführung von Artikel 67 des Vertrages (Kapitalverkehrsrichtlinie), Abl. EG v. 08.07.1988, L 178, S. 5

Richtlinie 90/434/EWG des Rates vom 23.07.1990 über das gemeinsame Steuersystem für Fusionen, Spaltungen, die Einbringung von Unternehmensteilen und den Austausch von Anteilen, die Gesellschaften verschiedener Mitgliedstaaten betreffen (Fusionsrichtlinie), Abl. EG v. 20.08.1990, L 225, S. 1, zuletzt geändert durch Richtlinie 2005/19/EG des Rates vom 17.02.2005, Abl. v. 04.03.2005, L 58, S. 19

---

[1] In der vorliegenden Arbeit werden die Vorschriften des EGV immer in der aktuell gültigen Zählung zitiert. Im Internet ist die konsolidierte Fassung des EGV abrufbar, die neben der aktuellen Zählung auch die ursprüngliche Zählung enthält: http://europa.eu.int/eur-lex/de/treaties/selected/livre2_c.html.

Richtlinie 90/435/EWG des Rates vom 23.07.1990 über das gemeinsame Steuersystem der Mutter- und Tochtergesellschaften verschiedener Mitgliedstaaten (Mutter-/Tochter-Richtlinie), Abl. EG v. 20.08.1990, L 225, S. 6, zuletzt geändert durch Richtlinie 2003/123/EG des Rates vom 22.12.2003, Abl. v. 13.01.2004, L 7, S. 41

Richtlinie 2003/48/EG des Rates vom 03.06.2003 im Bereich der Besteuerung von Zinserträgen (Zinsrichtlinie), Abl. v. 26.06.2003, L 157, S. 38.

Richtlinie 2003/49/EG des Rates vom 03.06.2003 über eine gemeinsame Steuerregelung für Zahlungen von Zinsen und Lizenzgebühren zwischen verbundenen Unternehmen verschiedener Mitgliedstaaten (Zins- und Lizenzrichtlinie), Abl. v. 26.06.2003, L 157, S. 49

3. Dokumente der Europäischen Kommission

Vorschlag für eine Richtlinie des Rates über ein gemeinsames System einer Quellensteuer auf Zinsen vom 08.02.1989, KOM(89) 60 endg., Abl. EG v. 07.06.1989, C 141, S. 5

Vorschlag für eine Richtlinie des Rates zur Gewährleistung eines Minimums an effektiver Besteuerung von Zinserträgen innerhalb der Gemeinschaft, KOM(1998) 295 endg., Abl. EG v. 08.07.1998, C 212, S. 13

Mitteilung der Kommission über die Anwendung der Vorschriften über staatliche Beihilfen auf Maßnahmen im Bereich der direkten Unternehmensbesteuerung, Abl. EG v. 10.12.1998, C 384, S. 3

Entscheidung der Kommission vom 17.02.2003 über die Beihilferegelung, die Belgien zugunsten von Koordinierungsstellen mit Sitz in Belgien durchgeführt hat, bekannt gegeben unter Aktenzeichen K(2003) 564, 2003/755/EG, Abl. v. 30.10.2003, L 282, S. 25

Pressmitteilung der Kommission vom 19.07.2006, IP/06/1021: Staatliche Beihilfen: Kommission fordert Aufhebung der Steuervergünstigungen für Finanzholdings in Luxemburg
http://europa.eu.int/rapid/pressReleasesAction.do?reference=IP/06/1021&format=PDF&aged=0&language=DE&guiLanguage=de (20.03.2007)

4. Sonstige Dokumente der Europäischen Union

Beschluss des Rates und der Kommission vom 13.12.1993 über den Abschluß des Abkommens über den Europäischen Wirtschaftsraum zwischen den Europäischen Gemeinschaften und ihren Mitgliedstaaten sowie der Republik Österreich, der Republik Finnland, der Republik Island, dem Fürstentum Liechtenstein, dem Königreich Norwegen, dem Königreich Schweden und der Schweizerischen Eidgenossenschaft (EWR-Abkommen), Abl. EG v. 03.01.1994, L 1, S. 1

Schlussfolgerungen des Rates „Wirtschafts- und Finanzfragen" vom 01.12.1997 (Maßnahmenpaket zur Bekämpfung des schädlichen Steuerwettbewerbs in der Europäischen Union), Abl. EG v. 06.01.1998, C 2, S. 1, mit Anhängen (Anhang 1: EU Code of Conduct, Anhang 2: Besteuerung von Zinserträgen)

Mitteilung an die Presse, 13861/00 (Presse 453): 2312. Tagung des Rates Wirtschaft und Finanzen (*ECOFIN Council*) am 26./27. November 2000 in Brüssel http://ue.eu.int/cms3_applications/Applications/newsRoom/LoadDocument.asp?directory=de/ecofin/&filename=13861.d0.html (20.03.2007)

III. Ausländische Gesetze

Luxemburg: Mémorial A no°241 vom 29.12.2006, S. 4833 (Amtsblatt des Großherzogtums Luxemburg), Recueil de Legislation (Abschaffung des Gesetzes über die 1929-Holdinggesellschaften)

Österreich: Bundesgesetz betreffend allgemeine Bestimmungen und das Verfahren für die von den Abgabenbehörden des Bundes verwalteten Abgaben (Bundesabgabenordnung – BAO) vom 28.06.1961 (BGBl. Nr. 194/1961), zuletzt geändert durch Bundesgesetz, mit dem das Gesetz über den unabhängigen Finanzsenat, das Normverbrauchsabgabegesetz, die Bundesabgabenordnung und das Bodenschätzungsgesetz 1970 geändert werden (UFSG – Novelle 2006) (BGBl. I Nr. 143/2006)

IV. Doppelbesteuerungsabkommen

OECD-Musterabkommen 2005 zur Vermeidung der Doppelbesteuerung auf dem Gebiet der Steuern vom Einkommen und vom Vermögen, Stand: 15.07.2005 (OECD-MA)

Abkommen zwischen der Bundesrepublik Deutschland und der Französischen Republik zur Vermeidung der Doppelbesteuerungen und über gegenseitige Amts- und Rechtshilfe auf dem Gebiete der Steuern vom Einkommen und vom Vermögen sowie der Gewerbesteuern und der Grundsteuern vom 21.07.1959 (BGBl. 1961 II S. 398) in der Fassung des Revisionsprotokolls vom 09.07.1969 (BGBl. 1970 II S. 719), des Zusatzabkommens vom 28.09.1989 (BGBl. 1990 II S. 770) und des Zusatzabkommens vom 20.12.2001 (BGBl. II S. 2372) (DBA-Frankreich)

Abkommen zwischen der Bundesrepublik Deutschland und Irland zur Vermeidung der Doppelbesteuerung und zur Verhinderung der Steuerverkürzung bei den Steuern vom Einkommen und vom Vermögen sowie der Gewerbesteuer vom 17.10.1962 (BGBl. 1964 II S. 267) (DBA-Irland)

Abkommen zwischen der Bundesrepublik Deutschland und dem Königreich der Niederlande zur Vermeidung der Doppelbesteuerung auf dem Gebiete der Steuern vom Einkommen und vom Vermögen sowie verschiedener sonstiger Steuern und zur Regelung anderer Fragen auf steuerlichem Gebiete vom 16.07.1959 (BGBl. 1960 II S. 1782) in der Fassung des Zweiten Zusatzprotokolls (Änderungsprotokoll) vom 21.05.1991 (BGBl. II S. 1429) und des Dritten Zusatzprotokolls vom 04.06.2004 (BGBl. II S. 1655) (DBA-Niederlande)